# Le Routard

# Pays de la Loire

*Directeur de collection et auteur*
Philippe GLOAGUEN

*Cofondateurs*
Philippe GLOAGUEN
et Michel DUVAL

*Rédacteurs en chef adjoints*
Amanda KERAVEL
et Benoît LUCCHINI

*Directrice de la coordination*
Florence CHARMETANT

*Directrice administrative*
Bénédicte GLOAGUEN

*Directeur du développement*
Gavin's CLEMENTE-RUÏZ

*Direction éditoriale*
Catherine JULHE

*Rédaction*
Isabelle AL SUBAIHI
Mathilde de BOISGROLLIER
Thierry BROUARD
Marie BURIN des ROZIERS
Véronique de CHARDON
Fiona DEBRABANDER
Anne-Caroline DUMAS
Géraldine LEMAUF-BEAUVOIS
Olivier PAGE
Alain PALLIER
Anne POINSOT
André PONCELET

*Conseiller à la rédaction*
Pierre JOSSE

*Administration*
Carole BORDES
Éléonore FRIESS

## 2015/2016

hachette

## Remarque importante aux hôteliers et restaurateurs

Les enquêteurs du *Routard* travaillent dans le plus strict anonymat. Aucune réduction, aucun avantage quelconque, aucune rétribution n'est jamais demandé en contrepartie. Face aux aigrefins, la loi autorise les hôteliers et restaurateurs à porter plainte.

## Avis aux lecteurs

*Le Routard*, ce n'est pas comme le bon vin, il vieillit mal. On ne veut pas pousser à la consommation, mais évitez de partir avec une édition ancienne. Les modifications sont souvent importantes.
Les réductions accordées à nos lecteurs ne sont jamais demandées par nos rédacteurs afin de préserver leur indépendance. Les hôteliers et restaurateurs sont sollicités par une société de mailing, totalement indépendante de la rédaction, qui reste donc libre de ses choix. De même pour les autocollants et plaques émaillées.

## Avec routard.com, choisissez, organisez, réservez et partagez vos voyages !

✓ Rejoignez la plus grande communauté francophone de voyageurs : plus de **2 millions** de visiteurs !

✓ Échangez avec les routarnautes : forums, photos, avis d'hôtels.

✓ Retrouvez aussi toutes les informations actualisées pour choisir et préparer vos voyages : plus de 200 fiches pays, une centaine de dossiers pratiques et un magazine en ligne pour découvrir tous les secrets de votre destination.

✓ Enfin, comparez les offres pour organiser et réserver votre voyage au meilleur prix.



**Pictogrammes du *Routard***

**Établissements**

- Hôtel, auberge, chambres d'hôtes
- Camping
- Restaurant
- Boulangerie, sandwicherie
- Glacier
- Café, salon de thé
- Café, bar
- Bar musical
- Club, boîte de nuit
- Salle de spectacle
- Office de tourisme
- Poste
- Boutique, magasin, marché
- Accès internet
- Hôpital, urgences

**Sites**

- Plage
- Site de plongée
- Piste cyclable, parcours à vélo

**Transports**

- Aéroport
- Gare ferroviaire
- Gare routière, arrêt de bus
- Station de métro
- Station de tramway
- Parking
- Taxi
- Taxi collectif
- Bateau
- Bateau fluvial

**Attraits et équipements**

- Présente un intérêt touristique
- Recommandé pour les enfants
- Adapté aux personnes handicapées
- Ordinateur à disposition
- Connexion wifi
- Inscrit au Patrimoine mondial de l'Unesco

Le *Routard* est imprimé sur un papier issu de forêts gérées.

Tout au long de ce guide, découvrez toutes les photos de la destination sur • *routard.com* • Attention au coût de connexion à l'étranger, assurez-vous d'être en wifi !


I.S.B.N. 978-2-01-002777-2

# TABLE DES MATIÈRES

Situé à la lisière de trois départements, la Vendée, les Deux-Sèvres et la Charente-Maritime, le Marais poitevin est traité entièrement à la fois dans les guides *Pays de la Loire* et *Poitou-Charentes*. En effet, il nous paraissait incongru soit de le découper en départements, soit de l'évincer totalement de l'un des deux guides.

# LA LOIRE-ATLANTIQUE



## LE PAYS DU VIGNOBLE NANTAIS



## LA VALLÉE DE LA LOIRE



## LE PAYS D'ANCENIS



## LA VALLÉE DE L'ERDRE



## LE PAYS DE RETZ

## LA CÔTE DE JADE



## L'ESTUAIRE DE LA LOIRE



## LA CÔTE D'AMOUR



## DE LA BRIÈRE AU PAYS DE CHÂTEAUBRIANT

## LE PAYS DE CHÂTEAUBRIANT ET LE PAYS DE LA MÉE (DU MILIEU)



# LA MAYENNE



## LE PAYS DE LAVAL



## LE SUD-MAYENNE



## LE PAYS DES COËVRONS



## LA HAUTE MAYENNE

# LA SARTHE



## LE PAYS DE LA HAUTE SARTHE, LES ALPES MANCELLES ET LE SAOSNOIS



## LE PERCHE SARTHOIS



## LA VALLÉE DU LOIR

## LES VALLÉES DE LA SARTHE ET DE LA VÈGRE



# LE MAINE-ET-LOIRE (L'ANJOU)



## D'ANGERS À SAUMUR

### Par la rive droite (nord)



### Par la rive gauche (sud)

## AU SUD DE SAUMUR



## LES COTEAUX DU LAYON ET DE L'AUBANCE



## LA RÉGION DES MAUGES



## L'ANJOU BLEU (PAYS SEGRÉEN)

## LE BAUGEOIS



# LA VENDÉE



## LE BOCAGE DE LA VALLÉE DU LAY



## LES COLLINES VENDÉENNES

## DU CŒUR DU BOCAGE AU CŒUR DE L'HISTOIRE



## LE MARAIS BRETON-VENDÉEN ET LES ÎLES



## LE LITTORAL VENDÉEN, ENTRE MER ET VIE



## LE PAYS DES OLONNES

## LE MARAIS POITEVIN



## LA FORÊT DE MERVENT ET LE PAYS DE MÉLUSINE



## LE MARAIS MOUILLÉ ET LA VENISE VERTE



## LE MARAIS DESSÉCHÉ



## LA BAIE DE L'AIGUILLON

**Recommandation à ceux qui souhaitent profiter des réductions et avantages proposés dans le *Routard* par les hôteliers et les restaurateurs.**

À l'hôtel, pensez à les demander au moment de la réservation ou, si vous n'avez pas réservé, **à l'arrivée.** Ils ne sont valables que pour les réservations en direct et non cumulables avec d'autres offres promotionnelles (notamment sur Internet). Au restaurant, parlez-en **au moment** de la commande et surtout **avant** que l'addition ne soit établie. Poser votre *Routard* sur la table ne suffit pas : le personnel de salle n'est pas toujours au courant et une fois le ticket de caisse imprimé, il est souvent difficile de modifier le total. En cas de doute, montrez la notice relative à l'établissement dans le *Routard* de l'année, bien sûr, et ne manquez pas de nous faire part de toute difficulté rencontrée.

☎ **112 :** c'est le numéro d'urgence commun à la France et à tous les pays de l'UE, à composer en cas d'accident, agression ou détresse. Il permet de se faire localiser et aider en français, tout en améliorant les délais d'intervention des services de secours.

# NOS NOUVEAUTÉS

## CANARIES (paru)

Un air de perpétuel printemps, du sable blond et des criques anthracite, quatre parcs nationaux somptueux... Voici à peine les hors-d'œuvre qu'offrent les sept îles des Canaries. Du soleil (même en hiver) et, bien plus encore, une riche palette de couleurs, d'odeurs et de paysages, née de l'activité volcanique. La nature se pare ici de tous les visages : aridité sauvage et dunes solaires de Fuerteventura, forêts humides alimentées par les alizés sur La Palma et La Gomera, majestueux sommet du Teide à Ténérife, côtes déchiquetées et profonds ravins à Gran Canaria, délires de couleurs sur El Hierro... La main de l'homme a parsemé le tout de multiples sentiers, de villes coloniales et d'églises baroques. Sans compter les étonnantes fantaisies architecturales de César Manrique à Lanzarote. Loin des clichés et si proche de nous, un univers à part entière, à la croisée de l'Europe et de l'Afrique, où le farniente se savoure entre randonnées et plongées.

## MADÈRE (mai 2015)

Madère réunit, au milieu de l'océan, un climat à la douceur légendaire et une flore exubérante – bougainvillées, mimosas, amaryllis, oiseaux de paradis (symboles de l'île), flamboyants, jacarandas – qui lui vaut son surnom bien mérité d'« île aux fleurs ». Et aussi des montagnes volcaniques déchirées par l'érosion et de vertigineux à-pics. Le paradis des randonneurs, le long de l'ingénieux système d'irrigation des *levadas,* ces canaux récupérant les eaux de pluie. L'île de Madère est une citadelle entaillée de toutes parts, avec ses parcelles de vigne indomptables accrochées aux pentes et travaillées à la main. À Funchal, capitale anglophile, on se rue dans les églises et les musées, entre deux arrivées de paquebots venus goûter aux tropiques et aux barriques. Au-delà des vagues s'ancre le reste de l'archipel : la petite Porto Santo, réputée pour sa longue plage de sable clair. L'avènement du tourisme, puis l'entrée du Portugal dans l'Union européenne ont toutefois modifié bien des choses et, surtout, inversé la tendance à l'émigration. On vient désormais de toute l'Europe à la recherche d'une vie aussi douce que l'air.

# LES COUPS DE CŒUR DU ROUTARD

- Parcourir les pistes de ***La Loire à Vélo*** en Anjou et dans le Pays nantais ou celles de ***Vélocéan*** le long du littoral atlantique, de la Vendée à la Bretagne .... p. 28, 142
- **S'émerveiller devant les délirantes *Machines de l'île* et le Carrousel marin à Nantes,** à la croisée des univers de Jules Verne et de Léonard de Vinci ........ p. 81
- Profiter de la Folle Journée, fin janvier, pour **goûter à la musique classique** à Nantes et sur d'autres scènes régionales .............................................. p. 87
- **Respirer une atmosphère de Toscane** au hasard des petites rues de Clisson .......................................... p. 96
- **Déguster un bon brochet au beurre blanc,** arrosé d'un muscadet, sur la levée de la Divatte, en Loire-Atlantique .. p. 107
- Embarquer à bord d'*Escal'Atlantic* à Saint-Nazaire, et **revivre les grandes heures des paquebots transatlantiques** ................................ p. 155
- **Se faire conter la fabuleuse histoire du sel** dans les marais salants rosés de Guérande ou de Noirmoutier ....... p. 186, 498
- **Se promener à pied ou à vélo** le long du chemin de halage ou en empruntant les voies vertes **en Mayenne** ........... p. 222
- **S'étonner devant les statues gigantesques et colorées du génial Robert Tatin** à Cossé-le-Vivien, en Mayenne ................................ p. 236
- **Découvrir, un soir d'été, le vieux Mans illuminé,** lors de la Nuit des chimères ..................................... p. 278
- Aux beaux jours, **apprécier les vertus écologiques du Jardin mosaïque** à Asnières-sur-Vègre, dans la Sarthe ........................................ p. 323
- **S'initier à la boule de fort en Anjou,** un sport plus populaire que le football, et se frotter aux 6 000 « tireurs » et « rouleurs » ....................... p. 334, 382
- **Découvrir les grands crus** du **Layon** et de **Savennières,** dans la région d'Angers, ou, moins connus, le **jasnières** et le **coteaux-du-loir,** dans la vallée du Loir, dans la Sarthe ...................... p. 336
- **Admirer les tentures de l'*Apocalypse*** au château d'Angers et leur miroir moderne au musée Jean-Lurçat....... p. 346
- Flâner dans **le village de tuffeau de Montsoreau** et admirer **les gisants des Plantagenêts à Fontevraud** .. p. 386, 391
- **Revivre les guerres de Vendée** grâce aux spectacles du Puy-du-Fou et revisiter l'histoire de France au *Grand Parc* attenant............................... p. 462, 463
- **S'engager sur le Gois de Noirmoutier,** avant que la marée ne remonte pour s'éviter quelques frayeurs ........... p. 496
- **Conter fleurette à bord d'une plate,** dans le dédale aquatique du Marais poitevin............................ p. 553, 564, 568
- Le temps d'un week-end bucolique, **voyager en bateau sans permis** sur l'une des nombreuses voies navigables de la région : la Mayenne, la Sarthe, l'Erdre.......... p. 116, 223, 243, 320, 321

**Nous tenons à remercier tout particulièrement Loup-Maëlle Besançon, Thierry Bessou, Gérard Bouchu, François Chauvin, Grégory Dalex, Stéphanie Déro, Fabrice Doumergue, Cédric Fischer, Carole Fouque, Michelle Georget, David Giason, Claude Hervé-Bazin, Emmanuel Juste, Dimitri Lefèvre, Fabrice de Lestang, Romain Meynier, Éric Milet, Pierre Mitrano, Jean-Sébastien Petitdemange, Thomas Rivallain et Dominique Roland pour leur collaboration régulière.**

Emmanuelle Bauquis
Mathilde Blanchard
Jean-Jacques Bordier-Chêne
Michèle Boucher
Mathilde Bouron
Sophie Cachard
Jeanne Cochin
Agnès Debiage
Jérôme Denoix
Joséphine Desfougères
Tovi et Ahmet Diler
Clélie Dudon
Sophie Duval
Alain Fisch
Cécile Gastaldo
Bérénice Glanger
Adrien et Clément Gloaguen
Bernard Hilaire
Sébastien Jauffret
Blanche-Flore Laize
Virginie Leibel
Jacques Lemoine
Julien Léopold
Jacques Muller
Caroline Ollion
Martine Partrat
Odile Paugam et Didier Jehanno
Julia Pouyet
Émile Pujol
Maud Régent
Anaïs Rougale
Prakit Saiporn
Jean-Luc et Antigone Schilling
Alicia Tawil
Caroline Vallano
Juliana Verdier

**Direction :** Nathalie Bloch-Pujo
**Contrôle de gestion :** Jérôme Boulingre et Alexis Bonnefond
**Secrétariat :** Catherine Maîtrepierre
**Direction éditoriale :** Catherine Julhe
**Édition :** Matthieu Devaux, Géraldine Péron, Olga Krokhina, Gia-Quy Tran, Julie Dupré, Pauline Fiot, Camille Loiseau, Béatrice Macé de Lépinay, Emmanuelle Michon, Martine Schmitt et Marion Sergent
**Préparation-lecture :** Brigitte de Vaulx
**Cartographie :** Frédéric Clémençon et Aurélie Huot
**Fabrication :** Nathalie Lautout et Audrey Detournay
**Relations presse France :** COM'PROD, Fred Papet. ☎ 01-70-69-04-69.
• *info@comprod.fr* •
**Illustration :** Anne-Sophie de Précourt
**Direction marketing :** Adrien de Bizemont, Lydie Firmin et Laure Illand
**Contacts partenariats :** André Magniez (EMD). • *andremagniez@gmail.com* •
**Édition des partenariats :** Élise Ernest
**Informatique éditoriale :** Lionel Barth
**Couverture :** Clément Gloaguen et Seenk
**Maquette intérieure :** le-bureau-des-affaires-graphiques.com, Thibault Reumaux et npeg.fr
**Relations presse :** Martine Levens (Belgique) et Maureen Browne (Suisse)
**Régie publicitaire :** Florence Brunel-Jars. • *fbrunel@hachette-livre.fr* •

## Remerciements

- Amélie Sauzet, de Loire-Atlantique Tourisme ;
- Jean Blaise, directeur général, *Le Voyage à Nantes* ;
- Stéphanie Olivier, Katia Forêt et Claire Mandin, *Le Voyage à Nantes,* ainsi que Ghislain de La Gatinais et Isabelle Ragueneau ;
- Andrea Klose et Ingrid Pinca, d'Escal'Atlantic à Saint-Nazaire ;
- Anne-Laure Blouët, directrice de l'office de tourisme de Brière ;
- Michel Talvard, du CDT de la Mayenne ;
- l'office de tourisme de Laval ;
- Élodie Rossignol, du CDT de la Sarthe ;
- Franck Miot, responsable tourisme et animation du patrimoine de la Ville du Mans ;
- Benoît Bar, directeur, et Véronique Richard, chargée de promotion, de l'office de tourisme de la vallée du Loir ;
- Stéphane Da Cunha, directeur, et Mathieu Foucher, du zoo de La Flèche ;
- Jean Distel, de l'atelier Malicot à Sablé-sur-Sarthe ;
- Hélène Ramsamy, chargée des relations presse au CDT de l'Anjou ;
- Olivier Bouchereau, de l'office de tourisme d'Angers ;
- l'office de tourisme de Cholet ;
- Émilie Arribas-Nguyen, chargée de promotion au Pôle touristique de Saumur ;
- Fabienne Couton-Lainé, chargée des relations presse au CDT de Vendée, et Sophie Demange ;
- Marie Bruley, chargée de promotion à la communauté de communes de Noirmoutier ;
- David Nouailles, directeur marketing au Puy-du-Fou.

Et bien sûr, tous les offices de tourisme qui, année après année, nous apportent leur aide précieuse.


**IMPORTANT : DERNIÈRE MINUTE**

Sauf rare exception, le *Routard* bénéficie d'une parution annuelle à date fixe. Entre deux dates, des événements fortuits (formalités, taux de change, catastrophes naturelles, conditions d'accès aux sites, fermetures inopinées, etc.) peuvent intervenir et modifier vos projets de voyage. Pour éviter les déconvenues, nous vous recommandons de consulter la rubrique « Guide » par pays de notre site ● ***routard.com*** ● et plus particulièrement les dernières ***Actus voyageurs.***

# COMMENT Y ALLER ?

## EN VOITURE

### Par l'autoroute

➢ L'*Océane,* un nom très tonique pour une autoroute qui fonce tout droit ***depuis Paris*** vers les embruns et l'océan, au départ du péage de Saint-Arnoult (proche de Paris) où tous les bouchons se retrouvent. Au Mans, l'A 81 conduit à Laval. Nantes... tout le monde descend. Elle s'appelle désormais la N 165 vers Saint-Nazaire et La Baule. Vers la Vendée, l'A 83 prend le relais au sud de Nantes et l'A 87 au sud d'Angers (jusqu'à La Roche-sur-Yon, via Cholet).

➢ ***Depuis Bordeaux et le Sud-Ouest :*** l'A 10, *l'Aquitaine,* remonte vers le Marais poitevin via La Rochelle, puis traverse Vendée, Maine-et-Loire et Sarthe.

➢ ***Depuis le Val de Loire et Tours :*** prendre l'A 28 vers Le Mans ou l'A 85 vers Angers, puis l'A 11 vers Nantes.

#### *Tarifs autoroutiers*

Pour préparer votre voyage (simulation d'itinéraires) et connaître le coût des principaux tronçons autoroutiers, consultez le site • *autoroutes.fr* •

### Par les petites routes tranquilles

➢ ***Depuis le Centre et le Poitou, vers la côte :*** pour ceux qui ont le temps, la plus belle manière de se rendre vers la côte est sans conteste de suivre les rives de la Loire entre Tours et Angers, classées au Patrimoine mondial de l'Unesco, via Saumur, en empruntant la route de la Levée (rive nord). Entre Angers et Nantes, passer la corniche angevine, Chalonnes, Ingrandes (limite de l'Anjou et de la Bretagne), Saint-Florent-le-Vieil et Liré (patrie de Joachim Du Bellay).

### Le covoiturage

Le principe est simple, économique et écologique. Il s'agit de mettre en relation un chauffeur et des passagers afin de partager le trajet et les frais, que ce soit de manière régulière ou de manière exceptionnelle (pour les vacances, par exemple). • *blablacar.fr* •

## EN BUS

▲ **EUROLINES**
☎ *08-92-89-90-91 (0,34 €/mn), lun-sam 8h-21h, dim 10h-18h.* • *eurolines.fr* • Eurolines propose 10 % de réduction pour les jeunes (12-25 ans) et les seniors. Deux bagages gratuits par personne en Europe. 20 points de réservation en France. Première *low-cost* par bus en Europe, Eurolines dessert une soixantaine de villes françaises. Le principe : sur les trajets internationaux, Eurolines prend et dépose des passagers.

## EN TRAIN

### Au départ de Paris

Les TGV partent de la ***gare Montparnasse*** et, en région parisienne, des gares Aéroport-Charles-de-Gaulle, Marne-la-Vallée – Chessy et Massy-TGV.

➢ ***TGV Atlantique direct pour***

## NOUVEAUTÉ

### LA LOIRE À VÉLO (février 2015)

Eh oui, 800 km de voies aménagées pour les vélos de la région Centre à la côte Atlantique ; l'occasion de pédaler le long des berges d'un fleuve encore sauvage, au rythme de la petite reine. Découvrez, le nez au vent, les richesses des régions Centre et Pays de la Loire : lavoirs anciens, îles éphémères, villages troglodytiques, châteaux Renaissance, mais aussi réserves naturelles abritant toute une faune et une flore spécifiquement ligériennes. Le fleuve royal ne ménage pas ses effets pour vous séduire d'étapes en étapes. Un trajet qui serpente aussi à travers des vignobles réputés et permet ainsi de goûter aux richesses d'un terroir béni des dieux.

Un guide pratique : à chaque étape sa carte en couleurs et les sites à visiter. Accompagné d'un carnet d'adresses pour se loger, se restaurer, louer des vélos et bichonner sa monture à deux-roues.

***Nantes*** (2h), ***Saint-Nazaire*** (2h40), ***La Baule*** (3h) ou ***Le Croisic*** (3h), via ***Le Mans*** (50 mn) et ***Angers*** (1h30). Nombreuses fréquences, ttes les 30 mn à 1h30. Pour Le Mans, en plus du TGV, une dizaine de trains Corail (env 1h).

➢ Également des TGV directs pour ***Laval*** (1h30) et ***Les Sables-d'Olonne*** (3h15), via ***La Roche-sur-Yon*** (3h).

## Au départ de la province

➢ ***Lille :*** TGV (Atlantique) directs avec Le Mans, Angers et Nantes.

➢ ***Lyon :*** TGV directs avec Angers et Nantes, plus une liaison Corail de nuit.

➢ ***Marseille :*** TGV direct via Aix-en-Provence (6h15 de trajet) ou TGV puis Intercités, via Toulon (13h).

➢ ***Strasbourg :*** TGV directs avec Le Mans, Angers et Nantes.

➢ ***Bordeaux :*** trains interrégionaux directs avec Nantes. Compter env 4h.

## Pour préparer votre voyage

– ***e-billet :*** réservez, achetez et imprimez votre e-billet sur Internet.

– ***m-billet :*** plus besoin de support papier, vous pouvez télécharger le code-barres de votre voyage correspondant à votre réservation directement dans votre smartphone, à l'aide de l'application *SNCF Direct.*

– ***Billet à domicile :*** commandez votre billet par Internet ou par téléphone au ☎ 36-35 *(0,34 €/mn, hors surcoût éventuel de votre opérateur) ;* la SNCF vous l'envoie gratuitement à domicile sous 48h, en France.

## Pour voyager au meilleur prix

La SNCF propose des tarifs adaptés à chacun de vos voyages.

➢ ***Prem's :*** des petits prix disponibles toute l'année, jusqu'à 90 jours avant le départ. Billets non échangeables et non remboursables (offres soumises à conditions). Impossible de poser des options de réservation sur ces billets : il faut les payer immédiatement.

➢ ***Les IDTGV :*** des prix mini, à saisir sur Internet uniquement.

➢ ***Les tarifs Loisirs***

Une offre pour programmer votre voyage tout en gardant des billets modifiables : ils sont échangeables et remboursables. Pour bénéficier des meilleures réductions, pensez à réserver vos billets à l'avance (les réservations sont ouvertes jusqu'à 90 jours avant le départ) ou à voyager en période de faible affluence.

➢ ***Les cartes de réduction***

Pour ceux qui voyagent régulièrement, profitez de réductions garanties tout le temps avec les cartes Enfant +, Jeune 12-17, Jeune 18-27, Week-End ou Senior + (valables 1 an).

## Renseignements et réservations

– ***Internet :*** ● *voyages-sncf.com* ●

– ***Téléphone :*** ☎ *36-35 (0,34 € TTC/mn).*

– Également dans les gares, les boutiques SNCF et les agences de voyages agréées.

## Comment circuler dans la région Pays de la Loire ?

Des tarifications adaptées en fonction de vos déplacements et des réductions pour tous :

– Avec la carte *TIVA* pour les jeunes de 15 à 25 ans, et avec la carte *FIFTI* à partir de 26 ans, c'est moitié prix dans tous les trains et autocars de la région des Pays de la Loire.

– Pour les demandeurs d'emploi, la carte *ACTI* permet de voyager avec 75 % de réduction.

– Pour les trajets domicile-travail, l'abonnement *Pratik* offre jusqu'à 75 % de réduction, avec la possibilité de combiner le TER et les réseaux urbains.

– Autre prestation qui a le vent en poupe, *Métrocéane.* Elle permet de voyager en TER sur les axes Nantes/Saint-Nazaire/Le Croisic, Nantes/Pornic et Nantes/Machecoul, mais pas seulement : selon la formule choisie, le car est compris (réseau départemental), ou le bus (TAN et STRAN) et le tramway. Par ailleurs, le nombre de voyages est illimité durant la validité du forfait choisi.

– Et pour voyager sans compter pendant toutes les vacances scolaires et la période estivale, forfait *TRIBU* valable 2 jours consécutifs avec kilométrage illimité.

***Pour tout renseignement***

Retrouvez toutes les offres dans le *Guide du voyageur en Pays de la Loire* disponible dans toutes les gares.
– ***Horaires des trains et autocars régionaux :*** *• ter-sncf.com/paysdelaloire • et sur l'application TER Mobile.*
– ***Tarifs :*** *gares et boutiques SNCF de la région ou ☎ 0810-324-324.*
– ***Infos sur les trajets en transport public (car, bus, train, tram...) :*** *• destineo.fr •*

▲ **VOYAGES-SNCF.COM**
*– Infos et résas depuis la France : • voyages-sncf.com • et sur tablette et mobile avec les applis V. (trains) et V. Hôtel (hôtels).*
*– Réserver un vol, un hôtel, une voiture : ☎ 0899-500-500 (1,35 € l'appel, puis 0,34 €/mn).*
*– Une question ? Rubrique Contact ou au ☎ 09-70-60-99-60 (n° non surtaxé).*
Voyages-sncf.com, distributeur de voyages en ligne de la SNCF, vous propose ses meilleurs prix de train, d'avion, d'hôtel et de location de voitures en France et en Europe. Accédez aussi à ses services exclusifs : billets à domicile (en France), Alerte Résa, calendrier des prix, offres de dernière minute...

## EN AVION

✈ **Aéroport de Nantes-Atlantique :** *à* ***Bouguenais.*** *☎ 0892-568-800 (0,34 €/mn). • nantes.aeroport.fr • À 12 km au sud-ouest du centre. Liaison par navette aéroport (20 mn) avec le centre-ville ttes les 30 mn (☎ 0810-444-444, • tan.fr •).* Dessert quotidiennement Paris et plusieurs grandes villes régionales (Ajaccio, Bordeaux, Lyon, Marseille, Montpellier, Nice, Strasbourg, Toulouse...) ainsi que de nombreuses villes européennes, notamment avec *Air France et HOP!, Eastern Airways, EasyJet, Flybe, Ryanair...* Voir plus loin.

✈ **Aéroport d'Angers :** *49140* ***Marcé.*** *☎ 02-41-33-50-20. • angersloireaeroport.fr • À 20 km au nord d'Angers, sortie n° 12 sur l'A 11.* Des liaisons saisonnières seulement (Nice et Londres, mais sujettes à changement). Se renseigner.

### Les compagnies régulières

▲ **AIR FRANCE**
*Rens et résas au ☎ 36-54 (0,34 €/mn – tlj 6h30-22h), sur • airfrance.fr •, dans les agences Air France et dans ttes les agences de voyages. Fermées dim.*
➢ Air France dessert Nantes avec des vols directs quotidiens sur Paris-Roissy-Charles-de-Gaulle (4 vols/j.) et Orly-Ouest (3 vols/j.).
➢ Air France relie également Nantes en vol direct avec Marseille, Nice et, en été, Ajaccio. Sans compter les liaisons sur Londres, Amsterdam et celles avec la compagnie *HOP!* (voir ci-après).
Air France propose à tous des tarifs attractifs toute l'année. Vous avez la possibilité de consulter les meilleurs tarifs du moment sur Internet, directement sur la page « Meilleures offres ET promotions ».
Le programme de fidélisation Air France-KLM permet de cumuler des *miles* à son rythme et de profiter d'un large choix de primes. Avec votre carte *Flying Blue,* vous êtes immédiatement identifié comme client privilégié lorsque vous voyagez avec tous les partenaires.
Air France propose également des réductions Jeunes. La carte *Flying Blue Jeune* est réservée aux jeunes âgés de 2 à 24 ans résidant en France métropolitaine, dans les départements d'outre-mer, au Maroc, en Tunisie ou en Algérie. Avec plus de 1 000 destinations et plus de 100 partenaires, *Flying Blue Jeune* offre autant d'occasions de cumuler des *miles* partout dans le monde.

▲ **HOP!**
*Rens et résas sur • hop.fr •, via le réseau de vente Air France, dans ttes les agences de voyages et tlj au centre d'appel : ☎ 0825-30-22-22 (0,15 €/mn,*

*tlj).* HOP! propose des tarifs attractifs toute l'année. Possibilité de consulter les meilleurs tarifs du moment sur • *hop.fr* •

➢ Depuis Nantes, vols directs vers Bordeaux, Lille, Lyon, Montpellier, Strasbourg et Toulouse. Vols saisonniers vers Calvi et Figari. Également, en Europe, vers Bruxelles, Düsseldorf et Milan.

## Les compagnies low cost

Ce sont des compagnies dites « à bas prix ». Elles desservent les capitales européennes ainsi que de nombreuses villes de province.

Plus vous réserverez vos billets à l'avance, plus vous aurez des chances d'avoir des tarifs avantageux, mais il ne faut pas trop espérer trouver facilement des billets à prix plancher lors des périodes les plus fréquentées (vacances scolaires, week-end...). Ne pas hésiter à combiner les offres, d'autant plus que les compagnies low cost permettent des vols simples. La résa se fait souvent par Internet et parfois par téléphone (pas d'agence, juste un numéro de réservation et un billet à imprimer soi-même).

Des frais de dossier ainsi que des frais pour le paiement par carte bancaire peuvent être facturés. En outre, les pénalités en cas de changement d'horaires sont assez importantes. Afin de réduire les files d'attente dans les aéroports, certaines compagnies font même payer l'enregistrement aux comptoirs d'aéroport. Pour l'éviter, vous avez intérêt à vous enregistrer directement sur Internet où le service est gratuit. Il faut aussi rappeler que plusieurs compagnies facturent maintenant les bagages en soute ou limitent leurs poids. En cabine également, le nombre de bagages est strictement limité (attention même le plus petit sac à main est compté comme un bagage à part entière). À bord, c'est service minimum et tous les services sont payants (boissons, journaux...). Ne pas oublier non plus d'ajouter le prix du bus pour se rendre à ces aéroports, souvent assez éloignés du centre-ville ou aéroports secondaires quand il s'agit des capitales. Attention également au moment de la résa par Internet, à décocher certaines options qui sont automatiquement cochées (assurances, etc.).

Au final, même si les prix de base restent très attractifs, il convient de prendre en compte tous ces frais annexes pour calculer le plus justement son budget.

▲ **TRANSAVIA**

• *transavia.com* •

La compagnie low cost du groupe Air France-KLM dessert de nombreuses destinations vers l'Europe et le Bassin méditerranéen au départ de Lyon, Nantes, Paris-Orly-Sud et Strasbourg.

➢ Depuis l'aéroport de Nantes, plusieurs autres compagnies low cost dont • *easyjet.com* • (Bâle-Mulhouse, Lyon, Nice, Toulouse, Genève, Londres Gatwick, Rome, Liverpool en été...) ; • *flybe.com* • (Manchester, Southampton) ; • *ryanair.com* • (Marseille, Dublin, Fès) ou encore • *cityjet.com* • (Londres City).

# PAYS DE LA LOIRE UTILE

◗ Pour la carte des Pays de la Loire, se reporter au cahier couleur.

## ABC DES PAYS DE LA LOIRE

◗ *Superficie :* 32 082 km² (5,5 % du territoire national)
◗ *Préfecture régionale :* Nantes (Loire-Atlantique).
◗ *Préfectures départementales :* Angers (Maine-et-Loire), Laval (Mayenne), Le Mans (Sarthe), La Roche-sur-Yon (Vendée).
◗ *Population :* 3 600 000 hab. (5,1 % de la population totale).
◗ *Principales industries :* agroalimentaire, aéronautique, construction navale, pôles de recherche.
◗ *Agriculture :* deuxième région agricole française.
◗ *Signes particuliers :* première place nationale pour le nombre de Label rouge (138) et AOC (39) ; deux sites récompensés par le prix international *Thea Awards* (l'équivalent des oscars du divertissement à thèmes), Le Puy-du-Fou (2012) et le *Carrousel des mondes marins* à Nantes (2014).

## AVANT LE DÉPART

### Adresses utiles

■ ***Agence régionale des Pays de la Loire :*** ☎ 02-40-89-89-89. ● enpaysdelaloire.com ● Cette structure régionale centralise toutes les infos touristiques sur les Pays de la Loire et peut envoyer des brochures thématiques : carte touristique, nautisme (littoral ou non), La Loire à Vélo, la route des vins du Val de Loire, etc.

ℹ ***Comités départementaux de tourisme :*** *se reporter à l'introduction de chaque département.*

■ **Gîtes de France :** ☎ 0826-10-44-44 (tlj 9h-21h). ● gites-de-france.com ● Les résas sont à faire auprès des relais départementaux des *Gîtes de France* (indiqués dans ce guide en introduction de chaque département).

### Carte d'adhésion internationale aux auberges de jeunesse (carte FUAJ)

Cette carte vous ouvre les portes des 4 000 auberges de jeunesse du réseau HI-Hostelling International en France et dans le monde. Vous pouvez ainsi parcourir 90 pays à des prix avantageux et bénéficier de tarifs préférentiels avec les partenaires des auberges de jeunesse HI. Enfin, vous intégrez une communauté mondiale de voyageurs partageant les mêmes valeurs : plaisir de la rencontre, respect des différences et échange dans un esprit convivial. Il n'y a pas de limite d'âge pour séjourner en auberge de jeunesse. Il faut simplement être adhérent.

## Pour l'obtenir en France

– ***En ligne*** • *hifrance.org* •
– ***Dans toutes les auberges de jeunesse.*** Liste sur • *hifrance.org* •
– ***Par correspondance*** auprès de l'antenne nationale *(27, rue Pajol, 75018 Paris ; ☎ 01-44-89-87-27)*, en envoyant une photocopie d'une pièce d'identité et un chèque à l'ordre de la FUAJ du montant correspondant à l'adhésion + 2 € pour les frais d'envoi.

***Les tarifs de l'adhésion 2015***

– *Carte internationale individuelle FUAJ - de 26 ans :* 7 €. Pour les mineurs, une autorisation parentale et la carte d'identité du parent tuteur sont nécessaires pour l'inscription.
– *Carte internationale individuelle FUAJ + de 26 ans :* 11 €.
– *Carte internationale FUAJ Famille :* 20 €. Pour les familles ayant un ou plusieurs enfants de - de 16 ans. Les enfants de + de 16 ans devront acquérir une carte individuelle FUAJ.

## En Belgique

Réservée aux personnes résidant en Belgique. La carte d'adhésion est obligatoire. Son prix varie selon l'âge : entre 3 et 15 ans, 4 € ; entre 16 et 25 ans, 10 € ; après 25 ans, 16 €.

***Renseignements et inscriptions***

■ ***À Bruxelles :*** ***LAJ,*** *rue de la Sablonnière, 28, 1000.* ☎ *02-219-56-76.* • *lesaubergesdejeunesse.be* •

## En Suisse (SJH)

Réservée aux personnes résidant en Suisse. Le prix de la carte dépend de l'âge : 22 Fs pour les - de 18 ans, 33 Fs pour les adultes et 44 Fs pour une famille avec des enfants de - de 18 ans.

***Renseignements et inscriptions***

■ ***Schweizer Jugendherbergen (SJH) :*** *service des membres, Schaffhauserstr. 14, 8006 Zurich.* ☎ *044-360-14-14.* • *youthhostel.ch* •

## Au Canada

Elle coûte 35 $Ca pour une durée de 16 à 28 mois et 175 $Ca pour une validité à vie (tarif hors taxes). Gratuit pour les enfants de - de 18 ans.

■ ***Auberges de Jeunesse du Saint-Laurent / St Laurent Youth Hostels :*** *3514, av. Lacombe, Montréal (Québec) H3T 1M1.* ☎ *514-731-10-15. N° gratuit (au Canada) :* ☎ *1-800-663-5777.*

■ ***Canadian Hostelling Association :*** *301-20 James St, Ottawa (Ontario) K2P 0T6.* ☎ *613-237-78-84.* • *info@hihostels.ca* • *hihostels.ca* •

## Pour réserver votre séjour en auberge de jeunesse HI

– ***En France :*** • *hifrance.org* • Accès aux offres spéciales et dernières minutes.
– ***En France et dans le monde :*** • *hihostels.com* • Si vous prévoyez un séjour itinérant, vous pouvez réserver plusieurs auberges en une seule fois !

# Carte internationale d'étudiant (carte ISIC)

Elle prouve le statut d'étudiant dans le monde entier et permet de bénéficier de tous les avantages, services et réductions dans les domaines du transport, de l'hébergement, de la culture, des loisirs, du shopping... C'est la clé de la mobilité étudiante !

La carte ISIC permet aussi d'accéder à des avantages exclusifs sur le voyage (billets d'avion spécial étudiants, hôtels et auberges de jeunesse, assurances, cartes SIM internationales, location de voitures...).

## En France

– ***Rendez-vous dans la boutique ISIC*** *(2, rue de Cicé, 75006 Paris ;* ☎ *01-40-49-01-01)* muni de votre certificat de scolarité, d'une photo d'identité et de

13 € (12 € + 1 € de frais de traitement). Ou commandez-la en ligne. ● *isic.fr* ●

### En Belgique

Elle coûte 12 € (+ 1 € de frais d'envoi) et s'obtient sur présentation de la carte d'identité et de la carte d'étudiant auprès de l'agence ***Connections*** : *rens au ☎ 070-23-33-13 ou en ligne.* ● *isic.be* ●

### En Suisse

Dans toutes les agences ***S.T.A. Travel*** *(☎ 058-450-40-00 ou 49-49)*, sur présentation de la carte d'étudiant, d'une photo et de 20 Fs. Commande de la carte en ligne : ● *isic.ch* ● *statravel.ch* ●

### Au Canada

La carte coûte 20 $Ca (+ 1,50 $Ca de frais d'envoi). Disponible dans les agences ***Travel Cuts/Voyages Campus,*** mais aussi dans les bureaux d'associations étudiantes. Pour plus d'infos : ● *voyagescampus.com* ●

## Monuments et musées nationaux

Les monuments et musées nationaux sont gratuits pour les enseignants et jeunes européens de moins de 26 ans. ● *monuments-nationaux.fr* ● *rmn.fr* ●
Pour la région Pays de la Loire sont concernés : le musée Clemenceau à Mouilleron-en-Pareds (Vendée), le château d'Angers (Maine-et-Loire) et la maison de Georges Clemenceau à Saint-Vincent-sur-Jard (Vendée).

# BUDGET

**Recommandation à ceux qui souhaitent profiter des réductions et avantages proposés dans le *Routard* par les hôteliers et les restaurateurs.**

À l'hôtel, pensez à les demander au moment de la réservation, ou si vous n'avez pas réservé, **à l'arrivée.** Ils ne sont valables que pour les réservations en direct et ne sont pas cumulables avec d'autres offres promotionnelles (notamment sur Internet). Au restaurant, parlez-en **au moment** de la commande et surtout **avant** que l'addition ne soit établie. Poser votre *Routard* sur la table ne suffit pas : le personnel de salle n'est pas toujours au courant et une fois le ticket de caisse imprimé, il est souvent difficile de modifier le total. En cas de doute, montrez la notice relative à l'établissement dans le *Routard* de l'année, bien sûr, et ne manquez pas de nous faire part de toute difficulté rencontrée.

Nous vous indiquons ci-dessous l'échelle des tarifs auxquels nous nous référons pour l'ensemble de nos guides France.

## Hébergement

D'une manière générale, nous indiquons des fourchettes de prix allant de la chambre double la moins chère en basse saison à celle la plus chère en haute saison. Ce qui implique parfois d'importantes fourchettes de prix, pas toujours en adéquation avec la rubrique dans laquelle l'établissement est cité. Le classement retenu est donc celui du prix de la majorité des chambres et de leur rapport qualité-prix.
À noter que lorsque les adresses sont équipées d'un ordinateur accessible au public et/ou du wifi, nous le mentionnons (et nous précisons si l'accès est payant).

– Les tarifs des ***campings*** sont calculés sur la base d'un emplacement pour deux avec voiture et tente, en haute saison.
– Les ***auberges de jeunesse*** et ***gîtes d'étape*** pratiquent en règle générale des tarifs « Bon marché » pour une nuitée en dortoir (avec ou sans les draps). Le tarif indiqué est celui du lit en dortoir et/ou parfois de la chambre double, quand il y en a.
– En ***chambres d'hôtes,*** les prix sont donnés sur la base d'une chambre double. Ils incluent le petit déjeuner. Les cartes de paiement sont rarement acceptées. Dans les cas contraires, nous indiquons « petit déj en sus » et « CB acceptées ».
– Concernant les ***hôtels,*** la base reste généralement celle d'une nuit en chambre double (sans petit déjeuner).
– ***Bon marché :*** jusqu'à 50 €.
– ***Prix moyens :*** de 50 à 70 €.
– ***Chic :*** de 70 à 100 €.
– ***Plus chic :*** de 100 à 150 €.
– ***Beaucoup plus chic :*** au-delà de 150 €.

### Restos

Au restaurant, notre critère de classement est le prix du premier menu servi le soir (hors boissons). Les notions de « Prix moyens » ou « Plus chic » n'engagent donc que les prix. Autrement dit, certains restaurants proposant d'intéressantes formules, notamment au déjeuner, pourront malgré tout être classés dans la rubrique « Plus chic ».
– ***Très bon marché :*** moins de 12 €.
– ***Bon marché :*** de 12 à 20 €.
– ***Prix moyens :*** de 20 à 30 €.
– ***Chic :*** de 30 à 40 €.
– ***Plus chic :*** plus de 40 €.

## LA RÉGION À VÉLO

La région Pays de la Loire présente un gros atout pour le vélo : il n'y a pas beaucoup de relief ! Idéal pour les familles. Plusieurs réseaux de pistes cyclables souvent connectés entre eux, dont *La Loire à Vélo* et *Vélodyssée,* permettent de sillonner la région à son rythme. Depuis 2014, un circuit entre la Manche (Ouistreham) et l'Atlantique (La Rochelle) traverse la Mayenne (par le chemin de halage notamment) et le Maine-et-Loire. À signaler également, 90 km de pistes cyclables en vallée du Loir, dans la Sarthe. Pour s'y retrouver dans ce dédale, consulter la carte des pistes vélo en Pays de la Loire : ● *velo.enpaysdelaloire.com* ●

### *La Loire à Vélo*

Les Régions Centre et Pays de la Loire ont entrepris de créer des pistes cyclables le long de la Loire afin de rallier Cuffy (dans la région de Nevers) à Saint-Brevin-les-Pins (côte atlantique) à deux-roues (800 km), en passant par Orléans, Blois, Tours, Chinon, Saumur et Angers. Un projet au succès croissant qui s'inscrit dans le projet européen d'*Eurovéloroute* (● *eurovelo6.org* ●). Ces pistes permettront de relier, à vélo, la façade atlantique à la mer Noire, en longeant les fleuves (Loire, Rhin, Danube) à travers 10 pays sur 3 650 km. Plus de 800 km de tronçons sécurisés et balisés de *La Loire à Vélo* jalonnent le parcours, emprunté par plus de 800 000 cyclistes ! Tout au long de celui-ci, des hébergements sont habilités à accueillir les cyclistes, et leur réservent des services adéquats (espace clos pour les vélos, repas adaptés, réparation, etc.) : campings, hôtels, chambres d'hôtes... De même, des loueurs et réparateurs professionnels de vélos sont prêts à faciliter

le périple des cyclistes. Et en été, possibilité de faire voyager son vélo avec l'opération Train Vélo Loire, entre Orléans et Le Croisic.
Pour toute info (tronçons aménagés, hébergements et séjours clé en main, animations, etc.), consulter les fiches *La Loire à Vélo,* disponibles auprès des comités départementaux de tourisme ou sur le site • *loireavelo.fr* • (téléchargement possible).

### Vélodyssée

Dans un autre décor mais dans le même esprit, *Vélodyssée* (la partie française de l'*Eurovélo 1* Norvège-Portugal) permet de rallier la Bretagne au Pays basque en longeant la côte atlantique en deux temps trois mouvements (enfin... un peu plus !). Au menu des Pays de la Loire : le canal de Nantes à Brest, Nantes, l'estuaire de la Loire et le littoral vendéen. Pour connaître l'ensemble des circuits sur les Pays de la Loire, côtiers ou dans l'intérieur des terres, consulter le site • *velo.enpaysdelaloire.com* •, cliquer « Balades à vélo » puis « les circuits vélo »).

## LIVRES DE ROUTE

– ***Vipère au poing,*** d'Hervé Bazin (éd. Le Livre de Poche, 1990, 192 p.). Roman largement autobiographique, qui se passe dans le Segréen natal de l'auteur. Jean Rezeau, alias Brasse-Bouillon, et ses frères tentent de résister à l'autorité de leur mère qu'ils ont surnommée Folcoche. De l'humour au premier abord et, à travers les lignes, une vraie douleur de l'enfance ainsi qu'un combat sincère contre une certaine conception de la société et de l'éducation.
– ***Les Champs d'honneur,*** de Jean Rouaud (éd. de Minuit, « Minuit Double », 1996, 188 p.). Attention, prix Goncourt (1990) ! Ça se passe en Loire-Inférieure, juste après la guerre, une famille face à la mort, la sienne... mais ça pourrait être la nôtre. Tendresse, subtilité sont les maîtres mots de ce chef-d'œuvre dont le ton et le souvenir happent le lecteur. Du même auteur, ***Carnac ou le Prince des lignes*** (éd. du Seuil, 2000, 32 p.) décrit avec la même tendresse cette région chère à l'écrivain, dans un style plus proche de la poésie.
– ***Les Mauvaises Gens,*** d'Étienne Davodeau (éd. Delcourt, 2011, 182 p.). Une excellente bande dessinée aux allures de reportage, réalisée à la fois avec beaucoup de force et de délicatesse par un enfant du pays. À travers l'histoire de ses parents, c'est celle de tout un petit pays qu'il raconte, celle des Mauges des années 1950, qui passe peu à peu de l'agriculture traditionnelle à l'univers de l'usine... et aux balbutiements du militantisme ouvrier.
– ***Au nom de la Loire,*** de Catherine et Bernard Desjeux (éd. Grandvaux, 1999, 120 p.). Beau livre de photos qui suit le cours de la Loire. Petits matins, couchers de soleil, pleine lumière ou dans la brume, comment (re)découvrir la magie et l'ambiance du plus long fleuve de France.
– ***La Cuisine des châteaux de la Loire,*** de Gilles et Bleuzen du Pontavice (éd. Ouest-France, 2008, 125 p.). Les châteaux regorgent de secrets... et même de secrets de cuisine. Passez de l'un à l'autre (avec son descriptif et quelques photos) et de recette en recette. Transmises de génération en génération, ancestrales et originales, voici une autre façon de découvrir les châteaux de la Loire.
– ***La Drôle d'Histoire de Nantes des origines à nos jours*** (2005) et ***La Drôle d'Histoire des Nantais célèbres*** (2007), de Trinka (éd. des Dessins et des Mots). Accompagné d'une dizaine de dessinateurs de presse, Trinka vous mène avec humour sur sa terre d'adoption (lui est plutôt ch'ti). Il mêle illustrations et textes sérieusement documentés, pour dédramatiser certains pans de l'histoire. Deux ouvrages à parcourir dans les parcs, jardins et autres bistrots nantais.
– ***Les Quantités négligeables,*** de Manu Larcenet (éd. Dargaud, 2004, 48 p.). Une B.D. pleine de sensibilité, qui parle entre autres d'hommes ordinaires bossant dans

un chantier naval. Deuxième tome du *Combat ordinaire,* à bouquiner face à une grue de l'île de Nantes ou, carrément, à Saint-Nazaire.
– ***Muscadet,*** de François Midavaine (éd. Legrand, 1994). Que seraient les Pays de la Loire sans le muscadet ? Secs et moins joyeux, certainement. Ce livre, assez générique sur le sujet, présente les vignobles et la région. Ça a le mérite d'être complet... À la vôtre !
– ***Mon enfance est à tout le monde,*** de René-Guy Cadou (éd. du Rocher, 1990, 217 p.). Figure de la région, le poète nous raconte sa vie en famille, dans un village près de Saint-Nazaire, dans les années 1920. Et ***Monts et Merveilles, nouvelles fraîches,*** du même auteur (éd. du Rocher, 1997, 91 p.), est une description poétique, en prose, entre rêves et hallucinations, se rapportant à la Brière.

## PERSONNES HANDICAPÉES

***Le label Tourisme et Handicap***

Ce label national, créé par le secrétariat d'État à la Consommation et au Tourisme en partenariat avec les professionnels du tourisme et les associations représentant les personnes handicapées, permet d'identifier les lieux de vacances (hôtels, campings, sites naturels, etc.), de loisirs (parcs d'attractions, etc.) ou de culture (musées, monuments, etc.) accessibles aux personnes handicapées. Il apporte aux touristes en situation de handicap une information fiable sur l'accessibilité des lieux. Cette accessibilité, visualisée par un pictogramme correspondant aux quatre types de handicaps (moteur, visuel, auditif et mental), garantit un accueil et une utilisation des services proposés avec un maximum d'autonomie dans un environnement sécurisant.
Pour connaître la liste des sites labellisés : • *rendezvousenfrance.com* • (rubrique « Tourisme et Handicap »).

TOURISME & HANDICAP

Par ailleurs, dans notre guide, nous indiquons par le logo les établissements qui possèdent un accès ou des chambres pouvant accueillir des personnes handicapées. Certaines adresses sont parfaitement équipées selon les critères les plus modernes. D'autres, plus simples, plus anciennes aussi, sans répondre aux normes les plus récentes, favorisent l'accueil des personnes handicapées en facilitant l'accès à leur établissement, tant sur le plan matériel que sur le plan humain. Évidemment, les handicaps étant très divers, des lieux accessibles à certaines personnes ne le seront pas pour d'autres. Appeler donc auparavant pour savoir si l'équipement de l'hôtel ou du resto est compatible avec votre niveau de mobilité.
Malgré les combats menés par les nombreuses associations, l'intégration des personnes handicapées à la vie de tous les jours est encore balbutiante en France. Il tient à chacun de nous de faire changer les choses. Une prise de conscience est nécessaire, nous sommes tous concernés.

## SITES INTERNET

• ***routard.com*** • Tout pour préparer votre périple. Des fiches pratiques sur plus de 200 destinations, de nombreuses informations et des services : photos, cartes, météo, dossiers, agenda, itinéraires, billets d'avion, réservation d'hôtels, location de voitures, visas... Et un espace communautaire pour échanger ses bons plans, partager ses photos, définir son passeport routard ou trouver son compagnon de voyage. Sans oublier *Routard mag,* ses reportages, ses carnets de route et ses infos pour bien voyager. La boîte à outils indispensable du routard.

• ***enpaysdelaloire.com*** • Le site officiel de la région pour le tourisme. Tout pour s'informer et réserver en Pays de la Loire, visiter les vignobles, parcourir la région à vélo, etc.

• ***ouest-france.fr*** • L'actualité régionale avec le quotidien le plus lu de France.

• ***loireavelo.fr*** • Le site incontournable pour préparer son périple à vélo le long de la Loire (voir plus haut la rubrique « La région à vélo »).

• ***culture.paysdelaloire.fr*** • Site de la région sur l'ensemble des activités culturelles. Agenda thématique.

• ***follejournee.fr*** • Le très populaire festival de la Folle Journée à Nantes se délocalise désormais en région.

• ***valdeloire.org*** • La mission Val de Loire a été créée à la suite du classement d'un tronçon de la Loire au Patrimoine mondial de l'Unesco en 2000. Portail pour préparer son séjour et infos touristiques.

• ***vinsvaldeloire.fr*** • Le site des professionnels des vins du Pays nantais, de l'Anjou, du Saumurois et de la Touraine.

• ***revue303.com*** • Très belle revue consacrée aux Pays de la Loire ; on la trouve dans les musées, les librairies spécialisées ou dans les Maisons de la presse.

# URGENCE

## Cartes de paiement

Quelle que soit la carte que vous possédez, chaque banque gère elle-même le processus d'opposition et le numéro de téléphone correspondant ! Avant de partir, notez donc bien le numéro d'opposition propre à votre banque (il figure souvent sur votre contrat, au dos des tickets de retrait ou à côté des distributeurs de billets), ainsi que le numéro à 16 chiffres de votre carte. Bien entendu, conservez ces informations en lieu sûr et séparément de votre carte.
Par ailleurs, l'assistance médicale se limite aux 90 premiers jours du voyage et l'assistance véhicule aux cartes haut de gamme (renseignez-vous auprès de votre banque).

– ***Carte Visa :*** *assistance médicale ; n° d'urgence (Europe Assistance) : ☎ 01-41-85-85-85 (24h/24). • visa.fr • Pour faire opposition, contactez le numéro communiqué par votre banque.*

– ***Carte MasterCard :*** *assistance médicale incluse ; n° d'urgence : ☎ 01-45-16-65-65. • mastercardfrance.com • En cas de perte ou de vol, composez le numéro communiqué par votre banque pour faire opposition.*

– ***Carte American Express :*** *en cas de pépin, composez le ☎ (00-33) 1-47-77-72-00 (tlj 24h/24). • americanexpress.fr •*

– Pour toutes les cartes émises par ***La Banque Postale,*** composez le *☎ 0825-809-803 (0,15 €/mn) depuis la France métropolitaine.*

***Petite mesure de précaution***

Si vous retirez de l'argent dans un distributeur, utilisez de préférence les distributeurs attenants à une agence bancaire. En cas de pépin avec votre carte (carte avalée, erreur de code...), vous aurez un interlocuteur dans l'agence, pendant les heures ouvrables du moins. Et pensez bien, avant le départ, à VÉRIFIER LA DATE D'EXPIRATION DE VOTRE CARTE BANCAIRE !

## En cas de perte ou de vol de votre téléphone portable

Suspendre aussitôt sa ligne permet d'éviter de douloureuses surprises au retour du voyage ! Voici les numéros des quatre opérateurs français, accessibles depuis la France et l'étranger :
– ***SFR :*** *depuis la France, ☎ 1023 ; depuis l'étranger, 📱 + 33-6-1000-1023.*
– ***Bouygues Télécom :*** *depuis la France comme depuis l'étranger, ☎ 0-800-29-1000 ; depuis l'étranger, ☎ + 33-1-46-10-86-86.*
– ***Orange :*** *depuis la France comme depuis l'étranger, 📱 + 33-6-07-62-64-64.*
– ***Free :*** *depuis la France, ☎ 3244 ; depuis l'étranger, ☎ + 33-1-78-56-95-60.*
Vous pouvez aussi demander la suspension de votre ligne depuis le site internet de votre opérateur.

# HOMMES, CULTURE, ENVIRONNEMENT

**Normandie, Bretagne, Aquitaine... La côte océane a ses divas au caractère affirmé, voire wagnérien. En Pays de la Loire, on fait plutôt dans le Debussy. Ici, la Bretagne donne la main aux Charentes, la Normandie épouse le Val de Loire, le Poitou lance ses racines en Île-de-France. Souvent, d'ailleurs, l'impressionnisme y confine au pointillisme. Pas de réelle cohérence dans cette région de pays agglomérés qui a bien failli être morcelée lors du débat sur la réforme des régions. La Vendée oppose marais et bocages, plages de sable et côtes de granit. L'Anjou a son Val, ses châteaux lumineux et ses campagnes horticoles. Nantes, la capitale de la région, frise la schizophrénie, entre son passé breton et son statut de grande sœur en Pays de la Loire... En somme, la région ligérienne est une réduction fidèle de la France, qui passe pour le pays le plus varié d'Europe. La Loire, colonne vertébrale du pays, conduit un cortège de riches terres vers cette porte du monde qu'est l'océan. Difficile de brosser le portrait des Pays de la Loire. Le mieux est sans doute de jeter un œil à la magnifique revue *303* (on peut la trouver dans les musées, librairies spécialisées ou dans les Maisons de la presse), c'est un bon moyen de faire connaissance avec les spécificités culturelles de la région.**

## ARCHITECTURE

### Le style Plantagenêt

Caractéristique du département du Maine-et-Loire mais que l'on retrouve dans l'ouest et le sud-ouest de la France, il s'agit d'une architecture de transition entre le roman et le gothique née, comme on peut s'en douter, sous les Plantagenêts. Lire aussi nos pages sur Fontevraud et son abbaye pour mieux connaître cette famille royale.

Le style Plantagenêt se distingue principalement par des voûtes d'ogive très bombées : à l'inverse de l'architecture gothique traditionnelle, où la clé de voûte est située au même niveau que les clés des formerets et des doubleaux, la voûte angevine hisse sa clé de voûte 3 m au-dessus des autres. Effet de perspective garanti !

Avec le temps, il y eut, comme de juste, des évolutions. On peut différencier deux époques. La première se reconnaît à ses voûtes divisées en quatre ogives et quatre branches d'ogives, tandis que la deuxième opte pour des voûtes partagées par huit liernes, avec comme conséquence une impression de rondeur proche de la coupole (le transept et le chœur de la cathédrale d'Angers en sont un bon exemple).

### Les moulins de Vendée et d'Anjou

Comme partout ailleurs, les moulins des collines vendéennes servirent pendant des siècles à moudre le grain. On sait moins qu'ils avaient un langage propre : ils servaient en quelque sorte de télégraphe optique pour transmettre

des informations à la population avoisinante. En plaçant les ailes d'une certaine manière, on annonçait, par exemple, la mort du meunier ou de quelqu'un de sa famille.
Aujourd'hui, il ne reste que quelques moulins en Vendée, que l'on restaure patiemment. En Maine-et-Loire, en revanche, beaucoup de moulins sont restés debout, ce qui propulse le département à la première place nationale en nombre : environ 25 fabriquent de la farine, 40 sont en état de fonctionner. En 1860, le département en a compté jusqu'à 2 000 !

### CODE DE GUERRE

*Pendant la Révolution, les Vendéens imaginèrent un code pour transmettre la position des troupes révolutionnaires en utilisant les ailes de leurs moulins... Il fallut aux républicains un certain temps avant de découvrir ce système ingénieux (mais assez limité quand même) ! Par la suite, ceux-ci s'évertuèrent à détruire systématiquement tous les moulins à vent et à eau. Tous suspects, donc tous coupables !*

## CUISINE

Certes, la région n'a pas inventé la chantilly et le foie gras, mais la cuisine des Pays de la Loire ne se limite pas aux cochonnailles – andouilles, fressure... – dont ripaillaient les émules de Gargantua. Ici, c'est la géographie qui dicte le menu. Une profusion de cours d'eau ? Ce sont des tanches, des brochets, des saumons... Mais aussi, tout au long des vallées, le gras limon qui plaît aux primeurs. Une côte maritime ? Voici le sel, les crustacés et les poissons de mer. De larges pâturages ? En avant le beurre et la triple crème. Un bocage pauvre, d'accès difficile ? Bonjour les plats de terroir, les cochonnailles, les fromages de chèvre. Si les Pays de la Loire, à eux tous, forment un parfait concert gourmand, chacun d'eux n'en joue pas moins sa partition personnelle : poitevine en Vendée, ligérienne en Anjou, maritime en Loire-Atlantique, à demi normande dans le Maine...

### LE FION, C'EST BON

*Ne vous méprenez pas. Ce plat au nom bizarre évoque une pâtisserie vendéenne. Cette pâte brisée composée de lait et d'œufs, parfumée à la vanille et à la cannelle, était la récompense du marin.*

Pour commencer, la région jouit de quelques produits exceptionnels. Ainsi le Pays nantais est-il la Mecque des ***légumes*** : d'exquises carottes presque sucrées, mais aussi des oignons, des navets, de fameux poireaux nains, et une mâche qui a conquis l'Europe entière.
De même, on sert les ***champignons de Paris*** dans les restos troglodytiques sous le nom de ***galipettes*** car, en s'épanouissant (8 cm de diamètre minimum !), ils perdent pied et font la culbute. À déguster dorés et garnis de rillettes, de fromage de chèvre et même d'escargots ! La Vendée est le pays des ***mogettes,*** ces petits haricots de marais aux couleurs diverses, que l'on cuisine à toutes les sauces (même en potée) et que l'on accompagne de ***jambon vendéen.*** Sur la côte, la ***fleur de sel de Guérande*** – non lavée ni broyée – est une friandise à déguster sans accompagnement, sur une tartine de beurre local. Les mêmes marais salants et ceux de Vendée produisent aussi la ***salicorne,*** une petite algue qui, cuite à la vapeur, accompagne les poissons, et, préparée en saumure, remplace nos bons vieux cornichons avec les viandes froides et les terrines. Quant aux volailles, elles ont trouvé dans la région l'un de leurs plus beaux terroirs : tandis qu'à ***Loué*** les chapons, dindes, poulets et pintades de la Sarthe conjuguent l'abondance et la très haute qualité, les ***canards de Challans,*** en Vendée, font valoir la finesse de leur chair rouge.

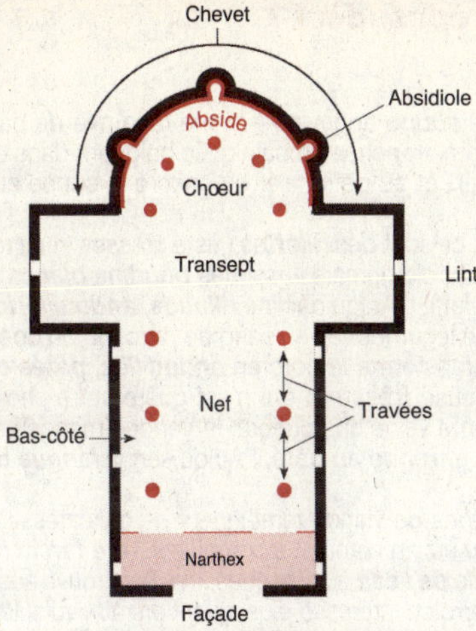


PLAN D'UNE ÉGLISE ROMANE

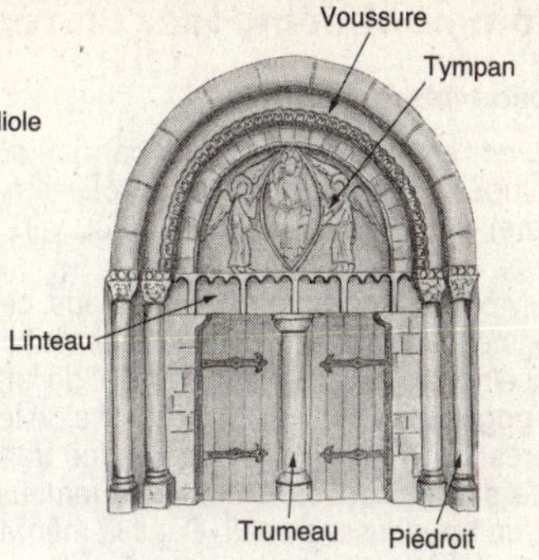


PORTAIL D'ÉGLISE ROMANE

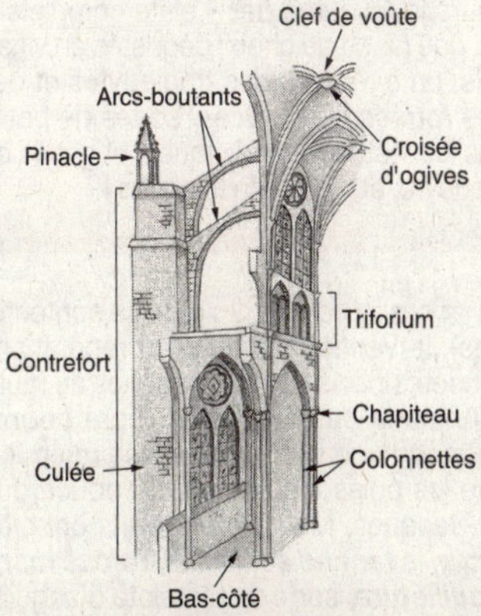


COUPE TRANSVERSALE D'UNE ÉGLISE GOTHIQUE

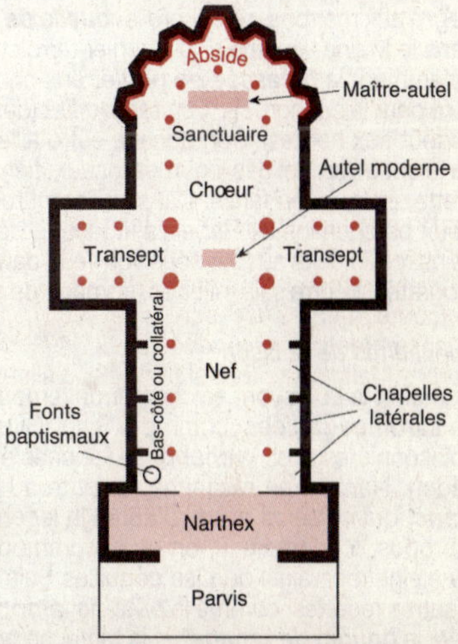


PLAN D'UNE ÉGLISE GOTHIQUE

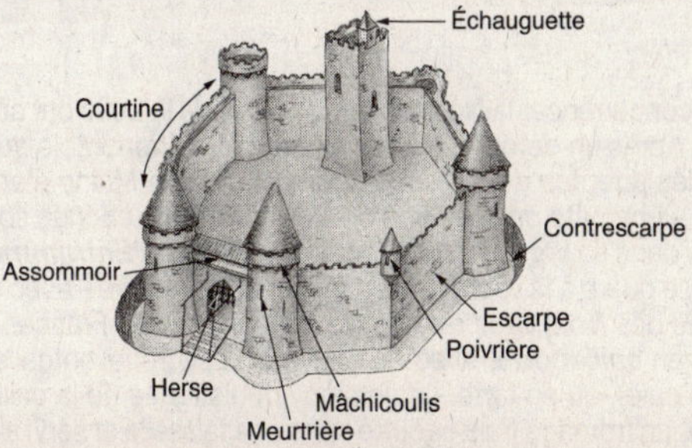


CHÂTEAU FORT

## Comment composer un repas idéal ?

### *Spécialités du terroir*

On commencera sans doute par une ***soupe*** angevine – *bijane* (à la mie de pain trempée dans du vin rouge) ou rôtie (aux tranches de pain grillé baignant dans du cidre) –, voire vendéenne (au chou vert et au petit salé, ou encore la soupe aux fèves et aux herbes).
Suivront les ***cochonnailles.*** Au Mans, ce sont des ***rillettes*** (juste grasses et cuites sans excès pour leur conserver un teint clair), mais aussi des ***boudins blancs*** (à base de lard, de viande, d'œufs et de lait). L'Anjou décline ***rillauds, andouillettes*** et ***gogues*** (sortes de boudins noirs de légumes liés au sang de porc, qu'on poêle après les avoir pochés). La Vendée transforme le porc en ***andouilles, pâtés de foie au cognac,*** sans oublier la fameuse ***fressure,*** qui n'est guère autre chose qu'un boudin sans peau. Dans la même veine charcutière, la Vendée mange ses ***alouettes en tourte*** et ses ***lapins de garenne en pâté,*** l'Anjou sert la ***langue de bœuf en gelée...***
Dans le terroir d'Angers, les préparations de viande témoignent de délicatesse. Il faut absolument goûter le ***cul de veau*** au vin blanc et aux morilles, l'***oie farcie de Segré*** aux marrons, ou encore la ***rouelle de veau*** aux carottes, que l'on trouve aussi dans le Maine – même si ce dernier terroir s'intéresse plus volontiers aux volatiles, notamment la ***fricassée de poulet*** aux champignons. Plus rustique, la Vendée en tient pour le cochon, servi en ***tantouillet*** (daube d'abats au vin rouge) ou en ***tribalée*** (ragoût aux herbes). Son bocage est d'ailleurs le royaume des « plats complets », où le chou vert, roi des légumes locaux, tient une place de choix, dégustés en vinaigrette, écrasés en farcis. Dans le Saumurois, on a ressorti des troglodytes et des vieux parchemins de Rabelais la recette des ***fouées*** ou ***fouaces,*** sortes de petits pains ronds cuits au four sous vos yeux dans les restos troglodytiques, et garnis de mogettes, beurre salé, rillettes, fromage de chèvre, et même de foie gras !

### *Spécialités de poisson*

La mer et la Loire vont se charger de tempérer ces lourdeurs. Loin de se contenter de ***sardines grillées*** (comme à Saint-Gilles), la Vendée raffine ses préparations poissonnières avec la ***chaudrée*** (seiches et petits poissons plats pochés au muscadet). Nantes, en revanche, dispute à l'Anjou la paternité du célèbre ***beurre blanc,*** qui ne serait autre, d'après la légende, qu'une sauce béarnaise ratée fort à propos. Ici comme là, on en accommode les poissons, tant d'eau douce que de pleine mer, ainsi que les coquilles Saint-Jacques. Mais les Angevins ont bien d'autres recettes, comme le ***pâté de lamproie,*** la ***tanche à l'oseille,*** l'***alose marinée,*** le ***boudin de brochet*** et la fameuse ***bouilleture,*** sorte de matelote d'anguille au vin rouge et aux pruneaux, servie sur des tranches de pain. Sans oublier les merveilleuses ***fritures de Loire,*** anguilles, éperlans et même ablettes, servies dans les guinguettes et à arroser d'un petit rosé ou d'un blanc bien frais !

### *Fromages*

Sans prétendre concurrencer la Normandie, les Pays de la Loire ont aussi quelques bons fromages. Après un détour à Nantes pour goûter l'honorable ***curé nantais*** à croûte orange, les adeptes de la vache courront dans le Maine s'approvisionner en ***saint-paulin*** – une pâte pressée très douce, également connue sous le nom de ***port-salut*** – ou, dans sa version plus typée, en fromage d'***Entrammes.*** Si la Vendée ne s'intéresse guère à la vache, c'est pour mieux produire – avec son cousin le Poitou – la moitié des ***fromages de chèvre*** consommés en France... On déguste le fromage frais en ***caillebotte,*** avec du miel ou du sucre (éventuellement, aussi, de l'essence de café), ou en tarte. La version sophistiquée de la caillebotte est le ***crémet d'Anjou,*** un fromage frais égoutté dans une faisselle et servi avec des œufs en neige, de la crème fouettée, de la crème fraîche, du sucre et des fraises.

### Desserts

La Vendée a fait de la **brioche** son étendard : cet ancien gâteau de noces, onctueux, joufflu et bien bronzé, a aujourd'hui conquis la France. C'est dans le village de Turquant, près de Saumur, que l'on peut encore goûter aux ***pommes et poires tapées*** : selon une recette du XIXe s, les fruits séchés sont encore comestibles... 15 ans après qu'on les a fait tremper dans du vin de Loire et cuire dans un sirop de sucre ! Enfin, c'est à Sablé-sur-Sarthe, en 1923, qu'un pâtissier inventa la galette du même nom, ancêtre de la fameuse ***pâte sablée.*** Avec le café, si possible, finir par un petit ***quernon d'ardoise,*** spécialité d'un confiseur angevin en hommage aux générations de mineurs de Trélazé et d'ailleurs.

# ÉCONOMIE

Les Pays de la Loire occupent une situation géographique idéale en France, au centre de la façade atlantique, et d'accès facile depuis la capitale. Sur les cinq départements qui composent la région, la Mayenne et la Vendée présentent encore un visage essentiellement agricole (c'est la deuxième région agricole du pays), alors que les grandes agglomérations, plus industrielles, se concentrent en Loire-Atlantique, en Maine-et-Loire et dans la Sarthe. Au palmarès des moteurs économiques : l'agroalimentaire, l'industrie du bois (alors que la région est finalement peu boisée, allez comprendre !), le génie naval, l'aéronautique, les pôles de recherche, etc. Sans oublier le tourisme et les 800 km de la très populaire « Loire à Vélo » (plus de 800 000 personnes en ont emprunté un tronçon en 2014). Résultat : le taux de chômage reste inférieur au taux national, et, surtout, la région exerce une attractivité croissante sur la population jeune.

> **MYSTÈRE BOVIN**
>
> *Chez les bovidés, il naît à peu près autant de mâles que de femelles. Comme dans toutes les espèces. Alors pourquoi un troupeau de vaches ne possède qu'un ou deux taureaux ? Eh bien, la viande des mâles étant un peu ferme, elle est vite vendue à l'étranger, dans des pays où l'on consomme de la viande bouillie.*

## Histoires de biscuits

Les Pays de la Loire semblent placés sous le signe des biscuits. La Loire-Atlantique en possède deux phares : LU et BN. Le sigle LU illustre l'union d'un monsieur Lefèvre et d'une demoiselle Utile (autant qu'agréable, on l'espère...). Lancé en 1887, le petit-beurre gravé aux festons arrondis sera la locomotive d'une gamme destinée à s'étoffer avec succès (le « Biscuit Thé » étant considéré par certains comme le roi du genre). L'année 1896 voit un concurrent s'élancer en la personne du Nantais Pierre Cossé. Il ne gravera pas ses propres initiales, mais celles de son entreprise : BN, c'est-à-dire Biscuiterie nantaise. La consécration attendra le lancement du « Choco BN », en 1922, casse-croûte rustique au cacao que les mères et épouses attentives glissent, depuis lors, dans les cartables et les salopettes. Plus à l'ouest, près de Saint-Brevin, on trouve la biscuiterie des galettes « Saint-Michel » à Saint-Michel-Chef-Chef.

L'autre vedette des écoliers est à chercher du côté de la Sarthe. La tradition des « petits sablés » refait son apparition à Sablé-sur-Sarthe entre les deux guerres mondiales. Deux entreprises se partagent depuis la recette et les recettes : la Sablésienne et la Maison du sablé.

## ENVIRONNEMENT

Pas de doute, la région est née sous le signe de l'eau : les départements portent le nom de la Loire ou de ses affluents (navigables pour la plupart !), quand ils ne font pas référence à l'océan Atlantique et à ses 450 km de littoral (10 % des côtes françaises).

Classée partiellement au Patrimoine mondial naturel de l'Unesco en 2000, la Loire abrite une faune ultra-riche (où le saumon a fait son grand retour parmi d'autres poissons migrateurs, comme l'anguille et la lamproie), et l'immense courant d'air océanique qu'elle draine jusqu'au cœur des terres confère à la région un micro-climat « océanique », assez unique en Europe. Saules pas toujours pleureurs, frênes taillés en « têtard », pins méditerranéens et même palmiers se sont acclimatés tout en douceur. Parmi les espèces rares, on peut citer les râles des genêts (pas une plante, mais un oiseau nichant dans les zones humides) et la fritillaire pintade (rien à voir avec le volatile cette fois-ci ; c'est une sorte de tulipe sauvage), tous deux symboles des basses vallées angevines. Ces dernières, formant une zone inondable protégée au nord d'Angers, ont même représenté la France lors de l'Exposition universelle au Japon en 2005.

Parmi les autres zones humides figurent en Loire-Atlantique les marais de la Brière et le lac de Grand-Lieu (l'un des plus grands lacs d'eau douce de France) ou encore, dans le sud de la Vendée, le Marais poitevin.

D'ailleurs, du Marais poitevin aux Alpes mancelles en passant par les bocages (enfin... ce qu'il en reste !), il fallait bien trois parcs naturels régionaux pour mettre de l'ordre dans cette très grande diversité de milieux naturels et de paysages.

Revers de la médaille, la région bat les records d'attractivité (Nantes en tête du peloton national). La proportion des milieux naturels diminue comme peau de chagrin au profit de l'urbanisation, du tourisme et de l'agriculture intensive, sans compter les risques accrus d'inondation. Seuls 15 % du territoire sont couverts de forêts (deux fois moins que la moyenne nationale).

## GÉOGRAPHIE

Perche, Maine, Anjou... Leurs noms fleurent bon la campagne, féconde et douce, des vieux livres d'histoire. Si l'industrie fait vibrer quelques villes – Nantes, Angers, Le Mans... –, les Pays de la Loire ressemblent à ce qu'en montre la carte : une vaste plaine par endroits bosselée de bocages, et que jaunissent à peine, au nord (417 m en Mayenne, au mont des Avaloirs) et au sud (231 m en Vendée, au mont des Alouettes), les chicots du vieux Massif armoricain. Cette uniformité cache un maillage étroit de petits pays singularisés par l'histoire et les traditions.

### UN DÉPARTEMENT À DEUX VISAGES

*Le Lay, ce fleuve vendéen peu connu, est constitué de deux rivières en amont : le Grand Lay et le Petit Lay, qui se rejoignent à Chantonnay. En 1790, les deux Lays devaient donner leur nom au département, comme on créa les Deux-Sèvres. Mais pour ne pas froisser, par un malheureux amalgame, les deux députés de Vendée, qui n'étaient franchement pas beaux, on retint finalement un cours d'eau mineur, la Vendée !*

Si le Val (Maine-et-Loire et Loire-Atlantique) garde sa cohérence, les deux ensembles qui lui font cortège (Sarthe et Mayenne au nord, Vendée au sud) appartiennent incontestablement à des mondes opposés.

Le Maine, au nord, est-il vraiment ligérien ? Rouen n'est pas loin, et Paris tout proche. « C'est ici, disait Clemenceau (un Vendéen), que la France est le plus la

France. » Après le Saumurois des ceps et des tournesols vient l'Anjou proprement dit, dont les paysages suaves sonnent comme une arrière-pensée de la Touraine. Les usines se multiplient pour former le poumon industriel de la région, dont le plus beau fleuron est le port de Nantes – Saint-Nazaire, quatrième de France, qui occupe 60 km de l'estuaire. Ligérienne de fait, la Loire-Atlantique reste bretonne par tradition. Les noms de lieux portent souvent le sceau de la blanche hermine : Pornic, Le Croisic, Guémené-Penfao voisinent avec les très français Clisson et Châteaubriant. Sans surprise, c'est la côte, notamment celle de Guérande, qui bretonne avec le plus d'entrain. L'influence se poursuit jusque dans l'île d'Yeu de la Vendée voisine : son âpreté suggère qu'elle a dérivé, un jour, depuis le golfe du Morbihan...

## HISTOIRE

– ***Vers 2200 av. J.-C. :*** 2 000 ans avant Obélix, menhirs et dolmens colonisent la région.
– ***De 800 à 100 av. J.-C. :*** nos ancêtres les Gaulois arrivent d'Allemagne. La tribu des Aulerques délègue son clan Cénomans en Sarthe et en Mayenne (capitale : *Vindunos,* c'est-à-dire Le Mans), et installe son clan Diablintes dans le Maine. Les Namnètes donneront leur nom à Nantes (qui s'appelle alors *Condevincum*), les Pictons au Poitou et les Andes à Angers (baptisée à l'époque *Andegavum*).
– ***56 av. J.-C. :*** malgré la rébellion d'un chef ande, près de Saumur, César occupe la région sans trop se casser la tête.
– ***Vers 400 apr. J.-C. :*** partout, les Gaulois succombent aux Germains. Mais entre peuples barbares, c'est la guerre des gangs (Francs, Wisigoths...).
– ***831 :*** avènement de Nominoë, le « Charlemagne breton ». Quinze ans plus tard, le Franc Charles le Chauve reconnaît ce dernier comme roi souverain de Bretagne. Comme la Loire sert de frontière, tout le monde s'y étripe...
– ***Du XIe au XIIIe s :*** essor des grandes maisons ducales – Anjou, Maine, Poitou –, qui se bagarrent avec entrain pour un ruisseau ou trois villages. Une grande famille émerge, qui va les éclipser : héritiers des comtes d'Anjou et de Poitou, les Plantagenêts deviennent aussi ducs d'Aquitaine, de Normandie et... rois d'Angleterre. Toute la France de l'Ouest – hormis la Bretagne – est ainsi administrée par Londres. Paris pâlit. Le roi de France n'aura plus qu'un but : bloquer les Plantagenêts dans leur île. Nom de l'opération : la guerre de Cent Ans.
– ***1341 :*** déchaînant les hostilités dans le Maine et l'Anjou, les deux rois n'oublient pas de s'affronter en Bretagne, où la couronne ducale est vacante. En 1365, le prétendant des Anglais, Jean de Montfort, décroche la timbale.
– ***De 1399 à 1442 :*** héritier du précédent, le duc Jean V hisse la Bretagne à son apogée. À cette époque, sa marine est la plus puissante du monde ! Couronné à Rennes, il préfère régner à Nantes, dans son magnifique château. Pendant ce temps, la défaite d'Azincourt succédant à la déculottée de Poitiers, la France s'enfonce dans le désastre. L'Anjou et le Poitou se retrouvent en pleine mêlée.
– ***1481 :*** Anjou et Maine sont rattachés au domaine royal. Sept ans plus tard, une défaite militaire place la Bretagne sous obédience française.
– ***1532 :*** rattachement de la Bretagne à la France.
– ***XVIe s :*** les rois mettent à la mode l'Orléanais et la Touraine,

### L'HISTOIRE DE LA BLANCHE HERMINE

*Un chasseur poursuivait une hermine pour s'emparer de sa précieuse fourrure blanche. L'animal fuit et s'arrêta soudain devant une mare boueuse. La duchesse Anne de Bretagne aperçut l'hermine qui, au lieu de sauver sa peau, refusa de se salir en plongeant. Le chasseur la tua, ce qui émut la Duchesse à qui l'on doit ainsi la devise de la Bretagne : « Plutôt la mort que la souillure. »*

mais aussi l'Anjou. À l'ombre de l'université d'Angers, on écrit (Rabelais), on versifie (Du Bellay), on guérit (Ambroise Paré). Des châteaux superbes sortent de terre. Suivent les guerres de Religion. C'est à Nantes qu'Henri IV promulgue, en 1598, l'édit qui les stoppe : un royaume, deux religions.

– ***XVII^e s :*** tournant le dos aux campagnes miséreuses et à l'agitation bretonne (révolte des Bonnets rouges, en 1675), Nantes lance sa flotte vers les colonies, et s'assure une prospérité coquette avec le trafic d'épices et d'esclaves.

– ***La Révolution française :*** la répression contre l'Église, la conscription et les excès de la Terreur font bientôt fermenter les campagnes dans toute la région (voir plus loin « Les guerres de Vendée »).

– ***20 octobre 1941 :*** assassinat à Nantes du colonel Hotz, réprimé deux jours plus tard par l'exécution de 48 otages, parmi lesquels Guy Môquet.

– ***1944-1945 :*** alors que les Américains libèrent la Normandie, une poche de résistance allemande se crée dans la région de Saint-Nazaire à partir d'août 1944. Les Alliés ne viendront à bout de cette poche que le 11 mai 1945, soit 3 jours après la signature de l'armistice.

– ***2005 :*** les basses vallées angevines représentent la France à l'Exposition universelle au Japon.

– ***28 février 2010 :*** la tempête Xinthia touche de plein fouet la côte vendéenne : L'Aiguillon, La Faute, La Tranche-sur-Mer, le port des Sables-d'Olonne... Plusieurs dizaines de victimes et des dégâts considérables.

– ***2012-2014 :*** Jean-Marc Ayrault, maire de Nantes, est nommé Premier ministre, succédant à François Fillon, l'ancien président de la région Pays de la Loire. Deux sites sont récompensés par le prix international *Thea Awards* (l'équivalent des oscars du divertissement à thèmes) : Le Puy-du-Fou (2012) et le *Carrousel des mondes marins* à Nantes (2014). En 2014, le débat sur la réforme des régions a bien failli voir la région Pays de la Loire morcelée. Elle restera finalement entière.

# LA LOIRE

## Incohérente unité

Dans notre mythologie nationale, la Loire incarne des valeurs lumineuses : amabilité, douceur et civilisation. On oublie qu'elle est aussi un fleuve encore partiellement sauvage, et l'un des plus capricieux. Moins impétueuse que le Rhône, moins sinueuse que la Seine, elle a opté pour les records de tour de taille et d'endurance. L'unité de la Loire, c'est son incohérence. Tributaire des climats du Massif central, la Loire des débits ordinaires accuse d'incroyables amplitudes. Un hiver, elle déverse dans l'océan 50 m$^3$/s, un printemps, elle pousse à 9 000 m$^3$/s. On ne s'étonnera pas que les gabares chargées à ras bord qui firent, 2 000 ans durant, la fortune d'Orléans aient plus mal résisté qu'ailleurs.

Du Puy-en-Velay jusqu'à Nantes, ce sont 1 000 km de course de fond où la Loire engloutit dans la foulée tout ce qui se présente : l'Allier auvergnat, le Beuvron solognot, l'Indre et le Cher berrichons, la Vienne poitevine et la Maine angevine viennent grossir cette longue autoroute liquide où flotte tout un monde d'îlots chevelus. La Loire a arrêté les invasions anglaises et propulsé les Auvergnats vers les vignobles angevins jusqu'aux comptoirs de la France du Nord. Baudelaire la voyait en vert, Heredia en blond, Jules Lemaître en bleu et La Fontaine en cristal... Alors, qui est vraiment la Loire ?

## Gargamelle indomptable

À force de voir l'Anjou dévasté par les crues tous les 10 ans, on rêva d'apprivoiser le monstre. En 1856, les levées de terre se trouvèrent épaulées par quelque 85 retenues d'eau qui devaient remédier tant aux crues de printemps qu'à la sécheresse estivale. Mais le danger demeure : aujourd'hui, une crue d'amplitude historique laisserait sur le carreau des centaines de milliers de sinistrés. C'est pourquoi dans les années 1980, les élus locaux ont soumis au gouvernement un projet de régulation du fleuve au moyen de quatre nouveaux barrages. Mais voilà : pendant que les riverains se réjouissent, les écologistes de tous les pays s'unissent pour crier au scandale. Regroupés au sein de l'association SOS Loire vivante (● *rivernet.org/soslv.htm* ●), ces croisés de nature préservée dénoncent le génocide d'une faune ultra-riche... Le barrage des Verts s'est montré efficace, et peu à peu le fleuve reprend des couleurs, couronné par le classement d'un tronçon (entre Sully-sur-Loire et Chalonnes) au Patrimoine de l'Unesco en 2000.

# LANGUES RÉGIONALES

## Le parler d'Henriette (ou patois sarthois)

– *Avoir la kerouaire :* avoir une petite forme gastrique (ou dans la langue gaulliste : « C'est la chienlit ! »).
– *Un benez :* un travailleur journalier au chômage.
– *Dégueniller (se) :* se déshabiller (également valable pour une chose).
– *Ne pas être de sang rassis :* être déjà éméché.
– *Quermayonner :* faire du bruit.
– *Un souapiot :* un sale gamin.
– *Tirer :* se servir (encore entendu dans les bars ; si quelqu'un fait des chichis, on lui dira d'un air excédé : « mais tire-don' ! »).
– *Tout saveter :* tout abîmer.

## Petit vocabulaire briéron

Certains mots usuels de la Brière semblent aussi mystérieux que le pays.
– *Blin :* grand chaland pour le transport de la tourbe, du roseau.
– *Bosselle :* nasse en osier pour capturer les anguilles.
– *Curée :* fossé-canal sinueux, bien entretenu, qui entoure les îles.
– *Fouesne* ou *fouine :* fourche particulière à la Brière, avec laquelle on pêche l'anguille.
– *Gagnerie :* centre des îles, que l'on consacre à la culture.
– *Piarde :* plan d'eau.
– *Pimpeneau :* anguille de vase.
– *Plattière :* terre ou pâture basse.

## Leçon numéro 1 de patois vendéen

Le patois vendéen se décline en une multitude de variantes et sur une vaste zone.
En guise de leçon numéro 1, on vous conseille d'avaler un bon verre de *trousse-pinette*, un alcool très local, et d'essayer de prononcer ces expressions, en appréciant la finesse de la langue.
– *Mange din ! te sé poé c'qui te mang'ra* (« Mange donc ! Tu ne sais pas ce qui te mangera »).
– *Le parle ni do tchu ni d'la goule* (« Il ne parle ni du cul ni de la bouche », autrement dit : il est timide).

### AH, CES BRETONS QUI BARAGOUINENT !

*On dit que le verbe « baragouiner » vient de l'assemblage des mots bretons* bara *et* gwin, *le pain et le vin, ces deux choses que réclamaient tant les combattants bretons aux soldats français qui n'y comprenaient rien.*

Et si l'envie vous prend d'attaquer la leçon numéro 2, faites comme nous, consultez le site d'un mordu de patois vendéen : ● *labouliteduweb.free.fr* ●

## LES GUERRES DE VENDÉE

Les provinces de l'ouest de la France accueillirent plutôt favorablement la prise de la Bastille et les principes fondamentaux de 1789. Toutefois, aucune solution ne fut apportée suffisamment rapidement à la grave crise économique qui y régnait. Pire, la suppression des marchés, bénéficiant de privilèges fiscaux importants, fut reçue comme une brimade dans la région. La religion se retrouva également au centre des polémiques. Ici, les paysans entretenaient des rapports assez peu conflictuels avec un clergé complaisant. La nationalisation des biens de l'Église, la suppression des ordres religieux et l'élection des prêtres furent mal comprises mais ne donnèrent lieu qu'à quelques échauffourées. Pas de quoi fouetter un chat.
En 1792, les Vendéens vécurent comme une trahison l'exécution de Louis XVI. Il était « l'oint du Seigneur » et avait accepté la Constitution sans trop rechigner. Il n'y avait donc aucune raison de le guillotiner. La grogne commençait à monter...
La guerre déclarée aux monarchies européennes, avec la décision de lever une armée de 300 000 hommes par la conscription, fut la goutte d'eau qui fit déborder le vase. Même si seulement 3 % des Vendéens étaient concernés par cette mobilisation, le procédé avait des airs de déjà-vu sous l'Ancien Régime. D'autant que les bourgeois des villes pouvaient s'acheter un remplaçant dans les campagnes.
Dès lors, le fardeau des injustices et des incompréhensions fut trop lourd à porter pour la Vendée, département issu du décret de 1790. Par cette insurrection, elle acquit le statut de province, fédérant autour d'elle une partie de la Loire-Atlantique, des Deux-Sèvres et du département du Maine-et-Loire dans un rectangle allant de Paimbœuf au sud d'Angers en longeant la Loire, descendant jusqu'à Parthenay et revenant vers Les Sables-d'Olonne. Cette Vendée militaire devint l'emblème d'une révolte populaire, rurale et religieuse réunissant plus de 700 paroisses éparpillées dans ce vaste périmètre.
Fourches, faux montées à l'envers, faucilles furent les premières armes de cette jacquerie où les paysans, pieds nus ou en sabots, s'agenouillèrent avant de monter au combat. Manquant de chefs et d'expérience militaire, les paysans se tournèrent alors naturellement vers les châtelains. Certains se laissèrent convaincre d'entrer en guerre à contrecœur. L'émeute populaire se changea en une guerre de principe. On se battait pour « Dieu et le Roi ».

### Bleus, Blancs...

De mars à juin 1793, les victoires des Blancs se succédèrent. Quelques villes furent prises (Chemillé, Thouars, Fontenay, Saumur), la Convention s'inquiéta. Jacques Cathelineau, un colporteur, devint le premier généralissime des Vendéens. Tué à Nantes moins de 15 jours après son élection, il fut remplacé par Maurice d'Elbée, un officier français engagé dans l'armée polonaise. Il dut s'opposer à l'offensive républicaine lancée par Paris. En octobre 1793, 80 000 « soldats » traversèrent la Loire avec femmes et enfants, et partirent chercher des renforts en Bretagne auprès des chouans en révolte, en espérant également le soutien des Anglais. Qui ne vinrent pas. Et cette fameuse « virée de Galerne » tourna à la débâcle : Granville ne fut pas prise, il fallut redescendre. L'armée blanche décimée était au bout du rouleau. Le 25 décembre (joyeux Noël !), les survivants furent exterminés à Savenay, sauf peut-être une poignée de 5 000 hommes.
En 1794, la Convention envoya des « Colonnes infernales » sous le commandement d'un général de 26 ans, Turreau. Il avait pour mission « d'exterminer les brigands jusqu'au dernier ». Il œuvra dans ce dessein avec un soin tout particulier.

Bien qu'exsangue, la Vendée trouva la force de se révolter encore une fois et suivit son nouveau chef : Charette. Lieutenant de vaisseau sur un navire qui prit part à la guerre d'Amérique, Charette était réputé pour ses compétences de tacticien militaire. Adversaire redoutable pour les républicains, il ne put empêcher les massacres, les incendies de villages, les noyades dans la Loire qui se suivirent durant toute l'année. Le carnage des Lucs-sur-Boulogne où l'on dénombra 560 victimes resta le lieu emblématique de ces tueries programmées par le gouvernement de la Terreur. Marx, écrivant à Engels en 1870, analysa cette Terreur comme étant le fait « d'une bourgeoisie parisienne qui a chié dans ses culottes » !
Charette signa la paix le 17 février 1795 en obtenant des garanties concernant la liberté religieuse et l'exemption de conscription. Il aurait également négocié la restauration de la royauté. Réalité ou prétexte : s'estimant trahi, il reprit les combats quelques mois plus tard. Il continua la « guérilla » avec une poignée de fidèles mais tomba sous le nombre des troupes lancées à ses trousses. Arrêté le 23 mars 1796 dans le bois de la Chabotterie, il fut fusillé à Nantes une semaine plus tard. La guerre de Vendée était finie... Pas les polémiques.
Nul aujourd'hui ne peut rejeter la Révolution de 1789 et ses acquis indéniables. Il est plus difficile de cautionner les excès meurtriers de la Terreur. En fait, l'épisode sanglant de la Vendée (120 000 victimes du côté vendéen) marqua une autre réalité : la fin d'un monde paysan opposé à une société moderne née de la Révolution. En 1789, Mirabeau comparait la France à « un agrégat de peuples désunis ». En 1793, les Vendéens refusèrent l'union nationale obligatoire déniant leurs spécificités et, quelque part, leurs libertés. La République soupçonna, à tort, dans les soubresauts de cette région, un complot royaliste. Difficile, dès lors, de parler de génocide. Jamais, en effet, il n'a été question d'exterminer un peuple, fût-il vendéen. Toutefois, les guerres de Vendée ont mis en lumière, de la façon la plus odieuse qui soit, les difficultés d'une centralisation forcée longtemps rejetée par la province.

## Chouans ou pas chouans ?

Dire des Vendéens qu'ils sont des chouans frise l'hérésie. Pendant la Révolution, tous les insurgés de l'ouest de la France ont été dénommés du terme générique de « chouans ». Mais la vraie chouannerie vient du Maine, de Bretagne, du Haut-Anjou et de Basse-Normandie. Rien à voir avec le Bas-Poitou. Le terme « chouan » fut galvaudé au XIXe s par un amalgame facile dû à l'indifférence générale des historiens pour une guerre franco-française plutôt gênante. Pour être plus exact, il faut préciser que les Vendéens ont tout de même « chouanné », mais bien avant la Révolution. La région produisant énormément de sel, les ressources de la gabelle étaient très importantes. Qui dit impôt dit forcément fraudeur (voir l'encadré)...

### CHOUX, HIBOUX...

*Autrefois, les faux-sauniers, spécialistes de la contrebande du sel, signalaient à leurs camarades l'approche des gabelous en imitant le cri de la chouette. L'animal ayant pour surnom le chat-huant, on les appelait les « chouans ». Par amalgame, les insurgés de l'Ouest, opposés au pouvoir révolutionnaire en place, se virent affublés de ce surnom.*

## PERSONNAGES

– ***David d'Angers*** *(1788-1856)* **:** 1er prix de Rome en 1811, ce sculpteur romantique fut l'ami intime de Victor Hugo. On lui doit, entre autres, le fronton du Panthéon. Un musée lui est consacré à Angers.

– ***Jean-Marc Ayrault*** *(né en 1950)* **:** député-maire socialiste de Nantes de 1989 jusqu'à sa nomination au poste de Premier ministre, qu'il occupa de 2012 à 2014.

– ***Hervé Bazin*** *(1911-1996)* **:** toute la région de Segré (Anjou) dans son livre fétiche, *Vipère au poing.*

– ***Les Bollée*** **:** toute une famille de Géo Trouvetout manceaux, spécialisée dans l'automobile. Le plus connu est le papa, Amédée, qui, en 1873, équipe les véhicules de la traction à vapeur, grâce à laquelle il franchit 8 ans plus tard le record des 60 km/h.

– ***Anne de Bretagne*** *(1477-1514)* **:** mariée à Charles VIII en 1491, puis à Louis XII, la bonne duchesse offrit la Bretagne à la France, selon un vœu arraché à son père.

– ***Aristide Briand*** *(1862-1932)* **:** né à Nantes, député en 1902, à plusieurs reprises ministre et président du Conseil. Défenseur de la paix après la Première Guerre mondiale, il participe activement à la création de la SDN. Prix Nobel de la paix en 1926.

– ***Pierre Cambronne*** *(1770-1842)* **:** nantais de naissance, ce vicomte et général d'Empire s'illustra héroïquement à Waterloo en lançant, alors que ses hommes étaient cernés : « La garde meurt mais ne se rend pas », phrase qui lui vaudra d'être cité plus tard à tout propos.

– ***François-Athanase de Charette de La Contrie*** *(1763-1796)* **:** « Charette » pour les intimes. Après avoir bataillé pour la révolution américaine, ce vicomte du pays de Retz prend les armes contre la Révolution française. Il mènera brillamment au combat les paysans de Vendée, de Bretagne et d'Anjou dès 1793. Après 3 années de succès, l'homme providentiel est capturé et fusillé à Nantes.

### LA MODE SELON COCO

*La Saumuroise Coco Chanel (1883-1971) fut certainement la plus grande couturière française du XXe s. « Mademoiselle » adopte une posture décalée, invente un nouveau style et libère les femmes de leurs carcans vestimentaires. Elle se coupe les cheveux, popularise la marinière et le tailleur. C'est même elle qui lance la mode du bronzage après des siècles de blancheur et après... un coup de soleil accidentel !*

– ***Patrice Chéreau*** *(1944-2013)* **:** né à Lézigné, en Maine-et-Loire. La carrière du réalisateur de cinéma de *La Reine Margot, Intimacy* ou encore *Ceux qui m'aiment prendront le train* fut également marquée par le théâtre et l'opéra.

– ***Christine and The Queens*** *(née en 1988)* **:** de son vrai nom Héloïse Letissier, chanteuse et auteur-compositrice nantaise, nommée aux Victoires de la musique 2014. Son album *Chaleur Humaine* brise tous les codes, retourne les stigmates et réconcilie dans un format pop et contemporain chanson française très écrite et influences R'n'B. Pas de coiffe bretonne pour ce personnage scénique haut en couleur mais une inspiration puisée auprès des drag queens, qui rompt avec la tradition...

– ***Georges Clemenceau*** *(1841-1929)* **:** né à Mouilleron-en-Pareds (Vendée), le « Tigre » restera un grand homme politique, président du Conseil qui mena la France à la victoire de 1918.

– ***Jacques Demy*** *(1931-1990)* **:** *Jacot de Nantes* – tel est le nom du film qu'Agnès Varda, sa femme, lui a consacré. Il eut beau naître à Pontchâteau, c'est

### UNE VIE ÉDIFIANTE

*D'abord médecin, Clemenceau devint journaliste et partit aux États-Unis enseigner l'équitation. Il épousa une Américaine dont il divorça. Terrorisant ses adversaires, ses combats étaient justes. Il batailla ainsi pour rétablir l'honneur de Dreyfus (on lui doit le titre légendaire du plaidoyer de Zola, « J'accuse »), livra 12 duels et créa les fameuses « brigades du Tigre ». Opposé à la colonisation, on lui doit aussi beaucoup dans la victoire de la Première Guerre mondiale. Et en remerciement... il perdit les élections !*

Nantes qu'il choisit pour son premier long-métrage, *Lola,* avant d'écumer toute la côte océane – *Les Demoiselles de Rochefort, Les Parapluies de Cherbourg...* –, armé d'une solide bonne humeur et d'un sens de la fable élégante.

– ***Armand Du Plessis, duc de Richelieu*** *(1585-1642)* **:** le célèbre cardinal est né à Luçon, qui devient son évêché alors qu'il n'a que 22 ans.

– ***Louis de Funès*** *(1914-1983)* **:** le célèbre comique a longtemps vécu dans le château du Cellier, tout près de Nantes, dont il fut propriétaire. Il est enterré dans le village.

– ***Julien Gracq*** *(1910-2007)* **:** romancier comptant parmi les surréalistes, Gracq a vécu toute sa vie à Saint-Florent-le-Vieil. Il est l'auteur d'ouvrages tels *Un balcon en forêt* ou *Le Rivage des Syrtes,* pour lequel il refusa le prix Goncourt en 1951. Il a publié également un essai sur Nantes en 1985 : *La Forme d'une ville.*

– ***Alfred Jarry*** *(1873-1907)* **:** Tzara et les surréalistes doivent une fière chandelle (verte) au créateur d'*Ubu roi* et fondateur de la pataphysique, né à Laval.

– ***Henri de La Rochejacquelein*** *(1772-1794)* **:** le plus jeune et le plus brave des généraux vendéens. En dépit de ses 21 ans, il sera nommé généralissime et sèmera la panique dans les rangs républicains. En 1794, l'« Achille de la Vendée » est tué dans une escarmouche.

– ***Les marins*** **:** non seulement Éric Tabarly était nantais, mais les frères Peyron, Marc Pajot et Laurent Bourgnon sont tous de Loire-Atlantique. Mille sabords !

– ***Ambroise Paré*** *(1510-1590)* **:** né à Laval, ce contemporain de Rabelais invente la chirurgie moderne en soulageant les souffrances des blessés sur les champs de bataille.

– ***Gilles de Rais*** *(ou* ***Retz*** *ou* ***Rays*** *; 1404-1440)* **:** grand seigneur vendéen, compagnon de Jeanne d'Arc dans sa reconquête contre les Anglais. Mais l'Église donna l'ordre de l'arrêter, et Gilles confessa les plus monstrueux crimes : plus de 600 bambins ont été « dévorés » par l'ogre. Démesuré, le procès de « Barbe-Bleue » aura sans doute été le cas le plus extrême des annales judiciaires. À tel point qu'on le rejugea, il y a quelques années, pour tenter de prouver qu'il n'était pas si méchant que ça...

– ***Le bon roi René*** *(1409-1480)* **:** plus connu comme roi de Provence, ce contemporain de Louis XI était aussi duc d'Anjou. Sa « bonté » ne fut pas que légende : on le disait plein de sollicitude envers ses sujets. Il laissa le souvenir d'un prince exquis et cultivé.

– ***Jean Rouaud*** *(né en 1952)* **:** le Goncourt 1990 des *Champs d'honneur* est un Nantais discret.

– ***Le Douanier Rousseau*** *(1844-1910)* **:** le père de la peinture « naïve » se prénommait Henri et naquit à Laval.

– ***Jacques Tati*** *(1907-1982)* **:** né au Pecq, dans les Yvelines, mais a tourné en 1951 le film génial *Les Vacances de M. Hulot* à Saint-Marc-sur-Mer, près de Saint-Nazaire, inspiré du vrai M. Hulot, grand-père d'un certain Nicolas !

– ***Tri Yann*** **:** les « Trois Jean de Nantes » (un peu plus nombreux à présent) sont contre le nucléaire, le remembrement, les Boys Bands et la bouffe uniformisée. Ça tombe bien, nous aussi ! De plus, leur musique s'inspire de mélodies celtes, québécoises et irlandaises, le tout à la sauce ethno-rock-folk et à grand renfort de mandoloncelle, de cromorne, psaltérion et dulcimer.

– ***Jules Verne*** *(1828-1905)* **:** ce Nostradamus nantais de la technologie projeta, vers des mondes inconnus, les inventions embryonnaires de l'ère industrielle. Son statut d'auteur parmi les plus traduits fait souvent oublier la « morale » de son œuvre, pessimiste, misanthrope, voire paranoïaque.

## PLÉIADE : LES RIMES ET LA RAISON

Les Pléiades, dit *Le Robert,* sont les sept filles d'Atlas que Zeus changea en colombes avant de les envoyer briller dans le ciel. La Pléiade, elle, est une

constellation de sept poètes que la Renaissance fit surgir – à l'exception de Pontus de Thyard et d'Étienne Jodelle – dans l'orbite des Pays de la Loire. ***Joachim Du Bellay*** à Liré, ***Rémi Belleau*** à Nogent-le-Rotrou, ***Jacques Pelletier*** au Mans, ***Antoine de Baïf*** à La Flèche et ***Pierre de Ronsard,*** le chef d'école, dans le Vendômois, soit à proximité immédiate des cours royales. Tantôt élégiaques, tantôt satiriques et le plus souvent érudits, ils ont redécouvert la poésie à la lumière des Anciens : Horace, Virgile, puis Pétrarque.
C'est Ronsard qui a le moins vieilli. Amoureux sensuel (« Dedans et dehors mes entrailles / Une ardente chaleur me point / Plus fort qu'un maréchal ferrant ne joint / Le fer tout rouge en ses tenailles »), courtisan fidèle, il régale successivement de ses sonnets Henri II, François II, Charles IX et Henri III. Le « Prince des poètes » vaut surtout pour ses derniers vers, marqués par l'approche de la mort : « Vous estes déjà vieille, et je le suis aussi / Joignons notre vieillesse et l'accolons ensemble / Et faisons d'un hiver un printemps adouci. »

## SITES INSCRITS AU PATRIMOINE MONDIAL DE L'UNESCO

Organisation des Nations Unies pour l'éducation, la science et la culture

En coopération avec le centre du patrimoine mondial de l'UNESCO

Pour figurer sur la liste du Patrimoine mondial, les sites doivent avoir une valeur universelle exceptionnelle et satisfaire à au moins un des 10 critères de sélection. La protection, la gestion, l'authenticité et l'intégrité des biens sont également des considérations importantes.
Le patrimoine est l'héritage du passé dont nous profitons aujourd'hui et que nous transmettons aux générations à venir. Nos patrimoines naturel et culturel sont deux sources irremplaçables de vie et d'inspiration. Ces sites appartiennent à tous les peuples du monde, sans tenir compte du territoire sur lequel ils sont situés. Pour plus d'informations : • *whc.unesco.org* •
Pour la région Pays de la Loire est concerné ***le Val de Loire entre Sully-sur-Loire et Chalonnes*** (2000). Et depuis 2011, ***l'équitation de tradition française*** propre à Saumur est inscrite au Patrimoine culturel immatériel de l'humanité.

## VINS ET ALCOOLS

Sur les rives sud de la Loire essentiellement, mais aussi un peu au nord, sur les vieilles roches du Massif armoricain, le secteur viticole de la région des Pays de la Loire est une incroyable mosaïque de terroirs : granit, schistes, grès... Bref, un beau mélange ! Le vignoble y occupe des coteaux bien ensoleillés et agréablement balayés par la petite brise de l'océan.
Abstraction faite des ***fiefs-vendéens,*** petits rouges ou blancs légers, et des formidables vins du Loir dans la Sarthe (***jasnières*** et ***coteaux-du-loir***), si peu connus et pourtant si délicieux, la région appuie son renom viticole sur deux aires distinctes : les coteaux de la Loire et le Pays nantais. Les premiers ont notre préférence.
En Anjou, la vogue du ***gamay*** ou du fameux petit ***rosé*** cache des vins réellement nobles. Ainsi, les connaisseurs tiennent-ils en très grande estime le ***savennières,*** un blanc sec d'une extrême finesse, dont les deux grands crus se nomment ***savennières roche-aux-moines*** et ***savennières coulée-de-serrant.*** Par ailleurs, exception faite du sauterne, les meilleurs blancs liquoreux se trouvent en Anjou : une gorgée de ***coteaux-de-l'aubance,*** de ***coteaux-du-layon,*** de ***bonnezeaux*** ou de ***quarts-de-chaume*** (le summum) fait défiler dans votre palais un inépuisable cortège d'arômes. Côté rouges, l'Anjou se prévaut d'un champion du « parfumé-et-facile-à-boire », le ***saumur-champigny,*** qui rivalise avec son cousin le bourgueil

sur les tables parisiennes. Et tant que vous êtes à Saumur, faites mousser votre séjour avec l'un de ses ***vins effervescents,*** élégants et corsés, que les connaisseurs rangent juste après le champagne. Pour compléter vos connaissances sur ce vignoble, voir aussi la rubrique « Les vins d'Anjou et de Saumur » dans le chapitre « Maine-et-Loire (l'Anjou) ».
À défaut de grands vins, le Pays nantais a le ***muscadet,*** ce qui suffit à sa prospérité : ami des fruits de mer et protecteur de la langouste, ce « petit-blanc-qui-va-avec-tout » a conquis tout l'Hexagone. On compte quatre AOC muscadet : *muscadet, muscadet-coteaux-de-la-loire, muscadet-sèvre-et-maine* et *muscadet-côtes-de-grand-lieu.* On le récolte un peu partout, des coteaux de la Loire au pays de Retz, mais les meilleurs (secs et très pâles) proviennent de Sèvre-et-Maine, un petit vignoble au sud-est de Nantes. Quant au cépage baptisé ***gros-plant,*** ce n'est autre que la « folle blanche », ainsi nommée parce que ses vins, en Vendée et ailleurs, passent pour rendre fou ! Au sud de Nantes, il n'en produit pas moins des blancs très raisonnables, c'est-à-dire légers et fruités. Sur le gros-plant et le muscadet, voir aussi le chapitre « Le Pays du vignoble nantais. Pour les néophytes » dans la partie « La Loire-Atlantique ».
Côté liqueurs et tord-boyaux, c'est à Angers qu'Adolphe (apothicaire gourmand) et Édouard ***Cointreau*** mirent au point la recette du célèbre nectar à base d'écorces d'orange, et c'est encore à l'Anjou qu'on doit le ***guignolet,*** élaboré à partir de griottes macérées dans l'alcool, la menthe pastille ***Giffard*** et le triple-sec ***Combier.***

# LA LOIRE-ATLANTIQUE

## ABC DE LA LOIRE-ATLANTIQUE

- *Superficie :* 6 815 km².
- *Préfecture :* Nantes (293 000 hab.), 6e ville de France.
- *Sous-préfectures :* Ancenis, Saint-Nazaire et Châteaubriant.
- *Population :* 1 282 000 hab.
- *Signe particulier :* la Brière, 2e marais de France après la Camargue ; Saint-Nazaire, 4e port maritime de France.
- *Point culminant :* 120 m, autour de Châteaubriant.

**Étonnant département que cette Loire-Atlantique, bretonne géographiquement, historiquement aussi, mais faisant partie de la région Pays de la Loire ! Le nord du département est marqué du sceau breton, alors que le sud est attiré vers la Vendée. La Loire marque la limite entre ces deux cultures tout en les rapprochant, grâce à la quinzaine de ponts qui se succèdent d'Ancenis à Saint-Nazaire et aux bacs de Loire.**
**Cité des ducs de Bretagne, injustement rattachée par le gouvernement pétainiste aux Pays de la Loire, Nantes reste déchirée par sa double appartenance. Qu'y a-t-il de commun entre les vignes du sud et les landes granitiques du nord, entre les maisons basses sous leurs toits de tuiles romaines, typiques du Sud, et les longues fermes aux toits d'ardoise, voire de chaume, au nord de la Loire ? Difficile d'y trouver une cohérence.**
**Alors, on cherche vainement un liant pour ce département composite. On le trouve peut-être autour du thème de l'eau, avec la Loire tout d'abord, ce dernier fleuve sauvage européen (enfin... presque !) abreuvé de sa vingtaine d'affluents et qui s'étend sur 110 km dans le département. Le parc de Brière ensuite, deuxième marais de France, puis le lac de Grand-Lieu, l'un des plus grands de l'Hexagone, les 2 000 ha de marais salants, et, bien entendu, l'océan, dont les côtes somptueuses, elles aussi sauvages, répondent aux noms de Jade, d'Amour ou Sauvage justement. Elles enchantent résidents et touristes sur plus de 130 km (dont près de 70 km de plages et 16 ports de plaisance). Jamais loin, vecteurs d'échanges et d'innovations, la Loire et l'Atlantique ont joué depuis le Moyen Âge un rôle complémentaire, voire indispensable, dans l'économie du département et de la région, avec notamment le tristement**

**célèbre commerce triangulaire, l'importation de produits exotiques ou, aujourd'hui, la construction navale.**

## UNE TERRE DE PLEIN AIR

Avec les nombreux ports, les quais où se promener, les marais salants à visiter, les 130 km de rivières navigables, pas de doute : l'eau imprègne le département, jusque dans son nom. Mais les marcheurs ou amateurs de petite reine ne seront pas en reste. Avec plus de ***5 300 km de sentiers,*** il est facile et agréable de sillonner la Loire-Atlantique le long des côtes, à travers les forêts ou le parc naturel régional de Brière. Les offices de tourisme proposent aux visiteurs de nombreuses idées de parcours détaillés sur topoguides ou fiches de promenades. Un guide de randonnées est également édité à cet effet *(Balades en Loire-Atlantique,* éditions Ouest-France).
Les ***cyclistes*** ne manqueront pas de découvrir les petites routes du département en empruntant la piste ***Vélocéan*** entre le Morbihan et la Vendée sur 160 km par la côte. Une façon originale de traverser et de découvrir Guérande, La Baule, Saint-Nazaire, Pornic... Le département est également chef de file pour l'itinéraire ***Vélodyssée*** qui rejoint Roscoff à Hendaye, via le canal de Nantes à Brest. Enfin, pourquoi ne pas remonter la Loire en empruntant l'itinéraire « ***La Loire à Vélo*** » ?
Et pour ceux qui ont la main verte ou pour les amoureux des fleurs, le département est doté d'une quantité de ***parcs et jardins.*** Son sol fertile et son climat doux favorisent la diversité botanique, de la côte aux terres intérieures. De Nantes (Jardin des plantes, parc de la Beaujoire...) à Clisson (domaine de la Garenne-Lemot), de Pornic (jardin de Retz) à Saint-Nazaire (Parc paysager) ou Le Croisic (parc Penn-Avel), prenez votre temps et « butinez » les jardins de Loire-Atlantique.

### Adresses utiles

***Loire-Atlantique Développement :*** *11, rue du Château-de-l'Éraudière, CS 40698, 44306* ***Nantes*** *Cedex 3. ☎ 0810-044-001 (n° Azur). • info@ohlaloireatlantique.com • ohlaloireatlantique.com •* Multiservices et bien documentée. Loin du centre, l'agence est plutôt destinée à renseigner par téléphone et par mail. Édite toutes sortes de brochures sur le département, qui peuvent vous être envoyées sur demande. Également une gamme de « L.A. Box » : week-ends, activités (coffrets cadeaux), etc.

***Relais départemental des Gîtes de France :*** *9, rue Alessandro-Volta, bât. F6, 44481* ***Carquefou*** *Cedex. ☎ 02-51-72-95-65. • info@gites-de-France-44.fr • gites-bretagne-sud.fr • Accueil téléphonique lun-ven 9h-17h30.* Gère plusieurs centaines de gîtes et chambres sur le département. Infos par téléphone ou par mail.

***Agence culturelle bretonne Morvan-Lebesque :*** *24, quai de la Fosse (dans la médiathèque Jacques-Demy), 44000* ***Nantes.*** *☎ 02-51-84-16-07. • acb44.com • (agenda culturel). Ⓣ Médiathèque (ligne 1).* Sa principale mission est d'informer le public sur tout ce qui touche de près ou de loin à la culture bretonne, et d'entretenir le lien entre les différents acteurs de cette culture. C'est la vitrine des dizaines d'associations bretonnes et celtiques du département. Espace de vente.

***Comité départemental de randonnée pédestre :*** *19, av. du Clos-du-Cens, 44300* ***Nantes.*** *☎ 02-51-83-17-86. • loire-atlantique.ffrandonnee.fr •* Propose des conseils et des sorties de randonnées dans tout le département. Topoguides en vente.

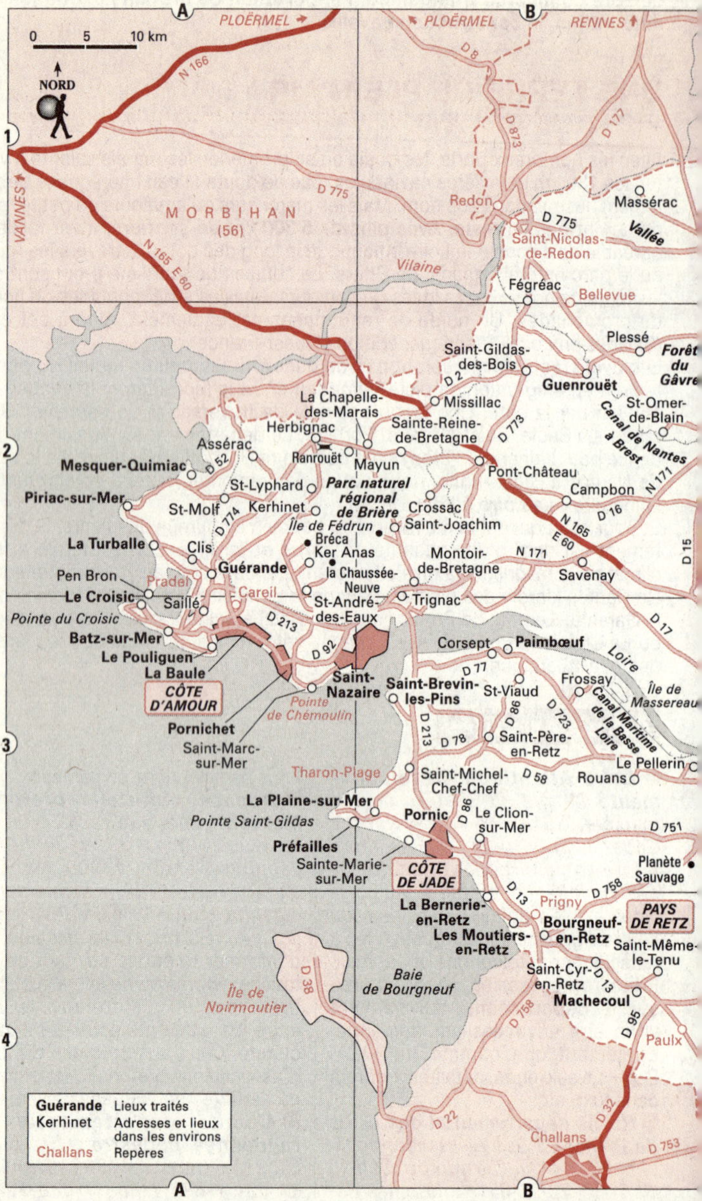
A
B
1
2
3
4
0
5
10 km
NORD
PLOËRMEL
PLOËRMEL
RENNES
VANNES
N 166
N 165 E 60
D 8
D 873
D 177
D 775
MORBIHAN
(56)
Redon
Massérac
Saint-Nicolas-de-Redon
Vallée
Vilaine
Fégréac
Bellevue
Plessé
Forêt du Gâvre
Saint-Gildas-des-Bois
Guenrouët
D 2
La Chapelle-des-Marais
Missillac
St-Omer-de-Blain
Canal de Nantes à Brest
Herbignac
Sainte-Reine-de-Bretagne
D 773
Assérac
Ranrouët
Mayun
Pont-Château
Mesquer-Quimiac
D 52
N 171
St-Lyphard
Parc naturel régional de Brière
Campbon
Piriac-sur-Mer
St-Molf
Kerhinet
Crossac
D 16
D 774
Île de Fédrun
Saint-Joachim
N 165
E 60
La Turballe
Clis
Bréca
Ker Anas
Montoir-de-Bretagne
N 171
D 15
Guérande
Savenay
Pen Bron
Pradel
la Chaussée-Neuve
Le Croisic
Saillé
Careil
St-André-des-Eaux
Trignac
Pointe du Croisic
D 213
D 17
Batz-sur-Mer
Corsept
Paimbœuf
Le Pouliguen
D 92
Loire
La Baule
Saint-Nazaire
D 77
Frossay
Île de Massereau
CÔTE D'AMOUR
Saint-Brevin-les-Pins
St-Viaud
Canal Maritime de la Basse Loire
Pointe de Chémoulin
D 86
D 723
Pornichet
D 213
D 78
Saint-Père-en-Retz
Saint-Marc-sur-Mer
Le Pellerin
Tharon-Plage
Saint-Michel-Chef-Chef
D 58
Rouans
La Plaine-sur-Mer
Pornic
D 86
Le Clion-sur-Mer
Pointe Saint-Gildas
D 751
Préfailles
Planète Sauvage
Sainte-Marie-sur-Mer
CÔTE DE JADE
D 13
D 758
Prigny
PAYS DE RETZ
La Bernerie-en-Retz
Bourgneuf-en-Retz
Les Moutiers-en-Retz
Saint-Même-le-Tenu
D 38
Baie de Bourgneuf
Saint-Cyr-en-Retz
D 13
Île de Noirmoutier
Machecoul
D 758
D 95
Paulx
D 22
D 32
Challans
D 753
Guérande Lieux traités
Kerhinet Adresses et lieux dans les environs
Challans Repères

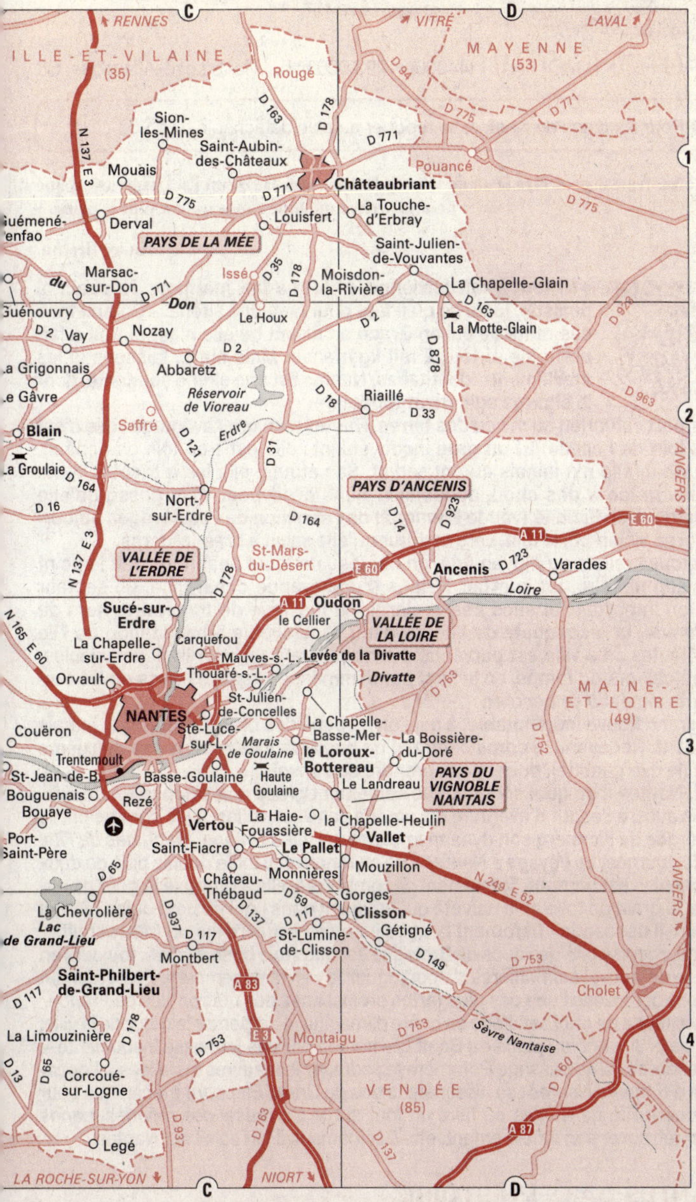


# LA LOIRE-ATLANTIQUE

NANTES

## NANTES [naoned] (44000) 293 000 hab. *Carte Loire-Atlantique, C3*

▶ Pour les plans de Nantes, se reporter au plan détachable en fin de guide.

**« Nantes est peut-être la seule ville de France, avec Paris, où j'ai l'impression que peut m'arriver quelque chose qui en vaut la peine. »**

**André Breton.**

**« Ni tout à fait terrienne, ni tout à fait maritime. Ni chair, ni poisson, juste ce qu'il faut pour faire une sirène. » Complétons ces mots de Julien Gracq en disant qu'elle n'est ni tout à fait bretonne ni tout à fait ligérienne. Mais aïe !... laissons là les tiraillements identitaires, Nantes est une sirène souriante, dont le charme agit en profondeur.**

**Fier port estuarien au milieu des terres, Nantes a un gros avantage : elle n'est pas loin de l'océan. Et un gros inconvénient : elle est trop loin de l'océan. Pourtant, elle n'a jamais autant séduit. Ses atouts, elle les a tricotés toute seule, grâce à des choix audacieux. Sans avoir peur d'un passé qu'elle regarde avec lucidité (voir le Mémorial de l'abolition de l'esclavage), aujourd'hui sa vision porte loin, vers un futur qu'elle saisit à bras-le-corps.**

**Quelques reliefs du Moyen Âge, un château de toute beauté qui fait le point sur son histoire, un quartier XVIIIe s d'une grande cohérence, un secteur piéton important et sans cesse élargi, un maillage de transports hors du commun, la reconquête de l'île Feydeau, l'incroyable réhabilitation de l'île de Nantes... La ville est parvenue avec habileté à renouer le fil des siècles, le patchwork du temps, en le liant par d'immenses espaces verts où les étudiants aiment à se bécoter.**

**Le grand fleuve indomptable, à qui l'on a coupé des bras, est plus que jamais présent. Redevenu le corps central d'un papillon qui a retrouvé sa deuxième aile (la rive gauche), pour mieux prendre son envol.**

**Oui, Nantes a de quoi séduire. Pas seulement grâce à ses habits tout neufs, mais aussi à l'esprit d'aventure qui souffle dans ses voiles, avec comme partie émergée de l'iceberg son dynamisme culturel (*Lieu Unique, Machines de l'île,* Folle Journée, *Le Voyage à Nantes...*). Son renouveau initié depuis plus de deux décennies est flagrant. Totalement décomplexée, elle a retrouvé le goût du risque, le grain de folie et la naïveté qui brillaient dans l'œil du petit Jules (Verne) quand il descendait fièrement la Loire jusqu'à l'estuaire sur un frêle esquif.**

**La bourgeoise cité des ducs de Bretagne est une vraie boîte à idées, toujours en quête de nouvelles manières de conjuguer le « vivre ensemble ». Pas étonnant qu'elle connaisse l'une des plus fortes croissances des métropoles de France.**

**Le visiteur a de quoi satisfaire sa quête d'imaginaire : arpenter le cœur de la ville, rue de la Juiverie ou place du Bouffay – hantée par une jeunesse insouciante –, ou encore le chic passage Pommeraye ; admirer les œuvres installées à l'occasion d'*Estuaire Nantes* ; se hisser sur le dos du *Grand Éléphant* mécanique pour parcourir l'île de Nantes ou faire un tour sur le *Carrousel des mondes marins* pour retrouver son âme d'enfant, etc. Décidément, il fait soleil sur Nantes.**

### NANTES DANS L'HISTOIRE

Sous les Romains, ***Condevincum,*** où vivent les Namnètes, d'où le nom de Nantes, est déjà un centre actif qui bénéficie de sa situation au confluent de l'Erdre et de la Loire. Le martyre des frères Donatien et Rogatien, patrons de la ville, symbolise l'implantation du christianisme, et les églises prennent la place des temples païens.

Après avoir subi les invasions saxonnes au Ve s, la ville se réorganise au VIe s. ***Nominoë*** devient roi des Bretons en 842. Mais Nantes est envahie ensuite par les Normands. Le duché de Bretagne est reconstitué en 936 par ***Alain Barbe-Torte.*** À sa mort, la souveraineté de Bretagne est revendiquée à la fois par les comtes de Nantes et les comtes de Rennes. Pierre de Dreux, dit Mauclerc, nommé duc de Bretagne par Philippe Auguste, fait de Nantes sa capitale et fortifie la ville. Après les péripéties des guerres de Succession, le duché devient puissant sous la houlette des Montfort, vainqueurs du conflit. Une université est créée.

Lorsque Louis XI décide d'annexer la Bretagne à la couronne de France, il se heurte à la résistance du duc François II. La défaite de l'armée bretonne, à Saint-Aubin-du-Cormier (près de Saint-Malo), en 1488, porte un coup fatal à l'indépendance de la Bretagne. En épousant Charles VIII, puis Louis XII, ***Anne de Bretagne*** rapproche la Bretagne de la France mais lui conserve son autonomie. Ce n'est qu'avec sa fille Claude que la Bretagne est définitivement rattachée à la France, en 1532, Anne n'ayant pas eu d'héritier mâle.

Au cours des guerres de Religion, Nantes est peu touchée par le calvinisme. Au contraire, les Nantais suivent le gouverneur de la Bretagne, Mercœur, du côté des ligueurs. Henri IV obtient la soumission de Mercœur et vient lui-même signer l'***édit de Nantes en 1598,*** qui mettra fin aux guerres de Religion.

Du XVIIe au XIXe s, Nantes profite du commerce du « bois d'ébène » (la traite des Noirs) et devient le premier port de France. Le quai de la Fosse et l'île Feydeau sont connus dans le monde entier. La ville déborde vers la place Viarme et les places Royale, Graslin, etc. Les hôtels de style Louis XV et Louis XVI sont les témoins de cette période prospère, voire fastueuse.



## Nantes et la traite des Noirs

Pour l'historien Michelet, les corsaires ont fait la fortune de Saint-Malo... et les négriers celle de Nantes ! Nantes organisa plus de 40 % des expéditions négrières françaises, et ses navires déportèrent environ 450 000 captifs noirs vers les colonies d'Amérique.

Pour mieux comprendre comment fonctionnait ce « système », suivons l'un des navires qui effectuaient ce commerce triangulaire. Le bateau est chargé à Paimbœuf, car les bâtiments, ayant un trop fort tirant d'eau, ne pouvaient accéder à Nantes. Les marchandises consistent en des produits de fabrication française : toiles imprimées, armes, alcool auxquels s'ajoute la pacotille (bijoux, verroterie, miroir...) offerte pour entamer les négociations. Deux mois plus tard, le vaisseau arrive en Afrique. Après moult tractations, on embarque des esclaves enchaînés. L'ouvrage *Le Parfait Négociant* propose, pour la « conservation des nègres », d'« embarquer quelque personne qui sût jouer de la musette, de la vielle, violon ou de quelque autre instrument pour les faire danser et tenir gais, le long du chemin ».

Au XVIIIe s, plusieurs centaines de milliers de captifs sont ainsi transférés pour exploiter les terres du Nouveau Monde. C'est d'abord la Martinique qui reçoit le plus d'esclaves. Après 1735, Saint-Domingue la supplante. À l'arrivée, les captifs sont vendus pour ensuite travailler dans les plantations ou comme domestiques.

Après la vente aux Antilles, le navire retourne en France, chargé de sucre brut, de café, d'indigo, de coton et de tabac. De 1715 à 1775, on enregistre 787 retours de navires négriers, soit la moitié de la traite française. Effroyable période, rappelée par l'émouvant Mémorial de l'abolition de l'esclavage, inauguré en 2011.

Mais la véritable fortune de Nantes se fait surtout avec le commerce des matières premières. On traite le sucre à Nantes : de cette époque datent les grandes raffineries nantaises. Le coton également est travaillé à Nantes, et le financier Graslin crée la première manufacture d'indiennes de la ville. Les indiennes réalisées prennent ensuite le chemin de l'Afrique.

Les ambitions de la bourgeoisie nantaise croissent avec sa richesse. Les armateurs se font élire aux États de Bretagne, ce qui ne va pas sans résistance de la part des privilégiés. Le commerce nantais souffre par ailleurs de la contrainte des barrières douanières... Tout cela explique pourquoi la bourgeoisie de la ville accueille favorablement la Révolution.

### DES GASTRONOMES AVIDES DE CHAIR

*C'est au XVIIIe s que la gastronomie nantaise se façonne. Aux traditionnelles viandes rôties des aristos, la bourgeoisie répond par de nouvelles saveurs faites de produits exotiques et d'épices. Cette cuisine nouvelle permet aux riches marchands d'esclaves de s'illustrer par la panse plus que par la morale.*



## Les troubles de la Révolution

Si, avec la Révolution, Nantes devient le chef-lieu de la Loire-Inférieure, elle n'en connaît pas moins une période bien troublée.

– ***L'attaque de Nantes :*** en 1793, les deux armées royales de Charette et de Cathelineau attaquent la ville. La résistance est vive, et Cathelineau est tué place Viarme.

– ***Les noyades de Carrier :*** en octobre 1793, chassé par le maire de Rennes, Carrier est envoyé par la Convention à Nantes pour « purger le corps politique de toutes les mauvaises humeurs qui y circulent ». La Terreur se développe avec les délations des dames négrières enrichies, jalouses des aristocrates. Jugeant la guillotine insuffisante pour tuer les suspects et les prisonniers, Carrier fait embarquer une centaine de condamnés sur une embarcation qui est ensuite sabordée au milieu de la Loire. Et il recommence l'opération maintes fois. En tout, il fait guillotiner, fusiller et noyer jusqu'à 13 000 personnes selon les royalistes (2 000 selon les républicains !). À la suite des plaintes des Nantais, Carrier sera jugé puis exécuté.

– ***La mort de Charette :*** après le débarquement raté des émigrés à Quiberon, Charette reprend les armes. Il est capturé et fusillé place Viarme le 29 mars 1796.

## Le XIXe s : Nantes, ville industrielle

Le blocus continental, l'abolition de la traite des Noirs, décidée par la Révolution mais vraiment effective à Nantes en 1831 (ce qui n'empêchera pas les Nantais de fabriquer pour les autres pays des navires négriers pendant encore plusieurs dizaines d'années !), l'invention de la fabrication du sucre à partir de la betterave, l'essor du chemin de fer et l'ensablement de la Loire constituent de sérieux handicaps à la croissance économique de la ville.

Nantes opère pourtant sa reconversion dans les ***conserveries,*** les ***biscuiteries*** (Biscuiterie nantaise et Lefèvre-Utile, BN et LU pour les intimes) et la ***métallurgie.*** En 1856, un avant-port est créé à Saint-Nazaire.

Et les dragages de la Loire, à la fin du XIXe s, redonnent un nouvel élan au commerce maritime. En 1914, Nantes accueille encore les grands cap-horniers, déjà concurrencés par les vapeurs transatlantiques armés à Saint-Nazaire.

### MÉMOIRES D'OUTRE-TOMBE

*Dans ses célèbres écrits intimes, Chateaubriand évoque son père. Aristocrate appauvri, despotique et taciturne, il s'enrichit grâce à l'esclavage. D'abord capitaine, il devint négrier entre Nantes et Saint-Domingue. Cet enrichissement nauséabond lui permit d'acheter le château de Combourg. Le fils traîna sa mélancolie en se réfugiant dans les livres.*

## Au cours du XXe s

De ***grands travaux*** bouleversent le visage de Nantes : les îles Feydeau et Gloriette sont rattachées à la rive droite par le comblement des anciens bras de la Loire. L'Erdre est détournée dans un tunnel. La ***culture des légumes*** sur les terres humides (marais) des bords de Loire se développe alors. Les maraîchers occupent maintenant 4 000 ha, ils produisent chaque année 2 000 t de carottes, 8 000 t de navets, 12 000 t de poireaux, 18 000 t de mâche, etc. Ils se partagent les bonnes terres avec les ***fleuristes*** (85 % du muguet vendu le 1er mai vient de Nantes) et avec les ***vignerons*** du muscadet. Pas étonnant que Nantes accueille le deuxième plus grand MIN (marché d'intérêt national) de France après Rungis.
Pendant la Seconde Guerre mondiale, Nantes connaît de terribles bombardements (des Alliés) en septembre 1943, qui coûteront la vie à des milliers de personnes et détruiront partiellement le centre, et plus particulièrement le magnifique magasin *Decré,* œuvre Art déco de l'architecte Sauvage (auteur de *La Samaritaine* à Paris). Le ***cours des Cinquante-Otages*** doit son nom à la répression qui suivra l'exécution, le 20 octobre 1941, du colonel Hotz, commandant allemand. Les Allemands annoncent que 50 otages seront abattus si les coupables ne se livrent pas. Deux jours plus tard, 48 personnes sont fusillées en représailles, dont 27 sont des internés du camp de Châteaubriant. Parmi eux, Guy Môquet, qui laisse une lettre émouvante à ses parents, Charles Michels, député communiste du 15e arrondissement de Paris, et Jean-Pierre Timbaud, secrétaire de la Fédération des métaux CGT en région parisienne. Cet événement marque le véritable début de la Résistance.
Le général de Gaulle fera de Nantes une des cinq villes « Compagnon de la Libération ».



## Nantes aujourd'hui

Nantes connaît la ***deuxième plus forte croissance démographique*** des grandes métropoles de France. Grâce à une riche vie universitaire, à une bonne desserte en transports et à une industrie diversifiée (BN, Beghin-Say, l'aérospatiale...), Nantes s'impose comme le premier pôle économique du Grand Ouest. Le taux de croissance de l'économie nantaise est deux fois supérieur à celui de la moyenne française, le développement du secteur tertiaire étant spectaculaire, favorisé par les décentralisations (INSEE, SNCF, ministère des Affaires étrangères, etc.).
En même temps, la volonté d'alliance entre Nantes et Saint-Nazaire s'affirme de plus en plus pour le développement d'une métropole européenne. Aujourd'hui, le grand port maritime de Nantes – Saint-Nazaire est le quatrième port français (pétrole, gaz, charbon, tourteaux, céréales, bois) et possède la première raffinerie de France. En 2007, un pont artistique a été par ailleurs établi grâce à l'événement *Estuaire* : un musée à ciel ouvert le long de la Loire toute l'année. Depuis la dernière édition de 2012, en tout, près d'une trentaine d'œuvres à découvrir *(● estuaire.info ●).*
Constamment en travaux (pour la bonne cause !), Nantes est pourtant fréquemment plébiscitée dans les sondages pour sa qualité de vie (la ville a été élue Capitale verte européenne en 2013).

# Adresses et infos utiles

## Informations touristiques

**ℹ Nantes Tourisme** *(centre détachable E3,* ***1****) : 9, rue des États. Consulter également le central de résas de Nantes Tourisme, ☎ 0892-464-044 (0,34 €/mn). ● nantes-tourisme.com ● Tlj : sept-juin, 10h-18h (17h dim et j. fériés) ; juil-août, 9h-19h.* On y vend toutes les excursions, les visites et le *Pass Nantes.* Le site propose en ligne tous les services de Nantes Tourisme : hôtels, chambres d'hôtes, mobile homes, séjours week-ends à thème,

*Pass Nantes,* visites guidées (voir plus bas), billetterie...

Accueil également à la ***station Prouvé*** sur l'île de Nantes *(plan détachable C5)* : *bd de la Prairie-au-Duc, juste derrière les* Ateliers et Chantiers de Nantes. • *estuaire.info* • *Juil-août, tlj 9h-19h ; vac scol, mer-dim 14h-17h ; le reste de l'année, ven-dim et j. fériés 14h-17h. Fermé début janv-début fév.* Infos sur le parcours *Estuaire,* le *Pass Nantes,* boutique, doc et billetterie croisière.

– ***Circuits et visites guidées :*** Nantes Tourisme propose à longueur d'année toutes sortes d'idées de balades dans Nantes, à faire seul avec audioguide ou en visite guidée : en plus de la « Promenade nantaise », « De l'histoire à la mémoire », « Jules Verne, la ville est un roman », « Architecture du XXIe s : le quartier de la Création », « Histoires de graffitis », « Dialogue entre artistes et architectes »... des découvertes autour de quartiers, lieux ou moments insolites (« La ville allumée », par exemple). De 3 visites par semaine à 3 visites par jour selon la saison, voire en nocturne. Rendez-vous à Nantes Tourisme. Durée : 2h. Réservation obligatoire par téléphone ou sur Internet. Prix : 7 € ; réduc. L'été, visites nocturnes vendredi et/ou samedi : « Estuaire by night », « Mystères et légendes », animées par des comédiens. Cette dernière emprunte les rues du centre tout en narrant la vie des personnalités qui hantèrent Nantes. Prix : 9 €. Également des excursions en bateau sur l'Erdre avec les *Bateaux Nantais* ou sur la Loire, selon la saison, avec *Marine et Loire.*

– ***Pass Nantes :*** en vente à Nantes Tourisme, sur son site et dans certains hôtels. Sésame magique et indispensable pour découvrir la ville ! Forfaits de 24, 48 ou 72h (respectivement à 25, 35 et 45 €). Tarif réduit (presque moitié prix, vraiment très attractif !) pour les enfants de 4 à 18 ans et les étudiants de moins de 26 ans. Également un *pass Famille* (2 adultes et 2 enfants), à 67, 94 et 121 €. Le *Pass Nantes* propose un accès illimité à la Galerie des Machines ou au Carrousel des mondes marins, à tous les musées, sites touristiques, promenades fluviales sur l'Erdre et sur la Loire, visites guidées, au petit train de Nantes, au bus touristique ainsi qu'à l'ensemble du réseau de transport (bus, tramway, mais aussi *Navibus* !), ainsi que des réductions diverses et variées. Donne de plus accès à des sites en dehors de Nantes comme le château départemental de Clisson, Escal'Atlantic à Saint-Nazaire...

– ***Bon plan :*** remise de 10 % sur le tarif plein pour toute réservation sur • *nantes-tourisme.com* • ou au ☎ *0892-464-044 (0,34 €/mn).*

## Transports

***Espace Transport TAN*** *(Transport de l'agglomération nantaise) :* ☎ *0810-444-444 (nº Azur).* • *tan.fr* • *Ticket à l'unité : 1,50 € (valable 1h).* Pour toutes infos et achats, se rendre à l'***Espace Mobilité Commerce*** *(centre détachable E3)* : *2, allée Brancas. Lun-sam 7h30-19h30.* Gère tout le réseau de bus, tram et Navibus, et TER dans Nantes, toute la métropole, le département et même plus loin. S'occupe également du service *Bicloo* (voir plus loin). Les 3 lignes de tramway (1, 2 et 3) se croisent au centre-ville et sont complétées par un dense réseau de bus, une ligne de Busway (ligne 4) et une navette fluviale (Navibus). Les cyclistes peuvent prendre le tramway tous les jours avant 7h ou après 19h, mais aussi le dimanche, les jours fériés et pendant les 2 mois d'été.

***Taxis :*** ***Allo Taxis,*** ☎ *02-40-69-22-22 ;* ***Allo 44 Taxis,*** *06-09-82-31-31.*

***Location de voitures :*** *quelques loueurs dans le quartier de la gare, comme* ***Hertz,*** ☎ *02-40-35-78-00 (également à l'aéroport,* ☎ *02-40-84-81-03) ;* ***National/Citer,*** ☎ *02-40-08-28-37 (également à l'aéroport,* ☎ *02-40-84-81-06) ;* ***Europcar Auto 44,*** ☎ *02-40-47-19-38.*

***Navibus :*** ☎ *0810-444-444 (nº Azur).* • *tan.fr* • *En été, lun-ven 7h-19h50, sam 9h-19h50, dim et j. fériés 11h-19h50. Une navette ttes les 20 mn env.* Il existe 2 liaisons : l'une permet de traverser la Loire en bateau et de rejoindre Trentemoult. Départ à la gare maritime, à quelques minutes à pied de la station de tramway Gare-Maritime de la ligne 1 *(plan détachable B-C4).* Génial pour aller déjeuner et revenir dans la journée. Un autre Navibus permet de traverser l'Erdre du campus universitaire au quartier de Port-Boyer, au nord de Nantes.

**Parkings :** si vous venez en voiture, on vous conseille de stationner dans les parkings Relais (P + R), situés à l'extérieur de la ville, à environ 5-10 km du centre (gratuits). Liste et carte à Nantes Tourisme ou sur Internet. Tous ces parkings sont reliés au centre par le tram ou le Busway (passage toutes les 10-20 mn maximum). Dans le centre, on conseille le parking de la Cathédrale.

## Location de vélos

Nantes a fait de gros efforts en matière de deux-roues. Même s'il y a encore peu de véritables pistes cyclables, on compte pas moins de 375 km de « continuité cyclable » dans Nantes Métropole. Au cœur de la ville, ce n'est pas toujours très pratique mais c'est toujours mieux que la voiture ! Avec • *geovelo.nantesmetropole.fr* •, calculez votre itinéraire. Pratique !

■ ***Bicloo de Nantes :*** *infos à l'**Espace Mobilité Commerce** (TAN ; centre détachable E3), 2, allée Brancas. ☎ 0810-444-444 (n° Azur).* • *bicloo.nantesmetropole.fr* • On compte une centaine de stations de vélos dans le centre-ville et autour (du Jardin des plantes à la gare maritime et de l'île de Versailles à la Prairie-au-Duc). Attention, *Bicloo* est conseillé aux visiteurs séjournant plus de 2 jours (trop de démarches pour une seule journée !). L'abonnement de base est de 1 € (1 j.), 5 € (7 j.) ou 20 € (1 an). 30 mn gratuit, puis tarif progressif de location. Excellente carte, disponible à Nantes Tourisme. Pour se balader de manière plus libre, préférer d'autres prestataires comme ***NGE,*** • *velos-nantes.fr* •

■ ***Détours de Loire*** *(centre détachable E3, **5**) : gare routière, quai Baco – allée de la Maison-Rouge. ☎ 02-40-48-75-37.* • *locationdevelos.com* • *Avr-sept, tlj 9h30-12h30, 15h-18h30. Compter 10 € la ½ journée, 15 € la journée ; tarifs dégressifs selon durée.* Le meilleur loueur de vélos en ville. Propose VTT, VTC, tandems, charrette pour enfant, remorque à bagages... Prêt de casque, kit de réparation, pompe, gilet de signalisation et antivol. Également entretien et propositions de circuits avec rendu du vélo sur d'autres sites, le long de la Loire ou le long du canal de Nantes à Brest. Vraiment pratique aussi bien pour quelques heures que pour entreprendre un périple dans la région.

■ ***L'Ilot Famille :*** *île de Nantes, Parc des Chantiers. 📱 07-60-22-74-81.* • *ilot-familles.com* • Cycles familiaux, biporteurs, triporteurs... des cycles pour toutes les familles (et toutes les situations).

## Marchés

– ***Le marché de Talensac*** *(plan détachable D-E2) : rue de Talensac. Sous les halles (qui datent de 1934) et autour. Tlj sf lun, 7h-13h.* Le « grand » marché de Nantes. Bouchers, poissonniers, mais aussi traiteurs asiatiques et latino-américains au milieu des vendeurs artisanaux de miel, de fromage de chèvre et d'une boutique de la fromagerie *Beillevaire,* adresse historique en ville. Également un bon caviste, de nombreux maraîchers qui proposent de beaux légumes de bord de Loire, *La Petite Boulangerie* de Franck Desperier, meilleur ouvrier de France, ou encore Vincent Guerlais, « agitateur de papilles », comme il se définit.

– ***Le marché aux puces*** *(centre détachable D2) : pl. Viarme. Sam mat.* Occupe toute la place.

– ***Le marché de la Petite-Hollande*** *(centre détachable D-E3) : pl. de la Petite-Hollande. Sam mat.* Le plus grand marché alimentaire de la ville. Également des vêtements et du bricolage. Attention, ne pas stationner dans le secteur le vendredi soir : fourrière assurée.

– ***Les Mardis du Livre*** *(centre détachable D3) : pl. de la Bourse. Mar 14h-19h.* Des tonnes de livres d'occase.

– ***Le marché des créateurs ou marché du vendredi*** *(centre détachable D3) : pl. de la Bourse. Avr-nov, ven 12h-19h.* Objets, vêtements, déco et accessoires réalisés par de vrais créateurs locaux.

– ***Le marché de Bottière-Chénaie :*** *pl. du Commandant-Cousteau. Mer 16h-19h30.* Le seul à proposer des horaires du soir.

– ***Le marché bio de Trentemoult*** *(hors plan détachable par A6) : sam.* Allez-y en *Navibus,* c'est plus bio ! Une excursion vraiment sympa. Et celui du ***square Villebois-Mareuil*** *(derrière la Fnac, mer mat).*

## Où dormir ?

Bon à savoir, Nantes étant une ville d'affaires, la plupart des hôtels proposent des tarifs vraiment intéressants le week-end. Appeler auparavant et faites un tour sur Internet. Promos allant parfois jusqu'à 30 ou 40 % de réduction. Alors ouvrez l'œil ! Le central de réservation • *nantes-tourisme.com* • propose également ses meilleurs plans du moment (3 nuits au prix de 2, par exemple).

NANTES

### Camping

⛺ ***Nantes Camping*** *(hors plan détachable par D1,* ***10****) : 21, bd du Petit-Port. ☎ 02-40-74-47-94. • nantes-camping@nge-nantes.fr • nantes-camping.fr • En bus, ligne 51 ou 25, arrêt « Morrhonnière – Petit Port ». Ⓣ Morrhonnière (ligne 2). En voiture, sur le périphérique Nord, prendre la sortie 39, direction Porte de La Chapelle. ♿ Tte l'année. Tentes 13,70-31,20 € selon saison. Chalets et mobile homes à louer 342-966 €/sem. Caravanes 147-218,40 €/sem. 150 empl. Réduc de 5 % sur présentation de ce guide.* Terrain au bord d'un ru, dans le coin des universités et des labos. Fort bien équipé et très pratique (à 10 mn du centre-ville en tramway), ce camping a reçu l'écolabel pour ses efforts en matière d'économies d'énergie. Très arboré. Resto, jardin, aire de jeux, pétanque, terrain multisports, bar-resto et épicerie. Piscine juste en face, accessible gratuitement pour les clients du camping. Location de vélos. Également une amusante « Cabane du voyage » dans les arbres, dans le cadre du *Voyage à Nantes.*

### Auberge de jeunesse

🏠 ***Auberge de jeunesse « La Manu »*** *(hors plan détachable par G2,* ***11****) : cité universitaire internationale, 2, pl. de la Manu. ☎ 02-40-29-29-20. • nanteslamanu@fuaj.org • auberge-de-jeunesse-la-manu.over-blog.com • Ⓣ Manufacture (ligne n° 1). ♿ À 500 m de la gare, sortie nord. Fermé vac scol Noël. Forfait nuitée et petit déj env 27 € (draps inclus). Carte FUAJ obligatoire (11 €). Bagagerie payante.* 💻 📶 Répartie sur plusieurs étages dans une ancienne manufacture des tabacs. Une trentaine de chambres très correctes de 4 à 6 lits, dont certaines avec douches à l'intérieur. Grande cuisine à disposition. Espace collectif avec jeux (billard, ping-pong, baby-foot...) et salon TV. Attention, pas d'accès aux chambres entre 10h et 15h30 ; en revanche, veilleur de nuit pour les retours tardifs. Supérette à proximité.

### Appartements en ville

Nantes propose quelques formules vraiment originales pour se loger en chambres d'hôtes.

■ ***Central de réservation :*** *• nantes-tourisme.com • Selon confort et taille, compter 55-150 €.* Une cinquantaine de chambres d'hôtes sont proposées dans la métropole, et une vingtaine dans la ville même.

🏠 ***Chambres d'hôtes Voyage Désirable :*** *86, quai de la Fosse. ☎ 09-67-20-97-81. • contact@voyagedesirable.fr • voyagedesirable.fr • Compter 100-180 €, boissons chaudes du petit déj comprises.* 📶 « Un hôtel à l'échelle de la ville », avec un choix de 11 appartements disséminés dans le centre ou la région (au Pouliguen, notamment), réalisés selon des thématiques reliées au patrimoine historique et culturel de Nantes et au patrimoine environnant. Cela donne 5 appartements sur le thème de Jules Verne (« La cabane du capitaine Némo », « 20 000 lieues sous les mers »... on adore !) et d'autres sur la pêcherie, la gourmandise, le baroque ou même sur un arbre perché... La mise en ambiance est incroyablement réussie, avec une application et un souci du détail qui permettent de se laisser embarquer dans le monde ainsi recréé. Le tout idéalement situé. L'imagination des concepteurs ne s'arrête pas là. Jetez un œil au site et partez à la découverte de la Bretagne, de gîtes éphémères...

**Welcome Home Nantes :** *06-72-77-43-85. • welcomehome-nantes@live.fr • welcomehome-nantes.fr • À partir de 90 € pour 2 en hte saison et jusqu'à 130 € selon confort et emplacement ; dégressif à partir de 2 nuits.* Un choix d'appartements d'hôtes disséminés dans le centre-ville ou à proximité. *Loft de l'Opéra* (appartement, galerie d'art), *Le Petit T* (une ancienne conciergerie réhabilitée en petite maison avec jardin), *Le Pont Levis* (un appartement situé face à l'entrée principale du Château des ducs de Bretagne) ou encore *L'Attic* (un petit loft contemporain aménagé dans un ancien grenier à fourrages en bordure de la forêt urbaine de Nantes Métropole).

### *HÔTELS*

## *Dans la vieille ville*

## De bon marché à prix moyens

**Hôtel Duquesne** *(centre détachable E2,* **13***) : 12, allée Duquesne (cours des Cinquante-Otages). ☎ 02-40-47-57-24. • hotel.duquesne@wanadoo.fr • hotel-duquesne-nantes.com • Doubles 66-90 €. Réduc de 10 % sur le prix de la chambre sur présentation de ce guide.* 25 chambres en tout dans cet hôtel classique et familial, au calme, même si certaines donnent sur la passante allée Duquesne. Des chambres de bon confort (double vitrage, ascenseur...), coquettes et sobres à la fois. Salles de bains pour la plupart très joliment rénovées.

**Hôtel Saint-Daniel** *(centre détachable E3,* **12***) : 4, rue du Bouffay. ☎ 02-40-47-41-25. • hotel.st.daniel@wanadoo.fr • hotel-saintdaniel.com • Dans la partie piétonne de la vieille ville. Congés : 1re quinzaine d'août. Résa indispensable. Doubles 45-54 € selon confort.* Petit hôtel à peu près bien tenu, et une aubaine pour les petits budgets. Certaines chambres donnent sur la rue piétonne (bruyante le jeudi, soirées étudiantes oblige), d'autres, plus au calme, sur le jardin de la charmante église Sainte-Croix (à demander en priorité). Attention, 4 étages et pas d'ascenseur (il n'y a pas la place !).

## De chic à plus chic

**Hôtel La Pérouse** *(centre détachable E3,* **14***) : 3, allée Duquesne (cours des Cinquante-Otages). ☎ 02-40-89-75-00. • information@hotel-laperouse.fr • hotel-laperouse.fr • Ⓣ Place-du-Cirque (ligne 2). ♿ Doubles standard 69-139 € selon période. Promos Internet. Stationnement gratuit 19h-10h au parking voisin.* Avis aux amateurs d'architecture contemporaine ! Un hôtel unique en son genre, construit par les architectes Barto et Barto. Ce gros bloc de granit tout blanc, lourd, compact, à la façade penchée (en référence aux immeubles de l'île Feydeau), est pourtant ouvert sur les toits et le cours des Cinquante-Otages, à travers ses baies vitrées. À l'intérieur, du bois clair, du verre, de la pierre, de l'espace... Situé sur une grande artère très passante, autant le savoir, mais très calme à l'intérieur. Dans les chambres, les formes des lampes, des lavabos, des chaises... tout a été dessiné par les architectes eux-mêmes, avec de nombreuses références au monde de la marine, comme ces rideaux occultants agrafés aux fenêtres tout en longueur, qui possèdent elles aussi leur part d'originalité. Préférer les chambres du dernier étage. À noter que l'hôtel est engagé dans une démarche environnementale d'économie d'énergie, reconnue par l'Écolabel européen.

**Okko hôtel** *(centre détachable E3,* **16***) : 15 bis, rue de Strasbourg. ☎ 02-52-20-00-70. • nanteschateau.okkohotels.com • ♿ Doubles 125-205 €, incluant petit déj, parking et apéritif à 18h (1er verre offert).* Ouvert en 2014 par des anciens du groupe ACCOR, voici un hôtel à l'emplacement on ne peut plus central, comptant 80 chambres design, fonctionnelles et tendance, des équipements high-tech aux salles de bains. Espace club pour le travail ou la détente et salle fitness. Accueil attentionné. C'est le premier d'une chaîne à venir sur toute la France.

### Dans le quartier Graslin et autour

## Bon marché

**Hôtel Saint-Patrick** *(centre détachable E3,* **15***) : 7, rue Saint-Nicolas. ☎ 02-40-48-48-80. • hotel.saint-patrick@orange.fr • hotel-saintpatrick.com • Réception au 3e étage. Congés : 24 déc-2 janv. Doubles 49-54 €.* En plein centre-ville, cet hôtel étroit mais qui monte haut (5 étages sans ascenseur) est une vraie aubaine pour les petits budgets. Chambres de bon aloi, qui constituent un excellent rapport qualité-prix. C'est propre, avec double vitrage (bonne nouvelle car il y a quelques terrasses de bars sur la place) et sanitaires impeccables. Un ensemble fort convenable et ambiance routarde très sympa, à l'image de l'accueil. Même si ce n'est pas le grand luxe, on n'a rien trouvé à redire, et nos lecteurs non plus.

## De prix moyens à chic

**Le Grand Hôtel de Nantes** *(centre détachable D3,* **17***) : 2 bis, rue Santeuil. ☎ 02-40-73-46-68. • grandhotel-nantes@wanadoo.fr • grandhotel-nantes.com • Doubles 59-89 € selon confort et saison. Réduc de 10 % sur le prix de la chambre ven-dim sur présentation de ce guide.* Encore une adresse agréable dans ce quartier plein d'hôtels. Bien tenue et fonctionnelle, elle offre un confort de qualité (w-c sur le palier, toutefois, pour les chambres les moins chères) pour un tarif acceptable, surtout le week-end. Copieux petit déjeuner.

**Hôtel Pommeraye** *(centre détachable D3,* **18***) : 2, rue Boileau. ☎ 02-40-48-78-79. • info@hotel-pommeraye.com • hotel-pommeraye.com • Doubles 59-169 € selon taille et saison (voire plus si congrès et séminaires). Réduc de 10 % sur le prix de la chambre sur présentation de ce guide ven-dim hors période congrès et salons.* Installé dans un bel immeuble du XIXe s, avec un hall d'entrée original, cet hôtel propose des chambres à l'ameublement sobre, moderne et élégant, dans des tons reposants. Les salles de bains, blanches et fonctionnelles, sont aménagées avec de beaux matériaux. On a utilisé ici toute la palette tendance : taupe, brun, marron glacé, fauve... Bref, un ensemble réussi, confortable et impeccablement tenu. Et comme la direction ne manque pas de goût pour la facétie, elle donne carte blanche (ou presque !) à un regroupement d'artistes qui s'expriment ici ou là. Une bonne initiative ! Accueil charmant.

**Hôtel Amiral** *(centre détachable D3,* **19***) : 26 bis, rue Scribe. ☎ 02-40-69-20-21. • amiral@hotel-nantes.fr • hotel-nantes.fr • Doubles 60-99 € selon période. Réduc de 10 % sur présentation de ce guide.* Hôtel moderne et agréable, très bien tenu, à l'image de ce hall tendance et accueillant. Chambres pas bien grandes mais fonctionnelles et plutôt coquettes. Préférer celles sur l'arrière. Salle de petit déjeuner soignée. Bonne adresse qui a su opérer une réhabilitation de qualité. Accueil toujours au top.

**Hôtel Voltaire Opéra** *(centre détachable D3,* **20***) : 10, rue Gresset. ☎ 02-40-73-31-04. • reservations@hotelvoltaireoperanantes.com • hotelvoltaireoperanantes.com • Doubles 59-89 € selon saison et confort ; également des familiales. Un verre de muscadet offert durant le séjour sur présentation de ce guide.* Dans un immeuble ancien doté d'une jolie façade décorée, des chambres confortables, à la déco très contemporaine, personnalisées et tranquilles (la rue n'est pas des plus fréquentée et il y a du double vitrage).

# PLANS ET CARTES EN COULEURS

DISTANCES PAR LA ROUTE

site inscrit au Patrimoine mondial de l'Unesco
NORD
ILLE-ET-VILAINE (35)
Fougères
Rennes
MORBIHAN (56)
Vannes
Redon
Canal de Nantes à Brest
Châteaubriant
Pouancé
Noyant-la-Gravoyère
Segré
Candé
PAYS DE LA MÉE
Vallée du Don
Forêt du Gâvre
Guenrouët
Blain
Nort-sur-Erdre
Erdre
Cossé-le-Vivien
Craon
LOIRE-ATLANTIQUE (44) p. 48
Mesquer-Quimiac
Piriac-sur-Mer
La Turballe
Guérande
Marais Salants
Le Croisic
Batz-sur-Mer
Le Pouliguen
Pont-Château
Parc naturel régional de Brière
La Baule
St-Nazaire
Paimbœuf
Pornichet
St-Brevin-les-Pins
Canal Maritime de la Basse Loire
La Plaine-sur-Mer
Pointe de St-Gildas
Préfailles
Pornic
La Bernerie-en-Retz
Les Moutiers-en-Retz
Bourgneuf-en-Retz
NANTES
Sucé-sur-Erdre
Ancenis
Oudon
Montjean-sur-L
St-Florent-le-Vieil
Champtoceaux
Divatte
Le Loroux-Bottereau
Vallet
Le Pallet
Vertou
Clisson
Cholet
Lac de Grand-Lieu
Saint-Philbert-de-Grand-Lieu
Tiffauges
Montaigu
Machecoul
Rocheservière
Île de Noirmoutier
Bouin
Beauvoir-sur-M.
La Barre-de-Monts
Notre-Dame-de-Monts
Challans
Mortagne-sur-S.
St-Laurent-sur-S.
Le Puy-du-Fou
Les Herbiers
Les Epesses
St-Michel-Mt-Mercure
Saint-Jean-de-Monts
Commequiers
Les Lucs-sur-Boulogne
Île d'Yeu
St-Gilles-Croix-de-Vie
La Mothe-Achard
Chantonnay
Brétignolles-sur-Mer
LA ROCHE-SUR-YON
Mouilleron-en-Pareds
VENDÉE (85) p. 442
Talmont-St-Hilaire
Fontenay-le-Comte
Les Sables-d'Olonne
OCÉAN ATLANTIQUE
Luçon
St-Vincent-sur-Jard
La Tranche-sur-Mer
L'Aiguillon-sur-Mer
LE MARAIS POITEVIN p. 548
Maillé

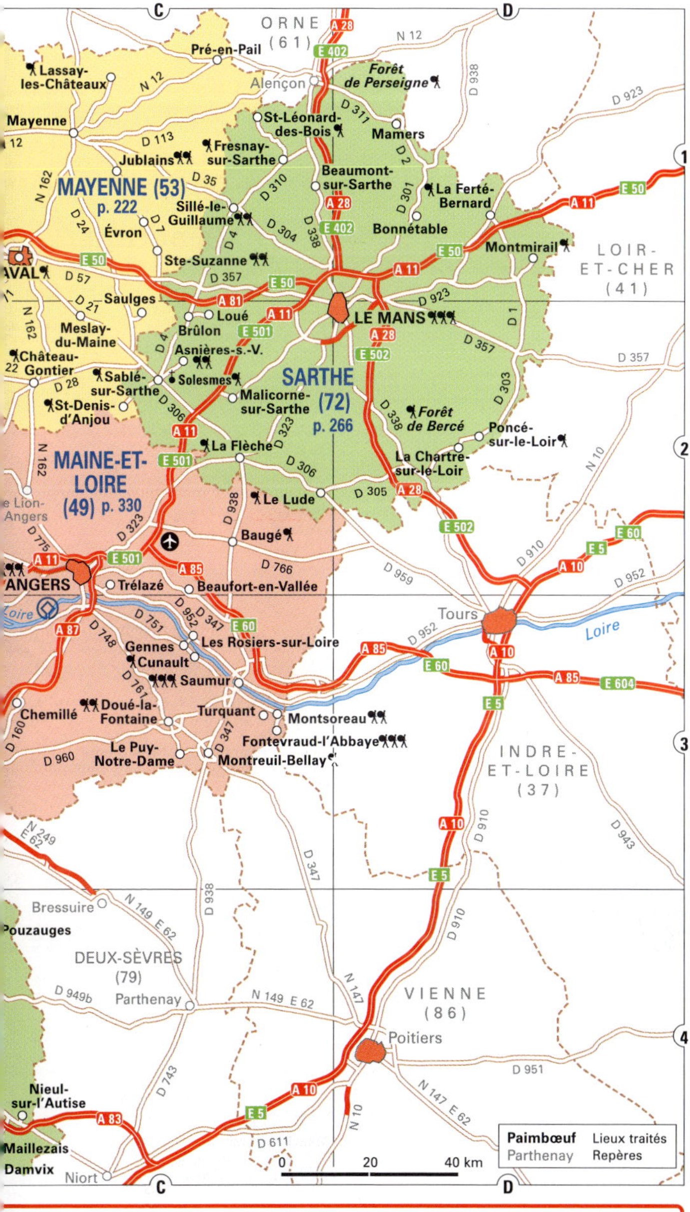


# PAYS DE LA LOIRE

## ■ Adresses utiles

- Angers Loire Tourisme
- La Maison du port

## Où dormir ?

10 Camping-caravaning du Lac de Maine
11 Éthic Étapes Lac de Maine
12 Hôtel de Champagne
13 Hôtel du Mail
14 Grand Hôtel de la Gare
15 Hôtel Saint-Julien
16 Hôtel Le Continental
17 Hôtel de l'Europe
18 Hôtel d'Anjou
30 21 Foch

## Où manger ?

18 La Salamandre
30 Restaurant VF
31 Le Comptoir des Livres
32 Saignant Steakhouse
34 Chez Rémi
35 La Cantina Café
36 La Villa Toussaint
38 Le Lucullus
40 Au murmure des Carottes
41 Une Île
42 La Canaille
43 Le Favre d'Anne
45 L'Ardoise

## Où boire un verre ? Où sortir ?

72 Au Quai des Saveurs
74 My favourite Place
75 Le Café des Orfèvres
76 Le Cercle Rouge
78 Le Pifomètre

A 11 LA FLÈCHE, LE MANS, TOURS, A 87
NORD
C.H.U.-Hôpital
C.H.U.
Bd Mirault
Musée Jean-Lurçat et de la Tapisserie contemporaine
Faculté de droit
Jardin F. Mitterrand
Av. de la Constitution
Av. des Droits de l'Homme
Allée F. Mitterrand
Berges de Maine
PONT DE LA HAUTE-CHAÎNE
PLACE FRANÇOIS MITTERRAND
St-Serge-Université
St-Serge
Lycée J.-du-Bellay (anc. abbaye)
Jardin des Plantes
Centre des Congrès
PL. HÉRAULT
Boul. Carnot
Place Molière
PLACE MOLIÈRE
Muséum des sciences naturelles
PL. L. IMBACH
PLACE MENDÈS FRANCE
Maine
PL. DE LA POISSONNERIE
PT DE VERDUN
CENTRE
CITÉ
Notre-Dame
Ralliement
PL. DU RALLIEMENT
Théâtre
Hôtel de ville
PLACE DU GÉNÉRAL LECLERC
Palais de justice
Jardin du Mail
Cathédrale St-Maurice
Maison du Vin de l'Anjou
PL. FREPPEL
PL. STE CROIX
Maison d'Adam
Château
Galerie David d'Angers
Tour St-Aubin
Collégiale St-Martin
Foch-Maison Bleue
PL. DE LORRAINE
PL. PRÉS. KENNEDY
Musée des Beaux-Arts
Préfecture, hôtel du Département
PL. DE LA VISITATION
Foch-Haras
PLACE DU LYCÉE
Gare Saint-Laud
Les Gares
PLACE MARENGO
PLACE A. LEROY
tramway
LA FLÈCHE, LE MANS, TOURS
SAUMUR, CHINON
SAUMUR, CHINON, CHOLET, LOUDUN, A 87

## ANGERS

30
A
B
1
2
3
NORD
PORT OLONA
R. J. Benatier
Forêt d'Olonne, ST-GILLES-CROIX-DE-VIE
Q. Rousseau
R. du Lieutenant
Méchin
Route de la Cabaude
R. du Capelage
Quai Archereau
R. de Sonde
Q. des Chantiers
Centre de marée
BASSIN À FLOT
R. du Plomb
PORT
Q. de la Cabaude
Rue du Docteur
PL. D'ARMES
St-Nicolas
AVANT-PORT
Prom. George V
Quai de Franqueville
Q. Guiné
Quai Garnier
27
R. de l'Hôtel
R. Jean
Moulin
12
13
Anger
26
Rue de l'Ancienne Préfecture
R. de la Pie
PL. DU COMMERCE
R. de l'Enfer
14
Rue Napoléon
Canteteau
Quai
Palais de justice
PLACE DU PALAIS DE JUSTICE
24
PLACE DE L'ORMEAU
Bd Fr. Roosevelt
Promenade
23
R. du Village Neuf
PLACE MARAUD
R. M. Garnier
Casino
Piscine
Grande
Prom. Mal Joffre
Dingler
R. de la Vigie
Q. des Boucaniers
Tour-phare d'Arundel et château St-Clair
Rue
R. du Roi Albert 1er
Sous-préfecture
LA CHAUME
Saint Nicolas
Brise Lames
Quai du
OCÉAN ATLANTIQUE
R. de la Cabosse
Phare
0
100
200 m
Fort St-Nicolas
Prom. Jean XXIII
Prieuré St-Nicolas
20

- **Adresse utile**
  - Office de tourisme

**Où dormir ?**

10 Camping Chadotel Les Roses
12 Hôtel de la Tour
13 Hôtel Les Embruns
14 Hôtel Antoine
15 Hôtel Les Hirondelles
16 Hôtel Arc-en-Ciel Spa
17 Maison Richet
18 Chambres d'hôtes L'Épicurienne
19 Les Roches Noires

**Où manger ?**

20 Loulou Côte Sauvage
23 Castel Beach et le Bac à Sable
24 La Flambée
25 L'Aiglon
26 Le Fatra
27 Le Quai des Saveurs
28 O'Mama

**Où boire un verre ?**
**Où sortir le soir ?**

27 O'Puerto Café
30 Le Bounty

## LES SABLES-D'OLONNE

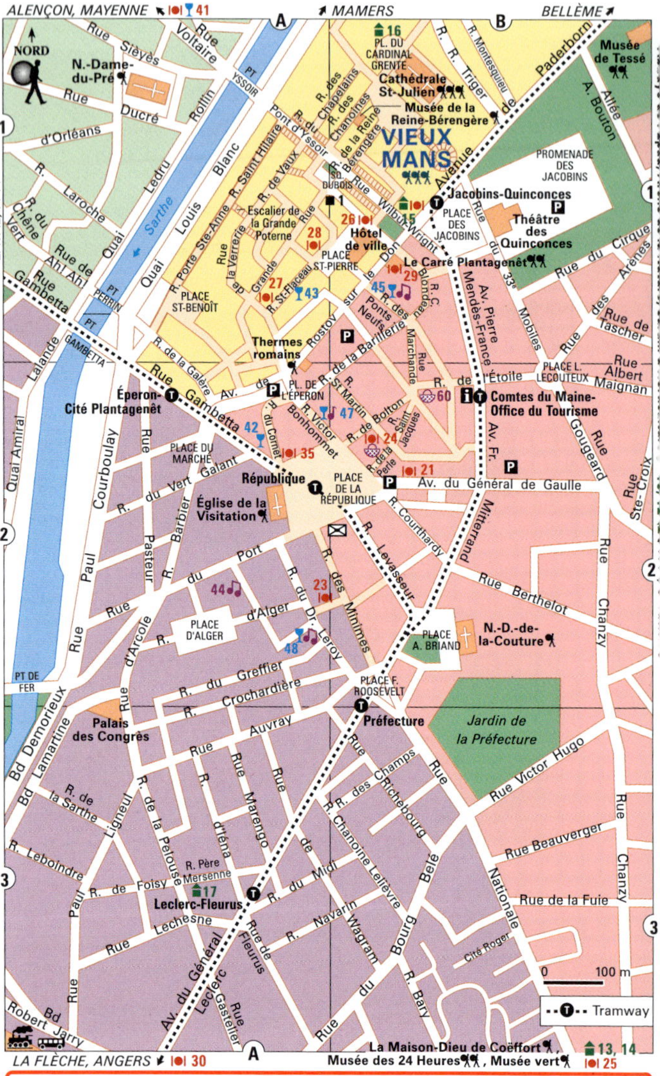


## LE MANS

**Adresses utiles**

- Office de tourisme
- 1 Maison du Pilier Rouge

**Où dormir ?**

- 10 Auberge de jeunesse internationale Le Flore
- 12 Hôtel de la Pommeraie
- 13 Hôtel Green 7
- 14 H24 Hôtel
- 15 Chambres d'hôtes Le Doyenné
- 16 Chambres d'hôtes La Demeure de Laclais
- 17 Select Hôtel

**Où manger ?**

- 15 La Maison d'Élise
- 21 Restaurant « L'Étage » de la librairie Doucet
- 23 Takayanagi
- 24 Maison Reignier
- 25 Le tablier de Jaurès
- 26 Ô Bon Soir
- 27 Le Nez Rouge
- 28 La Baraque à Bœuf
- 29 Café Carré
- 30 Le Jardin sur le Pouce
- 35 Le Beaulieu
- 41 L'Épicerie du Pré

**Où boire un verre ? Où sortir ?**

- 41 L'Épicerie du Pré
- 42 Le Bar à Vin
- 43 Le Saint-Flaceau
- 47 Le Bar Ouf
- 48 Pub Mulligan's

**Où danser ?**

- 44 La Loge
- 45 Le Nulle Part Ailleurs

**Où acheter spécialités et douceurs ?**

- 24 Maison Reignier
- 60 Chocolaterie Béline

## De chic à plus chic

**Hôtel Graslin** (centre détachable D3, **23**) : 1, rue Piron. ☎ 02-40-69-72-91. • info@hotel-graslin.com • hotel-graslin.com • Doubles 69-109 € pour les « confort », 115-149 € pour les « espace » selon période. Les chambres les moins chères, de taille raisonnable, sont décorées dans un style contemporain alliant bois exotique et tons de brun. Les autres, plus spacieuses, offrent un confort appréciable au regard de la situation et du prix, toutes décorées dans un esprit baroque, tendance pour certaines, épuré et sophistiqué à la fois. Très agréable lounge-bar avec de généreux fauteuils couleur prune. Bon accueil du sympathique couple de propriétaires.

## *Dans le quartier de la gare ferroviaire et plus à l'est*

## Prix moyens

**Hôtel du Château** (centre détachable F2, **24**) : 5, pl. de la Duchesse-Anne. ☎ 02-40-74-17-16. • hotelduchateau44@orange.fr • hotel-du-chateau-nantes.fr • Accès au fond d'un étroit couloir et réception au 1er étage. Attention : réception fermée 13h30-17h30. Doubles 52-62 € selon exposition (vue sur les toits ou le château). Réduc de 2 € sur la chambre la 1re nuit sur présentation de ce guide. Une adresse assez rare dans son genre, au rapport qualité-prix-emplacement franchement compétitif. Ce petit hôtel, tout en escalier, propose une douzaine de chambres simples, claires et bien tenues, relookées de façon moderne, aux couleurs douces et fraîches. Les portes sont joliment décorées de textes sur des personnes ayant appartenu à la cour d'Anne de Bretagne. Les amateurs d'histoire apprécieront. Salles d'eau minimalistes mais très propres et double vitrage efficace. Accueil prévenant du jeune propriétaire, toujours prêt à vous renseigner.

**Hôtel Abat-Jour** (plan détachable F2, **26**) : 17, rue Geoffroy-Drouet. ☎ 02-40-74-35-95. • abat.jour@wanadoo.fr • hotel-abat-jour-nantes.fr • Attention, réception fermée 13h-17h. Doubles 66 €, 58 € ven-dim et vac scol. Petit hôtel au calme, à proximité de la cathédrale. On a bien apprécié les chambres « supérieures », meublées avec beaucoup de goût. Chacune est personnalisée et dégage sa propre atmosphère : tons gris, taupe, mauve ou chocolat, toujours cosy. Tout simplement un bon rapport qualité-prix !

## De chic à beaucoup plus chic

**L'Hôtel** (centre détachable F2, **28**) : 6, rue Henri-IV. ☎ 02-40-29-30-31. • lhotel@mageos.com • nanteshotel.com • À 300 m de la gare. Fermé pdt les fêtes de fin d'année. Chambres standard (vue arrière) ou supérieures (vue château ou jardins) 99-160 € selon saison. Un 3-étoiles confortable, idéalement situé à l'arrière du château, sur lequel donnent certaines chambres. Hall élégant. Déco résolument moderne, jouant avec le blanc et les tonalités sourdes. Conception tendance également, avec ces salles de bains ouvertes sur la chambre (pour certaines). Pas très spacieuses en revanche, mais agréablement meublées.

**Hôtel Sozo** (plan détachable G2, **32**) : 16, rue Frédéric-Cailliaud. ☎ 02-51-82-40-00. • contact@sozohotel.fr • sozohotel.fr • À deux pas de la gare. Doubles 109-347 € selon confort ; petit déj 16 €. En retrait de la rue, un hôtel surprenant, logé dans une chapelle du XIXe s avec vue sur le Jardin des plantes. D'emblée, la réception installée dans le chœur et qui a conservé ses vitraux impressionne par son volume et sa luminosité. Elle est agrémentée de quelques canapés aux tons acidulés et d'œuvres contemporaines (voir la litho de Combas avant l'ascenseur). La déco des chambres d'une blancheur monacale, au design moderne et épuré, met parfaitement en valeur l'architecture spécifique du lieu et la pierre. Et les salles de bains semi-ouvertes ajoutent encore au charme de l'ensemble. Bien entendu, tout le confort est assuré (station iPhone, machine à café, lecteur

DivX...). Selon votre budget, vous pourrez choisir de dormir dans l'une des absidioles, dans la sacristie, ou bien encore perché sous la voûte en profitant des vitraux. Et pour ne rien gâcher, petit déjeuner copieux avec de nombreux produits régionaux. Assurément une belle réussite en matière de transformation architecturale et un lieu béni des dieux pour le moins original.

### *Un peu au nord du centre-ville*

#### Prix moyens

**Hôtel Saint-Yves** *(plan détachable F1, **30**) : 154, rue du Général-Buat. ☎ 02-40-74-48-42. • reservation@hotel-saint-yves.fr • hotel-saintyves.fr • Bus n° 21 ou 23 pour le centre, qui passe juste devant. Double 61 € ; triple 71 €. Café offert sur présentation de ce guide.* Bien qu'un peu excentré, en bus on n'est qu'à 10 petites minutes du centre. Chaque chambre est personnalisée, décorée avec un goût sûr et même un vrai talent. Les tonalités sont gaies (bleue, verte, anis...) et les objets bien choisis. Sanitaires modernes, TV à écran plat. Et puis au fond, cerise sur le gâteau, un beau petit bout de jardin. Quelques chaises et un petit canapé pour se relaxer au soleil complètent élégamment ce petit nid d'amour. Tout cela à des prix très démocratiques.



## Où manger ?

Outre les nombreux restos exotiques du quartier Bouffay (nom prédestiné !), la ville regorge d'établissements qui mettent en valeur les produits locaux, mais pas seulement. Comme la région ne déborde pas de spécialités culinaires, les chefs n'ont aucun scrupule à proposer une cuisine d'ici ou d'ailleurs, métissée et créative, ou tout simplement traditionnelle. On peut dire, sans exagérer, que Nantes est une excellente destination pour la gastronomie, et dans des gammes de prix particulièrement raisonnables. Sachant que de nombreuses adresses sont « Bon marché » le midi et passent en catégorie « Prix moyens » le soir. Sans oublier une solide cuisine familiale que l'on trouve dans nombre de restos qui font la joie des étudiants nantais affamés.

### *Dans la vieille ville et à proximité*

#### Sur le pouce

Nantes se prête à baguenauder dans les espaces verts ou dans les friches, ou à s'attarder sur un banc face à un monument. Alors, amis lecteurs, n'hésitez pas à aller écumer les nombreux marchés. Il y en a tout autour du centre, porteurs de bonnes spécialités locales et régionales : charcuterie, fromages, tourtes... Et puis quelques points chauds sortent également la tête du lot et méritent qu'on y passe pour apprêter le pique-nique du midi au bord de l'Erdre, face au château ou sur un quai de l'île de Nantes.

**La Cuillère en Coin** *(centre détachable E2, **40**) : 21, rue de Strasbourg (à l'angle de la rue Beau-Soleil). 06-71-71-83-10. • njl.lesamedy@orange.fr • Lun-ven slt, 12h-15h, ap-m salon de thé. Formules variées 10,60-13,70 €.* Un petit bout d'adresse tout vert pomme, qui distille avec fraîcheur de bien belles soupes, tartes, quiches et toujours un plat mijoté. Le tableau change toutes les semaines. C'est rien que du frais, rien que du bon, toujours de saison, et ça ne troue pas le porte-monnaie. Accueil adorable.

#### De bon marché à prix moyens

**À l'Ardoise** *(centre détachable E2, **41**) : 11, rue Léon-Blum. ☎ 02-40-47-54-51. Tlj sf lun, mar soir, sam midi et dim. Congés : 1re quinzaine d'août. Formule déj en sem 15,50 € ; le soir, menus 12,50-26,50 €.* Ce discret bistrot habillé de pierre et d'ardoises sur lesquelles s'inscrivent les réjouissances du jour, tant liquides que solides, est indéniablement une bonne affaire. Pour le ventre comme pour le porte-monnaie. On y tricote une cuisine de ménage, vive et franche, simple et plutôt hexagonale, tout en sachant prendre le grand air vers le Maghreb et la Méditerranée. Service bien sympathique et vins pas chers. Petite terrasse sur rue aux beaux jours.

**Les Chemins d'Alexandre** *(centre détachable E2, **45**) : 1, rue Léon-Blum. ☎ 02-40-48-62-27. • leschemins@wanadoo.fr • Tlj sf sam midi, dim et lun soir. Formule 12 € le midi ; menus 23,50-44 €.* Alexandre, c'est le cuistot qui s'attache à mettre en avant ses produits avec inventivité, et les traditions de Solange (sa mère-grand), qui lui apprit la cuisine. Son copain pâtissier n'est pas en reste. Un beau duo, en somme ! Le repas se prend dans une salle aux massifs piliers de granit et à la déco moderne (tables en bois clair, chemins de table, chaises habillées de cuir...), ou sur la jolie terrasse au calme. Une belle trouvaille dans cette rue truffée de troquets.

**Le Bouchon** *(centre détachable E2, **46**) : 7, rue Bossuet. ☎ 02-40-20-08-44. • lebouchon.restaurant@orange.fr • Tlj sf sam midi et dim-lun. Résa vivement recommandée. Formules 14,50-17,50 € le midi en sem ; menus 22-33 €. Digestif offert sur présentation de ce guide.* Dans un jardin verdoyant ou dans les petits salons un brin chic, une cuisine innovante et surprenante à tendance gastro, où se mêlent parfums et saveurs d'ailleurs. Part belle faite aux légumes, ce qui n'est pas si courant. Service impeccable et sans chichis. Une adresse qui marche fort et attire une clientèle mélangée.

**Le Bistrot des Enfants Terribles** *(centre détachable E2, **50**) : 4, rue Fénelon. ☎ 02-40-47-00-38. • enfants-terribles@numericable.fr • Tlj sf lun, plus dim hors saison. Congés : de mi-août à début sept. Formules déj 16-20 € ; menu 32 € le soir ; carte 40 €.* Salle à la déco petit-bourgeois d'hier et d'aujourd'hui. Service simple et sans chichis. Cuisine du terroir qui navigue entre coteaux de Loire et marais de Guérande, aux caprices du chef. Qui va aussi chercher des épices et de l'inspiration au-delà de la Méditerranée, et assemble de manière assez habile ces influences orientales. Les Nantais y viennent pour le cadre agréable et pour le prix (une bonne affaire avec les formules du midi).

**Lulu Rouget** *(centre détachable E2-3, **42**) : 1, rue du Cheval-Blanc. ☎ 02-40-47-47-98. • lulurouget@orange.fr • ♿ Tlj sf sam midi et dim-lun. Congés : 10 j. en mars-avr, 3 sem en août et 1 sem à Noël. Formules 19-22 € ; menu 52 €.* Cet espace qui mêle design et matières brutes, c'est chez Ludovic alias Lulu, un jeune chef d'ici formé dans quelques grandes maisons d'ailleurs (Troisgros à Roanne, pour n'en citer qu'une) et qui n'a pas traîné à se faire un (sur)nom. L'enseigne donne aussi une idée de ce qu'on mange chez *Lulu* : du poisson en général et du rouget en particulier (son filet de rouget à l'encre de seiche est déjà un classique). Superbes plats très personnels, jusqu'aux desserts. Service décontracté juste ce qu'il faut.

**Le Patio'nnément** *(centre détachable E3, **53**) : 8, rue de l'Emery. ☎ 02-51-82-41-16. ♿ Fermé le midi dim et j. fériés. Formules déj 11,50-13,50 € ; menus 20,90-29,80 €.* Une touche d'exotisme avec plusieurs salles au mobilier en teck, plancher rustique, fauteuils en cuir, couleurs feutrées et patio intérieur planté de bambous. Voilà le cocktail qui vous attend en plein quartier Bouffay. La cuisine de ce bistrot fait le gentil amalgame entre produits locaux et saveurs d'ailleurs. Pas d'étincelles, mais les plats sont bien pensés. Atmosphère branchée, sans excès cependant.

**Le Fou du Roi** *(centre détachable F2, **54**) : 2, rue Prémion. ☎ 02-40-35-64-64. Tlj. Menu 14,40 € le midi en sem, formules 20,50-30,90 € ; salades copieuses + café gourmand 16-17,50 €.* Dans une ruelle pavée longeant la douve, *Le Fou du Roi* reluque le château de la duchesse. Petite salle à la déco contemporaine (toiles modernes un peu partout) et aux murs empierrés qui ont vu passer bien des siècles. Quelques tables à l'extérieur pour les beaux jours. Cuisine classique et réussie, et formules originales comme ces généreuses salades

NANTES

accompagnées d'un café gourmand. Bon poisson. Une adresse très prisée par une clientèle d'habitués le midi, où la salle ne désemplit pas. Plus calme le soir. Les vins se jouent au poker : au verre (le valet), au quart (la dame), au demi (le roi), à la bouteille (l'as) ou au litre (le joker).

## *Dans le quartier Graslin et autour*

### De très bon marché à bon marché

**|●| *Le Badérioc*** *(centre détachable D3,* ***57****) : 4, rue du Chapeau-Rouge. ☎ 02-40-89-52-85. • lebaderioc@gmail.com • Lun-sam 11h-18h. Plats chauds servis jusqu'à 15h. Congés : 3 sem en août et 1 sem après Noël. Plat env 10 €. Café offert sur présentation de ce guide.* Petit self adorable où se retrouvent les habitués du quartier dans une ambiance conviviale et un décor coloré. Tout est là, et on se sert soi-même. Pas vraiment comme dans un self mais plutôt un peu comme chez soi. On prend une barquette pour un plat, puis une salade, une soupe, une tarte, une quiche ou un gâteau au chocolat... Et on se régale avec le sourire. Bonne petite cuisine familiale. Pour une poignée d'euros, un rendez-vous sympathique comme Nantes sait en créer. Quelques tables en terrasse, été comme hiver. L'après-midi, on y vient plutôt pour un thé et un gâteau à grignoter. Tiens, super macaron maison. Décidément, on aime.

**|●| *Crêperie Heb-Ken*** *(centre détachable D3,* ***58****) : 5, rue de Guérande. ☎ 02-40-48-79-03. • creperie@heb-ken.fr • Tlj sf dim. Carte 9-15 €.* 2 salles d'une banalité presque désolante, un accueil direct, mais surtout des crêpes goûteuses et copieusement garnies. Pas besoin d'attaché de presse, inutile de surfer sur la mode, ici, on fait confiance à l'assiette, rien que l'assiette. Le bouche à oreille fait le reste. Pour faire son choix, prévoir du temps, la carte est longue comme un menu chinois, avec plus d'une centaine de combinaisons.

**|●| *Le Vin Vivant*** *(centre détachable F2,* ***94****) : 93, rue du Maréchal-Joffre.* Et ***Le Café Cult'*** *(centre détachable E3,* ***91****) : 2, rue des Carmes.* *Voir « Où boire un verre ? ».*

### De bon marché à prix moyens

**|●| *La Cigale*** *(centre détachable D3,* ***59****) : 4, pl. Graslin. ☎ 02-51-84-94-94. Face au théâtre Graslin (l'opéra). Service continu tlj 7h30-0h30 (y compris dim, pratique !). Formules express 15-25,60 € le midi en sem, menus 18-29 € ; intéressant menu « Initiation » pour les enfants. Café offert sur présentation de ce guide.* L'adresse incontournable, classique du circuit culinaire nantais, une sorte de pèlerinage obligatoire, immortalisée par Jacques Demy et Anouk Aimée dans *Lola*. Inauguré en 1895, c'est un pur chef-d'œuvre de l'Art nouveau naissant, classé aux Monuments historiques. Bois dorés et sculptés, céramiques et mosaïques colorées, grands miroirs, le décor vaut assurément le détour et laisse un souvenir impérissable. Ce n'est pas une raison pour dédaigner la cuisine, qui met étonnamment bien en valeur les produits et les recettes régionales. Le service est virevoltant et charmant, la cuisine savoureuse et généreuse, à l'image de ce 1er menu d'une grande qualité. Chaque jour, et ce depuis bien longtemps, *La Cigale* chante sans défaillir une ode à la culture culinaire nantaise. En été, terrasse très agréable donnant sur la place Graslin, entièrement refaite et désormais piétonne.

**|●| *Beckett's Canteen*** *(centre détachable D3,* ***43****) : 3, rue Guépin. ☎ 02-40-48-76-46. Ts les midis sf dim, plus ven soir. Carte 15-20 €.* Comme son nom le laisse entendre, ce petit resto trendy et cosy est tenu par un Irlandais, aussi francophone que l'était l'auteur de *En attendant Godot*. Mais hormis la *Guinness* à la pression, rien d'irlandais dans cette cuisine fraîche et goûteuse qui fait volontiers le tour du monde : salade thaïe au bœuf mariné comme risotto ou cheese-cake à la new-yorkaise. Petite terrasse tranquille dans sa rue piétonne. Prix aussi gentils que l'accueil.

I●I ***Un Coin en Ville*** *(centre détachable D3,* ***63****) : 2, pl. de la Bourse. ☎ 02-40-20-05-97. Ouv le midi mar-ven et le soir lun-sam. Formules à midi 14,90-17,90 € ; menus 23,90-28,90 €.* On a failli ne pas trouver ce bout de resto à la petite porte grise, à l'intérieur habillé comme un salon chaleureux, alliant les vieilles poutres et les éléments modernes. S'il est discret, sa cuisine fait jaser, en revanche. Soignée, talentueuse, se permettant des alliances entre des produits d'ici et des graines de là-bas, mettant par exemple en scène une volaille rustique pour lui glisser une robe de mariée, le tout présenté avec créativité. On tient là un lieu vite devenu un rendez-vous d'habitués.

## *Sur l'île Feydeau et dans le quartier du Champ-de-Mars*

### De bon marché à prix moyens

I●I ***Le Lieu Unique*** *(plan détachable F3,* ***65****) : 2, rue de la Biscuiterie. ☎ 02-51-72-05-55. ● lu@lesensdugout.com ● lesensdugout.com ● ♿ 2 lieux en 1 : la partie brasserie et le resto. Le 1er est ouv lun-ven 12h-14h, puis fait bar le reste de la journée ; fermé en été ; on y trouve croque-monsieur, omelettes et autres bricoles. Le 2[nd] midi et soir (jusqu'à minuit ven-sam) sf dim et lun soir ; le midi en sem, formules 12 €, menu végétarien 16 €. Café offert sur présentation de ce guide.* Dire que c'est la table la plus créative de la ville serait mentir. Mais pour le prix, les plats simples, servis dans l'ambiance de ce *Lieu* qu'on ne présente plus, valent la peine d'y faire halte. Service totalement décontracté, parfaitement raccord avec le site. Murs écorchés vifs, nappes et serviettes en coton : on n'est pas à une contradiction près. Et on aime. Aux beaux jours, terrasse au calme sur l'arrière.

I●I ***Les Chants d'Avril*** *(centre détachable F3,* ***44****) : 2, rue Laënnec. ☎ 02-40-89-34-76. ● leschantsdavril@free.fr ● Fermé le midi sam-dim, plus le midi lun-mer hors saison. Congés : 3 sem en août, fêtes de fin d'année. Menu 21,50 €.* Comme nous l'a gentiment expliqué le chef, souvent présent en salle : « quand vous êtes invité chez des amis, vous ne savez pas ce que vous allez manger ». C'est exactement pareil dans cet historique décor de bistrot qui a conservé, depuis les années 1950, fresques murales à la gloire du Pays nantais et banquettes de moleskine verte. Menu mystère donc (si vous décidez de jouer le jeu), à base de produits d'une éclatante fraîcheur, très joliment travaillés. Vins (mystère aussi !) très, très bien choisis. Une belle surprise, effectivement. Et le chef a même lancé sa propre gamme d'épices, vendue en moulins.

I●I ***La Raffinerie*** *(plan détachable F4,* ***66****) : 54, rue Fouré. ☎ 02-40-74-81-05. ● restaurantlaraffinerie@gmail.com ● Fermé sam-dim et j. fériés. Formules 19,50-29,50 € le midi, carte 32-40 € le soir.* À défaut de raffiner du pétrole, on raffine ici les bonnes idées ! Une carte courte comme une culotte, mais une réelle envolée dans chaque proposition : 2 entrées, 2 plats (plus toujours une pièce de viande), 2 desserts et basta. Un néo-bistrot d'angle, avec son échantillon de terrasse en pointe, ombragée par une glycine. L'intérieur est sobre, gris et crème, mais la cuisine est colorée et goûteuse. Ou l'art de donner des saveurs aux choses les plus simples. Des produits frais, de l'inventivité qui s'appuie sur un solide savoir-faire, un p'tit sourire pour le service et des prix étudiés, il n'en faut pas plus pour pleinement nous satisfaire.

I●I ***Le Transbordeur*** *(centre détachable E3,* ***67****) : 9, rue Kervégan. ☎ 02-40-35-36-10. Slt le soir mer-sam et dim midi, plus mar soir en juil-août. Congés : 15 j. début sept. Menus 21-37,60 €. Un apéritif offert sur présentation de ce guide.* Un cadre élégant et une cuisine traditionnelle bien faite, goûteuse, avec quelques mélanges audacieux qui font de cette adresse, à l'écart du circuit touristique, une valeur sûre qui compte beaucoup d'habitués depuis de nombreuses années. Service impeccable, non dénué d'humour.

**Le Gressin** *(plan détachable F3, **68**) : 40 bis, rue Fouré. ☎ 02-40-48-26-24. Fermé lun soir, sam midi, dim et j. fériés. Congés : 3 sem en août. Menus env 15,50 € à midi, puis 24-29 €.* Le chef va chercher l'originalité de ses plats à la fois dans une présentation pleine de rebondissements et dans des saveurs simples (vinaigre, huiles aromatisées) parfaitement coordonnées aux mets. Le croustillant de maquereau nous a bien séduits, tout comme les beignets de scampi. Les 2 salles aux murs massifs en pierre apparente sont égayées de toiles modernes pleines de couleurs, et le service décontracté mais efficace ne gâche rien à l'affaire.

**Le P'tit Qua Fait** *(centre détachable E-F3, **69**) : 11, rue des Olivettes. ☎ 09-52-67-31-26. Tlj à midi sf dim-lun. Congés : fin juil-fin août. Formules mar-ven 13-16 € (enfant 8,80-10,80 €), sam 16,50 € (enfant 10,50 €). Goûter 7,50 €.* « Troquet ludique et familial », pour reprendre la définition de l'enjouée proprio qui navigue de la salle aux fourneaux. Un lieu de vie à fréquenter donc avec des enfants : il y a une vraie salle de jeux rien que pour eux et, régulièrement, des ateliers (cabaret, modelage...). Sinon, on mange bon et (souvent) bio dans cette souriante petite salle meublée récup' et qui accueille toujours des expos.

## De prix moyens à chic

**L'Atelier d'Alain** *(centre détachable F4, **72**) : 24, rue des Olivettes. ☎ 02-40-84-38-66. Fermé mer soir, sam midi, dim et j. fériés. Congés : fin juil-fin août. Menus-suggestions env 20-60 € ; carte 45-50 €, voire plus.* Alain Ruffault a rouvert l'ancienne boucherie de papa, devenue son atelier de cuisine, sur une salle couleur anis et sur une large cuisine ouverte, qui trône dans la pièce. Les casseroles en cuivre au mur ne sont pas là pour la frime. On y concocte, sous vos yeux, des plats inventifs, sûrs d'eux, parfaitement maîtrisés, offrant de subtiles saveurs qui titillent les palais nantais et les autres. Carte de plus de 500 vins. Et puis, si vous avez des velléités, Alain propose des cours et distille ses conseils. Accueil bourgeois dans le bon sens du terme.

**L'U.NI** *(plan détachable F3, **70**) : 36, rue Fouré. ☎ 02-40-75-. ♿ Tlj sf lun-mar et dim midi. Congés : 2 sem début janv, 2 sem début mai et août. Formule 23 € et menus 38-51 € ; carte env 50 €. Résa plus que conseillée.* Le *LU* est un clin d'œil à l'ancienne usine de biscuits voisine. Le *NI* c'est pour Nicolas, jeune chef récemment installé dans ce vaste espace contemporain, ancien second d'Éric Guérin à *La Mare aux Oiseaux,* entre autres enrichissantes expériences. Le tout est une abréviation de l'« Univers de Nicolas ». Un univers riche de légumes rares (ce chef leur voue un amour immodéré) et de fulgurantes idées de plats. À des prix encore accessibles, la table qui monte à Nantes.

**Maison Baron Lefèvre** *(plan détachable F4, **74**) : 33, rue de Rieux. ☎ 02-40-89-20-20. • baron-lefevre@wanadoo.fr • ♿ Tlj sf dim-lun et j. fériés. Congés : 2 premières sem d'août. Formule et menu déj en sem 15,50-18,50 € ; menu Tradition 26 € ; carte env 40 €. Apéritif maison offert sur présentation de ce guide.* Un ancien entrepôt de maraîchers et un commerce de luminaires ont donné naissance à ce bon et chaleureux resto à l'espace généreux et élégamment décoré : plancher large, vieux casiers, cave à vins sous grille, batterie de casseroles et vieille gazinière constituent un décor rustique et élégant à la fois (tables nappées). La plupart des plats changent tous les jours, et la majorité des légumes proviennent du jardin. Une cuisine somme toute classique sans souci d'inventions culinaires mais où l'on sert ce que l'on sait faire, en dépit d'un service parfois hésitant. La qualité des desserts n'est pas à la traîne. Pour ceux qui veulent prolonger le plaisir, l'épicerie à l'entrée du resto propose moult produits de qualité.

### *Sur l'île de Nantes*

## De bon marché à prix moyens

**La Cantine du Voyage** *(plan détachable C5, **82**) : Parc des Chantiers, quai des Antilles. • lesondelacantine.fr • De mi-mai à mi-sept slt, tlj midi* *et soir (en continu le w-e). Formules 2 plats 10 € le midi, 13 € le soir (avec boisson).* Vaste structure éphémère installée en bord de Loire, *La Cantine* se veut une vitrine de l'offre agricole de la région. Pas bête ! Repas frais, pas chers et conviviaux, avec terrains de pétanque et baby-foot pour s'amuser. DJ le samedi soir, poulet d'Ancenis le dimanche, ateliers vin, épicerie-librairie, etc.

**Le 1** *(plan détachable D4,* ***77****) : 1, rue Olympe-de-Gouges. ☎ 02-40-08-28-00. Tlj ; service continu 11h-23h. Formules 17,50 € (midi)-26,50 € (midi et soir), plus 29 € dim ; carte env 30 €.* Un bel espace vitré en bord de Loire, un mobilier contemporain boisé, coloré et confortable, et un chef que l'on voit œuvrer dans sa cuisine ouverte : voilà *Le 1*. Aux menus, de beaux produits régionaux bien travaillés (brochets, anguilles, écrevisses, canard...), rehaussés à la carte de touches plus originales. L'appel du grand large se fait aussi sentir : saveurs indiennes, charcuterie ibérique ou délicatesses japonaises sont régulièrement invitées, à la carte comme dans les menus. Service pro et souriant.

### *Sur la butte Sainte-Anne*

#### Très bon marché

**Le Havre** *(plan détachable B5,* ***79****) : 4, rue de l'Hermitage. ☎ 02-40-73-29-19. Lun-ven le midi slt. Congés : de mi-juil à mi-août. Formules env 9,50-15 € (1/4 de vin compris).* Un resto façon bistrot au pied de la « butte rouge » de Sainte-Anne. Sans façons, on choisit d'abord son lit (chaque table jouxte une tête de lit), puis on se met à table. Le menu, pas dispendieux pour un denier, propose une bonne cuisine traditionnelle, on dirait presque familiale...

### *Un peu au nord du centre-ville*

#### Très chic

**L'Océanide** *(plan détachable E2,* ***83****) : 2, rue Paul-Bellamy. ☎ 02-40-20-32-28. • restaurant.oceanide@orange.fr • Ⓣ Cinquante-Otages (ligne 2). Tlj sf dim et lun soir. 1ers menus 21,50 € le midi en sem, 29,50 € le soir ; autres menus 51-75 € ; carte env 50 €. Café offert sur présentation de ce guide.* Le chef breton se fournit au grand marché de Talensac et travaille essentiellement les produits locaux. Comble du raffinement, au-delà des produits principaux aux justes cuissons (on recommande les spécialités de poissons et fruits de mer), il ne délaisse rien dans sa composition : les légumes de saison, parfois inattendus, mais aussi les sauces qui présentent des saveurs tout aussi délicates. Quand arrive la carte des desserts maison et des cafés, on a déjà pardonné l'aménagement un peu froid de la salle.

## Où prendre un bon petit déjeuner ?

**La Cigale** *(centre détachable D3,* ***59****) : 4, pl. Graslin.* Voir « Où manger ? ». Un des hauts lieux de la vie nantaise, qui ouvre ses portes au petit matin et vous invite à commencer la journée par un petit déj délicieux dans un décor Art nouveau naissant de superbe facture. Plusieurs formules, du simple café-croissant à l'assiette de saumon fumé, sans oublier le brunch.

## Où boire un verre ?

### *Dans la vieille ville et à proximité*

**Le Bar du Coin** *(centre détachable E3,* ***90****) : 21, rue de la Juiverie. ☎ 02-40-47-55-05. Tlj.* Un des QG des étudiants (qui vont, tout simplement, au « barduc »), de l'apéro à plus tard dans la nuit. Sa terrasse, à l'ombre de l'église Sainte-Croix, dans la rue piétonne, est particulièrement convoitée. Concert les jeudi et vendredi hors saison.

🍷 🍴 ***Le Café Cult'*** *(centre détachable E3,* ***91****) : 2, rue des Carmes. ☎ 02-40-47-18-49. Fermé dim, lun midi et le midi des j. fériés. Congés : 2 sem en août.* Difficile de manquer cette belle maison à pans de bois du XVe s. À l'intérieur, décor chaleureux et quelque peu hétéroclite (poutres apparentes, tentures, candélabres...), avec des expos de peinture. Fait aussi resto, cuisine style brasserie, salades pour l'été sur la grande terrasse *(menus 13 € le midi, 22 € le soir).*

🍷 ***Le Cercle Rouge*** *(centre détachable E3,* ***93****) : 27, rue des Carmes. ☎ 02-40-20-16-50. Tlj sf dim-lun, jusqu'à 2h. Congés : 2 sem en août.* Dédié, comme son nom l'indique, à Jean-Pierre Melville. Déco années 1950 avec tables et comptoir en formica (rouge, forcément). Beaucoup y arrivent pour l'apéro et n'en décollent plus ! Boissons pas chères, patrons accueillants. On deviendrait presque un habitué dès la 1re visite.

🍷 ***Le Nid*** *(centre détachable D2,* ***92****) : au 32e étage de la tour Bretagne. ☎ 02-40-35-36-49. Jeu-dim 10h-2h ; dernière montée 45 mn avt fermeture.* Attention, le nombre de personnes étant limité, attendez-vous à patienter un peu. Un étrange oiseau, conçu par Jean Jullien, a installé son nid au dernier étage de la plus haute tour de Nantes. Ne pas hésiter à aller prendre un verre dans ce lieu étonnant et ludique, d'autant plus que sa terrasse offre une vue panoramique sur Nantes à 360°.

🍷 🍴 ***Le Vin Vivant*** *(centre détachable F2,* ***94****) : 93, rue du Maréchal-Joffre. ☎ 02-40-89-79-83. • thibaut.c@hotmail.fr • Tlj sf dim soir et lun midi, 10h-minuit (17h30 mar-mer). Carte 15 €.* La vieille enseigne annonce encore une « Épicerie du Maréchal ». C'est le Joffre de la rue, évidemment, pas le « Maréchal nous voilà » de sinistre mémoire. Dans ce décor millésimé, l'accueillant jeune patron (autrefois sommelier chez un étoilé) a posé une foule de bouteilles fort bien choisies (des vins naturels exclusivement) et quelques tables façon bistrot pour accompagner des petits plats maison (soupes, tartines, desserts d'enfance) cette impeccable sélection.

🍷 ***La Comédie des Vins*** *(centre détachable D3,* ***95****) : 4, rue de Suffren. ☎ 02-40-73-11-68. Tlj sf dim-lun. Congés : 1re quinzaine de janv, 2de quinzaine d'août.* Adorable petit lieu où les vins sont joliment mis à l'honneur par une trentaine de flacons proposés au verre mais qui tournent régulièrement. Accueil souriant, conseils professionnels. Pour mettre un peu de solide dans le liquide, quelques savoureuses tartines sont proposées. Les costards-cravates y font halte après le boulot, quelques bobos complètent le décor, attirés par le judicieux choix de plus de 350 bouteilles, à emporter ou à déguster sur place. Petite terrasse sur rue.

## Dans le quartier Graslin et autour

🍷 ***L'Appartement*** *(centre détachable D3,* ***100****) : 1, rue Gresset. ☎ 02-40-73-11-51. Tlj jusqu'à 2h (minuit dim-lun).* Bar lounge branchouille où l'on trouve « bobocoup » de quadras B.C.B.G. Ambiance feutrée avec photophores, beau bar en bois précieux, et jazz cool wapdouwap. Pour un verre chic dans une ambiance cosy, comme chez soi, dans son propre appartement.

🍷 ***Radisson Blu Hotel*** *(centre détachable D2,* ***99****) : 6, pl. Aristide-Briand. ☎ 02-72-00-10-00. Tlj.* Installé dans l'ancien palais de justice de Nantes, datant du XIXe s, entièrement réaménagé et relooké par Jean-Philippe Nuel, voici l'un des très luxueux et originaux des hôtels nantais, ouvert en 2012. À défaut de pouvoir y dormir dans l'une des 150 superbes chambres design, on vous recommande d'aller y prendre un verre pour admirer le nouveau décor de l'impressionnante ex-salle des pas perdus, ou même de dîner dans l'ancienne cour d'assises qui fut en activité jusqu'en 2000. On y prendrait bien perpet' !

## Sur l'île de Nantes

🍷 ♪ ***Le Hangar à Bananes*** *(plan détachable B5,* ***103****) : quai des Antilles.*

NANTES

● *hangarabananes.com* ● *Tlj jusqu'à 2h ou 4h du mat.* Au bout de l'île de Nantes, l'un des coins branchés de la ville, qui attire familles et promeneurs en journée, dans la *Hab Galerie,* un lieu d'exposition consacré à l'art contemporain, puis la jeunesse festive nantaise en soirée. Difficile de recommander un bar plutôt qu'un autre, ils sont une quinzaine en rang d'oignons à étaler leurs transats face à la Loire. Tous arborent une déco design et originale, certains ont une salle pour danser ou recevoir des musiciens. On choisira selon l'humeur, l'heure et la clientèle du jour déjà présente.

***L'Absence*** *(plan détachable E4,* ***105****) : parvis de l'Ensan, 6, quai François-Mitterrand. ☎ 02-40-74-85-43.* ● *absence-nantes.fr* ● *Tlj sf lun, 10h-18h (20h sinon beaucoup plus tard en été).* Un bar-snack installé dans ce qui était à l'origine une œuvre d'art contemporain du programme *Estuaire* : une déroutante sculpture, une masse organique qui semble presque vivante... Étonnant endroit donc, prolongé d'une grande terrasse. Quelques petits trucs à grignoter et de nombreux événements au fil de l'année.

***Le Café de la Branche et la librairie*** *(plan détachable D4,* ***104****) : bd Léon-Bureau, devant les* Machines de l'île, *juste au pied de la branche prototype de l'Arbre aux hérons. Tlj 10h-18h (20h en été).* Après avoir visité les *Machines de l'île* et fait un tour en *Éléphant* ou sur le *Carrousel,* une petite halte s'impose dans ce sympathique café doté d'une petite terrasse, pour se remettre de ses émotions.

NANTES

## Où boire un verre... tardif ?

Nantes est une ville étudiante, donc on sort tard. On y trouve des cafés de tous styles, souvent très animés, qui ferment entre 2h et 4h. Les boîtes prennent la relève jusqu'à l'aube. La plupart des bars de nuit et des pubs se trouvent dans le quartier du Bouffay, le vieux centre piéton, dans le quartier Graslin, mais également au *Hangar à Bananes* sur l'île de Nantes.

### Dans la vieille ville et à proximité

***La Maison Café*** *(centre détachable F2,* ***110****) : 4, rue Lebrun. ☎ 02-40-37-04-12.* ● *lamaisonkf@gmail.com* ● *Dans une petite rue après l'esplanade du château (cours Saint-Pierre). Tlj 15h-2h.* L'un de nos bistrots favoris à Nantes. La déco kitsch et colorée, très réussie, reproduit avec astuce les pièces d'une maison des années 1970, dont chacune possède son ambiance, sa lumière et ses objets typiques. On a flashé sur la cuisine, mais vous pourrez préférer la salle de bains, le salon ou la chambre. Également quelques tables dans la cour, chauffée en hiver, près de la fontaine, où il ne manque que les nains de jardin ! Bonne musique, bon accueil, bon esprit et bières pas chères. Pour la jeunesse bohème moderne.

***Le P'ti Zinc*** *(centre détachable E3,* ***111****) : 10, rue de l'Emery. ☎ 02-40-20-04-08. Tlj sf dim midi, plus dim soir et lun hors saison.* Une grande terrasse dans un recoin du quartier piéton, où l'on se dispute une table libre pour ne plus la quitter. Un bon lieu d'observation des déambulations chaotiques des fêtards du week-end. Petite mezzanine et minuscule bar à l'intérieur. Les cocktails au rhum sont dosés costauds ! Modération, donc. Surveiller les affiches et *flyers* au bar pour savoir où continuer la soirée.

***Goo Bar*** *(centre détachable E2,* ***112****) : 8, rue du Marais. ☎ 02-40-47-56-41. Tlj sf dim, jusqu'à 2h (minuit lun-mar) ; brasserie le midi mar-jeu. Congés : de mi-juil à fin août.* Bel imbroglio de zinc, bois, tuyaux et cadrans genre manomètres d'usine à gaz. Sympathique choix de vins du monde et cervoises pression. La jeune clientèle refait la société autour de l'impressionnante colonne à bière ou sur la mezzanine. Beaucoup de monde en fin de semaine.

***Buck Mulligan's*** *(centre détachable E3,* ***113****) : 12, rue du Château. ☎ 02-40-20-02-72.* ● *buck.nantes@wanadoo.fr* ● *buckmulligans.fr* ● *Fermé 1er janv et 25 déc.* Ce serait dommage de ne pas pousser la porte. Un pub irlandais sympa comme tout, distillant une bonne ambiance et tirant la *Guinness* bien comme il se doit. Scène ouverte le lundi, et chaque jeudi, concert autour du blues. Autres soirées musicales de temps en temps. Pour un peu, on se croirait sur l'île d'Émeraude. Extra !

**Au Chien Stupide** *(centre détachable E3,* ***114****) : 4, rue des Carmélites. • myspace.com/lechienstupide • Tlj 15h-2h.* Ambiance éminemment jeune, musique toujours dans la tendance du moment, et murs couverts de vieilles affiches. Passer *the door* pour une bonne mousse arrosée de décibels avec vinyles des années 1950 à 1970. Le week-end, on peut même apporter ses collectors pour les écouter en société. Généreuse terrasse sur le trottoir.



## Dans le quartier Graslin et autour

**Le Pickwick's** *(centre détachable D3,* ***115****) : 3, rue Rameau. ☎ 02-40-73-13-62. Tlj. Concert chaque sem.* Étonnant bar en demi-cercle, idéal pour une rencontre. Terrasse panoramique à l'extérieur. Ambiance assez jeune. Pour ceux qui grelottent de soif à une heure avancée de la nuit, ce bar bien connu ferme tous les jours à 4h du matin ! On y fête aussi enterrement de vie de célibataire, anniversaire, départ, et toute occasion pour se retrouver jusqu'à pas d'heure...

**Les Fées Maisons** *(centre détachable E3,* ***117****) : 3, rue Pré-Nian. ☎ 02-40-48-44-42. Mar-dim 16h-2h. Congés : août.* Par la barbe du grand sorcier, voilà un petit bar magique. Ensorcelé par des objets et grigris bizarres, installé dans quelque petit sofa, on déguste des breuvages et élixirs : potions « inoffensives » (sans alcool), « grisantes » (avec) et « fumantes » (chaudes). Transporté dans un lieu imaginaire où l'on ne jette pas ses sesterces par la fenêtre.

# Où sortir ?

## Sur l'île de Nantes

**Le Floride** *(plan détachable C5,* ***130****) : 4, rue de Saint-Dominque. ☎ 02-40-47-66-80. • lefloride.free.fr • À la pointe ouest de l'île de Nantes (proche du* Hangar à Bananes*). Mer-dim 23h-5h (jeu-sam 23h30-7h en été).* Concerts régulièrement, sauf en été, pour faire connaître les groupes qui démarrent. C'est LA boîte rock de Nantes, une référence en la matière, toujours à la pointe de l'actualité musicale, que papa a créée il y a plus de 30 ans et que le fiston DJ entretient.

**LC Club** *(plan détachable B-C5,* ***103****) : 21, quai des Antilles. ☎ 02-40-47-68-45. • lcclub.fr • Au début du* Hangar à Bananes*. Ven-sam, plus certains autres j. (consulter le site). Entrée : env 15 €, plus cher si DJ renommé.* Pas donné, l'accès à cette boîte giga où vient danser le ban et l'arrière-ban des jeunes du coin. Immense piste, multibars, et mezzanine dominant les danseurs qui se dézinguent sur de la techno ou du disco. On y a vu David Guetta, Martin Solveig et autres DJs de pointure. Terrasse extérieure pour une bouffée d'air, de nicotine, et un petit bronzage lunaire, avant de se replonger dans les basses et les décibels. Ça chauffe dès minuit.

**TDA Club** *(plan détachable E5,* ***131****) : 14, rue Alexandre-Fourny. ☎ 02-40-89-48-60. • soonnight.com • Mer-dim. Entrée gratuite mer, jeu et dim.* On trouvera moins de jolies filles (quoique...) mais plus de beaux garçons dans cette boîte où la clientèle (en majorité homo) n'est pas sectaire. On apprécie l'imagination débordante dont le patron, un vrai pro de la nuit, fait preuve pour animer ses soirées. Ambiance bon enfant.

## Dans le quartier de la gare ferroviaire

**Le Lieu Unique – CRDC – Scène nationale de Nantes** *(plan détachable F3,* ***65****) : quai Ferdinand-Favre. ☎ 02-40-12-14-34. • lelieuunique.com • Bar tlj, jusqu'à 20h dim-lun, 1h ou 2h le reste de la sem.* Lieu culturel de la ville depuis 2000, installé dans l'ancienne biscuiterie LU, cette adresse porte décidément bien son nom. Elle intègre dans le même espace salles de concert, de spectacle, d'expo, un resto, un bar, une brasserie, une librairie, un hammam, etc. Programmation éclectique (musiques électroniques, orientales..., théâtre d'avant-garde, danse contemporaine et expos d'art contemporain), qui séduira aussi bien un public branché que toute personne ouverte aux formes d'art les plus contemporaines. Au sous-sol, *Hammam Zein* (☎ *02-40-89-09-99 ;* • *zeinorientalspa.fr* • *; femmes tlj 11h-18h ou 21h ; hommes slt mar 18h-21h ; mixte jeu et ven aux mêmes heures, plus dim 11h-21h).* Jolie salle de détente. Thé à la menthe compris.

## Plus au nord

***Espace Paul-Fort – Pannonica*** *(plan détachable D2,* ***132****) : 9, rue Basse-Porte.* ☎ *02-51-72-10-10.* • *pannonica.com* • *labouchedair.com* • *Face au marché de Talensac. Billetterie mar-ven 14h-18h30. Fermé en été. Entrée selon spectacle.* Dans la grande salle de 500 places assises, les deux associations *La Bouche d'Air* et *Nantes Jazz Action* programment toute l'actualité de la nouvelle chanson française et du jazz. En sous-sol dans une ambiance cosy, *Le Pannonica,* club de 140 places, reçoit les grands noms du jazz européen et international.

NANTES

# Où trouver les spécialités nantaises et régionales ?

***Maison Lemaître*** *(centre détachable E3,* ***140****) : 12, rue de la Paix.* ☎ *02-40-47-04-12. Mar-sam 9h-19h.* Une des plus jolies épiceries fines de la ville, où l'on va pouvoir remplir un plein panier de spécialités nantaises pour les copains. Bon gâteau nantais (base de poudre d'amande et de rhum), mouzillon (gâteau sec que l'on trempe généralement dans le muscadet), palets nantais... Et puis des sardines sous toutes les formes, dont des sardines chaudes à la nantaise, sel de Guérande. Également de bonnes bouteilles et du Nantillais.

***Chocolaterie Gautier-Debotté*** *(centre détachable D3,* ***141****) : 9, rue de la Fosse.* ☎ *02-40-48-23-19. Mar-sam 9h-19h. Fermé 3 premières sem de janv.* Spécialités de sardines de Nantes (si, si, c'est bien du chocolat !), berlingots artisanaux, macarons nantais (de délicieux chocolats feuilletés et enrobés de chocolat noir, surmontés d'un mascaron, ce masque qui orne le fronton des immeubles du XVIII$^e$ s) et muscadet nantais. Dans une merveilleuse boutique comme on n'en fait plus, aux murs recouverts de boiseries et croulant sous les lustres en cristal. *Autres boutiques rue Crébillon (centre détachable D3),* où l'on trouve le fameux gâteau nantais et *pl. Viarme (plan détachable D2).*

***Maison des Vins de Loire*** *(centre détachable D3,* ***142****) : 15, pl. du Commerce.* ☎ *02-40-89-75-98. Mar-ven 10h30-13h, 15h-19h ; sam 10h30-19h.* Dégustation, séances œnologiques régulières et vente de vins sélectionnés de tout le Val de Loire. Plus de 70 vins sont proposés à la vente, choisis à l'aveugle par la profession mais pas à l'aveuglette ! Très bon accueil et conseils avisés.

***Les Rigolettes Nantaises*** *(centre détachable E2-3,* ***143****) : 18, rue de Verdun.* ☎ *02-40-47-58-31. Lun-sam 10h-19h.* C'est ici que vous pourrez acheter les fameuses rigolettes nantaises, ces délicieux bonbons fourrés à la pulpe de fruits.

***ABC Terroirs*** *(centre détachable E2,* ***144****) : 5, pl. Saint-Pierre.* ☎ *02-40-89-76-26. Lun-sam 9h30-19h30, plus dim l'été 9h30-12h30.* Un bon choix de spécialités régionales, de Nantes au Grand Ouest. Des produits salés, alcoolisés ou sucrés, qui se déclinent aussi en paniers cadeau.

***La Trinitaine*** *(centre détachable E2,* ***145****) : 4, pl. Saint-Pierre.* ☎ *02-40-20-33-36. Lun-sam 10h-19h, plus dim l'été 15h-19h.* Magasin de la fameuse marque de biscuits bretons. Toutes sortes d'autres produits de la patrie d'Anne (qui a dit que Nantes n'est pas en Bretagne ?). Quant à l'accueil, c'est pas toujours du gâteau ! Dommage.

**La Friande LU** *(plan détachable E2, **146**) : 12, rue Paul-Bellamy. ☎ 02-40-20-14-68. Lun 14h30-19h, mar-sam 9h30-19h.* Une boutique qui fait son beurre avec le Petit Lu, mis ici dans tous ses états. De beaux articles, bien qu'assez chers.

***L'Atelier Saint-Michel*** *(centre détachable E3, **147**) : 39, rue de Verdun. ☎ 02-54-86-52-89. Mar-sam 10h-19h.* La vitrine nantaise de la biscuiterie de Saint-Michel-Chef-Chef qui produit, entre autres, les fameuses galettes Saint-Michel.

## À voir

### ***La vieille ville et le quartier du Bouffay*** *(centre détachable E-F2-3)*

NANTES

***La cathédrale Saint-Pierre-et-Saint-Paul*** *(centre détachable E-F2) : pl. Saint-Pierre. Tlj 10h-18h (19h l'été). Pas de visite pdt les offices (dim à 10h et à 19h).*

Vous serez frappé par l'unité de style de l'édifice (gothique flamboyant) malgré la durée de sa construction (1434-1891), due, entre autres, à des problèmes de financement. Sur la façade, remarquables portails à voussures finement sculptées. Les deux tours, érigées en 1508, ont une hauteur de 63 m.

> **LE « P » DU PUITS**
>
> *Au fil de vos balades dans les rues de Nantes, observez donc certains numéros de plaque des immeubles du XVIIIe s. Point de « b » pour « bis » ou de « t » pour « ter ». Ici, c'est le « p » qui prend le relais. Une des règles imposées par le maire de la ville à cette époque, pour signaler les maisons dotées d'un puits, qui pouvaient contribuer à éteindre un incendie. Comme quoi les technocrates ne sont pas tous des cornichons.*

Autant l'extérieur paraît simple, autant l'intérieur, restauré après l'incendie de la charpente en 1972 (représenté sur un tableau dans l'une des chapelles latérales), surprend par sa splendeur et sa luminosité. La nef, avec ses 37,50 m de hauteur, est particulièrement majestueuse. On est presque saisi par la beauté des bas-reliefs entourant les piliers à l'entrée. Les 500 m² de vitraux modernes, réalisés (de 1977 à 1982) par Jean Le Moal et Anne Le Chevalier, donnent au chœur une coloration flamboyante. Bel éclairage nocturne. Les cryptes se visitent (lire plus loin). Dans le transept sud, tombeau pré-Renaissance de François II et Marguerite de Foix, qu'Anne de Bretagne, leur fille, commanda à Michel Colombe. Dans le transept nord, cénotaphe de Lamoricière, encadré de quatre statues symbolisant la Charité, le Courage, la Conciliation et la Foi.

***La porte Saint-Pierre*** *(centre détachable E2) : en allant vers la pl. du Maréchal-Foch.* Cette porte est un vestige de l'enceinte médiévale remaniée au XVe s et posée sur un mur gallo-romain. Au début du XVIe s, on la surmonte du manoir de Gueguen, évêque proche d'Anne de Bretagne. Quand la ville obtient l'autorisation de détruire ses murailles en 1760, la porte Saint-Pierre échappe à la réorganisation du quartier. Elle passera également au travers de la Révolution. Au pied de la porte, un jardin archéologique abrite des vestiges des anciens remparts (gallo-romains et médiévaux).

***La place du Maréchal-Foch*** *(centre détachable E-F2) :* les Nantais s'obstinent à l'appeler place Louis-XVI à cause de la statue qui s'élève au milieu. C'est l'une des rares statues en France représentant ce roi (dont deux rien qu'en

Loire-Atlantique). La place est bordée d'un superbe ensemble architectural, conçu au XVIII^e s entre les cours Saint-Pierre et Saint-André, qui reliaient le quai de la Loire à celui de l'Erdre. À voir, l'*hôtel d'Aux,* construit par Ceineray, où séjourna Napoléon en 1808, et l'*hôtel Montaudouin,* que l'on doit à Crucy. Près de la cathédrale, la porte Saint-Pierre, vestige de l'enceinte médiévale remaniée au XV^e s et posée sur un mur gallo-romain (voir ci-avant).

***Les cryptes de la cathédrale*** *(centre détachable F2)* **:** *entrée à l'arrière de la cathédrale, par le cours Saint-Pierre, juste à l'entrée du sq. de la Psalette. Tlj en été, le w-e le reste de l'année ; horaires très variables. GRATUIT. Pour plus d'infos, ☎ 0892-464-044 (0,34 €/mn).* Une partie de la crypte, du XIX^e s, est située juste sous le chevet de la cathédrale. Quatre alcôves présentent l'histoire de la cathédrale. La crypte romane (XI^e s) abrite de belles vitrines de chasubles, sceptres, étoles, chape, croix de procession, ciboires, calices et autres ostensoirs.

***Le square de la Psalette*** *(centre détachable E-F2)* **:** *à droite de la cathédrale.* Il relie le cours à la place Saint-Pierre. Dans le jardin, un hôtel particulier du XV^e s (qui abrite désormais la Direction générale de la culture). On aperçoit aussi d'anciens bouts de remparts, qui descendaient jusqu'au château et à la Loire. C'est dans une rue voisine, la rue Mathelin-Rodier, que fut arrêtée la duchesse de Berry en 1832.

### LA DUCHESSE A LE FEU AUX FESSES

*En 1832, Marie-Caroline, duchesse de Berry, voulut soulever les Vendéens dans un grand mouvement légitimiste. Recherchée par la police, elle se réfugia à Nantes. Informés, les gendarmes fouillèrent l'appartement. Comme il faisait froid en ce mois de novembre, ils firent du feu dans la cheminée. Mais c'est précisément derrière la cheminée que la duchesse s'était planquée. Sa robe prit feu ! Elle urina dessus pour l'éteindre. Finalement, à moitié asphyxiée, la duchesse se serait alors livrée.*

***Le Château des ducs de Bretagne*** *(centre détachable F3)* **:** *☎ 0811-46-46-44 (tarif local). • chateaunantes.fr • ♿ (label 4 handicaps, visioguide). Juil-août, tlj : site 9h-20h (23h sam), musée 10h-19h ; sept-juin, site tlj 10h-19h, musée tlj sf lun, 10h-18h. Entrée musée ou expo : 5 € (visite libre), 8 € avec les expositions temporaires ; réduc ; gratuit jusqu'à 18 ans et pour ts le 1^er dim du mois. L'accès au site (cour, douves et remparts) est gratuit. Visite guidée (5/j. l'été et 1/j. pdt les vac scol et le w-e) : 4 €. Audioguide et visioguide : 3 € (en différentes langues, dont le breton). Téléchargement gratuit des parcours de visites musée et château sur les plateformes iOs et Androïd ainsi qu'à l'accueil du musée. Résa des entrées, visites guidées et animations enfants sur le site internet. Café-restaurant* Les Oubliettes *dans le vieux donjon. Librairie-boutique avec de nombreux ouvrages sur le château, mais aussi sur Nantes et sa région, dans l'ancienne cuisine du logis. De nombreuses visites sont proposées sur différents thèmes, pour découvrir aussi bien le monument que le musée et les expos temporaires. Possibilité également de visite guidée en famille et de visite pour les enfants. Ateliers enfants.*

*Un peu d'histoire*

Pour bien comprendre le contexte historique, il faut se rappeler que le château était autrefois situé sur une île artificielle, au milieu des marécages dérobés à l'évêque. Il jouait un rôle défensif, en bordure est des murailles, pour surveiller la route de Paris et la navigation sur la Loire. En 2007, après 15 ans de travaux, le Château des ducs de Bretagne a retrouvé toute sa splendeur. Reconstruit à la fin du XV^e s, puis embelli et agrandi au cours des siècles suivants. Il faut passer ses rudes murailles extérieures en bloc de granit pour découvrir côté cour l'élégante résidence ducale en pierre de tuffeau d'inspiration Renaissance, resplendissante.

Le château vit la naissance de la duchesse Anne, deux fois reine de France par ses mariages successifs avec Charles VIII et Louis XII. En août 1532, François Ier, usufruitier du duché, y promulgua l'édit prononçant, sur la requête des États de Bretagne assemblés à Vannes, « l'union perpétuelle des pays et duché de Bretagne avec le royaume de France ». C'est ainsi que le Château des ducs de Bretagne devint aux XVIe et XVIIe s le logis breton des rois de France. Après avoir servi de caserne, d'arsenal et de prison, le château est classé Monument historique en 1862 et devient à partir de 1924 musée municipal.

➢ De jour comme de nuit (mise en lumière le soir, visible seulement de l'extérieur), prendre le temps de faire le tour du ***circuit des remparts*** pour prendre la mesure de l'édifice, profiter des points de vue sur Nantes et admirer, d'en haut, le raffinement des façades du Grand Logis et du Grand Gouvernement avec leurs loggias et leurs décors sculptés.

– ***Le musée d'Histoire de Nantes :*** il est installé dans les bâtiments du XVe s et présente, tout au long d'un passionnant parcours à la fois chronologique et thématique, l'histoire du château et de la ville dans sa double appartenance à la fois bretonne et estuarienne. Sept grandes séquences nous font remonter le temps, depuis l'édification du château (dont on peut voir les bases des remparts gallo-romains dans la première salle) jusqu'à la métropole vivante et dynamique du XXIe s. On découvre ainsi, au fil des 32 salles, tous les événements ayant contribué à forger l'identité de Nantes, grâce à une belle muséographie combinant fort intelligemment pièces de collection et installations multimédia. Nantes nous est restituée et racontée à travers le temps mais aussi l'espace.



***Salle 2,*** projection d'un petit film sur l'histoire d'Anne de Bretagne. Remarquer, ***salle 4,*** sous la fenêtre, les graffitis dont ceux des prêtres réfractaires qui furent enfermés ici durant la Révolution, lorsque le château servit de prison. Ils ont dessiné des autels. La séquence sur Nantes, fille du fleuve et de l'océan, restitue la ville dans son environnement géographique, mais aussi dans sa dimension imaginaire. ***Salle 6,*** film sur l'histoire du château. La ***salle 8*** évoque les grands thèmes nantais : construction navale, biscuiterie LU, mais aussi commerce vers les îles avec l'affiche d'une exposition prévue en 1985 sur le sujet sensible de la traite des Noirs et qui n'eut jamais lieu ; tandis que la ***salle 9*** présente les différentes évocations de la ville par des artistes (Barbara, Jacques Demy).

Sept salles sont ensuite consacrées au négoce et à l'or noir au XVIIIe s, Nantes est alors le premier port négrier de France. La ***salle 13*** (habillée comme l'entrepont d'un navire négrier) est à cet égard très intéressante. Les différents documents présentés illustrent l'évolution d'une campagne de traite avec notamment le plan du navire *La Marie Séraphique,* particulièrement parlant sur les conditions de transport épouvantables des esclaves. Noter aussi les documents comptables de l'armateur, qui font état du nombre et du prix des esclaves achetés et de ceux qui sont livrés à bon port. Ne pas manquer également dans les ***salles 14 et 15*** (sous les toits) un tableau unique en son genre dans la peinture française du XVIIIe s, représentant le percement de l'oreille d'un jeune esclave noir par sa maîtresse (on ignore le commanditaire et l'artiste).

***Salle 17,*** des écrans interactifs permettent la visite de la ville au XVIIIe s. Puis c'est la Révolution avec les fameuses noyades ordonnées par Carrier pour faire de la place dans les prisons. Après cette période tourmentée, on retrouve Nantes port colonial et industriel qui doit faire face à la concurrence du nouveau port de Saint-Nazaire et développe ses industries de biscuiteries, conserveries et savonneries (grande maquette du port de Nantes entre 1900 et 1927 dans la ***salle 21***). Toujours dans la ***salle 21,*** section sur la chasse à la baleine. Remarquer la façon étonnante qu'ont les marins de transporter leur énorme proie.

La Seconde Guerre mondiale à Nantes est marquée par l'exécution de 48 otages par les Allemands le 22 octobre 1941. Suivent la reconstruction, les conflits sociaux, et les deux dernières salles présentant la métropole atlantique, sa nouvelle politique urbanistique et son dynamisme culturel. Pour illustrer ce point, la dernière salle du musée est confiée à un artiste qui expose sa vision de Nantes.

**Le jardin Château-Mercœur** *(centre détachable F3)* **:** au pied du château. Réhabilité lui aussi, avec un miroir d'eau de 1 300 m², des jeux géants pour enfants (sur lesquels veille un dragon !) et des arbres en bronze envahis d'oiseaux... Parfait pour recharger les batteries.

**Autour du château :** vous aurez sans doute remarqué, avant de passer le pont-levis, une ***sculpture*** en bronze ***de la duchesse Anne*** qui veille sur son château. C'est l'œuvre du sculpteur breton Jean Fréour. De là, on gagne le centre-ville par la vieille rue du Château (remarquer, au nº 14, l'*hôtel de Goulaine,* du XVIIᵉ s) et son beau ***Café Sélect*** au décor Art déco. Puis on débouche sur la ***place du Pilori.*** On trouve, au nº 12, deux beaux mascarons, *Jean qui rit* et *Jean qui pleure.* Un peu plus loin, les *Galeries Lafayette,* que tout le monde ici continue à appeler *Decré,* du nom de l'ancien propriétaire, accueillent une œuvre du *Voyage à Nantes* au 3ᵉ étage, réalisée par Cécile Bart : *Suspens de Nantes,* sept panneaux translucides qui agissent comme un vitrail déployé dans l'espace. Globalement, un important programme d'aménagement du cœur de ville et de la zone piétonne est en cours jusqu'en 2015 : création d'une esplanade devant le Château des ducs de Bretagne, réfection du carré Feydeau, etc.

**Le quartier du Bouffay** *(centre détachable E3)* **:** de la rue du Château, on emprunte la rue des Chapeliers. On pénètre là dans le quartier dit du Bouffay, cœur médiéval de la cité et nom de la place voisine. Le quartier s'est, au milieu des années 1970, autoproclamé « commune libre » avec un maire, une devise (« humour, bonté, gaieté ») et quelques plants de vigne, rue du Vieil-Hôpital. Pas vraiment d'homogénéité dans ce secteur en partie touché par les bombardements alliés durant la dernière guerre. Les B17 américains ratissaient large : ayant tenté de bombarder les chantiers navals, les bombes sont souvent tombées sur le centre-ville ! Qui sait d'ailleurs que l'acteur Clark Gable était aux commandes de l'un de ces appareils ?
Au croisement des rues de la Juiverie, de l'Emery, des Petites-Écuries et des Chapeliers, animation permanente le soir avec les nombreux bars étudiants et petits restos qui occupent les trottoirs. Au nº 11 de la rue de la Juiverie, bas-reliefs énigmatiques probablement réalisés par un céramiste qui présentait là ses modèles. Au nº 7, l'une des dernières maisons à pans de bois du XVᵉ-XVIᵉ s.

### MAUVAIS PLAN

*Le jour de l'exécution du comte de Chalais (accusé d'avoir conspiré contre Louis XIII) sur la place du Bouffay, ses amis, désirant le sauver, enlevèrent le bourreau. Mais ce dernier fut remplacé par un autre condamné à mort qui obtint la vie sauve à condition de décapiter le condamné. L'inexpérimenté tremblait tellement qu'il dut s'y reprendre à 35 reprises avant de l'achever... Au vingtième coup, le comte était toujours conscient. Une boucherie !*

Dans le même secteur, les amateurs d'architecture Art déco auront sans doute craqué pour plusieurs façades aux mosaïques multicolores. La plus célèbre, au nº 26 rue de la Marne, est celle de l'ancien ***magasin des rigolettes Bohu,*** œuvre du célèbre mosaïste de l'époque Isidore Odorico. D'autres jolies façades attirent l'œil, comme celle du ***Café du Cinéma,*** 8, rue des Carmélites.

**La place Sainte-Croix** *(centre détachable E3)* **:** on y trouve l'***église Sainte-Croix,*** de style jésuite. La façade et le portail sont de 1685, mais le registre au-dessus date du XIXᵉ s, tout comme la tour avec anges sonnant de la trompette. C'est ici que fut baptisé le petit Jules Verne en 1828. À proximité, le ***passage Sainte-Croix*** *(☎ 02-51-83-23-75),* l'un des lieux culturels de Nantes. Il propose expos, conférences et débats sur de nombreux sujets *(mar-sam 12h-18h30).*

On parvient ensuite à la ***place du Change*** *(centre détachable E3)*. C'était le point de convergence de tous les grands axes, et donc le plus grand carrefour commercial et d'échanges de la ville. Sur le plan architectural, c'est un ensemble hétéroclite composé d'édifices moyenâgeux qui ont réchappé à la restructuration du quartier, d'immeubles des XVIIIe et XIXe s, et de quelques-uns d'après-guerre. Au no 2 de la place, voir la superbe *maison dite des Apothicaires,* du XVe s, l'une des rares maisons à pans de bois et encorbellements, décorée de quelques sculptures en bois polychromes (elle abrite aujourd'hui la maison de la Poésie et *Le Café Cult',* voir « Où boire un verre ? »).

***Le cours des Cinquante-Otages*** *(centre détachable E2-3)* **:** large artère coupant en deux le centre-ville dans le sens nord-sud, il suit l'ancien cours de l'Erdre, comblé à partir de 1940 et occupé aujourd'hui par la ligne de tramway. Son nom renvoie à un épisode tragique de l'occupation allemande (voir l'encadré).

### IRONIE DE L'HISTOIRE

*Le 20 octobre 1941, le lieutenant-colonel Hotz, qui commandait les forces d'occupation à Nantes, fut abattu près de la cathédrale par un jeune résistant. En représailles, 50 personnes furent prises en otages et 48 furent exécutées le 22 octobre. C'est pour leur rendre hommage que les anciens quais de l'Erdre furent baptisés, en 1944, cours des Cinquante-Otages. Or, c'est ce même Karl Hotz, alors ingénieur, qui avait aménagé l'Erdre en 1926, au titre des dommages de la Première Guerre mondiale.*

***La tour Bretagne*** *(centre détachable D2)* **:** *à proximité du cours des Cinquante-Otages.* Immanquable ! Nantes aurait pu se passer de cet hideux gratte-ciel, triste symbole des ambitions modernistes des édiles de l'époque, peu soucieux de cohérence architecturale, inauguré en 1976. Il fut « vendu » comme le seul building entre Paris et New York ! Pas faux mais un peu tiré par les cheveux tout de même. Celui-ci domine le cours des Cinquante-Otages du haut de ses 145 m. Depuis 2012, on peut accéder au dernier étage et apprécier une vue à 360° sur la ville (voir « Où boire un verre ? *Le Nid* »).

NANTES

## Le quartier Graslin et autour
*(centre détachable D3)*

Tout un quartier entièrement pensé au XVIIIe s par le receveur général des fermes du royaume, le sieur Graslin, qui acheta de vastes terrains en vue de construire un ensemble d'immeubles de rapport dominant le port.

***La place du Commerce*** *(centre détachable D-E3)* **:** *située sur l'ancien port au vin.* Le palais de la Bourse fut édifié par Mathurin Crucy au début du XIXe s, dans le style néoclassique. Il accueille aujourd'hui la *Fnac.* Place toujours très animée, grâce à ses nombreux cafés.

***La place Royale*** *(centre détachable D3)* **:** construite à la fin du XVIIIe s par Crucy, architecte de la ville, puis bombardée en 1943, elle fut reconstruite à l'identique après la guerre et restaurée en 2007 (où elle devint alors piétonne). Au centre a résisté une fontaine de granit bleu et bronze représentant La Loire et ses affluents, surmontée de la Ville de Nantes. Celle-ci se dresse le poing levé, non pas pour manifester (bien que l'endroit serve de point de ralliement à toutes les manifs nantaises), mais parce qu'elle est censée tenir un trident régulièrement subtilisé. Une blague de potache à Nantes consiste, en effet, à le voler dès qu'il est remplacé ! Ah, les jeunes...

***Le passage Pommeraye*** *(centre détachable D3)* **:** *réouverture en 2015 après travaux de rénovation et ajout d'une nouvelle galerie.* Ouvert en 1843 sous Louis-Philippe, il fut créé pour relier de manière monumentale la Bourse et le quartier Graslin où siégeaient les banques et les assurances. Devenu le symbole même de la ville, cet étonnant passage couvert (fermé le soir) fut chanté par les poètes tels qu'André Pieyre de Mandiargues (dans *Le Musée noir*) et fut filmé par le cinéaste Jacques Demy dans *Une chambre en ville* et dans *Lola,* où Anouk Aimée le descend. Long de 103 m, il tient son originalité de son escalier central, compensant la dénivelée de 9,40 m entre les deux extrémités du passage mais qui posa bien des problèmes techniques aux architectes. Sa décoration (escalier et statues) devint une sorte de vitrine du savoir-faire de la ville. Rien n'était trop beau ni trop cher. À tel point que M. Pommeraye finit le chantier en faisant faillite. Bordé de belles boutiques (peut-être l'occasion de se poser au niveau intermédiaire, au salon de thé *La Passagère* ?), le passage est toujours très animé. À la sortie rue Crébillon, au-dessus du porche, buste de Crucy.

**La rue Crébillon** *(centre détachable D3)* **:** cette rue piétonne est en quelque sorte le « faubourg Saint-Honoré » de Nantes. Grande animation le samedi, quand Nantais et Nantaises s'adonnent à leur activité favorite : « crébillonner ». C'est ici que s'exprime au mieux l'expression « immeubles de rapport » dans lesquels investissaient la bourgeoisie locale.

**La place Graslin et le Grand Théâtre** *(centre détachable D3)* **:** elle porte le nom de l'investisseur qui finança le quartier. Sur la place, le Grand Théâtre (1788), construit dans un style purement néoclassique par le même Crucy. C'est Graslin lui-même, par mercantilisme mais aussi par passion, qui insista auprès de la ville pour édifier une salle de spectacle au cœur du quartier, afin de lui donner une vraie plus-value. Au n° 4, brasserie *La Cigale,* splendide établissement inauguré en 1895, véritable délire de mosaïques, peintures, céramiques, tapisseries, boiseries (voir « Où manger ? » et « Où prendre un bon petit déjeuner ? »). La place, entièrement refaite et désormais piétonne, est mise en lumière la nuit.

**Le cours Cambronne** *(centre détachable D3)* **:** à l'angle de la brasserie *La Cigale* s'amorce ce cours de grande élégance qui porte le nom d'un général né à Nantes (1770) et mort en 1842 à deux pas de son lieu de naissance, après avoir participé à toutes les guerres de la Révolution puis de l'Empire. Également dessiné par Crucy, ce cours toujours piéton est bordé d'immeubles rythmés de sobres pilastres, d'une remarquable unité architecturale.

### CRU SUR PAROLE

*Au centre du cours Cambronne, le bronze du général nantais (1770-1842) porte ses célèbres paroles à Waterloo : « La garde meurt mais ne se rend pas. » Quant au mot « merde », s'il est passé à la postérité, c'est parce qu'il a été écrit par Victor Hugo, mais il ne fut vraisemblablement jamais prononcé par le général.*

**Le Muséum d'histoire naturelle** *(centre détachable D3)* **:** *sq. Louis-Bureau, pl. de la Monnaie. ☎ 02-40-41-55-00. ● museum.nantes.fr ● Tlj sf mar et certains j. fériés, 10h-18h. Entrée : 3,50 € ; réduc ; gratuit moins de 18 ans et pour ts le 1er dim du mois sept-juin.* Au rez-de-chaussée, salle de minéralogie et de paléontologie, mais surtout très beau vivarium qui fascinera les enfants. Au 1er étage, on admire l'immense et complet squelette de baleine (celui de l'éléphant d'Asie n'est pas mal non plus), et surtout la remarquable collection de reptiles, mammifères marins ou mammifères tout court. Dans les vitrines de la mezzanine, oiseaux et coquillages. Expos temporaires au rez-de-chaussée.

Tout à côté, au ***musée Dobrée*** *(plan détachable C3 ; en travaux),* expo temporaire dans le bâtiment Voltaire à partir du printemps 2015, présentant une partie des collections d'archéologie du Département. Fin des travaux prévue pour 2018-2019.

**Le Mémorial de l'abolition de l'esclavage** *(plan détachable D4)* **:** *quai de la Fosse, entre le pont Anne-de-Bretagne et la passerelle Victor-Schœlcher. ☎ 0811-46-46-44. • memorial.nantes.fr • Tlj 9h-18h (20h de mi-mai à mi-sept). GRATUIT.* Inauguré en 2012, il est signé Krzysztof Wodiczko et Julian Bonder. Un lieu à la fois émouvant et nécessaire. Ce parcours méditatif prend la forme d'une promenade souterraine, le long de la Loire, en écho aux cales des navires négriers. Le choix du site n'est évidemment pas anodin puisque le quai de la Fosse était le point de départ et d'arrivée du commerce triangulaire.
La première partie retrace l'histoire de la traite atlantique avec des cartes qui donnent toute la mesure du trafic, sur fond de chants et de témoignages. L'autre partie rappelle, avec des textes et des citations de Toussaint Louverture à Martin Luther King en passant par Frantz Fanon et Bob Marley, le combat pour l'abolition de l'esclavage. Le parcours se termine symboliquement à la lumière du jour avec la déclaration universelle des Droits de l'homme de 1948. Sur le quai, dans des pavés translucides sont gravés les noms des quelque 2 000 expéditions négrières qui partirent de Nantes au cours du XVIIIe s.
Contrairement à ce que l'on pense habituellement, les esclaves ne passaient jamais par la ville. Les bateaux partaient chargés de babioles et objets divers à vendre contre des esclaves sur les côtes africaines, eux-mêmes revendus aux Antilles contre sucre, cacao et café. Les armateurs nantais ne voyaient en fait que le résultat des échanges, ils n'étaient jamais confrontés à la réalité et à l'horreur de l'esclavage, ce qui évitait sans doute les états d'âme.

**Le quai de la Fosse** *(centre détachable D3-4)* **:** c'est là qu'accostaient les bateaux partant pour l'Afrique ou revenant des îles. On rappelle que la Loire venait lécher le quai jusque dans les années 1930. Et comme c'est encore peu ou prou un quartier chaud, on l'appelle aussi le « quai de la Fesse »... Facile. De nombreux immeubles d'armateurs du milieu du XVIIIe s rappellent l'époque florissante du commerce maritime à Nantes. Remarquer les thèmes marins ou bachiques de certains mascarons. Au no 86, l'immeuble a subi l'effet de la mobilité du terrain marécageux. Aux nos 41-42, large immeuble cossu avec mascarons et pignon triangulaire. À deux pas, la *médiathèque Jacques-Demy* (qui abrite le musée de l'Imprimerie ; voir ci-après).

### PROTECTION DIVINE

*Autrefois, les marins prirent l'habitude de se faire tatouer une croix sur tout le dos afin de se protéger des punitions par flagellation. En effet, c'était un péché que de frapper un symbole chrétien.*

**Le musée de l'Imprimerie** *(centre détachable D4)* **:** *24, quai de la Fosse. ☎ 02-40-73-26-55. • musee-imprimerie.com • ♿ Dans la médiathèque Jacques-Demy. Lun-sam 10h-12h, 14h-17h30 (fermé j. fériés, plus sam en été) ; plus dim 14h-17h oct-avr. Excellente visite guidée (on la conseille !) de 2h tlj sf dim, à 14h30. Entrée : 6 € ; réduc. Pour les enfants, demander le livret de jeux « Jeunes Aventuriers ».* Les différentes techniques de l'imprimerie y sont présentées avec intelligence et passion. De Gutenberg jusqu'à la lithographie, on passe en revue trois grandes techniques : la typographie, la lithographie et la taille douce. Deux grandes salles : l'atelier et une partie musée. L'atelier, qui fonctionne toujours, abrite des dizaines de machines de toutes les époques, mais surtout des XVIIIe et XIXe s. Dans la deuxième salle, vitrines de petits matériels d'imprimerie : ouvrages, catalogues de caractères, bancs de reproductions, dont un remarquable, tout en bois, du début du XXe s.

## *L'île Feydeau* (centre détachable E3)

Une « île » qui n'en est plus une depuis le comblement des bras de Loire, en 1926. Mais les Nantais l'appellent toujours ainsi. De récents aménagements l'ont d'ailleurs symboliquement entourée d'un fleuve de verdure (de larges pelouses côté Turenne et une allée de platanes côté Duguay-Trouin). Et si les anciens quais se devinent, le quartier demeure toujours isolé du reste de la ville. Sur les pas du bambin Jules Verne, né au 4 cours Olivier-de-Clisson (il y a une plaque), partons en voyage sur ce « bateau de pierre ». Pour info, Nantes Tourisme propose une visite du quartier avec audioguide, mais pour accéder à certaines cours d'immeubles, nous conseillons la visite guidée « De l'histoire à la mémoire » organisée par le Château des ducs. Tout seul, vous avez de fortes chances de trouver porte close.

## Un peu d'histoire

Tout a débuté par le projet d'un lotissement pour riches en 1730. « L'île » est alors un simple banc de sable marécageux. De 1740 à 1780, en plein commerce triangulaire, de superbes immeubles de rapport s'y construisent pour les armateurs négociants. Sur le plan architectural, la plupart des bâtiments suivent un même schéma : le rez-de-chaussée est destiné aux marchandises, l'entresol à l'intendance, l'armateur devenu promoteur loge parfois au 1er étage avec sa famille, et les étages suivants sont loués. Marc Elder (Prix Goncourt 1913) comparait ces demeures, avec leurs mascarons sculptés, leurs balcons en saillie ornés de balustrades ventrues en fer forgé, à « des bourgeois pansus, le ventre orné de breloques »... Chaque propriétaire a affirmé sa fortune et son goût dans la décoration des façades. Outre les problèmes classiques liés à ce genre de travaux, il faut savoir que le choix, très chic, du tuffeau de Loire, s'il a permis ce délire ornemental, s'est avéré mal adapté au climat océanique de Nantes. Cette pierre calcaire et poreuse s'y use anormalement vite avec le sel apporté par les embruns marins. Il faut donc souvent restaurer, comme d'ailleurs partout à Nantes.

NANTES

**Le quai Turenne** *(centre détachable E3)* **:** les Nantais continuent de l'appeler « quai », car la Loire le bordait. Les plaques de rues hésitent entre « allée » et « quai »... C'est d'ici qu'on a la meilleure vue d'ensemble sur les bâtiments et leurs façades au coude à coude, orientés vers le sud. La pierre blanche et les sculptures sont mises en valeur par le moindre rayon de soleil. Les techniques de fondations sur pilotis (sur le modèle des villes hollandaises) n'auront pas suffi : les bâtiments sont aujourd'hui tout de guingois, comme agités par une houle trop forte. En vérité, victimes de tassement du terrain. Au nº 1 bis, immeuble restauré avec des pilastres du XVIIIe s ; c'est l'ancienne chapelle Notre-Dame-de-Bon-Secours. Au nº 10, mascarons figurant Neptune au centre (barbe et couronne). Les autres mascarons évoquent les quatre éléments. Au nº 10 bis, deux mascarons représentent un couple de bourgeois nantais, reconnaissables à leurs nattes liées sous le menton. Ils n'hésitaient pas à faire montre de leur opulence (ils ont les joues bien pleines). Les nos 12 et 13 témoignent particulièrement bien de l'affaissement des rez-de-chaussée.

**L'immeuble Perraudeau :** *au nº 13 de l'allée Turenne.* Reconnaissable à sa porte d'entrée à l'aspect furieusement penché. Les balcons ont un style différent à chaque étage : un signe d'opulence. Les cinq travées de la façade et les mascarons symbolisent aussi de façon très ostentatoire la richesse du proprio : l'Amérique et l'Europe (les lieux du commerce), Éole (qui pousse les navires) et Bacchus (le vin, l'un des objets du commerce).

**La place de la Petite-Hollande** *(centre détachable D-E3)* **:** dans ce secteur résidaient les grands marchands hollandais, plus fort contingent d'étrangers de la ville (d'où le nom de la place). Au nº 1, l'hôtel le plus ancien de l'île ; peu de décor, sauf sur les consoles. C'est aussi le plus penché. Au nº 2, jolie collection de mascarons. Au nº 3, le plus grand hôtel particulier du quartier, avec pas moins de 108 portes et fenêtres.

**La rue Kervégan :** du nom du maire de Nantes de 1789 à 1791, c'est l'une des rues les plus pittoresques de Nantes avec ses petits pavés. Les balcons « filants » (qui regroupent plusieurs fenêtres) constituent l'une des particularités de l'île Feydeau (pour compenser l'obligatoire alignement des façades, on a cherché par tous les moyens à gagner de l'espace sur l'extérieur avec des balcons en saillie). Pour illustrer la richesse de leurs commanditaires, les architectes ont déployé toutes les formes connues d'encorbellements : sur console, sur trompe... Ils firent appel aux meilleurs serruriers, qui réalisèrent des chefs-d'œuvre de ferronnerie. Au n° 19, on notera une très belle façade aux personnages tout juste sortis d'un roman de Stevenson. Mais qu'on ne s'y trompe pas, ces corsaires sont issus d'une récente rénovation de la maison.

**Le Temple du Goût :** *16, allée Duguay-Trouin.* Il doit son surnom à un poème en prose de Voltaire (qui n'a jamais mis les pieds ici), et c'est sans doute l'immeuble le plus spectaculaire de l'île, pour ses balcons filants. À l'intérieur, son escalier monumental est de toute beauté (encore faut-il pouvoir entrer pour le voir). Encadré de deux colonnes, ses marches en pierre décrivent une superbe courbe bien mise en valeur par une rampe de ferronnerie de très belle facture.

**Le Mur tombé du ciel :** *pl. Ricordeau (tt à côté de l'hôtel-Dieu).* Imaginé par la fameuse compagnie Royal de Luxe installée à Nantes depuis 1989, ce mur met en scène dans un style coloré à la Diego Rivera, le peintre mexicain, les personnages, sites et événements les plus représentatifs de Nantes. Les fans de la troupe et de ses fabuleux spectacles de rue reconnaîtront au premier plan la délicieuse petite géante.

NANTES

## L'île de Nantes *(plan détachable C-D-E-F-G4-5)*

L'île de Nantes résulte de la fusion, dès 1926, des îles Beaulieu (à l'est), de petite et grande Biesse (au nord) et Sainte-Anne (au sud-ouest). Modelée par l'homme, la nature se livrera tout entière aux desseins industriels modernes, dont les chantiers navals. Au nord de la Prairie-au-Duc, ils produiront leur dernier navire en 1987.
Désindustrialisation, carcasses d'anciennes usines, grues immobiles, il fallait rebondir. L'architecte Alexandre Chemetoff propose un découpage en parcelles, développées les unes après les autres selon le projet d'un cabinet d'architecte chaque fois différent. Principales constantes : la mixité entre habitat, bâtiments administratifs, entreprises, espaces verts ou de loisir. De même, un gros effort est fait pour garder le maximum de témoignages du passé industriel de l'île. Ainsi, pavés, rails, grues, piles du pont transbordeur, cales sèches ou anciens bâtiments tiennent un rôle dans ce puzzle.
On peut ainsi découvrir le quartier de la Création (de l'école d'Architecture au *Hangar à Bananes*) qui comprend le palais de justice, le quai François-Mitterrand... ou encore le Parc des Chantiers (des *Machines* jusqu'au *Hangar*).

– ***Info pratique :*** l'île est assez grande. Pour l'explorer sans trop se fatiguer, la location d'un vélo est une bonne solution. L'île est parsemée d'œuvres du parcours *Estuaire.* On en mentionne quelques-unes. Ne pas manquer par exemple l'œuvre de François Morellet *(De Temps en temps)* sur le bâtiment Harmonie Atlantique, ou encore *L'arbre à Basket* (par l'agence A/LTA).

**La passerelle Victor-Schœlcher** *(plan détachable D4)* **:** *entre la pl. de la médiathèque et l'île de Nantes.* Ⓣ *Médiathèque (ligne n° 1).* Conçue par Jean-Bernard Datry et réalisée en 2001 par les fameux architectes Barto et Barto, cette passerelle lance ses 150 m d'acier et béton armé pour relier la ville au palais de justice. Montée sur vérins, elle suit le rythme de la marée (amplitude moyenne de 3 m, avec des records exceptionnels à 5 m).

**Le palais de justice** *(plan détachable D4)* **:** *à l'extrémité de la passerelle Schœlcher.* On aime ou pas ce bâtiment moderne, mais sa riche conception mérite quelques explications : vous jugerez après. Jean Nouvel n'a rien laissé au hasard dans cette « Maison de la justice ». Ici, le carré est roi : le carré, c'est l'équité des côtés. Alors il s'en est donné à cœur joie : des dallages aux vitres de la façade en passant par les blocs cubiques des prétoires, on vous défie de trouver un seul rectangle ou cercle (seul un cylindre symbolise le passé industriel de Nantes) ! Le marbre du Zimbabwe au sol de la salle des pas perdus est un véritable miroir. Une Justice toute vêtue de noir (comme le bâtiment) et de rouge (comme l'intérieur des salles d'audience). Rouges également, les textes fondateurs du droit français et les citations qui défilent sur des panneaux d'affichage digital, une œuvre de l'artiste américaine Jenny Holzer.

***Le quai François-Mitterrand et autour*** *(plan détachable D4 et B5-6, C4-5)* ***:*** *face au quai de la Fosse.* Depuis la passerelle Schœlcher et le palais de justice, on parcourt les bords de Loire par une promenade aménagée. Au programme, les piles du ***pont transbordeur*** (sous le pont Anne-de-Bretagne), le bar-restaurant flottant ***Le Nantilus, La Fabrique*** (l'espace de création et expérimentation culturelles de la ville, ouvert fin 2011, • *lafabrique.nantes.fr* •), le site des ***Machines de l'île,*** les ***cales sèches*** des chantiers navals transformées en jardin pour enfants et en plage de sable, les anciennes ***grues Titan,*** les 6 œuvres *Estuaire* dont les ***Anneaux de Buren*** et enfin le ***Hangar à Bananes.*** Des aménagements se développent au fil de l'eau pour ajouter une dimension végétale à cette agréable balade (très courue le dimanche par les familles nantaises).
Cette partie ouest de l'île de Nantes est en plein travaux d'aménagement avec des édifices culturels, des immeubles d'habitation, des bureaux qui éclosent comme des champignons... Parmi ceux-là, derrière le palais de justice, voir l'immanquable édifice IDM, comme enrobé de lanières métalliques ajourées qu'on appelle « Manny » car son revêtement rappelle, selon certains, la fourrure du mammouth du film *L'Âge de glace* ! C'est (tendre l'oreille) une œuvre sonore de Rolf Julius. Et vous ne pouvez pas rater, juste devant, les déroutants passages piétons d'Angela Bulloch (deux œuvres du parcours *Estuaire*). À deux pas, encore une surprenante œuvre d'art contemporain avec le *Mètre à ruban* géant de Lilian Bourgeat, qui s'étend dans la cour d'un immeuble. Une grande liberté créative souffle donc ici, sans jamais se départir de l'idée de qualité de vie.

***Le pont Anne-de-Bretagne*** *(plan détachable C4)* ***:*** même s'il n'a rien de particulièrement remarquable sur le plan esthétique, ce pont symbolise la frontière officielle entre la Loire fluviale et la Loire maritime.

***Les Machines de l'île*** *(plan détachable C-D4)* ***:*** *bd Léon-Bureau. ☎ 0810-12-12-25 (nº Azur).* • *lesmachines-nantes.fr* • Ⓣ *Chantiers-Navals (ligne 1). Juil-août, tlj 10h-19h ; de mi-avr à fin juin et sept-oct, tlj sf lun, 10h-17h (18h sam-dim et tlj pdt les vac scol) ; de mi-fév à mi-avr et nov-déc, tlj sf lun, 14h-17h (18h w-e et vac scol). Fermé début janv et réouverture avt vac de fév. Voyage en Éléphant ttes les 45 mn (durée 30 mn), vente de billets en continu pour le j. même. L'Éléphant fait 12 tours/j. en été et 6 tours/j. en hiver. Entrée pour la* Galerie des Machines *: 8 €. Voyage en* Éléphant *: 8 €. Entrée pour le* Carrousel des mondes marins *: 8 € ; réduc. Boutique en ligne sur le site des* Machines.
*Les Machines de l'île* se sont installées dans les hangars des anciens chantiers navals. On y exhibe le processus de création et le fonctionnement des drôles de bestioles imaginées par les géniaux François Delarozière et Pierre Orefice : d'improbables machines à la croisée des mondes de Jules Verne et des automates de Léonard de Vinci. En moyenne, 50 artisans de différents métiers interviennent ici. Un projet génial, en évolution permanente, qui fait revivre ce coin de Nantes en lui redonnant sa part de rêve. L'*Éléphant* est aujourd'hui devenu l'un des porte-drapeaux de l'image nouvelle de la ville. Le *Carrousel des mondes marins* fonctionne depuis 2012, en attendant *L'Arbre aux hérons,* gigantesque structure végétalisée et animée qui devrait être terminée pour 2019 ou 2020.
– ***La Galerie des Machines :*** on y découvre tout le monde animal et végétal destiné à animer *L'Arbre aux hérons,* un projet dément d'une sculpture monumentale (45 m de diamètre pour 35 m de haut) équipée de jardins suspendus, qui devrait

trôner dans quelques années sur les quais de l'île, plus à l'ouest. Depuis 2002, un écosystème propre à l'arbre a fait l'objet d'une mise en culture afin de favoriser l'enracinement du végétal dans l'acier. Temps forts de la visite : un héron de 8 m d'envergure qui survole la *Galerie* et une fourmi géante animée par cinq personnes, qui déambule parmi les visiteurs. La grande maquette de *L'Arbre aux hérons* permet de mesurer l'imagination sans limites de ses concepteurs ! Une fourmi qui court sur un tapis roulant, une taupe qui sort de terre, une chenille arpenteuse qui se déplace sur une branche, des plantes mécaniques carnivores... Au fil des années, tout ce monde animal et végétal qui peuple les arbres sera expérimenté sous les yeux des visiteurs. En surplomb, de l'autre côté de la nef, une coursive permet d'observer l'atelier de la compagnie La Machine en fonctionnement (sauf le week-end), avec films et photos revenant sur les dessous du *Grand Éléphant* et du *Carrousel.* L'aspect mécanique et la sophistication de l'ensemble n'empêchent nullement la poésie et la beauté de se dégager de ces formidables projets.
– ***Le Carrousel des mondes marins :*** ce manège de près de 25 m de haut et de 22 m de diamètre est installé en bord de Loire. Démentielle sculpture de trois niveaux dédiée à la mer (la surface, les fonds sous-marins et les abysses), c'est un véritable théâtre à 360°, peuplé de créatures fantasmagoriques qui s'animent dans une ambiance musicale maritime. Avant d'embarquer sur l'une des 35 créatures marines, prendre le temps de lire les panneaux explicatifs en bas à l'entrée du manège et de voir fonctionner les trois niveaux de la structure. Raie manta, calamar à rétropropulsion, bateau-tempête, tortue-girafe, attelage marin ou luminaire des grands fonds, autant de sculptures de bois et de métal articulées et mues par des systèmes mécaniques fascinants d'ingéniosité. Il aura fallu près de 6 mois pour mettre au point et réaliser chaque machine. Selon les périodes, deux modes de fonctionnement : mode forain (avec possibilité d'un embarquement) ou mode découverte.
Noter que le *Carrousel* a reçu en 2014 le prix international de l'attraction la plus originale, le *Thea Awards,* l'équivalent des oscars dans le domaine du divertissement à thèmes !
– ***Le Grand Éléphant :*** le proboscidien de Nantes est le cousin de celui « dressé » par la célèbre compagnie Royal de Luxe pour ses grandioses spectacles de rue. Ce pachyderme, haut de 12 m, peut embarquer une cinquantaine de personnes à son bord pour une promenade de 30 mn sur les quais. La sortie est évidemment spectaculaire, et la foule se presse pour voir l'impressionnante bête se mouvoir. De l'intérieur, on découvre les engrenages, tandis qu'un conducteur et un machiniste actionnent l'éléphant qui barrit et dont la trompe articulée arrose les spectateurs. Évidemment, c'est un spectacle incontournable avec des enfants !

***Le Hangar 32*** *(plan détachable C5)* **:** *quai des Antilles. Ven-dim 14h-18h (slt le ven en hiver).* Lieu d'expo du projet « Île de Nantes ». Bonne façon de prendre de la hauteur : maquettes, outils pédagogiques et images de synthèse à l'appui, ce lieu explique l'histoire et l'évolution de la friche industrielle. Juste à côté, *La Cale 2 l'île* est une association dont l'objet est la sauvegarde du patrimoine maritime et fluvial. Elle porte le projet de reconstruction du *Saint-Michel II,* voilier commandé par Jules Verne en 1876, mis à l'eau en 2011.

Juste à côté, le ***Hangar à Bananes*** *(plan détachable B5)* court jusqu'à l'extrémité ouest de l'île. Destiné au mûrissement des bananes, il a réussi son stage de reconversion en lieu de sortie branché. Restos, bars qui se mettent en scène, boîtes de nuit. On y trouve également un espace dédié à l'art contemporain, la ***Hab Galerie*** *(☎ 02-28-08-77-28).*

***Les grues Titan*** *(plan détachable C5 et B6)* **:** impossible de les rater, elles se voient de loin ! La jaune est la plus vieille (1954) et levait jusqu'à 80 t. La grise fut sauvée in extremis de la destruction et trône à la proue de l'île. Au pied de la grue grise, point de vue sur *Lunar Tree,* une œuvre des artistes Mrzyk & Moriceau créée pour le parcours *Estuaire* et installée sur la butte Sainte-Anne. D'un blanc immaculé le jour, elle dégage un halo lumineux la nuit.

**Les Anneaux de Buren** (plan détachable B-C5) : *sur le quai du* Hangar à Bananes. Œuvre pérenne issue du parcours *Estuaire*, ces 18 anneaux ont fait leur trou sur les quais de Loire. Lumineux de nuits, ils alignent des couleurs vives visibles de loin.

**La Station Prouvé** (plan détachable C5) : *bd de la Prairie-au-Duc, juste derrière les* Ateliers et Chantiers de Nantes. *Abrite une antenne d'accueil de Nantes Tourisme. • estuaire.info • Juil-août, tlj 9h-19h ; vac scol, mer-dim 14h-17h ; le reste de l'année, ven-dim et j. fériés 14h-17h. Fermé début janv-début fév.* Il s'agit d'une ancienne station *Total* réalisée par l'architecte Jean Prouvé à la fin des années 1960. C'est aujourd'hui un lieu d'information sur le parcours *Estuaire* et sa trentaine d'œuvres pérennes. Également infos sur le *Pass Nantes*, boutique, documentation et billetterie croisière.

**Le jardin des Fonderies** (plan détachable F4-5) : *pl. des Fonderies.* Symbolique de la philosophie qui prévaut à la renaissance de l'île de Nantes, le jardin des Fonderies pourrait s'appeler « Comment faire du neuf avec du vieux ». Et ça marche. Il s'agit d'un jardin réalisé sous une ancienne halle des *Fonderies de l'Atlantique* (anciennement *Nantaise de Fonderie*), ouverte aux quatre vents. On a conservé l'ossature et les fosses, occupées par de beaux bouquets de bambous, palmiers et bananiers. Un mélange réussi de fer et de vert.



## La butte Sainte-Anne (plan détachable A-B5)

La butte Sainte-Anne a toujours été le creuset des nouveaux arrivants à Nantes, un endroit populaire dont la réputation était plutôt à marée basse dans les beaux salons de la ville. Des Acadiens revenant du Canada (XVIIIe s) aux Bretons fuyant la disette (XIXe s), ces immigrés arrivaient tous avec la faim au ventre et des manières pas très raffinées.

La butte Sainte-Anne est aujourd'hui un lieu plutôt paisible, où les petits jardins et les maisons ouvrières sont une véritable aubaine pour une population un poil bobo qui se trouve des airs de métallos. Un lieu qui vaut plus pour l'ambiance et la vue que pour la beauté architecturale. Voir l'œuvre *Lunar Tree* de Mrzyk & Moriceau, square Maurice-Schwob, et le parc clos des Oblates, rue Philippe-de-Broca, qui surplombe la Loire.

**La table d'orientation de la butte Sainte-Anne** (plan détachable B5) : *esplanade Jean-Bruneau.* Dans le prolongement du quai de la Fosse. Idéal pour avoir une bonne vue d'ensemble de la ville. La vue embrasse tout le port, l'île de Nantes et, plus loin, les rives sud de la Loire.

**La statue de Jules Verne** (plan détachable B5) : *esplanade Jean-Bruneau.* « Regarde bien, petit ! » C'est ainsi qu'on pourrait intituler les statues de bronze (2005) du capitaine Nemo qui fait le point avec son sextant et du jeune Jules en habit de mousse qui le regarde avec admiration. En toile de fond, belle vue sur l'île de Nantes, la Loire, Trentemoult et même la Maison radieuse de Le Corbusier à l'horizon.

**Le musée Jules-Verne** (plan détachable B5) : *3, rue de l'Hermitage. ☎ 02-40-69-72-52. • jules-verne.nantes.fr • Ⓣ Gare-Maritime (ligne 1), puis 10 mn de marche. Juil-août, tlj sf mar et j. fériés, 10h-18h ; le reste de l'année, tlj sf dim mat, mar et j. fériés, 10h-12h, 14h-18h. Entrée : 3 € ; réduc ; gratuit moins de 18 ans et pour ts le 1er dim du mois sept-juin. Visite guidée dim et ts les j. d'ouverture en juil-août à 15h30. Pour les enfants, demander le livret de jeux « Jeunes Aventuriers ».* Installé dans une belle maison du XIXe s (mais sans rapport avec la famille Verne) surplombant le port, ce musée dédié à Jules Verne, né en 1828 à Nantes, fait revivre par différents documents (lettres, manuscrits, affiches...) et audiovisuels les sources d'inspiration et l'œuvre de l'écrivain : la mer, le voyage, l'aventure, la science... Audiovisuel intéressant sur la vie de l'auteur de *20 000 lieues sous les mers.* Au sous-sol, diffusion régulière de films documentaires et de films pour les enfants.

**Le planétarium** *(plan détachable B5) : 8, rue des Acadiens. ☎ 02-40-73-99-23. Gare-Maritime (ligne 1), puis 10 mn à pied. Fermé 1er janv, 1er mai, 1er nov et 25 déc. Séances tlj sf sam et dim mat pdt les vac scol, à 10h15, 11h30, 14h, 15h15 et 16h30 ; slt à 16h30 les j. d'école et à 10h30, 14h, 15h15 et 16h30 les mer et dim ap-m en période scolaire. Durée : 1h. Résa possible, recommandée pdt les vac scol de Noël et fév. Entrée : 6 € ; réduc.* Ce petit théâtre d'étoiles très familial permet, sur fond de coupole hémisphérique, d'appréhender l'infiniment grand et de mieux comprendre le mouvement des planètes. Déconseillé de venir avec des enfants de moins de 5 ans.

***La fresque des Acadiens*** *(plan détachable B5) : rue des Acadiens.* Cette fresque murale permet un petit rappel historique... En 1713, Louis XIV signe le traité d'Utrecht et cède l'Acadie à l'Angleterre. Les colons français subissent une pression de plus en plus forte des Anglais avant d'être déportés en masse (1755) : c'est le « Grand Dérangement ». Après 7 ans de captivité sur le sol britannique, ils peuvent enfin regagner la mère patrie et ils atterrissent sur la façade atlantique, en particulier à Nantes.

NANTES

***Le musée naval Maillé-Brézé*** *(plan détachable C4) : quai de la Fosse. ☎ 09-79-18-33-51. Gare-Maritime (ligne 1). Juin-août, tlj 14h-18h ; vac scol, tlj 14h-17h ; le reste de l'année, mer et sam-dim et j. fériés 14h-17h, lun-mar et jeu-ven une seule visite, à 15h. Visite guidée slt. Visite « Vie à bord » 5 € ; avec les salles des machines 2 € de plus ; réduc.* Pour découvrir la vie à bord et l'équipement d'un escorteur d'escadre, visite guidée par des bénévoles. Elle passe en revue la salle des machines. On pénètre dans les tréfonds du bâtiment, véritable usine à gaz. Passionnant.

***Galerie Le Rayon Vert :*** *1, rue Sainte-Marthe. ☎ 02-40-71-88-27. Mer-ven 15h-19h ; sam 11h-13h, 15h-19h ; dim 11h-13h.* Galerie associative dédiée à l'art contemporain, qui a pour objectif de faire découvrir les œuvres de jeunes artistes avec leurs regards décalés sur Nantes et leurs questionnements sur le quotidien. Accueil convivial.

## ***Autour de la gare ferroviaire*** *(plan détachable F2-3)*

Comme l'île de Nantes, les quartiers de Malakoff et du Champ-de-Mars sont en complète métamorphose avec, déjà, quelques jolies audaces architecturales. Voir notamment l'aérien pont Éric-Tabarly ou la surprenante tribune nord du stade Marcel-Saupin. Agences de com', cabinets d'architectes et restos de jeunes chefs doués (voir la rubrique « Où manger ? ») s'y sont déjà installés. Reste juste pour ces quartiers à s'inventer une vie.

***La tour LU*** *(plan détachable F3) : ☎ 02-40-12-14-34. Accès à la tour (ascenseur) mar-sam 12h30-18h30 (dernière montée) et dim 15h-18h30. Entrée : 2 € ; réduc ; gratuit moins de 12 ans.* Édifiées en 1903, les tours LU allaient à l'origine, comme les charentaises, par paire, mais l'une fut détruite pour laisser place à des bâtiments. Quand l'usine LU déménage en 1986, le site devient une friche industrielle vouée à la démolition, puis un lieu de manifestations culturelles, avant de devenir, en 1999, ***Le Lieu Unique*** sous la houlette de Jean Blaise, qui lui donnera une âme, un sens, un mouvement perpétuel (voir « Où sortir ? » et « Où manger ? »).

On peut accéder au sommet de la tour pour avoir une vue panoramique sur Nantes. Se munir du document où sont indiqués les sites visibles depuis la tour. En descendant par l'escalier, ne pas manquer la vidéo sur l'histoire de l'entreprise et, à la nuit tombée, *Nymphéa,* œuvre du parcours *Estuaire* réalisée par Ange Leccia.

## UN BISCUIT LU ET APPROUVÉ

*Constitué d'une pâte cuite deux fois, le biscuit LU ne contient plus d'eau et donc ne moisit pas. Voilà pourquoi il constitue l'alimentation de base des marins. Pas étonnant que les biscuiteries LU se soient installées dans un port. C'est un biscuit plaisir, qui séduit rapidement les demi-mondaines (on disait « cocottes ») du quartier de Graslin autour d'un thé... des colonies, évidemment.*

**Le Grenier du Siècle** *(plan détachable F3)* **:** *quai Ferdinand-Favre, au Lieu Unique (voir ci-avant).* Du 1er octobre au 1er décembre 1999, chaque personne qui le désirait a pu déposer un objet personnel représentatif du XXe s. Chaque objet a ensuite été répertorié, conditionné dans une boîte en fer-blanc (il y en a 11 855 !) et acheminé dans un lieu créé à cet effet, où il a été scellé dans la double paroi translucide (conçue par l'artiste plasticien Patrick Bouchain) d'un pan de mur de l'ancienne usine. Ce témoignage aux générations suivantes sera révélé le 1er janvier 2100 (non, ce n'est pas une erreur de frappe !), à 17h précisément.

**Le musée des Beaux-Arts** *(plan détachable F2 et centre détachable F2)* **:** *10, rue Georges-Clemenceau.* ☎ *02-51-17-45-00.* • *museedesbeauxarts.nantes.fr* • *Tlj sf mar et j. fériés, 10h-18h (20h jeu).* ***Le musée, hormis la chapelle de l'Oratoire, est fermé pour des travaux de rénovation,*** *avec la construction d'un auditorium et d'une aile réservée à l'art moderne et contemporain. Un programme d'expositions et de rencontres est proposé à la chapelle de l'Oratoire.* ***Réouverture partielle en 2016.*** Parmi les œuvres les plus remarquables, il faut citer trois tableaux de Georges de La Tour, *Le Vielleur, Le Reniement de saint Pierre* et *Le Songe de saint Joseph,* une belle collection du Pérugin, la *Diane chasseresse* d'Orazio Gentileschi, le fameux *Portrait de Mme de Senonnes* d'Ingres, les *Cribleuses de blé* de Courbet et les *Nymphéas* de Monet. Pour la période moderne, Max Ernst, Kandinsky et Picasso. La collection contemporaine est particulièrement riche : François Morellet, Toni Grand, Francis Alys, Anish Kapoor, Sigmar Polke pour n'en citer que quelques-uns.

## ÇA NE SENT PAS LA ROSE !

*En 2014, la très rare amorphophallus titanum (une plante géante de Sumatra), conservée à la serre tropicale humide, a eu la bonne idée de fleurir. C'était la troisième fleuraison de ce genre en France ! La fleur – que l'on appelle aussi Pénis de Titan – ne vit que 3 jours et dégage une terrible odeur pestilentielle, destinée avant tout aux insectes pollinisateurs qui l'adorent et la perçoivent jusqu'à 1 km à la ronde... Glamour, non ?*

**Le Jardin des plantes** *(plan détachable F2)* **:** *entrée rue Stanislas-Baudry ou rue Écorchard, juste au nord de la gare.* ☎ *02-40-41-65-09. De mi-mars au 20 oct, tlj 8h30-20h ; jusqu'à 18h30 au début du printemps et à l'automne, et 17h30 l'hiver. Visites guidées gratuites et régulières des serres l'ap-m mer et sam, et le dim (appeler pour les horaires).* Ce jardin de 7 ha trouve son origine sous l'Ancien Régime, quand les capitaines de navires sont exhortés de rapporter des plantes exotiques dans leurs cales. Louis XIV organise un premier jardin qui servira, dit-il, « au soulagement des malades et à l'embellissement de la ville ». Louis XV à son tour incite les navigateurs nantais à rapporter de leurs périples des espèces rares pour enrichir la pharmacopée de l'époque.

Aujourd'hui, le plus vieux magnolia de France, planté à l'ouverture du jardin en 1807, d'une circonférence de 2,30 m, trône fièrement au milieu de ce jardin qui constitue un agréable havre de verdure et de fraîcheur qui accueille plus d'un million de visiteurs par an. S'y promener au printemps, lorsque les camélias sont en fleur (plus de 650 variétés sont présentées sur les 1 000 de la collection complète) : c'est un enchantement. À voir également, une orangerie, un palmarium, une serre à cactées et les orchidées de serre chaude et froide, un enclos de chèvres.

## Nantes la verte

Avec près de 60 m² d'espaces verts par habitant de la métropole, Nantes se place dans le peloton de tête des villes vertes. Les Parcs et Jardins de la ville poursuivent la vocation historique de recherche, d'accueil et d'acclimatation des nouvelles espèces entamée au XVIIe s. Du Jardin des plantes (voir ci-avant) au parc du Grand-Blottereau en passant par un square où chantent des oiseaux, laissez-vous guider par le bruissement des feuilles dans le vent. Le long des cours d'eau, 46 km de balade verte au bord de l'Erdre, de la Chézine, du Cens, de la Sèvre, du Gesvres...



En récompense à tous ses efforts, Nantes Métropole a obtenu le titre de ***Capitale verte européenne*** pour l'année 2013. Ce titre valorise l'action d'une métropole en matière de préservation de l'environnement, de développement d'une trame verte et bleue, de valorisation de la biodiversité, de recyclage des déchets, de lutte contre la pollution et les effets du réchauffement climatique.
Au-delà de la densité remarquable en espaces verts et du réseau exceptionnel de rivières, la métropole nantaise est aujourd'hui considérée comme exemplaire dans le développement des transports collectifs et la lutte pour la réduction des gaz à effet de serre.

***L'île de Versailles*** *(plan détachable E1)* **:** *T Saint-Mihiel (ligne 2). Tlj 8h30-19h45 (17h15 en hiver).* À la fin des années 1980, la ville a aménagé cette île artificielle en un superbe jardin japonais ponctué de cascades, bassins, plages de galets... Nombreuses essences telles qu'azalées, rhododendrons, bambous et même séquoias. Un véritable dépaysement tout oriental dans le cœur de la ville, comme un poumon vert dans le béton... Avec des locations de petits bateaux électriques et de canoës-kayaks pour se promener sur la rivière, des jeux pour enfants, des coins pour pique-niquer et un jardin zen. L'ensemble est très réussi et attire beaucoup de familles aux beaux jours. À voir aussi, la *Maison de l'Erdre,* initiation aux différents écosystèmes de l'Erdre, et ses aquariums réunissant toutes les espèces ovipares de la rivière *(GRATUIT).* On y évoque les activités aujourd'hui disparues de la batellerie et des bateaux-lavoirs. Expos temporaires.

***La vallée de la Chézine – Parc de Procé*** *(plan détachable A-B2)* **:** *☎ 02-40-41-65-09. Accès au parc de Procé : bus n° 22 (Tour-de-Bretagne) ou 56 (Gare). Parc ouv tlj 8h30-17h30 l'hiver, 18h30 au printemps et à l'automne, et 20h l'été.* Petite vallée piétonne incroyablement préservée de l'urbanisme, en plein cœur de la cité nantaise. Certes, les immeubles ne sont jamais bien loin, mais cette coulée verte de 1,5 km est des plus bucolique. La rivière serpente dans un val peuplé d'arbres et de rhododendrons, sous d'improbables murs de pierre moussus. Le tout aboutit au joli parc de Procé, avec ses vallonnements paysagers.

***Le parc et les serres du Grand-Blottereau*** *(hors plan détachable par G2)* **:** *bd Auguste-Peneau. ☎ 02-40-41-65-09. À l'est de Nantes. T Mairie-de-Doulon (ligne 1). Bus n° 12, arrêt « Grand-Blottereau ». Tlj 8h30-17h30 l'hiver, 18h30 au printemps et à l'automne, et 20h l'été. Visite guidée des serres d'agronomie tropicale les mer, sam et dim (appeler pour les horaires).* Sur 37 ha, un tour du monde des écosystèmes des régions exotiques des cinq continents. Trois grands espaces : une rocaille méditerranéenne, un jardin coréen et un bayou de Louisiane. La *zone méditerranéenne* comprend amandiers, chênes-lièges, lavande et romarin (un vrai bouquet garni !). Le *jardin coréen* constitue un voyage intéressant dans l'espace et les cultures. Les serres du *jardin d'agronomie tropicale* abritent une collection unique de plantes exotiques « utilitaires » : riz, cacao, ananas, banane coton, girofle...

## Fêtes et manifestations

– ***La Folle Journée :*** *fin janv-début fév, à la Cité des Congrès. ☎ 02-51-88-20-00. • follejournee.fr •* Cinq journées, en fait, au cours desquelles de nombreux interprètes de renom viennent jouer les œuvres d'un compositeur. Places bon marché et un succès... fou.
– ***Le Carnaval de Nantes :*** *1 sem autour de la mi-avr.* Le thème change chaque année. Grosses têtes, fanfares et défilés pour tous dans le centre-ville. Le plus spectaculaire est le défilé de chars, sans oublier sa version nocturne le samedi soir. Également un carnaval des enfants le mercredi.
– ***Le Printemps des Arts :*** *de mi-mai à fin juin. ☎ 02-40-20-69-70. • printempsdesarts.fr •* Concerts de musique baroque, spectacles de chants et danses baroques, expositions-conférences, pièces de théâtre ponctuent ce printemps qui se déroule en Loire-Atlantique et en Vendée.
– ***Les Sardinantes :*** *quai Ernest-Renaud, en juin. Comité des fêtes : ☎ 02-40-35-75-49.* Dans la bonne humeur, sur le port de Nantes, dégustation de sardines en provenance de La Turballe avec, bien sûr, cidre, muscadet et *fest-noz.* Simple et populaire.
– ***Le Voyage à Nantes :*** *en juil-août. ☎ 0892-464-044 (0,34 €/mn). • levoyageanantes.fr •* Un parcours artistique et culturel de 12 km animé chaque été par un événement éponyme, en s'appuyant sur différentes structures, notamment la trentaine d'œuvres d'art monumentales *Estuaire* installées en 2007, 2009 et 2012 sur les rives de la Loire.
– ***Aux Heures d'Été :*** *de juil à mi-août. ☎ 02-51-82-37-70.* Chaque jour, du mardi au vendredi, une animation en ville, un peu partout. Lectures, concerts, cinéma de plein air, contes pour enfants...
– ***Les Rendez-vous de l'Erdre :*** *le dernier w-e d'août. ☎ 02-51-82-37-70. • rendezvouserdre.com •* Festival autour de la navigation de rivière et du jazz, avec spectacles et concerts sur l'Erdre ; le public reste sur les quais. On peut admirer voiliers, bateaux traditionnels, gabarres et yoles...
– ***La Folie des Plantes :*** *le 1er ou 2e w-e de sept, au parc du Grand-Blottereau. ☎ 02-40-41-64-16.* Expo et vente de plantes de collections. Une des références du Grand Ouest en matière de diversité végétale. Le concept de la Folle Journée mais dans sa version végétale ! Sans oublier les *Floralies internationales,* qui se déroulent tous les 5 ans (les prochaines en 2019).
– ***Scopitone :*** *5 j. vers la mi-sept. ☎ 02-51-80-60-80.* Dans plusieurs lieux de la ville. Festival de créations multimédia, cultures électroniques et arts numériques. Plein de créations graphiques, vidéos, arts plastiques, design...
– ***Les Celtomania :*** *oct. ☎ 02-40-54-20-18.* Un festival voué à la culture celtique, avec concerts, expositions, conférences... Se déroule dans plusieurs lieux en ville et dans tout le département.
– ***Les Utopiales :*** *5 j. dans la 1re quinzaine de nov, à la Cité des Congrès. ☎ 02-51-88-20-00.* Festival international de science-fiction regroupant des œuvres de SF appartenant aux domaines du cinéma, de la littérature et de la bande dessinée.
– ***Festival des trois continents :*** *1 sem vers la fin nov. ☎ 02-40-69-74-14. • 3continents.com •* Se déroule dans plusieurs cinémas de la ville. Le festival du film de Nantes, créé par les frères Jalladeau, présente une riche cinématographie d'Afrique, d'Asie et d'Amérique latine (œuvres de fiction, hommages à des acteurs et réalisateurs, présentation historique d'un pays...).

# DANS LES ENVIRONS DE NANTES

## *TRENTEMOULT-REZÉ* (44400)

*Sur la rive gauche de la Loire, juste après l'île Beaulieu et avt le pont de Cheviré. On y accède de Nantes en prenant la direction de Noirmoutier-Rezé. Il est agréable aussi de s'y rendre par la navette fluviale, le Navibus (voir « Adresses et infos utiles »).*
L'ancien village de pêcheurs Trentemoult a été, dans la seconde moitié du XIXe s, un lieu de résidence pour des capitaines cap-horniers qui se firent construire des maisons bourgeoises, repérables aux palmiers qu'ils plantèrent, dit-on, en souvenir de leurs voyages. Malgré la forte urbanisation de Rezé et sa zone commerçante et industrielle Atout Sud, que l'on traverse avant d'arriver, ce petit port a gardé son apparence pittoresque. Ruelles étroites, maisons individuelles à façade colorée, dotées de petits jardins surélevés pour échapper aux colères de la Loire, le quartier présente des attraits touristiques et résidentiels prisés. Il servit de cadre au tournage des films *La Reine blanche,* avec Catherine Deneuve, et *La Demoiselle d'honneur,* de Claude Chabrol. Aujourd'hui, il fait le bonheur des agents immobiliers et celui de la jeunesse branchée avec ses quelques restos et bars. En journée, de gros chats tranquilles déambulent dans les ruelles étroites, souvent fleuries de roses trémières en été. On peut y admirer le *Pendule* de Roman Signer, une œuvre *Estuaire,* un grand balancier de 7 m de haut, accroché à une ancienne centrale à béton.

NANTES

## À voir

**La Maison radieuse de Le Corbusier** *(hors plan détachable par D6)* **:** *à* **Rezé,** *derrière l'hôtel de ville. ☎ 02-40-84-43-84. • maisonradieuse.org • Visite guidée slt, sur rdv, mer à 16h, sam à 11h. Durée : 45 mn. Billetterie à l'accueil de la mairie. Entrée : env 3,30 € ; réduc ; gratuit moins de 12 ans.* Il en existe cinq au monde : Marseille, Rezé, Briey-en-Forêt, Firminy et Berlin. Visionnaire ? À son époque, Le Corbusier a bouleversé la façon d'envisager l'urbanisme. Il concevait ses immeubles comme des villages verticaux (les couloirs s'appelaient ici des rues), offrant un confort nouveau pour ses occupants, où l'esprit de communauté était au centre de la réflexion, afin de concilier vie collective et individuelle. Les 294 appartements (du studio au T6), en duplex pour la plupart, longs de 16 m, donnent sur les deux côtés de l'immeuble pour mieux capter la lumière et offrir une vue sur le jardin. Bien insonorisés, ventilés, avec l'eau chaude... ils jouissent d'un grand confort dans le monde des logements sociaux de l'après-guerre, en pleine crise. Ambitieux, le projet devait intégrer une poste, des commerces, ainsi qu'une école maternelle (qui existe toujours, mais ne se visite pas). Trop onéreux, les projets du grand architecte ont souvent tourné court, les municipalités ne retenant de lui que l'idée de sordides barres de béton. La loi Chalandon, abrogeant les loyers coopératifs en 1971, a donné un sérieux coup de frein à l'implication des habitants dans leur « immeuble ». La fin d'une époque. La visite guidée de l'appartement témoin, le n° 601, remeublé au goût des années 1950, permet de mieux comprendre les ambitions de l'architecte, ses visions utopistes de la vie collective, illustrées par cet étrange placard d'approvisionnement reliant l'appartement à la « rue ». Classées à l'inventaire des Monuments historiques, ses façades ont été complètement ravalées.

## Balades en bateau

Possibilité de remonter le cours de l'Erdre et de naviguer sur le fleuve sauvage. Voir « La vallée de la Loire » et « La vallée de l'Erdre » plus loin.

➢ **Balade du port de Nantes avec Marine & Loire :** *quai Ernest-Renaud. ☎ 02-40-69-40-40. • marineetloire.fr • ♿ Au bout du quai de la Fosse, à côté du bateau militaire Maillé-Brézé. Lun-ven de mi-juil à mi-août et mer en juin et sept. Départ à 15h de la gare maritime et à 15h05 du ponton des chantiers sur l'île de Nantes. Résa conseillée car places limitées. Compter 12 €/adulte ; réduc.* Découverte commentée de l'île de Nantes, des bras de la Madeleine, de Pirmil et du port de commerce jusqu'à Port-Lavigne.

➢ **Croisières Estuaire :** *avr-oct, au départ de Nantes ou de Saint-Nazaire. Durée : env 2h45. Tarif : env 22 € ; réduc.* Pour découvrir autrement l'estuaire : flore et faune, histoire fluviale et industrielle, ainsi que les œuvres du parcours *Estuaire* qui dialoguent avec les paysages. D'autres formules à certaines dates : croisière brunch, apéro.

# LE PAYS DU VIGNOBLE NANTAIS

**La route touristique des vins de Nantes est signalée par une grappe de raisin jaune et une feuille verte. Le roi de cette route s'appelle le muscadet, vin blanc sec, vif et léger, qui figure parmi les plus anciennes appellations d'origine contrôlée (AOC) de France.**
**Pour plus de renseignements, se procurer les excellentes brochures gratuites sur le vignoble, son patrimoine et ses producteurs *(• vignoble-nantais.eu • )*, auprès des offices de tourisme des environs.**

## POUR LES NÉOPHYTES

Le muscadet, c'est bien souvent le bon p'tit blanc qu'on trouve sur les comptoirs de France et de Navarre. Or, la région produit plusieurs autres vins, souvent confondus, voire méconnus.
– ***Le muscadet :*** issu d'un cépage appelé melon. Il représente 85 % de la production locale de vins blancs secs et fut rapporté de Bourgogne (d'où le cépage melon de Bourgogne, pardi !) au XVIIe s par les moines de Saint-Martin-de-Vertou. Aujourd'hui, la majeure partie de la production de muscadet repose au moins tout l'hiver sur ses levures naturelles de fermentation (les lies, qui ressemblent à un précipité jaunâtre). Il garde ainsi toute sa fraîcheur et présente de légers pétillements. On dit alors qu'il a du « perlant ». La méthode sur lie perpétue une tradition qui voulait que l'on garde la meilleure cuvée pour les fêtes. On trouve quatre AOC de muscadet : *muscadet-sèvre-et-maine, muscadet-côtes-de-grand-lieu, muscadet-coteaux-de-la-loire* et *muscadet* tout court. Contrairement aux idées reçues, le muscadet peut très bien vieillir à condition qu'on l'ait conditionné. Noter que le vignoble du muscadet est labellisé « Vignobles et découvertes » pour les offres œnotouristiques qu'il propose.
– ***Le gros-plant :*** en poursuivant vers Pornic, on croise le cépage joliment nommé folle blanche, dont on fait le gros-plant, à boire dans l'année. Prisé par les marins, ce blanc sec a longtemps eu la réputation de tord-boyaux. Mais il s'accommode très bien avec des huîtres. Classé VDQS, il s'est fortement amélioré et est lui aussi de plus en plus vinifié sur lie.
– ***Le grolleau :*** d'origine tourangelle, ce vin d'apéritif fin, gris ou rosé, connaît un grand succès du côté de la Loire et auprès des touristes. Petit nouveau dans la famille, il procure de bonnes sensations gustatives.
– ***Le coteaux-d'ancenis :*** également classé VDQS. Il se présente en blanc (chenin et malvoisie), mais surtout en rouge (gamay à 80 % et cabernet).
– ***Le bourru :*** jus de raisin blanc fermenté que l'on déguste à l'époque des vendanges. Trouble et peu alcoolisé, il n'a pas droit à l'appellation vin.

## Où acheter du bon vin ?

Pas facile de faire un choix exhaustif. Voici les adresses que nous avons rencontrées, mais il y en a beaucoup d'autres tout aussi recommandables. Il est fortement conseillé de téléphoner avant de vous y rendre.

***Domaine de la Tourlaudière :*** *Roland Petiteau-Gaubert, 174, rue de Bonne-Fontaine, 44330* ***Vallet.*** *☎ 02-40-36-24-86. Sur rdv.* Une des valeurs sûres du vignoble. Propose une bonne cuvée vieilles vignes, 6 millésimes de muscadet et un plaisant gros-plant sur lie. Également un cabernet franc (rouge), un cabernet-sauvignon (rosé) et un chardonnay mielleux réputé. Large choix, donc.

***Domaine du Mauperthuis :*** *Marcel et Jacqueline Cormerais, Beauregard, 44330* ***Mouzillon.*** *☎ 02-40-33-95-25. À 15 km au sud de Nantes. À la sortie de Mouzillon sur la gauche, sur la route de Clisson.* Un couple de propriétaires récoltants qui présentent une gamme de vins du cru en blanc sec, rouge ou rosé. Gros-plant et vins de pays notamment.

***La Renouère :*** *Jean-Luc Viaud, La Renouère, 44430* ***Le Landreau.*** *☎ 02-53-78-13-25. 📱 06-70-61-54-84. À la sortie du Landreau sur la route de Vallet.* Ce jeune vigneron est dans un hameau où tous s'appellent Viaud. Il pratique la culture raisonnée, sélectionne son raisin dès les vendanges en isolant chaque parcelle en cave. « Fleur de Panloup » est une cuvée intimiste, d'une étonnante pureté.

***Bienvenue dans nos caves :*** *à Vallet et autour du Loroux-Bottereau. Tlj, un vigneron assure gratuitement l'accueil, sans rdv. Calendrier disponible dans les offices de tourisme (voir aussi le chapitre sur Vertou).*

Et pour une dégustation plus classique, se rendre au ***Caveau des Vignerons*** à Clisson ou à la ***Maison du muscadet*** à Vallet (voir la rubrique « Adresses et info utiles » de ces villes).

## Manifestations

– ***Les Rencontres du vignoble*** (Expo Vall') : *le 3e w-e de mars, à* ***Vallet.*** *☎ 02-40-33-92-97. • expovall.fr •* Cette manifestation réunit pas loin de 150 exposants locaux, représentatifs des terroirs et du vignoble de Sèvre-et-Maine. Concours du meilleur muscadet sur lie, couronné par la remise de la Pipette d'or.

– ***Muscadétours :*** *1er w-e d'oct. • lesmuscadetours.com •* Nombreuses animations dans des lieux emblématiques du vignoble. Incontournable pour les épicuriens, amateurs de vins, de gastronomie mais aussi de convivialité, de culture et de patrimoine.

# VERTOU [GWERZHAV]

(44120) 22 000 hab. *Carte Loire-Atlantique, C3*

**À 12 km à peine de Nantes, et on se sent déjà à la campagne. Assez résidentielle et prisée par les Nantais, située sur les bords de la Sèvre, Vertou se positionne comme la porte nord du vignoble.**

**Son histoire est liée à celle de saint Martin, qui y fonda deux abbayes au VIe s et encouragea le développement du vignoble. Les moines décidèrent, à partir du IXe s, de réguler le débit de la Sèvre, et pour cela, ils firent construire la chaussée aux Moines, qui allait permettre d'accroître la navigation fluviale et le transport du vin. Plus tard, armateurs et fortunés de Nantes y édifièrent**

**des maisons de villégiature (des folies) entourées de vigne, qu'on appelait « maisons de bouteille » et qui jalonnent les bords de Sèvre.**
**La ville eut son heure de gloire avec Napoléon III grâce au boudin du charcutier Thébeaudeau, dont l'empereur s'était entiché. Il en commandait toutes les semaines ! Thébeaudeau devint ainsi « fournisseur officiel de l'empereur ». Mais son mets perdit son titre de boudin impérial avec l'avènement de la République. Il est aujourd'hui remplacé par le vertillais, un boudin au gingembre qu'on peut trouver chez le charcutier *Pierre Cotard* (☎ 02-40-34-52-94).**

## Adresse et info utiles

**i** ***Maison du tourisme :*** *17, quai de la Chaussée-des-Moines. ☎ 02-40-34-94-36. • nantes-tourisme.com • Fin juin-début sept, tlj 14h30-18h30 ; début sept-fin juin, ven-dim et j. fériés 14h-17h.* Topoguides de randonnée. Billetterie pour les visites guidées, expos, spectacles, croisières commentées et promenades sur la Sèvre, l'Erdre et la Loire, ainsi que pour les grands sites départementaux. Infos sur le vignoble nantais et Nantes. Boutique.
– ***Marché :*** *pl. du Marché. Ts les sam et dim mat 8h-13h, depuis plus de 150 ans.*

## Où dormir ? Où manger ?

***Chambres d'hôtes Au Gré du Hasard :*** *3, allée de la Reine-Margot. ☎ 02-40-34-56-18. 06-67-40-58-30. • nadine@au-gre-du-hasard.fr • au-gre-du-hasard.fr • À 5 mn du Busway pour Nantes. Compter 75-85 € pour 2 selon saison ; suites 85-95 €. Également un gîte pour 4 pers.* Un peu planquée derrière un quartier résidentiel sans charme, cette grosse maison bourgeoise d'autrefois en a beaucoup plus. Tout comme ses 2 suites joliment aménagées sous la belle charpente des combles et la chambre, côté jardin. Accueil décontracté. Petite piscine semi-couverte. Et la verdoyante vallée de la Sèvre est à deux pas.

**I●I** ***Le Monte Cristo :*** *11, quai de la Chaussée-aux-Moines. ☎ 02-40-34-40-36. • contact@monte-cristo.fr • Fermé lun, mer soir et dim soir. Congés : 2 sem fin août, 1 sem à la Toussaint, 1 sem à Noël. Formule déj 18,60 € (en sem), puis menus 31,80-48,45 €. Café offert sur présentation de ce guide.* Un resto chic à la déco élégante, rendant un hommage appuyé à la gastronomie régionale tout en osant une cuisine audacieuse. Baies vitrées et belle vue sur l'écluse. On raconte qu'Alexandre Dumas, venu dans la région pour un badinage adultérin, aurait été frappé d'inspiration dans un resto situé sur ce quai et aurait rédigé les premières phrases de son *Comte de Monte-Cristo*.

LE PAYS DU VIGNOBLE NANTAIS

## Où dormir ? Où manger dans les environs ?

### Prix moyens

***Chambres d'hôtes La Pénissière :*** *44690* ***Château-Thébaud.*** *☎ 02-40-06-51-22 ou 06-83-01-04-47 • hotes-bousseau@wanadoo.fr • domaine-penissiere-millaud.fr • À 7 km au sud de Vertou. Compter 58 € pour 2. Dégustation du produit du domaine sur présentation de ce guide.* Au cœur du vignoble nantais, chambres confortables, personnalisées, avec meubles anciens et vue sur les vignes. Agréable salle à manger rustique avec cheminée. Propriété vinicole, on y déguste les vins du domaine, dont un sympathique muscadet. Accueil familial adorable.

**I●I** ***Auberge La Gaillotière :*** *La Gaillotière, 44690* ***Château-Thébaud.*** *☎ 02-28-21-31-16. • contact@auberge-la-gaillotiere.fr • À 6 km au* *sud de Vertou, dans les vignes. Fermé mar soir et mer, plus dim soir hors saison. Congés : de mi-fév à mi-mars et 3 sem de fin juil à mi-août. Formule déj en sem 14 € ; menus 19-27,50 €. Apéritif offert sur présentation de ce guide.* Une adresse en plein cœur du vignoble, avec une grande salle aménagée dans une ancienne cave. Les 3 menus (petite, moyenne et grande faim) changent tous les 15 jours en fonction des produits du moment. La terrine de foie gras de canard maison jouit d'une excellente réputation. Accueil souriant et cuisine originale.

### De chic à plus chic

**Chambre d'hôtes Château de La Cassemichère :** *La Cassemichère, 44330* **La Chapelle-Heulin.** *☎ 02-40-06-74-07. • contact@chateaucassemichere.fr • chateaucassemichere.com • En venant de Nantes sur la D 756, prendre le chemin à droite à la hauteur du hameau La Bernardière juste avt La Chapelle-Heulin. Double 90 € ; petit déj 7 €. Visite-dégustation des vins du domaine sur présentation de ce guide.* Dans ce château du XVII^e s, au cœur d'un vignoble de 43 ha, nous sommes dans le berceau du muscadet dont le 1^er cep fut planté ici en 1740. À l'étage, l'unique chambre d'hôtes, tapissée de toile de Jouy, mobilier en bois noble et vaste salle de bains attenante, donne sur le parc. Également 2 gîtes pour 6 et 10 personnes. Le fier châtelain vous fera sûrement visiter ses somptueuses caves et déguster l'un de ses vins dans son élégant chai tout en vous contant l'histoire de sa demeure.

**Chambres d'hôtes La Demeure de Saint-Fiacre :** *Les Gras-Moutons, 44690* **Saint-Fiacre-sur-Maine.** *☎ 02-40-43-46-33. • contact@lademeure.fr • lademeure.fr • À env 5 km au sud-est de Vertou par la D 59. Compter 120 € pour 2 ; familiale 200 €.* Dans une ancienne seigneurie du XVI^e s, des chambres haut de gamme alliant luxe et raffinement dans une déco très contemporaine. Un lieu d'exception (cher, donc) conçu avec passion par Thomas, artiste allemand bourlingueur, qui s'est posé en ces lieux pour réaliser ses rêves d'architecture, de décoration et d'accueil.

## À voir. À faire

**La chaussée des Moines :** *en contrebas du centre-ville. Voir plus haut l'introduction de Vertou.* Très chouette coin, idéal pour une balade dominicale ou après un bon repas. Rendez-vous des pêcheurs et mouillage pour les plaisanciers. Expo en été au moulin Gautron situé en face et toute l'année à l'Atelier du moulin.

➢ **La remontée de la Sèvre en bateau :** *départ de la chaussée des Moines. Avr-juin et sept, w-e et j. fériés ; juil-août, tlj. On peut louer un bateau électrique sans permis, très maniable et silencieux, auprès de* **Ruban Vert** *(☎ 02-40-34-67-13 ; • rubanvert.fr • ; compter 25-40 €/h, 70-115 € la ½ journée pour 4-10 pers).* Agréable balade de 4h maximum aller-retour jusqu'à Port Domino (commune de Monnières), à la découverte des châteaux qui bordent la rivière, de la faune et de la flore.

➢ **Sortie commentée sur la Sèvre :** *avec* **Erdre Intime.** *☎ 02-40-13-25-33 ou 06-20-29-49-04. • erdreintime.weonea.com •* À bord de la vedette anglaise *Gratitude*.

➢ **Locations de canoës-kayaks :** *avr-sept, le w-e 10h-18h30 (tlj juil-août), auprès du* **club de canoë-kayak de Vertou,** *bd Guichet-Sérex, dans le parc de loisirs du Loiry. ☎ 02-40-34-29-97. 06-62-37-45-92. • ck-vertou.fr • Compter env 5,50 €/h et 14 €/j. ; gratuit moins de 8 ans (à condition de savoir nager).*

➢ **Vol en montgolfière :** **Ciel de Loire,** *49, rue de la Croix. ☎ 02-40-05-19-56. • cieldeloire@free.fr • cieldeloire.com • Sur résa. Compter 220 €/pers pour un vol.* Pour découvrir les paysages de la Loire tranquillement depuis le ciel, en montgolfière. Vols d'initiation pour tous les âges.

# DANS LES ENVIRONS DE VERTOU

**Le château de Goulaine :** *44115* ***Haute-Goulaine.*** *☎ 02-40-54-91-42. • chateaudegoulaine.fr • (accès partiel). À 15 km au sud de Nantes. De mi-juin à mi-sept, tlj 10h45-19h ; de fin mars à mi-juin et de mi-sept à mi-nov, mer, w-e et j. fériés, plus tlj de vac scol zone A, 14h-18h30 ; de mi-nov à fin mars, dim slt 14h-18h (volière aux papillons fermée). Entrée : 9 € ; réduc ; gratuit moins de 4 ans. Visite guidée slt pour le château ; volière et musée en visite libre.*

Château classé du XVe s, resté dans la même famille depuis plus de 1 000 ans ; son actuel propriétaire est la 30e génération ! Le château a passé la Révolution sans dommages sous la propriété provisoire de Peter Deurbroucq, armateur et négociant d'origine hollandaise, avant d'être racheté par la famille de Goulaine. Avant-dernier château de la Loire avant l'estuaire, il est habité et possède un riche décor intérieur. La super visite montre bien comment l'environnement naturel et les événements historiques ont eu une incidence directe sur l'architecture du château. Dans le jardin, une volière aux papillons tropicaux *(d'avr à mi-nov)* abrite une trentaine d'espèces. On peut assister à la naissance d'un papillon ; la sortie de sa chrysalide se fait généralement le matin. Et dans un tout autre domaine, une intéressante exposition sur la biscuiterie LU (tableaux, affiches, objets, etc.) où l'histoire du célèbre petit-beurre nantais remonte à 1880. Voir notamment les mots publicitaires des célébrités des années 1920, joliment illustrés. Ils sont parfois cocasses. On peut également acheter les vins du domaine.

**Le site de la Cantrie :** *44690* ***Saint-Fiacre-sur-Maine.*** *☎ 02-40-54-82-26. • lesamisdestfiacre.fr • À 5 km au sud de Vertou. Site en accès libre ouv tte l'année. Pour la salle d'exposition de peintres et sculpteurs, mai-sept, tlj sf lun-mar, 14h30-19h (GRATUIT). Base de loc de canoës-kayaks le w-e mai-juin et sept et tlj sf lun mat juil-août. Loc auprès du loueur* ***Vignoble Loisirs Organisation,*** *☎ 02-51-71-65-74 ; • vlo.fr/canoes •*

Parcours panoramique, botanique et géologique le long de la Sèvre. Sortie ornithologique en canoë. Également des concerts et une jolie buvette en saison.

Par ailleurs, Saint-Fiacre est la bourgade la plus viticole de France (rapport vignoble-superficie communale) ! Elle a vu Sophie Trébuchet, future mère de Victor Hugo, y passer ses vacances. Et sa surprenante église, néoromane et byzantine, vaut le coup d'œil, tout comme la vue sur le vignoble depuis la route entre Gorges et Vertou.

**Le site de Pont Caffino :** *44690* ***Château-Thébaud.*** *☎ 02-40-06-54-07. Accès libre tlj 8h-20h30.* Voilà un site surprenant de 8 ha, parfait pour les amoureux de pleine nature, où l'on peut faire de l'escalade, du tir à l'arc, du canoë, du kayak-polo, de l'équitation... *(☎ 02-40-06-54-07 ; • pontcaffino.fr •),* puis pique-niquer tranquillement avant d'aller jouer aux boules ou de se promener dans le petit canyon de la vallée de la Maine. Intéressante passe à poissons construite au pied des falaises abruptes, facilitant la libre circulation des poissons amphibiotiques (anguilles, mulets) et holobiotiques (brochets). Les premiers passent de la mer à la rivière pour se reproduire, les seconds restent en rivière et ne se déplacent que pour se nourrir. Si vous avez un peu de chance, vous en verrez quelques-uns déambuler dans ces bassins en escaliers.

Sympathique ***guinguette Le Rocher*** : *☎ 02-40-06-53-55. L'été, tlj sf lun et j. fériés ; le reste de l'année, slt l'ap-m et le soir ven-sam, plus dim midi. Un café offert sur présentation de ce guide.* Spécialités de fromages (normands !) cuits au feu de bois comme les grillades (saucisse au muscadet, par exemple). Nombreux jeux traditionnels pour les enfants.

# LE PALLET [ar palez]

(44330) 2 650 hab. *Carte Loire-Atlantique, C3*

**Ville natale du brillant professeur de philosophie et de théologie Pierre Abélard (en 1079), aux doctrines audacieuses, souvent condamnées par l'Église, et dont on connaît l'amour pour la belle Héloïse. Il rédigea une œuvre magistrale. On lui doit la pensée suivante : « En doutant, nous venons à la recherche, et en cherchant, nous percevons la vérité. » Une statue lui rend hommage. Autre personnage étonnant de la petite ville, Roland-Michel Barin de La Galissonnière, amiral de son métier et botaniste, qui introduisit en France le magnolia. Mais Le Pallet est aujourd'hui connu pour son musée du Vignoble, situé au beau milieu des vignes. Logique !**

### AMOURS TRAGIQUES

*Pierre Abélard, philosophe reconnu à travers toute l'Europe du XII^e s, s'éprit passionnément d'une de ses élèves, Héloïse, la jeune et savante nièce du chanoine Fulbert, à qui il l'enleva. Un enfant naquit de cette union, qu'ils appelèrent Astrolabe. Leurs amours célèbres furent brèves, car le chanoine se vengea odieusement en envoyant ses sbires castrer Abélard pendant son sommeil ! Mutilé, ce dernier se fit moine, tandis qu'Héloïse prit le voile. Mais ils échangèrent des lettres jusqu'à la fin de leur vie...*

## Arriver – Quitter

➢ ***En train :*** à 25 mn de Nantes par la ligne Les Sables-d'Olonne – La Roche-sur-Yon ou celle de Cholet. Tous passent par Clisson. Plusieurs trains directs/j.

## Où dormir au Pallet et dans les environs ?

***Chambres d'hôtes la Maison des Landes :*** *Les Landes, 44330* ***Mouzillon.*** *☎ 02-40-06-96-00. 📱 06-65-06-84-85. • aubing@orange.fr • maisondeslandes.fr • À env 4 km du Pallet, sur la D 149, à droite (fléché). Compter 61 € pour 2.* Au cœur des vignes, dans les anciennes caves de la propriété, agréables chambres avec terrasse privative, à la déco soignée et aux couleurs au goût du jour, avec salle de bains à l'italienne. Une belle harmonie entre modernisme et tradition. En prime, vaste salle commune avec cuisine équipée, cheminée et salon-TV/DVD. Accueil jeune et sympathique.

***Chambres d'hôtes Fleur de Vigne :*** *23, La Maisdonnière, 44690* ***Monnières.*** *☎ 02-40-54-65-59. 📱 06-08-27-07-64. • anneyvesmaillard@orange.fr • chambredhotes-maillard.fr • À 2 km du Pallet. Dans le centre de Monnières, prendre la route de Maisdon-sur-Maine, c'est fléché ensuite sur la gauche. Compter 58 € pour 2.* Gîte confortable proposé à la nuitée dans une courette fleurie et bien entretenue. Cuisine, salon et chambre à l'étage, agréablement retapée. Accueil enjoué et même jovial. Confortable pour un tarif raisonnable. Yves vous proposera sûrement une petite dégustation...

***Chambres d'hôtes Château de la Sébinière :*** *La Sébinière, 44330 Le Pallet. ☎ 02-40-80-49-25. 📱 06-17-35-45-33. • info@chateausebiniere.com • chateausebiniere.com • Sur la droite après le musée et le pont, direction Clisson (entrée discrète). Résa conseillée. Compter 105-125 € pour 2 selon*

LE PAYS DU VIGNOBLE NANTAIS

*confort.* Dans un manoir du XVIII$^{e}$ s. Accueil et endroit délicieux ! Anne sait recevoir et faire partager sa passion pour cette ancienne propriété vinicole, élégamment restaurée : tissus tendus, objets charmants, meubles anciens, beau plancher... Chambres cossues, de tailles variables, aménagées avec goût ; calme assuré, vue sur les vignes ou le parc et ses 28 ha. Piscine et sympathique labrador pour accueillir les hôtes. Une adresse romantique et, vu la qualité des prestations, abordable. Dans le parc, la « Maison du vigneron », aménagée avec autant de raffinement, peut confortablement recevoir une famille (location à la semaine).

## À voir

***Le musée du Vignoble nantais :*** *82, rue Pierre-Abélard. ☎ 02-40-80-90-13. • musee-vignoble-nantais.eu • Sur la D 149, entre Nantes et Clisson. Tlj sf sam : de mi-juin à mi-sept, 10h-18h ; d'avr à mi-juin et de mi-sept à mi-nov, 14h-18h. Fermé de mi-nov à fin mars. Compter 1h30 de visite. Entrée : 5 € ; enfant 2,50 € ; gratuit moins de 10 ans. Visite guidée avec des professionnels de la viticulture dim à 15h30. Pour les enfants, demander le livret de jeux « Oh La L.A. Quelle aventure ! ».* À défaut d'une ancienne cave voûtée, c'est un bâtiment récent qui accueille ce passionnant musée, où l'on apprend tout sur l'histoire, les techniques ou les anecdotes liées au célèbre vignoble du muscadet. Collection d'objets et d'outils relatifs à la vigne. Ne pas manquer l'impressionnante salle des pressoirs. Des bornes multimédia expliquent l'évolution récente des techniques viticoles dans le vignoble nantais. Salle d'animation pour les enfants (à partir de 6 ans) autour des odeurs, des saveurs, du toucher et des objets du vigneron à reconnaître. Vidéo consacrée à la vie et à l'œuvre de Pierre Abélard, ainsi que quelques gravures. Belles expositions temporaires organisées par une équipe féminine dynamique. Dégustation après chaque visite. Dehors, conservatoire du vignoble avec les différents cépages du Pays nantais d'avant et après le phylloxéra, maladie qui ravagea le vignoble français à la fin du XIX$^{e}$ s, et point de départ d'un sentier de randonnée au cœur des vignes. À visiter sans modération !

### UN PUCERON QUI FAIT TACHE

*En 1862, un certain Joseph-Antoine Borty de Roquemaure, dans le Gard, importa des ceps de vigne du Nouveau Monde... pour voir. Et avec eux, un puceron aussi microscopique que ravageur, qui se répandit sur tout le territoire et détruisit une grande partie des vignes françaises. C'est la fameuse tache brune de Roquemaure, autrement nommée phylloxéra. Il a vu ! Pour l'histoire, seules les vignes cultivées dans un sol sableux échappèrent à ce fléau...*

À la sortie du village, à côté du cimetière, sur la route de Clisson, la ***chapelle Sainte-Anne,*** des XI$^{e}$ et XII$^{e}$ s. Quelques pierres tombales du Moyen Âge, les ruines du donjon du château d'Abélard et une monumentale statue de bronze d'Abélard et Héloïse.

À quelques kilomètres du village, sur la route de Monnières, à droite après le pont, voir aussi la ***cale du port Domino,*** minuscule et charmant hameau qui rappelle le rôle joué par la Sèvre pour l'expédition du vin.

## DANS LES ENVIRONS DU PALLET

***La Haie-Fouassière*** *(44690) : bordé par la Sèvre, ce petit port, à 6 km au nord du Pallet, abrite l'usine LU (autrefois dans le centre de Nantes).* À l'entrée, un curieux rond-point avec soucoupe volante et extraterrestres, tenant chacun un symbole de la ville : un petit LU, une bouteille de muscadet et une fouace ! Et surtout, des odeurs de biscuits cuits qui viennent nous titiller les narines et nous rappeler le quatre-heures de notre enfance. Également ville de la fouace donc, ce gâteau à six branches, créé au XIXe s et censé atténuer pendant les vendanges les effets du muscadet...

**Cœur de Loire :** *château de La Plessisière, 44330* ***La Chapelle-Heulin.*** *☎ 02-40-06-74-73. 06-86-00-15-05. • coeurdeloiredomaine.com • À 3 km du Pallet sur la D 7 avt La Chapelle-Heulin. Lun-ven 11h-19h ; w-e groupes slt. Fermé de Noël à mi-janv et 1re quinzaine d'août. Résa indispensable.* Dans un cadre plaisant au cœur du vignoble, un établissement privé de tourisme viticole avec restaurant et bar à vins. Taille, vinification, œnologie, parcours œnoludique en 8 étapes... Jean-Yves Auradon, tour à tour restaurateur, sommelier, caviste et vigneron, propose une rencontre approfondie et didactique avec l'ensemble de la filière vin.

***Mouzillon*** *(44330) :* village fondé par les moines de Vertou sur l'ancienne voie romaine reliant Rouen à Bordeaux. Mouzillon est célèbre pour son pont gallo-romain, à quatre arches, qui franchit la Sanguèze, et pour le petit mouzillon, ce biscuit sec en couronne dentelée fabriqué au village. Sans sel ni matière grasse, à base de froment et d'amandes, il accompagne parfaitement un verre de muscadet.



## CLISSON [klisɔ̃] (44190) 7 000 hab. *Carte Loire-Atlantique, C-D4*

**Aux confins de l'Anjou et du Poitou, marquant la limite sud du vignoble nantais, Clisson est posée aux marches de la Bretagne, comme on dit. Mais on s'y sent presque plus en Toscane, à vrai dire. Cette jolie petite bourgade possède un indéniable charme même si, aussi « historique » soit-elle, il s'agit d'une ville recréée sur mesure. En 1793, les guerres de Vendée passent comme une tornade sur Clisson, ne laissant que quelques pans de murs intacts. En 1796, Pierre Cacault, peintre nantais de retour d'Italie, s'y installe. Son frère François, ancien ambassadeur de France à Rome, le rejoint et, ensemble, ils fondent un musée-école. En 1810, la collection est vendue à la ville de Nantes, et ils invitent, pour promouvoir l'école d'artistes, une sommité des arts de l'époque, le sculpteur de Napoléon, Frédéric Lemot. Ce dernier tombe sous le charme des lieux et achète les ruines du château et la Garenne, un parc de 13 ha en face du château. Il l'aménage en jardin romantique peuplé de « fabriques » à l'italienne inspirées de l'Antiquité. La ville prend alors une allure de peinture de paysage, prisée par les artistes du moment. La tuile et la brique se marient à l'ardoise et au granit, tandis que les plantes méditerranéennes font leur apparition sur les bords de la Sèvre (quelques oliviers et pins parasols traînent ici et là). Bel éclairage nocturne entre mi-juin et mi-septembre. Une étape vraiment plaisante, voire romantique, qui inspira Flaubert, Théophile Gautier et Alexandre Dumas.**

### Arriver – Quitter

➢ ***En train :*** à 20 mn de Nantes par la ligne Les Sables-d'Olonne – La Roche-sur-Yon ou celle de Cholet. Plusieurs trains directs/j.

### Adresses et info utiles

***Office de tourisme du Vignoble de Nantes :*** *pl. du Minage. ☎ 02-40-54-02-95. • levignobledenantes-tourisme.com •*

*À côté des halles. Tlj sf dim mat et lun nov-fév. Fermé 1er janv et 25 déc.* Visites guidées de la ville les mardi et samedi à 15h en juillet-août, et visites théâtrales le dimanche à 16h et le mercredi en nocturne à 21h de juillet à septembre. Téléchargement gratuit du guide touristique sur le site. Billeteries : spectacles, Puy-du-Fou, événements de la région, bateaux pour l'île d'Yeu, etc. Infos sur la *Vit'visite* : spectacle insolite et musical pour découvrir la ville, son histoire et son patrimoine.

■ ***Le Caveau des Vignerons :*** *mêmes locaux et mêmes horaires.* Dégustations gratuites des vins du vignoble et rencontres avec les viticulteurs locaux le week-end en été.

– ***Marchés :*** *mar et ven mat (le plus important), sous les halles.*

## Où dormir ? Où manger ?

### Camping

***Camping municipal du Moulin :*** *route de Nantes. ☎ 02-40-54-44-48. 06-40-54-44-48. • camping@valleedeclisson.fr • camping-valleedeclisson.fr • À 500 m du centre-ville vers Vallet, juste avt la zone commerciale de Calin. De mi-avr à mi-oct. Compter 13 € en hte saison. Mobile homes 4-6 pers 340-480 €/sem. 56 empl.* Emplacements ombragés, en surplomb de la rivière. Agréable malgré la proximité du centre commercial. Laverie et sanitaires tout récents. Bon accueil.

### Très bon marché

***Dolce Caffè :*** *2, pl. Notre-Dame. ☎ 02-40-04-69-13. • avenza1@free.fr • En contrebas de l'église. Tlj sf lun : sem 11h30-19h, w-e 14h-20h. Menus 7-10 €.* Puisque Clisson se croit en Italie, voilà un petit snack à l'italienne avec *foccacia* et pizza. Bons gâteaux pour le dessert (le proprio est boulanger-pâtissier de métier). Simple, frais, bon et vraiment pas cher. Le service est sympathique, la petite salle avec son coin banquette tout autant, et la terrasse sur la paisible placette bien agréable.

### Prix moyens

***Auberge du Château :*** *2, rue de la Collégiale. ☎ 02-40-54-32-08. • aubergeduchateau@wanadoo.fr • Tlj sf mer. Congés : dernière quinzaine d'août. Menus 14,30 € déj en sem, puis 28,20-30,90 €. Café offert sur présentation de ce guide.* Au pied du vieux pont de pierre, petit resto convaincant, avec une agréable terrasse en véranda pour profiter de la romantique vue sur la Sèvre nantaise. À l'image de la déco résolument moderne, la cuisine s'amuse à surprendre avec quelques touches créatives. Une bonne table offrant un excellent rapport qualité-prix. Un passage quasi obligé le lundi, quand tous les autres restos sont fermés.

***Restaurant de la Vallée :*** *1, rue de la Vallée. ☎ 02-40-54-36-23. En hte saison, tlj sf dim-lun ; en basse saison, mar-jeu midi, ven et sam. Congés : 3 sem à la Toussaint et vac scol de Noël. Résa hautement conseillée. Menus 23 € en sem, puis 28-36 €. Digestif offert sur présentation de ce guide.* Bonne cuisine du marché améliorée, ponctuée çà et là de petites touches épicées et exotiques. Belles assiettes gourmandes autour du poisson ou du canard à prix raisonnables. En prime, une magnifique terrasse abritée surplombant la Sèvre, avec une vue imprenable sur le château et la ville. Tout nous a plu : le cadre, l'accueil et l'assiette.

### De chic à plus chic

***Villa Saint-Antoine :*** *8, rue Saint-Antoine. ☎ 02-40-85-46-46. • contact@hotel-villa-saint-antoine.com • hotel-villa-saint-antoine.com • Doubles 92-170 € selon saison et confort. Formule 14,90 € et menus 20,90 € déj en sem, puis 29,90-39,90 €.* Installée dans les anciennes tanneries au bord de la Sèvre, la *Villa Saint-Antoine* joue la carte du modernisme en ce lieu historique. Les chambres, d'inspiration italienne, sont spacieuses, luxueuses, de conception originale, avec une belle harmonie de couleurs autour du chocolat et du blanc. Les salles de bains, pour les plus chères, sont surprenantes, de vrais thermes romains ! Belle terrasse avec piscine chauffée, offrant la meilleure vue possible sur le château. Quant à la table, elle est à la hauteur du lieu avec une cuisine inventive, osant des alliances de saveurs audacieuses. Une grande réussite !

**La Bonne Auberge :** *1, rue Olivier-de-Clisson. ☎ 02-40-54-01-90. • labonneauberge2@wanadoo.fr • Fermé dim soir, lun-mar et mer soir. Congés : début janv et 3 sem en août. Menus 15-22 € déj en sem, puis 46-72 €.* Cette bonne auberge est incontestablement l'une des meilleures tables de la région. La déco est plus chic que rustique, avec des petits salons feutrés et privatifs, et la cuisine plus raffinée et inventive que celle de nos grands-mères. La carte varie selon les saisons et les arrivages, affichant fièrement des produits du terroir, élégamment préparés (duo de pigeonneau et homard, turbot, ris de veau...). En prime, un accueil chaleureux. Que du bonheur !

## Où dormir ? Où manger dans les environs ?



### Camping

**Camping Coin de Ciel :** *le Tremblay. ☎ 02-40-54-71-11. • bossisdesaintlumine@yahoo.fr • camping-nantes-atlantique-clisson.fr • À 3 km de Saint-Lumine-de-Clisson, par la route d'Aigrefeuille-sur-Maine (D 117), prendre à gauche et continuer 2 km sur la route bordée de champs. Tte l'année. Tente en hte saison 9,50 €. Mobile homes 4-6 pers 160-350 €/sem. Caravane 175 €/sem. CB refusées. 6 empl.* En pleine campagne, sur un terrain annexe de la résidence principale d'un couple charmant, petit camping tranquille et ombragé, bordé de champs, avec salle à vivre, laverie et sanitaires corrects.

### Bon marché

**Chambres d'hôtes Fleur de Vigne :** *domaine de La Garnière, 49230* ***Saint-Crespin-sur-Moine.*** *☎ 02-41-70-77-91. • marie-therese.fleurance@orange.fr • fleurdevigne.com • À 5,5 km de Clisson. La route de Saint-Crespin part de derrière l'église de la Trinité, passe le cimetière, traverse le hameau de Bournigal ; le domaine de La Garnière est sur la gauche avt Saint-Crespin. Compter 46 € pour 2. Une bouteille de la production du domaine offerte sur présentation de ce guide.* Au cœur du vignoble, dans une agréable ferme restaurée avec une cour centrale ombragée par une treille en fleur l'été (d'où la *Fleur de Vigne*). Chambre familiale sympa, mansardée et colorée, dont les lits sont séparés par une petite cloison. Entrée indépendante. Accueil chaleureux d'une petite dame énergique et qui aime tailler la bavette. Une ferme animalière intéressante pour les enfants se situe à 1 km. Une bonne adresse au calme.

**Gîte communal d'étape Terbin-Gétigné :** *Terbin, 44190* ***Gétigné.*** *☎ 02-40-54-04-82. • gitedeterbin@free.fr • gitedeterbin.free.fr • À 1,5 km du viaduc de Clisson, au rond-point suivre « Gétigné centre », puis prendre à droite avt d'entrer dans le village sur 1 km (c'est fléché). Sur résa slt. Compter 17 €/pers ; gîte complet 16 places 240 €.* Au bord de la Sèvre nantaise. Salle à manger avec cheminée et cuisine équipée. Une bonne quinzaine de couchages en lits gigognes. Se munir de draps ou d'un sac de couchage. Couvertures fournies. Lieu plutôt agréable, mais le bâtiment est un peu triste et n'offre pas de vue directe sur la rivière. Location de canoës sur place. Départ de randonnée jusqu'à Clisson en longeant la Sèvre par un joli sentier aménagé.

### Prix moyens

**Chambres d'hôtes La Sarmentille :** *19, Les Beillard, 44190* ***Gorges.*** *☎ 02-40-03-96-45. • lasarmentille@*

*orange.fr • la.sarmentille.free.fr • À 4 km de Clisson, dans le hameau des Beillard, à gauche de la D 763 en direction de Vallet. Compter 60 € pour 2. Dîner sur résa 23 €.* Dans un ancien pressoir rénové, 2 chambres mignonnes comme tout, à la déco soignée. Belle pièce à vivre avec cuisine à partager. Béatrice aime préparer des petits plats pour ses hôtes, à base de bons produits de son potager.

***Chambres d'hôtes La Sauzaie :*** *La Sauzaie, 44190* ***Gétigné.*** *☎ 02-40-54-26-65. • lasauzaie1@free.fr • gite-lasauzaie.com • À 7 km de Clisson, par la route de Boussay et de Cholet (D 149), prendre à droite à 1,5 km du rond-point de la sortie de Gétigné et continuer sur 2 km en traversant un hameau et des champs (c'est fléché). Compter 60 € pour 2.* La découverte du lieu est déjà un ravissement : dans un parc vallonné de 12 ha où des moutons et un âne paissent, on traverse des bois pour descendre un chemin vers une belle longère au bord des chutes d'eau de la Sèvre. Tenu par un couple franco-irlandais ; l'accueil est des plus chaleureux. Quelques chambres d'hôtes bien pensées offrant une vue magnifique se mêlent aux gîtes souvent pris en été par les amis irlandais et anglais de nos hôtes. Certains soirs, c'est la fête dans le pub irlandais aménagé dans un bâtiment annexe. En journée, outre le tennis et la piscine, belles promenades à faire dans le parc parmi les séquoias, cèdres du Liban et arbousiers, ou par le sentier de randonnée longeant la rivière jusqu'à Clisson. Une adresse différente, reposante, vivifiante et quelquefois festive.

***La Gétignière :*** *3, rue de la Navette, 44190* ***Gétigné.*** *☎ 02-40-36-05-37. Dans une ruelle face à l'église. Fermé lun, mar soir et dim soir. Formules midi en sem 16-26 € ; menus 26-44 €.* Belle auberge couleur saumon à volets bleus, face à l'étonnante église et son tout petit clocher. Cuisine inventive de marché, cadre lumineux et agréable, prix à la hauteur de la prestation font de ce resto, à juste titre, une table renommée.



## Où boire un verre ?

***Café des Cordeliers :*** *5, rue de la Vallée. ☎ 02-40-54-21-60. Dans une petite rue derrière le* Restaurant de la Vallée, *entre le château et la Garenne-Lemot. Tlj sf lun et mar hors saison. Congés : début août.* Un café où les jeunes (et moins jeunes) aiment à se retrouver à l'heure de l'apéro et jusque tard le soir. La petite terrasse est abritée, et on y reste longtemps même s'il pleut ! L'intérieur est tout aussi agréable avec sa cheminée, sa bibliothèque où l'on peut laisser son livre préféré, ses fauteuils en cuir et ses expos de peinture moderne.

## À voir. À faire

***Le château :*** *☎ 02-40-54-02-22. • chateau.clisson@loire-atlantique.fr • Tlj sf mar : mai-sept, 11h-18h30 ; oct-avr, 14h-17h30. Visites guidées mai-sept tlj sf mar, à 11h, 14h30 et 16h ; oct-avr, w-e à 15h30. Fermé 1er janv, 24-25 et 31 déc. Compter env 50 mn de visite. Entrée : 2,20 € ; réduc. Avec visite découverte : 4,70 € ; réduc. Gratuit moins de 10 ans. Pour les enfants, demander le livret de jeux « Oh La L.A. Quelle aventure ! ». Nombreuses animations gratuites en saison.* Vestige de l'activité querelleuse du connétable Olivier de Clisson, c'est un magnifique exemple de l'évolution de l'architecture défensive. D'un point de vue moins militaire et plus poétique, le château de Clisson représente également le château médiéval tel que se l'imaginaient les romantiques, de Rousseau à Musset. Rien d'étonnant, donc, à ce que le XIXe s s'entiche du site... et que le sculpteur François-Frédéric Lemot, pour enrichir la collection de fabriques de son domaine situé de l'autre côté de la Sèvre nantaise, en fasse l'acquisition en 1807 et invite ses amis peintres et graveurs à reproduire cette ruine magnifique et tourmentée.

Même s'il n'est aujourd'hui peuplé que par les pigeons ramiers et les souvenirs, l'absence de murs, les jambages des cheminées qui pendent dans le vide, les prisons pour hommes et femmes suscitent justement un intérêt pour essayer de reconstituer l'histoire de ce château, également intéressant de nuit, lorsqu'il est illuminé.
Les premières traces de l'existence du château, qui domine fièrement la Sèvre nantaise et la Moine, remontent au XII^e s. Ce sont les successifs aïeux du futur connétable de France Olivier IV qui mettent la première pierre à l'édifice. Quelques décennies plus tard, le père d'Olivier IV est officieusement « liquidé » par Philippe de Valois, roi de France, pour avoir intrigué auprès des Anglais. À cette époque, la majeure partie des provinces du Sud-Ouest demeurent sous domination de la perfide Albion. La raison d'État n'existe pas sous cette appellation, mais dans les faits, cela revient au même, on liquide à tour de bras. Piquée au vif, Jeanne de Belleville, sa femme, qui reçoit en retour de Paris la tête de son époux, prend le parti de lever des troupes contre le roi. C'est dans cette atmosphère belliqueuse que le jeune Olivier, futur Olivier V, va être élevé.
Après un bref séjour à la cour du roi Édouard III d'Angleterre, Clisson, en 1364, livre bataille contre Charles de Blois, au cours de laquelle il fait prisonnier Bertrand Du Guesclin et... perd un œil (voilà pourquoi il est souvent représenté de profil). Mais il retourne sa veste et revient dans le parti français. Du Guesclin et Clisson deviennent de bons potes, à tel point que quand le premier passe l'arme à gauche, en 1380, la charge de connétable revient à Clisson (ce qui équivaut à diriger le commandement des armées).
En 1794, 18 Clissonnais sont jetés vivants dans le puits de la cour du château en représailles aux « résistants » vendéens. La plupart sont des femmes et des enfants, qui ne seront exhumés qu'en... 1961 !
De la cour, jolie vue sur les toits et le quartier de la Trinité, du nom de l'église qui s'y tient. Scénographie audiovisuelle dans la tour Saint-Louis et dans la salle au-dessus de la prison des femmes, et parcours d'interprétation dans l'enceinte du château.



**La Très Petite Librairie :** *rue des Halles. ☎ 02-51-71-89-66. Mar-sam 10h-13h, 14h30-19h.* Un lieu destiné à l'échange autour de la littérature et autour des idées en général. Laurence Neveu, la propriétaire, invite régulièrement différents auteurs pour débattre. Vente de livres, sélection de produits issus de l'agriculture équitable ou solidaire (chocolat, thé, riz...). Apéros littéraires réguliers. Un lieu plein d'énergie et de projets.

**Les halles :** une belle bâtisse du XV^e s, à la charpente aux trois essences (chêne, sapin et châtaignier), qui abrite le marché, jouxtant des halles italiennes du XIX^e s où se trouvent le caveau des producteurs de vin et l'office de tourisme. Utilisées par les Bleus (républicains) ou les Blancs (royalistes) comme base de repli, elles ne furent jamais incendiées, car trop utiles. Depuis, le marché s'y tient toujours (les mardi et vendredi matin).

**La rue Tire-Jarrets :** elle descend des halles vers la Sèvre et doit son nom aux malfrats qui, après le marché, détroussaient les marchands retournant chez eux, le jarret bien rempli de leurs gains (le mot jarret désignant leur bourse de cuir).

**La rue de la Collégiale :** avec son pin parasol qui surplombe la rue et que l'on retrouve sur toutes les photos de Clisson. Une petite Italie en plein Pays de la Loire. Remplacez les Peugeot par des Fiat, et vous y êtes ! De cette même rue part, à droite en remontant, la rue du Cul-Chaud, qui tire son nom du bateau-lavoir qui se trouvait au débouché de la ruelle, au bord de la Sèvre. Les lavandières, pour ne pas avoir froid, avaient coutume de s'asseoir au-dessus du brasero...

**Le pont Saint-Antoine et le pont de la Vallée :** ces deux ponts en granit du XV^e s, construits par François II, le père d'Anne de Bretagne, sont tous deux classés Monuments historiques. Le premier possède une voûte légère faite de deux arches, tandis que le second compte cinq éperons.

**Le square Mathurin-Crucy :** *situé au bord de la Sèvre, à côté du pont de la Vallée.* Il permet de voir les bâtiments témoins des principales activités industrielles du Clisson d'autrefois. Sur le square lui-même, les vestiges d'un moulin à farine. En face, de l'autre côté de la Sèvre, le séchoir pour le tannage du cuir et l'ancienne filature, de part et d'autre du pont.

**La Garenne-Lemot :** *☎ 02-40-54-75-85. • garenne.lemot@loire-atlantique.fr • Parc tlj : avr-sept, 9h-20h ; oct-mars, 9h30-18h30. GRATUIT. Visites guidées pour le parc : mai-sept, tlj à 11h, 14h30 et 16h ; oct-avr, dim à 15h30 ; 2,50 €, réduc ; gratuit moins de 10 ans.*
*– Maison du jardinier : mai-sept, tlj sf lun, 11h-18h30 ; oct-avr, tlj sf lun, 14h-17h30. Fermé 1er janv, 24-25 et 31 déc. GRATUIT.*
*– Villa Lemot : ouv slt pour les expos temporaires aux mêmes horaires ; GRATUIT (y compris la visite guidée des expos).*
Parc boisé de 13 ha, avec une villa et une maison de jardinier, dont l'architecture du XIXe s se révèle un exemple parfait de l'italianisme en vogue à cette époque. En 1805, les frères Cacault présentent à Frédéric Lemot le site de la Garenne, ancien territoire de chasse des seigneurs de Clisson. Le sculpteur l'achète. Avec l'aide de Mathurin Crucy, il couche les premiers dessins, puis arrête le projet général de construction, un peu fou, d'inspiration toscane. Il tire profit des ressources offertes par la Garenne-Lemot : la vallée encaissée de la Sèvre, des cascades, bois, etc.
La Garenne-Lemot, classée en 1988, a désormais des échanges privilégiés avec la *Casa Velázquez* à Madrid.
– À l'entrée du domaine, la ***Maison du jardinier,*** flanquée d'une belle tour pigeonnier. Construite de 1811 à 1815, elle reprend les principales composantes de l'architecture transalpine, rappelant les demeures d'Ombrie ou de Toscane : loggia, toits de tuiles rondes, combles ouverts pour laisser passer les courants d'air bienvenus en été, motifs décoratifs en brique... Elle fut en son temps le premier édifice du genre à Clisson. Lemot y résida.
– ***La villa Lemot*** *(ou villa du Sculpteur)* **:** édifiée dès 1824 dans un style néoclassique, avec son imposante colonnade en hémicycle. À l'image des grandes demeures italiennes, elle offre, de l'autre côté, depuis son belvédère, une vue plongeante sur la Sèvre nantaise, la colonne Henri IV et le château. Elle sera achevée par le fils de Lemot, Barthélemy, en 1866. La villa accueille des expositions temporaires originales du Fonds régional d'art contemporain des Pays de la Loire, en alternance avec le travail des élèves de la *Casa Velázquez.*
– ***Le parc paysager*** a conservé – fait rare – l'ensemble de ses fabriques ornementales : statues antiques, colonnes, la grotte Héloïse et les poèmes gravés sur les rochers, les petits temples datent de cette époque. Propice à la rêverie parmi les marronniers, pins parasols et platanes...

On peut également aller admirer la ***Garenne-Valentin,*** bâtie pour Jacques-Charles Valentin, ami de Frédéric Lemot, sur le site d'un ancien couvent de bénédictines. Joli reste de cloître XVIIe s, typique de l'architecture religieuse mauriste. Remarquable porche néoclassique du XIXe s en tuffeau. La Moine coule en contrebas du parc, très bien aménagé. Un agréable petit sentier rejoint l'église de la Trinité au départ du viaduc.

***Le viaduc :*** il date des années 1840 et, avec ses 15 arches, il surplombe la Moine à une hauteur de 20 m. À voir le soir et de nuit en été, avec le bel éclairage sur la ville et le château. Superbe point de vue.

***La chapelle des Templiers :*** *presque à la sortie de Clisson, en direction de Cugand (c'est fléché).* Cette église de fondation romane, édifiée à la fin du XIIe s, appartenait aux chevaliers de Malte, successeurs des Templiers. Elle était autrefois l'élément central de la commanderie des Templiers. Ce domaine disposait également d'un manoir, du moulin de Plessard situé en amont, de terres cultivées et d'un cimetière. On raconte que les gens de cette contrée avaient une si grande admiration pour cette église qu'ils disaient qu'elle avait été construite par les fées. Hélas, il lui manque maintenant son toit.

***Ateliers et Mémoire du papier :*** *chapelle des Templiers, impasse de la Commanderie. 06-16-11-89-50. • ateliersetmemoiredupapier.fr • Mai et oct, w-e 15h-18h30 ; juin-sept, tlj sf lun, 15h-18h30. Fermé nov-avr. Entrée : 5 € ; réduc ; gratuit moins de 10 ans.* Le papier a ici encore de beaux jours devant lui, sous toutes ses formes. Animations et ateliers. Chacun repart avec la feuille de papier qu'il a fabriquée lui-même et imprimée sur une vieille presse à bras, ou encore avec son *pop-up.* L'association à l'origine de cette initiative réhabilite par ailleurs un moulin à papier et son séchoir à l'italienne du XIXe s, près de Clisson.

– ***Canoë-kayak : Canoë-kayak de Terbin,*** *à Terbin, 44190* ***Gétigné.*** *☎ 02-40-54-04-82. 06-71-58-06-83. • getignecanoekayak.free.fr •* Pour s'initier ou pour louer un canoë à la découverte de la Sèvre. Location à la journée et balades nocturnes commentées autour du château et du viaduc. Stages-découverte pour les jeunes. Propose également des hébergements (voir plus haut). Également avec ***Canoë-kayak Clisson,*** *au moulin de Plessard, 85610* ***Cugand.*** *☎ 02-40-54-39-59. • ckclisson.fr •*

LE PAYS DU VIGNOBLE NANTAIS

## Manifestations

Toutes les manifestations sur *• levignobledenantes-tourisme.com •*
– ***Montmartre à Clisson :*** *début juin.* Exposition et concours de peinture, carnets de croquis et modelage.
– ***Hellfest :*** *sur 3 j. le w-e le plus proche du 21 juin.* Le plus important événement français (sinon européen) dédié aux musiques métal et assimilées, troisième plus grand festival de France ! Plus de 150 groupes du monde entier sur 6 scènes et un public chevelu et ébouriffé déferlant sur Clisson.
– ***Les Italiennes :*** *en alternance avec « Les Médiévales », mi-juil. Rens auprès de l'office de tourisme.* Festival in dans le cadre enchanteur de la Garenne-Valentin et off un peu partout dans la ville. Deux thèmes dominent : la danse et la photographie. Mais il y a plein d'autres surprises... italiennes !
– ***Les Médiévales :*** *en alternance avec « Les Italiennes », fin juil.* Une vraie fête entre le village et le château, avec marché médiéval, artisans et camelots, jeux de joute, défilés, etc.
– ***Randissimo :*** *le 2e w-e de sept.* Randonnées à thème, gratuites et accompagnées, pédestres ou en canoë, pour découvrir le patrimoine de toute la vallée.
– ***Nouvel an du Muscadet :*** *le 1er dim de déc.* Sous les halles, les viticulteurs de la vallée font découvrir leur récolte ainsi que les millésimes précédents. Ambiance garantie.

## VALLET [GWALED]

(44330) 8 200 hab. *Carte Loire-Atlantique, D3*

**Grosse bourgade au cœur du vignoble nantais, à 20 mn de Nantes par la voie rapide. Grande église néogothique (voir les vitraux). Il y a une centaine d'années, on ne commandait pas au comptoir un muscadet, mais un « vallet ». D'où le titre de « capitale du muscadet » dont s'honore la ville, et sa devise : « Je suis la vigne, vous êtes les sarments. » C'est aussi à Vallet que fut créée la recette du canard au muscadet, en 1958.**

## Adresses et info utiles

**Office de tourisme du Vignoble de Nantes :** *1, pl. Charles-de-Gaulle. ☎ 02-40-36-35-87. • levignobledenantes-tourisme.com • Sept-juin, mar-dim mat ; en juil-août, aussi lun ap-m, mais fermé sam ap-m.* Billetterie du Puy-du-Fou, spectacles, traversées pour l'île d'Yeu, etc.

**Maison du muscadet :** *5, route d'Ancenis. ☎ 02-40-36-25-95. • maisondumuscadet.over-blog.fr • À l'entrée du centre-ville. Tlj 10h-12h, 14h-18h (10h-17h30 hors saison). Fermé mer et dim pdt les vendanges. Congés : de janv à mi-fév.* Une cave associative où l'on peut goûter à la production de 25 viticulteurs du canton, sélectionnés par un jury professionnel. Dégustation gratuite.

– **Marché :** *dim mat.*

## Où dormir ? Où manger ?

**Chambres d'hôtes Le Château d'Yseron :** *06-10-76-54-28. • ostalbin@wanadoo.fr • yseron.net • Direction Ancenis, puis Z.I. Est au rond-point ; c'est à 1,5 km. Compter 80-120 € pour 2 ; suite familiale 5 pers 160 €. Apéritif maison ou coffret 1l de muscadet de la propriété offert sur présentation de ce guide.* Si vous rêviez de dormir dans un château, ce spécimen de 1830 vous tend les bras. On est accueilli par l'héritier de ces lieux, un personnage haut en couleur qui n'hésitera pas à vous expliquer le nom des 4 chambres : « Les Cigognes », « Louis XVII »... Mobilier d'époque, tapisserie de Jouy, carrelage peint, cheminée, portraits, rien ne manque au décor. En prime, dégustation de vins de la propriété sur la grande terrasse donnant sur le vignoble. Longue vie à *Yseron* !

**À la Petite Ruelle :** *5, rue Ribateau. ☎ 02-40-36-61-98. • alapetiteruelle@orange.fr • Derrière la mairie. Fermé lun, mar midi, sam midi et dim soir. Résa conseillée. Formules à l'ardoise : midi moins de 15 €, soir 25 €. Café offert sur présentation de ce guide.* Dans une ruelle étroite, un drôle de petit resto décoré de vieux outils agricoles aux murs. Le midi, sélection à l'ardoise, peu de propositions mais que du « maison » ! Le soir, on pourra laisser le choix au chef et découvrir ses plats au fur et à mesure. Au final, une cuisine de saison atypique et surprenante. Un resto traditionnel qui se la joue décalé en cassant les codes. En revanche, il en est un qui reste bien solide : réservez !

## Où manger dans le coin ?

**L'Auberge de la Comtière :** *route du Landreau, 44330 Vallet. ☎ 02-40-33-65-59. • aubergedelacomtiere@gmail.com • ♿ Sur la D 37 avt Le Landreau en direction du Loroux-Bottereau. Tlj à midi, plus le soir ven-sam. Menus 12,50 € déj en sem, puis 10,80-24,80 €. Apéritif offert sur présentation de ce guide.* Au cœur des vignes, une bien sympathique auberge récente, avec une grande véranda donnant sur un jardin orné d'un vieux pressoir et d'accessoires viticoles. Bon menu « Randonneur » le midi, avec un vaste assortiment d'entrées servies sur un plateau. Les becs fins ne seront pas en reste avec le camembert rôti ou le poisson au beurre blanc. Si le soleil n'est pas au rendez-vous, chaleureuse salle en pierre avec une grande cheminée. Excellent accueil, et une belle étape dans le vignoble nantais.

## À faire

➢ ***Balades dans le vignoble :*** une cinquantaine de circuits pédestres à faire dans le vignoble, dont plusieurs autour de Vallet, pour découvrir les vignes, le patrimoine, les rivières. Par exemple, le *circuit des étangs* passe devant les vergers du Cléray où l'on peut goûter la fameuse confiture de mûroises. Fiches détaillées en vente à l'office de tourisme *(0,50 €)* ou à télécharger gratuitement sur le site internet.

➢ ***Le vignoble à vélo :*** cinq boucles entre 9 et 32 km pour découvrir le vignoble de Nantes... Plans des circuits en vente à l'office de tourisme *(0,50 €)* ou à télécharger gratuitement sur le site internet.

### DERNIÈRE ÉTAPE DES GENS DU VOYAGE

*Un des carrés du cimetière de Vallet abrite une vingtaine de tombes plutôt impressionnantes : de vrais mausolées, en fait, en marbre et en verre. Il s'agit des sépultures de familles de gens du voyage qui, par tradition et depuis plus d'un siècle, se font inhumer à Vallet. On parle d'ailleurs de « cimetière des gitans ».*

## DANS LES ENVIRONS DE VALLET

***Le parc zoologique de La Boissière-du-Doré** (44430) : ☎ 02-40-33-70-32. • zoo-boissiere.com • À 10 km au nord de Vallet, direction Ancenis. Fév-mars et oct-nov, w-e, j. fériés et vac scol 14h-18h ; sept, lun-sam 14h-18h, dim 11h-19h ; avr-juin, tlj 11h-19h ; juil-août, tlj 10h-19h ; billetterie fermée 2h plus tôt. Fermé déc-janv. Entrée : 18 € ; réduc ; gratuit moins de 3 ans.* Une plaine africaine et une forêt amazonienne en plein Pays de la Loire pour voir évoluer, entre autres, rhinocéros, girafes, oryx, pythons, paresseux... On peut aussi admirer des gorilles, des orangs-outans et même des loups, lions, tigres, guépards, ours. Près de 700 animaux en tout sur 19 ha et plus de 50 naissances chaque année. Spectacle en vol libre d'une cinquantaine d'oiseaux. Pas mal dans le genre ! À faire en famille, bien sûr.

***Camping à la ferme de la Péquinière :** La Péquinière, 44430 **La Boissière-du-Doré.** ☎ 02-40-33-70-49. • accueil@pequiniere.fr • pequiniere.fr • ♿ Passer le zoo, prendre à droite et suivre le fléchage sur 2 km. Avr-oct, sur résa slt. Prix : 7,50 €. CB refusées. 6 empl. Lait de la ferme offert sur présentation de ce guide.* Au bord d'un étang, 6 emplacements bien ombragés sur une grande étendue herbeuse, avec vue dégagée sur la campagne. Bloc sanitaire nickel. Jeux d'enfants, barbecue et terrain de pétanque. Visite quotidienne des activités de la ferme, avec découverte des animaux.

## LE LOROUX-BOTTEREAU [lavreer-an-botorel]

(44330) 7 500 hab. *Carte Loire-Atlantique, C3*

**Entre collines et vallons, marais et petits bois confinés, Le Loroux-Bottereau est la deuxième commune viticole du département avec ses 1 400 ha de vignes. Ce bourg paisible est aussi influencé par la Loire, toute proche, sa douceur de vivre et ses restos gastronomiques sur la levée de la Divatte. Son histoire a été particulièrement marquée par la Révolution française. En mars 1793, la paroisse est parmi les premières à s'insurger contre la République, et les « gars du Loroux » constituent une véritable « division d'élite » au sein de l'armée catholique et royale, du côté des Vendéens. Il s'ensuivra de terribles affrontements et massacres des colonnes infernales de Turreau**

LE PAYS DU VIGNOBLE NANTAIS

**et de Cordelier. On ne s'étonnera donc pas de trouver, au milieu de la grand-place, une statue de Louis XVI en souvenir des 4 500 Lorousains tombés au nom de la religion et pour la France.**

## Adresse utile

**Office de tourisme du Vignoble de Nantes :** *12, pl. Rosmadec. ☎ 02-40-03-79-76. • levignobledenantes-tourisme.com • Mar-sam mat sf jeu mat hors vac scol.* Visites guidées dans le cadre du Pays d'art et d'histoire.

## Où dormir dans le coin ?

**Chambres d'hôtes Domaine de La Roche :** *hameau de La Roche. ☎ 02-40-03-74-69. 06-10-94-24-50. • pineaumachi@yahoo.fr • À env 5 km sur la D 7 en direction de La Chapelle-Heulin, en haut de la colline de La Roche. Congés : 20 déc-31 janv. Compter 55 € pour 2.* Dans une belle maison de vigneron avec une véranda donnant sur le vignoble, chambres agréables dont certaines avec entrée extérieure et kitchenette. Beau jardin fleuri et arboré sur une petite colline. Tous les soirs à l'heure de l'apéro, votre hôte vous invite à une dégustation dans son chai, où trône un vieux pressoir, à quelques kilomètres de là. Son muscadet est très bon. Accueil chaleureux.

**Chambres d'hôtes Le Clos de la Brevère :** *hameau de La Brevère, 44430* ***La Remaudière.*** *☎ 02-40-33-74-75. 06-50-22-88-27. • j.petiteau1@free.fr • leclosdelabrevere.fr • À env 5,5 km sur la D 115 en direction d'Ancenis, à droite vers La Remaudière, la maison est sur la droite 2 km plus loin (entrée discrète). Résa recommandée, enfants non souhaités. Compter 90 € pour 2. Également un gîte 2-3 pers.* Chambres très soignées dans 2 bâtiments indépendants (la grange et la « Chambre aux patates »), avec accès à une petite cuisine commune tout équipée. Dans les vignes qui entourent son vaste jardin arboré, le proprio, ancien vigneron, a replanté une vingtaine de cépages oubliés. Il fait ses vendanges à l'ancienne et propose des dégustations pour ses hôtes dans son chai, où il collectionne des outils viticoles des années 1950.



# À voir. À faire au Loroux-Bottereau et dans les environs

**La statue de Louis XVI :** *sur le parvis de l'église.* Voici l'une des dernières statues de Louis XVI en France. On peut voir deux autres statues, à Nantes et au château de Caradeuc, près de Rennes. Celle-ci est une copie, l'original se trouve à l'office de tourisme, place Rosmadec. Elle fut érigée ici, durant la Restauration, en souvenir des colonnes infernales qui massacrèrent bon nombre d'habitants restés fidèles au roi.

**Les marais de Goulaine :** ils s'étendent sur 1 500 ha et hébergent canards, foulques, hérons cendrés et une flore variée. Ils se découvrent à pied par les sentiers, en été, quand les marais sont asséchés, ou en barque à partir du port du Millau, de l'Angle-Essort ou du Montru. Ces marais sont aussi la plus grande frayère à brochets d'Europe. Un seul pont pour traverser le marais, celui de l'Ouen, entre Haute-Goulaine et Le Loroux-Bottereau.

– Route du Pont-de-l'Ouen, à Haute-Goulaine, ***La Maison Bleue*** *(☎ 02-40-54-55-51 ; • maraisdegoulaine.fr • ; avr-oct, lun-ven 14h-17h, w-e 15h30-18h30)* est un espace pédagogique qui propose des expos en lien avec le marais (peintures, photos, planches sur la faune et la flore...). Animations nature et promenades sont également organisées.

***Le moulin du Pé :*** situé à 64 m d'altitude, sur une vraie petite montagne pour la région. Adossée au moulin qui a perdu son toit, une statue du Christ Roi veille sur le vignoble. Haute de 5,60 m, elle fut ajoutée en 1960 par le sculpteur régional Jean Fréour. On peut grimper jusqu'à une plate-forme à l'intérieur de la tour. Point de vue sur les marais et le vignoble (parfois jusqu'à Nantes). Table d'orientation.

# LA VALLÉE DE LA LOIRE

**La Loire est longtemps restée le principal axe de circulation des marchandises et des voyageurs dans l'ouest de la France. Au Moyen Âge, les seigneurs riverains percevaient des droits de péage sur chaque marchandise transportée par les gabares, ces bateaux à voiles carrées, disparus au XIXe s. Quelque 800 mariniers et pêcheurs travaillaient autour de Champtoceaux. Mais l'arrivée du train en 1851 fut fatale à leur activité maritime, remplacée un temps par l'extraction du sable entraînant une accélération du courant, une dégradation des rives et une menace pour les ponts. L'exploitation du sable fut complètement arrêtée en 1993. C'est aujourd'hui la culture maraîchère sur ce sol sablonneux qui a pris le relais. Mâches, radis, carottes mais surtout muguet avec ses 20 millions de brins cultivés chaque année entre La Chapelle-Basse-Mer et Saint-Julien-de-Concelles. Devenue également route touristique, la vallée de la Loire fait aujourd'hui le bonheur des randonneurs à vélo, et son chemin de halage sur la rive nord attire chaque année de plus en plus de familles pour une course tranquille contre le fleuve sauvage.**



## La Loire à Vélo

Entre Nantes et Oudon, sur la rive nord de la Loire, 34 km de pistes balisées sur le chemin de halage offrent aux adeptes de la petite reine une balade bucolique dans un paysage varié avec des vues imprenables sur le fleuve. On ne manquera pas de faire une pause aux étonnantes Folies Siffait, de déguster du vin au domaine des Génaudières au Cellier, de visiter le château médiéval d'Oudon et sa scénographie passionnante, et d'aller saluer la mémoire de Louis de Funès au Cellier. Une balade agréable à faire dans la journée au départ de Nantes, avec possibilité de retour en train, des stations de TER ponctuant le parcours.

### POISSON D'AMOUR !

*Au siècle dernier, lorsqu'un marinier voulait se marier, il déposait une alose, fraîchement pêchée, sur la table de cuisine de la jeune fille dont il était amoureux. Lorsqu'il revenait, si cette dernière avait cuisiné l'alose, les fiançailles, voire le mariage, pouvaient être célébrés. En revanche, si le poisson était resté en l'état sur la table, le marinier pouvait le récupérer et aller se faire cuire un œuf !*

## Balades en bateau

***À bord de* La Luce :** *☎ 02-40-83-60-00. • loire-en-scene.fr • Billetterie au château d'Oudon ou à l'office de tourisme du Pays d'Ancenis, résa vivement* *recommandée. Départs de Champtoceaux (de l'autre côté du fleuve). Avr-juin et sept-oct, w-e et j. fériés ; juil-août, tlj. Env 4 départs/j. (2 slt en oct). Durée : 1h15. Compter 10 € ; 5,50 € pour les 5-14 ans.* Balade passionnante faite par un guide-marinier à la découverte des richesses du fleuve. Commentaires érudits et pleins d'humour sur la faune et la flore, ponctués d'anecdotes croustillantes sur l'histoire du fleuve. Ne pas oublier son appareil photo ! Prêt de jumelles à bord.

***Les Balades du Pêcheur :*** *06-19-25-58-29. • lesbaladesdupecheur.com • De mi-mai à fin sept, au départ de Saint-Julien-de-Concelles, pour Ancenis ou Nantes. Sur résa slt. Compter 25 €/pers.* Claude Janin, pêcheur professionnel, propose des balades commentées au fil de la Loire, l'une sauvage en amont, l'autre urbaine en aval. Découverte à travers les yeux d'un pêcheur des richesses des bords de Loire, complétée d'une dégustation de produits du terroir.

***L'Erre Sauvage :*** *La Pierre Percée, 44450* ***La Chapelle-Basse-Mer.*** *06-72-16-10-51. • erre-sauvage.com • Sur résa slt et à partir de 6 pers. Compter 19 €/pers (jusqu'à 12 pers).* À bord de la reconstitution d'une toue cabanée, bateau traditionnel de Loire tout en bois. 2h de balade à la découverte de la faune et de la flore (prêt de jumelles). Formule « pêche » ou avec déjeuner également. Et possibilité de louer la toue (amarrée !) en chambres d'hôtes *(compter 115 € pour 2).*

## LA LEVÉE DE LA DIVATTE (RIVE SUD DE LA LOIRE)

*Carte Loire-Atlantique, C3*

**Nom d'une rivière qui se jette dans la Loire près de La Varenne, c'est aussi celui de la levée qui borde un bout de la Loire, de Nantes au Cellier. Après qu'une ordonnance royale de 1846 déclara la levée de la Divatte d'utilité publique, 9 ans de travaux furent nécessaires pour voir naître cet ouvrage long de 16 km et haut de 3 m. À la fin du XIXe s, la chaussée qui fut construite dessus devint route nationale. Mais en 1910, ce fut la catastrophe : la Loire, trop puissante, fit craquer cette « digue » sur des centaines de mètres. Malgré d'importantes inondations, les Nantais ne lui en tinrent pas trop rigueur, et revinrent aux beaux jours à la Divatte et à ses guinguettes. À l'image des bords de Marne à la même époque, on y venait le dimanche pour pêcher, jouer aux boules et aux palets, et, à coup sûr, s'envoyer un p'tit muscadet. L'endroit conserve sa notoriété, grâce aux bonnes tables qui s'y trouvent encore aujourd'hui. On y inventa d'ailleurs le beurre blanc.**



### Où camper ?

***Camping du Chêne :*** *1, route du Lac, 44450* ***Saint-Julien-de-Concelles.*** *☎ 02-40-54-12-00. • contact@campingduchene.fr • campingduchene.fr • À la sortie de Saint-Julien-de-Concelles, sur la route du Loroux-Bottereau. Avr-sept (tte l'année pour les loc). Tentes 12,50-14 € selon saison. Loc de bungalows 300-610 €/sem. 100 empl. Réduc de 10 % sur les emplacements hors juil-août sur présentation de ce guide.* Au bord de l'étang du Chêne, dans un joli espace arboré et calme. Piscine, jeux pour enfants, tennis, location d'embarcations à pédales et de barques pour taquiner la carpe, le brochet ou le sandre. Point d'informations touristiques et petit kiosque faisant snack au bord de l'étang. Tenu par un jeune couple aux petits soins pour ses hôtes. École de voile juste à côté (*OLAC, ☎ 02-40-33-37-03*).

## Où manger ?

**L'Auberge Nantaise :** *38, levée de la Divatte, 44450* ***Saint-Julien-de-Concelles.*** *☎ 02-40-54-10-73. • aubergenantaise@sfr.fr • Tlj sf dim soir et lun. Congés : 10-25 juil. Formule 17 € et menus 20 € (déj en sem)-27,50 €. Café offert sur présentation de ce guide.* Face au pont métallique reliant Saint-Julien à Thouaré-sur-Loire, une auberge de grande renommée depuis fort longtemps, bénéficiant d'une vue panoramique à l'étage. Le chef excelle, dès les premiers prix, dans une cuisine traditionnelle revisitée et créative. Filet de sandre au beurre blanc, ris de veau aux morilles, cuisses de grenouilles et anguilles de la Loire fraîchement pêchées... que du bon ! Certainement l'une des meilleures tables de la Levée.

**Restaurant Clémence :** *91, levée de la Divatte, « La Chebuette », 44450* ***Saint-Julien-de-Concelles.*** *☎ 02-40-36-03-18. • contact@restaurantclemence.fr • Tlj sf lun, plus mer soir et dim soir hors saison. Congés : 3 sem en août, 24-25 déc. Formules 15-16 € et menus 21 € déj en sem, puis 33-43 €. Café offert sur présentation de ce guide.* Une prestigieuse enseigne qui doit sa notoriété à Clémence Lefeuvre, créatrice du beurre blanc, cette sauce qui accompagne merveilleusement bien le poisson. Décor épuré, ambiance feutrée et élégante pour une cuisine traditionnelle avec une touche de modernité. Sandre au beurre blanc, bien sûr, mais aussi ravioles d'écrevisses, duo d'anguilles et de grenouilles... un régal !

**La Divate :** *28, levée de la Divatte, « Boire courant », 44450* ***Saint-Julien-de-Concelles.*** *☎ 02-40-54-19-66. Fermé mar-mer et dim soir, plus lun soir en basse saison. Congés : vac de fév et 3 sem en juil. Formule déj 15 € et menus 20,50 € en sem, puis 29,80-46,90 €.* Murs de pierre et décor rustique chaleureux suggérant l'intérieur d'une maison de pêcheur, ce très agréable resto en bord de Loire propose une cuisine de terroir inventive et plaisante, à base de produits régionaux. Le sandre rôti au beurre blanc mérite sa réputation.

**Villa Mon Rêve :** *2, levée de la Divatte, 44115* ***Basse-Goulaine.*** *☎ 02-40-03-55-50. • contact@villa-mon-reve.com • Sur la D 751, en contrebas de la route des bords de Loire. Fermé dim soir, lun et mar. Formule déj sem 21 € ; menus 35-42 €.* Une adresse connue de longue date dans la région. Sympathique terrasse fleurie en été et salle joyeusement rénovée au goût de l'époque. Le jeune et récent chef reste fidèle à cette belle cuisine de région et de tradition qui laisse de la place pour l'innovation. Très large (et judicieux) choix de muscadets.

## À voir. À faire dans le coin

**La chapelle Saint-Simon :** *à* ***La Chapelle-Basse-Mer.*** *Tlj 9h-19h.* Sur les bords de Loire. Édifiée au XVIe s mais restaurée au XVIIIe, elle doit son nom au saint patron des mariniers. Elle fut de nombreuses fois inondée, lorsque les crues de la Loire transformaient la vallée en un immense marécage, avant la construction de la levée de la Divatte.

**Espace de loisirs Les Rives de Loire :** *à la Pierre Percée, à 3 km de La Chapelle-Basse-Mer.* Autour d'un plan d'eau, une aire de jeux, de pique-nique (barbecue à disposition) et de pêche, avec plusieurs sentiers pédestres. Baignade interdite.

## OUDON [oudon] (44521) 3 042 hab. *Carte Loire-Atlantique, D3*

**Une ville remarquable dans cette belle vallée de la Loire. Perchée sur son rocher dominant le fleuve, l'impressionnante tour du château médiéval en constitue la pièce maîtresse... On ne peut manquer également les points de**

LA VALLÉE DE LA LOIRE

**vue sympas tout au long de la route qui borde la Loire, et les nombreuses possibilités de randonnées pédestres et cyclables. Agréable petit port de plaisance au pied du rocher. Possibilité de baignade au plan d'eau les après-midi de juillet et août. Sans oublier une grande table, à prix modestes, à suivre avec attention ! Un passage incontournable, donc.**

## Adresse utile

***Office de tourisme du Pays d'Ancenis :*** *11, rue du Pont-Levis. ☎ 02-40-83-80-04. • pays-ancenis-tourisme.fr • À l'entrée du château. Tlj avr-oct ; fermé w-e hors saison et déc-janv, hors accueil téléphonique.* Infos sur tout le Pays d'Ancenis et les bords de Loire. Location de barques et canoës sur la vallée du Hâvre d'avril à octobre. Fiches de randonnées, fiches boucles *La Loire à Vélo.*

## Où dormir ? Où manger à Oudon et dans les environs ?

### Prix moyens

***Chambres d'hôtes La Maison dans les Bois :*** *hameau Le Vaud, à 2 km du centre-ville en suivant le fléchage à partir de la cale proche de la gare. ☎ 02-51-14-13-82. 06-89-67-18-41. • rouquayrol.philippe@wanadoo.fr • lamaisondanslesbois.fr • Doubles 69-79 €.* Au cœur d'une pinède, belle maison d'architecte à la déco très contemporaine, proposant 2 chambres, dont une toute récente, un peu à l'écart (demander sur quelle base elle a été aménagée, c'est presque incroyable !). Plus que tranquille, très déco et d'un confort optimum : TV, lecteur DVD et sauna (payant). On apprécie particulièrement la petite terrasse avec chauffage-parasol, d'où l'on peut voir passer chevreuils et écureuils. Accueil des plus enthousiasmant.

***Villa Saint-Germain :*** *170, rue Alphonse-Fouschard, à Oudon. ☎ 02-51-14-10-04. • villastgermain@orange.fr • Au pied du petit pont, dans le centre-ville. Tlj sf dim soir, lun et mar. Congés : de mi-août à début sept. Résa indispensable. Formules déj en sem 16,50-20,50 € ; menus 29-34 €.* Formée par de grands chefs, la toute jeune Marie Le Calvez s'est installée à Oudon, avec son compagnon qui s'occupe de la salle ; et le bouche à oreille a suivi... On vient de Nantes pour découvrir sa surprenante cuisine ! En perpétuelle invention, influencée par ses maîtres autant que par ses voyages en Asie, ce petit bout de femme cuisine d'instinct et étonne à chaque plat. Le plaisir est immense, et sa maîtrise désarmante. On sort de ce lieu unique, à l'ambiance cosy et détendue, en se promettant d'y revenir au plus vite pour de nouvelles découvertes culinaires. Un véritable coup de cœur, vous l'aurez compris !

## À voir. À faire

***Le château médiéval :*** *11, rue du Pont-Levis. ☎ 02-40-83-60-00. • loire-en-scene.fr • Avr-sept et vac scol de la Toussaint, tlj 10h-12h30, 14h-18h30 (19h juil-août, 18h sept et Toussaint) ; oct, le w-e ; mars, dim slt. Fermé après les vac de la Toussaint jusqu'à fin fév. Visite libre, 1h30. Compter 7 € ; 4,50 € pour les 5-14 ans ; réduc. Pour les enfants, possibilité de participer au jeu « Oh La L.A. Quelle aventure ! ».*

Avec le château d'Ancenis, ce château du XIe s, reconstruit à la fin du XIVe s, assurait un verrou sur les marches de Bretagne. Du château en tant que tel, il ne subsiste qu'une tour maîtresse octogonale haute de 40 m et les remparts. Imposante et superbe, cette tour est un condensé des matériaux utilisés dans la région : schiste, tuffeau angevin pour les bandeaux horizontaux et les huisseries, encadrement des baies en granit. Elle sert de cadre à une scénographie passionnante organisée par *Loire en scène.* La visite commence par le récit sur grand écran d'un pêcheur qui retrace l'histoire de la région et de la batellerie. Aux étages, films courts, belles scénographies et jeux de lumières content les tragiques guerres de Vendée, et narrent le voyage et la vision artistique du peintre anglais William Turner sur la région. On pourra écouter au casque dans l'une des salles supérieures d'amusants contes, chansons folkloriques, poèmes et extraits littéraires. Enfin, au dernier niveau, on s'envole pour un superbe voyage virtuel en montgolfière au-dessus de la Loire. On ne manquera pas d'apprécier du sommet de la tour la vue à 360° sur le fleuve et le vignoble. Une visite ponctuée de commentaires érudits, à ne pas manquer.

**Croisière sur la Loire :** *à bord de* La Luce, *au départ de Champtoceaux (de l'autre côté du fleuve). Billetterie au château d'Oudon. Voir « Balades en bateau » au début du chapitre « La vallée de la Loire ». Un pass intéressant permet de combiner la visite du château et la croisière sur la Loire.*

➢ **Parcours de sculptures monumentales :** *à travers la ville.* Vingt-quatre sculptures, certaines étonnantes, issues du symposium de sculpture organisé tous les 2 ans : les artistes sont de toutes nationalités, une thématique différente à chaque fois, le sculpteur récompensé voit son œuvre exposée dans la ville (un plan de l'emplacement des sculptures est disponible à l'office de tourisme). Prochaine édition en 2015.

**Le menhir de La Pierre-Blanche :** *à 200 m du hameau du même nom, au nord-est d'Oudon.* Énorme bloc de quartz de 4,30 m de haut et 3,60 m de large. Il paraîtrait qu'il tourne sur lui-même une fois par an à minuit. Mais seuls les lutins connaissent la date...

➢ **Promenade dans la vallée du Hâvre et en bords de Loire :** la rivière encaissée du Hâvre serpente entre champs et bosquets, et se jette dans la Loire à Oudon. On peut suivre ses méandres en canoë et en barque *(loc à l'office de tourisme ; compter 18-27 € la ½ journée pour 3-6 pers).* La balade est aussi possible à pied en suivant la rivière.

➢ **Vol en montgolfière :** *☎ 02-40-96-26-26. • nantes-montgolfieres.fr • Pour un baptême, compter 200-230 € (- 10 % à partir de 4 pers).* Qui n'a jamais rêvé d'un vol de 1h en montgolfière au-dessus de la Loire ? Selon les vents, décollage d'Oudon, du Cellier ou d'Ancenis (et depuis de nombreux autres lieux dans les environs).

## DANS LES ENVIRONS D'OUDON

À **Champtoceaux** *(Maine-et-Loire),* de l'autre côté du pont d'Oudon, on peut encore admirer les deux arches du ***moulin Pendu.*** Plus loin, deux sentiers-découvertes autour des contes et légendes, et du Moyen Âge. Très beaux panoramas qui surplombent la Loire au Champalud, derrière l'église.

## D'OUDON À SAINTE-LUCE-SUR-LOIRE (RIVE NORD DE LA LOIRE)

**Avant un retour vers l'urbanisation nantaise, la rive nord de la Loire offre de jolis paysages escarpés où les vignes descendent en pente douce jusqu'au fleuve, bénéficiant d'un fort ensoleillement. Muscadet sur lie, gamay coteaux-d'ancenis, mais aussi malvoisie et « Belle Folie », particulièrement**

**gouleyants, sont produits ici. Le Cellier, Mauves-sur-Loire, de calmes villages ; Louis de Funès, qui vivait dans le coin, savait savourer ces paysages et ces vins... Une rive agréable à parcourir par son chemin de halage, car dénuée de routes.**

## Où dormir ? Où manger dans le coin ?

### Camping

⛺ ***Camping Belle Rivière :*** *route des Perrières, 44980* ***Sainte-Luce-sur-Loire.*** *☎ 02-40-25-85-81. • belleriviere@wanadoo.fr • camping-belleriviere.com • Depuis le centre de Nantes, Ⓣ Souillarderie, puis Chronobus (arrêt « Gicquelière » à 800 m du camping). ♿ Entre Sainte-Luce et Thouaré, à env 10 km au nord-est de Nantes par la sortie 24, puis fléché. Tte l'année. Tentes 13,40-14,65 € selon saison. Loue des mobile homes 220-560 €/sem selon taille et saison. 100 empl. Réduc de 5 % sur présentation de ce guide.* Emplacements calmes et bien ombragés pour les campeurs, mobile homes à l'écart. Son cadre et son confort justifient le détour. Pêche et promenades au bord de la Loire (à vélo, à pied, à cheval...). Jeux pour enfants, minigolf et barbecue collectif. Sanitaires nickel.

### De prix moyens à plus chic

🏠 ***Chambres d'hôtes L'Atelier dans la Verdure :*** *quartier La Verdure, route du Chêne-Vert, 44770* ***Thouaré-sur-Loire.*** *☎ 02-40-77-59-36. 📱 06-09-72-32-57. • corinne.reignier@orange.fr • pagesperso-orange.fr/reignier.laverdure • Du rond-point de la Belle-Étoile, prendre la D 723 direction Ancenis, puis 1re à droite et 2e à gauche. Compter 62 € pour 2 ; des familiales également.* Wi-Fi Dans un agréable jardin de 4 000 m² avec chênes centenaires, une maison contemporaine de charme, tenue par Corinne, artiste peintre. Chambres familiales avec accès indépendant et salon TV, décorées d'œuvres de la maîtresse de maison. Aux beaux jours, le petit déjeuner est servi sur la terrasse face au bassin à poissons rouges. Labellisé « Accueil vélo ».

🏠 ***Chambres d'hôtes Château de Bois-Briand :*** *10, rue du Bois-Briand, 44000* ***Nantes.*** *☎ 02-51-79-70-25. 📱 06-64-85-14-05. • mijodelalonde@gmail.com • delalonde.com • À 5 km à l'est du centre-ville de Nantes, sortie 42 du périphérique (Porte-de-Sainte-Luce), direction Sainte-Luce, à gauche après le magasin* Métro, *entrée du parc juste à droite. Congés : vac de Noël. Compter 120 € pour 2 (85 € à partir de la 2e nuit).* Wi-Fi La grille finement ouvragée du XVIIIe s donne le ton. On quitte un environnement pas folichon, façon zone industrielle des temps modernes, pour un voyage surréaliste dans le passé. Dans un château du XVe s, remanié au XVIIe, 2 vastes chambres, confortables, décorées et meublées avec goût, équipées de grands sanitaires. Le petit déjeuner est servi dans l'orangerie. Et si vous avez une âme musicienne, un piano à queue vous tend ses touches. Ni « Mi Jo » Delalonde ni son avenant époux ne vous en dissuaderont !

🍴 ***L'Envol :*** *85, rue des Mauves, 44470* ***Thouaré-sur-Loire.*** *☎ 02-40-68-07-21. Fermé dim-lun ainsi que le soir mar-mer. Formule déj 17,50 € ; menus 18,90-31,90 €.* Précisément le genre d'adresse où l'on ne s'arrête pas car on ne la voit pas. Stop ! Derrière cette façade anodine de routier se cache un super petit resto, très fréquenté au déjeuner par une clientèle d'affaires. Et pour cause ! On sert ici, à prix bien serrés, une cuisine traditionnelle fraîche et inventive, qui tourne au gré de la marée, du marché et de l'inspiration du chef. Service en salle (déco moderne) ou, mieux, en terrasse dans un petit jardin, à l'arrière, dès les beaux jours. Et là, c'est formidable !

## Où manger en chemin ?

**Le Clos du Cellier :** *1, pl. du Mémorial, 44850* ***Le Cellier.*** *☎ 02-40-25-38-45. Au cœur du bourg, en contrebas de l'église. ♿ Tlj sf dim soir et lun. Congés : 10 j. début janv. Formules déj en sem 15-22 € ; menus 15-43 €. Un verre de vin sélectionné par le sommelier offert sur présentation de ce guide.* On pénètre dans cet agréable resto à la déco contemporaine par la cave à vins pleine de merveilles venues d'un peu partout. Madame est aux fourneaux, monsieur en salle. Et dans l'assiette, une bonne cuisine de saison, à base de produits du terroir, avec une formule économique le midi, plus élaborée et d'inspiration gastronomique le soir. Une table qui réveille ce petit village assoupi, et c'est tant mieux !

## Où acheter du bon vin ?

**Domaine des Génaudières :** *44850* ***Le Cellier.*** *☎ 02-40-25-40-27. • domaine-genaudieres.fr • Fléché à partir de la D 723, entre Oudon et Mauves-sur-Loire. Lun-sam 9h-12h30, 14h-19h.* La jeune œnologue Anne Athimon veille sur ce domaine familial viticole datant de 1635 (l'un des plus anciens des bords de Loire), dont les vignes descendent en terrasses jusqu'au fleuve. Situées au nord de la Loire, elles bénéficient d'une exposition plein sud. Les sols silico-argileux font de son muscadet un vin très typé, sec, vif et agréable. Mais Anne propose également un gamay coteaux-d'ancenis gouleyant et très fruité, aux notes de framboise ainsi qu'un bon malvoisie. Rares sont les propriétés qui en produisent encore ; pourtant, c'est un véritable délice d'été !

**Domaine Landron Chartier :** *le Bas Ponceau, 44850* ***Ligné.*** *☎ 02-51-12-22-90. • landronchartier.fr •* Vins issus de l'agriculture biologique.

LA VALLÉE DE LA LOIRE

# À voir. À faire

**Les folies Siffait :** *à 2 km d'Oudon, 44850* ***Le Cellier.*** *En théorie, le site est fermé, mais on peut le longer par le bord de Loire. Un long programme de restauration et de consolidation a été lancé pour donner un coup de fouet et de jeunesse à ces étranges ruines.*

Construites par un employé des douanes, Maximilien Siffait, qui débarque au Cellier au début du XIXe s, les terrasses finissent d'être décorées et aménagées par son fils Albert-Oswald. C'est un mystérieux labyrinthe de terrasses et d'escaliers, avec des murs envahis par la nature, des fenêtres en trompe l'œil et un panorama exceptionnel sur la Loire. Les murs badigeonnés de bleu, les portes ouvertes sur rien, les escaliers ne menant nulle part, les arches de verdure ont été grignotées par le passage du chemin de fer auquel Albert-Oswald Siffait, alors maire du Cellier, s'était opposé.

Les raisons d'une telle construction demeurent inconnues et ont donné lieu aux interprétations les plus fantaisistes : folie édifiée en l'honneur d'une belle, vaste chantier pour occuper artisans et ouvriers locaux... Toujours est-il que les pavillons, les kiosques, les tourelles gothiques, les murs crénelés ont inspiré Stendhal et Turner, lequel en fit une série de gravures et de toiles. Au passage, en descendant le petit chemin, remarquer l'étrange chêne aux trois racines suspendues dans le vide.

**Le château de Clermont :** *sur la route de Vandel, au* ***Cellier.*** *À 8 km d'Oudon en longeant la Loire.* Cette grande bâtisse de brique rose, style Louis XIII, était la propriété de la famille Nau de Maupassant avant d'appartenir à Louis de Funès. L'acteur est d'ailleurs enterré au cimetière du Cellier. Son seul intérêt est sa terrasse donnant sur la Loire, puisque le château n'est pas visitable. De la roseraie du gendarme à l'agitation bien connue, il ne subsiste plus rien.

***Le musée de Louis :*** *orangerie du château de Clermont, 44850* ***Le Cellier.*** *☎ 02-51-85-36-26. • museedelouis.org • Au centre du bourg. Avr-oct, mer-dim 14h-17h30 (fermeture à 19h) ; en juil-août, mar-dim 10h-17h30 (fermeture à 19h). Entrée : 7 € ; réduc.* Modeste (il n'y a que deux pièces) musée associatif. À l'image, en fait, de la vie que menait ici Louis (de Funès, bien sûr). Une vie que l'on découvre au travers des lettres et autres cartes postales (sinon des chèques ou des tickets de cinéma) adressées aux habitants du Cellier, d'extraits de films Super 8 tournés au château de Clermont, d'affiches originales de films, de photos et autres anecdotes de tournage... On en apprend beaucoup sur ce comédien qu'on croyait connaître, pour l'avoir toujours ou presque vu sur les écrans. Le musée propose également deux itinéraires pour découvrir les endroits préférés de celui qu'on appelait ici « P'tit Louis ».

***La grotte des Faux-monnayeurs :*** *au-dessus de la voie ferrée et du chemin de halage, 44470* ***Mauves-sur-Loire.*** Au XVIe s, les frères Malestroit, propriétaires du château d'Oudon, y fabriquaient de fausses pièces d'or. Mais le meunier du moulin de l'Île, sur l'autre rive, à La Chapelle-Basse-Mer, fut attiré par une lueur venant de la grotte. Sur son témoignage, les deux frères furent arrêtés et décapités en 1526 à Nantes.

# LE PAYS D'ANCENIS

## ANCENIS [ankınız] (44150) 7 800 hab. *Carte Loire-Atlantique, D2*

**Les villes qui s'égrènent, tel un chapelet, sur les bords de Loire avaient une fonction de contrôle. Le château d'Ancenis le confirme. Les quelques demeures cossues encore présentes témoignent de l'importance passée de la ville. Le vin tient toujours un rôle prépondérant avec les coteaux qui entourent la cité, et les nombreux marchands encore actifs. Le muscadet n'est pas loin, les coteaux d'Anjou non plus, ça n'étonnera donc personne... En face, le département de Maine-et-Loire et Liré, ville de Joachim Du Bellay. Ce dernier trône sur la rive d'Ancenis, près du pont, le regard tourné vers son village.**

### Adresse et info utiles

***Office de tourisme du Pays d'Ancenis :*** *27, rue du Château. ☎ 02-40-83-07-44. • pays-ancenis-tourisme.fr • À deux pas de la Loire, à l'angle d'une petite rue et de la place qui borde le château. Tlj sf dim, plus lun de mi-sept à mi-juin.* Infos sur tout le Pays d'Ancenis et les bords de Loire, ainsi que sur les randonnées pédestres et cyclables à faire dans la région (parcours découverte de la ville, boucles *La Loire à Vélo*). Billetterie, boutique de produits locaux.

– ***Marchés :*** *jeu mat.* Imposant, l'un des plus importants de Loire-Atlantique. Petit marché sam mat à côté du château.

### Où dormir ? Où manger ?

#### Camping

***Camping de l'Île Mouchet :*** *impasse de l'Île-Mouchet,* ***La Charbonnière.*** *☎ 02-40-83-08-43. 📱 06-62-54-24-73. • camping-ile-mouchet@orange.fr • camping-estivance.com • De début avr à fin oct. Tentes 12,50-14,90 €. Loc de bungalows toilés, caravanes et mobile homes*

*265-580 €/sem. Caravanes 245-420 €/sem. 105 empl.* Bon accueil pour ce camping proche du centre-ville et de la Loire. Petite plage pour la bronzette à proximité, sur les bords du fleuve. Pêche également. Snack et animations en juillet-août. Loue des vélos et des tandems (l'itinéraire *La Loire à Vélo* passe à côté, comme le GR 3 pour des randos pédestres). Toboggan aquatique géant. Piscine.

## De bon marché à prix moyens

**Chambres d'hôtes Castel Magniola :** *100, impasse Barême. 06-87-23-75-89. • delphinemosset@gmail.com • sites.google.com/site/castelmagnolia • Au centre. Compter 68 € pour 2. Réduc de 10 % sur le prix de la chambre sur présentation de ce guide.* Quelle surprise que de découvrir, derrière ce vaste parking, un hôtel particulier du XIXe s, plutôt classe, entouré d'un petit jardin ! 3 chambres de belle taille, à la déco simplement de bon goût. Accueil plus que souriant et petit déj servi, quand le temps le permet, dans l'orangerie.

***Chambres d'hôtes Loire-Séjours :*** *196, rue du Général-Leclerc. ☎ 09-64-40-47-46. 06-75-22-30-89. • info@loire-sejours.fr • loire-sejours.fr • Au centre. Compter 70 € pour 2, petit déj compris (6,50 € en sus pour un* English breakfast *avec les œufs des poules de la maison !).* Dans une vieille maison de ville avec parquets, boiseries et cheminées, chez Aline et Andrew, sympathique couple franco-anglais qui a longtemps vécu à Londres. Les 4 chambres sont donc forcément un peu cosy ! Adorable petit jardin (à l'anglaise aussi) sur lequel ouvre une des chambres, en rez-de-chaussée.

***La Table du Pêcheur :*** *11, bd Léon-Séché. ☎ 02-40-83-11-36. Sur le quai face à la Loire, à 500 m du pont, à l'angle de la rue qui descend de l'église. Tte l'année, tlj midi et soir. Résa conseillée. Formules 15,50-35 €.* L'intérieur d'un bateau a inspiré la déco : bois verni, cuivre, filet, toile... et l'équipe de matelots au service virevolte avec efficacité et amabilité. En terrasse, ce n'est pas le vent du large qui chatouille les oreilles, mais plutôt la circulation, dommage. En tout cas, le rapport qualité-prix et le choix proposé font plaisir. Produits locaux : poisson de Loire, volaille d'Ancenis.

## De prix moyens à chic

**La Charbonnière :** *bd Joubert, La Charbonnière. ☎ 02-40-83-25-17. Un peu à l'écart du centre, sur les bords de Loire, vers le camping. Tlj sf lun, plus dim soir nov-mars. Formules 17 € déj en sem et 20,50 €. Menus 27,50-38 €.* Resto tranquillement posé sur les rives de la Loire, avec une terrasse (et une salle contemporaine largement vitrée) pour bien profiter du paysage. Belle cuisine d'ici et d'aujourd'hui.

**La Toile à Beurre :** *82, rue Saint-Pierre. ☎ 02-40-98-89-64. • latoileabeurre@wanadoo.fr • latoileabeurre.com • Juste à côté de l'église. Tlj sf dim soir, lun et mer soir. Formules déj 17,50-20,80 € en sem ; menus 29,90-37 €. Café offert sur présentation de ce guide.* Dans une superbe salle de tuffeau en voûte et au sol d'argile, les jeunes patrons pratiquent une cuisine de saison à base de produits frais, avec quelques spécialités nantaises ou de Loire bien travaillées. Belle carte de vins locaux.

## Où dormir dans les environs ?

***Camping de l'Île Batailleuse :*** *sur l'île en face du palais Briau, 44370* ***Varades.*** *☎ 02-40-96-70-20. • contact@campingilebatailleuse.fr • campingilebatailleuse.fr • Mai-sept. Compter 13,70 € pour 2. 2 tentes trecks (slt couchage) à 29 €/nuit pour 2 ou 180 €/sem. 100 empl.* Camping posé au milieu de l'île, ombragé. Buvette, épicerie. Possibilité de pêche et de location de vélos.

***Domaine des Forges :*** *étang de la Provostière, 44440* ***Riaillé.*** *☎ 02-40-97-88-38. • contact@*

LE PAYS D'ANCENIS

*domainedesforges.fr • domainedesforges.fr • ♿ À 21 km au nord d'Ancenis par la D 14. Double 45 €, familiale 65 € ; petit déj 6 €. Gîtes également.* Cette petite merveille est le seul vestige (avec une halle à charbon qui croule sous le poids des ans) des forges qui animaient l'ensemble de la région dans la 2de moitié du XVIe s. 10 gîtes tous bien conçus, car la maîtresse des lieux est une spécialiste de l'ameublement. 9 chambres aux teintes claires, jeunes et parfaitement rénovées. Entrée indépendante dans la tour par un superbe et vénérable escalier en bois dont on ne compte plus les années d'existence. Piscine couverte et chauffée.

## À voir. À faire

***Le château :*** *ne se visite pas (en restauration).* Il ne reste qu'un tiers du château du Xe s, dont la butte était sur une île. Il a été élevé par Aremberge, comtesse de Nantes vers 984, afin de défendre la porte de Bretagne. Il fut rasé et reconstruit sous Charles VIII. De l'hôtel de ville, une ruelle descend à l'entrée des anciens jardins, ombragés de cèdres, tilleuls, magnolias. Ils surplombent le quai, offrant une jolie vue sur la Loire. Un des côtés de ces jardins est bordé par la façade Renaissance du Grand Logis (1530), en mauvais état mais flanquée d'une tourelle sous laquelle apparaît très nettement la salamandre de François Ier.

***L'île Mouchet :*** ancienne île de Loire aménagée, avec parcours d'orientation et parcours de santé dans un cadre calme et reposant.

***La chapelle des Ursulines :*** classée aux Monuments historiques, c'est un lieu d'exposition d'art contemporain.

– ***Canoë-kayak :*** ***Plein Air Ancenien,*** *68, bd des Alliés. ☎ 02-40-83-21-45. Loc le w-e hors saison ; tlj pdt vac scol.* Découverte de la Loire en canoë-kayak. Plusieurs trajets proposés, de 2h à plusieurs jours.
– ***LA Kayak :*** *06-85-39-59-42.* Découverte de la Loire en canoë-kayak ou stand-up paddle. Balade ½ journée, journée, bivouac. Parcours possible vélo + kayak. Sorties guidées à thème « coucher de soleil », « castors et oiseaux de Loire ». Balades également sur la vallée de l'Erdre.
– ***Ligériens yachting :*** *06-07-73-28-86. • ligeriens-yachting.com •* Navigation sur la Loire à bord d'une péniche hollandaise à voile. Nombreuses escales, animations, parcours à la carte...

## DANS LES ENVIRONS D'ANCENIS

***Le palais Briau :*** *44370* ***Varades.*** *☎ 02-40-83-45-00. • palais-briau.com • À 13 km à l'est d'Ancenis. Visite guidée du palais avr-sept sam-dim (tlj sf mar en août) à 15h, 16h et 17h. Entrée du parc : 4 € ; parc et château : 9 € ; réduc.* Au cœur d'un joli parc à l'italienne au-dessus de la Loire, cette demeure particulière de François Briau, ingénieur qui fit fortune dans les chemins de fer sous Napoléon III, regorge d'innovations : réseau hydraulique (voir la salle de bains-chaufferie), orangerie de béton armé produisant de l'électricité (voir les cadrans au sous-sol), etc.

Le palais propose également quelques ***chambres d'hôtes,*** décor raffiné et mobilier d'époque *(120-148 € selon chambre ; • devouge@palais-briau.com •).*

– N'oubliez pas que vous êtes aux portes du département du Maine-et-Loire, situé juste en face, sur l'autre rive de la Loire. Le musée Joachim-Du-Bellay à Liré, Saint-Florent-le-Vieil, Champtoceaux... ne sont vraiment pas loin.

## Spectacles

– ***Couleurs Parasol :*** *au théâtre de verdure, face à la Loire, en juil-août, le mer.* Spectacles gratuits.

# LA VALLÉE DE L'ERDRE

**François Ier décrivait l'Erdre comme « la plus belle rivière de France ». Remonter son cours sur une quinzaine de kilomètres entre Nantes et Sucé-sur-Erdre est une balade très prisée des Nantais aux beaux jours. Elle s'effectue soit à pied, par d'adorables sentiers qui longent ses rives, soit sur l'eau, avec les péniches des *Bateaux Nantais,* en embarcation électrique ou en bateau sans permis.**
**Au départ de l'île de Versailles, passé les ponts de la Tourbière et de la Beaujoire, on quitte l'urbanisation de la première couronne nantaise pour un paysage aussi authentique que paisible. Le trajet offre de somptueux points de vue et permet d'apercevoir successivement les châteaux de l'Éraudière, de la Desnerie, de la Chantrerie, de la Poterie, de la Gascherie, de la Couronnerie, de Nay, de Port-Hubert et de Bel Air, construits entre le XVIIe et le XIXe s (ne se visitent pas). Quelques folies et manoirs cachés derrière un écrin de verdure rappellent la vogue des maisons de campagne, mais surtout la richesse des armateurs.**
**Après Sucé, le cours de l'Erdre s'élargit en lac de Mazerolles. C'est de là que Napoléon fit réaliser le canal de Nantes à Brest, qui offre également de belles promenades sur ses chemins de halage ou en bateau.**

### L'ÉGOÛT ET LES COULEURS

*Autrefois, l'eau de l'Erdre était chargée de quantité de déchets provenant des tanneries, des blanchisseries, des boucheries, auxquels s'ajoutaient les eaux ménagères et celles des fosses d'aisance. Durant un siècle, l'abattoir de Talensac déversa également directement dans l'Erdre ses déchets d'animaux... Et c'est dans cet immonde mélange que les lavandières des bateaux-lavoirs devaient laver plus blanc que blanc le linge de toute la ville de Nantes !*

## Balades sur l'eau

***Les Bateaux Nantais :*** *départ de la gare fluviale de* ***Nantes,*** *quai de la Motte-Rouge (à côté de la pl. Waldeck-Rousseau, après l'île de Versailles). ☎ 02-40-14-51-14. • bateaux-nantais.fr • Compter 12,50 € pour les croisières-promenades (mai-nov) et 51-89 € pour le déj ou le dîner-croisière (tte l'année) ; réduc et tarif famille. Départ des croisières-promenades juin-août tlj à 15h30 et 17h30, plus 10h30 dim ; mai et sept, tlj à 15h30 ; mars-avr et oct-nov, dim slt à 15h30. Trajet-promenade 1h30-1h45, déj et dîners-croisières 2h30. Parking payant.* Sorties depuis Nantes jusqu'à la Gascherie.

■ ***Location de bateaux sans permis :*** ***Bretagne Fluviale,*** *quai Cricklade, à* ***Sucé-sur-Erdre.*** *☎ 02-40-77-79-51. • bretagne-fluviale.com • Compter 90-100 € pour 2h, 200-260 €/j. (avec carburant) pour un bateau promenade de 8 ou 12 pers. Loc également de bateaux habitables pour 2-12 pers au w-e ou à la sem. Également avec* ***Le Boat,*** *quai Saint-Georges, à côté de l'office de tourisme, à* ***Nort-sur-Erdre.*** *☎ 02-40-72-25-92 et 04-68-94-42-80. • leboat.fr • Bateaux habitables 2-12 pers, à louer à la sem, mini-sem* *ou w-e. Fermé l'hiver.*

■ ***Bateaux électriques : Ruban Vert,** au départ de **Nantes,** île de Versailles. ☎ 02-51-81-04-24. De **Sucé-sur-Erdre,** 📱 06-08-42-48-29. • location-bateaux-electriques.com • Pour un A/R Nantes-Sucé, prévoir 4h (3h de Sucé à Nort-sur-Erdre). Compter 25-40 €/h, 70-105 € la ½ journée pour 4-10 pers.* Embarcations silencieuses et sans permis.

■ ***Location de canoës :** sur le port de **Sucé-sur-Erdre,** avec le **club de canoë-kayak.** 📱 06-15-67-18-62.*

■ ***Location avec capitaine :** bateau La Libellule. 📱 06-74-81-96-59. • contact@nantaisenavigation.fr •* À la journée ou la matinée ; capacité de 12 passagers.

## LES BORDS DE L'ERDRE

*Carte Loire-Atlantique, C3*

**Appréciables pour leurs sentiers pédestres, les bords de l'Erdre ne sont longés par aucune route. Pour atteindre Sucé-sur-Erdre, il faut passer par Carquefou sur la rive est, célèbre pour son technopôle, ou par la très calme ville de La Chapelle-sur-Erdre, à l'ouest. De part et d'autre de la rivière, quelques bases nautiques proposent des locations de canoës-kayaks.**

### Où dormir ? Où manger ?

***Chambres d'hôtes Résidence du Fournil :** 2, impasse de la Barre, 44470 **Carquefou.** ☎ 02-40-52-72-53. • residencedufournil@orange.fr • residencedufournil.fr • ♿ Au dernier rond-point de la D 37 en direction de Sucé, à droite. Doubles env 70-75 €.* 📶 À 2 km de Port-Jean, dans un tranquille quartier résidentiel où l'on se croit presque à la campagne, une maison en pierre avec un fournil attenant dans un jardin fleuri agrémenté d'un étang. 5 chambres fraîches, confortables, lumineuses, à la déco au goût du jour. Agréable salle commune avec salon TV, cuisine équipée et belle terrasse.

***Hôtel du Parc :** 92, route de la Garenne, 44700 **Orvault.** ☎ 02-40-63-04-79. • parc.hotel@wanadoo.fr • hotel-du-parc-nantes.com • ♿ Un brin à l'écart de la vallée de l'Erdre, il faut prendre le périphérique et sortir à la Porte-d'Orvault (sortie n° 36), puis suivre « Le Bourg » ; bien fléché. Congés : 2de quinzaine d'août et fêtes de Noël. Doubles 59 € (ven-sam)-74 € (en sem).* 💻 📶 Un bâtiment moderne avec des chambres fonctionnelles, lumineuses et bien tenues. Une adresse connue des commerciaux de passage, à proximité du centre de Nantes tout en ayant un pied à la campagne. Pratique dans son genre. À côté, le resto gastronomique ***L'Orée du Bois*** (propriétaire différent) jouit d'une excellente réputation.

***Hôtel de la Régate :** 155, route de Gachet, 44300 **Nantes.** ☎ 02-40-50-22-22. • hotelregate@hotels-emeraude.com • hotel-nantes-laregate.com • Quartier du Gachet, en bordure de l'Erdre, à 8 km du centre-ville. Doubles 79-170 € (promos sur Internet). Formule déj en sem 21 € ; menus 35-45 € ; carte env 40 €.* 💻 📶 Un hôtel atypique aux formes géométriques épurées, orienté vers l'écologie et le développement durable. Parfaitement intégré dans son environnement verdoyant avec sa toiture végétale et ses murs extérieurs en béton matricé de bambous, il offre beaucoup de confort. Les chambres sont spacieuses, décorées avec goût dans un style à la fois contemporain, zen et chaleureux. Petit déjeuner gargantuesque. Clientèle d'affaires principalement. À côté de l'hôtel, dans une folie du XVIIIe s, restaurant gastronomique tenu par les frères Péron, ***Le Manoir de la Régate.***

***Auberge du Vieux-Gachet :** Le*

*Vieux-Gachet, 44470* ***Carquefou.*** *☎ 02-40-25-10-92. • walter.lescot44@orange.fr • À 8 km au nord de Nantes par la D 37A. Au rond-point ovale à gauche, puis fléchage « Gachet ». Tlj sf dim soir et lun. Formule 21 € et menus 31 € déj en sem, puis 39-59 €.* Une bonne auberge de campagne, avec un cadre qui devrait être aujourd'hui complètement repensé. Beaux poissons et belles volailles élégamment servis. Amuse-bouches délicieux. Toute nouvelle véranda et très agréable terrasse donnant sur l'Erdre et le château de la Gascherie. Pour les plus courageux, promenade digestive sur le sentier qui longe l'Erdre jusqu'à Nantes (compter 2h).

## À voir. À faire

***La Maison de l'Erdre :*** *île de Versailles, 44000* ***Nantes.*** *☎ 02-40-41-59-54. • seve.nantes.fr • Ⓣ Saint-Mihiel (ligne 2). Lun, jeu-ven 13h30-18h15 ; mer, sam-dim et j. fériés 9h30-12h15, 14h15-18h15. Fermé mar. GRATUIT.* Située dans un pavillon japonisant du bucolique parc de l'île de Versailles, cette Maison propose une initiation aux différents écosystèmes de l'Erdre. On y évoque l'histoire mouvementée et les différentes modifications apportées à « la plus belle rivière de France ». Du petit cours d'eau des origines à la construction du barrage, en passant par le creusement du canal de Nantes à Brest qui rehaussa considérablement son niveau d'eau, on apprendra beaucoup à travers une scénographie attractive (planches, maquettes...). Belle évocation également de la batellerie et des bateaux-lavoirs, activités aujourd'hui disparues. De nombreux aquariums présentent les poissons rencontrés dans ses eaux (anguilles, brochets, tanches, perches, sandres...). Sympa et didactique.

### IL SUFFISAIT D'Y PENSER...

*C'est parce qu'il en avait assez de ne pas voir tous ses rendez-vous de la semaine d'un seul coup d'œil que le docteur Beltrami inventa pour son usage personnel un agenda permettant de visualiser une semaine entière sur une double page, en traçant des colonnes pour chaque jour de la semaine. Fort de l'enthousiasme de son entourage, il créa à Marseille en 1954 les éditions Quo Vadis (dont les usines sont aujourd'hui à Carquefou), et très vite, le succès suivit.*

***Le musée L'Erdre vivante :*** *site des Renaudières, La Fleuriaye, 44470* ***Carquefou.*** *☎ 02-28-22-24-45. • carquefou.fr/musee • Avr-oct, mer et w-e 14h-18h ; vac scol, mer-dim 14h-18h. Fermé 3 premières sem d'août et j. fériés. GRATUIT.* Installé dans un site historique rénové récemment. Expositions permanentes et temporaires présentant les différents aspects de l'Erdre à travers sept modules thématiques (voie navigable, activités humaines d'hier et d'aujourd'hui, déséquilibres écologiques dus aux multiples aménagements...). Espaces muséographiques avec scénographie ludique et ateliers pour enfants.

***Le FRAC*** *(Fonds régional d'art contemporain)* ***:*** *La Fleuriaye,* ***Carquefou.*** *☎ 02-28-01-50-00. • fracdespaysdelaloire.com • ♿ À 5 km au nord de Nantes par la D 37, jusqu'à Carquefou ; situé au milieu du technopôle. Tte l'année, mer-dim 14h-18h. GRATUIT. Visite commentée des expos dim à 16h.* Expositions temporaires d'art contemporain. Des œuvres parfois de très grande taille dans de spacieux locaux modernes. À côté, le ***Théâtre de la Fleuriaye*** propose chaque année une très belle programmation *(rens : ☎ 02-28-22-24-24).*

***Le jardin des Hespérides et la Ferme fruitière de la Hautière :*** *44240* ***La Chapelle-sur-Erdre.*** *☎ 02-40-72-03-83. • fermefruitierelahautiere.com • Au nord de Nantes, sortie « Porte-de-la-Chapelle » par le périphérique ; suivre « Chapelle centre », puis indiqué. Visite libre gratuite mai-15 oct tlj 9h-19h. Visite guidée* *du jardin pour groupes (10 pers min) sur rdv ; tlj sf lun. Compter 5,90 € ; réduc.* Créé par des passionnés, ce jardin botanique est un voyage au pays des fruits comestibles. Aménagé en huit sections thématiques (fruits de la région et du monde, fruits sauvages, du Néolithique, vaste jardin de fraises dont certaines variétés ont été créées à la ferme...), on y apprend leur histoire et leur culture. Mis en appétit, on ira faire un tour au magasin fort alléchant : confitures, compotes, jus, etc.

– ***Bases nautiques de Port-Jean et de Port-Breton :*** *à* **Carquefou. CKC** *à Port-Jean,* ☎ *02-40-52-66-74 ;* **SNO** *à Port-Breton,* ☎ *02-40-50-81-51. Accès par les bus nos 72 et 76 (arrêt « Gachet »), puis sentier pédestre. Juin-sept, loc de canoës et de kayaks à l'heure ou à la journée. Donnent également des cours de voile (adhésion au club nécessaire).*

## SUCÉ-SUR-ERDRE [sulieg]

(44240) 6 300 hab. *Carte Loire-Atlantique, C3*

**Les connaisseurs la surnomment « la perle de l'Erdre » ! À une dizaine de kilomètres de Nantes, une ville coquette et accueillante qui déploie volontiers ses terrasses face au port de plaisance, riche en activités nautiques. Outre flâner sur l'eau, les amoureux de la nature apprécieront le parc botanique et les nombreux chemins de randonnées pédestres et cyclables le long de l'Erdre. On peut même rejoindre le canal de Nantes à Brest en empruntant le circuit *Vélodyssée.* Les marais de Mazerolles, au nord de la ville, offrent sur 1 200 ha de riches balades ornithologiques avec près de 170 espèces d'oiseaux et une flore bien protégée. Au XVIIe s, le philosophe Descartes, qui possédait un manoir dans les environs, vint à de nombreuses reprises à Sucé, inspiré par les rivages enchanteurs de l'Erdre. Aristide Briand, autre grand personnage, y est né d'une famille de modestes journaliers agricoles.**

**Le dernier week-end d'août, l'Erdre se pare de ses anciens bateaux, qui pavoisent au rythme de prestigieux concerts.**

### Adresses utiles

ℹ ***Office de tourisme :*** *quai de Cricklade.* ☎ *02-40-77-70-66. • cceg.fr • Avr-sept, mer-ven 14h30-18h30 ; w-e 11h-12h30, 14h30-18h30. Oct-mars, mer-sam ap-m slt et dim.* 💻 Beaucoup d'infos sur les activités nautiques. Billetterie pour les *Bateaux Nantais,* Yeu Continent, Le Puy-du-Fou et Planète Sauvage. 38 fiches randos à télécharger gratuitement. Expos temporaires. Accueil efficace et sympathique.

■ Pour les ***locations de bateaux sans permis, bateaux électriques, balades en péniche*** ou en canoë-kayak, voir plus haut « Balades sur l'eau » au début du chapitre « La vallée de l'Erdre ».

### Où dormir ? Où manger ?

#### De bon marché à prix moyens

🏠 ***Gîtes ruraux Le Jardin de la Plage Verte :*** *2, chemin de la Dolette.* ☎ *02-40-77-96-25. • gitplage.verte@free.fr • gitplage.verte.free.fr • Dans une ruelle perpendiculaire à celle menant à la Plage verte. Compter 70 € pour 2.* Un jardin à l'anglaise à la flore variée avec un petit étang, des tas de coins isolés pour se poser et un perroquet fort accueillant. Patricia, artiste et passionnée de jardinage, qu'elle pratique avec des méthodes bien à elle, propose 2 gîtes avec accès indépendant, aussi bien pensés et étudiés que son superbe jardin. Un lieu surprenant et apaisant. Également un gîte récent à Nantes, au-dessus d'une galerie d'art.

**Le Quai 101 :** *101, quai de Bliesransbach. ☎ 02-40-77-94-36. Face au ponton principal du port, à gauche du pont. Tlj sf dim soir et lun. Formules en sem 11,80 € (midi) et 15,30 € (midi et soir) ; menus 20,50-36 €.* On a plaisir à déguster des sandres de la rivière en profitant d'une vue dégagée sur l'Erdre et son petit port. Quelques bons plats économiques le midi (dont une formule burger) et une cuisine plus élaborée le soir. Équipe jeune et accueillante.

## Plus chic

**Chambres d'hôtes Les Arbres Rouges :** *570, route de Carquefou. ☎ 02-51-81-15-00. • info@lesarbresrouges.com • lesarbresrouges.com • À l'entrée de Sucé en venant de Carquefou, à gauche au 1er rond-point. Compter 113-120 € pour 2. Dîner sur résa 39 € (boisson incluse).* Dans un parc verdoyant de 4 000 m², une maison d'hôtes exceptionnelle au confort sans pareil ! Jacques et Vincent, propriétaires esthètes, amoureux d'architecture, d'art contemporain et de mobilier design, proposent des chambres haut de gamme à la déco raffinée, dont une suite avec terrasse privative sans vis-à-vis. En prime, 2 superbes piscines, l'une chauffée à l'extérieur, l'autre balnéo à l'intérieur. Bar à la déco seventies chic, coin cheminée et une table d'hôtes où est concoctée avec finesse une cuisine traditionnelle de marché, au dressage digne d'un resto gastronomique. Une adresse pleine d'harmonie, de chaleur, et baignée de quiétude.

# À voir. À faire

**Le parc botanique Ganuchaud :** *en venant du port, prendre la 1re à droite derrière l'église.* Superbe sentier botanique sur cinq types de milieux naturels différents et variés, entre forêt, coteau et bords de l'Erdre. Plus de 55 espèces d'arbres et 170 de plantes et de fleurs. Promenade bucolique particulièrement agréable pendant la floraison, de mars à septembre.

**La tour Gaillard :** *à 100 m à gauche de l'église.* Cette tour est le dernier vestige d'un temple construit par les protestants (huguenots) sur le fief des Rohan. En 1592, quand éclate la première guerre de Religion, sous le règne de Charles IX, la révocation de l'édit de Nantes le fit fermer. Aujourd'hui, c'est une propriété privée (ne se visite pas).

**La « Maison de Blanche-Neige » :** *55, ruelle Tassin. Sur le chemin de la Plage verte, 1re à gauche après le rond-point. Ne se visite pas.* Une curiosité amusante que cette maison d'une personnalité haute en couleur de la ville. Il a transformé sa façade en une reproduction délirante de celle de Blanche-Neige avec petits moulins, système de poulies compliqué, grosse cloche, escaliers biscornus et des tas d'objets hétéroclites dans le jardin. Il ne manque que les nains ! On dit que l'intérieur est du même acabit.

– **Base nautique de la Plage verte de la Doussinière :** *à droite avt le pont de Sucé quand on vient de Carquefou. ☎ 02-40-77-73-00. • club-kayak-erdre.fr • Compter 6 €/h, 18 €/j.* Baignade interdite, mais sympathique étendue herbeuse pour pique-niquer. Également location sur le port tous les week-ends.

– **Club nautique de Nantes :** *la Pièce de l'Île. ☎ 02-40-77-76-80. • aspttvoilenantes@gmail.com •* Location de paddles, catamarans, goélette et lasers. Cours particuliers et stages lors des vacances scolaires.

# LE PAYS DE RETZ

**Encore un pays contrasté : ambiance bretonne au nord et vendéenne au sud. Avec ses bocages et ses forêts, le pays de Retz (prononcer « ré ») est souvent traversé mais peu visité. Il porte le nom d'un cardinal du XVIIe s et abrite des sites tels que les marais bretons au sud, la grande baie de Bourgneuf, la Côte de Jade (avec Pornic, ville pionnière dans les bains de mer), une terre de vignobles (le muscadet-côtes-de-grand-lieu) située autour de la réserve naturelle du lac de Grand-Lieu, et un doux pays intérieur aux paisibles villages, remontant jusqu'au canal de La Martinière et à la Loire.**

## SAINT-PHILBERT-DE-GRAND-LIEU ET LE LAC DE GRAND-LIEU

(44310) 7 500 hab. *Carte Loire-Atlantique, C4*

**« Capitale » du pays de Grand-Lieu, c'est à Saint-Philbert qu'on trouve un peu d'animation : restos, camping, office de tourisme et une superbe abbatiale. Tout près, on découvre le lac, mais son accès est plus que difficile (et à vrai dire non autorisé). Caché derrière des rangées d'arbres ou de roseaux, il ne peut se voir qu'à l'observatoire de Passay et à la Maison touristique de Passay, sur la commune de La Chevrolière, ou à Saint-Aignan, au lieu-dit Les Pierres-Aiguës. Autre solution, depuis le clocher de l'église de Saint-Lumine-de-Coutais (40 m). Pour cela, demander à la mairie ou au café *Le Cheval Mallet* la clé de l'église (2 €, et penser à prendre des jumelles). Attention, escalier pas évident. De là-haut, on embrasse l'étendue de ce lac qui, l'hiver, devient l'un des plus grands de France avec ses 6 300 ha (contre seulement 800 ha en été). Sa faune riche compte plus de 250 espèces d'oiseaux sédentaires ou migrateurs, et le lac serait la plus grande héronnière d'Europe. Sa topographie change sans cesse, selon les fluctuations de son niveau et la force des vents qui bousculent des îles flottantes (les *levis*) de saules et de roselières.**

### Adresses utiles

- ***Office de tourisme :*** *Le Prieuré, à côté de l'abbatiale. ☎ 02-40-78-73-88. • stphilbert.fr • Juil-août, tlj sf lun mat, 10h30-12h30, 14h-18h30 ; avr-juin et sept-oct, mar-sam jusqu'à 18h, plus dim ap-m ; nov-mars, mar-dim l'ap-m slt jusqu'à 17h. Fermé 1er mai, 1er nov et vac de Noël.* Bonne doc sur les randos pédestres et sur les sorties nature. Petite boutique de produits régionaux.
- ***Maison touristique de Passay :*** *16, rue Yves-Brisson, Passay, 44118* ***La Chevrolière.*** *☎ 02-40-31-36-46.* Plus de détails dans « À voir. À faire ».

### Où dormir ? Où manger à Saint-Philbert-de-Grand-Lieu ?

#### Camping

- ***Camping La Boulogne :*** *1, av. de Nantes. ☎ 02-40-78-88-79. 📱 06-22-12-30-25. • accueil@camping-la-boulogne.com • camping-la-boulogne.com • ♿ Avr-oct. Tente en hte saison 14,80 €. Loc de mobile homes*

LE PAYS DE RETZ

*4-6 pers 210-650 €/sem selon taille et saison. Caravane 290 €/sem. 180 empl. Réduc de 15 € sur les frais de dossier sur présentation de ce guide.* Emplacements bien ombragés dans la verdure, en bordure de la Boulogne. Au programme, pêche, canoë, balade et baignade. Animations et concerts le soir en été, ambiance calme le reste de la journée. Un bon camping.

## Prix moyens

**Chambres d'hôtes chez Joëlle et Bernard :** *2, rue de l'Abreuvoir. ☎ 02-40-78-70-32. • wiblehou@hotmail.fr • wiblehou.e-monsite.com • Au bout de la ruelle à gauche de l'abbaye. Congés : fêtes de fin d'année. Compter 59 € pour 2.* Au bord de la rivière, 3 chambres simples mais agréables et colorées, l'une dans la cour avec accès indépendant, les deux autres partageant une salle de bains, à l'étage. Accueil sympa et bon petit déj sur la terrasse au bord de la Boulogne.

**Hôtel-restaurant La Bosselle :** *8, rue du Port. ☎ 02-40-78-73-47. • info@restaurant-hotel-la-bosselle.fr • la-bosselle.fr • Résa vivement conseillée. Doubles 60-64 €. Formule déj en sem 13,90 € ; menus 19,80-35,80 €.* Un agréable resto, avec sa grande salle et sa terrasse-jardin à l'arrière où l'on déguste une cuisine de pays bien préparée. La bosselle ? C'est une nasse pour attraper les anguilles. Les spécialités ici sont logiquement fraîchement pêchées dans le lac : anguilles donc, sandre au beurre blanc... Le menu du déjeuner en semaine est d'un excellent rapport qualité-prix. Également des chambres fonctionnelles mais un brin bruyantes dans un bâtiment moderne annexe.

# Où dormir ? Où manger dans les environs ?

## Camping

**Camping rural Le Relais des Garennes :** *à* **La Bauche-Coiffée.** *☎ 02-40-04-78-73. • lerelaisdesgarennes@gmail.com • gites-de-france-44.fr/relais_garennes • Entre Saint-Philbert et Aigrefeuille, en passant par Geneston (camping indiqué dans le bourg de Montbert). Juin-sept. Tente en hte saison 9 €. CB refusées. 12 empl. Un produit du jardin, du poulailler ou du verger ou autre offert sur présentation de ce guide.* Pour les amoureux de nature : une chênaie très ombragée, la proximité d'un étang, du bourg (commerces) et de la piscine du village (800 m) accessible par un chemin de traverse... Camping simple et à taille humaine, convivial et calme. Bloc sanitaire nickel et salle commune sympa.

## De bon marché à prix moyens

**Chambres d'hôtes Le Chironet :** *1, rue des Marronniers, La Touche-Monnet, 44310* **La Limouzinière.** *☎ 02-40-05-52-83. 📱 06-22-05-81-38. • le-chironet.com • À l'entrée de La Limouzinière, sur la gauche en venant de Machecoul. Compter 67 € pour 2.* Noyée dans la végétation, une maison ancienne entièrement requinquée par les propriétaires eux-mêmes, avec chauffage géothermique. Dans une dépendance, ils ont aménagé 3 chambres pour 2 ou 3 personnes, de plain-pied, avec accès indépendant. Décoration champêtre, à l'image de leurs noms (« Tilleul », « Pivoine », « Noisette »), et chaleureuse, tout comme l'accueil de Ghislaine. Spacieux séjour cathédrale avec coin repas, TV. Également une bibliothèque et des jeux à la disposition des hôtes.

**Chambres d'hôtes La Mozardière :** *9, impasse de Richebonne, 44650* **Legé.** *📱 06-01-78-24-96. • christine@lamozardiere.com • lamozardiere.com • Legé est à 20 km au sud de Saint-Philbert. Du centre-ville, prendre direction Courcoué-sur-Logne, puis Legé. Mars-oct. Compter 64 € pour 2.* Quelques chambres tout simplement plaisantes dans une maison de maître vendéenne du XVIIIe s en pierre sèche, dans un parc ombragé. La chambre du rez-de-chaussée donne sur le jardin, et celle de l'étage peut se transformer en suite pour 7 personnes ! Coin cuisine en été, et vélos. Bon accueil.

**Crêperie Pub Ty Maya :** *9 bis, rue Gilles-de-Retz, La Bénate, 44650* ***Corcoué-sur-Logne.*** *☎ 02-40-05-54-67. Au centre du bourg, en retrait de la rue principale. Tlj sf lun, plus mar hors saison. Congés : 1 sem en janv et de mi-sept à mi-oct. Carte env 14 €. Café offert sur présentation de ce guide.* Courageusement, avec sa femme et sa fille, Yannick Bertin a redonné vie à l'ancienne forge du village, dans ce petit coin perdu du département qui se mourait. Plusieurs espaces conviviaux communiquant entre eux. Parmi eux, les salles à manger-crêperie, et uniquement crêperie pour se consacrer à la qualité et à l'authenticité des produits. Également un pub, des jeux et un coin lecture. Ou encore le patio avec scène pour les soirées à thème (mars-juin), en général sur les voyages, où chacun peut venir raconter son expérience. Un endroit insolite à l'esprit très routard. À ne pas manquer.

## Plus chic

***Chambres d'hôtes Château du Bois de la Noé :*** *8, allée de la Roseraie, 44830* ***Bouaye.*** *☎ 02-51-11-10-94. • contact@chateau-boisdelanoe.com • chateau-boisdelanoe.com • À 15 mn au sud-ouest de Nantes, direction Noirmoutier/Pornic par la D 751 ; à gauche au feu au lieu-dit La Désirée (2 km avt Braye), puis 200 m plus loin à droite. Fermé fêtes de fin d'année. Compter 100-110 € pour 2 selon saison ; 1 familiale également. Réduc de 10 % sur présentation de ce guide.* Petit bijou du XVIe s, une somptueuse folie nantaise entièrement retapée et ayant vu passer Aristide Briand. Monsieur répare, madame décore, et tous les deux adorent chiner. Cela donne 5 chambres luxueuses et un gîte dans les dépendances, tous différents. Dans le parc de 2 ha, des essences rares, un terrain de tennis, un étang... Bon allez, suffit les éloges, il est temps d'aller garer la calèche et de piquer une tête dans la piscine.

# À voir. À faire

***Le lac :*** il se divise en trois parties. La réserve naturelle au centre ; puis une surface appartenant à la Fondation pour la protection des habitats de la faune sauvage ; enfin, une partie appartenant à des particuliers. Jusqu'en 1980, le lac était propriété de la famille Guerlain (les parfumeurs !) ; il s'y organisait de grandes chasses. Depuis, il s'est transformé en réserve naturelle. Un grand débat règne autour du lac entre écologistes, pêcheurs et agriculteurs. Il faut faire aussi avec la loi sur l'eau et la directive européenne. Car le lac est menacé, avec une profondeur désormais inférieure à 2 m en été. Si rien n'est fait, il risque de disparaître d'ici peu. Parmi les solutions possibles, il suffirait de remonter le niveau de l'eau et de ne pas évacuer celle stockée dans la Loire. Mais les agriculteurs perdraient alors leurs récoltes de foin... De l'autre côté, le problème des apports polluants utilisés par les agriculteurs ne doit pas non plus être négligé... Pas facile !

### CHASSE GARDÉE

*Parfois, autour du lac de Grand-Lieu, on voit encore sécher les plates, ces embarcations à fond plat que l'on enduit de goudron ou de coaltar. Mais ici, n'est pas pêcheur qui veut. Le candidat doit habiter une commune du lac et être fils ou petit-fils de pêcheur du coin. Résultat : aujourd'hui, moins d'une dizaine de personnes pêchent dans ce grand mouchoir de poche pour dénicher la spécialité du coin, l'anguille.*

***La Maison du Lac :*** *20, rue de l'Acheneau, à* ***Bouaye.*** *☎ 02-28-25-19-07. • maisondulacdegrandlieu.com • Ouvert depuis l'automne 2014. Entrée : 6 € ; réduc.* Un centre d'éducation à l'environnement géré par le conseil général, doté d'une jolie passerelle flambant neuve. Centre d'accueil avec salle d'expo, chemin écologique, jardin pédagogique, pavillon d'observation... Vous saurez tout sur le lac !

**La Maison touristique de Passay :** *16, rue Yves-Brisson, Passay, 44118 La Chevrolière. ☎ 02-40-31-36-46. • mtpassay@mairie-lachevrolliere.fr • ♿ De mi-juin à mi-sept, mar-dim 10h30-13h, 15h-18h30 ; d'avr à mi-juin et de mi-sept à fin oct, dim slt 10h30-12h, 14h-17h30 ; nov-mars, dim slt 14h-17h30 ; vac scol Pâques et Toussaint, jeu-dim 14h-17h30. Entrée : 4 € ; réduc ; gratuit moins de 6 ans. De fin mai à mi-sept, visites ornithologiques accompagnées sur résa le w-e ; compter 3 € ; réduc ; gratuit moins de 6 ans.* Dans une maison du seul village de pêcheurs autour du lac, cet espace évoque plusieurs thèmes : la vie des pêcheurs à travers le temps, le matériel utilisé pour la pêche, la faune et la flore, la description du lac. Viviers et aquariums avec des poissons du lac. À l'étage, un observatoire, avec jumelles, à 11 m de hauteur, pour contempler les oiseaux (mais la vue est un peu lointaine). Le jardin de la Maison du pêcheur fait l'objet d'une mise en valeur. Sur le bord de la route qui mène au lac est noté le niveau des crues les plus importantes (1936 et 1988).

**Le site de l'abbatiale – Déas :** *entrée par l'office de tourisme (mêmes horaires). Tarif : 3,50 € ; réduc ; gratuit moins de 6 ans. Comprend la visite de l'abbatiale, du jardin médiéval et des expositions temporaires. Agréable visite commentée en juil-août tlj sf lun, à 15h et 16h (également visites ludiques et thématiques à 17h selon le j. et nocturne mar à 21h) ; compter 45 mn. Pour les enfants, demander le livret de jeux « Oh La L.A. Quelle aventure ! ». Des concerts y sont aussi organisés.*

Une belle bâtisse de facture carolingienne (datée de 815), où ombres et lumières jouent à cache-cache entre les voûtes de brique et de pierre. Cette église fut construite au IX^e s pour abriter les reliques de saint Philbert, fondateur des monastères de Jumièges et Noirmoutier. De nombreuses guérisons miraculeuses autour de son sarcophage provoquent un afflux massif de pèlerins, qui en font une étape sur la route de Compostelle. En 847, les Normands dévastent le monastère. Les moines décident de transporter les reliques du saint à Tournus, en Bourgogne. Les protestants mettent à sac l'église lors des guerres de Religion, puis des prêtres séculiers succèdent aux moines. Lors des guerres de Vendée, le dernier prêtre de l'église est assassiné par Carrier. L'église n'est pas trop saccagée par la révolte chouanne, mais elle est transformée en entrepôt à fourrage. Elle retrouve ensuite son rôle initial jusqu'à la construction voisine de l'église néogothique en 1870. L'ancienne abbatiale est alors convertie en marché aux poulets. En 1896, alors que l'on redécouvre le sarcophage de saint Philbert, l'église est classée Monument historique. Quand même !

Aujourd'hui, l'ensemble est bien entretenu et vraiment agréable, et peut-être ferez-vous le traditionnel vœu, en passant sous le sarcophage du saint...

– *La nef carolingienne :* architecture de transition entre l'Antiquité et l'art roman. Certains éléments romains ont été utilisés dans les arcs. Lourds piliers et arcs en damier. Déjà apparaît l'évolution vers le type d'abbaye bénédictine en forme de croix.

– *La crypte de Saint-Philbert :* on peut y voir le sarcophage mérovingien en marbre du saint. Le reste des reliques se trouve à Tournus.

– *La chapelle de Sainte-Anne :* dédiée à la patronne des pêcheurs, derrière la crypte. Remarquez l'ex-voto du X^e s.

– *Les jardins de l'abbaye :* un jardin médiéval a été reconstitué, inspiré de Saint-Gall. On note que, contrairement aux jardins monastiques, on ne trouve pas de potager. En revanche, on observe un herbarium de plantes médicinales (le jardin des simples), un verger et le jardin du cloître. Un lieu fort paisible.

**L'église Saint-Philbert :** l'autre église du village ! Observer la vingtaine de vitraux datés de 1936, réalisés par les ateliers Gruber, encore actifs et spécialistes des vitraux du Moyen Âge. Ils ont également réalisé ceux de l'abbatiale. Belles orgues.

– *Le parc de la Boulogne : sur l'île, face au camping.* Les jours chauds d'été, cette base, avec son plan d'eau aménagé et ses baignades surveillées, permet de se rafraîchir tout en s'amusant. Optimist ou swin-golf, les activités sont multiples.

## Fêtes et manifestation

– *Fête des Anguilles : fin avr, à Passay, 44118* ***La Chevrolière.*** Rare occasion pour circuler sur le lac en bateau.
– *Les Estivales : le sam soir en juil-août, dans le jardin de l'abbatiale.* Concerts de musique variés.
– *Fête des Pêcheurs : le 15 août, à Passay, 44118* ***La Chevrolière.*** Une autre occasion de promenades en barque sur le lac. Démonstration de pêche, vente de poissons à la criée.

## DANS LES ENVIRONS DE SAINT-PHILBERT-DE-GRAND-LIEU

***Planète Sauvage :*** *44710* ***Port-Saint-Père.*** *☎ 02-40-04-82-82. • planetesauvage.com • À 18 km au nord-ouest de Saint-Philbert, de l'autre côté du lac. Sinon, bien indiqué depuis Nantes par la route de Pornic. Ouv mars-nov : avr-sept, tlj ; les autres mois mer, w-e et j. fériés, ainsi que les vac scol de la zone A ; horaires selon saison ; fermeture des caisses 2h plus tôt. Compter 26 € (réduc à certaines dates en réservant sur leur site) ; enfant 21 € ; gratuit moins de 3 ans. Préférer le mat à l'ouverture pour mieux découvrir les animaux et éviter la foule, ou à partir de 12h. L'accès se fait slt en voiture, ou en raid 4x4 (hors pistes et commentaires du guide animalier, avec supplément).*
Un grand circuit de 10 km en sens unique (compter au moins 1h30) sur 80 ha, où évoluent plus de 1 000 animaux et 250 espèces « en liberté », provenant essentiellement d'Afrique. Une sortie à faire en famille, mais préparer son porte-monnaie. Les animaux, pas vraiment farouches, s'approchent volontiers des véhicules. Rigolo avec les chèvres naines mais nettement plus impressionnant avec un lion (on en compte 12) ou un éléphant ! Parc aquatique avec animations, cité marine avec des grands dauphins, arche des reptiles, forêt des singes et parcours jungle (250 m de pont en liane), chemin de brousse avec village de Kirikou et île de Madagascar viennent compléter l'ensemble.
On peut même y passer la nuit dans un bivouac ou un camp mongol *(sur résa au ☎ 02-40-04-89-88 ou sur le site web).*

***La route de Charette :*** *visites commentées en saison ; rens à l'office de tourisme de Legé. ☎ 02-40-26-30-49.* La route relie les principaux lieux marqués par la présence du chevalier François-Athanase de Charette de La Contrie, dit Charette, ancien officier de marine qui participa à la guerre d'Indépendance américaine et chef vendéen. Assez bien signalée, elle permet de voir, entre autres, à Legé, la chapelle construite à sa mémoire, et à quelques kilomètres de là, par la D 753, au lieu-dit La Garrelière, le ***château Bois-Chevalier*** (visite possible), où Charette avait coutume de se réfugier. Belle architecture du XVIIe s, en pleine campagne.

***La route touristique du vignoble :*** le pays de Retz est le pays du muscadet-côtes-de-grand-lieu, du grolleau et du gros-plant. On peut suivre un circuit qui mène à de nombreux caveaux de dégustation *(• enpaysdelaloire.com •).*

# MACHECOUL [machikoul]

(44270) 6 080 hab. *Carte Loire-Atlantique, B4*

**Certains ne prononcent pas le « l » final. Machecoul est une petite ville célèbre pour son château ayant appartenu à Gilles de Rais, personnage qui**

**aurait inspiré Charles Perrault pour son *Barbe-Bleue.* Autre célébrité dans le département : Pascal Beillevaire, affineur de plus de 400 spécialités fromagères et fabricant du machecoulais (l'entreprise se visite). Les alentours de Machecoul ont, quant à eux, des airs de Vendée avec les maisons basses, les belles promenades à proximité et les nombreux maraîchers produisant de la mâche ainsi que le muguet du 1er mai.**

## Adresse et info utiles

***Office de tourisme :*** *14, pl. des Halles. ☎ 02-40-31-42-87. • tourisme-regiondemachecoul.fr • Juil-août, mar-sam, plus dim mat ; sept-juin, mar-sam.* Organise en été des visites thématiques de la ville et du marais breton à pied, à vélo ou en calèche. Fait également location de vélos. Billetterie pour les spectacles importants de la région et parcs animaliers avec tarifs réduits.

– ***Marchés :*** *mer mat dans tte la ville et sam mat sous les belles et grandes halles.*

## Où dormir ? Où manger ?

### Camping

***Camping municipal La Rabine :*** *allée de la Rabine. ☎ 02-40-02-30-48. 06-09-49-22-88. • camprabine@wanadoo.fr • camping-la-rabine.com • Avr-sept. Tente en hte saison 9,30 €. Loc de mobile homes et d'une roulotte 319-504 €/sem. 131 empl.* Au bord de la rivière du Falleron, à 500 m du centre-ville et à côté d'un complexe sportif, avec tennis, piscine...

### De bon marché à prix moyens

***Chambres d'hôtes La Gerbe de Blé (Firmin et Rosalie) :*** *4, rue de la Forêt. ☎ 02-40-78-53-18. • andreneuvendel@wanadoo.fr • firminetrosalie.fr • Congés : déc. Compter 55 € pour 2 ; 80 € pour 4.* Un appartement et un studio confortables, dans une maison dotée d'un jardin fleuri et d'une piscine. Équipement bébé et jeux à disposition.

***La Bicyclette d'Argent :*** *6, pl. du Port. ☎ 02-40-78-50-48. En sem 7h-16h30 ; le w-e sur résa slt. Congés : 2 sem en août et 10 j. à Noël. Résa conseillée. Formule déj en sem env 10 € ; menus env 15-30 €.* Cadre simple pour ce resto qui sert une cuisine sans prétention. De belles salades, du jambon fumé de pays, du sandre au beurre blanc, etc. La petite adresse pratique et économique.

LE PAYS DE RETZ

## À voir

***Le château :*** *☎ 02-40-78-50-42. De juil à mi-sept, slt mer à 16h. Visite commentée par les propriétaires : 6 € ; réduc.* Ancienne capitale du pays de Retz, Machecoul a conservé les ruines de son château, construit sur les bords du Falleron au XIIIe s. Il devint ensuite la propriété de la famille Montmorency-Laval au XVe s. L'un de ses membres les plus célèbres, Gilles de Rais, en fut propriétaire avant d'être jugé et exécuté à Nantes. Puis le château connut des heures funestes : un incendie le ravagea en 1782, et on récupéra ses pierres pendant la Révolution. Aujourd'hui, c'est toujours une propriété privée. Des spectacles ont lieu sur le site en juillet (voir ci-après « Fête et manifestations »).

## Fête et manifestations

*Pour tous ces spectacles médiévaux payants, réservation obligatoire auprès de l'office de tourisme.*

– ***Dîner-spectacle médiéval :*** *pdt le w-e de l'Ascension.* Sous les grandes halles, avec les acteurs du parcours théâtral de juillet. Festin médiéval.

– ***Fête des Fous :*** *2 j. slt, début juil, les années impaires (la prochaine en 2015).* Soirée de danses médiévales sur le site du château, concert, animations (loups, ours et aigles) et défilé de « fous costumés » en centre-ville.
– ***Spectacle nocturne « Gilles de Rais et le Faiseur d'Or » :*** *6 j. fin juil. • raiscreations.com •* Spectacle-repas médiéval itinérant et interactif, avec énigme à la clé.

## DANS LES ENVIRONS DE MACHECOUL

***Le marais breton :*** *prendre la direction de Bouin ; tourner à droite direction Port-la-Roche,* ***Saint-Cyr-en-Retz.*** L'idéal est de découvrir ce lieu très « nature » à pied, à vélo ou en attelage (visites proposées par l'office de tourisme de Machecoul et sentier d'interprétation). Belle balade au milieu des marais. À Saint-Cyr-en-Retz, s'arrêter à La Noë-Briord. Table d'orientation qui domine le marais et permet de mieux visualiser le site.

– ***Location de canoës :*** *aire de loisirs de* ***Saint-Même-le-Tenu*** *(44270). 06-85-59-93-44. À env 5 km. Juin et sept, w-e 13h-18h ; juil-août, lun-sam 13h-19h, dim 10h-19h.* Pour louer à l'heure ou à la demi-journée une barque, un kayak ou un canoë et aller à la découverte de la rivière du Tenu. Sur la rivière le Falleron, dans les marais de Machecoul, location avec les ***Canoës machecoulais :*** *07-81-45-77-16 ou 07-87-36-79-43. Rdv au camping* La Rabine. *À partir de 8 €.*

# BOURGNEUF-EN-RETZ [BOURC'HNEVEZ-RAEZ]

(44580) 2 969 hab. *Carte Loire-Atlantique, B4*

**Bourgneuf fut pendant longtemps l'un des plus grands exportateurs de sel d'Europe. Des bateaux venaient de la Hanse teutonique chargés de pierres de lest (elles ont servi à paver les rues de la ville) et repartaient chargés de sel, tissus, eaux-de-vie, harengs... Quelques belles maisons d'armateurs rappellent ce passé prospère. Avec l'envasement de la baie, Bourgneuf vit le début de son déclin. Aujourd'hui, on savoure sa jolie côte et son impressionnante baie, où ostréiculteurs et paludiers ont élu domicile. Ces derniers organisent même des visites et commercialisent le sel récolté dans leurs salines.**

## Arriver – Quitter

➢ ***En train :*** *SNCF, ☎ 36-35 (0,34 € TTC/mn).* Bourgneuf se situe sur la ligne qui rejoint Nantes (à 45 mn) à Pornic (15 mn).
➢ ***En bus :*** ligne Nantes (gare côté Nord) à Noirmoutier.

## Adresse utile

***Office de tourisme de la région de Machecoul, antenne de Bourgneuf :*** *La Salorge, route de Bouin. ☎ 02-40-31-88-88. • otregionmachecoul@tourisme44.fr • À l'entrée de la ville par la D 758, près du rond-point. Juil-août, tlj sf dim ap-m et lun mat ; le reste de l'année, horaires restreints.* Billetterie pour les grands sites et événements de la région. Vente de fiches randos et topoguides.

## Où dormir ? Où manger ?

**Auberge Rétro :** *6, rue du Château-Gaillard. ☎ 02-40-21-93-22. • vbarbier49@aol.com • hotel-restaurant-leretro.com • Fermé dim soir et lun-mar. Double 47 €. Menus 15 € à midi, puis 25,50-35,50 €.* Sympathique petite adresse familiale. Une poignée de chambres toute simples mais bien tenues. Et au resto, pour ne pas faire mentir l'enseigne, une cuisine dans la grande tradition (foie gras maison, tête de veau...) à base de produits frais.

**La Bourrine :** *route de Pornic, chemin de la Culée. ☎ 02-40-21-40-69. Tlj sf le soir mer, dim et j. fériés en basse saison. Formule 15 € déj en sem, menus 23-47 €.* Ici on se fait plaisir avec une cuisine qui privilégie les poissons, anguilles, cuisses de grenouilles, brochettes de Saint-Jacques...

# À voir à Bourgneuf-en-Retz et dans les environs

**Le musée du Pays de Retz :** *6, rue des Moines. ☎ 02-40-21-40-83. • museepaysderetz.com • Juil-août, tlj 10h30-13h, 15h-19h ; avr-juin et sept-oct, tlj sf lun, 14h30-18h30. Compter 1h30 de visite. Entrée : 5 € ; réduc ; gratuit moins de 6 ans.* Ce musée évoque le passé du pays de Retz : 25 salles présentent les métiers de la terre, de la mer et du sel. Des scènes de la vie quotidienne sont reconstituées (bourrine, auberge, cordonnerie, forge, sabotier...) et particulièrement réussies. Vitrine des costumes et coiffes traditionnels. Collection minéralogique et archéologique.

**Visites du marais salant :** ***Daniel Robard,*** *☎ 02-40-64-20-05. 06-68-15-12-40. • sel-de-bourgneuf.eu • Visite commentée mai-oct tlj à 10h30 (sur rdv) ; également des visites nocturnes « Le sel a rendez-vous avec la lune » les soirs de pleine lune en juil-août, sur résa slt.*

# LES MOUTIERS-EN-RETZ

(44760) 1 310 hab. *Carte Loire-Atlantique, B4*

**Une agréable bourgade donnant sur la baie de Bourgneuf, paisible, avec ses pêcheurs, sur la route des huîtres, et idéale pour une étape de détente ou de promenade. Tel est ce bourg qui a su charmer des peintres comme Robert Louis Antral, Marie Laurencin, et qui inspira les poètes Marc Elder, René-Guy Cadou ou encore Paul Fort. À noter que près de Prigny (commune de Pornic), au château des Brefs, ex-propriété des Gallimard, Albert Camus vint écrire *La Peste*.**



## Adresse utile

**Office de tourisme :** *14, pl. de l'Église. ☎ 02-40-82-74-00. • mairie-lesmoutiersenretz.fr • Juil-août, tlj ; fermé dim-lun le reste de l'année.* Infos sur les hébergements, manifestations, sorties nature et visites guidées dans les marais ou la dune du Collet.

## Où dormir ? Où manger ?

**Domaine du Collet :** *route Verte. ☎ 02-40-21-40-92. • domaineducollet@orange.fr • domaine-du-collet.com • De*

*Nantes, direction Noirmoutier ; indiqué au rond-point de Bourgneuf. Avr-oct. Compter 35 € en hte saison. Mobile homes et roulottes pour 4 pers 250-700 €/sem selon taille et saison. 270 empl. Réduc de 10 % sur le prix de l'emplacement en avr et sept sur présentation de ce guide.* Le bon et grand camping, super équipé. Protégé du vent et à deux pas de la baie. Piscine chauffée et couverte. Nombreuses animations et soirées dansantes en été.

|●| ***La Bonne Auberge :*** *5, av. de la Mer. ☎ 02-40-82-75-43. • bailly-thibault@orange.fr • labonneauberge.eu • Tlj en juil-août ; tlj sf jeu soir, dim soir et lun hors saison. Formule déj 20 € et menu 13 € en sem ; autres menus 31,50-45 €. Café offert sur présentation de ce guide.* Cela fait bien un siècle que cette *Bonne Auberge* tient les promesses de son nom. Avec, aujourd'hui, une cuisine de tradition qui respire juste ce qu'il faut de l'air du temps, des petites salles un peu cossues, une tranquille terrasse à l'abri des regards. Accueil et service irréprochables.

## À voir. À faire

***La chapelle de Prigny :*** *à 1 km du bourg, direction Arhon-en-Retz. Mer 14h-18h en juil-août.* Belle chapelle du XIe s, cachée dans les pins et entourée de murs en pierre, située sur l'ancien chemin des pèlerins de Saint-Jacques-de-Compostelle (voir la coquille sculptée sur la façade). Bien observer le pied de la statue de saint Guénolé, les jeunes filles y plantaient des épingles pour trouver l'âme sœur. Contreforts de la chapelle non perpendiculaires au mur, preuve de son style roman primitif. À l'intérieur, trois retables Renaissance, une Vierge normande du XIIIe s et une ancre viking du IXe s.

***La lanterne des morts :*** *en plein centre des Moutiers-en-Retz, à côté de l'église Saint-Pierre.* Étonnant et rare monument datant du XIIe s, de 7 m de haut. C'est probablement la dernière en France encore en fonctionnement. La tour est trouée de trois petites fenêtres pour laisser entrevoir la lumière qui brille, lors de décès et le jour des trépassés.

***L'église Saint-Pierre :*** des XIe et XVIe s, restaurée en 2013. Grand retable classé, datant du XVIIe s, avec colonnes et décors de vases, fleurs et urnes dorées.

***Le port du Collet et la baie de Bourgneuf :*** un bel endroit auquel on accède, depuis Bourgneuf, par une petite route qui traverse le port (visite et arrêt dégustation d'huîtres possible), puis offre un joli point de vue sur la baie avant de rejoindre La Bernerie. Les pêcheries se succèdent avec des filets de pêche qui pendent, notamment les haveneaux (filets triangulaires).

Enfin, plusieurs professionnels ouvrent leurs portes aux touristes. N'hésitez pas.

➢ La route ***Vélocéan / Vélodyssée*** passe par ici, croise un ***sentier piéton*** et longe la côte, la belle dune du Collet et le Marais breton. Sinon, de belles randos à faire dans ces espaces protégés (circuit de la Baie, circuit de la Campagne et circuit du Collet).

– ***Les salines de Millac :*** *chemin des Jaunais, sur Bourgneuf. 06-11-23-87-75. • salines-de-millac.com • Visites guidées de mi-juin à mi-sept, sur résa. Compter 3 € ; réduc.*

– ***La saline Tenue de Mareil :*** *☎ 02-40-64-67-46. Visites guidées en juil-août et tte l'année pour les groupes. Compter 3 € ; réduc.* Découverte des fours à sel, fonctionnement d'un marais salant, observation des oiseaux...

– ***Le Domaine du Sillon Côtier :*** *chemin de Trélebourg. ☎ 02-40-64-77-29.* Dégustation de vins et découverte du vignoble.

– ***La Route de l'Huître :*** *zone aquacole de Lyarne. • huitre-vendee-atlantique.fr/la-route-de-l-huitre/ •* Explications sur l'ostréiculture et dégustation.

LE PAYS DE RETZ

# LA CÔTE DE JADE

**On la surnomme ainsi en raison de la couleur de son eau et du chapelet de petites stations balnéaires – de La Bernerie à Saint-Brevin – qui s'égrènent sur une cinquantaine de kilomètres et dont Pornic s'enorgueillit d'être la perle. Une côte protégée, encore belle et sauvage, aux nombreux sentiers aménagés.**

## LA BERNERIE-EN-RETZ [kervernerr-raez]

(44760) 2 140 hab. *Carte Loire-Atlantique, B4*

**Station balnéaire familiale et paisible, donnant sur la jolie baie de Bourgneuf. Agréable plage de sable et un grand bassin d'eau qui permet de se baigner à toute heure sans dépendre des marées. Petite promenade nouvellement aménagée sur le front de mer.**

### Adresse utile

**i** ***Office de tourisme :*** *3, chaussée du Pays-de-Retz (derrière le marché). ☎ 02-40-82-70-99. • tourisme.mairie-labernerie.fr • De juil à mi-sept, tlj ; hors saison, mar-sam, plus dim et j. fériés mat avr-juin.* Fiches randos. Billetterie pour les grands sites et événements de la région.

### Où dormir ? Où manger ?

***Hôtel Le Grand Large – Restaurant Les Arômes :*** *17, rue de la Corderie. ☎ 02-40-64-70-03. • legrandlarge-hotel@orange.fr • hotelrestaurantlegrandlarge.com • Resto tlj sf dim soir-mar midi hors saison. Congés : 3 sem début janv et 3 sem après le 11 nov. Doubles 99-110 € selon saison. Formule déj 14,99 € ; menus 19,95-29,40 €. Apéritif maison offert sur présentation de ce guide.* À deux pas du centre, le seul hôtel de la station sur le front de mer, juste au-dessus de la plage. Une chaleureuse maison familiale, aux chambres pas luxueuses mais bien équipées. Quelques-unes avec vue sur l'océan, ou balcon bien au calme. Au resto panoramique (et côté océan, naturellement), produits frais et cuisine avec de l'idée. Avec, de surcroît, un institut de beauté qui propose des soins aux algues ; une adresse qui porte bien son nom !



## PORNIC [pornizh]

(44210) 15 000 hab. *Carte Loire-Atlantique, B3*

**Nichée au fond de sa crique, bien protégée, Pornic fut dès le début du XIXe s, grâce à la bonne réputation de ses eaux, une station thermale et un lieu de villégiature réputés, que fréquentèrent des artistes comme Michelet, Flaubert, Renoir ou Léautaud. Jadis, les plus intrépides s'enrôlaient sur des morutiers en partance vers les brumes glacées de Terre-Neuve, sur des bricks**

**armés en corsaires ou des goélettes et dundees voués au grand commerce atlantique. Aujourd'hui, c'est l'une des plus grandes communes de Loire-Atlantique, avec 15 km de criques et de belles villas en bord de mer, que l'on peut découvrir en suivant le chemin des douaniers. Pour visiter le centre, on conseille de laisser la voiture à la gare et de continuer à pied, surtout l'été. La ville a conservé tout son charme et elle est connue pour ses fraises, sa faïencerie, sa brasserie (*La Brigantine,* avec sa bière à la fraise) et le seul fabricant du non moins célèbre fromage, le curé nantais.**

## Arriver – Quitter

➢ ***En train ou en bus :*** *☎ 36-35 (0,34 € TTC/mn) ; ou **Lila** : ☎ 0825-087-156 (0,15 €/mn).* Plusieurs liaisons/j. en train (TER) et en bus avec Nantes (1h) tte l'année.

## Adresses et info utiles

ℹ ***Office de tourisme :*** *pl. de la Gare, BP 1119. ☎ 02-40-82-04-40. • ot-pornic.fr • Tlj tte l'année.* Visites guidées de Pornic, sur résa (unique moyen d'accéder à la cour du château). Également des visites payantes à thème, sur inscription, autour du Pornic maritime et balnéaire, de Pornic à vélo ou par des Pornicais eux-mêmes. Billetterie pour la traversée vers l'île d'Yeu (départ de Fromentine) et pour les grands sites et événements de la région à tarifs préférentiels. Propose également des formules de séjour et week-ends (hébergement + activités).

■ ***Location de vélos et scooters :*** ***Ada,*** *6, route de Saint-Père-en-Retz. ☎ 02-40-21-12-01. Tlj sf mar.*

■ ***Association L'Hirondelle :*** *4, rue de Verdun, 44210 **Le Clion-sur-Mer.** ☎ 02-51-74-02-62. • asso.hirondelle@wanadoo.fr • hirondelle.pornic.free.fr •* Organise des balades nature à thème avec guide naturaliste, à partir de différentes communes environnantes *(juil-août, en sem ; fin avr-fin juin et sept-début déc, w-e ; sur résa avec l'office de tourisme ; durée 2h-2h30 ; très souvent gratuit, sinon env 6 € ; réduc).*

– ***Marchés :*** *jeu et dim, pl. des Halles, Pornic ; mer et sam, parking de la Birochère, **Le Clion-sur-Mer** ; mer et sam, pl. de la Libération, **Sainte-Marie-sur-Mer.***

## Où dormir à Pornic et dans les environs ?

### Campings

⛺ ***Camping La Madrague :*** *chemin de la Madrague. ☎ 02-40-82-06-73. • madrague@franceloc.fr • campings-franceloc.fr • ♿ À la sortie Pornic-Ouest, direction plages de Sainte-Marie-sur-Mer. De mi-avr à mi-sept. Tentes 19-30 € selon saison. Tentes aménagées, roulottes et mobile homes 140-1 183 €/sem. Carte pass hors saison valable 2 ans 10 € : emplacement pour 2 pers avec électricité 15 € avec la carte. 226 empl.* Agréable camping en bord de mer, avec piscine chauffée et toboggans. L'un des rares campings de la Côte de Jade où les emplacements pour tentes sont à l'écart des mobile homes, directement en bord de plage. Emplacements tranquilles et bien ombragés sous les pins. Snack, épicerie, 2 piscines chauffées, jeux pour enfants et animations en été. Certainement le meilleur camping dans le coin.

⛺ ***Camping Le Patisseau :*** *29, rue du Patisseau. ☎ 02-40-82-10-39. • contact@lepatisseau.com • lepatisseau.com • ♿ À la sortie Pornic-Noirmoutier sur la D 751. De fin mars à mi-sept. Tentes 19-35 € selon saison. Loc de mobile homes et chalets 294-1 079 €/sem. 226 empl. Réduc de 10 % sur présentation de ce guide.* Camping chic, superbement équipé, avec un espace aquatique chauffé comprenant sauna et toboggans.

Sanitaires également chauffés, salle de fitness, terrain de beach-volley... Bien tenu et bon accueil. Préférer les emplacements boisés. Nombreuses animations enfants et soirées. Location de vélos.

## De chic à plus chic

**Gîtes ruraux les Courlis :** *42, rue René-Guy-Cadou,* ***Le Clion-sur-Mer.*** *06-71-54-28-46. • chrisguiho@orange.fr • giteoceanpornic.com • À env 4 km, direction La Bernerie et sortie La Boutinardière. Mai-sept. Compter 540-590 €/sem pour 2 (possibilité de w-e hors saison). Sur présentation de ce guide, apéritif maison offert ou visite de la pêcherie traditionnelle située en bas de la maison.* Perché sur les « falaises bleues », voici un petit havre de paix comme on les imagine. Deux ravissants gîtes thématiques tout confort, pour 2 et 2-4 personnes. Face à vous, Noirmoutier, et sous votre nez, la piscine ou la plage confidentielle. Et surtout, l'accueil spontané des proprios, infatigables dévoreurs du *Routard*. Jack-Alain vous emmènera certainement sur son carrelet pour titiller les poissons. Ici, on baigne dans le bonheur et... le jazz !

**Chambres d'hôtes Le Jardin de Retz :** *1, chemin des Mousseaux. 06-30-07-07-66. • lejardinderetz.fr • Compter 95-115 € pour 2 (voir aussi les promos sur Internet). N'accepte pas les animaux.* 3 chambres dans une longère du XIXe s entourée d'un jardin luxuriant, proche du château. Soignées et bien agréables. C'est calme et bucolique, et pourtant à 3 mn du port.

**Chambres d'hôtes La Belle Verte :** *Le Tabier. ☎ 02-40-64-68-21. 06-86-96-02-80. • contact@labelleverte-pornic.com • labelleverte-pornic.com • À env 7 km du centre, par la D 213 (Route Bleue) direction Saint-Nazaire, puis la D 286 direction Saint-Père-en-Retz ; fléché sur la gauche après la Trocharderie. Compter 74-78 € pour 2.* 3 chambres de plain-pied, simplement mais joliment aménagées, à côté d'une ancienne ferme bâtie en brique et pierre, en pleine campagne donc éminemment tranquille. Et verte, cette adresse l'est assurément : verte comme le jardin où traîner un peu avec un bouquin, ou comme la dimension écolo de l'endroit (label Écogite et petit déj bio). Cuisine à disposition. Accueil décontracté. On a bien aimé.

**Chambres d'hôtes Cupidon :** *plage du Portmain, côté* ***Sainte-Marie-sur-Mer.*** *☎ 02-51-74-19-61. • cupidon.pornic@orange.fr • chambre44.com • À 4 km du centre, en direction de Préfailles. Congés : déc. Compter 76-86 € pour 2.* Au calme, près de la mer, une maison moderne un peu en hauteur, avec sa belle piscine. Chambres propres et boisées, évoquant la mer toute proche. Accueil agréable. Petit déj avec la mer en toile de fond. Plusieurs balades à proximité.

**Chambres d'hôtes La Marette :** *Le Marais Mainguy,* ***Le Clion-sur-Mer.*** *☎ 02-40-64-65-04. • contact@la-marette.fr • la-marette.fr • À 5 km de la mer. Sortir de Pornic en direction de Arthon-en-Retz/Nantes ; après le 2e rond-point, continuer sur 4,5 km et tourner à gauche juste après la clôture d'un parc équestre (sur la droite) ; suivre le fléchage. Compter 67-75 € pour 2 ; également 1 suite pour 4. Galettes Saint-Michel offertes sur présentation de ce guide.* En pleine campagne, une ancienne ferme joliment restaurée par Florence et Christian, les accueillants propriétaires. 3 chambres d'hôtes spacieuses, avec accès indépendant. Terrasse privative. Dans l'aile voisine, une salle commune avec coin cuisine, bibliothèque et piano. Dans un autre bâtiment, 2 beaux gîtes et une salle de détente avec jacuzzi et hammam. Un grand jardin est à la disposition de tous. Copieux petit déj. Calme et repos assurés.

**Hôtel Beau Soleil :** *70, quai Leray (pl. du Petit-Nice). ☎ 02-40-82-34-58. • contact@hotel-beausoleil-pornic.com • hotel-beausoleil-pornic.com • Doubles 69-109 € selon saison, confort et vue ; des familiales également.* Un hôtel qui offre surtout l'avantage d'être sur le port, près du château. Chambres à la déco moderne épurée, petites parfois mais claires et avec tout le confort attendu. La majorité d'entre elles, les plus chères, ont vue sur le port.

**Auberge La Fontaine aux Bretons :** *chemin des Noëlles, au lieu-dit La Fontaine-aux-Bretons. ☎ 02-51-74-08-08. • infos@auberge-la-fontaine.com • auberge-la-fontaine.com • ♿ À 2 km du port de Pornic, sur la route de La Bernerie. Fermé dim soir et lun hors saison. Doubles 98-147 € selon saison ; des familiales également. Formule déj 14,50 € ; menus 19,50 € (en sem)-53 €.* Cette belle auberge conceptuelle a investi le site d'une ancienne étape des pèlerins pour Saint-Jacques-de-Compostelle. Les bâtiments ont été complètement relookés avec beaucoup de goût (et dans un esprit très écolo). La plupart offrent une vue sur mer. Chambres confortables, des studios, des maisonnettes et appartements (idéal pour les familles, donc). Piscine, tennis, location de vélos. Magnifique potager (accès libre), animaux de la ferme, jardin d'herbes aromatiques, parc... l'ambiance est résolument antistress. Sentier des douaniers à deux pas. En juillet-août, le samedi matin, marché du terroir sur la propriété. Fait également resto dans une vaste salle au cadre rustique superbe.

## Où manger ?

### De bon marché à prix moyens

**L'Estaminet :** *8, rue du Maréchal-Foch. ☎ 02-40-82-35-99. Fermé dim soir et lun. Congés : 20 déc-fin janv. Résa conseillée. Formule déj en sem 20 € ; menus 23,50-33,50 €. Café offert sur présentation de ce guide.* Situé dans l'une des rues commerçantes de Pornic, ce petit resto discret à la déco lie-de-vin propose une cuisine traditionnelle fraîche à prix raisonnables. Noter la belle collection de lampes à pétrole.

**Le Jardin de l'Olivier :** *23, rue des Sables. ☎ 02-51-74-69-30. Tlj sf lun, plus dim soir hors saison. Menus-carte à l'ardoise 22-26 €.* Le resto des bons copains, tenu par l'impayable Denis, personnage haut en couleur et à l'humour irrésistible, qui sait d'un mot mettre à l'aise ses hôtes. Cet ancien sommelier s'est offert les services d'un excellent cuistot, dont la petite cuisine est ouverte sur la salle à la déco très simple, un brin kitsch. Le « poisson sort de l'eau », le foie gras est fait maison et le tartare de pétoncles, accompagné d'un vin recommandé par le patron, se révèle une merveille. Un lieu convivial où l'on se régale à petits prix. Chaude ambiance certains soirs, et ce n'est pas le chien Urssaf qui dira le contraire !

**Crêperie la Sarrazine :** *28, rue des Sables. ☎ 02-40-82-09-13. Tlj sf lun, plus mer-jeu hors saison. Congés : janv et courant oct. Résa conseillée. Formule déj (hors vac scol) env 11 € ; carte 15-20 €.* Un excellent accueil même en cas d'affluence : résa d'ailleurs conseillée, même s'il y a de la place dans les 3 salles lambrissées (et climatisées !) et sur la terrasse intérieure. Bonnes crêpes gentiment facturées.

**Le Retz :** *12, rue de la Marine. ☎ 02-40-82-19-78. • leretzorant@hotmail.fr • Tlj sf midi lun-mar en saison, plus dim soir et mar soir hors saison. Formule déj 14,50 € et menu 17,50 € en sem ; autre menu 25 €.* Un bon point d'emblée : la petite salle au décor sobrement contemporain s'ouvre sur la cuisine. Bon point confirmé par l'accueil et le service, impeccables. Produits d'ici et cuisine (parfois) d'ailleurs : c'est, dans l'assiette, simple, frais et bon.

### De chic à plus chic

**Beau Rivage :** *24, rue de la Plage-de-la-Birochère. ☎ 02-40-82-03-08. • info@restaurant-beaurivage.com • ♿ Fermé lun, plus mar hors saison. Congés : de mi-déc à fin janv. Formule déj en sem 27 € ; menus 42-85 € ; intelligent menu « Découverte gustative » pour les moins de 12 ans 16 €.* Un emplacement en or, en surplomb de la plage, pour ce resto à la déco marine et soignée. On voit danser la mer par-delà la baie vitrée (penser à demander une table avec vue), et dans l'assiette, ce sont les plats de Gérard Corchia qui ravissent notre palais. Quand l'Atlantique croise la Méditerranée... Belle carte des vins. En sortant, agréable balade le long du sentier qui longe la côte.

**La Source :** *pl. de la Source. ☎ 02-40-82-21-21. ♿ Sur la corniche, dans le bâtiment relié par une passerelle au centre de thalasso* Alliance Pornic. *Congés : 2 sem en déc. Résa conseillée pour avoir une table en surplomb de la mer. Formule déj en sem 19,50 € ; menus 22-33 € ; carte env 50 €.* Cuisine très fraîche, diététique et présentée de façon appétissante. Principalement des produits de la mer. Service agréable.

## Où manger une bonne glace et de bonnes fraises ?

***Magasin de la Fraiseraie de Pornic :*** *pl. du Petit-Nice. ☎ 02-40-82-49-51. Sur le vieux port. Tlj en saison 9h-22h.* Depuis des lustres, on y vient pour déguster une bonne glace à la fraise de Pornic. On y trouve aussi des sirops, liqueurs, confitures et autres produits, tous dérivés de la fraise. Délicieuse crêperie-salon de thé avec terrasse abritée, idéalement située.

– Un peu plus haut en ville, en zone de l'Europe rue de Strasbourg, on peut, en saison, les mercredi et samedi matin, aller cueillir soi-même ses fraises. Paiement au poids à la sortie. *Juil-août, visite guidée des ateliers de confection des confitures (☎ 02-40-82-08-21 ; • lafraiseraie.com •). Gratuit.*

**Rêve de Glace** (Pierre Sorin) **:** *2, quai Leray. Sur le port. Tlj en saison jusqu'à 23h.* Beau choix de crèmes glacées et sorbets réalisés par un artisan glacier.

## À voir

***Le château :*** *ne se visite pas.* Il date du Xe s mais a été restauré par Bougouin au XIXe s. Ancienne propriété, au XVe s, du fameux Gilles de Rais, plus connu sous le nom de « Barbe-Bleue ». Au pied du château, la promenade de la terrasse fut un temps un lieu à la mode. La plage de la Sablière, toute proche, était le lieu de baignade réservé aux hommes, alors que celle des femmes était à L'Anse-aux-Lapins, sur l'autre rive. Aujourd'hui, la promenade rejoint le centre-ville au nouveau port de la Noëveillard.

Les férus d'histoire et de gros cailloux ne manqueront pas, plus au nord, non loin du golf, le ***tumulus des Mousseaux,*** site mégalithique classé (indiqué).

***L'étang du Val-Saint-Martin :*** *au nord de la ville, au-delà de la 4-voies.* Rendez-vous des familles, on peut en faire le tour à pied.

– Sur place, ***Parc aventure dans les arbres*** : *06-16-05-55-36. • pornic-aventure.com • Avr-juin et sept-nov, mer et w-e 13h-19h ; juil-août, tlj 9h30-19h30. Adulte 21 € ; enfants 15-19 € selon âge.* 95 ateliers sur neuf parcours avec tyrolienne de 700 m au-dessus de l'eau. Ça décoiffe !

***La corniche de la Noëveillard :*** *partir au pied du château pour rejoindre la plage, puis longer la côte par la corniche et atteindre la plage principale de Pornic, la Noëveillard, qui jouxte le port de plaisance en eau profonde.* Une toile de Renoir porte son nom *(La Plage de Noëveillard),* réalisée par l'artiste lors de son séjour en 1892. On peut continuer la balade en passant par ***Sainte-Marie-sur-Mer,*** charmante commune rattachée à Pornic, et arriver à la ***plage du Porteau.*** Vous aurez déjà fait une bonne heure de marche, occupé à commenter et à détailler les villas qui bordent l'océan, construites au début du XIXe s par de riches industriels de la région. Les plus courageux pourront continuer jusqu'au ***Portmain,*** où la côte se fait alors plus sauvage, ou même jusqu'à la ***pointe Saint-Gildas*** (à 3h de marche).

*La corniche de Gourmalon :* de l'autre côté du port, elle fut investie par les villas balnéaires plus tardivement que Pornic, ce qui explique un plan plus géométrique. Le ***chemin des douaniers*** qui longe la côte jusqu'à la ***plage de la Boutinardière*** (compter 3h de marche) permet dans sa première partie d'admirer les villas de la côte adverse, notamment *La Malouine* sur son rocher au pied du château, une des plus anciennes (début du XIXe s). Passé le vieux port et la ***pointe de Gourmalon,*** on aperçoit l'île de Noirmoutier au loin. Le chemin se poursuit, bordé côté mer de pêcheries et de criques, et côté terre de diverses villas. À noter que quelques-unes, construites au XIXe s, se singularisent par l'utilisation de la brique ou du bois et par leurs kiosques qui permettaient d'observer le trafic maritime tout en s'abritant du soleil ou du vent. Très chic ! En chemin, vous pourrez profiter de la ***plage de la Source,*** dominée par le centre de thalasso et son resto, ainsi que de la ***plage de la Birochère,*** où l'on trouve l'excellent resto *Beau Rivage* (voir « Où manger ? »). Également les ***plages de la Joselière*** et ***de la Boutinardière,*** sans oublier quelques dolmens (nous sommes encore en Bretagne !).

***La fromagerie du Curé Nantais :*** *16, rue du Docteur-Guilmin. ☎ 02-40-82-28-08. • curenantais.com • À la sortie de Pornic vers Noirmoutier par la D 751. Lun-sam 9h-13h, 14h30-19h en juil-août ; mar-sam hors saison. Visite de la fromagerie lun-ven le mat, horaires variables selon saison. Compter 1h. GRATUIT.* Le plus célèbre des fromages de Loire-Atlantique est fabriqué dans les hauteurs de Pornic. Créé en 1880 à Saint-Julien-de-Concelles, près de Nantes, sur les conseils d'un curé, il a été réhabilité il y a une vingtaine d'années par Georges Parola, qui fournit aujourd'hui l'ensemble des restaurateurs de la région, mais aussi l'étranger et le Japon, où il fait fureur.

### UN CURÉ TOUT EN RONDEUR

*Entre le munster et le reblochon, au lait frais de vache et affiné sur des planches d'épicéa, le « curé nantais » était carré à l'origine (200 g). Il devint rond (800 g) après la guerre, pour finir parfumé au muscadet depuis quelques années. Histoire de se singulariser...*

***La faïencerie de Pornic :*** *rue de la Faïencerie. ☎ 02-51-74-19-10. • faiencerie-pornic.com • Visite de l'usine sur résa mar et jeu à 14h30 (3 €). Magasin tlj sf dim, 10h-12h30, 14h-19h (18h hors saison).* Célèbre pour ses fameux bols-prénom (même la petite Cunégonde trouvera le sien !). On peut suivre dans l'usine leur fabrication, mais une vidéo de 20 mn dans la salle d'expo de la boutique en dévoile les principales étapes. Ateliers pour enfants désirant peindre leurs propres motifs (récupération de sa pièce 4-5 jours plus tard, après cuisson). Du traditionnel pur jus !

***La Brasserie de la Côte de Jade :*** *10, rue Becquerel, Z.I. La Blavetière. ☎ 02-40-82-87-16. • biere-pornic.com • Visite juil-août lun-ven à 15h et 17h30 ; avr-juin et sept, lun-mar et jeu-ven à 16h. GRATUIT.* Cette brasserie artisanale propose de découvrir la fabrication de la cervoise locale, la *Brigantine,* à travers une visite commentée suivie d'une vidéo et d'une dégustation.

***La Petite Maison dans la Prairie :*** *chemin de l'Éperon. ☎ 02-40-27-13-01. • lapetitemaisondanslaprairie44.net • De la route Bleue (D 213), sortir à La Bernerie-en-Retz, puis prendre la D 97 au rond-point de la Rogère. Visite sur résa en été lun-ven à 11h et 17h. GRATUIT. Ateliers pour enfants l'ap-m sur résa 7 €. Menu 18,50 € ; enfant 11,50 €.* Une sympathique équipe de jeunes du cru propose de moudre la farine à la meule de pierre dans leur moulin Kandelour, typique de l'île d'Ouessant, puis de mettre la main à la pâte en fabriquant et en cuisant soi-même ses petits pains. Fait également auberge pour déguster les fameuses fouées, qui gonflent en quelques secondes devant les flammes. À manger toutes chaudes accompagnées de produits du terroir. Prétexte à de festives soirées !

## À faire

– ***Le club nautique du port de plaisance :*** *à la base de la Noëveillard. ☎ 02-40-82-34-72. • cnpornic.com • Tte l'année.* Propose pour tous niveaux des stages de voile, de planche à voile, d'aviron et de kayak.

– ***Fun club Joselière :*** *plage de la Joselière. 📱 06-85-57-26-63. • funclubjoseliere.com • Au sud de Pornic, en direction de La Bernerie. Juil-août slt, tlj 10h-19h. Résa conseillée. À partir de 7 €/h pour le kayak et 35 €/h pour le catamaran (licence obligatoire). CB refusées.* Petite association qui dispose de catamarans, planches à voile et kayaks. Ambiance conviviale.

➢ ***Balades et randos nautiques :*** *☎ 02-40-82-04-40. • kayaknomade.fr • Juil-août, tlj sf lun. Hors vac scol : 📱 06-72-88-18-54. Compter 25-55 € selon balade (transport entre lieux d'arrivée et de départ inclus) ; réduc.* Balades en kayak de mer de 1h30 à la journée, avec un moniteur diplômé, pour partir à la découverte de la côte de Pornic jusqu'à la pointe Saint-Gildas et autour de l'île de Noirmoutier.

– Dans un autre style, possibilité de cure de ***thalassothérapie*** au centre ***Alliance Pornic*** *(☎ 02-40-82-21-21 ; • thalassopornic.com •)* Un des restos (*La Source*, voir « Où manger ? ») est installé face à la mer dans l'ancien casino qui domine la plage de la Source et la corniche de Gourmalon. Emplacement logique puisque c'est là que coulait au XIXe s la fontaine de Malmy, réputée pour ses propriétés curatives.

➢ Enfin, possibilité de ***promenades en baie de Bourgneuf*** à bord d'un voilier, le *Corsaires de Retz*, magnifique ketch de 16 m. Sorties de 2h30 à la journée jusqu'à Noirmoutier avec ou sans escale *(📱 06-72-17-90-32).* On pourra également faire une croisière à la journée avec escale à la plage du Bois-de-la-Chaise ou une simple sortie-apéro en soirée à bord du vieux gréement *Le Brigantin* *(📱 06-72-17-90-32 ; avr-oct, sur résa – tlj en été ; rens à l'office de tourisme et départ du vieux port).*

## Manifestations

– ***Les Estivales :*** *juil-août.* Animations sur les quais du vieux port, dans la ville haute et les bourgs de Sainte-Marie et du Clion.
– ***Voiles en fêtes :*** *le mer en juil-août. Billetterie à l'office de tourisme.* Sortie dans la baie avec le *Corsaires de Retz* et *Le Brigantin* au tarif unique de 14 € par personne.
– ***Brocante marine :*** *le 1er dim d'août, quai l'Herminier.* Vide-bateau, brocante et curiosités.



# PRÉFAILLES [pradvael]

(44770) 1 060 hab. *Carte Loire-Atlantique, A-B3*

**Paisible cité balnéaire que prolonge la pointe Saint-Gildas et son phare-musée, but de promenade prisé des marcheurs et des familles à la recherche de coquillages. Car c'est le long de cette côte sauvage que l'on trouve, sous le goémon, bigorneaux et berniques. Attention, ce type de pêche répond à des normes particulières consignées clairement dans un petit livret, *Gardez la pêche* (avec les horaires des marées), remis gratuitement dans les offices de tourisme. La récolte est limitée à 5 kg de moules, de coques et d'huîtres par personne et par marée (ça devrait suffire !)... Ce rappel de la loi étant fait, vous pouvez toujours apporter votre quart de gros-plant, un couteau et un citron pour consommer sur place.**

**Et saviez-vous que Préfailles tient son nom de « pré failli », c'est-à-dire le « pré imparfait » en langage du pays de Retz, car l'herbe n'y était pas bonne pour les troupeaux ? Et que cette petite station a d'abord été connue pour sa source d'eau ferrugineuse découverte au XVIIIe s ? Le *Grand Bazar* (et son invraisemblable collection de cerfs-volants anciens), qui semble n'avoir pas bougé depuis 1900, témoigne aujourd'hui encore de ce tourisme d'autrefois.**

## Comment y aller ?

➢ ***En bus :*** *réseau **Lila.** Rens auprès de l'office de tourisme ou au ☎ 0825-087-156 (0,15 €/mn).* Plusieurs liaisons/j. (lignes 3 et 15) avec Pornic, Saint-Brevin, Nantes et Saint-Nazaire.

## Adresse utile

🛈 ***Office de tourisme :*** *29, Grande-Rue. ☎ 02-40-21-62-22. • prefailles.fr • Sept-juin, lun mat, mar-ven et sam mat ; juil-août, lun-sam et dim mat. Avr-oct : loc de vélos et de pêcherie (carrelet).* Billetterie pour les tickets de bus, des sites touristiques, les bateaux vers l'île d'Yeu et les spectacles de l'Espace culturel de Préfailles.

## Où dormir ? Où manger ?

### De prix moyens à chic

**Hôtel Le Calluna :** *pointe Saint-Gildas. ☎ 02-40-21-61-18. • reservation@lecalluna.com • lecalluna.com • ♿ Doubles 65-140 € selon période et vue.* En dépit de son architecture quelque peu voyante sur ce bout de côte sauvage, l'hôtel occupe une situation privilégiée et abrite des chambres dans le genre contemporain-fonctionnel en bois flotté, confortables mais un peu rudement facturées en saison : l'emplacement se paie ! Donc, tant qu'à faire, préférer celles, avec balcon, donnant sur l'océan. Piscine chauffée couverte, espace bien-être, massages... Brasserie et restaurant sur place.

***Les Viviers de Port-Meleu :*** *plage de Port-Meleu. ☎ 02-40-21-60-75. Hors saison, fermé lun-mar. Congés : nov-mars. Choix sur ardoise selon le marché, compter 25 € à la carte. Apéritif offert sur présentation de ce guide.* Bar-resto pied dans l'eau, accroché aux rochers. Bien sûr, vue plaisante sur le large et déco marine. Cuisine de la mer selon l'envie du chef : choucroute de la mer, marmite du corsaire... donc pas forcément le jour où vous passerez, mais soyez tranquille, les produits sont très frais et vous trouverez toujours un bon plateau de fruits de mer.

## À voir. À faire

***La pointe Saint-Gildas :*** *à 2 km à l'ouest de Préfailles. Indiqué.* Au bout, un parking et le complexe peu esthétique de l'hôtel *Le Calluna,* mais belle vue sur le pont de Saint-Nazaire, le musée du Sémaphore, quelques restes de blockhaus du mur de l'Atlantique et le départ d'un agréable sentier qui longe la côte. C'est le point le plus à l'ouest du pays de Retz.

***Le sémaphore de la pointe Saint-Gildas :*** *rue du Sémaphore (dans le « phare »). ☎ 02-40-21-01-21. • ccpornic.fr • ♿ Se garer au parking de la Pointe ; accès à pied en 2 mn. Ouv des vac de fév zone A et C aux vac de la Toussaint : juil-août, tlj 10h-13h, 14h30-19h ; vac d'avr zone A, mai-juin et sept, tlj sf* *mar, 10h-13h, 14h30-18h ; vac de fév-mars zones A et C ven-dim 14h30-17h30 et oct à début nov, tlj sf lun-mar, 14h30-17h30. Compter 45 mn de visite. Visites guidées slt sur résa. Entrée : 4 € ; réduc ; forfait famille 10 €. Pour les enfants, demander le livret de jeux des « Jeunes Explorateurs » (6 à 12 ans).*

Point de vue stratégique sur l'océan, cet ancien poste de guet devint sémaphore en 1865 (surveillance militaire), puis phare en 1954. Musée moderne et interactif, témoignant de l'évolution des communications maritimes ainsi que des grands naufrages de l'estuaire de la Loire : maquettes, lentille de Fresnel, objets retrouvés sur des épaves, vidéo et bornes radio relatant l'histoire des bateaux naufragés au large de la pointe Saint-Gildas. Des tragédies comme celles du *Saint-Philbert* en 1931 ou du *Lancastria* en 1940. Découverte des techniques de surveillance des côtes utilisées au XIXe s grâce au mât sémaphorique de 12 m installé au milieu des imposantes bouées de balisage. Au dernier étage, une terrasse pour observer la baie de Bourgneuf et l'estuaire de la Loire.

Un musée plaisant et instructif. Expos temporaires gratuites. Nocturnes thématiques en juillet et août.

### DÉCOMPTE MACABRE

*L'histoire (et Hollywood) ont retenu le naufrage du* Titanic*. Pourtant celui du* Lancastria*, coulé le 17 juin 1940 par l'aviation allemande, face à la pointe Saint-Gildas, a, malheureusement, fait au moins 4 000 victimes, soit près de 3 fois plus que le* Titanic*. On ne connaîtra le chiffre exact de ces victimes qu'en 2040, secret défense oblige : ce paquebot avait été réquisitionné pour évacuer des soldats britanniques cantonnés en France.*

– ***Club nautique de la pointe Saint-Gildas :*** *☎ 02-40-64-35-91. • cnsg-prefailles.fr • Fermé en janv.* École de voile proposant des balades en goélette, stages, cours particuliers, location de catamarans *(Hobbie Cat)*, dériveurs, planches à voile et kayaks.

➢ Nombreuses ***balades*** à faire à pied, bien balisées : circuit du *Tour de Saint-Gildas* (7,3 km) et celui de la *Vallée de Pasquin* (5,5 km, dans la lande de Préfailles). Depuis la grande plage, le sentier qui borde la côte surplombe les falaises. Cartes « Balades et randonnées » disponibles gratuitement à l'office de tourisme. Également à vélo, en suivant le circuit balisé *Vélocéan.*

## Manifestation

– ***Les Musicales :*** *juil.* Festival international de musique (classique, jazz, musiques du monde) avec de grandes pointures.



## LA PLAINE-SUR-MER [plaen-raez]

(44770) 2 550 hab. *Carte Loire-Atlantique, B3*

**Bien que limitrophe de Préfailles, le littoral de La Plaine-sur-Mer, orienté au nord, est adouci par un cordon dunaire, parsemé de temps à autre de criques rocheuses et où s'abritent des petits ports de pêche aux moules : La Gravette, Port-Giraud, Le Cormier. En effet, La Plaine-sur-Mer récolte 50 % de la production du département. Un paradis pour l'amateur de pêche à pied ! Mais attention à bien respecter la réglementation affichée**

**partout sur les plages. Les amateurs de farniente apprécieront particulièrement la plage de Tara avec ses très photogéniques pavillons de pêche au carrelet.**

## Adresse utile

**Office de tourisme :** *pl. du Port-Gentil. ☎ 02-40-21-52-52. ● tourisme-laplainesurmer.fr ● Au carrefour central du bourg. Juil-août, lun-sam et dim mat ; le reste de l'année, mar-ven et sam mat.*

## Où dormir ? Où manger ?

### Prix moyens

**Chambres d'hôtes chez Nicole Foucher :** *15, rue de la Libération. ☎ 02-40-21-53-32. ● gites-de-france-44.fr/chez_nicole ● À env 200 m de la place centrale en direction de Pornic. Pâques-Toussaint. Compter 60 € pour 2.* 3 chambres (dont une familiale avec mezzanine) que Nicole, en vraie professionnelle des chambres d'hôtes, a décorées avec talent de façon différente. On a un petit faible pour celle aux tons lilas. Espace TV et coin kitchenette commun. Malgré la circulation le jour, celles côté rue sont calmes la nuit. Jardin pour se détendre. Copieux petit déj. Excellent accueil et plein de bons conseils.

**Le Petit Mousse :** *5, bd de la Mer, Le Cormier. ☎ 02-40-21-09-04. ● lepetitmousse44@orange.fr ● ♿ Au nord de La Plaine-sur-Mer, à env 10 mn en voiture. Accès par le boulevard qui longe la mer depuis Tharon-Plage dans le sens nord-sud. Tlj sf lun et dim soir en basse saison, jusqu'à 23h. Congés : 15 nov-1er mars. Formule en sem 17 € ; menu 29,60 €. Sangria offerte sur présentation de ce guide.* Sous son allure de bistrot de pêcheur, *Le Petit Mousse* propose poissons et fruits de mer d'une grande fraîcheur, mis en valeur par de subtiles associations d'épices. De la terrasse, vue de biais sur la mer. Quelques ratés dans le service toutefois.

### Beaucoup plus chic

**Hôtel-restaurant Anne de Bretagne :** *port de la Gravette, 163, bd de la Tara. ☎ 02-40-21-54-72. ● bienvenue@annedebretagne.com ● annedebretagne.com ● ♿ Resto fermé lun et mar midi, plus dim soir et mer midi oct-mars. Congés : de janv à mi-fév. Doubles 147-246 € selon vue, taille et saison ; également des suites ; petit déj 24 €. Menus du marché 36-43 € déj en sem ; autres menus 80-125 €.* Dans une bâtisse contemporaine, de belles chambres donnant sur le jardin (avec terrasse) ou sur la mer. Toutes au calme, avec une déco épurée de bon goût, des dessus-de-lit jusqu'aux salons en passant par les sanitaires. Copieux petit déj-buffet. Piscine chauffée et tennis. Côté table, même raffinement. Une cuisine inventive et « iodée » – comme la décrit le chef et propriétaire, Philippe Vétélé –, principalement tournée vers les produits de la mer. Impressionnante cave de plus de 1 000 références (Michèle Vétélé est sommelière). Salle à manger au style design, lumineuse avec sa baie vitrée donnant sur l'océan et, au loin, le pont de Saint-Nazaire. Au rez-de-chaussée, admirer l'impressionnante collection de bois du monde entier.



## À voir. À faire

Demander le programme des animations et sorties à l'office de tourisme.

***Le jardin des Lakas :*** *dans le centre.* Très beau parc renfermant un intéressant pavillon de chasse et un kiosque. Nombreuses ***animations*** : en avril s'y tient la plus importante *fête des Plantes* de Loire-Atlantique ; en juillet, une *fête du Livre* investit les lieux ; en juillet-août, concerts gratuits le mercredi soir et spectacles enfants gratuits le jeudi soir à la salle des fêtes.

➢ ***Randonnées à thème*** dans les alentours et ***sorties nature,*** dont la pêche à pied, organisées avec un guide de l'association L'Hirondelle. *Inscription auprès de l'office de tourisme.*

***L'atelier du souffleur PiVerre :*** *24, rue de la Basse-Musse. 06-76-46-83-29. • piverre.artblog.fr • Dans le bourg. Démonstration gratuite de soufflage avr-sept 14h30-18h (téléphoner pour connaître les j.).* Stages d'initiation (à partir de 3 ans). Jolies réalisations aux couleurs vives et originales.

## SAINT-BREVIN-LES-PINS [sant-brewenn]

(44250) 11 200 hab. *Carte Loire-Atlantique, B3*

**Vers les années 1860, pour lutter contre l'avancée des dunes, on planta des pins maritimes. De facto, cela fit le charme de la station balnéaire, qui se transforma en une destination mondaine. Depuis, la vague de béton est passée par là mais de manière plus douce qu'à La Baule. Résultat : une multitude de petites maisons de villégiature réparties en quatre quartiers distincts, sur les 8 km de cette pointe nord de la Côte de Jade : Mindin au nord (où se trouvent le musée et le pont de Saint-Nazaire), les Pins au centre (paradis des retraités et des familles en villégiature), l'Océan et l'Ermitage tout au sud (la partie la plus jeune, avec sa plage et son spot de kitesurf). On pourra également déborder sur la commune de Saint-Michel-Chef-Chef, où se trouve la plus belle « plage-plage » : celle de Tharon. Attention au monde en été.**
**À noter que la ville tiendrait son nom de Brewing, archevêque de Canterbury au VIIIe s, à qui l'église est dédiée.**

### Adresses et infos utiles



***Office de tourisme :*** *10, rue de l'Église. ☎ 02-40-27-24-32. • saint-brevin.fr • Sept-juin, lun-ven et sam mat ; juil-août, lun-sam et dim mat.* Vente de tickets de bus pour Nantes, Saint-Nazaire, Paimbœuf, Pornic... Toute l'année, vente de billets pour île d'Yeu, Parc des Légendes, Planète Sauvage, Belle-Île, golfe du Morbihan... Fiches de randos et circuits VTC aux alentours.

***Autre office de tourisme :*** *bd de l'Océan, devant le poste de secours, quartier de l'Océan. ☎ 02-40-27-24-32. Juil-août, lun-sam et dim ap-m ; sept-juin, ap-m mar-sam en période scol, tte la journée mar-sam aux vac scol.*

➢ ***Le Brévibus :*** transport urbain qui dessert la commune en 2 itinéraires : le *circuit nord* et le *circuit sud.* Télécharger l'itinéraire et les horaires sur le site de l'office de tourisme. *GRATUIT.*

***Location de vélos : Cycl'hic,*** *11, av. de la Tour-Carrée. ☎ 02-40-27-34-33. • cycl-hic.com •*

– ***Marchés :*** *jeu et dim mat, pl. Baslé, quartier des Pins. L'un des plus grands de la région. Également sam mat dans le quartier de l'Océan et mer mat en juil-août dans le quartier de l'Ermitage ; auxquels s'ajoutent en été les marchés nocturnes (mer soir au quartier de l'Océan, ven soir à celui des Pins).*

## Où dormir ? Où manger à Saint-Brevin et dans les environs ?

### Camping

**Camping de la Courance :** *110, av. du Maréchal-Foch. ☎ 02-40-27-22-91. 06-32-23-55-25. • info@campinglacourance.fr • campinglacourance.fr • Tte l'année. Tentes 16-21,30 €. Bungalows toilés et mobile homes en loc 2-8 pers 255-810 €/sem selon taille et saison. Caravane 112 €/sem. 160 empl. Réduc de 10 % sur la 2e sem en locatif, 15 % sur la 3e sem, 20 % sur la 4e.* Un bon camping ombragé, avec accès à la mer, bien équipé et bien tenu. Seulement 35 emplacements perdus dans une forêt de mobile homes ! Animations en été. Affilié « Camping qualité ». Piscine.

### De bon marché à prix moyens

**Hôtel de la Côte de Jade :** *2, av. de Bretagne, Tharon-Plage, 44730* ***Saint-Michel-Chef-Chef.*** *☎ 02-40-27-82-31. • hotel.lacotedejade@orange.fr • hoteldelacotedejade.fr • Dans une rue perpendiculaire à la plage. Double 68 € ; petits déj 5-9,50 €. Une boisson offerte sur présentation de ce guide.* On aime beaucoup ce petit hôtel datant des années 1920, à l'esprit « congés payés » et à la façade loufoque recouverte de mosaïques et de coquillages, tenu par Martine, artiste peintre (qui tient galerie au rez-de-chaussée), et sa maman. On entre par un vieux bar pur jus, attenant au salon de coiffure de la sœur à la déco tout aussi kitsch. 4 chambres seulement (et 3 en annexe), toutes de taille et de style différents. Elles ont en commun de vastes fresques murales et des salles de bains mosaïquées. Organisées autour d'un charmant patio, certaines, très grandes, ont une terrasse. Un lieu étonnant, hors du temps, à l'accueil chaleureux.

**Résidence Odalys Domaine de l'Océan :** *chemin de la Bridelais, quartier de l'Océan. ☎ 02-40-27-75-26. • domainedelocean@odalys-vacances.com • Fermé de mi-nov à début avr. À partir de 60 € pour un 2-pièces 4 pers (linge de lit et de toilette fournis, lits faits à l'arrivée et ménage quotidien).* Charmante petite résidence, idéalement située au cœur de la station de Saint-Brevin, à seulement 300 m de la grande plage, des commerces et du casino. Une fois arrivé, vous pouvez donc oublier votre voiture ! Pimpantes avec leurs façades blanches et leurs volets bleu ciel, les maisonnettes abritent des appartements 2 et 3 pièces. Une adresse familiale et conviviale, où les enfants apprécieront de se baigner dans une grande piscine chauffée, ouverte de juin à septembre. Sur place : aire de jeux et salle de fitness.

**Crêperie Le Bac à Blé :** *67, bd de la République, Tharon-Plage, 44730* ***Saint-Michel-Chef-Chef.*** *☎ 02-40-64-90-90. • chabada6@gmail.com • À 7 km, à mi-chemin avec Pornic. Sur la première avenue parallèle à la mer. Fermé lun-mer hors saison. Résa conseillée. Carte env 15-20 €.* Dans un cadre frais et sans prétention, on découvre bien plus qu'une crêperie. Charlotte, la patronne, se révèle intraitable sur la qualité et la fraîcheur des produits. Même la sauce tomate est maison. Ça se sait jusqu'à Nantes, et les gens du coin n'hésitent pas à faire le déplacement pour déguster ses spécialités, crêpes et galettes à la farine bio, ou même une raclette en galette (délice du Bac) ! Accueil aimable. La petite adresse conviviale, en quelque sorte !

**L'Empreinte :** *119, bd de l'Océan, Tharon-Plage, 44730* ***Saint-Michel-Chef-Chef.*** *☎ 02-40-27-82-17. • lempreinte.tharon@orange.fr • hotel-restaurant-lempreinte.com • Resto fermé dim soir et lun midi en basse saison. Doubles 64-94 € selon vue et saison. Formule 15 €, menu 29 €. Café offert sur présentation de ce guide.* Un fort sympathique hôtel-resto face à l'océan, offrant des chambres d'excellent confort. Table réputée également et salle panoramique à la déco contemporaine.

Spécialisée dans le poisson et les fruits de mer. Que des bons produits, que du frais et cuisine de pro. En prime, accueil chaleureux.

## À voir. À faire

**Le musée de la Marine :** *pl. Bougainville (au pied du pont de Saint-Nazaire). ☎ 02-40-27-00-64. De mi-juin à mi-sept, tlj sf lun, 14h30-19h ; de fin avr à mi-juin, w-e et j. fériés 15h-19h. Entrée : 4 € ; forfait famille ; gratuit moins de 12 ans.*
Situé dans le fort réaménagé de Mindin avec son superbe point de vue sur l'estuaire, ce musée abrite environ 65 maquettes de navires modernes et anciens, de guerre, de commerce ou de pêche, dont des répliques de plus de 1 m du *France,* du *Normandie* ou du porte-avions *Foch.* Voir aussi le superpétrolier *Batilus,* qui impressionne souvent les enfants. Collection d'objets, de tableaux ayant trait à la marine, et deux vidéos (1h chacune !) retraçant l'histoire maritime du XVIIIe s à nos jours et celle de la construction navale dans la région. Belle évocation également de la bataille des Cardinaux en 1759 et du commerce triangulaire. Un petit musée qui mérite le détour.
À l'extérieur, petit jardin botanique et un ponton avançant sur l'estuaire qui offre une extraordinaire vue sur le pont de Saint-Nazaire et sur l'étonnante sculpture le *Serpent d'Océan* de Huang Yong Ping : installé pour l'édition 2012 du parcours artistique *Estuaire,* un squelette d'aluminium long de 130 m qui ne laisse dépasser que sa gueule ouverte à marée haute.

**Les mégalithes de Saint-Brevin :** *rens auprès de l'office de tourisme.* L'ensemble de la commune est parsemé de vestiges mégalithiques.

– **École de voile – Sports nautiques Brevinois :** *base nautique du Pointeau, bd de l'Océan. ☎ 02-40-64-49-41. • saint-brevin.fr • Tte l'année, tlj sf dim mat.* Location, stages et cours à la carte : Optimist, planche et char à voile, kayak, catamaran, speed-sail...

➢ Le circuit cycliste ***Vélocéan,*** qui se faufile sur une quarantaine de kilomètres le long du littoral du pays de Retz, passe par Saint-Brevin.

## Manifestations

– **Festival côté mer :** *juil-août, concerts et spectacles lun-ven.*
– **Festival pyrotechnique international :** *le 3e sam d'août. Rens à l'office de tourisme.* Grands feux d'artifice tirés de la plage en musique.

## DANS LES ENVIRONS DE SAINT-BREVIN-LES-PINS

**Le Saint-Michel magasins :** *8, rue de Chevecier, 44730* ***Saint-Michel-Chef-Chef.*** *☎ 02-51-74-75-44. • paul.eveillard@stmichel.fr • Tte l'année, tlj sf dim hors été. Film de 20 mn en continu ; se présenter aux bureaux, juste à droite du magasin.* La notoriété de cette commune est liée à ses fameuses galettes Saint-Michel. Créée en 1905 par un enfant du pays, Joseph Grellier, la biscuiterie fonctionne toujours. On peut y visionner un film sur son histoire. Boutique sur place avec toute la gamme : galettes Saint-Michel, sablés de Retz, palets Roudor...

**Le Conservatoire des vieux métiers :** *44560* ***Saint-Père-en-Retz.*** *☎ 02-40-21-74-46. À 11 km au sud-est de Saint-Brevin (fléché). Juin et sept, w-e et j. fériés 15h-19h ; juil-août, tlj ; le reste de l'année, sur rdv.* Les nostalgiques de vieux métiers ne manqueront pas d'y faire une visite. Le conservatoire retrace sur 1 500 $m^2$ l'économie du pays de Retz au XVIIIe s : mise en scène des gestes, animation des engins, etc.

À voir également dans le bourg, la ***Maison du lavoir*** : *rue de Pornic, 44560* ***Saint-Père-en-Retz.*** *Mêmes tél et horaires que le Conservatoire des vieux métiers.* À côté d'un vieux lavoir de 150 ans – impressionnant par ses dimensions et entièrement retapé – la maison expose une collection de photos et d'objets anciens.

# L'ESTUAIRE DE LA LOIRE

**Bien que les effets de la marée se fassent sentir jusqu'à Ancenis, à 30 km en amont de Nantes, c'est au port de Nantes qu'officiellement commence l'estuaire. La Loire décrit alors une ultime et large courbe dont la forme en conque caractéristique est reprise pour le logo de la ville de Nantes. La limite officielle entre eaux douces et eaux salées est fixée à Cordemais. La profondeur du chenal reste à peu près constante de Nantes à Paimbœuf (environ 6 m) et s'accentue brutalement jusqu'à 14 m à partir de Donges. Le sable charrié, mais aussi les travaux de dragage ou de comblement renouvellent sans cesse sa géographie. Sillonné de chenaux, parsemé d'îles et bordé de marais, l'estuaire ravit les pêcheurs d'aloses, d'anguilles, de civelles et de saumons, les ornithologues pour les nombreux échassiers, canards et rapaces, et les promeneurs grâce aux chemins de randonnées ponctués d'œuvres d'art sur le parcours *Estuaire,* de part et d'autre de ses rives.**

## PAIMBŒUF

(44560) 3 000 hab. *Carte Loire-Atlantique, B3*

**Au bord de l'estuaire, à 12 km à l'est de Saint-Brevin. Petit bourg modeste au début du XVIIe s, la ville connut une époque prospère durant plus de deux siècles. En effet, l'ensablement de la Loire ne permettant plus aux navires de remonter le cours du fleuve, ils devaient s'arrêter à Paimbœuf, qui devint alors avant-port de Nantes, avec ses chantiers de construction et de réparation navale. Au milieu du XIXe s, l'approfondissement du chenal de la Loire et la concurrence de Saint-Nazaire portèrent un coup fatal au développement de la ville.**

### Adresses utiles

***Office de tourisme :*** *quai Sadi-Carnot, le « hangar ». ☎ 02-40-27-53-82. • paimboeuf.fr • Juil-août, tlj ; sept-juin, mar-sam.* Infos sur les visites commentées de la ville à pied ou en calèche, ainsi que les croisières en bateau sur la Loire. Tarifs préférentiels pour certains sites touristiques locaux. Dépliant sur le parcours d'interprétation du patrimoine de Paimbœuf (10 panneaux).

***Location de vélos :*** *au* ***Camping L'Estuaire,*** *quai Éole. 06-89-55-02-06.*

### Où dormir dans les environs ?

***Gîte de la Lande :*** *hameau de la Lande, 44320* ***Saint-Viaud.*** *☎ 02-40-39-15-44. • stephanemezille@gmail.com • gitesdelalande.com • À 8 km de Paimbœuf sur la D 98 après Saint-Viaud vers Frossay, à droite. Gîte* *jusqu'à 11 pers 250-1 350 €/sem. Réduc de 10 % sur présentation de ce guide.* Dans un beau corps de ferme superbement restauré et indépendant de la résidence des proprios. Gîte disponible à la nuitée hors saison, dans l'ancien pigeonnier avec petit jardin privatif et des cottages dans l'ancienne écurie. Belle terrasse encadrant une piscine chauffée.

## À voir

**L'église Saint-Louis :** *tlj 10h-17h (19h juil-août).* Les deux architectes nantais qui avaient concouru pour le projet de la construction du Sacré-Cœur à Paris furent choisis pour réaliser l'église de Paimbœuf. Construite de 1877 à 1912, cette église de style néobyzantin avec sa coupole, son plan en croix grecque et ses couleurs intérieures... en font un lieu de culte unique en Loire-Atlantique. L'autel baroque est composé de plusieurs marbres précieux et est classé aux Monuments historiques. Autant vous le dire, les Paimblotins tiennent beaucoup à leur église !

***Les pittoresques passage et rue du Général-de-Gaulle et du Faisan :*** à l'époque florissante et animée de Paimbœuf, une foule de marins débarquaient en ville. Tandis que leurs capitaines regagnaient leurs riches hôtels particuliers, matelots et moussaillons empruntaient d'étroits passages pour rejoindre les rues parallèles aux quais afin d'y trouver logis. Les immeubles populaires de la rue du Général-de-Gaulle sont aujourd'hui restaurés, et sur leurs façades aux couleurs vives subsistent quelques beaux balcons en fer forgé, tous différents. Si vous ne pouvez faire la visite guidée de l'office de tourisme, demandez-leur le plan du circuit des rues les plus intéressantes.

***Le Jardin étoilé :*** *quai Edmond-Libert. Au bord du fleuve, en amont de l'office de tourisme.* Un jardin complètement fou, tout en flèches de bois, imaginé par Kinya Maruyama, un artiste japonais qui trouvait une ressemblance entre la Loire et la rivière Mogami de son pays natal. Avant d'y aller et pour comprendre ce que l'artiste a voulu exprimer dans ces structures géantes et ludiques, vous pouvez passer à l'office de tourisme, qui vous délivrera la notice explicative.

➢ Agréable ***promenade le long des quais Éole et Gautreau :*** maisons d'armateurs, avec quelques beaux balcons. Heureusement que la raffinerie de Donges, de l'autre côté du fleuve, est masquée par un jardin public arboré. Il paraît que pour certains, cette usine rappelle New York lorsqu'elle est illuminée le soir...

## DANS LES ENVIRONS DE PAIMBŒUF

***Corsept*** *(44560) : à 2 km à l'ouest de Paimbœuf, également au bord de l'estuaire.* Vieille église où fut pratiqué un culte à saint Martin de Vertou dès le XVe s. Dans la maison du Pasquiaud séjourna le peintre Jean-Baptiste Corot. Trois sentiers pédestres, dont un qui permet de découvrir des mégalithes, nombreux dans la région.

➢ ***Le Sentier découverte de l'estuaire :*** au départ de l'ancien petit port de la Maison Verte, abandonné depuis les années 1960 mais récemment rénové, ce sentier pédestre longe les bords de Loire sur 6 km, permettant de découvrir la faune et la flore locales, les pêcheries, ainsi qu'un belvédère d'observation. Vous avez des chances de tomber nez à nez avec les vaches qui assurent l'entretien écologique du site en toute liberté.

– ***Base de loisirs TSN44 de Saint-Viaud*** *(44320) : à 4 km de Paimbœuf. ☎ 02-40-39-15-92. ● tsn44.com ●* Téléski nautique.

## Manifestation

– ***Festival LPO Birdfair :*** *sur 3 j. en mai.* • *birdfair.fr* • Tourisme de nature et de l'oiseau.

# LE CANAL MARITIME DE LA BASSE LOIRE

*Carte Loire-Atlantique, B3*

**À quelque 20 km de Nantes, un havre de paix assez insolite et agréable, à l'ombre de saules et de peupliers. Le *canal de La Martinière,* autre nom qui lui est attribué, court sur 15 km, du village de La Martinière (commune du Pellerin, au sud) au Carnet (commune de Saint-Viaud, au nord). Il est fermé à chaque extrémité par une écluse de 150 m.**

## UN PEU D'HISTOIRE

Au XIXe s, l'ensablement de la Loire et la navigabilité de l'estuaire empêchent les bateaux de haute mer, jaugeant plus lourd, de remonter jusqu'à Nantes. La survie du port de Nantes est en jeu. En 1876, un député s'écrie à la tribune : « La Loire s'ensable, la Loire se perd, la Loire se ruine. » Des travaux avaient été pourtant menés auparavant avec l'endiguement du fleuve, de Bouguenais au Pellerin. Mais ce n'était pas suffisant. On pense alors à créer un canal pour éviter les pièges des îles et des passes entre Le Pellerin et Paimbœuf. Les travaux, commencés en 1882, durent 10 ans. Mais avec l'apparition de navires aux tirants d'eau mesurant jusqu'à 7 m, le canal devient vite inadapté. En 1903, on décide d'approfondir le chenal de la Loire. En 1911, le canal est finalement fermé à la grande navigation et sert de cimetière aux grands trois-mâts, avant d'être fréquenté par les chalands des riverains et les plaisanciers. Depuis les années 1960, il est utilisé pour réguler le niveau d'eau des marais du pays de Retz et pour irriguer une partie de son territoire. En 1992, une promenade a été aménagée, qui fait le bonheur des Nantais pour leurs balades dominicales.

## Où dormir ? Où manger dans les environs ?

### Camping

⛺ ***Camping du Migron :*** *La Chaussée, Le Migron, 44320* ***Frossay.*** *☎ 02-40-39-72-72 (mairie, hors saison). 📱 07-86-38-36-90.* • *mairie@frossay.fr* • *frossay.fr* • *Au bord du canal. De mi-juin à mi-sept. Tente en hte saison 9,40 €. CB refusées. 40 empl.* Sur une étendue herbeuse ombragée, sans autre équipement qu'un bloc sanitaire. Nombreuses balades à vélo dans les environs, ainsi que du canoë-kayak, de l'ULM et de la pêche. Location de vélos et d'avirons.

### Bon marché

|●| ***Le Tisonnier :*** *à Messan, 44640* ***Rouans.*** *☎ 02-40-64-29-83. ♿ Entre Frossay et Le Pellerin. Lun-ven, midi slt. Menu 11,30 € ; et carte.* Un resto-tabac-café-Maison de la presse style routier, où l'on se restaure bien et copieusement pour pas cher. Un bon rapport qualité-prix-rapidité-amabilité dans ce coin où les adresses sont plutôt rares.

### Chic

🏠 ***Chambres d'hôtes Château de la Rousselière :*** *44320* ***Frossay.***

*☎ 02-40-39-79-59. • info@larousseliere.com • larousseliere.com • À 8 km à l'ouest de Paimbœuf, par la route de Nantes, et à 3 km du canal. Mai-sept. Compter 90 € pour 2.* Dans une plaisante demeure des XVII^e^-XVIII^e^ s, au milieu d'un parc de 25 ha. 3 chambres d'hôtes confortables et lumineuses. Piscine. Accueil familial sympathique. Gîte pour groupe également (jusqu'à 16 personnes) dans une aile du château et diverses activités avec *Défi Nature,* notamment son parcours « Escal'arbres » dans le parc (voir plus loin « À faire »).

**Château du Pé :** *rue de l'Égalité, 44640* ***Saint-Jean-de-Boiseau.*** *06-09-43-01-63. • chateaudupe.fr • Près de l'église et de la mairie. Doubles 75 € en sem, 90 € ven-dim, petit déj inclus ; également une familiale.* 6 couples d'artistes renommés ont eu le feu vert pour concevoir les 6 chambres d'hôtes de ce château onirique du XVIII^e^ s, dans le cadre d'*Estuaire.* Des univers désinhibés, de « L'antichambre » à « La grande question », des lits cachés dans le plancher ou les murs, une cheminée papillon, une fenêtre qui lit un poème, des boîtes d'entomologiste... Le tout dans un parc de 7 ha et à deux pas de la Loire. Et si vous n'y séjournez pas, *possibilité de visiter gratuitement les chambres le dim ap-m !*

## À faire

➢ ***Balade le long du canal :*** *au départ du village de* ***La Martinière.*** Maisons anciennes et écluse de grande navigation. Longer la rive droite jusqu'aux ***Champs-Neufs.*** Là : barrage et écluse avec sa machinerie visitable, remise en état *(ACCAM, ☎ 02-40-04-65-21 ; • canal-maritime-basse-loire.fr • ; mai-juin, sam ap-m ; juil-août, jeu ap-m ; 2 €).* À proximité de l'écluse, après la crêperie, un club nautique loue dériveurs, barques et embarcations à pédales *(☎ 02-40-05-64-61).* Suivre ensuite la rive gauche jusqu'au ***Migron,*** petit bourg qui abrite de vieilles maisons le long de ses ruelles. ***Le Quai Vert,*** lieu atypique, propose des activités culturelles et de découverte de la nature, ainsi que la location de vélos, embarcations à pédales, canoës et kayaks *(☎ 02-28-53-51-62 ; • quai-vert.com •).*

***Le bateau mou ou « Misconceivable » :*** *écluse de La Martinière, à 2 km du Pellerin. Accessible depuis Couëron par un traversier (GRATUIT) ou depuis Bouguenais par la D 723.* Dans un site charmant (apporter le pique-nique), drôle de bateau en arrêt dans l'espace, une quille dans le vide, une hélice dans rien, qui tord sa proue vers les eaux de la Loire. Œuvre moderne d'Erwin Wurm, du parcours artistique *Estuaire* 2007.

### ATTENTION, GOLDORAK DÉBARQUE !

*À l'entrée de Saint-Jean-de-Boiseau, en arrivant du Pellerin, se tient la petite chapelle de Bethléem, du XV^e^ s et récemment restaurée. Un sculpteur local s'est inspiré du cinéma fantastique hollywoodien et de la culture manga pour reconstituer les pinacles. Résultat : des chimères qui ont les traits de Goldorak, des Gremlins ou de la créature d'Alien ! Bonne idée pour attirer le touriste.*

➢ ***Vol en ULM au-dessus du canal :*** ***Rand-Kar,*** *44320* ***Frossay.*** *☎ 02-40-64-21-66. • randkar.fr • Sur rdv. De 15 mn à la journée complète. Compter 50 € pour un baptême de 15 mn.* Ce petit club, tenu par une équipe passionnée, propose plusieurs circuits en ULM dans la région (biplace avec pilote). Un spectacle qui vaut vraiment le coup, même si le coût peut freiner vos ardeurs.

➢ ***Défi Nature :*** *parc du château de la Rousselière, 44320* ***Frossay.*** *☎ 02-40-39-79-59. • definature.com • Vac scol de Pâques, 14h-18h ; avr-juin et sept,* *w-e et ponts 11h-19h ; juil-août et vac scol, tlj 10h-20h. À partir de 2 ans. Tarifs « Escal'arbres » : env 6 € pour les 2-5 ans, puis 14-23 € selon parcours.* On grimpe, on s'accroche, on dévale, on glisse... d'arbre en arbre, même en nocturne ! Ou comment jouer à se faire peur sans danger. Également jeux-énigmes, courses d'orientation...

## DANS LES ENVIRONS DU CANAL

***Le parc du Sentier des Daims :*** *La Poitevinière, D 78 (route de Saint-Père-en-Retz à Frossay), 44320* ***Frossay.*** *☎ 02-40-39-75-06. • sentierdes daims.com • Mi-fév à début nov, tlj 10h-18h ou 19h selon période (billetterie jusqu'à 16h30 ou 17h) ; 2de quinzaine de déc, spectacle et animation de Noël sur résa. Entrée : 14-16,50 € selon période ; 9-11 € pour les 3-12 ans ; réduc.* Parc animalier centré sur les cervidés provenant du monde entier. Dans les 33 ha, on croisera daims, chevreuils, wapitis, hydropotes, cerfs Sika du Japon, rennes... plus de 400 animaux au total (dont, également, des rapaces et des loups). La visite comprend une vingtaine de parcours légendaires et circuits scénographiés avec spectacles et animations dans l'univers merveilleux des contes et légendes.

***La réserve ornithologique de l'île de Massereau et du Migron :*** paradis des oiseaux migrateurs. 400 ha de roselières, saulaies et prairies où s'ébattent hérons cendrés, sarcelles, bécassines... Possibilité de visites guidées (infos à l'office de tourisme de Paimbœuf).

***Le labyrinthe de Nantes-Bouguenais :*** *chemin des Réservoirs, 44340* ***Bouguenais.*** *☎ 02-51-70-60-99. • lelabyrinthe.fr • Sur le bord de la voie rapide en direction de Pornic ; sortie C5 « La Mouchonnerie ». De mi-avr à août, tlj 10h-19h (dernière entrée à 17h30) ; mars et sept, slt mer et w-e 11h-18h ; vac scol de la Toussaint, tlj 11h-18h (dernière entrée à 16h30). Entrée : 9,50 € ; 6,50 € pour les moins de 12 ans.* Un des plus grands labyrinthes permanents du monde, avec plus de 4 km de promenade. On se perd, on se retrouve, on cherche des énigmes, pour le plus grand plaisir des petits... et des grands ! Également des balades à dos de poney, des jeux pour enfants, une petite restauration et des visites nocturnes (se renseigner).

***Le bac du Pellerin :*** *passage ttes les 20 mn, 6h20-20h30, voire 21h30 de mi-juin à mi-sept. GRATUIT.* Comme le faisaient autrefois les pèlerins en route vers Saint-Jacques-de-Compostelle, on traverse la Loire avec ce bac jusqu'à l'autre rive où le bourg du Pellerin possède chez sa voisine d'en face, ***Couëron,*** une enclave dite « du Paradis ». Ce bac qui permettait également aux ouvriers « sud-Loire » d'aller travailler « nord-Loire » offre aujourd'hui aux touristes l'occasion d'une minicroisière sur le fleuve sauvage. C'est le dernier des bacs sur la Loire en fonctionnement.

# SAINT-NAZAIRE [sant-nazeR]

(44600) 68 840 hab. *Carte Loire-Atlantique, A-B3*

**Bienvenue dans une ville qu'il faut savoir regarder par deux fois ! Souvent victime d'une image trop stéréotypée de port, Saint-Nazaire révèle en fin de compte une vraie atmosphère, comme seules les villes littorales en dégagent. À la fois touchante (car vraie victime de la guerre et qui aujourd'hui « vit » les docks), humaine et où il fait bon vivre, car le climat y est doux et moins pluvieux qu'il n'y paraît.**

**De plus, on y découvrira un pôle touristique innovant, créatif et intéressant, qui a déjà accueilli plus de trois millions de visiteurs. Moderne par ses aménagements et ses rénovations (voir le front de mer), Saint-Nazaire s'est offert des touches de couleurs depuis quelques années avec des œuvres d'art moderne distillées ici et là. Et la découverte de ses sites industriels se révèle des plus passionnante. Alors, ne boudons pas notre plaisir, revoyons nos clichés, découvrons également la vingtaine de plages en direction de Pornichet, ce port devenu lieu de loisir, et laissons-nous « barrer » dans le Saint-Nazaire du XXI^e^ s...**

### UN GUIDE AD HOC

*Les villes fidèlement représentées dans les ouvrages d'Hergé ne sont pas légion ; Saint-Nazaire figure au palmarès. Des panneaux de 4 × 3 m immortalisent les épisodes nazairiens des aventures de Tintin en plusieurs points de la ville. La similitude des lieux est souvent frappante.*

## UN PEU D'HISTOIRE

Le village de Méan prit au Moyen Âge le nom de Port-Nazaire, en hommage au martyr décapité à Milan au I^er^ s... et devint plus tard Saint-Nazaire, à l'instar d'une douzaine de communes homonymes en France.

En 1830, seuls quelque 800 habitants peuplaient les petites rues tortueuses où l'on trouvait les « pilotes de Loire », ces marins qui orientaient les bateaux entre Nantes et l'océan à travers les méandres du fleuve sauvage. Un vrai savoir-faire ! Le XIX^e^ s vit donc « s'affronter » Saint-Nazaire et Paimbœuf pour le contrôle de l'avant-port de Nantes. Grâce au chemin de fer, Saint-Nazaire remporta la mise, et les Nazairiens construisirent des bassins en eau profonde sur décision de Napoléon III. En 1862, les frères Pereire, banquiers, patrons du Chemin de fer Paris-Orléans et de la Compagnie générale transatlantique, confièrent à un Écossais, John Scott, la construction d'un chantier naval de paquebots. Les grands « transats » sont nés dans cette ville « clé de l'estuaire » (blason avec une clé sur une voile) dont la devise est *Aperit et nemo claudit* (« Elle ouvre et personne ne ferme »). Très vite, un deuxième bassin fut creusé, et la ville, depuis 1862 port transatlantique et tête de ligne pour le Mexique, les Antilles et Panamá, connut un essor sans précédent. On accourait de toutes les provinces, à tel point que Saint-Nazaire était surnommée « la Petite Californie bretonne ».

Pendant l'entre-deux-guerres, la vie y était belle et les innovations sociales légion : premières conventions collectives, bourse du travail, habitations à loyer bon marché, maison d'hygiène sociale pour les consultations des femmes enceintes, gratuité des livres pour tous les élèves de l'école publique...

Et soudain, l'histoire reprit tristement le dessus. La Seconde Guerre mondiale éclata, et la ville fut tout simplement rasée.

La reconstruction, confiée à Noël Le Maresquier, Grand Prix de Rome, devait permettre de loger rapidement autant d'habitants que possible. Après avoir déblayé deux millions de mètres cubes de gravats qui servirent à combler un ancien marais et créer le parc paysager, tout près

### DU BÉTON ARMÉ POUR RÉSISTER

*Durant la Seconde Guerre mondiale, la base sous-marine de Saint-Nazaire, écrou inviolable de la marine allemande sur l'Atlantique, causa la perte de la ville. Les tapis de bombes des raids alliés eurent raison de 80 % de la ville, mais la base résista (et elle dresse aujourd'hui encore ses arrogantes tonnes de béton). À tel point que Saint-Nazaire fut la dernière ville libérée en Europe : le 11 mai 1945 (3 jours après la capitulation de l'Allemagne) !*

du centre-ville, on vit surgir une ville neuve, avec ses « Champs-Élysées » (l'avenue de la République), ses rues rectilignes et ses immeubles de béton.
Point névralgique : le centre commercial appelé le *Paquebot* (ça vous étonne ?), datant de 1988, qui coupe l'avenue en deux. Depuis, les habitants n'y portent plus guère attention, et aujourd'hui, Saint-Nazaire est une « ville à la mer » qui se découvre et s'apprécie facilement à pied, avec son quartier Ville-Port dédié aux loisirs culturels et sa grande plage de centre-ville (avec de superbes jeux pour enfants), sans oublier son front de mer réaménagé, son skate-park... et, un peu plus loin, le quartier balnéaire de Saint-Marc que les adeptes de Jacques Tati ne manqueront pas de visiter.
Côté chantiers navals, c'est une histoire riche d'un siècle et demi de construction de palaces flottants comme l'*Atlantique,* l'*Île de France,* le *Normandie* et le *France* ou, plus récemment, le *Queen Mary 2 (of course).* Pour les chantiers navals de Saint-Nazaire, devenus STX en 2008, l'aventure se poursuit avec la construction de paquebots de croisière mais aussi la recherche de diversification, notamment dans le domaine des énergies renouvelables. Sans oublier l'autre industrie emblématique de la ville : Airbus !

## Transports

***Gare TGV*** *(plan B1)* **:** *plusieurs liaisons quotidiennes avec Paris-Montparnasse. ☎ 36-35 (0,34 €/mn).*
■ ***Boutique STRAN*** *(plan B1,* ***1****)* **:** *6, pl. Sémard. ☎ 02-40-00-75-75. • stran.fr • Lun-ven 7h30-18h45 ; sam 9h-12h, 13h30-17h.* Vente des tickets de bus, notamment des lignes urbaines *STRAN* (dont *HélYce,* un service de bus rapide en site propre) et du réseau départemental *Lila* *(☎ 09-69-39-40-44).*
P En ville, on trouve aisément à stationner ; certains ***parkings*** sont carrément gratuits (ou au moins la 1re heure dans les parkings à enclos). Bon à savoir : une navette, *Zenibus,* relie le grand parking gratuit du Théâtre, tout à côté de la base sous-marine (*Escal'Atlantic,* office de tourisme...) au centre-ville, toutes les 20 mn *(gratuit).*

## Adresses utiles

***Office de tourisme*** *(plan B2)* **:** *bd de la Légion-d'Honneur, base sous-marine. ☎ 02-40-22-40-65. • saint-nazaire-tourisme.com • Tte l'année sf 2 premières sem de janv.* Sur le site internet, rubrique « Disponibilité hôtelière » qui permet de réserver gratuitement directement auprès des établissements.
***Antenne de l'office de tourisme*** **:** *dans le quartier de Saint-Marc (plage) en juil-août.*
@ ***Zones Wifi*** **:** *autour de la gare et à la base sous-marine (office de tourisme).*
■ ***Location de voitures*** **:** ***Hertz,*** *7, bd Willy-Brandt. ☎ 02-40-66-51-69. Également* ***ADA,*** *122, av. de la République. ☎ 02-40-00-10-01.*

## Où dormir ?

### *Dans le centre*

### Bon marché

Les fauchés iront voir vers la zone portuaire (rues des Chantiers et Penhoët). Quartier un peu excentré, mieux vaut être motorisé. Les hôtels du coin sont plutôt des pensions, à des prix défiant toute concurrence. Chambres minimalistes.

***Hôtel de Touraine*** *(plan A3,* ***14****)* **:** *4, av. de la République. ☎ 02-40-22-47-56. • hoteltouraine@free.fr • hotel-de-touraine.com • Congés : fêtes de fin d'année. Doubles 40-45 € sans ou*

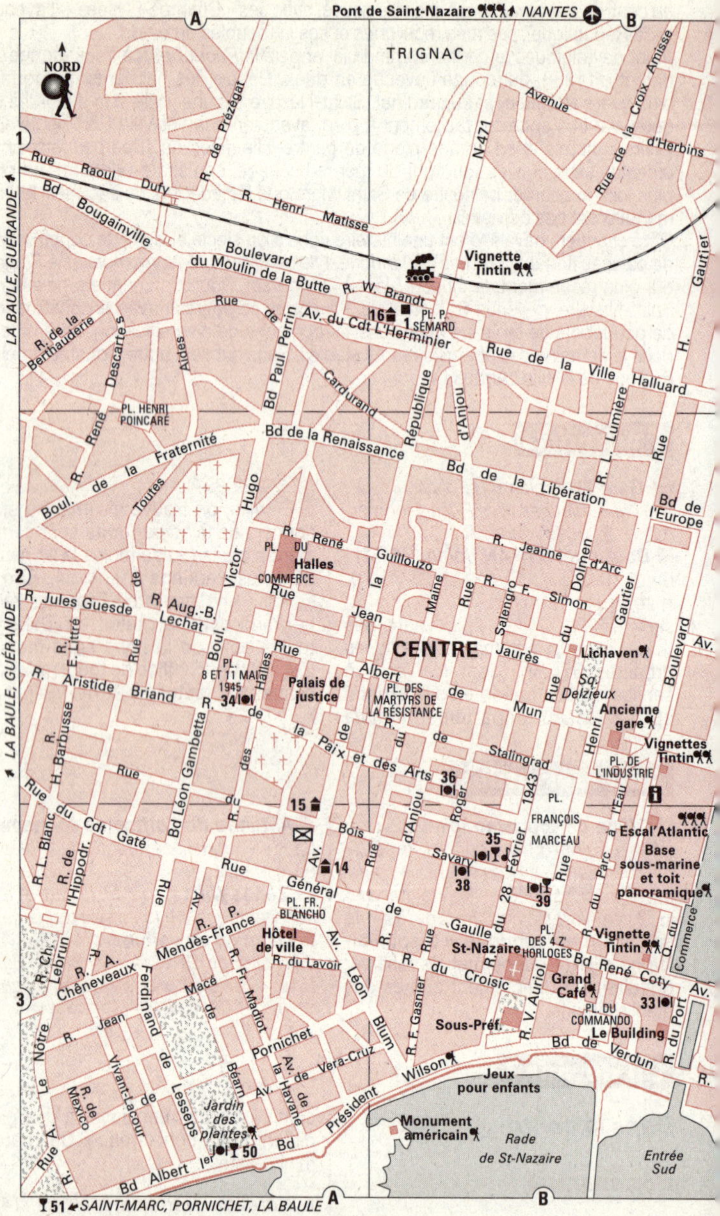

Pont de Saint-Nazaire
NANTES
NORD
TRIGNAC
LA BAULE, GUÉRANDE
CENTRE
Halles
Palais de justice
Hôtel de ville
Vignette Tintin
Lichaven
Ancienne gare
Vignettes Tintin
Escal'Atlantic
Base sous-marine et toit panoramique
St-Nazaire
Grand Café
Sous-Préf.
Le Building
Jeux pour enfants
Monument américain
Rade de St-Nazaire
Entrée Sud
Jardin des plantes
Bd Albert Ier
Bd de Verdun
Bd René Coty
Bd du Président Wilson
Bd de la Renaissance
Bd de la Libération
Boulevard du Moulin de la Butte
Av. du Cdt L'Herminier
Rue de la Ville Halluard
Rue Jean Jaurès
Rue Albert de Mun
Rue de la Paix et des Arts
Rue du Général de Gaulle
Bd Léon Gambetta
Bd Victor Hugo
51 SAINT-MARC, PORNICHET, LA BAULE

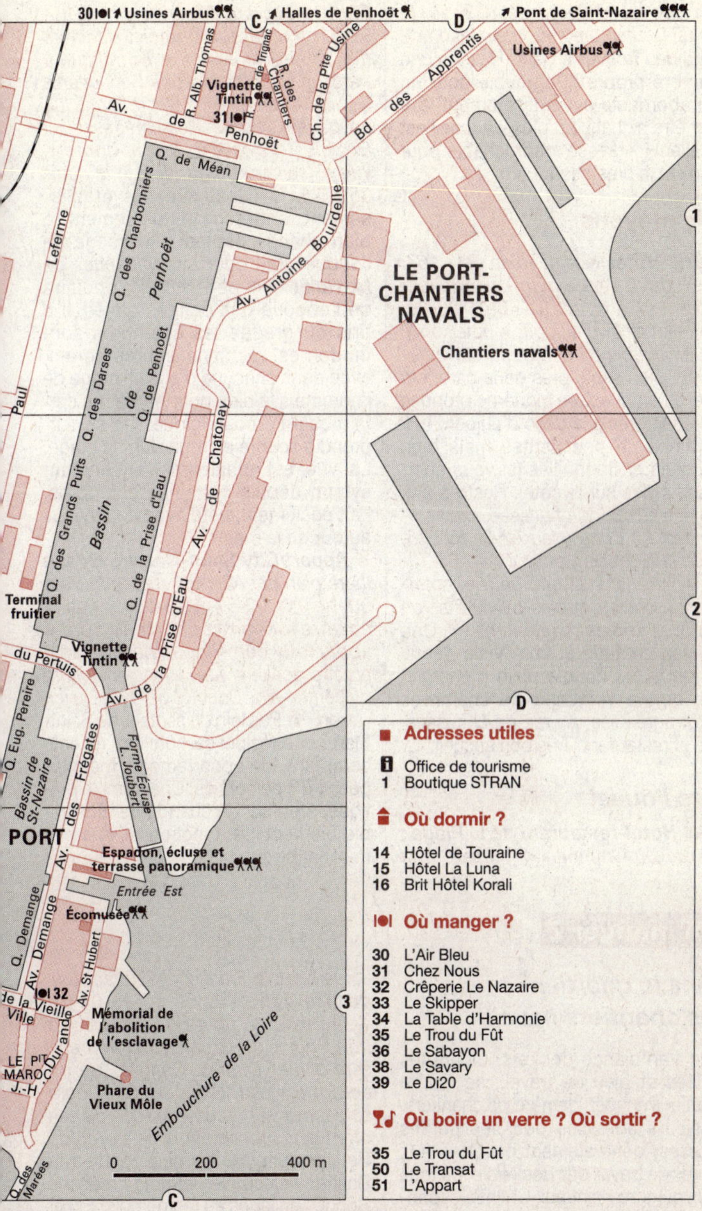


■ **Adresses utiles**

- i Office de tourisme
- 1 Boutique STRAN

**Où dormir ?**

- 14 Hôtel de Touraine
- 15 Hôtel La Luna
- 16 Brit Hôtel Korali

**Où manger ?**

- 30 L'Air Bleu
- 31 Chez Nous
- 32 Crêperie Le Nazaire
- 33 Le Skipper
- 34 La Table d'Harmonie
- 35 Le Trou du Fût
- 36 Le Sabayon
- 38 Le Savary
- 39 Le Di20

**Où boire un verre ? Où sortir ?**

- 35 Le Trou du Fût
- 50 Le Transat
- 51 L'Appart

**SAINT-NAZAIRE**

*avec sdb.* *Réduc de 10 % sur le prix de la chambre sur présentation de ce guide.* Trouver à Saint-Nazaire une chambre propre et agréable pour un prix abordable est suffisamment rare pour être signalé. En plus, l'accueil est excellent ! Adresse irréprochable pour le prix et la prestation.

## Prix moyens

**Brit Hôtel Korali** (plan B1, **16**) : *4, av. du Commandant-L'Herminier (pl. de la Gare).* ☎ *02-40-01-89-89.* • *hotelkorali@wanadoo.fr* • *hotelkorali.fr* • *Double 69 €, promos sur Internet.* Bien situé, près de la gare, cet hôtel à l'architecture moderne propose des chambres à la déco d'aujourd'hui, certaines un peu petites mais bien équipées et tranquilles (si vous choisissez celles sur le côté). Resto à prix moyens au rez-de-chaussée.

**Hôtel La Luna** (plan A2-3, **15**) : *15, av. de la République.* ☎ *02-40-66-70-82.* • *hotellaluna@orange.fr* • *hotel-la-luna.com* • *Doubles 59-63 € selon confort ; triples également.* Une adresse centrale et conviviale, tenue par un jeune couple plein d'énergie. Une bonne vingtaine de chambres plutôt agréables. Au rez-de-chaussée, café et restaurant. Très bon accueil.

## *Vers l'ouest*

**Hôtel-restaurant de la Plage** : *37, rue du Commandant-Charcot, à* ***Saint-Marc-sur-Mer.*** ☎ *02-40-91-99-01.* • *reception@hotel-delaplage.fr* • *hotel-delaplage.fr* • *Indiqué à partir du grand rond-point d'Océanis (véhicule nécessaire). Resto fermé lun en basse saison. Résa nécessaire. Doubles 79-240 € selon confort, vue et saison. Menu 30 €, à la carte 35-50 €.* C'est sûr, cet établissement, entretenu régulièrement, a bien changé depuis le passage de Jacques Tati pour *Les Vacances de M. Hulot.* De petit hôtel populaire de l'époque des congés payés, il a pris du grade : les chambres sont modernes, de style contemporain, avec dans chacune d'elles l'image de l'homme à la pipe pour garder un certain charme nostalgique. On se surprend à sourire en regardant la plage. La vue est d'ailleurs franchement sympa depuis certaines chambres. Fait également resto avec des menus autour de la mer.

**Appart'City Saint-Nazaire Océan** (hors plan par A2) : *59, rue de la Vecquerie.* ☎ *02-77-81-54-54.* • *saintnazaire-ocean@appartcity.com* • *appartcity.com/apparthotel-saint-nazaire-ocean* • *À 15 mn en voiture du centre-ville. Doubles 39-136 € selon saison.* Pas loin du secteur de Saint-Marc, une résidence hôtelière récente comptant 114 appartements meublés pour 1 à 6 personnes. Une formule pratique, à défaut de charmante. Ensemble bien équipé, fonctionnel et à prix raisonnables.

# Où manger ?

## *Dans le quartier des chantiers navals*

Pour l'ambiance dockers, cigarettes roulées et bleu de travail, se rendre quartier Penhoët, derrière les chantiers. Plusieurs adresses pour les petites bourses, généralement ouvertes aux heures de travail des dockers et de tous ceux qui travaillent aux Chantiers, principalement le midi en semaine et rarement le week-end ou en août (vraiment mort hors des horaires de chantiers).

**L'Air Bleu** (hors plan par C1, **30**) : *3, rue Anatole-France, 44550* ***Montoir-de-Bretagne.*** ☎ *02-40-90-01-17.* *Au pied du pont de Saint-Nazaire (rond-point de Gron). Tlj sf ven soir, sam-dim et j. fériés. Congés : de mi-août à mi-sept. Menu 12,80 € (boisson comprise). Apéritif maison ou café offert sur présentation de ce guide.* Bon, pas cher, au coude à coude avec Bastien l'électricien et Jojo l'mécano. Bonnes grillades au feu de bois. Excellente ambiance pas bégueule.

**Chez Nous** (plan C1, **31**) : *5, rue de Trignac.* ☎ *02-40-22-58-43.* • *contact@hotel-chez-nous-*

*saint-nazaire.fr • Lun-ven. Congés : 1re quinzaine d'août et vac de Noël. Repas 10,50 € (boissons comprises) servi midi et soir. Café offert sur présentation de ce guide.* Ambiance ouvrière pour une cuisine qui tient au corps et ne fait pas de miracles, mais qu'on accompagnera d'une petite mousse à prix compétitif.

## Autour du port

**Crêperie Le Nazaire** *(plan C3, **32**) : 9, av. de la Vieille-Ville. ☎ 02-40-22-57-92. En juil-août, tlj 12h-22h ; sinon, fermé lun ainsi que jeu soir hors vac scol. Carte env 15 €.* Une crêperie installée de longue date sur le port (vue imprenable depuis la terrasse). Cadre un peu conventionnel, mais bonnes crêpes (très large choix) et un patron aussi intraitable sur la provenance régionale de ses produits (jusqu'au Cola) qu'intarissable sur l'histoire de sa ville.

**Le Skipper** *(plan B3, **33**) : 1, bd René-Coty. ☎ 02-40-22-20-03. Tlj sf sam midi, dim et j. fériés. Congés : fêtes de fin d'année. Plats à partir de 16,50 € ; carte 30-35 €.* Une brasserie au design contemporain qui a le mérite d'ouvrir tard le soir et d'offrir une jolie vue sur le port depuis la baie vitrée. Les plats souvent d'humeur marine flirtent parfois avec des saveurs exotiques et sont préparés devant vous, surtout si vous mangez au comptoir. Addition malheureusement vite salée.

## Dans le centre

**Le Savary** *(plan B3, **38**) : 17, rue du Bois-Savary. ☎ 02-40-61-41-48. Tlj sf dim-lun. Menus 16,80-20,90 €, plus 29 € le soir (même menu pour tte la table).* Dans une rue discrète, un resto qui ne l'est pas moins. C'est pourtant une adresse à découvrir. Pour goûter, dans une enfilade de salles ou sur la paisible terrasse intérieure, une cuisine avec de l'idée, au plus près de produits en majorité bio (et sagement facturée). Service juste impeccable.

**La Table d'Harmonie** *(plan A2, **34**) : 60, rue de la Paix-et-des-Arts. ☎ 02-51-76-04-10. Tlj sf dim soir, mar soir, mer tte la journée et soir des j. fériés. Congés : 3 sem en mars, 10 j. fin sept-début oct. Formule 14,70 € déj en sem et menu 21 € en sem ; autres menus 28,20-47,50 €.* Une table réputée en ville, axée sur des spécialités de fruits de mer et de poisson. Service frétillant d'amabilité, et déco dans le ton.

**Le Trou du Fût** *(plan B3, **35**) : 19, rue du 28-Février-1943. ☎ 02-40-22-21-88. • letroudufut@orange.fr • Tlj sf dim midi. Formules déj en sem 10,50-12,50 € ; carte à l'ardoise env 22 €. Apéritif maison offert sur présentation de ce guide.* À la fois bar, bistrot et resto, on aime cette adresse conviviale et populaire qui cache une agréable terrasse couverte à l'arrière et qui pratique des prix démocratiques. On entre par un fût dans la salle tout en bois décorée sur le thème du vin, pour déguster une cuisine originale. Sympa pour manger, venir boire un verre ou écouter un concert (du jeudi au samedi soir). Faut ensuite bien viser pour s'extraire du *Trou du Fût*... mais c'est pas une raison pour sortir rond comme une barrique !

**Le Di20** *(plan B3, **39**) : 7, rue du Bois-Savary. ☎ 02-40-15-19-20. Tlj sf dim-lun. Formule env 15 € ; planche (charcuterie, fromages) autour de 10 € ; carte env 20 €.* Un bar à vins au décor en rouge et noir comme dans la chanson. Une clientèle de copains qui assure l'ambiance, et un patron qui, question flacons, sait de quoi il parle : il a été sommelier de quelques très grandes maisons à Londres comme sur la Côte d'Azur. Charcuteries corses ou produits du coin (andouille, curé nantais...) et quelques petits plats plus travaillés pour accompagner. Cave (avec un choix presque hallucinant) juste à côté.

**Le Sabayon** *(plan B2, **36**) : 7, rue de la Paix-et-des-Arts. ☎ 02-40-01-88-21. • touzeau.landry@orange.fr • Tlj sf dim-lun. Congés : 1re sem vac scol de fév et 3 sem en août. Résa conseillée. Menus 19,50-47 €.* Petit resto discret au cadre chaleureux, qui régale le palais d'une cuisine recherchée et élaborée. Ici, la mer est dans l'assiette, mais les amateurs de viande ne seront pas en reste. Impossible d'échapper au dessert, vrai dilemme pour les amateurs de chocolat (*Valrhona*, s'il vous plaît !). Fin et créatif, tout est bien préparé. Le tout avec un accueil pro, aux petits oignons. Et si vous êtes plus de 6, demandez le salon, très agréable.

### À Saint-Marc-sur-Mer

**Le France :** *plage de M. Hulot (courrier : 24, allée de la Mer-d'Iroise, 44600 Saint-Nazaire). ☎ 02-40-91-96-13. • lefrance.net • resto@lefrance.net • Avr-sept, tlj ; oct-mars, fermé le soir dim-jeu. Congés : janv. Réserver, surtout le w-e. Formules tlj sf dim à partir de 10,90 € ; menu Croisière 33,90 €. Sangria offerte sur présentation de ce guide.* Une brasserie amarrée à la plage, un peu usine, mais où tous les Nazairiens aiment à se retrouver autour de moules-frites ou d'un plateau de fruits de mer. Ambiance touristique, mais excellent accueil, service diligent et cuisine très honorable vu les prix au déjeuner.

## Où dormir ? Où manger dans les environs ?

### À Trignac *(44570)*

**La Milonga Bed & Breakfast :** *52, rue Jules-Verne. ☎ 02-40-42-65-37. • lamilongabb@gmail.com • saintnazairebb.com • Fermé en janv. Compter 57-67 € pour 2 ; 15-20 € supplémentaires pour une triple. Réduc de 10 % sur le prix des chambres sur présentation de ce guide.* Dans un ancien corps de ferme rénové en bordure du Brivet, 4 grandes chambres avec accès indépendant, qui donnent sur un jardin planté de palmiers. Un riad breton, quoi ! Toutes bien équipées ; l'une d'entre elles possède sa propre cuisine. Côté déco, nous sommes chez des globe-trotters, alors vous parlez d'un voyage ! Les vitrines sont pleines de trucs chinés sur tous les marchés du monde, et puis des livres et encore des livres... En hiver, un méga coin cheminée pour refaire le monde, justement. Autour, on tient au moins à vingt ! Mais le nec plus ultra, c'est la salle de danse, car ici, on danse le tango. Une base idéale pour partir à la découverte de la région. Accueil attentionné et souriant.

## Où boire un verre ? Où sortir ?

**L'Appart** *(hors plan par A3, **51**) : 182, rue de Pornichet. ☎ 02-40-70-84-95. De l'autre côté du rond-point de Sautron. Tlj sf dim, midi et soir. Concert ven soir et soirées avec DJs sam (se renseigner).* Debout, accoudé dehors à un fût métallique bleu, assis à une table de bistrot multicolore ou vautré dans l'un des hétéroclites fauteuils de salon, vous saurez apprécier l'ambiance cool et jeune d'une des pièces de cet appart. Également un jardin à l'arrière.

**Le Transat** *(plan A3, **50**) : 60, bd du Président-Wilson. ☎ 02-40-00-16-96. Fermé lun midi et le soir dim-jeu.* Adossé au Jardin des plantes. Une brasserie toute vitrée, point stratégique avec sa grande terrasse où se dorer les côtes sur le front de mer, bouquiner face à l'océan, déguster une glace ou voir au loin les paquebots passer. Galettes, salades...

*Sur le front de mer (bd Albert-Ier),* 2 terrasses ouvertes par beau temps (les bars sont des « cubes » assez design), **Le Bara-K** et **Le Bikini.**

**Le Trou du Fût** *(plan B3, **35**) : 19, rue du 28-Février-1943.* Voir plus haut « Où manger ? ».

**Le V.I.P. :** *base sous-marine, alvéole 14, bd de la Légion-d'Honneur. ☎ 02-51-10-00-00. Concerts oct-juin.* La salle de « musiques actuelles » locale. Groupes locaux et d'envergure internationale s'y produisent.

## À voir

### Les visites de Ville-Port

Pour la visite de tous les sites, compter 2 jours.

– **Horaires et billetterie centrale :** *les 3 sites touristiques du port de Saint-Nazaire* (Escal'Atlantic, *le sous-marin* Espadon *et l'*Écomusée) *ont la même billetterie*

*centrale et les mêmes horaires d'ouverture : avr-juin et sept, tlj sf lun, 10h-13h, 14h-18h ; juil-août, tlj 10h-19h ; vac scol de Pâques, Toussaint et Noël, tlj ; fév-mars et oct, mer-dim ; nov-déc hors vac scol, slt dim. Fermé 1er mai et 25 déc, fermeture annuelle en janv. Tarifs d'entrée variables selon les sites (et sous réserve ; se renseigner) ;* Pass'port *(*Escal'Atlantic, *sous-marin* Espadon, *Écomusée) valable 72h : 20 € ; ½ tarif enfant 4-14 ans. On pourra également y prendre ses billets pour les visites guidées des chantiers navals de Saint-Nazaire, d'Airbus Saint-Nazaire Gron et du Grand Port Maritime Nantes – Saint-Nazaire, ainsi que pour la croisière sur le littoral. Billetterie située juste à côté de l'office de tourisme. Rens et résas (obligatoires pour les chantiers navals,* Airbus, *le port et la croisière) : ☎ 02-28-540-640. • saint-nazaire-tourisme.com •*
La base sous-marine, où se trouvent ***Escal'Atlantic*** et la billetterie centrale des différents sites à visiter, est en quelque sorte la porte d'entrée des différents sites du port de Saint-Nazaire. L'alvéole 14 (à l'extrémité de la base côté port) abrite le ***LIFE*** *(Lieu international des formes émergentes)* et ***Le V.I.P.,*** la scène des musiques actuelles (voir ci-avant « Où boire un verre ? Où sortir ? »), deux lieux de création.
– ***Visite guidée de la base sous-marine :*** *en juil-août. Tarif : 6 € ; réduc. Résa conseillée au ☎ 02-28-540-640.* Découverte de la base, son histoire et son architecture, et surtout de sa reconquête par la ville, à travers le projet urbain « Ville-Port ».

★★★ 👪 ***Escal'Atlantic*** *(plan B3) : situé dans 2 alvéoles de l'ancienne base sous-marine allemande. ☎ 02-28-540-640. ♿ Voir horaires plus haut ; dernier ticket 1h avt la fermeture. Compter 1h30-2h en visite libre. Entrée : 13 € ; ½ tarif enfants 4-14 ans ; réduc. Réduc de 10 % sur l'entrée adulte plein tarif sur présentation de ce guide (valable pour ts les adultes de la famille en un paiement unique, non cumulable avec d'autres réducs).*
Noter que le label national « Qualité Tourisme » a été décerné à *Escal'Atlantic.* C'est LA visite de la région et un endroit assez unique dans son genre.
Un parcours et une expérience pour le moins originaux, sur plus de 3 700 m². *Escal'Atlantic* met en scène l'aventure fascinante des grands paquebots qui ont emmené durant plus d'un siècle des millions de passagers d'un continent à l'autre. Pour des voyages qui n'étaient pas que d'agrément : des films d'époque évoquent l'émigration de plus de 60 millions d'Européens qui ont quitté le Vieux Continent entre 1820 et 1925, à bord de ces paquebots.
Comme eux, on arrive dans le hall d'embarquement (évoquant celui du *Normandie,* avec des panneaux de laque d'origine). Ensuite, on explore les espaces caractéristiques d'un paquebot, entre coursives, cabines, timonerie, salons et cuisines qui servaient entre 9 000 et 15 000 repas par traversée. À travers une scénographie interactive revisitée en 2013, on ressent l'atmosphère à bord des paquebots, on comprend leur incroyable organisation, on s'étonne devant les innovations techniques de ces grands navires, on découvre d'authentiques objets de collection comme cette malle-cabine signée *Vuitton* de 1930 ou des objets ayant navigué à bord du *Normandie* et du *France,* on rêve à des destinations lointaines... Et on joue même le rôle d'un commandant en tentant, par exemple, d'amener à bon port un paquebot de Saint-Nazaire à Veracruz. En résumé, on en prend plein les mirettes, qu'on soit petit ou grand, persuadé d'être sur un vrai paquebot, surtout, une fois « en mer » où, sur le pont-promenade, on a franchement l'impression de s'offrir en quelques minutes une traversée transatlantique (iceberg et vaisseau fantôme compris !). Et la visite se termine dans... on vous laisse la surprise !

★ ***Le toit de la base sous-marine*** *(plan B2-3) : accès par une rampe piétonne ou par l'ascenseur situé derrière la billetterie centrale. Tlj 9h-17h30 (22h en été).* Quelques panneaux explicatifs sur l'épopée de Saint-Nazaire, et beau point de vue depuis ces terrasses. Petite promenade romantique (si, si, faites-nous confiance !), vraiment agréable en fin de soirée pour venir contempler le coucher du soleil. L'entrée du port apparaît alors à vos pieds, avec l'écluse fortifiée, la côte voisine, les chantiers navals, le pont au loin, l'estuaire, le début de l'océan... et l'Amérique si vous avez une bonne vue ! Aux environs immédiats : le ***terminal fruitier*** *(plan C2)* et le bassin de la ***forme-écluse Joubert*** *(plan C2-3),* aux dimensions impressionnantes : 350 m de long sur 53 m de large et 16,50 m de profondeur. Tout proche, le ***pont Levant.*** Coup d'œil également sur le nouveau quartier Ville-Port, conçu par l'architecte catalan Manuel de Sola, avec, entre autres, une vaste esplanade sur laquelle trône une monumentale « sirène » multicolore, œuvre du sculpteur Federica Matta.

➢ Œuvre du parcours artistique *Estuaire* : le ***Jardin du Tiers-Paysage*** de Gilles Clément est un espace en triptyque qui tire partie des trois dispositifs de l'architecture en place, à savoir les chambres d'éclatement des bombes, les travées non recouvertes et la fosse. Les 107 trembles qui surgissent du béton possèdent des feuilles brillant à la lumière et s'agitant au moindre souffle de vent.

***L'écluse fortifiée*** *(plan C3)* **:** la plus vieille écluse de Saint-Nazaire, bâtie en 1856 pour donner accès au bassin en eau profonde où mouillaient les premiers paquebots. Elle fut remaniée par les Allemands pendant la guerre. Et les bombardements alliés massifs n'ont pas eu plus raison d'elle que de la base sous-marine toute proche.

***La terrasse panoramique de l'écluse fortifiée*** *(plan C3)* **:** *mêmes horaires qu'Escal'Atlantic, etc. ; voir plus haut.* Meilleur point de vue que celui depuis le toit de la base sous-marine ? Question de point de vue !

➢ Œuvre du parcours artistique *Estuaire* : ***Suite de triangles,*** à partir d'un point de vue situé sur le toit de la terrasse. Felice Varini a matérialisé en 2007 une « ligne horizontale rouge » qui embrasse le paysage du port. Telle une partition, les formes disposées successivement sur le haut et le bas de cette ligne scandent le paysage en différentes séquences. L'œuvre, dressée sur 2 km, est la plus grande jamais réalisée par l'artiste.

***Le sous-marin* Espadon** *(plan C3)* **:** *☎ 02-28-540-640. Voir horaires plus haut ; dernier ticket 30 mn avt la fermeture. Visite audioguidée (30 mn). Entrée : 9 € ; ½ tarif enfants de 4 à 14 ans ; réduc.* Une visite à ne pas rater, car c'est une rare occasion de visiter un sous-marin à flot, bien protégé dans l'écluse fortifiée. Ce navire, né après la Seconde Guerre mondiale, partit en mission de 1960 à 1985, parcourant l'équivalent de 17 fois le tour de la Terre, et fut le premier à voguer sous les glaces... Il faut imaginer ce couloir, large d'à peine 50 cm par endroits, unique voie de circulation, 45 jours en mer, 65 hommes à bord et une douche... d'eau froide ! Sans compter le cinéma explosif : dans la salle des torpilles (car la plus vaste) ! Du haut de ses sous-marins nucléaires, la flotte française regarde désormais avec condescendance ce genre de vieux loup de mer.

### OUÏE FINE

*Si vous voulez devenir les « oreilles d'or » d'un sous-marin, sachez qu'il vous faudra passer par une école spéciale située à Toulon. On vous y apprend, en 4 ans, à reconnaître les signaux sonores de tous les sous-marins en circulation dans le monde, mais aussi l'empreinte d'un iceberg ou d'un animal marin ! Vous aurez d'ailleurs droit à une mise en oreille pendant la visite de l'*Espadon.

***L'Écomusée de Saint-Nazaire*** *(plan C3)* **:** *av. Saint-Hubert, près de l'écluse fortifiée. ☎ 02-28-540-640. Voir horaires plus haut ; dernier billet 1h avt la fermeture. Durée : env 1h. Entrée : 4 € ; ½ tarif enfants de 4 à 14 ans ; réduc ; gratuit nov-mars.* Un musée qui aide à comprendre l'histoire très intéressante et particulière d'une ville construite deux fois en un siècle. Une vingtaine de maquettes de qualité retracent l'histoire de la construction navale à Saint-Nazaire, de l'*Impératrice Eugénie,* le premier paquebot en 1864, au célèbre *France* (1962), dernier transatlantique français. Également une partie intéressante sur les hydravions, car on oublie souvent le prestigieux passé de pionnier de Saint-Nazaire dans ce domaine. À l'étage, on s'intéresse justement à l'industrie aéronautique et à l'histoire de la ville pendant les deux guerres mondiales.

⁂ Face à l'écomusée, étrange ***Mémorial de l'abolition de l'esclavage*** *(plan C3)* : œuvre de Mayo placée dans l'eau, à l'emplacement de l'embarcadère de l'ancien traversier. Noter que la femme regarde au loin et a brisé ses chaînes. À côté, le Vieux Môle ou « les rochers gluants » décrits par Balzac. Belle vue sur l'estuaire et le pont. Table d'orientation de Tintin à proximité du Vieux Môle.

⁂⁂ ***Les chantiers navals*** *(plan D1-2)* : *départ en bus depuis la billetterie centrale. Visite guidée mer et sam-dim (tlj en juil-août). Fermé en janv. Résa obligatoire au ☎ 02-28-540-640. Durée : 2h. Entrée : 13 € ; ½ tarif enfants 4-14 ans ; réduc. Lors de la résa, indiquer nom, prénom, date et lieu de naissance de ts les participants.* Important employeur de la ville et de la région, les chantiers navals sont immanquables à Saint-Nazaire. Depuis 1864, nombreux sont les paquebots de légende qui en sont sortis : l'*Île de France,* le *Normandie,* le *France...* la liste est longue : plus de 120 paquebots, des navires de guerre, mais aussi des cargos, pétroliers (dont le *Batillus,* le plus grand du monde à son lancement en 1976), méthaniers, etc. Aujourd'hui, on produit avant tout des bâtiments de croisière, dont le chantier nazairien est l'un des leaders mondiaux. Ces dernières années, les chantiers ont construit pour l'armateur italien MSC une dizaine de paquebots de croisière qui portent de jolis noms comme *Magnifica, Musica, Splendida, Preziosa* (livré en 2013). Et ils travaillent actuellement à la construction d'un paquebot géant pour la Royal Caribbean, livrable en 2016. Le sister-ship de ce géant et de nouveaux paquebots pour MSC prendront la relève... La visite passionnante permet d'approcher un lieu vivant, actif, où les bateaux se découvrent à différents stades de leur construction : de la découpe des tôles au plasma à l'assemblage des panneaux, en passant par la ligne de tins (blocs alignés au fond de la cale pour recevoir la quille du bateau en construction) et le nouveau portique prêt à soulever quelque 1 250 t. Équipé d'un casque récepteur permettant de ne rien manquer des commentaires du guide (les lieux sont bruyants), le visiteur découvre un site gigantesque. Une visite unique qui évoque un gros puzzle en trois dimensions ! À noter : des formules de visite spécifiques peuvent être proposées lors de la construction de certains navires hors normes comme *l'Oasis 3,* plus grand paquebot de croisière du monde.

⁂ Dans le quartier des chantiers navals, on peut encore se promener dans les ***halles de Penhoët*** *(hors plan par C1)* ; chaque mercredi matin et samedi matin s'y tient le marché. Ces halles, rappelant celles de Baltard, datent de 1878. Juste devant, le ***pavillon des douches publiques,*** désormais fermé au public.

⁂⁂ ***L'usine Airbus Saint-Nazaire*** *(hors plan par C1)* : *départ en car de la base sous-marine. Visite guidée essentiellement les mer et ven ; en période estivale, lun-ven. Fermé en janv. Résa obligatoire : ☎ 02-28-540-640, au moins 48h à l'avance. Lors de la résa, indiquer nom, prénom, date et lieu de naissance de ts les participants. Passeport ou carte d'identité obligatoire le j. de la visite. Compter 2h de visite. Entrée : 13 € ; ½ tarif de 4 à 14 ans ; réduc.*
Site industriel prestigieux qui fait partie d'un réseau complexe où les pièces sont fabriquées et assemblées dans plusieurs usines à l'échelle européenne. Saint-Nazaire est le deuxième site de production d'Airbus en France après Toulouse, avec plus de 2 400 salariés. On y assemble et équipe certaines parties de fuselage, dont celui de l'A 380, actuellement le plus gros avion civil au monde. Les coups de rivets finaux sont donnés à Toulouse. Imaginer qu'on assemblait partiellement un Airbus par mois en 1980, un par semaine en 1990 et un par jour en 2000 ! Depuis les passerelles de visite, on fait face aux aéronefs en cours d'assemblage. Impressionnant, le nombre de rivets qui viennent fixer les tronçons de fuselage ! Une carlingue d'ailleurs bien fine quand on y pense : 4 mm ! Et avec un peu de chance,

on voit le fameux *Beluga,* cet immense avion-cargo d'Airbus qui vient chercher des tronçons, sauf ceux de l'A 380, trop grands même pour lui.

**LES AILES DU DÉSIR**

*Le Beluga, cet immense avion-cargo d'Airbus, a été mobilisé en 1999 pour transporter l'inestimable tableau de Delacroix,* La Liberté guidant le peuple *(3 x 3,60 m), jusqu'au Japon pour une exposition. Le tableau avait été reproduit sur le fuselage pour en jeter plein la vue. Mauvais plan ! L'avion s'est vu interdit d'atterrissage dans un émirat du golfe Persique car* La Liberté *en question arbore avec toupet un impudique sein nu... qu'il fallut camoufler pour l'escale.*

*Le Grand Port Maritime – Saint-Nazaire :* *départ en car de la base sous-marine. Visite guidée de 2h, essentiellement le w-e pour les individuels. Fermé en janv. Résa obligatoire au moins 48h à l'avance auprès de la billetterie centrale : ☎ 02-28-540-640. Lors de la résa, indiquer nom, prénom, date et lieu de naissance de ts les participants. Passeport ou carte d'identité obligatoire à partir de 16 ans, le j. de la visite. Entrée : 13 € ; ½ tarif enfants de 4 à 14 ans ; réduc.* Le Grand Port Maritime emploie 700 personnes, accueille 3 000 navires par an et gère les installations du premier port sur la façade atlantique française. Rien que ça ! Après la partie nazairienne de la visite (avec historique du port), le car suit la route portuaire jusqu'à la raffinerie de Donges. En chemin, quelques blockhaus subsistent au bord de la piste d'atterrissage des ateliers d'*Airbus.* On revient ensuite vers Saint-Nazaire par les différents terminaux de Montoir-de-Bretagne. Entre mai et septembre, découverte des terminaux depuis l'estuaire de la Loire, avec la croisière « Saint-Nazaire sur mer » (voir plus loin « À faire »).

***Le pont de Saint-Nazaire*** *(hors plan par B1 et D1)* **:** majestueux, il domine l'estuaire et on le voit de (presque) partout. On recommande un passage plutôt en voiture (gratuit) qu'à pied, même si une étroite piste cyclable borde la route. Long de 3 356 m, haut de 61 m, inauguré en 1975, c'est l'un des ponts à haubans les plus grands d'Europe. Élégant, avec ses poteaux distinctifs rouge et blanc, son tracé ondule en « S » entre Saint-Brevin au sud et Saint-Nazaire au nord. Sa pente fait tout de même 5,6 %. Il a définitivement remplacé le bac qui faisait la traversée de la Loire, adopté par les Nazairiens comme vrai symbole de la ville.

## La ville

***Les vignettes Tintin :*** la ville et les docks sont jalonnés par six vignettes *(plan B1 ; plan C1 ; plan C2 ; plan B3 ; plan B2)* évoquant le plus célèbre des petits reporters à la houppette et, mille milliards de mille sabords, le capitaine non moins fameux pour ses jurons. L'association nazairienne ***Les 7 Soleils*** a mis en place ces impressionnants panneaux qui font référence à l'album d'Hergé *Les Sept Boules de cristal,* l'un des rares épisodes qui localise clairement la ville où se déroule l'intrigue. Table d'orientation indiquant les points de chute du reporter dans ses différents périples, sur le port, près du Vieux Môle.

Du côté du port : à l'angle de la place des Quat'z-Horloges, le ***Grand Café*** *(plan B3),* autrefois café chantant tenu par le père d'Aristide Briand, abrite aujourd'hui des salles d'exposition dédiées à l'art contemporain. Il a été miraculeusement épargné par les bombardements. Mention spéciale doit être faite également à l'***ancienne gare*** *(plan B2)* de 1867 qui a terminé sa carrière sur les planches... entendez qu'elle est devenue, prolongée d'un audacieux bâtiment contemporain, un théâtre. Comme beaucoup de gares à l'époque, il s'agissait d'un bâtiment en cul-de-sac. Les trains devaient donc « culer » (pour partir dans l'autre sens).

***Le dolmen des trois pierres ou lichaven*** *(plan B2)* **:** *rue du... Dolmen.* Au cœur d'un quartier de petits immeubles où on ne s'attend pas vraiment à trouver ce genre de monument s'élève un ***lichaven*** ou ***trilithe,*** haut de plus de 3 m et lourd de 5 t, précédé d'un menhir, datant de 4 000 ans av. J.-C.

## Le front de mer

Comme l'affirme haut et fort son slogan, Saint-Nazaire est une « ville à la mer ». Ce qui se vérifie avec la large promenade en front de mer récemment (et superbement) aménagée. Elle borde l'estuaire sur pas loin de 3 km et présente de larges bancs et quelques sympathiques terrasses de café (voir plus haut « Où boire un verre ? Où sortir ? ») pour faire une halte. Les vélos y sont également les bienvenus.

Sur la plage de Saint-Nazaire, face à la sous-préfecture, les enfants s'en donneront à cœur joie dans l'***espace de jeux.*** Noter que certains de ces jeux, qui semblent faits de troncs d'arbre charriés par la mer, sont adaptés aux enfants à mobilité réduite.

Un peu plus loin, face à la plage du Traict, au sommet d'un rocher, pris dans l'eau, se dresse, debout sur un aigle, un soldat brandissant l'épée de Lafayette. C'est le ***Monument américain*** *(plan B3),* œuvre de l'artiste américaine Gertrude V. Whitney, inauguré en 1926 par Pershing en souvenir des vétérans américains de la guerre de 1914-1918 et des 190 000 soldats américains qui sont passés par le port de Saint-Nazaire, importante base américaine en 1917. Détruite en 1941 et fondue par les Allemands pour en faire des armes, cette statue a été reconstruite presque à l'identique en 1989.

***Boulevard Wilson*** *(plan A-B3)* subsistent quelques vieilles maisons, dont l'ex-*Hôtel Wilson,* au n° 36, qui se démarque avec sa façade néoflamande en brique rouge et pierre blanche. Les rues voisines ***(avenue de La Havane, rue Georges-Villebois-Mareuil)*** cachent aussi de beaux alignements de maisons mitoyennes, de la fin du XIXe s. Cossues, elles présentent souvent de jolis balcons en fer forgé.

Pour se mettre au vert (en gardant les yeux sur le bleu de l'océan), profiter du ***jardin des Plantes*** *(plan A3),* créé en 1886 et riche d'espèces typiques du littoral breton. Plus loin, le ***Parc paysager*** s'étend sur 50 ha gagnés sur un ancien marais, avec un lac, des tables de pique-nique et un ***skate-park*** très fréquenté, avec vue sur mer. Tout cela donne presque à Saint-Nazaire des airs de Californie. Les *riders* apprécieront : c'est le seul skate-park en France où l'on peut se mesurer à un « full pipe » !

## Pas loin du centre

***La plage de M. Hulot (plage Saint-Marc*** ; *hors plan par A3)* **:** *à 4 km du centre-ville en allant vers Pornichet. Bus STRAN, ligne U3.* Le quartier balnéaire de Saint-Marc se révèle bien agréable et dynamique avec son marché le dimanche et la plage très mignonne. Cerise sur le gâteau, c'est ici que Jacques Tati a tourné en 1951 les immortelles *Vacances de M. Hulot* (sorti en 1953). Depuis, tout a bien changé... Si l'*Hôtel-restaurant de la Plage* (voir « Où dormir ? Vers l'ouest ») est toujours là, et les rochers aussi, le décor de carton-pâte a laissé place aux constructions. La promenade a été réaménagée et une belle statue de l'acteur-réalisateur (par le sculpteur Emmanuel Debarre) contemple la mer, mais des collectionneurs mal intentionnés lui volent régulièrement sa pipe...
Dans un registre plus moderne, la plage accueille un club de plage et elle a obtenu le label « Handiplage ». Elle met à disposition des fauteuils pour les personnes à mobilité réduite pendant la période de surveillance de la plage (juillet-août). Dispositif similaire à la plage de Villès-Martin, plus prochedu centre-ville.

***Le tumulus de Dissignac :*** *route de Dissignac (D 492), à 5 km du centre-ville. Rens au ☎ 02-28-540-640. Suivre la direction Océanis depuis le centre-ville. Visite slt en juil-août. Visible de l'extérieur le reste de l'année. Tarif : 6 € ; ½ tarif*

*4-14 ans ; réduc.* Considéré comme l'un des plus beaux sites mégalithiques de France (construit avant les pyramides d'Égypte !), c'est le plus vieux monument du département (5 000 ans av. J.-C.). L'intérieur comporte deux chambres funéraires, dont l'une présente une dalle aux symboles gravés.

## À faire

***Croisières en bateau de promenade le long du littoral :*** *résa conseillée à la billetterie centrale (☎ 02-28-540-640). • saint-nazaire-tourisme.com • Mai-sept (une trentaine de dates, dont la majorité en juil-août). Visite commentée de 2h. Compter 18 € ; réduc.*
– *Croisière « Saint-Nazaire sur mer » :* sortie du port par l'écluse, puis balade le long de l'estuaire et des installations industrielles et portuaires, avec un passage spectaculaire sous le pont de Saint-Nazaire. Le bateau prend ensuite la direction du secteur de Saint-Marc, qui est l'occasion de découvrir un littoral préservé et peu construit, entre falaises, criques et plages.
– *Croisière « Côte d'Amour » :* cap vers la baie de La Baule et la façade littorale de la presqu'île guérandaise. L'occasion de voir la grande dune d'Escoublac (54 m, une des plus hautes d'Europe), qui se dresse comme une colline boisée derrière les immeubles.
– *Croisière nocturne « Route des Phares » :* depuis la côte et en mer, phares et feux guident la navigation. Initiation à leurs usages et enchantement de leur éclat dans la nuit tombée.

## Randonnée pédestre

➢ ***Le chemin des douaniers :*** plusieurs points de départ, par exemple près du phare de Villès-Martin, ou du *Camping de l'Ève,* non loin de la plaisante route côtière D 292 en direction de Pornichet. Petit sentier qui suit la falaise et permet, sur 7 km, de passer par les 20 plages de Saint-Nazaire. On n'imagine pas forcément que la ville en possède autant ! Cinq d'entre elles sont surveillées pendant l'été, et deux sont labellisées « Handiplage ».

## Manifestations

– ***La Grande Marée :*** *1er sam de juin.* Pique-nique géant sur la plage de Saint-Nazaire, animations et spectacles de rue.
– ***Record SNSM :*** *6 j. en juin. • recordsnsm.com •* Un événement dédié à la sécurité en mer et aux sauveteurs de la SNSM. Sport, spectacle, prévention, pédagogie... Le programme est complet, sur terre et sur mer.
– ***Festival Les Escales :*** *2 j. début août, dans le port de la ville. ☎ 02-51-10-00-00. • les-escales.com • Payant.* Concerts de musique du monde : quelque 200 artistes, 25 concerts par jour, 6 scènes.
– ***Festival Consonances :*** *1 sem mi-sept. ☎ 02-51-10-18-78. • consonances-saintnazaire.fr •* Rencontres autour de la musique de chambre. Une trentaine d'artistes internationaux et près de 20 concerts payants, dans la galerie des Franciscains (rue du Croisic) et au théâtre.

# LA CÔTE D'AMOUR

**Drôle mais joli nom pour cette parcelle de côte qui, de Saint-Nazaire, remonte vers Piriac en passant par La Baule, Le Croisic, Guérande... Ce doux nom vient d'un concours qui a été proposé en 1913, organisé par le journal**

*La Mouette*, et ferait référence au bois d'Amour situé à La Baule. Mais l'atmosphère romantique est bien au rendez-vous, même si désormais les personnes du coin empruntent plus l'expression « la presqu'île » pour décrire la région. Un bon plan en tout cas : bien desservie, la côte peut aisément se découvrir en bus et on y accède facilement en TGV.



# PORNICHET [pornizhan]

(44380) 10 500 hab. Carte *Loire-Atlantique, A3*

**Pornichet partage la baie avec sa voisine, La Baule, et possède son propre casino, un port de plaisance, une gare et un centre de thalasso. Bref, tous les atouts indispensables à une station balnéaire avec l'avantage d'être un peu plus calme, moins « m'as-tu-vu », axée famille et enfants (elle bénéficie du label « Station Kid »), et avec un front de mer un peu plus préservé. Agréable sentier côtier le long des plages de Bonne-Source et Sainte-Marguerite pour bénéficier de nombreux points de vue. Sa localisation est également idéale pour sillonner la région.**

## Adresses et infos utiles

**Office de tourisme :** *3, bd de la République. ☎ 02-40-61-33-33. • pornichet.fr • Près de la pl. du Marché. Tte l'année, tlj sf dim ap-m oct-mars.* Central de réservations d'hébergement et d'activités (nautiques notamment). Billetterie nautisme et sites à visiter à tarifs préférentiels. Parcours de randonnées à pied ou à vélo. Organise également des visites (2h) d'avril à septembre. Animations gratuites, les *Vendredis des P'tits Loups*, aux vacances de printemps et été.

**Gare SNCF :** *pl. Aristide-Briand. ☎ 36-35 (0,34 € TTC/mn).* En saison, 3 ou 4 TGV/j. de la ligne Paris-Le Croisic s'y arrêtent. Sinon, TER.

➢ **Liaisons en bus :** *vente de tickets à l'office de tourisme.* Pour la presqu'île, réseau *Lila (☎ 09-69-39-40-44).* Pour Saint-Nazaire, bus *STRAN* ttes les 45 mn *(☎ 02-40-00-75-75).* Navette gratuite.

**Location de vélos :** ***Ride All,*** *52, bd des Océanides. ☎ 02-40-61-58-17. • ride-all.com • Loue également des rollers.* ***Vélo et Oxygen,*** *84, av. du Général-de-Gaulle. ☎ 02-40-15-28-60. À l'****office de tourisme,*** *3, bd de la République. ☎ 02-40-61-33-33. Avr-oct.*

## Où dormir ? Où manger ?

### Camping

**Camping Bel Air :** *150, av. de Bonne-Source, à Sainte-Marguerite. ☎ 02-40-61-10-78. • reception@belairpornichet.com • belairpornichet.fr • Accès par la route côtière de Saint-Nazaire. Avr-sept. Tentes 36-42 € selon saison. Loc de mobile homes pour 2-6 pers 360-1 060 €/sem selon taille et saison. 316 empl.* Dans un quartier résidentiel calme, un camping familial bien équipé. Animations en juillet-août. Location de vélos. Piscine.

### De bon marché à prix moyens

**Résidence Odalys de la Plage :** *70, bd des Océanides. ☎ 02-40-19-12-80. • pornichet@odalys-vacances.com • À partir de 55 € pour un appartement 2 pièces 4 pers (linge de lit et de toilette fournis, lits faits à l'arrivée et ménage* *quotidien).* Belle situation au pied de la plage des Libraires, à deux pas du centre-ville et à proximité d'un centre de thalassothérapie. Ouverte en 2014, cette résidence a été entièrement rénovée et agrandie. Le site compte 75 studios et appartements entièrement équipés. Lors de la réservation, penser à demander une vue mer ! Agréable piscine extérieure chauffée.

**Julo le Bulot :** *sur la plage, bd des Océanides. ☎ 02-40-61-38-73. Face à la thalasso. De mars à mi-oct, tlj sf mer. Plats env 14-22 €.* Dans un cadre bohème à l'ambiance décontractée, on vient déguster une cuisine gourmande et colorée à base de produits de la mer, les pieds dans le sable. Carte amusante avec « des trucs de filles », « des viandes pour les gars » et un « hymne à la moule ». Convivial et sympa.

**La Gargouille de Notre-Dame :** *96, bd du Général-de-Gaulle. ☎ 02-40-61-74-52. • lagargouilledenotredame@orange.fr • Face à l'église. Tlj sf dim-lun hors j. fériés. Congés : 2de quinzaine de mars et 2 sem en oct. Formules déj en sem 12,90-14,90 € ; carte env 25-30 €.* Dans le bas de la rue commerçante, petit resto au cadre médiéval, avec salle voûtée et cheminée, spécialisé dans la brochette cuite sur des potences en fer forgé devant les clients. Brochettes de lotte lardée, de Saint-Jacques, de gambas flambées au whisky... Un régal ! Excellent accueil.

**Le Bistrot du Pêcheur :** *10, bd de la République. ☎ 02-40-61-25-30. Au rond-point de l'Europe, en face de l'office de tourisme et du marché. Tlj sf dim soir, plus lun hors saison. Formule déj en sem 16 € et menus 26-35 €. Apéritif maison offert sur présentation de ce guide.* Un vrai bistrot de pêcheur, où l'on se régale de poisson et fruits de mer frais de la criée, et de produits du marché juste en face. Terrasse couverte ou salle à la déco sobrement marine.

## De prix moyens à chic

**Chambres d'hôtes La Villa Marine :** *12, av. M.-Mercier. ☎ 02-40-19-95-46. • contact@lavillamarine.com • lavillamarine.com • À env 3 km du rond-point de l'office de tourisme, en direction de Sainte-Marguerite. Compter 85-98 € selon saison. Table d'hôtes sur résa 28 €.* Sur la colline boisée, et classée, qui domine la plage de Sainte-Marguerite, à environ 500 m. 4 chambres de plain-pied dans un bâtiment attenant à la maison principale. Spacieuses et gaies, leurs noms évoquent la mer ou les vacances : « Galets », « Mouettes », « Coquillages et crustacés »... Chacune dispose d'une terrasse privative. La déco, contemporaine, a été réalisée avec recherche et goût par Florence, l'accueillante maîtresse des lieux. Petit déj copieux servi dans la vaste salle commune. Une belle adresse.

**Normandy Hôtel :** *120, av. de Mazy. ☎ 02-40-61-03-08. • normandy-hotel@wanadoo.fr • normandyhotel.fr • Face à la gare et à 250 m de la plage. Congés : dans le courant de l'hiver. Doubles 45-99 € selon confort et saison ; les moins chères sans sdb.* Dans une maison style anglo-normand (normal, vu l'enseigne). Les chambres sont coquettes, refaites récemment et toutes différentes, mais le quartier peut être assez bruyant le soir en saison. Très bon accueil.

**Le Danicheff :** *45, av. du Général-de-Gaulle. ☎ 02-40-61-07-32. • danicheffcave@hotmail.com • ledanicheff.com • Fermé dim soir. Congés : vac scol de la Toussaint. Doubles 53-62 € selon saison. Apéritif maison offert sur présentation de ce guide.* Hôtel familial et convivial, récemment rénové. Bon rapport qualité-prix. Petit resto très bon marché (un peu en dépannage...) et cave à vins au rez-de-chaussée.

## De plus chic à beaucoup plus chic

**Villa Flornoy :** *7, av. Flornoy. ☎ 02-40-11-60-00. • contact@villa-flornoy.com • villa-flornoy.com • Dans une ruelle face à l'hôtel de ville. Resto fermé le midi mar-mer et sam en basse saison, slt dim soir en hte saison. Congés : 3 sem sur déc-janv. Doubles 99-139 € selon saison ;*

*des familiales également. Formule déj en sem 16,50 € ; menu 26 € ; carte env 35 €. Apéritif maison offert sur présentation de ce guide.* Dans une rue tranquille, à moins de 300 m de la plage, un vrai petit nid d'amour et une de nos adresses préférées à Pornichet. Dans une ancienne maison de famille, l'hôtel est décoré avec autant de goût que de soin. Salon agréable et confortable derrière lequel se cache un jardin impeccable où il fait bon lire, loin de la foule estivale. Une bonne adresse où l'on pourra aussi se restaurer, au restaurant *Secret*, d'une cuisine dans l'air du temps. Et piquer une tête dans la piscine extérieure chauffée.

***Hôtel et résidence Ker Juliette :*** *2, av. des Bleuets. ☎ 02-40-11-22-00. • kerjuliette@hmc-hotels.com • hmc-hotels.com • Dans un quartier résidentiel calme, en direction de Saint-Marc. Doubles env 105-195 € selon confort et saison ; loc à la sem, prix variant selon périodes et promos (jusqu'à 5 ou 7 pers).* Complexe de meublés moderne tout confort dans un joli parc arboré, avec piscine, resto design, tennis et toutes sortes d'installations sportives. Accueil assez commercial, on vient ici avant tout pour la qualité des services.

***Le Régent :*** *150, bd des Océanides. ☎ 02-40-61-04-04. • hotel@le-regent.fr • le-regent.fr • Resto fermé dim soir hors saison. Congés : 3 sem en janv. Doubles 99-169 € selon orientation et saison. Formules en sem 13,50-16,90 € ; menus 26-37,60 €.* Sur le front de mer, à la limite de La Baule, un hôtel aux chambres confortables, dans la même famille depuis 1956. Au resto *Grain de Folie*, cuisine océanique, fine, originale et surprenante par sa variété et le renouveau de ses plats, qu'on découvrira en terrasse, face à la mer, aux beaux jours. Spa inclus dans la prestation.

## Où boire un verre ?

***Le Bidule :*** *122, av. de Mazy. ☎ 02-40-61-03-54. Tlj sf dim soir et lun en basse saison. Congés : 3 sem en janv. Apéritif maison offert sur présentation de ce guide.* Voici une institution dans le genre ! Dans une cave à vins des années 1930, avec cuves d'époque, les tonneaux font office de table (sans tabouret), et M. Gilles sert au « verre de cantine » sur un comptoir en bois, devant les rayonnages à bouteilles, comme le faisait son père. Les générations se succèdent, et ça marche toujours aussi fort ! Public assez jeune en saison.

# À voir. À faire

***La plage et le boulevard de bord de mer :*** ici, les grandes résidences n'ont pas encore complètement dévoré toutes les vieilles villas d'avant-guerre. À la pointe du Congrigoux (direction Saint-Marc-sur-Mer), on trouve une table d'orientation, un point pique-nique et des jeux pour enfants.

***Le port de plaisance :*** port presque entièrement fermé, le plus grand de la région. Quelques terrasses de cafés et restos autour, idéales pour observer les pêcheurs.

***Les villas de Pornichet :*** *visites proposées par l'office de tourisme avr-sept. Dépliant « Rêves de villas » (5 €) disponible à l'office de tourisme, qui permet de découvrir l'architecture balnéaire et les personnages qui ont façonné la ville.* On apprend que *Les Farfadets* (4, av. de l'Océan), d'inspiration mauresque, a été construite pour le directeur d'un grand magasin parisien ; que *Ker Souveraine* (202, bd des Océanides) fut dessinée par Vachon, l'architecte du casino, en 1925 ; ou encore que la villa *Sigurd* (89, av. du Général-de-Gaulle) fut édifiée par Henri Sellier, ténor de l'Opéra de Paris. Nombreuses autres anecdotes sur les 60 villas présentées.

**La pointe du Bé :** *prendre l'av. du Commandant-Boitard au rond-point de l'Europe.* Un autre paysage s'offre à vous, loin des immeubles et de la civilisation moderne. Le long de la côte rocheuse, les belles villas se succèdent, à l'ombre des pins, pour une promenade à la fraîche les jours de grosse chaleur. On découvre la chapelle Sainte-Anne, avec son toit en carène de bateau retournée, près de laquelle Julien Gracq venait en vacances, et l'étonnant château des Tourelles, entièrement réhabilité, devenu un complexe de thalassothérapie.

➢ **Randonnées pédestres :** *à partir du rond-point de l'Intermarché. Parcours à l'office de tourisme.* Trois sentiers de randonnée à pied ou à VTT, de 7, 10 et 17 km, balisés à partir du chemin de Baudry. Pour changer des joies du bord de mer.

➢ **Le sentier du littoral:** une promenade aménagée le long de l'océan, alternant criques et rochers, permettant de rejoindre Saint-Nazaire, via Saint-Marc-sur-Mer.

– **Centres de thalassothérapie : Thalasso**, *66, bd des Océanides. ☎ 02-40-61-89-98. • thalasso-danieljouvance.com •* Jets d'eau sous-marins, rivière à contre-courant, etc. *Et* ***Relais Thalasso Château des Tourelles,*** *pointe du Bé. ☎ 02-40-60-80-80. • thalasso-tourelles.com •* Dans ce complexe avec accès direct à l'océan, soins en espace privatif et espace hydromarin.

– Tout près sur le front de mer, le **casino Partouche** *(☎ 02-40-61-05-48. Tlj 10h-4h),* avec ses 200 machines à sous, mais aussi un resto face à la mer (tlj midi et soir).

## Manifestations

– **Vendredis des P'tits Loups :** *ts les ven de printemps et été.* Animations gratuites (ateliers, spectacles, découvertes...) pour les enfants.
– **Festival Anne de Bretagne :** *juin.* Danses et animations bretonnes.
– **Les Renc'Arts :** *juil-août. Gratuit. Programme complet auprès de l'office de tourisme.* Arts de la rue mardi soir et musiques « métissées » jeudi soir.
– **Pornichet roller :** *le mer en été, sur le boulevard face à la mer, avec possibilité de loc et initiation.*

# LA BAULE [AR BAOL]

(44500) 17 000 hab. *Carte Loire-Atlantique, A3*

**À l'origine, Escoublac se trouvait en bord de mer. Puis, avec le temps, le village fut recouvert de sable, créant une zone de dune humide, communément appelée ici une bôle. Escoublac se déplaça donc en hauteur, où il se trouve aujourd'hui, puis « la bôle » se transforma en « La Baule », avec une nouvelle urbanisation, des aménagements côtiers et surtout le train (voir sa jolie gare rénovée) qui, au XIXe s, a vraiment fait de la station un « Deauville nantais ». Aujourd'hui, le TGV, en moins de 3h, convoie les Parisiens des beaux quartiers... jusqu'à leurs demeures de villégiature, nichées dans la pinède. Et la ville ne rougit pas de son charme B.C.B.G., à l'image de ses sœurettes que sont Deauville, Cannes ou Biarritz. D'ailleurs, à La Baule, on parle d'un tourisme générationnel où les mêmes familles se succèdent dans les mêmes clubs de voile et de sports de père en fils. Une vraie tradition donc, parfois un peu exclusive !**
**La Baule possède la plus longue plage d'Europe. Francis André, créateur du groupe *Barrière,* a joué un rôle essentiel dans la conception et le développement de la station. En passant, sachez que La Baule-les-Pins est le nom d'un quartier de la ville, situé derrière la forêt communale (grande pinède), où il fait d'ailleurs bon se promener.**

**Le site, quant à lui, présente deux visages. Côté océan, ce front de mer en arc de cercle sur la baie (9 km de long, de Pornichet au Pouliguen, dont 5 km sur La Baule) : certes très bétonné et critiqué, mais il faut avouer que la vue y est superbe et la promenade arborée bien agréable dans le quartier du casino. Côté ville, une facette plus calme, familiale et bourgeoise, avec ses 1 700 villas anciennes, que l'on découvre à pied ou à vélo, souvent sources d'inspiration pour le cinéma (*La Baule-les-Pins* de Diane Kurys avec Nathalie Baye, *15 août* avec Jean-Pierre Darroussin... la liste est longue).**
**Ville sportive, ses écoles de voile sont des références (les frères Peyron et Pajot ont débuté ici), et la baie demeure parfaite pour apprendre à dessaler. Mais tennis, polo, golf, yachting ou encore équitation ne sont pas en reste. Alors pourquoi ne pas se laisser tenter par sa longue plage de sable fin, son agréable climat, son cachet d'antan et ses quelques bonnes adresses qui font de « la Belle » la station balnéaire la plus réputée de la Côte d'Amour ?**

## Adresses et info utiles

**Office de tourisme** *(plan B1)* **:** *8, pl. de la Victoire. ☎ 02-40-24-34-44. • labaule.fr • Près de la gare. Juil-août, tlj ; le reste de l'année, fermé dim ap-m. (1h gratuite/j.).* Dans un bâtiment ultramoderne. Central de réservation pour les logements. Billetterie pour les spectacles, parcs, bus et traversées maritimes. Propose en été des visites de la ville d'avant et après 1920, à vélo (venir avec le sien), à pied et en minibus ; réservation obligatoire. Intéressant livret (payant) de « Balades architecturales de la Bôle à la Baule ».

**Gare routière** *(plan B1)* **:** *av. des Ondines, à côté de la gare SNCF. ☎ 02-40-60-32-57. Guichets lun-ven, plus sam juil-août, 8h45-12h, 14h30-18h15 ; sinon, vente de carnets de 10 billets à l'office de tourisme (20 % de réduc sur l'achat de 10 billets).* Pour tout renseignement sur les liaisons interurbaines de la presqu'île de Guérande, contacter le réseau *Lila* à la gare routière. *☎ 09-69-39-40-44. • lila.loire-atlantique.fr • Lun-ven 8h-19h, sam 8h-12h30.*

**Navettes gratuites :** *ttes les 15 mn, dernier départ du parking à 19h40. Trajet : Victoire, Hennecart, Hôtel de ville, Marché, Victoire.* Pratique, vu les difficultés de circulation et de stationnement en saison...

■ **Location de voitures : Hertz,** *24, av. Clemenceau. ☎ 02-40-23-12-12.* **Europcar,** *33, av. de la République. ☎ 02-51-75-02-41.*

■ **Location de vélos : Chaillou** *(plan B1), 213, av. du Maréchal-de-Lattre-de-Tassigny ; ☎ 02-40-60-07-06 ; avr-sept, tlj 10h-12h15, 14h-19h, le reste de l'année, fermé dim-lun sf vac scol.* **Rollerbaule** *(plan D2), 14, av. Louis-Lajarrige ; ☎ 02-40-19-83-88. Et* **Rent La Baule** *(plan B1), 23, av. Clemenceau ; ☎ 02-40-11-04-00.*

■ **Météo marine :** *• meteofrance.com/previsions-meteo-marine •*

@ **Cyber Baule** *(plan B1)* **:** *galerie La Pergola, 136, av. du Général-de-Gaulle. ☎ 02-40-60-21-28. En été, tlj 8h30-20h30 ; hors saison, tlj sf dim et lun mat.*

– **Le marché** *(plan B1)* **:** sous des halles complètement rénovées et autour, c'est l'un des plus agréables de la région, vrai lieu de rendez-vous des Baulois sur les coups de 11h, un peu chicos quand même le week-end et au moment des vacances.

## Où dormir ?

### Camping

**Camping du Bois d'Amour** *(plan D1,* **10***)* **:** *10, allée de Diane. ☎ 02-40-60-17-40. • accboisdamour@village-center.fr • village-center.fr • Non loin de la gare de La Baule-les-Pins. De début avr à fin sept. Tentes 15-21 € selon saison. Mobile homes et bungalows toilés 210-798 €/sem. 250 empl.* Camping aménagé dans un parc boisé de 4 ha. Emplacements des tentes

■ **Adresses utiles**

- Office de tourisme
- @ Cyber Baule

**Où dormir ?**

**10** Camping du Bois d'Amour
**11** Hôtel Le Saint-Pierre
**12** Hôtel Mona Lisa
**13** Hôtel des Dunes
**14** Hostellerie du Bois
**15** Hôtel Ty-Gwenn
**16** Logis Saint-Christophe
**17** Hôtel Villa Cap d'Ail
**18** Hôtel Brittany

ombragés, à 1,5 km de la plage. Location de vélos. Sentier du Bois-d'Amour à proximité. Piscine.

## De prix moyens à chic

**Hôtel Mona Lisa** *(plan B1,* ***12****)* ***:*** *42, av. Georges-Clemenceau. ☎ 02-40-60-21-33. • hotel-mona-lisa@orange.fr • hotelmonalisa-labaule.com • À proximité de la gare et à 500 m de la plage. Doubles env 70-115 € selon confort et saison. Parking.* Petit hôtel à la façade discrète qui cache bien son jeu. Dès le hall, on découvre une déco audacieuse et réussie, avec des tapisseries aux tons chauds qui évoquent plutôt le flamenco que le célèbre tableau du Louvre. Des chambres rénovées au goût d'aujourd'hui avec également quelques étonnantes idées déco, hyper confortables, certaines avec douche hydromassante.

## LA BAULE

| | |
|---|---|
| **Où manger ?** | **29** Crêperie le Barapom |
| **21** Le Grenier à Sel | **30** Le Billot |
| **22** Chez l'Écailleur | **31** La Plage |
| **23** La Bergerie | **32** Le Season's |
| **24** Le Nossy Be | **Où acheter des niniches et autres douceurs ?** |
| **25** Le Grain de Sable | **41** Confiserie Manuel |
| **27** Le Pavillon Rose | |
| **28** Lilou | |

Excellent accueil. Une adresse surprenante.

**Hôtel Le Saint-Pierre** *(plan A1,* ***11****) : 124, av. du Maréchal-de-Lattre-de-Tassigny. ☎ 02-40-24-05-41. • contact@hotel-saint-pierre.com • hotel-saint-pierre.com • Doubles 60-116 € selon saison et confort.* Cette grande villa de style balnéaire a tout pour plaire : des chambres coquettes de bon confort, des prix très raisonnables et un accueil (par ailleurs de bon conseil pour votre découverte de la ville), qui fait qu'on s'y sent presque comme à la maison. Plage à 5 mn à pied.

**Hôtel des Dunes** *(plan B1,* ***13****) : 277, av. du Maréchal-de-Lattre-de-Tassigny. ☎ 02-51-75-07-10. • info@hotel-des-dunes.com • hotel-des-dunes.com • Doubles 50-95 € selon confort et saison ; des quadruples également. Parking clos. Digestif maison offert sur présentation de ce guide.* Déco discrètement contemporaine pour des chambres pleines de couleurs avec des salles de bains modernes, nickel niveau propreté. Salle de petit déj dans le même esprit et bar façon club, confortable avec ses canapés.

**Hostellerie du Bois** *(plan D1-2, **14**) : 65, av. Lajarrige. ☎ 02-40-60-24-78. • hostellerie-du-bois@wanadoo.fr • hostellerie-du-bois.com • À 300 m de la plage. De mi-mars à mi-nov et vac scol de Noël. Doubles 62-89 € selon confort et saison. Dîner sur résa avt 13h, 22 €. Réduc de 10 % sur le prix de la chambre hors juil-août, Pâques et j. fériés sur présentation de ce guide.* Une belle maison à colombages, fraîche, agréable, pleine de fleurs, le tout à l'ombre des pins. Chambres confortables meublées dans un style années 1940 ou 1950, en harmonie avec le style de la maison.

**Hôtel Ty-Gwenn** *(plan D2, **15**) : 25, av. de la Grande-Dune. ☎ 02-40-60-37-07. • hotel.tygwenn@gmail.com • hotel-tygwenn.fr • Fermé l'hiver sf vac de Noël. Doubles 55-86 € selon saison et confort.* Tout près de la jolie place des Palmiers, une bâtisse à colombages abritant une quinzaine de chambres, certaines avec terrasse privative ou balcon. Toutes de style différent, la plupart sont refaites au goût du jour. Une adresse sympathique qui devrait satisfaire tous les budgets.

### De chic à beaucoup plus chic

**Hôtel Villa Cap d'Ail** *(plan A1, **17**) : 145, av. du Maréchal-de-Lattre-de-Tassigny. ☎ 02-40-60-29-30. • villacapdail@wanadoo.fr • villacapdail.com • À env 300 m de la plage Benoît. Doubles 72-108 € selon saison et prestations ; des familiales également. Un petit déj par chambre et par nuit offert sur présentation de ce guide.* Cette ancienne maison de famille bauloise est une perle rare. Le jardin d'abord, d'inspiration méditerranéenne ; la déco ensuite, originale et élégante à la fois jusqu'au moindre détail. On ne vous décrit pas les chambres au style personnalisé, le mobilier, etc. Tout ici exprime la qualité et dégage une atmosphère attachante. Également une bagagerie, un local à vélos et un service billetterie. Un coup de cœur !

**Hôtel Brittany** *(plan B1, **18**) : 7, av. des Impairs. ☎ 02-40-60-30-25. • info@hotelbrittany.com • hotelbrittany.com • Doubles 79-195 € selon saison, taille et confort ; familiales également. Apéritif offert sur présentation de ce guide.* Bien situé, à 2 mn à pied de la plage. Déco contemporaine recherchée et très colorée. Tout le confort y est : petit salon feutré, chambres douillettes, toutes différentes, avec douche ou baignoire à jets, clim. Les supérieures sont vraiment luxueuses. Solarium sur le toit. Accueil charmant.

**Logis Saint-Christophe** *(plan B1, **16**) : pl. Notre-Dame. ☎ 02-40-62-40-00. • reception@st-christophe.com • st-christophe.com • Doubles 70-205 € selon saison, taille, orientation ou confort ; également des suites familiales. Menus 25-32 €.* 45 chambres toutes différentes, meublées à l'ancienne ou non, toutes ravissantes, réparties sur 4 villas bauloises de la Belle Époque. Agréable jardin et ambiance de village, sur la place de l'église. Accueil professionnel. Fait aussi resto et propose une cuisine soignée « terre et mer ». Une belle adresse, à deux pas de la plage.

## Où manger ?

### De bon marché à prix moyens

**Chez l'Écailleur** *(plan B1, **22**) : 37, av. des Ibis. ☎ 02-40-60-87-94. Près du marché. Tlj sf lun hors saison, 8h-15h. Compter env 13,50 € pour 6 huîtres et un verre de vin.* Le lieu connu de tous pour avaler une douzaine d'huîtres charnues avec une demi-bouteille de gros-plant. Fait également bar.

**Lilou** *(plan B1, **28**) : 1, allée des*

*Camélias.* ☎ *02-40-60-00-23.* • *lilou cupcakes@hotmail.fr* • *Tlj sf lun, 11h-19h30 (18h hors saison). Formule déj 8 € ; goûter : 3,50 €. Café offert sur présentation de ce guide.* Un récent et tout petit salon de thé qui propose bagels fourrés et cupcakes légers dans un décor un peu fifille avec ses murs rose bonbon. C'est du fait maison et plutôt bon. Accueil très gentil. Petite terrasse et vente à emporter également.

**|●| *Crêperie le Barapom*** *(plan B1,* ***29****) : 153, av. du Général-de-Gaulle.* ☎ *02-40-23-74-27. Tlj sf lun-mar hors vac scol. Formules 8-10 €.* Après Le Pouliguen, cette sympathique petite adresse s'est installée à La Baule. Bonnes crêpes à emporter ou à manger sur place, toujours avec les doigts (elles sont servies roulées et en cornet) !

**|●| *Le Billot*** *(plan B1,* ***30****) : pl. du Marché.* ☎ *02-40-60-00-00.* • *le_billot@orange.fr* • *Tlj sf dim-lun hors saison. Formule déj 14,90 € et menu 18,90 € sf dim et j. fériés ; carte 25-30 €.* Dans la famille « bistrot », une bonne pioche. Le cadre est plaisant, la grande terrasse en surplomb de la place du Marché finalement tranquille. Produits locaux, simplement mais joliment travaillés pour des classiques de bistrot ou de brasserie : tartare, moules marinière... Accueil d'une vraie sincérité et service vraiment aux petits soins, même en cas d'affluence (où d'évacuation de la terrasse pour cause d'orage !).

**|●| *La Bergerie*** *(plan B1,* ***23****) : 114, av. du Général-de-Gaulle.* ☎ *02-40-60-23-41.* • *didier.l-helgoualch0096@orange.fr* • *Tlj. Formule déj sf dim 13,90 € ; menus 19,90-33 €.* Bon, on oublie le temps d'un repas qu'on est au bord de la mer, puisque ici le style est rustique. Ben oui, une bergerie... Enfin les poissons ne sont pas oubliés, mais on y vient surtout pour les grillades au feu de bois, et même des spécialités montagnardes ! Copieux.

**|●| *Le Pavillon Rose*** *(plan B1,* ***27****) : 44, av. du Général-de-Gaulle.* ☎ *02-40-23-24-25.* • *lepavillonrose@gmail.com* • *Tlj sf mer. Formule déj en sem 14,90 € ; menu 26,90 € ; carte env 26 €.* Créée en 1920, cette brasserie typiquement bauloise renaît dans une déco très contemporaine avec mobilier design. On a le choix entre 3 salles pour une cuisine traditionnelle revisitée, avec quelques trouvailles originales au rapport qualité-prix tout à fait convaincant. Service impeccable. Un lieu très in !

**|●| *Le Grain de Sable*** *(plan A1,* ***25****) : 22, av. Pavie.* ☎ *02-40-60-71-00.* • *pascal.cova@free.fr* • *Tlj sf dim soir et lun. Menus 27-44 € ; carte 45 €. Apéritif maison offert sur présentation de ce guide.* Dans le quartier du casino, une maison orange, avec sa petite terrasse, qui propose une cuisine traditionnelle sur le thème des produits de la mer selon arrivage, et des plats copieux. De la bonne viande également. Une adresse très fréquentée.

**|●| *La Plage*** *(plan B2,* ***31****) : plage de la Baule, face au n° 32 bd Hennecart.* ☎ *02-40-11-11-52.* • *laplage-labaule@orange.fr* • *Tlj pdt les vac scol ; fermé le soir lun-mar et mer hors saison, ts les soirs sf sam oct-mars. Carte 30 €. Café offert sur présentation de ce guide.* Pourquoi faire compliqué quand on peut faire simple : *La Plage* est... sur la plage, avec une terrasse pied dans le sable. Crêpes, coquillages et poissons (frais) à prix gentils pour un resto de plage, justement. Accueil tout aussi gentil.

**|●| *Le Grenier à Sel*** *(plan B1,* ***21****) : 1, av. Pierre-Ier-de-Serbie.* ☎ *02-40-24-14-92.* • *legrenier44@orange.fr* • ♿ *À deux pas des gares routière et SNCF. Tlj sf lun hors saison. Congés : 2 sem en janv et 1 sem en oct. Formule 13,40 € côté crêperie ; menu 23,10 € côté resto ; sinon, repas env 15 €. Apéritif maison offert sur présentation de ce guide.* Les employés du coin s'y retrouvent au déjeuner pour les bonnes galettes de blé noir.

## De chic à plus chic

**|●| *Le Season's*** *(hors plan par A2,* ***32****) : plage Benoît.* ☎ *02-40-60-71-68. Face à l'av. du Jardin-Public. Tlj sf lun en juil-août, tlj sf mar-mer hors saison. Formule 26 € à midi en sem, menus 29,50-59 €.* Une table décontractée qui, en terrasse, avec ses fauteuils en osier, fait vraiment resto de plage. Cadre plus design à l'intérieur, en accord avec cette belle cuisine d'époque (la carte est signée Éric Guérin de *La Mare aux Oiseaux*).

**Le Nossy Be** (*plan A2*, **24**) **:** *plage de La Baule, bd Darlu. ☎ 02-40-60-42-25. Face à l'allée des Sylphes. Fermé lun-mar hors vac scol et j. fériés. Congés : janv. Formules déj 16-27 € ; carte env 45 €.* Un gastronomique spécialisé dans les fruits de mer et le poisson, mais aussi les risottos, les woks et les pâtes (toujours avec une thématique maritime). Il faut dire qu'on a presque les pieds dans le sable. Grande salle-véranda tournée vers la mer, lumières tamisées le soir. Clientèle d'habitués, chic et branchée, très jet-set.

## Où acheter des niniches et autres douceurs ?

**Confiserie Manuel** (*plan B1-2*, **41**) **:** *2, av. du Général-de-Gaulle. ☎ 02-40-60-20-66. Tlj l'été 9h30-13h, 14h30-23h.* Une institution fondée par un Espagnol venu de Santander, Manuel Ortiz, qui a baptisé en 1937 sa sucette maison la *niniche.* À La Baule, on trouve donc toujours dans cette vaste boutique – et depuis 1950 –, des *niniches* (dont la célèbre Bauloise au caramel au sel de Guérande) et autres bonbons. *Batidos* et *granizados* pour rappeler les origines de cette affaire de famille.

## Où sortir ?

♫ **Discothèque Le Garden** (*hors plan par B1*) **:** *assez loin du centre de La Baule, en plein marais salants. ☎ 02-40-24-78-00. • le-garden.net •* Se reporter plus loin à la ville de Guérande.

♫ En ville, plusieurs boîtes de nuit comme **Le Théâtre** (*plan A1 ; 10, av. Pavie ; ☎ 02-40-60-41-00 ; ts les soirs en été, slt ven-sam hors saison*) et **L'Indiana Club** (*plan A1 ; sur l'esplanade Lucien-Barrière ; au casino ; ☎ 02-40-11-48-28*).

# À voir. À faire

**La plage :** 5 km de sable fin, très large à marée basse et offrant un superbe espace de jeux. À marée haute, c'est un très beau stade nautique. Attention, un arrêté municipal interdit les pique-niques sur les plages de la commune. Noter qu'en 2011, la baie de La Baule a fait son entrée dans le Club des plus belles baies du monde.

**Le boulevard et la promenade de front de mer :** ils changent de nom selon les emplacements, du Pouliguen jusqu'à Pornichet. Noter que le front de mer est accessible sur près de 9 km aux fauteuils roulants. La partie la plus agréable reste celle en direction du Pouliguen, à partir du grand hôtel *L'Hermitage,* puisque les voitures ne passent plus à proximité. Évidemment, les résidences avec loggia jouissent d'une vue imprenable, mais elles ont presque partout remplacé les villas d'avant-guerre. Pour trouver ces dernières, il faut aller dans la pinède... derrière le « mur de béton ».

**L'église Sainte-Thérèse** (*plan D1*), **la gare SNCF** (*plan B1*), **l'hotel de ville** datant de 1974 (*plan B1*) sont les seuls bâtiments publics dignes d'intérêt.
Le quartier autour de la place des Palmiers (*plan D2*), entre le bois d'Escoublac, son arboretum des Dryades et la plage, conserve le style architectural B.C.B.G. qui sied à la station.

**Le parc des Dryades** (*plan D2*) **:** *tlj 9h-20h30.* Agréable parc à l'anglaise, vallonné et agrémenté de palmiers à chanvre. Expo temporaire annuelle. Parcours santé, jeux d'enfants et amphithéâtre pour les concerts de jazz en été. Méga chasse aux œufs le lundi de Pâques (40 000 œufs distribués !).

**Le musée aéronautique** (hors plan par D1) **:** *aérodrome de La Baule. ☎ 02-51-75-10-43. • mapica.org • Du centre, suivre le fléchage « aérodrome ». Tlj sf mar hors juil-août, 14h-17h30. GRATUIT.* Dans un hangar, les œuvres d'une association de passionnés qui retapent de vieux zingues : Pou du Ciel des années 1930, Nord 1101 Ramier de la Seconde Guerre mondiale ou bien encore un Blériot XI comme celui avec lequel a été effectuée la première traversée de la Manche en 1907.

– ***Thalassothérapie : Thalassothérapie Thalgo La Baule,*** *av. Marie-Louise, BP 50. ☎ 02-40-11-99-99. • thalasso-barriere.com •*

➢ À la fois sportives et instructives, on recommande les ***visites commentées à vélo*** sur l'architecture balnéaire organisées par l'office de tourisme. Ainsi que celles dans la forêt d'Escoublac, le mercredi matin en été (gratuit), pour découvrir ces 50 ha de pins. *Sur réservation.*

## Manifestations

– ***Jumping international de La Baule :*** *vers la mi-mai, au stade François-André.* Concours équestre international de sauts d'obstacles.

– ***La Baule Jazz Festival :*** *le soir jeu-ven, plus sam mat, de juil à mi-août. Rens et résas à l'office de tourisme.* Concerts gratuits devant le casino, place Leclerc, avenue Lajarrige ou dans le parc des Dryades pour le dernier concert, qui est payant.

– ***Semaine de l'élégance :*** *mi-août, au stade François-André.* Défilé de voitures anciennes dans lesquelles de jolies dames portent leur plus belle toilette.

– ***Triathlon de La Baule :*** *mi-sept.* Le plus important triathlon de France.

### FAUT SKI FAUT

*Avec ses 54 m d'altitude, la dune d'Escoublac aurait du mal à rivaliser avec les sommets alpins. Elle a pourtant accueilli, des années 1950 à 1970, une... station de ski ! Un semblant de téléski, deux pistes et même un resto d'altitude, Le Schuss. À défaut de neige, les skieurs baulois glissaient sur les aiguilles de pins.*

# LE POULIGUEN [ar poulgwenn]

(44510) 5 100 hab. *Carte Loire-Atlantique, A3*

**Tout d'abord, prononcez « Pouligain » si vous voulez faire local. Ensuite, c'est le port de plaisance de La Baule – Le Pouliguen, aux allures bretonnes. Porte sud des marais salants de Guérande, Le Pouliguen marque aussi le début de la Côte Sauvage avec les nombreuses grottes de la Grande Côte. Le quai Jules-Sandeau, ses nombreuses boutiques, ses façades d'hôtel, ses manèges pour enfants, les cafés et la galerie marchande le long du port, que l'on appelle ici « la Promenade », donnent à la ville une atmosphère très « famille ».**

## Adresses utiles

**Office de tourisme :** *à Port-Sterwitz. ☎ 02-40-42-31-05. • tourisme-lepouliguen.fr • En venant de La Baule, entre les deux ponts, quai du Commandant-l'Herminier, à l'angle de l'immeuble Port-Sterwitz. Juil-août, tlj ; hors saison,*

*lun-sam et mat des j. fériés.* Résa pour les traversées sur les îles et billetterie à tarifs préférentiels pour les sites incontournables de la région. Organise en juillet-août des balades guidées nature (avec son vélo, 7 €) ou à pied (6 €) ou à bord d'un vieux gréement (25 €).
■ ***Location de vélos :*** ***Les Cycles de la Presqu'île,*** *16, bd de l'Atlantique (☎ 02-40-42-32-72).* ***Cyclocation,*** *27, rue du Général-Leclerc (☎ 02-40-62-32-94 ; • cyclocation.fr •). Et* ***Bikevasion,*** *9 ter rue du Général-Leclerc (☎ 09-83-72-97-41 ; • bikevasion.fr •). Tte l'année. Compter 10-15 €/j.* VTT et VTC.

## Où dormir ?

### De prix moyens à chic

■ ***Chambres d'hôtes Chalet Lakmé :*** *9, rue Pierre-Ier-de-Serbie. ☎ 02-40-00-95-04. • contact@chaletlakme.com • chaletlakme.com • Dans le coin calme du centre-ville, à 200 m de la plage. Compter 65-87 € pour 2 selon confort et saison.* Dans cette maison qui fait face au bois, il est difficile d'imaginer et de déceler une si agréable adresse. Vos hôtes sont charmants et ont restauré cette ancienne maison de famille avec un goût plein de vie et de couleurs. C'est vif mais jamais agressif ! On passe de la chambre « Pistache » à l'« Abricot » ou la « Glycine ». Un vrai dépaysement, jusque dans le détail. Lecteur DVD dans chaque chambre et petite DVDthèque d'emprunt. Sympathique terrasse pour le délicieux petit déj.

■ ***Casa Cosy :*** *2, rue du Croisic. ☎ 02-40-42-30-65. 📱 06-62-08-13-87. • casacosy@orange.fr • casacosy.fr • Derrière la poste. Fermé 2de quinzaine de nov. Doubles 67-87 € ; des familiales également.* À la fois hôtel, boutique d'objets design, salon de thé et épicerie fine, il fallait le faire ! Côté hôtel, l'ambiance est plus proche de celle des chambres d'hôtes de charme. Déco aux lignes épurées, association judicieuse de couleurs. Superbe accueil, joli petit déj. Très bon rapport qualité-prix, au final.

### Plus chic

■ ***Chambres d'hôtes Les Goélands :*** *chez Mme Trochu, 2, impasse de la Torre. ☎ 02-40-24-20-17. • lesgoelands@chambres-dhotes-labaule.fr • chambres-dhotes-labaule.fr • Sur la Côte Sauvage, face au chemin douanier. Mars-oct. Compter 105-159 € pour 2 selon type de chambre. 10 % de réduc sur le prix de la chambre en basse saison sur présentation de ce guide.* Dans une maison élégante des années 1930, avec baies vitrées ouvertes sur la Côte Sauvage, 3 chambres, dont une suite familiale, très confortables et à la déco raffinée. Une adresse de charme, bien pensée dans son moindre détail, où l'on savourera le temps suspendu en regardant la mer, plein de sérénité. Petit déjeuner exceptionnel, préparé par la douce et charmante Anne-Marie, dévouée au bien-être de ses hôtes. Un lieu confortable, apaisant et plein d'harmonie.

## Où manger ?

### Bon marché

|●| ***Crêperie Le Barapom :*** *2, quai Jules-Sandeau. ☎ 02-40-42-17-60. • dugastanne3165@gmail.com • Près du pont pour La Baule. Tlj sf mar-mer hors saison. Congés : janv. Formule 8 € ; menu 12 €. Une bolée de cidre ou de jus de pomme (pour 2 pers max) offerte sur présentation de ce guide.* Bonnes crêpes à emporter ou à manger debout dans la rue. Une adresse pour gourmands, régulièrement fréquentée par les stars du cinéma en vacances dans le coin.

### Prix moyens

|●| ***L'Opéra de la Mer :*** *promenade du Port. ☎ 02-40-62-31-03. Tlj sf mer*

*hors saison. Menus 22,50-29 €. Apéritif maison offert sur présentation de ce guide.* Sur la plaisante terrasse face au port et à la baie, ou à l'intérieur à l'ambiance tout aussi marine, goûter aux spécialités de moules, fruits de mer ou à la cassolette « Opéra ». Toutefois un service parfois débordé en saison.

**La Voile d'Or :** *14, rue de la Plage. ☎ 02-40-42-31-68. Tlj sf lun hors saison. Formule déj en sem 15 € ; carte env 30 €.* Brasserie chic et branchée à la déco design, comme on en trouve surtout à La Baule. On apprécie particulièrement la superbe terrasse, face à la plage, avec ses canapés moelleux. Dans l'assiette, pas de mauvaise surprise, des plats à base de produits de la mer avec quelques spécialités gourmandes. Belle carte des vins. Bon accueil et ambiance décontractée.



## À voir. À faire

**La plage :** bordée de chemins de planches. Quand la mer se retire, elle découvre les rochers des Impairs. Aux abords de la pointe de Penchâteau, la falaise porte de belles villas. À 5 mn de la plage, le *Petit Bois* offre un îlot de verdure agréable à découvrir.

**La chapelle Sainte-Anne :** *sur la route de Penchâteau. Juil-août, visite guidée le mer à 10h30 (participation libre).* En réalité, dédiée à saint Julien. Bel édifice du XVe s, précédé de son calvaire. À l'intérieur, on peut admirer le bénitier en granit du XVIe s et la statue de sainte Anne entourée de la Vierge Marie et de Jésus.

**La pointe de Penchâteau :** c'est le début de la Côte Sauvage et de la Grande Côte, comme on l'appelle au Pouliguen. Départ du sentier des douaniers et d'une piste cyclable qui mènent jusqu'à Batz, permettant de voir une vingtaine de grottes en contrebas. Accès plus ou moins facile (à marée basse) et curieuses excavations. D'après la légende bretonne, les korrigans, ces facétieux lutins, logeraient dans ces grottes creusées par la mer.

**La ville** (dont le nom breton *Poulgwen* signifie « petite baie blanche ») présente quelques belles façades qui méritent le coup d'œil. Des visites guidées payantes sont organisées à dates fixes, de juillet à mi-septembre, auprès de l'Association des greniers de la mémoire autour de thèmes : l'architecture portuaire, les rues du vieux Pouliguen, le quartier de Penchâteau, l'architecture balnéaire. *Rens à l'office de tourisme ou au ☎ 02-40-42-11-34.*

– En saison, un *petit train touristique* permet des visites jusqu'à La Baule, également un circuit commenté via la Côte Sauvage vers Le Croisic. Des navettes circulent également dans le centre du Pouliguen le soir *(tlj sf dim, ttes les 30 mn, 20h-22h30). Rens à l'office de tourisme. GRATUIT.*

## Fêtes et manifestations

– ***Les mercredis et jeudis musicaux :*** *en été, le mer soir, à l'église Saint-Nicolas. GRATUIT.* Concerts de musique classique dans un site superbe. Le jeudi, on ira aux « Soirées du Bois » pour un concert de musique folklorique (groupes venus du monde entier).

– ***Lecture à Nau Plage :*** *juil-août. Un coin-lecture tlj 15h-19h sur la plage, plus de 700 livres et magazines à disposition.*

– ***Fête bretonne :*** *le dernier w-e de juil, sur le port et dans le quartier de l'église.* Danses bretonnes, concerts, fest-noz et jeux bretons sur la plage.

– ***La Poulligwenn en Fête :*** *début août, sur le port à partir de 14h.* Théâtre de rue, vieux gréements, soirée moules-frites, chants marins.

– ***Festival A Nau Voix :*** *3 j. le dernier w-e de sept.* Dédié à la voix. Formations venant de tous horizons.

# BATZ-SUR-MER (BOURC'H-BAZ)

(44740) 3 200 hab. *Carte Loire-Atlantique, A3*

**Née au Xe s, cette attachante bourgade détonne un peu avec La Baule et sa foule. Ça commence à sentir le granit (appelé pierre de « grison » ici) et le chouchen : on est bien en Bretagne ! Les villages de Kervalet et de Roffiat ont conservé leur charme d'autrefois. La ville, citée par Flaubert et Balzac, a longtemps fondé sa prospérité sur le sel, les oignons et les échalotes. C'est maintenant une station balnéaire familiale, de plus en plus fréquentée l'été, dotée de jolies plages (Valentin, Saint-Michel et la Govelle), d'un tronçon de Côte Sauvage, d'un blockhaus – l'un des plus grands d'Europe visitable –, et même d'un marchand de sabots en centre-ville !**

## Adresses utiles

**Office de tourisme :** *25, rue de la Plage. ☎ 02-40-23-92-36. • ot-batz surmer.fr • Face à l'église. Avr-sept, tlj sf dim ap-m hors juil-août ; hors saison, tlj sf dim.* Organise en juillet-août balades contées, animations pour enfants, initiation à la pêche à pied... à date fixe et sur réservation (payant). Circuit d'interprétation de 5 km pour découvrir le patrimoine de la commune, avec jeu de piste pour les enfants. Billetterie à tarifs préférentiels et boutique.

■ ***Location de vélos :*** ***Station AVIA,*** *rue Olivier-Guichard. ☎ 02-40-23-87-51.*

## Où dormir ? Où manger ?

### Camping

***Camping La Govelle :*** *10, route de La Govelle (rue du Golf). ☎ 02-40-23-91-63. • campinglagovelle@gmail.com • campinglagovelle.com • Accès par la D 245 et la D 45. Avr-début oct. Tentes 11-23 € selon saison. CB refusées. 52 empl.* Bon petit camping familial sur la Côte Sauvage, avec accès à la plage en contrebas. Emplacements délimités par des lauriers. Sanitaires impeccables. Peu d'équipements, mais une belle situation et un accueil chaleureux et plein d'humour.

### De bon marché à prix moyens

Ne pas oublier les 2 crêperies que nous indiquons plus loin, dans « Les marais salants » : ***La Salorge*** (à Saillé) et ***Fleur de Sel*** (à Kervalet).

***Gîte d'étape et de séjour Le Bateau des Marais :*** *9, route de Prad-Velin. ☎ 02-40-23-74-94. 06-75-77-58-36. • lebateaudesmarais@gmail.com • À l'entrée des marais sur la route de Bérigot. Nuitée 20 €/pers.* Gîte bien tenu, proposant de bons lits en dortoir de 8 couchages ou en chambres familiales (4 personnes). Vaste salle commune, cuisine équipée, le tout récent et lumineux. Petit jardin avec barbecue. Bien pour les randonneurs et cyclistes, mais le gîte est souvent réservé par des groupes le week-end en saison.

***Le Derwin :*** *av. du Dervin. ☎ 02-40-23-90-06. À 3 km du centre de Batz par la route de la Côte, à côté du blockhaus. Pâques-Toussaint, tlj sf mar, plus mer-jeu hors saison. Congés : nov-début avr. Pas de résa (venir tôt ou tard). Carte env 24 €. CB refusées. Café offert sur présentation de ce guide.* Des rideaux de dentelle aux fenêtres, une clientèle hétérogène d'habitués, de familles, de touristes, *Le Derwin* (prononcez « Dervin » !) fait le plein depuis des années, sans rien avoir à faire, par réputation. Le lieu idéal pour déguster moules, fruits de mer ou crêpes, le regard perdu vers le large ou sur la Côte Sauvage.

## À voir. À faire

**L'église Saint-Guénolé et sa tour du Bourg :** *visite gratuite de l'église en juil-août. Accès au clocher payant Pâques-fin sept : tlj 9h30-18h30 en juil-août, demander à l'office de tourisme sinon ; 2 € ; gratuit moins de 12 ans.* L'édifice est dominé par une tour-clocher de 60 m, qu'on aperçoit de toute la région. Grimper au sommet du clocher de granit, du XVe s, d'où la vue sur toute la presqu'île guérandaise vaut vraiment le coup. À voir également pour son chœur, son retable en bois doré et sculpté, ses grandes orgues du XVIIe s et pour cet étrange ex-voto dédié à Notre-Dame-de-l'Assomption. Concerts en été (voir plus loin « Manifestations »).

**La chapelle Notre-Dame-du-Mûrier :** *visite dans le cadre des balades de l'office de tourisme, situé tt près.* Elle aurait été élevée par les villageois à la suite d'un vœu lors d'une épidémie de peste au XVe s. Elle est construite en blocs de granit décorés de motifs flamboyants, mais n'a plus ni toiture ni voûtes, ce qui la rend d'autant plus émouvante et impressionnante. Expo d'art contemporain dans le chœur.

**Le musée des Marais salants :** *29 bis, rue Pasteur. ☎ 02-40-23-82-79. ♿ Sept-juin, tlj sf lun, 10h-18h vac scol, 17h hors vac scol ; juil-août, tlj 10h-19h. Entrée : 5 € ; réduc ; gratuit moins de 12 ans.* Avec ses collections rassemblées depuis plus d'un siècle, c'est l'un des plus anciens musées d'arts et de traditions populaires de France. L'exposition permanente, considérablement agrandie et complètement repensée (écrans tactiles, vidéos, vitrines ludiques à tiroirs...), retrace l'aventure technique et humaine du sel de Guérande, de l'époque gauloise à nos jours, au travers de milliers de pièces : cartes postales comme figurines en porcelaine, outils et vêtements traditionnels comme toiles d'artistes amoureux du pays.

**Le Grand Blockhaus – musée de la Poche de Saint-Nazaire :** *route de la Côte-Sauvage. ☎ 02-40-23-88-29. • grand-blockhaus.com • À 3 km de Batz-sur-Mer par la route de la Côte. Vac scol de fév et d'avr à mi-nov, tlj 10h-19h (18h fév). Compter 1h. Entrée : 7,50 € ; réduc ; gratuit moins de 5 ans. Pour les enfants, demander le livret pour le jeu de piste. Pas de visite guidée, mais Luc ou Marc seront ravis de vous faire partager leur passion. Boutique.*
Ouvert depuis 1997, ce musée multiplie les récompenses (à défaut de subventions !). Créé et géré par deux jeunes frères passionnés, il est unique en son genre sur la côte atlantique (mais ils en ont ouvert un deuxième en Normandie). On y raconte l'histoire de la poche de Saint-Nazaire (et ses « empochés »), la dernière libérée d'Europe (le 11 mai 1945), mais aussi la construction du mur de l'Atlantique et enfin la Libération.
Ancien poste de commandement du mur de l'Atlantique, sur cinq étages (ne pas hésiter à prendre l'échelle et à monter dans le poste d'observation), ce bâtiment s'avance sur le promontoire de la Dilane, point haut de la région. Très visible de la mer et donc de l'aviation alliée, il fut à l'époque camouflé en hôtel grâce à un trompe-l'œil et à la construction de deux toits en bois factices (voir les photos exposées). Tenu par 21 soldats de la marine allemande, il commandait le tir des deux canons sur la voie ferrée de Kermoisan.
À l'intérieur, les équipements et les salles sont restés comme jadis : salles de ventilation, PC radio, armurerie, local d'intendance, bloc sanitaire... enrichis d'une cinquantaine de personnages de cire, intelligemment mis en situation historique. L'émotion est au rendez-vous et on apprécie que l'histoire avec un petit « h » n'ait pas été oubliée. Vétérans français et américains (mais aussi allemands) sont venus confier au musée plus d'un millier d'objets personnels et de souvenirs. Chacun

d'eux a son histoire propre, contée avec différents niveaux de lecture. Et si vous possédez des objets de l'époque, ils seront bien accueillis et exposés... À ne pas manquer !

***La plage Saint-Michel :*** une oasis de calme, protégée par une digue, que domine un menhir. Petit café-brasserie sympa *(de mi-fév à la Toussaint ; fermé mer, plus mar soir hors saison).* Possibilité de rejoindre Le Pouliguen (7 km environ) par le sentier douanier, au départ de la plage.

***Le moulin de la Falaise :*** *à la sortie de la ville, direction Le Croisic. ☎ 02-40-23-72-46. Vac scol et de mi-juin à mi-sept, tlj sf dim, 14h-18h. Entrée : 2,50 € ; réduc ; gratuit moins de 10 ans.* Pour découvrir de l'intérieur un moulin à vent typique de la région, « machine » à broyer le sarrasin, indispensable pour faire de bonnes galettes de blé noir. Boutique.

***Les marais salants :*** par une belle soirée d'été, à l'heure où le soleil décline et où les voitures se font moins nombreuses, sachez vous perdre sur les petites routes du marais. En plus, c'est l'heure propice à la rêverie, où les œillets se teintent de jolis reflets mordorés. Possibilité de faire la balade en calèche avec ***Olivier Mouilleron*** *(📱 06-72-95-39-97).* Lire également plus loin le chapitre « Les marais salants ».

## Manifestations

– ***Concerts dans l'église de Saint-Guénolé :*** *juil-août, ts les jeu à 21h. GRATUIT.* Concerts classiques de grande qualité. Arriver tôt et prévoir une petite laine.
– ***Les Nuits salines :*** *3 j. le dernier w-e de juil. Résa auprès de l'office de tourisme ou sur • nuitssalines.free.fr •* Ce festival, dédié au sel et à la culture celtique contemporaine, a pris de l'ampleur. Concerts en plein air, fest-noz, conférences, visites de salines, marché du terroir et village gastronomique où l'on achète galettes et sardines en troquant de petits sacs de sel...
– ***Le Pardon de Saint-Guénolé :*** *chaque 1er dim d'août.* Grande procession et reconstitution d'un mariage traditionnel en costumes paludiers.

# LE CROISIC [AR GROAZIG]

(44490) 4 120 hab. *Carte Loire-Atlantique, A3*

**Premier port de crevette rose en France, on y débarque poissons et crustacés capturés la nuit. L'invention du casier à crevettes (en 1850) revient d'ailleurs à un Croisicais, René Sibille. De belles demeures anciennes à pans de bois rappellent la prospérité passée de cette petite ville. Les Croisicais étaient de fiers armateurs, pilotes, négociants, et terre-neuvas.**
**Aujourd'hui, le tourisme est devenu une nouvelle raison de vivre, à tel point qu'à certains endroits, les restaurants (souvent d'excellente qualité) jouent des coudes comme des sardines en boîte et que les embouteillages deviennent légion (la ville forme un cul-de-sac avec une seule route d'accès). Heureusement, son caractère de port breton a été conservé malgré quelques constructions modernes dommageables, à l'image de la Côte Sauvage qui porte toujours bien son nom, surtout entre Port-Lin et la plage de Saint-Goustan. Au départ du Croisic, on peut en effet faire une boucle de 10 km le long de cette côte déchiquetée et truffée de petites criques. Un lieu incontournable, donc, qui réserve de belles surprises. L'un de nos ports préférés, avec une vraie cote d'amour, sur cette belle côte du même nom.**

## Adresses utiles

**Office de tourisme :** *6, rue du Pilori. ☎ 02-40-23-00-70. • tourisme-lecroisic.fr • Dans une rue parallèle au port. Juil-août, tlj ; hors saison, lun-sam, plus dim pdt les vac scol de Pâques et les ponts.* Des guides « Circuits » et « Sentiers côte sauvage » sont disponibles gratuitement ou téléchargeable. Propose en été des visites commentées (env 6 €) du patrimoine de la ville, de la Côte Sauvage et du Traict... Billetterie pour les bateaux en partance pour Belle-Île, Houat et Hoëdic, ainsi que pour les musées des environs, dont l'*Océarium.*

**Gare SNCF :** *pl. du 18-Juin-1940. ☎ 36-35 (0,34 € TTC/mn).* Gare terminus TGV des trains venant de Paris, Lille, Lyon. Bien desservie toute l'année. Compter env 3h de Paris (3h30 avec un changement à Nantes).

■ **Location de vélos : Cycles Bihoré,** *34, rue du Traict (☎ 02-40-62-92-81).* **Garage Rochard,** *chemin du Pré-du-Pas (☎ 02-40-62-90-32).*

■ **Pêche en mer : La Toison d'Or** *(📱 06-87-15-70-32 ; de mai à mi-oct).* Et **Charles Giraud** *(📱 06-23-22-71-14).*

➢ Navettes pour Houat, Hoëdic et Belle-Île avec la ***Compagnie des Îles,*** via La Turballe (escale 20-30 mn). *☎ 0825-132-100 (0,15 €/mn). • compagniedesiles.com • Juil-août. Compter 35-42 € selon l'île pour un A/R dans la journée.* Traversées passagers seulement. Depuis Le Croisic, compter 1h45 pour Hoëdic (puis 30 mn entre Hoëdic et Houat) et 2h45 pour Belle-Île.
– Liaisons saisonnières entre la pointe de Pen Bron et le port du Croisic avec un passeur (8 places), *Le Galipétant. Compter 5 € (8 € A/R) ; gratuit moins de 12 ans. Infos aux offices de tourisme du Croisic et de La Turballe.*

## Où dormir ?

### Campings

**Camping du Paradis :** *route du Milieu. ☎ 02-40-23-07-89. • camping-paradis.com • ♿ Accès par les D 213, D 774 et D 245. 1er mai-30 sept. Compter 18 € pour 2 en hte saison. 107 empl. Apéritif maison offert sur présentation de ce guide.* Camping familial et tranquille, situé sur la pointe, à 500 m du bord de mer et du sentier douanier. Équipements basiques, mais emplacements bien ombragés et séparés par des haies, et petits prix. Location de vélos. Équitation, escalade, tir à l'arc, varappe et golf tout proches.

**Camping La Pierre Longue :** *rue Henri-Dunant. ☎ 02-40-23-13-44. • lapierrelongue@orange.fr • camping lapierrelongue.com • ♿ À 1,5 km du centre-ville et à 500 m de la Côte Sauvage. Mars-nov. Tentes 13,70-21,70 € selon saison. Loc mobile homes et « bungalotels » 301-688 €/sem. Caravanes 95,90-151,90 €/sem. Tarifs dégressifs à partir de 21 j. ; cumulables avec d'autres offres ponctuelles. 158 empl.* Camping familial et tranquille, au cœur de la presqu'île. Emplacements bien ombragés et à l'abri du vent. Piscine chauffée, snack et animations en été. Location de vélos.

**L'Océan Camping Village & Spa :** *15, route de la Maison-Rouge, Les Frauds. ☎ 02-40-23-07-69. • info@camping-ocean.com • camping-ocean.com • ♿ Avr-sept. Tentes 21-45 €. Loc de mobile homes, chalets et cottages 364-940 €/sem. 400 empl.* Grand camping moderne de type village-vacances, doté de toutes les commodités, à 150 m de la mer. Parc aquatique avec bateau de pirate dans une piscine chauffée, club enfants, tennis, solarium, resto... Conviendra surtout aux familles avec enfants. Location de vélos.

### Prix moyens

**Chambres d'hôtes chez M. et Mme Raison :** *32, rue Jules-Verne. ☎ 02-40-23-11-30. • gilles.raison@wanadoo.fr • chambredhotes-lecroisic.com • Congés : de mi-oct à mi-mars. Compter 65 €*

*pour 2.* À proximité de la plage de Port-Lin, dans un quartier résidentiel calme, maison typique bretonne avec étage réservé aux hôtes. Deux grandes chambres lumineuses et confortables, à la déco fraîche, avec salon-TV. Bien pour une famille.

**Hôtel Les Nids :** *15, rue Pasteur, côté plage de Port-Lin. ☎ 02-40-23-00-63. • hotellesnids@worldonline.fr • hotellesnids.com • Doubles 63-86 € selon saison et confort. Apéritif maison offert sur présentation de ce guide.* À proximité de la petite plage de Port-Lin, un hôtel d'habitués, bien tenu et aux chambres impeccables, avec balcon (sauf pour celles sous les toits, mansardées donc un peu basses de plafond). Petite piscine intérieure autour de laquelle on aura plaisir à prendre le petit déj, et jardin verdoyant. Espace jeux pour enfants. Abri vélos et possibilité d'en louer. Excellent accueil.

## Chic

**Hôtel Le Fin Gourmet :** *1, pl. du Pilori. ☎ 02-40-23-00-38. • lefingourmet@yahoo.fr • fingourmetcroisic.com • Congés : janv. Doubles 70-80 € selon confort et saison.* À l'écart du port, au calme, agréable petit hôtel dans une demeure du XVIIe s. Tenues par Paolo, grand voyageur à l'accueil chaleureux, les chambres, refaites pour la plupart, sont de bon confort, dans un style moderne mais sobre. Beaucoup d'attention pour les routards, avec bibliothèque bien fournie, magazines récents à chaque étage, prêt de vélos si dispo et plein de bons conseils.

# Où manger ?

## De bon marché à prix moyens

**Le Relais du Duc de l'Aiguillon :** *21, pl. Donatien-le-Pré. ☎ 02-40-62-94-62. Congés : janv. Résa conseillée. Carte 13 €. Kir breton offert sur présentation de ce guide.* Dans la jolie demeure à pans de bois du XVe s qui fait l'angle avec la place. Une crêperie chaleureuse, aux murs en granit. Les crêpières s'activent devant les biligs pour émoustiller vos papilles sucrées ou salées. Les produits proviennent en grande partie du jardin familial (œufs, légumes, etc.), exceptée la farine (biologique elle aussi). Un succès jamais démenti, vu les habitués et les touristes de passage. Le service est rapide et souriant. Grande terrasse prise d'assaut aux beaux jours. Longue vie au *Duc* !

**Le Ty Mad :** *3, quai de la Petite-Chambre. ☎ 02-40-23-02-77. • contact@ty-mad.com • Formule 18,90 €, menus 15,90-45 €. Digestif maison offert sur présentation de ce guide.* Une des très nombreuses adresses du port (inévitable terrasse avec vue sur la criée), celle-ci dans l'esprit bistrot-gastro. Rafraîchissant décor contemporain et ambiance décontractée pour une cuisine fraîche, avec une bonne dose de créativité. Il faut, malheureusement, souvent ne pas être trop pressé...

## De prix moyens à chic

**Le Bistrot de la Poissonnerie :** *8, quai de la Petite-Chambrée. ☎ 02-40-60-55-71. Tlj sf le soir lun-jeu en basse saison. Petite assiette apéro 8 €, plateau Poissonnerie 26 €, assiettes 15-18 €. Café offert sur présentation de ce guide.* Une adresse située sur le port, qu'on manquerait presque car absorbée par les commerces divers et variés ! Aux beaux jours, à l'heure de l'apéro, possibilité de siroter un entre-deux-mers en grignotant deux-trois bricoles venues de l'Atlantique. Pour les conchyliophiles, possibilité de compléter leur collect' en dégustant un beau plateau de fruits de mer. L'ambiance y est décontractée, avec une belle vue sur la pointe de Pen Bron.

**Le Lénigo :** *11, quai Lénigo. ☎ 02-40-23-00-31. • lelenigorestaurant@gmail.com • Au bout du quai. Fermé lun-mar hors août. Congés : de mi-nov à mi-fév. Menus 28-42 € ; carte*

*50 €.* Marie-Claude et Ronald se sont rencontrés aux Beaux-Arts, d'où une déco particulièrement soignée, un brin chic, tout en boiserie. L'assiette est à la hauteur du cadre, inventive, surprenante, travaillée avec des épices pour mettre en valeur les produits frais (la criée est en face). Grands voyageurs, ils aiment concocter une cuisine différente, d'inspiration gastronomique, enrichie de saveurs du monde. Superbes homards dans le vivier.

**Le Saint Alys :** *3, quai Hervé-Rielle. ☎ 02-40-23-58-40. Face au port de plaisance, au début de quai. Tlj sf mer en été ; fermé le soir dim, mar et mer hors saison. Formule midi en sem 19,50 €, menus 30-42 €.* La façade discrète cache une petite salle cosy où l'on vient déguster une cuisine goûteuse et inventive, d'inspiration marine. Les plats sont copieux, aussi beaux que bons. En dessert, délicieux sablé breton et autres réjouissances. Service perlé. Une adresse qui fait l'unanimité auprès des habitués et des heureux clients de passage.

### Plus chic

**Le Fort de l'Océan :** *la Pointe du Croisic. ☎ 02-40-15-77-77. • fortocean@fr.oleane.com • Sur la Côte Sauvage. Fermé le midi en sem, plus le soir lun-mar hors saison. Congés : début janv-début fév, mi nov-20 déc. Menus 50-88 €.* Un château de poche en granit, vraiment tout mignon avec son pont-levis et ses remparts, dominant la Côte Sauvage. Cuisine gastronomique de haute voltige réalisée par un chef imaginatif. Service impeccable. Piscine et solarium dans un cadre de rêve, rien ne manque. Le lieu indiqué pour un repas en amoureux, si vous en avez les moyens. Également des chambres très luxueuses *(290 € la double).*

## Où déguster de bons chocolats ?

**La Route du Cacao :** *4, pl. Boston. ☎ 02-40-53-78-51. • croisic.cacao@orange.fr • Tlj sf lun mat sept-juin. Congés : de mi-janv à mi-fév. Une dégustation de « truffe des Marais » offerte et réduc de 10 % à partir de 20 € d'achats sur présentation de ce guide.* Idéalement située sur le port, cette chocolaterie-salon de thé ravira les bouches sucrées les plus exigeantes. Quelques spécialités : les rochers du Croisic, les croquinettes, les mini-vagues de l'océan, les truffes du marais (avec une pointe de fleur de sel de Guérande)... Également un rayon pâtisserie et macarons. Terrasse faisant office de salon de thé aux beaux jours.

## À voir

**Le mont Esprit :** *sur la droite, à l'entrée de la ville.* Il tiendrait son nom d'une déformation des mots « lest pris ». En effet, cette butte est constituée par le lest déposé par les navires venus chercher du sel. Monter au belvédère pour la vue sur les marais, le Traict et les quais du port. Juste au pied, à droite, une petite route mène à des parcs à huîtres. Il n'y a presque personne, vous passerez devant de belles propriétés et pourrez, assis sur un rocher, pique-niquer ou contempler tranquillement les marais salants avec, au loin, la tour-clocher de l'église de Batz.

**Le port :** doté de plusieurs bassins appelés « chambres », il

### PAS DE JALOUX

*À l'extrémité du quai du Lénigo démarre une étroite ruelle (c'est peut-être bien même la plus étroite du Croisic). Pas de plaque pour indiquer son nom, mais tout le monde ici l'appelle la ruelle des Jaloux. Parce que les marins s'y disputaient souvent (et avec des arguments musclés...) les faveurs des serveuses des nombreux bistrots du port.*

abrite quelques beaux voiliers. Tout au long, de belles demeures en granit du XVe au XVIIIe s, avec crêperies et restos, marchands de souvenirs, etc. Le port se termine par une esplanade dominée par le ***mont Lénigo,*** construit, comme le mont Esprit, à partir du lest des navires.

En face, l'***ancienne criée*** porte encore sur ses murs l'orgueil de la ville : armes de la ville, horloge, hampe de drapeau, ancre, un navire amiral coulé lors de la bataille des Cardinaux. C'est aujourd'hui un hall d'exposition.

***L'église Notre-Dame de Pitié :*** *juil-août, visite guidée ven à 11h.* De style flamboyant, elle a été édifiée en granit à la fin du XVe s. La tour carrée, qui devait rivaliser avec celle de Batz, porte sur sa plate-forme à balustres une tourelle octogonale coiffée d'un dôme à lanterne. Comme on l'aperçoit à des kilomètres à la ronde, elle servait de point de repère aux marins. À l'intérieur, ex-voto.

***Les rues anciennes :*** autant les quais sont très animés en saison, autant les rues de l'intérieur sont calmes. Découvrez donc les portes basses et les façades à colombages : aux nos 33 et 35 de la *rue Saint-Christophe* ou au no 28 de la *rue de l'Église,* par exemple. Dépliant gratuit et circuits auprès de l'office de tourisme.

***La jetée du Tréhic :*** très longue (858 m), vous aurez l'impression, pour peu qu'il y ait du vent, d'être en plein océan.

***L'Océarium du Croisic :*** *av. de Saint-Goustan. ☎ 02-40-23-02-44. • ocearium-croisic.fr • Juil-août, tlj 10h-19h ; avr-juin et pdt les vac scol de la Toussaint, tlj 10h-18h ; de fév à mi-avr, sept-oct et Noël tlj 10h-12h, 14h-18h ; de mi-nov à mi-déc, l'ap-m slt ; fermeture des caisses 1h avt. Fermé en janv. Durée de la visite : env 2h. Entrée : 12,50 € ; réduc ; gratuit moins de 3 ans. Pour les enfants, demander le livret de jeux « Oh La L.A. Quelle aventure ! ».*

Un véritable « observatoire de l'Atlantique » qui mérite qu'on s'attarde dans les branches de cet établissement en forme d'étoile de mer. Après avoir découvert ce que cache l'océan vers l'île d'Yeu ou Belle-Île, vous serez transporté sur les rivages d'Afrique du Sud en compagnie des manchots du Cap, ou sous les mers, pour un voyage imaginaire à bord du *Nautilus* de Jules Verne, pour approcher de plus près méduses et tortues marines. Après le tunnel peuplé de mérous et de raies ailées, vous flânez du côté des Cyclades et découvrez les richesses de la Méditerranée. Immanquable : le pavillon « Requins d'Australie », qui accueille une douzaine de squales dans un aquarium vraiment impressionnant. Sans oublier l'île Vancouver et la méconnue faune marine de la Colombie Britannique, le Lagon et ses poissons tropicaux.

– Nombreuses animations, dont le *repas des manchots à 11h, 15h et 17h.*

### PAS SI MANCHOTS !

*Le manchot du Cap, visible à l'Océarium, est un drôle d'oiseau ; d'ailleurs, en bon pingouin, il ne vole pas. Ses ailes se sont adaptées et transformées en nageoires. Résultat : il peut plonger jusqu'à 130 m de profondeur et rester dans l'eau pendant 2,30 mn. On trouve, le long des côtes sud-africaines, trois colonies de ces « jackass penguins », surnommés ainsi car ils braient comme des ânes !*

***L'Espace Escargots :*** *rue des Becs-Salés. ☎ 02-40-15-79-69. • info@espace-escargots.com • Par le port, 200 m à gauche après l'Océarium. Avr-sept, tlj 10h-12h30, 14h30-18h30 (ap-m slt hors vac scol et w-e). Entrée : 5,50 € ; réduc. Visite guidée ttes les 15 mn.* Une ferme hélicicole qui ouvre ses portes, ce n'est pas si fréquent (seulement 150 éleveurs d'escargots en France). Visite commentée de 30-40 mn environ pour découvrir ces gastéropodes au rythme de vie pépère. Petit film de 10 mn pour assimiler quelques bases (saviez-vous que l'escargot a des dents et aime le chocolat ?), puis parcours d'observation passionnant passant par l'accouplement, les naissances, la mise en parc pour l'engraissage... La préparation en labo nous est épargnée ; en revanche, on pourra faire une petite dégustation. En France, on consomme 30 000 t d'escargots par an !

***Les Jardins de la mer :*** *saline Saint-Goustan, 5, rue Raymond-Poincaré. ☎ 09-75-75-84-07. 06-68-98-96-34. • lesjardins-delamer.fr • Pdt 6 sem sur juil-août, ateliers, visites et dégustations avec programmation régulière ; sinon, se renseigner.* Cette ferme marine d'élevage de naissains d'huîtres et de palourdes a eu la bonne idée d'ouvrir ses portes au public. Mais on y découvre également le monde des algues au travers de sorties-collecte, d'ateliers cuisine, de dégustations... Goûter aux incontournables spécialités de tartare et baguette aux algues fraîches.

## Plongée sous-marine

Célèbre pour sa vie sous-marine, le ***plateau du Four*** l'est aussi pour ses vieux canons, tristes vestiges de la flotte française échouée lors de la bataille des Cardinaux (1759). Les abords du Croisic comptent également une trentaine d'épaves modernes, dont le *Lancastria,* transporteur de troupes bombardé en 1940, témoin de la plus grande tragédie maritime de tous les temps...
Il est préférable de plonger à la marée montante (ou à étale de haute mer), qui chasse les alluvions de la Loire et éclaircit considérablement les eaux.

### Club de plongée

■ ***Groupe Atlantique Plongée :*** *rue du Pont-de-Chat (derrière la salle des fêtes). ☎ 07-78-63-36-90 (infos). ☎ 02-40-62-91-83 (résa). • gapplongee.free.fr • Mai-oct selon conditions météo. Résa recommandée en été et adhésion au club obligatoire (10 €). Plongée 30 €, prêt de matériel possible.* Pour ce club (FFESSM) créé en 1956, les fonds du coin n'ont plus aucun secret. Bateau de plongée à l'allure « peinarde » et ambiance chaleureuse.

### Nos meilleurs spots

***La Bonen du Four :*** *niveau II.* Une pointe rocheuse au nord du plateau du Four. Jusqu'à 25 m environ, enchevêtrement complexe de rochers (laminaires, éponges et gorgones), avec de petits surplombs (mirabelles de mer abondantes), un impressionnant boyau de 15 m de long et des trous abritant de nombreux crustacés. Parfois des roussettes. Attention au courant !

***Le Laos :*** *niveau I confirmé.*Au sud-est du même plateau, l'épave d'un gros vapeur naufragé en 1907 par 15 m de fond, dont on distingue encore la partie arrière (beau safran). Camarades de plongée classiques : congres, tacauds, vieilles, bars et crabes.

***Basse Hikéric :*** *niveau I.* Proche du Croisic, ensemble de blocs rocheux (18 m maximum) finement enrobés de roses de mer, alcyons, mirabelles de mer, gorgones et corynactis. Dans les fractures se blottissent homards et congres, alors que bars et lieus nagent furtivement. Parfois des roussettes venues pondre. Idéal pour une plongée de nuit (seiches, raies-torpilles peu farouches).

# GUÉRANDE [Gwen-Rann]

(44350) 16 000 hab. *Carte Loire-Atlantique, A2*

**La ville, de fondation ancienne, à l'architecture de type militaire et aux superbes remparts des XIVe et XVe s, a pour nom breton *Gwen-Rann,* « Pays**

**Blanc », en référence aux marais salants qu'elle domine. Elle se trouve donc sur une presqu'île, et sa fonction portuaire justifie sa protection par de robustes remparts pour défendre le carrefour des axes La Roche-Bernard – Le Pouliguen et La Turballe – Saint-Lyphard. Labellisée « Ville d'art et d'histoire », on la connaît surtout pour son sel, moins pour les autres spécialités : les salicornes, ces haricots verts des mers, et le salidou, un caramel au beurre salé de Guérande (à glisser impérativement dans une crêpe !).**
**L'accès en voiture dans la ville close est limité en saison ; en revanche, on trouve des parkings à chaque porte.**

## UN PEU D'HISTOIRE

Les monuments mégalithiques de l'arrière-pays témoignent d'une occupation ancienne. Les Romains s'installent sur place et développent l'exploitation du sel. La place forte joue un rôle important dans la constitution du duché de Bretagne. La collégiale de Guérande bénéficie d'un statut particulier, mais les invasions normandes n'épargnent pas la cité en 919. Pendant la guerre de Succession de Bretagne, Guérande a pris le parti des Montfort, elle sera donc ravagée par les Espagnols, alliés du roi de France et de Charles de Blois.
Puis c'est à Guérande qu'Anne de Bretagne signe ses premières ordonnances lorsqu'elle succède à son père, le duc François II, en 1488. À cette époque, la flotte guérandaise compte 269 vaisseaux. La presqu'île produit du blé, du sel, du vin, et ses chantiers navals seront actifs jusqu'à la Révolution. En juin 1830, Honoré de Balzac, au bras de Laure de Berny, parcourt le pays, qu'il décrit dans son roman *Béatrix*. Émile Zola décrira également la vie des Guérandais dans une nouvelle truculente, *Les Coquillages de M. Chabre*.
Aujourd'hui, Guérande a relancé la récolte artisanale du sel de mer mais vit surtout du tourisme grâce à son patrimoine historique et à sa situation géographique privilégiée, entre La Baule, la Brière et Le Croisic.

## Adresse et info utiles

ℹ ***Office de tourisme :*** *1, pl. du Marché-aux-Bois. ☎ 0820-150-044 (0,12 €/mn). • ot-guerande.fr • À l'extérieur des remparts, face à la porte Saint-Michel. Tte l'année lun-sam, plus dim avr-sept.* Organise des visites guidées payantes d'avril à octobre à 15h (durée : env 1h30) : ville, remparts, collégiale Saint-Aubin. Visite-spectacle (avec comédiens) le jeudi à 19h en juillet-août (payant). S'occupe aussi des résas de bateaux, de spectacles et de grands sites. Excellent accueil.

– ***Marchés :*** *mer et sam mat.* On ne peut évidemment rêver mieux comme décor de marché que la ville médiévale et les petites halles rétro. Beaucoup de petits producteurs.

## Où dormir ? Où manger ?

Comme pour tous les hauts lieux touristiques, les adresses sont nombreuses et pas toutes de qualité. Il faut savoir faire le tri, voici le nôtre.

### Campings

⛺ ***Domaine de la Bréhadour :*** *route de Bréhadour. ☎ 02-40-17-65-15. • camping@domainedebrehadour.com • domainedebrehadour.com • ♿ À 2 km du centre-ville, en direction de Saint-Lyphard, à gauche (fléchage « Bréhadour »). Pâques-fin sept. Tentes 12,60-22,70 €. Roulottes et mobile homes 168-945 €/sem. 470 empl.* Le camping le plus proche de la ville. De bons emplacements pour les tentes en pleine forêt. D'originaux logements confortables (TNT, lecteur DVD) en roulotte ou en cabane de pêcheur avec terrasse, et même en « tithome » (structure mi-dure, mi-tente, avec cuisine), le tout réparti dans un espace verdoyant. Belle piscine avec toboggans, miniferme. Location de vélos.

***Camping de l'Étang du Pays Blanc :*** *47, rue des Chênes, Kerjacob, **Sandun.** ☎ 02-40-61-93-51. 06-70-30-74-48. • contact@camping-etang.fr • camping-etang-guerande.com • À 6 km de Guérande, entre les D 47 et D 48, à l'étang de Sandun. Tte l'année. Compter env 24 € en hte saison. Mobile homes, chalets, roulottes, tentes équipées et tipis 99-782 €/sem selon type d'hébergement et saison. 120 empl.* En pleine campagne, un camping familial d'une centaine d'emplacements, au bord d'un lac de 30 ha et d'un étang privé où l'on peut pêcher. Bien ombragé et calme. Piscine chauffée et couverte. La mer est à 10 km. Sentiers de randonnée à proximité.

## De bon marché à prix moyens

***ÉcoNuit :*** *1, rue du Milan-Noir, domaine de Bréhadour. ☎ 02-40-45-85-47. • econuit.com • À 15-20 mn à pied du centre-ville, 5 mn en voiture. Venant de Saint-Nazaire, au grand rond-point, prendre direction Herbignac/Vannes, puis Saint-Lyphard. Compter 39-79 € selon saison et taille (jusqu'à 4 pers).* Ouvert en 2011, le premier-né d'une chaîne d'hôtels « économicologiques ». Conçu sur le principe des hôtels de périphérie (ouvert 24h/24), ce 2-étoiles adopte une démarche résolument environnementale : panneaux photovoltaïques, peintures naturelles, moquettes en matériau recyclé, petit déj bio...

## De prix moyens à chic

***Crêperie Roc Maria :*** *1, rue du Vieux-Marché-aux-Grains. ☎ 02-40-24-90-51. • roc-maria@orange.fr • Crêperie tlj avr-sept, fermée lun hors saison. Congés : 2de quinzaine de janv et 3 sem après le 11 nov. Menu galette 10,20 €.* Adresse bien située, avec terrasse dans une ruelle et au cachet certain. Vaste choix de crêpes (plus de 100 !).

***Chambres d'hôtes L'Essencielle :*** *49, rue des Deux-Moulins, Mouzac. ☎ 02-40-45-59-85. 06-10-34-56-86. • beaujon.muriel@orange.fr • lessencielle.fr • À env 3 km du centre-ville, en direction de La Baule, traverser le hameau de Mouzac et à gauche. Double 60 € (2 nuits min, dégressif dès la 6e nuit) ; petit déj 7 €.* À deux pas des marais, sympathique maison réservée aux hôtes, avec 5 chambres entretenues avec soin. Grande cuisine commune, vaste salle à manger-salon avec poêle et TV, grand jardin... Il règne ici une ambiance conviviale !

***Chambres d'hôtes La Guérandière :*** *chez Valérie Lauvray, 5, rue Vannetaise (porte Vannetaise). ☎ 02-40-62-17-15. • contact@guerandiere.com • guerandiere.com • Doubles 65-95 € selon confort et saison ; également appartement et suite ; petit déj complet 10 €. Parking clos. Loc de vélos.* Une très belle adresse de charme, au cœur de la ville close. Cet endroit a séduit plus d'un magazine de déco. On a craqué, nous aussi, pour cette grande maison adossée aux remparts, pour son jardin où il fait bon prendre le petit déj, pour le bon goût de sa propriétaire (qui tient boutique dans les anciennes écuries en face) et pour l'excellent accueil de son mari. Déco raffinée où chaque objet a sa place, en harmonie avec le cadre et les beaux tissus. Apaisant et difficile à quitter.

***Hôtel les Remp'Arts :*** *14, bd du Nord. ☎ 02-40-24-90-69. • hoteldesremparts@orange.fr • hoteldesremparts.com • À côté de l'office de tourisme, à deux pas de la porte Saint-Michel. Resto déj slt, tlj sf dim. Doubles 59-69 € selon vue (cour ou remparts). Formule (plat du jour) 9,50 €.* Un petit hôtel atypique avec, dans les parties communes, une originale déco de bric et de broc(ante). Chambres plus sobres, pas immenses mais plaisantes. Au resto, cuisine toute simple : salades et planches de charcuteries pour l'apéro. Accueil tout sourire.

***Chambres d'hôtes La Maison Bizienne :*** *14, faubourg Bizienne. ☎ 02-40-70-92-57. • lamaisonbizienne@gmail.com • lamaisonbizienne.*

*fr • Dans la rue qui part de la porte Bizienne. Compter 75-90 € pour 2 ; des suites familiales également.* La sévère façade côté faubourg ne laisse en rien deviner ce qui attend à l'intérieur de cette maison fin XIXe s : des chambres vraiment charmantes, très déco, un accueil généreux (le petit déj l'est aussi !) et un grand jardin qui ferait presque oublier de visiter la vieille ville, à 5 mn à pied.

**La Tête de l'Art :** *11, rue de la Porte-Calon. ☎ 02-40-88-53-40. Dans l'une des ailes du manoir de la Porte-Calon, à l'entrée sud de Guérande. Mar-sam sf mar midi hors saison. Carte 35-40 €.* Décor sobrement contemporain sous les vieilles poutres de ce manoir du XVe s. Agréable terrasse dans la cour fleurie. Accueil décontracté pour une cuisine dans l'air du temps (de beaux produits et bonnes idées). Et à des prix qui méritent qu'on s'éloigne de la vieille ville. D'autant que l'endroit a tout autant de charme.

## Où dormir dans les environs ?

**Chambres et table d'hôtes La Balade des Marais :** *5, Kertitry, 44350* ***Saint-Molf.*** *☎ 02-40-01-56-84. 06-18-41-32-65. • jctouze@lbdmarais.com • lbdmarais.com • À env 10 km de Guérande. À la sortie de Saint-Molf, au rond-point, tt droit, puis 3e à gauche et 1re à droite. Tte l'année. Double 120 €, triple 150 €, petit déj et accès au sauna compris. Table d'hôtes 35 € (apéro et vin bio compris !) le w-e hors saison et tlj l'été. Loc de vélos 10 €/j. Massage sur demande. Petit cadeau de bienvenue offert sur présentation de ce guide.* Dans leur maison lumineuse et contemporaine, Annette et Jean-Claude proposent 3 grandes chambres (25 m²), entourées d'un vaste parc boisé et les marais salants à proximité. Excellent équipement : lit *king size,* parquet, entrée privée, peignoir... Bouilloire et machine à café. Au-delà du confort matériel, on profite ici d'une ambiance sereine et relax. Généreuse terrasse pour prendre le soleil. À la table d'hôtes, les repas sont concoctés par Jean-Claude, à base de produits locaux et bio. Au petit déj, les confitures maison sont dans le même esprit. Un espace bien-être vient compléter ce lieu de qualité : sauna (gratuit), massage ayurvédique traditionnel ou séance de réflexologie plantaire, soins délivrés par Annette. Un lieu pour entretenir sa zénitude !

## Où boire un thé ?

**Goût'Thé :** *30, rue de Saillé. ☎ 02-40-01-88-83. Tlj sf lun, plus dim soir hors saison. Congés : vac scol d'hiver. Un échantillon de thé offert pour une consommation sur présentation de ce guide.* À l'intérieur des remparts, près de la porte de Saillé. Petites tables dehors aux beaux jours ou jolie salle pour goûter à toutes sortes de thés, mais aussi des confitures, pain d'épice...

## Où sortir ?

**Discothèque Le Garden :** *au hameau de Congors. ☎ 02-40-24-78-00. • le-garden.net • Tlj en juil-août ; le w-e le reste de l'année.* En plein marais salants. 2 salles et une grande terrasse pour une clientèle mélangée. Un incontournable dans la région.

# À voir

**Les remparts et la porte Saint-Michel :** *entrée principale de la ville. ☎ 02-28-55-05-05. Avr-oct, tlj sf lun mat, 10h-12h30, 14h30-19h (10h-12h, 14h-18h en oct). Entrée : 4 € ; réduc ; forfait famille (de 2 enfants ou plus) 10 €. Pour les enfants, demander le livret de jeux « Mystère au temps des Chevaliers ».* La promenade sur la partie des fortifications médiévales restaurées inclut la visite du 2e étage de la porte Saint-Michel qui fut l'habitation du gouverneur de la ville, une prison pendant la Révolution, puis l'hôtel de ville. Les salles accueillent des expositions temporaires durant les travaux en cours.



**La collégiale Saint-Aubin :** *tlj 9h-12h, 14h-18h.* De l'église romane, incendiée lors du sac de Guérande (1342), subsistent la nef et ses piliers dont certains sont ornés de chapiteaux sculptés assez naïfs. La collégiale actuelle est une construction des XVe et XVIe s, de style gothique flamboyant. À l'extérieur : chaire à prêcher du XVe s, desservie par l'escalier à vis du clocher, rare en Bretagne. Accès aux hauts de la collégiale de juin à septembre avec l'office de tourisme (3 €).

**La ville close :** plusieurs quartiers se devinent intra-muros. Autour de la porte Saint-Michel et de la place du Pilori, le quartier commerçant est caractérisé par ses maisons mitoyennes datées du XVIe au XXe s. À l'ouest de la cité, le tissu urbain se relâche : les manoirs en granit et autres hôtels particuliers, entourés de grands jardins, se cachent derrière de hauts murs.
Au Moyen Âge, tout un quartier de la ville appartenait aux prêteurs et banquiers juifs *(rue de la Juiverie)*, un autre aux chevaliers hospitaliers... La ville possédait aussi ses graveurs, orfèvres et sculpteurs qui ont décoré la collégiale.

**Le musée de la Poupée et du Jouet ancien :** *23, rue de Saillé. ☎ 02-40-15-69-13. Mai-oct, tlj 10h30-13h30, 14h-19h. Compter 30 mn de visite. Entrée : 3,50 € ; réduc ; gratuit moins de 6 ans.* Belle collection de plus de 300 poupées de 1830 à 1950, dînettes en Gien, Saint-Amand, Lunéville, meubles et vêtements. Tous ces éléments sont agencés dans des mises en scène plutôt réussies : les poupées au jardin, au salon, en classe, etc.

**Le château de Careil :** *33, rue du Château-de-Careil. ☎ 02-40-60-22-99. • careil.com • À 3 km au sud de la ville, sur la route de La Baule. Juin-août, visite guidée à 11h, puis ttes les heures 14h-18h ; juil-août, visite aux chandelles lun et mer à 21h30 et visite « Jeu » mar, jeu et sam à 17h. Compter 35 mn-1h selon animation. Tarifs : 6-8 € selon type de visite ; réduc.*
Ce château (plutôt une longue bâtisse) des XIVe-XVIe s mérite le détour pour l'accueil de son châtelain, mais surtout pour les animations et spectacles qu'on y trouve. Mobilier, salons et explications héraldiques de la famille. On retiendra surtout les passionnantes anecdotes, dont celles sur l'ancêtre corsaire et son maillet. Lors des visites-spectacles aux chandelles, on remonte le temps avec des personnages costumés, pleins d'humour et parlant le vieux « françois ». À partir de 5 ans, la visite « Jeu », sous forme d'enquête ludique et aux airs de Fort Boyard, régale les jeunes comme les moins jeunes. Des formules originales pour approcher l'Histoire autrement.
- Dans le parc, on trouvera également l'accrobranche ***Presqu'île Aventure*** : *☎ 02-40-62-00-42. • presquile-aventure.com • Juil-août, tlj 10h-19h ; avr-juin et sept-oct, l'ap-m slt mer et w-e. Compter 15 € ; réduc.* Parc aventure original : ici, pas de mousquetons ni de baudriers, l'attache est remplacée par une paire de gants pour se balader dans des filets !

## Fête et manifestations

- ***Fête médiévale :*** *1er w-e en mai ou juin.* Costumes médiévaux, défilés, banquets, fauconniers, une ambiance « médiévalement » très sympa.
- ***Les Festi'Cités de Guérande :*** *chaque jeu en soirée juil-août.* Visite spectacle, animations de rue, concerts.
- ***La Voix des orgues :*** *de mi-juil à mi-août, ven soir à 21h. Billets sur place à partir de 20h30.* Concerts et récitals dans la collégiale.

– **Les Celtiques de Guérande :** *début août, sur 5 j. Rens et billetterie auprès de l'office de tourisme.* Cinq jours de concerts, rencontres, jeux bretons, animations, défilés, fest-noz.



## LES MARAIS SALANTS

*Carte Loire-Atlantique, A2-3*

**Ils s'étendent sur plusieurs communes. Principalement sur Guérande, on les trouve également à Saillé et à Pradel, qui dépendent de Guérande, mais aussi à Kervalet, adorable hameau rattaché à Batz-sur-Mer, autre centre paludier. Sauf si le vent souffle parfois fort sur les marais, il faut absolument venir s'y perdre à vélo (accès interdit et dangereux à pied) ou en voiture, de préférence tôt le matin ou en soirée, une fois que la foule est partie dîner ou que le soleil se couche. Les couleurs y sont exceptionnelles avec toutes les nuances de gris, d'argent, de bleu, de vert (une seule couleur en breton :** ***glaz,*** **la couleur du ciel et de la mer), le mauve des bruyères et le blanc du sel, bien évidemment... Et si vous souhaitez acheter du gros sel, de nombreux paludiers vendent leur production le long de la route.**

### PETITE HISTOIRE DU SEL

Les pêcheurs des Pays-Bas ont été les premiers à découvrir les vertus conservatrices du sel. C'est pour cette raison que de nombreuses églises de la presqu'île guérandaise ont été bâties avec des pierres en provenance des villes hanséatiques de Brême ou de Hambourg, dont les navires étaient lestés. Posséder du sel ou en produire a très tôt représenté un intérêt politique et économique. Les princes, les évêques ou les potentats locaux s'arrangeaient pour en maîtriser les flux. En 1340, Philippe VI de Valois institua une ponction fiscale : la gabelle, récoltée par les « gabelous ». La Bretagne en était exemptée jusqu'en 1765. Créant de profondes injustices entre les régions, la gabelle représentait, en 1715, un peu plus d'un dixième du revenu fiscal du royaume. On établit donc des quotas d'achat, et il devint impossible d'acheter autre part que dans les « greniers à sel ».
Historiquement, le marais salant guérandais n'a pas été des plus productif. En baie de Bourgneuf-en-Retz, on exploitait également le marais depuis l'étier du port du Collet. Mais l'envasement de la baie y a mis un terme dans les années 1970. Un paludier a relancé la production au début de ce siècle.

### UNE QUALITÉ RECONNUE ET UN SITE PROTÉGÉ

À Guérande, le marais a repris du poil de la bête grâce à une poignée d'anciens paludiers qui ont formé une nouvelle génération attirée par la vie au grand air, la mise en valeur du terroir... Leur production annuelle chiffre 10 000 t par an grâce à un groupement de producteurs indépendants. Aujourd'hui, le sel de Guérande est une réussite commerciale (qui a obtenu en 2012 son Indication Géographique Protégée, une première pour un sel en Europe). Présent sur les bonnes tables, de grands chefs l'ont adopté pour ses qualités gustatives.

#### ANNÉE BLANCHE

*Pour faire honneur à la réputation du sel de Guérande (Label rouge) et à son site (classé « Site remarquable du goût »), les paludiers ont, d'un commun accord, décidé de sacrifier la récolte 2000, afin d'éviter toute contamination des salines par la pollution due au naufrage de l'Erika. Ça ne manque pas de sel !*

Qu'il soit gros sel gris, sel fin ou fleur de sel, le sel de Guérande reste un produit haut de gamme (ce qui ne veut pas dire cher). Et pas seulement pour son goût, mais aussi pour ses qualités nutritionnelles : pauvre en sodium mais riche en magnésium et en oligoéléments ; autant de vertus pour une santé. Il est le fruit d'un savoir-faire vieux de 1 000 ans, et sa récolte artisanale n'est pas étrangère à la qualité de ce produit.

## PETIT LEXIQUE DU PALUDIER

– ***Paludier :*** nom du récolteur de sel (« saunier » en Vendée). Son travail, contrairement à ce que l'on croit, consiste avant tout à entretenir le marais, la récolte ne durant qu'une quarantaine de jours dans l'année.
– ***Fleur de sel :*** le « caviar de sel ». Tandis que le gros sel se dépose sur l'argile du marais, la fleur de sel flotte à la surface. D'un geste précis et élégant, le paludier cueille ce sel, plus fin, plus blanc. Vous avez tout aussi bien le droit de préférer le sel gris...
– ***Vasière, corbier, fares, adernes et œillets :*** ce sont les différents bassins, correspondant dans une saline aux différents stades d'évaporation de l'eau.
– ***Trémet :*** endroit où l'on « roule » et dépose en tas le sel pendant le temps de la récolte.
– ***Salorge :*** hangar (les plus beaux sont en bois) où l'on conserve le sel jusqu'à sa commercialisation.

## Où manger des crêpes dans les marais ?

**Crêperie La Salorge :** *12, rue Croix-Sérot, à **Saillé,** 44350 Guérande. ☎ 02-40-15-14-19. Fermé mer-jeu hors saison. Résa indispensable, surtout en saison. Carte env 20-25 €.* On est d'accord, ce n'est pas vraiment donné, mais les crêpes sont franchement copieuses et originales. Une seule fait généralement l'affaire, et sur la presqu'île, tout le monde vous le dira, « *La Salorge,* c'est une crêperie d'une autre catégorie ». Pas mal de people, de la politique comme du spectacle, en ont d'ailleurs fait leur cantine. Belle carte de cidres. Jolie terrasse et jardin à l'arrière. Service parfois un peu long.

***Crêperie Fleur de Sel :*** *42, rue de la Chapelle, à **Kervalet,** 44740 Batz-sur-Mer. ☎ 02-40-23-90-73. Près de l'église. Fermé lun-jeu hors saison. Congés : vac scol de Noël. Carte env 15-20 €. Kir breton offert sur présentation de ce guide.* Très prisée, cette adresse labellisée « Crêperie gourmande » est surtout connue pour son *kig ha farz* (potée bretonne), servi d'octobre à avril au coin du feu. Soupe du pêcheur et charcuterie du cru à la carte. La réputation de ses bonnes crêpes et galettes est connue au-delà de ce joli petit hameau. Copieux, service rapide, on apprécie le cadre fleuri et la terrasse extérieure aux beaux jours. Et pensez à aller faire le tour du village en sortant.

# À voir. À faire

***Terre de Sel – Espace Sel et Nature :*** *route des Marais-Salants, **Pradel,** 44350 Guérande. ☎ 02-40-62-08-80. • terredesel.com • Sorties découverte tte l'année (programme sur le site), tlj, sur résa en saison : juil-août, 9h30-19h30 ; mai-juin et sept, 10h-18h ; oct-avr, 10h-12h30, 14h-17h. Compter 9-13 € selon la sortie commentée (comprenant l'entrée à l'expo) ; réduc ; gratuit moins de 4 ans. Jeu pour les enfants.*
Cet espace, entièrement dédié au sel et aux marais, est le fruit d'un partenariat entre paludiers et animateurs nature. La visite combine, de façon très intelligente,

une exposition retraçant la vie du marais au fil des saisons et l'explication sur le terrain. Le but est avant tout de montrer le lien intime qui existe entre les hommes et l'environnement. *Terre de Sel* attache finalement peu d'importance à l'aspect historique (pour cela, préférer le musée de Batz ou la Maison des paludiers à Saillé) ; il s'agit ici de parler des marais d'aujourd'hui, depuis leur réhabilitation et la relance de l'activité.
En été, environ 15 sorties par jour (durée : 45 mn à 2h). Balades familiales avec expériences ludiques et sensorielles très appréciées des jeunes aventuriers et de leurs parents. Hors été, au moins deux sorties par jour. Penser à mettre des chaussures de marche. Pour observer les oiseaux, mieux vaut choisir une visite matinale (ou l'une des nocturnes proposées en été). Du bâtiment principal, vue panoramique sur les marais et expos temporaires (à vocation scientifique ou artistique). Boutique sur place, où l'on se régale de caramel au beurre salé... de Guérande.

**La Maison des paludiers :** *18, rue des Prés-Garniers, **Saillé,** 44350 Guérande. ☎ 02-40-62-21-96. • maisondespaludiers.fr • ♿ Juin-août, tlj 10h-12h30, 14h30-18h ; avr, tlj 10h-12h, 14h30-17h30 ; mai et sept, tlj 10h-12h30, 14h-18h ; fév-mars et oct, tlj 14h30-17h ; nov-janv, sam 14h30-17h. Entrée : 4,90 € ; réduc. Visite de l'écomusée : 1h. Avr-sept, visite guidée de 1h30 d'une saline tlj 16h30 ; juil-août, tlj 10h30, 14h30, 15h30, 16h30. Env 7,30 € ; réduc.* Consacré au sel et aux paludiers, ce musée est installé en partie dans l'ancienne chapelle de Saillé, autrefois capitale du sel. La muséographie vous contera la cristallisation du sel et le rôle de médiateur du paludier, à l'appui d'un film numérique de 25 mn. Autour d'une maquette, vous découvrirez le rôle et la fonction des bassins composant la saline. Enfin, grâce à une visite de la saline, la fleur de sel n'aura plus de secrets pour vous.

➢ ***Visite des marais salants :*** ***Le Mulon de Pen Bron,*** *sur la route de Pen Bron. 📱 06-72-01-83-78. • lemulondepenbron.com • Juil-août, ts les mat sf dim, à 11h, sans résa ; sur résa le reste de l'année. Compter 5 €/pers ; réduc ; gratuit moins de 10 ans. Durée : 45 mn.* Visite intéressante faite par Philippe Constant, paludier indépendant.

➢ ***Visite des marais salants en calèche :*** *au départ de **Batz-sur-Mer** (Z.I. Pad Velin). Fév-Toussaint, sur résa slt. 📱 06-72-95-39-97. • gite-guerande-marais-salants.com • Compter env 11 € (1h20 de visite env) ; réduc.* Olivier et Krystel sont paludiers à Batz et proposent de vous faire découvrir leur métier tout en vous promenant en calèche entre les salines. Expérience originale et sympathique. Vente de sel sur place.

➢ ***Le survol des marais en avion :*** *à l'aéroclub de la Côte d'Amour, à l'aérodrome, 44500 **La Baule-Escoublac.** ☎ 02-40-60-23-84. • aeroclub-labaule.com • Attention, résa indispensable en saison. Compter 120 € pour un vol d'env 25 mn. Un bon plan pour réduire la note : venir à 3, c'est le même prix.* Une expérience mémorable. Vu du ciel, on comprend tout, et en plus, c'est beau ! On voit les anciennes îles de Batz, du Croisic, le comblement de la baie, la formation des marais salants qui composent une mosaïque de couleurs et de lumière. Et, en bonus, Noirmoutier, la Côte Sauvage...

➢ ***Survol en ULM :*** *au départ du même aérodrome. 📱 06-82-73-54-49. • phil@anglais-volant.com • anglais-volant.com • Tte l'année, sur résa slt. Compter 65 € pour 30 mn et 120 € pour 1h.* Un peu plus cher que l'avion puisqu'il ne prend qu'un passager à la fois (pendulaire). On peut aussi décoller de Frossay (voir plus haut « Le canal maritime de la Basse Loire » : ***Rand-Kar*** *(☎ 02-40-64-21-66 ; • randkar.free.fr •).* Un vol, là aussi, inoubliable.

➢ Pour ceux qui préfèrent l'***hélicoptère*** et qui en ont les moyens, ***Helibreizh*** propose des vols au départ du même aéroclub. *Rens : ☎ 02-97-44-68-21. • helibreizh.com •*

# LA TURBALLE [an turBall]

(44420) 4 040 hab. *Carte Loire-Atlantique, A2*

**La sardine a fait la fortune du port, créé au XIXe s. En 1824, l'implantation de conserveries stimula d'autant l'activité de la pêche. Aujourd'hui, le port (le deuxième de la façade atlantique française) a été agrandi, et la flottille moderne compte actuellement 80 unités et 300 professionnels (sans compter les mareyeurs, marchands, camionneurs, mécanos navals...) ; mais ce secteur économique reste très fragile. Les campagnes de pêche ont lieu au printemps et à l'automne. La « grosse vache » (ce n'est pas une insulte, mais le surnom donné à la sardine ici, celle qui est trop grosse et qu'on ne peut pas mettre en boîte) a été détrônée par l'anchois, dont environ 7 000 t sont rapportées annuellement dans les filets turballais. Les anchois sont particulièrement prisés par les pêcheurs, car ils se vendent beaucoup plus cher et mieux que la sardine. Plus de 80 % de la production part à l'exportation, principalement vers l'Espagne pour les tapas. La ville possède une longue plage de 5 km, dite « de la Grande Falaise », très réputée chez les véliplanchistes. Après le port de pêche, on retrouve encore 3 km de plage en petites criques. Enfin, La Turballe constitue un point de départ vers les îles avoisinantes (Belle-Île, Houat, Hoëdic).**

## Arriver – Quitter

➢ ***En bus :*** *réseau* ***Lila,*** *☎ 0825-087-156 (0,15 €/mn).* Liaison avec Saint-Nazaire, Guérande ou La Baule. Paiement au chauffeur.

➢ ***Navettes pour Houat, Hoëdic et Belle-Île :*** ***Compagnie des Îles,*** *☎ 0825-132-100 (0,15 €/mn). • compagniedesiles.com • Juil-août. Traversées passagers slt. Compter 35-42 € selon l'île pour un A/R dans la journée.* Depuis La Turballe, compter 1h pour Hoëdic (puis 30 mn entre Hoëdic et Houat) et 1h50 pour Belle-Île.

## Adresse utile

ℹ ***Office de tourisme :*** *pl. Charles-de-Gaulle. ☎ 02-40-23-39-87. • tourisme-laturballe.fr • Sur le port. Juil-août, tlj ; le reste de l'année, lun-sam.* Gère la billetterie des traversées vers les îles (Belle-Île, Houat et Hoëdic).

## Où dormir ?

### Campings

⛺ ***Camping du Parc Sainte-Brigitte :*** *domaine de Bréhet, route de Guérande. ☎ 02-40-24-88-91. 📱 06-99-95-80-99. • saintebrigitte@wanadoo.fr • campingsaintebrigitte.com • ♿ À 3 km de La Turballe, direction Guérande ; sortie de Clis, sur la droite. Avr-sept. Tentes env 23-27 €. Loc de mobile homes 380-715 €/sem selon taille et saison. 150 empl.* Agréable camping, peu ombragé mais calme, établi près d'un château dans un domaine boisé. Animations occasionnelles. Résa indispensable en juillet-août. Loue des vélos.

⛺ ***Camping municipal Les Chardons Bleus :*** *bd de la Grande-Falaise. ☎ 02-40-62-80-60. • campingleschardonsbleus@mairielaturballe.fr • camping-laturballe.fr • ♿ Au sud de la ville, avt le site protégé de Pen-Bron. De début avr à fin sept. Tentes*

*13,85-19,35 €. Loc de chalets pour 4 à 6 pers, dont 2 adaptés pour les pers à mobilité réduite, 283-672 €/sem selon taille et saison. 300 empl.* Spacieux camping adossé au site de Pen-Bron. Accès direct à la plage de la Grande-Falaise. Animations pour les enfants et les adultes. Bar-brasserie et épicerie en juillet-août. Piscine.

## De bon marché à prix moyens

**Hôtel Les Chants d'Ailes :** *11, bd Bellanger. ☎ 02-40-23-47-28. • hotelchantsdailes@wanadoo.fr • laturballe.com/hotel-chantsdailes • Doubles 40-78 € selon confort et saison. Réduc de 10 % sur le prix de la chambre janv-mars et nov-déc sur présentation de ce guide.* Quasiment les pieds dans le sable, puisqu'il n'y a que la rue à traverser. Dans un bâtiment moderne, un petit hôtel sans prétention mais aux chambres d'un honnête rapport-qualité-prix, que les accueillants proprios s'emploient à doucement moderniser. Salle pour le petit déj avec grandes baies vitrées offrant une vue sur la plage et l'océan.

## Chic

**Chambres d'hôtes Les Belles Roches :** *58, rue de Bellevue. ☎ 02-40-22-10-72. 06-73-45-76-43. • bellesroches@wanadoo.fr • lesbellesroches.fr • À 1 km au nord du port, dans le quartier résidentiel de Bellevue. Compter 75-80 € pour 2.* On aime beaucoup cette auberge espagnole, fréquentée par des habitués et tenue par la sémillante Isabelle. Quelques chambres sur le jardin, d'autres à l'étage de la résidence principale, avec accès indépendant. Tout le monde se retrouve dans le vaste jardin arboré de 6 000 m², autour de la piscine couverte ou du barbecue pour de joyeux apéros-huîtres. Grande cuisine commune et salon à dispo. Une adresse conviviale et très routarde !

**Chambres d'hôtes Le Manoir des Quatre Saisons :** *chez Mme Meyran-Quirin, 744, bd de Lauvergnac. ☎ 02-40-11-76-16. 06-87-33-43-86. • jean-philippe.meyran@club-internet.fr • manoir-des-quatre-saisons.com • (1 chambre). En dehors du centre-ville, en direction de Piriac par la D 333. Compter 75-85 € pour 2 selon saison et confort.* Madame est normande mais a décidé de s'installer en Bretagne, avec son fils, dans ce joli manoir tout en granit et ardoise. 5 chambres, dont une suite avec cuisine, au confort cossu. Adresse un peu chic mais pas guindée ; ici, tout se fait en famille et dans la bonne humeur. Vue sur Le Croisic depuis la chambre jaune. Piscine, petit déj avec confiture maison et grand jardin. Également une petite maison indépendante.

# Où manger ?

**Le Chaudron :** *1, rue de Fourbihan (pl. Poulloué). ☎ 02-40-23-32-52. • restaurantlechaudron@alicepro.fr • À l'entrée de la ville en arrivant de Guérande. Tlj sf lun. Formule déj 11 € sf w-e et j. fériés ; menus 27-36 €.* Virginie et Thomas ont posé leurs valises dans cette jolie maisonnette de granit, flanquée de son calvaire de carte postale. Le chef fait preuve d'originalité et vous invite à une drôle de « balade en bouche des produits du terroir et de saison » au pays du sucré-salé. On peut même composer son menu (sur réservation) en fonction de ses goûts et budget.

**Le Terminus :** *18, quai Saint-Paul. ☎ 02-40-23-30-29. • terminus44420@aol.com • Tlj sf dim soir, mar soir et mer hors saison. Formule 16 € déj en sem, menus 28-57 €.* Ambiance port de pêche à l'intérieur et à l'extérieur, avec la vue imprenable sur la criée et les mouettes gourmandes. Cuisine à base de produits frais. Plats inventifs en liaison directe avec l'océan.

**Crêperie du Plat Pays :** *17, rue Ropert. ☎ 02-40-23-36-36. • creperieduplatpays@orange.fr • Pâques-fin sept, le soir slt : w-e en mai-juin, tlj vac de Pâques et juil-août. Congés : oct-avr. Carte 15 €.*

*Apéritif maison pour 2 pers max offert sur présentation de ce guide.* Crêpes et galettes avec des produits locaux. Déco à l'ancienne, et terrasse sur le jardin à l'arrière qui plaira aux enfants.



## À voir. À faire

👍👍 ***Le clocher-belvédère de l'église de Trescalan :*** *visite guidée juil-août tlj 14h30-17h30 (1 €).* Construit en 1852, il permet d'avoir une vue panoramique à 45 m au-dessus du niveau de la mer. Accès par 110 marches et une échelle en bois !

👍👍👍 ***La criée et le port :*** *arrivée des bateaux l'ap-m et en soirée lun-ven.* Un cérémonial bien réglé que celui de la criée, même si la « criomobile » a pris le relais du crieur professionnel. Mareyeurs, grossistes, poissonniers viennent s'y approvisionner. C'est donc réservé aux professionnels, mais on peut y assister en visite guidée de la criée en saison *(mar, jeu et ven en juil-août à 5h45 ; compter 1h, résa obligatoire, ☎ 02-40-11-71-31 ; tarif : 5 €).* Pas de vente aux particuliers. Vrai patrimoine de la ville, on flâne à toute heure le long du port à observer les allers-retours des chalutiers, leurs déchargements, ou les mouettes qui se servent dans les casiers.

👍👍 ***Le musée « La Maison de la pêche » :*** *derrière l'office de tourisme, sur le port, au-dessus du centre de Marée. ☎ 02-40-11-71-31. • musee-laturballe.fr • Juil-août, tlj 10h-12h30, 15h-18h30 ; juin et sept et ttes les vac scol, 10h-12h30, 14h30-18h (dim 15h-18h) ; nov-fév, jusqu'à 17h30 et fermé le w-e. Entrée : 2,70 € ; réduc.* L'association Au gré des vents a pour but la défense et la promotion du patrimoine maritime. Elle organise de nombreuses animations autour du port. Gère le chalutier du même nom (propriété de la ville), que l'on peut visiter (45 mn). Organise des visites guidées du port (1h30 environ) et de la criée. Également des balades autour de la ville, le moulin de Kerbroué et la maison du meunier. Dans leurs locaux, un petit musée sur l'histoire de la pêche, des expos temporaires, et les jeunes mousses peuvent participer à des ateliers de matelotage et apprendre à faire de difficiles nœuds comme la « jambe de chien » ou la « gueule de raie » *(sur résa).* Très actif et de bon conseil pour vos sorties en mer.

➢ ***Pêche et promenades en mer :*** *mai-oct.* Sorties de pêche à bord d'un chalutier, pêche au bar au lancer... Plusieurs professionnels proposent leurs services. Infos à l'office de tourisme.

## Fête et manifestation

– ***Festi Vent :*** *dernier w-e de juin. • festi-vent44.com •* Démonstrations de cerfs-volants, initiation au kayak de mer et à la voile, baptême de goélette, spectacles déambulatoires, concerts...
– ***Fête de la Sardine :*** *mi-juil et mi-août.* Dégustation de la reine sardine sous toutes ses formes. Musique bretonne. Très populaire.

## DANS LES ENVIRONS DE LA TURBALLE

👍 Sur la route vers Pen Bron, engoncé dans une dune, un petit ***cimetière*** des religieuses de l'hôpital.

👍👍 ***Les dunes de Pen Bron*** sont classées et protégées. Il s'agit d'un isthme sablonneux, s'avançant entre la mer et le traict (lagune salée), pratiquement jusqu'au Croisic. Quand on s'y rend, les marais sont à gauche et la mer à droite. Tout au bout, au niveau du centre marin, on touche quasiment la presqu'île du Croisic, qu'on ne peut rejoindre qu'en navette bateau avec *Le Galipétant.* Incroyables points de vue, surtout à la tombée de la nuit. Accès fermé aux voitures en été mais ouvert aux piétons et vélos. Ce site naturel protégé abrite également une plage. Naturisme toléré, passé l'amer blanc.

L'imposant ***centre marin de Pen Bron :*** *tt au bout de l'isthme.* Il fut, dès la fin du XIXe s, très rapidement renommé. Grâce à Hippolyte Pallu et à une congrégation de religieuses, on y accueillait les tuberculeux pour qu'ils profitent du grand air du large. Aujourd'hui, son activité principale est la rééducation motrice et fonctionnelle, quand il ne sert pas de cadre pour le tournage de films, comme *Marthe ou la promesse d'un jour* avec Guillaume Depardieu. On trouve à côté un hôtel-restaurant *(☎ 02-28-56-77-99 ; • hotels-aptitudes.com •).*

➢ Liaisons saisonnières entre la pointe de Pen Bron et le port du Croisic avec un passeur (8 places), *Le Galipétant.* *Infos aux offices de tourisme du Croisic et de La Turballe.*

# PIRIAC-SUR-MER (pen kiriak)

(44420) 2 300 hab. *Carte Loire-Atlantique, A2*

**Un des plus beaux endroits de la région, qui a séduit Daudet, Flaubert, Chopin... Zola y séjourna dans une maison en face de l'église, et la famille Belmondo y avait ses quartiers. Cette jolie bourgade possède des ruelles étroites typiques, dans le pur style de la région. Pas de voitures en centre-ville (utiliser le grand parking à l'entrée), ce qui préserve tout le cachet de cette ville au style très *Pauline à la plage.***

## Arriver – Quitter

➢ ***En bus :*** *☎ 0825-087-156 (0,15 €/mn).* Bus ligne J du réseau *Lila* avec La Baule.

## Adresses utiles

***Office de tourisme :*** *7, rue des Cap-Horniers. ☎ 02-40-23-51-42. • piriac.net • Près du parking du marché. Juil-août, tlj ; le reste de l'année, lun-sam.* Organise des visites de la ville en été, sur résa.

***Location de vélos :*** ***Piriac à Vélo,*** *Garage AD Expert Nicol, Zone du Pladreau. 06-25-13-00-08. • piriacavelo.com • Tlj en saison. Compter 11 €/j.* Remorques et vélos pour enfants.

## Où dormir ? Où manger ?

### Campings

***Camping Mon Calme :*** *rue de Norvoret. ☎ 02-40-23-60-77. 06-27-14-28-61. • campingmoncalme@free.fr • campingmoncalme.com • Proche de la plage du Castelli. Pâques-fin sept. Compter 24,50 € en hte saison. Mobile homes 260-640 €/sem. 88 empl.* Encadré de maisons dans un quartier résidentiel, proche du port et des plages, petit camping familial avec piscine chauffée.

***Camping naturiste Le Clos Marot :*** *route de Maurault, Saint-Sébastien. ☎ 02-40-23-59-20. • info@anca-piriac.com • anca-piriac.com • Accès par la D 99, route de Maurault. De début juin à mi-sept. Tente en hte saison 21 €. Caravane 120 €/sem. CB refusées. 50 empl.* Camping naturiste familial et calme, à 4 km de la mer. Piscine.

### De bon marché à prix moyens

**Hôtel de la Poste – Restaurant la Terrasse Fleurie :** *26, rue de la Plage. ☎ 02-40-23-50-90. • piriac-hoteldelaposte@wanadoo.fr • piriac-hoteldelaposte.com • Resto tlj sf mer et dim soir hors saison. Congés : déc-janv. Doubles 63-76 € selon saison. Formule déj en sem 13,50 € ; menus 17,90-24,90 €.* En terrasse (pas si fleurie que ça !) ou dans la salle éclatante de couleurs, une cuisine soignée, comme on dit, largement tournée vers la mer et à base de produits frais. Chambres gentiment rénovées et plutôt agréables. Excellent accueil.

**Crêperie Lacomère :** *18, rue de Kéroman. ☎ 02-40-23-53-63. Fermé lun-mar hors saison, slt le w-e mars et oct. Congés : de nov à mi-mars. Formules 10-12 € et menus 17-18 € ; carte 15-22 €. Apéritif offert sur présentation de ce guide.* On aime beaucoup ou on n'aime pas du tout cette crêperie-resto de fruits de mer dont le patron fait le show à chaque service (biniou, chants, blagues...). Clientèle d'habitués et de touristes.

## Où boire un verre ?

**Le Vercoquin :** *10, rue de Keroman. 06-61-95-80-05. • ludo_roquet@hotmail.com • Tlj sf lun-mar hors saison, jusqu'à 2h. Congés : janv. Apéritif maison offert sur présentation de ce guide.* Sympathique bar-PMU dans la ruelle festive derrière le port. Dans le petit patio (et sa tonnelle) ou accrochés au bar, les vacanciers et les locaux se retrouvent pour de chaudes soirées en saison, particulièrement les soirs de match ou d'apéro-concert.

## À voir. À faire

**La Maison du patrimoine :** *3, pl. Henri-Vignioboul. ☎ 02-40-15-59-71. • patrimoinepiriac.fr • Avr-juin, w-e 14h30-18h ; juil-août, tlj 15h-19h, plus 10h-12h jeu-ven ; sept, tlj 14h30-18h. Entrée : 2 € ; gratuit moins de 12 ans. Visite commentée sur demande tlj sf dim, 15h-18h.* Petite expo sur l'histoire de Piriac, l'aventure de la sardine, photos, 1 200 cartes postales anciennes, maquettes, costumes, objets...

**Piriac Aventure :** *route de Mesquer (D 52). ☎ 02-40-23-66-66. • piriac-aventure.com • Juil-août, tlj 9h30-19h30 ; avr-juin et ponts, mer et w-e 10h-19h ; sept-début nov, mer et w-e 13h-19h. Nov-début avr, sur résa slt. Entrée : 21 € ; réduc et formule famille.* Entre terre et ciel, on glisse ou on grimpe, de la cime d'un arbre à l'autre. 110 ateliers de différents niveaux sur 10 parcours.

**Le tombeau d'Almanzor :** *en suivant le sentier des douaniers, peu avt la pointe du Castelli ; accessible slt à marée basse, selon le coefficient.* Le rocher le plus connu de cette portion de côte, qui peut, effectivement, évoquer un tombeau, recouvert des plis d'un drap mortuaire. C'est celui, dit la légende, d'Almanzor, un seigneur local qui fit naufrage ici à son retour de croisade. Au grand désespoir de sa gente dame Yseult, qui l'attendait dans la *grotte à Madame* qu'on découvre également au long de ce sentier.

### AU CENTRE DU MONDE

*À une poignée de kilomètres au large de Piriac-sur-Mer, la petite île Dumet, aujourd'hui déserte, est, d'après les calculs du physicien Alphonse Berget en 1912, le centre des terres émergées. Mais d'autres calculs plus récents situent ce « nombril du monde » dans le quartier Malakoff à Nantes. D'autres encore à Pitesti, en Roumanie... Et si on optait, comme Salvador Dalí, pour la gare de Perpignan ?*

➢ ***Balades en kayak de mer :*** *Nautisme en Pays Blanc, à la Maison de la mer.* ☎ *02-40-23-53-84.* • *npb.asso.fr* • Découvertes, balades et randonnées nautiques en kayak de mer. Celle de 5h autour de l'île Dumet est particulièrement sympa. Propose également des sorties en goélette en été. Location de catamarans, planches à voile, Optimist...

# MESQUER-QUIMIAC [meskeʀ]

(44420) 1 620 hab. *Carte Loire-Atlantique, A2*

**Une commune très étendue qui a su rester encore sauvage. Prendre la route qui longe la côte depuis Piriac, passer à Quimiac, puis aller à Mesquer via l'étier de Kercabellec, près des parcs à huîtres. Cet ancien petit port comptait, au milieu du XIX^e^ s, 35 navires exportateurs de sel. Il alimente une partie des marais salants de Mesquer, où l'on peut se promener sur les sentiers. Beaucoup de charme, plein de plages et plagettes.**

## Arriver – Quitter

➢ ***En bus :*** *réseau* ***Lila.*** Liaison sur réservation avec La Baule et Guérande, ligne H *(☎ 02-40-62-32-33).*

## Adresse utile

ℹ ***Office de tourisme :*** *pl. du Marché (pl. de l'Orée-du-Bois), à Quimiac, 44420* ***Mesquer.*** ☎ *02-40-42-64-37.* • *mesquer-quimiac.com* • ♿ *Juil-août, lun-sam et dim mat ; sept-juin, lun-sam.* Organise des visites guidées des marais et des parcs ostréicoles en été. Billetterie.

## Où dormir ? Où manger à Quimiac et dans les environs ?

### Campings

⛺ ***Camping Le Beaupré :*** *141, route de Kervarin,* ***Kercabellec.*** ☎ *02-40-42-64-16.* 📱 *06-85-61-03-27.* • *camping.beaupre@wanadoo.fr* • *lebeaupre.com* • *Du centre de Mesquer, direction Kercabellec. Avr-oct. Tente 21,50 € en hte saison. Mobile homes 230-650 €/sem. 48 empl.* 📶 *Réduc de 5 % sur présentation de ce guide.* Petit camping familial situé au nord de Mesquer et à 300 m de la mer. Très ombragé et calme. Sentier de randonnée à deux pas. Pêche en mer et à pied.

⛺ ***Camping de la Baie :*** *Keravelo, à* ***Pen-Bé-en-Assérac.*** ☎ *02-40-01-71-16.* • *contact@camping-delabaie.com* • *camping-delabaie.com* • ♿ *À 10 km au sud-ouest d'Herbignac, un peu à l'extérieur du parc de la Brière. De début avr à début nov. Tentes 14-22 € selon saison. Loue des chalets et des mobile homes 219-819 €/sem selon taille et saison. 103 empl. Apéritif maison offert sur présentation de ce guide.* Camping ombragé, sis dans un hameau calme et isolé du reste du monde, avec accès à la baie. Des animations pour les enfants en saison. Piscine.

### De prix moyens à chic

🏠 🍽 ***Logis Relais Marine :*** *276, rue Centrale, à* ***Quimiac.*** ☎ *02-40-42-51-09.* • *contact@relaismarine.fr* • *relaismarine.fr* • ♿ *(resto). Sur la route de*

*Mesquer. Hors saison, resto fermé dim soir, lun et le midi sf w-e. Congés : nov-fév. Doubles 58-110 € selon confort et saison. Menus 25-33 €.* À 300 m de la plage, cet hôtel-restaurant a été remis à flot par un jeune homme accueillant et plein de volonté. Il a commencé par relooker le rez-de-chaussée, et en particulier la salle du petit déj (parfait, d'ailleurs). Il a retapé les chambres dans des teintes marines, douces et apaisantes. Pour parfaire le tableau, il s'est entouré d'une équipe aussi sympathique que compétente. En cuisine, un vent marin souffle sur les assiettes avec une belle cuisine de saison, servie aux beaux jours dans le jardin intérieur. Une adresse pleine de bon goût, des chambres à l'assiette, et propice aux longs séjours.

**La Vieille Forge :** *rue d'Aha, à* **Mesquer.** ☎ *02-40-42-62-68. En juil-août, le midi jeu-dim et ts les soirs ; hors saison, le midi lun-mar et le soir jeu-dim. Menus 14 € déj en sem hors juil-août, puis 28-52 €.* Dans une ancienne forge du XVIIe s, comme son nom l'indique. Murs de pierre et poutres de bois pour une cuisine avec du métier et de l'idée (le jeune chef a travaillé chez quelques étoilés), à base de produits rigoureusement choisis.



## À voir. À faire

***La Gazelle des Sables :*** *Z.A. Kergoulinet (près du Shopi). Rens et résas : 06-61-38-17-80. • lagazelledessables.fr • En venant de Mesquer, tourner à gauche au rond-point du Shopi ; l'atelier se trouve sur la gauche. Ouv pdt les vac scol et certains w-e (sur résa). Pour visiter l'atelier de construction navale de La Gazelle des Sables, il est préférable de prendre rdv.* *La Gazelle des Sables,* nom d'un ancien thonier, est un petit voilier de structure légère, aux dimensions pratiques (modèle réduit au 1/8[e] de la *Gazelle* d'origine), pouvant contenir de deux à quatre personnes, de faible tirant d'eau, insubmersible et à voilage évolutif. Et surtout, c'est un bateau écolo ! Après avoir visité les lieux, découvert les techniques, les matériaux utilisés, les moulages et les assemblages, vous serez sûrement tenté d'y faire un stage, et pourquoi pas en famille ? Pour en repartir avec votre embarcation sous le bras (ou presque !), réalisée en un temps record.

Dernières créations des ateliers : le kayak du Traict et le *Lascau du Toul'Ru,* en voile-aviron à ballast liquide. Ce dernier a même été présenté en avant-première au dernier Grand Pavois de La Rochelle.

## DANS LES ENVIRONS DE MESQUER-QUIMIAC

***La pointe de Merquel :*** *entre Quimiac et Mesquer.* Une plage superbe, des bouchots à moules et une vue au loin sur l'île Dûmet. Juché sur un ancien blockhaus, un belvédère permet de mieux comprendre le traict de Merquel. À marée basse, les ornithos seront aux anges. Remarquer la mignonne *chapelle* blanche *(ouv en saison, se renseigner à l'office de tourisme),* reconstruite en 1946. À l'intérieur, magnifiques statues polychromes de Jean Fréour, le sculpteur breton de la région, et une fresque très kitsch des années 1950, avec une ribambelle d'enfants de chœur.

# LE PARC NATUREL RÉGIONAL DE BRIÈRE

*Carte Loire-Atlantique, A-B2*

**Deuxième marais de France après la Camargue, la Grande Brière se présente comme une mosaïque de canaux, de plans d'eau, de roselières, de**

**prairies inondables. Le parc naturel régional de Brière a été créé en 1970. Il a pour objectif de permettre aux habitants de continuer à vivre sur leur terre et de faire en sorte que le développement économique se fasse dans le respect de la protection des sites. Propriété indivise des habitants, il s'étend sur plus de 49 000 ha et se compose au nord des marais du Haut-Brivet, à l'est de ceux de Donges, au centre de sept îles (dont Fédrun, la principale) et à l'ouest de la Grande Brière mottière. Cette dernière (de « motte » : briquette de tourbe) marque l'origine du nom du parc et couvre 6 700 ha (sur 21 communes). Immense tourbière que les pluies d'automne transforment en une vaste étendue d'eau, ce pays permet le développement d'une faune et d'une flore spécifiques (roseaux, nénuphars thorelles, loutres, spatules blanches, hérons...). Et l'être humain dans tout cela ? Les habitations sont construites avec des matériaux du cru. Près de 3 000 chaumières sont ainsi référencées, créant une atmosphère et un environnement qui contrastent avec la côte, située à une dizaine de kilomètres. La Brière se découvre tranquillement, à son rythme, au fil de l'eau ou d'une promenade, tôt le matin ou à la nuit tombée afin d'observer au mieux les nombreux animaux. À ce propos, le parc fut le cadre de certaines scènes du film *Le Peuple migrateur.* Et bonne nouvelle, dans la Brière se cachent également des adresses de qualité pour se loger ou se restaurer. Alors, pourquoi s'en priver ?**

## UN PEU D'HISTOIRE

On pense que cette zone d'effondrement, une fois boisée, a été envahie par la mer et le marais (vers 7000 ou 5000 av. J.-C.). Ce dernier s'est constitué derrière une digue formée par les alluvions de la Loire. Témoins de ce glissement de terrain, des arbres enfouis à 1,50 m du sol, les *mortas.* Plus durs et plus noirs que l'ébène, une fois séchés,.ils sont transformés en sculptures par seuls quelques courageux artistes ; autrefois, ils étaient utilisés en charpente.

Le grand marais, au sol de tourbe, a été jusqu'à la seconde moitié du XIX^e^ s la terre nourricière des riverains, notamment de ceux des îles. D'ailleurs, le duc François II n'avait-il pas octroyé à ses sujets briérons le libre droit d'utiliser les ressources du marais (pêche, bois, tourbe) ?

La fin de l'été était marquée par l'extraction de la tourbe. Pendant les 8 jours accordés au tourbage chaque année, on se livrait aussi à la recherche des *mortas* (chênes et hêtres fossilisés). Cette Camargue de l'Ouest vivait repliée sur elle-même. Les habitants se mariaient entre voisins. Ces habitudes de vie d'autrefois sont merveilleusement retranscrites dans le roman d'Alphonse de Châteaubriant, *La Brière.*

L'activité de tourbage prit fin après la Seconde Guerre mondiale. Oies et canards, identifiés selon les propriétaires par une marque à la patte (une incision entre deux phalanges), mettent encore leur note pittoresque dans ce beau paysage. La coupe artisanale des roseaux subit malheureusement la concurrence industrielle de la Camargue... mais de nouvelles méthodes de coupe mécanique sont actuellement expérimentées pour permettre une meilleure exploitation de la roselière de Brière. Les *piardes,*

### UN MILIEU NATUREL AUTARCIQUE

*Le marais suffisait presque à tout. Le roseau était utilisé pour le chaume et les litières des animaux ; la tourbe servait de combustible ; l'osier était employé dans la vannerie ; et le poisson et autres gibiers abondaient. On élevait oies et canards, on recueillait même les sangsues pour les vendre aux pharmaciens, tandis que la tourbe faisait l'objet d'un commerce substantiel. Depuis Méan, le port briéron, on acheminait les mottes de tourbe pour les vendre jusqu'à l'île de Ré.*

## LE PARC NATUREL RÉGIONAL DE BRIÈRE

anciens sites d'exploitation de la tourbe (ou plans d'eau), ont diminué devant le comblement et l'extension de la roselière.

## LE MARAIS

Parc naturel régional reconnu depuis 1970, le marais souffre de la régression des activités traditionnelles. Les programmes d'entretien du marais limitent son assèchement progressif. En effet, sans intervention, le marais se comble et la forêt de saules et de bouleaux repousse.
Plusieurs associations organisent des ***randonnées de découverte*** du marais (se renseigner auprès de la Maison du Parc, à Kerhinet). Le visiteur embarque sur un *chaland* ou un *blin,* utilisé dans le passé pour transporter le bétail, poussé à la *perche* sur les *piardes,* de *curées* (canal de ceinture) en coulisse, parmi les nénuphars, les iris ou autres laîches. On lui raconte l'histoire des feux follets (en fait, les effluves de méthane émanant de la tourbe) qui effrayaient tant les enfants.
– L'idéal pour découvrir la Brière est donc de prendre un ***chaland*** (bateau à fond plat). On peut choisir de manœuvrer seul la barque, mais ce n'est pas si facile. Nous vous conseillons plutôt de vous adresser à un professionnel. L'office de tourisme de Brière vous renseignera sur la dizaine de guides répondant à la charte de qualité du Parc. Chacun a sa spécialité et sa façon de présenter le marais. Et ne soyez pas surpris : si le moteur est inutile sur l'île de Fédrun, il reste néanmoins indispensable dans les canaux, au départ des autres ports.

■ Au port de ***La Belle-Fontaine,*** Sébastien Lecorno *(☐ 06-65-26-28-63).* Au port de ***La Pierre-Fendue,*** *Brière Évasion (☐ 06-75-23-58-58).* De ***La Chaussée-Neuve,*** avec Antony Mahé *(☎ 02-40-91-59-36)* ou Jean-Sébastien Crusson *(☎ 02-40-01-24-64).* De ***Rozé,*** balade en musique avec Christophe Boisrobert *(☐ 06-25-90-65-75).* À ***Fédrun,*** Valérie Aoustin-Huard *(☐ 06-09-90-24-68)* met l'accent sur la vie en Brière et aime les anecdotes. Enfin, on pourra partir du port de ***Bréca,*** d'où l'on profite d'une belle vue dégagée sur les marais, mais le lieu est aussi le plus touristique.

– Toutes les coordonnées exactes des contacts pour les balades sont indiquées sur la carte touristique du Parc *(voir le site • parc-naturel-briere.com •).* Très pratique, elle indique horaires et tarifs : à titre indicatif, pour une balade en barque (45 mn à 1h), il faut compter environ 8 € ; en barque + calèche (1h30), autour de 14 € ; réduc. Départ recommandé en matinée ou au coucher du soleil, plus frais et plus calme, mais possibilité de promenades en journée. Location de barques individuelles sur réservation uniquement. Le printemps et l'automne sont les meilleures périodes pour s'y aventurer.
– La Brière se découvre également ***à pied, à vélo, à cheval*** ou ***en calèche*** (souvent les mêmes guides qu'en chaland). Et que dire d'un conteur pour un ***vagabondage nocturne*** sur le marais (en juillet-août) ? Le Parc organise de nombreuses promenades et visites guidées à thème (faune, flore, patrimoine...) ; demander le programme auprès de l'office de tourisme de Brière.

## LA FAUNE EN BRIÈRE

Paradis des ornithologues, la Brière recèle nombre d'espèces d'***oiseaux*** : rapaces (busard des roseaux), butor étoilé (héron au chant de corne de brume), passereaux (bruant des roseaux, mésange à moustaches) et autres grèbes, sarcelles, moretons, rousserolles, hérons... À voir également, la foulque macroule qui fait son nid près des plans d'eau. Le marais nourrit encore 4 000 ***bovins*** (contre 18 000 au début du XXe s). L'***écrevisse*** a fait son apparition dans les marais dans les années 1970, à la suite de l'installation d'un élevage d'écrevisses rouges de Louisiane. Leur reproduction exponentielle a engendré pendant un temps de vrais dégâts dans les piardes. Aujourd'hui, la petite bête se fait plus discrète... On trouvera aussi, mais malheureusement bien trop souvent le long des routes, des ***loutres*** et des ***ragondins.*** Alors, méfiance quand vous êtes au volant.

## LA CHAUMIÈRE DE BRIÈRE

Partie intégrante et caractéristique du paysage briéron. Avec plus de 3 000 chaumières recensées, c'est la plus grande concentration en France : 60 % des chaumières françaises se trouvent en Brière. À la différence des chaumières bretonnes et normandes, celle de Brière est trapue et sa hauteur sous plafond reste faible. Les murs épais sont montés en pierre et en terre. Trois ouvertures traditionnelles sont exposées au midi. La porte basse s'ouvre en deux parties. Ces chaumières ne comportaient autrefois qu'une seule pièce avec un sol en terre battue, où l'on disposait bancs, table et lits dans les coins. Un petit escalier étroit montait au grenier. On en découvre quelques superbes exemples au hameau de Kerhinet.

## Adresses utiles

ℹ ***Office de tourisme de Brière :*** *Maison du Parc,* ***Kerhinet,*** *44410 Saint-Lyphard. ☎ 02-40-66-85-01. • parc-naturel-briere.com • Avr-sept, tlj ; oct-mars, tlj sf dim mat.* Point central pour toutes les infos nécessaires sur le Parc. Topoguides de randos *(3 €).* Gère les locations de vacances et propose des séjours thématiques (artistique, nature, ornithologique...). Visite guidée du village à 11h et 15h *(5 € ; gratuit moins de 12 ans)*. Également 7 autres points infos répartis sur le Parc.

**Office de tourisme de Saint-Lyphard :** *pl. de l'Église. ☎ 02-40-91-41-34. • saint-lyphard.com • Juil-août, tlj ; mi-saison, fermé dim ; oct-mars, fermé dim-lun.* Organise des visites du belvédère du clocher de l'église pour profiter de la vue grandiose *(tlj en été ; 3,50 €/adulte, réduc)*, ainsi qu'une randonnée gratuite dans les marais tous les mardis en saison. Bonnes infos générales également.

**Office de tourisme de Pont-Château :** *1, pl. du Marché. ☎ 02-40-88-00-87. • tourismepontchateau.fr • Juil-août, tlj sf dim et jeu ; le reste de l'année, lun-ven slt.* Location de canoës pour descendre le Brivet à l'heure, à la demi-journée ou à la journée *(5-20 €/adulte)*.

**Office de tourisme cantonal de Missillac :** *lieu-dit La Chinoise, à la sortie d'autoroute, à 1,5 km du centre-ville. ☎ 02-40-88-35-14. Juil-août, tlj sf dim ap-m ; avr-fin juin et sept : lun, ven-sam et dim mat.* Nombreuses infos sur la région. Aire de pique-nique et borne camping-car sur le parking. Gère un planning en temps réel des logements dispos.

**Location de vélos et de canoës :** *l'**office de tourisme de Brière** (voir plus haut) loue des vélos (12 €/j.) et propose des fiches pour les 210 km d'itinéraires balisés. Sinon, **Au Gré du Vent, à Camoël** (Morbihan), fait des livraisons-reprises au point d'hébergement de VTT, VTC et remorque enfant, ainsi que de la loc de canoës-kayaks (☎ 02-99-90-56-91 ; 📱 06-20-67-49-92 ; • augreduvent.fr • ; juil-août, tlj, le reste du temps sur résa). Voir aussi ci-dessus avec l'**office de tourisme de Pont-Château**.*

## Où dormir ?

### Campings

Voir aussi les campings de Guérande plus haut.

**Camping à la ferme Le Clos des Bruyères :** *hameau de Longle, 44410 **Herbignac**. ☎ 02-40-88-85-57. Accès par la D 33, passer le château de Ranrouët, puis prendre à gauche à Longle. Vac de printemps-Toussaint. Compter 13 € pour 2. CB refusées. 15 empl.* Une quinzaine d'emplacements en pleine campagne, dans un champ ou une chênaie à proximité d'un étang. Commodités sommaires dans un petit chalet. Accueil charmant du couple d'agriculteurs.

**Camping Le Deffay :** *44160 **Sainte-Reine-de-Bretagne**. ☎ 02-40-88-00-57. • info@camping-le-deffay.com • camping-le-deffay.com • Accès par les N 165 et D 33. Avr-oct. Compter 25,55 € en hte saison. Mobile homes et chalets 200-749 €/sem. 120 empl.* Très beau camping, étendu sur les 350 ha d'un élégant château du XIXe s. De nombreuses activités (piscine, pêche, vélo...). Quelques chambres sur place. Location de vélos.

### Prix moyens

**Chambres d'hôtes La Musardise :** *47, rue du Méné, 44350 **Guérande**. ☎ 02-40-61-90-50. • lamusardise44@orange.fr • lamusardise.fr • À proximité de Kerhinet mais sur la commune de Guérande, à deux pas de l'étang de Sandun. Résa conseillée. Compter 70 € pour 2. Table d'hôtes 27 €.* Belles chambres en duplex avec entrée indépendante, à la déco bien pensée et aux couleurs harmonieuses. La bleue, notre préférée, est très spacieuse. Repas préparé avec amour et servi dans une salle chaleureuse.

**Chambres d'hôtes La Noé de Marlais :** *12, rue Jean-de-Rieux, Marlais, 44410 **Herbignac**. ☎ 02-40-91-40-83. • chambres@lanoedemarlais.fr • lanoedemarlais.fr • D'Herbignac, prendre la D 47 vers Saint-Nazaire. Congés : oct. Compter 61 € pour 2. Sur présentation de ce guide, réduc de 10 % sur le prix de la chambre à partir de 3 nuits consécutives de mi-juin à mi-sept.* Chambres à l'étage d'une longère ; également une belle suite pour 4 personnes, pratique en famille. Décoration soignée. Jardin fleuri, jeux pour les enfants, et quelques animaux en enclos. Bon rapport qualité-prix.

**Chambres d'hôtes La Thorelle :** *27, rue René-Guy-Cadou, 44160* ***Sainte-Reine-de-Bretagne.*** *☎ 02-40-01-03-50. • pintureau@lathorelle.com • charmance-bretagne.fr • Au village, direction Missillac ; la maison se trouve juste après la mairie. Compter 60-65 € pour 2 selon taille.* Il a fallu toute l'énergie de Françoise pour donner une âme à cet ancien presbytère des années 1930, et c'est une réussite. Au 1er étage, 3 chambres spacieuses (dont une familiale), décorées avec goût dans une belle harmonie de couleurs. Sanitaires privés. Les collations matinales se prennent dans une belle salle à manger ou dans la véranda aux beaux jours. Accueil souriant et attentionné.

**Chambres d'hôtes Le Chêne Vert :** *le Chêne Vert, 44780* ***Missillac.*** *06-12-43-33-18. • charlottetrouchard@wanadoo.fr • legiteduchenevert.com • (gîte). Le hameau du Chêne-Vert est situé entre la N 165 et Missillac (à env 1 km), au croisement de la D 2 et de la D 96. Compter 65 € pour 2 ; 1 familiale également. Gîte 5 pers 450-700 €/sem selon saison. Café offert sur présentation de ce guide.* On aime bien l'accueil chaleureux de Charlotte et sa longue maison ancienne en granit, donnant sur un parc de plus de 1 ha. Chambres douillettes et spacieuses, avec même un coin cuisine, dans un studio avec entrée indépendante ou dans l'appartement tout blanc sous les combles. Généreux petit déj servi dans la salle à manger familiale. Une adresse paisible.

### Chic

**Hôtel Les Chaumières du Lac :** *rue du Vignonnet, 44410* ***Saint-Lyphard.*** *☎ 02-40-91-32-32. • info@leschaumieresdulac.com • leschaumieresdulac.com • En face du lac. Resto fermé mar midi, mer midi et dim soir hors saison. Congés : de fin déc à mi-janv. Doubles 70-120 € selon taille et saison. Menus 45-55 €.* Ces fausses chaumières briéronnes misent avant tout sur le confort. Chambres fraîches, fleuries et bien équipées, donnant sur le lac ou sur un grand parc. Accueil de grande qualité. Resto gastronomique sur place, *Les Typhas*, de bonne réputation.

**La Ferme du Blanchot :** *route D 4, 44160* ***Crossac.*** *☎ 02-40-00-34-70. • contact@lafermedublanchot.fr • lafermedublanchot.fr • Congés : 2 sem fin janv-début fév. Double 78 €.* Dans une ancienne ferme récemment restaurée, agréables chambres mansardées, de bon confort (TV écran plat, bon lit douillet, salle de bains nickel...). Fait également restaurant.

### Beaucoup plus chic

**La Mare aux Oiseaux :** *223, rue du Chef-de-l'Île,* ***Fédrun,*** *44720 Saint-Joachim. ☎ 02-40-91-62-40. • courriel@mareauxoiseaux.fr • mareauxoiseaux.fr • Doubles et suites 160-315 €. Réduc de 10 % sur le prix de la chambre sur présentation de ce guide hors saison, hors vac scol et hors veilles de j. fériés.* Autour d'un jardin luxuriant avec des oiseaux en volières et une grue en liberté, des chambres luxueuses sous un toit de roseaux, dans une annexe sur pilotis au bord du marais, ainsi que des suites dans le village. Cette adresse de charme est aussi l'une des meilleures tables du département (voir « Où manger ? »).

## Où manger ?

### De bon marché à prix moyens

**Crêperie du Sabotier :** *2, rue des Écluses, 44410* ***La Chapelle-des-Marais.*** *☎ 02-40-53-20-24. Tlj sf lun, plus le soir mar-mer hors saison. Congés : 1 sem fin juin, 10 j. fin oct et 10 j. fin déc-début janv. Carte env 12 €.* Dans une grosse maison en pierre derrière un jardinet, une excellente crêperie tenue par un jeune couple chaleureux. Galettes traditionnelles à base de produits frais et de farine bio. Petite terrasse où l'on pourra se faire servir un *Breizh* !

**Le Penlys :** *41, rue de Penlys, 44410* ***La Chapelle-des-Marais.*** *☎ 02-40-53-91-44. Tlj sf dim-lun. Menus 13,50 € déj en sem, puis 15-29 €. Apéritif maison offert sur présentation de ce guide.* Salle plutôt riante, avec des banquettes en skaï marron-beige qui rappellent qu'elle fut autrefois celle d'un resto à « menu ouvrier ». Si les prix ne se sont pas affolés, la cuisine est désormais très emballante avec de jolis produits made in terroir, travaillés avec simplicité et sincérité.

**Auberge du Chaland :** *49, La Tennière, 44160* ***Sainte-Reine-de-Bretagne.*** *☎ 02-40-01-05-28. • chaland44@orange.fr • À gauche à la sortie du bourg en direction de Pont-Château (fléché). Juil-août, tlj sf dim soir et lun soir ; le reste de l'année, fermé le soir sf sam. Congés : 2 sem sur août-sept et période de Noël. Résa vivement conseillée. Formule déj en sem 11 € ; menus 13,50-28,50 €.* Le cadre tout d'abord : une chaumière nickel, toute fleurie et tranquille à souhait. Une vraie carte postale ! La cuisine ensuite, du coin et familiale (assiette de charcuterie, sandre, anguilles...). Une adresse qui plaît en Brière. Service parfois longuet cependant.

## De prix moyens à chic

**Auberge Ker Roland :** *route de Férel, 44410* ***Herbignac.*** *☎ 02-51-76-91-76. À moins de 500 m derrière l'église (fléché). Tlj sf dim soir et lun. Formules 13-15 € déj en sem ; menus 21-50 €.* Ancien bâtiment de ferme transformé en restaurant. Salle à manger chaleureuse ou terrasse dans le jardin dès les premières caresses du soleil. Très bonne cuisine traditionnelle de Didier, « entre terre et mer », qui privilégie les produits locaux de saison tout en veillant à la présentation des assiettes. Service assuré comme à la maison par madame. Le tout dans une ambiance familiale. Un bon rapport qualité-prix.

**Auberge de Kerhinet :** *dans le village de* ***Kerhinet,*** *44410 Saint-Lyphard. ☎ 02-40-61-91-46. Juil-août, tlj ; hors saison, fermé lun-mar. Formule 19,90 € et menus 23,90-39,90 €.* Une jolie adresse dans ce village-musée. Déco rustique et dans l'assiette, une bonne cuisine de terroir, réputée surtout pour les anguilles, les cuisses de grenouilles du marais ou encore le sandre. Quelques chambres si vous voulez profiter de l'ambiance toute particulière du village *(doubles 70-75 €).*

**La Chaumière des Marais :** *Kermoureau, 44410* ***Herbignac*** *(route de Guérande-Herbignac). ☎ 02-40-91-32-36. • lachaumieredesmarais@orange.fr • Fermé mar, plus lun en basse saison. Congés : 2de quinzaine de fév et vac scol de la Toussaint. Menu déj en sem 18 € ; autres menus 29-65 €.* Malgré sa situation en bordure de la grande route et à l'écart des marais, cette *Chaumière* est une bonne surprise ! On apprécie sa salle rustique, mais aussi sa cuisine traditionnelle et gastronomique qui varie selon les saisons. Bon accueil.

**Auberge du Haut-Marland :** *Le Haut-Marland, 44117* ***Saint-André-des-Eaux.*** *☎ 02-40-01-29-00. Sur la gauche en allant au petit port de La Chaussée-Neuve. Fermé dim soir, lun tte la journée et jeu soir. Formules 14,80-17,80 € à midi sf w-e et j. fériés ; menus 27-38 €.* « Ici on reçoit à pied, à cheval, en voiture », comme vous y invite un panonceau. Cuisine sérieuse : les produits du terroir et du marais (anguilles et cuisses de grenouilles) bien préparés ont assis à l'auberge une bonne réputation dans les alentours. Agréable jardin.

**Bistrot Gourmand Le 11 :** *11, rue de Verdun, 44160* ***Pont-Château.*** *☎ 02-40-42-23-28. • restaurant-le11.fr • Tlj sf lun soir, mer soir et dim. Formules déj 15,50-25,50 € ; menu 32 € ; carte 25,50 €. Un café offert sur présentation de ce guide.* Ce joli bistrot aux tons lie-de-vin et taupe mérite une halte à plus d'un titre. Gilles Charpy, anciennement chef d'un restaurant gastronomique, a tout lâché (à cause de la pression pour la course aux étoiles) pour créer son propre bistrot. Cuisine de saison, à base de produits

LE PARC DE BRIÈRE

locaux, parfumée et inspirée. La formule déjeuner (en 2 ou 3 plats) est déjà gourmande et épatante. Plus cher le soir à la carte, mais plus créatif aussi. Présentations particulièrement soignées. Une belle trouvaille.

## Plus chic

🍴 **La Mare aux Oiseaux :** *voir « Où dormir ? ». Fermé lun midi. Résa indispensable. Formule déj « Carte blanche au chef » en sem 45 € ; menus 65-98 €. Café offert sur présentation de ce guide.* Les habitants de l'île de Fédrun, fiers de leur marais, ont adopté Éric Guérin, un ancien de *La Tour d'Argent*. Ancien ? Ce jeune chef plein d'idées en tête met un brin de folie dans les assiettes de ses convives, et sa cuisine raconte de belles histoires. Le cadre, au design contemporain, tout en verrière (y compris les volières), est vraiment magnifique ! Une grande table !

## Où acheter de bons produits ?

**La Chaumière des Saveurs et de l'Artisanat :** *village de* ***Kerhinet,*** *44410 Saint-Lyphard. ☎ 02-40-61-95-53. Juil-sept, tlj ; fév-juin et oct-déc, fermé ts les mat et lun ap-m. Congés : janv.* Artisans, fermiers, artistes de la région exposent ici. Un aperçu assez complet de la production briéronne.

**La Ferme aux Biches :** *La Madeleine de Guérande, sur la route des étangs de Sandun. ☎ 02-40-42-95-01.* Un élevage respectueux de l'environnement : les animaux sont exclusivement nourris avec les produits naturels issus de l'exploitation (herbe, foin, céréales). Magasin à la ferme : terrines, rillettes, civets...

# À voir

## *KERHINET (44410)*

C'est dans ce village, sur la commune de Saint-Lyphard, que l'on trouve l'office de tourisme de Brière (Maison du Parc), pour tout renseignement sur le Parc. On vous le conseille comme point de départ pour découvrir la région.

Ce hameau, réservé aux piétons, est devenu un authentique musée vivant, en plein air, acquis et restauré par l'administration du Parc régional. Les voitures n'y pénètrent pas (parking gratuit à l'entrée). Il présente un habitat briéron traditionnel de 18 chaumières sur un sentier d'interprétation en 12 étapes qui retrace son histoire et ses coutumes. Également une exposition pour découvrir les différentes facettes du territoire, un programme d'animations avec balades contées, visites guidées thématiques, démonstrations d'artisanat ou de peinture, ateliers créatifs... Boutique d'artisanat et de produits locaux, et une auberge sympa (voir « Où manger ? »). Bien sûr, beaucoup de monde en été.

🍴 Le jeudi en juillet-août, un ***marché*** des produits du terroir s'y installe toute la journée : salicornes, charcutailles, cidre, volailles, fromages... De grandes tables sont dressées pour déjeuner sur le pouce. Une formule économique avec de bons produits fermiers.

## *BRÉCA (44410)*

Sur la route de Saint-Lyphard, à droite. Hameau riche en vieilles demeures, d'où l'on peut aller dans le marais en barque ou en calèche (voir plus haut « Le marais » en intro au parc naturel régional de Brière). Espace pique-nique. Assez touristique.

## *SAINT-LYPHARD* (44410)

Grimpez les 135 marches du clocher de l'église, qui constitue un superbe belvédère sur toute la Brière *(sur résa à l'office de tourisme de Saint-Lyphard, 3,50 €).* Accès également aux petits ports de *La Belle Fontaine* et de *La Pierre-Fendue* pour une balade sur les canaux.

## *MAYUN* (44410)

Village célèbre pour sa vannerie. De nombreux habitants tressent encore la bourdaine, mais on ne trouve plus de lieux de vente.
*– Festival de Vannerie : le 3e w-e de juil.*

***La Chaumière des Marionnettes :*** *28, rue de la Herviais. ☎ 02-40-53-22-40. Tte l'année, mer, sam et vac scol tlj 14h-19h. Compter 1h. Visite : 5 €.* Michel et Françoise aiment raconter des histoires aux enfants... qui en redemandent. Des histoires de sorcières et de lutins, drôles et poétiques. Dans leur ancienne chaumière du XVIIIe s habite une sorcière qui a aménagé des salles, des couloirs, des passages et a laissé quelques-uns de ses objets. En son absence, on fait la visite, jusqu'à sa « dépendance » au fond du jardin. Marmite, balai, toiles d'araignée, mots magiques, rien ne manque à cette visite qui ne laisse pas les petits indifférents. Abracadabra, et... pouf ! Organise également des stages de fabrication de marionnettes et un spectacle de contes.

***Les Jardins du Marais :*** *à* ***Hoscas.*** *☎ 02-40-91-47-44. Sur la D 51 (fléché). Fin avr-fin oct, tlj 15h-19h. Entrée : 5 € ; réduc ; gratuit moins de 18 ans.* Ce jardin hors du commun semble habité par les fées. Un monde où règnent l'amour, le charme et la beauté. Le créateur de ce jardin, peintre jardinier, est aussi jardinier pilote à Versailles et coupeur de roseaux en Brière. Ce jardin lui ressemble, à la fois sauvage et charmant.

## *LA CHAPELLE-DES-MARAIS* (44410)

Dans l'église, statue polychrome de saint Corneille, protecteur des troupeaux.

## *CAMER* (44410)

Exposition de sculptures en *morta* (bois fossile de 3 700 à 4 500 ans) rouge et noir. *Entre La Chapelle-des-Marais et Saint-Joachim. 06-05-08-69-01. Ouv les 2 premiers dim de chaque mois ; les autres w-e sur rdv ; en sem, sur rdv entre 17h et 19h.*

## *LE CHÂTEAU DE RANROUËT*

*Situé à* ***Herbignac*** *(44410). ☎ 02-40-88-96-17. Indiqué à gauche avt l'entrée de ville. Avr-mai et sept, tlj 14h30-18h30 ; juin, vac scol de Pâques et de la Toussaint, mar-ven 10h-12h, 14h30-18h30 et l'ap-m le w-e ; juil-août, tlj 10h-19h. Entrée : 4 € ; réduc. Visites guidées l'ap-m en juil-août (5 € ; réduc ; gratuit moins de 7 ans en famille). Également des visites thématiques, y compris pour les tout-petits !* C'est le dernier des châteaux du Moyen Âge qui bordaient la Brière. Il avait un rôle stratégique, car situé sur la route du sel. Ce château, à l'état de ruine, résume toutes les techniques de construction militaire du XIIIe au XVIIe s. Motte féodale, bastion ou château fort, il s'agit d'un édifice composite, en somme, mais bien restauré. Jeter un œil aux besants (armoiries sur pierre, encastrées dans le mur) et à la barbacane (l'avant-poste défensif de l'entrée). Sentier d'interprétation avec panneaux explicatifs. Spectacles et animations en saison. De mi-juillet à août, sympathique marché nocturne tous les mardis à partir de 19h : une douzaine de producteurs locaux proposent leurs produits, que l'on peut goûter. Barbecue et tables à disposition.



## *L'ÎLE DE FÉDRUN* *(44720)*

C'est l'île la plus intéressante, en dépit d'un habitat disparate en matière de toitures, puisque alternent chaume, tuile et ardoise ! À l'origine, les chaumières s'installèrent sur le pourtour de l'île, adossées aux canaux. Le centre de l'île, jamais inondé, était réservé aux cultures. On l'appelait la « Gagnerie ». Ceinturant l'île, un canal, la « curée », desservait les appontements d'amarrage, les « seuils » ou les fossés pour garer les chalands.

***Point infos :*** *en été en face du centre administratif du Parc.*

***La Maison de la mariée :*** *au nº 182 rue du Pouet, à droite à la fourche dans le village. ☎ 02-40-66-85-01 (maison du parc). • maisondelamariee.com • De mi-avr à sept, tlj 13h30-18h30. Entrée : 4 € ; réduc. Pour les enfants, demander le livret de jeux « Oh La L.A. Quelle aventure ! ».*

Ce petit musée abrite une superbe collection de globes qui protègent des couronnes de mariées, et évidemment de nombreuses couronnes, souvent décorées de fleurs d'oranger. Quelques petits films, témoignages et photos anciennes. Un musée unique dans le genre.

Au nº 207 rue du Chef-de-l'Île, en face du centre administratif du Parc (non ouvert au public), la ***Chaumière briéronne*** présente une exposition sur les îles de Brière, la reconstitution d'un intérieur traditionnel de chaumière et la projection d'un film datant de 1947 sur la vie dans les îles de Brière. *GRATUIT.*

## *ROZÉ* *(44450)*

Plus au sud, après Saint-Joachim (prononcer « Joachun »).

***La réserve ornithologique Pierre-Constant :*** *☎ 02-40-66-85-01. Le hall d'accueil se trouve à 800 m à droite après avoir franchi le pont sur le canal et la Maison de l'éclusier (accès à pied). De mi-juin à mi-sept, tlj 8h-20h (19h mer). Visite guidée slt lun (☎ 02-40-91-17-80) : 6,50 € ; réduc. Loc de jumelles (2 €).* Un sentier aménagé de 2 km, ponctué de postes d'observation, pour découvrir les oiseaux à l'état sauvage, sur 40 ha.

### LES OISEAUX, DES ANIMAUX PRÉHISTORIQUES ?

*Leurs plumes en sont la preuve. Elles proviennent des écailles de reptiles marins. En sortant de la mer, voici des millions d'années, certains ont pris la voie des airs. Peu à peu, les écailles se sont transformées en plumes, bien plus légères.*

***Les jardins d'Errand :*** *55, île d'Errand, 44550* ***Saint-Malo-de-Guersac.*** *☎ 02-40-91-19-35. • jardinsderrand.com • Pâques-oct, visite guidée à 16h sur rdv.* Un jardin de 1 000 m² en culture biologique, dont Jean-Luc Sacquet vous livrera les secrets avec passion.

## *LA CHAUSSÉE-NEUVE*

De Saint-André-des-Eaux, une route champêtre s'enfonce au cœur du marais. À La Chaussée-Neuve, on embarquait jadis pour 1 ou 2 jours pour livrer sel et légumes

à Trignac ou Saint-Joachim, d'où l'on rapportait sable ou fumier. Le long canal n'attend plus désormais que les touristes en mal de poésie... Ils ne seront pas déçus.
➢ Belles ***promenades guidées*** organisées par ***Anthony Mahé,*** un guide passionné *(☎ 02-40-91-59-36).*

## Fêtes et manifestations

Les informations utiles pour l'ensemble de ces manifestations sont disponibles à l'office de tourisme de Brière *(☎ 02-40-66-85-01).*
– ***Le marché des potiers :*** *le w-e de l'Ascension, autour du château de Ranrouët, à* ***Herbignac.*** Quelque 40 potiers venus de toute la France perpétuent l'activité traditionnelle d'Herbignac et exposent leurs produits.
– ***Festival de la Vannerie :*** *une trentaine de vanniers de la France entière se retrouvent le 3e w-e de juil à* ***Mayun.*** *Entrée libre.* Tradition locale, on y trouve des expos, animations, de la vente de produits.
– ***Fête des Métais :*** *le 3e dim de juil, à* ***Kerhinet.*** C'est la fête des vieux métiers d'autrefois. On y bat le blé, vanniers et potiers s'activent, et le tout finit par un pot-au-feu géant !
– ***Les Anguillades :*** *le dernier w-e de juil, à* ***Saint-Joachim.*** C'est la fête de l'Anguille, avec dégustations.
– ***Fête des Chalands fleuris :*** *le 1er dim d'août, à* ***Saint-André-des-Eaux.*** Défilé de bateaux décorés.
– ***Fête du Parc :*** *le 1er dim de sept.* Sous le signe du développement durable : randonnées, forum, spectacles pour petits et grands, démonstration de savoir-faire, marché, etc.

## DANS LES ENVIRONS DU PARC NATUREL RÉGIONAL DE BRIÈRE

### *PONT-CHÂTEAU* (pontkastell-keren ; *44160)*

Pont-Château (ville natale de Jacques Demy), quoique légèrement excentré, fait également partie du Parc de la Brière.

★★ ***Le calvaire monumental :*** *à 3 km à l'ouest de la ville.* Il fut édifié en 1710 par le père de Montfort avec l'aide de plusieurs centaines de fidèles. Partiellement détruit sur ordre de Louis XIV, restauré puis à nouveau détruit pendant la Révolution. Le père Gouray, abbé de Pont-Château, décida de sa reconstruction en 1821. Situé dans un site verdoyant, il reconstitue le chemin de croix avec des personnages grandeur nature. Assez étonnant. Aujourd'hui, des communautés montfortaines assurent l'accueil des visiteurs en permanence. Pèlerinage (très fréquenté) le 15 août.

★ ***Le site naturel de Coët Roz :*** *allée du Brivet. Rens auprès de l'office de tourisme : ☎ 02-40-88-00-87.* Nombreuses activités le long de la rivière du Brivet : sentiers pédestres, équitation, tennis, canoë, piscine, aire de jeux...

# DE LA BRIÈRE AU PAYS DE CHÂTEAUBRIANT

**Dans cette région se dresse un pays qui vaut le détour, celui des rivières de l'Isac, du Don et du Brivet. Paradis des randonneurs avec la forêt du Gâvre, il l'est aussi pour ceux qui apprécient la pêche, le canoë,**

**l'équitation ou le VTT. Également un patrimoine historique et culturel (quelques châteaux, églises et musées) intéressant.**

## LA FORÊT DU GÂVRE

*Carte Loire-Atlantique, B-C2*

**Le nom Gâvre a pour origine le mot celtique *gavr,* qui signifie chèvre ou chevreuil. La forêt du Gâvre couvre environ 4 500 ha entre la vallée de la Vilaine à l'ouest et la vallée de l'Erdre à l'est. C'est la plus grande forêt proche de Nantes et de Saint-Nazaire, assez fréquentée pour ses multiples activités nature : sports de plein air, randos, cueillette des champignons et autres châtaignes, etc.**

### UN PEU D'HISTOIRE

La forêt a appartenu aux ducs de Bretagne dès le XIIIe s. Une ville franche fut créée en 1226 avec de nombreux droits sur une partie de la forêt, afin de faire venir de nouveaux habitants. Elle fut rattachée au domaine royal par le mariage d'Anne de Bretagne avec Charles VIII. Colbert contribua à sa beauté en décidant de la faire vieillir (la forêt, pas sa femme !), afin que ses troncs puissent être utilisés plus tard pour les mâts des navires, à l'image de la forêt de Tronçais dans l'Allier. En 1791, la forêt devint domaniale. Au cours du XIXe s, grâce à son bois, on fabriquait des sabots qui étaient exportés jusqu'en Amérique. Aujourd'hui constituée de 45 % de chênes rouvres, 10 % de chênes pédoncules, 40 % de pins et 5 % de hêtres, elle est aussi très giboyeuse (cerfs, biches, chevreuils...).
Pour bien la découvrir, démarrer du carrefour de la Belle-Étoile avec ses 10 allées qui partent... en étoile donc. À ce carrefour, un kiosque présente une exposition sur la forêt.

### Où dormir ? Où manger ?

***Camping de la Forêt :*** *3, rue de l'Étang, 44130* ***Le Gâvre.*** *☎ 02-40-51-20-62. 06-73-18-77-46. • campinglegavre@gmail.com • campinglegavre.fr • ♿ À l'entrée du Gâvre. Avr-oct. Tente en hte saison 11,30 €. Loue des chalets pour 6-8 pers 196-466 €/sem par le biais de* ***Chalets Découverte*** *(☎ 04-73-19-11-11). 75 empl.* Camping au calme et à l'orée de la forêt, en bordure d'un plan d'eau poissonneux (pêche autorisée), près d'un karting et d'un centre équestre. Tennis et minigolf gratuits et barbecue à dispo. Piscine à 5 km. Un bon camping et un bon accueil.

***Gîte de Billeroux :*** *Billeroux, 44170* ***Vay.*** *☎ 02-40-87-90-05. 06-79-04-57-72. • lesarts.vagabonds.free.fr • ♿ Compter 510-842 €/sem selon période (loc également au w-e).* Belle longère à deux pas de la forêt du Gâvre et du canal de Nantes à Brest. Elle abrite 5 chambres pouvant loger 11 personnes.

***Auberge de la Forêt :*** *La Maillardais, 44130* ***Le Gâvre.*** *☎ 02-40-51-20-26. • reservation@auberge-delaforet.fr • auberge-delaforet.fr • ♿ Resto tlj sf dim soir, lun et mar. Double avec douche 78 €. Menus 14,10 € (déj en sem)-48 €. Double à 69 € le soir ven-dim sur présentation de ce guide.* Un hôtel franchement moderne, au design (d)étonnant pour la région. Chambres confortables, spacieuses pour les plus chères et très colorées (c'est le moins qu'on puisse dire). Quant à la cuisine, elle est aussi inventive et surprenante, et s'adapte aux produits locaux de saison (gibier, champignons, poisson du marché...). Une belle adresse un peu loin de tout, au calme, en bordure de forêt.

## À voir

### LE GÂVRE (44130)

**Le bourg du Gâvre :** maisons anciennes des XVe, XVIe et XVIIe s. Belle église du XIIIe s, remaniée aux XVe et XIXe s. Voûte de bois en berceau, avec, aux extrémités, des poutres et des sculptures représentant les animaux de la forêt.

***La Maison de la forêt – musée Benoist :*** *2, route de Conquereuil. ☎ 02-40-51-25-14. • maisondelaforet44.free.fr • (rdc). Fin mars-fin nov, w-e et j. fériés (tlj pdt vac scol zone A) 14h30-18h30. Compter 1h de visite. Entrée : 4 € ; réduc ; gratuit moins de 6 ans. Pour les enfants, demander le livret de jeux « Oh La L.A. Quelle aventure ! ». Organise également des sorties nature (6 € ; réduc).*
Dans une jolie demeure en pierre du XVIIe s. Le musée, avec son échauguette extérieure (ou poivrière), présente l'univers forestier sous les angles économique, écologique et artistique, au travers de mises en scène et d'intéressantes explications. Les différentes espèces d'arbres y sont répertoriées, ainsi que quelques animaux. Reconstitution d'un intérieur du XIXe s, avec tous les objets insolites oubliés, comme le presse-purée, le rase-galette, la sorbetière. Collection de Vierges en faïence, de globes de mariage, de coiffes. Projections de films, dioramas... et tables tactiles pour les enfants.
Expositions variées, animations et sorties payantes en forêt, ou encore conférences sur la faune et la flore. Présentation des métiers d'autrefois liés à la forêt. Le fonds documentaire peut être consulté sur place.

■ ***Ferme équestre de la Forêt :*** *en lisière de la forêt de Gâvre, sur la D 164, 44630* ***Plessé.*** *☎ 02-40-51-83-98. 06-26-42-28-19.* Organise pour tous niveaux d'agréables balades en forêt et au bord du canal.



## BLAIN [blaen]

(44130) 9 500 hab. *Carte Loire-Atlantique, C2*

**Célèbre pour sa forteresse chargée de défendre les marches de Bretagne. Elle a appartenu aux familles de Clisson et de Rohan, qui, converties au protestantisme, ont fait de la ville une cité calviniste pendant un siècle. Puis, au début du XXe s, elle passa entre les mains de la princesse de Grèce, avant d'être occupée par les Anglais, les Allemands, puis les Américains pendant la Seconde Guerre mondiale.**

### Adresse utile

***Office de tourisme :*** *2, pl. Jean-Guihard (pl. de l'église). ☎ 02-40-87-15-11. • otsi.blain.free.fr • Tte l'année, mar-sam.*

### Où dormir à Blain et dans les environs ?

#### Camping et gîte d'étape

***Camping municipal et gîte d'étape du Château :*** *rue Henri-de-Rohan, N 171. ☎ 02-40-79-11-00. • camping@ville-blain.fr • Direction le château. 8 mai-20 sept. Tente en hte saison 11,20 €. CB refusées. 45 empl.*
Bordant le canal de Nantes à Brest, camping familial sympa mais un peu

bruyant, car la route de Saint-Nazaire n'est pas loin. Propre et accueillant. Résa conseillée en été. Un gîte d'étape pour randonneurs à pied, à vélo ou à cheval *(13,50 €/pers ; résa obligatoire au 06-88-34-72-38).*

## De prix moyens à chic

***Chambres d'hôtes La Grange des 3 Poulettes :** 32, Beautrait, 44170 **La Grigonnais.** ☎ 02-40-79-26-18. 06-75-50-26-68. • lagrange.des3poulettes@orange.fr • lagrangedes3poulettes.com • À env 9 km au nord-est de Blain par la D 771, fléché sur la gauche avt d'entrer dans La Grigonnais. Compter 80 € pour 2. Un grand gîte également (jusqu'à 15 pers) : 450 €/w-e, 900-1 050 €/sem selon période.* Dans l'ancienne grange d'une ferme en activité, 3 chambres aux beaux volumes, dont chacune évoque une décennie passée (1950, 1960 et 1970) avec meubles et bibelots vintage. Ça pourrait être kitsch, c'est tout simplement charmant. Comme l'accueil. Produits fermiers au petit déj. Régulièrement des expos (photos, peinture, sculpture...). On a bien aimé.

***Chambres d'hôtes Le Nid d'Omer :** hameau de la Rouaudais, 44130 **Saint-Omer-de-Blain.** ☎ 02-40-51-35-38. • contact@lenidomer.fr • lenidomer.fr • À 9 km de Blain, par la D 164. Prendre la rue face à l'église du village. Compter 59 € pour 2.* À deux pas du chemin de halage du canal, 2 chambres douillettes et joliment meublées, avec accès indépendant, cuisine commune et une agréable terrasse. Vaste potager dans le jardin fleuri, où l'on pourra prendre quelques tomates. Idéal pour les randonneurs. Fait également « Accueil vélo ».

# À voir

***Le château de la Groulais :** accès par la D 771. Pour les visites guidées : ☎ 02-40-79-07-81. (pour le rdc). Avr-sept, mar-ven 14h-18h, w-e et j. fériés 10h-12h, 14h-18h ; tte l'année pour les groupes sur résa. Visite libre gratuite ; animations : 4 € ; gratuit jusqu'à 16 ans. Compter 1h30 de visite. W-e thématiques et spectacles.*

Ce château fut fondé par le duc Alain Fergent en 1104. Véritable forteresse constituant l'un des maillons de la défense de Bretagne, il a appartenu à Olivier de Clisson. En 1409, le château devint propriété des Rohan jusqu'à la Révolution. C'est ici que naquit en 1579 Henri, premier duc de Rohan, gendre de Sully, l'un des chefs calvinistes sous Louis XIII. Le château, pris et repris par les ligueurs et les royaux de 1585 à 1595, fut occupé tour à tour par les Vendéens et les républicains en 1793. Les fortifications avaient été en partie détruites en 1628 par Richelieu.

Le château est formé par deux corps de bâtiments, chacun portant la signature de son mécène. D'une part, le « petit castel », avec sa tour du Connétable, érigé par Olivier de Clisson ; d'autre part, la grande enceinte et sa belle tour du Pont-Levis du XIVe s.

– Au printemps et en été, la partie pont-levis abrite des ***expositions.*** L'association Château et Essor blinois y a relancé la technique de la peinture murale *a fresco,* c'est-à-dire à la chaux sur enduit frais. Bien sûr, on est loin de la chapelle des Scrovegni, chef-d'œuvre de Giotto, mais grâce à ce renouveau de la peinture *a fresco,* les murs des chapelles de Blain (Saint-Roch), Vay (Saint-Germain) et Guénouvry (des Lieux-Saints) ont repris vie. Le château abrite également un ***atelier d'imprimerie ancienne*** et un atelier de lithographie.

***Le musée des Arts et Traditions :** 2, pl. Jean-Guihard ; même édifice que l'office de tourisme. ☎ 02-40-79-98-51. • musee-de-blain.fr • Mar-sam 14h-18h (17h30 sam). Fermé j. fériés. Entrée : env 3 € ; réduc ; gratuit moins de 7 ans.* Exposition permanente de 50 crèches du monde entier, collection unique en France de fèves des galettes des rois (environ 10 000 !), reconstitution d'une place de village avec ses boutiques 1900 (épicerie, café, école...). Vestiges gallo-romains, avec le vase de Décébale commémorant la victoire de l'empereur romain Trajan sur les

Daces. Un étonnant musée, installé dans l'ancien présidial des ducs de Rohan. Expositions temporaires toute l'année dans le hall.

**La chapelle Saint-Roch :** *accès par la D 42, à 1,5 km en direction de Saint-Émilien-de-Blain. S'adresser au château (mai-oct) ou à l'office de tourisme (tte l'année) pour la visiter.* Dommage que cet ancien lieu de pèlerinage ait été beaucoup remanié au XIXe s. Voir, à l'intérieur, la plus grande fresque contemporaine de France (1990), réalisée par l'association Château et Essor blinois.

## Fête et manifestation

- ***Fête de la Saint-Laurent :*** *5 j. autour du 10 août.* Groupes musicaux étrangers. Le dimanche, cavalcades, défilé de chars et groupes folkloriques.
- ***Les Joutes d'archers médiévaux :*** *le 4e dim de sept, au château de la Groulaie.* Reconstitutions médiévales.

## DANS LES ENVIRONS DE BLAIN

***La ferme de l'Orme et le musée des Mines et Minéraux :*** *☎ 02-40-79-19-83. À 6 km de Blain en direction de Saint-Nazaire (D 771) ; bien indiqué. Avr-oct, tlj 10h-18h (20h juil-août) ; le reste de l'année sur rdv, slt musée, w-e, j. fériés et vac scol. Entrée parc ou musée : 6 € ; parc et musée : 10 € ; réduc.* Parc animalier assez sympa. Oiseaux exotiques, miniferme, conservatoire avicole, etc. En tout, quelque 600 animaux de tous les continents. À côté, dans le musée, sont présentés 3 000 minéraux du sous-sol français, et une galerie de 90 m d'ancienne mine a été reconstituée. Une initiation à la minéralogie, animée par des passionnés.

Un peu plus loin sur la route, le ***moulin de la Bicane,*** *à **Campbon** (44750). ☎ 02-40-56-56-34. Visite le 3e dim de chaque mois sf déc-fév, 14h-18h ; le reste du temps, sur résa.*

***Parc Aventure Tépacap :*** *route du Lac, 44260 **Savenay.** ☎ 02-40-58-30-30. • tepacap-savenay44.fr • Ouv mars-nov w-e, j. fériés et tlj pdt vac scol : avr-sept, 10h-12h30, 13h30-19h ; mars et oct-nov, 13h30-18h. Fermé déc-fév. Résa conseillée. Entrée : 23 € ; réduc.* Un parc sur 20 000 m² pour traverser la forêt d'arbre en arbre. Espace *Pitchounes* à partir de 3 ans.

## LE CANAL DE NANTES À BREST *Carte Loire-Atlantique, B-C2*

**Le projet du canal de Nantes à Brest fut décidé par Napoléon en raison du trafic très important à cette époque. En effet, l'Angleterre avait la mainmise sur les routes maritimes françaises grâce à ses fameux corsaires. Elle obligea donc la France à changer de tactique d'acheminement des marchandises et des troupes qui approvisionnaient les garnisons de Lorient et Brest. Ce canal fut construit de 1811 à 1842 sur 360 km de long, dont 100 km environ en Loire-Atlantique. Ce ne fut pas une mince affaire. Prisonniers espagnols et bagnards de Belle-Île durent creuser tranchées et biefs, raser des collines dans des conditions très dures.**
**Un barrage construit à Guerlédan en 1928 supprima la navigation en direction de Brest. Le canal est composé au départ par l'Erdre, puis, après l'écluse de Quiheix, par l'Isac. On peut l'emprunter en bateau et apprécier la vie du canal au rythme de ses 236 écluses pour une dénivellation de 555 m.**

## Adresses utiles

**Office de tourisme d'Erdre et Gesvres :** *quai Saint-Georges, 44390* ***Nort-sur-Erdre.*** *☎ 02-51-12-60-74. • cceg.fr • En saison, mar-sam ; hors saison, mar-sam mat.* Infos sur les randonnées alentour (une quarantaine de circuits téléchargeables sur leur site) et sur les activités nautiques sur le canal. Fournit un livret de conseils pratiques pour les plaisanciers (passages d'écluses, règles de navigation). Demander le programme des « Estivales du canal », nombreuses animations et festivités en été. Infos sur les croisières sur l'Erdre, la location de canoës-kayaks et de bateaux électriques.
– Voir également l'***office de tourisme de Sucé-sur-Erdre,*** qui offre les mêmes infos (voir plus haut dans « La vallée de l'Erdre »).

**La Maison du canal :** *1, rue de Pont-Miny, 44460* ***Fégréac.*** *☎ 02-40-91-24-96 (en saison) ou 02-40-91-20-21 (mairie). Juil-août, tlj ; mai-juin et sept, slt dim ap-m.* Nombreuses infos et documentations sur la construction du canal et sur son environnement. Vidéo, maquettes sur les écluses et sur les biefs de partage. Jeux et expos temporaires. Gère également un beau gîte d'accueil situé au-dessus, et le camping municipal (voir « Où dormir ? »). Location de vélos.

**Location de bateaux sans permis :** ***Bretagne Fluviale,*** *quai Cricklade, à* ***Sucé-sur-Erdre*** *(44240). ☎ 02-40-77-79-51. • bretagne-fluviale.com • Et* ***Le Boat,*** *sur le port de* ***Nort-sur-Erdre*** *(44390), à côté de l'office de tourisme. ☎ 02-40-72-25-92. • leboat.fr • Bateaux habitables, loc au w-e min.*

**Location de vélos :** ***Nort Plaisance,*** *4, pl. du Bassin, à* ***Nort-sur-Erdre*** *(44390). ☎ 02-40-29-52-22.*

## Où dormir ?

**Camping municipal Les Bellions :** *44460* ***Fégréac.*** *☎ 02-40-91-24-96 ou 02-40-91-20-21 (mairie). 06-85-57-51-97. • mairiefegreac.tourisme@orange.fr • Accès par la D 773. Accueil à la Maison du canal. De mai à fin sept. Compter 4,60 € en hte saison. CB refusées. 15 empl.* Un petit camping calme et ombragé, situé au bord du canal, sur le chemin de halage. Étang à 2 km pour pêcher.

**Gîte de Pont-Miny, la Maison du canal :** *1, rue de Pont-Miny, 44460* ***Fégréac.*** *☎ 02-40-91-20-21 (mairie). Nuitée 10-12 € selon saison.* Une dizaine de lits répartis dans 3 chambres très bien tenues, situées à l'étage de la Maison du canal. Idéal pour une famille. Les pieds au bord du canal de Nantes à Brest. Départ de sentiers. Apporter ses draps. Cuisine à dispo.

# GUENROUËT [gwenred]

(44530) 3 200 hab. *Carte Loire-Atlantique, B2*

**Sur le bord du canal, l'une des plus anciennes paroisses de la région, où les plaisanciers ont succédé aux bateliers. Guenrouët dispose d'une base de loisirs de qualité, avec piscine, toboggan et minigolf. Elle est reliée au bourg par un chemin creux typique, appelé « chemin des Diligences », ancien tronçon de la route nationale de Bretagne qui franchissait le gué. Petit port avec pontons pour 12 bateaux, et location saisonnière de kayaks. C'est à Guenrouët qu'est fabriqué le cidre *Kérisac* que l'on retrouve sur toutes les tables des crêperies de la région.**

## Adresses utiles

**Office de tourisme du Pays de Pont-Château Saint-Gildas-des-Bois :** *17, rue des Forges, 44530* ***Saint-Gildas-des-Bois.*** *☎ 02-40-01-40-10. • pontchateau-saintgildasdesbois.com • Proche de la gare. Lun-ven.* Infos complètes sur la région. Organise des randos-crêpes (2 €) le mercredi soir en été.

**Point Infos de Guenrouët :** *halte nautique au Port-Saint-Clair (direction Plessé). ☎ 02-40-87-68-09. Tlj juil-août ; w-e juin et début sept.* Bon accueil. Location d'embarcations à pédales et de vélos. Gère aussi un gîte d'étape situé derrière le bâtiment (voir « Où dormir ? »).

## Où dormir ?

### Camping

**Camping Saint-Clair :** *☎ 02-40-87-61-52. • info@campingsaintclair.com • campingsaintclair.com • ♿ En bordure du canal de Nantes à Brest ; par Savenay, Blain, Redon ou Pont-Château. Avr-sept. Tentes 11-13 € selon saison. Mobile homes et caravanes 190-515 €/sem. Caravanes 30-36 €. 116 empl. Réduc de 10 % sur le camping et 5 % sur le locatif sur présentation de ce guide.* Camping spacieux et bien ombragé, proche du centre-ville et de la base de loisirs. Location d'embarcations à pédales, de canoës-kayaks ; accès libre, le matin, au tennis voisin. Épicerie à 500 m. Restaurant à 50 m. Piscine chauffée à 50 m, surplombant le canal. Randonnées à pied, à vélo, à cheval.

### De bon marché à prix moyens

**Gîte d'étape Halte nautique Saint-Clair :** *au Port-Saint-Clair. ☎ 02-40-87-68-09 (point infos) et 02-40-87-64-18 (mairie). • mairie-de-guenrouet@wanadoo.fr • Clé auprès de la mairie hors saison (sur résa) ou au Point Infos en été. Avr-oct. Nuitée env 9 € ; env 4,50 € moins de 7 ans.* Grande salle, propre, avec lits en rang d'oignons. Nécessaire pour petit déj. Pour les randonneurs.

**Chambres d'hôtes Au Petit Nid Douillet :** *35, hameau de Rétaud. ☎ 02-40-87-45-83. • postmaster@aupetitniddouillet.fr • aupetitniddouillet.fr • À 7 km du centre de Guenrouët, 3e rue à droite après Le Cougou. Mai-oct. Compter 60-84 € pour 2.* À proximité du canal, dans une demeure du XIXe s recouverte de vigne vierge, chambres de charme avec accès indépendant, répondant aux noms de « Douceur bambou » et « Ardoise violette » pour la familiale en duplex avec cuisine. Confortables, presque luxueuses, de vrais petits nids d'amour au calme autour d'une cour fleurie d'hortensias.

## Où manger à Guenrouët et dans les environs ?

**La Crêperie du Port – Le PK 73 :** *60, rue du Pont-Saint-Clair. ☎ 02-40-87-69-00. Immanquable avec sa façade orange flashy surplombant le port. Tlj sf mar, service 12h-21h. Carte 10-15 €.* Bon choix d'excellentes galettes, certaines accompagnées de produits nobles comme la Saint-Jacques ou le saumon. Au dessert, on tentera la crêpe exotique à l'ananas, flambée au rhum, un régal ! Bon accueil et agréable vue sur le port de la terrasse ensoleillée.

**Le Paradis des Pêcheurs :** *au* ***Cougou.*** *☎ 02-40-87-64-10. • leparadisdespecheurs@wanadoo.fr • ♿ En sortant de Guenrouët, sur la route de Saint-Gildas, prendre la route de Fégréac à droite et continuer sur 6 km ; à côté d'une charmante chapelle, en pleine campagne. Congés : vac scol de fév. Tlj sf mer et le soir* *lun-mar, jeu et dim. Menus 12,80 € déj en sem, puis 24,70-40,80 €. Café offert sur présentation de ce guide.* Cuisine traditionnelle à base de produits frais, servie dans un cadre agréable ouvert sur un joli parc. Excellent foie gras maison et très bon accueil.

## À voir. À faire à Guenrouët et dans les environs

***L'église de Guenrouët :*** étonnante avec ses vitraux qui rappellent des lieux sacrés et leurs saints. Mais l'église est surtout célèbre pour ceux commémorant les combats de la poche de Saint-Nazaire. Très colorés et surprenants.

***La base de loisirs de Guenrouët :*** *face au port. ☎ 02-40-87-64-18 (mairie). Juin-août, tlj 13h-19h. Entrée piscine : env 4 € ; réduc.* Environ 600 m² de bassin, avec toboggan aquatique, bain à remous et plages vertes. La piscine épouse la forme du vallon sur lequel elle a été construite, donnant l'impression aux baigneurs de se fondre dans le paysage. Également des tennis et un minigolf. Du pied de la base, depuis le port, une jolie balade le long du chemin de halage permet de rejoindre l'écluse de Melneuf (circuit du Canal). Parfait pour un pique-nique.

***L'église de Saint-Gildas-des-Bois*** *(44530)* ***:*** *visite guidée gratuite en juil-août jeu à 15h30 ; prévoir 1h30. Rens en saison à l'office de tourisme.* Église abbatiale des XIIe et XIIIe s. Bien restaurée après les bombardements du 12 août 1944, qui détruisirent la toiture. Enfin une église romane ! La nef remonte au XIIe s, le chœur aussi. L'ancienne clôture du chœur des moines porte la date de 1711. Elle a été aménagée en porche intérieur, lors de la transformation, en 1840, de l'ancienne église abbatiale en église paroissiale. Superbe grille en fer forgé style Louis XIV et stalles sculptées du XVIIIe s. On appréciera particulièrement les nouveaux vitraux en verre monochrome et en relief, réalisés par Pascal Convert d'après des photos d'enfants aliénés du XIXe s. L'effet est saisissant !

– ***Location de canoës-kayaks :*** ***Club Isac,*** *☎ 02-40-87-64-23. 06-63-46-85-57. Fin juin-début sept, tlj 14h-19h ; mai-juin et sept, le mat sur résa.* Prévoir une tenue de rechange. Bivouac possible.

➢ ***Balade guidée avec un âne :*** ***Aux Ânes... etc.,*** *hameau de L'Ongle. ☎ 02-40-51-70-16. • aux-anes-etc.com • À env 4 km du centre-ville, direction Quilly, à gauche. Tte l'année 10h-18h. Sur résa. Compter 47 €/j. et par âne.* Balade avec un âne bâté sur les bords du canal. Plaît beaucoup aux enfants. Propose également une formule 2-3 jours (hébergement en cabane ou yourte).

## Manifestation

– ***Les Rencontres franco-américaines de musique de chambre :*** *15-20 août. • rencontresfrancoamericaines.fr •* Festival de musique classique. Outre les nombreux concerts gratuits, un pique-nique musical est organisé.

# LA VALLÉE DU DON

*Carte Loire-Atlantique, B-C1*

**Avant de se jeter dans la Vilaine, la rivière traverse des paysages variés offrant des promenades agréables aux randonneurs à pied, à vélo ou en canoë. Les rives, presque toujours boisées, sont parfois escarpées, ponctuées par quelque rocher hanté ou chapelle miraculeuse.**

## MARSAC-SUR-DON (marzheg ; 44170)

Tranquille bourgade agricole, riche encore de quelques petits châteaux.

### Où dormir ?

**Hôtel du Don :** *16, rue du Général-de-Gaulle. ☎ 02-40-87-54-55. • hotel-du-don@wanadoo.fr • hoteldudon.fr • Congés : 3 premières sem d'août. Double 48 €. Parking en face.* Ambiance cosy dans les 4 petites chambres tenues par Thérèse et accueil des plus chaleureux et attentionné.

## GUÉMENÉ-PENFAO (gwenvenez-penfaou ; 44290)

À ne pas confondre avec Guémené-sur-Scorff (Morbihan), célèbre pour son andouille.
Guémené-Penfao est une petite ville qui se glorifie d'abriter une maison où a séjourné Du Guesclin. L'église a été reconstruite à la fin du XIXe s, comme beaucoup d'autres de Loire-Atlantique, et s'est vu ajouter, il y a quelques années, un clocher extérieur, car, faute de moyens suffisants, elle en était jusqu'ici privée. Le Don traverse la ville, pour le plaisir des randonneurs. Un peu plus loin, le château de Juzet, tout droit sorti d'un conte de fées, domine la rivière.

### Où dormir ?

**Camping L'Hermitage :** *46, av. du Paradis. ☎ 02-40-79-23-48. 06-88-50-39-37. • camping.hermitage@orange.fr • campinglhermitage.com • Avr-oct (tte l'année sf janv-fév pour le gîte). Prix tente : 13,50-19 €. Quelques mobile homes, bungalows toilés : 273-406 €/sem. Prix caravane : 245 €/sem. CB refusées. 80 empl.* Camping établi dans un cadre verdoyant et calme, à environ 1 km du bourg. Également un gîte de groupe pour 20 personnes *(16 €/pers).* Jeux et animations pour enfants, soirées en haute saison. Résa conseillée en été. Piscine.

## À voir dans les environs

**Guénouvry** *(44290) : à 5 km au sud de Guémené, par la D 125 ou en suivant l'itinéraire fléché.* Jolie petite *chapelle* dite *des Lieux-Saints (ouv dim ou sur demande à la Maison du tourisme),* perdue en pleine campagne, sur un site panoramique dominant la vallée. Fresques surprenantes relatant le passage d'Anne de Bretagne dans les environs, et petit pèlerinage le dernier week-end de juillet. Étape de plusieurs randos.

**La chapelle Saint-Benoît :** *44290* ***Massérac.*** *À 10 km au nord-ouest de Guémené, dans l'un des derniers villages au nord du département.* Chapelle du XIe s, avec, à l'intérieur, le tombeau (et les reliques) de saint Benoît. On y entre par le cimetière et par une immense porte-baie vitrée.

**La voie romaine de Marsac** *(44170) : en sortie de Marsac, route de Conquereuil.* Une fois passé le pont, on trouve cette voie romaine qui rejoint la forêt du Gâvre au site de Pont Veix, à 4 km. Un petit dépliant (remis dans les offices de tourisme), *Le Carnet de route de la fée Joyance,* détaille les différentes bornes croisées tout au long du trajet. Agréable promenade de 2h aller-retour.

# LE PAYS DE CHÂTEAUBRIANT ET LE PAYS DE LA MÉE (DU MILIEU)

**On arrive ici au bord de la vraie Bretagne. C'est le pays de la Mée, c'est-à-dire du Milieu, car au centre du triangle Nantes-Rennes-Angers. C'est un pays boisé, joliment vallonné, clairsemé d'anciennes forges, d'étangs et de rivières, où l'on peut faire de belles balades.**

## CHÂTEAUBRIANT [kastell-briant]

(44110) 12 800 hab. *Carte Loire-Atlantique, C1*

**Au bord de la Chère, son imposant château féodal défendait les portes de la Bretagne. Avec ses petites rues bordées d'hôtels particuliers et ses maisons à colombages, Châteaubriant retient l'attention... C'est bien d'ici que vient la pièce de viande du même nom. Terre d'élevage bovin, la bonne viande n'y est évidemment pas rare. Et pour ce qui est de l'écrivain Chateaubriand (avec un « d » et sans accent circonflexe), sa famille descend effectivement des Brient (avec un « t » et un « e » !), fondateurs de la ville. Autre figure célèbre liée à Châteaubriant, Françoise de Foix, favorite de François Ier, qui a laissé son nom à un délicieux chocolat à la praline, inspiré de ceux qu'elle aimait offrir au roi. Désormais, une chaîne de chocolatiers japonais porte même le nom de *Châteaubriant.* Sophie Trébuchet, quant à elle, passa beaucoup de temps à Châteaubriant, où elle rencontra Léopold Sigisbert Hugo, en garnison. Ils deviendront les parents d'un petit Victor...**

### Comment y aller ?

➢ ***En train ou en bus :*** plusieurs possibilités. Soit le TER de Rennes à Châteaubriant ; soit le bus d'Angers à Châteaubriant ; soit le bus de Nantes à Châteaubriant via Nort-sur-Erdre ; soit le tram-train Nantes-Châteaubriant.

– ***Renseignements SNCF :*** *☎ 36-35 (0,34 € TTC/mn).*

– ***Renseignements bus réseau Lila :*** *☎ 0800-880-893 (nº Vert). Horaires sur • cg44.fr •*

### Adresse et info utiles

ℹ ***Office de tourisme :*** *29, pl. Charles-de-Gaulle. ☎ 02-40-28-20-90. • accueil@tourisme-chateaubriant.fr • tourisme-chateaubriant.fr • Mar-sam.* Organise toute l'année des expos et visites de la ville *(mar en juil-août ; GRATUIT).* Propose également différentes billetteries. Très bon programme estival d'animations.

– ***Marché aux bovins :*** *ts les mer, à partir de 7h30, sur le foirail.* Le 3e marché de France pour les gros bovins et le 2e pour les bovins maigres. Très animé.

### Où dormir ? Où manger ?

#### Camping

⛺ ***Camping municipal Les Briotais :*** *rue de Tugny. ☎ 02-40-81-14-38 ou 02-40-81-02-32. • h.menet@ville-chateaubriant.fr • ♿ À env 1,5 km au sud-est du centre-ville. Mai-sept. Tente en hte saison 8,50 €. CB refusées.*

*35 empl.* Camping aménagé en bordure du stade des Briotais et du bois de Tugny. Très calme. Emplacements délimités ou non. Blocs sanitaires bien tenus.

## De bon marché à prix moyens

**Hôtel Le Quai 3 :** *3, rue de la Gare. ☎ 02-40-28-14-36. • e.herve973@laposte.net • Résa conseillée. Double 56 €.* Face à la gare mais au calme. Chambres au papier fleuri, bien entretenues et refaites progressivement par les nouveaux proprios.

**Crêperie Le Bilig :** *1, rue Joseph-Hervouet. ☎ 02-40-81-48-49. • lebilig@wanadoo.fr • Fermé dim-lun. Congés : 2 sem fin avr, 3 sem fin août et 1 sem fêtes de fin d'année. Formule déj en sem 12 € ; menus 16-28 €. Café offert sur présentation de ce guide.* Une crêperie-bistrot originale, à côté de l'église Saint-Nicolas, dans un cadre plaisant, avec murs en schiste et en grès, et belle cheminée. Cuisine de maison et délicieuses galettes. Très chaleureux.

**Au Vieux Castel :** *25, rue Pasteur. ☎ 02-40-81-12-51. À deux pas de la pl. de La Motte. Tlj sf lun tte la journée et mer soir, jusqu'à 23h. Congés : 2 sem fin avr-début mai et fin sept. Formules déj 10-13,90 € ; menu 19,90 €.* La spécialité de la maison, c'est la cuisine au feu de bois, dont le châteaubriant accompagné de sa patate du *Vieux Castel.* Cadre sans façons avec vieux outils aux murs, et terrasse fleurie à l'arrière dès que le temps le permet.

## De prix moyens à chic

**L'Auberge Bretonne :** *23, pl. de La Motte. ☎ 02-40-81-03-05. • auberge.bretonne@orange.fr • aubergebretonne.com • Sur la place centrale. Resto fermé dim soir, lun et mar. Doubles 58-140 € selon confort. Formule déj 19,80 € ; menus 27,80-38 €.* Plus classique relookée au goût du jour que bretonne, cette auberge tient la route : belles chambres flambant neuves. Table sans reproche, y compris le petit déj. En profiter pour goûter à leur excellent châteaubriant. Nos lecteurs peu portés sur la viande trouveront sûrement leur bonheur dans l'excellent choix de poissons proposé par la maison.

**Le Poêlon d'Or :** *30 bis, rue du 11-Novembre. ☎ 02-40-81-43-33. Près de l'hôtel de ville. Tlj sf dim soir et lun. Congés : 2 sem sur juil-août. Menus 17 € en sem, puis 26-55 €.* On conseille la formule la moins chère, plus que convenable. Ça sent bon les petits plats de pays, concoctés par le chef, à base de poissons, de produits frais et de saison, dont le châteaubriant au foie gras. Délicieux desserts maison et belle carte des vins. Bref, l'adresse classe en ville pour les routards gastronomes.



## Où acheter des « Françoise-de-Foix » ?

**Confiserie Merlet :** *6, rue Aristide-Briand. ☎ 02-40-81-00-46. À deux pas de la mairie.* C'est ici qu'il faut acheter la délicieuse spécialité locale, la « Françoise-de-Foix ». On raconte que pour continuer de plaire à François Ier, son amant, la belle comtesse Françoise de Foix avait conçu cette friandise. Apparemment efficace puisque leur liaison dura 10 ans. Il s'agit d'une sorte de bouchée entourée de chocolat noir, doublé à l'intérieur d'une fine couche de praliné, et enveloppant des raisins macérés dans de l'alcool (péché mignon du roi !). Attention, ouvrir grand la bouche, ça coule !

## À voir. À faire

**Le château :** *☎ 02-40-28-20-20. Accès gratuit au parc du château 7h30-18h (20h mai-sept). Visites guidées tte l'année : mai-sept, tlj sf mar, à 11h,*

*14h30 et 16h ; hors saison, sam-dim à 15h30. Visite découverte : 2,50 € ; réduc ; gratuit moins de 10 ans. Demander le livret de jeux « Oh La L.A. Quelle aventure ! ». Expositions gratuites, nombreuses animations.*
Fondé au X^e s par Brient, le château s'impose très vite comme une place forte contrôlant l'une des principales routes d'accès à la Bretagne. Initialement bâtie sur le modèle de la motte féodale, la forteresse s'affirme au fil des siècles et se dote d'éléments défensifs marquant sa présence face à l'ennemi français. Ainsi, son imposant donjon se dresse au-dessus de la Chère et défie toute tentative d'incursion. Mais ses épais remparts ne résistent pas à l'artillerie de l'armée française lors du siège d'avril 1488, lorsque Charles VIII entame une conquête des forteresses bretonnes, prémices du rattachement officiel du duché de Bretagne au royaume de France.
Malgré les coûteuses réparations engagées par Françoise de Dinan pour redonner à la vieille forteresse son prestige disparu, le château perd son rôle défensif pour laisser place à de nouvelles constructions témoignant du goût de l'époque pour l'architecture Renaissance encouragée par François I^er. Le château devient ainsi résidentiel, et sous l'impulsion de Jean de Laval, seigneur des lieux et gouverneur de Bretagne, se dote de bâtiments rivalisant d'élégance, où se rencontrent schiste, brique et tuffeau. Au-delà de ces merveilles architecturales, le château renferme en ses murs secrets et autres légendes, dont celle de Françoise de Foix, épouse de Jean de Laval et maîtresse du roi François I^er, disparue soudainement dans la nuit du 16 au 17 octobre 1537... Allez vous asseoir sur « le siège qui parle » dans la chambre dorée et écoutez-le raconter que depuis cette nuit-là, un étrange cortège revient chaque nuit anniversaire de ce drame...

**La vieille ville :** *axée sur la Grande-Rue, prolongée par la rue de Coueré.* Quartier commerçant et semi-piéton qui garde quelques belles maisons. Au nº 24, rue de Coueré, notamment, celle dite « de l'Ange » où séjourna Sophie Trébuchet, mère de Victor Hugo. Nombreuses maisons à pans de bois. Plan détaillé et gratuit (avec explications et petit circuit) auprès de l'office de tourisme, ou visite accompagnée. Noter également la hauteur (67 m) de l'église Saint-Nicolas.

**Le théâtre de Verre :** *27, pl. Charles-de-Gaulle. ☎ 02-40-81-19-99. Face au château.* Ce cube de verre de 12 m de haut, l'une des fiertés récentes de la ville, accueille concerts, spectacles... Il est soutenu par de massifs poteaux de bois rouge orangé plantés sur le sol schisteux de la ville. Dans la salle de spectacle, un procédé original de murs inclinés permet d'en diriger le son vers le centre.

**L'église Saint-Jean-de-Béré :** *rue du Prieuré-de-Béré. Au nord de la ville, route de Bain-de-Bretagne.* Cette belle église abritait au Moyen Âge (XI^e s) le siège d'un doyenné important qui contrôlait quelque 70 paroisses. Sa conception architecturale en grès armoricain rompt avec les architectures habituelles et mérite un coup d'œil. Beau retable lavallois, triptyque en marbre noir et gris rosé. *Visite commentée possible via l'office de tourisme (sur résa).*

**La carrière des fusillés La Sablière :** *à 2 km, sur la route de Pouancé ; indiqué sur la gauche. ☎ 02-40-28-60-36. Visite libre avec audiophone. Musée ouv tte l'année mer et sam 14h-17h. GRATUIT.* Vous voici sur les lieux où furent exécutés 27 otages par les nazis le 22 octobre 1941, en représailles à l'exécution du colonel Hotz à Nantes deux jours plus tôt (en plus des 16 à Nantes et 5 à Paris). Les stèles du souvenir côtoient les poteaux d'exécution dans cette clairière en contrebas de la route. Parmi les victimes, Guy Môquet (17 ans !), Charles Michels, Jean-Pierre Timbaud, des noms tristement connus, que portent aujourd'hui rues et stations de métro. Les corps furent volontairement enterrés à la va-vite dans des villes voisines, afin que les familles ne puissent pas facilement venir se recueillir. Commémoration chaque année, le dimanche le plus proche du 22 octobre. Un ***musée*** sur place, fort bien aménagé, retrace les événements et expose quelques-uns des objets personnels des exécutés. Un lieu saisissant et chargé d'émotion.

**La maison Huard :** *6, rue Guy-Môquet. Juil-août, mer et dim 14h30-18h ; sam 9h-12h, 14h-18h. Entrée : 1 €.* La maison familiale Huard a été transformée en musée et retrace l'histoire de cette entreprise sur la période de 1863 à 1897. Elle représentait dans les années 1950 plus de la moitié de la production française de charrues.

➢ **La voie verte de Châteaubriant à Rougé :** *accès libre.* Anciennement voie de chemin de fer de 11 km reliant Rougé, réservée aux randonneurs, vélos, rollers ou personnes en fauteuil roulant (interdit aux véhicules à moteur), pour une promenade à travers la campagne du pays de Châteaubriant en toute sécurité.

## Manifestation

- **Foire de Béré :** *le 2e w-e de sept.* Elle se tient sur le champ de foire, à côté de l'église romane de Béré, depuis presque un millénaire (1049). Accueille quelque 50 000 visiteurs chaque année.



# LE PAYS DE LA MÉE

*Carte Loire-Atlantique, C-D1-2*

**Région historique très ancienne située à égale distance de Nantes, Rennes et Angers, le pays de la Mée, ou « pays du Milieu », est déjà mentionné dans les textes au début du XIe s. Il s'étend alors entre l'Erdre, au sud, et le Semnon, au nord. Il fut un lieu d'affrontements mais aussi de commerce et d'échanges.**

### Adresses utiles

**Office de tourisme de la région de Nozay :** *9, rue de l'Église, 44170* **Nozay.** *☎ 02-40-79-31-64. • accueil@tourisme-nozay.fr • tourisme-nozay.fr • Tlj sf lun mat et dim : en saison ; fermé lun, jeu, sam ap-m et dim hors saison.* Expos temporaires. Billetterie spectacles.

**Office de tourisme de Derval :** *20, pl. Bon-Accueil (pl. de l'église), 44590* **Derval.** *☎ 02-40-07-70-10. • info@tourisme-derval.fr • tourisme-derval.fr • Tlj sf lun mat, jeu, sam ap-m et dim.*

■ **Association de sauvegarde du patrimoine historique et artistique de Nozay et sa région** (ASPHAN) **:** *25, rue du Vieux-Bourg, 44170* **Nozay.** *☎ 02-40-79-34-29. • asphanozay@gmail.com • asphan.fr • En venant de l'église de Nozay, passer le long du jardin public, puis sur la droite. Permanence sam 10h-12h30. Enclos du vieux bourg et carrière de la Pierre bleue ouverts à la visite de mi-juin à mi-sept ; en dehors de cette période, les contacter.* Une association qui se bat pour préserver et valoriser le patrimoine de la commune et des environs.

### Où dormir dans le coin ?

#### De bon marché à prix moyens

**Gîtes ruraux chez Cécile et Armand Châtellier :** *La Ferronnais, 44520* **Moisdon-la-Rivière.** *☎ 02-40-07-62-84. • armand.chatellier@orange.fr • gites-de-france-44.fr/la_ferronnais • À 2,5 km de la forge neuve. Compter 265-550 €/sem pour 6 pers ; également loc à la nuit ou w-e. Un verre de vin et un gâteau offerts sur présentation de ce guide.* Bon accueil. Animaux bienvenus. Possibilité de visiter la ferme sur place.

**Chambres d'hôtes La Maison du Meunier :** *6, rue des Acacias, 44590*

**Mouais.** ☎ 02-40-07-08-07. 📱 06-26-48-32-98. • maisondumeunier@wanadoo.fr • maisondumeunier.fr • *Au cœur du village. Fermé de mi-janv à mi-fév. Compter 52 € pour 2. Table d'hôtes sur résa 18 €.* 3 agréables chambres d'hôtes situées soit en rez-de-chaussée, soit au-dessus de l'ancienne maison du meunier (XV^e s). L'une d'elles donne sur l'ancien auditoire de justice, flanqué d'une jolie tourelle. Petit déj et dîner servis dans la pièce principale, près de l'imposante cheminée. Cuisine préparée principalement avec les produits bio du potager de Jean-René. Délicieuses confitures maison, bien sûr. Charmant parc qui descend doucement jusqu'à la rivière. Possibilité de canoë et de visite du village avec Danielle, passionnée par son histoire (et par celle des environs), au point d'en écrire un livre. Une maison où l'on se sent bien, tout simplement.

**Chambres d'hôtes chez Mme Habay :** *1, rue de Nantes, 44590* **Derval.** ☎ 02-40-07-72-97. • annie.habay@wanadoo.fr • manoirdebellevue-derval.fr • *Compter 52 € pour 2. Table d'hôtes sur résa 17 €.* Cette belle et grande maison du XVII^e s, sagement lovée derrière de grands marronniers, est un refuge bienvenu. Vieilles comtoises, cheval à bascule et petite expo de faïences (7 000 pièces tout de même !) dans les écuries de la propriété. Accueil chaleureux. Également un gîte pour 4 personnes dans les dépendances.

**Chambres d'hôtes chez Pierre et Monique Marzelière :** *Grand-Jouan, 44170* **Nozay.** ☎ 02-40-79-45-85. • pierre.marzeliere@wanadoo.fr • grand-jouan.fr • *Compter 55 € pour 2 ; 1 familiale également.* 4 chambres dans une ancienne ferme-école d'agriculture créée au XIX^e s. Salon et salle à manger réservés aux hôtes. Parc. Des box pour chevaux sont à la disposition des randonneurs équestres.

## Chic

**Chambres d'hôtes la Forgeraie :** *La Hunaudière, 44590* **Sion-les-Mines.** ☎ 02-40-28-45-21. 📱 06-74-69-35-16. • contact@laforgeraie.com • laforgeraie.com • *Compter 70 € pour 2.* Sur le site de la mine, dans un ensemble de bâtiments du XVII^e s, avec un jardin paysager, des chambres d'hôtes de qualité. Se renseigner toutefois, la maison accueille parfois mariages et autres réceptions.

## Où manger dans le coin ?

**Le Relais Glainois :** *1, rue Flavier, 44670* **La Chapelle-Glain.** ☎ 02-40-55-50-42. • contact@lerelais-glainois.com • *Au centre du bourg. Tlj sf mer et soir des ven et dim. Congés : 15 j. en fév et 5 j. sur juil-août. Formule déj en sem 11 € ; menu 15 €.* Les noceurs ne s'y trompent pas, puisqu'ils s'y retrouvent. Une bonne adresse sans caractère particulier mais avec parfois une touche exotique, où l'on travaille en famille, sans prétention. Accueil simple et agréable.

**Crêperie La Bonne Éloi :** *dans l'ancienne maison des maîtres de forge de la Hunaudière, 44590* **Sion-les-Mines.** ☎ 02-40-28-45-85. • labonneeloi@gmail.com • ♿ *Pâques-juin et sept-fin vac Toussaint, ven soir, sam soir et dim ; juil-août, tlj sf lun, à partir de 16h. Carte 12-18 €.* Excellentes galettes et crêpes, toutes fabriquées à la commande avec la farine du moulin du Pont Godalin (lire plus loin dans « À voir dans le coin »). Aux beaux jours, il est bien agréable de s'installer sous les arbres au bord de la rivière.

## À voir dans le coin

**L'église de Saint-Julien-de-Vouvantes** *(44670) : tlj 10h-18h.* La plus vaste église de Loire-Atlantique après celle de Nantes. À la voir, on se dit qu'elle doit être bien vieille... eh bien, pas tant que cela. Elle n'a en fait qu'un peu plus de 100 ans, et c'est un modèle de style néogothique. Une vingtaine de gargouilles de cette église ont été classées Monument historique. Elle se trouve sur la route d'un vieux pèlerinage qui reliait Marseille à Brest. Le long de cette « route des galériens », on retrouve, notamment à Brioude, des saint Julien et des croix « julienne » en ardoise. Et c'est là que le miracle eut lieu. L'un de ces galériens, évoquant saint Julien, fut libéré de ses chaînes. Un petit circuit pédestre de 3 km permet, au départ de l'église, de faire le tour du village en passant par le cimetière, le lavoir, l'étang et la chapelle Sainte-Anne.

**Le château de la Motte-Glain :** *44670* **La Chapelle-Glain.** *☎ 02-40-55-52-01. De mi-juin à mi-sept, tlj sf mar, 14h30-18h30. Compter 45 mn de visite. Entrée : 7,50 € ; réduc.* Ce château, en grès armoricain, pierre et tuffeau sculptés, vaut le détour, surtout pour l'extérieur à vrai dire, avec ses deux grandes tours. Au XIe s, le bouillant Warm de Rougé participa à la première croisade. Un de ses fils fit édifier une demeure fortifiée sur ce vaste terrain. De cette « motte » provient le nom de la Motte-Glain, puis La Chapelle-Glain, lieu de culte de l'actuelle commune du même nom. C'est principalement le maréchal de Gié (Pierre de Rohan) qui reconstruisit le château, vers la fin du XVe s, pour recevoir Charles VIII et Anne de Bretagne. Charles IX et Catherine de Médicis y séjournèrent également. De la cour centrale, on a un point de vue imposant sur les bâtiments, dont une partie a été restaurée. À l'intérieur, quelques pièces et trophées, des salles Renaissance et leurs belles cheminées, la chapelle du château ornée d'une fresque du XVe s, et un superbe escalier en pierre bleue de Nozay, dont la rusticité est aussi flagrante qu'élégante. À noter que le château n'a connu qu'une seule vente dans toute son histoire, en... 1635 ! Et si vous désirez découvrir la jolie petite ***église de Saint-Sulpice*** et ses fresques, à 2 km, dites-le à la châtelaine, qui en possède la clé.

***Moisdon-la-Rivière*** *(44250)* **:** connu essentiellement pour ses forges et pour l'unique église romane fortifiée du département, avec, à l'intérieur, une statue de saint Éloi, patron des métallurgistes. Quant à la *forge neuve,* très bien conservée, elle fut fondée sur décision du prince de Condé en 1668. L'ancienne halle à charbon abrite un récent ***musée des Forges*** *(☎ 02-40-28-20-90 ; juin-sept, jeu-dim 15h-19h ; GRATUIT).* Une exposition très didactique sur le passé minier du pays de Châteaubriant et la place importante qu'y occupe – jusqu'à aujourd'hui – la métallurgie.

## SALE HISTOIRE

*Initié par le gouvernement de Vichy dès avril 1940, généralisé par les nazis en octobre de cette même année, l'internement de ceux que l'on appelait alors « nomades » ou « tziganes » est un peu oublié des livres d'histoire (voir également nos pages sur Montreuil-Bellay en Maine-et-Loire). Pourtant... Dans les anciennes forges de Moisdon-la-Rivière ont été détenus entre 1940 et 1942 plusieurs centaines de « gens du voyage ». Avec des conditions d'hygiène déplorables entraînant un effarant taux de mortalité, notamment infantile...*

***Le grand réservoir de Vioreau :*** beau plan d'eau de 200 ha, le plus grand bassin artificiel du département, imaginé par Napoléon Ier et destiné à alimenter le canal de Nantes à Brest. On découvre ***Nort-sur-Erdre*** (44390) avec sa rigole alimentaire, aux quatre aqueducs, qui longe un sentier bordé de chênes et de châtaigniers. Plages aménagées, location de planches à voile, dériveurs, canoës, kayaks, embarcations à pédales. Aires naturelles de camping. Au nord, la ***forêt de Vioreau,*** l'une des plus agréables de Loire-Atlantique. Deux sentiers de randonnée traversent la commune : le circuit du Petit Vioreau et le circuit du Grand Vioreau.

***Le site de l'ancienne mine d'étain :*** *44170* ***Abbaretz.*** Coincée entre deux couches de schiste, la cassitérite (pour ceux que ça intéresserait !) affleurait dans cette région. Le minerai, une fois extrait, n'était pas traité sur place. Le site est désaffecté depuis 1958 mais il conserve un terril de couleur blanche qui culmine à 70 m de hauteur. En fait, le terril et le lac à côté sont nés simultanément : l'un s'arrondissait quand l'autre se creusait... La grimpette dure quelques minutes (209 marches quand même !), et du sommet, on profite d'une vue panoramique sympa sur la région. Circuit de randonnée de 8 km autour du terril, de l'étang et de l'ancienne cité minière. *Sorties commentées en juillet-août : renseignements auprès des offices de tourisme de Nozay ou de Derval (voir plus haut « Adresses utiles »).*

**Le musée Agri-rétro :** *Le Houx, 44170* **Abbaretz.** *☎ 02-40-55-19-71. À 8 km d'Abbaretz, sur la route entre Nort et Issé (D 69). Fin avr-début oct, mar-dim 10h-19h ; hors saison, sur rdv. Entrée : 4 € ; gratuit moins de 12 ans.* Quelque 200 tracteurs, batteuses, charrues, matériel de traite, outils d'exploitation en tout genre... réunis et exposés sur 2 300 m² par un passionné, Rogatien Mortier, depuis... hou ! bien longtemps ! Vous saurez tout ou presque sur le machinisme agricole de la région de 1910 à 1960.

***Nozay** (44170) :* petit bourg localement célèbre pour ses anciennes carrières de schiste, appelé communément pierre bleue. C'est dans la partie ancienne du village qu'il faut se rendre pour découvrir ces singulières haies en schiste, les « palis », et leur utilisation dans l'habitat local. À voir également, l'enclos du vieux bourg dans lequel se trouve l'ancienne église fondée au XIIe s et agrandie aux XVe et XIXe s, qui possède des peintures murales de la Renaissance. *De mi-juin à mi-sept, mer et ven-dim 15h-19h ; le reste de l'année, sur rdv. Visite guidée conseillée avec un membre de l'ASPHAN (voir plus haut « Adresses utiles »).*

***Mouais** (44590) :* le plus petit village de Loire-Atlantique est noyé dans la verdure. Voir la *chapelle Saint-Marcellin,* du IXe s (demander la clé à la mairie). Descendre la rue du Lavoir : belles demeures anciennes en pierre bleue, avec leur puits et leur four à pain. Balade le long de la Mée (lavoir, moulin avec roue à aubes), parcours avec jeux pour enfants...

**Les forges de la Hunaudière :** *44590* **Sion-les-Mines.** *☎ 02-40-28-94-29. • lesforgesdelahunaudiere.fr • Visites organisées par l'*Association des amis des forges de la Hunaudière, *mar ap-m sur rdv. Compter 4 € ; réduc.* Les forges ont cessé leur activité en 1882. Mais le site reste vraiment superbe. On y découvre l'atelier de fonderie où d'anciens ouvriers exécutent des copies d'anciennes pièces fabriquées à la Hunaudière, et forment leurs successeurs pour perpétuer ce savoir-faire. Le deuxième dimanche d'août se déroule sur le site un marché campagnard.

**L'écomusée du moulin du Pont Godalin :** *sur la rivière de la Chère, au lieu-dit du Pont, à 4 km au sud-est de Sion (route de Saint-Aubin).* L'Association de sauvegarde du moulin *y a installé un petit musée de la meunerie et de la boulangerie. ☎ 02-40-28-99-84. • moulindupont.ouvaton.org • Mar mat et certains dim en juil-août (visite guidée slt) ; également en juin pour la fête des moulins et aux Journées du patrimoine. Entrée : 3,50 €, réduc.* L'activité du moulin avait cessé en 1968, mais grâce à l'association, il reprend du service lors des manifestations citées précédemment : ces journées-là, on peut déguster des galettes et emporter son pain de campagne au blé noir. La roue hydraulique (5,50 m de haut) est d'origine mais elle a été rénovée.

**La chapelle des Templiers :** *44110* **Saint-Aubin-des-Châteaux.** À voir surtout pour sa charpente taillée à la hache. Demander la clé à la mairie, ou au nº 1, impasse des Templiers. Au passage, remarquer l'habitat rural. Les murs des vieilles maisons basses (longères) mélangent grès ferrugineux et schistes. Les huis ou les linteaux des portes sont en bois. L'accès à l'étage se fait par des chiens-assis, qu'on appelle ici « gerbières ».

*La demeure de René-Guy Cadou* (1920-1951) : 44110 **Louisfert.** ☎ 02-40-81-22-64. *Descendre la rue en face de l'église ; c'est sur la gauche à 50 m, à la cour d'école. 1er juil-1er sept, jeu-dim 14h-18h30. Compter 45 mn de visite. Entrée : 2 € ; réduc ; gratuit moins de 12 ans.* Les étudiants en littérature ou les amoureux de poésie iront visiter ce musée dédié à René-Guy Cadou, situé dans l'ancienne école où il était instituteur et où il mourut, très jeune, à 31 ans. Lieu émouvant, avec photos, recueils, correspondances, objets, dessins, qui rappellent cet artiste, ami de Paul Fort, Blaise Cendrars, Jean Giono, mais aussi de Max Jacob, avec lequel il correspondra jusqu'à sa mort. L'homme laissa son empreinte poétique dans la région, au point que de nombreux établissements scolaires portent aujourd'hui son nom.

# LA MAYENNE

## ABC DE LA MAYENNE

- *Superficie :* 5 175 km².
- *Préfecture :* Laval.
- *Sous-préfectures :* Mayenne et Château-Gontier.
- *Population :* 317 000 hab.
- *Signes particuliers :* l'un des plus faibles taux de chômage de France ; 80 % de surfaces agricoles ; sept petites cités de caractère.
- *Point culminant :* le mont des Avaloirs (417 m), également point culminant du Grand Ouest (Normandie, Bretagne, Pays de la Loire).

**« La Mayenne, étonnante par nature. » Voici brossé, en un slogan, le portrait de ce discret département. Il reste aujourd'hui l'un des moins connus de France et il a su – peut-être grâce à cela – garder un charme authentique, tout en s'ouvrant à un tourisme familial, aimant le vert et le calme. Si on vous parle de ses merveilleux châteaux et de ses plages de sable fin, vous aurez peut-être du mal à nous croire. Mais la Mayenne secrète que nous avons découverte, bien après les Anglais, certes, qui sont ici chez eux, vous vaudra de passer d'inoubliables journées. Il va falloir laisser la voiture sur le bas-côté et emprunter les chemins de traverse pour se laisser charmer par ce paradis des randonneurs à pied, à cheval, à vélo, en bateau...**

## LA VALLÉE DE LA MAYENNE

La Mayenne (on parle de la rivière !) constitue une véritable colonne vertébrale qui relie le nord et le sud du département, et c'est à partir d'elle que se déclinent toutes les activités possibles et imaginables pour un touriste. Pas étonnant que les trois grandes villes du département soient installées sur ses berges : Mayenne, Laval et Château-Gontier. Les ***85 km de chemins de halage*** le long de la rivière ont été réhabilités et permettent de rejoindre le circuit ***La Loire à***

### LES RETABLES LAVALLOIS

*Au lendemain des guerres de Religion, c'est par la Mayenne que le tuffeau remontait jusqu'à Laval. Associé au marbre local, il inspira nombre d'artistes et architectes. Aujourd'hui encore, presque chaque église mayennaise, même la plus modeste, possède l'un de ces remarquables retables. Vous ne risquez pas de manquer ces autels avec leur riche iconographie contribuant à l'enseignement des fidèles. Le petit théâtre religieux de la Mayenne dans toute sa splendeur !*

***Vélo,*** du côté d'Angers. Le circuit à vélo entre la Manche (Ouistreham) et l'Atlantique (La Rochelle) utilise également une partie du chemin de halage.
Ambiance unique où l'on croise l'Anglais sac au dos, le routard à pied, à VTT ou à cheval, et, bien sûr, le plaisancier qui se la coule douce. Paysages variés, écluses rétro, châteaux et manoirs embusqués et guinguettes revigorantes. De là aussi partent les ***trois voies vertes,*** d'anciennes voies ferrées aménagées en sentiers de randonnée, pour des digressions dans l'arrière-pays. Au final, la Mayenne compte pas moins de ***4 000 km d'itinéraires balisés.***
– ***Guide À la découverte de 85 km de bonheur :*** disponible auprès des offices de tourisme, il présente la rivière, la faune, la flore, son patrimoine et son histoire. Très bien fait et illustré de cartes claires.

## Adresses utiles

ℹ ***Agence de développement touristique (ADT) Mayenne Tourisme*** *(hors plan Laval, par D1) : 84, av. Robert-Buron, CS 30325, 53003* ***Laval*** *Cedex.* ☎ *02-43-53-18-18.* • *mayenne-tourisme.com* • *Lun-ven 9h30-12h30, 13h30-17h30.* À deux pas de la gare, un lieu convivial avec expos.
– ***Résas de chalets, mobile homes, gîtes... :*** *s'adresser au service commercial de* ***Mayenne Tourisme.*** ☎ *02-43-53-52-43.* • *reservation.mayenne-tourisme.com* •

### La Mayenne en bateau

***Location de bateaux habitables sans permis :*** ***Les Canalous,*** *Le Port, 53200* ***Daon.*** ☎ *03-85-53-76-74.* • *canalous-mayenne.com* • ***Maine-Anjou Rivières,*** *49220* ***Chenillé-Changé.*** ☎ *03-85-53-76-69.* • *maine-anjou-rivieres.com* • Location de bateaux habitables pour 2 à 12 personnes, que l'on peut piloter sans permis.
***Toue Mayenne :*** *écluse de la Roche-du-Maine, 53200* ***Loigné-sur-Mayenne.*** *06-15-71-26-42.* • *contact@touemayenne.fr* • *touemayenne.fr* • *À 5 km au nord de Château-Gontier.* Location de toues (bateaux habitables traditionnels de la Loire et de ses affluents, en bois et à fond plat), cabanées ou non, à la demi-journée ou plus.

# LE PAYS DE LAVAL

## LAVAL (53000) 54 100 hab. *Carte Mayenne, B3*

**Ne vous fiez pas à l'eau qui dort. Sous ses airs sages, Laval est quand même la ville qui a donné naissance au père d'Ubu, Alfred Jarry (1873-1907), au Douanier Rousseau (1844-1919) et à Alain Gerbault (1893-1941). Et en plus, c'est l'un des palindromes les plus connus des Français ! Avant de partir au fil de l'eau ou sur les petites routes de cette bonne Mayenne, il faut prendre le temps de visiter la vieille ville, son lacis de ruelles escarpées**

### LE VOLEUR DE BICYCLETTE

*On sait qu'Alfred Jarry était un fervent adepte de la petite reine, par ses écrits (*La Passion considérée comme une course de côte, Le Surmâle...*), mais aussi parce qu'il fut souvent photographié juché sur son vélo Clément. Ce que l'on sait moins, c'est que Jarry acheta cette bicyclette à Laval en 1896 et qu'il ne la paya jamais, malgré plusieurs sommations d'huissiers... En 1907, à la mort de l'écrivain, le dû resta pour toujours impayé.*

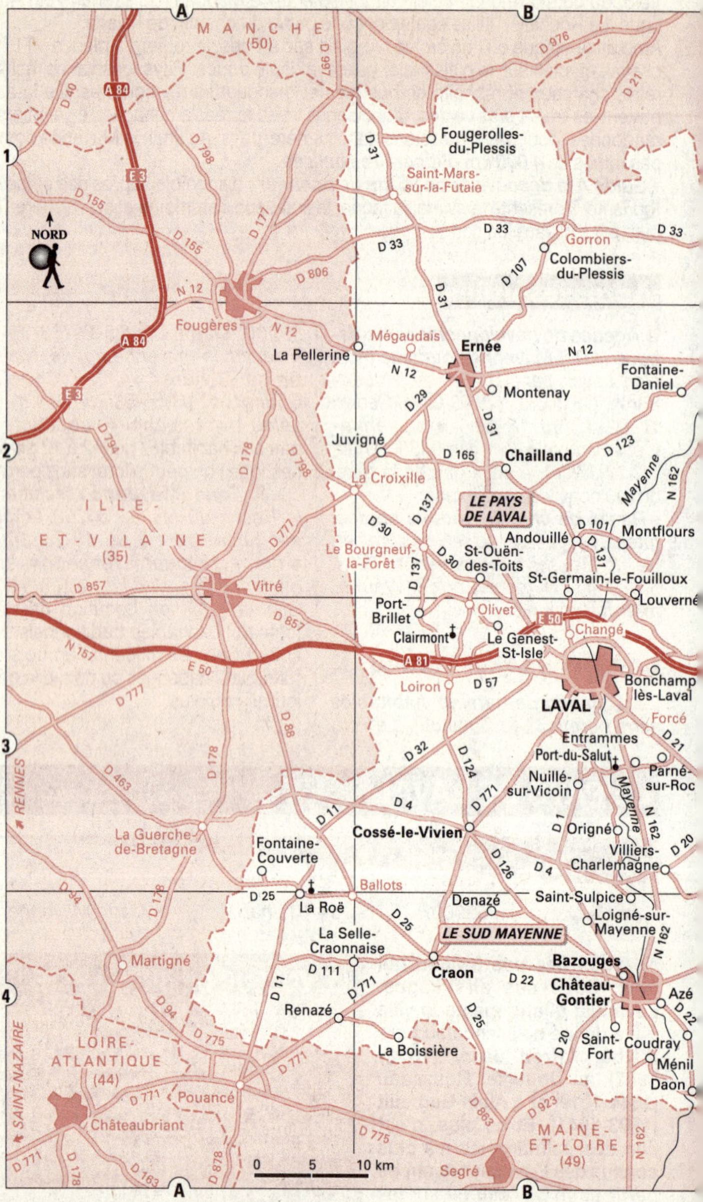

A
B
MANCHE (50)
NORD
ILLE-ET-VILAINE (35)
LOIRE-ATLANTIQUE (44)
MAINE-ET-LOIRE (49)
LE PAYS DE LAVAL
LE SUD MAYENNE
RENNES
SAINT-NAZAIRE
1
2
3
4
A 84
E 3
N 12
A 81
E 50
N 157
N 162
D 976
D 21
D 997
D 40
D 798
D 155
D 177
D 806
D 31
D 33
D 107
D 29
D 165
D 123
D 794
D 178
D 777
D 137
D 30
D 101
D 131
D 857
D 57
D 88
D 463
D 32
D 124
D 771
D 4
D 11
D 1
D 20
D 126
D 25
D 34
D 111
D 22
D 94
D 775
D 863
D 923
D 878
D 163
Mayenne
Fougerolles-du-Plessis
Saint-Mars-sur-la-Futaie
Gorron
Colombiers-du-Plessis
Fougères
Mégaudais
Ernée
La Pellerine
Fontaine-Daniel
Montenay
Juvigné
Chailland
La Croixille
Montflours
Andouillé
Le Bourgneuf-la-Forêt
St-Ouën-des-Toits
St-Germain-le-Fouilloux
Louverné
Vitré
Port-Brillet
Olivet
Changé
Clairmont
Le Genest-St-Isle
Loiron
LAVAL
Bonchamp lès-Laval
Forcé
Entrammes
Port-du-Salut
Parné-sur-Roc
Nuillé-sur-Vicoin
La Guerche-de-Bretagne
Cossé-le-Vivien
Origné
Villiers-Charlemagne
Fontaine-Couverte
La Roë
Ballots
Denazé
Saint-Sulpice
Loigné-sur-Mayenne
La Selle-Craonnaise
Craon
Bazouges
Château-Gontier
Azé
Martigné
Renazé
La Boissière
Saint-Fort
Coudray
Ménil
Daon
Pouancé
Châteaubriant
Segré
0 5 10 km

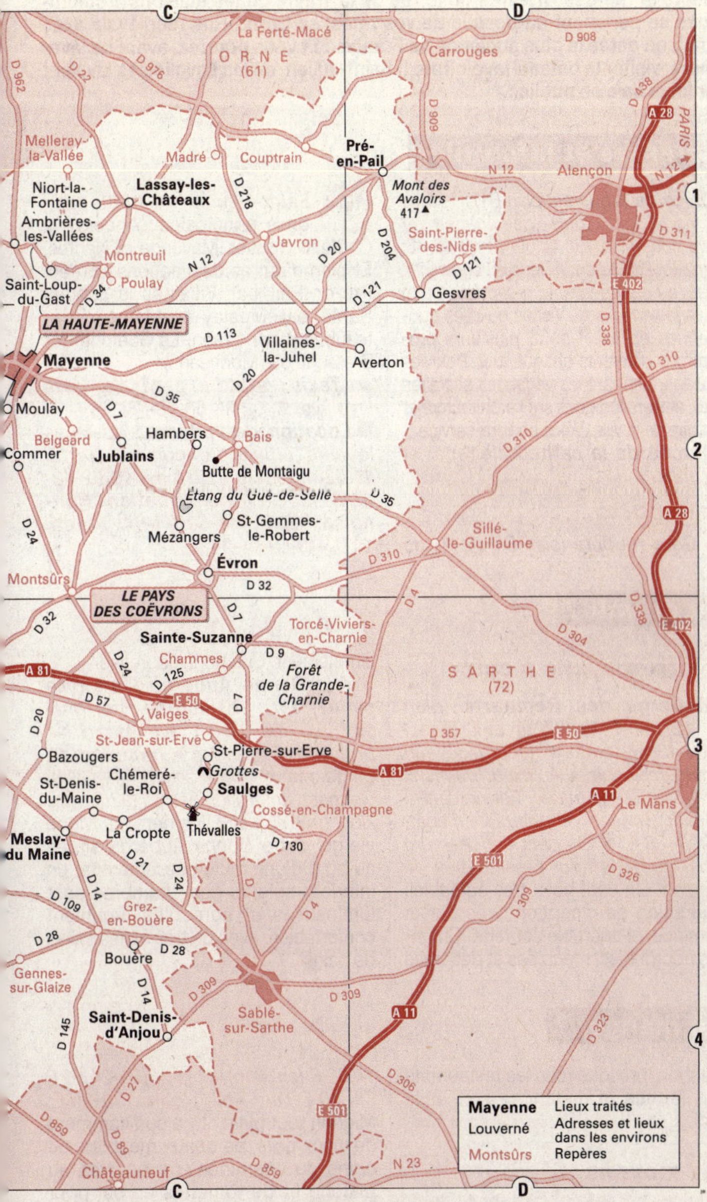
C
D
La Ferté-Macé
ORNE
(61)
Carrouges
D 908
D 962
D 22
D 976
D 438
A 28
PARIS
D 909
Melleray-
la-Vallée
Madré
Couptrain
Pré-
en-Pail
N 12
Alençon
Niort-la-
Fontaine
Lassay-les-
Châteaux
D 218
Mont des
Avaloirs
417
Ambrières-
les-Vallées
Javron
D 204
Saint-Pierre-
des-Nids
D 311
Montreuil
N 12
D 20
D 121
Poulay
Saint-Loup-
du-Gast
D 34
D 121
Gesvres
E 402
LA HAUTE-MAYENNE
D 113
Villaines-
la-Juhel
D 338
Mayenne
Averton
D 310
D 20
Moulay
D 35
D 7
Belgeard
Hambers
Bais
D 310
Commer
Jublains
Butte de Montaigu
Étang du Gué-de-Selle
D 35
D 24
St-Gemmes-
le-Robert
Mézangers
Sillé-
le-Guillaume
A 28
Évron
D 310
Montsûrs
D 32
LE PAYS
DES COËVRONS
D 4
D 338
D 32
D 7
Torcé-Viviers-
en-Charnie
E 402
Sainte-Suzanne
D 9
D 304
Chammes
D 24
Forêt
de la Grande-
Charnie
SARTHE
(72)
A 81
D 125
D 57
E 50
D 7
Vaiges
D 20
D 357
E 50
St-Jean-sur-Erve
St-Pierre-sur-Erve
Bazougers
Grottes
A 81
Chéméré-
le-Roi
Saulges
A 11
St-Denis-
du-Maine
Le Mans
Cossé-en-Champagne
Thévalles
La Cropte
Meslay-
du-Maine
D 130
E 501
D 21
D 24
D 326
D 14
D 109
Grez-
en-Bouère
D 7
D 4
D 309
D 28
D 28
Bouère
Gennes-
sur-Glaize
D 14
D 309
D 309
Sablé-
sur-Sarthe
A 11
Saint-Denis-
d'Anjou
D 145
D 323
D 27
D 306
D 859
E 501
D 89
N 23
D 859
Châteauneuf
Mayenne — Lieux traités
Louverné — Adresses et lieux dans les environs
Montsûrs — Repères
1
2
3
4

## LA MAYENNE

**comme la rue des Orfèvres ou la rue de la Trinité où les maisons à colombages se penchent au-dessus de vos têtes, sa Grand-Rue médiévale avec la maison datée la plus ancienne de France... Et vous pourrez, avant de lever l'ancre, visiter le bateau-lavoir (rare !) Saint-Julien, où les Lavalloises lavaient leur linge sale en public...**

## Adresses et info utiles

**Office de tourisme** (plan B1) **:** *1, allée du Vieux-Saint-Louis (déménagement prévu courant 2015). ☎ 02-43-49-46-46. • laval-tourisme.com • Dans les anciennes halles, au centre-ville. Lun-sam, plus dim et j. fériés en saison.* Visites guidées quotidiennes en juillet-août, plusieurs programmes différents chaque jour. Pour les 8-12 ans, pendant les vacances scolaires d'été, ateliers ludiques sur l'architecture et l'histoire de la ville. Vélos en libre-service.

– ***Marché de la cathédrale* :** *mar et sam mat.*

LAVAL

### Transports

**Gare routière** (plan B1) **:** *allée du Vieux-Saint-Louis. ☎ 0800-666-321.* Lignes principales : Angers via Château-Gontier, Mayenne et Nantes. Et bien d'autres destinations : Ernée, Pré-en-Pail par Villaines-la-Juhuel, Sablé par Meslay-du-Maine, Châteaubriant par Craon, La Guerche-de-Bretagne par Montjean...

***Taxis* :** ***station centrale taxis lavallois,*** *☎ 02-43-68-08-08.*

***Location de voitures* :** *quelques loueurs à la gare comme* ***Hertz,*** *☎ 02-43-56-39-92 ;* ***Avis,*** *☎ 02-43-53-07-56 ;* ***Auto Location Rennaise,*** *☎ 02-43-59-94-94 ;* ***Ada,*** *☎ 02-43-59-94-94.*

## Où dormir ?

### De prix moyens à chic

***Auberge des Remparts*** (plan B2, **12**) **:** *2-4, carrefour aux Toiles. ☎ 02-43-66-86-80. • aubergedesremparts@gmail.com • Au cœur du vieux Laval, derrière la mairie. Fermé dim et lun midi. Congés : 1re quinzaine d'août. Double 68 €. Un petit déj/chambre et par nuit offert sur présentation de ce guide.* Un petit hôtel très agréable : beau salon de réception avec bar et cheminée, et adorable courette. Chambres abordables, meublées et décorées simplement. Une bonne adresse.

***À la Bonne Auberge*** (hors plan par A1, **15**) **:** *170, rue de Bretagne. ☎ 02-43-69-07-81. • contact@alabonneauberge.com • alabonneauberge.com • Fermé sam midi et dim. Congés : août. Doubles 71-93 €. Parking gratuit.* Derrière sa vigne vierge, cette *Bonne Auberge* située au bord d'une route passante offre un intérieur soigné. Les chambres sont lumineuses et agréables, vraiment confortables, avec de très belles salles de bains.

## Où manger ?

Attention, presque tous les restaurants sont fermés le dimanche soir et le lundi.

### Prix moyens

***La Braise*** (plan B2, **34**) **:** *4, rue de la Trinité. ☎ 02-43-53-21-87. Dans les vieux quartiers, près de la cathédrale. Fermé sam midi, dim-lun. Menus 14,50 € (en sem), puis 20,50-24,50 € (26,50 € sam soir) ; carte 30-35 €.* Mignon tout plein. Il y a suffisamment de vieux pots, de beaux meubles, de coins de cheminée, de poutres au plafond et de tomettes au sol pour que l'on se sente bien d'emblée. La cuisine est simple, soignée et authentique, à la chaleur de la braise. Spécialités, vous l'avez deviné, de poisson et viande grillés. Miniterrasse aux beaux jours.

🍴 **Le Petit Périgord** *(plan C2, **35**) : 63, Grande-Rue. ☎ 02-43-53-29-43. • lepetitperigord@wanadoo.fr • Fermé mer, sam midi et dim soir. Congés : août. Menus 13 € (midi en sem)-20 € ; carte env 30 €. Digestif offert sur présentation de ce guide.* Au cœur du vieux Laval, une petite adresse pratique, élégante et joliment décorée. Salle voûtée en sous-sol. L'enseigne dit tout sur les plats que l'on y sert.

## De prix moyens à chic

🍴 **L'Antiquaire** *(plan A3, **36**) : 64, rue Vaufleury. ☎ 02-43-53-66-76. • contact@restaurant-lantiquaire.com • ♿ Fermé sam midi, dim soir et lun. Congés : 3 sem en janv et juil. Formules déj en sem 14-18 € ; menus 25-50 € ; carte env 45 €. Café offert sur présentation de ce guide.* Produits du terroir et de la mer. Ici, on aime le beau, le travail bien fait, entre gens de bonne compagnie, avec juste ce qu'il faut de créativité. Une affaire, dès le 1er menu. 3 salles assez intimes et une terrasse.

# Où dormir ? Où manger dans les environs ?

## Au nord et à l'ouest

🏠 **Chambres d'hôtes Fleurs des Champs :** *chez Thérèse et Jean-Claude Gehannin, L'Hommeau, 53240 **Saint-Germain-le-Fouilloux.** ☎ 02-43-01-18-41. • fleurs.des.champs@online.fr • fleurs.des.champs.online.fr • Prendre au nord la D 104 par Changé ; c'est à moins de 10 km. Compter 48 € pour 2. Service repas sur commande.* Wi-Fi Cette ravissante maison d'hôtes dans une ferme très fleurie, située en pleine campagne chez d'anciens exploitants laitiers, porte décidément bien son nom. Le jardin, avec son petit étang et ses parterres bigarrés, est très accueillant. Les 5 chambres sont spacieuses et colorées. 2 d'entre elles disposent même de balcons. Admirer les peintures un peu partout, c'est qu'ici, on est peintre de mère en fille !

🏠 🍴 **Échologia :** *Bas-Barbé, 53950 **Louverné.** ☎ 09-80-80-53-53. • echologia.fr • À quelques km de Laval, direction Mayenne. Tarifs hébergement comprenant petit déj bio, activités sportives et accès au parc et à la piscine. Carte env 25 €.* Sur le magnifique site réhabilité d'anciennes carrières de chaux (lire aussi « Dans les environs de Laval »), toutes sortes d'hébergements insolites sur place (tentes trappeur, tipis, yourtes...), dont des cabanes flottantes sur l'un des 6 plans d'eau et une cabane-digue en équilibre ! Piscine naturelle et chasse au trésor pour les résidents. Également un restaurant de produits bio et locaux, au bord de l'eau, **La Terrasse** *(☎ 09-83-00-29-31. • laterrasse@echologia.fr • ; tlj en été, le midi mar-dim et le soir ven-sam hors saison).* À la carte : galettes, salades et écrevisses des lacs du site !

🏠 🍴 **Le Brillet-Pontin :** *23, rue des Forges, 53410 **Port-Brillet.** ☎ 02-43-01-28-00. • lebrilletpontin@wanadoo.fr • ucaportbrillet.fr • ♿ À 15 mn à l'ouest ; de l'autoroute A 81, sortie 4 ou 5. Près de l'église. Resto fermé dim soir ; hôtel et resto fermés le dernier w-e de chaque mois. Congés : 1 sem à Pâques, 3 sem courant août. Double env 53 € sans petit déj. Formule déj en sem 12,20 € ; menus 17-30 €. Wi-Fi Au resto, apéritif maison offert sur présentation de ce guide.* Une jolie expérience vous attend dans cet ancien presbytère formidablement restauré en auberge de village. L'endroit est on ne peut plus calme et séduira les ennemis des décibels.

🍴 **Restaurant Le Salvert :** *route d'Olivet, 53940 **Le Genest-Saint-Isle.** ☎ 02-43-37-14-37. • restaurant-le-salvert@wanadoo.fr • ♿ À 15 mn au nord-ouest par la D 30 ; au bord de l'étang d'Olivet. Fermé dim soir et lun, plus mar soir et mer soir hors saison. Formules déj en sem 16,50-20 € (vin et café compris) ; menus env 24-49,50 €.* Au cœur de la campagne mayennaise, Marie-Laure et Sébastien proposent une cuisine gastronomique et évolutive, réalisée à partir des produits du terroir. Une table à découvrir en été, en

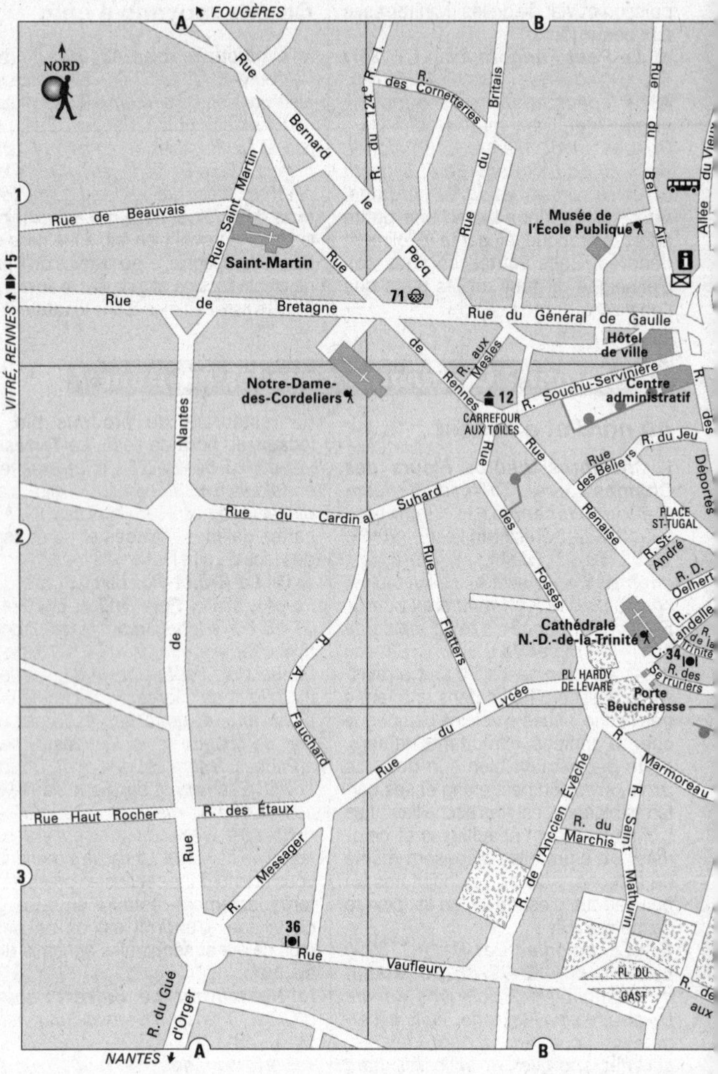


| | |
|---|---|
| ■ **Adresse utile** | **15** À la Bonne Auberge |
| 🅸 Office de tourisme | |
| **Où dormir ?** | I●I **Où manger ?** |
| **12** Auberge des Remparts | **34** La Braise |
| | **35** Le Petit Périgord |

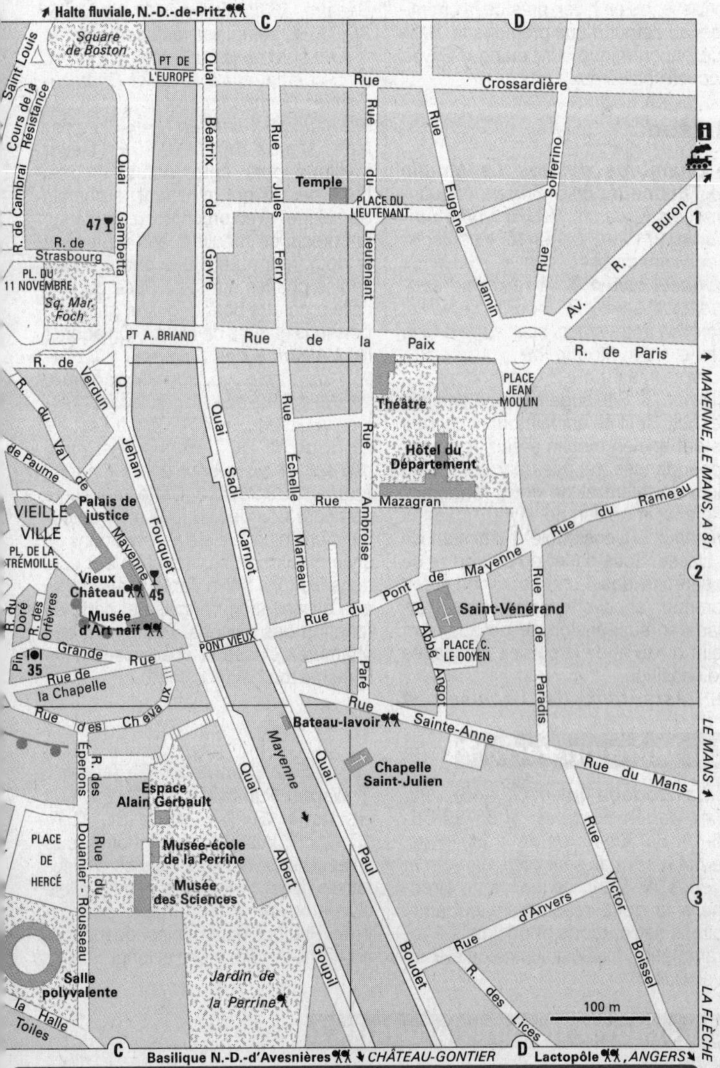


## LAVAL

| | | | |
|---|---|---|---|
| | **36** L'Antiquaire | | **47** Warner Pub |
| 🍷 | **Où boire un verre ?** | 🧺 | **Où acheter de bons produits ?** |
| | **45** La Bodega | | **71** Les Paniers Gourmands |

terrasse, ou en hiver, près de la cheminée, au détour d'une promenade. Belle vue panoramique sur l'étang d'Olivet. Accueil chaleureux.

### Au sud

**Chambres d'hôtes Le Moulin de Thuboeuf :** *chez Brigitte et Jean-François Couanon, 53970* ***Nuillé-sur-Vicoin.*** *☎ 02-43-53-63-10. • contact@lemoulindethuboeuf.com • lemoulindethuboeuf.com • À 12 km au sud-ouest de Laval. Du bourg de Nuillé, direction Entrammes, puis, sur la droite, suivre « Le Moulin de Thuboeuf ». Compter 79 € pour 2 ; promotions sur Internet.* Site superbe et un peu loin de tout, c'est ce qui fait tout le charme de cet ancien moulin à eau et de ses dépendances, rénovés par un couple plein de talent et de goût. Matériaux anciens, mobilier de style, tableaux originaux... L'ensemble a vraiment de la classe. Sans parler du confort et de la sérénité des 4 chambres, du salon commun avec cheminée, de la terrasse en suspension au-dessus d'un point d'eau et de la cuisine aménagée à disposition.

**Restaurant de l'écluse :** *la Bénâtre, 53360* ***Origné.*** *☎ 02-43-26-36-01. • restaurant-lecluse@orange.fr • Au bord de la Mayenne, rive ouest, à mi-chemin entre Laval et Château-Gontier. Fermé dim soir et lun ; ouverture plus restreinte en hiver. Congés : janv. Menus 16,50-19,50 €.* Décor idyllique pour cette écluse fleurie, l'une des 32 qui jalonnent le chemin de halage, avec un château planté sur le coteau, un moulin à eau en face et le doux murmure d'une chute d'eau. Tables posées sur la pelouse ou jolie salle proprette pour déguster grillades, poissons et plats de bistrot. On adore !

**L'Alliance des Saveurs :** *23, chemin du Préfet, 53960* ***Bonchamp.*** *☎ 02-43-90-05-14. • restaurant-lecluse@orange.fr • À 6 km à l'est de Laval par la D 57. Fermé sam midi, dim soir et lun. Menus 21-25 € à midi en sem, puis 38-71 €.* Cette imposante demeure bourgeoise (800 m² !) entourée d'une pinède a été rénovée dans un style moderno-chic franchement osé, dans les tons noirs. Table gastronomique d'inspiration française et carte en fonction des saisons. Également des chambres classe et spacieuses dans le même ton.

## Où boire un verre ?

**La Bodega** (plan C2, **45**) **:** *22, quai Jehan-Fouquet. 06-89-66-95-19. Sur les bords de la Mayenne. Fermé mer midi, sam midi, dim-lun et j. fériés.* Dans ce bar-resto branché à la déco résolument cubaine, soirées salsa, tapas et cocktails. Programmation musicale latine ou électro avec DJs.

**Warner Pub** (plan C1, **47**) **:** *21, quai Gambetta. ☎ 02-43-49-91-84. Tlj 10h-1h.* Vaste brasserie, façon pub à l'anglaise avec ses boiseries chaleureuses et ses moquettes. Les Lavallois s'y retrouvent à toute heure pour un verre. Pratique pour manger quand tout est fermé les dimanche et lundi.

## Où acheter de bons produits ?

**Les Paniers Gourmands** *(plan B1,* **71***)* **:** *62, rue du Général-de-Gaulle. ☎ 02-43-69-00-41. Mar-sam 10h-12h30, 14h-19h.* Dans cette épicerie fine 100 % Mayenne, un grand choix de produits du terroir labellisés : pommeau, poiré, cidre, bière, palets à l'anis, noisettines, confitures, terrines, plats cuisinés, foie gras... De quoi régaler tous les gourmands !

## À voir. À faire

Autour du château, vieilles maisons et l'une des trois portes fortifiées, la porte Beucheresse.

LAVAL

**La cathédrale Notre-Dame-de-la-Trinité** *(plan B2)* **:** au travers de ses nombreux remaniements, un condensé de l'histoire de Laval. Voûte gothique Plantagenêt et Renaissance, mobilier religieux.

**Le vieux château** *(plan C2)* **:** *pl. de La Trémoille. ☎ 02-43-53-39-89. Juin-sept, mar-sam 10h-12h30, 13h30-18h et dim 14h-18h ; oct-mai, mar-sam 10h-12h, 14h-18h et dim 10h-12h. Pour le château, visite guidée slt. Entrée : visite guidée château, musée et salle virtuelle 2 € ; musée seul et expos temporaires 1 € ; réduc ; gratuit pour ts le 1er dim de chaque mois.*
C'est la première construction connue de la ville, un véritable résumé historique à elle seule, dont on découvre les quatre phases d'évolution en 3D. Au début du XIe s, le Maine, à la tête duquel se trouve Herbert Ier Éveillechien (un bien joli nom), était sous la domination du comté d'Anjou. Profitant de cette situation, Guy Ier de Laval, en 1020, construisit en toute impunité un château. Le lieu était tout trouvé : l'éperon rocheux dominant le gué, là où la vieille voie gallo-romaine franchissait la rivière. Il annonçait la grande vague de constructions du Moyen Âge que l'on retrouve dans tout le département.
Le château a conservé l'ensemble de ses défenses d'origine : enceinte fortifiée, donjon circulaire, vigie imperturbable de 35 m coiffée d'une superbe charpente défensive en bois, unique par son ancienneté (début XIIIe s). L'exceptionnelle salle d'honneur est utilisée pour les expos temporaires. Une autre salle où l'on peut voir une maquette virtuelle (de 60 ha en 3D) de la ville de Laval en 1750.



**Le musée d'Art naïf** *(plan C2)* **:** *à l'intérieur du château.* Des centaines d'œuvres françaises (dont certaines d'Henri Trouillard) et étrangères (brésiliennes, yougoslaves...) en font le premier musée du genre en Europe. Deux toiles (dont une dégottée chez un brocanteur par le peintre Delaunay) et une esquisse du Douanier Rousseau, ainsi qu'une salle dédiée aux artistes dits « singuliers ». Une visite passionnante dans l'univers des vrais (ne parlons pas des faux !) naïfs.

### LA FAUTE À ROUSSEAU ?

*Né à Laval, Henri Rousseau (1844-1910), pourtant ami de Picasso, demeura malheureusement incompris de ses contemporains. À tel point qu'à la fin du XIXe s, le maire de Laval dédaigna carrément le don de son tableau* La Bohémienne endormie. *Mauvaise pioche, ce tableau considéré comme l'une des œuvres naïves phare au XXe s trône en bonne place au* Museum of Modern Art *de New York !*

**Le bateau-lavoir Saint-Julien** *(plan C3)* **:** *quai Paul-Boudet. Visite en été, infos à l'office de tourisme.* Classé Monument historique en 1993, puis restauré, il fut le dernier bateau-lavoir à fonctionner, jusqu'en 1972. Cette embarcation, que la ville a préservée, est unique en France et témoigne « d'un temps que les moins de vingt ans ne peuvent pas connaître »... C'est à partir de 1860 que ces bateaux-là vont se multiplier sur la Mayenne (il y en a eu deux douzaines, dont la moitié était encore en service en 1925).

**Le jardin de la Perrine** *(plan C3)* **:** *au sud du château, en surplomb de la Mayenne.* Un lieu comme on les aime, animé et drôle, riche et fleuri. Belle balade et vue sur la cité. On y trouve l'*espace Alain-Gerbault (GRATUIT),* consacré à la vie du célèbre navigateur, enfant de Laval. La copie de son bateau, amarrée dans les jardins, fait rêver les promeneurs sédentaires. Également le *musée-école (GRATUIT),* un espace accueillant des expositions artistiques temporaires, et le modeste *musée des Sciences (payant),* installé dans un très beau bâtiment du XIXe s, aux allures antiques.

**La basilique Notre-Dame-d'Avesnières** *(hors plan par D3)* **:** *pl. d'Avesnières.* Sur la rive droite de la Mayenne, au sud du centre-ville, belle balade jusqu'à l'église romane d'Avesnières, riche en vitraux, chapiteaux et statuaire. Chevet remarquable avec un déambulatoire à cinq chapelles et une tour carrée surmontée d'une flèche en pierre de la Renaissance.

***L'église Notre-Dame-des-Cordeliers*** *(plan A-B1-2)* **:** elle date du XIV^e s. Une entrée par la grande porte dans le monde des retables lavallois (voir notre texte en introduction de la Mayenne). La voûte néogothique de l'église, restaurée dans un style flamboyant, offre une belle mise en valeur du retable.

***Le musée vivant de l'École publique*** *(plan B1)* **:** *rue Haute-Chiffolière. ☎ 02-43-53-87-10. Lun, mar et jeu 9h-12h, 13h-18h ; mer 9h-12h, 14h-18h ; ven 9h-12h ; plus le 1^er dim du mois 14h-18h. Visite commentée à 10h30, 14h30 et 16h. Entrée : 1-3 € ; réduc ; gratuit moins de 10 ans.* Reconstitution d'une salle de classe des années 1900-1920, dans une ancienne école avec son préau, son tilleul et sa cloche. Visite guidée possible, pour se replonger dans les cartes murales réversibles, la leçon de morale au tableau, l'enseignement du patriotisme ou... la menace du bonnet d'âne ! Également une partie musée et une autre pour les expos.

## DE LAVAL À BORA-BORA

*Sacré bonhomme que le Lavallois Alain Gerbault (1893-1941). Écrivain, pilote d'avion volontaire durant la Première Guerre mondiale, joueur de tennis professionnel (en finale de Roland-Garros en 1921)... Mais c'est sur son cotre, le* Fire-Crest, *qu'il se fit surtout connaître en réalisant le premier tour du monde en solitaire, de 1923 à 1929. Installé à Bora-Bora, il décéda de la malaria au Timor en 1941, lors d'une ultime errance dans le Pacifique.*

***La chapelle Notre-Dame-de-Pritz*** *(hors plan par C1)* **:** *visite guidée sur rdv slt, rens à l'office de tourisme.* Belle église carolingienne aux intéressantes peintures murales (XII^e et XIII^e s). Fresque de saint Christophe portant Jésus sur sa tête et chœur magnifique avec peintures représentant une partie des vieillards de l'Apocalypse, un calendrier julien et une Vierge allaitant. Pierres tombales en guise d'escalier, belle charpente en châtaignier, saint Christophe du XV^e s et chemin de croix en terre cuite.

***La Cité du Lait, Lactopôle*** *(hors plan par D3)* **:** *10-20, rue Adolphe-Beck. ☎ 02-43-59-51-90. • lactopole.com • Ouvre à 15h précise : Pâques-30 sept, les w-e et j. fériés (sf 1^er mai), sur résa le reste de la sem ; vac scol de Pâques et été, tlj ; autres vac scol, lun-ven. Compter 2h-2h30 de visite. Entrée : 10 € ; réduc, en particulier sur présentation de ce guide ; gratuit moins de 6 ans.*

Le 19 octobre 1933, André *Besnier* produit ses 17 premiers camemberts par jour avec 35 l de lait dans sa fabrique, rue d'Avesnières. Il se lance ensuite dans le ramassage du lait dans la région de Laval, et c'est parti ! Depuis, la famille Besnier, après trois générations, a créé un véritable empire économique d'envergure mondiale – le groupe *Lactalis,* qui fabrique pas moins de 25 % des appellations d'origine fromagères françaises. Le Lactopôle permet de mieux découvrir cette aventure et s'articule en trois parties.

## GRANDS MAUX ET PETITS POTS

*Le yaourt, une technique de fermentation du lait apparue au Moyen-Orient, fut introduit une première fois en France au XVI^e s, comme médicament auprès du roi François I^er. Redécouvert au XIX^e s, le yaourt ne devint populaire qu'après la Première Guerre mondiale. On le retrouvait alors sur la carte des restaurants et... dans les pharmacies.*

LAVAL

– *L'usine ancienne :* présentation de matériel original de traitement du lait, et tout sur la production du beurre ou du camembert, de la pasteurisation à l'emballage. On apprend que la boîte de camembert (en bois de peuplier) fut inventée au XIXe s.
– *Film :* 5 mn. L'histoire du groupe, premier producteur de fromage AOC du monde (un million de camemberts par jour !).
– *Le centre d'expo moderne :* sur 5 000 m², à la découverte des produits laitiers du groupe et du monde des fromages en général, à l'aide de supports technologiques impressionnants et sophistiqués. On ne voit pas ici de chaîne de conditionnement puisque l'endroit n'est plus un site de production, mais bien une exposition vivante et passionnante, du pis de la vache au marketing. Plus de 4 000 objets en tout, allant de la baratte aux ustensiles fromagers. On découvre que le yaourt est confectionné à partir de lait de vache, de chèvre, de brebis, de jument, d'ânesse, de chamelle ou de bufflonne, non égoutté et fermenté. Les tyrosémiophiles (collectionneurs d'étiquettes de camembert) resteront babas devant la collection de... 160 000 étiquettes (quelques centaines sont présentées) ! Ne pas manquer non plus la collection de boîtes d'emballage, disposées en spirale, ni la « bibliothèque » des fromages, classés en quatre grandes familles : pâtes molles, pâtes dures, pâtes persillées (ou bleues) et fromages frais. Une visite captivante.
Point de vente de produits laitiers sur place, et dégustation.

LAVAL

## À faire à Laval et dans les environs

– **Halte fluviale** (hors plan par C1) *: 100, allée du Vieux-Saint-Louis. ☎ 02-43-53-31-01 ou 02-43-49-46-46 (office de tourisme). • laval-tourisme.com • Juil-août, tlj 9h-12h, 14h-18h30 ; mai-juin et sept, slt sam-dim et j. fériés.* Un lieu de détente et d'information aménagé square Boston, au bord de la Mayenne.

➢ ***Visites en bateau, location de bateaux électriques ou à moteur*** *(sans permis)* ***et d'embarcations à pédales :*** départ de visites guidées depuis Laval en bateau, et de croisières gourmandes avec restauration sur le *Vallis-Guidonis.* Également des embarcations à louer pour rejoindre Château-Gontier ou Mayenne.

– **Le Bois Parcours Nature :** *53260* ***Forcé.*** *☎ 02-43-56-63-93. 📱 06-19-76-67-61. • lebois-mayenne.fr • À 2 km au sud-est de Laval, par la D 21. Vac scol, tlj 10h-19h ; hors vac scol, w-e et j. fériés slt : avr-sept 10h-19h, oct-nov 13h-18h.* Parcours dans les arbres, canoës et barques, balades à poney, pique-nique... Et des cabanes dans les arbres ainsi qu'une confortable cabane sur l'eau pour passer la nuit.

## Manifestations

– ***Laval-Virtual :*** *la 1re quinzaine d'avr. • laval-virtual.org •* Salon international sur la réalité virtuelle.
– ***Les 3 Éléphants :*** *un w-e fin mai. ☎ 02-43-59-77-80. • les3elephants.com •* Un poids lourd des festivals mayennais : musiques actuelles, théâtre de rue, etc.
– ***Les Nuits de la Mayenne :*** *juil-août. ☎ 02-43-53-63-90. • nuitsdelamayenne.com •* Un festival itinérant sur Laval, Jublains et Sainte-Suzanne, pour valoriser le patrimoine par le spectacle vivant.
– ***Le Chaînon manquant :*** *en sept. • reseau-chainon.com •* Spectacle vivant sous toutes les formes.
– ***Les Lumières de Laval :*** *fin nov-début janv. ☎ 02-43-49-46-46.* Chaque année, un thème différent pour des lumières hors du commun.

## DANS LES ENVIRONS DE LAVAL

### Au sud

**Parné-sur-Roc** *(53260) : à 11 km au sud-est, en marge de la D 21.* Maisons rénovées, de toutes formes et de toutes époques. On trouve dans cette « Petite Cité de caractère » des chambres d'hôtes qui font aussi épicerie, boucherie, restaurant... Ambiance bucolique avec un vieux pont, une église aux jolies fresques murales et au clocher de pierre, un alignement de maisons ouvrières du XIXe s. Et un coup de cœur qui mérite bien un crochet. L'une de ces cachotteries de la Mayenne !

***L'abbaye du Port-du-Salut :*** *53260* ***Entrammes.*** *☎ 02-43-64-18-64. • portdusalut.com • À une dizaine de km vers le sud (N 162), à 1,5 km d'Entrammes (indiqué). Tlj.* Visite de l'église abbatiale du début du XIIIe s, du magasin de la porterie où sont vendus les produits monastiques de l'abbaye (fermé pendant les offices et à midi) et des expositions (mêmes horaires que le magasin). Offices à 7h15 (laudes), 7h30 (messe), 12h10 (sexte) et 18h (vêpres). Messe à 11h le dimanche. Et le fromage dont le nom est écrit dessus ? Eh non, ce n'est plus une production de l'abbaye, depuis quelques décennies déjà. Les moines produisent aujourd'hui... de l'électricité, dans une centrale hydroélectrique qui fonctionne depuis 1935 ! Baladez-vous donc au bord de la rivière, dans un cadre bucolique, autour de la petite écluse.

Une coopérative agricole (boutique) s'est installée à proximité et produit un fromage bio au lait cru appelé l'entrammes : *☎ 02-43-64-39-90. • fromageriebiodumaine.com • Mar-jeu 14h-17h, ven 14h-18h, sam 10h-17h.* Petit dépôt à l'abbaye en cas de fermeture de la boutique.

Et pour ceux qui aspirent à un repos monacal, 25 chambres accueillent groupes et individuels toute l'année, sur réservation auprès du frère hôtelier *(☎ 02-43-64-18-61).*

***Les thermes gallo-romains :*** *dans l'église du village d'**Entrammes** (53260), à 10 km au sud par la N 162. ☎ 02-43-90-20-72 en saison, sinon 02-43-49-46-46. Visite guidée (1h) juil-août, tlj 10h30-12h30, 14h30-18h30 ; mai-juin et 1re quinzaine de sept, dim et j. fériés 15h-18h. Entrée adulte : 3,50 € ; réduc.* Un son et lumière qui éclaire d'une façon originale le lieu et l'histoire contée, en prenant appui sur un grand mur romain remarquablement préservé !

### Au nord

***L'abbaye de Clairmont :*** *Olivet, 53940* ***Le Genest-Saint-Isle.*** *☎ 02-43-02-11-96. • abbaye-de-clairmont.com • À 15 km à l'ouest de Laval. De Saint-Ouën-des-Toits, direction Olivet (D 115), route qui passe devant l'église ; prendre direction Loiron, puis suivre les panneaux. Visite tlj de 9h au crépuscule. Juil-août, visite guidée dim à 18h. Participation : 4 € ; réduc.* L'abbaye de Clairmont fut choisie par saint Bernard pour installer, en 1152, un essaim de moines de l'abbaye de Clairvaux. C'est la plus grande église du département en voie de restauration, mais le plus gros du travail est fait. Pour l'anecdote, sachez que les travaux sont réalisés depuis... 1954 par une équipe de bénévoles tombés amoureux de cette ruine (à l'époque) et qu'ils ont commencé par faire reclasser. Chapeau bas ! L'abbaye a gardé son architecture primitive qui date du milieu du XIIe s. L'ensemble est d'une grande majesté avec ses hauteurs et ses volumes gigantesques.

***Le musée de la Chouannerie et de la Révolution – Maison Jean-Chouan :*** *La Closerie des Poiriers, route du Bourgneuf, 53410* ***Saint-Ouën-des-Toits.*** *☎ 02-43-37-76-44 aux heures d'ouverture ; sinon, ☎ 02-43-37-73-31 (mairie).*

*À une quinzaine de km au nord-ouest de Laval, par la D 30. Entre Saint-Ouën et Le Bourgneuf, à 2 km, prendre un chemin de 400 m (indiqué). Juil-août, tlj sf lun, 14h-18h. Pour les groupes, tlj sur résa Pâques-sept. Entrée : 3,50 € ; réduc. Compter min 45 mn de visite.*

Au cœur du bocage mayennais, *La Closerie des Poiriers*, c'est l'ancienne maison où grandit Jean Cottereau, dit Jean Chouan. Redoutable faux-saunier, il devint le symbole du résistant contre-révolutionnaire déçu, comme beaucoup de paysans, par cette Révolution en laquelle ils avaient d'abord cru. La maison est aujourd'hui transformée en musée historique où l'on parle de la Révolution française, de la chouannerie dans la province du Maine, de la gabelle, des faux-sauniers et de la vie des paysans entre 1750 et 1850. Voir notamment l'authentique confessionnal ayant servi aux prêtres réfractaires – et film (15 mn). Lire également nos pages « Les guerres de Vendée » dans le chapitre « Hommes, culture, environnement » en début de guide.

➢ Pour les marcheurs et les cavaliers, 250 km de sentiers alentour vous permettront d'aller sur les pas de Jean Chouan et de ses frères de combat.

### L'ORIGINE DU CHOUAN

*Jean Cottereau, fils de Pierre Cottereau dit « Chouan », est né en 1757 à Saint-Berthevin, près de Laval. À l'origine surnom familial, le terme « chouan » fut communiqué à leurs camarades par les quatre frères Cottereau, placés dès le début à la tête de l'insurrection anti-révolutionnaire. Petit à petit, il finit par caractériser la révolte même entière, autrement connue sous le terme de « chouannerie ».*

***Échologia :*** *Bas-Barbé, 53950* ***Louverné.*** *☎ 09-80-80-53-53. • echologia.fr • À quelques km de Laval, direction Mayenne. Tlj sf lun sept-mai, 10h-19h. Entrée : 6 € ; réduc ; dim, activités sportives incluses.* Magnifique réhabilitation que ces anciennes carrières de chaux classées en ZNIEFF (zone naturelle d'intérêt écologique faunistique et floristique). Conçu autour de l'eau, l'écologie et le patrimoine, ce site privé propose sur 70 ha toutes sortes d'activités (tir à l'arc, canoë, visites guidées du hameau sur l'extraction de la chaux, pêche à l'écrevisse, nourrissage des animaux...). Parcours avec panneaux pédagogiques (compter 2h pour 2 km) et points de vue sur certains des six plans d'eau, aux couleurs parfois surprenantes. Également un parcours pour les enfants (avec surprise à l'arrivée) et une piscine naturelle. Toutes sortes d'hébergements insolites sur place (tentes trappeur, tipis, cabanes et yourtes) et un restaurant au bord de l'eau (voir « Où dormir ? Où manger dans les environs ? »). Le tout entre lacs, roches et îlots boisés. Bref, de quoi y passer la journée (ou plus) en famille.



# LE SUD-MAYENNE

## COSSÉ-LE-VIVIEN (53230) 3 000 hab. *Carte Mayenne, B3*

**Au sud-ouest de Laval par la D 711, un village qu'un homme a rendu célèbre, Robert Tatin, artiste visionnaire de tout premier plan qui ne se prenait pas au sérieux. Est-ce à cause de lui qu'il y a un festival de l'humour en automne ? Belles maisons de caractère au centre-ville et parc municipal de 3 ha, au cas où vous manqueriez d'air, ce qui serait surprenant en Mayenne !**

## À voir

**La Maison des champs – Musée communal Robert-Tatin :** *au lieu-dit La Frénouse. ☎ 02-43-98-80-89. • museetatin@cosse-le-vivien.fr • musee-robert-tatin.fr • ♿ (en partie). Au sud-est de Cossé, à env 2 km. Tlj sf 25 déc, 10h-18h (19h juil-août) ; arriver au moins 1h avt la fermeture. Fermé en janv. Entrée du musée : 5,60 € ; 7,20 € avec la visite de la maison de l'artiste ; réduc ; forfait famille. Aire de jeux pour les enfants. Compter 30-45 mn env de visite commentée et guidée, puis visite libre.*
L'un des sites artistiques majeurs en France, vraiment étonnant. Des statues gigantesques comme sorties du sol vous accueillent pour vous faire un brin d'initiation et vous guident heureux, ravi, vers ce « musée » unique en France, véritable palais d'art. Non, vous n'hallucinez pas ! Toutes ces constructions et sculptures de créatures colorées, librement inspirées des mythologies, fondement de toute civilisation, sont bel et bien l'œuvre d'un créateur génial, d'un « voyant » disparu en 1983, dont elles semblent surveiller la tombe puisqu'il repose là, devant sa maison, dans son jardin de moins en moins secret, au fil du temps.
La visite débute par la projection d'un film sur la vie surprenante de cet artiste touche-à-tout qui fut successivement et entre autres peintre d'enseignes, charpentier au trait, céramiste, architecte-sculpteur, mosaïste et toujours aventurier. Saluez le dragon, passez à votre gré la porte du Soleil ou celle de la Lune, allez à la rencontre de mystères enfouis au plus profond de vous-même. Cet artiste voyageur autour du monde, comme un frère de Jarry et du Douanier Rousseau, émule d'un Picasso au regard de la veine inventive, frère d'armes de Gaudí, pour ne citer que des parents proches, prisait le calembour, le paradoxe et le symbole. Attardez-vous dans les salles où sont exposées ses peintures, et ne manquez pas la visite de sa maison. Rien n'y a été changé depuis sa disparition.
Également une exposition temporaire d'un artiste vivant, salle « La Grange », ainsi que des œuvres d'artistes contemporains dans le « Champ de sculptures ». Pour y parvenir, tout un parcours dans les jardins, sur 5,5 ha, à la fois sous-bois, vergers, refuges à papillons ou encore roseraie. Le tout livré à la nature et à vos pensées « tatinesques ».



## Manifestation

– ***Les Embuscades :*** *fin sept-début oct. ☎ 02-43-91-79-79.* Festival de l'humour.

# CRAON (53400) 4 760 hab. *Carte Mayenne, B4*

**Au sud de Cossé par la D 771 (12 km). Un parfum médiéval flotte dans les vieilles rues, nuancé en août et en septembre par celui du... cheval. Ne cherchez pas du côté de chez M. Fillon, le chocolatier, confectionneur de fameux crottins (boulangerie *Les Délices de Craon* au 10, rue de la Libération). Craon (prononcez « Cran ») est célèbre, en effet, depuis 1848 pour ses courses de chevaux.**

### Adresse utile

ℹ ***Syndicat d'initiative du Craonnais :*** *1, rue Alain-Gerbault. ☎ 02-43-06-10-14. • ville-craon53.fr • Au plan d'eau du Mûrier. Juil-août slt, lun et mer-sam, plus dim 10h-11h.* Visite guidée du centre ancien et balade découverte le dimanche à 11h (en juillet-août). Propose des embarcations à pédales en location.

## Où dormir ? Où manger à Craon et dans les environs ?

### Campings

⛺ ***Camping municipal du Mûrier :*** *rue Alain-Gerbault, à Craon.* ☎ *02-43-06-96-33.* • *campingdu murier@orange.fr* • *ville-craon53.fr* • ♿ *Au plan d'eau du Mûrier. Mai-sept (loc tte l'année). Résa conseillée en été. Compter 10,50 € en hte saison. Loc de chalets en bois et de mini-chalets 168-398 €/sem selon modèle et saison. 45 empl.* Terrain ombragé, tout proche du centre-ville. Petit plan d'eau pour la pêche ou les embarcations à pédales. Ping-pong. Excellent accueil. Tout à côté du camping, le resto *Le Quatre Épices* propose une excellente cuisine. Piscine.

⛺ ***Camping et base de loisirs La Rincerie :*** *la Hugerie, 53800* ***La Selle-Craonnaise.*** ☎ *02-43-06-17-52.* • *camping@la-rincerie.com* • *la-rincerie.com* • ♿ *De Craon, prendre la direction Niafles (D 111) ; à 3 km de La Selle-Craonnaise. De mi-mars à mi-oct. Compter env 11,50 € pour 2. Bungalows semi-toilés et chalets en bois pour 4 pers 35-46 €. 50 empl.* Un camping au bord d'un plan d'eau superbe et au milieu de prés... Nombreuses activités nautiques (planche à voile, kayak, Optimist, téléski nautique, etc.) et tout ce qu'il faut pour agrémenter les vacances : kart à voile, cerf-volant de traction, tir à l'arc, sentiers de randonnée, équitation, etc.

### De prix moyens à chic

🍴 ***Le Quatre Épices :*** *2, rue Alain-Gerbault, à Craon.* ☎ *02-43-06-05-25.* • *lequatreepices@wanadoo.fr* • *Fermé dim, lun soir, mar soir et mer soir, plus jeu soir hors saison. Congés : 20 juil-début août et autour des fêtes de fin d'année. Formule déj en sem env 13-17 € ; carte env 30 €.* Une cuisine fine et inventive à base de produits régionaux, et une carte pleine de gaieté et de saveurs. Ajouter à cela des prix abordables, une salle très agréable, une terrasse en bord de plan d'eau et un accueil tout à fait charmant. On apprécie également le choix de vins au verre. En trois mots comme en mille, une excellente adresse, aux accents bucoliques.

### De chic à plus chic

🏠 🍴 ***Chambres d'hôtes La Demeure de l'Île :*** *16, rue du Vieux-Pont, à Craon.* 📱 *06-74-64-72-72.* • *bretaudeau@wanadoo.fr* • *demeu redelile.com* • *Doubles 95-120 €. Table d'hôtes 30 €.* Dans l'ancien quartier des tanneurs, un hôtel particulier du XVIIIe s en tuffeau, au cœur d'un beau jardin aux arbres centenaires. Les 3 chambres, nichées dans un ancien lavoir magnifiquement restauré au bord de l'Oudon, ont un charme fou. Aux fourneaux, Chantal concocte une cuisine inventive, et un petit déjeuner copieux et varié. Vaste salon à disposition des hôtes, avec cheminée et plein d'objets chinés. Piscine et possibilité de pêcher.

🏠 ***Chambres d'hôtes au Château :*** *le château, av. de Champagné, à Craon.* ☎ *02-43-06-11-02.* • *chateaudecraon@wanadoo.fr* • *chateaudecraon.com* • *À la sortie du bourg en direction de Laval. 1er avr-1[er] nov. Doubles tt confort 100-160 € ; également des familiales.* 📶 *Réduc de 10 % sur présentation de ce guide.* Les comtes de Guébriant ont dû, pour poursuivre presque deux siècles de vie de château, finir par ouvrir leurs portes au grand public. Sans trop se forcer, d'ailleurs. Accueil charmant et chambres tout à fait authentiques où se mêlent portraits de famille, meubles d'époque, parquets ancestraux, escaliers dérobés et salles de bains lovées dans des recoins. Également des gîtes du même acabit dans le parc bien agréable et une crêperie à proximité.

## À voir

**Le château de Craon :** *av. de Champagné. ☎ 02-43-06-11-02. Parc et potager tlj sf sam, 10h-19h ; visites guidées du château slt juil-août, tlj sf sam, à 14h30, 16h et 17h30. Entrée : 8 € pour le château et le parc ; 5 € pour le parc seul ; réduc. Un plan-guide est remis à l'entrée.* Très beau et très pur château du XVIIIe s, construit en pierre blanche de la Loire, qui s'illumine le soir au soleil couchant. Boiseries raffinées et mobilier d'époque dans cette demeure privée. Comme il fallait bien plaire à tout le monde dans ce pays partagé entre deux cultures, le château est entouré d'un jardin à la française et d'un parc à l'anglaise de 42 ha, tissé d'allées (totalisant 6 km). Également un potager exceptionnel de 12 000 m² où il fait bon se promener au milieu des arbres fruitiers, des plantes aromatiques et des fleurs à couper. Orangerie, glacière et lavoir-buanderie du XIXe s. Un moment de paix à savourer.

**La vieille ville :** vestiges de douves, maisons à colombages et pans de bois ou hôtels particuliers témoignent, au cœur de la ville, des temps rudes qu'a connus cette première baronnie d'Anjou. Un coup d'œil sur la statue de Volney, un autre sur les halles du XIIe s... Le grenier à sel est l'un des rares vestiges (XVIIIe s) de la gabelle encore en l'état, mais quel état !

LE SUD-MAYENNE

## Achats

**Le Pressoir :** *à la sortie de la ville, sur la route de Château-Gontier (D 22). ☎ 02-43-06-17-90. • fermedupressoir.com • Tlj sf dim, 9h-12h, 15h-19h ; visite de la cave à pommeau en juil-août, tte l'année pour les groupes.* Dégustation des produits de la ferme et vente sur place de cidre, jus de pomme, pommeau, poiré, eaux-de-vie...

## Manifestation

– **Courses de chevaux :** *infos auprès de la* ***Société des courses de Craon-Mayenne,*** *hippodrome de Craon, BP 61. ☎ 02-43-06-34-58. • courses-craon.com •* Les courses de Craon rassemblent chaque année des milliers de turfistes, au rythme des exploits sportifs de cet hippodrome pluridisciplinaire : courses de trot (fin août), Trois Glorieuses (début septembre), Festival d'automne (fin septembre), etc.

## DANS LES ENVIRONS DE CRAON

**La vieille forge :** *53400* ***Denazé.*** *☎ 02-43-98-87-60 (en saison) ou 02-43-98-59-21. ♿ À 10 km au nord-est de Craon par la D 128. Mai-juin et sept, w-e et j. fériés 14h-18h ; juil-août, jeu-dim 14h-18h ; tte l'année sur rdv pour les groupes. Entrée : 4 € ; réduc.* Un habitat du XVIIe s qui présente, au travers de projections, commentaires et illustrations, un métier exercé là par trois générations d'une même famille de forgerons. Ils ont laissé sur place suffisamment de traces pour évoquer une authentique culture populaire et son histoire.

**Le jardin secret du Grand Boulay :** *53400* ***Denazé.*** *☎ 02-43-01-64-57. • grandboulay.fr • ♿ À 8 km au nord-est par la D 128. Pâques-fin sept, mar et jeu-dim 14h-18h. Entrée : 6 € ; réduc.* Jardin éclectique, refuge LPO et à papillons sur 1,5 ha, avec des ambiances anglaise, japonaise, exotique, aquatique... À découvrir, notamment, une collection de plantes rares, un verger, un labyrinthe et une roseraie.

**Le musée de l'Ardoise :** *53800* ***Renazé.*** *☎ 02-43-06-40-14 (mairie). À 11 km au sud-ouest de Craon par la D 171. Mai-juin et sept-oct, dim et j. fériés 14h-17h30 ; juil-août, mer-dim 14h-17h30 ; tte l'année sur résa pour les groupes. Entrée : 4,50 € ; réduc. Visite commentée : 2h-2h30.* Bienvenue au cœur du pays bleu, celui de l'ardoise. Voici un musée qui retrace la vie des anciens mineurs et l'histoire du métier d'ardoisier, créé par d'anciens mineurs à la fermeture du dernier puits, en 1975. Le puits d'extraction qui se trouve sur le site s'enfonce jusqu'à 300 m sous terre. Salle de géologie avec CD-Rom et un questionnaire-jeu. À la fin de la visite, vous assisterez à une démonstration de fente d'ardoise sous des tue-vent reconstitués. Passionnant.

**L'abbaye de La Roë :** *à 15 km à l'ouest de Craon, après Ballots (15 km) ; accès par la D 25. Visite libre tte l'année.* Pour méditer un peu sur le sort de l'ermite Robert d'Arbrissel, venu se retirer dans la forêt de Craon et fonder l'abbaye vers 1091 (il fonda également l'abbaye de Fontevraud ; consulter la partie sur le département du Maine-et-Loire). C'était l'établissement le plus influent du territoire mayennais, puisque 60 églises paroissiales et prieurés lui étaient soumis. Abandonnée comme les autres à la Révolution, l'abbaye renaît de nos jours. Sentier promenade tout autour.

**Le moulin des Gués :** *53350* ***Fontaine-Couverte.*** *☎ 02-43-06-50-33. À 6 km de La Roë. Mars-oct, w-e et j. fériés 14h-18h ; le reste de l'année et en sem, sur résa. Tarif : 3,50 €.* Ce vieux moulin datant de 1824, à la limite du département, est une construction angevine à trois étages. L'arrière-petit-fils des derniers meuniers, chauffeur routier à la retraite, assure la visite.

**Le manoir de Merlin et son jardin sauvage :** *La Haute-Bergerie, 53800* ***La Boissière.*** *☎ 02-43-70-16-74. • manoir-de-merlin.fr • Au sud de Craon, à la limite du département du Maine-et-Loire. Au printemps et à l'automne, ouv les w-e et tlj aux vac scol 11h-19h ; en été, tlj sf mar, 11h-19h. Visite animée (présence de Merlin à 14h et 16h30). Dernière visite à 17h30. Tarif : 6,50 € ; 5 € pour les 3-12 ans ; réduc.* Plonger dans les histoires de magie et de sorcellerie sur les traces de Merlin l'Enchanteur, des lutins et des sorcières. Un jardin sauvage composé d'espaces naturels et de petits jardins (refuge LPO et jardin de Noé). Visites animées : « école des sorciers » et chasse au trésor avec les enfants.



# CHÂTEAU-GONTIER / BAZOUGES

(53200) 12 140 hab. *Carte Mayenne, B4*

**Le site choisi fut, comme pour Laval, un lieu dominant la Mayenne, franchie à gué par le chemin de Bretagne. Une histoire qui remonte au Moyen Âge et au besoin du terrible Foulques Nerra de protéger l'entrée de son comté. Gontier, l'un des officiers de Foulques, reçut la garde de la ville. Le lieu fortifié et le prieuré attirèrent peu à peu la population des alentours. Aujourd'hui, guère de château, mais les élégantes façades de l'ancien hôpital Saint-Julien qui se reflètent dans la Mayenne. La rivière sépare la vieille ville, sur la rive droite, avec ses maisons à colombages et ses vestiges de rempart, du faubourg, sur la rive gauche, qui abrite le beau couvent des Ursulines.**

## Adresse utile

**Sud Mayenne Tourisme, office de tourisme :** *tte l'année au couvent des Ursulines, pl. André-Counord. ☎ 02-43-70-42-74. • patrimoine.*

*chateaugontier.fr • sudmayenne.com • Avr-sept, lun-sam 9h30-12h30, 14h-18h ; dim 10h-12h30, 14h-17h30. Oct-mars, lun-ven slt.* Différentes visites guidées payantes de la ville et du couvent, « Les Rendez-vous du patrimoine » : « À la carte », « Incontournables », « Rendez-vous aux jardins », etc.

## Où dormir ? Où manger ?

### Camping

**Camping du Parc :** *15, route de Laval. ☎ 02-43-07-35-60. • camping.parc@chateaugontier.fr • camping-chateau-gontier.fr • Tte l'année. Compter 8-12 € pour 2 selon saison. Loc possible tte l'année (sur résa) de ravissants chalets à 2 étages d'env 35 m² (pour 6 pers 192-364 €/sem env). 38 empl.* Un 3-étoiles, quasiment les pieds dans la Mayenne. Et avec un peu d'entraînement, on peut presque pêcher depuis sa caravane ! Pratique de sports nautiques au port, juste à côté. Le centre-ville n'est qu'à 1 km. Piscine.

### De bon marché à prix moyens

**Hôtel du Cerf :** *31, rue Garnier. ☎ 02-43-07-25-13. • hotel.du.cerf@cegetel.net • hotel-du-cerf-53.com • Congés : 1re quinzaine d'août et fêtes de fin d'année. Doubles avec douche ou bains 56-60 € env. Parking privé. Réduc de 8 % sur le prix de la chambre en résa directe sur présentation de ce guide.* Cet hôtel entièrement refait propose des chambres au confort et au design standard, sans mauvaise surprise. Plus calmes côté jardin. Accueillant et bien situé ; de là, le centre-ville se fait à pied.

**L'Aquarelle :** *2, rue Félix-Marchand, 53200* ***Pendu-en-Saint-Fort.*** *☎ 02-43-70-15-44. • contact@restaurant-laquarelle.com • À 500 m du pont principal de Château-Gontier. Suivre la route qui longe la rive droite de la Mayenne en direction de Sablé ; au rond-point, prendre la route de Ménil. Fermé dim soir, mar soir et mer. Congés : courant janv. Formules déj en sem 10,50-13,50 € ; menus 21-48 €.* Un peu en dehors de la ville, sur les bords de la Mayenne, un nom et un lieu qui prêtent à la rêverie. Cuisine travaillée et inventive, parfois vraiment originale... Spécialités de poissons d'eau douce. Vue splendide sur la rivière depuis la salle panoramique, climatisée en été.

**La Cantine :** *37, rue Garnier. ☎ 02-43-12-21-59. • lacantinechateaugontier53@orange.fr • Sur la place principale. Tlj midi et soir. Menus 14 € (en sem)-19,80 € ; menu crêpes 12 € ; plats 10-17 €.* Saladerie, brasserie, crêperie... Une cuisine multifonctions bien tournée pour ce resto à l'intérieur moderne dans les tons noir et blanc qui réveille la ville à la nuit tombée. Clientèle plutôt jeune, mais pas seulement. L'adresse pratique de Château-Gontier.

**Le Sofa :** *33, rue Jean-Bourré. ☎ 02-43-06-28-40. À côté de la poste. Fermé dim soir, lun, mar et mer midi. Menu 25,50 € ; carte env 30 €.* Pour une soirée semi-gastronomique, on aime bien cette adresse discrète mais fréquentée par les locaux connaisseurs. Une cuisine finement travaillée et des plats joliment présentés, en fonction des saisons. Le tout servi dans un cadre sobre et moderne, chic et relax à la fois, aux couleurs apaisantes. Un très bon rapport qualité-prix.

**Maison Marsollier :** *Le Veau d'Or, parc Saint-Fiacre. ☎ 02-43-07-28-65. • maisonmarsollier@orange.fr • Fermé le soir mar-jeu et dim soir-lun. Congés : 1re quinzaine d'août et sem de Noël. Le w-e, résa indispensable. Formule déj en sem 16 € ; menus 22-44 €.* Dans le marché aux veaux même ; les abords sont peu amènes, mais il suffit de pousser la porte pour découvrir un intérieur chic et contemporain. Et surtout tout un monde, celui de la tête de veau (entre autres). Avec un œuf « XXL » en guise de mise en bouche (l'autre spécialité de la maison), on a là de quoi tenir l'après-midi. Service pro et convivial pour une clientèle d'habitués repus et heureux.

LE SUD-MAYENNE

### Chic

**Le Parc Hôtel :** *46, av. Joffre. ☎ 02-43-07-28-41. • contact@parchotel.fr • parchotel.fr • ♿ À l'entrée de Château-Gontier en venant d'Angers. Fermé vac de fév zone A et de Noël. Doubles 75-115 € ; 1 familiale également. 💻 📶 Apéritif maison offert sur présentation de ce guide.* Une belle maison de maître du XIXe s, au cœur d'un parc ombragé, avec tennis et piscine chauffée. Dans une structure en bois bien intégrée à l'environnement, salle de fitness, spa, jacuzzi et hammam... L'adresse idéale pour un séjour tout en détente dans un cadre magnifique, à l'extérieur comme à l'intérieur. Toutes les chambres sont différentes, dans la demeure même ou dans les anciennes écuries. L'accueil, à l'image de l'endroit, est très chaleureux. Pour les budgets plus restreints, *Le Parc Hôtel* propose un hôtel plus standard à l'entrée de Château-Gontier en venant d'Angers, le ***Clos de l'Orgerie*** *(☎ 02-43-70-08-09, • closdelorgerie.fr • ; compter 60-85 €).*

## Où dormir ? Où manger dans les environs ?

### Campings

***Camping du Bac :*** *rue du Port, 53200* ***Ménil.*** *☎ 02-43-70-24-54 ou 02-43-70-25-25 (mairie). • campingdubac@orange.fr • menil53.fr/camping.html • ♿ À 6 km au sud, tourner à gauche au panneau « Ménil » depuis la N 162. De mi-avr à fin sept (chalets tte l'année sur résa au ☎ 02-43-53-52-43). Compter 8,50 € pour 2. Loc de chalets 163-350 €/sem. 37 empl.* Une vraie carte postale ! Face à un château, sur la rive opposée de la Mayenne, et à l'ombre d'une vénérable église des XIe-XIIe s, un camping de village dans un environnement bucolique et arboré. Toutes sortes d'activités aquatiques : embarcations à pédales, canoë, kayak, randonnées sur le chemin de halage, et un sympathique bac (payant) pour traverser la rivière. Location de VTC.

***Camping des Rivières :*** *1, rue du Port, 53200* ***Daon.*** *☎ 02-43-06-94-78. • camping.daon@chateaugontier.fr • campingdaon.fr • ♿ Par la N 162 puis la D 213, à une dizaine de km au sud de Château-Gontier. Avr-sept (chalets tte l'année). Compter 8-10 € pour 2 selon saison. Loc de chalets 166-356 €/sem. 40 empl.* Un camping qui ne fait pas de vagues, simple et tranquille, sur deux niveaux, en bord de Mayenne. Site arboré, avec emplacements larges et bien herbeux. Base nautique. Location de vélos. Piscine.

### De bon marché à prix moyens

***Village-vacances Nature et Jardin :*** *53290* ***Bouère.*** *☎ 02-43-06-08-56. • vvnj@wanadoo.fr • vacances-nature-jardin.fr • À 17 km à l'est de Château-Gontier par la D 28, et 2,5 km après Grez-en-Bouère. Compter 215-420 €/sem le gîte 5 pers selon saison.* 📶 Une dizaine de chalets de bois tout confort, à proximité d'un plan d'eau, entourés de jardins à thème fleuris, potager...

***Chambres d'hôtes au Moulin de la Rongère :*** *53360* ***Saint-Sulpice.*** *☎ 02-43-07-10-16. • charlotte@moulindelarongere.com • moulindelarongere.com • À 10 km au nord de Château-Gontier, au bord de la Mayenne, sur le chemin de halage. Double 60 €. Table d'hôtes et panier pique-nique sur résa.* 📶 D'une île à l'autre, il n'y avait qu'un pas à franchir pour cette famille d'Anglais qui a posé ses valises dans un joli moulin à eau, quasiment au milieu de la Mayenne. On y accède par la passerelle d'une écluse. 2 chambres, dont une pouvant accueillir des enfants, et des balcons comme des ponts de bateau (un pour le petit déj, un pour l'apéro !). Également une cuisine à disposition. Accueil avec un charmant accent.

***Restaurant Le Prieuré :*** *pl. de l'Église, 53200* ***Azé.*** *☎ 02-43-70-31-16. ♿ À 2 km au sud de*

LE SUD-MAYENNE

*Château-Gontier, par la D 22. Fermé dim soir, lun et mer soir. Congés : 2 sem en juil-août et vac d'hiver. Formules déj en sem 19,50-23 € ; menus 26-60 €. Apéritif maison offert sur présentation de ce guide.* La seule prière qu'on a envie de faire ici, c'est qu'il dure longtemps, ce *Prieuré*. Cuisine gastronomique servie dans une jolie salle aux tons rouges avec le parc bordé par la rivière en fond de tableau. En été, on déguste en terrasse ombragée. Enchanteur !

**L'Amphitryon :** *2, rue de Daon, 53200* **Coudray.** *☎ 02-43-70-46-46. • lamphitryon@wanadoo.fr • lamphitryon53.fr • À 7 km au sud-est de Château-Gontier, par la D 22. Resto tlj sf dim soir, lun et mar midi, plus dim midi hors saison. Doubles 68-85 €. Menus 24 € (déj)-55 €.* Face à l'église remarquablement fleurie du village, dans son angle de rue, Il faut pousser la porte de ce restaurant pour tomber sous le charme de cet établissement chic et charme. La cuisine a quelque chose de revigorant et revisite le terroir. Tout est fait maison. Décor contemporain dans les tons mauve et gris, et jolie vaisselle. On peut profiter de la terrasse extérieure et du jardin. Également 6 chambres aux décors personnalisés.

## Achats dans les environs

**Chocolaterie-biscuiterie artisanale Roland-Réauté :** *route d'Angers, 53200* **Saint-Fort.** *☎ 02-43-70-63-04. • chocolatsrolandreaute.com • À 1,5 km de la sortie de la ville direction Angers. Lun-sam 9h30-12h30, 14h-19h. Visite libre et gratuite.* Une boutique qui joue la transparence et vous permet de découvrir, au travers de grandes parois vitrées, la fabrication des produits que vous pouvez déguster (et acheter !). Expo et vidéo.

**Orfèvrerie Liberty :** *2, rue de l'Orgerie, 53200* **Saint-Fort.** *☎ 02-43-07-01-01. • liberty.fr • À côté de la Chocolaterie Roland-Réauté. Lun-ven 9h-12h, 14h-16h30. Visite (1h) : 4 €.* Rien à voir avec le célèbre magasin de luxe anglais : ici, on fabrique, on polit, on argente et on avive tout ce qui touche à l'art de la table et à la déco en argent. Toutes les étapes de confection sont passées en revue, derrière des vitres donnant sur les ateliers. Expo et vente.

LE SUD-MAYENNE

## À voir. À faire

***La vieille ville :*** *rive droite de la Mayenne.* La partie la plus haute de la ville et aussi la plus pittoresque. Église romane Saint-Jean-Baptiste (fresques de la fin du XIe s au XIIIe s) avec sa crypte. Promenade dans les ruelles étroites bordées de maisons à pans de bois et d'hôtels particuliers. L'élégant hôtel Fouquet, rue Jean-Bourré abrite le musée d'Art et d'Histoire. Balade jusqu'au jardin du Bout du Monde pour admirer la vue sur la Mayenne. Voir également les nombreux jardins et les impressionnantes « mosaïcultures » thématiques du square de Frome.

***Le quartier du Faubourg :*** *rive gauche de la Mayenne. Voir en particulier le couvent des Ursulines (visites guidées tte l'année sur demande, infos à l'office de tourisme).* Un bâtiment élevé du XVe au XVIIe s, classé Monument historique, avec le cloître et ses trois ailes, dont deux d'origine. La troisième aile, récente, abrite le dynamique *Théâtre des Ursulines,* de 530 places. En face, la *chapelle Notre-Dame-du-Genêteil,* rue du Général-Lemonnier, abrite des expositions d'art contemporain, dans un lieu magnifique datant du XIIe s.

– ***Canotika :*** *port de plaisance, quai Pierre-de-Coubertin. 06-15-49-28-73.* Location de canoës, embarcations à pédales, VTT ou vélo à assistance électrique. Également un bateau habitable à pédales. Animation, buvette, livres à disposition.

***Le marché aux veaux :*** *parc Saint-Fiacre, rive gauche, le jeu mat.* Arriver à Château-Gontier un mercredi soir pour assister, tôt le lendemain (7h30), au marché aux veaux, l'un des premiers d'Europe, sur le champ de foire. Du grand spectacle qui n'est pas qu'en noir et blanc, de belles trognes se mêlant aux veaux et aux blouses noires des maquignons. Si cela vous a mis en appétit, allez manger ensuite une tête de veau au resto de la *Maison Marsollier,* à côté.

***Le refuge animalier de l'Arche :*** *route de Ménil. ☎ 02-43-07-24-38. • refuge-arche.org • À 1 km du centre (indiqué au rond-point de l'Europe). Mai-août, tlj 9h30-19h (dernière entrée 1h avt la fermeture) ; le reste de l'année, horaires plus restreints. Entrée : 9 € ; enfant 6 € ; réduc.* Ni zoo ni SPA, plutôt une maison de retraite, créée par Christian Huchedé avec une poignée de jeunes bénévoles, pour les animaux blessés récupérés dans la nature et pour tous les animaux exotiques achetés bébés et abandonnés une fois adultes. Ils ont sauvé beaucoup d'animaux qui, sans eux, auraient connu une fin sinistre : des singes, des lions, des serpents... mais aussi des animaux domestiques ou de ferme qui ont été maltraités. Buvette avec glaces sur le site, et hall de pique-nique. Boutique.

***Promenade en bateau :*** *avec* ***Le Duc des Chauvières,*** *halte fluviale, quai d'Alsace. ☎ 02-43-70-37-83. • leducdeschauvieres.com •* Bateau-promenade (croisières et croisières déjeuner) mais aussi location de bateaux électriques et thermiques pour 4 à 12 personnes à la demi-journée et à la journée.

## Manifestation

– ***Festival de la Chalibaude :*** *fin juin. ☎ 02-43-09-55-55.* Spectacles de rue, théâtre, mimes, concerts, etc.

## DANS LES ENVIRONS DE CHÂTEAU-GONTIER

– ***La base de loisirs de Daon*** *(prononcez « Dan ») : à une dizaine de km au sud.* Pêche, embarcations à pédales, bateaux électriques, barques, canoës, sentiers pédestres, structures gonflables en saison pour enfants et adultes.

***Les Canalous :*** *Le Port, 53200* ***Daon.*** *☎ 03-85-53-76-74. • canalous-mayenne.com •* Location de bateaux habitables de 2 à 12 personnes, que l'on peut piloter sans permis, de la demi-journée à la semaine.

➢ ***Randonnées :*** *rens et vente de guides ou de cartes randos à l'office de tourisme de Château-Gontier.* On compte plus de 300 km de sentiers de randonnées au pays de Château-Gontier.

■ ***Toue Mayenne :*** *écluse de la Roche-du-Maine,* ***Loigné-sur-Mayenne.*** *📱 06-15-71-26-42. • contact@touemayenne.fr • touemayenne.fr • À 5 km au nord de Château-Gontier.* Location de toues (bateau sans permis en bois et à fond plat), cabanées ou non cabanées, à la demi-journée ou plus.

# SAINT-DENIS-D'ANJOU

(53290) 1 550 hab. *Carte Mayenne, C4*

**À environ 30 km à l'est de Château-Gontier, aux confins de la Sarthe, du Maine-et-Loire et de la Mayenne. C'est l'une des sept « Cités de caractère » du département, elle mérite donc le détour. Voir l'église et sa tour carrée romane, pour l'alternance romane et gothique de son architecture et ses superbes peintures murales ; les halles, l'un des rares spécimens de l'architecture**

LE SUD-MAYENNE

**commerciale du XVI^e s, flanquées d'une prison du XIX^e s ; les ruelles médiévales toutes fleuries... et les seules vignes de Mayenne, replantées en 1998. Pousser quelques kilomètres plus loin jusqu'à *Varennes,* où l'on trouve, dans un environnement confidentiel au bord de la Sarthe, une ravissante chapelle du XV^e s et une intéressante croix cémétériale Renaissance (avec le Christ d'un côté, la Vierge de l'autre).**

## Adresse utile

**Office de tourisme :** *dans la maison canoniale, face à l'église. ☎ 02-43-70-69-09. • saintdenisdanjou.com • Mai-sept, mar-sam (sf mer ap-m) 9h15-12h, 14h-17h30 ; oct-avr, lun, mar, jeu et ven (mêmes horaires).* Visites guidées du village sur résa, visites gourmandes, aux flambeaux, etc. Plan des randos dans le coin.

## Où dormir à Saint-Denis et dans les environs ?

**Écologîte La Morlière :** *La Morlière,* ***Varennes.*** *☎ 02-43-70-91-65. • info@ecologite-lamorliere.com • ecologite-lamorliere.com • ♿ À 8 km de Saint-Denis. Aller jusqu'à Varennes-la-Chapelle, puis prendre à gauche. Double 56 €, petit déj bio compris. Également un gîte (15 pers max). Produits de la ferme offerts sur présentation de ce guide.* Charmantes chambres paysannes aménagées dans d'anciens corps de ferme, restaurés uniquement avec des matériaux naturels... Normal, vous êtes dans une ferme céréalière agrobiologique qui fonctionne avec le plus d'autonomie possible : chauffe-eau solaire, chaudière à bois déchiqueté, lagunage, récupération d'eau de pluie... Production de farine sur place. Cuisine à disposition. Une très bonne adresse pour les amoureux de la nature, à 800 m des berges de la Sarthe. Excellent accueil.

**Chambres d'hôtes La Maison du Roi René :** *4, Grande-Rue, à Saint-Denis-d'Anjou. ☎ 02-43-70-52-30. • roi-rene@orange.fr • chambrehote-roi-rene.fr • Face à l'église. Doubles 70-85 € selon taille et période de la sem.* Une maison de caractère datant des XV^e et XVIII^e s, dotée d'une tourelle d'angle. Elle abrite 4 belles chambres d'hôtes, toutes différentes, à l'ancienne et avec tout le confort moderne. Somptueuse salle de petit déj avec cheminée monumentale. Accès indépendant et agréable jardin ; prêt de vélos ; sauna et baignoire spa. Accueil à la hauteur des lieux.

# MESLAY-DU-MAINE (53170) 2 800 hab. *Carte Mayenne, C3*

**Au sud-est de Laval par la D 21, direction Sablé (22 km). Gentille bourgade rurale, connue pour son champ de courses de chevaux. Remarquer le clocher tors de l'église.**

## Adresse utile

**Office de tourisme :** *1, voie de la Guiternière, BP 16. ☎ 02-43-64-29-00. • paysmeslaygrez.fr • Tte l'année lun-ven 9h-12h, 13h30-17h30.*

## Où dormir dans les environs ?

### Camping

**Camping à la ferme Arc-en-Ciel :** *lieu-dit Placé, chez Marieke et Willem De Kam, 53170* ***Bazougers.*** *☎ 02-43-02-30-21. • dekamping@hotmail.fr • earlarcenciel.com • À 16 km au sud-est de Laval, par la D 21 puis la D 20, et à 1,5 km de Bazougers, direction La Bazouge-Cheméré*

LE SUD-MAYENNE

*(D 130). Mai-sept. Compter env 10 €, sans électricité. CB refusées. 6 empl.* Dans une ferme laitière et bio où les propriétaires néerlandais transforment le lait en gouda. Camping établi dans le verger, donc pas mal d'espace. Parfait pour des vacances bucoliques parmi poules, vaches et biquettes. Trampoline pour les enfants et cabanes dans les arbres. Plein de bons conseils pour les randonnées. Bibliothèque. Boutique de produits bio.

### De bon marché à prix moyens

***Chambres d'hôtes Moulin d'Hys :*** *Les Hys, 53170* ***La Cropte.*** *☎ 02-43-64-24-14. • hys@free.fr • moulinhys.com • À 5 km de Meslay-du-Maine en direction de Chémeré-le-Roi (nord-est) par la D 166 ; à gauche avt l'entrée du village de La Cropte, puis 2 fois à droite. Double 62 €. Table d'hôtes 25 €, sur résa.* Très jolies chambres d'hôtes décorées avec les célèbres toiles de Mayenne dans un moulin du XVIIe s superbement restauré, au bord de la Vaige. Calme et élégance du lieu, gentillesse des hôtes. Pour un tel prix... une aubaine !

***Village Vacances et Pêche :*** *rue des Haies, 53170* ***Villiers-Charlemagne.*** *☎ 02-43-07-71-68. • vvp.villiers.charlemagne@wanadoo.fr • vacancesetpeche.fr • À 11 km au sud-ouest de Meslay-du-Maine (indiqué dans le bourg). Loc de chalets 6 pers 200-370 €/sem selon saison. Possibilité de camping env 13-17 € selon saison.* Un lieu spécialement conçu pour les pêcheurs. Dans un village rural, 12 maisons de bois autour d'un plan d'eau et une vingtaine d'emplacements de camping. On peut même tremper son hameçon depuis la terrasse de certains chalets.

## Manifestation

– ***Festival de jazz de Meslay-du-Maine :*** *à l'Ascension. Rens à l'office de tourisme.*

## DANS LES ENVIRONS DE MESLAY-DU-MAINE

***Saint-Denis-du-Maine*** (53170) : *au nord-est de Meslay-du-Maine par la D 152.* Plan d'eau superbe avec base de loisirs *(☎ 02-43-98-48-08 ; activités ouv w-e Pâques-sept),* idéal pour la pêche, et un camping avec bungalows, dans un environnement agréable, au pied du petit village. Ne pas manquer de visiter la très belle ***église*** romane (XIe s). Dans la nef, vous découvrirez des peintures murales représentant saint Georges terrassant le dragon. Retable du maître-autel (XVIIe s) en tuffeau avec des incrustations de marbre. C'est l'un des plus anciens conservés en Mayenne. Également une poutre de gloire en arc, au-dessus de l'autel, finement travaillée. Ne pas oublier d'appuyer sur le bouton pour bénéficier des commentaires !

# LE PAYS DES COËVRONS

**Il doit son nom à une contraction supposée de colline et d'Évron : les Coëvrons. Vallons, collines surmontées de chapelles, anciennes voies romaines ou chemins de pèlerins, étangs et zones humides... C'est la Mayenne telle qu'on l'imagine. Cette partie du département a également su conserver une part de mystère, c'est le pays des rebouteux, des guérisseurs, celui dont on ne parle pas... Les Coëvrons, c'est aussi le pays de la viande de qualité avec son bœuf (Label rouge), et ça, on en parle. Les éleveurs sont nombreux, et il existe même une Confrérie des chevaliers de l'entrecôte.**

# SAULGES (53340) 310 hab. *Carte Mayenne, C3*

**À environ 25 km à l'est de Laval par la D 57. À Vaiges, prendre à droite la D 24. Difficile de remonter plus loin, non pas dans le département, mais dans le temps. Le site des grottes est assurément l'un des plus anciens lieux touristiques de la Mayenne. Traditionnellement, les mariés, les communiants et leurs familles venaient naguère dans cet endroit paisible pour se balader après les repas de fête. Une habitude qui doit remonter au temps des chasseurs nomades qui traquaient les troupeaux de chevaux jusque dans le défilé creusé par l'Erve dans les calcaires. Ils ont laissé à leurs descendants l'héritage de leurs premiers pas vers l'art : la seule peinture rupestre connue au nord de la Loire. Il y a de cela 25 000 ans... On trouve aujourd'hui sur le site bien aménagé des tables de pique-nique et le départ de nombreuses randonnées à faire dans le coin.**

## Adresse utile

**i** ***Office de tourisme des Coëvrons :*** *pl. de l'Église. ☎ 02-43-90-49-81. Avr-sept, mar-ven 9h30-12h30, 13h30-16h30, plus dim 9h30-12h15 juil-août ; oct-mars, jeu slt 9h30-12h30, 13h30-16h30.*

## Où dormir ? Où manger ?

***Camping municipal Saint-Céneré :*** *base de loisirs, route de Vaiges. ☎ 02-43-90-49-81 (office de tourisme). • info@coevrons-tourisme.com • coevrons-tourisme.com • De mi-avr au 1er nov. Compter 12 €. CB refusées. 36 empl.* En bord de rivière et bucolique à souhait. Accès grâce à une carte magnétique à se procurer au bourg. *Bar-crêperie-grill de l'Oratoire* à proximité, dans la base de loisirs équipée d'un terrain de tennis et d'une baignade ouverte en été.

***Hôtel-restaurant L'Ermitage :*** *3, pl. Saint-Pierre, rue des Deux-Églises. ☎ 02-43-64-66-00. • info@hotel-ermitage.fr • hotel-ermitage.fr • ♿ Au cœur du village, près de l'église carolingienne. Resto fermé sam midi ; établissement fermé ven soir-lun mat nov-mars. Congés : autour des fêtes de fin d'année, 1 sem à la Toussaint, 1 sem à Pâques. Doubles à partir de 80 € selon saison. Menus 14-18 € à midi en sem, puis 28-63 €.* Pas de cellule monacale à *L'Ermitage*, un établissement bien de notre temps, avec des chambres confortables, claires et spacieuses, donnant sur le parc, la piscine (chauffée) et la campagne environnante pour les plus récemment refaites. Les autres se contentent d'être fonctionnelles. Au resto, le chef conjugue tout au long de l'année tradition et modernisme. Carte alléchante, proposant une cuisine fine et originale, servie dans une très jolie salle. L'idéal pour une retraite... gourmande et touristique.

## À voir. À faire

***L'église carolingienne Saint-Pierre et l'église romane Notre-Dame :*** l'église Saint-Pierre est l'une des plus anciennes de France, édifiée entre les VIIIe et Xe s, selon un plan en forme de croix latine autour d'une tour-clocher. Un lieu remarquablement restauré, qui possède une riche collection de statues (XVe-XIXe s) et les reliques de saint Céneré. Quant à l'église romane Notre-Dame, elle date de 1060. Tour-clocher et élégant retable de 1401.

LE PAYS DES COËVRONS

**L'oratoire de Saint-Céneré :** *route de Vaiges.* Un joli but de balade à l'ouest de Saulges (2 km), sur les pas du saint homme venu d'Italie christianiser la région au VIIe s. Son ermitage est marqué par cet oratoire où coule une source miraculeuse... Les promeneurs du dimanche viennent pique-niquer, se détendre ou même se baigner sur la base de loisirs à proximité.

**Le canyon et les grottes de Saulges :** *à 2 km, accès par la route (direction Saint-Pierre-sur-Erve) ou à pied (« chemin des Molaines » dans le village).* Dans cette vallée encaissée d'environ 1,5 km entaillée par l'Erve il y a 1,8 million d'années, on trouve une vingtaine de grottes. Très beau site avec de vastes prés, une petite cascade, des tables de pique-nique, un restaurant, un parcours nature et deux grottes superbement mises en valeur, ouvertes à la visite : **Margot** et **Rochefort** *(☎ 02-43-90-51-30 ; • grottes-de-saulges.com • ; de mi-mars à mi-nov, 4-9 visites/j. ; 6,20 €/grotte, 9,40 € les 2).*

– **Escalade :** *séances d'initiation en juil-août. ☎ 02-43-90-51-30.* Les grottes sont situées près de hautes falaises de calcaire équipées pour l'escalade. 150 à 200 voies d'initiation et de perfectionnement.

– **Spéléologie :** *contacter le site des grottes (☎ 02-43-90-51-30). Sur résa slt.*

**La ferme aux fossiles :** *les Bignonnets. 06-80-17-43-98. • paleoscope.fr • À 500 m du bourg, route de Laval (indiqué). Entrée : 3 € ; gratuit pour les moins de 8 ans. De mi-fév à fin juin et sept-déc, tlj sf lun, 14h-18h ; juil-août, tlj 14h-19h.* En complément des grottes voisines, voici la collection privée de 2 000 fossiles d'un paléontologue, présentés dans différents corps de ferme. De remarquables pièces pour certaines comme ce lepidotus, un poisson entier vieux de 550 millions d'années, mais aussi des œufs de dinosaures, des dents de mégalodon (une bébête de 24 m, ancêtre du requin)... Également une section sur les modes de vie des hommes préhistoriques. Et des ateliers *(sur résa, payant)* : taille de silex, peinture rupestre, techniques de chasse... et une salle de fouilles archéologiques. Une sortie à faire avec des enfants !

## DANS LES ENVIRONS DE SAULGES

**Chéméré-le-Roi** *(53340)* **:** *à 3 km à l'ouest de Saulges.* Selon les récits et la légende, c'est la dernière chose sensée que le pauvre Charles VI aurait faite avant de devenir fou : donner son nom au petit village de Chéméré-le-Roi. Le centre du bourg est resté pittoresque avec son ancienne prison, ses maisons témoignant du passé, son lavoir, son église d'origine romane presque entièrement rebâtie au XIXe s. La *maison du Porche* est la demeure la plus intéressante. Ce logis, daté du XVe s, est une construction unique en Mayenne et rarissime dans l'ouest de la France.

**Le moulin de Thévalles :** *à 1,5 km de Chéméré, direction Saulges. ☎ 02-43-98-66-70. • moulin-de-thevalles.com • 1er mai-1er oct, tlj sf le mat dim-lun, 10h-12h, 14h-18h ; hors saison, ouv aux groupes à partir de 10 pers sur rdv. Entrée : 5 € ; réduc ; gratuit moins de 7 ans. Visites guidées.* Un moulin à eau unique en Mayenne, situé dans l'un des plus beaux sites de la magnifique vallée de l'Erve, avec un château et tout un complexe de bâtiments en surplomb. Le mécanisme d'origine, en état de marche, date de 1850. On vend de la farine d'épeautre, faux ancêtre du blé, aux qualités étonnantes, cultivé ici au Moyen Âge. Un souvenir plus original qu'une carte postale.

**Saint-Pierre-sur-Erve** *(53270)* **:** *à 4 km au nord de Saulges par la D 235.* Une « Petite Cité de caractère » à voir pour son église romane au clocher-porche. Depuis la chapelle Saint-Sylvain, sur une colline, vue panoramique jusqu'à Sainte-Suzanne.

# SAINTE-SUZANNE

(53270) 1 000 hab. *Carte Mayenne, C3*

**À 35 km à l'est de Laval, c'est le seul « Plus Beau Village de France » de la Mayenne et un site incontournable. Avec ses remparts fortifiés, son château élégant, son église du XIVe s, le clocher habitué aux coups de foudre et ses mignonnes ruelles médiévales toutes pavées, Sainte-Suzanne est tout aussi attachante de loin pour la vue que de l'intérieur pour son ambiance. Du haut des remparts de cette ancienne place forte du XIe s bâtie sur une colline surplombant l'Erve, respirer très fort en saluant la ténacité de Guillaume le Conquérant, qui y avait établi son camp et qui mourut sans avoir pu la prendre. Ses successeurs finirent par en venir à bout quatre siècles plus tard, et leurs descendants en achèvent, aujourd'hui, la conquête, plus pacifique celle-là, en investissant dans les pierres du coin.**
**À 800 m de Sainte-Suzanne, direction Assé-le-Bérenger, on peut voir les restes du camp de Guillaume le Conquérant (des murs de terre) datant de 1084. Sinon, depuis le Tertre Ganne (à 2 km en voiture, possibilité de s'y rendre à pied), on jouit d'un superbe panorama sur la cité.**



## Adresse et info utiles

**Office de tourisme des Coëvrons :** *1, rue Jean-de-Bueil. ☎ 02-43-01-43-60. • coevrons-tourisme.com • Avr-sept, tlj sf dim mat, 9h30-12h30, 14h-18h ; oct-mars, lun-sam 14h-17h30.* Demander le programme des nombreuses animations, conférences et des ateliers enfants tout au long de l'année.

Plusieurs **boutiques** si vous souhaitez acquérir des objets de la période médiévale, divers produits locaux ou de l'artisanat (enluminures, savons artisanaux, calligraphie, antiquités, peintures...).

## Où dormir ? Où manger ?

### De bon marché à prix moyens

**Hôtel-restaurant Beauséjour :** *4-6, rue de la Libération. ☎ 02-43-01-40-31. • hotelstesuzanne@yahoo.fr • hotelstesuzanne.fr • Dans l'une des rues d'accès à la cité. Congés : 3 sem autour des fêtes de fin d'année. Double 53 €. Menus à partir de 13 € en sem et à partir de 21 € le w-e ; carte.* Cette demeure de bourg attachante abrita dans le passé une blanchisserie, un fleuriste, un horloger ou encore la perception ! Elle sert aujourd'hui à la fois d'hôtel de passage, de resto local et de bar où défile tout le village à un moment ou à un autre. Une dizaine de chambres sans extra mais confortables et fort bien tenues. Et une cuisine traditionnelle de bon niveau. Bref, un endroit accueillant et grouillant de vie.

**Gîte Les Fiancés de Sainte-Suzanne :** *6, pl. Hubert-II. 06-09-11-40-70. • lesfiances.gite@orange.fr • gitelesfiances.blogspot.com • Près de l'église. Gîte jusqu'à 4 pers 310-420 €/sem. Petit déj et 1 bouteille de poiré offerts sur présentation de ce guide.* Les murs et la tour sont du XIVe s, en plein cœur du village, tandis que la déco allie voyages et charme de l'ancien (tomettes, pierre apparente, bois...). Beaucoup de caractère donc pour ce gîte sur 3 étages qui est une invitation aux séjours en amoureux. D'ailleurs, la patronne des fiancés ne serait autre que sainte Suzanne.

**VVF Villages :** *La Croix Couverte. ☎ 02-43-01-40-76. • saintesuzanne@vvfvillages.fr • vvfvillages.fr • À 500 m, sur la route de Sablé/Saulges/Vaiges. De début avr à mi-sept. Compter*

*385-665 €/sem pour 5 pers selon période ; nuitée possible hors juil-août.* Cet ensemble est accessible à tous et propose des hébergements individuels pour 4 à 8 personnes, dont de jolis chalets en bois tout récents, de loin les plus plaisants. Équipement complet, mezzanines pour certains et toutes sortes de petits plus, comme les animations familiales pendant les vacances, le club enfants, la piscine gratuite en été, etc.

**Péché de Gourmandise :** *1 bis, pl. Hubert-II. ☎ 02-43-58-63-68. • peche-de-gourmandise@live.fr • Face à l'église. Fermé le soir lun et mar en été, lun tte la journée en moyenne saison, lun-mar hors saison. Formules 12,90-16,90 €, salades 10-15 €.* Le centre névralgique de Sainte-Suzanne, qui lui apporte de l'animation aux beaux jours. Touristes et habitués se succèdent à midi, en salle ou en terrasse, pour déguster une cuisine de bistrot soignée, en toute simplicité, flirtant avec les saveurs de tout le pays. Une adresse conviviale où l'on peut goûter la bière locale, la *Suzannaise*.

## Chic

**Chambres d'hôtes Côté Jardin :** *7, rue de la Libération. ☎ 02-43-98-93-66. • ste-suzanne.fr/cote-jardin-chambre-dhotes • Dans l'une des rues d'accès à la cité. Double 90 €.* Une adresse originale que cette maison en pierre de taille, à 200 m du centre historique. 2 vastes chambres à la déco contemporaine, raffinées et donnant sur le jardin potager. Tout le charme du design zen à la campagne ou presque.

# À voir

**Le château :** *☎ 02-43-58-13-00. • ciap.lamayenne.fr • (cour et bergerie). Juil-août, tlj 10h-19h ; sept-juin, lun-ven 9h45-12h30, 13h30-17h15, plus les w-e et j. fériés en mai, juin et sept 10h-13h, 14h-19h. Fermé de mi-déc à fin janv. Entrée du CIAP : 4 € ; réduc ; gratuit moins de 18 ans et pour ts le 1er dim de chaque mois. Audioguide pour le château et la ville : 2 €.*
Seule place forte à avoir résisté vaillamment aux assauts de Guillaume, ce château a donné à Sainte-Suzanne le surnom de « cité rebelle ». Cette forteresse a connu plusieurs étapes dans sa construction, du XIe au XVIIe s. Ainsi, vous verrez les murs d'un des premiers donjons romans quadrangulaires à contreforts (XIe s), bel exemple du mode de vie seigneurial de l'époque, accessible à chacun des trois étages grâce à des passerelles métalliques. Puis les remparts, au pied desquels la promenade de la Poterne offre de belles vues sur la forêt de la Charnie et les collines au nord.
Le logis seigneurial, enfin, date d'Henri IV et fut construit par l'un de ses fidèles, Guillaume Fouquet de La Varenne, de 1608 à 1613. Ce logis accueille le *Centre d'interprétation de l'architecture et du patrimoine de la Mayenne (CIAP)* : expos temporaires, ateliers, rencontres thématiques... un résumé du département, de la préhistoire à nos jours, des grottes de Saulges aux toiles de Mayenne. Également un très beau tableau sur les vertébrés sauvages de la Mayenne.

**Le musée de l'Auditoire :** *7, Grand-Rue. ☎ 02-43-01-42-65. • museeauditoire.jimdo.com • Pâques-Journées du patrimoine, sam-dim 14h30-18h30 (tlj juil-août) ; tte l'année sur résa pour les groupes. Entrée : env 4 € ; réduc.* Installé dans l'ancien auditoire de justice (XVIIe-XVIIIe s), le musée retrace d'amusante façon 1 000 ans d'histoire de la cité médiévale de Sainte-Suzanne. Chaque époque est illustrée par des documents, maquettes et objets authentiques. À voir en particulier, une salle consacrée à l'équipement militaire du XVe s avec, entre autres, une cotte de mailles d'époque et une armure reconnue comme la plus vieille de France (1410-1430).

**Le Grand Moulin :** *à 500 m du bourg, au pied du château (accès à pied par un chemin pentu ou en voiture). ☎ 02-43-01-43-60. • ste-suzanne.fr/*

*le-grand-moulin • Visites accompagnées slt : lun-ven à 11h, 15h et 16h30 ; w-e à 15h et 16h30. Entrée : env 4 € ; réduc. Résa conseillée à l'office de tourisme.* Ouvert en 2014 après réhabilitation, ce moulin peut à la fois moudre le grain, faire de la pâte à papier et produire de l'électricité, à l'aide d'une seule roue. Pas banal ! Salle d'expo sur le papier, avec notamment un jeu de cartes datant de la Révolution française. Un juste hommage au grand centre papetier que fut Sainte-Suzanne dans le passé. Ne pas manquer la chambre du meunier. Eh oui les enfants, il lui arrive de dormir !

### BONNE PIOCHE

*Les jeux de cartes seraient arrivés en Europe au XIVe s, en provenance d'Asie. Gros succès dans les milieux aisés, mais cette distraction ne fut pas toujours vue d'un bon œil. Songez, sous la royauté, au valet plus fort que le roi à la belote ! Les cartes furent interdites. Mais rien n'y fit, les cartes sont aujourd'hui répandues dans le monde entier et ne se feront jamais damer le pion.*

## À faire

➢ ***Promenade des moulins :*** *rdv au musée de l'Auditoire le 1er dim de chaque mois mars-nov à 14h45. Durée : 2h30. Adulte : 4 € ; réduc. Rens auprès de l'office de tourisme.* Une promenade de 2,5 km à la découverte de la vie ouvrière et industrielle de Sainte-Suzanne, au travers de l'histoire de ses 17 moulins à grains, à papier, à foulon et à tan.

➢ Plus d'une quarantaine de ***randonnées pédestres*** au départ de Sainte-Suzanne. C'est l'un des plus beaux coins de la Mayenne en suivant les remparts moyenâgeux de la cité et les panoramas sur la vallée de l'Erve perdue dans les bocages. Référence : *PR en Mayenne,* éd. FFRP. Carte IGN au 1/25 000, nº 16180. Circuits de randonnées en vente à l'office de tourisme ou disponibles en téléchargement gratuit sur : *• coevrons-tourisme.com/ •*, partie « Nature et rando ».

– ***Ferme équestre La Licorne :*** *La Sorie. ☎ 02-43-01-40-63. Suivre les panneaux indicateurs à partir du Tertre Ganne.* Possibilité de randonnées équestres.

## Manifestations

– ***Animations médiévales :*** *ponctuellement l'été.* Elles redonnent vie au passé épique de la cité avec ateliers pédagogiques et démonstrations sur des thématiques diverses (jeux, armes, etc.).
– ***Nuits de la Mayenne :*** *durant l'été.* Théâtre, chants, contes... à la tombée de la nuit.

## DANS LES ENVIRONS DE SAINTE-SUZANNE

***La forêt de la Grande-Charnie :*** *en allant vers l'est, direction la Sarthe.* Chênes, sapins et bouleaux. Cueilleurs de champignons et humeurs d'humus s'y retrouvent volontiers. Se reporter plus loin au chapitre « La vallée de la Vègre. Dans les environs de Loué » dans la partie « La Sarthe ».

***Le dolmen des Erves :*** *direction Assé-le-Bérenger.* Monument mégalithique le plus ancien (daté) de la Mayenne.

## ÉVRON (53600) 7 360 hab. *Carte Mayenne, C2*

**Continuer par la D 7 en direction d'Évron, petite ville agricole. À 10 km à la ronde, on distingue par temps clair les toits d'ardoise bleue de la basilique Notre-Dame-de-l'Épine, sans doute l'une des plus remarquables du Maine. Également quelques beaux lavoirs dans le village.**

### Adresse et info utiles

ℹ ***Office de tourisme des Coëvrons :*** *pl. de la Basilique.* ☎ *02-43-01-63-75.* • *coevrons-tourisme.com* • *Avr-sept, mar-sam 9h30-12h30, 14h-17h30 ; oct-mars, mar-sam sf mer mat, ven mat et sam ap-m.* Fiches de randonnée en vente. Location d'audioguides pour la visite de la ville et de la basilique *(2 €).*

– ***Grand marché :*** *jeu mat.*

### Où dormir ? Où manger à Évron et dans les environs ?

#### Prix moyens

***Gîte de l'Ermitage :*** *L'Ermitage, 53600* ***Saint-Gemmes-le-Robert.*** ☎ *02-43-90-63-02.* • *lermitage53@orange.fr* • *gitedelermitage.fr* • *Au nord d'Évron, prendre direction Hambers depuis le bourg de Saint-Gemmes (D 552), puis à droite à 3,5 km. Gîte 2-4 pers env 250 €/sem (w-e possible).* Dans un bel environnement bucolique, tout à fait au calme, un gîte qui convient particulièrement aux amateurs de randonnées, car situé à proximité de nombreux sentiers. Vente de tisanes et plantes aromatiques médicinales (visite possible du jardin). Dans la ferme voisine, on peut se fournir en excellentes confitures et sirops maison bio.

***La Toque des Coëvrons :*** *4, rue des Prés, à Évron.* ☎ *02-43-01-62-16.* • *marcmenard@wanadoo.fr* • *À deux enjambées de la basilique. Fermé dim soir, lun et mer soir. Congés : 2 sem en fév et août. Menus 16,50 € déj en sem, puis 21-33 €.* Une cuisine traditionnelle, classique et copieuse, servie dans une salle bourgeoise. Belle mise en valeur des produits locaux, tels que la tête de veau et la pièce de bœuf, des valeurs sûres. Une bonne adresse.

#### De chic à plus chic

***Relais du Gué de Selle :*** *route de Mayenne, 53600* ***Mézangers.*** ☎ *02-43-91-20-00.* • *relaisduguedeselle@wanadoo.fr* • *relais-du-gue-de-selle.com* • *À 6 km au nord-ouest d'Évron (D 7). Oct-mai, tlj sf ven soir, dim soir et lun ; juin-sept, tlj sf lun midi. Doubles 88-145 € selon confort et saison ; également des familiales. Menus 17,50 € déj en sem, puis 25,50-61 €. Au bistrot, mar-sam au déj, formules env 12-22,50 €. Réduc de 10 % sur le prix indiqué dans la chambre sur présentation de ce guide.* Cette ancienne ferme restaurée et transformée en hostellerie accueille aussi bien des familles, des séminaristes que des sportifs venus se dégourdir les jambes autour et sur l'étang, juste en face. Tous ces amoureux de la table se retrouvent dans un salon privé, sous la véranda ou en terrasse pour déguster une cuisine classique, souvent de terroir, généreuse et parfaitement réalisée. Heureusement, les chambres ne sont pas loin : couleurs clinquantes pour les unes, très spacieuses pour les duplex qui accueillent jusqu'à 5 personnes. Mais également une cabane dans un arbre pour passer la nuit et des chambres labellisées pour tous les handicaps ! L'accueil particulièrement cordial concourt à faire de cette adresse un merveilleux lieu de détente.

**Chambres d'hôtes Château de la Cour :** *chez Alain Levejac, 53600* ***Saint-Gemmes-le-Robert.*** *☎ 02-43-58-19-73. • chateaudelacour@gmail.com • chateau-de-la-cour.com • À 5 km au nord d'Évron (D 20), 2e allée à droite après le calvaire, juste à l'entrée du bourg. Avr-oct. Doubles 100-120 €.* Cet authentique château du XVIe s, entouré de douves en eau et d'un parc à la française avec des arbres centenaires, abrite 3 chambres à l'ancienne, tout confort et pleines de charme. Sympa, l'une d'entre elles, plus petite et moins chère, permet aux moins fortunés de pousser eux aussi la porte de cette demeure hors du temps et de goûter à la douce mélancolie de la vie de château. Départ de sentiers de randonnée.

## À voir

**La basilique Notre-Dame-de-l'Épine :** *☎ 02-43-66-85-04. Tlj 9h-18h (18h45 l'été). Audioguide : 2 €. Infos auprès du Point Accueil Basilique ou de l'office de tourisme.* Roman ou gothique ? La basilique d'Évron mélange les genres sans complexes. Sa tour carrée, sa nef puissante et son étonnante crypte évoquent les châteaux forts moyenâgeux, tandis que le chœur célèbre l'avènement du gothique. La légende veut qu'elle ait été construite au retour des croisades sur l'emplacement d'un buisson d'aubépine que la Vierge aurait fait fleurir ! Elle conserve de nombreux chefs-d'œuvre : tapisseries d'Aubusson, statues en terre cuite, bustes reliquaires... dont la statue de Notre-Dame-de-l'Épine, Vierge en chêne du XIIIe s, recouverte de lamelles d'argent, témoin exceptionnel d'une tradition qui allait ensuite disparaître.

## Manifestations

– **Festival d'arts sacrés** *(en juil)* et **la Coëvronne** *(aux Journées du patrimoine). Rens à l'office de tourisme.* Concerts, art de la rue.
– **Festival de la viande :** *le 1er w-e de sept. Rens à l'Espace Coëvrons : ☎ 02-43-66-32-00, ou à l'office de tourisme.*

## DANS LES ENVIRONS D'ÉVRON

**La base de loisirs du Gué-de-Selle :** *2, Gué-de-Selle, 53600* ***Mézangers.*** *☎ 02-43-90-63-90.* Base de loisirs autour du *Relais du Gué de Selle,* au nord d'Évron (7 km), avec école de voile, jeux pour les enfants et randonnées en famille ou en solitaire autour de ce joli plan d'eau.

**La chapelle du Torticolis :** *lieu-dit Les Hermaudières ; à quelques km, entre Châtres-la-Forêt et Saint-Christophe-du-Luat, prendre la 1re à droite.* Une minuscule chapelle au nom rigolo, dont la construction remonte au XIe s. Un seigneur local un peu casse-cou aurait eu quelques problèmes de cervicales en voulant s'approprier les terres des moines d'Évron. Une prière, une guérison divine et une chapelle en remerciement. Et le tour est joué !

**Le site et la chapelle de Montaigu :** *direction Hambers.* Au sommet d'une colline entourée de landes (290 m), découverte du bocage des Coëvrons et de la chapelle construite en 1402, dédiée à saint Michel. C'est aussi le « Mont-Saint-Michel du Maine », lieu de pèlerinage important pour tous ceux qui n'avaient pas les moyens d'aller plus loin. Voir également le hameau de Montaigu.

LE PAYS DES COËVRONS

# LA HAUTE MAYENNE

**Pour finir ce périple dans la douce Mayenne et dans l'histoire, on peut par ici partir à la découverte d'anciennes forteresses, transformées en manoirs plus agréables à vivre, qui font de la Mayenne le cinquième département de France pour le nombre de demeures anciennes. À noter que dans cette partie du département, la cuisine se décline « à la normande », avec beurre salé sur la table et plats déglacés à la crème fraîche.**

## JUBLAINS (53160) 700 hab. *Carte Mayenne, C2*

**Si on remonte le temps, on se retrouve vite à Jublains, au sud-est de Mayenne par la D 35, en train de rêver devant les thermes que les Romains, à la conquête de cette Gaule qui résistait encore et toujours à l'envahisseur, avaient construits pour leur bien-être au centre de Noviodunum. La cité, qui prospéra pendant trois siècles avant de décliner sous les coups des Barbares, a de quoi ravir les amateurs de civilisation gallo-romaine. Il est vrai qu'il s'agit du plus grand site du genre dans l'ouest de la France !**

### Où dormir ? Où manger à Jublains et dans les environs ?

***Centre d'hébergement du Bois-du-Tay :*** *La Croix du Hêtre, 53160* ***Hambers.*** *☎ 02-43-01-21-60. • leboisdutay@leboisdutay.com • leboisdutay.com • À quelques km à l'est de Jublains, direction Bais ; dans Hambers, suivre la direction La Chapelle-au-Riboul et les panneaux « Bois-du-Tay » (3,5 km). Loc à la nuit, à la mini-sem ou à la sem (240-440 € pour 6 pers). Réduc de 10 % janv-mars sur présentation de ce guide.* Dans ce village de chalets et au cœur d'un bois de 135 ha, un site à la fois touristique, écologique et culturel. 8 chalets confortables et un gîte de groupe (jusqu'à 15 personnes). Draps non fournis. Piscine découverte en juillet-août.

***Bar-restaurant La Cella :*** *23, rue du Temple, à Jublains. ☎ 02-43-04-30-36. • lacella@orange.fr • Dans la rue principale. Fermé dim soir, lun, mar soir et mer soir. Menus 12,40 € (déj en sem)-30 €. Café offert sur présentation de ce guide.* La maison a été reprise par le fiston, qui a redonné du peps à l'affaire. Et ça roule bien ! Les locaux ont vite adopté les plats de pâtes, salades, viandes grillées et les pizzas au feu de bois (que l'on peut emporter)... Une cuisine simplement bonne, à des tarifs honnêtes. Une halte bien agréable qui donne des couleurs au village.

## À voir

***Le Musée archéologique et les sites :*** *13, rue de la Libération. ☎ 02-43-58-13-20. • museedejublains.fr • (visites adaptées et ateliers sensoriels sur résa). Mai-juin et sept, tlj 9h-12h30, 13h30-18h ; juil-août, tlj 9h-18h ; oct-avr, tlj sf mer, 9h30-12h30, 13h30-17h30. Fermé de mi-déc au 31 janv (sf groupes sur résa). Entrée pour la forteresse et le musée : 4 € ; réduc ; gratuit moins de 18 ans et pour ts le 1er dim de chaque mois. Billet couplé avec le château de Sainte-Suzanne : 6 € ; réduc. Audioguide : 2 €. Pour une visite complète, compter*

*2-3h. Visite guidée des différents monuments, pour groupes slt et sur résa : 1-3h. Visite libre des thermes, du théâtre et du temple. Boutique.*
Quatre monuments antiques sont ouverts au public : la forteresse (et le musée) sur ce site même et, ailleurs dans le village, les thermes, le théâtre et le temple.
***La forteresse*** d'abord, unique en Europe, construite en trois étapes entre 200 et 300 apr. J.-C. Elle comprend un bâtiment central ayant peut-être servi de relais sur les voies approvisionnant Rome depuis les provinces du Nord-Ouest. Deux remparts successifs défendent ce bâtiment. L'ensemble du monument est particulièrement bien conservé. Dans le ***musée,*** objets des époques gauloise et gallo-romaine provenant de l'ensemble du département, visite virtuelle de la forteresse, grande maquette au 1/200e de la ville antique de Jublains, audiovisuel de 15 mn...
Dans le village, le ***théâtre*** profite de la pente naturelle du site et s'ouvre largement sur la plaine d'Évron. Les ***thermes*** sont aujourd'hui en partie visibles sous l'église. Leur fonctionnement est expliqué grâce à un son et lumière de 10 mn à déclencher soi-même.
Depuis les thermes, en empruntant une petite ruelle piétonne, on accède au parcours archéologique où les longues allées sablées sont à l'emplacement des rues antiques. Des bornes tactiles, « matériauthèques », permettent une découverte ludique et accessible à tous. Plus loin, le ***temple*** domine : il est à l'origine de la ville.

***Forum Métiers d'art :*** *9 bis, rue du Temple. ☎ 02-43-04-97-92. Juil-août, tlj 10h-12h30, 14h-18h ; fév-avr et oct-nov, mar-sam 14h-18h ; mai-juin, sept et déc, mar-dim 14h-18h.* Expo-vente de pièces d'art et d'artisanat mayennaises.

# MAYENNE

(53100) 14 260 hab. *Carte Mayenne, C2*



**À 25 km au nord de Laval, cette petite cité se situe au cœur d'un pays de bocage, où toutes les nuances de vert se cachent dans la nature et qui revit depuis que passent à nouveau les bateaux entre Laval et Mayenne. Jolie carte postale en plein centre-ville, avec la Mayenne donc, mais aussi le château féodal en surplomb et l'arrière de la basilique Notre-Dame-des-Miracles. Dans la continuité du chemin de halage, on conseille les trois voies vertes dans les environs à parcourir à pied, au nord du côté d'Ambières-les-Vallées et Javron-les-Chapelles, ou au sud jusqu'à La Chapelle-Anthenaise.**

## LE PAYS DES TOILES FILANTES

C'est en tout cas la région idéale pour se payer une toile. Mais ne confondons pas. Ici, on pense aux fameuses *Toiles de Mayenne,* ce tissu d'ameublement de renommée internationale. La tradition du tissage en Mayenne remonte au XIIIe s : le seigneur de Laval épouse une Flamande qui amène ses tisserands avec elle. La production, artisanale à ses débuts, prend de l'ampleur et devient industrielle.
Pour vous offrir cette toile mythique, il vous faudra aller à 5 km de Mayenne, à Fontaine-Daniel, un

### UN DUC SANS DUCHÉ

*Curieusement, le prince Albert II de Monaco, en accédant au trône monégasque, a aussi hérité du titre de duc de Mayenne ! Mazarin, l'un des propriétaires les plus connus du château de Mayenne et donc du duché du même nom, était aussi l'oncle d'une ancêtre des Grimaldi. Vous suivez ? Du coup, le titre s'est transmis sur le Rocher jusqu'à nos jours, même s'il a perdu toute valeur légitime depuis le XVIIIe s, quand le château a été racheté par la Ville.*

village utopique dans la première moitié du XX^e s, qui appartint en fait corps et âmes aux *Toiles de Mayenne* jusqu'aux années 1980.

## Adresse et info utiles

**Office de tourisme :** *halte fluviale, quai Waiblingen. ☎ 02-43-04-19-37. • paysdemayenne-tourisme.fr • Tte l'année, lun-sam, plus dim en juil-août, ainsi que les j. fériés de Pâques aux Journées du patrimoine.* Intéressante brochure proposant un circuit historique pour découvrir la ville. Visites attelées de la ville et du chemin de halage, ainsi que des visites flash en juillet-août et d'entreprises en juin-juillet.

– **Marché traditionnel :** *lun et sam mat ; « gros marché » lun de Pâques.*

## Où dormir ? Où manger ?

### Camping

**Camping du Gué Saint-Léonard :** *rue Saint-Léonard. ☎ 02-43-04-57-14 ou 02-43-04-19-37 (loc mobile homes). • camping@paysdemayenne.fr • paysdemayenne-tourisme.fr • De mi-mars à fin sept (loc 1er mars-30 nov). Compter env 10 € en hte saison pour 2 avec tente et voiture. 70 empl.* En bordure de la Mayenne, à 1 km du centre-ville, ce camping 3 étoiles propose aussi des mobile homes à louer en dehors de l'hiver (résa à l'office de tourisme) et une tente en dur. Accès payant à la piscine municipale et jeux pour enfants, pétanque, pêche dans la rivière, animations, etc.

### De prix moyens à chic

**La Croix Couverte :** *route d'Alençon. ☎ 02-43-04-32-48. • la-croixcouverte@wanadoo.fr • lacroixcouverte.com • À 2 km du centre-ville. Fermé dim soir et lun. Doubles 70-72 € selon saison.* Encore une institution mayennaise, un classique du bord de route qui tient la route, justement. Les chambres rénovées sont plus plaisantes du côté du joli jardin paysager, éclairé le soir, avec cascade. Fait aussi resto.

**L'Éveil des Sens :** *429, bd Paul-Lintier. ☎ 02-43-30-42-17. • leveildessens@aol.fr • À la sortie est de la ville, sur la N 12, direction Pré-en-Pail. Fermé dim soir-mar midi. Congés : 3 premières sem de janv et 3 dernières sem d'août. Formules « Initiation » 20-23 € le midi en sem ; menus « Éveil des sens » 35-60 €.* Isabelle et Nicolas se sont tous deux formés auprès de Bernard Loiseau avant de créer leur propre restaurant dans cet Ouest qui leur est cher. Cadre moderne, dans les tons café crème, et formes résolument carrées, comme cette véranda lumineuse et intimiste, posée en bordure de la nationale (parfois un peu bruyante). Le cadre contraste subtilement avec une cuisine tout en volutes, inventive, moderne et légère, où l'on devine un attrait pour les sauces vaporeuses. Et des saveurs fortes qui se télescopent avec habileté, mettant souvent les papilles sens dessus dessous. Service tout en douceur pour enrober le tout.

### De chic à plus chic

**Le Grand Hôtel :** *2, rue Ambroise-de-Loré. ☎ 02-43-00-96-00. • grandhotelmayenne@wanadoo.fr • grandhotelmayenne.com • Face à la Mayenne. Resto fermé sam midi, plus sam soir hors saison. Congés : 3 dernières sem d'août et 2 dernières sem de déc. Double 92 € ; également des familiales. Formules déj en sem 14,90-17,40 € ; menus 18,90-37,50 €.* Bel établissement aux chambres conventionnelles, pimpantes et rénovées régulièrement. On y déguste avec bonheur une cuisine de terroir et gastronomique mi-bretonne mi-normande, dans une ambiance à la mode d'autrefois. On peut finir la soirée au bar, devant un bon whisky (plus de 100 marques !). Terrasse pour prendre son repas quand le temps le permet. Prêt de vélos.

## Où dormir ? Où manger dans les environs ?

### Camping

⛺ ***Camping du Parc de Vaux :*** *35, rue des Colverts, 53300* ***Ambrières-les-Vallées.*** *☎ 02-43-04-90-25. • parcdevaux@camp-in-ouest.com • parcdevaux.com • ♿ À 7 km de Mayenne, direction Ambrières. De mi-avr à fin sept (chalets tte l'année). Compter 11,70-14,80 € pour 2 selon saison. Chalets canadiens, bungalows et mobile homes 330-720 €/sem selon taille. 112 empl.* Familial, au bord de la rivière la Varenne, un site idéal pour un séjour au calme, proche de la nature. Emplacements herbeux, suffisamment larges, avec des hautes haies pour les délimiter. Toutes sortes d'activités sur place : canoë-kayak, équitation, embarcations à pédales, minigolf, VTT, pêche... Piscine.

### De bon marché à prix moyens

🏠 ***Chambres d'hôtes La Chevrie :*** *chez Gérard Guidault, 53470* ***Commer.*** *☎ 02-43-00-44-30. • gerard.guidault@orange.fr • À 6 km au sud de Mayenne, direction Laval ; sortir à droite au panneau « La Mayenne » (la rivière) et tt de suite à gauche. Accès possible par le chemin de halage, sortie « Écluse de la Roche ». Fermé 1 sem en août. Double 50 €. Minipanier de légumes bio de saison offert sur présentation de ce guide.* Dans cette ancienne fermette de plus d'un siècle, accueil tout en sourire et simplicité. Chambres avec belle vue sur la campagne. Salon et salle à manger avec kitchenette à disposition. Gérard propose des paniers de légumes de saison, mais aussi plusieurs produits locaux et bio : confitures, sirops, etc. À ce propos, les randonneurs à cheval sont les bienvenus, la nuitée pour leur monture est gratuite. Même topo pour les cyclistes.

🍴 ***Restaurant La Forge :*** *Le Bourg, 53100* ***Fontaine-Daniel.*** *☎ 02-43-00-34-85. • restaurantlaforge.fr • Au sud-ouest de Mayenne par la D 104 (5 km). Sur la place du village. Fermé dim soir et lun soir, plus lun midi hors saison. Formules 17-20,50 € en sem ; menus 23,50-46 €.* Dans cette jolie maison tout en pierre de taille, les couleurs sont résolument dans l'assiette et les saveurs sous le palais. Le chef fait plus que cuisiner, il crée, s'amuse, détourne... les produits et les recettes. Il aime travailler le poisson. Ça tombe bien, on aime le déguster ! Une cuisine pleine de saveurs et peu conventionnelle qui sied bien au cadre, un village atypique, fief des *Toiles de Mayenne*. Agréable terrasse en été, face à l'étang.

### De chic à plus chic

🏠 🍴 ***Hôtel-restaurant Beau Rivage :*** *route de Saint-Baudelle, 53100* ***Moulay.*** *☎ 02-43-00-49-13. • fbeaurivage@9online.fr • restaurantbeaurivage.com • ♿ Entre Mayenne et Moulay (vers le sud), descendre vers la Mayenne (panneau). Resto fermé dim soir et lun. Double 78 €. Formule déj express en sem 15 € ; menus 18,40 € (sf dim)-39,80 €. 📶 Apéritif maison offert sur présentation de ce guide.* Avec sa véranda panoramique quasiment pied dans l'eau, une adresse qui fait plaisir à voir. Viandes et poissons rôtissent à la broche sous vos yeux ; sinon, toutes sortes de spécialités sont proposées. Pour se reposer, 8 chambres confortables et calmes.

🏠 🍴 ***La Marjolaine :*** *Le Bas-Mont, 53100* ***Moulay.*** *☎ 02-43-00-48-42. • lamarjolaine@wanadoo.fr • lamarjolaine.fr • ♿ À la sortie de Moulay, prendre la direction Laval, sur la droite. Fermé dim soir oct-Pâques, plus ven soir et sam midi janv-fév. Congés : vac scol de fév zone A et 1 sem à Noël. Doubles 63-105 € ; également des familiales. Menus 16,90-21 € déj en sem, puis 32,50-47,50 €. 💻 📶* Dans un lieu enchanteur où tout est luxe, calme et volupté. Une trentaine de chambres de grand confort, élégantes, sobres et reposantes, notamment dans la partie manoir, récemment rénovée. Sauna, VTT, piscine, salle de sports, hammam... Au resto, une cuisine gastronomique de qualité et de fraîcheur

LA HAUTE MAYENNE

exemplaires. Goûter, par exemple, les poissons du marché. Une très belle adresse en bord de Mayenne, pour les amateurs de randonnée notamment.

## À voir

**Le parc et le musée du château de Mayenne :** ☎ *02-43-00-17-17. Juin-sept, 10h-19h ; oct-fév, 10h-12h30, 14h-17h ; mars-mai 10h-12h30, 14h-18h. Fermé lun non fériés oct-mai, certains j. fériés et en janv. Entrée : 4 € ; réduc ; gratuit moins de 18 ans et pour ts le 1er dim de chaque mois.*
Tout petit, tout joli, l'ensemble a été restauré récemment, et le musée retraçant l'histoire de Mayenne et de son département homonyme permet de mieux cerner les trois époques qui se superposent dans ces murs. Trois styles qui se retrouvent jusque dans la fenêtre de la chapelle, imbriqués comme des poupées russes. Le château fut un palais carolingien au Xe s, puis devint château fort au XIIIe s, avant d'être transformé en prison au XIXe s, et ce jusqu'en 1936. Les résultats des fouilles menées au château sont mis en scène ici, à l'aide d'audiovisuels. Voir notamment l'intéressante collection de pièces de jeux des Xe-XIIe s : échecs et backgammon (déjà !).
Arpenter également le joli parc situé en surplomb de la rivière, avec son kiosque à musique. Boutique.

**La basilique Notre-Dame-des-Miracles :** édifice composite des XIIe, XVIe et XIXe s, qui domine la ville et la rivière, avec une belle statue en bois polychrome de Notre-Dame-des-Miracles (XVIIe s). La partie extérieure du chœur de l'édifice est inspirée de la cathédrale du Mans.

**La place de Hercé et la place Cheverus :** *en haut de la rue qui passe devant la basilique.* Tout autour, de nombreux hôtels particuliers des XVIIe et XVIIIe s, dont l'ancien *palais de la Barre-Ducale*. Il est orné de deux cadrans solaires peints sur la façade fin XVIIIe s, symboles maçonniques riches de signification ici. *Document disponible à l'office de tourisme.*

**La chapelle des Calvairiennes :** *rue Guyard-de-la-Fosse. Ouv selon le programme des expositions.* Ancien couvent des sœurs du Calvaire, abritant un mur-retable de Pierre Biardeau (1668), devenu aujourd'hui lieu d'exposition d'art contemporain. *Document disponible à l'office de tourisme.*

**Le Mémorial des Déportés de la Mayenne :** *23, rue Ambroise-de-Loré. ☎ 02-43-08-87-35. Avr-août, mar et jeu-sam 14h-18h ; sept-mars, jeu-sam 14h-17h30.* Objets rapportés des camps, exposition, mur des noms... Ce lieu de mémoire et de recueillement est aussi un espace d'échange, d'expression artistique et... de vigilance.

## À faire

**Les P'tits Bateaux :** *halte fluviale de Mayenne, quai Waiblingen. ☎ 02-43-32-10-32. Mai-sept, lun-sam sf mar mai-juin et sept, 14h-18h30 ; dim 10h-12h, 14h-18h30.* Bateaux électriques sans permis, « pédal'eaux » et vélos. Location de la demi-heure à la journée.

**Bateau promenade « Le Pays de Mayenne » :** *halte fluviale de Mayenne, quai Waiblingen. ☎ 02-43-04-19-37. Fonctionne mai-sept. Infos à l'office de tourisme.* Croisières-promenades ou croisières-repas.

## DANS LES ENVIRONS DE MAYENNE

**Les Toiles de Mayenne :** *53100* **Fontaine-Daniel.** *☎ 02-43-00-34-80. • toiles-de-mayenne.com • À 5 km au sud-ouest de Mayenne par la D 104, au milieu des bois. Magasin d'exposition (en haut du village) lun-sam 9h30-12h30, 13h30-18h (14h sam).*

Un village digne de la série *Chapeau melon et bottes de cuir,* mais qui n'a servi de cadre qu'à la série *Les Maîtres du pain* (1993) ! Pittoresque garanti pour le visiteur, avec les cottages aux toits d'ardoise se reflétant dans un étang tranquille, près d'un bois, et l'ancienne abbaye cistercienne cachée dans le périmètre de l'usine. L'aventure commence ici quand Juhel III, baron de Mayenne, fait don aux moines du lieu-dit en 1204 pour construire l'abbaye de Fons-Danielis. Un nom qui rappelle la fontaine située sur la place du village. Elle alimentait l'abbaye et a tout naturellement facilité l'implantation d'une filature au XIXe s. Ce village industriel et utopique, construit à cette époque avec les maisons pour ouvriers et la fabrique des maîtres, abritait l'usine textile pour l'ameublement haut de gamme (qui possède toujours la marque *Toiles de Mayenne*), le tissage ayant pris en 1914 la suite de la filature. Environ 110 employés à Fontaine (et un réseau de 35 magasins en tout) se répartissent toutes les fonctions : tissage, teinturerie, confection, expédition des tissus (rideaux, coussins, embrasses, jetés de lit, nappes, housses, etc.).

***Le musée des Tisserands mayennais :*** *pl. du Billard-de-Vaux, 53300* ***Ambrières-les-Vallées.*** *☎ 02-43-04-96-19. À 12 km au nord par la D 23. Près de la mairie. Juil-août, tlj sf lun, 14h30-18h30. Entrée : env 3 € ; réduc.* Placé sous l'égide des *Musées de France,* ce musée de la vie d'autrefois est installé dans d'authentiques maisons de tisserands. Une façon originale et authentique de montrer les différentes étapes de la production de tissus de chanvre au XVIIIe s.

# PRÉ-EN-PAIL

(53140) 2 130 hab. *Carte Mayenne, D1*

**Au nord-est de Mayenne et à une vingtaine de kilomètres seulement d'Alençon. Quel Nougaro local ira chanter ce « pail »-là, pays des pommiers et des forêts, juché sur le balcon du parc naturel régional Normandie-Maine ? Dévalant les pentes du mont des Avaloirs, le plus haut point de l'ouest de la France (417 m), de multiples cours d'eau viennent y grossir la Mayenne naissante. Dans cette région, nombreuses possibilités de randonnées dans des paysages vallonnés.**

## Où dormir ? Où manger dans les environs ?

### De bon marché à prix moyens

***Chambres d'hôtes Ferme de La Tasse :*** *La Tasse, 53370* ***Gesvres.*** *☎ 02-43-03-01-59. • daniel.lenoir53@wanadoo.fr • latasse-tourisme.over-blog.com • De Pré-en-Pail, au milieu du bourg, vers le sud, prendre la D 204 vers Saint-Julien-des-Églantiers ; après le bourg, prendre la D 255 vers Averton ; la maison est à 1 km. Doubles env 45-55 €. Écogîte pour 7 pers. Table d'hôtes 22 €.* Très jolie ferme et superbe site campagnard de prés, forêts et petits vallons. 2 chambres agréables, dont l'une donne sur le jardin. Le gîte, très plaisant et bien fonctionnel, répond aux normes « Haute Qualité Environnementale » et possède une grande baie vitrée donnant sur les champs. Les propriétaires élèvent des vaches laitières en agriculture biologique et des ânes qu'ils louent pour des randos. Vente de fromages et de produits fermiers biologiques. Depuis la ferme, départ de 2 chemins de randonnée. Accueil très agréable.

***Auberge Saint-Roch :*** *pl. de l'Église, 53700* ***Averton.*** *☎ 02-43-04-23-90. • auberge.st.roch@orange.fr • À 5 km de Villaines, au sud-est par la D 119. Ouv le midi, plus sam soir ; le soir en sem sur résa. Fermé dim soir. Congés : 1 sem en hiver, 3 sem en août. Double 48 €. Formule déj en sem 12,50 € ; menus 18,90-26,90 €.* Dans cette charmante auberge de campagne, quelques pimpantes chambres, bien douillettes, qui portent les noms des filles des hôteliers. Au resto, une bien bonne cuisine traditionnelle. Service et accueil absolument charmants. En sortant, un petit coucou à saint Roch, qui exhibe sa cuisse sanglante !

## DANS LES ENVIRONS DE PRÉ-EN-PAIL

***Le mont des Avaloirs et son belvédère :*** *à l'est de Pré-en-Pail, à env 6 km.* Le point culminant de l'Ouest, caché dans la forêt de Multonne. On est à 416,23 m exactement ! Grimper au sommet du belvédère haut de 17 m, une construction en béton pas très gracieuse, aux airs olympiques. Mais en une centaine de marches, c'est la photo du siècle !

***Le moulin de Trotté :*** *site classé, à 3 km de Saint-Pierre-des-Nids et 11 km au sud-est de Pré-en-Pail, par la D 144.* Promenade romantique au bord de la Sarthe et plus sportive jusqu'à Saint-Léonard-des-Bois, en Sarthe (une vingtaine de kilomètres). Un des plus beaux paysages de la Mayenne, évidemment. On ne vous en dit pas plus. À découvrir en partant de Saint-Céneri-le-Gérei (voir la partie « La Sarthe »), adorable village aux confins de trois départements : Mayenne, Sarthe et Orne.

***Le Pot au Lait :*** *Les Brasinières, 53700* ***Villaines-la-Juhel.*** *☎ 02-43-03-76-87. • lepotaulait.com • À une douzaine de km au sud de Pré-en-Pail, quelques km avt d'arriver à Villaines. 1er et 3e w-e mai-oct 14h-18h ; et tte l'année sur rdv. Entrée : 4 €. Visite guidée et animations payantes.* Jean-Luc Bourg, paysan et passionné par tout ce qui tourne autour du pot (de lait !), a chiné un peu partout dans la région pour rassembler barattes, écrémeuses et autres instruments de transformation (1 200 en tout !) de 1750 à 1950. Organise également des sorties en attelage.

***Averton*** *(53700) : à une vingtaine de km au sud de Pré-en-Pail et 4,5 km à l'est de Villaines-la-Juhel.* Jolie petite ***église*** qui vaut la visite pour ses trois beaux retables en bois peint du XVIIe s. Et ***Les Perles,*** un site multifonction et tout public : halte pique-nique, pêche, aire de jeux, parcours sportif...

# LASSAY-LES-CHÂTEAUX

(53110) 2 500 hab. *Carte Mayenne, C1*

**À une vingtaine de kilomètres au nord-est de Mayenne, Lassay, « Petite Cité de caractère » très bien restaurée, aux ruelles étroites et aux maisons de granit, abritait autrefois trois châteaux. L'un repose sous le lierre, l'autre se refait une beauté grâce à une association, le troisième est étonnant de vigueur et fait l'objet d'une visite passionnante. Le village est plein de charme tranquille et mérite que l'on s'y attarde pour flâner.**

## Adresses et info utiles

***Office de tourisme :*** *8, rue du Château. ☎ 02-43-04-74-33. • lassay.typepad.com • Juin-août, lun-sam 10h-12h30, 14h-17h30 (17h sam) ; dim 14h-17h. Le reste de l'année, lun-ven.* Programme de randonnées tout au long de l'année.

***Artisans sur bois :*** *juste à côté de l'office de tourisme. • alain-legros.com •*

– ***Visites théâtralisées :*** *4 soirées en juil-août.*

## Où dormir dans les environs ?

**Chambres d'hôtes Le Nouveau Gué :** *Florence et Jean-Pierrus Richefeu, 12, rue des Tilleuls, 53110* ***Niort-la-Fontaine.*** *☎ 02-43-00-16-97. • richefeu@wanadoo.fr • À 3,5 km au nord de Lassay, dans l'ancien presbytère, derrière l'église. Fermé de mi-déc à mi-janv. Double tt confort 52 €. Table d'hôtes 22 € sur résa. Une spécialité régionale offerte sur présentation de ce guide.* Une sympathique famille qui, lassée de la vie trépidante à Paris, a eu la bonne idée d'installer des chambres d'hôtes de grand confort dans une bâtisse de caractère. 3 belles chambres dont une « chambre cathédrale » dans la suite familiale. Table d'hôtes avec des spécialités de La Réunion. L'endroit est très reposant, et les cloches de l'église sont effectivement moins agressives que les pétarades urbaines. Excellent accueil.

## À voir

**Le château :** *☎ 02-43-04-05-47. Visite commentée intérieur et extérieur (env 1h) ; se renseigner. Entrée : 6 € ; réduc.* Un des plus beaux et des plus captivants châteaux forts de la Mayenne, solidement assis face à son étang et resté en l'état sans aucun travail de réaménagement. Cette forteresse des XIVe-XVe s est typique de l'architecture militaire de l'époque Charles VII, avec ses huit tours massives en granit rouillé du pays reliées par des courtines. Superbe châtelet d'entrée avec pont de pierre et une barbacane en proue de bateau à trois étages de feu, qui est l'un des rares témoins de ce style de défense encore intact. Pont-levis parfaitement équilibré (on l'actionne d'une seule main). L'intérieur est distribué en plusieurs pièces, toutes meublées d'époque. À voir notamment, le potager (la cuisine) et tout son matériel, une chambre à coucher, la salle d'armes ainsi que la salle à manger aux volets en draperie et aux portes sculptées. Ensemble impressionnant.

**La roseraie :** *près de l'église. Visite conseillée avr-sept. GRATUIT.* Plusieurs centaines de variétés venues du monde entier embaument l'ancien pré du couvent des bénédictines. Idéal à la belle saison.

**Le Jardin médiéval :** *tte l'année, sur la rive opposée de l'étang au pied du château. Accès libre.* Un jardin médiéval comprenant cinq espaces : le tapis vert avec pelouse et plantes vivaces, le jardin des simples, le verger, le bosquet et la chambre de verdure, pour se reposer sur un banc face à une fontaine.

## Manifestations

– **Journée « Les Peintres dans la rue » :** *le 1er dim de juin.* Environ 80 peintres, et marché d'artisans place du Château.
– **Les Entrelacés :** *11-14 juil à Lassay et dans les environs. GRATUIT.* Festival des arts dans la rue : déambulations de compagnies théâtrales, humoristiques, musicales.

## DANS LES ENVIRONS DE LASSAY-LES-CHÂTEAUX

**L'église Saint-Fraimbault :** *à quelques km du village, direction Javron (le village est indiqué sur la gauche).* Une église des XIVe et XVIIe s, entourée de son cimetière et élevée à la mémoire d'un grand évangélisateur du VIe s. Les reliques de son crâne ont été pieusement conservées et sont portées en procession le lundi de Pentecôte. Quand Chrétien de Troyes écrivit les aventures de Lancelot et Cie à Domfront, à une vingtaine de kilomètres de là... il se serait inspiré du saint homme pour camper le personnage de Lancelot du Lac, l'amoureux de la douce Guenièvre, l'épouse du pauvre Arthur. Au pied du mur de l'enceinte, on peut voir la stèle funéraire du saint ermite, qui porte trèfle et calice.

➢ ***Le vélorail du bocage :*** *ancienne gare SNCF, 53300* ***Saint-Loup-du-Gast.*** *06-26-10-60-17. Au sud-ouest de Lassay par la D 33, puis, après Chantrigné, prendre la D 258 à gauche (15 km). Avr-juin et sept-oct, dim et j. fériés 11h-18h, plus sam 14h-18h mai-juin ; juil-août, tlj 11h-18h. Compter 15 €/vélorail (4 pers).* Location à l'heure de petits chars roulants très originaux et amusants, pour 4 adultes et 1 enfant. Parcours de 1h15 environ.

***Le musée du Cidre :*** *route de Chantrigné-Melleray, domaine de La Duretière, 53110* ***Lassay-les-Châteaux.*** *☎ 02-43-04-71-48. De Lassay, direction Niort-la-Fontaine ; suivre les panneaux. Pâques-juin et sept, lun-sam 14h-19h ; juil-août, tlj 10h-19h. Entrée : env 4,50 € ; réduc. Visite guidée slt (1h).* Gérard Le Royer reste fidèle à la tradition : il fait du cidre avec des pommes amères ! On découvre le verger, mais aussi le fonctionnement des ingénieuses machines nécessaires à la fabrication de ce délicieux breuvage. La visite s'achève par un petit film de 10 mn avant la dégustation. Ne pas manquer de goûter son calvados (domfrontais), son pommeau ou son poiré, qui ont tous reçu des médailles. Point de vente sur place.

➢ ***Le circuit du peintre Pissarro :*** *rens à l'office de tourisme.* Entre Niort-la-Fontaine et Melleray-la-Vallée, 12 chevalets dans la périphérie de la maison de Ludovic Piette, ami et mentor de Pissarro, située à Montfoucault. Un hommage à l'impressionniste qui a fait plusieurs séjours ici.

# ERNÉE

(53500) 6 000 hab. *Carte Mayenne, B2*

**À l'ouest de Mayenne par la N 12 (24 km), une ville de transition sur la route de Vitré et Fougères. Le centre commerçant est animé surtout le jour du marché du terroir, le mardi. On peut y admirer, dans les rues ou dans un grand champ à l'entrée de la ville, les sculptures géantes de Louis Derbré.**

## Adresse et info utiles

***Syndicat d'initiative :*** *pl. de l'Hôtel-de-Ville. ☎ 02-43-08-71-17. • ville-ernee.fr • Juil-août, tlj tte la journée sf sam ap-m, dim et lun mat ; sinon, infos à la mairie.* Dépliants sur la balade « des 3 subious », un treck à travers la ville, et sur les sculptures de Louis Derbré.

– ***Marché paysan :*** *mar mat.*

## Où dormir ? Où manger ?

***Le Grand Cerf :*** *17-19, av. Aristide-Briand. ☎ 02-43-05-13-09. • infos@legrandcerf.net • legrandcerf.net • À la sortie est de la ville, direction Mayenne. Fermé lun midi, ven soir et dim soir. Doubles avec douche ou bains à partir 70-80 €. Formules 16-19 € ; menus 26-38 €. Apéritif offert sur présentation de ce guide.* L'hôtel propose de belles chambres avec tout le confort, dont plusieurs familiales. Douce atmosphère au resto, déjà plus enjouée dans le coin bistrot. Chambres confortables et beaux menus, dont les plats suivent intelligemment les saisons. Au rez-de-chaussée, sculptures de Louis Derbré.

***La Table Normande :*** *3, av. Aristide-Briand. ☎ 02-43-05-16-93. • la-table-normande@wanadoo.fr •*

*Sur la N 12, à l'est de la ville, direction Mayenne. Fermé dim et jeu soir. Congés : 2 sem en fév et 3 sem en août. Menus 12 € déj en sem, puis 15,40-22 €. Apéritif maison offert sur présentation de ce guide.* Carte honnête du style douzaine d'huîtres de Cancale, andouillette ou entrecôte. Mais les choses simples sont parfois les meilleures, alors... L'une de ces adresses bien ancrées dans le paysage local.

## Où dormir dans les environs ?

### De bon marché à prix moyens

**Chambres d'hôtes La Gasselinais :** *chez Catherine et Florent Gendron, **La Gasselinais,** 53500 Ernée. ☎ 02-43-05-70-80. • gendron53@yahoo.fr • bienvenuealaferme.net • Sur la N 12, à 2 km du centre-ville, direction Mayenne (panneau jaune). Doubles 45-47 €.* Belle « ferme pédagogique et de découverte » (vaches laitières, petits animaux), dotée d'une rivière et d'un bois. Les 3 chambres aux noms d'oiseaux sont entretenues régulièrement. Infatigables, les proprios se sont reconvertis dans l'agriculture biologique et les énergies renouvelables. Vous pourrez goûter à leurs productions, des superbes confitures, servies au petit déj, au jus de pomme fermier. Vente sur place. Accueil familial et convivial.

**Gîte et chambres d'hôtes de Longuève :** *53500 **Montenay.** ☎ 02-43-05-78-19. • gite.de.longueve@gmail.com • gite-de-longueve.fr • À 2 km à l'est d'Ernée, par la D 289. Doubles à partir de 51 €. Formule gîte également. Réduc de 10 % sur le prix de la chambre sur présentation de ce guide.* Agriculture biologique, matériaux de rénovation respectueux de l'environnement, énergie solaire et chauffage au bois... Ce couple d'agriculteurs a les pouces verts, c'est le moins que l'on puisse dire. 5 chambres dans une ancienne grange rénovée, pouvant se transformer en gîte pour profiter de la maison dans son ensemble. Grand jardin avec terrasse et barbecue. Produits bio en vente.

**Chambres d'hôtes La Rouaudière :** *à **Mégaudais,** 53500 Ernée. ☎ 02-43-05-13-57. • rouaudiere-megaudais.fr • Sur la N 12 à 5 km, direction Fougères, à la hauteur du hameau de Mégaudais (indiqué). Doubles 58-65 €. Table d'hôtes sur résa 25 € tt compris.* Dans une jolie ferme d'élevage (vaches laitières), 4 grandes chambres décorées avec beaucoup de goût. Des petits déj fermiers avec fromage, jambon, fruits, etc., et des repas campagnards avec produits frais de la ferme, sur réservation. Plateau d'accueil dans la chambre à votre arrivée. Beau jardin fleuri.



## À voir

***Le jardin de sculptures Louis-Derbré** (1925-2011) : rue Pierre-et-Marie-Curie. GRATUIT.* Le dernier des grands allumés mayennais, connu pour ses sculptures monumentales, qui exposa jusqu'au Japon, puisque son *Mémorial pour la paix dans le monde* repose désormais dans un parc d'Hiroshima. À côté de sa fonderie et de son atelier, d'où sortirent nombre d'œuvres que vous avez pu voir dans les rues de Laval ou d'Ernée, faites un petit tour dans le champ de 7 ha, un grand nombre d'œuvres y sont exposées au grand air.

***La chapelle de Charné :** le long de la N 12, direction Mayenne.* Merveilleusement conservée alors qu'elle a frôlé plusieurs fois la démolition. Elle fut construite au XIIe s et est entourée d'un cimetière aux tombes des XVIIIe et XIXe s. On peut admirer, sur ce site empreint de sérénité, le transept, la tour-clocher et le chœur roman, la statue polychrome de la Vierge, des peintures murales du XVe s. Les restes de 36 victimes de la Révolution française originaires d'Ernée y sont inhumés.

## DANS LES ENVIRONS D'ERNÉE

**Le dolmen de la Contrie :** *à 3 km, vers le nord, direction Carelles, puis sur la droite par le lotissement de la Boissière. Pas évident à trouver.* Une magnifique allée couverte vous mène jusqu'à ce site préhistorique, une des curiosités qui justifient de jolies balades à quelques kilomètres d'Ernée. Nombreux dolmens, menhirs ou pierres levées.

**Le jardin de La Pellerine :** *Sylvie et Alain Douinot, 53220* ***La Pellerine.*** *☎ 02-43-05-93-31. À 9 km à l'ouest d'Ernée, direction Fougères. Mai-oct, jeu-ven 10h-18h30, sam-dim et j. fériés 14h-18h30. Entrée : 7 € ; gratuit moins de 14 ans.* Un joli jardin paysager et privé, aménagé autour d'une demeure cossue du XVIIe s avec sa jolie tourelle.

**Les jardins des Renaudies :** *Les Mézeraies, 53120* ***Colombiers-du-Plessis.*** *☎ 02-43-08-02-08. • jardindesrenaudies.fr • À 15 km au nord-est par la D 107. 20 avr-31 mai, dim et j. fériés 14h-18h ; juin et sept-oct, mar-dim et j. fériés 14h-18h ; juil-août, lun 14h-18h, mar-dim et j. fériés 10h-12h30, 14h-18h. Entrée : env 5 € ; réduc et tarif dégressif ; gratuit moins de 6 ans.*

Le nom de ces jardins s'inspire de celui de son concepteur, Jean Renault, pépiniériste aujourd'hui à la retraite, qui le composa en 1988. Ce site est riche de plus de 3 000 plantes. Le parcours est constitué d'une succession de thèmes qui mettent en valeur soit un type de plantes, soit un jardin ou un paysage particulier. Tout simplement une invitation à la contemplation ; on vous conseille même de vous déchausser, histoire de vous soigner la plante... des pieds !

Le site est complété par un *écomusée des vieux métiers du XIXe s* où ateliers de forgeron, tonnelier, sabotier et cerclier-bourrelier-foudrier (!), ou encore de boulanger (four parfois en fonctionnement) ont été reconstitués.

Jeux pour les enfants (labyrinthe de maïs en août) et animations régulières. Pique-nique possible. Vente de plantes.

**Le château de Goué :** *route de La Dorée, 53190* ***Fougerolles-du-Plessis.*** *☎ 02-43-05-94-86. • chateau-de-goue.com • À la limite du département, au nord d'Ernée. En principe, juil-août, tlj sf ven 14h-20h ; le reste de l'année, sur rdv. Entrée : 8 € ; réduc.* Imposante demeure du XVIIIe s. Passage obligé par le grand salon, classé Monument historique. Salon de réception du XIXe s agrémenté de décors peints par les élèves de Nicolas Poussin. La légende dit que si on place les tableaux dans l'ordre, ils indiquent le trésor de Goué. Dans la salle à manger, admirer l'exceptionnel plafond à la française avec 64 caissons illustrant les 64 premières fables de La Fontaine. La visite se poursuit autour du grand escalier, puis des caves.

## CHAILLAND

(53420) 1 230 hab. *Carte Mayenne, B2*

**En bordure de la forêt de Mayenne, au creux de la vallée de l'Ernée, cette « Petite Cité de caractère » est assurément un joli coin. Et puisque l'on parle de caractère, le village cultive la mémoire de l'abbé Lefaucheux (1907-1987), cet infatigable touche-à-tout, à la fois bricoleur, musicien, metteur en scène, projectionniste après la messe du dimanche, motard ou encore jardinier. C'est d'ailleurs à lui que l'on doit les « terrasses du presbytère », des jardins perchés présentant notamment des variétés anciennes et une jolie roseraie. Tout un parcours à faire (belle grimpette !), en empruntant les escaliers sur le côté gauche de l'église, jusqu'aux « rochers du Calvaire et de la Vierge ». Le reste du village vaut également le coup d'œil, et Chailland est le point de départ de nombreuses promenades.**

## Où dormir ? Où manger dans les environs ?

**Chambres d'hôtes de La Jamelinière :** *chez Isabelle Bahier. ☎ 02-43-02-65-57. • isabellebahier@orange.fr • chambresdhotesenmayenne.com • En venant d'Ernée, entrer dans le bourg de Chailland, tourner à droite avt le pont, continuer tt droit et prendre le 1er chemin sur la droite. Congés : 3 dernières sem de déc. Doubles 52-62 € ; également des familiales. Crêperie jeu-sam.* Charmante maison en pierre et aux volets verts, dans un hameau. De l'une à l'autre des 5 chambres, on voyage de l'Inde à l'Afrique en passant par la mer et la montagne. Excellent petit déjeuner bien copieux, avec des crêpes, hmm ! D'ailleurs, la proprio a ouvert une crêperie bio sur place. Une maison d'hôtes pratique et plaisante.

**La Guinguette :** *La Fourmondière Intérieure, 53240* ***Montflours.*** *☎ 02-43-68-75-08. • patricedubert@aol.com • À 13 km au sud-est de Chailland. Fermé lun, plus dim, mar-mer et j. fériés hors saison. Menus 12,75 € (à midi)-22 € ; carte 25-30 €. Café offert sur présentation de ce guide.* Un établissement idéalement situé en bord de Mayenne, face à de jolies ruines et des cascades. Le chef, qui a beaucoup de talent, ne travaille que des produits frais, et le menu varie en fonction du marché et de son humeur. Grande terrasse aux beaux jours. Excellents accueil et service. Une de nos adresses coup de cœur.

## DANS LES ENVIRONS DE CHAILLAND

***Le parc et jardin de Clivoy :*** *à 3 km par des petites routes, indiqué depuis la mairie. 06-07-61-10-10. • clivoy.fr • Juil et sept lun-ven 9h-12h, 14h-17h. Également sur rdv en mai-juin. Entrée : 5 € ; gratuit moins de 15 ans.* Les propriétaires de cette ancienne place forte sur son éperon rocheux, agrandie au XIXe s, ouvrent à la visite leur potager du XIXe s aux murs clos. Légumes, fruitiers et fleurs dans un arrangement à la française et à l'anglaise (buis d'origine), et des couleurs volontairement douces. Serre, orangerie, pieds de vigne... rien ne manque au tableau, dans un environnement superbe, en surplomb de l'Ernée. À noter que le château appartient à la même famille depuis sept siècles, transmis par des femmes essentiellement !

***Juvigné*** *(53380) : à 13 km à l'ouest, par la D 165.* C'est l'un des villages les plus fleuris d'Europe et il a gagné le concours plusieurs années. Même les cabines téléphoniques et les pompes à essence sont décorées ! Plus de 30 000 plants sont mis en terre chaque année. À découvrir dans le village, un ***musée de l'Évolution agricole.***

***L'étang Neuf :*** *de Juvigné, prendre la direction de Saint-Hilaire-du-Maine (2 km).* Un beau plan d'eau pour la pêche et un site protégé de 50 ha pour la promenade, les randonnées ou le farniente. Tables pour le pique-nique et petit chalet-refuge.

***Andouillé*** *(53240) : au nord de Laval, prendre la direction de Mayenne, puis à gauche à Louverné, la D 131 (12 km).* Charmant petit village au bord de l'Ernée, avec son camping pied dans l'eau. Ici, on a classé les haies, pour préserver encore mieux le site. Belles randonnées à pied ou à cheval.

***La Ferme du Theil :*** *Le Theil, chez M. Rouland, à Andouillé. ☎ 02-43-69-70-04. D'Andouillé, suivre la route de Saint-Ouën-des-Toits (D 115) sur 4 km. Lun-jeu 17h-19h, ven 14h-19h, sam 10h-12h.* Conseils et dégustation de cidre fermier, bien sûr, mais aussi jus de pomme, poiré, pommeau et eau-de-vie

LA HAUTE MAYENNE

de cidre du Maine.

– ***Le Roc au Loup :*** *route de Saint-Jean-sur-Mayenne, dans le hameau de Vaugeois, 53240 Andouillé. ☎ 02-43-91-50-50. • lerocauloup.fr • À l'entrée du village d'Andouillé.* Un centre équestre où vous pourrez suivre des stages d'équitation avec les chevaux Camargue de l'élevage ou profiter du poney-club. Gîte de groupe pour accueillir les randonneurs. Le site, d'une surface totale de 70 ha, vous propose chemins de randonnée, forêt, rivière...

# LA SARTHE

## ABC DE LA SARTHE

- *Superficie :* 6 206 km².
- *Préfecture :* Le Mans (154 000 hab.), 20e ville de France.
- *Sous-préfectures :* La Flèche (15 000 hab.) et Mamers (5 500 hab.).
- *Population :* 565 700 hab.
- *Signes particuliers :* 4 000 km de cours d'eau, dont 85 km navigables ; 9 petites cités de caractère ; près de 1 500 ha de forêts domaniales.
- *Point culminant :* le belvédère de Perseigne (340 m).

**« La Sarthe mérite plus que 24 heures... » Un joli slogan, concocté naguère par les professionnels du tourisme, fiers du patrimoine, des forêts, des paysages variés de cette terre de France que beaucoup traversent sans la voir vraiment, entre le Val de Loire et la côte normande.**

### PAS DE POT

*Les rillettes étaient fabriquées à la fois à Tours et au Mans dès le début du XXe s. Le gras est un excellent conservateur de viande. Pourquoi Le Mans a-t-il gagné la bataille de la renommée ? Tout simplement parce que Tours a refusé le chemin de fer. Résultat, la distribution des rillettes était bien plus compliquée.*

**Le Mans, ancienne capitale de la province du Maine, est aujourd'hui une préfecture labellisée Ville d'art et d'histoire, au cœur d'un département dont elle est plus que jamais le nombril. Tout tourne autour d'elle, ce qui n'empêche pas chaque « pays » alentour d'avoir sa personnalité. En suivant les aiguilles d'une montre (toujours ce thème des 24 heures !), on file sur les forêts de Mayenne, on remonte vers la haute Sarthe et le pays du Saosnois, on découvre les charmes du Perche, à l'est, on suit le Loir jusqu'à La Flèche et on remonte la Sarthe pour revenir sur Le Mans.**

**Le Nord a des charmes normands, des hauteurs plus fraîches, plus arrosées que le Sud, qui baigne dans une douceur angevine. Au nord, les belles forêts de hêtres, les bocages bien verts avec des prairies plantées de pommiers. Au sud, quelques plantes de type méditerranéen, des cieux plus lumineux. Dans la vallée du Loir, le tuffeau dresse ses falaises crayeuses truffées de caves, de grottes troglodytiques. Il y a des vignes sur les coteaux et des vergers. De caves en tables, de paysages en châteaux (nombreux mais souvent discrètement tapis dans la nature), on savoure l'art de vivre en Pays sarthois, le paradis des promeneurs à pied ou à vélo. Et au final, on ne compte plus les heures...**

## Adresses et infos utiles

🅘 ***Sarthe Développement :*** *31, rue Edgar-Brandt, Z.A. Monthéard, 72000* ***Le Mans.*** *☎ 02-72-881-881.* *• tourisme-en-sarthe.com • Application smartphone : Sarthe Tour.* Les brochures et cartes du département sont téléchargeables sur Internet. Possibilité également de réserver son hébergement et son séjour en ligne.

■ ***Gîtes de France :*** *78, av. du Général-Leclerc, 72000* ***Le Mans.*** *☎ 02-43-23-84-61. • gites-de-france-sarthe.com • Accueil tél lun-ven 9h-17h30.*

– Dates des ***marchés fermiers*** et liste des ***fermes*** pratiquant la vente directe : *• tourisme-en-sarthe.com • (rubrique « s'informer/rechercher »).*

## Comment se déplacer ?

– On trouve des ***gares SNCF*** au Mans (gare TGV), à Château-du-Loir, La Flèche, Sillé-le-Guillaume, La Ferté-Bernard, Sablé-sur-Sarthe et Vivoin-Beaumont.

– Les ***transports en bus*** dans le département sont assurés par le réseau *TIS,* géré par le conseil général. Horaires et tarifs sur *• lestis72.com •.*

– Pour toute information complémentaire, consulter *• tourisme-en-sarthe.com • (rubrique « s'informer/rechercher »).*

# LE MANS (72000) 154 000 hab. *Carte Sarthe, B-C3*

◗ Pour le plan du Mans, se reporter au cahier couleur.

**Si vous voulez agacer les Manceaux, parlez-leur des rillettes et des 24 Heures ! Ils vanteront plutôt avec fierté, et à juste titre, la beauté de leur Vieux Mans (rebaptisé « Cité Plantagenêt »), régulièrement filmé par des réalisateurs heureux de trouver là un magnifique décor pour leurs films de cape et d'épée. Une ville hautement chargée d'histoire donc, née sur un éperon rocheux dominant la Sarthe environ 4 000 ans avant notre ère.**

### LE POIDS DE L'ARGENT

*Dès les débuts de la compétition automobile, on différencia le pays d'origine des bolides par une couleur distincte : bleu pour la France, rouge pour l'Italie, vert pour la Grande-Bretagne... Les modèles allemands avaient hérité du blanc, mais très vite, il fut remplacé par l'argenté parce que la couleur blanche, qui contenait du plomb, alourdissait les voitures. Les ingénieurs allemands eurent l'idée, pour les rendre plus légères, de ne pas peindre les carrosseries en alu. Elles ne rouillent pas !*



## UN PEU D'HISTOIRE

### L'époque gallo-romaine

Lorsqu'en 57 av. J.-C. les légions romaines envahirent la région, la cité, occupée par des Cénomans, peuplade d'origine celtique, s'appelait Vindunum (« colline blanche »). Bourgade de paysans, lieu de marché ou simple refuge, allez savoir ! Tout cela, on le sait ou on le devine, moins au travers des commentaires de Jules

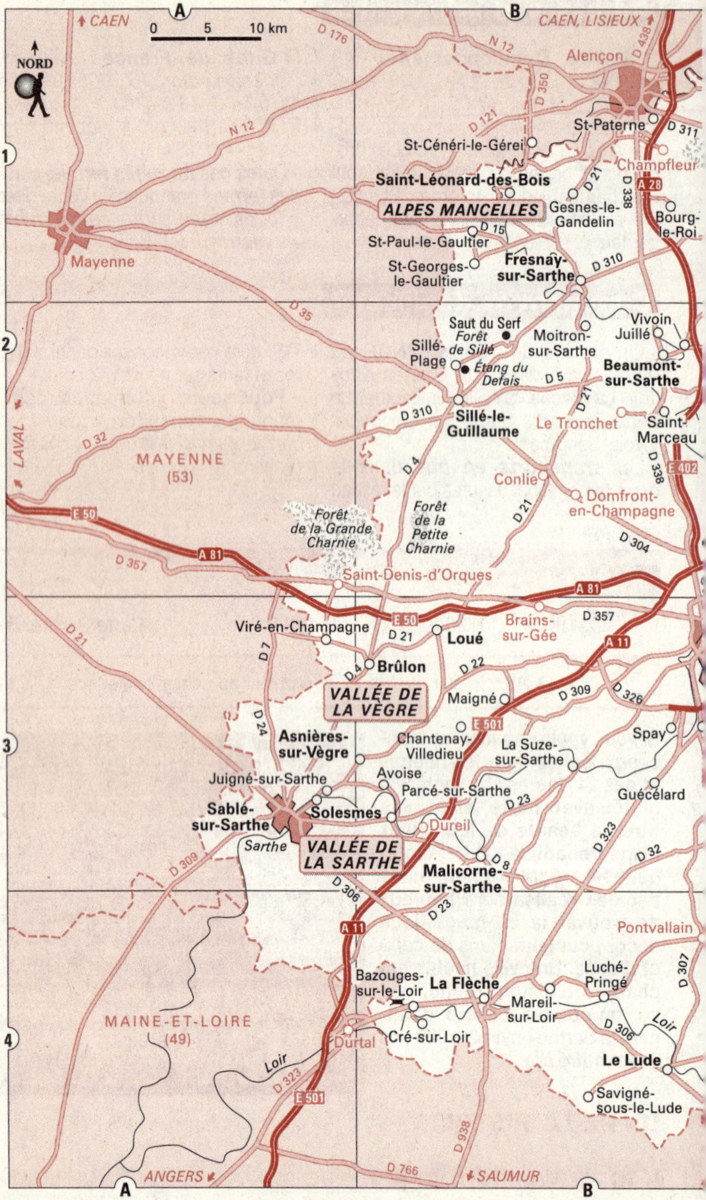
CAEN
0 5 10 km
NORD
CAEN, LISIEUX
D 176
N 12
D 438
Alençon
D 350
D 121
St-Paterne
D 311
St-Céréni-le-Gérei
Champfleur
D 21
D 338
Saint-Léonard-des-Bois
A 28
ALPES MANCELLES
Gesnes-le-Gandelin
Bourg-le-Roi
Mayenne
D 15
St-Paul-le-Gaultier
Fresnay-sur-Sarthe
D 310
St-Georges-le-Gaultier
D 35
Saut du Serf
Forêt de Sillé
Moitron-sur-Sarthe
Vivoin
Juillé
Sillé-Plage
Étang du Defais
D 5
Beaumont-sur-Sarthe
D 310
Sillé-le-Guillaume
Le Tronchet
Saint-Marceau
D 32
LAVAL
MAYENNE
(53)
D 4
Conlie
D 338
E 402
Domfront-en-Champagne
E 50
D 21
Forêt de la Grande Charnie
Forêt de la Petite Charnie
D 304
A 81
D 357
Saint-Denis-d'Orques
A 81
E 50
Brains-sur-Gée
D 357
Viré-en-Champagne
D 21
Loué
D 21
D 7
A 11
Brûlon
D 22
D 4
VALLÉE DE LA VÈGRE
Maigné
D 309
D 326
D 24
E 501
Spay
Chantenay-Villedieu
Asnières-sur-Vègre
La Suze-sur-Sarthe
Avoise
Juigné-sur-Sarthe
Parcé-sur-Sarthe
Guécélard
Sablé-sur-Sarthe
Solesmes
D 23
Dureil
D 323
Sarthe
VALLÉE DE LA SARTHE
D 32
D 8
D 309
Malicorne-sur-Sarthe
D 306
D 23
A 11
Pontvallain
D 307
Bazouges-sur-le-Loir
La Flèche
Luché-Pringé
Mareil-sur-Loir
MAINE-ET-LOIRE
(49)
Durtal
Cré-sur-Loir
D 306
Loir
Loir
Le Lude
D 323
E 501
Savigné-sous-le-Lude
D 938
D 766
ANGERS
SAUMUR
A
B
1
2
3
4

LE MANS

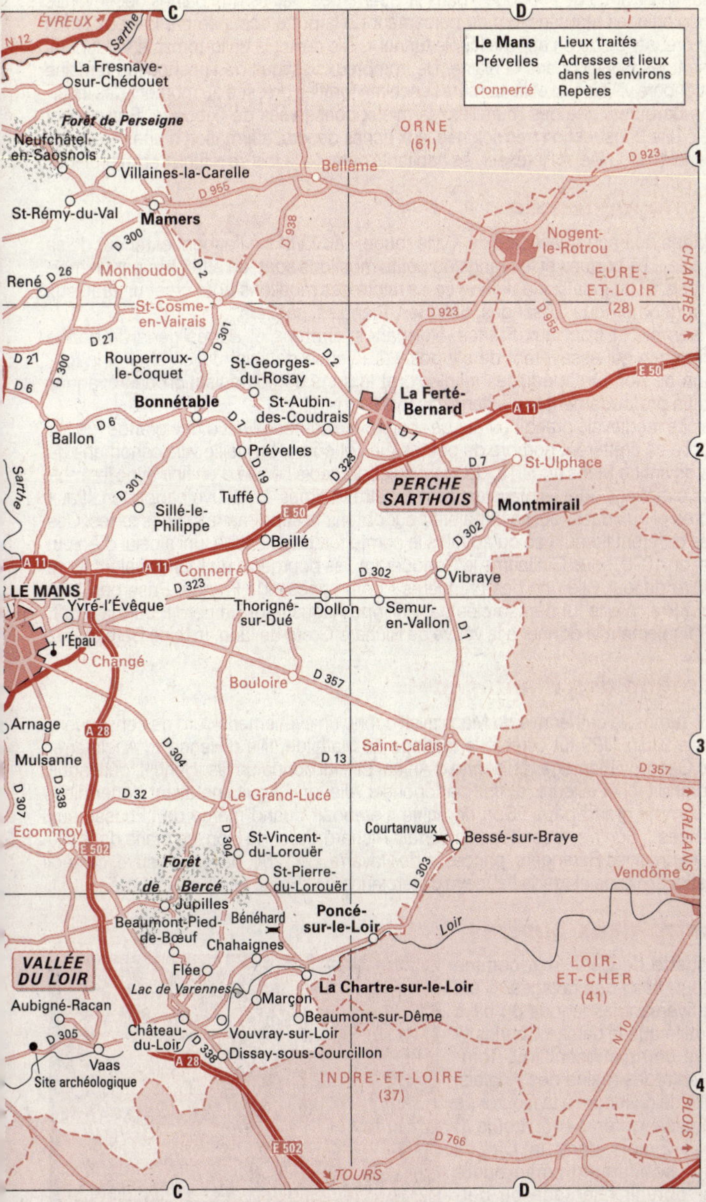

Le Mans — Lieux traités
Prévelles — Adresses et lieux dans les environs
Connerré — Repères
ORNE (61)
EURE-ET-LOIR (28)
LOIR-ET-CHER (41)
INDRE-ET-LOIRE (37)
PERCHE SARTHOIS
VALLÉE DU LOIR
ÉVREUX
CHARTRES
ORLÉANS
BLOIS
TOURS
La Fresnaye-sur-Chédouet
Forêt de Perseigne
Neufchâtel-en-Saosnois
Villaines-la-Carelle
St-Rémy-du-Val
Mamers
Bellême
Nogent-le-Rotrou
Monhoudou
René
St-Cosme-en-Vairais
Rouperroux-le-Coquet
St-Georges-du-Rosay
St-Aubin-des-Coudrais
La Ferté-Bernard
Bonnétable
Ballon
Prévelles
St-Ulphace
Tuffé
Sillé-le-Philippe
Montmirail
Beillé
Connerré
Vibraye
LE MANS
Yvré-l'Évêque
Thorigné-sur-Dué
Dollon
Semur-en-Vallon
l'Épau
Changé
Bouloire
Arnage
Mulsanne
Saint-Calais
Le Grand-Lucé
Ecommoy
Courtanvaux
Bessé-sur-Braye
St-Vincent-du-Lorouër
Forêt de Bercé
St-Pierre-du-Lorouër
Vendôme
Jupilles
Beaumont-Pied-de-Bœuf
Bénéhard
Poncé-sur-le-Loir
Chahaignes
Loir
Flée
La Chartre-sur-le-Loir
Lac de Varennes
Marçon
Aubigné-Racan
Beaumont-sur-Dême
Château-du-Loir
Vouvray-sur-Loir
Dissay-sous-Courcillon
Vaas
Site archéologique
Sarthe


# LA SARTHE

César (la Sévigné de l'époque !) dans la *Guerre des Gaules* que par les découvertes archéologiques réalisées lors du percement de la butte occupée par le vieux Mans pour creuser ce qu'on appelle ici « le tunnel ». Elle devint la gallo-romaine Vindunum, laissant les Gaulois dans la plaine. De nombreux vestiges de l'occupation romaine sont encore visibles ici et là, comme l'enceinte fortifiée dressée au moment des incursions barbares, une des murailles les mieux conservées de l'époque. Son aspect révèle une construction très soignée, aux riches décors, affirmation d'une puissance impériale retrouvée. À l'intérieur, les habitants purent à la fois se réfugier et se protéger.

## La cité médiévale

Le Mans doit son qualificatif de « ville rouge » au XVIIe s à l'aspect extérieur de sa muraille. Les briques et les rangs de petits moellons sont, en effet, liés par un mortier rose. Et on joua sur la différence de teinte des moellons pour créer un fabuleux décor géométrique : losanges, obliques, triangles, sabliers...
L'ensemble fit front aux Francs, Normands, Bretons et autres gens de bonne compagnie qui essayèrent de s'y poser. La venue de saint Julien amena la fondation de nombreux édifices religieux, et le sens de l'organisation des évêques modifia profondément la vie dans ces murs.
Une cité médiévale grandit autour de la première cathédrale et d'une grande rue sur laquelle se greffèrent nombre de petites rues et cours. La vieille ville cénomane du VIe s devint Le Mans au XIIe s, donnant aux bourgeois l'envie d'en finir avec les multiples exactions dont ils n'avaient cessé d'être victimes. Le pouvoir appartenait aux comtes et aux ducs, qui se battaient pour obtenir la suprématie sur ces terres. Ces luttes durèrent jusqu'à ce qu'au XIIe s le comté fût, par mariage, uni à celui d'Anjou. Déjà, en 1070, sous Guillaume le Conquérant, les bourgeois du Mans avaient tenté de faire de leur ville une des premières « communes » de France. Prise par Jean sans Terre, la ville fut démantelée par Philippe Auguste, qui la perdit, puis la reprit, pour finalement la donner à la veuve de Richard Cœur de Lion, la reine Bérengère.

## Le règne des Plantagenêts

Entre-temps, la cathédrale du Mans avait connu un événement lourd de conséquences : le 9 juin 1129 fut célébré le mariage de Mathilde, fille d'Henri Ier d'Angleterre, avec Geoffroy Plantagenêt, comte d'Anjou. Elle lui donna un fils, Henri II, qui naquit ici, grandit ici et ailleurs, et finit par épouser Aliénor d'Aquitaine avant de terminer roi, comme grand-papa ! Son domaine s'étendait quand même de l'Écosse aux Pyrénées... Son fils, à son tour, un certain Richard Cœur de Lion, se maria dans l'île de Chypre avec Bérengère, princesse de Navarre. En 1204, devenue veuve, celle-ci se retira au Mans et fonda l'abbaye cistercienne de l'Épau. Elle y est inhumée.

## L'entre-deux-guerres

La guerre de Cent Ans, comme partout, fit ici des ravages. C'est en traversant les landes du pays d'Outillé que le pauvre Charles VI devint complètement fou. Tombée entre les mains des Anglais, la ville ne reviendra à la Couronne française qu'en 1447. Louis XI passa 2 mois dans la Cité. Il avait habilement manœuvré pour obtenir l'héritage du dernier comte du Maine, Charles V d'Anjou. Ainsi put-il réunir à la Couronne le duché d'Anjou et le comté du Maine. En guise de

### LE « ROI FOL »

*En août 1392, le roi Charles VI, qui n'avait que 24 ans, et son armée étaient en marche pour la Bretagne. En traversant la région d'Outillé, au sud du Mans, alors qu'un lépreux l'interpella violemment, le roi fut soudain pris de démence, il tua un garde, chargea son escorte et blessa quatre hommes ! Il fallut une heure pour maîtriser le pauvre Charles qui fut ligoté et ramené au Mans. Les crises de schizophrénie du « roi fol » durèrent 30 ans, jusqu'à sa mort en 1422.*

remerciement, la cité mancelle reçut en 1481 sa première charte qui la dota d'un hôtel de ville et d'une assemblée d'échevins.
Nouvelle épreuve au temps des guerres de Religion. Prise par les protestants, reprise par les catholiques en 1562, la ville fut finalement assiégée par Henri IV en 1589. Au XVIIe s, elle s'agrandit avec le quartier des Halles et celui de l'abbaye de Couture. On aménagea la place des Jacobins en belles promenades. Une longue période de tranquillité en fit une cité bourgeoise et enrichie.

## Le naufrage des Vendéens

Survint la Révolution, qui supprima les couvents comme partout et fit disparaître nombre d'œuvres d'art. Mais le plus dur était encore à venir, au travers des conséquences du soulèvement vendéen. Partie depuis mars 1793, « l'armée de souffrants » de Henri de La Rochejaquelein traînait, en plus des combattants, son lot d'affamés, de vieillards, de femmes et d'enfants à travers l'Ouest. Ils prirent le 7 décembre La Flèche et le 10 Le Mans, où ils entrèrent épuisés. Le 12 décembre apparurent les hussards de Westermann, avant-garde des républicains de Kléber et Marceau, au secours de la ville. L'attaque se fit dans la nuit et le combat fut impitoyable de part et d'autre. Cette atroce bataille de rue laissa des morts par milliers, sabrés, chargés à la baïonnette, fusillés à bout portant. Les survivants évacuèrent vers Laval.

## De la cité industrielle aux 24 Heures

Deux invasions n'arrêtèrent pas le développement du Mans : celle des Prussiens le 11 janvier 1871 et l'occupation allemande de juin 1940 à août 1944. Avec la venue des usines Renault, un nouveau coup de fouet économique fut donné, affirmant la vocation automobile du Mans. Il faut dire que c'est ici que fut construite, par Amédée Bollée père, le premier véhicule routier à vapeur qui rallia Paris le 9 octobre 1875. Une épopée que vous revivrez au cours de votre visite du musée des 24 Heures et d'un circuit devenu mythique. En 1906, l'Automobile Club de la Sarthe organisait un Grand Prix sur un circuit triangulaire long de 103 km qui traversait les villages sur des routes non bitumées à l'époque. L'actuel mesure beaucoup moins (13,5 km, dont 4,5 km en tronçon clos). Ainsi, depuis 1923 s'y affrontent chaque année, en juin, les plus grandes écuries automobiles du monde. Les camions (en septembre) et les motos (en avril) les ont rejointes pour des courses marathon à grand spectacle.

### EN VOITURE !

*Le 9 octobre 1875, Amédée Bollée s'élança sur les routes pour une mémorable randonnée jusqu'à Paris au volant d'un véhicule routier à vapeur, l'Obéissante. C'était une première. Ce vénérable ancêtre aux allures de minibus pesait près de 5 t et offrait 12 places. Bollée mit 18h pour parcourir les 200 km, avec des pointes à 40 km/h. Mais la maréchaussée n'ayant pas encore l'expérience de ce type d'engin, il écopa au passage de dizaines de contraventions !*

### LE PÉPIN DES SŒURS PAPIN

*En 1933, sans raison apparente, deux sœurs, employées de maison au Mans, assommèrent leurs patronnes, leur arrachèrent les yeux et lacérèrent leurs corps comme on le fait pour cuire un lapin. Le crime fascina les surréalistes. Genet, inspiré par la lutte des classes, en fit une pièce de théâtre,* Les Bonnes. *On tourna même un film, en 2000,* Les Blessures assassines.

## ÇA TOURNE !

En marge des courses automobiles, le circuit des 24 Heures sert parfois de cadre à des tournages de film, comme dans *Le Mans* (1971) de Lee H. Katzin avec

Steve McQueen, *Bobby Deerfield* (1977) de Sydney Pollack avec Al Pacino, ou encore, en 2002, pour l'adaptation (médiocre) de la B.D., *Michel Vaillant* produit par Luc Besson. C'est néanmoins, et de loin, le Vieux Mans, rebaptisé Cité Plantagenêt, qui remporte la palme d'or des tournages ! Ses ruelles anciennes bordées d'hôtels particuliers et de maisons à colombages constituent, en effet, un décor rêvé pour les films historiques. En tête d'affiche figure, en 1989, le fameux *Cyrano de Bergerac* de Jean-Paul Rappeneau, avec Gérard Depardieu et Anne Brochet. En 1997, ce fut le tour du *Bossu* de Philippe de Broca avec Daniel Auteuil et Fabrice Luchini. En 2006, les films *Molière* de Laurent Tirard, *Jean de La Fontaine* de Daniel Vigne ou encore *La Question humaine* de Nicolas Krotz. Impossible de tous les citer tellement ils sont nombreux, depuis le tout premier tourné en 1958, *Le Bouc émissaire* de Robert Hamer...

## Adresses et infos utiles

**Office de tourisme** *(plan couleur B2)* **:** *hôtel des Ursulines, 16, rue de l'Étoile.* ☎ *02-43-28-17-22.* ● *lemans-tourisme.com* ● *Tlj sf dim ; en été, 9h-18h.*

■ **Maison du Pilier Rouge** *(plan couleur A-B,* **1***)* **:** *41-43, Grande-Rue.* ☎ *02-43-47-40-30. Juil-août, lun 10h-18h, mar-sam 10h-23h30 et dim 14h30-18h ; le reste de l'année, lun-ven et sam ap-m, plus dim et j. fériés de mai-juin et sept-oct.* Assure l'accueil patrimonial et touristique « Ville d'art et d'histoire ».

– **Marché des Jacobins** *(plan couleur B1)* **:** *av. de Paderborn. Au pied de la cathédrale. Mer, ven et dim 7h-12h30.* Une belle animation à ne pas manquer, surtout le vendredi (marché aux fleurs, aux volailles...).

– **Les Quinconces :** *4, pl. des Jacobins.* ● *quinconces-espal.com* ● *En face de la cathédrale.* Emblème du renouveau manceau, cet espace culturel à l'architecture de verre a été inauguré en 2014.

### Transports

**Gare routière** *(gare nord ; plan couleur A3)* **:** *bd Robert-Jarry.* ☎ *0811-900-149 (prix d'un appel local) pour les déplacements intervilles.*

■ **SETRAM :** *65, av. Général-de-Gaulle.* ☎ *02-43-24-76-76.* ● *setram.fr* ● Agence commerciale de bus-tram de la ville. Ligne de tramway « Université - Antarès/Espal » : un tram ttes les 5 mn entre l'université et Saint-Martin, ttes les 10 mn entre Saint-Martin – Espal et Saint-Martin – Antarès. Service 5h-1h env. Une 2de ligne de tramway est sur les rails depuis fin 2014. Fait aussi location de vélos (gare nord).

■ **Location de voitures :** *quelques loueurs dans le quartier de la gare, comme* **Hertz,** ☎ *02-43-24-37-28 et 02-43-75-95-05 ;* **Avis,** ☎ *0820-61-16-87 ;* **Europcar,** ☎ *02-43-72-50-10.*

**Taxis :** *à la gare SNCF (plan couleur A3), côté nord.* **Radio Taxi,** *24h/24 :* ☎ *02-43-24-92-92.*

LE MANS

## Où dormir ?

Nous indiquons les tarifs « normaux », c'est-à-dire hors événements sportifs ou autres qui, comme les 24 Heures du Mans, durant une semaine en juin, remplissent tous les hébergements de la ville (et du département) et font s'envoler les prix.

### Auberge de jeunesse

**Auberge de jeunesse internationale Le Flore** *(hors plan couleur par B2,* **10***)* **:** *23, rue Maupertuis.* ☎ *02-43-81-27-55.* ● *direction@leflore.info* ● *florefjt.org* ● *De la pl. de la République, bus n° 12 ou 4 (nord-est) ; arrêt « Erpell », sur l'av. Bollée. Fermé autour des fêtes de fin d'année. Env 18 € le lit, petit déj compris. Self-service 7-8,50 €. Une trentaine de lits. Carte FUAJ obligatoire.* Dans une ruelle calme, cette jolie petite AJ, aux couleurs pimpantes dans les parties communes et douces dans les chambres, accueille des apprentis en alternance pendant l'année scolaire.

Les lits se libèrent pour les touristes durant les vacances et l'été. Chambres agréables (bien qu'un peu exiguës) de 2, 3 ou 4 lits, certaines avec salle de bains privée. Laverie et cuisine à disposition.

## De prix moyens à chic

**Select Hôtel** *(plan couleur A3, **17**) : 13-17, rue du Père-Mersenne. ☎ 02-43-24-17-74. • select.hotel.lemans@orange.fr • selecthotellemans.com • Doubles à partir de 59 € ; 1 familiale également.* Hôtel d'une vingtaine de chambres, idéalement situé, entre la gare et le centre-ville. Malgré son nom et son élégante façade, l'endroit n'a rien de sélect. Tout simple, il est néanmoins accueillant. Les chambres, pas très grandes, un poil biscornues pour certaines (ou avec cabine de douche directement dans la chambre), ont le mérite d'être claires et dotées d'un joli parquet.

**Hôtel de la Pommeraie** *(hors plan couleur par B2, **12**) : 314, rue de l'Éventail. ☎ 02-43-85-13-93. • hotel.pommeraie@wanadoo.fr • hotel-de-la-pommeraie.com • À 5 km env par la route de Paris ; à L'Auberge de Bagatelle, tourner tt de suite à gauche dans la rue de Douce-Amie, c'est à 500 m. Double 60 € ; familiales.* Pas trop loin du centre (5-10 mn en voiture), un havre de paix que cette vaste demeure dotée d'un parc aux arbres superbes. Plus de 20 chambres au style moderne, avec des couleurs neutres et zen. Jeux pour les enfants, ping-pong et salle de remise en forme à disposition.

**H24 Hôtel** *(hors plan couleur par B3, **14**) : 8, av. du Panorama. ☎ 02-43-750-750. • contact@h24hotel.fr • h24hotel.fr • Au sud du Mans. À 15-20 mn du centre-ville en (T) arrêt « Guetteloup-Pôle-Santé-Sud ». ♿ En voiture, direction Tours puis Mulsanne. Doubles avec sdb 50-105 € selon confort, période et disponibilité.* Efficace pour un tarif raisonnable, voici l'esprit de cet établissement récent sans grand charme mais bien situé sur la ligne de tramway. Une soixantaine de chambres sur 4 étages, fonctionnelles et sans déco, bien isolées acoustiquement et confortables comme il faut. Accueil pro. En quelques tours d'essai, cet hôtel situé non loin du circuit s'est vite propulsé dans le paysage hôtelier manceau.

**Hôtel Green 7** *(hors plan couleur par B3, **13**) : 447, av. Georges-Durand. ☎ 02-43-40-30-30. • hotelgreen7@orange.fr • hotelgreen7.com • Au sud du Mans. À 15-20 mn du centre-ville en (T) arrêt « Guetteloup-Pôle-Santé-Sud ». ♿ En voiture, direction Tours puis Mulsanne. Doubles avec sdb à partir de 75 € selon confort, vue et j. de la sem.* Si ce n'est l'étonnante maison à tourelle, qui ne constitue qu'une partie de l'établissement, le reste est très standard et sans guère de cachet (voire un peu vieillot pour les chambres) mais confortable. L'hôtel a néanmoins 2 avantages : sa situation périphérique et le tram à sa porte.

## De chic à plus chic

**Chambres d'hôtes La Demeure de Laclais** *(plan couleur B1, **16**) : 4 bis, pl. du Cardinal-Grente. ☎ 02-43-81-91-78. • blaclias@hotmail.fr • lademeuredelaclais.fr • Doubles 85-150 € selon confort.* La façade face à la cathédrale cache 4 chambres ravissantes dont une suite constituée de 2 chambres (l'une d'entre elles étant aménagée dans une ancienne chapelle) et une chambre avec salle de bains privée dans le couloir (la moins chère). De ses petits doigts de fée Déco, la pétillante et accueillante propriétaire a su créer des espaces chaleureux de style contemporain, tout en respectant le caractère ancien de sa demeure. Les chambres sont spacieuses, et l'une d'elles (avec baignoire au milieu de la pièce) profite d'une superbe terrasse surplombant le joli jardin où les hôtes sont invités à se prélasser. Une véritable adresse de charme.

**Chambres d'hôtes Le Doyenné** *(plan couleur B1, **15**) : 8, rue du Doyenné. ☎ 02-43-47-85-11. • lamaisondelise-doyenne@orange.fr • restaurant-lamaisondelise.fr • Accès en voiture interdit aux non-résidents ; se garer sur le parking de la cathédrale ou des Jacobins. Doubles*

*98-145 €.* Cette superbe maison ancienne au cœur du vieux Mans accueille dans les étages inférieurs le restaurant chic et gastronomique *La Maison d'Élise* (voir « Où manger ? ») et, tout en haut, 5 chambres d'hôtes de charme douillettes, dont la déco contemporaine joue avec des espaces parfois tarabiscotés (attention à la tête dans les chambres sous les toits !). Une belle adresse, même si l'atmosphère est plus celle d'un hôtel que d'une vraie chambre d'hôtes.

## Où manger ?

### De très bon marché à bon marché

**Le Jardin sur le Pouce** *(hors plan couleur par A3,* ***30****) : 83, bd Marie-et-Alexandre-Oyon. ☎ 02-43-86-11-20. • lejardinsurlepouce@orange.fr • Juste à gauche en sortant de la gare (côté sud). À midi lun-ven et le soir mar-sam. Congés : 3 sem en août. Formules 9,50-16 € ; au resto, menu 17,50 €. Apéritif maison offert sur présentation de ce guide.* L'adresse du midi que l'on rêverait d'avoir à côté de son bureau ! Une carte qui se renouvelle sans cesse avec une formule « plateaux-jardins du monde » qui nous embarque à travers des mariages de saveurs toujours originales. Belle version revue et corrigée du snack (salades, petits plats et desserts originaux, goûteux et d'une extrême fraîcheur) ou, côté resto, même esprit mais en un peu plus élaboré... Agréable terrasse.

**La Baraque à Bœuf** *(plan couleur A1,* ***28****) : 11, pl. Saint-Pierre. ☎ 02-43-28-06-07. Fermé dim-lun. Formules déj mar-ven 9,90-11,90 €, puis 15,90-21,90 €.* Amis végétariens, passez votre chemin ; pour les autres, cuisine régionale du Grand Ouest, de la Normandie au Périgord, à base de bœuf (bien sûr), mais aussi de volaille (re-bien sûr, on est dans la Sarthe !), de cochon... Les spécialités maison enthousiasment toujours les amateurs, d'autant que les tarifs n'écornent pas le portefeuille et que le chef soigne les petites attentions tout au long du repas. Le tout servi dans une ambiance bien sympa, avec terrasse sur la place.

**Restaurant « L'Étage » de la librairie Doucet** *(plan couleur B2,* ***21****) : 66, av. du Général-de-Gaulle. ☎ 02-43-24-03-70. • contact@librairiedoucet.fr • Mar-sam déj 12h-14h30 et jeu-sam salon de thé jusqu'à 18h. Congés : 3 sem sur juil-août. Plats à partir de 9 € ; formule 14 €. Café offert sur présentation de ce guide.* Manger avec « un livre sur la table », tel est le concept proposé dans cette librairie, vieille de plus d'un demi-siècle, et véritable référence dans la ville. C'est plutôt réussi, un agréable moment dans un décor très contemporain aux tons pop plein de dynamisme : vert pomme, orange et fuchsia.

**Takayanagi** *(plan couleur A-B2,* ***23****) : rue du Tertre. ☎ 09-52-45-07-47. Dans une petite rue perpendiculaire à la rue des Minimes. Mar-ven 12h-19h, sam 10h-19h. Pâtisseries à partir de 3,80 €, avec boisson 6 € ; plats du jour 9-13,50 €.* Les gourmands convergent invariablement vers cette pâtisserie française revisitée à la mode japonaise. Pâtisseries et plats du jour raffinés le midi, nectars et jus de fruits dignes de grands crus... On ne sait que choisir !

**Café Carré** *(plan couleur B1,* ***29****) : 2, rue Claude-Blondeau. ☎ 09-53-61-83-73. ♿ Tlj 11h30-18h. Fermé aux fêtes de fin d'année. Formule 11,40 € avec café.* Petite cafét'-salon de thé dans l'enceinte du Carré Plantagenêt (le musée d'Archéologie et d'Histoire). On vient y grignoter une assiette composée de produits locaux (charcuterie, poulet de Loué, etc.), un plat du jour cuisiné maison, ou boire un verre, dans la petite salle ou, encore mieux s'il fait beau, en terrasse, dans la cour du musée.

**Maison Reignier** *(plan couleur B2,* ***24****) : 19, rue de Bolton. ☎ 02-43-24-02-15. Lun-sam, ferme vers 19h. Formules 12,50-13,50 € avec boisson.* Grande épicerie fine où acheter notamment les fameuses rillettes. Il est aussi possible de déguster les produits de la maison à l'heure du déjeuner (charcuterie, saumon, mais aussi quelques douceurs).

**L'Épicerie du Pré** *(hors plan couleur par A1,* ***41****) : voir « Où boire un verre ? Où sortir ? ».*

## De prix moyens à chic

**Le Tablier de Jaurès** *(hors plan couleur par B3,* ***25****) : 138, av. Jean-Jaurès. ☎ 02-43-78-93-81. Ⓣ Jean-Jaurès-Pavillon. Fermé le soir dim et mar. Formules midi lun-sam 17,80-24 € (avec verre de vin), menus et carte env 35-40 €.* Une adresse un peu excentrée, mais qu'importe, prenez le tram et poussez sans hésiter la porte de cette banale façade qui cache tout un intérieur inattendu, moderne et judicieusement pensé. Rez-de-chaussée et étages lumineux donnant sur un jardinet et une terrasse en deck. La cuisine ne dénote pas, finement travaillée, un brin originale, d'inspiration française, plutôt tournée vers la mer et joliment présentée. Service souriant pour une escapade culinaire pleine de raffinement.

**Le Nez Rouge** *(plan couleur A1,* ***27****) : 107, Grande-Rue. ☎ 02-43-24-27-26. Fermé dim-lun. Résa conseillée le soir. Menus env 14 € (déj en sem), puis 21,90 € (sf sam)-32 € ; carte env 40 €.* Un des restos « gastronomiques » de la ville, qui a le mérite de proposer une cuisine fine et pleine de saveur à des prix relativement contenus.

**La Maison d'Élise** *(plan couleur B1,* ***15****) : 8, rue du Doyenné. ☎ 02-43-47-85-11. • lamaisondelise-doyenne@orange.fr • Fermé dim-lun. Menus à partir de 18,50 € le midi, puis 24,90-48 €. Voir aussi « Où dormir ? ».* Au cœur historique de la ville, dans les annexes de la cathédrale, voici la table qualitative du *Doyenné* où l'on peut loger. Pour le classique, une cuisine de marché et un hommage appuyé au fameux poulet et à l'œuf de poule travaillé avec de la truffe. Pour la créativité, des associations osées et pour le rappel de l'origine franc-comtoise du chef, des morilles au vin jaune.

**Ô Bon Soir** *(plan couleur B1,* ***26****) : 12, pl. du Hallai. ☎ 02-43-77-13-95. Ts les soirs à partir de 19h. Formule en sem 19,90 €, carte 20-25 €. Digestif maison offert sur présentation de ce guide.* Resto et bar à vins convivial, dispatché entre un patio bien planqué et plusieurs jolies petites salles où la déco s'amuse à détourner les vieux ustensiles de cuisine. Des luminaires et tableaux qui ne se prennent pas au sérieux ! Au menu, une honorable cuisine de brasserie avec ses viandes, poissons, frites maison, salades et autres petits plats.

## Plus chic

**Le Beaulieu** *(plan couleur A2,* ***35****) : 34 bis, pl. de la République. ☎ 02-43-87-78-37. Fermé w-e. Menus 36 € (déj)-88 €.* Dans un cadre élégant qui met en valeur la subtile et délicieuse cuisine d'Olivier Boussard. Les produits de terroir, rigoureusement sélectionnés, sont mis à l'honneur et travaillés avec inventivité... Un joli moment de gastronomie, qui, certes, a un prix !



# Où dormir ? Où manger dans les environs ?

## Prix moyens

**Le Jardin Gourmand** *: lieu-dit Papéa, Béner, 72530* ***Yvré-l'Évêque.*** *☎ 02-43-89-60-20. À côté de Papéa Parc (voir « Dans les environs du Mans »). Tlj midi et soir. Formules 12,90-17,90 € déj en sem ; menus 18,90-22,90 € ; carte 20-30 €.* Si on s'attendait à dénicher une adresse de cette qualité à côté d'un parc d'attractions ! Non seulement l'endroit est ouvert tous les jours, mais en plus, chacun devrait y trouver un plat à son goût : délicieuses salades et plats de pâtes qui sortent de l'ordinaire, belles pièces de viande bien accompagnées, des poissons, des desserts fins et goûteux. Le tout à savourer dans l'une des nombreuses petites salles chaleureuses et élégantes aux couleurs flamboyantes ou en terrasse, avec vue sur un parc.

## Chic

**Auberge de Mulsanne – Hôtel Arbor :** *158, route de Tours (ligne droite des Hunaudières), 72230* ***Mulsanne.*** *☎ 02-43-39-18-90. • contact@auberge-mulsanne.fr • auberge-mulsanne.fr • À 8 km au sud du Mans, en direction de Tours puis de Mulsanne. Resto fermé sam midi, dim et j. fériés. Double 85 € lun-jeu, 72 € w-e. Menus 16-34 € ; carte 25 €.* Durant les 24 Heures du Mans, cet hôtel, qui accueille les écuries de course, est – bien entendu – pris d'assaut, et les prix augmentent en conséquence ! Mais en dehors de cette période, l'établissement est accueillant et tient à la disposition des clients une petite piscine... Chambres sans grande imagination mais parfaitement fonctionnelles et confortables.

**Chambres d'hôtes au château de Mondan :** *72230* ***Guécélard.*** *☎ 02-43-87-92-16. • chateau.mondan@wanadoo.fr • chateaumondan.com • À 12 km au sud-ouest du Mans. Direction Angers ; dans Guécélard, au 2e carrefour, prendre la direction de La Suze-sur-Sarthe. Double 80 €. Également 2 gîtes pour 2-4 pers. Table d'hôtes 24 €.* Ravissant petit château du XVIIIe s dans une propriété de 6 ha, au bord de la rivière, avec piscine chauffée couverte et tennis. Les chambres sont toutes différentes, spacieuses et douillettes. Accueil décontracté et familial.

LE MANS

## Plus chic

**Auberge des Matfeux :** *289, av. Nationale, 72230* ***Arnage.*** *☎ 02-43-21-10-71. • contact@aubergedesmatfeux.fr • Sur la D 147, à env 11 km au sud, après le bourg d'Arnage. Fermé dim soir, lun et mar. Menus 41-76 € ; carte env 45-55 €.* Pour vous consoler de ne pas avoir gagné le Grand Prix, offrez-vous, à deux pas, le plaisir d'une grande table dans une auberge élégante, logée dans une petite construction moderne, où le menu change au gré des saisons. Rien à voir avec l'auberge campagnarde d'autrefois. Ici, tout est luxe, calme et volupté, comme disait un autre coureur bien connu...

**Best Western 1er Le Mans Country Club :** *château de la Ragotterie, à Parence, 72530* ***Yvré-l'Évêque.*** *☎ 02-43-82-11-00. • lmcc@wanadoo.fr • lemans-countryclub.com • À env 8 km du Mans, prendre la route de Chartres, puis Yvré-l'Évêque et enfin Parence. Congés : fêtes de fin d'année. Doubles standard 118-138 € selon confort. Réduc de 10 % sur le prix de la chambre sur présentation de ce guide.* L'histoire se lit sur la façade de ce superbe château du XVIIIe s, posé au milieu d'un vaste parc arboré, mais c'est la modernité qui préside à l'intérieur, et certains regretteront peut-être qu'entre les murs l'atmosphère de château ait totalement laissé la place à celle d'un hôtel, certes confortable et élégant mais sans véritable cachet. Les chambres, à la déco presque zen, sont spacieuses et lumineuses, parfaitement au calme, et équipées avec soin. Bon accueil.

## Où boire un verre ? Où sortir ?

**L'Épicerie du Pré** *(hors plan couleur par A1,* ***41****) : 31, rue du Pré. ☎ 02-43-23-52-51. • cafecantine@gmail.com • Dans une jolie petite maison aux murs pas très droits, à quelques enjambées du pont. Tlj sf dim-lun, 12h-minuit.* Ce café-philo-resto, où ont lieu rencontres, ateliers (tricot, cuisine...) et jeux littéraires, a pour cadre une ancienne épicerie : désuet et nostalgique, l'endroit est plein de bonne humeur. On s'y pose volontiers le temps de bouquiner tout en dégustant une bière locale, un cidre de pays, ou en grignotant une tartine ou le plat du jour préparés à base de produits frais, que la maison se procure auprès des producteurs de la région, et volontiers bio.

**Le Bar à Vin** *(plan couleur A2,* ***42****) : 3, rue du Cornet. ☎ 02-43-23-37-31. • lebaravin72@bbox.fr • Mar-sam*

*11h-19h30. Congés : de mi-juil à fin août. Dégustation et vente à emporter.* Le patron est un bon œnophile, et ce qu'il propose ici est superbe. Il organise également des soirées-dégustation thématiques.

🍷 ***Le Saint-Flaceau*** *(plan couleur A1, **43**) : 9, rue Saint-Flaceau. ☎ 02-43-23-24-93. Lun-sam 17h-1h. Cocktails env 8 € (11,50 € au champagne).* Plongée dans le XVIIIe s, au cœur du Vieux Mans, dans cette demeure de ville d'un autre temps. Le vénérable escalier dès l'entrée mène à des salons particuliers et à une délicieuse terrasse suspendue où l'on s'attend à croiser des artistes aux perruques poudrées et leurs dames de compagnie. La maison s'est spécialisée dans les cocktails et les bières. Une alchimie pour le moins originale et pleine de charme, à apprécier avant ou après le repas.

🍷 ♩ ***Le Bar Ouf*** *(plan couleur A-B2, **47**) : 8, rue Victor-Bonhommet. ☎ 02-43-24-19-01. Tlj sf dim.* Un petit bar sympathique, à l'ambiance cool, qui propose régulièrement des concerts live et de petites expos.

🍷 ♫ La rue de la Barillerie dans sa partie piétonne et la petite rue des Ponts-Neufs *(plan couleur B1)* abritent de nombreux ***bars*** qui débordent dans la rue aux beaux jours.

🍷 ♫ Autres rues animées en soirée, avec bars et discothèques à l'ambiance jeune et festive : la rue du Port *(plan couleur A2)* et la rue du Docteur-Leroy où l'on trouve, notamment, au no 44, le ***Pub Mulligan's*** *(plan couleur A2, **48** ; ☎ 02-43-14-26-65 ; tlj).* Large choix de bières et de whiskies, jeux de fléchettes et musique haute en volume !

## Où danser ?

♫ ***Le Nulle Part Ailleurs*** *(plan couleur B1, **45**) : 43, rue des Ponts-Neufs. ☎ 02-43-23-31-42. • npa-discotheque.com • Mar-sam à partir de 0h30. Payant slt sam et pour les garçons le ven.* Musique pour tous les goûts et une ambiance bon enfant.

♫ ***La Loge*** *(plan couleur A2, **44**) : 16, rue de Constantine. ☎ 02-43-23-31-42. • clublaloge.fr • Ven-sam et veilles de j. fériés 23h30-7h. Entrée gratuite ven, sinon 12 €.* Clientèle mixte 25-30 ans, qui aime faire la fête autour de Steevy Boulay depuis que l'ex-lofteur et pote de Ruquier a ouvert cette boîte branchée dans sa ville natale.

## Où acheter spécialités et douceurs ?

***Chocolaterie Béline*** *(plan couleur B2, **60**) : 5, pl. Saint-Nicolas. ☎ 02-43-28-00-43. Tlj sf dim et lun mat.* Goûter les pavés de la cathédrale et les « bugattises » du célèbre Jacques Bellanger, maître chocolatier et meilleur ouvrier de France.

***Maison Reignier*** *(plan couleur B2, **24**) :* voir « Où manger ? ». Grande épicerie fine où acheter notamment les fameuses rillettes.



# À voir

Des dépliants « Ville d'art et d'histoire » distribués par l'office de tourisme et la Maison du Pilier Rouge permettent d'avancer à son rythme dans cette ville aux deux visages, de passer de l'atmosphère paisible de la Cité Plantagenêt au circuit des 24 Heures, après un tour dans les principaux musées.

– ***Le Pass intermusées*** donne accès au Carré Plantagenêt (le musée d'Archéologie et d'Histoire), au musée de Tessé, au musée de la Reine-Bérengère et au Musée vert. *Prix : 10 € ; réduc ; gratuit moins de 18 ans et étudiants moins de 25 ans.*

– Il existe également un *pass* commun pour la Maison de l'Eau, la Maison de la Forêt et le Musée vert : 6 €.

## Visites guidées et spectacles

*Rens et résas à l'office de tourisme ou à la Maison du Pilier Rouge (voir plus haut « Adresses et infos utiles »).*

– ***Visites guidées :*** *départ de la Maison du Pilier Rouge. Juil-août. Prix : 6 € ; réduc.* Thèmes variant selon les jours : Cité Plantagenêt, Le Mans romain, Le Mans médiéval, etc. Également des visites thématiques et des ateliers enfants/familles proposées toute l'année (programme à l'office de tourisme et à la Maison du Pilier Rouge).

***Festival des Chimères chaque été avec :***

– ***Jacques le Chimérique*** *(vendredi)* ***et Jacques le Bâtisseur*** *(samedi)* ***:*** *de mi-juil à fin août, en soirée. Tarif : 10 € ; réduc.* Spectacle déambulatoire dans la cathédrale et les jardins qui l'entourent.

– ***Lectures par des grands noms du théâtre français :*** *de mi-juil à fin août. Tarif : 12 € ; réduc.* Spectacle dans les jardins de la cathédrale. Spectacles musicaux, théâtraux et de cirque viennent compléter ce programme.

– ***La Nuit des chimères :*** *juil-août, ts les sites mar-sam à la tombée de la nuit, et lors des Journées du patrimoine ; dim-lun slt pour le chevet et le Jet d'eau. Spectacle de 2h. GRATUIT.* À la nuit tombée, la vieille ville revêt un habit de lumière des plus enchanteur en sept lieux de projection : *Entre anges et démons* (chevet de la cathédrale), *La Naissance des Chimères* (escalier du Jet d'eau), *Les Anges musiciens* (porche de la cathédrale), *le labyrinthe des Chimères* (muraille des Pans-de-Gorron), *Les Masques et le Dragon* (muraille Saint-Hilaire), *Le Banquet* (cour du Conservatoire) et *La Dame blanche* (cour du musée de la Reine-Bérengère). Des masques de l'Antiquité et des gladiateurs défilent sur l'enceinte romaine, des personnages imaginaires et animaux étranges, tout droit sortis du Moyen Âge, courent sur les façades, candélabres et pavés de la cité, ou encore un étonnant concert d'anges musiciens se donne sur la façade de la cathédrale, inspiré de la fresque du concert céleste qui se trouve à l'intérieur de l'édifice... Une visite poétique et musicale très réussie, à ne pas manquer.



## Dans le centre

***La Cité Plantagenêt*** *(plan couleur B1)* **:** dominant la vallée de la Sarthe, c'est l'un des ensembles homogènes les mieux conservés de France, qui a bénéficié d'un programme de restauration exemplaire. ***Le Vieux Mans,*** qui dans les années 1940 était encore un lieu malfamé où il ne faisait pas bon traîner le soir, est devenu l'un des beaux quartiers de la ville et attire en permanence les réalisateurs de films historiques (lire « Ça tourne ! » dans l'introduction de la ville).
Si vous arrivez de la place des Jacobins, en contrebas, admirez la très belle abside de la cathédrale qui surgit, imposante, dans son écrin de pierres moussues.
– Noter qu'une soixantaine de monuments sont mis en lumière tous les soirs.

***La cathédrale Saint-Julien*** *(plan couleur B1)* **:** *pl. Saint-Michel. Juin-sept, tlj 8h-19h ; oct-mai, tlj 8h-12h, 14h-18h.*
Un des plus beaux monuments religieux de France, véritable livre ouvert racontant au visiteur l'histoire étonnante de sa construction, du XIe au XVe s. Selon les sources, la première cathédrale bâtie vers 1050 brûla. De sa reconstruction (entre 1060 et 1120), il ne subsiste que les bas-côtés et la façade de la nef romane, qui ne fut que peu remaniée par la suite avec l'apport de deux puissants contreforts. De chaque côté du portail ont été sculptés un griffon et un sagittaire.

En pénétrant à toute heure du jour, on ne peut qu'être saisi par la beauté de l'enfilade de 134 m de long menant d'une nef de style Plantagenêt – pratiquement la nef romane la plus large de France – à un chœur et ses chapelles tout ce qu'il y a de plus gothique. Arrêt sur image, avant d'aller plus loin, sur les vitraux du bas-côté droit. Tous ceux du XIIe s sont au fond de la nef, dans les trois premières travées. Le vitrail de l'Ascension, situé dans la deuxième travée du bas-côté sud de la nef, est daté de la fin du XIe s ou du début du XIIe s, avec ces bleus et ces rouges typiques du Maine. L'ancienneté et la pureté de cette Ascension, où le Christ est absent (la partie le représentant a disparu) et où les apôtres se retrouvent séparés, en font un pur joyau du vitrail européen. En se retournant, admirer au passage le superbe ensemble de chapiteaux, que même les spécialistes ont bien du mal à décrypter.

### UNE PIERRE À L'ÉDIFICE

*Accolé au flanc ouest de la cathédrale (portail nord), on aperçoit un porte-bonheur qui se laisse caresser le temps de lui adresser un vœu : un menhir de granit rose de 4,50 m. Ce symbole païen rappelle que bon nombre d'églises chrétiennes furent érigées sur des lieux de culte ancien pour mieux les dominer... et donc les remplacer.*

Vers 1220, le chœur roman a été remplacé par une gigantesque construction qui consacre le succès de l'architecture gothique de l'Île-de-France et le retour de la ville dans le royaume de France. Il est composé de deux séries de colonnes de grande envolée. À l'intérieur, on ne peut que remarquer les deux déambulatoires et la hauteur progressive des voûtes (10 m, 21 m, 33 m). À l'extérieur, on peut imaginer le jeu des arcs-boutants pour permettre à ce grand corps de se projeter vers le ciel... L'ensemble est éclairé par les verrières du XIIIe s. Dans le transept, les vitraux de la rosace sont du XVe s. Le tout baigne dans une douce lumière ocre ou rosée, selon l'heure. Ne pas manquer :
– la visite à la *chapelle axiale,* avec ses voûtes recouvertes de fresques *(Les Anges musiciens),* chef-d'œuvre de la peinture médiévale occidentale datant du XIVe s ;
– dans les chapelles, les nombreuses *sculptures* en terre cuite du XVIIe s de l'école mancelle de terracotistes, à laquelle le Louvre a rendu hommage dans le cadre d'une grande exposition : « Belles et inconnues » ;
– *le grand orgue* du XVIe s, avec son buffet monumental Renaissance en bois sculpté et une grande part de la tuyauterie du XVIIe s ;
– *le porche royal* (celui par lequel on entre), avec saint Pierre et saint Paul de chaque côté, et la frise des douze apôtres. Il n'est pas situé dans l'axe de la nef mais sur le bas-côté sud, face à la rue la plus commerçante de l'époque.

***L'enceinte romaine :*** descendre l'escalier des Pans-de-Gorron (juste à gauche de l'évêché en sortant de la cathédrale) pour admirer cette muraille parmi les mieux conservées de l'Empire romain. Des 12 tours encore visibles, celle des Pans-de-Gorron, de forme hexagonale, présente une qualité de construction extraordinaire. Un mur de 8 à 12 m de haut et une base de 4 m de large en moyenne pour assurer la stabilité.
Beau travail de restauration de la tour du Vivier, avec ses fenêtres de guet en plein cintre.

***Par monts et par Vaux*** *(plan couleur A1)* **:** prendre le temps d'arpenter la rue de Vaux, si mignonne avec ses belles maisons sur les façades desquelles grimpent rosiers et glycines. Il suffit d'enlever descentes de gouttières et réverbères pour retourner dans les siècles passés. Sur la gauche de l'escalier de la Grande-Poterne, le bel hôtel de Vaux (1543) construit pour le procureur du roi. Parmi la centaine de maisons à pans de bois du Mans, encore cachées pour certaines derrière un crépi, celle située à l'angle de la rue Bouquet abrite une statue de Marie Madeleine. Dans la rue Bouquet, noter ces « souffrances du jour » qui donnaient une ouverture à ras du sol aux maisons des tisserands (Le Mans était la capitale des étamines au XVIIe s). Passer sous la Maison suspendue pour rejoindre la rue

Saint-Pavin-de-la-Cité, où se trouve l'hôtel d'Argouges, avec sa tourelle d'escalier et sa porte sculptée du XVe s. Traverser la cour d'Assé, ancienne cour de justice à ciel ouvert, pour imaginer les coupe-gorge d'antan, avant de rejoindre la Grande-Rue.

**La Grande-Rue** *(plan couleur A1)* **:** au nº 81, un des plus beaux piliers-corniers de la cité, le pilier aux Clefs (XVIe s), enseigne de l'artisan serrurier-orfèvre qui possédait cette maison à pans de bois assez étrange, avec son escalier en saillie. On voit les modifications apportées pour permettre l'introduction de grandes fenêtres. Au nº 69, la maison dite d'Adam et Ève a été édifiée en 1525 par Jean de l'Épine, médecin de Marguerite de Navarre. Le rez-de-chaussée présente une baie en anse de panier, souvenir de l'ancienne échoppe. Il s'agit en fait de Bacchus et Ariane, car évoquer la Création, avec Adam et Ève, aurait provoqué les foudres de l'Église. Sur la place Dubois s'élèvent la maison du Pilier vert et la maison du Pilier rouge. Ce dernier logis appartenait à un artisan fabriquant de cannes de soule, l'ancêtre du criquet et du rugby (représentées sur le chapiteau du pilier torsadé peint en rouge).

**La rue de la Reine-Bérengère** *(plan couleur B1)* **:** aux nos 18 et 20, une maison double dite des Deux-Amis (la figure centrale les montre se donnant la main mais regardant chacun sa porte) présente sur trois niveaux (avec échoppes au rez-de-chaussée) un bel exemple de l'architecture à encorbellement. En face, au nº 7, deux maisons médiévales et une maison de la Renaissance qui abritent aujourd'hui le musée de la Reine-Bérengère. La maison de l'Annonciation doit son nom à la statuette qu'entourent sainte Barbe et sainte Catherine (qui a perdu son emblème de martyre). À côté, la maison du Drapier est ornée d'une poutre rapportée où alternent personnages nus et habillés, boutonnant soit à droite, soit à gauche (le must !), le tout évoquant l'enseigne de l'artisan qui œuvrait là.

**Le musée de la Reine-Bérengère** *(plan couleur B1)* **:** *7, rue de la Reine-Bérengère. ☎ 02-43-47-38-51. Entrée discrète dans la cour. Tlj sf lun : en été, 10h-12h30, 14h-18h ; le reste de l'année, 14h-18h. Entrée : 3 € ; réduc ; ½ tarif dim ; gratuit moins de 18 ans et étudiants moins de 25 ans.*

LE MANS

Ce musée mérite une visite pour sa collection de peintures, dessins et céramiques populaires. Une pièce est entièrement consacrée à Ligron, centre potier du sud de la Sarthe actif dès le Moyen Âge, et popularisé par la marquise de Sévigné. Regarder donc de près ces pichets à surprise très Douanier Rousseau et signés « chirurgien-potier ». Ils sont l'œuvre de Guimonneau de La Forterie, un médecin qui, la soixantaine venue, se lança dans la poterie. Superbes scènes en relief représentant la vie quotidienne de l'époque, du repas du curé sur un couvercle de soupière au buveur au chien...
Ne pas manquer, enfin, la maquette du cœur de la Cité Plantagenêt au XVIIe s (présentée seulement en juillet-août).

**Les thermes romains** *(plan couleur A1-2)* **:** *visite guidée 2 fois/sem en juil-août, sur résa auprès de l'office de tourisme et de la Maison du Pilier Rouge. Places limitées. Tarif : 6 € ; réduc.* Construits au début de notre ère, ils ont été détruits vers 270 lors de la construction de l'enceinte romaine. Seule la partie technique est visible dans la crypte archéologique qui se trouve sous l'école des Beaux-Arts.

**Le Carré Plantagenêt** *(musée d'Archéologie et d'Histoire ; plan couleur B1)* **:** *rue Claude-Blondeau. ☎ 02-43-47-46-45. Face aux murs d'enceinte de la ville et à la cathédrale, dans une ancienne imprimerie. Tte l'année, tlj sf lun, 10h-18h. Entrée : 5 € ; réduc ; ½ tarif dim ; gratuit moins de 18 ans et étudiants moins de 25 ans.*
Ce musée présente les collections archéologiques de la ville, des premières occupations humaines jusqu'à la charte octroyée par Louis XI à la « bonne ville » du Mans en 1481. Un parcours en cinq temps est proposé : préhistoire,

protohistoire, gallo-romain, haut Moyen Âge et Moyen Âge sur 1 400 m$^2$ pour les collections permanentes. Un espace est également consacré aux expositions temporaires.
Mention spéciale pour l'*émail Plantagenêt*. Ce chef-d'œuvre de l'émaillerie médiévale montre Geoffroy V le Bel, comte d'Anjou et du Maine (1113-1151), fondateur de la dynastie anglo-normande des Plantagenêts. Tout un roman-feuilleton a été écrit autour de cette plaque de cuivre creusée et émaillée, la plus grande de tout le Moyen Âge occidental. Enlevée du tombeau, cachée sous la Révolution, elle est entrée dans les collections des musées du Mans en 1815. La pièce de référence en matière d'art, de costume, d'héraldique, qui renvoie aux vitraux de la cathédrale...

**Le musée de Tessé** *(plan couleur B1)* **:** *2, av. de Paderborn. ☎ 02-43-47-38-51. À deux pas de la pl. des Jacobins. Tlj sf lun, 10h-12h30, 14h-18h. Entrée : 5 € ; réduc ; ½ tarif dim ; gratuit moins de 18 ans et étudiants moins de 25 ans.*
Le musée des Beaux-Arts du Mans est installé dans l'évêché du XIX$^e$ s, lui-même construit à l'emplacement de l'ancien hôtel de la famille de Tessé, à qui il doit son nom. C'était bien le moins qu'on puisse faire, puisque les collections de cette famille, confisquées à la Révolution, forment une grande partie du fonds ancien du musée, avec notamment les primitifs siennois et florentins, dont deux tableaux de Pesellino (coup de cœur pour *La Repentance du roi David face au prophète Nathan*), des fonds flamand et hollandais, et des peintures du XVII$^e$ s, principalement françaises et italiennes (avec des peintres influencés par Le Caravage). Les salles à l'étage sont consacrées au XIX$^e$ s, avec notamment une série de très beaux paysages (Corot, Constable, Michel) et, dans la salle aux portraits et autoportraits, un fascinant *Portrait de famille* peint dans l'entourage de David, ainsi qu'un magnifique *Olivier Bro* de Géricault. L'art contemporain est représenté au travers des expos temporaires situées au rez-de-chaussée.
– *La Galerie égyptienne* : don de la Fondation Kodak, cet espace en sous-sol présente deux reconstitutions photographiques grandeur nature, dont celle de la « tombe aux vignes », sépulture de Sennefer, maire de Thèbes en 1420 avant notre ère. À côté, surprenante collection d'objets rapportés par les voyageurs d'antan : sarcophages, momie, vases canopes...
– Dans le parc du musée, au milieu du bassin, une sculpture de Jean-Bernard Métais représente un sablier géant en verre.

**L'église Notre-Dame-du-Pré** *(plan couleur A1)* **:** *pl. du Pré. Mar-sam 15h-18h, plus dim juin-sept.* L'église fut élevée aux XI$^e$ et XII$^e$ s, sur le tombeau de saint Julien, pour être l'abbatiale d'un couvent de bénédictines. C'est un exemple majeur de l'art roman dans le Maine. Elle est un modèle réduit de la cathédrale avant sa reconstruction au XIII$^e$ s en style gothique. Elle fut restaurée par un ancien élève de Viollet-le-Duc. Les vitraux de Max Ingrand constituent un exemple remarquable de cet art au XX$^e$ s.

**L'église de la Visitation** *(plan couleur A2)* **:** *pl. de la République. T République.*
Construite entre 1725 et 1732, elle dépendait d'un couvent de visitandines. Seul exemple du style Régence au Mans, elle est empreinte d'une très grande mesure et d'une grâce toute féminine. Intérieur lumineux du fait d'une coupole.

**L'église Notre-Dame-de-la-Couture** *(plan couleur B2)* **:** *pl. Aristide-Briand. T Préfecture. Tlj 8h30-19h.* À côté du cloître de la Couture (qui abrite aujourd'hui la préfecture), cette église est en fait l'ancienne abbatiale bénédictine, dont la fondation remonte au VI$^e$ s. Elle présente au centre de sa belle façade un admirable portail des XIII$^e$ et XIV$^e$ s. L'église fut construite sur le tombeau de saint Bertrand, déposé dans la crypte du X$^e$ s. Deux grands retables des XVII$^e$ et XVIII$^e$ s, ainsi qu'une statue de la Vierge par Germain Pilon. D'une belle simplicité.

**La maison-Dieu de Coëffort** *(hors plan couleur par B3)* **:** *pl. Washington. T Zola. Au bout de la rue Nationale. Pâques-Journées du patrimoine, dim*

*15h-18h.* L'église de la Mission est en fait l'ancien hôtel-Dieu. Originellement destiné à héberger les malades, les pauvres, les enfants délaissés et les pèlerins, il fut fondé au XIIe s par le roi d'Angleterre Henri II Plantagenêt. Contrastant avec l'austérité extérieure, l'intérieur est d'une élégance qui annonce le gothique. Pendant 150 ans, l'édifice fut ravalé au rang d'écuries et de chambrées du quartier de cavalerie.

***Le jardin d'Horticulture*** *(hors plan couleur par B2)* **:** *rue Prémartine. Tlj 9h-18h. Mai-sept, dim à 16h, concerts dansants dans le cadre du « Kiosque à musique du Jardin des plantes » ; rens au ☎ 02-43-47-37-73. GRATUIT.* Site classé d'une superficie de 5 ha, il fut créé sous le Second Empire par Jean-Charles Alphand, concepteur des grands jardins parisiens de la rénovation haussmannienne. Composé pour partie en jardin anglais avec son lac, son jet d'eau et ses îles, un jardin d'enfants y a été aménagé. À voir, à côté du pont japonais, une coupe du cèdre abattu par la tempête de 1999.

***Le Musée vert*** *(hors plan couleur par B3)* **:** *204, av. Jean-Jaurès. ☎ 02-43-47-39-94. Ⓣ Jaurès-Pavillon ou Saint-Martin. ♿ Lun-ven 9h-12h, 14h-18h ; dim 14h-18h. Entrée : 3 € ; réduc ; ½ tarif dim ; gratuit moins de 18 ans et étudiants moins de 25 ans.*
Situé dans une ancienne école édifiée au XIXe s, ce musée abrite des collections de géologie, de zoologie et de botanique riches de plus de 160 000 spécimens. Un musée qui joue à fond la carte éducative : projection de films animaliers... Idéal pour les enfants. Avec, tous les ans, une grande exposition à thème dans les salles du rez-de-chaussée.

## Manifestations

– ***Carrefours de la pensée :*** *mi-mars, au palais des Congrès. GRATUIT.* Rendez-vous géopolitiques avec le journal *Le Monde diplomatique*.
– ***Les Journées MansArt :*** *le 1er w-e d'avr.* Grande fête des métiers du patrimoine qui investissent des lieux emblématiques, notamment dans la cathédrale !
– ***Les 24 Heures du Mans :*** *mi-avr pour les 24 Heures Motos ; mi-juin pour les 24 Heures Autos ; sept pour les 24 Heures Camions. • 24h-lemans.com •*
– ***Le Bidon des 5 litres :*** *1 dim fin avr. ☎ 02-43-16-46-70.* Des voitures anciennes et épreuve de moindre consommation : le gagnant est celui qui dépense le moins d'essence.
– ***Europa Jazz-Festival du Mans :*** *avr-mai. ☎ 02-43-23-78-99. • europajazz.fr •* Festival de jazz de renommée internationale.
– ***Festival de l'Épau :*** *mai, à l'abbaye de l'Épau. ☎ 02-43-27-43-44. • epau.sarthe.com/festival_epau/ •* Concerts de musique de chambre ou orchestrale dans cette superbe abbaye cistercienne.
– ***Grand Prix de France de moto :*** *mai. ☎ 04-73-91-85-75.* Étape du championnat du monde de moto.
– ***Le Mans fait son cirque :*** *le dernier w-e de juin (ven-dim).* Festival circassien, parades samedi soir qui convergent vers les Jacobins où se déroule un grand spectacle.

### LES « 24 HEURES » ?

*La course existe depuis 1923. Le départ arrêté en épi dit « Le Mans » (les pilotes courent jusqu'à leur véhicule) a été abandonné en 1970 pour des raisons de sécurité. Le record de distance parcourue fut atteint en 2010 par une Audi : 5 410,71 km en 397 tours.*

– ***Le festival des Chimères :*** *chaque été.* Spectacle déambulatoire, son et lumière, lectures. Lire plus haut « À voir. Visites guidées et spectacles ».
– ***Le Mans Classic :*** *début juil ts les 2 ans (années paires). Accès payant.* Le « Goodwood » à la française ; nombreuses courses de voitures anciennes sur le circuit mythique du Mans.
– ***La Culture Pride :*** *2e sam de juil.* Festivités et expos autour des apports des gays et lesbiennes à l'histoire de l'humanité.
– ***Les Soirs d'été :*** *soir jeu-ven en juil-août.* Spectacles et concerts dans les quartiers.
– ***Cours et jardin :*** *dernier w-e de sept.* 15 petits jardins de la Cité Plantagenêt ouverts et 120 exposants dans les rues.
– ***La 25e Heure du livre :*** *1re quinzaine d'oct. • la25eheuredulivre.fr •* Consacré depuis quelques années aux cultures orales des peuples premiers.
– ***Forum Le Monde Le Mans :*** *pdt 3 j. mi-nov.* Grand rendez-vous philosophique organisé par le journal *Le Monde* et par la Ville du Mans.

## DANS LES ENVIRONS DU MANS

### Vers l'est

★★★ ***L'abbaye de l'Épau :*** *route de Changé, 72530* ***Yvré-l'Évêque.*** *☎ 02-43-84-22-29. • epau.sarthe.com • À env 4 km. Ⓣ Épau-Gué-Bernisson. En voiture, direction Changé ; sortie de l'autoroute : Le Mans-Est. Mai-oct, tlj 9h-12h, 14h-18h ; mars-avr et nov-déc, mer-dim 10h-12h, 14h-17h. Fermé janv-fév. Entrée : 2,30 € ; réduc.*
Fondée en 1229 par la reine Bérengère, veuve de Richard Cœur de Lion, l'abbaye constitue l'une des dernières implantations cisterciennes. Lors de la guerre de Cent Ans, elle fut incendiée puis partiellement reconstruite entre 1400 et 1444. À la Révolution, l'abbaye fut aliénée en bien national et affectée à un usage agricole. En 1959, sa survie même était menacée lorsque le Département de la Sarthe s'en porta acquéreur. Durant près de 30 ans, des travaux de restauration furent engagés pour permettre à l'édifice de retrouver sa splendeur originelle, au milieu d'un parc de 13 ha lui aussi retravaillé.
Aujourd'hui, l'abbaye de l'Épau est l'une des mieux conservées de France, ayant préservé la quasi-intégralité de ses bâtiments. Seuls le cloître et la façade ouest de celui-ci, correspondant au bâtiment des convers, ont disparu. Quelques corbeaux saillants témoignent de sa présence autrefois. Le chauffoir devait être la seule véritable pièce vraiment « vivable » de l'abbaye. La cheminée aux proportions monumentales est en grès du pays. Beau dallage de l'époque. À côté se trouve le scriptorium, d'une pureté extraordinaire (remarquer la trappe pour dégeler les encriers dans ce qui était la seule pièce chauffée).
Le gisant de Bérengère de Navarre repose dans la salle capitulaire, considérée à juste titre comme le joyau de l'abbaye avec ses très belles colonnes à chapiteaux ornés. Le dortoir, très vaste, abrite aujourd'hui les séminaires et autres grandes manifestations du conseil général. Sur le mur de la chambre du père abbé – fermée par une porte magnifique de robustesse – s'effacent avec le temps des fragments de fresque du XVe s représentant une Annonciation. Le vaisseau de l'église abbatiale atteint une longueur de 47 m. L'église est éclairée par une rosace du XIVe s, remise en état par les Beaux-Arts. Pour terminer la visite, aller découvrir les fresques du XIVe s de la sacristie. Les traces de peinture disparaissent elles aussi peu à peu. Demeurent encore quelques images magiques d'une arrivée du Christ sur un âne, de la Cène...

★ 👪 ***Papéa Parc :*** *lieu-dit Neptune, 72530* ***Yvré-l'Évêque.*** *☎ 02-43-89-61-05. • papeacity.com • Pas loin de l'abbaye de l'Épau, direction Paris. 10h-18h30 : juil-août, tlj ; mai-juin, w-e et certains autres j. Sept, dim 10h30-18h. Vérifier avt les j. et*

LE MANS

*horaires d'ouverture. Entrée : env 17 € ; 15 € jusqu'à 14 ans ; gratuit moins de 1 m.* Parc d'attractions pour enfants et adultes sur 20 ha ombragés. Plan d'eau, royaume des embarcations à pédales, super toboggans aquatiques, pataugeoire, divers manèges et attractions. Snack sur place et pique-nique autorisé. Très bon restaurant à côté : *Le Jardin Gourmand* (voir « Où dormir ? Où manger dans les environs ? »).

**L'Arche de la Nature :** *72039 Le Mans Cedex 09. ☎ 02-43-50-38-45. • arche-nature.fr • À 4 km à l'est, en direction de l'abbaye de l'Épau. Ⓣ Espal ou Épau-Gué-Bernisson. Programme des activités auprès de l'office de tourisme.* Ces 450 ha de verdure et de bois aux abords de la ville présentent les différents paysages du Maine : bocages, forêts, landes, rivières... Des parcours sportifs sont proposés, on peut louer un vélo ou encore visiter une ferme-conservatoire, avec des races locales, en activité tout au long de l'année. Une dizaine de fêtes locales de mars à novembre (fête du Cochon et du Mouton, fête de l'Eau et des Moulins, etc.). L'Arche et l'ONF organisent aussi des stages, un circuit en hippomobile et des visites en période de reproduction des animaux sauvages ; avis aux observateurs de tout poil !

– **La Maison de l'Eau :** *une des portes d'entrée de l'Arche de la Nature, à proximité de l'abbaye de l'Épau. Juil-août, tlj 14h-18h ; sept et juin, mer et dim 14h-18h. Entrée : 2,50 €.* Installée dans les beaux bâtiments qui hébergèrent l'usine des eaux du Mans, cette maison mérite une visite pour ses aquariums qui présentent la faune et la flore des rivières et étangs de la région, mais aussi pour le beau patrimoine industriel que constituent les machines d'époque qui acheminaient l'eau jusqu'aux châteaux d'eau.

– **La Maison de la Forêt :** *sur la route de Changé (D 152), à 1 km de l'abbaye de l'Épau. Parkings des Granges ou du Verger. Vac d'hiver-Toussaint, mer et dim 14h-18h, tlj sf lun pdt vac scol zone A. Entrée : 3 € ; réduc.* Expo et point de départ d'un parcours des arbres remarquables et de la visite de l'arboretum. Petite restauration et buvette.

## Vers le sud

**Le musée des 24-Heures – circuit de la Sarthe** *(hors plan couleur par B3)* **:** *9, pl. Luigi-Chinetti, au Mans. ☎ 02-43-72-72-24. • lemusee24h.com • ♿ En voiture, suivre direction « Circuit des 24 Heures ». Situé à l'entrée principale du circuit. Janv, ven-dim 11h-17h ; fév-mars et oct-déc, tlj sf mar, 11h-17h ; avr-sept, tlj 10h-18h. Entrée : 8,50 € ; réduc. Parcours pour les enfants « Léon la Mascotte ». Visite interactive intitulée « Le Mans, la Légende » à télécharger sur l'application Guidigo ou dispo au musée en loc de tablette (2 €).* Sur 4 000 m², 120 véhicules, dont 7 motos et une cinquantaine de bolides de course historiques, font saliver les visiteurs de tous âges. Porsche, Matra, Bentley, Ferrari... elles sont toutes là, rutilantes sous les spots, ces célèbres voitures qui accrochèrent à leur palmarès la course mythique, y compris la Chenard & Walker qui gagna les premiers 24 Heures en 1923 et la première voiture qui arriva dernière ! Mais c'est aussi sur le côté humain que le musée s'attarde, le travail d'équipe, souvent dans l'ombre, et les 70 personnes qui gravitent autour d'une seule voiture. Quelques portraits de personnages qui ont marqué l'histoire de la course. Clin d'œil également aux progrès technologiques réalisés dans le sillage des 24h : phares antibrouillard, freins à disque...

### FANTÔME D'ARGENT

*Glissant silencieusement dans l'air comme un fantôme, la Silver Ghost, la plus prestigieuse des Rolls-Royce, est le modèle le plus abouti de la marque. Souvent décrite comme l'une des seules voitures combinant beauté, vitesse, silence, confort, fiabilité et... longévité. Il faut dire que Henri Royce était un véritable maniaque de la perfection, il traquait le moindre bruit parasite avec un stéthoscope !*

Au-delà de la course, un véritable voyage, spectaculaire et passionnant, au pays de l'automobile attend les amateurs de vieilles voitures, qui se réjouiront des véhicules anciens et autres cycles et motocycles que le musée abrite. Impressionnantes Cadillac des années 1950, Rolls-Royce rutilante de 1920, lignes élégantes des coupés Hispano, une voiture électrique de 1942 (déjà !). Évocation de la célèbre famille mancelle Bollée, des fondeurs au XIXe s (voir l'incroyable machine à calculer de 1888, qui servait à confectionner les cloches), passée à l'automobile. Pour ceux qui n'ont pas l'occasion de vivre en direct les 24 Heures du Mans, une bonne entrée dans ce monde étonnant qui a rendu le nom du Mans célèbre dans le monde entier.

***Spaycific'Zoo :*** *72700* ***Spay.*** *☎ 02-43-21-33-02. • spaycificzoo.com • Entre La Suze (8 km) et Le Mans (10 km) ; sortie n° 9 sur l'autoroute. Fév-nov, tlj 10h-18h (20h juil-août, slt mer et w-e hors vac scol fév-mars et oct-nov). Entrée : env 11 € ; 8,50 € jusqu'à 16 ans ; gratuit pour les enfants de moins de 1 m et de moins 3 ans. Petits panneaux instructifs et parcours de jeux pour les enfants.* Quelque 600 animaux, en majorité exotiques et aux noms parfois intrigants, du tatou à l'axolote, des jaguarondis aux agoutis... On peut pénétrer dans certains enclos, comme celui des petits lémuriens ou des wallabys. L'*Exotarium* abrite crapauds et escargots géants, grenouilles bleues et autres étrangetés de la nature. Également un bassin tactile ou encore une volière africaine. Spectacle de marionnettes interactif à thème. – Espace pique-nique, snack (bio et local), boutique et aire de jeux.

***L'île Moulinsart :*** *rue du Canal, 72210* ***Fillé-sur-Sarthe.*** *☎ 02-43-57-05-10. • ile-moulinsart.fr • À env 18 km au sud du Mans.* En 1975, le moulin de Cyprien (XVe s) cessa son activité meunière, qui a pu reprendre en 2001 grâce à l'*Association de sauvegarde du moulin de Fillé.* Aujourd'hui, le moulin se visite, et sa farine s'achète à la boutique qui vend aussi les produits provenant d'autres moulins en France.
Autour du moulin s'est développé tout un site de loisirs proposant, en saison, de multiples activités pour grands et petits avec le centre d'Art, sa résidence d'artistes et ses expos temporaires, la guinguette *l'Orange Bleue* et un espace nautique. Un bel endroit et une magnifique reprise en main.

# LE PAYS DE LA HAUTE SARTHE, LES ALPES MANCELLES ET LE SAOSNOIS

**Aux portes du Maine et de la Normandie, une région bien identifiable par son histoire, sa culture, ses traditions et ses paysages (d'où la création d'un parc naturel régional). Des Alpes mancelles, où le bocage devient soudain montagne, aux étendues verdoyantes du Saosnois, en passant par les sous-bois accueillants des forêts domaniales de Perseigne et de Sillé-le-Guillaume, vous comprendrez pourquoi on dit des habitants du pays qu'ils ont, au fond, une « bonne nature ».**
**Au fait, pourquoi « les Alpes mancelles » ? Ce nom fait référence au relief alpin caractéristique, dont on peut parfois rapprocher certains paysages du coin. Cet espace est classé et protégé, il fait partie du parc naturel régional Normandie-Maine.**

## SILLÉ-LE-GUILLAUME (72140) 2 580 hab. *Carte Sarthe, B2*

**Sur la D 304, route du Mans à Mayenne, un gros bourg typique de la Sarthe avec, au centre, un château féodal du XVe s et une collégiale.**

**Mais on y vient surtout pour s'adonner à des activités nature, avec sa forêt de 3 500 ha. Celle-ci fut achetée en 1683 par Louis XIV, qui en fit don à la fille de la duchesse de La Vallière. Et au milieu de la forêt, un étang de 32 ha a été aménagé avec un espace nautique très complet et tout ce qu'il faut pour camper. La Sarthe recèle décidément des recoins secrets pour le moins inattendus et vivifiants ! Une aubaine en tout cas pour les familles.**

## Adresse utile

ℹ ***Office de tourisme :*** *pl. de la Résistance. ☎ 02-43-20-10-32. • tourisme.sille-le-guillaume.fr • ♿ Lun 14h-17h ; mar-ven 10h-12h30, 14h-17h ; plus sam 10h-12h30 en juil-août. Congés : 2 sem en déc.* Topoguides sur la randonnée pédestre ou à VTT, un dépliant pour visiter la ville en solo et un livret-jeu pour le faire avec les enfants.

## Où dormir ? Où manger ?

### Campings

⛺ ***Camping Indigo Les Molières :*** *à Sillé-Plage. ☎ 02-43-20-16-12. • molieres@camping-indigo.com • camping-indigo.com • ♿ Avr-oct. Compter 14,50-21,20 € pour 2 selon saison. Mobile homes ou tentes toiles/bois 4-6 pers 44-95 €/nuit. 1 nuit gratuite pour 7 nuits en camping. 166 empl.* Vaste camping, au bord du lac et ombragé par la forêt, autrement dit privilégiant d'un très bel environnement. Idéal pour la pratique de sports nature : balades, VTT, activités nautiques, baignade... Nombreux emplacements très spacieux pour les tentes. Location de tentes toile-bois et de mobile homes en bois. Piscine chauffée, roulotte-snack et programme d'activités en été.

⛺ ***Camping Les Tournesols :*** *Le Landereau, 72140* ***Le Grez.*** *☎ 02-43-20-12-96 ou 📱 06-98-04-74-29. • campinglestournesols@orange.fr • campinglestournesols.com • ♿ À 3 km à l'ouest de Sillé sur la D 304. Mai-sept. Compter 14-16 € pour 2 selon saison. 1 mobile home 5-7 pers et une dizaine de bungalows toilés équipés 4-6 pers. 75 empl. 📶 (payant).* Certes, on n'est pas au bord du lac (il n'est pas si loin !), mais voici un camping familial, accueillant et reposant, tenu par un Néerlandais bien sympathique. Sanitaires très propres. Animations en saison. Et toutes les infos dont vous rêviez sur les randos dans le coin.

### Chic

🏠 🍽 ***Le Bretagne :*** *1, pl. de la Croix-d'Or, à Sillé. ☎ 02-43-20-10-10. • hotelrestaurantlebretagne@wanadoo.fr • hotelsarthe.com • Près de la gare. Fermé le soir ven et dim, plus sam midi. Congés : 25 juil-10 août. Doubles à partir de 74 €. Formule midi en sem 14,90 € ; menus 18,90 € en sem, puis 29,90-50 € ; au bistrot, formules déj en sem 10-14 €. 📶 Réduc de 10 % sur présentation de ce guide, sf course automobile.* L'hôtel principal de Sillé, installé dans une vieille et honorable maison. Après avoir travaillé chez les grands, deux « petits » sont revenus au pays et proposent ici une cuisine fraîcheur enthousiasmante dès le 1er menu. À noter, un délicieux paris-brest en hommage à la ligne de chemin de fer qui passe derrière l'établissement. Côté chambre, c'est beaucoup plus modeste et standard mais confortable.

🍽 Plusieurs ***restaurants*** pratiques à défaut de gastronomiques autour du lac de Sillé, notamment au centre d'activités. Pas très loin, face à l'hippodrome, salades, viandes et tartes maison au ***Carpe Diem*** *(📱 06-23-60-42-34 ; tlj sf lun).*

## Achats

**L'atelier Jeantaine :** *les petits cours, route de Sablé. ☎ 02-43-28-96-96. • jeantaine.fr • À la sortie de Sillé. Mar et dim 10h-12h ; ven 10h-12h, 16h-18h ; sam 10h-12h, 17h-19h.* Un atelier et une boutique de produits du terroir maison, ouverts par le chef de l'hôtel-restaurant *Le Bretagne.* Confitures, bonbons, rillettes...

## À voir. À faire

**Le château-forteresse et sa collégiale :** *visite juil-août lun, mer-ven et dim : libre 15h-17h, guidée 14h-15h. Visite familles mer 15h30-16h30. Tarif : 2,30 € ; réduc. Un goûter offert à l'issue de la visite. Accès aux expos de peinture aux horaires de visite libre.* L'énorme tour à mâchicoulis domine la ville, vous ne pouvez pas la manquer. Un des nombreux châteaux témoins des luttes permanentes entre les Normands, les Anglais et les comtes du Maine. Le château actuel, siège d'une très vieille baronnie du haut Maine, a été bâti au XVe s sur les ruines d'une vieille forteresse du Xe s.

**Le lac de Sillé :** lac de 32 ha au cœur du massif forestier. Nombreuses possibilités de loisirs : plage surveillée en juillet-août, voile, randonnées pédestres, VTT et équestres (poneys), ou encore un grand parcours dans les arbres avec *Les Tyroliennes de la Forêt...* Tour du lac en petit train *(☎ 02-43-20-10-32 ; avr-sept, le w-e – tlj en juil-août)* ainsi que balades en bateau avec commentaires sur la faune et la flore. Plusieurs restaurants sur place.

– ***Centre de nautisme et de pleine nature :*** *à Sillé-Plage. ☎ 02-43-20-10-36. • nautisme-nature.com •* Initiation et perfectionnement aux activités de nautisme et de pleine nature : VTT, course d'orientation, canoë-kayak, catamaran, Optimist, tir à l'arc, escalade, etc.

– ***La Maison du lac et de la forêt :*** *☎ 02-43-20-19-97. Avr-juin et sept, mer et w-e 14h-18h ; dim et j. fériés 10h-12h30, 14h-18h. Juil-août, tlj sf mar mat 10h30-12h30, 14h-18h30.* Annexe de l'office de tourisme sur le site de Sillé-Plage. Infos touristiques, vente de produits du terroir. Présentation des écosystèmes, diaporama... Expositions temporaires.

Possibilité de vous adonner à l'escalade sur des sites rocheux, tels que ***Rochebrune*** ou le ***saut du Serf.*** Pour ce dernier, à 7 km sur la route de Fresnay (indiqué au niveau du restaurant *Le Randonneur*), la légende raconte qu'un pauvre serf (le paysan de l'époque), poursuivi par la meute hurlante d'un vilain seigneur (et donc saigneur à ses heures), franchit d'un bond prodigieux les deux versants du rocher. En réalité, il s'agissait, vous l'aviez peut-être deviné, d'un brave cerf (l'exploit n'en reste pas moins étonnant).

# BEAUMONT-SUR-SARTHE

(72170) 2 060 hab. *Carte Sarthe, B2*

**Jolie bourgade construite en amphithéâtre sur les bords de la Sarthe. Très belle vue d'ensemble depuis Mareschè, de l'autre côté de la rivière. Et jolie balade autour du château, témoin, comme celui de Sillé, des luttes sans fin du Moyen Âge.**

## Adresse utile

**Office de tourisme :** *14, pl. de la Libération. ☎ 02-43-33-03-03. • ot-beaumont.com • Mai-sept, de lun ap-m à sam mat ; oct-avr, lun-ven slt.*

## Où dormir ? Où manger ?

***Camping du Val de Sarthe :*** *rue de l'Abreuvoir. ☎ 02-43-97-01-93. • camping-beaumontsarthe@orange.fr • Env 9 € pour 2 avec tente et voiture. Loc de bungalows de toile 4 pers 165-305 €/sem. 73 empl.* Un petit camping très simple, ombragé et verdoyant, bordé par la rivière, où l'on peut quasiment pêcher depuis sa tente. Emplacements assez spacieux, délimités par des haies basses. Piscine à proximité.

***Chambres d'hôtes Le Manoir de Saint-Pierre :*** *chez M. et Mme Trassard, 45, rue des Hauts-de-Sarthe, 72170* ***Juillé.*** *☎ 02-43-33-56-25. • martine.trassard@wanadoo.fr • manoir-saint-pierre.com • À env 1 km. Sur la D 338 en direction d'Alençon, prendre la petite route à droite juste après le panneau de sortie de Beaumont (fléché), puis faire une boucle (sens unique). Doubles 75-80 €.* Après avoir traversé une zone pavillonnaire, on découvre avec surprise ce manoir ceint d'un beau parc avec piscine. Les 4 chambres, cossues et élégantes, ont toutes une salle de bains privée de belle taille (voire de très belle taille pour deux d'entre elles !). À la disposition des hôtes, un ravissant jardin d'hiver avec cheminée pour couler des heures tranquilles. Accueil ouvert et souriant.

***Auberge de la Croix Margot :*** *122, av. de la Division-Leclerc. ☎ 02-43-33-13-59. Au rond-point de sortie de Beaumont, direction Alençon. Fermé mar-mer. Menus 25,50-40,50 €.* La façade plutôt banale cache l'une des très bonnes tables du coin, reprise par 2 frères baroudeurs. Cuisine traditionnelle finement travaillée, parfois originale, à base de produits de saison. Si le temps le permet, on prend l'apéro en terrasse. Pour le reste, cadre agréable et accueil comme il faut. On appose sans hésiter la croix dans la bonne case !

## DANS LES ENVIRONS DE BEAUMONT-SUR-SARTHE

***Le prieuré de Vivoin et son jardin textile :*** *☎ 02-43-97-04-36. • prieuredevivoin.com • À 2,5 km par la D 26. Extérieurs du prieuré : tlj 9h-18h (visite libre) ; salles d'expo du rdc : avr-sept, mer-dim 14h-18h (gratuit) ; salles à l'étage : visite guidée en été dim à 15h30 (5 €). Musée : juil-août, mer-dim 14h-17h30 ; fin avr-juin et sept, w-e et j. fériés. Entrée : env 3 € ; réduc ; gratuit moins de 12 ans.* Le prieuré fut fondé au XIe s par Raoul de Beaumont. Sa construction s'acheva au XVIe s, ce qui explique ce mélange d'architectures romane, gothique et Renaissance. Dans le *musée de la Vie d'autrefois,* évocation de la puissance économique que représentait la culture du chanvre au début du XXe s, et présentation de la ferme traditionnelle sarthoise. À l'arrière du prieuré, un petit jardin où sont cultivées des plantes utilisées dans la fabrication des textiles, notamment pour les teinter.

***Les halles et les vitraux de l'église de René*** *(72260) : à env 10 km au nord-est de Beaumont*

### UNE DÉCOUVERTE LUMINEUSE

*Émoi dans le village de René : les vitraux éclaircis des verrières de l'église sont antérieurs à ceux, semblables, de la cathédrale de Sens, et seraient donc les premiers vrais exemples d'une mode qui fit fureur à l'époque : apporter de la lumière dans l'église ! En effet, auparavant, on peignait les vitraux, ce qui obscurcissait l'intérieur des édifices religieux.*

*par la D 26.* Les plus anciennes halles de la Sarthe (1533). Elles abritaient à cette époque un marché aux grains hebdomadaire. Deux fois par an, elles retrouvent leur fonction lors du marché à l'ancienne, avec tenues d'époque, début juin, et lors du marché des produits du terroir, le 15 août.

➢ ***Le circuit du Chanvre :*** *rens auprès de l'office de tourisme de Beaumont-sur-Sarthe.* ♿ Un circuit instructif d'environ 3h30 (28 km) à travers les communes de Beaumont-sur-Sarthe, Vivoin, Saint-Marceau, Assé-le-Riboul et Ségrie, pour découvrir les diverses cultures et utilisations du chanvre (non, non, pas l'herbe qui fait rire, mais le textile, le cordage, le papier...).

***Le donjon de Ballon*** *(72290)* **:** *☎ 02-43-27-30-51. ♿ De juil à mi-août, ts les ap-m sf jeu. Entrée : 5 € (jardins seuls) ou 8 € (jardins + visite guidée du donjon) ; réduc.* Depuis plus de cinq siècles, une grosse tour, flanquée de deux tourelles et d'une porte à pont-levis, veille sur la vallée qui entoure le coquet village de Ballon. C'est le donjon de la plus ancienne forteresse qui défendait la frontière entre le Maine et la Normandie. Il renferme en ses remparts un jardin de transition entre le Moyen Âge et la Renaissance, un parc botanique et une collection de rosiers anciens.

***Le prieuré Saint-Julien :*** *72170* ***Saint-Marceau.*** *☎ 02-43-97-02-57 (mairie). ♿ À 5 km au sud de Beaumont-sur-Sarthe. Seul l'extérieur se visite. GRATUIT.* Dans un ensemble architectural du XVIe s, on vient ici admirer les vitraux de la chapelle et faire la promenade dans les jardins du prieuré vers la fontaine Saint-Julien. En traversant la route, on peut voir également l'église paroissiale d'origine romane, l'une des plus anciennes du secteur. À l'entrée ouest du village, superbe pont roman à sept arches enjambant la Sarthe avec, en son milieu, une chapelle dédiée à la Vierge.

# FRESNAY-SUR-SARTHE

(72130) 2 330 hab. *Carte Sarthe, B1*

**Station verte des Alpes mancelles, cette « Petite Cité de caractère » comporte un ensemble de constructions homogènes employant une pierre spécifique à la région : le roussard. À découvrir : les ruines de l'ancien château, avec le jardin public situé à l'intérieur de la cour, la fontaine du Lion, emblème normand de Guillaume le Conquérant, l'église Notre-Dame (beau portail classé du XVIe s) et les nombreuses ruelles.**

## Adresse utile

ℹ ***Office de tourisme des Alpes mancelles :*** *19, av. du Docteur-Riant. ☎ 02-43-33-28-04. • tourisme-alpesmancelles.fr • Juin-sept, mar-ven 10h-13h, 14h-18h ; sam 10h-17h ; plus dim 10h-13h en juil-août. Oct-mai, mar-ven 10h-13h, 15h-18h ; sam 10h-13h.* Itinéraire de découverte à disposition.

## Où dormir ? Où manger dans le coin ?

### Camping

***Camping municipal Le Sans Souci :*** *rue du Haut-Ary, allée André-Chevalier, à Fresnay. ☎ 02-43-97-32-87. • camping-fresnay@wanadoo.fr • camping-fresnaysursarthe.fr • ♿ À la sortie du centre-ville par la D 15. Avr-sept. Compter env 10 € pour 2. Loc de chalets 4-6 pers 257-491 €/sem selon* *capacité et saison. 81 empl. Réduc de 20 % pour un séjour de plus de 10 j. en tente et de plus de 2 sem en loc sur présentation de ce guide.* En bordure de rivière, dans un cadre verdoyant et serein, ce joli petit camping porte bien son nom. Deux types d'emplacements : ceux délimités par de hautes haies de thuyas, et les autres éparpillés sur des pelouses simplement plantées d'arbres. En été, nombreuses activités de loisirs pour petits et grands : accès gratuit à la piscine et aux beaux tennis municipaux voisins, pêche, canoë-kayak...

## De bon marché à prix moyens

***Chambres d'hôtes Les Quatre Saisons :*** *2, rue des Templiers, 72170* ***Moitron-sur-Sarthe.*** *☎ 02-43-34-43-89. • contact@lesquatresaisons.fr • lesquatresaisons.fr • À env 5 km au sud-est de Fresnay-sur-Sarthe. Double 55 €. Table d'hôtes 23 €.* Une ancienne école aux murs de granit, retapée par un couple chaleureux. 4 chambres à la déco très sobre, mais confortables et agréables, dont on vous laisse deviner les noms. Accueil prévenant.

***Il Calcio :*** *15, av. Victor-Hugo, à Fresnay. ☎ 02-43-33-14-16. En plein centre. Fermé sam midi, dim midi et lun, plus mar soir et mer soir de mi-sept à mi-mai. Repas 15-20 €.* Façade couleur lavande pour cette petite pizzeria qui propose aussi quelques salades et plats chauds. Pas vraiment typique, mais les prix sont doux et les pizzas d'une extrême finesse.

## À voir

***L'église Notre-Dame :*** *en principe, ts les ap-m en juil-août.* Le fleuron du village, avec notamment son portail classé du XVIe s en chêne sculpté et ses têtes de tous styles.

***La porte du château :*** *06-79-60-71-98. Visite slt sur résa. Entrée du musée médiéval : env 5 € ; réduc.* Cet édifice du XIVe s est la pièce la mieux conservée des fortifications, mises à rude épreuve durant la guerre de Cent Ans. La porte est formée de deux tours rondes, flanquées de meurtrières et réunies par un bâtiment qui abritait la herse et la machinerie du pont-levis. Dans ces tours, un musée médiéval avec des cachots aménagés au rez-de-chaussée, et, à l'étage, deux casemates qui servaient de logement aux gardes. Depuis les jardins, joli panorama sur le village et la Sarthe.

***La cave du Lion :*** *ruelle du Lion (entre l'église et les halles). Sur résa slt (infos à l'office de tourisme). GRATUIT.* Une ancienne chapelle souterraine de la fin du XIIe-début du XIIIe s. Expos de peinture en saison.

– Au-dessus de la cave, ***musée de la Coiffe sarthoise*** : *avr-sept, dim et j. fériés 14h30-18h, plus jeu juin-sept 14h30-17h30. Entrée : env 2 €.* 150 coiffes restaurées par les bénévoles de l'association « Bise-moi vite ». Ébouriffant !

# SAINT-LÉONARD-DES-BOIS

(72130) 500 hab. *Carte Sarthe, B1*

**Au cœur des Alpes mancelles, au nord-ouest de Fresnay par la D 15 (9 km), le petit village de Saint-Léonard-des-Bois est niché dans une boucle de la Sarthe au fond d'une vallée. Site naturel classé, idéal pour les sports de pleine nature (descente fabuleuse en canoë-kayak !). Les pierriers, éboulis naturels formés à l'ère quaternaire (vallée de la Misère, Butte-du-Pâtis...), donnent au site des allures de moyenne montagne à l'aspect très sauvage, avec une flore**

**très proche de la flore alpine. Le site est un mélange de collines recouvertes d'un tapis de bruyère, de douces prairies et de reliefs escarpés. Le Haut-Fourché (217 m) et le Narbonne (203 m) forment des belvédères naturels et offrent une vue admirable sur le village et la rivière. Au XVIe s, les habitants vivaient en grande partie du travail du fer : forgerons, cloutiers, maîtres fondeurs, bénéficiant de la rivière comme force motrice.**



## Où dormir ? Où manger dans le coin ?

### Camping

*Camping des Alpes Mancelles :* *31, rue des Alpes-Mancelles. ☎ 02-43-33-81-79. • camping@saintleonarddesbois.fr • saintleonarddesbois.fr • ♿ Dans le bourg, au niveau du pont. Avr-sept. Env 10 € pour 2. Caravane 210 €/sem. 80 empl.* En plein village, un camping tout simple et herbeux, avec des emplacements sans ombre mais au bord de l'eau et une jolie vue sur la forêt. Le paradis des pêcheurs à la truite !

### De très bon marché à bon marché

***Gîte de Vandoeuvre :*** *Le Bourg. ☎ 02-43-97-28-15. • contact@gite-de-vandoeuvre.fr • gite-de-vandoeuvre.fr • ♿ Au cœur du village. Env 20 € la nuitée. Possibilité de ½ pens 44 €.* Un grand gîte d'étape dans une grande maison avec un joli jardin fleuri. Un dortoir de 10 lits et quelques chambres simples mais propres de 2 à 6 lits, avec salle d'eau. Draps fournis. Accueil des plus chaleureux.

***La cave à bière de Saint Léo :*** *Le Bourg. ☎ 02-43-34-65-83. • bibine.fr • En saison, lun-jeu 16h-22h, ven-sam 16h-1h, dim et j. fériés 10h-20h ; hors saison, slt ven-dim. Plats 6-10 €.* Ambiance d'estaminet dans ce bar-resto vaste et lumineux, avec terrasse en surplomb, face à la forêt environnante. Il faut dire que le patron venu du nord (de la France), avec son faux air de joyeux Gaulois, a apporté dans ses valises environ 250 références de bières qu'il vend dans sa boutique ou au comptoir. Le tout accompagné de délicieuses tartines-crudités ou de chipos. Parfait pour se poser simplement sans se prendre la tête.

### Prix moyens

***La Grande Savane :*** *Le Petit-Mohaison, 72130* ***Saint-Paul-le-Gaultier.*** *☎ 02-43-33-34-01. • lagrandesavane@wanadoo.fr • lagrandesavane.free.fr • À Saint-Paul-le-Gaulthier, prendre la D 105 (direction Gesvres), puis à gauche après 1 km (pas indiqué) et encore à gauche après 1 km. Sur résa. Pour 2 pers, nuit en yourte à partir de 75 €, petit déj inclus.* Sur un domaine de 54 ha offrant de multiples activités de plein air, de vraies yourtes mongoles et des roulottes partagent des sanitaires sommaires mais propres. Si vous tenez à votre petit confort, oubliez, mais si vous rêvez d'un séjour en pleine nature, c'est l'endroit ! Les patrons enthousiastes sont de grands baroudeurs et passent 6 mois de l'année dans les déserts du monde.

***Chambres d'hôtes Le Moulin de L'Inthe :*** *route de Sougé. ☎ 02-43-33-79-22. 📱 06-78-70-91-26. • chambres-hotes.alpesmancelles.com • À 400 m de Saint-Léonard par la D 112. Pâques-oct. Double 70 € ; également 1 familiale.* Dans cet ancien moulin à eau restauré (mais où la roue, joliment enguirlandée de lierre, ne tourne plus) et idéalement situé sur les bords de la Sarthe, de belles chambres d'hôtes, confortables et tranquilles. Accueil adorable.

## À faire à Saint-Léonard et dans le coin

***Toutes sortes d'activités dans le secteur :*** accrobranche, randos, VTT, équitation, pêche, saut à l'élastique (***Élastique Record,*** *72130* ***Saint-Georges-le-Gaultier.*** *📱 06-73-99-13-36. • elastique-record.com •*), etc.

– On conseille notamment la visite du ***Domaine du Gasseau*** : ☎ *02-43-34-34-44.* • *legasseau.fr* • Boutique de produits du terroir, café, expositions, concerts gratuits les dimanche après-midi d'été, potager, verger... en plus du parc découverte-aventure et des randos.

– Activités également à ***La Grande Savane*** *(Le Petit Mohaison, 72130* ***Saint-Paul-le-Gaultier.*** *☎ 02-43-33-34-01. • lagrandesavane.free.fr •).*

➢ Et pourquoi ne pas découvrir le coin en randonnant léger avec un âne bâté pour porter votre chargement – ou un enfant pas trop lourd ? C'est ce que vous proposent ***Les Domaines de l'Âne*** *(15, route d'Assé, 72130* ***Gesnes-le-Gandelin*** *; ☎ 02-33-82-09-68 ; • lesdomainesdelane.fr •).*

## Randonnée pédestre

➢ ***Circuit « les Méandres de la Sarthe » :*** boucle de 17 km (fiche disponible à l'office de tourisme), balisée en jaune entre Saint-Léonard-des-Bois et ***Saint-Céneri-le-Gérei.*** C'est l'un des « Plus Beaux Villages de France » et Village de caractère des Alpes mancelles, souvent représenté en peinture et fréquenté de tout temps par des artistes. Vous êtes alors dans l'Orne ! Sur place, pour se requinquer, restaurant bien agréable, *Le Petit Caboulot*, près du pont.

### LE TUBE DU SIÈCLE

*Autrefois, les paysagistes réalisaient des croquis in situ mais finalisaient leur toile en atelier, faute de pouvoir conserver les couleurs (un mélange instable de pigments et de liants). Tout changea au milieu du XIX^e s avec l'invention du tube de peinture en étain. Les artistes pouvaient enfin transporter les couleurs et réaliser leur œuvre en pleine nature en laissant libre cours à leur imagination. Une révolution qui favorisa la naissance de l'impressionnisme !*

# LA FORÊT DE PERSEIGNE

*Carte Sarthe, C1*

**Située à l'est d'Alençon, tout au nord de la Sarthe, la forêt de Perseigne fait partie du parc naturel régional Maine-Normandie. Ambiances tamisées par les frondaisons de hêtres ou de chênes, diversité des essences végétales, dont toute une variété de pins... le paysage est ici adouci et traversé de nombreux sentiers pédestres ou équestres. Des panneaux d'indication aux carrefours et des tables d'orientation facilitent le repérage en indiquant le relief et les édifices. Une petite route sinueuse à la dénivelée importante traverse la forêt domaniale de Perseigne (5 000 ha) et mène au site du belvédère. Cette tour d'observation, haute de 30 m et construite au cœur de la forêt, est un véritable belvédère et le point culminant du département (340 m).**

## Où dormir ? Où manger dans le coin ?

### Prix moyens

🍴 ***Auberge Saint-Paul :*** *La Grande Terre, 72600* ***La Fresnaye-sur-Chédouet.*** *☎ 02-43-97-82-76. ♿ À 4 km du village. Fermé lun-mar sf fériés. Menus 16,50 € déj en sem, puis 24-32 €. Café offert sur présentation de ce guide.* Un cadre fleuri et reposant, en pleine campagne, pour un bon moment autour de la table. Calvados ou eau-de-vie en fin de repas ?

Madame est normande, monsieur, aux fourneaux, alsacien, et ces influences extrarégionales se ressentent jusque dans la cuisine.

🏠 ***Chambres d'hôtes Le Fay :*** *le Fay, 72600* ***Villaines-la-Carrelle.*** *☎ 02-43-97-73-40. ● info@chezlefay.com ● chezlefay.com ● Suivre les panneaux en direction de Saint-Longis. Double 60 €.* En pleine campagne, aménagées dans le grenier d'une ancienne ferme céréalière et de volailles, 3 chambres spacieuses et confortables, dont une en mezzanine pouvant accueillir jusqu'à 6 personnes. Au soleil couchant, joli panorama sur la vallée du Rutin.

## De chic à beaucoup plus chic

🏠 🍴 ***Relais des Étangs de Guibert :*** *72600* ***Neufchâtel-en-Saosnois.*** *☎ 02-43-97-15-38. ● contact@lesetangsdeguibert.fr ● lesetangsdeguibert.com ● ♿ Dans le village, prendre à droite à l'église, direction « belvédère de Perseigne ». Fermé dim soir, lun et soir des j. fériés. Doubles 70-110 € selon taille et vue. Menus 22 € en sem, puis 37-43 €.* 💻 📶 À la lisière de la forêt de Perseigne, au bord d'un étang. Le cadre bucolique à souhait explique pourquoi il est difficile de trouver dans ce *Relais du silence* une chambre le week-end. Charmantes et pleines de fraîcheur, les chambres sont toutes différentes les unes des autres. Belles balades à faire à cheval, en barque ou simplement à pied, à la découverte d'un des plus beaux coins de la haute Sarthe. Côté resto, jolie salle donnant sur l'étang, cuisine exquise et une carte proposant, outre les viandes de bœuf, veau et canard, des pièces plus exotiques occasionnellement comme l'autruche, le kangourou ou le gibier local... Parmi la clientèle, beaucoup d'étrangers qui ne s'y trompent pas !

🏠 🍴 ***Château de Saint-Paterne :*** *72610* ***Saint-Paterne.*** *☎ 02-33-27-54-71. ● contact@chateau-saintpaterne.com ● chateau-saintpaterne.com ● ♿ À 2 km d'Alençon. Au centre du village. Fermé l'hiver. Doubles 145-255 €, pour situer tt de suite ; petit déj 14 €. Menu unique 49 €, apéritif et café compris.* 📶 Charles-Henri vous accueille dans le château familial des Valbray, superbe demeure du XVᵉ s. Et justement, il y a des suites meublées d'époque, pour un week-end qui sort vraiment de l'ordinaire. Chaque chambre a sa propre personnalité, de celle qui abrita les amours d'Henri IV, au plafond historié, à celle de l'orangerie, à la déco plus contemporaine. Dîner aux flambeaux pour qui veut (s')offrir le grand jeu. Et pour les romantiques, une cabane en bois tout confort dans la forêt, genre datcha avec poêle à bois, jacuzzi et sauna. Piscine pour tout le monde. Accueil pas guindé pour deux sous.



# À voir dans le coin

***Le musée du Vélo La Belle Échappée :*** *8, rue de la Forêt-de-Perseigne, 72600* ***La Fresnaye-sur-Chédouet.*** *☎ 02-43-34-39-11. ● lemuseeduvelo.fr ● ♿ Avr-sept, mer-dim et j. fériés 10h-12h30, 14h-18h30. Entrée : 5 € ; 7-12 ans 2,50 € ; gratuit moins de 7 ans. Prévoyez 2h30 si vous voulez tt regarder.* Ce musée, avant tout consacré au Tour de France, rassemble l'incroyable collection d'un passionné, Ivan Bonduelle. S'il est là, il n'hésitera pas à vous raconter

### POURQUOI UN MAILLOT JAUNE ?

*On doit la création du Tour de France au journal* L'Auto *(!), l'ancêtre de* L'Équipe, *qui prit de court* Le Vélo, *son concurrent ! Joli coup de pub pour ce journal aux pages jaunes, qui déclina cette couleur jusque dans le fameux maillot porté par le vainqueur. Le journal fut interdit de publication en 1945, accusé de collaboration. Fin de tour par la petite porte !*

l'histoire de ses coups de cœur et ses premiers émois avec la petite reine. On est loin du musée de campagne fourre-tout et ennuyeux ! Le parcours est organisé autour de box, chacun consacré à une décennie et équipé d'une télé qui repasse des images d'archives avec, exposés, les vélos de course de l'époque. Muséographie bien vivante, fourmillante d'anecdotes, depuis les exploits du premier vainqueur Maurice Garin (jantes en bois, s'il vous plaît, et six étapes de... 450 km !) jusqu'aux vélos high-tech d'aujourd'hui, en passant par l'invention du dérailleur en 1937. En 1960, le peloton s'arrête à Colombey-les-Deux-Églises et se découvre le chef devant de Gaulle, venu en spectateur incognito (ou presque). Partie dédiée à la caravane du Tour (Yvette, bien sûr, les casquettes...) et une borne interactive « Maillots de champion » qui retrace le parcours de 10 grands coureurs (Anquetil, Poulidor, Merckx...). Voir également la collection d'objets de toute sorte liés au Tour comme le mini-vélodog, un pistolet contre les chiens (!). Un musée vraiment bien fait, qui réussit à capter l'intérêt de tous, même de ceux que l'univers du vélo laisse d'ordinaire indifférents.

***Le musée du Point de Beauvais :*** *72610* ***Bourg-le-Roi.*** *☎ 02-33-26-80-69. En lisière sud de la forêt de Perseigne. Juin et sept, w-e 15h-18h30 ; juil-août, mer-dim 15h-18h30. Démonstration de broderie jeu et w-e. Entrée : 2,50 € ; réduc.* Dans l'une des plus petites communes de France. Exposition d'une fresque de 12 m² brodée au point de Beauvais, retraçant la vie de cet ancien village fortifié (de 50 av. J.-C. à 1450), présentation de vêtements ecclésiastiques, tableaux, objets, linge brodé.

***La Maison du sabot :*** *72600* ***Neufchâtel-en-Saosnois.*** *☎ 02-43-97-75-54. Mai-sept, dim et j. fériés 15h-18h30. En dehors de ces horaires, demander la clé aux commerçants du village : café, boulangerie... GRATUIT.* Exposition permanente d'outils anciens de sabotier, avec présentation des divers métiers du bois, tels que tonnelier, bûcheron ou menuisier.

***La Maison du chanvre et de la ruralité :*** *72600* ***Saint-Rémy-du-Val.*** *☎ 02-43-34-08-76. Entrée libre avr-oct, sam-dim et j. fériés 10h-18h. Visite guidée sur rdv : 2 €.* Pour tout savoir sur la culture du chanvre dans le Saosnois, la transformation et l'utilisation de la plante dans le textile, la corderie... Aujourd'hui, on en cultive encore, notamment à Saint-Rémy-du-Val, et toujours pour la pâte à papier. Le producteur mise même sur un développement de l'utilisation de cette plante, notamment pour l'isolation des maisons et la réalisation de pièces de voitures. Une culture qui a certes un passé, mais aussi de l'avenir !

## MAMERS (72600) 5 500 hab. *Carte Sarthe, C1*

**Siège de la Confrérie des chevaliers des rillettes sarthoises, Mamers est blottie entre les forêts domaniales de Perseigne et de Bellême. Ville de passage où l'on peut admirer les belles halles du début du XIXe s aux massifs piliers de pierre, le cloître du couvent de la Visitation, ainsi que les églises Saint-Nicolas et Notre-Dame (belle façade Renaissance). Capitale du Saosnois, la ville développa le tissage du chanvre. On peut encore observer les nombreuses caves qui donnent directement sur les rues et dans lesquelles travaillaient autrefois les tisserands.**

### Adresse utile

***Office de tourisme de Mamers et du Saosnois :*** *50, pl. Carnot. ☎ 02-43-97-60-63. • tourisme-mamers-saosnois.*

*com* • *Juin-sept, lun-ven 10h-12h30, 14h30-18h ; sam 10h-12h, 14h30-17h ; dim et j. fériés 10h-12h. Oct-mai, lun-sam sf mar mat, (fermé sam ap-m en déc-janv).* Propose des visites audioguidées de la ville (payantes), dont des appareils adaptés pour les malvoyants et les malentendants. Label *Accueil vélo.*

## Où dormir ? Où manger ?

***Camping municipal du Saosnois :*** *route de Contilly.* ☎ *02-43-97-68-30.* • *camping.mamers@free.fr* • *mairie-mamers.fr* • *À quelques centaines de mètres du centre, près du plan d'eau. Mars-oct. Compter 9,50-11,50 € pour 2 selon saison. Mobile homes et bungalows toilés 4-6 pers 150-360 €/sem. 40 empl. Café offert sur présentation de ce guide.* Des pelouses, de beaux arbres, des haies : un camping simple à l'ambiance familiale et au cadre champêtre. La base de loisirs avec sa piscine, son aire de jeux, son club hippique est tout à côté... nickel pour les enfants ! Label *Accueil vélo.*

***Chambres d'hôtes Villa Campanile :*** *83, rue du Docteur-Godard.* ☎ *02-44-30-00-81. Vers la sortie ouest de la ville (D 311). Double 80 €. Table d'hôtes 25 €.* Cette demeure bourgeoise cossue du XXe s ne manque pas de caractère. Intérieur chargé à souhait, façon rococo, et déco débordante de beaux objets et tableaux jusque dans les 4 chambres, toutes différentes. Salles de bains privatives ou non. Une halte de charme peu banale.

***La Terrasse :*** *2, rue Paul-Bert.* ☎ *02-43-34-40-46. Quasiment sur la place de la République. Lun-ven 9h-16h, plus ven soir. Plats 9-16 €, formule 11,10 €.* Des couleurs pimpantes orange-marron sur les murs, en bas, en haut ou dans la cour. Et une carte variée de galettes, salades, pâtes... sans parler des tiramisus sous toutes les formes. Service parfois débordé, mais on aime bien cette *Terrasse* qui réveille Mamers. Soirées à thème le vendredi.



# LE PERCHE SARTHOIS

**À 1h30 de Paris par l'autoroute A 11, La Ferté-Bernard est la porte naturelle de ce pays de l'Est sarthois. Au nord-ouest, Bonnétable s'ouvre aux chemins de la Normandie, et plus au sud, Saint-Calais demeure le passage obligé vers la vallée du Loir. Autour de ces trois pôles, au détour d'une petite route ou d'un chemin, vous aurez peut-être la chance de tomber nez à nez avec l'un de ces magnifiques percherons qui ont fait la gloire de la région.**

## BONNÉTABLE

(72110) 4 020 hab. *Carte Sarthe, C2*

**L'imposant et beau château, seulement visible de l'extérieur, servit de forteresse au XIIe s. S'y attache la légende de Mélusine, fille d'un méchant roi d'Albanie, réfugiée au pays des Francs. Ici, il faut prendre le temps de se balader sur les nombreux sentiers de randonnée qui permettent, au départ du château, d'aller admirer, par exemple, l'if millénaire de Jauzé ou les mégalithes de Nogent-le-Bernard.**

## Où camper ? Où manger à Bonnétable et dans les environs ?

### Campings

**Camping La Prairie :** *rue de la Prairie, à Bonnétable.* ☎ *02-43-28-13-17.* *06-20-10-01-32.* • *animation.bonnetable@orange.fr* • *Mai-sept. Compter env 9 € pour 2 pers avec tente et voiture.* Un petit camping à proximité du village mais au vert, des emplacements de bonne taille, un cadre soigné (même s'il manque encore un peu d'ombre) avec une grande aire de jeux pour les enfants. C'est simple, plutôt coquet et pas trop cher.

**Camping du Lac :** *route de Prévelles, 72160* ***Tuffé.*** ☎ *02-43-93-88-34.* • *campingdulac.tuffe@orange.fr* • *camping.tuffe.fr* • *À la sortie du village. Fin mars-fin sept. Compter 13-18 € pour 2 selon saison. Mobile homes et chalets 4-6 pers 290-515 €/sem selon saison et confort. 130 empl.* À la base de loisirs du lac, un camping à l'ambiance familiale, vaste mais très tranquille, dans un beau cadre verdoyant (nombreux arbres et haies touffues). En juillet-août, activités principalement destinées aux enfants : minigolf, ping-pong, randos, etc. Belle piscine couverte et chauffée, avec une partie protégée destinée aux petits. Et plage artificielle sur le lac.

**Castel-camping de Chanteloup :** *château de Chanteloup, 72460* ***Sillé-le-Philippe.*** ☎ *02-43-27-51-07.* *06-11-93-21-89.* • *chanteloup.souffront@wanadoo.fr* • *chateau-de-chanteloup.com* • *En venant du Mans, prendre la petite route à droite juste à l'entrée de Sillé-le-Philippe. Juin-août. Compter 27-35 € pour 2 selon saison, jusqu'à 50 € lors des grands événements. Appartements 400-800 €/sem, tentes glamping 590-735 €/sem. 90 empl.* Waouh ! Un château qui ouvre son parc aux campeurs. Ils peuvent planter leur tente soit sur les pelouses aux arbres majestueux, soit, pour un peu plus d'intimité et d'ombre, dans les bois de ce domaine de 22 ha. Sinon, location de tentes *glamping*, ambiance safari. Les belles installations (les sanitaires décorés avec style, l'épicerie, la piscine, le resto style *garden party*, les terrains de foot et de volley) ont le mérite de s'intégrer parfaitement à l'ensemble et de ne pas dénaturer le site, qui comprend un étang pour la pêche. Location de vélos. Ambiance familiale et bon enfant dans ce camping 5 étoiles.

### Prix moyens

**Le Petit Campagnard :** *31, rue Principale, 72110* ***Rouperroux-le-Coquet.*** ☎ *02-43-29-79-74.* *Au nord de Bonnétable par la D 301. Tlj sf dim soir et lun. Menus 12,50 € le midi mar-sam, puis 26,90-37,50 € ; carte env 25-30 €. Café offert sur présentation de ce guide.* Le Petit Campagnard a une bonne bouille, qui donne envie de s'arrêter. Le dimanche midi surtout, on se rend compte qu'on n'est pas le seul à avoir eu cette idée ! Bons plats régionaux et maison comme les Saint-Jacques aux poireaux.

## DANS LES ENVIRONS DE BONNÉTABLE

**Saint-Georges-du-Rosay** *(72110)* **:** *par la D 59, à travers la forêt de Bonnétable.* Les églises, autour desquelles s'organisait autrefois toute la vie rurale, servaient souvent de refuge aux villageois lors des guerres ou des grandes invasions. Étonnante architecture d'église fortifiée, flanquée de deux échauguettes.

**Saint-Aubin-des-Coudrais** *(72400)* **:** autre superbe église fortifiée, à voûte de bois. Ce fleuron de l'art roman, datant des XIe et XIIe s, est doté d'un porche du XIe s, unique en Sarthe, qui mérite à lui seul le détour.

**La Maison du potier :** *11, rue Louis-Tuilans, 72110* ***Prévelles.*** ☎ *02-43-71-38-12. À env 7 km au sud-est de Bonnétable. Fin avr-début oct, ven-dim 14h-18h.*

*Entrée : env 3 € ; réduc.* Les pichets de Tuilans – considéré comme le plus grand potier d'art populaire de la fin du XIXe s – ont fait la réputation de Prévelles, tout comme les fameux « coucous », sifflets à vent ou à eau. Le dernier potier-turlotier (ce qui signifie qu'il faisait des turlots, autrement dit des coucous, comme vous l'aviez deviné !) a disparu en 1952. Sa maison, dont la cour abrite son four et son atelier, est devenue un musée.

***Le chemin de fer touristique La Transvap :*** *départs de* ***Bonnétable*** *ou de* ***Beillé*** *(72160). ☎ 02-43-89-00-37. • transvap.fr • Slt dim et j. de fêtes en juil-août, 2-3 départs/j. Billet : env 11 € ; réduc.* Une balade en vieux train à vapeur sur 17 km à... 20 km/h de moyenne. *La Chéronne* vous promène entre Beillé et Bonnétable en passant par le plan d'eau de Tuffé et Prévelles. Pour retrouver la poésie de l'approche lente d'un clocher, au détour d'une courbe du rail.

– ***Plan d'eau de Tuffé*** *(72160) : ☎ 02-43-93-47-21 (mairie) ; en saison : ☎ 02-43-93-47-45 (syndicat d'initiative). À env 12 km au sud de Bonnétable.* Plan d'eau de 18 ha et plage artificielle. Pêche, voile, embarcations à pédales sur un site magnifique. À proximité, tennis et minigolf. Camping sur place (voir « Où dormir ? »).



# LA FERTÉ-BERNARD (72400) 9 775 hab. *Carte Sarthe, D2*

**Un véritable voyage à travers l'histoire au fil des canaux de cette modeste « Venise de l'Ouest ». Stratégique, cette place forte *(ferté)* resta pendant trois siècles – jusqu'au XIVe s – propriété seigneuriale de la dynastie féodale des Bernard. Siège d'entrevues entre les rois de France et d'Angleterre au Moyen Âge, la ville est née autour de son vieux château. Voir les ruelles de la ville et, surtout, l'église Notre-Dame-des-Marais.**

## Adresse et info utiles

***Office de tourisme :*** *15, pl. de la Lice. ☎ 02-43-71-21-21. • tourisme-lafertebernard.fr • Mai-sept, lun-sam 10h-12h30, 14h30-18h30 ; dim et j. fériés 14h30-18h30. Oct-avr, lun-sam sf mar mat.* Guide de randos pédestres sur le Perche sarthois (payant) et 2 circuits (gratuits) « Laissez-vous conter La Ferté-Bernard ».

– ***Marchés :*** *au centre-ville lun mat ; pl. du Général-de-Gaulle (marché fermier) ven ; et dans le quartier Saint-Antoine sam mat.*

## Où dormir ? Où manger ?

### De prix moyens à chic

***Hôtel-restaurant du Stade :*** *21-23, rue Virette. ☎ 02-43-93-01-67. • hotel-lafertebernard.fr • À 2 mn à pied de la grande place centrale. Resto fermé le soir ven-dim. Double 64 € ; petit déj 6 €. Menus 10-13 € en sem, puis 16-28 €.* Dans une rue discrète, un petit établissement fort bien tenu, avec une dizaine de chambres aux moquettes claires, refaites récemment. Côté resto, cuisine style pension de famille, au bon rapport qualité-prix, servie dans 2 salles modernisées, aux couleurs apaisantes.

***Le Dauphin :*** *3, rue d'Huisne. ☎ 02-43-93-00-39. Dans une rue piétonne, à la porte Saint-Julien. Fermé dim soir, lun et jeu soir. Congés : 2 sem en août. Menus 18-22 € en sem, puis 31,90-50 €.* Dans une maison pleine de charme et d'histoire où les poutres, la cheminée et les pans de pierre apparente ajoutent un peu de chaleur à la déco lumineuse et contemporaine dans les tons gris et rouge. Le chef, lui, entretient un souffle créatif à chaque nouvelle carte. Cuisine maison, à base de produits frais travaillés selon les saisons. Beaucoup d'habitués qui apprécient le très bon rapport qualité-prix.

**Restaurant La Perdrix :** *2, rue de Paris. ☎ 02-43-93-00-44. • restaurant laperdrix@hotmail.com • Fermé lun soir et mar. Congés : de mi-janv à mi-fév. Menus 18-22 € en sem sf j. fériés, puis 29,50-39,90 €. Café offert sur présentation de ce guide.* À un croisement passant, mais qu'importe ! Intérieur sobre où Serge Thibaut propose une cuisine gastronomique et régale avec sérieux et générosité, toujours soucieux de surprendre... La cave à vins mérite une mention spéciale (près de 400 bouteilles).

**Le Bistronome :** *11, rue Bourgneuf. ☎ 02-43-93-21-58. • sdsd • À deux pas de l'office de tourisme. Ouv le midi mar-sam, le soir jeu-sam. Carte env 25-45 € et menu 40 €.* Pour le cadre, intérieur sobre et petites tables de bistrot. Pour la cuisine, malgré les tarifs élevés, un simple coup d'œil à l'ardoise au mur, et on est vite conquis : des plats du marché, copieux et finement travaillés comme la salade bistronome au foie gras, l'andouillette AAAAA grillée à souhait, mais aussi des plats de la mer comme la noix de Saint-Jacques. Service pro.



## À voir

Du vieux **château,** seuls les communs, la *chapelle Saint-Lyphard* (XIII^e^ s ; lieu d'expos temporaires) et une partie du logis sont encore visibles aujourd'hui. À quelques pas se dresse la halle aux grains (baptisée halle Denis-Béalet, elle ne se visite pas) dont la charpente de bois est soutenue par 14 piliers de bois octogonaux de 12 m de haut ! Vous êtes dans le cœur de la ville, avec ses ruelles rehaussées de maisons à pans de bois, aux façades sculptées de personnages ou de symboles de la vigne. De petits passages aux airs mystérieux conduisent à d'anciennes cours, une fontaine à quatre têtes de lions orne la place Carnot.

***L'église Notre-Dame-des-Marais** (1450-1624) :* le monument le plus remarquable, le plus imposant de la ville et sans doute aussi le plus bel édifice religieux du département après la cathédrale Saint-Julien du Mans. La décoration extérieure et intérieure est d'une très grande richesse, fruit du croisement entre les styles gothique et Renaissance, dû à longévité du chantier. Voir notamment la chapelle axiale avec ses voûtes plates à caissons et clés pendantes. Sans oublier l'art de trois générations de maîtres verriers (25 vitraux des XV^e^ et XVI^e^ s au total). Un petit bijou.

## À faire

– ***Centre équestre :*** *Les Fleuriers Natura. ☎ 02-43-93-13-04.* Au départ d'un réseau de chemins de randonnée balisés, le centre propose des cours d'équitation et des promenades d'initiation adaptés à tous les niveaux.

– ***Base de loisirs :*** *av. du Général-de-Gaulle. ☎ 02-43-71-04-41.* Domaine de 15 ha proposant en juillet-août la location ou des stages de kayak, planche à voile, catamaran, tennis, VTT, bicross, tir à l'arc, etc. ; hors saison, animations ponctuelles. Plage surveillée l'été et aire de pique-nique sur place.

➢ ***Promenades en bateaux électriques :*** *embarquement sur l'Huisne, rue Alfred-Marchand (à deux pas de l'office de tourisme, où sont vendus les tickets). Juil-août, tlj 14h30-18h30 ; mai-juin et sept, w-e et j. fériés. Durée du tour : 45 mn. Tarif env 5 € ; réduc.* C'est à bord de petites embarcations électriques, sur l'Huisne et ses canaux, au milieu des canards et des poules d'eau, que s'offre une des plus belles vues sur la porte Saint-Julien, modèle d'architecture militaire médiévale. Et qui sait, vous y rencontrerez peut-être la « Velue », monstre aquatique qui, selon la légende, sortait de la rivière pour dévorer la jeune fille la plus belle et la plus vertueuse... Bonjour la morale de l'histoire !

## Manifestations

– ***Festival des arts et technologies, Coupe de France et d'Europe de robotique :*** *la sem de l'Ascension, à l'ARTEC. Infos à l'office de tourisme.* Constructions robotisées réalisées par des étudiants, émules de Géo Trouvetout. Époustouflant.
– ***Côté ville, côté campagne :*** *pdt la saison estivale. Programme à l'office de tourisme.*
– ***Festival international de peinture :*** *fin sept-début oct. ☎ 02-43-71-21-21.* Incluant un grand prix de peinture.



# DANS LES ENVIRONS DE LA FERTÉ-BERNARD

***L'élevage de cerfs :*** *à la ferme de la Haie, 72400* ***Villaines-la-Gonais.*** *☎ 02-43-93-42-84. De La Ferté-Bernard, prendre la D 923 ; dans le village, direction Sceaux-sur-Huisne sur 2 km ; en haut de la côte, tourner à droite et continuer sur 2 km. Visite du parc, où se baladent 220 cervidés, de mi-juin à mi-août, slt dim (visite guidée ttes les heures en camion tout-terrain). Tarif : env 3,50 € ; réduc. Soirées brame le sam de mi-sept à mi-oct.*
Une ***boutique*** où vous trouverez du pâté, des rillettes ou de la viande fraîche de cerf !

# MONTMIRAIL ET LE VAL DE BRAYE

*Carte Sarthe, D2*

**Village labellisé « Petite Cité de caractère », Montmirail est célèbre pour sa forteresse médiévale, juchée à 160 m au-dessus du niveau de la mer (mer de nuages par temps de brouillard !). Véritable belvédère d'où l'on découvre un superbe panorama sur le Val de Braye qui regroupe les communes autour de Montmirail et Vibraye, et couvre l'est du département. Outre le château de Montmirail, quelques sites inattendus à visiter le week-end en saison, comme l'Espace archéologique Jean-Jousse à Gréez-sur-Roc, le musée de la Paix à Semur-en-Vallon, le musée de la Musique mécanique à Dollon...**

## Adresses utiles

***Office de tourisme du Val de Braye :*** *av. Michel-Verdier, 72320* ***Vibraye.*** *☎ 02-43-60-76-89. • tourisme-valdebraye.fr • Dans l'ancienne gare. Juil-août, mar-ven 14h30-18h30 ; sam 10h-12h30, 14h30-18h30. Le reste de l'année, mar-sam ap-m.*

***Office de tourisme de Montmirail :*** *rue de la Châtillonnerie, 72320 Montmirail. ☎ 02-43-71-05-57. • tourisme-valdebraye.fr • Juil-août, tlj sf mar, 14h30-18h30 ; mai et sept, l'ap-m sam et j. fériés ; juin, l'ap-m le w-e.* Salle d'expos temporaires.

## Où dormir ? Où manger dans le coin ?

### Prix moyens

***L'Auberge de la Forêt :*** *38, rue Gabriel-Goussault, 72320* ***Vibraye.*** *☎ 02-43-93-60-07. • auberge.foret@orange.fr • Fermé sam midi, dim soir et lun. Congés : de mi-fév à mi-mars. Doubles 70-73 €. Menus 13-16 € en sem, puis 22-43 €. Apéritif maison offert sur présentation de ce guide.* Petite auberge avec une agréable terrasse sous tonnelle et une jolie façade ocre avec parasols aux fenêtres. Chambres pas très grandes mais fonctionnelles. Dans la salle de resto, on prend son temps pour goûter une bonne cuisine de terroir du marché, à base de poisson et de viande de la région. Du bon travail de pro.

**Le Saint-Jacques :** *pl. du Monument, 72160* ***Thorigné-sur-Dué.*** *☎ 02-43-89-95-50. • contact@hotel-sarthe.fr • Au rond-point principal, avec le monument aux morts au milieu. Fermé dim soir, lun et mar midi. Formule-bistrot 15,50 € le midi mer-sam, menus-carte 23-37 €.* Belle étape culinaire que ce *Logis de France* classique de bourg, avec ses moquettes et nappes en tissu. Propose une cuisine gourmande au fil des saisons, bien menée, voire originale, avec peu de choix à la carte, en fonction du marché. Personnel bien agréable. Fait aussi hôtel.



## Chic

**Chambres d'hôtes La Maison Conti :** *chez Richard Harrison et Nancy Wilson, 2, pl. de l'Église, 72320 Montmirail. ☎ 02-43-93-35-26. • info@maisonconti.com • maisonconti.com • Doubles autour de 80-90 €. Repas sur résa 30 €, boisson comprise.* Au pied du château, dans une coquette demeure très verte (cela va des volets et des grilles à la glycine qui grimpe sur la façade), de belles et vastes chambres très colorées et meublées à l'ancienne (sauf dans les salles de bains). Sol en coco dans certaines et vieux pavés dans d'autres. Tenu par un couple d'Américains, graveurs de profession (ils organisent des stages), qui vous réservent un accueil simple, souriant et avec l'accent !

**Chambres d'hôtes Le Moulin du Pont d'Iverny :** *72320 Montmirail. ☎ 02-43-71-32-49. • christian@moulin-de-montmirail.com • lemoulindupontdiverny.com • À 3 km du centre de Montmirail ; accès par la D 29 en direction de Saint-Maixent. Double 100 € ; familiales 4 pers. Également un gîte 8 pers.* Une allée de platanes conduit à cet ancien moulin du XIXe s et à son joli jardin fleuri au bord de la rivière. C'est un endroit secret et tranquille. Les chambres ont beaucoup de caractère, du type chic campagnard. L'une d'elles est juste au-dessus de l'eau ! Hasardez-vous au grenier aménagé et admirez la collection de voitures du proprio.

# À voir. À faire à Montmirail et dans les environs

**Le château de Montmirail :** *☎ 02-43-93-72-71. Mai-juin et du 16 août à mi-sept, sam et j. fériés 14h30-18h ; 1er juil-15 août, tlj sf mar, 14h-19h. Visite guidée ttes les heures. Entrée : env 6 € ; parc slt 2 € ; réduc.* C'est dans cette superbe forteresse médiévale au nom évocateur, « mont admirable », qu'eut lieu la tentative de réconciliation (plutôt ratée) entre Henri II Plantagenêt, roi d'Angleterre, et Thomas Becket, le bouillant archevêque de Canterbury, en 1169. Une partie du château a été réaménagée au XVIIIe s par la princesse de Conti : les salons, au raffinement subtil, sont décorés de boiseries qui encadrent des peintures de Parrocel. Pour se plonger dans une ambiance toute médiévale, la visite des trois étages souterrains avec oubliettes

### DEUX COURONNES ET UNE GALETTE

*En 1169, deux rois se rencontrèrent à Montmirail : Henri II Plantagenêt, roi d'Angleterre (né au Mans), et Louis VII, roi d'une France largement grignotée par le royaume Plantagenêt, justement. Tout ce petit monde tenta de réconcilier Henri II et Thomas Becket, et de se partager plus équitablement les terres, chacun essayant de garder la meilleure part de la galette. Tout cela le jour de l'Épiphanie. Qui était sous la table ?*

et autres sympathiques cachots est incontournable, ainsi que la visite du parc et d'une grande glacière du XVIIIe s.

**Le musée de la Musique mécanique :** *12, Grande-Rue, 72390* ***Dollon.*** *☎ 02-43-71-53-89. • musicmagic.fr • Face à l'église. Mars-nov, dim slt 14h30-18h. Visite guidée. Entrée : 5 € ; réduc.* Un étonnant endroit qui fait swinguer ce coin tranquille de Sarthe. C'est un musée, mais aussi un bistrot des années 1930. On peut d'ailleurs y venir pour se rafraîchir et pour profiter de l'ambiance conviviale qui règne dans ce décor d'autrefois. Il serait cependant vraiment dommage de ne pas visiter les autres salles, consacrées aux pianos mécaniques, orgues de Barbarie, boîtes à musique, phonographes, juke-box et autres instruments de musique mécaniques. Les plus anciens datent de 1800 et les plus récents des années 1960. Voir notamment l'incroyable « scopitone », un juke-box des années 1960 qui projette des films 16 mm ancêtres de nos clips vidéo, une amusante chaise musicale ou encore un orchestre automatique pour animer les bals de village ! À l'issue de ce voyage musical dans le XXe s, de Mistinguett à Johnny Hallyday, projection de films de Charlot, de Laurel et Hardy ou de Tati, dans une salle de cinéma évoquant celles des années 1920. En marge du musée, ne pas oublier d'admirer l'incroyable table en merisier, propriété de la famille. Elle a beaucoup de choses à raconter...

**Le train touristique de Semur-en-Vallon :** *☎ 02-43-93-67-86 ou à l'office de tourisme du Val de Braye. • ccfsv333@gmail.com • Juil-août, tlj 14h30-18h ; du 1er dim de juin à fin juin et du 1er sept au dernier dim de sept, dim et j. fériés slt.* Un parcours en boucle de 1h-1h15 à travers la campagne sarthoise en chemin de fer à voie étroite. À mi-trajet, visite du ***musée du Train*** *(visite en train slt ; entrée : 5 € ; réduc ; • lepetittraindesemur.com •).*

## Fêtes

- **Corso Fleuri :** *dim de Pentecôte, à* ***Vibraye.*** *• corsofleuri-vibraye.fr • Entrée : env 7 € ; réduc.* Cavalcade à travers les rues de Vibraye et défilé de chars.
- **Prise de la Bastille :** *le 14 juil,à* ***Lavaré.*** Grand spectacle historique avec son et lumière.
- **Fête médiévale :** *1 j. fin juil-début août, à Montmirail et dans le Val de Braye. ☎ 02-43-60-76-89. • fetemedievalemontmirail.info •* Marché médiéval, spectacles, banquet et embrasement du château à 22h45.
- **Fête du Chausson aux pommes :** *chaque année, le 1er w-e de sept, à* ***Saint-Calais*** *(72120). Rens au service culturel : ☎ 02-43-35-63-03.* Depuis presque quatre siècles, une procession précède la fête durant laquelle les chevaliers de la Confrérie du chausson aux pommes invitent population locale et visiteurs à déguster la « soupe à la jambe de bouâ » : du genre roboratif, avec des jarrets, cuisses de poulet et cervelas.

# LA VALLÉE DU LOIR

**Outre son nom, cette région qui s'étend de Poncé-sur-le-Loir aux portes d'Angers présente quelques similitudes avec la vallée de la Loire. Mais ici, tout y est plus intime, secret, presque miniaturisé. On retrouve le mariage du tuffeau (cette pierre calcaire blanche) et de l'ardoise, de jolis châteaux et jardins privés dont celui du Lude, le plus emblématique, quelques églises à fresques et un vignoble... de poche !**

## La vallée du Loir en roue libre

Tiens, pourquoi ne pas sillonner la région à deux-roues, le long des 90 km de pistes cyclables entre Ruillé et Bazouges-sur-le-Loir, voire au-delà jusqu'en

Anjou ? Villages, forêts, vignes et vergers... Tout un programme jalonné par des prestataires (hébergements, restaurateurs, loueurs de vélos, sites de visite...) qui proposent des services et équipements spécifiques aux adeptes de la petite reine : rien de plus normal au pays des châteaux !
• *vallee-du-loir.com* •

## Les vins du Loir

Si peu connus et pourtant si délicieux, les vins de la vallée du Loir constituent l'une des surprises de cette discrète région. Il faut dire que la production reste confidentielle pour le ***coteaux-du-loir,*** un surprenant rouge poivré (cépage pineau d'aunis, rare !) et le ***jasnières,*** un chenin sec fruité. Ce dernier est produit sur une toute petite surface, sur les communes de Lhomme et de Ruillé. Un vin d'une belle couleur jaune, apprécié pour son goût de pierre à fusil et pour son bon temps de garde.

## Manifestations

– ***Festi Loir :*** *fin juil-début août.* Spectacles de rue, concerts... sur les places des villages ou dans les beaux sites patrimoniaux.
– ***Vignes Vins randos :*** *le 1er sam de sept.* • *vvr-valdeloir.fr* • Rando de 7 km au départ de Chahaignes, accompagnée de vignerons, avec étapes-concerts.

# PONCÉ-SUR-LE-LOIR (72340) 430 hab. *Carte Sarthe, D4*

**Un charmant village dominé par un château, proposant rien de moins que l'un des plus séduisants escaliers Renaissance de France. Son église n'est pas en reste, avec ses remarquables fresques murales du XIIe s.**
**Quant aux Moulins de Paillard (un très bel ensemble de moulins du XVIIIe s), ils accueillent un centre d'Art contemporain et une résidence d'artistes *(• moulinspaillard.com • ).***

## À voir. À faire

☛☛ ***Le château et les jardins de Poncé :*** *8, rue des Coteaux.* ☎ *06-72-80-67-35.* • *chateaudeponce.com* • *♿ Mai à mi-juil, w-e 14h30-18h30 ; mi-juil aux Journées du patrimoine, jeu-dim 14h30-18h30. Entrée : 6,50 € ; réduc.* Édifice de la première Renaissance (1542), construit dans la belle pierre de tuffeau blanc. Deux corps de logis de part et d'autre d'un pavillon central. Découvrir l'un des plus ravissants escaliers de France, de style Renaissance, avec plafonds décorés de caissons sculptés de blasons et divers motifs végétaux ou mythologiques. Voir aussi le grand colombier pouvant abriter 8 000 pigeons, l'un des plus vastes que l'on connaisse. Enfin, dans les espaces XVIIIe s, expos temporaires d'art contemporain... Parcourir les superbes parterres bordés de buis et les longues terrasses. Un labyrinthe de charmilles présente toujours son dessin du XVIe s. Demander à voir le platane de plus de 450 ans.

☛ ***L'église Saint-Julien :*** *en surplomb du village. Tte l'année.* Vaut le détour pour ses superbes fresques du XIIe s. Dans la nef à droite, on devine la *Fuite en Égypte* (noter l'âne tacheté). À côté du porche, à droite, *Résurrection, Jugement dernier* et *Supplice* (corps roué). Plafond en forme de carène de navire renversée.

**La verrerie des Coteaux :** *27, rue des Coteaux. ☎ 02-43-79-05-69. • verreriedescoteaux.com • Avr-déc : mar-sam et dim ap-m 10h-12h, 14h-18h30. GRATUIT.* Allez voir le fascinant travail de Gérard Torcheux. À l'aide de mélanges d'oxyde, d'émaux et de cristaux, il crée sans cesse des formes et des couleurs nouvelles. Rien que des pièces uniques. Il est spécialisé dans tout ce qui est lampes, vases, flacons de parfum.
Quant à ***Séverine Torcheux,*** elle fabrique des objets en verre déclinés sous forme de bijoux, vitraux, luminaires, objets déco et art de la table.



## DANS LES ENVIRONS DE PONCÉ-SUR-LE-LOIR

**Le château de Courtanvaux :** *72310* ***Bessé-sur-Braye.*** *☎ 02-43-35-34-43. • chateaudecourtanvaux.com • Pâques-fin sept, visites guidées slt, tlj sf lun, à 11h et à chaque heure 15h-18h. Entrée : env 4 € ; réduc. Jardins en accès libre tte l'année tlj 10h-18h.* Au milieu d'un grand parc, ce château, construit entre 1450 et 1500 et à l'intérieur fortement transformé au XIXe s, a comme particularité de n'avoir jamais été vendu au cours des siècles. Dissimulé par les bois, dans un environnement très bucolique, sa vue, soudaine, n'est pas loin d'être un pur ravissement. Expositions estivales.

# LA CHARTRE-SUR-LE-LOIR

(72340) 1 550 hab. *Carte Sarthe, C4*

**Chef-lieu de canton et petite capitale des vins du Val du Loir. On conseille de grimper sur la butte de Jeanne-d'Arc pour une belle vue sur la vallée. Le village accueille beaucoup d'artistes et artisans d'art. À 4 km, le coteau des Jasnières, centre du vignoble qui offre aussi un beau point de vue.**
**Tiens, figurez-vous qu'un certain M. Rustin est originaire de La Chartre-sur-le-Loir. Qu'inventa-t-il ? Bravo, oui, la bonne rustine, qui a changé la vie de générations de cyclistes ! Son usine emploie encore aujourd'hui une centaine de personnes et arbore un slogan costaud : « Unis pour la vie ». Une boutique de produits vintage dérivés du vélo est d'ailleurs en projet dans le centre de La Chartre. Dans un registre différent, l'autre spécialité du village, c'est la fabrication exclusive des... pompons de la Marine !**

### POURQUOI LES MARINS PORTENT-ILS UN POMPON ?

*Les portes de navires sont souvent bien basses. Pour éviter toute blessure à la tête, le pompon est un excellent amortisseur contre les chocs. Et rouge, car le couvre-chef des marins français arbore ainsi les trois couleurs du drapeau national.*

## Adresse utile

**Office de tourisme de la vallée du Loir, bureau de La Chartre :** *13, pl. de la République. ☎ 02-43-38-16-60. • vallee-du-loir.com • Avr-sept, mar-sam 10h-12h (12h30 juil-août), 14h-18h ; plus dim 10h-13h en juil-août.* Location de vélos l'été.

## Où dormir ? Où manger ? Où boire un verre à La Chartre-sur-le-Loir et dans les environs ?

### Camping

**Camping du lac des Varennes :** *Saint-Lezin, route de Port-Gauthier, 72340* ***Marçon.*** *☎ 02-43-44-13-72. • lacdesvarennes@camp-in-ouest.com • lacdesvarennes.com • À 7 km au sud-ouest de La Chartre, par la D 305. De mi-avr à fin oct. Compter 12,10-15,90 € pour 2 en hte saison. Loc d'hébergements pour 4-8 pers 70-170 €/nuit selon capacité et saison, 7 nuits min début juil-fin août. 250 empl.* Camping de bon confort, où tous les emplacements ont une vue sur le lac ou sur le Loir. Animations pour tous en juillet-août. Tir à l'arc, équitation, pêche, tennis et sports nautiques à proximité. Excellent accueil, professionnel et souriant.

### Prix moyens

**Hôtel de France :** *20, pl. de la République, à La Chartre-sur-le-Loir. ☎ 02-43-44-40-16. • welcome@thehoteldefrance.com • lhoteldefrance.fr • Sur la place centrale. Doubles à partir de 66 €. Bar-brasserie ts les midis, plus dim soir et lun : formules 11,90-15,20 €, carte 15-20 €. Resto tlj sf dim soir et lun : menus 30-36 € et carte.* Un des hôtels les plus connus de la vallée du Loir. Longtemps le chouchou des pilotes des 24 Heures, qui garaient autrefois leurs véhicules dans la cour. Le bar est presque un petit musée de la fameuse course : portraits des pilotes, autographes, souvenirs divers. Une trentaine de chambres, refaites récemment, au charme raffiné et tout confort, voire luxueuses. Côté cuisine, le choix entre la brasserie cosy et sa cheminée ou la salle à manger plus formelle. On y sert une agréable cuisine régionale et de saison, comme la marmite sarthoise. Piscine. Une adresse qui a su prendre le virage de la modernité, tenue par et pour des Anglais. *English spoken*, il va de soi !

**Chez Miton :** *15, pl. de l'Église, 72340* ***Chahaignes.*** *☎ 02-43-44-62-62. À env 7 km au nord-ouest de La Chartre par la D 304 puis la D 64 bis. Fermé lun, plus le soir mar-jeu et dim. Formules déj en sem 13-19 € ; menu 30 € w-e.* À l'entrée, le bar, et derrière, la petite salle avec les étagères où casseroles de cuivre côtoient bouquins et casques de moto. C'est ici que se retrouvent tous les environs pour apprécier une cuisine qui s'annonce populaire et sans prétention mais bien exécutée. La maison affiche quotidiennement au tableau des plats du jour maison et de saison, à base de bons produits traités avec respect et sérieux. Pour parfaire le tout, une bonne ambiance et un accueil convivial.

**Chambres d'hôtes La Nuitée :** *22, rue de l'Hôtel-de-Ville, 72500* ***Château-du-Loir.*** *☎ 02-43-44-03-38. • dilegoff@free.fr • À 16 km à l'ouest. Juste derrière l'hôtel de ville. Fermé en hiver. Double avec sdb 63 € ; également des familiales.* Dans une jolie maison ancienne, 3 chambres toute simples. Un petit jardin devant pour boire un verre avec la très aimable propriétaire des lieux, une Anglaise joviale dotée d'un réel sens de l'accueil.

**Chambres d'hôtes Les Borderies :** *72340* ***Marçon.*** *☎ 02-43-46-68-38. • maryartte@yahoo.fr • lesborderies.fr • Sur la D 305 en direction de La Chartre-sur-le-Loir, bifurcation sur la droite. Avr-oct. Double 60 €. Table d'hôtes 25 €.* En pleine campagne, dans une maisonnette, 2 grandes chambres côte à côte, en duplex, pouvant accueillir jusqu'à 3 personnes pour l'une et 5 pour l'autre. Ensemble simple et agréable, avec vieille cheminée au rez-de-chaussée, meubles de bois clair pour l'une et de bois peint pour l'autre, ainsi qu'une petite terrasse privée avec salon de jardin.

### De chic à plus chic

**Chambres d'hôtes Le Moulin Page :** *Port Gautier, 72500* ***Flée.*** *☎ 02-43-46-16-98. • lemoulinpage@*

*outlook.com • lemoulinpage.com • À 4,5 km de Flée, sur la route de La Chartre. Double 80 € ; à partir de 110 € avec espace bien-être.* Vision de carte postale en arrivant devant cet ancien moulin à eau bien sage au bord du Dinan, son grand jardin bien vert, ses platanes centenaires, sa piscine extérieure chauffée, son sauna et son jacuzzi... Une halte résolument nature et relax. 2 chambres seulement, spacieuses et élégantes. Et un accueil adorable à l'accent québécois.

**Chambres d'hôtes Le Prieuré :** *1, rue de la Gare, 72500* **Dissay-sous-Courcillon.** ☎ *02-43-44-09-09. • ccalla@club-internet.fr • chateauprieure.com • À côté du moulin. Doubles 110-130 €.* On ne peut que tomber sous le charme de ce magnifique prieuré du XIIe s, demeure familiale des accueillants propriétaires. Les 3 chambres sont superbes, spacieuses et décorées avec élégance. Au fond du jardin, un petit lavoir qui n'a pas bougé depuis des siècles, au bord d'un ruisseau bucolique. Fort jolie piscine pour une douce détente... Idéal pour une folie en amoureux.

**Chambres d'hôtes Le Grand Moulin :** *8, rue de Syke, à La Chartre-sur-le-Loir.* ☎ *02-43-44-65-78. • mdl.moulin@gmail.com • mdmillet-moulin.fr • Au cœur du bourg. Double avec sdb 90 € ; suite jusqu'à 6 pers 35 €/pers ; dégressif.* Dans un ancien moulin du XVIIIe s très joliment restauré, 4 chambres doubles et une suite familiale de belle taille. L'ensemble est lumineux, coquet, spacieux, douillet... bref, il a tout pour lui, y compris de très beaux extérieurs. Vélos et canoës à disposition. Bel accueil.



## Où déguster un bon jasnières ? Où acheter des produits du terroir dans le coin ?

**Bar Le Jasnières :** *8, pl. de la République, à La Chartre.* ☎ *02-43-44-40-44. Fermé dim ap-m et lun. Tartines de rillettes, foie gras ou chèvre chaud.* Un bar à vins sympa, où l'on peut goûter les différents crus de la région avec des toasts de rillettes.

**Cave de Joël et Ludovic Gigou :** *4, rue des Caves, à La Chartre.* ☎ *02-43-44-48-72. • gigou-jasnieres.com • Visite sur rdv.* Cave réputée pour ses bons petits jasnières et coteaux-du-loir. Visite guidée du chai, suivie d'une dégustation commentée des vins.

**Délices et Casteloir :** *12, rue de Verdun, 72500* **Château-du-Loir.** ☎ *02-43-79-11-60. Mar-dim mat.* Une boutique de spécialités sarthoises à deux pas de l'hôtel de ville, avec certes les célèbres rillettes et les fameux sablés de... Sablé, mais aussi de délicieux apéritifs et des confitures créés par le propriétaire lui-même.

## À voir dans les environs

**Les jardins du prieuré de Vauboin :** *72340* **Beaumont-sur-Dême.** ☎ *02-43-79-04-23. À 5 km au sud par la D 62. Depuis le bourg de Beaumont, direction Épeigné-sur-Dême, puis 1re à gauche après 1 km ; au stop, en face, c'est la 2e maison (aucun panneau). Sur rdv slt. Entrée : 5 € ; réduc.* Comment décrire ce havre, autour d'une maison du XIVe s d'où l'on verrait bien émerger Ronsard ? C'est Thierry Juge qui vous accueille et se charge des explications. Ni botaniste, ni paysagiste, cet ex-Parisien a donné vie à deux jardins, patiemment, au fil des années, en sculptant les buis centenaires qui poussaient là. Du jardin clos à la française en bas, on gagne le coteau pour découvrir les sculptures végétales de Thierry. Des nuages semblant flotter, des flux de vagues, des paysages marins, des danseuses légères comme l'air... chacun y met ses mots, une musique ou des couleurs et interroge à sa manière cette œuvre d'art vivante pour le moins originale. Un émouvant hymne à la vie en tout cas, à la fois figé et plein d'énergie, avec

Thierry à la baguette ou plutôt au sécateur ! Un « Jardin remarquable » à voir et à revoir car il est loin d'être terminé. Mais le sera-t-il un jour ?

***La cave municipale de Vouvray-sur-Loir** (72500) : à 4 km de Château-du-Loir, vers le sud-est, en centre-ville. Animation autour du four à pain le 1er dim de chaque mois avr-oct, 9h-13h, avec marché de produits de terroir, artisanat, expositions...* Cave municipale taillée dans le roc (avec sa propre source !). Dégustation du fameux jasnières et du coteaux-du-loir.

***Le moulin Pousset et le musée de la Projection cinématographique :** 26, rue Basse, **Coëmont,** 72500 Vouvray-sur-Loir. ☎ 02-43-46-90-24. • moulinpousset.com • À 4 km au sud de Château-du-Loir. Pâques-sept, sam-lun et j. fériés 14h30-18h ; tte l'année sur rdv. Entrée : moulin 5 €, musée 3,50 € ; gratuit moins de 12 ans.* Un ancien moulin à blé industriel sur 4 étages, dont l'impressionnante roue à aubes (6,60 m de diamètre !) et le mécanisme fonctionnent encore inlassablement. Le proprio vous raconte tout cela avant de passer à son autre passion : le cinéma. De la roue à aubes à la bobine de film, il y a une certaine logique ! Il a aménagé une salle de cinéma à l'ancienne dans un hangar, avec présentation de plus de 60 projecteurs de films, dont le plus vieux, manuel et toujours vaillant, de 1912. Difficile de l'arrêter quand il déroule ses souvenirs de caméraman auprès des grands de la nouvelle vague. Également des expos temporaires de peintres et sculpteurs. Voilà bien un meunier qui ne dort guère !

***L'église de Dissay-sous-Courcillon** (72500) : à 5 km au sud-est de Château-du-Loir, sur la D 338.* Beau chœur roman, abside en cul-de-four et chapiteaux sculptés. À côté, l'ancien prieuré de style Renaissance (voir « Où dormir... ? » plus haut).

***Château-du-Loir** (72500) :* chef-lieu de canton, ville-carrefour au sud de la forêt de Bercé. Ronsard fut prieur de l'église Saint-Guingalois dont on peut admirer la nef et le chœur du XIIIe s, ainsi que le maître-autel en marbre du XVIIe s. Rue Saint-Jean, voir également le logis Graslin du XVIIe s. Du château, seul subsiste le donjon.

***Office de tourisme de la vallée du Loir, bureau de Château-du-Loir :** 2, av. Jean-Jaurès. ☎ 02-43-38-16-60. • vallee-du-loir.com • Dans le parc Henri-Goude, face à la mairie. Avr-sept, mer-sam 10h-12h (13h juil-août), 14h-18h.*

## À faire dans les environs

– ***Base de loisirs du lac des Varennes :** 72340 **Marçon.** À 7 km au sud-ouest, par la D 305. Au bord d'un plan d'eau de 50 ha. Tte l'année (accès payant le w-e juin-sept et tlj juil-août).* Plage surveillée. Tennis, voile (toute l'année), pêche, tir à l'arc, équitation, aire de pique-nique, etc.

# LA FORÊT DE BERCÉ

*Carte Sarthe, C3-4*

**C'est un vestige de l'immense forêt qui couvrait le nord de la Loire avant l'occupation romaine. Grâce à la médiocrité du sol, elle échappa au déboisement et au défrichement, et elle devint forêt royale au XIVe s. C'est l'une des plus belles forêts de chênes de France (moyenne d'âge : 240 ans !).**
**Dans la « Futaie des Clos », ce haut lieu de la forêt de Bercé, les arbres peuvent atteindre 50 m de haut, et on évalue leur âge moyen à plus de 300 ans ! Voir également la Fontaine de la Coudre, les sources de l'Hermitière, le**

**sentier « À la découverte de la forêt », le chêne « Boppe » foudroyé en 1934 à l'âge de 262 ans...**
**On trouve aussi dans cette forêt des pins maritimes et d'autres résineux comme le pin Douglas, le pin laricio, etc. Le chêne de Bercé fut longtemps renommé pour la construction navale. Aujourd'hui, il est recherché pour la tonnellerie et le beau meuble.**
➢ Paradis du VTT, ça va de soi ! Rien que pour vous, 280 km de circuits balisés. Pour plus d'infos, contacter l'office de tourisme de la vallée du Loir à Château-du-Loir (voir plus haut, ☎ *02-43-38-16-60*).

### COMMENT ACHÈTE-T-ON UN ARBRE ?

*La vente des arbres forestiers pour la découpe suit une procédure bien codifiée. Après enregistrement et calibrage par l'ONF, ils sont répertoriés dans un catalogue, inspectés sur le terrain par les potentiels acheteurs et vendus aux enchères. Celles-ci, d'ailleurs, étaient... décroissantes jusqu'en 2008 (« il suffisait de crier « Prends » pour remporter le lot), année de l'informatisation du système. Puis l'acheteur dispose d'un an ou deux pour abattre l'arbre et remettre le site en état.*



## Où dormir ? Où manger ? Où boire un verre ?

🏠 🍽 ***Le Relais du Cheval Blanc :** 22, rue de la Tour, 72500 **Beaumont-Pied-de-Bœuf.** ☎ 02-43-44-84-59. • contact@aubergechevalblanc72.com • aubergechevalblanc72.com • ♿ À env 10 km au nord de Château-du-Loir. Tlj sf dim soir et lun. Congés : 15 j. en mars et oct, dernière sem de déc. Doubles 54-58 €. Menus 17-43 €. 📶 Apéritif maison (au resto) et un petit déj/chambre et par nuit offerts sur présentation de ce guide.* Après avoir vécu en région parisienne, Évelyne et Philippe ont repris le bar-resto-épicerie de ce petit village et ont aussi ouvert des chambres d'hôtel dans la petite maison voisine. Elles sont confortables et vraiment agréables, avec un bel espace vert à l'arrière pour se détendre tout en admirant la vue sur l'église et profiter de la campagne environnante. Pour couronner le tout : une piscine couverte chauffée. Au resto, une délicieuse cuisine traditionnelle, bourgeoise et de saison. Belle carte de poissons et savoureux desserts.

🏠 ***Les Tropes :** 13, hameau de la Chauvinière, 72500 **Jupilles.** ☎ 02-43-79-16-56. • lestropes@yahoo.fr • gites-les-tropes.com • ♿ À l'orée de la forêt de Bercé, au bout du village. Gîtes 3-8 pers 440-840 €/sem selon saison et capacité. 📶 Réduc de 10 % à partir de la 2e sem de loc sur présentation de ce guide.* Au départ des sentiers de randonnées, en lisière de forêt, dans un très bel espace vert (avec piscine de mai à octobre), 7 gîtes à l'architecture surprenante : de petits cubes de béton et de verre mangés par les arbres et la végétation, avec chacun sa terrasse privée. Le charme du lieu ne tient pas à la déco, dépouillée à l'extrême, mais à la grande luminosité du rez-de-chaussée offerte par toutes les fenêtres qui ouvrent sur la verdure. Location de VTT et promenades pique-nique accompagnées d'un âne bâté. Un endroit qui se prête merveilleusement aux séjours en famille.

🍽 🍷 ♪ ***Le Fer-à-Cheval :** 2, rue de la Fontaine, 72150 **Saint-Pierre-du-Lorouër.** ☎ 02-43-44-83-19. • leferacheval@yahoo.fr • leferacheval.com • À env 10 km au nord de La Chartre par la D 304. Tlj sf dim ap-m. Repas env 12-20 €.* À priori un anonyme bar-tabac-restaurant de bourg, bien placé au croisement principal, dont tout le village pousse la porte à un moment ou un autre de la journée. Mais ce porte-bonheur est plus que cela avec sa petite scène ouverte pour des concerts ponctuels, des apéro-tapas ou encore des menus à thème. Une adresse punchy !

## À voir

**Carnuta – Maison de l'homme et de la forêt :** *2, rue du Bourg-Ancien, 72500* ***Jupilles.*** *☎ 02-43-38-10-31. • carnuta.fr • Avr-oct, mar-dim plus lun de mi-juin à mi-sept 14h-18h ; nov-déc et fév-mars, mer et w-e 14h-18h. Fermé en janv. Entrée : 6 € ; 3,50 € pour les 7-18 ans et étudiants ; gratuit moins de 7 ans.* En plein village, un très bel espace tout en bois, à la croisée du musée et du centre d'interprétation pour apprivoiser la forêt en général, et celle de Bercé en particulier. Le rez-de-chaussée est consacré aux expos temporaires. À l'étage, la visite interactive dans la forêt reconstituée est aussi bien visuelle que sonore, tactile et olfactive. À travers plusieurs espaces, dont certains sur les mares et la macrofaune, vous découvrirez l'histoire de la forêt de Bercé, les animaux qui la peuplent, sa végétation, son exploitation et le travail du bois. Parmi les activités abordées, celle de la saboterie qui, au début du XXe s, occupait un tiers de la population de Jupilles (elle comptait alors 1 500 habitants contre à peine 600 aujourd'hui).

**Le jardin de la Fontaine Blineau :** *28, rue Chevalier, 72150* ***Saint-Vincent-du-Lorouër.*** *06-37-57-24-08. • jardindelafontaineblineau.fr • Dans la rue de l'église. Fin mai-début sept, certains j. (généralement dim, plus parfois lun, ven ou sam) 14h-19h. Entrée : 4 € ; réduc ; gratuit moins de 18 ans.* Un jardin en évolution constante, né en 1999 dans la cour d'une ferme du XVIIIe s. Un lieu plein de poésie, maintes fois primé.

# LE LUDE

(72800) 4 200 hab. *Carte Sarthe, B4*

**Balade sympa dans ce village, surtout connu pour son magnifique château. Dans l'église, un beau buffet d'orgue du XVIIIe s.**

## Adresse utile

**Office de tourisme de la vallée du Loir, bureau du Lude :** *pl. F.-de-Nicolay. ☎ 02-43-38-16-60. • vallee-du-loir.com • Face à la mairie, près du château. Avr-sept, mer-sam 10h-12h, 14h-18h ; plus dim 10h-14h en juil-août.*

## Où dormir ? Où manger ?

### Camping

**Camping municipal Au Bord du Loir :** *route du Mans (D 307). ☎ 02-43-94-67-70. 06-46-50-44-05. • camping.lelude@wanadoo.fr • campingmunicipallelude.fr • De mi-avr à début oct. Compter 10-12 € pour 2 selon saison. Bungalows, chalets et mobile homes 4-6 pers 130-466 €/sem. 133 empl. Une entrée au sauna-hammam pour 2 pers offerte pour un séjour d'une sem au camping sur présentation de ce guide.* Camping accueillant, fleuri et bien ombragé, en bord du Loir. Piscine gratuite (mai-septembre) pour les campeurs, mais tennis payant. Un étang à environ 500 m, location de canoës et de vélos. Nombreuses activités et animations (groupes musicaux le vendredi soir).

### Bon marché

**Café Cake :** *34, rue d'Orée. ☎ 02-43-94-66-57. Dans une rue qui part de l'entrée du château. Mer-sam 12h-18h, plus ven 19h-21h. Plats 6-10 €.* Accueillant et appétissant, ce *tea-room* tenu par une Anglaise qui propose à midi club-sandwichs, *baked potatoes* et salades. Et surtout des scones et des gâteaux maison aux recettes qui nous feraient traverser la Manche à la nage ! Bien sûr, belle sélection de bières et de thés pour accompagner le tout.

**Au Bistrot Ronsard :** *6, rue du Champ-de-Foire. ☎ 02-43-94-83-33. Près de la poste. Le midi lun-ven et j. fériés. Sur résa le w-e. Congés : fin juil-fin août et 1 sem à Noël. Formules 13,50 € (plat du jour)-21 €.* La table où l'on peut revenir tous les jours sans jamais manger la même chose. Le chef, en bon épicurien du palais, s'approvisionne au marché. Cadre simple et aéré à l'intérieur, dans 3 salles façon bistrot ou terrasse avec jardin aux beaux jours, quand « les roses ont éclose leur robe ». Cuisine goûtée, soignée et un service rapide qui plaisent aux habitués.

## Chic

**B & B 5 Grande Rue :** *5, Grande-Rue. ☎ 02-43-94-92-77. • e.info@5granderue.com • 5granderue.com • Tt près du château et de la place de la Mairie. Doubles 75-95 €. Table d'hôtes 25 €, tt compris.* Le couple d'adorables Anglais qui a redonné vie à cette demeure de bourg et de charme ne s'y est pas trompé. Beau jardin clos pour se garer sans souci et de vénérables murs pour abriter des nuits cosy dans l'une des 5 chambres. Vieux parquets peints, fresques de l'ancien proprio aux murs et un *sitting-room* bien confortable. Un doux air de *home sweet home* dans tout cela, d'autant qu'on y parle surtout anglais !



# Où dormir ? Où manger dans les environs ?

## Camping

**Camping de la Chabotière :** *pl. des Tilleuls, à Luché, 72800* ***Luché-Pringé.*** *☎ 02-43-45-10-00. • contact@lachabotiere.com • lachabotiere.com • À 10 km au nord-ouest, par la D 306 puis la D 54. D'avr à mi-oct (tte l'année pour les chalets sur résa). Compter 12,50-15,20 € pour 2 selon saison. Chalets 4-6 pers 270-540 €/sem, bungalows. 65 empl.* Un très beau camping en bord du Loir, où le chemin goudronné serpente entre les spacieux emplacements, tout verts et arborés. Coquets chalets, bien à l'écart. Sanitaires nickel, et même une vraie baignoire pour bébés ! Superbes espaces de jeux. En été, accès gratuit à la piscine municipale voisine. Nombreuses activités (VTT, tennis, activités nautiques), moyennant une contribution raisonnable, animations et parfois spectacles le soir.

## Prix moyens

**Auberge du Port-des-Roches :** *Le Port-des-Roches, 72800* ***Luché-Pringé.*** *☎ 02-43-45-44-48. • leportdesroches@orange.fr • À 16 km au nord-ouest, par la D 306 puis la D 54. De Luché-Pringé, suivre le fléchage (3 km). Resto fermé dim soir, lun et mar midi, plus mar soir hors saison. Congés : fin janv-début mars, quelques j. en août et 2 sem en oct-nov. Doubles 62-72 € selon confort. Menus 26-57 €. Un apéritif maison offert sur présentation de ce guide.* Un sympathique établissement en bord de Loir, dans un environnement bucolique. Jolies petites chambres, toutes personnalisées, aux couleurs gaies. Au resto, une cuisine de marché bien ficelée. L'ambiance est familiale. Superbe terrasse fleurie sous l'if bicentenaire, donnant, comme certaines chambres, sur la rivière. Excellent accueil.

**Moulin de la Diversière :** ***72800 Savigné-sous-le-Lude.*** *☎ 02-43-48-09-16. • contact@moulin-de-la-diversiere.com • moulin-de-la-diversiere.com • À env 10 km au sud-ouest du Lude. Peu après le panneau de Savigné-sur-le-Lude, prendre à droite vers La Flèche (panneau « la Diversière »), puis tourner à droite juste après le pont. Nuitée pour 2 pers en chambre d'hôtes à partir de 59 €. Gîtes 2-5 pers également. ½ pens possible.* Une adresse verte et au vert ! Les gîtes, pouvant être utilisés en chambres d'hôtes, ont été aménagés dans les dépendances d'une vieille ferme avec un réel souci écologique (enduits à la chaux, peintures naturelles, poêle à bois, etc.). Également 2 chambres en paille avec toitures végétales et une salle de repas sur pilotis. Les chèvres, quant à elles, sont employées comme tondeuses suppléantes pour l'entretien du magnifique parc (avec une piscine ouverte de mi-mai à mi-septembre), bordé par la rivière et un canal. Les gîtes agréables à vivre, l'accueil charmant, et cette campagne... Attention, une fois ici, vous aurez bien du mal à en repartir !

**Le Védaquais :** *pl. de la Liberté, 72500 Vaas. ☎ 02-43-46-01-41. • levedaquais@orange.fr • vedaquais-72.com • À 13 km à l'est par la D 305. Dans le bourg. Resto fermé ven soir, dim soir et lun. Doubles 57-67 €. Menus 12 € midi en sem, puis 21-35 €.* Hôtel-restaurant installé dans l'ancienne école et mairie du village. En tout, une douzaine de chambres, simples mais confortables, dont 4 dans l'annexe de l'autre côté du parking de l'hôtel (les plus chères). Dans certaines, la sobriété de la déco est relevée par les salles de bains « arlequin » à la débauche de couleurs. L'endroit fait aussi resto, bien agréable à midi pour ses prix doux. Atmosphère tranquille et accueil très gentil.

## À voir. À faire

**Le château :** *☎ 02-43-94-60-09. • lelude.com • (sf la cuisine). Avr-sept, tlj sf mer hors juil-août : jardins, 10h-12h30, 14h-18h ; château, visite guidée slt à 11h30 et 14h30-18h. Entrée : 8 € pour le château et le jardin ; 5,50 € pour le jardin seul ; réduc. Animation dans les anciennes cuisines du château (Journées gourmandes en juil-août et Journées du patrimoine) et ouverture du potager lors de la fête des jardiniers (le 1er w-e de juin) et pour les grands w-e d'été.*

Le château du Lude se situe dans la tradition des grands châteaux de la Loire. C'est d'ailleurs le plus septentrional. Ancienne forteresse médiévale, avec ses douves, transformée en château de plaisance à la Renaissance. Ses grosses tours d'angle donnent à l'ensemble une belle impression d'unité. Assez unique en France, chaque face, ornée de médaillons sculptés, représente le style d'une époque : aile Louis XII, aile François Ier au somptueux décor Renaissance, aile XVIIIe s néoclassique. Beaux jardins, dont une roseraie offrant une jolie collection de variétés chinoises, ainsi que les écuries et un grenier à blé. À l'intérieur, pas de cordon pour barrer la dizaine de salles que l'on visite, pour bien montrer que la demeure est toujours habitée. Bibliothèque dans l'ancienne chapelle avec un mobilier en tapisserie de Beauvais et une curiosité, un studiolo : une minipièce de prière et d'étude (un cabinet de peinture, en fait) du XVIe s. Dans la salle des fêtes, plafond et frise Renaissance. La partie XVIIIe s du château gagne, bien sûr, en lumière. Dans le grand salon, meubles et décor du XVIIIe s. Dans le salon XVIIIe s, nombreux portraits de famille.

➢ **Promenade dans la ville :** l'office de tourisme a édité un petit dépliant avec les principaux points d'intérêt. Par exemple, la maison des Architectes, du XVe s, la rue d'Orée, l'hôtel de Talhouët et les nombreux balcons en ferronnerie du XVIIIe s, l'église Saint-Vincent, la maison de la famille Scarron, l'ancien hospice, le couvent des Récollets, etc.

## DANS LES ENVIRONS DU LUDE

**Luché-Pringé :** *à 10 km au nord-ouest par la D 306 puis la D 54.* Cette jolie « Petite Cité de caractère » au bord du Loir mérite un détour, notamment pour son église dont l'architecture témoigne de la transition entre les styles roman et gothique, l'ancien prieuré tout à côté datant de l'époque Renaissance et le moulin fortifié de Mervé du XVe s. Dans les proches environs, vous pourrez aussi voir les châteaux de Gallerande, Venevelles et la Grifferie.

**Le complexe archéologique gallo-romain d'Aubigné-Racan** *(72500) : à mi-chemin entre Le Lude et Vaas (vers l'est), sur la D 305. ☎ 02-43-80-68-31. • association-capra.com • Visite libre tte l'année. GRATUIT.* Ruines romaines des IIe et IIIe s apr. J.-C. Vestiges du théâtre, du *macellum* (marché), du temple et des thermes. Pas spectaculaires en soi (ils se réduisent aux fondations), mais avec un peu d'imagination... et la campagne autour est si jolie. Emprunter par exemple le chemin de randonnée dominant le Loir, depuis la butte de Vaux.

**Le moulin de Rotrou** *: 72500* **Vaas.** *☎ 02-43-46-70-22. (rdc slt). À 13 km à l'est du Lude par la D 305. Du centre du village, traverser le Loir. Pâques-fin juin et sept-oct, dim et j. fériés 14h30-17h30 ; juil-août, tlj 14h30-17h30. Entrée : 5 € ; réduc.* Il tournait déjà au XVIe s. Aujourd'hui, c'est un bel écomusée. Dans le moulin principal, modernisé, vous admirerez l'ingénieuse machinerie qui le fait fonctionner. Il tourne toujours, pour le plaisir des visiteurs. À côté, petit *musée du Blé au pain,* avec reconstitution d'un moulin à meules et d'un four d'antan. Multiples souvenirs liés au pain (notamment les fameux tickets de rationnement). Carte murale de tous les moulins en Val de Loir au XVIIIe s : il y en avait plus de 60. Petite projection sur la vie au moulin, mais rien ne vaut celle de la meunière, qui officie ici depuis 70 ans !

➢ ***Voie verte*** de 45 km qui suit le tracé d'une ancienne ligne de chemin de fer et relie Le Lude à Baugé (en Maine-et-Loire), via Luché-Pringé/La Flèche. Départ devant l'ancienne gare.



# LA FLÈCHE

(72200) 15 000 hab. *Carte Sarthe, B4*

**Important carrefour du sud de la Sarthe doté d'un château, ville dolente se mirant dans le Loir, célèbre pour son Prytanée militaire national (mais, heureusement, pas seulement). C'est en tout cas une agréable étape où les familles iront visiter le zoo avant ou après la découverte de la vallée du Loir.**

## Adresses et info utiles

**Office de tourisme de la vallée du Loir, bureau de La Flèche** *(plan B2) : 20, bd de Montréal. ☎ 02-43-38-16-60. • vallee-du-loir.com • De mi-juin à sept, lun-sam 10h-12h, 14h-18h ; dim et j. fériés 10h-12h, 14h-16h. D'avr à mi-juin, mêmes horaires, fermé dim et lun mat. Oct-mars, mêmes horaires sf sam (ferme à 16h), fermé dim et lun mat.* En juillet-août, visites et animations guidées payantes : « Mardis découverte », « Jeudis savoir-faire », visite du moulin de la Bruère et du théâtre de la Halle-au-Blé, etc. Infos également sur les patrimoines bâtis et naturels du Pays fléchois, la voie verte de 40 km dédiée à la rando pédestre et cycliste (Le Lude-Baugé). Location de vélos l'été.

**Gare routière** *(plan B2) : liaisons avec Le Mans, Saumur, Baugé, Angers. Rens : ☎ 02-43-45-34-36.*

– ***Marchés :*** *mer pl. du Maréchal-Foch et dim pl. du Marché-au-Blé.*

## Où dormir ? Où manger ?

### Camping

**Camping de la Route d'Or** *(plan A3,* **10***) : allée du Camping. ☎ 02-43-94-55-90. • info@camping-laroutedor.com • camping-laroutedor.com • Accès par le pont qui passe devant l'hôtel de ville (rue de la Beulerie). Mars-oct. Compter 10,50-12,50 € pour 2 selon saison. Loc de mobile homes 4-6 pers 190-520 €/sem selon capacité et saison ; formules nuit et miniséjour.*

*190 empl.* Situé au bord du Loir, dans un parc de 4,5 ha, juste en face du centre-ville. Confortable, sanitaires impeccables, des emplacements bien espacés et pas mal ombragés mais un peu en enfilade. Animations en juillet-août. Base de canoë à 100 m. Piscine.

## De prix moyens à chic

☗ ***Hôtel Relais du Loir*** *(plan A2,* ***11****) : 40-44, promenade du Maréchal-Foch. ☎ 02-43-94-00-60. • contact@hotelrelaisduloir.com • hotelrelaisduloir.com • Doubles avec sdb 50-65 € selon confort ; également des familiales. Formule 12,50 € midi en sem ; menus 15,90-27,90 €.* Dans une structure progressivement rafraîchie par les jeunes propriétaires, des chambres confortables et de toutes les tailles. Déco générale à tendance romantique et apaisante. Côté resto, une honnête cuisine d'inspiration française et régionale, revisitée avec tact. Spécialités de truite.

☗ ***Le Vert Galant*** *(plan B2,* ***13****) : 70, Grande-Rue. ☎ 02-43-94-00-51. • contact@vghotel.com • vghotel.com • ♿ En plein centre-ville. Doubles 61-99 € selon saison et confort ; petit déj 12 €.* Hôtel en plein centre-ville et pourtant au calme, avec un vaste parking privé sur l'arrière. Les chambres, dans un camaïeu de tons beige et brun, sont élégantes avec leurs rideaux de lin peints et le mobilier en bois exotique, mais aussi confortables, avec un grand bureau. Salle de petit déj dans la véranda lumineuse. Excellent accueil.

|●| ***La Table de Laurène*** *(plan A2,* ***15****) : 13, pl. de la Libération. ☎ 02-43-45-70-49. Fermé le soir dim-mer et sam midi. Formules midi en sem 11-13 € (café et vin compris) ; menus 17-22 €. Résa conseillée.* Une brasserie gastronomique qui connaît un vrai succès en raison de ses tarifs imbattables et de la fraîcheur des plats. Cuisine traditionnelle et jolie carte des desserts. Les plus : la déco sobre et soignée, et surtout, une terrasse intérieure bien sympa aux beaux jours. Un joli clin d'œil des restaurateurs à leur fille... Laurène.

## De chic à plus chic

☗ ***Hôtel Le Gentleman*** *(plan B2,* ***14****) : 17, rue de la Tour-d'Auvergne. ☎ 02-43-45-89-36. • contact@legentleman.fr • legentleman.fr • ♿ Doubles 89-129 €, familiale 149 € (petit déj offert aux enfants de moins de 12 ans).* Cette demeure bourgeoise du XVIIIe s accueille un hôtel chic d'une quinzaine de chambres, dont une familiale sympa avec mezzanine. Charme de l'ancien avec mobilier, parquets et moulures d'époque, mais aussi confort moderne pour un séjour à l'ambiance intime. Accueil pro. Un indéniable côté british dans tout cela, assumé jusque dans le nom de l'établissement ! Dans le jardin, des arbres remarquables, dont un séquoia de plus de 30 m de haut !

## Beaucoup plus chic

☗ ***Le Safari Lodge du zoo de La Flèche :*** une expérience chic et insolite. Voir plus loin le commentaire sur le zoo.

## Où dormir ? Où manger dans les environs ?

☗ ***Chambres d'hôtes Le Logis de Semur :*** *72200* ***Mareil-sur-Loir.*** *☎ 02-43-45-46-84. 📱 06-72-09-13-73. À 8 km à l'est de La Flèche. En venant de Clermont-Créans, après le panneau de Mareil-sur-Loir, prendre la 1re à droite et suivre le fléchage ; dans le bourg, prendre la rue de la gare et descendre jusqu'à la grande allée avec le panneau « chambres d'hôtes ». Double env 72 €. Également un gîte pour 4 pers.* Dans une jolie ferme du XIVe s entourée d'un paisible et ravissant parc, quelques chambres cosy et chaleureuses. Josy reçoit ses hôtes avec grande disponibilité et passion pour sa région. Ancienne élève de l'École du Louvre, elle propose également des stages d'aquarelle et de meubles peints pour artistes en herbe ou confirmés. Une adresse douce et reposante. Cheval sur place et location de vélos.

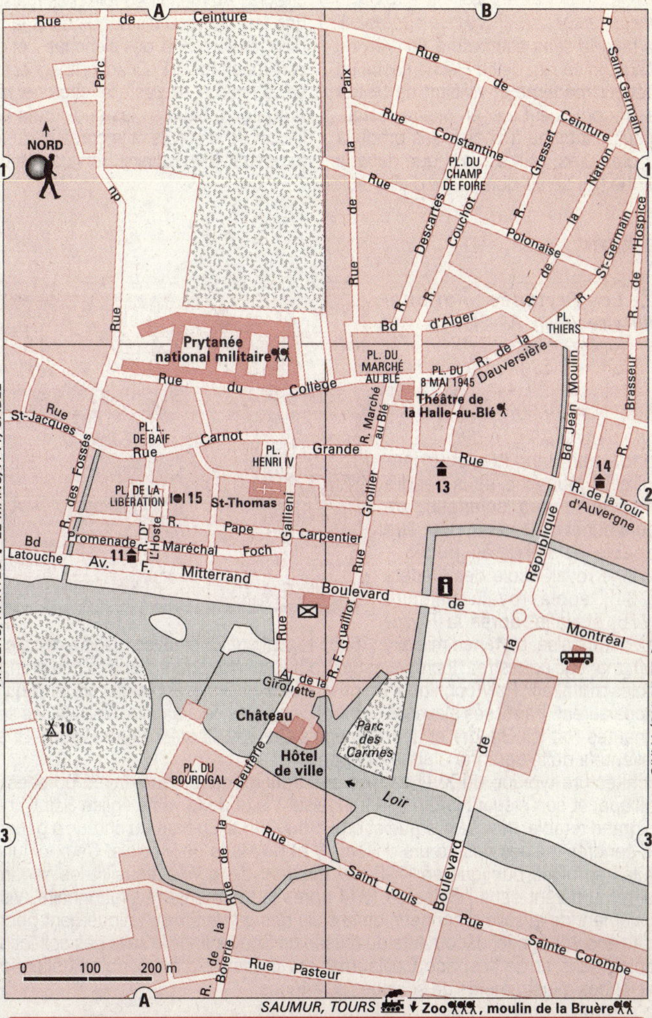


## LA FLÈCHE

| | |
|---|---|
| ■ **Adresse utile** | **11** Hôtel Relais du Loir |
| Office de tourisme de la vallée du Loir | **13** Le Vert Galant |
| | **14** Hôtel Le Gentleman |
| **Où dormir ? Où manger ?** | |
| **10** Camping de la Route d'Or | **15** La Table de Laurène |

**Au Garde-manger :** *79, rue du Maine, 72200* ***Bazouges-sur-le-Loir.*** *☎ 02-43-45-49-12. À 6 km à l'ouest par la D 323. Ouv le midi en sem, plus le soir* *ven-sam. Formule midi en sem 13,30 € ; menus le soir 22-28 €. Résa conseillée.* La façade sans esbroufe à l'entrée du village en venant de La Flèche cache un intérieur moderne et vivifiant de bistrot gastronomique. La chef, maître-restaurateur, s'attache à choisir ses produits au plus près, et il est vrai que dans la Sarthe, ce serait dommage d'aller voir ailleurs ! Au menu : du foie gras maison, une tête de veau historique dans la tradition bazogienne, des planchas... et des prix imbattables. Pour accompagner tout ça, là encore, ne pas aller chercher midi à quatorze heures : les si discrets vins locaux, le jasnières et le coteaux-du-loir, feront très bien l'affaire. Service jovial.



## À voir

**Le Prytanée national militaire** (plan A1-2) : *22, rue du Collège. 06-79-19-06-71. ☎ 02-43-48-59-06. De juil à mi-août, tlj 10h-12h, 14h-18h. Durée de la visite : 1h30. Visite libre 3 € et commentée 4 € ; réduc.*
Fondé par Henri IV « pour instruire la jeunesse et la rendre amoureuse des sciences, de l'honneur et de la vertu, pour être capable de servir au public ». Collège royal, école des Cadets (1764), école royale militaire (1776) et enfin, après la Révolution française, prytanée militaire (1808), le tout sur 28 ha avec piscine, terrain de foot, manège équestre... Il prépare aujourd'hui aux concours d'entrée des grandes écoles militaires : Polytechnique, Saint-Cyr, École navale, École de l'air, ainsi qu'au baccalauréat. Parmi ses élèves, il compta Descartes, le maréchal Gallieni, les spationautes Patrick Baudry et Jean-François Clervoy, l'acteur Jean-Claude Brialy, l'inventeur du télégraphe Claude Chappe...
Architecture typique du XVII^e^ s, avec ses trois grandes cours (avec porches en enfilade) et son élégant jardin à la française. Visite de la vaste église Saint-Louis au grand retable, tribune d'orgue et orgue du XVII^e^ s. En haut du chœur, à gauche, les cendres mêlées des cœurs d'Henri IV et de Marie de Médicis. Ceux-ci furent brûlés en place publique en 1793. Un habitant de la ville recueillit les cendres, qui retournèrent dans l'église en 1814 après la tourmente révolutionnaire. Visite également de la salle d'honneur, de la salle des généraux et, uniquement pour la visite accompagnée, découverte du musée du Souvenir, de la salle des collections zoologiques et de l'espace Guillaumat qui présente d'incroyables collections anciennes d'instruments de sciences physiques.

### UN MAÎTRE ABSOLU

*Parmi les élèves illustres du Prytanée, un étalon du système métrique : Jean-Charles de Barda (1733-1799). Finis les unités de mesure disparates en France, les pieds et les pouces du roi... De Barda arpenta consciencieusement la France et l'Espagne, de Dunkerque à Barcelone, pour définir à la fin du XVIII^e^ s sur le mètre universel, « la dix millionième partie du quart du méridien terrestre ».*

**Le zoo** (hors plan par B3) : *route du Lude et de Tours (D 104). ☎ 02-43-48-19-19. • zoo-la-fleche.com • Sur la D 104 (très bien fléché). Avr-sept, tlj 9h30-18h (19h juil-août) ; oct-mars, tlj 10h-17h30. Programme des spectacles et animations (de mi-fév à mi-nov) sur le site. Self et tables de pique-nique sur place. Entrée : 20,50 € ; 17 € pour les 3-11 ans.* Partez à la rencontre des quelque 1 200 animaux venus des cinq continents, dont 30 espèces rares d'oiseaux, des panthères noires, des tigres blancs... Du parc aux guépards à la brousse pour éléphants, de nombreux bébés font aussi le charme du lieu. On y visite même une crèche pour éléphants. Vous pourrez découvrir un enclos pour des loups ou encore un autre dans lequel on pénètre pour découvrir les lémuriens. Plusieurs fois par jour, le zoo s'anime à l'américaine (pour ceux qui aiment), autour du complexe aquatique de « Marine World » : trois bassins où otaries de Californie, manchots de Humboldt et loutres asiatiques s'en paient une tranche. Sinon, spectacle à peu près toutes les heures, dont celui de la fauconnerie... impressionnant. On apprécie ici la qualité des animations éducatives, des installations (enclos en bois, fenêtres d'observation), du soin porté aux animaux autant qu'à l'environnement (beaucoup de végétation et du relief).

**Safari Lodge :** *compter 139-315 €/pers par nuit sur la base de 2 occupants selon saison et lodge ; enfants 59-115 €. Dîner, petit déj et accès au parc compris sur 2 j.* En 2013, le zoo a fait sensation en ouvrant des ***éco-lodges*** pour le moins originaux dans l'enceinte du zoo. Conception artisanale luxueuse tout en bois, lits superposés bien sympas pour les enfants, le tout dans une déco raffinée, chaleureuse et thématique. Dépaysement total assuré : chaque lodge peut accueillir de 4 à 6 personnes dans une ambiance Grand Nord, Asie, univers malgache ou encore Wild Arctic et permet l'observation privilégiée sur des enclos par des baies vitrées et des terrasses : tigres, loups, lémuriens et même ours polaires (la baie du salon est alors immergée dans l'eau !). Les lodges les plus luxueux bénéficient d'un jardin privatif. Les repas, dîner gastronomique (réalisé par un chef de La Flèche) et petits déj sont livrés dans le lodge. Autant dire que l'expérience est unique, et le prix (élevé) justifié. De nouveaux lodges, tous originaux voient le jour chaque année. Attention, résa longtemps à l'avance !

***Le moulin de la Bruère*** *(hors plan par B3) : route du Lude. ☎ 02-43-94-02-53. De l'office de tourisme, suivre la direction du zoo, puis les pancartes. Juil-août, visites guidées ven-dim (infos à l'office de tourisme). Entrée : 3 € ; reduc 1,50 €.* L'association *Les Amis du moulin* a remis bénévolement en état toute la machinerie du moulin à eau, y compris l'impressionnante roue à aubes de 15 t. Et ça marche ! Les courroies entraînent, les roues tournent, le bidule pousse le machin, le moulin tout entier a repris vie. On peut repartir avec son pain de glace de 20 kg, puisqu'un système, mené par le mécanisme hydraulique, produit du froid. Après la découverte de trois maquettes étonnantes (qui fonctionnent avec la force de l'eau), également un espace pour mieux comprendre le froid et le chaud. Une mini-entreprise semble avoir pris naissance dans ce haut lieu de l'histoire locale. Le tout dans le cadre magnifique du barrage de 120 m de long sur le Loir. Le moulin produit même de l'électricité grâce à deux génératrices. Passionnant, ludique et instructif.

***Le théâtre de la Halle-au-Blé*** *(plan B2) : pl. du 8-Mai-1945. Visite guidée en été (infos à l'office de tourisme). Prix : 3 € ; réduc.* Ce petit théâtre à l'italienne du XIXe s, véritable bonbonnière, est un pur joyau architectural, restauré en 2000. Ne pas oublier de se procurer le programme des spectacles : pièces de théâtre, concerts, etc.

## À faire

– ***Canoë-kayak :*** *à la base nautique, près du camping. ☎ 02-43-45-98-10 ou 06-30-93-20-59. • canoe-kayak-lafleche.fr •*

– ***La boule de fort :*** *pour connaître les sociétés, demander à l'office de tourisme.* À La Flèche et dans les villages environnants, laissez-vous surprendre par ce jeu d'une rare subtilité, qui n'existe qu'en Anjou (La Flèche constitue la limite géographique nord), autour d'une piste couverte au profil curviligne et avec des boules qui n'en sont pas vraiment. Voir plus loin les généralités sur le département du Maine-et-Loire.

– ***Les lacs de la Monnerie :*** un lac réservé à la pêche, un autre avec activités nautiques, baignade surveillée, jeux pour les enfants, parcours de mise en forme, location de bateaux à pédales en juillet-août...

➢ ***Randonnées pédestres, cyclistes et équestres :*** des itinéraires de randonnée sont balisés sur l'ensemble du Pays fléchois. Topoguides en vente à l'office de tourisme.

## Manifestation

– ***Les Affranchis :*** *pdt 3 j. le 2e w-e de juil. Rens : ☎ 02-43-94-08-99.* Spectacles de rues dans plusieurs quartiers de la ville et dans trois communes des alentours. Clowns, bateleurs, musiciens, acrobates, jongleurs, comédiens...

## DANS LES ENVIRONS DE LA FLÈCHE

***Le château de Bazouges-sur-le-Loir*** *(72200) : 39, rue du Château. ☎ 02-43-45-32-62 ou 02-43-45-36-85. ♿ (accès partiel). De mi-juil au 31 août, ts les ap-m sf mar, 14h30-17h30. Entrée : 4 € ; réduc. Parc seul : 2 €.* On peut l'apercevoir lors d'une promenade le long du Loir, même si son caractère médiéval et son site enchanteur méritent plus qu'un simple coup d'œil. Charmante demeure seigneuriale et jardins à l'italienne. L'église Saint-Aubin vaut aussi le détour, avec son exceptionnelle nef du XVIe s revêtue de bardeaux de chêne peint où figurent un arbre et 26 personnages.

***Les marais de Cré-sur-Loir – La Flèche*** *(72200) : à 9 km au sud-ouest de La Flèche, à **Cré-sur-Loir.*** C'est le dernier grand marais alluvial du département. Cette réserve naturelle régionale préservée de 65 ha propose un sentier de découverte qui permet d'observer une soixantaine d'espèces d'oiseaux, près de 300 espèces végétales dans les milieux variés de prairies humides, canaux, roselières...

***Le sentier botanique du Bois des Semis :*** *72200 **La Chapelle-d'Aligné,** à 15 km au nord-ouest de La Flèche par la D 323 et la D 100.* Un sentier de randonnée, mais aussi un lieu de pique-nique bien aménagé, avec une cabane forestière, un bloc sanitaires, un terrain de pétanque...

# LES VALLÉES DE LA SARTHE ET DE LA VÈGRE

**La rivière Sarthe tient son nom d'un diminutif gaulois ou latin construit sur le mot préceltique *sar,* qui signifie « cours d'eau ». La vallée qu'elle forme constitue une microrégion réservée sinon préservée. Comme le disait si bien Bernard Pouchèle dans *La mémoire est au fond de la Sarthe* (Terre de Brume Éditions), la Sarthe est le « fleuve du temps, qui coule ses couleurs sobres dans les lumières immobiles des saisons... C'est le fleuve des amants, des moines, des hobereaux et des paysans. C'est le fleuve qui aime ses nobles autant que ses roturiers. Et c'est le fleuve de la terre, et qui, comme tous ceux de la terre, ne voyage jamais loin, ni jamais longtemps. »**
**La Sarthe partage ces doux paysages avec la Vègre. Cette dernière a creusé une vallée aux berges ombragées, avant de rejoindre la Sarthe. Une région hors des sentiers battus, patrie des poulets de Loué, élevés dans la région et en plein air, les veinards !**

## SABLÉ-SUR-SARTHE (72300) 12 700 hab. *Carte Sarthe, A3*

**À la confluence de la Sarthe avec l'Erve et la Vaige, cette petite ville respire la douceur de vivre, comme on dit dans les brochures touristiques. Sablé,**

les pieds dans la Sarthe, est dominée par son château, aujourd'hui centre de restauration de la Bibliothèque nationale. Quant à l'église Notre-Dame (1891), elle abrite un chef-d'œuvre de l'art médiéval, la verrière de la *Grande-Crucifixion* (1495). La ville est célèbre pour ses fameux petits biscuits et son Festival de musique baroque en août.
Les amateurs de promenades bucoliques ne manqueront pas le parc d'agrément du château et le jardin public de 11 ha, tandis que les adeptes d'insolite loueront un bateau pour longer les rives de la Sarthe jusqu'à l'abbaye de Solesmes, saisir les joies du temps qui passe entre les herbes folles de la rive et admirer les petits manoirs des environs. Les autres emprunteront à pied ou à vélo le chemin de halage entre Sablé et Solesmes.

### ÉLIZÉ, UN MODÈLE POLITIQUE

*En 1929, Sablé-sur-Sarthe élut comme maire Raphaël Élizé, le premier maire noir de métropole. Un vrai tour de force pour ce socialiste originaire de la Martinique, descendant d'esclaves, dans une période d'avant-guerre plutôt trouble sur les questions ethniques. Vétérinaire de métier, esthète, il se révéla fin gestionnaire et apôtre de l'intégrité politique... Mais en 1940, il se vit refuser par Vichy le droit d'exercer ses fonctions d'élu, et il entra dans la Résistance. Dénoncé puis déporté, il mourut à Buchenwald en 1945.*

## Adresse utile

**Office de tourisme** *(plan A1)* **:** *rue du Château.* ☎ *02-43-95-00-60.* • *vallee-de-la-sarthe.com* • *Juin et sept, lun-sam 9h30 (10h sam)-12h30, 14h-18h ; dim et j. fériés 10h-12h. Juil-août, lun-sam 9h30-18h, dim et j. fériés 10h-12h. Hors saison, lun-sam.* Renseignements sur le canoë, le cyclotourisme, les circuits rando ou au fil de l'eau, les animations... Des accueils touristiques mobiles à Asnières, Parcé et Solesmes. Visites guidées (payantes) aux lanternes en juillet-août : « Sablé au clair de lune ». Visites à thème et visites en attelage (inscription obligatoire).

## Où dormir ? Où manger ?

### Camping

**Camping municipal de l'Hippodrome** *(plan A2,* ***10****)* **:** *allée du Québec.* ☎ *02-43-95-42-61.* • *camping@sablesursarthe.fr* • *vallee-de-la-sarthe.com* • *Accès par les D 309 et D 22 (ou suivre direction du CREPS). D'avr à mi-oct. Résa conseillée en été. Compter 8,50-11 € pour 2 selon saison. Mobile homes 4-6 pers 290-440 €/sem selon capacité et saison. 80 empl.* Camping au calme à 600 m du centre et en bordure de rivière. Possède 5 chalets éco-nature. Canoë, tir à l'arc, randonnées, escalade, etc. Animations pour enfants et adultes en juillet-août. Piscine.

### De bon marché à prix moyens

**Hôtel Inn Design** *(plan B1,* ***11****)* **:** *9, av. Charles-de-Gaulle.* ☎ *02-43-95-30-53.* • *hid.sable@gmail.com* • *hotel-inn.fr* • *À partir de 59 € la double.* Un genre de motel à l'américaine, pas des plus glamour mais aux chambres modernes et fonctionnelles. Tout à fait correct pour une nuit, dans une ville où l'hébergement fait défaut. Et le centre-ville est accessible en 2 mn à pied.

**La Terrasse** *(plan B1,* ***20****)* **:** *3 bis, rue de l'Île.* ☎ *02-43-95-74-90. En plein centre, au bord de l'eau, entre les deux ponts. Fermé dim soir, lun et mer* *soir. Formules 15,40-17,90 € en sem et sam midi ; menu 27,90 €.* Intérieur chic dans les tons bordeaux et gris, et une salle joliment apprêtée avec de confortables chaises. Mais surtout, un emplacement de choix avec une terrasse les pieds dans l'eau face au château. Cuisine traditionnelle au goût du jour, mais aussi des moules et des poissons en spécialités (avec du bar à la carte).

**Le Saint-Martin** *(plan A1, **21**) : 3, rue Haute-Saint-Martin. ☎ 02-43-95-00-03. Dans une ruelle qui part de la pl. Raphaël-Élizé et monte vers le château. Tlj sf dim soir et lun. Formules 14,50-17 € déj en sem, menu 22 €.* Une cuisine fine, fraîche et respectueuse de votre porte-monnaie, à savourer dans la grande salle à la déco épurée et élégante, ou sur la terrasse sous les parasols aux beaux jours.

**Le Martin-Pêcheur** *(hors plan par B2, **22**) : restaurant du golf, domaine de l'Outinière, route de Pincé. ☎ 02-43-95-97-55. • restaurantdugolfdesable@outlook.fr • À env 3 km de Sablé (être véhiculé). Brasserie le midi en sem : formule 17 €, plats de snack 6-10 €. Restaurant le midi mar-dim et le soir jeu-dim : menus 22-28 €.* Située en pleine campagne, cette table appréciée des Saboliens a repris du peps avec l'arrivée récente d'un jeune couple. Vastes salles confortables et terrasses largement ouvertes sur le green servent de décor à une cuisine pleine de fraîcheur, fine et créative, en constant renouvellement. Accueil charmant pour une pause privilégiée.

## Où boire un verre ?

**Pub Elysée** *(plan A1, **23**) : 13, pl. Raphaël-Élizé. ☎ 02-43-95-03-07. En plein centre. Tlj sf dim soir.* Le bar central de Sablé, façon pub avec ses banquettes, jeu de fléchettes, billards et télé les soirs de match.

## Où déguster le fameux petit sablé ?

**La Maison du Sablé** *(plan A1, **30**) : 38, pl. Raphaël-Élizé. ☎ 02-43-95-01-72. Lun-sam 9h30 (10h sam)-12h30, 14h30-19h ; dim et j. fériés 10h-13h.* Mme de Sévigné écrivait à sa fille : « Une multitude de petits gâteaux ronds que le frère du Roi (Soleil !) trouva fort à sa convenance et d'honnête légèreté. Il commanda qu'il soit fait de lui en porter désormais au lever. » Nature, au citron, au gingembre ou à la pomme, mais toujours délicieux, confectionné ici depuis 1932. Également en vitrine, des *croq'amours,* à base de meringue et amandes.

**Biscuiterie La Sablésienne** *(hors plan par B1, **31**) : 1, av. Jean-Monnet, Z.A. de la Denisière. ☎ 02-43-95-04-53. • sablesienne.com • En périphérie, à la sortie de Sablé. Du centre-ville, suivre la direction du Mans puis de la Z.A. de la Denisière. Boutique tlj sf dim, 9h30-12h30, 14h-18h30 (19h ven-sam). Visite guidée (payante) sur résa.* Un autre fabricant du fameux sablé, dont une partie de la production est bio. La maison a également misé sur les emballages, avec des boîtes colorées et rigolotes.

# À voir

## Rive droite

**Le château** *(plan A1) :* du XVIII^e^ s. Pour admirer sa façade, le mieux est de l'aborder par le parc, d'ailleurs très agréable, au bord de la Vaige. Un projet d'aménagement en jardin à la française avec pièce d'eau en avait même fait fantasmer plus d'un, mais il est pour l'instant tombé à l'eau. C'est aussi l'annexe de la Bibliothèque nationale de France (restauration de livres anciens et microfilms).

LES VALLÉES DE LA SARTHE ET DE LA VÈGRE

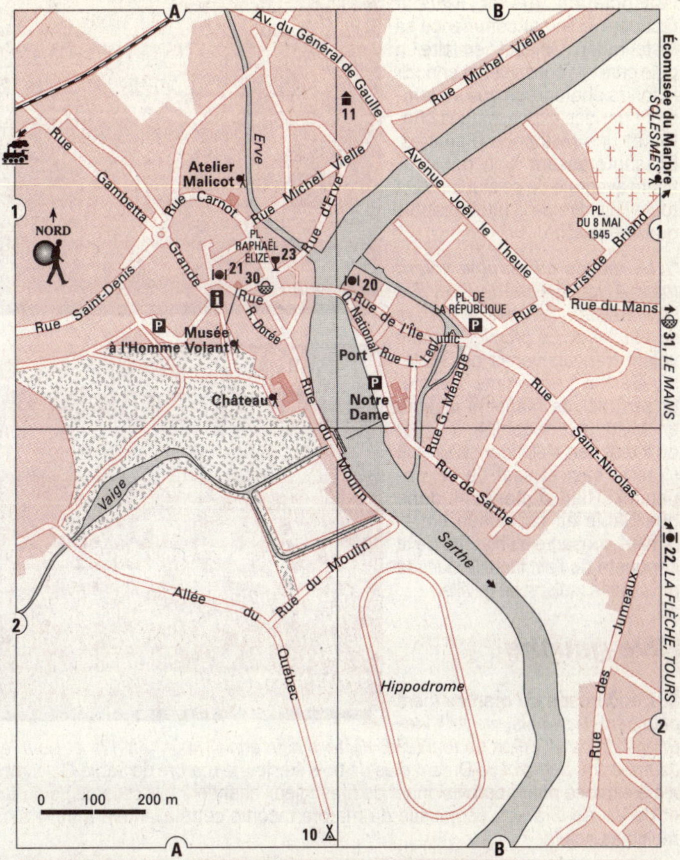


## SABLÉ-SUR-SARTHE

| **Où dormir ? Où manger ?** | **Où boire un verre ?** |
|---|---|
| **10** Camping municipal de l'Hippodrome | **23** Pub Elysée |
| **11** Hôtel Inn Design | **Où déguster le fameux petit sablé ?** |
| **20** La Terrasse | **30** La Maison du Sablé |
| **21** Le Saint-Martin | **31** Biscuiterie La Sablésienne |
| **22** Le Martin-Pêcheur | |

**L'Atelier Malicot** (plan A1) **:** *11, rue Carnot.* ☎ *02-43-62-11-10.* • *atelier.malicot@orange.fr* • *atelier.malicot.pagesperso-orange.fr* • *Visites slt sur résa (10 pers max), ven à 15h aux vac scol. Tarif : 3 €.* Trois simples murs, une verrière ouvrant sur la rivière Erve : on dirait une sorte de serre rustique aux vitres bleues ; il s'agit en fait de l'ancien atelier du photographe sabolien Joseph Malicot (1874-1953). Jusqu'à sa mort, il abritait l'univers de l'artiste : matériel photo, plaques sensibles, toiles de fond pour ses modèles, fauteuils, colonnes, bref, le décor d'un atelier photographique à l'ancienne, abandonné et longtemps oublié. En 2007, l'association *Atelier Malicot* récupère le lieu et commence sa restauration. Objectif : en faire un pôle culturel, conserver et enrichir le fonds photographique, notamment par des expos, stages photos et une résidence d'artistes. En s'intéressant à la passionnante aventure de ce studio, c'est toute l'histoire de la photographie que l'on revisite.

***Le musée à l'Homme volant*** *(plan A1) : 35, Grande-Rue. Tte l'année sur rdv (rens à l'office de tourisme).* Le premier homme volant français venait de Sablé-sur-Sarthe : dénommé Besnier et serrurier de métier, il inventa en 1678 une machine à voler qu'il testa en s'élançant d'un toit (il sortit sain et sauf de l'expérience). Rien d'étonnant donc que Sablé ait ce musée entièrement consacré à l'histoire de la conquête de l'air, installé dans la plus vieille maison de la ville.

### PALAIS ROYAL

*En 1670, la marquise de Sablé, se rendant auprès de Monsieur, frère du Roi-Soleil, emporta quelques gâteaux de sa région. La Cour tomba sous le charme de ce qu'elle appela désormais les « petits sablés ». La marquise devint même le fournisseur officiel de Monsieur pour son petit déjeuner ! Mais les sablés ne connurent réellement la célébrité qu'au XXe s, quand la recette fut retrouvée, en 1932.*

### LE VISIONNAIRE ET L'ENTREPRENEUR

*Niépce fut l'inventeur de la photo et Daguerre le divulgateur de l'invention. Niépce découvrit le premier que l'on pouvait fixer les effets de la lumière sur des supports sensibles (héliographie), mais il n'a jamais réussi à commercialiser sa découverte. C'est Daguerre, vrai génie commercial, qui reprit des travaux de Niépce pour inventer le daguerréotype sur plaques. Il vendit (cher) son brevet à l'État français, mais son procédé tomba vite en désuétude.*

## Rive gauche

***L'écomusée du marbre*** *(hors plan par B1) : 23 bis, rue Aristide-Briand. Infos à l'office de tourisme. Visite le sam en juil-août 14h-17h et pour les Journées du patrimoine.* Durant plus de trois siècles, le marbre de Sablé-Solesmes a été exploité pour approvisionner de prestigieux chantiers tels ceux de Versailles et du Val-de-Grâce. L'écomusée du marbre raconte cette aventure à travers de multiples objets.

## À faire

➢ ***Promenade en calèche :*** *avec **À Faire à Cheval.** ☎ 09-60-50-34-31 ou 📱 06-61-11-83-22.* ♿

– ***Espace Henri-Royer :*** *juin-sept.* Jeux aquatiques, barbecue, location d'embarcations à pédales, barques et canoës, stand up paddle, vélos, minigolf...

➢ Balade vraiment agréable le long du chemin de halage entre Sablé et Solesmes.

### Naviguer sur la Sarthe

Sur les 132 km navigables de la Sarthe, 82 km et 16 écluses se trouvent sur le département.

***Anjou Navigation*** *(plan B1) : au port de Sablé. ☎ 02-43-95-14-42. • anjou-navigation.fr •* Location de vedettes et house-boats de 2 à 12 places, sans permis. Mise en main personnalisée au départ.

***Bateau promenade*** *(plan B1) :* ***Croisières Saboliennes,*** *au port de Sablé. ☎ 02-43-95-93-13. • sablesien.com •* Propose des croisières au fil de l'eau, avec passage de viaduc, d'écluses et, bien sûr, de l'abbaye de Solesmes.

## Manifestations

– ***La Folle Journée :*** *en janv. Infos auprès de l'office de tourisme et du centre culturel.* Programmation décentralisée du festival de musique classique de Nantes.
– ***Rock ici Mômes :*** *juil. Rens et résas : ☎ 02-43-62-22-22.* Festival de rock pour enfants, suivi de deux soirées festives et gratuites consacrées aux musiques actuelles ***(Les Nuits d'Été).***
– ***Festival de musique baroque :*** *fin août. Rens et résas : ☎ 02-43-62-22-22.* Concerts, danse, théâtre... Une référence nationale et une programmation de haute volée.

# SOLESMES

(72300) 1 380 hab. *Carte Sarthe, A3*

**Non loin de Sablé, l'abbaye bénédictine domine le cours de la Sarthe. Chef-d'œuvre architectural, une vision assez romantique s'en dégage. C'est aussi bien sûr un lieu propice pour se ressourcer et méditer. Visite possible du village (infos à l'office de tourisme de Sablé). Une curiosité à signaler : le carré militaire 1914-1918 au cimetière, alors qu'on était bien loin des combats. En fait, l'abbaye, alors propriété privée (les moines avaient été chassés), accueillit un important hôpital militaire durant la Première Guerre mondiale.**

## Où dormir ? Où manger à Solesmes et dans les environs ?

### Camping

***Camping l'œil dans le Rétro :*** *pl. des Deux-Fonds, 72430* ***Avoise.*** *☎ 02-43-92-76-12. • contact@campingloeildansleretro.fr • campingloeildansleretro.fr • À 8 km à l'est de Solesmes par la D 22. Pâques-Toussaint. Env 9 € pour 2. Caravane 50 €. 54 empl.* Entre la Sarthe et la Vègre (avec plage et base fluviale), une structure familiale offrant des emplacements répartis sur 2 terrains et délimités par des haies. Mais les nostalgiques apprécieront surtout la marrante collection de caravanes en location, toutes des années 1960 et 1970, retapées avec tact par le proprio. Elles ont toutes leur histoire et leurs fonctionnalités. L'Arverne 400 GL a de l'allure avec ses parois métalliques, juste au bord de l'eau. Également un bistrot à l'ancienne dans une roulotte, un potager aromatique en libre-service... et un accueil aux petits oignons.

### De bon marché à prix moyens

***Chambres d'hôtes Le Fresne :*** *Le Fresne. ☎ 02-43-95-92-55. • le.fresne@wanadoo.fr • lefresne.com • À 4 km, direction Parcé. Doubles 55-62 €. Table d'hôtes 25 € tt compris. Réduc de 10 % hors w-e et vac scol sur présentation de ce guide.* En pleine nature, Marie-Armelle et Pascal Lelièvre ont aménagé dans les anciennes soues (où est le dico ?) de la ferme familiale 3 chambres coquettes. 2 d'entre elles possèdent une courette privative.

LES VALLÉES DE LA SARTHE ET DE LA VÈGRE

Également un gîte pour 12 personnes en bord de rivière. Chaleureuse salle à manger et une pièce avec kitchenette et coin-lecture. À la table d'hôtes, produits de la ferme (élevage de poulets de Loué et vaches limousines). Petit étang privé (la maison a obtenu le label « Tourisme Pêche »). Piscine avec jacuzzi.

**L'Escale d'Avoise :** *22, rue Principale, 72430* ***Avoise.*** *☎ 09-67-31-08-64. • escale.avoise72@orange.fr • À 8 km à l'est de Solesmes par la D 22. Face au camping. Lun-ven midi slt. Menu 11,50 €.* Resto ouvrier nouvelle génération, avec un design moderne et une jolie terrasse en deck donnant sur la rue. Fait aussi épicerie et bar. Menu tout compris avec buffet d'entrées et de desserts, et quart de vin. À ce prix-là, on n'est pas volé !

## Plus chic

***Grand Hôtel de Solesmes :*** *16, pl. Dom-Guéranger, à Solesmes. ☎ 02-43-95-45-10. • solesmes@grandhotelsolesmes.com • grandhotelsolesmes.com • Face à l'abbaye. Fermé sam midi et dim soir hors saison. Résa conseillée. Doubles 105-180 € selon saison ; petit déj 13 €. Menus 22-67 €. Apéritif maison offert sur présentation de ce guide.* Hostellerie de beau standing, même si certaines chambres, tout confort, manquent un peu de cachet. Une salle de resto modernisée au goût des pèlerins d'aujourd'hui. Cuisine apprêtée, fort goûteuse. Jolie terrasse et jardins. Club de remise en forme avec jacuzzi et sauna.

# À voir

***L'abbaye bénédictine Saint-Pierre-de-Solesmes :*** *• abbayedesolesmes.fr •* Geoffroy le Vieux, seigneur de Sablé, fonda en 1010 un prieuré, confié aux bénédictins du Mans, qui devint l'abbaye bénédictine de Saint-Pierre-de-Solesmes en 1837. Aux lignes claires et simples du bâtiment de 1722 s'est ajoutée l'architecture puissante de l'aile de 1896, qui rappelle à la fois celle du Mont-Saint-Michel, sur son éperon rocheux surplombant la Sarthe, et celle du palais des Papes d'Avignon.

Les moines (actuellement une cinquantaine) tiennent à ce que l'on respecte le site religieux. On ne visite que l'église (entrée gratuite), où l'on peut écouter à 10h (durée : 1h) et 17h (le jeudi à 16h en été et 17h30 en hiver ; durée : 30 mn) un office religieux chanté en grégorien. En dehors des offices (l'abbaye est avant tout un lieu de prière...), admirer les célèbres statues dites « Saints de Solesmes », chefs-d'œuvre de la sculpture française de la Renaissance, qui ornent les deux côtés du transept. Le chœur de l'église date de 1864. À cet endroit se trouvent des photos des ensembles sculptés et, surtout, une superbe maquette de l'abbaye. Une hôtellerie située à l'intérieur de la clôture accueille les hommes souhaitant faire une retraite pendant quelques jours. Les femmes peuvent trouver accueil hors clôture. *Contacter le père hôtelier : ☎ 02-43-95-03-08. • hospes@solesmes.com •*

# DANS LES ENVIRONS DE SOLESMES

Au départ de Solesmes, on recommande de faire une ***miniboucle*** (environ 25 km) par ***Juigné-sur-Sarthe, Avoise et Parcé-sur-Sarthe*** en empruntant les D 22 et D 57, pour découvrir des bourgs charmants, parsemés le long de la Sarthe et offrant de jolis points de vue. À Avoise, un amusant camping rétro et de quoi manger à midi en semaine (voir « Où dormir ? Où manger à Solesmes et dans les environs ? ») ; à Parcé, les plus belles maisons anciennes du coin...

À 2 km de Solesmes, le petit bourg de ***Juigné*** possède une église avec retable du XVIIIe s en marbre local. Du parvis, jolie vue sur l'abbaye. Au port du village, au pied de l'abbaye, voir également la secrète *chapelle Notre-Dame-du-Nid,* au bout d'une ruelle pentue. Elle fut construite en 1936 comme ex-voto par le sculpteur Raymond Dubois (1904-1982).

# ASNIÈRES-SUR-VÈGRE

(72430) 380 hab. *Carte Sarthe, A-B3*

**À une dizaine de kilomètres au nord-est de Sablé-sur-Sarthe, assurément l'un des plus beaux villages de la Sarthe. Ensemble de monuments médiévaux : une église aux très belles fresques (XIIe-XVe s), un pont et un moulin pittoresques, de vieilles maisons des XIIIe et XVIe s, une fontaine aux légendes, un remarquable petit manoir gothique et Renaissance (la « Cour » d'Asnières)... La visite vaut autant pour la richesse architecturale du village que pour son environnement, traversé par la jolie rivière qu'est la Vègre.**

## Info utile

– Les guides expérimentés et bénévoles de l'***Association Patrimoine d'Asnières*** proposent des visites de qualité, sur résa seulement. *Programme et tarifs : ☎ 02-43-92-40-47. • asnieres.patrimoine@wanadoo.fr • asnieres-sur-vegre.fr •* Visites commentées notamment du village d'Asnières, du château de Verdelle et du château de Moulinvieux, ainsi que randonnées dans la région.

## Où dormir ? Où manger dans le coin ?

***Chambres d'hôtes Chauvet :*** *72430 **Chantenay-Villedieu.** ☎ 02-43-95-77-57. • marylise.vovard@wanadoo.fr • fermechauvet.fr • ♿ À 7 km d'Asnières, par la D 22. À Chantenay-Villedieu, suivre la direction de Brûlon et prendre le 1er chemin à droite sur la D 35. Double 57 €. Table d'hôtes 22 € (sf dim soir). Réduc de 10 % sur le prix de la chambre hors juil-août sur présentation de ce guide.* Accueil adorable par Marylise, qui est d'une disponibilité rare pour ses hôtes, malgré ses 4 enfants et son activité d'agricultrice... Quelle énergie ! Salon-salle à manger, four à micro-ondes et frigo à disposition, ainsi qu'un billard et un baby-foot. Parfait en famille (une jolie chambre avec mezzanine et des roulottes formule gîte) pour découvrir la vie à la ferme. Simple, calme et plein de gentillesse.

***Chambres d'hôtes du manoir des Claies :*** *Les Claies. ☎ 02-43-92-40-50. • contact@manoirdesclaies.fr • manoirdesclaies.fr • À 4 km d'Asnières (suivre les panneaux). Pâques-début nov. Mai-sept. Double 100 € ; 1 familiale également.* Au bord de la Vègre, le genre d'endroit où l'on ne débarque pas par hasard : un petit manoir du XVe s aux jolis murs chaulés, restauré avec passion et goût par son propriétaire. Accueil chaleureux et simple. Piscine chauffée de mai à septembre. Une adresse de charme et bucolique à souhait, avec seulement le bruit du vent dans les saules pour compagnon.

## À voir

***Le Jardin mosaïque :*** *La Salle. ☎ 02-43-92-52-35. • lejardinmosaique.com • À 800 m du village, sur la route de Poillé (500 m après le cimetière). De fin avr à mi-oct, mer-dim et j. fériés 10h-12h, 14h-19h. Entrée : env 5 € ; gratuit moins de 12 ans. Loupes et fiches d'identification à disposition.* Après des années passées à travailler sur de grandes exploitations agricoles en Afrique et aux Antilles, et ayant constaté les limites de l'agriculture intensive, Philippe Grandry a décidé de revenir aux sources et à ses vraies envies. Il a créé en 2005, avec son épouse

LES VALLÉES DE LA SARTHE ET DE LA VÈGRE

Khady, ce jardin écologique de 2,5 ha, bien vivant, sans allées de gravier tirées au cordeau ni arbres centenaires, mais avec une prairie naturelle, un étonnant potager, une roseraie en forme de pétales de fleur, bref, un lieu où les herbes et fleurs sauvages côtoient les vivaces, les roses anciennes, les légumes et les plantes médicinales. Et pour couronner le tout, on profite d'une jolie vue sur le village. Ici, pas de produits chimiques, mais des plantes insecticides, l'utilisation du paillis, la récupération des eaux de pluie, une mare avec des bancs en osier, des cabanes en saule, la diversification des plantes et le droit des taupes (et autres bestioles) à vivre et même à creuser des trous ! Une visite aussi instructive que poétique (et politique, mine de rien !). Elle devient carrément passionnante quand nos deux jardiniers, pas peu fiers de leur sixième place à l'émission « Les jardins préférés des français » en 2013, commencent à expliquer le comment du pourquoi...



# BRÛLON (72350) 1 500 hab. *Carte Sarthe, B3*

**Située à 17 km au nord de Sablé par la D 4, Brûlon a vu naître en 1763 Claude Chappe, l'inventeur du télégraphe aérien. Petit musée à sa mémoire, ainsi qu'une église de style roman (vitraux contemporains de 2012 dans le chœur). On vient surtout ici pour séjourner de manière originale, dans un tipi ou dans un arbre, et profiter de la belle base de loisirs, des possibilités de balades à pied, en canoë, à VTT...**

## Adresses et info utiles

**Syndicat d'initiative :** *2, pl. Albert-Liebault. ☎ 02-43-95-05-10. ● brulon.fr ● Juin-sept, mar-sam ; oct-mai, mar-ven.* Doc (gratuite) pour visiter le village et l'église.

**Location de canoës, kayaks, embarcations à pédales et VTT :** *à la base de plein air Fred-Chouvier, au plan d'eau. ☎ 02-43-55-31-21. ● basedepleinair.brulon.over-blog.com ●*

**– Visite guidée de la ville :** *en juil-août, jeu à 15h, sur rdv. Rdv pl. de la Mairie. GRATUIT.*

## Où dormir ? Où manger dans le coin ?

### Campings

**Le Septentrion :** *au bord du lac, à* **Brûlon.** *☎ 02-43-95-68-96. ● le.septentrion@wanadoo.fr ● campingleseptentrion.com ● Avr-sept. Compter 12,50-13,90 € pour 2 selon saison. Bungalows toilés et mobile homes 4-8 pers 240-504 €/sem selon capacité et saison. 75 empl.* Beau site, calme et fleuri, au bord d'un lac. Piscine privée (chauffée) et accès (payant) aux activités de la base de loisirs voisine et aux tennis municipaux, quasiment situés dans le camping (et tant pis pour les quelques emplacements juste à côté !). Excellent accueil dans ce camping à l'ambiance joyeuse et familiale.

**Les Tipis du Bonheur de Vivre :** *le plan d'eau, à* **Brûlon.** *☎ 02-43-95-57-54. 06-62-58-66-82. ● lestipisdubdv@gmail.com ● lebonheurdevivre.net ● De mi-avr à fin oct. Packages tt compris à partir de 69 €/pers en tipi (2-6 pers) : nuit, repas amérindien, veillée contes et légendes.* Si vous souhaitez un dépaysement total et une immersion dans la culture amérindienne, c'est un endroit pour vous. Imaginez un campement de 7 ha occupé par de vrais Amérindiens, où vous pourrez dormir en tipi. Une exposition permanente relate les faits de guerre et la culture des Amérindiens des Plaines. Boutique artisanale tenue par un Amérindien. Chaque année, le camp finance la venue d'un jeune Amérindien du Montana en France.

## Prix moyens

**Les Forges :** *24, rue Principale, 72350* ***Viré-en-Champagne.*** *☎ 02-43-92-76-86. • fourmontlouise@gmail.com • sejouraux-forges.fr • À 5 km à l'est, par la D 35. Salon de thé et resto (appeler avt). Double 56 €. Repas sur résa 25 €.* Voilà une famille d'agriculteurs laitiers que rien n'arrête. Dans leur élégante maison de bourg, ils ont ouvert un agréable restaurant-salon de thé (aux fourneaux, on demande la fille Louise), mais aussi 2 jolies chambres d'hôtes, une pour deux (toilettes sans cloison, on prévient), une pour les familles. À la gestion, on demande l'autre fille. Mais ce n'est pas tout. Louise s'occupe aussi d'une galerie exposant des artistes locaux. Et aux pinceaux, on demande la maman, autodidacte et franchement douée. Faites une virée par Viré, bonne pioche assurée !

## Très chic

***Cabane dans les arbres « Kota Cabana » et chambres d'hôtes au château de l'Enclos :*** *chez Annie-Claude et Jean-Claude Guillou, 2, av. de la Libération, à* ***Brûlon.*** *☎ 02-43-92-17-85. • jean-claude.guillou5@orange.fr • chateau-enclos.com • Sur la route de Sablé. Nuit pour 2 en cabane 170 €, en roulotte 140 €, en chambre d'hôtes 120 € ; petit déj compris. CB refusées.* Replonger en enfance et pour quelques heures, réaliser ce vieux rêve : vivre dans un arbre et dormir perché à 7,5 m du sol. Au creux des branches d'arbres centenaires, on trouve ici tout le confort d'une maison en bois venue de Finlande. Un escalier large s'enroulant autour du tronc conduit à une terrasse circulaire (super pour le petit déj ou pour admirer les étoiles !) et à la chambre spacieuse, pourvue d'un cabinet de toilettes. Les douches sont tout de même au sol, à quelques mètres de l'arbre. Si vous préférez rester les pieds sur terre mais recherchez l'insolite, optez pour l'hébergement en roulotte. Sinon, sachez que les 3 chambres d'hôtes du château, romantiques à souhait, sont, elles aussi, très confortables et bénéficient de jolies vues sur le parc et ses... lamas. Excellent accueil.

## Achats

***Les Délices de Beauregard :*** *Beauregard. 06-98-82-31-61. À 1 km du centre, par la route du camping. Lun-sam env 11h-12h, 14h-17h.* Dans une ferme, boutique de produits fermiers maison ou sarthois : confitures, foie gras, vin, terrines...

# À voir

***Le musée Claude-Chappe :*** *dans le prieuré, rue de l'Ouche. Derrière l'église. Sur résa slt (rens au syndicat d'initiative). Entrée : 3 €. Visite guidée le jeu ap-m en juil-août (3 €).* Le musée retrace les premières expériences de communication à distance de Claude Chappe. Une visite à poursuivre avec le site de ***la Motte,*** une ancienne motte féodale témoin de ces expériences *(infos au syndicat d'initiative).*

# LOUÉ

(72540) 2 040 hab. *Carte Sarthe, B3*

**À 8 km à l'est de Brûlon. Le tourisme n'est pas – hormis la présence d'une base aqualudique – l'activité principale de cette petite ville connue dans**

**la France entière pour ses poulets ! Issues du croisement d'une poule blanche et d'une poule rousse, ces volailles sont élevées en plein air et vendues à 91 jours.**

## Où dormir ? Où manger ?

### Camping

*Camping et village-loisirs de Loué : pl. Hector-Vincent. ☎ 02-43-88-65-65. 06-79-69-59-40. • village.dhotes@orange.fr • villageloisirs.com • Avr-sept (loc tte l'année). Compter 16 € pour 2. Chalets en bois 6 pers 280-470 €/sem. 15 empl.* Petit camping à côté de la base de loisirs aquatiques. Site parfaitement équipé, tout comme les chalets. Jeux pour les enfants, location de canoës-kayaks. Bar-snack. Pêche possible avec vente de carpes.

### De prix moyens à chic

***Hôtel-restaurant Ricordeau :** 11, rue de la Libération. ☎ 02-43-88-40-03. • contact@hotel-ricordeau.fr • hotel-ricordeau.fr • Fermé dim soir. Doubles 89-130 € selon confort ; (très bon) petit déj 14,50 €. Menus 28 € (midi mer-ven)-57 €.* Cet ancien relais de diligences abrite une bien belle adresse, pas donnée certes, mais accueillante et sérieuse sans pour autant prendre des airs importants. Déco des chambres sobre, mais ensemble élégant et très confortable. Et puis, comment ne pas fondre pour le délicieux jardin à l'arrière (et sa jolie piscine tapie dans son coin), sur lequel donnent les baies vitrées du bon resto ? On y déguste une cuisine sans ostentation mais inspirée et délicate, utilisant au maximum des produits locaux.

***La Table du Coq :** 9, rue de la Libération. ☎ 02-43-88-31-14. Le midi lun-sam, plus le soir lun-mar. Formules 14 € (déj en sem)-22 €.* C'est la petite annexe de l'hôtel voisin et l'occasion pour les budgets plus réduits de goûter une cuisine du terroir fine et fraîche, joliment concoctée par le chef du *Ricordeau*.

## Où dormir dans les environs ?

***Les insolites du Bonheur de Vivre :** Le Champ du Pin, 72210 **Maigné.** ☎ 02-31-23-23-20. 06-70-00-73-45. • katy.romet@orange.fr • dubonheurdevivre1.com • À env 8 km au sud-est de Loué (discrètement indiqué « Bonheur de Vivre »). Mai-sept. Hébergement 1-4 pers et yourte jusqu'à 6 pers 68 € ; petit déj 8 €.* Après celle de Brûlon, voici encore une adresse insolite mais à prix très doux celle-ci, comme l'ambiance qui y règne. Sur un terrain de 1,5 ha, dans un environnement très champêtre, tipis, isba, tente inuit, cabane sur pilotis, case africaine, yourte, tente prospecteur et maison de paille pour passer la nuit. Autant vous dire que les enfants adorent ! C'est rustique (notamment les sanitaires communs), mais tout à coup, on retrouverait presque l'enfant en soi. Et puis quel accueil !

## DANS LES ENVIRONS DE LOUÉ

***Les forêts de la Grande-Charnie et de la Petite-Charnie :*** la première s'étend de la Mayenne jusqu'à Saint-Denis-d'Orques (à environ 12 km au nord-ouest de Loué) et la seconde se trouve aux abords de Saint-Symphorien (à environ 11 km au nord de Loué). Quitte à choisir, laissez-vous séduire par la plus petite, une forêt pleine de charme... de chênes, de sapins et de bouleaux. En automne, un refuge apprécié des biches et des cerfs, aussi bien que des amateurs de cèpes.

# MALICORNE-SUR-SARTHE

(72270) 2 000 hab. *Carte Sarthe, B3*

**Au fil des siècles, par l'évolution de son style et de ses techniques, Malicorne est devenue l'un des centres majeurs de la faïencerie d'art française. Dès l'époque gallo-romaine, l'argile locale est remarquée pour ses qualités plastiques exceptionnelles, ce qui favorise le développement de la poterie dans la région, à Ligron notamment, puis, bien après, à la fin du XVIIIe s, à Malicorne, où les faïenceries feront la réputation de la ville. Bien que celles-ci aient fermé en nombre après la Seconde Guerre mondiale, vous pourrez encore voir les très belles pièces fabriquées aujourd'hui par les deux dernières, notamment les corbeilles ajourées aux délicats motifs romantiques qui sont la marque de fabrique de Malicorne. La présence de faïenceries dans cette ville labellisée « Métiers d'Art » et le regain d'intérêt pour celles-ci semblent inciter depuis quelques années les artisans (céramistes, peintre sur porcelaine, tourneur sur bois...) à venir s'installer ici, conférant à ce joli bourg un nouveau dynamisme.**
**La Sarthe malicornaise, c'est aussi la tranquille élégance du château de Malicorne – où vécut Mme de Sévigné –, son église du XIe s – l'une des plus anciennes du Maine –, les randonnées de Mézeray, les pique-niques et la saveur de la pomme locale, à croquer de septembre à mai.**

## Adresse et info utiles

**Office de tourisme :** *1, pl. Pierre-Désautels. ☎ 02-43-94-74-45. • ot-malicorne@orange.fr • ville-malicorne.fr • Juin-août, tlj ; mai et sept, tlj sf lun ; avr, mar-sam ; oct-mars, mar-ven.*
– **Marché :** *pl. de la République, ven mat.*

## Où dormir ? Où manger dans le coin ?

### Camping

**Camping Port Sainte-Marie :** *route de Noyen. ☎ 02-43-94-80-14. • camping.malicorne@wanadoo.fr • ville-malicorne.fr • ♿ Avr-sept. Compter 9,70-11,70 € pour 2 selon saison. Bungalows et mobile homes 4-6 pers 145-385 €/sem. 57 empl.* Au bord de la Sarthe et accolé au terrain de foot, un petit camping très bien équipé sur un site joliment arboré. Certains emplacements ont un portail d'accès à la rivière. Dispose également de 6 bungalows toilés et meublés ainsi que de mobile homes. Piscine (en juillet-août seulement).

### De prix moyens à plus chic

**Restaurant La Petite Auberge :** *5, pl. Du-Guesclin. ☎ 02-43-94-80-52. • contact@petite-auberge-malicorne.fr • Face au port et à l'office de tourisme. Fermé lun, plus le soir dim et mar-jeu en basse saison. Menus 18,20 € déj en sem, puis 30-55 €. Café offert sur présentation de ce guide.* Un établissement classique, agréablement situé au bord d'une rivière, avec une mignonne terrasse où l'on peut, pour pas cher en semaine, s'offrir un bon repas. La carte suit les saisons et les arrivées du poisson sur le marché. Pour les jours gris, élégante salle à manger avec une grande cheminée.

**Hôtel La Boule d'Or :** *2, pl. de la République. ☎ 02-43-94-73-64. • labouledor@wanadoo.fr • hotel-restaurant-bouledor.fr • Double avec sdb env 54 €.* Accueil au comptoir dans cette adresse de village sans chichis. Il s'agit sans doute d'un vieux relais de poste dont on a conservé la porte cochère. Une dizaine de chambres seulement, simples mais colorées et confortables.

## Où dormir ? Où manger dans les environs ?

### Camping

▲ ***Camping municipal Le Port :*** *av. de la Piscine, 72210* ***La Suze-sur-Sarthe.*** *☎ 02-43-77-32-74 ou 02-43-77-30-49 (hors saison). • contact@ville-lasuze.fr • (hors saison) • camping.suze@wanadoo.fr • (en saison) • ville-lasuze.fr • ♿ À env 15 km au nord-est par la D 23. De début juin à mi-sept. Résa conseillée en été. Compter env 7 € pour 2. 100 empl. Un cours d'aquagym/sem offert sur présentation de ce guide.* Un petit camping très simple, dans un cadre agréable et vert, avec la rivière qui passe derrière et quelques arbres (mais peu d'ombre). Sanitaires bien équipés pour le prix. Piscine municipale chauffée toute proche et tennis à 20 m (payants).

### Prix moyens

I●I ***L'Auberge des Acacias :*** *au Bourg, 72270* ***Dureil.*** *☎ 02-43-95-34-03. À 5 km : D 8 direction Sablé ; après 1,5 km, prendre à droite et parcourir encore 3,5 km. Fermé mer et dim soir. Formules 13,50-27,70 € (sf sam soir et j. fériés), menus 37,70-43,70 €.* Petit arrêt dans le temps dans un hameau où se cache cette improbable auberge d'un autre âge. Le chef privilégie les herbes aromatiques et les légumes anciens, qu'il bichonne dans son joli potager (visite possible si on est sage). Une pause gastronomique que les habitués hésitent à dévoiler...

🏠 I●I ***Hôtel Saint-Louis :*** *27, pl. du Marché, 72210* ***La Suze-sur-Sarthe.*** *☎ 02-43-77-31-07. • info@hotel-saint-louis.fr • hotel-saint-louis.fr • À env 15 km au nord-est par la D 23. Fermé ven soir et dim soir. Doubles 55-75 € selon taille. Formules midi en sem 11-14,50 € ; menus 18-40 €.* 📶 Une vingtaine de chambres sobres mais fraîches. Les moins chères sont assez étroites mais restent néanmoins d'un bon rapport qualité-prix. Également quelques familiales, dont certaines en duplex, et même un appartement. Un resto pour qui aime la cuisine traditionnelle en sauce.

## À voir. À faire. Achats

👥 🧺 ***Malicorne Espace Faïence :*** *24, rue Victor-Hugo. ☎ 02-43-48-07-17. • espacefaience.fr • ♿ Pâques-Toussaint, tlj 10h-19h ; Toussaint-Pâques, tlj sf mar, 10h-12h30, 14h30-18h30. Congés : de janv à mi-fév. Entrée : 7 € ; réduc.* Un superbe musée résolument moderne, installé dans une ancienne manufacture de grès dont subsistent les fours et la cheminée. Présentation très agréable et belle scénographie, à la fois pédagogique et théâtrale, de l'histoire et des techniques de la faïence. Remarquables pièces, remontant à 1747 pour certaines. Film de 15 mn sur le travail dans les ateliers, évocation des métiers liés à la faïence, comme celui de l'ajoureuse, et des reconstitutions par thèmes (sports, religion, animaux, etc.). Également des expos temporaires, conférences, concerts, animations, projections de films, un atelier d'arts plastiques, une cafétéria et une boutique !

### LE BEC DANS L'EAU

*Le musée de la Faïence présente un curieux « pichet trompeur » ou « pot à surprise », qui fut une spécialité de Malicorne à la fin du XIXe s. Pas facile de vider son contenu ! « Buvez, je le veux bien, mais sachez placer votre main », peut-on lire sur le pot, en guise d'indice. Vous donnez votre langue au chat ? L'anse et le bourrelet sont creux et reliés l'un à l'autre. Cela permet d'aspirer le contenu par le bec, à condition de boucher avec son pouce le petit trou dissimulé sous l'anse.*

**Les faïenceries d'art de Malicorne :** *18, rue Bernard-Palissy. ☎ 02-43-94-81-18. (à la boutique slt). Mar-sam, plus lun, dim ap-m et j. fériés mars-déc. Avr-sept, visites guidées des ateliers (départ ttes les 15 mn, durée 45 mn env), mar-sam 9h-11h15, 14h-16h45 (15h45 sam). Entrée : env 5 € ; réduc.* Stéphane Deschang perpétue l'excellence de la faïencerie malicornaise en la réinventant sans cesse, dans ses ateliers bruissant du son des tours. On pénètre dans l'univers de cette argile ocre et luisante, pétrie, travaillée par les tourneurs de Malicorne avant d'être ajourée, décorée et cuite. Boutique belle comme un musée, avec notamment ces globes très aériens de Félix, le mathématicien qui conçut la Géode à Paris. Artisanat pas donné mais d'une exceptionnelle qualité. Quelques pièces déclassées en vente (moins chères).

**Les faïenceries du Bourg-Joly :** *16, rue Carnot. ☎ 02-43-94-80-10. • malicorne.com • Magasin mar-sam 10h30-12h30, 14h30-18h30 ; dim-lun et j. fériés ap-m slt. Visite des ateliers sur rdv slt.* En plein village, la plus ancienne faïencerie de Malicorne (1747) a ses ateliers juste derrière la boutique où sont exposées, là encore, de bien belles pièces.

**Le château de Malicorne :** *06-17-44-77-81. Juil-août, tlj sf lun-mar, 10h-12h, 15h-19h. Entrée : 4,50 € ; réduc.* Ce fut au XII^e s un château fortifié. Reconstruit à la fin du XVIII^e s, il appartient à la même famille depuis 1850. C'est donc un château habité que vous visitez, le mobilier y est particulièrement intéressant.

➢ ***Balade en bateau, canoë-kayak ou embarcation à pédales sur la Sarthe :*** s'adresser à l'office de tourisme de Malicorne pour louer, à l'heure ou plus, de petites embarcations sans permis, électriques ou motorisées, des canoës, des kayaks et des embarcations à pédales. Possibilité également de louer vélos et VTT.

# LE MAINE-ET-LOIRE (L'ANJOU)

## ABC DU MAINE-ET-LOIRE

- *Superficie :* 7 166 km$^2$.
- *Préfecture :* Angers (152 000 hab.).
- *Villes principales :* Cholet, Saumur, Segré, Baugé.
- *Population :* 785 000 hab.
- *Signes particuliers :* la Loire, inscrite au Patrimoine de l'humanité en 2000 (de Sully-sur-Loire, en Touraine, à Chalonnes-sur-Loire) ; 14 petites cités de caractère.
- *Point culminant :* Les Gardes (210 m).

**« Plus mon Loir gaulois, que le Tibre latin,**
**Plus mon petit Liré, que le mont Palatin,**
**Et plus que l'air marin la doulceur angevine. »**

**Joachim du Bellay**

**« Douceur angevine »... un vers de Joachim Du Bellay, un Angevin, entré dans le langage courant pour caractériser toute une région. Quelle chance ! Ici d'ailleurs, tout le monde dit « Anjou » pour ce département du Maine-et-Loire aux visages multiples. Plaines, bocages, coteaux de tuffeau, troglodytes, collines de vignobles, carrières d'ardoise parsèment le paysage... Et une invitée d'honneur : la Loire. Artère dolente, profitant de la moindre faiblesse de ses rives pour s'étaler paresseusement. Ses bancs de sable offrent au visiteur un petit farniente d'été avant que les crues (certaines encore dans toutes les mémoires) ne viennent effacer toute trace de ces plages éphémères. Loire sauvage donc, en trompe l'œil, avec ses courants et ses tourbillons redoutables que l'on observe d'une petite guinguette en surplomb, en sirotant une « fillette d'Anjou » (le nom local de la demi-bouteille), ou que des peintres amateurs essaient de capturer au coucher du soleil en puisant dans une palette d'orangés tirant sur le rose. Julien Gracq, enfant du pays, lui trouvait un côté exotique : « Un coin d'Amazonie ou de Louisiane s'embusquait là, le long d'une centaine de mètres à peine, mais suffisant pour l'imagination. »**

**Autre élément indissociable de l'Anjou : le vent doux, conduit par Dame Loire depuis l'océan. Le XIX$^e$ s marqua l'apogée de l'ère de l'air, mais aujourd'hui encore, l'Anjou reste parmi les régions françaises qui comptent le plus de moulins.**

**Quant au patrimoine historique, culturel et architectural, il y aurait beaucoup à écrire. Si les châteaux sont moins renommés qu'en Touraine, ils se révèlent**

émotion
nature
jardin
ensemble
citadine
saveurs
insolite
Loire
tonique
zen
romantique
@loire_layon_tourisme
@coteaux_du_layon
anjou-tourisme.com
#jaimelanjou
@rligonniere
@vanilliiiiiine
@jmrochard
You
Tube

NORD
MAYENNE (53)
Château-Gontier
Pouancé
Bel-Air-de-Combrée
Nyoiseau
St-Aubin-du-Pavoil
La Jaille-Yvon
Noyant-la-Gravoyère
Segré
La Chapelle-sur-Oudon
Chenillé-Changé
la Lorie
Challain-la-Potherie
Raguin
Chazé-sur-Argos
SEGRÉEN
Le Lion-d'Angers
Vern-d'Anjou
Grez-Neuville
Pruillé
Candé
Le Plessis-Macé
LOIRE-ATLANTIQUE (44)
Bécon-les-Granits
ANGERS
St-Augustin-des-Bois
Le Pin
Bouchemaine
Champtocé-sur-Loire
Serrant
Ingrandes
St-Georges-sur-Loire
Savennières
Ancenis
Varades
Montjean-sur-Loire
La Possonnière
Île de Béhuard
Liré
Saint-Florent-le-Vieil
Chalonnes-sur-Loire
Corniche Angevine
Rochefort-sur-Loire
Champtoceaux
Drain
Bouzillé
La Chapelle-St-Florent
Beaulieu-sur-Layon
Cirque de Courossé
St-Laurent-de-la-Plaine
St-Lambert-du-Lattay
St-Laurent-des-Autels
Le Fuilet
Rablay-sur-L.
Chanzeaux
Champ-sur-Layon
MAUGES
Beaupréau
Chemillé
La Renaudière
St-Crespin-sur-Moine
St-André-de-la-Marche
Clisson
Cholet
Parc oriental
Maulévrier
VENDÉE (86)
Mayenne
Maine
D 775
D 771
D 20
D 22
N 162
D 78
D 81
D 6
D 923
D 184
D 183
D 163
D 74
D 770
D 961
D 963
A 11
E 60
D 723
D 751
D 752
D 15
D 17
D 762
A 87
D 160
D 756
D 65
D 960
N 249
E 62
D 223
D 147
D 63
D 753
D 763
D 55
A
B
1
2
3
4

# LE MAINE-ET-LOIRE

**tout aussi charmants, souvent plus intimes. Et on trouve en Anjou quantité de bourgades adorables qu'on ose à peine déranger...**

## LA BOULE DE FORT

« Gàs Victor la boule est belle !
Et tâch' surtout d'ben viser !...
Nom de diou ! y a pas d'chandelle !
De c'coup-là on est bésé ! »

Émile Joulain, Les Joueux d'boules.

On compte en Anjou plus de 300 sociétés de boule de fort, parfois plusieurs par bourgade, surtout dans l'est du département (Baugeois, vallée de la Loire, Saumurois, Layon). Elles sont chapeautées par la *Fédération de boule de fort,* centenaire depuis 2007. Au total, ce sont environ 44 000 sociétaires (plus que le football dans le département !) qui s'adonnent à ce sport, soit 6 000 joueurs chaque week-end sur les pistes. En voie de rajeunissement et en constant renouvellement, la boule de fort semble en pleine forme. En revanche, il ne reste désormais qu'un seul fabricant dans le département. Mais il travaille dans les règles de l'art, choisissant de préférence le cormier, un bois dur local, avant de lui donner sa forme et de le cercler de fer.

Ce jeu propre à l'Anjou fut longtemps fermé aux femmes et aux non-membres (il est toujours assez masculin, il faut bien le dire !). Mais certaines sociétés s'ouvrent désormais aux « touristes »... à condition d'en respecter les règles. La première ? On évolue en charentaises...

On joue sur une piste de 22 m de long sur 6 m de large, curieusement relevée sur les côtés d'environ 35 cm. Les pistes, en principe en terre battue solidement damée et recouverte d'une fine couche de sable, sont de plus en plus vitrifiées aujourd'hui.

Le but du jeu consiste à atteindre le « maître », petite boule ronde qu'on appelle aussi « boulot » ou « petit ». C'est vraiment un jeu tout en finesse, assez lent, bien dans le tempérament angevin. Ainsi joue-t-on en sachant que, naturellement, la boule tend toujours à retomber sur son fort. Presque une philosophie ou un constat sur la vie ? Un conseil tout de même : éviter à tout prix la déculottée, sinon c'est la « bisée de cul » à coup sûr. On vous le disait, presque une philosophie, qui cultive l'amitié et le goût du bon p'tit vin qui l'accompagne.

● *fedebouledefort.free.fr* ●

### LA LOI DU PLUS FORT !

*La boule de fort n'atteint son but qu'en louvoyant, en une alchimie harmonieuse entre sa vitesse, la courbe de la piste et surtout... son équilibre instable. En effet, très curieusement, la boule de fort n'est pas sphérique et ne répond pas aux lois habituelles de la gravité ! Elle possède un « côté faible » et un « côté fort », renforcé d'un peu de plomb, ce qui la déséquilibre complètement.*

## LE PAYS DE L'ARDOISE

### À ciel ouvert... ou mélodie en sous-sol

Au VIe s, saint Lezin, évêque d'Angers, aurait découvert les vertus de l'ardoise comme couverture : fissilité (découpage en feuilles), imperméabilité, robustesse, résistance au gel et au feu... Mais c'est surtout à partir du XIIe s que les qualités du schiste lui valurent d'être abondamment utilisé pour les toits des châteaux de la Loire.

La première technique d'extraction fut la mine à ciel ouvert par gradins droits. Elle nécessitait le déblaiement, jusqu'à 120 m de profondeur, de centaines de milliers de mètres cubes de terre avant de parvenir au schiste ardoisier, ainsi que le pompage incessant de l'eau. L'ardoise était remontée à dos d'homme ou de cheval. Les mines à ciel ouvert furent abandonnées durant le XIXe s. À Trélazé, ces « vieux fonds » sont aujourd'hui remplis d'eau. En revanche, on peut se balader dans d'anciennes carrières sèches aux Garennes, à Juigné-sur-Loire, de l'autre côté de la Loire (même filon).

En 1832, on adopta une nouvelle technique d'extraction dite « par gradins droits en exploitation souterraine » ou « en descendant ». Il s'agissait « tout simplement » de creuser un puits jusqu'aux couches d'ardoise et d'attaquer alors la roche en élargissant la mine sans avoir à extraire l'épaisse terre les recouvrant. On constituait ainsi progressivement une immense chambre souterraine qui pouvait atteindre 120 m sous voûte. L'inconvénient résidait, bien sûr, dans les risques plus grands d'éboulements.

Enfin, à la fin du XIXe s fut adoptée la méthode dite « Blavier », ou « en remontant ». Il s'agissait là de creuser un puits de 300 m, ensuite une galerie horizontale qui desservait un certain nombre de « chambres » où l'on dégageait d'énormes blocs d'ardoise par en dessous, à l'aide d'explosifs ou de sciage au fil.

### Ceux « d'en haut », ceux « d'en bas »

Au XVIe s apparaît une différenciation entre les perreyeux, autrement dit les mineurs d'ardoise. Ceux « d'en haut », les « fendeurs », sont renommés pour leur coup de main à fendre les blocs les plus minces (c'est-à-dire savoir discerner le « longrain », le fil de la pierre, et le « plan de fissilité », qui permet la division en feuillets, avant de débiter le bloc) et forment une sorte d'aristocratie ouvrière : ils sont indépendants, payés au 1 000 d'ardoise, et leurs fils sont prioritaires pour leur succéder. Ceux d'en bas, les « fonceurs », ont un travail beaucoup plus pénible pour un salaire inférieur. Malgré cette « concurrence » professionnelle (un fils de fendeur ne descend jamais au fond !), jusqu'en 1920 (loi d'assimilation des ardoisiers aux mineurs du Nord et à leurs avantages sociaux), ils luttent ensemble pour de meilleures conditions d'existence.

En septembre 1790, les meneurs de révoltes sont pendus, tandis qu'en 1855 ils sont déportés en Guyane. C'est toujours la misère qui motive les perreyeux, mais aussi le début de la pénétration des idées républicaines et socialistes (surtout contre la dictature de Napoléon III). Ce n'est qu'en 1880 qu'est créé le premier syndicat des ardoisiers par Ludovic Ménard, leader ouvrier prestigieux.

Sur les méthodes de travail, traditions, coutumes, solidarité des perreyeux, il y aurait des pages à écrire. La visite du musée de Trélazé et la découverte de la Mine bleue à Noyant-la-Gravoyère seront pour vous un moment d'enrichissement extraordinaire.

## LE TUFFEAU

Le tuffeau de la Loire et de ses affluents est un calcaire bien pratique. On en fait des pierres à bâtir, toute blanches. Et quand la carrière s'épuise, on vient y creuser son trou, le troglodyte (troglo pour les intimes !). Humide et sombre... été comme hiver, il y fait 14 °C, et s'il manque un meuble, on le taille dans le rocher : four, pressoir, chapelle, pigeonnier, piscine, qui dit mieux ? Jusqu'au XVIe s, on s'entasse dans la même paroi, toutes classes confondues, sur plusieurs niveaux reliés par des ruelles ou des escaliers. Ces villages abondent en Anjou (Dénezé-sous-Doué, Turquant, Louresse-Rochemenier...). Mais le XVIIe s a changé les normes du confort : on laisse peu à peu ces « caves demeurantes » (ces « antres », disait Ronsard) aux pauvres. Les villageois du XIXe s ne s'en serviront plus que comme atelier, chai ou appentis. Mais le long de la Loire, dans la région de Saumur, vous verrez encore des villages entiers, agrippés aux coteaux, que nos voisins anglais se disputent à prix d'or.

## LES VINS D'ANJOU ET DE SAUMUR

### Un peu d'histoire

Aussi loin que l'on puisse remonter, c'est-à-dire au Ier s av. J.-C., la région a toujours cultivé le sens de la vigne. Au Moyen Âge, les moines développèrent le vignoble autour d'Angers et des bords de Loire. Au XIIe s, le comte d'Anjou Henri II Plantagenêt, qui était aussi roi d'Angleterre, fit venir des vins du comté à la cour d'outre-Manche et accorda son auguste « droit de banvin », c'est-à-dire de vente, aux seigneurs de sa région. Le vignoble connut alors une véritable période de floraison, avec pour point culminant le règne du roi René. Celui-ci s'enflamma même un jour en écrivant : « De tous les vins de mon cellier, Anjou, Lorraine et Provence, le meilleur est le premier. » Par la suite, les Hollandais changèrent un peu la donne. Aux XVIe et XVIIe s, ces habiles négociants développèrent le commerce des « vins de la mer », c'est-à-dire ceux qui pouvaient supporter le voyage en bateau, bannissant les cépages de faible qualité et ne conservant principalement que le chenin blanc. Sous Louis XVI, la Compagnie hollandaise des Indes jeta son dévolu presque exclusif sur la commercialisation de petits vins blancs, les fameux coteaux-du-layon. Ce sont ces blancs liquoreux qui sauvèrent pratiquement le vignoble angevin, car, au XVIIIe s, la cour du roi dédaignait royalement la production régionale. Par la suite, le phylloxéra décima les espoirs de reconquête : 75 % des vignes y passèrent ! Depuis, fort heureusement, les vins d'Anjou ont bien rattrapé leur retard.



### Production et cépages

En ce qui concerne les ***cépages,*** deux noms principaux à retenir : le *chenin* pour les blancs et le *cabernet franc* pour les rouges et les rosés. Cela dit, d'autres cépages interviennent souvent dans l'élaboration du vin : le chardonnay et le sauvignon pour les blancs, le gamay, le groslot ou le cabernet-sauvignon pour les rouges. On vous laisse le soin (et le plaisir) de visiter les caves – un must dans la région de Saumur et des coteaux du Layon – pour comprendre les différentes techniques de maturation, fermentation et vinification. Et ce ne sont pas les fêtes locales qui manquent pour apprécier le résultat à sa juste valeur !

La production de vins d'Anjou se répartit à peu près de la manière suivante. D'une part, les vins joliment baptisés « tranquilles » – c'est-à-dire non effervescents –, secs ou moelleux : 40 % de rosés (rosé-de-loire, rosé-d'anjou et cabernet), 25 % de rouges (gamay, anjou, anjou-villages, saumur-champigny et saumur), 20 % de blancs (anjou, saumur, coteaux-du-layon, coteaux-de-l'aubance, coteaux-de-saumur ou coteaux-de-la-loire – mais aussi les petites célébrités locales comme le bonnezeaux, le quarts-de-chaume, le savennières ou encore le coteaux-de-saumur) et 15 % de mousseux (saumur, anjou et crémant-de-loire).

## Adresses et infos utiles

■ ***Anjou tourisme*** *(plan couleur Angers, B3)* **:** *Maison du tourisme, pl. Kennedy, BP 32147, 49021* ***Angers*** *Cedex 02. ☎ 02-41-23-51-51. • anjou-tourisme.com •*

■ ***Anjou résa :*** *☎ 02-41-23-51-23. • anjou-resa.com •* Réservations pour les hébergements, les sites à voir, les loisirs, etc. Et la météo en ligne.

■ ***Parc naturel régional Loire-Anjou-Touraine :*** *Maison du parc, 15, av. de la Loire, 49730* ***Montsoreau.***

☎ 02-41-38-38-88. • parc-loire-anjou-touraine.fr • Organisme de valorisation du patrimoine naturel régional, et labellisation de « sorties » nature. Se reporter au chapitre sur Montsoreau.

### Bons plans

– ***Informations sur les transports départementaux :*** *consulter le site • anjoubus.fr • ou appeler le ☎ 02-41-88-59-25 (gare routière d'Angers).* Lignes et horaires. Voir également nos informations sur les TER dans toute la région dans « Comment y aller ? » en début de guide.

– ***L'Anjou à vélo :*** dans le cadre de l'opération ***La Loire à Vélo*** (voir « La région à vélo » en début de guide et le site • *loireavelo.fr* •), environ 200 km de tronçons sécurisés et balisés (et parfois insolites, comme les 300 m qui sillonnent une rue troglodytique de Souzay-Champigny !) jalonnent désormais le parcours de Montsoreau à Champtoceaux. D'autres tronçons permettent de faire le tour d'Angers en boucle, de rejoindre la vallée de la Mayenne au nord, de sillonner le vignoble, de longer le Thouet ou l'Authion, etc.

Pour s'y retrouver parmi tous ces itinéraires et événements, consulter le site • *anjou-velo.com* • On peut notamment y télécharger un guide multimédia avec GPS ***(Cyclopédia)*** en version iPhone et Android. Également disponible (sur réservation) dans les principaux offices de tourisme.

– Le dernier dimanche de juin, les bords de Loire sont entièrement investis par les cyclistes à l'occasion de la ***fête du Vélo*** *(• fete-du-velo.com •).*



## Fêtes et manifestations

– ***Carnaval de Cholet :*** *1 sem en avr. ☎ 02-41-62-28-09. • cholet.fr/carnaval/ •* L'un des plus remarquables de France métropolitaine. Une ancienne tradition qui bat alors son plein de jour comme de nuit.

– ***Les présentations publiques du Cadre Noir de Saumur :*** *env 15 dates, avr-sept, au grand manège de l'École nationale d'équitation. Voir le chapitre consacré à Saumur.*

– ***Festival d'Anjou :*** *de mi-juin à mi-juil. ☎ 02-41-88-14-14. • festivaldanjou.com •* Le deuxième festival national de théâtre (après Avignon), autour d'Angers et à Doué-la-Fontaine, dans des sites et châteaux superbes.

– Bien sûr, beaucoup d'autres fêtes et manifestations propres à chaque commune. • *anjou-tourisme.com* •

## ANGERS

(49000) 150 000 hab. *Carte Maine-et-Loire, B-C2*

▸ Pour le plan d'Angers, se reporter au cahier couleur.

**La fameuse douceur angevine n'est pas une légende : la vie semble ici couler comme un long fleuve tranquille, sur les bords de la Maine qui rejoint la Loire quelques kilomètres plus loin. Mais douceur ne rime pas nécessairement avec torpeur. Angers est devenue une ville jeune et estudiantine, assez cosmopolite. Elle compte deux universités, ce qui n'est pas si fréquent, une publique et une privée (la « Catho »). C'est aussi une ville de culture, classée « Ville d'art et d'histoire », avec notamment cet impressionnant château**

**bicolore aux 17 tours en ardoise et tuffeau qui domine le paysage et abrite la fabuleuse tapisserie de l'*Apocalypse.* Face à lui, de l'autre côté de la Maine, le complexe culturel du Quai, son pendant ultracontemporain. Vos pas vous mèneront immanquablement vers la place du Ralliement, où se trouve le théâtre à l'italienne et par où passe la ligne de tramway.**
**Angers se distingue aussi pour son grand nombre de parcs et jardins. Pas étonnant car déjà au XVe s, le roi René Ier (1409-1480), duc d'Anjou, acclimatait dans le coin de nombreuses espèces méditerranéennes et autres plantes aromatiques. Au XIXe s, l'horticulture connut à Angers ses heures de gloire, avec entre autres le pépiniériste André Leroy : environ 200 des variétés fruitières créées en France sur les 1 750 connues le furent en Anjou.**

## UN PEU D'HISTOIRE

### ANGERS VILLE-TEST

*Sa population répond pratiquement aux mêmes critères que celle de la France, en plus petit. Voilà pourquoi de nombreux produits ou publicités sont testés d'abord à Angers avant d'être diffusés sur l'ensemble du territoire.*

Comme beaucoup de villes en France, Angers fut une cité gallo-romaine prospère qui s'appelait alors *Juliomagus.* Il ne reste de cette époque que quelques remparts d'une cité qui se fortifia par la suite, face aux invasions barbares. Du Xe au XIIIe s, Angers connut à nouveau la prospérité sous le règne des comtes Foulques, puis sous celui des Plantagenêts. De cette époque datent le quartier de la Doutre (autour de l'abbaye du Ronceray) et la cathédrale dans le style... Plantagenêt, justement. Au XIIIe s, Saint Louis fit construire le fameux château pour faire face aux Anglais et aux Bretons. Sous Louis XI, la ville fut rattachée au domaine royal. C'est à la Renaissance qu'Angers connut un nouvel âge d'or : littéraire et scientifique avec Rabelais, Ambroise Paré, Joachim Du Bellay (ici, on prononce le « ch » comme dans « cheval ») ; ou encore architectural avec une floraison de beaux hôtels particuliers. Nombre d'universités et collèges s'y créèrent.
Aux XVIIe et XVIIIe s se développa une importante activité économique autour de la fabrication des toiles de voile et des cordages, ainsi que de l'exploitation de l'ardoise. Mais la Révolution française fut fatale à Angers. Plusieurs des 5 abbayes, des 27 couvents et près de 50 églises disparurent dans la tourmente. La ville demeura aussi âprement disputée lors des guerres vendéennes, d'abord en majorité républicaine, puis occupée par les Blancs pendant quelques mois. Terreur implacable, on fusilla et guillotina beaucoup sur l'actuelle place du Ralliement.
Le XIXe s n'apporta pas les bouleversements industriels vécus par d'autres villes importantes, ni même la première moitié du XXe s. Et les cruelles destructions dues aux bombardements de la Seconde Guerre mondiale n'améliorèrent pas les choses. Depuis les années 1960, la ville a cependant considérablement rattrapé son retard : important développement démographique, nouvelles implantations industrielles comme *Scania* et un pôle de compétence végétal international avec pour vitrine le parc d'attractions sur le thème du végétal *Terra Botanica.*



## Adresses et infos utiles

**Angers Loire Tourisme** *(plan couleur B3)* **:** *7, pl. Kennedy, BP 15157, 49051 Angers Cedex 02. ☎ 02-41-23-50-00. • angersloiretourisme.com • ♿ De mi-juin à mi-sept, tlj 9h (10h dim-lun)-19h (18h dim) ; de mai à mi-juin et 2de quinzaine de sept, tlj 9h (10h dim-lun)-18h30 (18h dim) ; oct-avr, tlj sf mar mat et dim ap-m, 10h-17h30.* Organise les « Visites de l'été » : de mi-juillet à fin août, environ 30 visites thématiques chaque semaine (gastronomie, canoë, spectacles, patrimoine...). Également des visites hors saison mais plus espacées. Résa d'hébergements (y compris via le site internet) et séjours « clé en main » (consulter les promos). Boutique.

**La Maison du port, annexe de l'office de tourisme** *(plan couleur A2) : résidence de la Capitainerie, 38, bd Henri-Arnauld.* ☎ *02-41-23-50-02. Face au château.*

**Gare routière** *(plan couleur B3) :* **CARTRANS,** *à la gare SNCF.* ☎ *0820-160-049 (0,12 €/mn).*

**Location de voitures :** *quelques loueurs à la gare comme* **Hertz,** ☎ *02-41-88-15-16 ;* **Avis,** ☎ *0820-05-05-05 ;* **Europcar,** ☎ *02-41-87-87-10.*

**Taxis : Allo Anjou Taxi,** *5, rue Saint-Martin.* ☎ *02-41-87-65-00.*

**Location de vélos :** *à l'office de tourisme en saison. Également avec* **Vert Event** *(plan couleur B-C3), 23, rue Paul-Bert.* ☎ *02-72-72-54-44.* • *vert-event-angers.fr* • *Loc et vente de vélos électriques ou non, segways, etc. Enfin, la Ville d'Angers a mis en place un avantageux système de loc de vélos longue durée,* **Vélocité.** *Infos au 2, rue Paul-Bert (plan couleur B3), mar-ven 9h30-18h30.* ☎ *02-41-18-13-21.* • *velocite@ville.angers.fr* • *Contrat de 1 sem à 4 mois.*

**Stationnement :** parking gratuit très pratique place de La Rochefoucauld *(plan couleur B1)*, puis possibilité de rejoindre facilement le centre à pied, en traversant la Maine par le pont de Verdun. Jolies vues sur le château et la cathédrale. Tous les parkings souterrains de la ville proposent un stationnement forfaitaire de nuit à 1 ou 2 € entre 19h et 10h.

– **Accueil camping-cars en centre-ville :** *bd Olivier-Couffon (quartier de la gare).* • *angersloiretourisme.com/fr/dormir/liste-des-hebergements/aires-de-camping-car* • Stationnement de jour gratuit et de nuit pour les détenteurs de l'un des 3 *City Pass Angers Loire Valley* proposés par l'office de tourisme.

## Où dormir ?

Bon à savoir : bon nombre d'établissements hôteliers proposent des tarifs moins élevés le week-end (vendredi-dimanche) et aux vacances scolaires.

### Camping

**Camping-caravaning du Lac de Maine** *(hors plan couleur par A3,* **10***) : av. du Lac-de-Maine.* ☎ *02-41-73-05-03.* • *camping@lacdemaine.fr* • *camping-angers.fr* • *À 2 km du centre, par les bus n$^{os}$ 6 et 16, direction Bouchemaine. En voiture, traverser le pont du château et, tt de suite après à gauche, suivre le panneau « Lac de Maine ». De fin mars à mi-oct. Compter 19,30-27 € pour 2 selon saison. Loc de bungalows toilés meublés et de mobile homes jusqu'à 4 pers 293-690 €/sem. Caravanes 135,10-189 €/sem. 142 empl.* Parmi les campings les mieux équipés de la région (piscine, spa, volley...). Plein d'activités dans le parc de loisirs du lac de Maine (voile, entre autres). Bar-snack. Accès au GR 3.

### Bon marché

**Éthic Étapes Lac de Maine** *(hors plan couleur par A3,* **11***) : 49, av. du Lac-de-Maine.* ☎ *02-41-22-32-10.* • *infos@lacdemaine.fr* • *ethic-etapes-angers.fr* • *Mêmes indications que pour le Camping-caravaning du Lac de Maine. En bus, arrêt « Lac-de-Maine-Accueil » ou « Pérussaie ». Nuitée env 23 €/pers en dortoir ; double avec lavabo et douche 50,60 €. À partir de 8 € pour un repas de cafétéria.* Un centre bien équipé et spacieux, au bord d'un parc et d'un lac. Pas mal de jeunes en été, donc assez vivant ! On a accès à de nombreuses activités sportives. Quant au logement, il se partage entre les doubles (fonctionnelles et tout équipées pour la plupart) et les dortoirs (4-5 lits, avec douche et lavabo). Salle TV.

### De prix moyens à chic

**Grand Hôtel de la Gare** *(plan couleur B3,* **14***) : 5, pl. de la Gare.*

☎ 02-41-88-40-69. • info@hotel-angers.fr • hotel-angers.fr • Congés : 3 sem sur juil-août. Doubles 56-84 €. Un petit déj offert pour 2 consommés sur présentation de ce guide. Cet établissement du XIXe s revêt un air de gaieté et un certain panache. La déco est jeune et moderne, pleine de bonnes idées, à l'image de la salle de petit déjeuner pimpante. Quant aux chambres, une cinquantaine, elles sont tout confort, colorées et parfaitement tenues. Resto sur place. Très bon accueil.

**Hôtel Saint-Julien** (plan couleur C2, **15**) : 9, pl. du Ralliement. ☎ 02-41-88-41-62. • hotelsaintjulien@wanadoo.fr • hotelsaintjulien.com • Congés : 2 sem courant juil-août. Doubles 67-77 € selon confort. Une situation stratégique pour cet hôtel planté place du Ralliement. Chambres confortables et bien insonorisées, avec vue sur la place pour les plus chères. Certaines disposent d'une terrasse, d'autres donnent sur une courette. Accueil très aimable. Et pour clore le tout, ne pas hésiter à demander une table au *Provence Caffé*, au rez-de-chaussée.

**Hôtel Le Continental** (plan couleur B2, **16**) : 12-14, rue Louis-de-Romain. ☎ 02-41-86-94-94. • reservation@hotellecontinental.com • hotellecontinental.com • Derrière le Grand Théâtre. Doubles 55-86 € selon confort. La jolie façade de cet hôtel ayant reçu l'écolabel européen, avec son enseigne en mosaïque Art déco, donne le ton à l'ensemble. Couleurs gaies et chaleureuses dans des chambres toutes différentes. Petit déj avec produits locaux, bio ou équitables. Le tout au calme, alors qu'on est en plein centre. Accueil souriant.

**Hôtel de l'Europe** (plan couleur C3, **17**) : 3, rue Châteaugontier. ☎ 02-41-88-67-45. • hoteldeleurope-angers@wanadoo.fr • hoteldeleurope-angers.com • À l'angle de la rue Bressigny. Doubles 50-103 € selon saison et confort. Un petit hôtel de quartier arborant une tenue contemporaine de bon goût. Les chambres, toutes différentes, ne manquent pas de coquetterie et de couleurs. Bon confort, tranquillité des lieux. Bref, rien ne manque, même pas le toit-terrasse !

**Hôtel du Mail** (plan couleur C2, **13**) : 8, rue des Ursules. ☎ 02-41-25-05-25. • hoteldumailangers@yahoo.fr • hoteldumail.fr • ♿ Derrière l'hôtel de ville. Doubles 71-91 €. Parking payant. Café offert sur présentation de ce guide. On dort dans un ancien hôtel particulier du XVIIe s. Atmosphère paisible dans cet établissement simple, situé dans une petite rue en plein centre mais bien tranquille. Grande cour intérieure pour se garer. Une adresse fort bien située, ce qui demeure son principal avantage, et par conséquent toujours pleine comme un œuf.

**Hôtel de Champagne** (plan couleur B3, **12**) : 34, av. Denis-Papin. ☎ 02-41-25-78-78. • hotel.champagne@orange.fr • hoteldechampagne.com • Face à la gare. Congés : 2 sem en août et vac de Noël. Doubles 62-82 € (hors salons). Réduc de 10 % sur le prix de la chambre les w-e, j. et veille de j. fériés, plus vac scol estivales sur présentation de ce guide (offre non cumulable, en direct slt, préciser à l'arrivée). Ce petit hôtel convivial présente un style actuel réussi : couleurs chaudes, mobilier agréable et chambres impeccables de bon confort. Toutes différentes (celle du rez-de-chaussée n'est toutefois pas bien grande), elles se révèlent une bonne option pour loger cosy à deux pas du centre. Petit déj bio, l'établissement a d'ailleurs reçu l'écolabel européen. Accueil convivial.

## De chic à plus chic

**21 Foch** (plan couleur C3, **30**) : 21, bd Foch. ☎ 02-30-31-41-00. • contact@21foch.fr • 21foch.fr • Doubles 80-145 € selon sem ou w-e ; suites également. Petit déj 14 €. L'adresse de charme qui manquait au centre d'Angers, entre l'hôtel (une quinzaine de chambres) et le *B & B*. Un hôtel particulier, autrement dit, dans tous les sens du terme, dont les murs remontent au XIXe s. Une bonne douzaine de chambres sur plusieurs niveaux, lumineuses et dans les tons zen, sans surplus de déco. Ambiance un brin baroque dans les salles communes.

Petit déjeuner raffiné, bien dans le ton.
**Hôtel d'Anjou** *(plan couleur C3, **18**) : 1, bd du Maréchal-Foch. ☎ 02-41-21-12-11. • info@hoteldanjou.fr • hoteldanjou.fr • Doubles 79-179 € selon catégorie et saison ; petit déj-buffet 15,50 €. Garage privé payant.* En 1845, on ouvrait une auberge... devenue aujourd'hui un hôtel haut de gamme. Les parties communes valent largement le coup d'œil : salle à manger cossue, salle de réception Art déco et emblème royal de François I<sup>er</sup> sur le vitrail de la réception, une belle salamandre ayant donné son nom au resto de l'hôtel (voir « Où manger ? »). Quant aux chambres, pas très grandes et différentes selon la catégorie choisie, elles possèdent tout le confort que l'on est en droit d'attendre d'un établissement de cette réputation. Table renommée.

## Où manger ?

### Dans le centre

#### De très bon marché à bon marché

Grand choix de snacks, sandwichs et toute la panoplie pour manger sur le pouce dans le centre. Essayer notamment les rues Saint-Laud *(plan couleur B2)* et Bressigny *(plan couleur C3)*. C'est aussi dans ces rues que l'on trouve la plus grande concentration de restos à bon prix, du tex-mex à la crêperie.

**Restaurant VF** *(plan couleur C3, **30**) : 21, bd du Maréchal-Foch. ☎ 02-41-42-91-29. Ⓣ Foch-Haras. Tlj. Formules 9,50-12,90 € ou carte.* Une sorte de fast-food version française (d'où le nom) qui se traduit par des *wraps*, burgers, salades, poêlées de légumes... frais et savoureux. Cette version light du *Favre d'Anne*, un resto chic de la Doutre, a tout pour plaire. Cadre agréable avec véranda et jardin, personnel accueillant et petits prix. Plats également à emporter.

**Le Comptoir des Livres** *(plan couleur C2, **31**) : 15, rue Saint-Maurille. ☎ 02-41-34-35-65. • lecomptoirdeslivres@hotmail.fr • Ⓣ Ralliement. Lun-sam sf mer soir et dim, 8h30-19h. Repas 7,80 €. Café offert pour un repas pris sur présentation de ce guide.* Envie d'un petit quelque chose pour se caler le midi, rapide, pas cher et sans tralala ? Ce café de poche aux faux airs british offre tout cela à la fois. Une part de quiche, un muffin, et le tour est joué. C'est frais, sain et servi dans la bonne humeur. Pour les plus studieux, les murs sont tapissés de bouquins d'occasion.

**Au murmure des Carottes** *(plan couleur C2, **40**) : 60, rue du Mail. ☎ 02-41-34-07-75. • contact@aumurmuredescarottes.com • Le midi lun-ven, plus ven soir. Formules 13,50-18 €, plat 11 €.* Gentille adresse de quartier version moderne avec sa cuisine ouverte et ses bonnes odeurs. Peu de choix, la chef s'adapte en fonction du marché en glissant quelques touches d'exotisme : soupe revigorante, viande ou poisson du jour, savoureux plat végétarien et quelques vins au verre. Que du bio, du bon et du frais, tout est fait maison. L'unique salle peut être un peu bruyante les jours d'affluence. Une cantine, quoi !

#### Prix moyens

**Chez Rémi** *(plan couleur B2, **34**) : 5, rue des Deux-Haies. ☎ 02-41-24-95-44. Ⓣ Ralliement. Fermé sam-lun. Congés : 20 juil-20 août. Résa indispensable. Formules déj 18-21 € ; le soir, menu unique 30 €.* Ambiance cosy chez *Rémi*, avec des salles sur différents niveaux et une déco de récup' bien vue. Au piano, ce jeune et sympathique chef improvise sans routine, lui qui a fait ses gammes chez Paul Bocuse. On ne sait pas à l'avance ce qu'il va concocter : de la vraie cuisine du marché, au plus proche des produits et en direct du potager bio qu'il entretient amoureusement avec ses acolytes. Judicieux choix de vins régionaux et service décontracté.

**La Cantina Café** *(plan couleur B2,*

*35) : 9, rue de l'Oisellerie. ☎ 02-41-87-36-34. Fermé dim-lun et j. fériés. Congés : courant sept. Plat du jour env 12 € déj en sem ; carte 25-35 €. Apéritif offert sur présentation de ce guide.* Petite salle tout en longueur agréable, à l'atmosphère plus intime le soir, lorsqu'on allume les bougies. Bonne petite cuisine traditionnelle aux accents du Sud. La musique hispanisante, la forme et la chaleur de la déco expliquent le nom du resto.

**Saignant Steakhouse** *(plan couleur C3, **32**) : 7 bis, bd Foch. ☎ 02-41-39-45-58. Ⓣ Foch-Maison bleue. Mar-sam. Pas de résa. Burgers 10-18 € ; plats de viande 14-26 €. Formule à emporter 10-16 €.* Un fast-food qui n'en a pas le nom, tout en longueur, où l'on trouve toujours une table qui se libère. Bavette, tartare, entrecôte... à moins d'opter pour les délicieux burgers. Les viandes sont finement sélectionnées, cuites à la perfection et accompagnées de frites maison. Les desserts ne sont pas en reste, entre glaces artisanales et assiette de fromages régionaux. Bon, rapide et sympa !



## De chic à plus chic

**Le Lucullus** *(plan couleur B3, **38**) : 5, rue Hoche. ☎ 02-41-87-00-44. Fermé dim-lun. Congés : vac de Pâques et 3 sem en juil-août. Formule déj en sem 14,50 € ; menus 23-68 €.* Salle pittoresque installée dans des caves en tuffeau du XVe s et service impeccable pour une cuisine soignée. Intéressante formule découverte des spécialités de la région, accompagnées des vins locaux. Sinon, une salle pimpante au rez-de-chaussée, réservée aux petits menus plus simples. Un bistrot chic, en quelque sorte.

**La Villa Toussaint** *(plan couleur B3, **36**) : 43, rue Toussaint. ☎ 02-41-88-15-64. • villatoussaint@outlook.fr • Fermé dim-lun et j. fériés. Congés : 2 premières sem d'août. Plat du jour le midi env 9,50 € ; carte env 30-40 €. Digestif maison offert sur présentation de ce guide.* Un vent d'ailleurs et de zen souffle sur la salle très design, sur la terrasse en bois légèrement surélevée et jusque dans les assiettes tout en couleurs. Une carte où l'on retrouve salades et *planchas*, mais aussi sushis, tapas, acras ou spécialités américaines, parfois dans la même assiette ! La formule plaît beaucoup. C'est frais et plein de surprises (mais à des prix un peu trop élevés).

**La Salamandre** *(plan couleur C3, **18**) : 1, bd du Maréchal-Foch. ☎ 02-41-88-99-55. • contact@restaurant-lasalamandre.fr • Situé dans l'Hôtel d'Anjou. Tlj sf dim soir, plus dim midi en été. Menus 29-49 €.* Une belle adresse proposant une cuisine traditionnelle (gibier en saison). Excellente carte des vins. Le tout s'accorde parfaitement au décor cossu et classique de la salle, avec un médaillon de bois peint à l'effigie de son altesse François Ier, et des frises royales aux murs. Clientèle chic pour une atmosphère très feutrée. Service impeccable.

**Une Île** *(plan couleur B3, **41**) : 9, rue Max-Richard. ☎ 02-41-19-14-48. ♿ Mar-sam. Formule déj 35 € ; menus 49-120 €.* Déco zen finement travaillée, dans les tons noir et rouge, pour servir une cuisine de marché et de saison, conçue dans le même esprit, de l'amuse-bouche au dessert. Spécialité : le demi-pigeonneau rôti aux 5 parfums. Une carte volontairement restreinte, du raffinement et des ambiances à chaque bouchée. Service délicieux pour enrober le tout.

## De l'autre côté de la Maine

### Prix moyens

**La Canaille** *(plan couleur B1, **42**) : 8, bd Arago. ☎ 02-41-88-56-11. • lacanaille@outlook.fr • À côté du musée Jean-Lurçat. Fermé dim, lun soir et mer soir. Congés : 3 premières sem d'août. Menus 12,50 € le midi en sem, 23,50-29,50 € le soir ; carte 30-35 €. Coupe de crémant-de-loire offerte en fin de repas sur présentation de ce guide.* Dans un cadre guilleret tout en couleurs et agrémenté de bibelots sympas (comme cette petite collection de jouets anciens), vous dégusterez une cuisine traditionnelle et soignée. Le midi, clientèle d'habitués dans ce resto de quartier. Le soir, c'est plus intime et familial.

**L'Ardoise** *(plan couleur A2, **45**) : 7, rue de la Tannerie. ☎ 02-41-88-18-32. Fermé dim, lun et sam midi. Formules*

*13-17 € ; carte 25-30 €.* Resto-bistrot de quartier où l'on sert cochon, saumon et canard fumés maison. Beau choix de spécialités régionales, parfois servies sur des planches en bois comme la charcuterie et les fromages. Une adresse simple et pratique quand on visite la Doutre.

### De chic à plus chic

**Le Favre d'Anne** *(plan couleur A2,* ***43****)* **:** *18, quai des Carmes. ☎ 02-41-36-12-12. • contact@lefavredanne.fr • ♿ Réouverture aux alentours de mai 2015.* Cette maison angevine cossue, sur les berges de la Maine, avec vue sur le château, sert d'écrin à un chef talentueux et sa femme sommelière, qui portent le joli nom de Favre d'Anne. Ils ont choisi de partir se ressourcer pendant 10 mois en Asie et ont donc fermé les portes provisoirement. Quelles jolies trouvailles culinaires rapporteront-ils ?

## Où dormir ? Où manger dans les environs ?

### Campings

***Camping municipal de l'Île du Château :*** *av. de la Boire-Salée, 49130* ***Les Ponts-de-Cé.*** *☎ 09-83-76-62-05. 📱 06-59-08-15-09. • camping.ileduchateau@gmail.com • camping-ileduchateau.fr • ♿ Par la D 160, ou bus n° 8, arrêt « Mairie-des-Ponts-de-Cé ». Avr-début oct. Compter 16-22 € pour 2 selon saison avec électricité. Bungalows toilés 40-55 €/nuit 5 pers max selon saison. 100 empl.* Agréablement situé en bord de Loire, un camping très ombragé et bien équipé. Accès gratuit à un *Aqualand,* aux terrains de tennis, foot, pétanque, etc. Location de vélos. Épicerie et snack-bar. Idéal pour les familles.

Voir aussi le ***camping Le Grand Jard*** à ***Sainte-Gemmes-sur-Loire*** (49130), situé au bord de la Loire, à 5 km au sud d'Angers, ou encore l'***aire d'accueil de camping-cars*** à ***Bouchemaine*** *(49080 ; ☎ 02-41-77-11-04),* au bord de la Maine, et celle de ***Briollay,*** au nord d'Angers (gratuite).

### De bon marché à prix moyens

***Le Noé :*** *1, rue du Bac, 49080* ***Bouchemaine.*** *☎ 02-41-77-11-13. • lenoe49@orange.fr • Fermé lun, plus le soir dim-jeu hors saison. Carte env 20 €. Café offert sur présentation de ce guide.* Sympathique resto de bord de Maine, proposant une simple mais bonne p'tite carte. Agréable terrasse ou salle dotée d'une baie vitrée pour profiter du temps qui s'écoule dans ce bourg mignon comme tout, dominé par une ancienne abbaye... Après le repas, rien ne vous empêche de vous balader jusqu'à la Pointe pour digérer, là où Loire et Maine se rejoignent.

***L'Auberge de l'Ancre de Marine :*** *4, pl. Ruzebouc, la Pointe, 49080* ***Bouchemaine.*** *☎ 02-41-77-14-46. • lb@auberge-ancredemarine.com • Fermé lun et mar soir, plus le soir mer, jeu et dim hors saison. Congés : déc-fév. Menus 15 € (déj en sem)-29 €. Un verre de savennières offert sur présentation de ce guide.* Jolie placette pavée, à la confluence de la Maine et de la Loire, pour accueillir la terrasse de cette auberge-bistrot fréquentée aux beaux jours. Environnement bien plaisant donc, et dans l'assiette, une cuisine honnête, juste comme il faut. Ceux qui recherchent la véritable gastronomie pousseront la porte de ***À la Pointe,*** juste à côté. Le chef est le même, le cadre franchement contemporain et vous bénéficiez d'une des meilleures vues panoramiques sur la Loire. Autre bonne adresse sur la même place (décidément !) : ***L'Abri des Bateliers.***

***Crêperie Les Petites Écuries :*** *pl. Bel-Air, 49130* ***Sainte-Gemmes-sur-Loire.*** *☎ 02-41-66-25-50. • petites.ecuries@alpha-asso.fr • ♿ Lun-ven 12h-14h slt. Fermé le w-e. Formules 7,50-14 € ; carte env 10-20 €. Café offert sur présentation de ce guide.* Dans ces anciennes écuries se cache une crêperie louable à tous les niveaux. Gérée avec des personnes handicapées, elle propose toutes les prestations d'un restaurant digne de ce nom : un accueil soigné, des crêpes délicieuses, un service efficace et des tarifs modérés. Pari réussi ! Une halte bien sympathique dans cette petite ville aux bords de Loire romantiques. Ne pas chercher bien loin pour une ravissante balade après le repas, passer par le jardin de curé derrière l'église.

## Chic

**La Table d'Anjou :** *16, rue d'Anjou, 49125 **Tiercé**. ☎ 02-41-87-99-63. • restaurant@latabledanjou.com • À 30 mn au nord d'Angers, par la D 52. Fermé dim soir, mar soir et mer. Menus en sem 17 € (midi slt)-29 €, puis 37-59 €.* Tiercé gagnant pour cet établissement de bourg qui a pris un nouveau départ, mené par Thierry au piano et son épouse Cathy, aussi bien en salle qu'en tant que sommelière. Mais ici, rien n'est de trop, on baigne dans la douceur angevine. L'accueil est subtil, la vaisselle chic et le cadre sans guère d'artifice. La cuisine à base de produits locaux est légère, minutieuse, parfois surprenante avec ces fleurs à déguster ou ces légumes d'antan aux saveurs déroutantes. Délicieuses spécialités de poissons dont le sandre. Quant à la cave, elle recèle de belles références de Loire.



## Où boire un verre ? Où sortir ?

**Le Cercle Rouge** *(plan couleur B2, **76**) : 4, rue des Deux-Haies. ☎ 02-41-87-49-66. Mar-sam 18h-2h. Congés : de mi-juil à mi-août.* Le cadre chaleureux de ce bar à vins en plein centre-ville est une vraie invitation à la dégustation. *Le Cercle Rouge* est devenu le point de ralliement des vignerons éthiques de la région, qui s'engagent dans une démarche « nature ». Autant dire que les fournisseurs sont triés sur le volet. Pour accompagner le tout, des assiettes de tapas fort appétissantes. Entrez dans le cercle, vous découvrirez plus qu'un bar et plus que du vin !

**My Favourite Place** *(plan couleur B2, **74**) : 4, rue de l'Espine. Mar-sam 11h (14h jeu)-19h.* Accueil et service exclusivement *in English* dans ce *tea-room* pur jus, tenu par une Irlandaise fière de son île. Scones et cakes maison, *tea, coffee...* il n'en faut pas plus pour se sentir à son aise dans cette ambiance de loft, cosy tout plein avec ses rayonnages de bouquins. En sortant, oser un « *thanks a million* » bien *Irish*, et votre hôtesse sera aux anges.

**Au Quai des Saveurs** *(plan couleur A2, **72**) : bd Henri-Arnauld, théâtre Le Quai. ☎ 02-41-87-85-80. Bar et resto.* Sans conteste la plus belle vue d'Angers : l'ascenseur en façade du théâtre *Le Quai* vous conduit sur une vaste terrasse avec carré de verdure, arbres et fauteuils face au château et à la cathédrale. Rien que pour le panorama, ça vaut le coup !

**Le Café des Orfèvres** *(plan couleur B3, **75**) : pl. Saint-Éloi, 14, rue du Musée. Tlj 9h-20h.* Joli cadre dans une aile du Musée des Beaux-Arts, mais surtout une agréable terrasse aux beaux jours. Très bien pour déjeuner sur le pouce, déguster un « café gourmand » ou profiter d'un brunch (le dimanche).

**Le Pifomètre** *(plan couleur C3, **78**) : 64, rue Bressigny. ☎ 02-41-77-92-14. • info@pifometre.fr •* Charmante boutique de vins et spiritueux, cave à vins, lieu de rencontres œno-culturelles... Tout cela à la fois chez ces fins connaisseurs.

Évidemment, aux beaux jours, plein de **terrasses** sur les rues piétonnes, en particulier rue Saint-Laud *(plan couleur B2)* et rue des Poêliers *(plan couleur C2)*.

## Où assister à un spectacle ?

**Le Quai, Forum des arts vivants** *(plan couleur A2) : quai de la Savatte. ☎ 02-41-22-20-20. • lequai-angers.eu •* Une architecture ultracontemporaine, face au château médiéval (il fallait oser !), 2 salles de spectacles et un méga-hall pour une programmation tout azimut entre musique, danse, théâtre et expo.

**Le Chabada** (hors plan couleur par C1) : *56, bd du Doyenné. ☎ 02-41-96-13-40. • lechabada.com • Fermé en été.* LA salle de musiques actuelles d'Angers, là où ça bouge vraiment !

## Où acheter du bon chocolat et du bon vin ?

**La Petite Marquise** (plan couleur B3) : *22, rue des Lices. ☎ 02-41-87-43-01. Fermé dim ap-m et lun mat ; et pause déj l'été.* Michel Berrué, maître chocolatier, propose les célèbres « quernons d'ardoise » qui rappellent de façon gourmande l'une des plus importantes industries régionales. Ce sont de délicieux chocolats à la nougatine, de couleur bleue (pour imiter au mieux l'ardoise), très fins et présentés fort joliment.

**Maison des vins de Loire** (plan couleur B3) : *5 bis, pl. Kennedy. ☎ 02-41-88-81-13. • vinsdeloire.fr • Avr-sept, du lun ap-m au sam 9h30-13h, 14h-19h. Oct-mars, mar-sam 10h30-12h30, 15h-18h (14h30-18h30 sam). Fermé de mi-janv à mi-fév.* Dans un cadre design et lumineux, on vous fera découvrir et déguster avec enthousiasme toute la gamme des vins d'Anjou, de Saumur, de Touraine et du Pays nantais (vaste programme !).



## À voir

Ne pas manquer d'acheter le très avantageux *City Pass,* valable 24h (14 €), 48h (22 €) ou 72h (29 €), qui donne la gratuité dans 20 sites de l'agglomération, plus l'accès à 40 partenaires « avantage » ou « réduction » ; et le *ticket Duo* (deux musées, ou un musée + une expo pour le prix de 6 €). Autre possibilité, la visite de la ville grâce au *Géocaching* (infos à l'office de tourisme). À noter que tous les musées et le château sont gratuits pour les moins de 26 ans. Enfin, on salue le « circuit confort » à travers la ville, un circuit touristique spécialement conçu pour les personnes handicapées, mais aussi très pratique pour les familles avec des poussettes.

### *Dans le centre*

**Le château** (plan couleur A-B2-3) : *2, promenade du Bout-du-Monde. ☎ 02-41-86-48-77. • monuments-nationaux.fr • ♿ (slt dans la chapelle, le logis royal, les jardins, une partie des remparts sud et la galerie de l'Apocalypse ; doc de visite en braille ou en gros caractères). Début mai-début sept, tlj 9h30-18h30 ; début sept-fin avr, 10h-17h30 ; dernier accès 45 mn avt la fermeture. Fermé 1er janv, 1er mai, 1er et 11 nov, et 25 déc. Entrée : 8,50 € ; réduc ; gratuit moins de 18 ans et moins de 26 ans européens ou résidents réguliers en France. Tarif comprenant, si on le désire, des visites commentées (env 1h15). Également des visites thématiques sur les animaux, la vie quotidienne au XIVe s et la guerre de Cent Ans (jeu à 10h15). Audioguides. Expos temporaires. Boutique. Restaurant-bar Monument Café sur place.*

*Un peu d'histoire et d'architecture*

Construit au début du XIIIe s sur les ordres de Blanche de Castille, mère de Saint Louis, autour du palais comtal, le château faisait figure de poste avancé du royaume de France face aux ducs de Bretagne. Il se caractérise par son enceinte de forme pentagonale, hérissée de 17 tours massives et longue de près d'un demi-kilomètre. Appareillage original et superbe bichromie de pierre, reflet de la variété des matériaux de la région (calcaire, grès et schiste ardoisier) et probablement une référence à la tradition de maçonnerie polychrome des Romains. Larges fossés taillés dans le roc, mais il n'y eut jamais d'eau dans les douves. Aux XIVe et XVe s, la forteresse, toujours inexpugnable, devint cependant le théâtre d'une vie de cour raffinée sous la houlette des ducs d'Anjou. Notamment pendant le règne du fameux roi René, grand mécène des arts et des sciences, né au château en 1409. Au XVIe s, confronté aux guerres de Religion, Henri III autorisa les Angevins ligueurs à démolir le château. Son gouverneur fit traîner les choses, se contenta de découronner les tours et de renforcer les murs par d'épais bastions talutés. Finalement, la mort du roi annula le projet. Une autre version explique cet écimage des tours par une adaptation à l'artillerie « moderne » de l'époque (canons). Quoi qu'il en soit, sous Louis XIV, le château fut utilisé comme prison d'État (le surintendant Fouquet y séjourna). Au XVIIIe s, on y enferma des prisonniers de guerre, notamment de nombreux marins anglais.

## UN ROI SANS LA COURONNE

*Duc d'Anjou par la filiation paternelle, le bon roi René cumula pléthore de titres, par le truchement de mariages et d'héritages. Il fut non seulement comte de Provence, duc de Bar ou encore duc de Lorraine, mais surtout roi de Naples, de Sicile et même de Jérusalem... mais jamais roi de France !*



### *La visite*

– À droite du porche d'entrée (en pénétrant dans l'enceinte), possibilité d'accéder au chemin de ronde par la tour du Moulin pour une vue panoramique (si l'accès à la terrasse est possible) puis une délicieuse promenade. On peut parcourir la totalité des remparts, en passant notamment par un adorable jardin aromatique. On s'en doute, vues magnifiques sur la ville.
– ***La chapelle :*** édifiée au début du XVe s par Louis II d'Anjou, elle se caractérise par sa largeur et son ampleur. Au plafond, la croix d'Anjou, devenue croix de Lorraine par alliance (voir à ce sujet nos pages sur Baugé). Au fond, à droite, l'oratoire seigneurial ouvre sur la chapelle par trois baies gothiques. Il permettait au duc de suivre les offices sans être vu, et de rester bien au chaud grâce à la cheminée.
– ***Le logis royal*** *(1435-1440)* **:** entièrement restauré à la suite d'un incendie en 2009. C'était le lieu de vie du duc d'Anjou (1er étage) et de la duchesse (2e étage). Les quatre maquettes retraçant l'évolution architecturale du château y sont visibles au rez-de-chaussée.
– Dans l'angle gauche du château (face à la Maine), ***vestiges du palais comtal*** des IXe et XIIe s (grande salle avec porte romane dans le mur).
– Côté place Kennedy s'élève le ***logis du gouverneur,*** édifié aux XVe et XVIIIe s. L'impressionnante ***porte des Champs*** possède toujours sa herse ancienne (1370-1384, c'est la plus ancienne datée de France). C'est la partie la plus élaborée, la plus décorée de l'enceinte du château. Dans les tours, les *4 chandeliers d'Angers*, œuvre du plasticien contemporain Sarkis.
– À l'extérieur, ne pas manquer d'aller admirer le ***panorama sur la Doutre*** depuis la petite esplanade, en sortant à gauche, baptisée « du Bout-du-Monde » par la Ville et par les amoureux...

### *La tapisserie de l'Apocalypse*

On vient surtout au château pour ce chef-d'œuvre unique, incomparable, exposé dans la grande galerie (datant de 1954, mais complètement rénovée en 1996 : superbe présentation et lumières tamisées propices à la contemplation béate). Pour accéder à la galerie, on passe d'abord sous le châtelet édifié vers 1450 par le roi René. Élégant portail de la cour seigneuriale, avec ses tourelles en poivrière.
– ***Quelques éléments pour la visite :*** l'histoire de cette immense bande dessinée (de plus de 100 m de long), actuellement composée de 67 scènes racontant les visions de l'*Apocalypse* de saint Jean, est un vrai roman. En effet, elle faillit disparaître ! Elle naquit, au XIVe s, de l'exceptionnelle conjonction de la volonté d'un duc

d'Anjou (Louis Ier), des largesses d'un financier, de l'immense talent d'un peintre et d'un cartonnier, et de la riche expérience des lissiers parisiens de l'époque.
Ce ne fut pas facile pour l'artiste d'interpréter les métaphores alambiquées de saint Jean. Par exemple, comment dessiner ce dragon avec « sept têtes tombées dont l'une existe et l'autre n'est pas encore venue et qui, une fois venue, devra demeurer peu » ? De plus, l'irruption de personnages en costumes du XIVe s montre qu'on a aussi voulu traduire sur cette œuvre monumentale les grands événements du temps, notamment la guerre de Cent Ans. Les techniques de fabrication, particulièrement élaborées, sont stupéfiantes : fibres doublées ou triplées à certains endroits pour donner du relief, astuces ingénieuses pour souligner les ombres, les nuances, teintures végétales qui tiennent mieux que les couleurs utilisées lors des restaurations du XIXe s !
Il fallut 7 ans pour exécuter cette audacieuse réalisation, et c'est de nos jours la plus ancienne tapisserie conservée de cette dimension. Elle se révéla même réversible ! Ainsi découvrit-on intactes, en 1982, les extraordinaires couleurs d'origine sous la doublure. Elle était transportée et utilisée pour les grandes occasions (mariage de Louis II et Yolande d'Aragon à Arles en 1400). À la fin du XVe s, elle fut léguée à la cathédrale Saint-Maurice et accrochée dans la nef et le chœur. Cependant, au XVIIIe s, les chanoines, se plaignant que la tapisserie étouffait leurs chants, la mirent en vain en vente, puis l'utilisèrent comme paillasson, couverture pour les chevaux, protection pour les orangers en hiver, etc.
Ce n'est qu'au XIXe s qu'un chanoine se mit à la recherche de tous les morceaux éparpillés et reconstitua en grande partie les pièces de ce gigantesque puzzle. D'importants travaux de restauration furent alors réalisés. Aujourd'hui, il ne manque finalement qu'une quinzaine de scènes. Résultat prodigieux quand même : les six pièces d'origine sont réunies ! Bien entendu, impossible de décrire totalement les innombrables et riches symboles qui composent l'œuvre. Une visite commentée est plus que recommandée.



**La cité :** entre le château et la cathédrale Saint-Maurice s'étend la vieille ville, aux ruelles calmes, parsemées de-ci de-là d'intéressantes demeures, notamment rue Saint-Aignan. À l'angle de la rue des Filles-Dieu, logis du Croissant de 1448. Rue Donnadieu-de-Puycharic, joli coup d'œil sur l'hôtel Saint-Maurille. De là, on arrive à la cathédrale.

***La cathédrale Saint-Maurice*** *(plan couleur B2)* **:** *pl. Freppel.* Construite au XIIe s pour la nef et au XIIIe s pour le chœur et les transepts. La nef fut la première vraie réalisation de l'art gothique Plantagenêt. Avec une première : une voûte unique sans bas-côtés de 16,40 m de large ! Deux flèches de 74 m ne reposant que sur le seul mur de façade.

*La façade*

Quand on observe la façade dans sa globalité, on est fasciné par son dépouillement et la fantastique verticalité des lignes, le rythme et le jeu équilibré des colonnettes et arcatures. Superbe portail à la très riche statuaire (en travaux). Multiples personnages dans les voussures, mais les plus intéressants sont les huit encadrant le portail et représentant des personnages bibliques. Particulièrement remarquable est la jeune femme de droite (probablement Esther), aux tresses démesurément longues et retenant en un geste très gracieux les plis délicats de sa robe. Cette finesse des traits et des gestes déliés annonce le gothique. Au-dessus de la verrière, huit chevaliers (officiers de la légion thébaine), dont l'effigie de saint Maurice, exécutés pour avoir refusé d'anéantir un village chrétien.

*L'intérieur*

La nef est harmonieuse et d'une grande ampleur. Une galerie en fer forgé court le long des côtés. Si vous avez de bons yeux, observez les quelque 240 modillons qui la soutiennent : visages grimaçants, postures acrobatiques, monstres (l'humour des sculpteurs de l'époque). Voûtes angevines, ça va de soi. Subtile finesse, l'architecte a décoré de fleurs les nervures portantes pour alléger l'ensemble. Mais il fallait bien que le XVIIIe s inscrivît aussi sa patte dans le chef-d'œuvre. Cela prit ici la forme d'un baldaquin vraiment lourdingue. Noter le splendide travail de fer forgé sur le lutrin, dans le chœur. Quant au XIXe s, il offrit une monumentale chaire de style néogothique, sculptée durant 3 ans par un prêtre artiste, l'abbé Choyer.

– La véritable merveille de la cathédrale demeure les ***vitraux.*** C'est là qu'on ne regrette pas d'avoir apporté ses jumelles. Côté gauche de la nef, ils datent du XIIe s. Couleurs encore éclatantes. Nombreuses saynètes d'une grande délicatesse comme celle de la quatrième verrière (à partir de l'entrée), racontant la mort de la Vierge. Dans le médaillon du haut, elle est assise à côté du Christ. En dessous, entourée de quatre anges (l'Assomption ?).

Les 16 verrières du chœur sont du XIIIe s et racontent la vie des saints. Ce sont les plus intéressantes. Dans la première (premier médaillon en haut), saint Pierre crucifié la tête en bas. Splendide vigueur des bleus et des rouges. La dernière fenêtre retrace la vie de saint Jean-Baptiste.

– Entre les stalles monumentales et les murs du chœur, on ne peut malheureusement pas admirer les peintures murales du XIIIe s consacrées à saint Maurille et mises au jour très récemment.

– Dans les transepts, ravissantes rosaces du XVe s. Discret retable du XVe s côté gauche, peint sur bois (la passion du Christ en sept tableaux).

– Enfin, remarquer l'*orgue Cavaillé-Coll* de 1873, avec son buffet Louis XV. Renseignements pour les concerts auprès de l'office de tourisme.



🚶 ***La maison d'Adam*** *(plan couleur B2)* **:** *pl. Sainte-Croix.* La plus belle demeure à pans de bois d'Angers, illuminée la nuit (idéal pour en apprécier tous les détails). Édifiée au XVe s. Sa principale originalité provient de la profusion de poutres sculptées de pittoresques personnages et de monstres, qu'il convient d'observer méticuleusement. En particulier, on retrouve tout l'humour des artistes du Moyen Âge dans ce « tri-couillard » (vous comprendrez !) caché dans un recoin en haut (côté rue Montault). Abrite aujourd'hui la *Maison des artisans.*

🚶 Remonter la ***rue Toussaint*** où l'on note, sur l'un des côtés, d'importants vestiges de la muraille gallo-romaine. Au nº 37, portail de l'ancienne abbaye Toussaint. Joli cloître.

🚶🚶 ***La galerie David-d'Angers*** *(plan couleur B3)* **:** *33 bis, rue Toussaint.* *☎ 02-41-05-38-90. • musees.angers.fr • ♿ De mai aux Journées du patrimoine, tlj 10h-18h ; du mar suivant les Journées du patrimoine à fin avr, tlj sf lun, 10h-18h. Fermé 1er janv, 1er mai, 1er et 11 nov, 25 déc. Entrée : env 4 € ; réduc ; gratuit moins de 26 ans.*

Depuis 1984, l'abbatiale Toussaint accueille la collection du sculpteur David d'Angers. L'édifice date du XIIIe s, puis il a été remanié au cours des siècles suivants. Aux XIXe et XXe s, il subsiste à l'état de ruine romantique. Sa reconversion en musée se révèle une belle réussite. L'architecte a su parfaitement tirer parti de l'ancien pour le mêler aux lignes et matériaux modernes. Sol en ardoise et splendide verrière qui coiffe tout le bâtiment.

*Un portraitiste tout en relief*

Les volumes, l'espace et la luminosité formidable de l'édifice en font un cadre digne de l'œuvre de Pierre-Jean David (1788-1856), artiste exceptionnel autant par l'immensité de son talent que par la richesse de sa vie personnelle. Fils d'un sculpteur, il se vit attribuer par la municipalité une bourse pour étudier aux Beaux-Arts à Paris (où il obtint le prix de Rome en 1811). Reconnaissant envers sa ville, il lui envoya régulièrement ses plâtres d'atelier. Tout son art est au service de la transmission d'une exigence morale et de l'éducation historique et politique des citoyens. Il était profondément républicain (il fut député du Maine-et-Loire) et dut s'exiler après le coup d'État du 2 décembre 1851. Il fit le portrait de quasiment toute la génération romantique, plus quelques grands de la Révolution française. En tout, 110 bustes et plus de 500 médaillons !

*La visite*
Parmi les œuvres les plus remarquables, notons *Le Départ des volontaires de 1792* (repérer le gamin qui donne un coup de pied à un chien), le moulage en plâtre du tombeau du général Bonchamps – dont le marbre est dans l'église de Saint-Florent-le-Vieil (voir ce chapitre plus loin) –, le *Gutenberg* de Strasbourg, le bas-relief du tombeau du général Foy (au Père-Lachaise à Paris) puis, le *Jean Bart* de Dunkerque, un superbe *Grand Condé,* la maquette au tiers du fronton du Panthéon, etc. On y voit Bonaparte, Voltaire et Rousseau. Quelques œuvres de jeunesse également, comme le *Jeune berger.* Sur la mezzanine est exposé le panthéon de l'artiste : les bustes des personnages qu'il jugeait dignes d'entrer dans l'histoire. Ne pas oublier d'appuyer, certains parlent ! En sortant, à gauche de l'accueil, une statuette de Dumnacus, un personnage de légende local qui repoussa César un temps, avant d'être battu par un certain lieutenant... Fabius ! En conclusion, il s'agit vraiment là d'un des plus fascinants musées de sculpture que nous connaissons.
Aller jeter un œil sur les deux ailes du cloître du XVIIIe s, qui s'harmonisent avec la contemporaine bibliothèque-médiathèque municipale. Et ne pas manquer les jardins ; réaménagés, ils complètent bien la visite.

**Le musée des Beaux-Arts** *(plan couleur B3)* **:** *14, rue du Musée. ☎ 02-41-05-38-00. • musees.angers.fr • À proximité du musée précédent, mais entrée par la pl. Saint-Éloi ou le jardin des Beaux-Arts. De mai aux Journées du patrimoine, tlj 10h-18h ; du mar suivant les Journées du patrimoine à fin avr, tlj sf lun, 10h-18h ; nocturnes événementielles. Fermé 1er janv, 1er mai, 1er et 11 nov, 25 déc. Entrée : 4 € ; 2 musées 6 € ; réduc ; gratuit moins de 26 ans. Audioguide gratuit.*



Installé depuis 1801 dans les murs du logis Barrault. L'architecture intérieure de cet hôtel particulier (mêlant les styles gothique et Renaissance) a été entièrement repensée de façon fluide et moderne, pour lier habilement les différentes collections. Chaque salle et recoin (et il y en a !) a son ambiance, son éclairage et ses couleurs propres, à la manière des cabinets de collectionneurs. Pari plus que réussi qui, du même coup, redonne du panache à la place Saint-Éloi, bordée de la tour Saint-Aubin et de l'église réformée installée dans une église du XIIe s (remarquer la galerie qui permet de passer de l'église au musée). Avec la galerie David-d'Angers (voir plus haut) à côté, les jardins et le cloître Toussaint, l'ensemble présente un vrai cachet. Ne pas manquer à l'extérieur la statue de Niki de Saint-Phalle.
Quant aux collections, très riches, elles s'organisent selon deux thématiques : l'histoire d'Angers d'une part, et les différents courants artistiques européens du XIVe au XXe s d'autre part.
– *Rez-de-chaussée :* le parcours « Histoire d'Angers » présente l'activité des Angevins au fil des siècles, du silex du Paléolithique retrouvé près du lac de Maine à la cité actuelle, en passant par l'antique Juliomagus... Fouilles archéologiques place du Ralliement, sculptures (dont celle en marbre représentant Donadieu de Puycharic), passionnants tableaux du XIXe s évoquant les bords de la Maine en plein centre (on découvre qu'une partie du quartier de la Doutre était en fait une île), photos évoquant l'évolution de l'urbanisme, etc.
– *1er étage (début du parcours Beaux-Arts) :* salles consacrées aux Primitifs français, italiens et flamands du XIVe s, aux écoles du Nord des XVIe et XVIIe s, et aux écoles française et italienne des XVIe et XVIIe s. Voir notamment l'autoportrait de Jacob Jordaens portant une statuette antique et le *Jugement dernier* de Segna di Buonaventura, une œuvre qui marque le passage du Moyen Âge à la Renaissance (on y perçoit des prémices de perspective).
– *2e étage :* œuvres du XVIIIe s tout d'abord. Certainement la partie phare du musée avec les angelots potelés de Boucher, l'étrange pyramide de Sextius (elle existe vraiment, à Rome), Fragonard, Watteau, Chardin, Greuze... Également des

« caprices », autrement dit des paysages imaginaires. Puis des grands tableaux de la première moitié du XIXe s, dont un ensemble remarquable de paysages italiens par Corot, Bodinier (un peintre angevin, une vraie découverte pour ses compatriotes !), Barbot... mais également des œuvres d'Ingres (émouvant baiser volé, avec le mari jaloux caché derrière un rideau) ou encore des sculptures, dont celles de Rodin ou de Jules Desbois, l'un de ses disciples.

- *1er étage à nouveau et rez-de-chaussée* (mais ailleurs cette fois-ci !) *:* toiles grand format de la seconde moitié du XIXe s, art moderne du XXe s sous toutes les coutures. Des artistes contemporains dont certains de la région comme Morellet (originaire de Cholet, une salle lui est consacrée), Mérodack-Jeaneau (triptyque sur le thème du cirque) et Tremblay (un autre Angevin, spécialiste de l'ardoise), mais aussi Toroni, Lavier... Voir en particulier ce mur de 63 visages découpés dans l'ardoise, de Daniel Tremblay.

Noter que le musée organise des expos temporaires, des visites originales et innovantes pour le grand public, à partir d'œuvres choisies, des conférences (auditorium), etc. Boutique-librairie et café donnant sur la place.

***La tour Saint-Aubin** (plan couleur B3) : accès par la rue des Lices.* Le beffroi constitue le dernier vestige de l'église de l'abbaye de Saint-Aubin (du XIIe s).

De l'autre côté de la rue des Lices, les anciens bâtiments conventuels du XVIIe s de l'abbaye Saint-Aubin *(plan couleur B3)* sont aujourd'hui occupés par l'***hôtel du Département.*** À l'intérieur, ancienne porte du chapitre et arcades romanes du cloître primitif qui révèlent un luxuriant décor.



***La rue Saint-Aubin** (plan couleur B3) :* rue piétonne, la plus commerçante d'Angers (avec la rue Lenepveu, vers la place du Ralliement). Au n° 12, façade de l'ancien *hôtel du Cheval Blanc.*

***La collégiale Saint-Martin** (plan couleur B-C3) : 23, rue Saint-Martin. ☎ 02-41-81-16-00. Derrière la poste. • collegiale-saint-martin.fr • Juin-sept, tlj 10h-19h ; oct-mai, tlj sf lun, 13h-18h. Entrée : 3-5 € ; réduc ; gratuit moins de 18 ans. Visites théâtralisées de mi-juil à fin août, « Nuits de la collégiale ».* D'architecture tant romane que gothique, cette collégiale-nécropole quasiment reconstruite se cachait derrière des façades du XIXe s et était totalement tombée en désuétude avant sa réhabilitation. Outre l'aspect architectural, cet édifice religieux parmi les plus anciens d'Angers vaut pour son petit musée ainsi que les expos temporaires ou permanentes (dont celle de 40 statues d'Anjou). Spectacles régulièrement.

Un petit tour dans le centre vous mènera immanquablement à la ***place du Ralliement** (plan couleur B-C2),* la place centrale d'Angers, piétonne et traversée par le tramway. Elle doit son nom au rassemblement des volontaires républicains pendant la Révolution française. Elle s'appela même un temps « place de la Guillotine ». Devinez pourquoi ! On y trouve le très beau théâtre municipal. Le centre-ville possède une quarantaine de ***maisons à pans de bois** (plan couleur B2)* : rue de l'Oisellerie, rue Plantagenêt (hôtel de la Godeline du XVIe s), rue Saint-Laud jusqu'à la place du Pilori, etc. Au n° 38 de la rue Saint-Laud, immeuble Art nouveau de 1902, ancienne maison de joie aux sculptures étonnantes. En remontant vers le boulevard Foch, à l'angle de la rue d'Alsace, remarquer la maison bleue, dont les mosaïques Art déco sont l'œuvre des frères Odorico. La visite continue de l'autre côté de la Maine, dans le quartier de la Doutre (voir plus loin).

***Le Muséum des sciences naturelles** (plan couleur C2) : 43, rue Jules-Guitton. ☎ 02-41-05-48-50. • angers.fr/museum • Tlj sf lun, 14h-18h. Entrée : 4 € ; réduc ; gratuit moins de 26 ans. Expos temporaires.*

Installé dans une superbe demeure construite sous le Consulat, ce musée recèle bien des trésors, comme ces 700 animaux naturalisés ou la dent de mammouth qui vaut bien des dents de sagesse... Le musée s'est même spécialisé dans les espèces menacées ou déjà disparues (comme le pigeon migrateur américain, le grand pingouin, ou l'Aepyornis dont est conservé un œuf, d'une taille équivalente à 140 œufs de poule). Section sur les secrets de la taxidermie, de la préparation des squelettes au montage final.

Une partie des 70 000 fossiles constituant le fonds du musée est exposée dans un bâtiment adjacent, qui fut l'hôtel de ville jusqu'en 1823. Parmi eux, la ravissante collection de poissons rapportée d'Italie par Napoléon, ou encore cette météorite tombée sur Angers, quartier de la Doutre, le 3 juin 1822. Ne pas rater également la plus grosse pépite d'or de France (57,50 g), découverte par hasard par un promeneur. Dans la salle de la préhistoire, noter les belles portes sculptées par le père de David d'Angers. Le jardin du musée est installé sur un vestige des remparts. Le tout est empreint d'une désuétude pleine de charme et recèle un potentiel fantastique. Ne manque que les moyens, comme bien souvent.

### UNE MÉTÉORITE QUI REVIENT DE LOIN

*Le 3 juin 1822, une météorite d'à peine 1 kg aperçue depuis Poitiers est venue finir sa trajectoire à Angers, dans le jardin d'un cabaretier, au pied d'une domestique. Imaginez la frayeur ! Mais elle fut volée en pleine exposition, retrouvée 1 an plus tard en Belgique et rapportée sur sa terre d'adoption. Elle en aura fait du chemin jusqu'au Muséum des sciences naturelles d'Angers !*

**L'église Saint-Serge** *(plan couleur C1) : rue Jussieu et rue Marie-Talet.* Ancienne abbatiale d'un monastère bénédictin, dont le principal intérêt est le chœur, du plus pur style angevin. Le tout donne une impression de très grande légèreté architecturale. En sortant, les lecteurs bucoliques iront se doper à la chlorophylle du Jardin des plantes, derrière le centre des Congrès, où fleurissent au printemps rhododendrons et azalées.

**Le musée du Génie** *(hors plan couleur par A3) : 106, rue Eblé. ☎ 02-41-24-83-16. • musee-du-genie-angers.fr • Mer-dim 13h30-18h. Fermé janv-fév. Entrée : 4 € ; réduc.* Ne pas chercher une maquette de Léonard de Vinci ni les éprouvettes de Pasteur, le génie en question ici... est militaire ! Ce musée est consacré aux prouesses des sapeurs, rouage indispensable des armées pour leur garantir les passages difficiles, les transmissions, et leur installation en terrain inconnu. Car ces militaires sont avant tout des ingénieurs, des bâtisseurs de routes, de ponts, d'aérodromes, de toutes sortes d'infrastructures durables dans le temps. Mais le génie, c'est aussi un corps entraîné à intervenir lors de catastrophes naturelles ou à mener des opérations de déminage.

## De l'autre côté de la Maine

Immédiatement sur l'autre rive, face au château, se trouve l'ancien quartier de ***la Doutre*** (nom qui vient « d'outre-Maine »). Il s'est développé à partir du XI^e^ s autour de l'abbaye du Ronceray. Aux XV^e^ et XVI^e^ s, notables attirés par les nombreux jardins et communautés religieuses s'y succédèrent. On peut aujourd'hui apprécier tous les efforts de réhabilitation récente après l'abandon au XIX^e^ s. C'est un quartier paisible à parcourir avec, de-ci de-là, des portions de rues bordées de hauts murs où l'on devine bien des jardins secrets, de fort belles demeures bourgeoises. La Doutre accueille également, face au château, *Le Quai-Forum des arts vivants,* impressionnant théâtre pour son style résolument moderne. Ne pas manquer la grimpette (en ascenseur panoramique) jusque sur son toit, d'où la vue sur le château et sur la Maine est impressionnante.

***Le musée Jean-Lurçat et de la Tapisserie contemporaine*** *(plan couleur B1) : 4, bd Arago. ☎ 02-41-24-18-45 (pour le 1er musée) ou 02-41-24-18-48 (pour le 2nd). • musees.angers.fr • Au bout du pont de la Haute-Chaîne. De mi-mai aux Journées du patrimoine, tlj 10h-18h ; de mi-sept à mi-mai, tlj sf lun, 10h-12h, 14h-18h. Fermé 1er janv, 1er mai, 1er et 11 nov, 25 déc. Entrée : 4 € ; 2 musées 6 € ; réduc ; gratuit moins de 26 ans. Audioguide compris.*

Installé dans l'ancien hôpital Saint-Jean, le plus ancien de France, précédé par un charmant jardin médiéval. Construit en 1175 sur l'ordre d'Henri II Plantagenêt, c'est un bel exemple de l'art gothique de l'ouest de la France. Immense salle des malades (60 m de long, 22,50 m de large, 12 m de haut) présentant une superbe triple nef voûtée à l'angevine et une intéressante série de vitraux bleutés (créés par Pierre Prunet en 1988). Le dépouillement décoratif accentue cette légèreté architecturale et ce feu d'artifice de lignes élancées.

Voir à l'entrée l'*apothicairerie,* datant du XVIIe s et restée en l'état. Jolie collection de faïences d'époque provenant de Nevers, Lyon, Rouen, Moustiers... Au centre, un curieux pot à thériaque du début du XVIIIe s, pesant 390 livres, qui contenait une décoction de 70 substances, pour être sûr que l'une d'elles soit efficace !

Par le fond de la salle, accès au cloître. Charpente en bois en grande partie d'origine, colonnes géminées romanes, chapiteaux primitifs et cheminées monumentales. Au centre, un petit jardin de curé avec un vieux puits. En revanche, greniers et caves ne sont accessibles au public que lors d'événements spécifiques.



*Le Chant du monde*

La salle abrite les 10 tapisseries du *Chant du monde* de Jean Lurçat, écho contemporain de l'*Apocalypse* médiévale du château d'Angers. En effet, Jean Lurçat – auteur de 500 peintures et 900 cartons de tapisserie – avait découvert l'*Apocalypse* de saint Jean en 1938, et ce fut pour lui un grand choc esthétique et artistique. « Un des plus hauts chefs-d'œuvre de l'art occidental », déclarait-il. Entre 1957 et 1966, il fit exécuter à Aubusson sa « réponse », gigantesque tapisserie de 80 m de long sur 4,40 m, en 10 panneaux. De l'œuvre originale, il retint plusieurs leçons : limitation et éclat des couleurs, aplats importants, répétition ornementale pour mieux renforcer le propos. Initialement, la tapisserie devait mesurer 125 m, mais Lurçat mourut avant la fin du projet. Il avait divisé son œuvre en deux parties. D'abord l'horreur, l'expression d'un sentiment partagé par cette génération qui avait connu les deux guerres mondiales, dans les premiers panneaux : *La Grande Menace, L'Homme d'Hiroshima, Le Grand Charnier, La Fin de tout.* En revanche, les panneaux suivants expriment l'espoir : *L'Homme en gloire dans la paix, L'Eau et le Feu,* au centre, qui semble faire le lien avec *Champagne, La Conquête de l'espace, La Poésie* (le poète, c'est l'archer, le sagittaire qui tente de percer le cœur des choses) et *Ornamentos Sagrados.* Là, autant de symboles et de métaphores à découvrir au sein de cette œuvre aussi extraordinaire que l'autre *Apocalypse* ! Un guide explicatif prêté à l'accueil permet de déchiffrer cette œuvre complexe.

– À côté de la salle des malades, le vaste ***musée de la Tapisserie contemporaine*** propose des expos temporaires, des visites commentées et des ateliers pour tous les publics (tissage...). On conseille d'ailleurs de commencer par là. Au rez-de-chaussée, plusieurs œuvres de Jean Lurçat (comme la superbe *Liberté*). On verra également par roulement la présentation de la riche collection permanente du musée : des œuvres représentatives du mouvement de la renaissance de la tapisserie française d'après-guerre (Wogensky, Tourlière, Prassinos, Lagrange, etc.), du mouvement de la « Nouvelle tapisserie » des années 1970 comme Thomas Gleb (1912-1991), Grau-Garriga (1929-2011) ou Patrice Hugues. Sans oublier les créations les plus contemporaines, comme par exemple les surprenantes œuvres tricotées de Marie-Rose Lortet ou les accumulations de Simone Peulphin... Des découvertes originales à ne pas manquer !

**Balade dans la Doutre :** ce vieux quartier regorge d'élégants ***hôtels particuliers,*** parfois dissimulés derrière d'impressionnants portails. Du musée Jean-Lurçat, remonter vers la ***place du Tertre-Saint-Laurent*** *(plan couleur B1),* où apparaît le volume impressionnant des greniers Saint-Jean (datant de la même époque que l'hôpital et aujourd'hui rénovés, mais ne se visitent pas). Puis on gagne la ***place de la Paix*** *(plan couleur A1)* : là encore, place tranquille entourée de vieilles demeures et d'hôtels particuliers. Notamment, au coin de la rue de l'Hommeau, la belle maison Du Guesclin. La ***rue de la Harpe*** dégage toujours une délicieuse atmosphère paisible et médiévale. À peine visible, le superbe hôtel d'Andigné. Ses jardins dégringolent en terrasses. ***Rue Lionnaise*** *(plan couleur A1),* au n° 14, l'une des dernières portes d'échoppe sculptées (datant du XVIe s). À gauche de celle-ci, on reconnaît saint Michel, protecteur de la maison. La rue Lionnaise mène à la ***place de la Laiterie*** *(plan couleur A1-2),* un ensemble médiéval pittoresque. Fort bien restaurée, elle aligne de nombreuses maisons à pans de bois intéressantes. En particulier, le *logis Simon Poisson* (datant de 1582), au n° 67 rue Beaurepaire.

***L'abbaye du Ronceray*** *(plan couleur A1-2)* **:** *entrée pl. de la Laiterie.* Fondée au XIe s, elle doit son nom à une Vierge découverte dans les ronces. Les bâtiments actuels datent principalement du XVIIe s. C'était la seule abbaye d'Angers réservée aux filles nobles. Aujourd'hui, une grande partie abrite l'école des arts et métiers. Par la place de la Laiterie, accès à la nef de l'église abbatiale, qui accueille des expos temporaires. Toit à larges pentes surmonté d'un clocheton. Premier exemple de nef revoûtée en berceau. Appareillage maladroit (les voûtes se sont déformées). Chapiteaux du XIe s. Certains sont historiés (coups de ciseau archaïque) ou corinthiens. Ne pas manquer celui à l'angle nord-ouest de la croisée : c'est une très belle *Fuite en Égypte.* Noter le gracieux mouvement des plis. Vestiges de fresques des XIIe et XIIIe s. Voûtes originales des collatéraux permettant d'ouvrir de larges baies pour la lumière.

***L'église de la Trinité*** *(plan couleur A1-2)* **:** *entrée pl. de la Laiterie.* Édifiée au XIIe s, à l'instigation des sœurs de l'abbaye de Ronceray. Élégant portail roman à voussures ouvragées. Sur le côté gauche du porche, collée à l'abbaye, la base de l'ancien clocher de l'abbaye avec, en hauteur, une série d'arcatures aveugles. Noter le tout petit appareillage de pierre, contrastant avec les belles pierres de taille de l'église. En revanche, l'intérieur est moins remarquable (restaurations importantes au XIXe s), à l'exception de l'escalier en bois sculpté de la tribune d'orgue. Chef-d'œuvre de la Renaissance et décor d'une grande richesse. Les panneaux épousent bien le mouvement hélicoïdal. Crypte romane.

***L'hôtel des Pénitentes*** *(plan couleur A1)* **:** *23, bd Descazeaux. Ne se visite pas.* Un bel ensemble qui mérite le coup d'œil. On y remarque un élégant corps de logis avec tourelle et fenêtres à meneaux, et, sur la façade, de ravissantes lucarnes Renaissance. Côté rue des Pénitentes, portail encadré de deux tourelles sur encorbellement ouvragé.

## Manifestations

– ***Festival Premiers Plans (courts et longs métrages européens) :*** *fin janv.* ☎ *02-41-88-92-94.* • *premiersplans.org* • Un tremplin de premier plan (évidemment !) pour les jeunes réalisateurs, comédiens, techniciens et scénaristes, parrainé par Jeanne Moreau. Projections de premières œuvres et lectures publiques de scénarios.
– ***Made in Angers :*** *fév-mars.* ☎ *02-41-23-50-00.* • *angersloiretourisme.com* • Les entreprises de l'agglomération ouvrent leurs portes aux visiteurs.
– ***Festival Cinémas d'Afrique :*** *en avr, ts les 2 ans (années impaires).* ☎ *02-41-20-08-22.* • *cinemasdafrique.asso.fr* • La ville entière se colore de boubous dans

une joyeuse ambiance, autour du cinéma. À croire que les Angevins ont ça dans la peau (le partenariat Angers-Bamako est le plus ancien jumelage du Mali !).
– ***Festival Tempo'Rives :*** *juil-août, quai de la Savatte, face au château.* Dix concerts gratuits.
– ***Les Accroche-Cœurs :*** *le 2e w-e de sept. • angers.fr/accrochecoeurs • GRATUIT.* Festivités de rue, théâtre processionnel et troupes qui transforment la ville avec un petit grain de folie !

## À faire en ville et dans les environs

L'agglomération angevine se distingue par ses nombreux parcs et jardins, tous différents. Le ***jardin du Mail*** en face de la mairie (avec un kiosque à musique, une imposante fontaine Art nouveau et un sympathique café-restaurant), le ***Jardin des plantes*** en contrebas du boulevard Foch, le ***lac de Maine*** (on peut en faire le tour), le ***parc Balzac,*** l'***arboretum*** et son Espace Cacheux consacré aux sculptures de l'artiste du même nom, le ***parc du Hutreau,*** etc.

➢ ***Balade autour de l'étang Saint-Nicolas*** *(hors plan couleur par A2) : à l'ouest de la Doutre, entre le centre et l'université.* L'un des plus beaux parcs d'Angers, en lieu et place d'anciennes carrières d'ardoise, avec petits ponts, falaises et essences méditerranéennes qui en disent long sur le climat de la région !

ANGERS

➢ ***Balade le long de la Maine, du côté de la Doutre :*** partir du lac de Maine et sa base nautique (on peut en faire le tour ou se bronzer sur la plage, très fréquentée aux beaux jours), puis traverser le parc Balzac (inondable en hiver, ça a été calculé pour !). Suivre ensuite les quais en passant devant *Le Quai-Forum des arts vivants.* Ne pas manquer la grimpette en ascenseur jusqu'à la terrasse de cette salle de spectacles pour une vue époustouflante. La cathédrale et le château vous font face. Passer au pied de l'hôpital et se diriger vers l'île Saint-Aubin – l'entrée des fameuses basses vallées angevines.

***L'île Saint-Aubin*** *(hors plan couleur par B1) : vers le nord, direction CHU, puis indiqué. Accessible du printemps à l'automne, en fonction du niveau de l'eau ; le reste de l'année, l'île est inondée. Bac tlj 9h-12h30, 14h-20h30 (dernier retour).* Rien que pour la traversée, ça vaut le détour ! On ne fait pas un long trajet, mais quel bonheur d'arriver sur l'île Saint-Aubin en compagnie du passeur ! Après un bon moment de détente à la guinguette, aller faire un tour sur l'île. Un ***sentier d'interprétation*** traverse les 600 ha de prairies, jalonné de panneaux sur les spécificités de cette zone inondable, ainsi que sur la faune et la flore qui s'y épanouissent. Car ce site exceptionnel est protégé. De nombreuses espèces en danger d'extinction, comme le râle des genêts, l'ont choisi pour s'y reproduire. Mais pour en savoir plus, il faudra pousser jusqu'à l'unique ferme de l'île, construite sur un terrain hors d'eau et entièrement réhabilitée pour accueillir une expo sur cet endroit magique. Et puis, en repartant, ne pas oublier de filer la main (voire la pièce) au passeur...

***Au Port de l'Île, Café Bariller :*** *à l'entrée de l'île. ☎ 02-41-39-85-29. Horaires calqués sur ceux du bac.* Une guinguette vraie de vraie. Maryvonne vous y attend de pied ferme. Achetez-lui donc une bouteille de rosé bien frais, une belle tartine de rillettes ou une glace pour vos bambins. Elle l'a bien mérité, elle qui tient à bout de bras cette maison âgée de plus d'un siècle et demi. Voir les photos centenaires de l'île et de ses visiteurs d'antan.

***Les basses vallées angevines :*** l'île Saint-Aubin marque l'entrée des basses vallées angevines, un milieu semi-naturel assez unique qui accueille de nombreux oiseaux migrateurs, dont la coqueluche angevine : le râle des genêts (une espèce protégée au niveau européen). Ce domaine, parmi les plus riches régions naturelles humides d'Europe, a représenté la France lors de l'Exposition universelle

au Japon en 2005. De nombreux itinéraires cheminant le long des rivières ont été aménagés (250 km en tout). On peut donc pleinement apprécier ces vastes prairies humides vouées à la pâture depuis des siècles. Une gestion intelligente et concertée est menée depuis des années avec les agriculteurs pour que tout ce petit monde puisse cohabiter dans les meilleures conditions.
– On recommande l'ouvrage *Balades nature dans les basses vallées angevines* (éd. Le Polygraphe, 2007), réalisé par la LPO, en vente à l'office de tourisme et dans les librairies. Dix circuits habilement illustrés, à la découverte d'une zone arrosée par pas moins de quatre rivières : la Maine, la Mayenne, la Sarthe et le Loir.

**La boucle angevine de La Loire à Vélo :** une boucle de 40 km, connectée à l'itinéraire principal de *La Loire à Vélo,* permet de faire le tour de l'agglomération angevine, entre Maine et Loire. La partie ouest, un tronçon aménagé de 9 km qui longe la Maine à partir de la gare via le centre-ville d'Angers, mène à ***Bouchemaine,*** un village de carte postale pied dans l'eau. Trois bons restos pour se requinquer, au pied d'une abbaye (le *Chanteclair,* la *Crêperie de l'Abbaye* et le bistrot *Le Noé*). Avant de continuer la boucle, on peut pousser jusqu'à la ***pointe de Bouchemaine,*** à 2 km, là où la Loire et la Maine se rencontrent. Superbes demeures cossues sur les berges. Jolie placette pavée avec, là encore, quelques terrasses très agréables et le siège de la LPO (Ligue pour la protection des oiseaux) angevine. La boucle passe par Sainte-Gemmes-sur-Loire, Les Ponts-de-Cé, puis La Daguenière où l'on emprunte un bac sur câble en saison sur l'Authion pour rejoindre les ardoisières de Trélazé : anciens puits, certains remplis d'eau, chevalements (comme dans *Germinal*). La boucle est bouclée.

➢ ***Navettes fluviales :*** *fin juin-début sept, mar-dim, sur résa au ☎ 02-41-23-50-00. Compter 4 € l'étape.* Tout un réseau de bateaux traditionnels pour se rendre dans une dizaine de communes touristiques environnantes, au départ d'Angers (cale de la Savatte, face au château) en naviguant sur la Maine, la Loire, la Mayenne ou la Sarthe. Possibilité d'embarquer son vélo. Une opération très populaire, penser à réserver.

ANGERS

## DANS LES ENVIRONS D'ANGERS

### *Vers le nord et l'ouest*

***Terra Botanica :*** *route d'Épinard, BP 80609, 49106* ***Angers*** *Cedex 02. ☎ 02-41-25-00-00. • terrabotanica.fr • Sur la route d'Avrillé ; depuis l'autoroute A 11, sortie 16, contournement nord Angers, direction Cantenay-Epinard. Avr-août, tlj ; sept, jeu-dim. Horaires : 10h-18h lun-sam, 10h-19h dim, j. fériés et juil-août ; fermeture des attractions 30 mn avt. Entrée (chère) : 19,50 € ; réduc et tarif famille. Snack sur place (très bon), boutique. Programme d'animations, ateliers et visites guidées.* Ce parc à thème ludique, créé de toutes pièces dans la banlieue angevine, est consacré aux mondes du végétal. Il s'étend sur 11 ha jalonnés d'attractions, d'animations, de jardins (275 000 végétaux), de méga-serres et d'espaces aquatiques. Toute la technologie moderne a été mobilisée pour évoquer les quatre univers thématiques du parc (le végétal convoité, le généreux, le mystérieux et l'apprivoisé), chacun introduit par un film-animation succinct mais spectaculaire, à l'image d'*Amazonie.* Il s'agit d'un périple vertigineux au cœur de paysages luxuriants dans le cinéma dynamique 4D. Les enfants y trouvent évidemment leur compte et s'amusent comme des fous devant un arbre à arrosoirs, des bacs de fouille pour paléo-botanistes en herbe, une embarcation aérienne à pédales en forme de coquille de noix...

***Espace Menthe Pastille :*** *av. de la Violette, 49240* ***Avrillé.*** *☎ 02-41-18-85-14. • giffard.com • Visite libre avec dégustation et possibilité de visite guidée payante* *dans l'usine, sur résa. Boutique.* Ce liquoriste dont les débuts remontent au XIXᵉ s produit *La Menthe Pastille,* une boisson créée en 1885 par macération. La PME de 40 employés ouvre désormais ses portes au public, à la découverte de ses dizaines de liqueurs, crèmes de fruits et sirops.

**Espace Air Passion :** *à l'aérodrome de* ***Marcé*** *(49140). ☎ 02-41-33-04-10. • musee-aviation-angers.fr • À une quinzaine de km d'Angers et à 2 km à l'est de Seiches-sur-le-Loir. Accès par l'autoroute A 11, sortie n° 13 (pour ne pas payer le péage !), sinon n° 12. 16 avr-15 oct, mar-sam 14h-18h, dim 15h-19h (juil-août, également le mat 10h-12h) ; 16 oct-15 avr, le w-e slt et tlj pdt vac scol 14h-18h. Entrée : 6 € ; réduc, y compris sur présentation de ce guide ; gratuit moins de 7 ans.* Le musée abrite la deuxième collection d'avions anciens en France, et la première sur l'aviation légère, le vol à voile et la construction amateur (et ça prend de la place, ces bêtes-là !). Paradis des amateurs de vieux zincs, coucous vénérables et souvenirs émouvants des « vieilles tiges ». Parmi les oiseaux rares (sur 180 aéronefs en stock), le *René Gasnier n° 3,* avec lequel l'audacieux aviateur, pionnier de l'aviation angevine et surnommé « le faucheur de pâquerettes », fit son premier vol en 1908 à l'ouest d'Angers, ou encore le *Gérin Varivol,* avion à ailes enroulables unique au monde. Et on ne vous raconte pas la dose de patience qu'il a fallu pour retaper le magnifique *Potez 60* de 1935, un des cinq exemplaires volant dans le monde. Quelques moteurs également, dont un de Boeing à hélice de 3 500 CV et pesant pas moins de 4 t !
On peut assister quotidiennement à la restauration des « écorchés », le nom donné aux vieux coucous, par l'équipe de copains bénévoles qui sait communiquer son art et son enthousiasme, même aux moins férus de mécanique ou d'« entoilage ». Nombreuses maquettes, archives, objets et photos, ainsi qu'une bibliothèque spécialisée et une partie dédiée à l'aéromodélisme. Et si vous avez de la chance, vous assisterez peut-être au lâcher émouvant d'un appareil, puisque tous pourraient voler ! Allez, on avoue, on est baba d'admiration.

**Le musée-château :** *44, rue du Général-de-Gaulle, 49140* ***Villevêque.*** *☎ 02-41-05-38-38. • musees.angers.fr • À une vingtaine de km au nord-est d'Angers, en passant par Écouflant ou Pellouailles-les-Vignes (sortie 12 de l'A 11). Tte l'année, sam-dim 14h-18h. Fermé 1ᵉʳ janv, 1ᵉʳ mai, 1ᵉʳ et 11 nov, 25 déc. Entrée : 2 € ; réduc ; gratuit moins de 26 ans. Parc tlj : mai-sept, 10h-20h ; oct-avr, 14h-17h30 ; GRATUIT.* Prenez une forteresse du XIIᵉ s, ancienne résidence des évêques d'Angers, dotée d'une riche collection d'art (du XIIᵉ au XVIᵉ s) provenant d'Europe ainsi que d'une bibliothèque. Voici ce qu'un mécène, Daniel Duclaux, a légué à la Ville d'Angers en 2003. Un parcours inversé de la Renaissance au Moyen Âge et des visites commentées permettent de découvrir cette collection de pur esthète : céramiques, statuettes en bronze, émaux, têtes d'apôtres, sculptures, tapisseries, etc.

**Le parc Anjou Aventure :** *à 15 mn au nord d'Angers, 49000* ***Écouflant.*** *☎ 02-41-96-89-68. • parcanjouaventure.fr • Prendre l'A 11 direction Paris, puis la sortie 14b, vers Tiercé/Briollay ; ensuite, suivre « Écouflant, parc des Sablières ». Juil-août, tlj 13h30-19h ; avr-juin et sept-oct, w-e, j. fériés et tlj pdt vac scol 14h-18h. Résa conseillée. Entrée : 22 € ; réduc.* Parcours dans les arbres dès 4 ans.

**Le parc et les jardins du château de Montriou :** *49460* ***Feneu.*** *☎ 02-41-93-30-11. • chateau-de-montriou.com • À env 20 mn d'Angers par la route de Cantenay-Épinard ; à la sortie de Feneu, prendre direction Champigné, puis indiqué sur la gauche. Juil-août, tlj sf lun, 14h-18h ; mai-juin et sept-oct, sur demande préalable ; ouv également pour les événements ponctuels (programme sur le site internet). Entrée : 5 € ; gratuit jusqu'à 12 ans.* Un élégant château de famille depuis 300 ans, un étang et une étonnante chapelle privée, ornée des « saintes Marie », quatre superbes statues du XVᵉ s. Voilà pour le cadre. Mais on y vient surtout pour déambuler dans les quatre jardins successifs aménagés par les propriétaires. Ne pas oublier la balade dans la « Forêt enchantée » et le quiz pour les enfants. Vente de courges début octobre et plein d'autres événements tout au long de l'année.

Et si vous tombez sous le charme, vous pouvez loger en chambre d'hôtes dans le château, sous les toits ou au 1er étage avec un balcon.

## Vers l'est

**Le château-musée de la Communication et le parc de Pignerolle :** *château de Pignerolle, 49124* ***Saint-Barthélemy-d'Anjou.*** *☎ 02-41-93-38-38. • musee-communication.com • À 10 mn à l'est d'Angers, en direction de Saumur. Avr-août, tlj sf lun avr-mai, 10h-12h30, 14h30-18h ; sept-mars, slt sam ap-m et dim ap-m et mer-dim pdt vac scol (sf sam mat et dim mat). Fermé en janv. Accès gratuit au parc. Entrée du musée : 5,50 € ; réduc ; gratuit moins de 12 ans ; 4,70 € sur présentation de ce guide. Visite avec casque individuel, version adulte ou junior (malin !). Nombreuses animations en saison (ateliers scientifiques, visites en jeux, visite d'un bunker allemand et d'une partie du souterrain reliant le château au Grand Blockhaus). Le 1er dim mat de chaque mois, rassemblement d'automobiles anciennes.*

Installé dans le château de Pignerolle, séduisante demeure de style néoclassique du XVIIIe s, au cœur d'un vaste et beau parc de 76 ha, propice à la balade (ne pas manquer le « jardin d'expression »). Le château servit temporairement de refuge au gouvernement et au président polonais lors de la Seconde Guerre mondiale. Des films d'époque évoquent cette page de l'histoire.

Si le musée regroupe la collection d'un passionné, Guy Biraud, et retrace l'évolution des techniques de communication, il dissimule également bien d'autres surprises. À travers une mise en scène mélangeant rêve, poésie et pédagogie, on découvre une remarquable collection (notamment 300 postes de radio dont quelques spécimens bizarroïdes) et on voyage dans le temps, en commençant par le premier cri du bébé et les plus anciennes traces d'écriture, sur la trace des héros de la communication et de leurs inventions. Parmi les anecdotiques phénakistiscopes, bélinographes ou autres superhétérodynes, on retiendra surtout la pile électrique, le morse, la téléphonie, la photographie, le cinéma, la TSF, la radio, la télévision... Le tout complété par la diffusion d'images d'archives et mis en scène par des mannequins. Et puis, sans crier gare, on passe au 3e étage pour découvrir des reconstitutions de *20 000 lieues sous les mers*, d'un vaisseau spatial habité par des gens d'une autre planète et de la capsule *Apollo 11*. Bref, ce musée pas comme les autres tente de fondre l'histoire de la communication avec celle de l'humanité tout entière, faisant autant appel à l'imaginaire qu'au savoir technique, comme s'ils étaient indubitablement liés.

### QUARTIER GÉNÉRAL

*Le château de Pignerolle joua un rôle notable pendant la Seconde Guerre mondiale, puisque les Allemands, avec l'amiral Dönitz à leur tête, y construisirent une dizaine de blockhaus (on peut visiter l'un d'entre eux). Le bunker Amiral, de 1 500 m² et relié par un souterrain au château, abritait même le récepteur permettant à Dönitz de communiquer avec ses sous-marins. L'un des blockhaus fut plus tard transformé en abri anti-atomique pour le général de Gaulle, en 1958.*

**Le Carré Cointreau :** *Z.I. Saint-Barthélemy-d'Anjou, bd des Bretonnières, 49124* ***Saint-Barthélemy-d'Anjou.*** *☎ 02-41-31-50-50. • cointreau.fr • Bus ligne n° 6, arrêt « Cointreau ». Formule de visite unique, sur résa slt : le « Rendez-Vous Découverte » (visite guidée suivie d'une dégustation et d'une initiation à l'art du cocktail). Tarif : 10 €.*

Dans les années 1970, la distillerie fondée en 1849 par les frères Cointreau déménage des quais de la Maine, à Angers, pour investir des locaux plus grands, plus modernes, plus adaptés à l'essor commercial de la célèbre liqueur à base d'écorces d'oranges. C'est son histoire que la visite guidée détaille par le menu, en entraînant les visiteurs dans la salle des alambics (magnifiques), sur la passerelle surplombant l'immense salle d'assemblage et de stockage, et dans le musée consacré à la marque. Où l'on apprend notamment le génie en matière de communication d'Édouard Cointreau, qui, en 1898, n'avait pas hésité à commander une publicité cinématographique à un opérateur des frères Lumière ! Après la balade (très parfumée !) est proposée une dégustation approfondie, avec initiation à la réalisation de cocktails.

# D'ANGERS À SAUMUR

**D'Angers à Saumur, la Loire s'étire nonchalamment à travers les multiples îlots boisés perdus dans son lit. En été, l'eau choisit parfois de ne couler que dans un seul bras, laissant d'immenses mers de sable et quelques mares (ou « boires ») prisonnières ou oubliées. Même en haute saison touristique, les rives se révèlent paisibles, et devant les jeux de lumière, vous comprendrez vite pourquoi beaucoup d'artistes ont élu domicile dans le coin et ce qui a justifié le classement de ces paysages au titre de Patrimoine de l'humanité par l'Unesco en 2000. À noter que seuls deux ponts permettent de traverser la Loire entre Angers et Saumur, à Saint-Mathurin et aux Rosiers-sur-Loire.**

**Pour ne pas froisser vos interlocuteurs ligériens, sachez que les deux rives ont des cultures et des paysages totalement différents : côté sud (rive gauche), vous rencontrerez les « moussots », les gens qui vivent dans les troglodytes, tandis que côté nord (rive droite) vous croiserez les « vallerots », habitants de la vallée de l'Authion.**

**On suggère d'emprunter la levée Napoléon-III (elle date de 1856), rive droite, car elle offre les meilleurs points de vue (et le parapet est bas, même les petits peuvent en profiter depuis la voiture !). En venant d'Angers, prendre la direction Saumur par la route touristique. Puis passer sur la rive gauche en traversant par exemple aux Rosiers-sur-Loire vers Gennes pour aller voir l'église de Cunault ou rebrousser chemin vers Le Thoureil. Terminer le périple du même côté jusqu'à Saumur, en passant par les caves de crémant...**



## PAR LA RIVE DROITE (NORD)

### TRÉLAZÉ (49800) 12 600 hab. *Carte Maine-et-Loire, C2*

**Avant d'aborder la Loire bucolique, un arrêt obligatoire à la mémoire ouvrière : les mines d'ardoise de Trélazé. Modeste capitale de l'ardoise, la ville possède un très riche patrimoine humain et historique, et a produit jusqu'en 2013 un schiste de qualité et de renommée mondiale. Sous les rudes coups de la concurrence (surtout espagnole) et de la fausse ardoise, les derniers mineurs d'ardoise de France ont dû cesser leur activité, alors qu'ils étaient 3 700 en 1936.**

#### NOBLESSE OUVRIÈRE

*En 1880 fut créé à Trélazé le premier syndicat des ardoisiers. Les derniers mineurs gardent encore le souvenir émouvant de la « gamelle », une grande et noble tradition entre fendeurs. Lorsque l'un d'eux tombait malade, ses camarades se partageaient son travail, en plus du leur, pour qu'il puisse toucher sa paie intégralement. Casque bas !*

## À voir. À faire

*Le musée de l'Ardoise : 32, chemin de la Maraîchère. ☎ 02-41-69-04-71. • lemuseedelardoise.fr • ♿ (4 handicaps). Juil-août, tlj sf lun (ouv lun fériés) 14h30-18h30, plus sam mat et dim mat en juil-août pour salles d'expo seules ; de mi-fév à fin juin et sept à mi-nov, w-e et j. fériés 14h30-18h30. Démonstration de fente d'ardoise à 16h. Compter au moins 2h de visite. Entrée : 7,20 € ; réduc. Entrée salles seules : env 4 €. Boutique.*

– *Le musée dans l'ancienne manufacture d'allumettes :* géologie et méthodes d'extraction et de transformation du schiste ardoisier en ardoises de couverture. Outils du fendeur (bouc, cobra, doujet, poignée, sabots en bois, massicots). Également l'histoire et la vie autour de la mine, le syndicalisme, le travail des femmes aux ardoisières, l'immigration bretonne, les différentes utilisations de l'ardoise, des œuvres de compagnons-couvreurs, les techniques de couvertures des toits, etc.

– *La fabrication d'ardoises :* un démonstrateur perpétue, par des anecdotes pleines de verve, la mémoire ardoisière de l'Anjou en expliquant les techniques anciennes de fabrication des ardoises. À ne pas manquer.

– *La salle d'expo temporaire :* au-dessus de l'accueil, une demeure du XVIe s. Maquette du château d'Angers (qui demanda 5 ans de travail), reconstitution d'une chambre traditionnelle, expos temporaires d'artiste (mai à octobre).

➢ ***Promenade*** très agréable sur le site, à travers les buttes, à la rencontre des « vieux fonds ».

➢ Également un ***circuit*** de 12,5 km à vélo ou à pied sur le site ardoisier, partie intégrante de la boucle de 40 km autour de l'agglomération angevine.

## Manifestation

– ***Festival Estival de Trélazé :*** *juil-août. • festival-estival.fr • GRATUIT.* Concerts de très grands noms de la chanson, musique classique et jazz, expos... 150 000 spectateurs en 2014 tout de même !

# SAINT-MATHURIN-SUR-LOIRE

(49250) 2 450 hab. *Carte Maine-et-Loire, C2*

**Village d'une belle homogénéité, perché le long de la jetée. Maisons de tuffeau blanc et toits en ardoise dominés par l'église de campagne, dans un style néogrec propre aux bords de Loire (vous en verrez d'autres, à La Bohalle et à La Ménitré notamment). Il faut aller de l'autre côté du pont pour en avoir la plus belle vision ou bien en profiter au soleil couchant. Et pourquoi ne pas enfourcher son vélo sur ce tronçon de *La Loire à Vélo* ? Ou bien en profiter pour observer les sternes pierregarin qui nichent sur les bancs de sable de cette zone ornithologique remarquable, entre La Ménitré et La Daguenière. À moins de se baigner en Loire certaines années, quand une plage peut être aménagée et surveillée par la commune (mais bien se renseigner avant pour les conditions d'accès).**

### Adresse utile

ℹ ***Office de tourisme Loire-Authion :*** *pl. du Port-Charles-Sigogne (à l'entrée, côté Angers). ☎ 02-41-57-01-82. • angersloiretourisme.com • Juil-août, tlj 10h-12h30, 14h-18h30 ; avr-juin et sept, tlj sf dim mat et lun ; oct-mars,* *mar et sam, plus l'ap-m mer-ven. Fermé 1 sem aux vac de Noël.* Infos sur la vallée de l'Authion, les circuits et randonnées pédestres et cyclos. Jeux et livres pour les enfants pour apprendre la Loire en s'amusant. Organise des dimanches-rando en été et des animations familles (demander le programme). Boutique (spécialités locales comme la Gourmandise de Loire).

## À voir. À faire à Saint-Mathurin-sur-Loire et dans les environs

***La Maison de Loire en Anjou :*** *pl. du Port-Charles-Sigogne, à Saint-Mathurin (à l'office de tourisme). ☎ 02-41-57-37-55. • maisondeloire-anjou.fr • ♿ Mêmes horaires que l'office de tourisme. Billet jumelé avec les bateaux* Loire de Lumière. *Pdt les vac scol, sorties nature et familiales.* Centre d'interprétation de la Loire pour tout savoir sur la vie des mariniers, la construction de la « levée », les risques de crues et leurs conséquences... avec comme fil conducteur l'histoire de la relation de l'homme à la Loire. Film de 20 mn sur la Loire au quotidien. Muséographie claire et moderne, qui a le mérite de faire passer efficacement le message de protection de l'environnement. *Attention, ferme en 2015, réouverture en 2016.*

– ***La base nautique et de loisirs :*** *port Saint-Maur, 49250* ***La Ménitré.*** *☎ 02-41-45-69-01. À 4 km de Saint-Mathurin.* Location de canoës, sans encadrement. Camping au même endroit.

➢ ***Promenades en bateau :*** *sur les bateaux-promenade* ***Loire de Lumière.*** *☎ 02-41-57-01-82. • maisondeloire-anjou.fr • Départs de Saint-Mathurin ou de La Ménitré en fonction des conditions de navigation. Billet : 10 € ; réduc.* Promenades à thème selon saison : découverte nature avec la LPO, dîner concert, apéro-croisière, sortie crépusculaire...

### LA GABARE, TOUT UN ART !

*Peut-être apercevrez-vous sur la Loire des gabares, ces typiques embarcations nonchalantes à voile et à fond plat. Leur manipulation requérait autrefois des compétences pointues. Ainsi, lors du passage d'un pont, les mariniers devaient prendre suffisamment d'élan en gonflant les voiles avant d'affaler en un clin d'œil les mâts pour passer sous l'édifice et négocier au mieux le fort courant.*

## Manifestations

– ***Mystère de Loire :*** *en mai, sur le port Saint-Maur.* Des œuvres de *land art* jalonnent les rivages de cette petite île, face à La Ménitré. Marché artisanal, végétal et aux... bateaux sur les quais.
– ***Biennale des Grands fleuves du Monde :*** *au printemps, ts les 2 ans (années paires).* Manifestations pour un regard croisé entre la Loire et un fleuve à l'autre bout du monde.
– ***Festival international de Folklore d'Anjou et du Monde :*** *port Saint-Maur, à La Ménitré. Dernier dim de juil.*

# BEAUFORT-EN-VALLÉE

(49250) 6 500 hab. *Carte Maine-et-Loire, C2*

**Située au nord des Rosiers-sur-Loire, une agréable petite ville aux ruelles pavées, qui mérite le détour pour son intéressant patrimoine : halles du XIXᵉ s**

**(on y trouvait initialement la célèbre toile de Beaufort), hôtel-Dieu abritant des faïences de Nevers (ne se visite pas) et surtout le cabinet de curiosités d'un étonnant voyageur au XIXe s, Joseph Denais. Des ruines du château fortifié du XIVe s, superbe point de vue sur les environs. Pourquoi ne pas y pique-niquer ? Et sur la place principale de la ville, une colonne de 12 m de haut, surmontée d'une statue de Jeanne de Laval, épouse du roi René.**

## Adresse utile

**i *Bureau de tourisme de Beaufort-en-Anjou :*** *au sein du musée Joseph-Denais. ☎ 02-41-80-26-87. • beaufortenvallee.fr/tourisme.html • ♿ Mêmes horaires que le musée Joseph-Denais (lire « À voir »).* Infos sur le « Circuit Jeanne de Laval », à la découverte du patrimoine de Beaufort avec balades et randonnées.

## Où dormir à Beaufort et dans les environs ?

***Chambres d'hôtes La Chouannière :*** *chez M. et Mme Patrice, domaine des Hayes, 49250* ***Brion.*** *☎ 02-41-80-21-74. • chouanniere@loire-passion.com • loire-passion.com • De l'église, suivre les panneaux « Maison d'hôtes la Chouannière», puis, à la sortie de Brion, prendre la direction de Jumelles pdt 1,5 km. Doubles 65-79 € ; également une chambre 3-4 pers.* Beaucoup de charme pour cette demeure du XVIe s, isolée dans un hameau adorable. Tout en tuffeau et dotée d'une tour imposante (un pigeonnier), elle déploie ses ailes dans un parc soigné et très fleuri. Dans une dépendance, une poignée de chambres tout confort et de plain-pied. Mais les vrais aventuriers choisiront sans doute le gîte perché sur pilotis. Une adresse pour les romantiques, bénéficiant d'un label environnemental. Piscine chauffée de mai à septembre.

***Chambres d'hôtes chez M. et Mme Lambert :*** *47, rue du Docteur-Grimoux, à Beaufort-en-Vallée. ☎ 02-41-80-36-87. 📱 06-60-11-64-53. Direction Brion (D 7), c'est au rond-point. Doubles 40-45 € avec ou sans douche, w-c sur le palier ; petit déj 6 €.* À l'étage d'une longère crépie, 3 chambres très simples et sans charme particulier, qui dépanneront les petits budgets. Coin cuisine à dispo pour se préparer son frichti. Attention, l'escalier qui mène aux chambres est un peu raide ! Bon accueil.

D'ANGERS À SAUMUR

## À voir

**Le musée Joseph-Denais :** *5, pl. Notre-Dame. ☎ 02-41-80-26-87. Face au portail de l'église. 1er avr à mi-juin et mi-sept-1er nov, w-e et j. fériés 14h30-18h ; de mi-juin à mi-sept, tlj sf lun, 11h-13h, 14h30-18h ; ouv également aux vac de la Toussaint, sinon sur résa. Entrée : 5 € ; réduc, y compris sur présentation de ce guide ; gratuit moins de 18 ans. Visite guidée sur résa pour les groupes.*
L'exemple même du petit musée atypique que l'on aurait bien tort de bouder. À vrai dire, plus qu'un boudoir, il s'agit d'un authentique et rare cabinet de curiosités, installé dans un petit palais à l'italienne conçu pour abriter en 1905 les collections du journaliste-baroudeur Joseph Denais. Sur une période allant du Néolithique à la Première Guerre mondiale, ce trésor éclectique constitué dès l'âge de 15 ans comprend pas moins de 7 000 objets en tout genre.
Sept salles en tout pour passer de l'histoire naturelle aux Beaux-Arts, de l'Antiquité à l'histoire de Beaufort. On y trouve pêle-mêle, du plus prestigieux au plus anecdotique, *La Petite Châtelaine* de Camille Claudel, deux étonnantes momies égyptiennes, du miel en provenance du tombeau de Napoléon, un morceau de

pain datant de la Commune et arraché de la bouche d'un Prussien (!), une taupe albinos (la coqueluche du musée), un arbre aux oiseaux, etc. Autant d'objets parfaitement documentés par leur découvreur, qui parlent à tous et qui ont tous une histoire à raconter, en n'oubliant pas d'ouvrir les tiroirs ou les portes énigmatiques.

**L'église :** *entrée rue des Halles.* Édifiée à partir du XII^e s, elle a été remaniée plusieurs fois au cours des XV^e et XIX^e s. Haut de 48 m, le clocher du XVI^e s abrite cinq belles cloches, dont un bourdon de 5 400 kg. Le beau portail extérieur élevé à la fin du XIX^e s porte, à droite, les armoiries de Jeanne de Laval, et à gauche, celles de Mlle Landreau (une bienfaitrice du XIX^e s). Ne pas rater, à l'intérieur, des orgues de 1858. Nombreux vitraux exécutés de 1869 à 1889, représentant différentes scènes et légendes de la Vierge.

## DANS LES ENVIRONS DE BEAUFORT-EN-VALLÉE

**Le château de Montgeoffroy :** *route de Seiches, 49630* ***Mazé.*** *☎ 02-41-80-60-02. • montgeoffroy@gmail.com • chateaudemontgeoffroy.com • Sur la D 74, à l'ouest de Beaufort-en-Vallée. De mi-mars à mi-nov, tlj 10h-12h, 14h-18h (non-stop de mi-juin à mi-sept). Visite guidée slt (1h). Entrée : 10 € ; réduc. Parc et jardins slt : env 5 €.* Élégant château du XVIII^e s, construit par le maréchal de Contades, qui ne manque pas de panache avec son logis principal et ses deux ailes donnant sur un vaste parc. Typique de l'architecture de cette époque, il a miraculeusement conservé son décor intérieur et son ordonnancement d'origine, sans doute grâce à son petit-fils illégitime, député à la Convention et proche de Danton, qui lui évita les foudres révolutionnaires (le pauvre finira quand même guillotiné !). Au gré de la visite des chambres (seulement sur réservation pour celles du 1^er étage), salons, salle à manger et salle de billard, on verra de beaux tableaux (Rigaud, Van Loo), d'intéressantes tapisseries et du mobilier rare d'époque. Superbe sellerie également et une cuisine comprenant pas moins de 260 ustensiles en cuivre et en étain. Un château encore réellement vivant et une visite pleine d'anecdotes.

– **Parcours Aventure 49 :** *la Butte au Beurre, 49250* ***Brion.*** *06-09-67-62-12. • parcoursaventure49.fr • Au nord-est de Beaufort, au-delà de l'autoroute. Compter 8-25 € selon nombre de parcours. Env 70 € la nuit pour 2 pers.* Au programme : parc accrobranche, escalade et nuits insolites dans de curieuses bulles transparentes suspendues ou en tente saharienne.

**Le Moulin de Longué – Hydronef :** *av. du Moulin, 49160* ***Longué-Jumelles.*** *☎ 02-41-67-81-18. • villedelonguejumelles.fr • Sur la D 347, à mi-chemin entre Beaufort-en-Vallée et Saumur. Au centre-ville. Avr-sept, mer-ven 14h-18h, w-e 11h-18h, plus mer-ven 10h-12h en juil-août. GRATUIT (visite guidée sur résa : 2 €).* De la roue à aubes à la machine à vapeur, le moulin de Longué n'a cessé de s'adapter aux technologies du moment jusqu'à aujourd'hui, où cet « hydronef » réhabilité présente, de manière interactive, le monde de l'énergie hydraulique et des machines à eau. Vidéos, écrans tactiles, lumières tamisées...



# LES ROSIERS-SUR-LOIRE

(49350) 2 400 hab. *Carte Maine-et-Loire, C3*

**Un autre ancien petit port de Loire, charmant village fleuri avec un beau clocher panoramique et à galerie de 1538 et une drôle de fontaine zen derrière l'église. L'endroit idéal pour une pause dans votre périple. Tiens, on trouve une aire de pique-nique à la sortie du bourg, direction Saumur ! C'est ici que**

**l'on peut traverser la Loire et continuer vers Saumur par la rive sud, en passant par Gennes, juste en face.**

## Adresse et infos utiles

ℹ ***Office de tourisme :*** *2, rue des Ponts.* ☎ *02-41-51-09-10.* • *ot-loire-longue.com* • *Fermé dim et j. fériés sept-juin.* Propose un circuit dans le bourg (église, fontaine zen, etc.). Infos sur les visites éventuelles du clocher.

– ***Les Artisanales des Rosiers :*** *fin juin-début sept, face à l'office de tourisme.* Expositions-vente d'artisanat d'art de la région.

– ***Marché :*** *lun mat.*

## Où dormir ? Où manger aux Rosiers et dans les environs ?

### Campings

***Camping Terre d'Entente :*** *route de la Croix-Rouge, 49160* ***Saint-Martin-de-la-Place.*** ☎ *09-72-30-31-72.* *07-70-07-69-37.* • *contact@terre-dentente.fr* • *terre-dentente.fr* • *À 7 km, direction Saumur, par la D 952. De mi-avr à sept. Tentes 12,40-13,90 €. Hébergement locatif 140-600 €/sem selon saison. Réduc de 5 % après 14 nuits ; 10 % après 1 mois. 85 empl.* Camping familial vaste et ombragé, à l'environnement très plaisant : un beau terrain arboré à l'écart de la route principale, directement sur les bords de la Loire. Équipements simples, mais même en juillet il y a de la place, et les campeurs ne sont pas les uns sur les autres. Dépôt de pain, marché nocturne, journées à thème, massages et soins esthétiques, location de vélos. Une excellente alternative si Saumur est bondée !

***Camping Val de Loire :*** *6, rue Sainte-Baudruche, aux Rosiers.* ☎ *02-41-51-94-33.* • *contact@camping-valdeloire.com* • *camping-valdeloire.com* • *Au nord des Rosiers. Avr-sept. Compter 13,80-23,50 € pour 2 selon saison. Hébergement locatif 201-917 €/sem selon saison. Caravanes 128-209 €/sem (avec électricité). 112 empl.* Un camping 4 étoiles, vaste et pourtant convivial (emplacements de 100 m² ou plus). Bien ombragé, il propose toute une panoplie d'activités pour petits et grands, sportives ou autres. 2 piscines chauffées, couvertes ou non. Club enfants, minimarché. En option, descente de la Loire en canoë, visite du vignoble...

### De prix moyens à chic

***Domaine de la Blairie :*** *5, rue de la Mairie, 49160* ***Saint-Martin-de-la-Place.*** ☎ *02-41-38-42-98.* • *contact@hotel-blairie.com* • *hotel-blairie.com* • *À 7 km des Rosiers, direction Saumur. Fermé le midi et lun soir nov-mars. Congés : de mi-déc à début fév. Doubles 70-95 € selon confort et saison. Menus 16,90-24,90 €. Apéritif maison offert sur présentation de ce guide.* Ambiance reposante dans ces différents corps de bâtiment du XVIIIᵉ s. Normal, ils servirent tour à tour de dépendances au couvent de Fontevraud et de maison de retraite. Le logis, rénové de façon contemporaine, accueille des chambres fonctionnelles et de bon confort. Pour le reste : joli parc, piscine, location de vélos et resto de qualité. Très bien pour les familles. Accueil pro.

***Rouge Bistro :*** *2, quai de la Loire, aux Rosiers.* ☎ *02-41-51-28-86.* • *rougebistro@orange.fr* • *Situé 300 m après le pont, direction Saumur. Ouv le midi lun-sam et le soir jeu-sam. Formule 12,50 € avec verre de vin à 1,50 € déj en sem ; carte env 25 €.* Un bistrot parisien greffé en Anjou, avec ses larges fenêtres donnant sur la Loire et les coteaux. Ambiance animée quand il y a foule. Et dans l'assiette, des plats traditionnels, pas compliqués pour un sou mais à tarifs imbattables. Un buffet d'entrées, une escalope, une part de gâteau, le tout arrosé d'un petit chinon, et le tour est joué.

***Chambres d'hôtes Domaine de l'Oie Rouge :*** *8, rue Nationale, aux Rosiers. ☎ 02-41-53-65-65. • c.batel@wanadoo.fr • domaine-oie-rouge.com • Doubles 82-101 € selon saison.* Quasi face à la mairie, une élégante demeure du XIX^e s, au cœur d'un petit parc. La sympathique propriétaire aime l'art à tel point qu'elle organise des expos dans une dépendance du domaine. C'est sans surprise qu'on découvre des chambres charmantes, cosy et soigneusement décorées. Mention spéciale pour la « Camélia », dont le bow-window offre une très belle vue sur la Loire. Location de vélos et boutique de produits du terroir.

# PAR LA RIVE GAUCHE (SUD)

## BLAISON-GOHIER

(49320) 1 130 hab. *Carte Maine-et-Loire, C3*

**Ce village de charme, à une vingtaine de kilomètres à l'est d'Angers, pas très loin de la Loire, abrite la plus petite mairie du département. Château du XII^e s reconstruit aux XV^e et XVI^e s. Belle église, classée Monument historique pour sa nef du XII^e s et son clocher du XV^e s.**

### Où manger dans le coin ?

***Le Petit Blaison :*** *6, rue de la Grange-aux-Dîmes, dans Blaison. ☎ 02-41-54-85-70. Dans le bourg, près de l'église. Fermé lun-mar, plus le soir mer-jeu. Congés : courant janv et 1 sem en oct. Menu à midi 14 € (avec café et pichet de vin) ; carte 15-30 €. Digestif maison offert sur présentation de ce guide.* Ce café-épicerie-resto-salon a plus d'un tour dans son sac pour maintenir de la vie dans ce petit bourg plein de charme. On y est reçu simplement, comme à la maison. Cuisine dans la même ligne, sans tralala, pas radine et à des tarifs imbattables. Une halte bien pratique.

***La Caillotte :*** *2, rue de la Loire, 49320* ***Saint-Saturnin-sur-Loire.*** *☎ 02-41-54-63-74. • aubergedelacaillotte@wanadoo.fr • Au sud-est d'Angers, par la D 751. Bien indiqué. En saison, tlj sf dim soir et lun ; hors saison, ouv slt ven-dim. Congés : fêtes de fin d'année. Menus 27-36 € ; carte env 30 €.* Tout d'abord, une ravissante salle à manger au cadre rustique, à l'image de la vieille auberge recouverte de plantes grimpantes. Aux beaux jours, c'est surtout l'une des terrasses les plus agréables qui soient (penser à réserver !), délicieusement ombragée. Cuisine goûteuse à base de produits locaux, avec une cave à vins attrayante, et des plats qui changent selon les produits de la pêche, de la chasse... On y sert notamment le crémet d'Anjou, un dessert régional à découvrir.

## SAINT-RÉMY-LA-VARENNE

(49250) 1 000 hab. *Carte Maine-et-Loire, C3*

**En face de Saint-Mathurin-sur-Loire. Village paisible, niché dans la verdure. Balade intéressante sur le sentier d'interprétation du parc naturel régional, sur le thème des crues de la Loire, sujet sensible par ici.**

## Où manger ?

**Bar-restaurant de la Mairie :** *20, rue Saint-Aubin. ☎ 02-41-57-05-59. • restaurant.delamairie@wanadoo.fr • En saison, tlj sf mar soir et mer ; le reste de l'année, ts les midis ainsi que le soir ven-sam. Congés : 3 sem sur août-sept. Menus 12 € (déj en sem)-27,50 €.* C'est le bar-resto typique de village, avec les nombreux habitués qui passent en voisins pour boire un verre, mais surtout pour profiter du petit menu du midi, d'un excellent rapport qualité-prix. On ne choisit pas, c'est une formule plat unique sans chichis, mais le tout se révèle plus que convenable et très copieux. Une aubaine, d'autant que le repas est servi avec le sourire sur une terrasse fleurie et ombragée des plus agréable.

## À voir à Saint-Rémy-la-Varenne et dans les environs

Voir l'***église,*** avec sa nef du XIIe s. Chapelle du XIIIe s avec d'élégantes voûtes angevines. À l'extérieur, clocher octogonal du XIXe s. Abside avec frise ciselée et modillons.

Ne pas manquer le ***logis du Prieuré,*** juste à côté de l'église. *Rens à l'Association du prieuré. ☎ 02-41-57-32-32. • prieure-saint-remy.fr • W-E de Pâques, mai et sept, w-e 15h-18h ; juin-août, tlj sf mar, 10h-12h, 14h30-18h (18h30 w-e). Entrée : 2,50 € ; réduc ; gratuit moins de 12 ans. Billet jumelé avec la Maison de Loire (Saint-Mathurin) : 6,50 €. Livret spécial enfants. Visite guidée possible.* Fondé au Xe s mais maintes fois remanié par la suite, ce prieuré constitue aujourd'hui un patchwork architectural qui ne manque ni de caractère ni d'intérêt. Entrée sous un porche en anse de panier (XVe s), soutenu par deux petits singes, pour découvrir un fort beau logis du XVIe s avec fenêtres à meneaux, médaillons, jolies lucarnes et oculi. À l'intérieur, belle cheminée Renaissance abondamment sculptée, charpente en chêne du XIVe s dans l'ancien grenier, une cave, et, clou de la visite, des fresques de la fin du XIe s, d'une étonnante fraîcheur.

***L'abbaye de Saint-Maur :*** *sur la route du Thoureil, à quelques km (la vue est plus jolie de l'autre rive). Ne se visite pas.* Elle fut fondée en 543 par saint Maur. La plupart des bâtiments datent du XVIIe s. La petite chapelle Saint-Martin abrite la sépulture du saint.



# LE THOUREIL (49350) 450 hab. *Carte Maine-et-Loire, C3*

**Entre Saint-Rémy-la-Varenne et Gennes, village blotti autour de son église au curieux clocher (un des rares exemples de clocher-peigne en Anjou). À l'intérieur, châsses sculptées en noyer du XVIe s. Belles demeures des XVe, XVIe et XVIIe s en bord de Loire. Certaines furent édifiées par de riches marchands de vin, pour lesquels Le Thoureil était un port important à l'époque. Le fleuve prend ici un caractère particulièrement romantique avec ses îlots et rives boisées, ses colonies d'oiseaux sur les bancs de sable, son quai alangui et des effets de lumière si séduisants.**

## Où dormir ? Où manger dans les environs ?

***Yellow Village Parc de Montsabert :*** *à Montsabert, 49320* ***Coutures.*** *☎ 02-41-57-91-63. • camping@parcdemontsabert.com • parcdemontsabert.com • ♿ Accès par les D 751 et D 74. De mi-avr à mi-sept. Compter*

*19-29 € pour 2 selon saison. Locatifs 4-7 pers 217-1 001 €/sem selon saison. Offres spéciales : long séjour, ½ pens... Caravanes 126-203 €/sem. Pot d'accueil offert sur présentation de ce guide (à demander au bar).* Camping de haut standing, établi dans un très joli parc boisé de 9 ha. Emplacements bien tenus et espacés, et très bon niveau d'équipement. Plein d'activités (balade avec des ânes, dégustation de vin...), animations pour les enfants et même un dépôt de pain cuit sur place. Location de vélos. Espace bien-être. Chalets, roulottes, bungalows toilés, cottages... il y en a pour tous les goûts. Piscine.

**Auberge La Sansonnière :** *49350* ***Saint-Georges-des-Sept-Voies.*** *☎ 02-41-57-57-70. • contact@auberge-sansonniere.com • auberge-sansonniere.com • Doubles env 80-90 € ; également une familiale.* Cette auberge du XVIIe s, aux murs de tuffeau, fait partie du curieux et mignon hameau fortifié qui fait office de bourg, avec sa mairie-école et son église. Le tout au milieu des champs de fleurs. Le cadre prête à la rêverie, surtout le soir, lorsqu'on contemple le coucher de soleil depuis le beau jardin fleuri. Un excellent point de chute en somme, pour ses chambres coquettes et de tout confort. Restaurant.

## À faire

➢ ***Balades en bateau :*** *avec* ***Rêves de Loire,*** *Alain Gillot, 17, quai des Mariniers. 07-86-18-52-10. • revesdeloire.fr •* Découverte de la Loire sur un bateau traditionnel. Balades de 1h30 *(env 18 €/pers)* à plusieurs jours avec bivouac. Prestations de qualité et personnalisées.

## DANS LES ENVIRONS DU THOUREIL

***Le manoir de la Caillère :*** *49320* ***Coutures.*** *☎ 02-41-57-97-97. • richard-rak.com • Au nord de Coutures ; juste avt Montsabert, prendre la petite route à gauche (indiqué). Mai-sept, mar-dim 14h-19h ; oct-avr, w-e 14h-18h ou sur résa. Entrée : 4,50 € ; réduc ; gratuit moins de 6 ans ; une entrée gratuite sur présentation de ce guide.* Un grand souffle de liberté dans un troglo à l'éclairage travaillé : bienvenue dans la ***galerie de Richard Rak,*** un artiste attachant dont les créations insolites, constituées d'objets de récup' détournés, sont autant d'invitations au voyage dans l'imaginaire ! Le parcours souterrain est constitué de plusieurs espaces sur des thèmes de voyageurs, avec une accumulation de valises à l'entrée, indispensables au baroudeur. Richard, seul guide dans ce dédale où l'on se perd en rêverie, a des impulsions rimbaldiennes : lever l'ancre, se défaire de la pesanteur. À coup sûr, le routard qui passe à la Caillère en ressort ivre... comme le bateau. Une autre galerie à Saumur (voir « Saumur » plus loin).

***Le dolmen de la Bajoulière :*** *près du village de* ***Fontaine,*** *sur la route de Coutures.* L'un des plus importants d'Anjou, dans un bel environnement.

***L'Hélice terrestre de L'Orbière, Espace d'art plastique contemporain :*** *au hameau L'Orbière, 49350* ***Saint-Georges-des-Sept-Voies.*** *☎ 02-41-57-95-92. (accès partiel). De Saint-Georges-des-Sept-Voies, sur la D 751, suivre le panneau « Espace d'art plastique contemporain », puis les flèches jaune et bleu. Mai-sept, tlj 11h-20h ; oct-avr, w-e slt 14h-18h. En été, visites nocturnes à 21h (se renseigner sur les dates). Entrée : 5 € ; réduc.*
Jacques Warminski, sculpteur-plasticien, décédé en 1997, a entrepris ici une œuvre absolument incroyable : réconcilier l'homme, son environnement et l'art ! D'abord, le cadre, un ancien village troglodytique (encore habité à la fin des années 1930), avec sentier-promenade permettant une vue plongeante.
Après la deuxième porte dans la cour, c'est le choc ! Ici, l'artiste a pu réaliser le

rêve que doit probablement faire tout sculpteur : travailler une matière en quantité illimitée avec une liberté illimitée. Mieux, pouvoir le faire en creux et occuper l'espace tout entier au travers de tunnels et couloirs labyrinthiques aux formes inouïes. L'ensemble est harmonieux, menant le visiteur abasourdi, en un irrésistible maelström, à une chambre d'écho extraordinaire...
La démarche est inversée en plein air, avec *l'Hélice terrestre* ! Là, tout est en relief dans des formes fascinantes qui montent au ciel en envolées puissantes. Ne pas hésiter à demander des explications au gardien des lieux. Si les infrastructures vieillissent un peu, le chef-d'œuvre est inaltérable ! Accueil fort sympathique.

***La petite église de Saint-Pierre-en-Vaux :*** *isolée, tt en haut d'une colline boisée, près de Saint-Georges-des-Sept-Voies.* Nef du XIIe s. À l'intérieur, jolie chaire taillée dans le tuffeau.

# GENNES

(49350) 2 130 hab. *Carte Maine-et-Loire, C3*

**Aimable bourgade dominée par l'église Saint-Eusèbe, perchée sur la colline et d'où l'on profite d'une vue extraordinaire sur la Loire. Ancien site religieux gallo-romain, comme l'attestent les nombreuses découvertes effectuées dans le coin, dont un authentique amphithéâtre gallo-romain de 5 000 places (visite possible, mais plus grand-chose à voir).**

## Où camper ?

***Camping Au Bord de Loire :*** *av. des Cadets-de-Saumur. ☎ 02-41-38-04-67. • auborddeloire@free.fr • camping-auborddeloire.com • Mai-fin sept. Env 11-13 € pour 2 selon saison. Loc de tentes meublées pour 4-6 pers 179-279 €/sem. Caravanes 77-91 €/sem. 140 empl. Réduc de 5 % pour les séjours de 14 nuits ou plus ; pour les pers effectuant* La Loire à Vélo, *tarif tente 10-12 € pour 2 pers selon saison.* Sympathique petit camping bien verdoyant, pied dans l'eau, comme son nom l'indique (enfin... hors saison !) et familial. Piscine municipale à 100 m (tarif préférentiel pour les campeurs) et fleuve de 1re catégorie pour les amateurs de pêche. Très bon accueil.

## À voir. À faire

***Le mémorial des Cadets de Saumur :*** *dans le haut du village, adossé au mur de l'église Saint-Eusèbe.* Hommage à la défense héroïque des élèves de l'École de cavalerie de Saumur face aux Allemands, en 1940.

Dans le coin, les dolménophiles se délecteront des ***dolmens de la Forêt*** (à 3 km), ***de la Pagerie*** (à 2 km) et ***de la Madeleine*** (à 1 km au sud de Gennes). En tout, une vingtaine de dolmens autour de Gennes...

– ***Montgolfières d'Anjou :*** *Z.I. Les Sabotiers. ☎ 02-41-404-804. • montgolfieres.fr • Compter 200-380 €/pers pour 1h de vol, mat ou soir.* La vallée de la Loire vue du ciel... Plusieurs sites de départ, de Saint-Barthélemy-d'Anjou à Fontevraud.

## À voir dans les environs

***Le moulin à eau de Sarré :*** *sur la D 70, à 3 km de Gennes. ☎ 02-41-51-81-32. • moulin-de-sarre.fr • Visites guidées slt (45 mn) à 15h, 16h et 17h : mai-juin* *et sept, dim et j. fériés ; juil-août, tlj ; le reste de l'année, sur résa. Entrée : 4 € ; réduc ; gratuit pour les pers se restaurant à l'auberge du moulin.* Le dernier des neuf moulins du petit ruisseau Avort à fonctionner encore. Et pas uniquement pour le folklore ! Car les frères Lauriou, issus de plusieurs générations de meuniers, perpétuent la tradition en produisant 6 à 10 t de farine de meule par jour (blé, épeautre, seigle...), en conventionnel ou bio. Évidemment, l'essentiel de la production s'effectue dans les bâtiments annexes, plus modernes, mais on y utilise des meules horizontales. Quant au vieux moulin, il sert à la visite et à la production de farines spéciales (pain d'épices, maïs, châtaigne...). L'auberge, installée dans les anciennes dépendances du moulin, propose des menus de fouées *(env 22-27 €, sur résa)*, faites bien sûr avec la farine maison. Boutique.

# CHÊNEHUTTE-TRÈVES-CUNAULT

(49350) 1 060 hab. *Carte Maine-et-Loire, C3*

**Un des points d'orgue de votre balade en bord de Loire. Renommé pour sa magnifique église romane, Cunault était au Moyen Âge un port, lieu de foire et de pèlerinage très important. Ambiance recueillie, quelques roses trémières et des bancs de sable pour décor. Le village, avec ses maisons en tuffeau toutes plus ravissantes les unes que les autres et sans aucune verrue architecturale, mérite vraiment une petite balade. Allez à pied jusqu'au cimetière sur les hauteurs. Vous y verrez une plaque à la mémoire d'Hervé Bazin.**

## Où dormir dans le coin ?

***Chambres d'hôtes La Chauminette :*** *2, rue Foulques-Nerra, Préban, 49350* ***Chênehutte-Trèves-Cunault.*** *☎ 02-41-67-92-54. • la-chauminette@wanadoo.fr • la-chauminette.pagesperso-orange.fr/ • À la sortie de Préban vers Chênehutte. Double avec bains et w-c 74 €. Réduc de 10 % hors juil-août sur présentation de ce guide.* Raymonde saura vous accueillir avec la gentillesse qui la caractérise dans sa maison nickel, envahie de bibelots et de fleurs. Elle s'occupe aussi bien de son jardin que de ses chambres, très simples et à la déco un peu vieillotte, mais avec tout le confort. Également un gîte à louer. Une adresse pratique et chaleureuse.

## À voir

***L'église Notre-Dame :*** *messe avec des chants grégoriens les dim et fêtes à 11h15.*
Considérée comme la plus grande église romane de France sans transept. Ancienne église de prieuré, elle fut édifiée des XIe au XVe s, sur les bords de Loire. Rabelais la cite dans *Gargantua* (des soldats attaqués implorent « Nostre-Dame de Cunaud »).

*L'extérieur*
Globalement, l'édifice apparaît comme un long vaisseau aux lignes harmonieuses. Superbe chevet rythmé par une rangée de délicates arcatures aveugles ouvragées et de tout petits chapiteaux sculptés.
– ***Le clocher :*** première construction du XIe s. D'aspect massif mais orné de ravissantes baies romanes. Au-dessus d'elles, frises en damier, avec masques ricanant. Il faut surtout noter la remarquable diversité des baies et leur rythme. Rangées de 5, 3 et 4 s'équilibrant magnifiquement. Flèche en pierre.

– ***La façade principale :*** percée d'une fenêtre flamboyante du XV^e s. Porche roman à six voussures. Au tympan, *Vierge à l'Enfant* encadrée d'anges thuriféraires.

*L'intérieur*
– ***La nef :*** du haut des neuf marches du porche, c'est l'enchantement. Apparaît l'immense vaisseau lumineux avec effet de perspective, accentué par le rétrécissement progressif de la nef et la surélévation du chœur. Les premières travées sont voûtées à l'angevine, les suivantes (antérieures) en arc roman brisé.
– ***Le chœur et les absidioles :*** très beau chœur avec déambulatoire et chapelles rayonnantes. *Pietà* polychrome en pierre du XVI^e s, chapier de la même époque (armoire à vêtements liturgiques) et châsse polychrome du XIII^e s. Vestiges de fresques dans les deux absidioles du chœur.
– Mais la merveille de Cunault, ce sont ses ***chapiteaux.*** Il y en a plus de 220, au riche décor (feuilles d'acanthe ou historiés). Quelques-uns dans le chœur sont aisément reconnaissables : *Guerriers chevauchant des chimères, Chevalier luttant contre un Barbare, Chevalier attaquant un dragon...* L'un mérite particulièrement l'attention : *Chevalier partant à l'assaut d'une ville.*
– Enfin, quelques ***fresques*** subsistent, comme celle de la 5^e arcade gauche de la nef *(Saint Christophe et son bâton).* Sur la 5^e arcade du bas-côté droit, une *Transfiguration.*

***Le logis du Prieur :*** *en face de l'église.* Construit au XVI^e s en style Renaissance. Fenêtres à meneaux et lucarnes joliment décorées. Visible quand le portail est laissé ouvert.

**Chênehutte-les-Tuffeaux** *(49350)* **:** *même commune, direction Saumur ; passer d'abord par* ***Trèves*** *(remarquer la tour-clocher), c'est le village suivant.* Charmante église Notre-Dame, datant du XII^e s. Joli clocher roman. Abside du chœur décorée d'une frise à modillons.

## Manifestations

*Rens : ☎ 02-41-67-92-93. ● amisndcunault.free.fr ●*
– ***Le Mai de l'Orgue :*** *chaque dim de mai à 17h. Gratuit.* Concerts d'orgue dans la prieurale.
– ***Les Heures musicales de Cunault :*** *ts les dim de mi-juil à mi-août, à 17h, dans l'église de* ***Cunault*** *ou celle de* ***Trèves.*** Récitals d'orgue, musique de chambre, chœurs et orchestres, etc.

# SAUMUR (49400) 31 700 hab. *Carte Maine-et-Loire, D3*

**Est-il vraiment nécessaire de présenter Saumur, troisième ville du Maine-et-Loire, avec son château de légende, son fameux Cadre noir, ses vins réputés ?... Château, mairie ouvragée et belles demeures aristocratiques des quais composent l'un des plus beaux tableaux que l'on connaisse ! À admirer tôt le matin ou quand le soleil se couche. Et puis c'est sans doute la seule ville de la région où l'on peut voir des cavaliers chevaucher au pas dans les rues, naturellement... Balzac utilisa largement Saumur comme cadre pour son *Eugénie Grandet* (1833). Il résida souvent dans le Saumurois, dont il était très familier.**

## UN PEU D'HISTOIRE

Les origines de la ville remontent au IX^e s (un monastère), mais c'est Thibault, comte de Blois, qui construisit un château et un début d'enceinte d'où Saumur tient peut-être

■ **Adresse utile**

Office de tourisme

**Où dormir ?**

10 Camping de l'Île d'Offard et Centre international de séjour
11 Logis Hôtel du Parc
12 Hôtel Le Volney
13 Hôtel Saint-Pierre
14 Le Londres Hôtel et appartements
15 Chambres d'hôtes de l'Île du Saule
16 Hôtel Kyriad
17 Hôtel Anne d'Anjou
19 Château de Verrières

**Où manger ?**

17 Les Ménestrels
31 Bistrot de la Place
32 Les Canons
33 L'Alchimiste
34 L'Escargot et l'Aromate
35 Le Gambetta

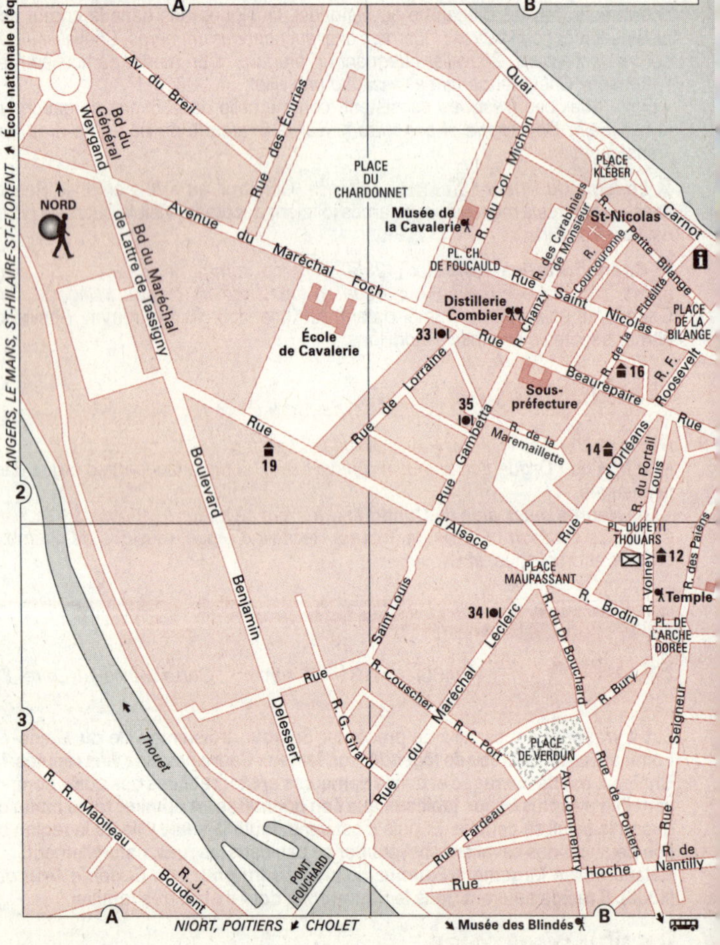

ANGERS
11 ANGERS, PARIS
C
D
Quai du Comte Lair
Route d'Angers
Av. David d'Angers
R. de Rouen
Rue Emmanuel Clairefond
R. de l'Île Neuve
R. de la Croix Verte
PL. DE LA RÉSISTANCE
ÎLE MILLOCHEAU
PONT DES CADETS
Route de Tours
PLACE MARÉCHAL LECLERC
PL. DU ROI RENÉ
R. A. Jouanneault
15 TOURS
Q. du Roi René
Maison de la Reine de Sicile
Rue Montcel
Bras des Sept Voies
Q. du Gaz
Av. du Gal de Gaulle
R. Paul Bert
R. Waldeck Rousseau
la Visitation
Boulevard de Verden
ÎLE D'OFFARD
PONT CESSART
R. des Aulnes
Loire
Quai du Marronnier
Théâtre
Q. L. Gautier
Hôtel de ville
PLACE DE LA RÉPUBLIQUE
R. Saint Jean
R. de la Tonnelle
R. du Marché
31
32
Saint-Pierre
Dacier
PLACE ST-PIERRE
13
Palais de justice
Quai Mayaud
17
10
R. du Temple
Rue Grand
Montée du Fort
Château
R. du Prêche
Av. du Docteur Peton
R. Jean Jaurès
R. Duruy
Rue des Moulins
Rue Rabelais
R. Pascal
Jardin des Plantes
Rue Lamartine
Quai Mayaud
MONTSOREAU, LOUDUN, CHINON
PL. DE NANTILLY
N.-D.-de-Nantilly
200 m
N.-D.-des-Ardilliers
1
2
3

## SAUMUR

son nom *(salvus murus)*. Rattachée en 1203 au royaume de France par Philippe Auguste, la petite ville se développa, embellie par les ducs d'Anjou aux XIVe et XVe s. Saumur atteignit sa notoriété véritable avec l'arrivée du protestantisme, en réaction aux privilèges des abbayes environnantes (Fontevraud, Saint-Florent). En 1589, elle devint place de sûreté protestante, gouvernée par Philippe Duplessis-Mornay, théologien et chef de guerre, ami du futur Henri IV et artisan du rapprochement avec Henri III. Fondation également d'une académie qui en fit la Genève française. Sa réputation s'étendit à toute l'Europe, et une grande vitalité économique accompagna celle de la pensée. Professeurs et étudiants y affluèrent. Saumur devint une cité prospère.
Les catholiques contre-attaquèrent en installant, au début du XVIIe s, sept communautés aux portes de la ville et en fondant une école de théologie. Les joutes philosophiques entre les deux courants de pensée religieuse sont restées fameuses. Un grand pèlerinage populaire à Notre-Dame-des-Ardilliers devint également une arme de guerre contre les parpaillots. Enfin, à la révocation de l'édit de Nantes (en 1685), l'académie et les librairies furent fermées, les étudiants chassés, etc. La bourgeoisie protestante émigra en masse ; l'activité économique s'effondra. Saumur s'assoupit sur les bords de la Loire.
Au XVIIIe s, création de l'École de cavalerie et, en 1825, du fameux Cadre noir, destiné à enseigner l'équitation classique aux élèves officiers. En dehors des activités équestres, l'industrie la plus importante au XIXe s fut la « patenôtrie » (la fabrication des chapelets, de *Pater Noster*). Eh oui ! jusqu'au début du XXe s, 1 500 patenôtriers travaillaient à Saumur et exportaient jusque dans les pays musulmans.

### VALEUREUX CADETS

*En 1940, surmontant un rapport de force très défavorable, les 800 élèves de l'École de cavalerie (appelés les cadets de Saumur), démunis de matériel militaire, arrivèrent à contenir l'avance allemande plusieurs jours, au prix de nombreuses pertes humaines. Les Allemands furent vraiment impressionnés par une telle résistance. Un mémorial rend hommage aux cadets à Gennes.*



## LES VINS DE SAUMUR

Le Saumurois a toujours été un important centre de production du vin. Le coin est surtout connu pour sa production de vin à bulles, qui s'obtient à partir d'un cépage principal, le chenin. On trouve les grandes maisons de saumur brut dans la région de Saint-Hilaire-Saint-Florent. Il gagne ses fines bulles et son parfum dans la fraîcheur des caves crayeuses. Le saumur blanc (un sec) s'étend quant à lui sur 41 communes. Le terroir calcaire du tuffeau en fait un vin léger, fruité, élégant, au délicat arôme floral, notamment autour de Brézé, Montreuil-Bellay et du Puy-Notre-Dame. Le saumur rouge se récolte sur une trentaine de communes. C'est un vin généreux, qui vieillit correctement (du moins celui qui a d'abord vieilli en fût de chêne).
Le ***saumur-champigny,*** enfin, l'une des appellations les plus connues et les plus appréciées, est obtenu à partir de cépage cabernet franc et produit un vin rouge, rubis foncé, franc de goût, aux parfums de fruits rouges, généreux, bien équilibré. Jeune, il se boit frais. Vignoble peu étendu, sur neuf communes seulement, de Varrains à Montsoreau, en passant par Saint-Cyr-en-Bourg et Souzay-Champigny, Champigny étant en fait un hameau. Dans le triangle compris entre la Loire et le Thouet, il occupe une place privilégiée sur le coteau de tuffeau en surplomb de la Loire.

## Adresses et info utiles

**ℹ *Office de tourisme*** *(plan B2)* **:** *quai Carnot. ☎ 02-41-40-20-60. • saumur-tourisme.com • En saison, lun-sam 9h15-19h, dim et j. fériés 10h30-17h30 ; hors saison, fermé l'ap-m dim et j. fériés. Congés : du 24 déc ap-m au 26 déc mat* *et 31 déc ap-m-2 janv mat. Guide du Grand Saumur* (gratuit), consultation en photos des hébergements du Saumurois (service de réservation payant), billetterie pour le Carrousel et les spectacles (programme sur le site). Personnel fort accueillant et efficace.

**Gare ferroviaire** *(plan C1) : av. David-d'Angers.* Saumur se trouve sur la ligne de TGV ou TER Angers-Tours.

**Gare routière** *(hors plan par B3) : pôle Balzac.*

– **Le TAD (transport à la demande) :** *infos à l'office de tourisme.* Pour le prix d'un ticket de bus, on voyage à bord d'un taxi ou d'un minibus *(4 ou 5 départs/j., à réserver au min 4h à l'avance).*

## Où dormir ?

### Camping

***Camping de l'Île d'Offard*** *(plan D2, **10**) : bd de Verden. ☎ 02-41-40-30-00. • iledoffard@flowercampings.com • saumur-camping.com • À 15 mn à pied de la gare, sur la pointe de l'île d'Offard. 1er mars-15 nov. Compter 13,50-28 € pour 2 selon saison. Bungalows toilés et mobile homes 178-434 €/sem selon taille et saison. 250 empl.* Camping vaste et confortable, idéalement situé sur un site très agréable, avec le château de Saumur en ligne de mire. Nombreuses activités et la Loire tout autour (mais pas de baignade !). Piscine. Jeux et terrain multisports. Le camping propose par ailleurs un original « campétoile », une cabane sur pilotis pour 2 personnes avec accès à une cuisine d'été, à destination des cyclistes de *La Loire à Vélo (35 € pour 2 en hte saison).*

### Bon marché

***Centre international de séjour*** *(plan D2, **10**) : contigu au Camping de l'Île d'Offard, mêmes coordonnées. Compter 27,40 €/pers en chambre de 2-8 pers (très dégressif à partir de 2), petit déj et draps compris.* Une auberge pour le moment peu séduisante, qui aurait besoin d'un bon lifting (c'est prévu !). Cuisine et salle commune à disposition. Piscine et services du camping accessibles aux résidents de l'auberge.

### Prix moyens

***Hôtel Le Volney*** *(plan B3, **12**) : 1, rue Volney. ☎ 02-41-51-25-41. • contact@levolney.com • levolney.com • À deux pas de la poste centrale. Congés : fêtes de fin d'année. Doubles avec lavabo ou bains 45-54 €. Réduc de 10 % oct-mars sur présentation de ce guide.* Ce petit hôtel abrite des parties communes agréables et des chambres classiques (certaines à l'ancienne) de bon confort, refaites petit à petit.

***Le Londres Hôtel et appartements*** *(plan B2, **14**) : 48, rue d'Orléans. ☎ 02-41-51-23-98. • resa@lelondres.com • lelondres.com • Doubles 65-120 € ; également des familiales et des appart'hôtels. Parking privé payant. Un petit déj/chambre et par nuit offert sur présentation de ce guide.* Particulièrement bien situé, cet établissement rénové dans les tons rouge et gris est une petite perle dans son genre. On a d'ailleurs plus l'impression de rendre visite à des amis que de loger à l'hôtel ! Plusieurs raisons à cela : un accueil enthousiaste, des chambres cosy et soignées, une salle de petit déj charmante... Et toutes sortes de petits plus, comme un ordi et 450 B.D. à dispo.

***Logis Hôtel du Parc*** *(hors plan par D1, **11**) : 169, av. des Fusillés. ☎ 02-41-67-17-18. • contact@hotelduparc.fr • hotelduparc.fr • Doubles 69-95 € selon confort et saison ; également des familiales. Parking gratuit.* Structure moderne ayant reçu l'Écolabel européen pour son engagement environnemental. Une quarantaine de chambres design, confortables et à 5 mn de voiture du centre-ville. Restaurant sur place. Une adresse idéale pour rayonner.

***Chambres d'hôtes de l'Île du Saule*** *(hors plan par D1, **15**) : sur l'île du Saule mais face à Saumur. ☎ 02-41-51-38-71. • iledusaule.*

*com • Du centre-ville, vers la gare et, tt de suite après le 2e pont, prendre à droite la route de Tours ; petite route indiquée sur la droite très rapidement. Double env 50 €. Réduc de 10 % à partir de la 3e nuit sur présentation de ce guide.* Une maison isolée, au beau milieu d'une « île », à deux pas du centre... Insolite ! Christiane propose une poignée de chambres simples et pas très grandes, réparties dans plusieurs bâtiments, entre la maison principale en tuffeau et un petit pavillon moderne derrière.

## Chic

**Hôtel Kyriad** (plan B2, **16**) : *23, rue Daillé. ☎ 02-41-51-05-78. • kyriad.saumur@multi-micro.com • kyriad.com • Doubles 75-95 € selon taille et saison. Garage privé payant.* Dans une petite rue au calme, en plein centre, un hôtel franchisé qui a néanmoins gardé intact sa personnalité : des chambres agréables et confortables, parfois dotées de poutres ou meublées d'ancien et présentant un certain cachet.

## De plus chic à beaucoup plus chic

**Hôtel Saint-Pierre** (plan C2, **13**) : *8, rue Haute-Saint-Pierre. ☎ 02-41-50-33-00. • contact@saintpierresaumur.com • saintpierresaumur.com • Doubles 150-190 € selon confort et saison. Parking et garage privés. Réduc de 10 % sur le prix de la chambre sur présentation de ce guide.* Lové derrière l'église Saint-Pierre, cet hôtel se distingue par son élégance et sa discrétion. Escalier à vis en tuffeau, poutres d'époque, cheminées, meubles patinés... On s'y sent (presque) comme chez soi, dans une ambiance cosy, un peu dans le genre *B & B* chic britannique. D'ailleurs, on y trouve aussi un bar à whiskies ! Accueil qui ne détonne pas, avec à la clé plein de bons conseils sur la ville.

**Hôtel Anne d'Anjou** (plan C2, **17**) : *32, quai Mayaud. ☎ 02-41-67-30-30. • contact@hotel-anneanjou.com • hotel-anneanjou.com • Au pied du château, en bord de Loire. Doubles 127-205 € selon confort ; petit déj-buffet 15 €. Réduc de 10 % sur le prix de la chambre nov-mars sur présentation de ce guide.* Élégante demeure du XVIIIe s, pleine de charme, avec cour intérieure fleurie. Superbe escalier intérieur classé. Chambres plus ou moins grandes avec, au choix, vue sur la Loire ou sur le château. Toutes avec mobilier ancien, dont une de pur style Empire, idéale pour nos lecteurs en voyage de noces. Accueil très professionnel. Resto sur place (voir « Où manger ? », *Les Ménestrels*).

**Château de Verrières** (plan A2, **19**) : *53, rue d'Alsace. ☎ 02-41-38-05-15. • contact@chateau-verrieres.com • chateau-verrieres.com • En centre-ville, près de l'École de cavalerie. Doubles 180-345 € selon confort ; petit déj-buffet 17 €.* Un hôtel particulier devenu hôtel, voilà ce qui attend le visiteur fortuné dans cette demeure cossue de style XIXe s avec ses 2 ha de parc à l'anglaise, en plein centre-ville. La grande classe dès le perron et jusque dans les chambres spacieuses, décorées avec le raffinement adéquat. Vastes salons communs dans le même esprit, pleins d'élégance. Piscine chauffée extérieure. Accueil distingué, cela va de soi.

## Où dormir dans les environs ?

### Camping

**Camping de Chantepie :** *à La Croix, route de Chantepie, 49400* ***Saint-Hilaire-Saint-Florent.*** *☎ 02-41-67-95-34. • info@campingchantepie.com • campingchantepie.com • Prendre la D 751 (direction Gennes), c'est à 5 km du lieu-dit Le Poitrineau. De fin avr à mi-sept. Compter 18,50-38 € pour 2 selon saison. Hébergement locatif 245-567 €/sem selon saison. 150 empl. Réduc de 5 % sur* *présentation de ce guide (offre non cumulable).* Un 4-étoiles de charme, situé sur un plateau offrant un superbe point de vue panoramique. Les parties communes occupent des bâtiments de ferme restaurés (épicerie, baby-room), tandis que les emplacements se dispersent sur un terrain arboré agréable. Très bon accueil et bon confort. Location de vélos. Piscine.

### Bon marché

**Hôtel Le Canter :** *pl. de la Sénatorerie, 49400* ***Saint-Hilaire-Saint-Florent.*** *☎ 02-41-50-37-88. • contact@hotel-lecanter.fr • hotel-lecanter.fr • À 3 km de Saumur par la D 751. Face à un rond-point. Double 56 €.* Sympathique hôtel tout simple mais bien tenu et offrant un bon rapport qualité-prix, à 5 mn du centre de Saumur. Chambres honorables, avec salle d'eau. Noter la vitrine du bottier à côté, un métier bien rare de nos jours !

### Chic

***Chambres d'hôtes La Croix de la Voulte :*** *476, rue de Boumois, 49400* ***Saint-Lambert-des-Levées.*** *☎ 02-41-38-46-66. • hminder@hotmail.com • lacroixdelavoulte.com • De Saumur, traverser l'île d'Offard, puis, à partir de la gare SNCF, suivre la D 229 en direction de Saint-Martin-de-la-Place ; la maison est à 2 km après la sortie de Saint-Lambert-des-Levées. Pâques-oct. Résa conseillée. Doubles 85-95 €.* Bien cachée en contrebas de la route, cette magnifique demeure des XV^e^ et XVII^e^ s prend ses aises dans un parc de 3 ha. Une poignée de belles chambres tout confort occupent une dépendance : intérieur de charme, ameublement et tissus de style. Les chambres « Anjou » et « Touraine » possèdent même une très grande cheminée du XV^e^ s et un lit à baldaquin. Belle piscine bordée par un kiosque où l'on sert le petit déj aux beaux jours.

## Où manger ?

### De bon marché à prix moyens

***Les Canons*** *(plan C2,* ***32****) : 2, pl. Saint-Pierre. ☎ 02-41-38-92-97. • caveamanger@lescanons.fr • Tlj sf dim-lun. Congés : 1 sem fêtes de fin d'année. Formules 14,90-19,90 € déj en sem ; carte autour de 30 €. Café offert sur présentation de ce guide.* Le chef a pris de la bouteille auprès des ministères parisiens avant d'ouvrir cette adresse discrète : une cave à manger ou un restaurant à boire, c'est selon. Cuisine ouverte sur une salle simple et accueillante, à deux niveaux, avec verrière. Menu « bistronomique » donc, à l'ardoise, spontané en fonction du marché, raffiné et sans ostentation. Vins naturels, bière bio... Le tout à des tarifs encore sobres. À consommer sans modération, d'autant que la maison fait 30 % de réduction sur les vins de la carte à emporter !

***L'Alchimiste*** *(plan B2,* ***33****) : 6, rue de Lorraine. ☎ 02-41-67-65-18. • lalchimisterestaurant@orange.fr • Fermé dim-lun et j. fériés. Congés : 1 sem en fév et vac de la Toussaint. Menus 18-21 €. Apéritif maison offert sur présentation de ce guide.* L'Alchimiste est assurément un grand sorcier ! Avec une poignée d'euros, le chef compose des assiettes qui sont un véritable spectacle, autant pour les yeux que pour les papilles. Il choisit avec intelligence des produits simples pour maintenir ses prix, puis les travaille avec talent et livre à ses hôtes une cuisine élaborée, tout en saveurs. Un vrai plaisir, renforcé par l'accueil attentionné de madame et le joli cadre contemporain tout à fait dans l'air du temps. Petite terrasse.

***L'Aromate*** *(plan B3,* ***34****) : 42, rue du Maréchal-Leclerc. ☎ 02-41-51-31-45. • laromate@bbox.fr • Fermé dim-lun sf fériés. Menus 14-33 €.* Ambiance bistronimique chez ce maître-restaurateur qui a baroudé avant de revenir au pays, avec son fils dans le sillage. La fine équipe s'affaire derrière la vitre et propose une cuisine inventive, aux couleurs de saison, s'appuyant sur la délicate alchimie des herbes aromatiques et des épices. Si la salle aux tonalités modernes ne déborde pas de cachet, les assiettes, en revanche, sont pleines d'allant et de fraîcheur, les pâtisseries subtiles et la sélection de vins régionaux rigoureuse. Tout cela à prix doux.

**Bistrot de la Place** (plan C2, **31**) : *16, pl. Saint-Pierre. ☎ 02-41-51-13-27. • contact@bistrotdelaplace-saumur.com • Tlj sf dim. Menus 16 € (déj en sem)-21 €, plats à partir de 12 €. Café offert sur présentation de ce guide.* Bistrot gourmand, également bar à vins, très intéressant pour qui veut découvrir les vignobles du coin (plusieurs dizaines de vins au verre). À la carte, les classiques de brasserie. Atmosphère vraiment conviviale, à l'image des soirées dégustation et des concerts organisés régulièrement.

## De prix moyens à chic

**L'Escargot** (plan B3, **34**) : *30, rue du Maréchal-Leclerc. ☎ 02-41-51-20-88. • escargot@saumur.com • Fermé mar-mer et sam midi. Congés : vac scol d'hiver et Toussaint. Menus 18,50 € déj en sem, puis 27-34 €.* Un tantinet excentré mais toujours complet ! Pas de miracle à cela : le jeune chef, très sérieux, ne fait pas d'esbroufe et travaille ses beaux produits dans les règles de l'art. Au final, on se régale d'une cuisine traditionnelle de haute volée, que les habitués plébiscitent, dont les escargots évidemment. Cadre classique. Accueil tout sourire.

**Le Gambetta** (plan B2, **35**) : *12, rue Gambetta. ☎ 02-41-67-66-66. • contact@restaurantlegambetta.fr • Fermé dim soir, lun et mer. Congés : 3 sem sur juil-août. Menus 25,50 € déj en sem, puis 32-99 €.* Dans un décor moderne, le jeune chef met en scène les produits qu'il décline en préparations multiples pour une dégustation des plus sensorielle. L'œil, le nez sont aiguisés, et le plaisir se poursuit en bouche. La cuisine est créative, la cuisson précise, la technique maîtrisée : émulsions, nems, croustillants ou recettes sucrées-salées, tendrement épicées, d'inspiration japonaise, sont un pur délice ! Et la fête continue en desserts, ravivant quelques souvenirs d'enfance.

**Les Ménestrels** (plan C2, **17**) : *11-13, rue Raspail. ☎ 02-41-67-71-10. Au pied du château, dans l'*Hôtel Anne d'Anjou *(voir « Où dormir ? »). Fermé dim, plus parfois lun. Formules déj mar-ven 18-25 € ; menus 28-36 €.* Cadre rustique, charpenterie originale et tuffeau apparent au fond d'une jolie cour fleurie pour apprécier des spécialités évoluant au gré des saisons et de l'inspiration, à base de produits régionaux ou nationaux sélectionnés avec attention.

## Achats

**Maison des vins de Loire à Saumur** (plan B2) : *quai Carnot, à côté de l'office de tourisme. ☎ 02-41-38-45-83. • vinsvaldeloire.fr • ♿ Avr-sept, du lun ap-m au dim mat ; oct-mars, mar-sam. Fermé de mi-janv à mi-fév. GRATUIT.* Vitrine du vignoble des vins de Saumur, d'Anjou, de Touraine et de l'ensemble des appellations du Val de Loire. Lieu idéal pour s'informer, déguster et acheter, si vous n'avez pas le temps de visiter les caves. Excellent accueil.

**Duchesse Anne** (plan B2) : *22, rue Roosevelt. Mar-ven 9h-19h15, sam 8h30-19h30, dim 8h30-13h.* Un chocolatier-pâtissier-salon de thé où l'on trouve des meringues en forme de champignon de Saumur et une sélection complète de thés.

# À voir

## *Le Saumur historique*

**Le château** (plan C3) : *☎ 02-41-40-24-40. Accès à pied de la pl. Saint-Pierre, par la montée du Fort, ou route directe en voiture depuis la Loire, par le tunnel (panneaux). Avr-oct, tlj sf lun 10h-13h, 14h-17h30 (de mi-juin à mi-sept tlj*

SAUMUR ET SES ENVIRONS

*10h-18h30). Entrée : 5-9 € selon saison ; gratuit moins de 7 ans.*
Après une longue période de fermeture pour travaux de restauration, le château a rouvert ses portes. Les collections d'arts décoratifs, Beaux-Arts, hippiques, de sciences naturelles et d'archéologie sont à nouveau visibles dans la salle du Baille et les salles du premier étage. Une exposition pour (re)découvrir un musée centenaire dans un château millénaire. Depuis les jardins, le panorama sur la Loire et la ville est superbe.

*Un peu d'histoire*

L'actuel château préfigure les châteaux de la Renaissance et date des années 1360, œuvre de Louis Ier, premier duc d'Anjou, frère du roi Charles V de la dynastie des Valois et passionné d'architecture. Mais il y eut avant lui plusieurs édifices. L'architecte s'appuya sur les tours rondes pour élever ces tours polygonales reliées par un chemin de ronde à mâchicoulis. Lucarnes ouvragées, grandes fenêtres à meneaux rappellent qu'il fut aussi conçu comme un château de plaisance. Bien qu'il manque les girouettes dorées et de nombreux clochetons, il reste conforme à sa représentation dans *Les Très Riches Heures du duc de Berry,* « château d'Amour » du bon roi René.

**« ACCORDER SES FAVEURS »**

*À la Renaissance, les faveurs étaient des rubans de soie qui resserraient les encolures des chemises de nuit. Quand la dame accordait (= consentait) à ce que l'on délie ses faveurs, aussitôt la chemise tombait à ses pieds. Une expression à caractère torride !*

Pendant la période protestante, le gouverneur Duplessis-Mornay l'habita de 1596 à 1621 et le fit fortifier selon un système dont s'inspira Vauban. Sous Louis XIV, puis sous Napoléon Ier, le château servit de prison (comme hôtes de marque, il eut le marquis de Sade et l'amiral de Kerguelen), et durant le reste du XIXe s, de caserne. Acheté par la Ville en 1906, il fut restauré et transformé en musée comprenant la section Arts décoratifs et la section Cheval.
Pour boire un verre ou se restaurer, on peut aller à *L'Orangeraie.* Sa terrasse permet d'admirer les détails du château.
– En juillet-août, animations et spectacles en journée *(adulte 5-9 € selon saison ; réduc).*

***La distillerie Combier*** *(plan B2)* **:** *48, rue Beaurepaire. ☎ 02-41-40-23-02. • combier.fr • Avr-mai et oct, mar-dim 3 visites guidées/j. ; juin et sept, tlj 3 visites/j. ; juil-août, tlj 5 visites/j. ; résa conseillée. Le reste de l'année, sur résa (la boutique est ouv tte l'année.*
La plus ancienne distillerie de la région encore en activité (fondée en 1834) a gardé son atmosphère familiale, et s'efforce de conserver intactes les traditions qui ont fait sa renommée. Visite de la salle de macération et de distillation avec des machines et des techniques inchangées depuis le XIXe s : alambics en cuivre, serpentins, cuves, le tout inscrit dans une charpente métallique dessinée par les ingénieurs d'Eiffel. Vous y découvrirez tous les secrets de fabrication de la liqueur (enfin, presque tous !).
Jean-Baptiste Combier contribua à son époque à populariser cet alcool créé à l'origine dans les monastères et connut le succès en inventant le fameux « triple sec » (appelé de nos jours « l'Original Combier »), liqueur à base d'écorces d'oranges douces et amères. Puis son fils James reprit l'affaire en diversifiant la production. James Combier (maire de 1879 à 1892), personnage haut en couleur, a par ailleurs fortement marqué l'histoire de Saumur et reste connu pour son grand respect envers ses employés : par exemple, on chôme grâce à lui le 1er mai à Saumur et il assure ses employés pour les accidents du travail. Lorsqu'il accède à la mairie, anticlérical convaincu, il interdit toute procession religieuse dans la rue. Un profil pour le moins atypique !
Une visite originale et pleine d'anecdotes, qui se termine par une dégustation de liqueurs et sirops (dont une gamme bio pleine de saveurs). Découvrir également la gamme d'absinthes, le guignolet d'Anjou, la soupe saumuroise, l'Élixir Combier, etc.

**L'hôtel de ville** (plan C2) : *pl. de la République, face à la Loire.* La partie gauche fut édifiée au XIVe s et restaurée en 1508, et faisait partie du rempart de la ville médiévale. Cela explique les tourelles et mâchicoulis. Lui est accolé un bâtiment néogothique du XIXe s.

**Le théâtre** (plan C2) : construction de 1864, de style néoclassique, avec ses colonnes monumentales et ses grandes arcades. L'inscription des noms d'auteurs classiques et de musiciens sous la corniche du toit à l'italienne évoque la fonction passée de ce bâtiment. Il abritera un grand pôle culturel (ouverture prévue en 2015), ainsi qu'un bar et une terrasse au-dessus du monument, avec vue imprenable sur la Loire.

**Entre la Loire et le château** (plan C2-3) : quartier Saint-Pierre, nombreuses demeures anciennes le long des rues et ruelles qui ont conservé leur tracé médiéval. Sur le chemin du château, très belles maisons à tourelles dans la montée du Fort. Au no 7, celle qui aurait servi de modèle à Balzac comme demeure du père Grandet. Place Saint-Pierre, qui constituait l'axe marchand de la ville au Moyen Âge, jolies maisons à pans de bois, en particulier aux nos 3 bis, 5 et 6. ***L'église Saint-Pierre*** (en travaux, fermée au public) possède une façade classique du XVIIe s et abrite de remarquables stalles du XVe s.
Dans la *Grand-Rue (plan C2-3)*, ici et là, des portes cloutées avec heurtoir en forme de point d'exclamation ainsi que des montoirs (petites bornes évoquant l'époque des déplacements à cheval). C'est une véritable rue médiévale, étroite, sinueuse et autrefois pavée.

**Atelier-galerie Richard Rak** (plan C2-3) : *6, rue Saint-Jean.* ☎ *02-41-57-97-97.* • *richard-rak.com* • *Sur rdv.* Dans les cinq salles de sa galerie, l'artiste plasticien Richard Rak présente un travail réalisé à partir d'objets modestes détournés, accumulés... Il s'interroge – et nous interroge – sur tous les possibles et tous les imaginables. Une autre galerie à Coutures (voir nos pages « D'Angers à Saumur, dans les environs du Thoureil »).

**Le quartier du Temple** (plan C2-3) : cœur de la ville au XVIIe s, on y devine de nombreux hôtels particuliers cachés derrière de monumentales portes cochères, dans la *Grand-Rue*, la *rue du Temple* ou la *rue des Païens*. *Rue du Prêche* : anciennes tours de l'enceinte du XIVe s.

Sur le ***quai Mayaud*** *(plan C-D2-3)*, quelques hôtels particuliers des XVIIe, XVIIIe et XIXe s. Ils témoignent de l'importance du commerce sur la Loire et de la prospérité économique qui en a découlé. Entre autres, l'*Hôtel Anne d'Anjou*, au no 32. Splendide escalier intérieur, avec rampe en fer forgé et plafond peint en trompe l'œil. L'*hôtel du Belvédère*, au no 68 du quai (à droite de la rue de la Tonnelle), est un ancien hôtel de voyageurs. Ceux-ci arrivaient de Nantes ou de Paris par le bateau à vapeur qui accédait au ponton aménagé juste en face. Entre Saint-Pierre et Notre-Dame-des-Ardilliers s'étendait le *quartier de Fenêt* dit *des patenôtriers*, qui fabriquaient des chapelets (de *Pater Noster*). Rue Jean-Jaurès, on notera les arcatures des anciennes boutiques de ces fabricants de chapelets.

**L'église Notre-Dame-des-Ardilliers** (plan D3) : *à la sortie de Saumur, sur la route de Montsoreau.* Au départ, en 1454, la banale trouvaille d'un paysan : une petite *pietà* en pierre découverte dans un champ argileux (ou *ardille*, à l'époque). Elle fit rapidement l'objet d'un pèlerinage local, puis national, à tel point que son prestige devint pour les catholiques de la Contre-Réforme une arme de guerre contre les protestants. L'édifice fut construit à partir de 1655. Architecture classique d'inspiration italienne. Imposante rotonde couronnée d'un dôme en ardoise avec lanternon. À l'intérieur, impression d'immensité. Les bâtiments jouxtant le chevet de l'église sont de la même époque. C'était le couvent des oratoriens administrateurs du pèlerinage. Ils abritaient aussi l'école de théologie concurrente de l'académie protestante.
– Grande cérémonie religieuse le 15 août *(☎ 02-41-83-30-31).*

**L'église Notre-Dame-de-Nantilly** (plan C3) **:** *dans le quartier du même nom. ☎ 02-41-83-30-31.*
Église romane la plus ancienne de Saumur, du début du XIIe s. Façade-mur d'allure sévère, avec quatre énormes contreforts. À l'intérieur, l'une des plus belles nefs romanes d'Anjou. Voûtes en berceau légèrement brisé. À la croisée du transept, coupole nervée. Dans le transept gauche, statue de Notre-Dame de Nantilly, du XIIe s, en bois peint.
Mais les joyaux de Nantilly sont les ***tapisseries*** des XVIe et XVIIe s, dont certaines sont exposées en juillet-août. Une merveille !

**Dans l'île d'Offard** (plan C-D1-2) **:** *accès par le pont Cessart (plan C2), qui date de 1756.* De l'île d'Offard, la plus belle vue de Saumur (soleil, brume du matin sur le château, vous imaginez !). Ne pas manquer la ***maison de la Reine de Sicile*** *(plan C1).* C'est là que vécut Yolande d'Aragon (1377-1442), mère du roi René. Fort bel édifice, à qui la maladie de la pierre donne un surcroît de charme pathétique.

## Le Saumur équestre et militaire

Après l'exode de l'élite protestante, Saumur tomba en léthargie économique. L'arrivée de l'École royale de cavalerie en 1771 relança l'activité de la ville. En 1825, un manège académique se développa au sein de l'école à l'intention des élèves officiers. Leur costume, veste noire rehaussée d'or, culotte noire, se distinguait de celui des instructeurs, qui était bleu. D'où l'appellation qui découla naturellement de ***« Cadre noir de Saumur ».*** Il forma des générations d'officiers de cavalerie jusqu'en 1972. À cette date, il fut rattaché au ministère de la Jeunesse et des Sports, et rejoignit l'École nationale d'équitation, située pas très loin, sur les hauteurs de Saint-Hilaire-Saint-Florent, à Terrefort. Il assure aujourd'hui l'enseignement au sein de cette école et continue à personnifier la grande tradition « le cheval calme, en avant, droit », cette légèreté exprimant l'harmonie parfaite qui doit régner entre le cheval et son cavalier. Un savoir-faire classé en 2011 par l'Unesco comme Patrimoine culturel immatériel de l'humanité.

**L'École nationale d'équitation** (hors plan par A2) **:** *av. de l'École-Nationale-d'Équitation, 49400* ***Saint-Hilaire-Saint-Florent.*** *☎ 02-41-53-50-60. • visites@cadrenoir.ifce.fr • cadrenoir.fr • Direction aérodrome, à 4 km de Saumur. Visites guidées vac de fév-vac de la Toussaint, tlj sf sam ap-m, dim, lun mat et j. fériés. Compter 8 € ; réduc ; forfait famille. Noter que le billet donne accès à des réducs et gratuités sur d'autres sites. Présentations publiques du Cadre noir et galas (calendrier sur demande).*

La visite guidée, très intéressante, permet de bien cerner les missions de l'école et de découvrir les installations, les manèges, les écuries entièrement automatisées ainsi que la sellerie d'honneur. Ici, les chevaux sont traités comme des coqs en pâte, et montés par l'élite de l'équitation française formée par les fameux écuyers du célèbre Cadre noir de Saumur, qui constituent le corps enseignant de cette école. Ce corps civil de dresseurs et de formateurs assure également la conservation de l'équitation à la française, dont notamment les sauts d'école (la courbette, la croupade et la cabriole), qui représentent l'aboutissement du dressage du cheval et la maîtrise de son art par le cavalier.
Pour nos lecteurs fous de chevaux, voici quelques rendez-vous réguliers.

### BOUTE-EN-TRAIN

*À l'origine, ce n'était pas un rigolo ! Il s'agissait en fait d'un cheval qu'on plaçait auprès des femelles afin de repérer si elles étaient en chaleur ou non. À ces périodes-là, leur attitude change (elles urinent fréquemment). Ensuite, on le remplaçait par l'étalon qui les fécondait.*

*– Les présentations publiques du Cadre noir : une vingtaine de dates, avr-oct, au grand manège de l'École nationale d'équitation. Résa obligatoire. Entrée : 18 € ; réduc et forfait famille.*

*– Le Printemps des écuyers : 3 représentations en avr. Entrée : 35-65 €. Résa obligatoire.* À cette occasion, le Cadre noir invite un grand nom de l'équitation européenne.

*– Danse avec le Cadre Noir : 2 représentations en juin. Entrée : 35-65 €.*

*– Les Estivales : 3 représentations en juil. Compter 30-40 € ; réduc ; forfait famille. Résa obligatoire.*

*– Les Musicales du Cadre noir : 3 représentations en oct. Entrée : 35-65 €.*

– Plus toutes les grandes compétitions internationales : *concours international de dressage fin avr-début mai, concours complet international en mai, attelage début juin, grande sem de Saumur mi-sept, etc.*

**Le musée de la Cavalerie française** (plan B2) **:** *École de Cavalerie, pl. Charles-de-Foucauld. ☎ 02-41-83-69-23. Fév-nov, tlj sf lun, w-e et j. fériés 10h-12h et 14h-18h (10h-18h juil-août). Entrée : 5 € ; réduc.* Une galerie consacrée à l'histoire de la cavalerie française, installée dans les anciennes écuries de l'école. Les vitrines sont bien ordonnées (le contraire aurait désarmé) et présentées de façon chronologique. On commence naturellement avec Charles VII, qui inventa l'armée de métier en 1445, et on remonte au galop dans le temps, en passant par les guerres napoléoniennes, « grand siècle » de la cavalerie française. Songer que le fiasco de la campagne de Russie coûta la vie à 710 000 chevaux ! Noter que l'École de cavalerie existe toujours, mais n'a plus de rôle militaire depuis la Première Guerre mondiale.

**Le musée des Blindés** (hors plan par B3) **:** *1043, route de Fontevraud. ☎ 02-41-83-69-95. • museedesblindes.fr • ♿ (fauteuil à disposition). Juil-août, tlj 9h30-18h30 ; vac scol de Pâques, mai-juin, sept et vac scol de la Toussaint, tlj 10h-18h ; le reste de l'année, lun-ven 10h-17h, w-e et j. fériés 11h-18h. Entrée : 8 € ; réduc. Pour les enfants, fascicule « Entrez dans la Cour des Grands ».* Un musée un peu hallucinant : sous d'immenses hangars s'alignent plus de 200 machines (sur les 900 de la collection !), dont 70 % en parfait état de marche. Ces monstres sont d'ailleurs mis en situation une fois par an à l'occasion du Carrousel, vers le 20 juillet. De 1914-1918 à nos jours, c'est toute l'histoire du char d'assaut qui est présentée, sans frontières. Le Tigre Royal allemand vaut son pesant de 69 t, mais il lui faut toujours sa manivelle pour démarrer. Certains sont impressionnants de technologie, comme le char Leclerc de 1992. Petite section de curiosités (comme la voiture valise anglaise), une salle consacrée aux grands hommes et une autre à la féminisation de l'armée, qui remonte à 1938 (12,7 % des effectifs en 2011).



## Les caves à vins et leurs musées

**Saint-Hilaire-Saint-Florent** *(à 3 km ; hors plan par A1)* concentre les maisons de saumur brut, qui produisent également du crémant-de-loire, qu'on appelait « champagne » au XIXe s. Sans compter les vignerons (saumur-champigny et saumur) sur le coteau autour de Saumur. Plusieurs grandes maisons ont ouvert leurs caves à la visite (et la dégustation). Chacune essaie de se démarquer des autres par la nature de son site et les animations organisées autour de sa production.

■ ***Maison des vins de Loire à Saumur*** *(plan C2) : quai Carnot, à côté de l'office de tourisme.* Voir la rubrique « Achats » plus haut.

### Quelques grandes maisons

**Ackerman** (hors plan par A2) **:** *19, rue Léopold-Palustre, 49400* ***Saint-Hilaire-Saint-Florent.*** *☎ 02-41-53-03-21. • tourisme@ackerman.fr • visite.ackerman.fr • ♿ Juin-sept, tlj 9h30-18h30 ; janv, fév et nov, tlj sf dim, 9h30-12h30, 14h-18h30 ;*

*mars-mai, oct et déc, tlj 9h30-12h30, 14h-18h30. Visite libre 3 € ; guidée (1h) ou audioguide 4 € ; gratuit moins de 16 ans. Réduc sur présentation de ce guide (1,50 € pour la visite libre et 2 € pour la visite guidée).* En 1811, après un séjour en Champagne, Jean Ackerman fut le fondateur de la méthode traditionnelle à Saumur. Elle se caractérise par une seconde fermentation en bouteille, une lente élaboration sur lie et un long vieillissement dans les caves. La maison a fêté son bicentenaire en 2011 et en a profité pour redonner du peps à sa muséographie. Au cours de ce « Voyage au centre de la Bulle », on visite une partie des 7 km de superbes caves. Ambiance « 20 000 lieues sous terre », avec jeux de lumière, film dans la « verrière » (une salle monumentale) et expos temporaires sur le thème du vin habilement mises en scène. Un parcours à la fois excentrique, pédagogique et sensoriel pour évoquer l'histoire d'Ackerman et la technique d'élaboration du saumur brut.

**Bouvet-Ladubay** *(hors plan par A2)* **:** *11, rue Jean-Ackerman, 49400* ***Saint-Hilaire-Saint-Florent.*** *☎ 02-41-83-83-83. • bouvet-ladubay.fr • Juin-sept, tlj 9h-18h ; oct-mai, lun-sam 9h-12h, 14h-17h (dernière entrée), dim 9h30-12h, 14h30-17h. Compter 1h de visite (guidée slt) avec la dégustation. Entrée : 2 € ; réduc. Entrée gratuite et 5 % de réduc sur les achats sur présentation de ce guide.* À visiter pour la qualité des explications (toutes les étapes de la vinification du saumur brut) et pour son réseau de 5 km (enfin... une partie seulement) de galeries truffées de surprises : la « cathédrale engloutie », 35 sculptures monumentales dans la roche, plus de 1 000 fûts en cave, une galerie d'art contemporain installée en face (en haute saison seulement).

**Gratien & Meyer** *(hors plan par D3)* **:** *sur la route de Montsoreau, la seule maison de saumur brut de ce côté-ci de Saumur. ☎ 02-41-83-13-32. • gratienmeyer.com • Avr-oct, visites tlj 10h-11h, 14h-17h ; nov-mars, visites sur résa slt (min 10 pers). Boutique (fermée 1re sem de janv et lun janv-mars). Entrée : 3 €.* Très beau panorama sur la Loire depuis cette maison créée en 1864. La visite, dans un réseau de galeries jalonnées de sculptures, de reconstitutions et de petites vidéos, retrace l'historique de la maison et plus largement l'aventure des vins de fines bulles du XIXe s à nos jours, de la nuit des caves (troglodytiques) à la dégustation.

Beaucoup d'autres caves, bien sûr. Parmi celles-ci, signalons ***Langlois-Château*** *(☎ 02-41-40-21-40 ; • langlois-chateau.fr •)* et sa visite de vignes, ***Louis de Grenelle*** *(☎ 02-41-50-17-63 ; • louisdegrenelle.fr •)* avec ses caves souterraines sous le centre-ville et ses espaces ludiques spécialement conçus pour les enfants, ainsi que ***Veuve Amiot*** *(☎ 02-41-83-14-14 ; on passe au-dessus de la chaîne d'embouteillage).*



## Sports et loisirs

– ***Équitation :*** capitale du cheval, Saumur ne pouvait manquer d'offrir de nombreuses possibilités à ceux qui désirent pratiquer l'équitation. À Saumur et dans ses environs, plusieurs centres équestres. Liste à l'office de tourisme ou sur *• saumur-tourisme.com •* Également, découverte possible de la ville en calèche.

– ***Canoë et voile*** *(hors plan par B1)* **:** ***base de loisirs de Millocheau,*** *1, rue Éric-Tabarly. ☎ 02-41-51-17-65 (voile) ou 06-78-46-94-90. Du centre, passer le pont Cessart et, avt le 2e pont, tourner à gauche au panneau, puis longer la Loire.* Parcours découverte, randonnées ou stages sur des tronçons de la Loire.

***Promenades sur la Loire :*** *06-63-22-87-00 ou rens à l'office de tourisme. • saumurloire@orange.fr • Balades (50 mn) à bord du Saumur-Loire (60 passagers).* Repas-croisière possible, navette Saumur-Montsoreau et Saumur-Gennes aller-retour.

– ***Cyclotourisme :*** *sorties découverte dim mat, organisées par les* ***Cyclotouristes saumurois.*** *☎ 02-41-59-71-62. Départs depuis le parking de la piscine du Val de Thouet.* Organise aussi chaque année, le 2e week-end d'octobre, la sympathique randonnée « Vins et Champignons », ouverte aux cyclistes, VTT et marcheurs. Saumur se situe sur le circuit de *La Loire à Vélo,* mais de là, on peut également rejoindre les *sources du Thouet* (Deux-Sèvres), en 120 km de petites routes et chemins ruraux. *Loc de vélos avec* ***Détours de Loire*** *: 10, route de Rouen, près de la gare SNCF. ☎ 02-41-53-01-01. • detoursdeloire.com •*

– ***La boule de fort :*** *à* ***Saint-Hilaire-Saint-Florent,*** *pl. Jeanne-d'Arc (• societelacure.fr •), et à* ***Saumur,*** *près de l'église Saint-Nicolas (jeu de la ville de Saumur).* Ces sociétés se proposent d'initier les visiteurs à ce jeu de boules mystérieux et si peu connu (lire en introduction du chapitre « Maine-et-Loire »). *Rens à l'office de tourisme ou au ☎ 02-41-67-31-76 ou 02-41-82-75-07.*

**CHAUSSONS OBLIGATOIRES**

*La boule de fort est le seul sport où l'on doit jouer avec des charentaises. En effet, la large piste en terre battue ou vitrifiée étant fragile, les pantoufles préviennent sa dégradation.*

– ***Nombreuses autres activités :*** montgolfière, vol à voile, aviron, tennis, randonnées à pied en Saumurois, golf, etc. Se renseigner à l'office de tourisme.

## Fêtes et manifestations

Toutes les infos sur • *saumur-tourisme.com* •

– ***Fêtes et concours de chevaux :*** lire le paragraphe sur l'École nationale d'équitation, un peu plus haut, dans « À voir. Le Saumur équestre et militaire ».

– ***Festival des géants :*** *ttes les années paires, fin juin.* En alternance avec le ***Festival international de musiques militaires,*** les années impaires.

– ***Le Carrousel de Saumur :*** *le 3e w-e de juil. Rens et résas auprès de l'office de tourisme.* Présentation des élèves officiers de l'École de cavalerie à moto, à cheval ou en blindés, et participation du Cadre noir de Saumur. Réserver sa chambre d'hôtel à l'avance !

– ***Les Spectacles du château de Saumur :*** voir plus haut « À voir ».

– ***Les Vit'visite :*** *en principe, 1 fois/sem (le mar) en juil-août.* Une visite décalée et surprenante où se mêlent théâtre, chansons, musique et tableaux historiques délirants.

– ***Les Grandes Tablées du saumur-champigny :*** *début août.* Méga-restaurant à ciel ouvert et des milliers de participants. Musique, théâtre de rue, etc.

– ***Festivini :*** *10 j. en sept.* Marché, dîner (g)astronomique accord mets-vins, randonnée sur le thème du vignoble.

# DANS LES ENVIRONS DE SAUMUR

### *SAINT-HILAIRE-SAINT-FLORENT (49400)*

À 3 km de Saumur, sur la D 751 (en direction de Gennes et Angers).

***Le musée du Champignon :*** *☎ 02-41-50-31-55. • musee-du-champignon.com • Visite libre ou guidée sur résa de mi-fév à fin nov, tlj 10h-19h. Entrée : 8,20 € ; réduc. Billet « duo » 13 € avec Pierre et Lumière à côté (voir ci-dessous). Parcours pour les enfants « Entrez dans la Cour des Grands ».* Des siècles d'exploitation des carrières de tuffeau laissèrent près de 1 500 km de galeries, dont, aujourd'hui, plusieurs centaines sont consacrées à la culture des champignons. Cette champignonnière, en plus de produire quelque 12 t par an, a eu la riche idée de concevoir un intéressant parcours dans une partie de ses galeries réservées à la culture. En fin de parcours, visiter la maison troglodytique, avec sa collection d'objets-champignons. Prévoir un bon pull (température constante de 15 °C). Dégustation et vente de champignons frais.

**CUEILLETTE**

*Depuis Louis XIV, les champignons de Paris prospéraient dans les carrières et les catacombes de la capitale. Avec la création du métro, ils furent indésirables (la moisissure entraîne la pourriture du bois). Voilà pourquoi on continua leur culture dans la région de Saumur, qui présente tous les avantages : on y trouve des kilomètres de caves et des élevages de chevaux (pour le fumier !). La région de Saumur produit pas moins de 85 % de la production nationale. Pourtant, on appelle toujours ces champignons... de Paris.*

**Pierre et Lumière :** *300 m après le musée du Champignon. ☎ 02-41-50-70-04. • pierre-et-lumiere.com • Mêmes tarifs que le musée du Champignon (lire ci-dessus). Prévoir un bon pull. Parcours pour les enfants « Entrez dans la Cour des Grands ».* Un petit chef-d'œuvre dans son genre. Dans une ancienne carrière souterraine, un sculpteur breton autodidacte, Philippe Cormand, s'est lancé dans la reproduction miniature d'une vingtaine de sites du patrimoine local. Taillées à même la roche, ces rondes-bosses délicates ont nécessité des heures et des années de travail, souvent dans des conditions difficiles (carrément les pieds dans l'eau quand la nappe phréatique affleure !). Jolie mise en lumière de la forteresse de Chinon ou de la cathédrale de Tours sculptée dans un bloc de 2,20 m, mais aussi quelques édifices moins connus et tout aussi intéressants comme le clocher tors de Vieil-Baugé ou la collégiale de Candes-Saint-Martin. Ateliers le week-end en été, dirigés par un sculpteur (inclus dans le billet d'entrée).

### BAGNEUX *(49400)*

Au sud de Saumur.

**Le musée du Moteur :** *18, rue Alphonse-Caillaud. ☎ 02-41-50-26-10. • museedumoteur.fr • Après le pont Fouchard, tourner à gauche. Mai-nov, mar-sam 14h-18h. Sinon, consulter le répondeur. Entrée : 6 € ; réduc.* La mécanique à travers une collection de 300 moteurs datant de 1818 à nos jours (ils y sont tous : avions, bateaux, voitures... et même un moteur de fusée).

**Le dolmen de Bagneux :** *56, rue du Dolmen. ☎ 02-41-50-23-02. En principe, sept-juin tlj sf mer, 9h-19h. Entrée : 4 €.* Vieux de 5 000 ans, un impressionnant dolmen de 500 t (huit pierres soutenant quatre énormes tables et couvrant 90 m², le plus grand de France) qui a poussé dans le jardin d'un particulier. Un héritage bien encombrant !

# AU SUD DE SAUMUR

## DE SAUMUR À MONTSOREAU

**Entre Saumur et Montsoreau, vous découvrirez quelques-uns des plus beaux villages troglodytiques des bords de Loire. Le matin ou en fin d'après-midi, vision charmante quand le tuffeau se mordore sous les rayons de soleil. Dampierre, Souzay-Champigny avec son dédale souterrain, ou encore Turquant, le village d'artisans...**

## Saumur-champigny, une AOC bio

Possibilité de prendre la route du vignoble par le coteau (D 145) qui surplombe la Loire et traverse le territoire du saumur-champigny, une AOC bio, ce qui est rare ! Pas facile en effet d'accorder les violons de l'ensemble des viticulteurs sur ce sujet. On y cultive parfois la vigne dans des clos, le long de petits murets qui emmagasinent la chaleur pour une meilleure maturation du raisin. On peut se procurer le *Guide du vignoble du saumur-champigny* (gratuit), avec toutes les coordonnées des viticulteurs, auprès de la Maison du vin de Saumur ou de l'office de tourisme de Saumur.

### LE BON PLAN DU PÈRE CRISTAL

*C'est à Parnay que sont cultivées les vignes des hospices de Saumur selon la méthode du père Cristal, « inventeur » du champigny au début du XXe s. Les plants de vigne s'alignent le long de murs, côté sud, pour que les grappes profitent du soleil, mais on ne leur voit que la tête. Les pieds sont, quant à eux, plantés côté nord et bénéficient ainsi de l'humidité. Le raisin mûrit plus vite, limitant le risque de maladie en fin d'été.*

C'est aussi une petite « route des moulins », car il y en a beaucoup dans le coin. Voir notamment celui de la Herpinière, entièrement restauré (mais qui s'admire de l'extérieur !), avant de rejoindre Turquant.

# TURQUANT (49730) 560 hab. *Carte Maine-et-Loire, D3*

**Les espaces troglodytiques de ce joli bourg accueillent des artisans de tous horizons. Une douzaine d'échoppes et d'ateliers en tout : doreur, créateur de bijoux, sellier-maroquinier, sculpteur... Également un restaurant et un bar en cave, et des hébergements sur le même thème. Une halte originale au cœur de la roche et d'un village plein de charme.**



## Où dormir ?

**Le Balcon Bleu :** *2, rue des Martyrs. ☎ 02-41-38-10-31. • lebalconbleuturquant@free.fr • lebalconbleuturquant.free.fr • Dans le village. Pas très loin de l'église. Doubles 50-75 € ; 1 familiale également.* La maison renferme une superbe cour intérieure fleurie et quelques chambres d'hôtes coquettes, d'un bon rapport qualité-prix, certaines avec kitchenette. Petit déj dans la magnifique pièce à vivre des charmants propriétaires.

**La Turcane :** *4, ruelle de la Cour-du-Puits. ☎ 02-41-38-37-44. • la.turcane@wanadoo.fr • la-turcane.fr • Sur les hauteurs du village, en partant de l'église. De mi-mars à mi-nov. Doubles 60-70 €.* 2 chambres dont une avec salle de bains troglo (la plus chère), au style rustique (poutres apparentes, terre cuite au sol) mais cosy et pleines de charme. Petit déj dans une annexe aux allures d'atelier de peintre, les fenêtres perdues dans la verdure. Accueil délicieux.

## Où manger ? Où boire un verre ?

**L'Hélianthe :** *ruelle Antoine-Cristal. ☎ 02-41-51-22-28. • restauranthelianthe@orange.fr • Au-dessus de l'église. Tlj sf mer ; slt ven soir-dim hors saison. Congés : janv. Repas env 23-33 €. Café offert sur présentation* *de ce guide.* Cadre original : une salle lovée dans une habitation troglo avec ses murs en tuffeau. Et une cuisine entre tradition et gastronomie, où les plats comme le pot-au-feu de poissons de Loire prennent des couleurs et s'amusent de vos papilles déroutées. Le tout arrosé exclusivement de vins du coin triés sur le volet et à des prix raisonnables.

**Le Bistroglo :** *atelier au 3, rue du Château-Gaillard. ☎ 02-41-40-22-36. Tlj sf lun en été ; sinon, fermé lun-mar, voire plus. Congés : janv-fév. Carte slt, compter 25-30 €.* Encore un troglo aménagé, cette fois-ci en resto insolite et plein d'humour. Une cave pour un bistrot, rien d'étonnant au fond ! Des bottes de foin en guise de siège, une jolie carte des vins d'ici et d'ailleurs, et des concerts parfois. Cuisine de marché. Et une superbe terrasse quand le temps s'y prête.

## Où dormir ? Où manger sur la route Saumur-Turquant ?

**Le Petit Hureau :** *540, route de Montsoreau, 49400* ***Dampierre-sur-Loire.*** *☎ 02-41-67-92-51. • contact@petithureau.com • petithureau.com • À l'entrée de Dampierre en venant de Turquant. Double 76 €.* Petit manoir du XVe s, ancienne dépendance de Marguerite d'Anjou. Celle-ci changeait, dit-on, de résidence chaque soir par peur d'être assassinée. Christian et Sophie vous accueillent avec le sourire en vous proposant des chambres très spacieuses et pleines de cachet. Petit déj dans une cave troglo, cuisine à disposition. Prêt ou location de vélos. Une adresse de charme.

**Restaurant L'Amuse-Bouche :** *512, route de Montsoreau, 49400* ***Dampierre-sur-Loire.*** *☎ 02-41-67-79-63. Fermé mar-mer. Congés : 1 sem vac de fév et à la Toussaint. Menus 17,50 € (déj en sem), puis 24 € (sf w-e)-67 €.* Sur la route principale, cette maison ancienne réserve une jolie surprise gastronomique. Sucré-salé, saveurs exotiques et poissons de Loire revisités (sauf pour l'authentique friture de Loire !). Les produits sont soigneusement sélectionnés et la cuisine est artistique, jusque dans l'assiette. À déguster dans une salle aux accents contemporains ou en terrasse dotée d'une pergola.

**L'Ami Chenin :** *France et Xavier Amat, 37, rue de Beaulieu, 49400* ***Saumur.*** *☎ 02-41-38-13-17. • contact@amichenin.com • amichenin.com • À 4 km de Saumur, direction Montsoreau ; passer une jardinerie et emprunter une ruelle en épingle à cheveux sur la droite (rue de Beaulieu), puis aussitôt à droite (virage très délicat). Congés : nov-janv. Doubles env 75-85 € ; familiales également. Table d'hôtes 30 €.* Une belle occasion de goûter aux joies de la vie troglodytique dans cette maison de caractère du XVIIIe s, agrippée à la falaise. Chambres confortables dans un style rustique (cheminée, poutres), avec vue sur la Loire pour deux d'entre elles. Vaste pièce de vie dans laquelle trône un four à pain.



## À voir. À faire

**Balade dans le village :** se procurer dans les échoppes ou à la mairie le fascicule « Turquant, village métiers d'art en troglos ». Les artisans, restaurants et hébergements du village sont positionnés sur un plan. La plupart sont nichés dans des caves insolites. Près du *Bistroglo,* une imposante passerelle métallique permet de gagner le haut de la falaise et de profiter de la vue.

**La Grande Vignolle :** *☎ 02-41-38-16-44 ou 02-41-52-90-84. • filliatreau.fr • (accès partiel). À flanc de falaise, entre Turquant et Montsoreau. De mi-fév à sept et vac scol, tlj 10h-18h ; d'oct à mi-fév, jeu-ven 14h-18h, sam-dim 10h-18h. Fermé en janv. Visite libre ou guidée sur résa, et dégustation de vin possible.* C'est l'un des ensembles troglodytiques les plus remarquables de la vallée de la Loire, datant du XVIe s. Ses salles creusées dans le coteau surplombent le fleuve d'une quinzaine de mètres. Il s'agit d'un ancien logis seigneurial, qui abrite aujourd'hui des expos temporaires. Mais c'est aussi un domaine intéressant, qui produit notamment un bon saumur-champigny ou du saumur rouge bio.

Un bel hôtel est installé juste à côté. ***La Demeure de la Vignole*** *(☎ 02-41-53-67-00. • demeure-vignole.com • ; compter 130-270 €)* possède tout le charme des vieilles bâtisses cossues, mais elle est surtout connue pour sa piscine troglodytique ! Accueil discret.

***Le Troglo des Pommes tapées :*** *Le Val-Hulin. ☎ 02-41-51-48-30. • letroglodespommestapees.fr • Au pied de la falaise, à 500 m de Turquant, direction Saumur. Avr-sept, tlj sf lun et mar mat (hors ponts et j. fériés), 10h-12h30, 14h-18h30 ; d'oct à mi-nov et de mi-fév à fin mars, ven-dim (hors ponts et j. fériés) 14h30-18h. Fermé de mi-nov à mi-fév. Tarif : 6,50 € ; réduc. Prévoir 1h (visite guidée) et une petite laine.* Venez découvrir les « pommes tapées », très populaires au XIXe s et qui disparurent à l'époque de la Première Guerre mondiale. Les fruits sont déshydratés pendant plusieurs jours dans des fours en tuffeau et, suivant une recette locale, peuvent être réhydratés grâce à un bon vieux vin de pays. Pour le conditionnement, ils sont aplatis (d'où le nom de « pommes tapées »). Les marins en achetaient pour leurs longs voyages. Une production unique en son genre !

## MONTSOREAU (49730) 480 hab. *Carte Maine-et-Loire, D3*

**Magnifique bourgade-frontière avec la Touraine, au confluent de la Loire et de la Vienne, Montsoreau est classée parmi les « Plus beaux villages de France ». Son fier château quasiment pied dans l'eau lui offre tout son cachet. Alexandre Dumas popularisa la petite cité dans *La Dame de Monsoreau* (pas de « t » chez l'auteur !). Bien entendu, il prit quelque liberté avec l'histoire de Françoise de Maridor (rebaptisée Diane dans le roman). Rien ne prouve en effet qu'elle fût la maîtresse du beau gouverneur d'Anjou, Bussy d'Amboise. En tout cas, la brave dame se rabibocha avec son mari et vécut encore 40 ans, ne lui donnant pas moins de 9 enfants.**

**Ne pas manquer non plus *Candes-Saint-Martin,* juste à côté (mais en Touraine !), et sa superbe collégiale habitée par des envolées de martinets.**



### Adresse et infos utiles

***Office de tourisme :*** *15, av. de la Loire, dans la Maison du parc (se reporter à « À voir »). ☎ 02-41-51-70-22. • ville-montsoreau.fr • Avr-oct, tlj (sf lun en avr et oct) ; fermé en basse saison.* Possibilité de visite guidée de Montsoreau toute l'année, sinon visite commentée payante chaque mercredi en juillet-août à 15h. Fiches-rando de la région disponibles ou en téléchargement gratuit sur *• saumur-rando.com •*

– ***Marché :*** *dim mat.* Fréquenté par les Saumurois, qui ont pourtant le leur, c'est dire !

– ***Marché aux puces :*** *chaque 2e dim du mois, 9h-18h, sur le quai de la Loire.* Brocanteurs, artisanat, bijoux. Environ 80 exposants. Réputé dans la région, avec la Loire comme décor.

***Ligne de bus*** *n° 1 de Saumur à Fontevraud : ☎ 02-41-51-11-87.*

– ***Le TAD*** *(transport à la demande) : rens à l'office de tourisme.* Pour le prix d'un ticket de bus, on voyage à bord d'un taxi ou d'un minibus *(4 ou 5 départs/j., à réserver au min 4h à l'avance).*

## Où dormir ? Où manger ?

### Camping

⛺ ***Camping de l'Isle Verte :*** *av. de la Loire. ☎ 02-41-51-76-60. • isleverte@cvtloisirs.fr • campingisleverte.com • ♿ D'avr à mi-oct. Tente 16-24,50 € selon saison. Hébergement locatif 200-840 €/sem selon saison. 105 empl.* Sur les bords de Loire, un camping très confortable (4 étoiles), ombragé et engagé dans une démarche environnementale. Emplacements agréables et sympathiques écolodges, construits à partir des arbres du terrain. Atmosphère familiale et festive (soirées guinguette l'été). Piscine et abris à vélo multiservices pour les adeptes de *La Loire à Vélo* (et les autres). Location de cabanes de mariniers (écolodges) et mobile homes. Le tout dans l'un des « Plus beaux villages de France ». Spécial randos, à pied, à vélo ou en canoë : *tente bivouac 28 €.*

### De prix moyens à chic

🏠 ***Chambres d'hôtes La Forge :*** *2, rue Jeanne-d'Arc. ☎ 02-41-52-35-47. • contact@montsoreau-la-forge.com • montsoreau-la-forge.com • En haut du village, après l'entrée du château. Avr-sept. Double 80 €.* 💻 📶 Une maison de charme, évidemment (il n'y a que ça ici !), proposant 3 chambres, dont une au rez-de-chaussée et une autre avec terrasse. Toutes avec cheminée d'époque, murs bruts en tuffeau et jolie salle de bains. Élégante salle de petit déj toute vitrée, donnant sur le petit jardin.

🍴 ***Restaurant Le Saut aux Loups :*** *route de Saumur. ☎ 02-41-51-70-30. ♿ En venant de Saumur par la D 947, à l'entrée de Montsoreau. Attenant à la champignonnière. À midi slt. Fermé de mi-nov à fin fév. Menus 19,50-23,50 €. Apéritif maison offert sur présentation de ce guide.* Voici le 1er resto-troglo de la région à avoir relancé les originales spécialités de « galipettes ». Ce sont de très gros champignons de Paris (8 cm de diamètre minimum !), farcis de rillettes ou d'andouille et crème fraîche, voire d'escargots, de saumon fumé et de fromage de chèvre. Le tout servi dans 2 salles toute mignonnes ou à la terrasse dominant la Loire.

🍴 ***Diane de Méridor :*** *12, quai Philippe-de-Commines. ☎ 02-41-51-71-76. ♿ Fermé mar-mer (slt à midi mar-mer en saison). Menus 19 € (déj en sem), puis 29-55 €.* Une adresse gastronomique, à quelques enjambées du château. Il faut dire que la région prête à l'inspiration, et le chef aux commandes de cette belle table n'en manque pas : cuisine fine et tout en saveurs, à base de produits locaux, notamment les excellents poissons de Loire. Penser à réserver pour bénéficier d'une table avec vue sur le fleuve.

### Beaucoup plus chic

🏠 ***Hôtel La Marine de Loire :*** *9, av. de la Loire. ☎ 02-41-50-18-21. • resa@hotel-lamarinedeloire.com • hotel-lamarinedeloire.com • ♿ Au carrefour principal du bourg. Doubles à partir de 135 € selon confort.* 📶 Cet établissement extra chic a misé sur la déco, c'est le moins que l'on puisse dire ! Meubles patinés dans les tons zen et vastes chambres toutes différentes, parfois en mezzanine, avec ciel étoilé, de style marinier ou vendange, etc. Rien ne manque pour le confort : piscine couverte, espace spa, bar-salon de thé, jardin abrité... Accueil enjoué.



## Où dormir dans les environs ?

🏠 🍴 ***Chambres d'hôtes La Michcatière :*** *16, rue de l'Église, 49650* ***Brain-sur-Allonnes.*** *☎ 02-41-59-80-41. • michcatiere@orange.fr • michcath.com • À env 10 km au nord de Montsoreau par la D 85. Fermé dim soir. Double env 90 €. Table d'hôtes 33 € tt compris.* 📶 La maison de style Directoire a beaucoup de cachet, les chambres se révèlent cosy et de très bon goût, et l'accueil est aux petits oignons. À *La Michcatière* (pour Michèle et Catherine), on se sent comme des coqs en pâte ! Beaux petit déj et une table d'hôtes gourmande pour clore le tout.

## À voir. À faire

**Le château :** ☎ 02-41-67-12-60. • chateau-montsoreau.com • ♿ *Mai-sept, tlj 10h-19h ; avr et d'oct à mi-nov, tlj 14h-18h ; mars, w-e slt 14h-18h. Fermé de mi-nov à fin fév. Entrée : 9,20 € ; réduc. Fiche de jeux pour les enfants « Entrez dans la Cour des Grands » et pour les adultes.*
Situé à la confluence de la Vienne et de la Loire et construit en 1455 par Jean de Chambes, fidèle de Charles VII, le château a fort belle allure, annonçant la transition de la forteresse médiévale vers le château d'agrément. Seul château de Loire les pieds dans l'eau, il servit de relais aux vinaigriers d'Orléans. Admirer le bel escalier d'honneur à vis Renaissance, aux fenêtres délicatement ouvragées. Quant à la scénographie intérieure, sur le thème des *Imaginaires de Loire,* elle se révèle séduisante et en harmonie avec l'architecture. Reconstitution de paysages et de scènes du fleuve sauvage, jeux de lumière, girouettes traditionnelles (le CV des mariniers), maquettes (les carrières de tuffeau, les moulins...), rappels historiques (notamment sur l'importance du commerce fluvial), ainsi qu'une mise au point très bien faite des personnages de *La Dame de Monsoreau,* qui ont visiblement quelques griefs à l'égard d'Alexandre Dumas... Ne pas manquer les plafonds imitation bois, ils sont en fait en béton !
Enfin, cerise sur le gâteau, ne pas oublier de monter jusqu'à la terrasse pour profiter d'une vue formidable sur les environs.
– Animations tout au long de l'été.

**La Maison du parc :** *mêmes adresse et horaires que l'office de tourisme.* ☎ *02-41-38-38-88.* • *parc-loire-anjou-touraine.fr* • *GRATUIT.* C'est la maison d'accueil du parc naturel régional Loire-Anjou-Touraine, construite selon des critères « Haute Qualité environnementale ». Une petite expo bien ficelée et très ludique (documents sonores, bornes tactiles et même odorantes...) présente l'évolution des paysages, les activités traditionnelles (la pêche, ses techniques et ses braconniers !) et les missions du parc. Également des expos temporaires.

**La champignonnière du Saut-aux-Loups :** *route de Saumur.* ☎ *02-41-51-70-30.* • *troglo-sautauxloups.com* • ♿ *Voir aussi « Où dormir ? Où manger ? ». Mars-nov, tlj 10h-18h. Fermé de mi-nov à fin fév. Entrée : 6,50 € ; réduc.* Un petit ensemble d'habitations troglodytiques très bien conservées et de longues galeries creusées au XVe s. Au gré des 400 m de déambulation, on découvre que le champignon « de Paris » est en fait cultivé en Anjou, que les pleurotes sont jaunes et roses... et qu'il aurait fallu prendre une petite laine, parce qu'il y fait un peu froid ! Après avoir inspecté in situ les différentes techniques de production (en caisses ou en meules), on fait un petit détour par la galerie consacrée aux « fantaisies champignonnesques » (comme cette vesse de loup de 3,5 kg).

➢ L'office de tourisme propose un sympathique parcours de 4 km à travers les ruelles de Montsoreau et de Candes-Saint-Martin, sur les traces des derniers mariniers du XIXe s. Itinéraire balisé en boucle et livret en vente (1 €).
***Balade romantique*** dans les rues à flanc de coteau à la recherche des vieilles demeures datant des XVe, XVIe et XVIIe s, en particulier, rue Françoise-de-Maridor, chemin du Coteau, Haute-Rue, etc. En été, les rues se parent de roses trémières. Grimper sur le coteau pour le panorama sur la Loire et le château.

– ***Dégustation et vente de vins de Loire :*** avec le *Marché des vins de Loire,* à l'entrée du village venant de Saumur. Parcours en cave troglo, teste-vin à la main et une vingtaine de vins différents à goûter. *Avr-sept, tlj 9h30-19h ; oct-mars,* *lun-sam et dim mat 10h-12h, 14h-18h. Entrée : 8 €.* Sinon, boutique *Cave de la Paleine,* dans la rue menant à l'entrée du château.

➢ Enfin, ceux qui ont l'âme d'un marinier peuvent embarquer à bord de l'*Amarante* et de *La Belle Adèle,* genre de toues (bateaux à fond plat) qui proposent des balades de 45 mn à 1h30 sur la Loire. ☎ *02-47-95-80-85. Tlj en saison. Compter 14 € ; gratuit moins de 2 ans.*

# FONTEVRAUD-L'ABBAYE

(49590) 1 550 hab. *Carte Maine-et-Loire, D4*

**Aux frontières de l'Anjou, de la Touraine et du Poitou, dans le jardin de la France, l'un des ensembles monastiques les plus importants d'Europe, l'un des plus fascinants également par son histoire...**

## JUSTEMENT, UN PEU D'HISTOIRE

### LES FEMMES D'ABORD

*Du XIIe s à 1792, Fontevraud resta fidèle à la règle très avant-gardiste instituée par son fondateur, Robert d'Arbrissel : toujours dirigée par une abbesse, souvent recrutée dans l'aristocratie (16 sur 36 étaient de sang royal). En 1738, quand Louis XV confia quatre de ses filles à Fontevraud pour leur éducation, l'abbesse fut nommée duchesse pour qu'elle ait le droit de s'asseoir devant elles.*

L'abbaye fut fondée par Robert d'Arbrissel, un ascète qui lutta toute sa vie (1045-1116) contre le déclin de l'Église. Grand orateur, il attira à lui des foules considérables, mélange hétéroclite de gens de toutes classes et conditions, lépreux, vagabonds, prostituées repenties. À l'époque, cette communauté ambulante mixte inquiéta beaucoup les autorités ecclésiastiques, qui l'incitèrent à se fixer. Fontevraud ne se révéla pas un mauvais choix. Jolie campagne, vallon riant, sources abondantes. Bientôt, les dons affluèrent, des dames de la haute société intégrèrent la communauté, des bâtiments commencèrent à s'élever. Bien entendu, la conception de l'abbaye tranchait aussi avec celles de l'époque. Elle était divisée en monastères regroupant chacun les « tendances » de Fontevraud : le monastère des femmes de haute condition (Grand Moutier), celui des hommes (Saint-Jean-de-l'Habit), celui des sœurs qui s'occupaient des lépreux (prieuré Saint-Lazare), celui des anciennes prostituées (la Madeleine), les infirmeries (quartier Saint-Benoît). Autre originalité pour l'époque : l'attention et le respect portés aux femmes par Robert d'Arbrissel. Ce fut d'ailleurs une abbesse qui lui succéda. Les comtes d'Anjou (les Plantagenêts) prirent Fontevraud sous leur protection (la seconde abbesse était de la famille !), au point de vouloir y être enterrés. On peut admirer les gisants superbement restaurés d'Henri II Plantagenêt, de son épouse Aliénor d'Aquitaine, de leur fils Richard Cœur de Lion et d'Isabelle d'Angoulême. Fontevraud ne tarda pas à essaimer. En 1155, on comptait déjà plus de 60 prieurés rattachés à l'ordre. Au total, on en dénombra jusqu'à 153 (dont 5 en Espagne et 4 en Angleterre). Les XVIe et XVIIe s furent pour l'abbaye un second âge d'or, durant lequel s'élevèrent de nombreuses constructions prestigieuses.
À la Révolution, l'abbaye fut mise en vente par lots. Les édifices sans terres ne trouvèrent pas preneur, notamment le grand monastère et l'abbatiale, ce qui les sauva. Néanmoins, ils furent abondamment pillés. En 1804, Napoléon ordonna la transformation de l'abbaye en prison.

## Une prison de cauchemar !

En 1814, première année effective, il y eut 469 détenus (à partir de l'âge de 8 ans !). Leur nombre oscilla entre 700 et 1 800. Au XIXe s, ce fut la plus importante prison en France après Clairvaux et l'une des plus dures : 12h de travail quotidien obligatoire, obéissance totale, imposition du silence absolu (à partir de 1839), jeux de hasard proscrits, punitions extrêmement sévères (cachot, pain sec), conditions d'hygiène lamentables, etc. Des milliers de prisonniers décédèrent de maladies comme la tuberculose. Et pourtant, plus de 75 % n'étaient pas des criminels, seulement de petits délinquants, des Jean Valjean quoi, tous victimes ou laissés-pour-compte des crises et mutations économiques.
Quelques pensionnaires célèbres : le socialiste-révolutionnaire Auguste Blanqui en 1836 et Charles Maurras. Jean Genet, venu rendre visite à un ami emprisonné dans les années 1940, écrivit dans *Le Miracle de la rose* : « De toutes les centrales de France, Fontevraud est la plus troublante. C'est elle qui m'a donné la plus forte impression de détresse et de désolation, et je sais que les détenus qui ont connu d'autres prisons ont éprouvé, à l'entendre nommer même, une émotion, une souffrance comparables aux miennes. »
La centrale de Fontevraud ne ferma qu'en 1963 et les derniers prisonniers de droit commun ne partirent qu'en 1985 ! En fait, il s'agissait de prisonniers en fin de peine ou ayant commis des délits mineurs. Ils participèrent alors à la rénovation de l'abbaye. L'abbaye est devenue depuis 1975 un centre culturel où les arts graphiques occupent une large place dans la programmation. Une œuvre de Claude Lévêque, intitulée « Mort en été » est désormais installée dans le grand dortoir.

## Adresse utile

**Office de tourisme du Saumurois :** *pl. Saint-Michel. ☎ 02-41-51-79-45. • ot-saumur.fr • Pâques-sept ; hors saison et en dehors des heures d'ouverture, contacter l'office de tourisme de Saumur.*

## Où dormir ? Où manger ?

### Bon marché

**Chambres d'hôtes chez Michel et Lucette Courant :** *140, av. des Roches. ☎ 02-41-38-11-99. • m.courant@wanadoo.fr • Dans le bas du village, en direction de Montsoreau. Mai-sept. Double 50 €.* 2 chambres très simples pour les petits budgets. Accueil très gentil, grand et agréable jardin quelque peu « vallonné » et possibilité de rentrer sa voiture.

**L'Aliénor Café et L'Orangerie :** *dans l'abbaye royale (payer l'entrée au préalable).* De quoi caler une petite faim lors de la visite, dans un cadre historique évidemment très agréable. *L'Orangerie (mer-dim 11h-17h45 ; compter 6-12 €)* propose du snack rapide (sandwichs et salades). *L'Aliénor Café (ven-mar 11h-17h45 ; formules 19-22 €)* occupe les anciennes cuisines du XVIe s et est plus tourné vers les vins régionaux, en accompagnement d'une cuisine plus élaborée. Également un restaurant à l'hôtel (voir plus bas). Sinon, pique-niques autorisés.

### De prix moyens à chic

**Domaine de Mestré et savonnerie Martin de Candre :** *BP 4. ☎ 02-41-51-75-87 et 02-41-51-75-87. • contact@domaine-de-mestre.com • domaine-de-mestre.com • Sur la route de Fontevraud à Montsoreau, en pleine campagne. Tlj avr-début janv, fermé le reste de janv, ouv slt w-e fév-mars. Double 90 € ; 3 suites familiales ; petit déj 12 €. Resto sur place, fermé dim soir-lun ; menus déj 17-19 €, soir 29-35 €.* En pleine campagne, une vaste demeure familiale pleine de caractère qui fut autrefois une étape pour les pèlerins et un domaine agricole. Elle propose aujourd'hui des chambres élégantes (mobilier de famille) ainsi que de bons repas (cuisine élaborée avec les produits de la ferme) pris dans l'orangerie. Parc et salons de style accessibles aux hôtes (remarquer les tapisseries restaurées). On y trouve également une activité commerciale rare, avec une excellente savonnerie artisanale et une boutique ainsi qu'un intéressant musée d'affiches sur les savons *(3 €)*. Accueil tout en efficacité.

***Chambres d'hôtes aux Tournesols :*** *30, rue de la Socraie. ☎ 02-41-59-31-70. • contact@aux-tournesols.fr • aux-tournesols.fr • Dans le bas du village, en direction de Montsoreau. Fermé janv-fév. Doubles 64-84 €.* Demeure cossue du XIX^e^ s dont les anciennes écuries ont été aménagées en chambres. Ambiance plus hôtel que chambres d'hôtes, mais les chambres restent confortables et très spacieuses pour certaines (comme la « Photographe » avec sa mezzanine ou la « Peintre » sous les toits).

Pour se restaurer, plusieurs adresses près de l'abbaye dont le très chic resto ***La Licorne,*** mais aussi l'***hostellerie La Croix Blanche*** qui propose une carte brasserie ou gastronomique.

## Très chic

***Fontevraud l'hôtel et Fontevraud le restaurant :*** *pl. des Plantagenêts, BP 24, 49590. ☎ 02-46-46-10-10. • hotel-fontevraud.com • Accès en voiture à gauche de l'entrée de l'abbaye. Resto ouv le soir mar-sam et dim midi. Doubles 125-185 € selon saison ; plus 10 € pour les familiales en mezzanine. Menus 55-95 €, carte env 65 €.* Au sein même de la prestigieuse abbaye, un ensemble hôtelier d'une cinquantaine de chambres réparties en 3 bâtiments, ouvert en 2014 après réhabilitation. Élégance et sobriété, s'appuyant sur les matières brutes et nobles, du réfectoire jusqu'aux chambres. Mais ce concept hôtelier intègre également les nouvelles technologies avec un *ibar* ludique aux tables tactiles et des iPads remis lors du *check-in.* Un hôtel également branché environnement et enfants. Même tonalité côté restaurant, dans un cadre assez exceptionnel en son genre, autour du plus petit cloître de France, sous d'élégantes voûtes ogivales. Très belle cuisine régionale et de la mer, raffinée mais sans esbroufe.



# À voir

***L'abbaye royale de Fontevraud :*** *☎ 02-41-51-73-52. • fontevraud.fr • Fin janv-fin fév et nov-déc, tlj sf lun 10h-17h ; mars-juin et sept-oct, tlj 9h30-18h30 ; juil-août, tlj 9h30-19h. Fermé 1^er^-23 janv et 25 déc. Visite libre (avec livret) : 9,50 € ; réduc ; gratuit moins de 8 ans. Visite audioguidée ou guidée 4,50 €/pers, compter env 1h15. Plusieurs visites thématiques et dédiées aux familles. Pour les enfants, guide de visite ludique (gratuit) et audioguide ou jeu de piste sur iPad : 4,50 €/enfant. Consignes.*

– *Galerie d'arts graphiques : 1^er^ étage de la billetterie. Espace dédié aux illustrateurs, 1 à 2 expos/an.*

– *Le pôle énergétique :* premier monument historique à faire sa transition énergétique, l'abbaye est désormais chauffée aux granulés de bois. Une salle pédagogique permet de voir toute la chaufferie et de comprendre le projet *Fontevraud Cité durable.*

– ***L'abbatiale :*** sa construction commença vers 1105 et se termina vers 1165. Une église primitive la précédait. Le pape vint en personne consacrer le chœur en 1119, soit 3 ans après la mort de Robert d'Arbrissel. Porche roman classique, assez austère, surmonté d'une grande baie en plein cintre. Une niche de style flamboyant, ajoutée au XVI^e^ s, vient cependant lui apporter une petite touche délicate. Pignon encadré de deux clochetons octogonaux. À l'intérieur, saisissante et très émouvante sensation d'harmonie et de plénitude. Le jeu des coupoles du type angoumois et le rythme des colonnes et arcatures aveugles s'articulent parfaitement. Volonté de simplicité, d'austérité encore plus mise en valeur par l'exquise ornementation des chapiteaux (entrelacs, motifs végétaux, scènes de la Bible, animaux fantastiques). Chœur très différent de la nef. Plus de fioritures, volonté de dépouillement correspondant à l'humilité du fondateur. Déambulatoire de 10 colonnes, surmonté d'arcatures aveugles. Superbe effet de verticalité, symbolisant l'élan de la prière (21 m de haut).

– ***Les gisants royaux :*** l'abbatiale sert de nécropole royale et abrite les gisants des Plantagenêts. Henri II Plantagenêt (à ne pas confondre avec le roi de France Henri II !), époux d'Aliénor d'Aquitaine et roi d'Angleterre, se révéla très généreux pour Fontevraud, qui était sur ses terres, et fut le premier Plantagenêt à y être enterré, en 1189. Dix ans après, Richard Cœur de Lion et sa sœur Jeanne le rejoignirent, suivis en 1204 par Aliénor, leur mère. Raymond VII (comte de Toulouse et fils de Jeanne) et Isabelle d'Angoulême (veuve de Jean sans Terre) complétèrent la nécropole royale. En tout, une douzaine de membres de la famille royale y furent inhumés. On ne peut voir actuellement que quatre des gisants, dont trois en pierre de tuffeau polychrome : Henri II Plantagenêt, Richard Cœur de Lion, Aliénor d'Aquitaine et Isabelle d'Angoulême (ce dernier en bois). Manquent les tombeaux de Jeanne (fille d'Henri II) et de Raymond VII, comte de Toulouse (probablement disparus dans la tourmente révolutionnaire). On a retrouvé l'emplacement des gisants au XVIIe s, grâce à des vestiges de fresques sur l'un des piliers. Une référence à Raymond VII l'authentifie. Au passage, on notera l'extraordinaire travail de restauration réalisé. Quand on pense qu'il avait été créé jusqu'à cinq niveaux d'occupation du temps de la prison (juste à la place des coupoles, il y avait deux dortoirs). Le paradoxe, c'est que c'est probablement ce qui empêcha l'abbatiale de devenir une carrière de pierres comme tant d'autres églises. Noter enfin que l'abbaye consacre, dans le cadre d'un parcours d'interprétation, une exposition en hommage à Aliénor d'Aquitaine dans la nef de l'abbatiale.

## LA SAGA DES PLANTAGENÊTS

*C'est un comte d'Anjou, Geoffroy le Bel, qui fut surnommé « Plantagenêt », car il plaçait un genêt sur son casque. Il disparut en 1151, et son fils, Henri Plantagenêt, épousa Aliénor d'Aquitaine. Arrière-petit-fils de Guillaume le Conquérant, il devint roi d'Angleterre, à la tête d'un royaume considérable, rognant largement sur le royaume de France. Ce mariage fut à l'origine de la guerre de Cent Ans.*

– ***Le cloître du Grand Moûtier :*** un des plus grands cloîtres de monastère qu'on connaisse. Il date des XVe et XVIe s, et remplaça le cloître roman. Le seul côté sans colonnes est dit « de la première Renaissance » (influence italienne). Monogramme de Louise de Bourbon. Noter quelques belles clés de voûte. Du cloître, on peut notamment accéder aux ***dortoirs*** par un bel escalier Renaissance, à la ***cour Saint-Benoît*** (bordée par les anciennes infirmeries et une chapelle du XIIe s, qui abrita le logis de la grande prieure au XVIe s – aménagements surmontant la chapelle), à la ***salle capitulaire*** et au ***grand réfectoire.***

– ***La salle capitulaire :*** porte d'entrée et fenêtres de style Renaissance à la très riche ornementation. Chose curieuse : quand Fontevraud était une prison, on procéda, dans le même temps, à des transformations et dégradations importantes pour créer de nouvelles surfaces, et à des restaurations qui l'étaient autant pour sauver et mettre en valeur certaines parties. C'est ainsi qu'à partir de 1860, des détenus maçons et sculpteurs participèrent à la rénovation du cloître et du porche de la salle capitulaire. À l'intérieur, carrelage du XVIe s, refait au XIXe s, où l'on note la salamandre de François Ier. Admirables retombées de voûtes sur fines colonnettes. C'est dans cette salle que l'abbesse réunissait les moniales en chapitre sur les questions d'intérêt général. Peintures murales de 1563 représentant la passion du Christ, la Dormition et l'Assomption de la Vierge (certains portraits d'abbesses ont été ajoutés longtemps après).

– ***Le grand réfectoire :*** salle aux dimensions imposantes (45 m de long et 10 m de large). Construit au XIIe s, puis remanié au XVIe s avec des voûtes d'ogives succédant à une voûte lambrissée.
– ***La cuisine romane :*** l'un des clous de la visite, cette curieuse et fascinante construction faisant penser à un baptistère ou à une chapelle funéraire. En fait, c'est une cuisine (la dernière d'époque romane en France) qui a très probablement servi aussi à fumer les aliments tels que le poisson pour leur conservation. Appelée aussi *tour d'Évraud,* du nom d'un grand bandit qui y attirait, dit-on, ses victimes. Elle est recouverte de pierres donnant l'apparence d'écailles de poisson. Sur le côté, absidioles surmontées à l'origine de 21 lanternons : cheminées utilisées selon le sens du vent. À l'intérieur, la complexité de l'architecture est étonnante : octogonale à la base, puis de plan carré, et à nouveau octogonale sous la hotte. La cuisine fut abandonnée lors de l'agrandissement du grand réfectoire au XVIe s.
De là, le regard se porte sur le ***prieuré Saint-Lazare,*** de l'autre côté des jardins. Des quatre monastères, c'était celui qui accueillait les religieuses s'occupant des lépreux. L'essentiel des bâtiments date du XVIIe s. Seule la chapelle remonte à l'époque médiévale.
– Noter la présence de plusieurs expos pérennes sur le site, présentant des personnages ayant marqué l'histoire de Fontevraud.

***L'église paroissiale Saint-Michel :*** *à côté de l'abbaye.*
Fondée au XIIe s. Entourée par une galerie en charpente de bois sur piliers de pierre du XVIIIe s. À l'intérieur, l'édifice est, dans l'ensemble, de style gothique angevin. Entre nef et transept, élégant arc triomphal à cinq voussures et splendide retable en tuffeau du XVIIe s. Maître-autel en bois sculpté doré sur colonnes corinthiennes, rapporté à la Révolution. Nombreuses œuvres d'art intéressantes, provenant pour la plupart de l'abbaye.
– Fontevraud semble propice à l'inspiration puisqu'elle accueille un luthier, une créatrice de bijoux, un atelier de vitraux d'art et l'une des dernières savonneries artisanales de France, d'excellente qualité, la *savonnerie Martin de Candre* (voir « Où dormir ? Où manger ? »).

## Manifestations

– ***Pâques à Fontevraud :*** *ven et sam, conférences et concerts ; dim mat, chasse aux œufs.* Sachez qu'il n'y a qu'une messe par an à l'abbaye : celle de Pâques. À ne pas manquer si vous êtes par ici, car elle est chantée.
– ***Fontevraud, cité idéale :*** *en juin ; conférences-débats et spectacles.* Repas partagés, spectacles et cinéma en plein air.

## DANS LES ENVIRONS DE FONTEVRAUD-L'ABBAYE

***Le château de Brézé*** *(49260) : entre Saumur, Fontevraud et Montreuil-Bellay. ☎ 02-41-51-60-15. • chateaudebreze.com • Fév-mars et oct-déc, tlj sf lun, 10h-18h ; avr-juin et sept, tlj 10h-18h30 ; juil-août, tlj 10h-19h30. Fermé en janv et les 24, 25 et 31 déc. Compter 1h30. Entrée : env 11 € ; réduc ; gratuit moins de 6 ans ; tarifs famille.*
La famille de Colbert a eu la riche idée d'ouvrir les portes du château de Brézé au public. Car ce n'est pas n'importe quel château ! On peut y découvrir les douves sèches les plus profondes d'Europe. C'est même de ces fossés qu'a été extraite la pierre qui aurait servi à l'édification de l'abbaye voisine de Fontevraud. Édifié au XVIe s, remanié dans le style néogothique au XIXe s, le château s'organise autour d'une jolie cour d'honneur Renaissance en U. À l'intérieur, on verra quelques appartements, dont la chambre du cardinal de Richelieu, celle de Monseigneur Dreux-Brézé, une salle d'armes du XIXe s, une cuisine à gibier, une coupole dotée

d'une impressionnante charpente, etc. Depuis le château, on embrasse avec éblouissement la campagne saumuroise et les vignobles exploités depuis le XIVe s par ce même château.
Mais le clou de la visite, c'est la forteresse souterraine (à partir du Xe s). Le parcours conduit sous le château, au travers du système défensif, dans les douves (qui abritèrent au XVIIe s les armées royales qui luttaient contre le prince de Condé) et dans une cité troglodytique militaire. Dans les anciens celliers seigneuriaux étaient stockés les vivres et les vins du domaine, pressés dans les plus grands pressoirs en sous-sol d'Anjou. À ces dépendances troglodytiques s'ajoutent un imposant fournil, une magnanerie (élevage de vers à soie), une glacière, un chemin de ronde creusé dans la roche et même un pont-levis souterrain.
En fin de visite, après une balade dans le parc à l'anglaise et son pigeonnier, le château ouvre sa boutique et son caveau des vins de Loire dans ses anciennes écuries.

# MONTREUIL-BELLAY (49260) 4 300 hab. *Carte Maine-et-Loire, D4*

**À une quinzaine de kilomètres au sud-est de Saumur, une charmante et accueillante petite cité, la dernière des 32 villes closes de l'Anjou à avoir quasiment conservé son aspect d'antan : une partie des murailles et des portes de ville, ainsi que son superbe château font le bonheur des touristes. Sous l'Ancien Régime, ce fut un important centre administratif, qui compta 57 paroisses. En transférant les pouvoirs de Montreuil-Bellay à Saumur, la Révolution provoqua son déclin. Même les guerres vendéennes l'oublièrent, ce qui nous vaut de retrouver Montreuil-Bellay intact. Étape très agréable. On y déguste de bonnes spécialités locales : le boudin de brochet, les fouées, les rillauds d'Anjou et les rillettes.**



## Adresse et info utiles

**Office de tourisme du Saumurois :** *pl. du Concorde. ☎ 02-41-52-32-39. • saumur-tourisme.com • Juil-août, lun-sam 9h30-13h, 14h-18h30 ; dim et j. fériés 10h-13h, 14h-17h. Le reste de l'année, horaires variables. Fermé nov-mars.* Le mardi en juillet-août, visites guidées de la ville (payantes).
– **Brocante à Cœur :** *le 1er dim de chaque mois.*

## Où dormir ?

### Camping

**Camping Les Nobis :** *rue Georges-Girouy. ☎ 02-41-52-33-66. • contact@campinglesnobis.com • campinglesnobis.com • ♿ En contrebas de la vieille ville ; suivre l'itinéraire « aire de camping-cars gratuite ». Fin mars-début oct. Tentes 14-24 € selon saison. Hébergement locatif 290-595 €/sem. 123 empl.* Camping convivial de 4 ha, idéalement situé au pied du château, sur un beau terrain au bord de la rivière. Soirées et animations pour les enfants. Mobile homes et tentes kiwi. Location de vélos. Restaurant. Piscine.

### Chic

**Hôtel Le Relais du Bellay :** *96, rue Nationale. ☎ 02-41-53-10-10. • contact@hotelrelaisdubellay.com • hotelrelaisdubellay.com • ♿ Près du château. Doubles env 64-101 € selon catégorie et vue.* Cet ancien relais de poste du XVIIe s a dû en voir passer des voyageurs. Aujourd'hui, on y trouve une quarantaine de chambres, pas ce qu'il y a de plus modernes niveau déco, mais elles sont refaites les unes après les autres. Le vrai plus vient de la situation (vue imprenable sur le château depuis le jardin) et du niveau de confort : espace détente avec spa, jacuzzi et piscine chauffée.

**Chambres d'hôtes Les Petits Augustins :** *pl. des Augustins.* ☎ *02-41-52-33-88.* • *lespetitsaugustins@yahoo.fr* • *les-petits-augustins.com* • *Fermé de mi-nov à mars. Double 75 €.* 3 chambres dont une en suite, toutes avec salle de bains attenante, dans un ancien hôtel particulier du XVIIe s qui servit de gendarmerie ! Déco parfois un peu vieillotte, mais on profite de tout le charme de l'ancien avec les hauts plafonds, les cheminées et les vénérables carrelages. Ambiance carrément médiévale dans la salle de petit déj.

## À voir. À faire

**Le château :** ☎ *02-41-52-33-06.* • *chateau-de-montreuil-bellay.fr* • *Avr-juin et sept-oct, tlj sf mar, 10h30-12h, 14h-18h ; juil-août, tlj 10h-12h30, 13h30-18h30. Fermé nov-mars. Entrée : 10 € ; réduc. Visite guidée (1h).*
Le premier château fut bâti au XIe s. De l'époque médiévale subsistent des remparts, douves, barbacane (bâtiment de défense) et cuisine. Le château fut agrandi par les comtes d'Harcourt au XVe s, qui privilégièrent l'aspect agrément à l'aspect défensif. Cuisine médiévale assez impressionnante, avec une vaste cheminée centrale reposant sur quatre piliers et arches gothiques, le tout flanqué d'autres cheminées latérales.
Dans le *petit château* (XVe s), logis des chanoines dans le style béguinage des Flandres (la belle vie, quatre appartements avec cave à vins personnelle !).
La dernière partie, le *château neuf,* date du XVe s. Élégante bâtisse avec tours octogonales édifiées sur une cave dotée de belles voûtes en ogive (dernière salle voûtée en anse de panier du XVIIIe s). Salle à manger avec plafond peint, où l'on remarque des poutres ornées de petits personnages symboliques (comme cette nonne nue et coquine !). Chambre de la duchesse de Longueville (elle y amena son amant, La Rochefoucauld). Grand salon (salle des gardes) avec une malle de mariage de la reine Margot (en cuir orné de clous), un reliquaire de Jeanne de France et une tapisserie où apparaissent, pour l'une des premières fois, le rouge et la perspective. Bel escalier à vis.
Le château produit par ailleurs d'excellents saumurs blancs, rosés, pétillants et rouges : possibilité de dégustation et vente sur place.

**La collégiale Notre-Dame :** *ancienne chapelle du château (XVe s), juste à côté de celui-ci. Tlj 9h-20h (ferme plus tôt hors saison).* Pas de clocher, une simple petite flèche et de puissants contreforts. À l'intérieur, volume imposant (44 m de long, 13 m de large, 18 m de haut). Grandes fenêtres flamboyantes. Bandeau noir tout autour, rappelant le caractère funéraire de la chapelle originelle (pour la famille d'Harcourt).

➢ **Promenade dans la ville :** demander à l'office de tourisme la brochure gratuite *Une histoire, un patrimoine à découvrir,* pour admirer les maisons anciennes (place du marché, rue du Docteur-Gaudrez, rue de la Mairie, etc.). La rue Nationale mène à la *porte et la chapelle Saint-Jean.* Tout ce côté de la ville possède encore sa muraille intacte. À l'opposé de la rue Nationale, la *porte Nouvelle* et son élément de muraille du XVe s. En redescendant l'avenue du Pont, vers la rivière, sur la gauche, vous trouverez le *logis du Meunier* (XVIIIe s). Belle vue sur le château et le Thouet depuis le pont. Quelques îles, dont l'*île aux Moines* (aire de pique-nique), l'une des promenades favorites des familles. Au pied du château, les bords du Thouet livrent également une paisible balade. Peu avant le camping, *ruines des Nobis,* ancien prieuré bénédictin, et de l'*église Saint-Pierre* (XIe s).

– ***Canoë-kayak :*** *avec le* ***club de canoë de Montreuil-Bellay,*** *rue du Moulin-de-la-Salle, au port Sainte-Catherine. 06-82-30-44-52 ou 06-43-00-02-39. Juil-août, base ts les ap-m 14h-18h ; mai-juin et sept, l'ap-m des w-e et j. fériés 14h-18h. Le mat sur résa slt.* Belles balades à faire sur le Thouet.

## Manifestations

– ***Festival L'Art en fête :*** *le w-e de l'Ascension. ☎ 02-41-52-32-39.* Musique et théâtre de rue.
– ***Estivales :*** *juil-août. Gratuit.* Concerts, dont certains au théâtre de verdure installé dans les ruines de l'église Saint-Pierre.
– ***Concours des Peintres dans la ville :*** *le 1er dim d'août.*

## DANS LES ENVIRONS DE MONTREUIL-BELLAY

***L'abbaye d'Asnières :*** ***49700 Cizay-la-Madeleine.*** *06-18-63-15-15. Sur la D 761, à mi-chemin entre Montreuil et Doué-la-Fontaine. Juil-août, tlj sf mar, 11h-18h. Entrée : 6,50 €.* Édifiée au début du XIIIe s, dans un bel environnement boisé. La nef a disparu (utilisée comme carrière de pierres au XIXe s), mais il reste le puissant clocher et, surtout, le chœur et le transept. Chœur tout en finesse et légèreté, avec ses huit voûtes soutenues par de délicates colonnes. Vestiges rares du carrelage vernissé d'origine. Animations en été.

### LES CAMPS DE LA HONTE

*À 4 km de Montreuil, la zone industrielle de Méron s'élève sur un ancien camp de concentration de tsiganes créé par Vichy. De même que les juifs, ces gens n'avaient commis aucun crime, aucun délit. Or Montreuil-Bellay fut libéré en septembre 1944, les tsiganes en... janvier 1945, pour être regroupés dans d'autres camps et finalement libérés en décembre, bien après l'armistice ! Merci à Jacques Sigot (de Montreuil-Bellay) d'avoir rappelé dans un livre cette lamentable page de l'histoire de France, et à Tony Gatlif pour son film Liberté sur le thème des camps tsiganes en France (40 en tout !).*

***Le Coudray-Macouard*** *(49260) :* *à mi-chemin entre Saumur et Montreuil-Bellay.* Ne pas hésiter à flâner dans les ruelles de ce magnifique village fleuri, possédant de superbes demeures des XVe et XVIIIe s. Geoffroy, comte d'Anjou et vainqueur du seigneur de Montreuil, fit construire la forteresse pour contrer le pouvoir de la cité rivale... Voir notamment l'*église Notre-Dame,* la *seigneurie du Bois,* un beau manoir restauré des XVe et XVIe s, la mairie... Ce village assez inattendu abrite également une magnanerie (élevage de vers à soie) et, encore plus inattendu, un atelier de girouettes *(24, rue du Puits-Venier ; ☎ 02-41-67-80-90 ; • girouette.com •).*



## LE PUY-NOTRE-DAME (49260) *Carte Maine-et-Loire, C4*

**À quelques kilomètres à l'ouest de Montreuil-Bellay. Une très intéressante église de style gothique Plantagenêt pour les amateurs, et une pépinière de viticulteurs dans le coin, car c'est la première commune viticole du Saumurois.**

## Adresse et info utiles

**Office de tourisme** *(antenne du Saumurois)* **:** *16, rue des Hôtels. ☎ 02-41-38-87-30. À côté de l'église. De mi-juin à mi-sept, mar-sam.* Intéressant sentier d'interprétation « Au fil de la vigne », labellisé par le parc naturel régional (fiche disponible), et plusieurs sentiers pédestres et VTT autour du village. Demander la liste des viticulteurs.

– **Grand Prix rétro du vignoble :** *le dernier w-e de juil.* Entrent en compétition des véhicules de course d'avant-guerre.

## Où dormir ? Où manger ?

**Chambres d'hôtes Le Manoir de la Tête Rouge :** *3, pl. Jules-Raimbault. ☎ 02-41-38-76-43. • greynouard@manoirdelateterouge.com • manoirdelateterouge.com • Doubles 87-107 € (encore plus cher juil-août et ponts). Table d'hôtes 36 € (à partir de 4 pers).* Au cœur du village, ce beau domaine viticole a cédé une partie de ses dépendances aux hôtes de passage. Chambres de charme, à la déco thématique très réussie, et soirées conviviales à goûter la cuisine locale accompagnée des vins de la propriété. Piano à queue dans le salon et piscine dans le jardin.

**Hôtel Le Chai de la Paleine :** *10, pl. Jules-Raimbault. ☎ 02-41-38-28-25. • lapaleine@wanadoo.fr • paleine.fr • Doubles 75-95 €. Réduc de 10 % sur le prix de la chambre hors sam et mi-juil à fin août sur présentation de ce guide.* Derrière de hauts murs en tuffeau, un quasi-parc et un ensemble de bâtiments de caractère retapés avec goût, à mi-chemin entre l'hôtel et l'ambiance chambres d'hôtes. Les chambres, toutes différentes et fort agréables, sont situées dans l'ancien chai refait à neuf. Cuisine à disposition (il y a des bouteilles dans le frigo en cas d'urgence !) et de belles salles communes. Quelques curiosités pour agrémenter le séjour : le petit déj que l'on prend dans un foudre (un tonneau) et ces amusants « carrés d'étoiles » pour dormir à la belle étoile. Assurément, un coup de cœur.

## À voir au Puy-Notre-Dame et dans les environs

**La collégiale Notre-Dame :** *tlj 9h-19h.*
Elle fut pendant longtemps un haut lieu de pèlerinage pour l'une des reliques les plus célèbres rapportées des croisades : la ceinture de la Vierge ! Base de la tour-clocher du XIIIe s, partie supérieure du XVe s. Façade-mur au portail bien usé.

À l'intérieur, ampleur harmonieuse du vaisseau et voûtes angevines. Superbes stalles sculptées du XVIe s (seuls les dais et l'ornementation en dessous sont du XIXe s). Particulièrement remarquables sont les représentations des saints et des apôtres (*Saint Pierre et ses clés* sur le flanc gauche, et un *Saint Georges* bien usé, notamment), ainsi que les figures féminines sur le devant de la première rangée de stalles. Quelques métaphores comme l'ivrognerie sur le premier siège de droite. Dans le transept droit, le fameux reliquaire de la ceinture de la Vierge, objet de toutes les dévotions.

### UNE CEINTURE ANTI-CHASTETÉ

*La présence de la ceinture de la Vierge dans la collégiale du Puy explique la disproportion de l'édifice par rapport au village. Louis XI en était amoureux (de la collégiale). Cette ceinture avait pour vertu de faciliter les accouchements. Ainsi, Anne de Bretagne l'utilisa-t-elle (elle eut son premier enfant à 14 ans !) et Anne d'Autriche l'emprunta pour enfin enfanter le futur Louis XIV.*

AU SUD DE SAUMUR

***La cave vivante du Champignon :*** *49260* ***Sanziers.*** *☎ 02-41-40-36-47. • lechampignon.com • À quelques km à l'est du Puy-Notre-Dame. De mars à sept, tlj 10h-12h, 14h-18h ; hors saison, sur résa. Entrée : env 5,50 € ; réduc.* Dans un très joli village de viticulteurs, découverte d'une champignonnière et d'un musée, dans un environnement troglodytique du XVIe s. Le proprio a pour cheval de bataille la défense et la promotion du patrimoine caché de la région (comprendre : souterrain). Vente de champignons et dégustation de vins de la propriété de la famille.

## DOUÉ-LA-FONTAINE

(49700) 7 800 hab. *Carte Maine-et-Loire, C3-4*

**Depuis qu'elle a découvert le pot aux roses, Doué en est devenue la capitale ! Premier producteur de roses en France, elle a néanmoins la chance de posséder aussi les plus beaux troglos de plaine dans sa région, de spectaculaires arènes du XVIe s, les ruines d'une collégiale (Saint-Denis) du XIe s, une maison carolingienne... Bref, sans même parler de son célèbre « Bioparc », Doué se révèle plutôt douée pour les sites touristiques, et ses environs constituent un bon camp de base, au carrefour des grands axes Cholet/Saumur et Montreuil-Bellay/Angers.**

### LES TROGLOS DE PLAINE

Une des particularités de la région, c'est le falun, une roche calcaire coquillière déposée là par la mer, il y a quelque 10 millions d'années. C'est à Doué qu'on trouve la couche la plus épaisse (jusqu'à 23 m). Le falun le plus dur fut largement utilisé pour la construction. Les perreyeux possédaient, pour l'extraire, une technique originale : ils creusaient une tranchée dans un champ, qu'ils élargissaient progressivement jusqu'à la nappe phréatique. Avantage : on pouvait travailler à l'abri des intempéries, et lorsque la carrière était épuisée, il suffisait de refermer la voûte, de remettre la terre pour utiliser les champs à nouveau totalement (ce qui explique la forme triangulaire des carrières).
En dégageant la terre, puis le falun le plus friable pour créer une grande cour en profondeur, les gens créaient une sorte de falaise dans laquelle ils creusaient pièces d'habitation, caves, celliers, greniers, etc. Avantage, la vente des milliers de mètres cubes de terre et falun extraits pour creuser la cour leur remboursait quasiment le prix du champ et du labeur des ouvriers. En outre, ils obtenaient une maison à l'arrivée.



### Adresse et info utiles

ℹ ***Office de tourisme :*** *pl. des Fontaines. ☎ 02-41-59-20-49. • ot-douelafontaine.fr • Juil-août, lun-sam et dim mat. Hors saison, lun-sam mat, sf mar.*

➢ Liaisons par bus avec Angers et Montreuil-Bellay (ligne n° 5), avec Saumur et Cholet (ligne n° 6). *☎ 02-41-88-59-25 (gare routière d'Angers).*

### Où dormir ? Où manger ?

***Chambres d'hôtes Les Roses Roses :*** *34, rue de Soulanger. ☎ 02-41-59-21-43. • douet.f@sfr.fr • lesrosesroses.com • Dans le quartier* *du Bioparc. Double 50 €. Repas 10 € tt compris.* 3 chambres coquettes, dont certaines équipées de lits de relaxation électriques, dans une maison de ville au calme. Petit déj à l'anglaise. Votre hôtesse est aussi l'auteur des peintures qui ornent les murs. Atmosphère gentiment bohème et sans chichis.

**Le Caveau :** *4 bis, pl. du Champ-de-Foire. ☎ 02-41-59-98-28. • restaurant.lecaveau@orange.fr • Juil-août, tlj ; mi-saison et vac scol fermé mar ; hors saison (oct-mars) ven soir-dim soir slt. Menu unique 23,50 € avec boissons.* Au cœur de la ville, dans une immense cave médiévale du XIIe s, un resto troglo chaleureux pour déguster des fouaces et des galipettes. Rien de renversant niveau gastronomique, mais une expérience ô combien sympathique ! Les formules généreuses sont servies par une équipe dynamique.

**Auberge Bienvenue :** *104, rue de Cholet. ☎ 02-41-59-22-44. • info@aubergebienvenue.com • aubergebienvenue.com • En face du Bioparc. Resto fermé dim soir-lun, établissement de Noël à mi-janv. Doubles 69-115 € et des suites. Formule bistrot, sinon menus 29,50-56 €.* La bonne auberge, classique et sérieuse. Chambres contemporaines spacieuses, impeccables et climatisées ainsi que 4 suites de luxe dans le jardin avec accès à un spa. Salle à manger chaleureuse pour goûter une cuisine de marché raffinée et d'un bon rapport qualité-prix. Très bon accueil.

## Où dormir ? Où manger ? Où boire un verre dans les environs ?

### Camping

**Camping-caravaning La Vallée des Vignes :** *49700* ***Concourson-sur-Layon.*** *☎ 02-41-59-86-35. • info@campingvdv.com • campingvdv.com • ♿ Avr-sept. Compter 19,50-27 € pour 2 selon saison. Mobile homes 6 pers 330-680 €/sem. Caravanes 157,50-217 €/sem. 63 empl.* Camping accueillant, égayé de parterres de fleurs et d'outils agricoles. Emplacements agréables, suffisamment vastes et intimes. À la campagne mais aux portes de Doué, avec des installations sportives en tout genre, dont une piscine. Un camping familial où l'on parle surtout l'anglais !

### De bon marché à prix moyens

**Les Dames de la Loire :** *15, route de la Rose, Le Moulin Cassé, 49700* ***Les Ulmes.*** *☎ 02-41-59-57-10. À env 8 km de Doué en direction de Saumur, au bord de la D 960. Fermé lun, plus dim soir hors saison. Congés : 1er-10 janv. Menus 12-16,90 € à midi en sem, puis 23-27 €.* De prime abord, rien n'incite à s'y arrêter. Mais on aurait bien tort ! Car cet ancien relais routier est devenu un incontournable pour les locaux : l'accueil est très sympa, la déco revue et corrigée dans le style d'un bar à vins convivial, et la cuisine plus qu'honorable. Les menus sont une vraie bonne affaire, avec de bons plats du jour présentés avec la manière. À moins de préférer l'une des curiosités à la carte, comme la tarte au maroilles ou la carbonnade (forcément, le patron est originaire du Nord). Bon choix de vins au verre, cela va sans dire.

**Ferme-auberge Liliane Maudet :** *Le Pinier, 49560* ***Nueil-sur-Layon.*** *☎ 02-41-67-13-21. • liliane.maudet@gmail.com • foiegrasmaudetcousin.fr • ♿ En venant de Pont-de-Trémont (sur la D 960) vers Vihiers, panneau sur la gauche à la hauteur du lieu-dit Le Coq-Hardi. Repas sur résa slt, sf dim soir, plus lun-jeu hors saison. Fermé en fév. Menus 19,50 € (midi en sem)-32,50 €. Apéritif maison offert sur présentation de ce guide.* Ferme-auberge coquette, bordée par un beau jardin fleuri et ombragé. Production maintes fois médaillée de foie gras au torchon. Liliane propose également à la vente de délicieux magrets, gésiers, confits de canard (ah, celui aux haricots !), manchons, rillettes, etc. Accueil à la hauteur de la qualité des produits. Agréable salle à manger aménagée dans les anciennes étables.

***Chambres d'hôtes Les Délices de la Roche :*** *16, rue du Musée, 49700* ***Louresse-Rochemenier.*** *☎ 02-41-50-15-26. • accueil@delicesdelaroche.com • delicesdelaroche.com • Accès par la D 761 au nord-ouest de Doué-la-Fontaine. Double 60 €. Formules et menus déj 14,50-21 €. Table d'hôtes 22 €. Digestif maison offert sur présentation de ce guide.* Du beau travail. Vraiment. Car le jeune couple à la barre de cette adresse conviviale ne laisse rien au hasard : les chambres sont agréables et de bon confort, l'accueil très gentil et les repas d'un excellent rapport qualité-prix. Issus d'écoles hôtelières, ils font tout maison (jeter un œil au potager bio !). À noter pour les promeneurs qu'ils font également resto le midi et salon de thé. Prêt de vélos. Une halte que l'on prolonge sans hésiter !

***Chambres d'hôtes de la Fosse :*** *7, La Fosse, 49700* ***Forges.*** *☎ 02-41-50-90-09. • info@chambrehote.com • chambrehote.com • À 4 km de Doué. Doubles 73-83 €.* Au cœur d'un paisible hameau troglodytique, voici l'endroit idéal pour se ressourcer. Notamment grâce à l'agréable piscine (chauffée) autour de laquelle s'organisent les beaux bâtiments de la maison. Quant aux 5 chambres, de bon confort, elles se révèlent pleines de personnalité avec leurs luminaires créés par la propriétaire. Utilisation d'une cuisine en supplément si on souhaite se préparer des repas.

***Les Caves de la Genevraie :*** *13, rue du Musée, 49700* ***Louresse-Rochemenier.*** *☎ 02-41-59-34-22. Accès par la D 761 ou la D 69 au nord de Doué-la-Fontaine. Au centre du village. Résa obligatoire. Menu unique 24 € tt compris.* Resto troglo plein de charme, aménagé dans une galerie ayant servi de refuge pendant les guerres de Religion. Repas de fouaces (galettes de froment cuites au four que l'on fourre de rillettes par exemple), mogettes (haricots blancs), champignons, fromage de chèvre... Bref, les spécialités du pays, avec hors-d'œuvre, layon en apéro et anjou rouge tout au long du repas. Avant de partir, ne pas manquer la visite de l'adorable troglodyte derrière le resto, avec ses puits de lumière, son four à pain et ses vitraux.



## À voir. À faire

***Le Bioparc :*** *103, rue de Cholet. ☎ 02-41-59-18-58. • bioparc-zoo.fr • Vac de fév-vac Toussaint : avr-sept, tlj 9h-19h (19h30 juil-août) ; le reste du temps, 10h-18h30. Compter de 4h à la journée entière. Entrée (ticket valable pour la journée) : 19,90 € ; enfant 14,50 € ; dont 10 % pour tte la famille sur présentation de ce guide. Carte ZooPass, valable 1 an.*
Le cadre troglodytique de ce zoo mérite à lui seul quelques lignes : sites escarpés, anciennes carrières de falun, caves cathédrales baignées par la nappe phréatique, et abondante végétation de bambous. Toutes les conditions pour recréer le milieu naturel le plus proche de la réalité ont été recherchées. Il faut dire que le Bioparc se fixe principalement comme mission la reproduction d'espèces en grand danger de disparition, en soutenant des projets de préservation de la faune et des écosystèmes menacés. Baptisés « Projets Nature », ils sont financés sur leurs fonds propres, générés par les visiteurs du zoo.
Impossible de tout décrire ici, mais nos coups de cœur sont allés à l'étonnante volière des roussettes, aux îles des singes, à la curée des vautours, aux loutres géantes, au ballet des hippopotames pygmées (en aquavision !), à la grande vallée des rhinocéros noirs et au canyon de léopards. Sans oublier la plus grande volière d'Europe consacrée aux oiseaux sud-américains (aras, ibis, condors, manchots...) ou le sanctuaire des rares okapis, où le public est invité à pénétrer à l'intérieur de ces espaces.
On peut composer son itinéraire en fonction de l'heure des animations ou des repas des animaux (panneau à l'entrée). Sinon, parcours bien ficelé puisque, en

prenant toujours les allées de droite, on voit tous les animaux et on ne se perd jamais. Nous conseillons d'ailleurs vivement le journal avec plan pour les adultes et le petit journal pour les enfants (gratuits). Pour conclure, nos lecteurs photographes, par la diversité et l'originalité des angles de vue, y réaliseront des clichés tout à fait inhabituels. Un zoo décidément pas comme les autres...

Sur place, resto panoramique *Le Camp des Girafes*, donnant sur la vallée des girafes et des zèbres et proposant des menus-buffet. On s'y croirait ! Sinon, plusieurs snack-bars (glaces et boissons) et un bar pour boire un verre tout en lisant des livres naturalistes.

***Aux Anciens Commerces :*** *☎ 02-41-52-91-58. • anciens-commerces.fr • Mai-juin et sept, tlj sf lun, 10h-12h, 14h-19h ; juil-août, tlj sf lun mat, 10h-13h, 14h-19h ; mars-avr et oct, tlj sf lun, 10h-12h, 14h-18h (fermé 1 sem mi-oct). Fermé nov-fév. Entrée : 8 €.* Installé dans d'anciennes écuries, une rétrospective foisonnante et fascinante du petit commerce en milieu rural de 1900 à 1950 (une vingtaine de boutiques en tout), du p'tit café à la chapellerie. Au 1er étage, le bistrot, la salle des réclames, l'apothicaire, l'horloger, l'échoppe du cordonnier, la boutique de parasolerie et un « grenier des rêves » auquel il ne manque que les toiles d'araignée. Au rez-de-chaussée : la rue commerçante, plus vraie que nature avec ses pavés, façades, devantures, corniches et gouttières d'origine. Il suffit d'ouvrir une boutique pour que tout prenne vie d'un coup. La clochette de la porte, les odeurs oubliées qui nous assaillent... Nostalgie garantie. Derrière la vitrine de chapeaux, un haut-de-forme noir dont la couleur change huit fois selon la lumière et dans l'armurerie, le fameux miroir aux alouettes. N'oubliez pas de vous faire tirer le portrait devant votre boutique fétiche, comme autrefois ! Boutique sympathique à la sortie et animations sur réservation pour les enfants.

***La maison carolingienne :*** *bd du Docteur-Lionet.* C'est la plus ancienne demeure fortifiée de France (construite vers 900). On pense qu'elle fut la résidence d'été de Louis le Pieux, fils de Charlemagne. Visible uniquement de l'extérieur.

## *Le Doué troglodytique*

On vous rappelle que le Bioparc (zoo) se situe également sur un site troglo !

***Le Mystère des Faluns aux Perrières :*** *545, rue des Perrières (descente sur le site par la rue d'Anjou). ☎ 02-41-59-06-13 (en saison) ou 02-41-59-71-29 (tte l'année). Avr-sept, tlj 9h30-19h ; fév-mars et oct-nov, tlj sf lun 10h-18h ; hors saison, sur résa. Entrée : env 6,50 € pour la visite libre ; réduc. Penser à se couvrir.* Ancienne carrière de falun exploitée de 1769 aux années 1930, ce site gigantesque de 4,5 ha renferme un réseau de salles grandioses à l'aura lumineuse, parfois à la douce pénombre. Ici ou là, des expos photos présentent le patrimoine local. En 2015, une scénographie évoquant « Le mystère des faluns ». Un site en tout cas impressionnant... alors qu'on n'en visite qu'une infime partie (une cinquantaine de salles). Imaginez le reste ! À la sortie, aller jeter un œil à la rue des Perrières, entièrement troglodytique et toujours habitée. Au nº 455, on vous laisse apprécier la vue...

***Troglodytes et Sarcophages :*** *à La Seigneurie, 1, rue Croix-Mordret. 📱 06-77-77-06-94. • troglo-sarcophages.fr • Juin-août, tlj 14h30-19h ; hors saison, sur résa. Visite guidée slt : 4,90 € (1h). Nocturnes*

### CADAVRES EXQUIS

*Le terme sarcophage vient du grec sarkophagos qui signifie « mangeur de chair ». Dans l'Antiquité, on pensait en effet que ces boîtes en bois ou en pierre éliminaient les corps. À la suite des évolutions de langage, sarcophage a conduit au Moyen Âge au mot... cercueil.*

*aux carbures en juil-août en partenariat avec les Chemins de la rose.* Creusé dans le falun, un site archéologique troglodytique où l'on pratiquait l'extraction de sarcophages monolithiques du Ve au IXe s, aujourd'hui, classé Monument historique. On a pu évaluer à environ 35 000 le nombre de sarcophages extraits (il s'agit sans doute de la plus grande carrière d'Europe pour cette période). Réservé aux seigneurs et personnages illustres, le sarcophage devait assurer le confort des morts (et la bonne conservation du corps, due à la qualité de la pierre de Doué qui permettait une momification lente). Le site servit par la suite de refuge souterrain, et de chapelle troglodytique. Voir en fin de visite de belles salles dites « en cathédrale », servant à l'extraction de pierres par tranchées.

***La Rose Bleue :*** *21, rue de la Croix-de-Fer. ☎ 02-41-59-86-83. • rosebleue.fr • Route de Montreuil-Bellay, à droite au feu et encore à droite. Mai-août, tlj sf lun 10h-19h, mer et dim 14h-18h. Sept-avr, mar-sam 14h-18h.* Poterie, galerie d'art (accès payant), soirées spectacles... dans cette insolite cave cathédrale, ainsi que trois chambres d'hôtes.

***Troglos de la Sablière :*** *16, rue Riffaudière. ☎ 02-41-59-96-83. • histoirederose.com • Derrière la collégiale Saint-Denis. Avr-oct, tlj 10h-12h, 14h-19h. Entrée : 4,70 € ; billet commun possible avec Terre de Rose Distillerie 6,50 €.* D'autres galeries souterraines qui se visitent. L'occasion de découvrir la distillation d'eau de rose à feu nu et les œuvres d'artistes contemporains qui s'en donnent à cœur joie avec le falun.

***Les chemins de la Rose :*** *au parc de Courcilpleu (quel joli nom !), route de Cholet (D 960). ☎ 02-41-59-95-95. • cheminsdelarose.com • À la sortie sud-ouest de Doué, après le rond-point de la girafe. Mai-sept, tlj sf lun juil-sept 10h30-19h (10h30-18h de mi-août à fin sept). Boutique (vente de rosiers locaux mai-sept). Entrée : 5 € ; réduc.*
La capitale de la rose n'a pas à rougir de ce bel endroit : 15 000 rosiers pour plus de 1 500 variétés ornent un parc à l'anglaise de 4 ha, plein de charme et romantique par excellence, jalonné de plans d'eau (et de paons !). Du bouton à la pointe de l'aiguillon, vous saurez tout sur la Jacques Cartier, la Yolande d'Aragon ou la William Shakespeare, et vous repartirez sans doute avec de bons conseils et des projets pour votre propre jardin secret... Assurément l'une des plus belles roseraies de France comprenant notamment toute la variété de rosiers lianes. Un conseil : c'est de fin mai à fin juin que le parc est le plus beau, mais certains rosiers sont en fleur de juillet à septembre.
– Animations en saison (présentation de plantes vivaces, promenade gourmande, prairie fleurie...) et marchés aux rosiers pour faire ses emplettes en juin et novembre (racines nues le week-end du 11 novembre).

***Terre de Rose Distillerie :*** *94 bis, rue de Cholet. ☎ 02-41-50-98-79. Avr-oct, 9h30-12h, 14h-19h ; juin-août, 9h30-19h. Entrée : 4,40 € ; billet commun avec La Sablière 6,50 €.* Démonstration en direct de distillation, tôt le matin ou dans l'après-midi chez ce fabricant de produits à la rose. Également une reconstitution de ferme d'autrefois, un jardin de 300 rosiers et de plantes médicinales, un petit musée de la rose et une habitation troglo. Boutique.

***La roseraie Foullon :*** *jardin accolé au musée aux Anciens Commerces, sur le site des écuries Foullon. Tte l'année tlj 9h30-19h, mais période conseillée : 1er juin-31 août. GRATUIT.* Un jardin municipal de haute volée, avec un vrai festival de roses (près de 400 variétés) à vous en donner des boutons.

## Manifestation

– ***Les Journées de la rose :*** *sur 5 j. autour du 14 juil. ☎ 02-41-59-20-49. • journeesdelarose.com • Entrée payante.* Avec près de 100 000 boutons de rose exposés, c'est un concours international d'art floral qui remporte chaque année un vif succès.

# DANS LES ENVIRONS DE DOUÉ-LA-FONTAINE

**La cave aux sculptures de Dénezé-sous-Doué** *(49700) : ☎ 02-41-59-15-40. À 3 km de Rochemenier, sur la D 69. Avr-oct, tlj sf lun non fériés 10h30-13h, 14h-18h30 ; le reste de l'année, sur résa. En principe, fermé nov-mars. Entrée : 4 € ; réduc.*
L'un des points d'orgue d'une visite en pays troglo. Découverte en 1956, c'est l'une des œuvres d'art les plus insolites et mystérieuses d'Anjou. Des centaines de personnages sculptés dans le tuffeau forment une immense bande dessinée qui date probablement du XVIe s. Le caractère métaphorique de certaines scènes, des détails étranges, des situations ou descriptions humoristiques intriguent beaucoup les spécialistes. Ainsi, dans quelques compositions s'y moque-t-on des grands de l'époque et de la mode (les vêtements permirent d'ailleurs la datation). On y remarque des gens bizarres (Indien, personnage en caleçon, une *pietà* inhabituelle, virulente caricature d'un tableau de Michel-Ange, nombreux visages déformés et tordus), ainsi que des personnages célèbres, Catherine de Médicis et François Ier en tête (le roi voulait décapiter les confréries de métiers !).
Le trait est frondeur, volontiers caricatural. Bien sûr, nous laissons à l'excellente guide et conservatrice le soin d'égrener ses explications affûtées (en cas de forte affluence, possibilité de visionner une projection en attendant la prochaine visite guidée).
Bon, il serait tout de même temps que les Monuments historiques inscrivent ce site fascinant à leur inventaire supplémentaire ! En attendant, prenez de l'avance sur eux et inscrivez-le à votre programme, il est remarquable.

**La Fosse :** *lieu-dit La Fosse, 49700* ***Forges.*** *☎ 02-41-59-00-32. • contact@maisonstroglo.com • maisonstroglo.com • À 4 km de Doué-la-Fontaine. Mars-mai et oct, tlj 10h-12h, 14h-19h ; juin-sept, tlj 10h-19h. Fermé nov-fév. Entrée : 5,50 € (visite libre). Réduc sur présentation de ce guide.* « Bienvenue chez les Ostrogloths ! » Voilà qui résume à merveille ce site pittoresque situé dans un hameau troglo et tenu par un jeune couple, deux passionnés soucieux de partager ce patrimoine qui tend à être oublié. Ils ont pris la suite de leur père spirituel, Nanard Pictus, figure emblématique du troglodytisme. On pénètre, par conséquent, dans un vrai terrier humain de 1830, meublé à la mode d'antan et surtout présenté avec un humour décapant ! Partout, de petits panneaux rigolos et des mises en scène cocasses font revivre les « appartements » de la gent domestique et les caves d'habitation. Une visite riche en anecdotes et en surprises, comme ce mannequin représentant « le père Bontemps, 87 ans et bien conservé » !
Demander aux propriétaires la direction du pigeonnier à 1 km de là : 800 trous, souterrain et libre d'accès, ça vaut le crochet !

AU SUD DE SAUMUR

## LOURESSE-ROCHEMENIER

Situé à 7 km environ au nord-ouest de Doué.

**Le village troglodytique :** *☎ 02-41-59-18-15. • troglodyte.fr • Avr-sept, tlj 9h30-19h ; fév-mars et oct-nov, tlj sf lun, 10h-18h. Fermé 1er dim du mois, déc-janv, 1er mai et 11 nov. Entrée : 5,70 € ; 3,30 € pour les 6-17 ans. Essayer de venir le mat et éviter le w-e en saison (beaucoup de monde). Livret-jeu pour les enfants.* Voici seulement deux exemples parmi les 40 fermes troglos et les 250 salles creusées de la commune ! Particulièrement remarquables. Excellente petite brochure (payante) pour en faire une visite vraiment complète et enrichissante. Objets, outils et machines agricoles diverses recréent bien l'atmosphère d'antan, ce qui en fait d'ailleurs un excellent musée ethnographique. Et dire qu'en 1930 elles étaient encore habitées ! Dans la première ferme, creusée aux XVIIe et XVIIIe s (avec des parties XIIIe), noter le beau pressoir à huile de noix, en orme et en chêne, ainsi que le « jitte », cheminée qui permettait de verser le raisin directement dans le pressoir à vin (dit « casse-cou ») sans avoir à faire descendre le lourd charroi dans la cour. Le bon sens paysan ! Vous verrez successivement les granges, le cellier, l'étable, la chambre à coucher. Dans la deuxième ferme, puits de lumière, salle de veillée où, en hiver, la chaleur des corps de 30 personnes qui y cassaient des noix suffisait pour amener la température à 18 °C. Plusieurs salles d'expo, l'ancienne chapelle souterraine et un surprenant puits à deux étages. De nombreuses photos en noir et blanc et des mannequins redonnent vie à l'ensemble, tout comme des animaux de basse-cour en été. Incontournable.

***L'église Sainte-Madeleine-et-Saint-Jean :*** *appelée aussi Sainte-Émérance. Juste au-dessus du village troglodytique.* À la fois émouvante et adorable, elle date du XIIIe s. Élégante porte en accolade. Intérieur rustique avec plafond en bois. Chœur de style classique. On y célèbre la messe une fois par an, le 21 janvier, jour de la Sainte-Émérance : celle-ci guérissait les coliques et éloignait les orages. Au début du XXe s, un sonneur volontaire faisait encore tinter la cloche à l'approche de lourds et noirs nuages.

# LES COTEAUX DU LAYON ET DE L'AUBANCE

**À l'ouest de l'axe Angers/Doué-la-Fontaine, de part et d'autre de la route Angers/Cholet, s'étire une région qui produit les plus fameux vins d'Anjou : le coteaux-du-layon et le coteaux-de-l'aubance. Sur le plan historique, cette région marqua une sorte de frontière des zones d'influences entre royalistes et républicains. Les Blancs disaient d'ailleurs : « Après Vihiers, faut point s'y fier. » De même, le jeu de boules de fort ne va pas au-delà du Layon, et il est inconnu dans les Mauges. Géographiquement, c'est une région de collines plus ou moins escarpées, superbement exposées au midi. L'appellation coteaux-du-layon recouvre 25 communes. Six d'entre elles, vu la qualité de leur production, ont eu le droit d'y adjoindre leur nom. Ce sont Faye-d'Anjou, Rablay-sur-Layon, Beaulieu-sur-Layon, Rochefort-sur-Loire, Saint-Aubin-de-Luigné et Saint-Lambert-du-Lattay. Plus deux crus prestigieux : le quarts-de-chaume (classé grand cru) et le bonnezeaux.**
**Les coteaux-du-layon et de l'aubance sont des vins liquoreux ou moelleux, obtenus par surmaturation du raisin sur pied pour donner la « pourriture noble », un champignon (le *Botrytis cinera*), qui enrichit le raisin en sucre. Vendange artisanale à la main et sol souvent maigre expliquent en général les faibles rendements et, de ce fait, le coût plus élevé de ces nectars. Après fermentation, cela donne des vins à la superbe robe d'or avec des reflets de vert. Bouquet très délicat et fruité dès la première année, mais il atteint des sommets après plusieurs années d'épanouissement. On dit alors que, dans la bouche, « il fait la queue de paon ».**



## Comment y circuler ?

### À vélo ou à VTT

➢ Plein de balades à faire à vélo, surtout dans le coin de Chalonnes et son île (la plus longue de la Loire). Et en plus, c'est presque plat (demander les dépliants) ! Également plus de 240 km de pistes balisées par la FFC à travers le vignoble des coteaux-du-layon. Itinéraires de 14 à 38 km, avec des dénivelées ne dépassant pas les 320 m. Enfin, il existe des sentiers de rando, des sorties canoë-kayak, etc. Un petit verre, ça se mérite !
– ***Espace VTT des coteaux du Layon :*** ***Pays du Layon,*** *bât. Le Neufbourg, **49380 Thouarcé.** ☎ 02-41-54-59-22. • tourisme@layon.org •* Pour tous renseignements.

### En voiture

➢ Emprunter la « route du vignoble », bien indiquée dans l'entrelacs de petites routes qui sillonnent les coteaux.

## Quelques fêtes locales

– ***Fête de la Rillaudée :*** *le 1er w-e de juil à **Brissac.*** On célèbre les bons rillauds d'Anjou. Bal, vide-greniers et concours du meilleur rillaud.
– ***Fête de la Saint-Maurice :*** *le w-e suivant le 22 sept à **Brissac.*** Existe depuis cinq siècles. Grande foire annuelle aux oies et aux aulx (pluriel de ail, bien sûr !). Animations.

# À L'EST DE L'AXE ANGERS-CHOLET

## Où dormir ? Où manger ?

### Camping

***Camping de l'Étang :*** *route de Saint-Mathurin, 49320 **Brissac-Quincé.** ☎ 02-41-91-70-61. • info@campingetang.com • campingetang.com • De fin avr à début sept. Compter 17-33 € pour 2 selon saison. Mobile homes 200-850 €/sem selon confort et saison. 150 empl. Frais de dossier offerts sur présentation de ce guide.* Camping au calme dans un joli coin de campagne. Location de vélos, parc de loisirs attenant et tout ce qu'il faut pour occuper les enfants. Piscine. Sur place, vente de vins d'Anjou : on est au cœur des vignobles d'Anjou.

### Prix moyens

***Chambres d'hôtes et gîtes La Pichonnière :*** *famille Colibet, 49320 **Charcé-Saint-Ellier-sur-Aubance.** ☎ 02-41-91-29-37. • gite-brissac@wanadoo.fr • gite-brissac.com • À quelques km à l'est de Brissac-Quincé. Direction Doué-la-Fontaine (et non Charcé !), c'est sur la D 761 à 1,5 km sur la gauche (indiqué). Doubles 55-70 €. Également 2 gîtes 5-6 pers. Réduc de 10 % hors juil-août pour plus de 2 nuitées sur présentation de ce guide.* Au bout d'une longue allée de châtaigniers, un grand corps de ferme en tuffeau dont les bâtiments s'organisent autour d'une cour. Une poignée de chambres coquettes et confortables, avec ou sans w-c. Salon commun décoré de vieux objets. La famille Colibet anime une AMAP le vendredi soir. Toute une démarche bio sur laquelle échanger avec vos hôtes au petit déjeuner, ultrafrais, évidemment. Accueil sincère et familial. Vélos à disposition.

***Le Petit Manoir :*** *12, rue Armand-Brousse, 49610 **Saint-Melaine-sur-Aubance.** ☎ 02-41-45-33-32. • le.petit.manoir@wanadoo.fr • Dans le bourg, face à la mairie. Le midi lun-sam, le soir ven-sam. Congés : 3 sem en août et fêtes de fin d'année. Menus 11,60 € (déj en sem)-22,50 € ; carte 20-35 €.* Ni petit ni manoir, mais une maison de bourg pimpante avec sa mignonne devanture d'antan, ses vénérables poutres et sa courette bien agréable aux beaux jours. Cuisine pour tous les budgets et des plats simples, traités avec respect. Service efficace.

### Chic

***Chambres d'hôtes Moulin de Clabeau :*** *à la Frémonière, 49320 **Vauchrétien.** ☎ 02-41-91-22-09. • moulin-clabeau@gite-brissac.com • gite-brissac.com • Sur la D 748, route de Brissac, sortir à droite (direction L'Homois/Saint-Jean-des-Mauvrets, puis indiqué). Double env 80 € ; familiales également. Réduc de 10 % accordée à nos lecteurs à partir de la 2e nuit sur présentation de ce guide.* Moulin à eau superbement restauré, avec de grands espaces communs, comme ce salon très agréable à l'étage. Beau mariage de poutres monumentales et d'ardoise. 3 chambres, dont une suite, tout confort et fort mignonnes. Boutique de produits locaux. Accueil adorable. Et le long du joli jardin coule l'Aubance (emprunter la barque pour aller à Saint-Melaine).

**Chambres d'hôtes le Clos des 3 Rois :** *13, rue Du-Bellay, 49380* ***Thouarcé.*** *☎ 02-41-66-34-04. • infos@closdes3rois.fr • closdes3rois.fr • Tt près de l'église. Doubles 82-92 €. Réduc de 25 % à partir de la 3e nuit sf juil-août, w-e, j. fériés et vac scol sur présentation de ce guide.* Cachée derrière de hauts murs, dans une petite rue tranquille, cette maison de maître déploie ses ailes autour d'une grande cour intérieure. Les chambres, séduisantes (notamment celle avec baldaquin), occupent les 2 dépendances, où l'on trouve également les agréables parties communes. Piscine chauffée, accueil chaleureux, et ambiance de village en plein cœur du Layon. Voilà le tableau !

**La Table de la Bergerie :** *la Bergerie, 49380* ***Champ-sur-Layon.*** *☎ 02-41-78-30-62. • david.guitton4@wanadoo.fr • De l'A 87, sortir à Beaulieu, aller jusqu'à Rablay ; puis indiqué sur la droite avt d'arriver à Champ. Fermé dim soir-mar. Congés : 1 sem mi-janv, 1 sem début mars, 3 sem en août-sept. Formules midi en sem 19-23 €, menus 33-47 €.* La salle confidentielle ouvre sur un vignoble familial : on est en pleine campagne, au pays du noble Layon. Du terroir donc, mais le jeune chef a voyagé et pris de la bouteille auprès des grands comme Ducasse et Robuchon. Cela donne une cuisine tonique, sans artifice, tournée vers d'autres horizons et résolument contemporaine. Tout est traité avec doigté, dès le menu du marché, et enrobé d'émulsions pleines de saveurs, en harmonie avec les vins de la propriété.

**Chambres d'hôtes La Demeure du Goupil :** *Le Goupil, 49320* ***Brissac-Quincé.*** *☎ 02-41-66-62-40. • demeure-du-goupil.com • À l'entrée de Brissac en venant d'Angers. Doubles 80-90 €.* Cette maison ancienne abrite 3 chambres dans les dépendances. La proprio, ancienne décoratrice, n'a pas lésiné sur les couleurs. Ambiance guillerette. Piscine et grand jardin.

## À voir. À faire

**Le château de Brissac-Quincé** *(49320) : ☎ 02-41-91-22-21. • chateau-brissac.fr • (parc). Au nord du Layon, déjà dans le vignoble de l'Aubance. Juil-août, tlj 10h-18h ; avr-juin et sept-oct, tlj sf mar, 10h-12h15, 14h-18h. Entrée : 10 € (5 € pour le parc seul) ; 4,50 € pour les 8-16 ans ; réduc ; gratuit moins de 8 ans. Visite guidée (1h15 env).*

Construit à la fin du XVe s et toujours dans la même famille. Au XVIIe s, le duc fit reconstruire son château au fur et à mesure qu'il le démolissait pan par pan, mais il mourut avant la fin des travaux. Résultat : une intéressante juxtaposition de styles avec une façade « neuve » de style Renaissance (évoluant vers le classique) et deux grosses tours à mâchicoulis du XVe s.

Le château compte sept niveaux, dont deux de caves (ce qui en fait le plus haut château de France : 48 m), et comprend quelque 204 pièces (dont une dizaine accessibles au public). Au gré de la visite, magnifiques tapisseries et galerie de portraits (voir celui de la première femme à avoir obtenu le permis de conduire... et à avoir écopé d'une contravention !). Admirer le vestibule (beaux frontons de portes sculptés), le grand salon et ses plafonds dorés à la feuille, la salle à manger au ravissant plafond peint du XVIIe s et à la tribune d'orchestre en bois imitant le marbre. Dans l'immense salle des gardes, poutres peintes (au moins 100 personnages et paysages). Également une poignée de chambres en rapport avec Louis XIII, un surprenant théâtre construit au XIXe s, de très belles cuisines médiévales et une galerie souterraine de 240 m de long pour éviter d'inonder le parc en cas de crue. Aux murs et au plafond, les deux C entrelacés de Charles de Cossé-Brissac, dont les héritiers débordent d'imagination pour faire connaître leur demeure (et financer le coût faramineux de son entretien) : dégustation des vins de la propriété, tournages de films, épique chasse à l'œuf à Pâques, festival de création florale au printemps, marché de Noël, salon de thé, etc. Ne pas oublier la balade dans le vaste parc, de plus en plus beau au fil des années et des aménagements.

**Le parc de l'Étang :** *route de Saint-Mathurin, 49320* ***Brissac-Quincé.*** *☎ 02-41-54-80-65. • parc-etang.com • De mi-avr à mi-sept, tlj sf lun : 10h30-19h juil-août, horaires plus restreints le reste du temps. Entrée : env 9 € en hte saison (moins cher pour les grands-parents !) ; réduc ; gratuit pour les moins de 1 m.* Parc de loisirs attenant à un camping (voir « Où dormir ? » plus haut). Un étang, un petit train, des animaux et plein d'activités pour tous les âges... Ce parc à l'ambiance bonne franquette et de taille familiale a tout pour nous plaire. Accueil tip-top et une initiative à saluer puisque le parc travaille avec des personnes handicapées.

**Le château de Martigné-Briand** *(49540)* **:** *☎ 02-41-59-44-21. • chateaumartigne.free.fr • Juin-sept, lun, mer, ven et sam, 10h-12h, 14h-17h. Oct-mai, lun et sam 10h-12h, 14h-17h ; mer 10h-12h.* Château datant du début du XVIe s et brûlé en 1794, mais dont les imposants vestiges ont encore fière allure (notamment de beaux éléments d'art gothique flamboyant et Renaissance). Curiosités : les souterrains médiévaux du XIIe s, les voûtes des oratoires, etc.

**Aubigné-sur-Layon** *(49540)* **:** *à quelques km au sud-ouest de Martigné-Briand, sur la D 748.* Village classé pour son charme, tout ce qu'il y a de plus fleuri, avec une église des XIe-XIIe s et des peintures murales en trompe l'œil réalisées par un Italien au XVIIIe s. Imposants vestiges d'un château du XIe s, presbytère et son jardin, etc. Treilles de chenin (le cépage) courant le long des murs...

**Rablay-sur-Layon** *(49750)* **:** village original, à deux pas de l'axe Angers-Chemillé. Voir la maison de la Dîme, belle demeure à colombages du XVe s. Dans l'église, retable intéressant du XVIIIe s. C'est surtout un repaire d'artistes de tout poil :
– Expo-vente à la *Galerie d'art contemporain* : *pl. du Mail. ☎ 02-41-78-61-32. L'été, tlj sf lun et dim mat ; hors saison, slt ven-dim ap-m. GRATUIT.*

**Beaulieu-sur-Layon** *(49750)* **:** *à quelques km de Rablay-sur-Layon.* Dans le chœur de l'ancienne église, aujourd'hui chapelle, très belles peintures murales du XIIe s.

**Chanzeaux** *(49750)* **:** *entre Beaulieu et Chemillé.* Considéré comme le « village-frontière » typique entre les Mauges et le Layon. À la frontière également des zones royaliste et républicaine, le village connut des moments difficiles. La résistance du sacristain Ragueneau et de ses amis dans le clocher de l'église resta dans les annales (1795). Le vieux clocher du XIIIe s a d'ailleurs échappé au désastre. Sur le côté, stèles et plaques interpellent la mémoire du passant, en souvenir de ce clocher « célèbre par le martyre de ses défenseurs le 9 avril 1795 ». Fresques et nombreux vitraux rappelant les guerres vendéennes. Sur l'Hyrôme, un moulin à eau actionne ses pales d'un bruit sourd, à la grande joie des pêcheurs... Et on peut apercevoir un superbe château privé.

# À L'OUEST DE L'AXE ANGERS-CHOLET

## Où dormir ? Où manger ? Où boire un verre ?

### Campings

**Camping municipal du Layon :** *rue Jean-de-Pontoise, 49190* ***Saint-Aubin-de-Luigné.*** *☎ 02-41-78-33-28. • mairie-sg.staubin@wanadoo.fr • 1er mai-30 sept. Compter moins de 5 € pour 2. Mobile homes 185-270 €/sem. 33 empl.* Près de la rivière, un petit camping bien ombragé aux emplacements délimités par des haies. Bucolique à souhait.

**Camping municipal de la Coudraye :** *49750* ***Saint-Lambert-du-Lattay.*** *☎ 02-41-78-44-26.*

*• campingcoudraye@gmail.com • campingdelacoudraye.fr • 1er avr-31 oct (chalets tte l'année). Compter autour de 9 € pour 2. Chalets 146-517 €/sem. CB refusées. 23 empl. Réduc de 5 % sur présentation de ce guide.* Camping bien ombragé et très simple, sur un terrain tranquille au bord d'un étang. Départ de randonnées au cœur du vignoble. Piscine.

## Prix moyens

**Chambres d'hôtes Moulin de Baupréau :** *49170* ***Savennières.*** *☎ 02-41-72-24-47. • reservations@chambresaumoulin-savennieres.fr • chambresaumoulin-savennieres.fr • À 2 km après Savennières, direction Bouchemaine/Angers, indiqué sur la gauche. Fermé Noël-Jour de l'an. Doubles 65-80 €.* Cet ancien moulin à vent, perché sur le coteau est une jolie récompense (surtout pour les cyclistes !) pour se ressourcer, au milieu du vignoble de Savennières. 3 chambres avec salle de bains privative (la moins chère) ou partagée à deux, sans tralala et confortables. On profite surtout de l'environnement viticole, de la vue au loin (avec un petit quelque chose de toscan), de la piscine intérieure, de bons conseils sur les producteurs du coin et de l'accueil spontané.

**Chambres d'hôtes Logis des Mariniers :** *49170* ***Chalonnes-sur-Loire.*** *☎ 02-41-68-02-64. • annie.demore@wanadoo.fr • logisdesmariniers.com • Sur les quais, près du pont. Double 65 € ; également 2 gîtes.* Vénérable demeure des XVe et XVIIIe s d'où l'on profite d'une vue sur la Loire depuis les terrasses, les salons et le jardin joliment fleuri (c'est un refuge LPO). 4 chambres avec literie « spécial dos ». Et avant de s'endormir, rien de tel qu'une bonne tisane d'une proprio aux petits soins.

**Guinguette Les Tourbillons :** *le Port, 49170* ***La Possonnière.*** *☎ 02-41-72-66-66. À quelques km à l'ouest de Savennières. Juin-août, tlj sf lun et mar midi ; avr-mai et sept, slt ven soir-dim. Repas env 20 €.* Cette guinguette profite d'une terrasse géniale en bord de Loire. À la carte, toute la panoplie du parfait guincheur, simple mais préparée avec des produits régionaux frais : tartines de rillettes, rillauds, fromage blanc battu, etc. Également des fritures d'anguilles, pour quelques euros de plus. Le tout arrosé de vins locaux, et dans le coin, on sait de quoi on parle ! On peut d'ailleurs se contenter d'y boire un verre, au retour d'une rando sur les berges.

**Le Bistrot des Quais :** *19, quai Gambetta, 49290* ***Chalonnes-sur-Loire.*** *☎ 02-41-78-25-21. • lebistrotdesquais@orange.fr • Le midi mar-dim, plus le soir jeu-sam. Congés : 1 sem en fév, 2 sem en août-sept. Menus env 13-17 € à midi en sem, 25 € le w-e ; carte env 25-30 €. Café offert sur présentation de ce guide.* Ce bar à vins, installé directement sur les quais, a tout compris : une sélection serrée de producteurs locaux et une cuisine simple mais très bien faite (foie gras, poissons de Loire, salade de rillaud...), où les produits priment sur le tralala. Soirée gourmande garantie, comme en témoignent les nombreux habitués. Accueil sympathique.

**Taverne du Prieuré :** *1, pl. du Pilori, 49170* ***La Possonnière.*** *☎ 02-41-72-20-44. • info@tavernedu prieure.fr • tavernedupprieure.fr • Fermé le w-e, plus le soir hors saison. Doubles 39-49 €. Menu 12 € déj en sem ; carte env 25 €. Apéritif maison offert sur présentation de ce guide.* Sympathique bistrot de village avec soirées-concert régulières. Accueil gentil et pas compliqué, à l'image d'une cuisine traditionnelle toute simple, servie en terrasse. Possède également quelques chambres d'un bon rapport qualité-prix qui peuvent être bruyantes côté rue. À deux pas de la Loire...

Ne pas oublier la guinguette ***La Croisette*** sur l'île de Béhuard (se reporter à la rubrique « À voir ») pour sa vue sur la Loire et les bons petits plats.

## Chic

**Chambres d'hôtes Le Prieuré de l'Épinay :** *49170* ***Saint-Georges-sur-Loire.*** *☎ 02-41-39-14-44. • bernard.gaultier3@wanadoo.fr • monsite.wanadoo.fr/prieure-epinay • À 2 km après Saint-Georges en direction de*

*Champtocé (D 723), au bout d'une petite route à gauche. De l'autoroute, sortie 19, suivre « Serrant ». Double 80 €. Table d'hôtes 30 €.* Amoureux des vieilles pierres, bonjour ! Ce ma-gni-fi-que prieuré du XIIIe s a un pedigree de star : Jean Racine *himself* y officia comme prieur ! Quant aux 3 suites confortables et très vastes (dont 2 avec une chambre supplémentaire à l'étage, idéales pour les familles), elles occupent une belle dépendance qui ne manque pas non plus de caractère. Une cuisine du XVe s, des poutres colossales et un escalier qui conduit mystérieusement à la cave. Les proprios vous charmeront par leur gentillesse. Petits plats mitonnés avec les légumes du potager. Piscine dans le jardin.

**La Table du Square :** *Domaine Saint-Pierre, 49290* ***Chaudefonds-sur-Layon.*** *☎ 02-41-78-04-21. ● domaine.st.pierre@wanadoo.fr ● Fermé lun-mar. Congés : 2 sem début janv, 1re sem de mars et 2 sem courant août. Formule à midi en sem 19 € (sf j. fériés), menu gastronomique 52 €. Café offert sur présentation de ce guide.* Si la formule est plus bistrot à midi, elle permet déjà d'apprécier tout le savoir-faire du chef à travers une cuisine de marché pleine d'allant. Salle panoramique, contemporaine et offrant une vue sur le vignoble pour se mettre en appétit. Et en accompagnement, les vins de la propriété bien évidemment, servis le sourire aux lèvres.

## À voir. À faire

**Le musée de la Vigne et du Vin d'Anjou :** *Les Celliers de la Coudraye, pl. des Vignerons, 49750* ***Saint-Lambert-du-Lattay.*** *☎ 02-41-78-42-75. ● musee-vigne-vin-anjou.fr ● (accès partiel). Situé sur la route touristique du vignoble, la D 160. Avr-juin, mer-dim, j. fériés et vac scol 14h30-18h30 ; juil-août, tlj 10h30-12h30, 14h30-18h30 ; sept-11 nov, w-e et j. fériés 14h30-18h30. Entrée : 5,20 € ; enfant 3,40 € ; famille 14 € ; réduc sur présentation de ce guide. Parcours-jeux pour les familles.*

Installé dans un ancien cellier, cadre vraiment plaisant, le musée présente l'évolution de la viticulture depuis le XIXe s, et plus de 2 500 outils et documents. En guise d'introduction, une petite expo très intéressante présente la vigne : ses origines, ce qui la compose, les différents cépages qui la caractérisent (plusieurs plants permettent de voir son évolution dans une serre sonorisée). Puis on aborde la domestication de la vigne, en s'efforçant de montrer les évolutions du métier de vigneron, de la fin du XIXe s à nos jours. Les cinq salles suivantes illustrent par conséquent le travail de la vigne, l'élaboration du vin, les terroirs vinicoles, la tonnellerie, les pressoirs... Enfin, ne pas rater le trésor de la maison : dans la cave sommeillent des millésimes hors d'âge, le plus ancien datant de 1887 !

Toute l'année, nombreuses animations : soirées dégustation, vendanges, randonnées commentées. Possibilité de se balader dans la parcelle pédagogique du musée où 17 cépages différents sont cultivés. Pour compléter la visite, sentier d'observation du vignoble fort bien balisé à proximité.

**L'île de Béhuard :** *à une quinzaine de km au sud-ouest d'Angers, une seule route d'accès et trafic quasi nul, car le secteur est piéton (sf pour les résidents).* Île presque secrète, village de charme, atmosphère sereine véritablement en dehors du temps. La guinguette *La Croisette (☎ 02-41-23-19-53),* une adresse que l'on aime bien, permet de se poser quasiment sur la plage, en bord de Loire. Sinon, on a un faible pour le *Béhu'bar (☎ 02-41-43-62-62. ● behubar.fr ●),* sur la place près de l'église, pour une pause café, un apéritif ou un concert.

– L'île fut longtemps le but d'un fameux pèlerinage, à l'époque où la Loire impétueuse et dangereuse donnait souvent l'occasion aux marins d'avoir recours à ***Notre-Dame de Béhuard.*** Ne pas manquer cette très curieuse et adorable église, incrustée sur un rocher ; elle serait le produit d'un vœu de Louis XI rescapé d'un naufrage. À l'intérieur, plafond en bois en forme de carène de navire renversée. On devine encore des traces de peintures. Aujourd'hui, comme il n'y a plus guère de marins qui se noient dans la Loire, l'église protège les usagers de la route...

👁👁 ***Savennières*** *(49170)* **:** on y trouve l'une des plus vieilles églises d'Anjou. Façade et mur de la nef en petit appareil de pierre et brique typiquement carolingien (IXe s). Abside et clocher du XIIe s. Le ***savennières*** est l'un des grands crus angevins. C'est un vin blanc sec et corsé. Pour s'approvisionner, taper par exemple à la porte du *Domaine de Closel* (☎ 02-41-72-81-00). Quant au plus célèbre cru, le coulée-de-serrant (à la sortie, direction Angers), il est cultivé sur à peine 7 ha, n'est produit qu'à raison de 20 000 bouteilles par an et selon une méthode biodynamique (labours à cheval !). Autant dire qu'il est récolté et vinifié avec amour.

👁👁 À quelques kilomètres, sur la route de Saint-Georges-sur-Loire (D 311), le village de ***La Possonnière*** offre un panorama très zen sur la Loire depuis le port. Pas mal de randonnées à faire et une guinguette, dans un cadre idyllique, *Les Tourbillons* (voir « Où dormir ? Où manger ? Où boire un verre ? »).

– ***Le Passeur de Loire, Terre et Loire :*** 📱 *06-30-05-55-40.* • *terre-et-loire.com* • *Fonctionne w-e de juil-août et 1er w-e de sept, sam ap-m et dim. Env 1 €/pers ; 0,50 €/vélo.* On peut traverser le fleuve sur une toue sablière (bateau à fond plat) avec un passeur, devant la guinguette. Original, surtout si le passeur est sur l'autre rive : il faut alors hisser le drapeau pour l'appeler ! Pratique en tout cas pour gagner Rochefort-sur-Loire et pour faire des randos en boucle. Mais il fait surtout la navette pour le marché de Chalonnes en juillet-août (départ à 9h30, le mardi et le samedi, sur résa), et des balades avec possibilité d'apéro, voire de bivouac, ou de sortie au lever de soleil, de 1h30 à plusieurs jours.

– 👨‍👧 ***Le jardin des Kangourous :*** *49170* ***La Possonnière.*** ☎ *02-41-72-65-50.* • *lejardindeskangourous.com* • *Sur la D 311, entre Savennières et Saint-Georges-sur-Loire. Avr-juin, l'ap-m des mer, w-e, j. fériés et vac scol ; en été, ts les ap-m ; en sept, slt dim ap-m. Entrée : env 4,80 € ; 3,80 € pour les 3-11 ans.* Pour ceux qui n'ont pas la chance de connaître l'Australie, on se promène au milieu d'une centaine d'animaux, en totale liberté. À côté, l'***Arche,*** un parc d'attractions avec cirque, pour terminer la journée (☎ *02-41-72-21-09 ;* • *parc-attractions-arche.com* •).

👁👁👁 ***La corniche angevine, de Rochefort à Chalonnes :*** à partir d'Angers, un morceau de la D 751 suit joliment en corniche le Louet, côté rive sud, un des bras de la Loire, et livre, bien sûr, de fort beaux points de vue sur la région. Au niveau de Rochefort, la Loire se fait large, démultiplie ses nombreux bras. Le contrefort du porche de l'ancienne église conserve des traces de balles des guerres de Vendée. Également une base de canoë-kayak et des courses hippiques en saison ! De la corniche, joli panorama au niveau de La Haie-Longue. L'école de Rochefort, des poètes conduits par René-Guy Cadou, y avait élu domicile pendant la Seconde Guerre mondiale, et de là, le pionnier de l'aviation civile René Gasnier fit ses premiers exploits.

– ***Canoë-kayak :*** *à* ***Chalonnes*** *avec* ***Louet Évasion,*** 📱 *06-81-87-64-86 ;* • *louetevasion@gmail.com* • Pour des randonnées et bivouacs sur la Loire et le Louet.

👁👁 En face de Chalonnes, on trouve l'***île de Chalonnes,*** la plus grande du cours de la Loire (11 km). Plein de balades à faire dans ce coin, surtout à vélo : c'est tout plat, peu fréquenté par les voitures et bourré de charme. Au passage, on peut faire une halte au ***Lenin Café,*** au lieu-dit Basse-Île. Dans une vieille longère retapée, ce musée-café-concert assez improbable à cet endroit est dédié au révolutionnaire russe. Il fallait oser ! On peut regagner la terre ferme vers Montjean en empruntant un petit pont métallique. Jolies vues sur le Louet alangui.

✶ ***La mairie de Saint-Georges-sur-Loire*** *(49170) : au nord de la Loire. ☎ 02-41-72-14-80. Salle capitulaire ouv l'été lors des expos, tlj sf lun ; le reste de l'année, ouv aux horaires d'ouverture de la mairie lun-sam mat. GRATUIT.* Mairie installée dans une abbaye du XVII^e s. Voir la salle capitulaire au rez-de-chaussée, et par le grand escalier (rampe classée), possibilité d'accéder à la salle du conseil et aux combles.

✶✶✶ ***Le château de Serrant*** *: D 723. ☎ 02-41-39-13-01. • chateau-serrant.net • À 1 km au nord-est de Saint-Georges-sur-Loire, sur la D 723. Visite libre ou guidée : juil-août, tlj 9h45-17h15 (dernier départ) ; de mi-mars à fin juin et de sept à mi-nov, mer-dim et j. fériés 9h45-11h30, 13h30-17h15 (dernier départ). Également, sur résa slt, des visites thématiques et des repas sur place. Prévoir 1h30. Entrée (visite classique) : 10 € ; réduc ; gratuit moins de 7 ans.*
Magnifique château du XVI^e s à l'aspect à la fois somptueux et sévère, bâti sur le site d'un premier édifice dont il ne reste que les souterrains et les douves. Sa construction s'étala sur trois siècles et demi, mais c'est le style Renaissance initial qui domine. Les appartements renferment une des plus belles collections de meubles de France. On verra notamment de belles pièces de Jacob et tout un salon de Jean-Étienne Saint-Georges. La curiosité est le cabinet d'ébène de Pierre Gole, sans aucun doute le joyau de Serrant (on en recense 10 à peine dans le monde !). Dans les étages, une chambre Empire décorée à l'occasion du passage de Napoléon. Et aussi la bibliothèque flanquée de ses 8 000 volumes (on en dénombre 12 000 dans tout le château), une collection exceptionnelle, qui comprend la première édition de l'*Encyclopédie* de Diderot et une des premières versions des *Fables* de La Fontaine. Pas étonnant qu'elle soit classée Monument historique.
Au centre du bâtiment, l'escalier d'honneur à caissons (chacun d'eux est une pièce unique). En sous-sol, les cuisines occupent une salle médiévale. Son aménagement et ses 200 pièces de cuivre nous plongent dans le souvenir des grandes cuisines françaises, où art et gastronomie allaient de pair.
La chapelle, enfin, avec ses colonnes en marbre de plus de 6 m de hauteur, fut construite par l'architecte Hardouin Mansart, qui bâtit aussi celle de Versailles. S'y trouve le mausolée du marquis de Vaubrun.
Pour l'anecdote, sachez que Louis XIV, parti à Nantes arrêter Fouquet, s'embourba devant les grilles du château, sur l'ancienne route de campagne, l'actuelle D 723. Le coup de la panne, quoi ! Évidemment, le maître des lieux lui offrit l'hospitalité pour la nuit. Mais on ne vous dit pas tout...

# LA RÉGION DES MAUGES

**C'est la région qui s'étend au sud de la Loire, de Montjean-sur-Loire à Champtoceaux, jusqu'à Cholet. Rien n'aurait tiré ce plateau faiblement ondulé de son anonymat tranquille s'il n'y avait eu la Révolution française. C'est alors que les Mauges entrèrent dans l'histoire en rejoignant l'insurrection vendéenne. Évidemment, aujourd'hui, avec le remembrement, la liquidation des haies, le rabotage des chemins, on a du mal à imaginer que les Mauges furent des terres propices à la guérilla vendéenne. Et pourtant !**

## UN PEU D'HISTOIRE

Quand, le 21 janvier 1793, la Convention fit exécuter le roi, les grandes puissances européennes encerclèrent la France. La Convention décida la levée de 300 000 hommes pour renforcer son armée. Moins perméable aux idées nouvelles,

inquiète des atteintes aux libertés religieuses, exaspérée par la persévérance des lourds impôts de l'Ancien Régime et la corruption dans les villes, la paysannerie des Mauges, avec celle du pays de Retz, du marais et des bocages vendéens et poitevins, refusa d'envoyer ses enfants à la guerre et se révolta. Plus de 500 paroisses se soulevèrent, armées seulement de fourches et de faux, chassèrent l'administration républicaine et remportèrent plusieurs victoires, en pratiquant avec succès la guérilla rurale. Les moulins à vent servaient, par la position des ailes, à transmettre des messages. Les Mauges donnèrent à l'insurrection des chefs prestigieux : Cathelineau et Stofflet (d'origine populaire), d'Elbée et Bonchamps (issus de la noblesse). Les autres régions virent émerger Charette, La Rochejaquelein, Lescure. La Convention écrasa la rébellion à Cholet en envoyant 100 000 hommes. Le 18 octobre 1793, 80 000 Blancs franchirent la Loire pour fuir jusqu'à Granville (en Normandie), espérant d'hypothétiques alliés, en l'occurrence les Anglais, qui ne vinrent jamais... Ce fut la célèbre « Virée de Galerne ». Au retour, l'armée vendéenne fut massacrée par celle de Kléber en Pays nantais, à Savenay, le 23 décembre 1793. Noyades dans la Loire, massacres par les « colonnes infernales » du général Turreau et véritable génocide, y compris architectural (villages, églises, fermes furent détruits).
Aujourd'hui, on peut suivre toute l'histoire de la Vendée militaire sur les fresques et les vitraux d'un certain nombre d'églises reconstruites au XIXe s. Notamment à Chanzeaux (belles fresques murales), Saint-Florent-le-Vieil, Lucs-sur-Boulogne (en Vendée), Avrillé, Pin-en-Mauges (remarquables vitraux), Chemillé, La Chapelle-de-Hautefoy... Pour finir, le 17 février 1795, la paix fut négociée. Charette obtint la liberté religieuse pour la Vendée, mais des actions de guérilla continuèrent, jusqu'à ce qu'en 1801 le Concordat apportât les garanties religieuses définitives.

## CHOLET

(49300) 56 100 hab. *Carte Maine-et-Loire, B4*

**Deuxième ville du département, Cholet se distingue surtout pour son bassin industriel et particulièrement actif. Petite capitale régionale de l'élégance (textile, chaussure), de l'enfance (avec un pôle national de compétitivité) et du basket (championne de France en 2010 et vice-championne en 2011), Cholet est également dotée d'une piscine-patinoire à la technologie unique dans l'Hexagone *(GlisséO)*. Malheureusement, les guerres vendéennes dévastatrices laissèrent peu de traces architecturales du passé. Le centre-ville, moderne donc, subit depuis quelques années une cure de jouvence autour de la place Travot (la bien nommée !) et d'un espace commercial, *Les Arcades Rougé*. Vous l'aurez compris, l'intérêt de Cholet vient surtout de son dynamisme, et la ville constitue une sorte d'antichambre avant de pousser les portes du Choletais, des Mauges ou de la Vendée, avec le célèbre Puy-du-Fou, situé à seulement quelques kilomètres.**



### SORTEZ LES MOUCHOIRS !

Merci *Kleenex* ! Libéré du rhume, le mouchoir en tissu s'est transformé en objet noble, précieux, évocateur de tant d'images disparues. On l'agitait en guise d'adieu, on le nouait sur sa tête, on l'imbibait de parfum... Toute une saga dont Cholet fut l'héroïne, surtout à partir du

### MOUCHOIR ENSANGLANTÉ

*Pendant la guerre de Vendée, les Chouans arboraient trois mouchoirs blancs à la poitrine pour se reconnaître. Leur chef Henri de La Rochejaquelin tomba sous le feu des révolutionnaires en 1793. Ses mouchoirs furent tâchés de sang. Ce n'est qu'en 1900 qu'un industriel de Cholet pensa à teindre ses mouchoirs en rouge, rappelant ces terribles batailles.*

XVII^e s. Le mouchoir y réussit tant et si bien qu'il fallut un sceau officiel pour le protéger des contrefacteurs : avant la Révolution, il faisait vivre plus de 30 000 personnes dans le Choletais. Mais les guerres de Vendée dispersèrent les ateliers. On peut encore de nos jours se procurer le fameux mouchoir rouge de Cholet, mais il n'est plus fabriqué que par un seul métier à tisser, au musée du Textile.

## L'INDUSTRIE DE LA CHAUSSURE

Le Choletais fut une grande région de production pour l'industrie de la chaussure. À la suite des guerres vendéennes et face à la misère sociale du XIX^e s, on se lança dans le créneau de la chaussure bon marché, puisque partout ailleurs on faisait dans la chaussure de luxe. Inspirés par l'abbé Vincent, une figure locale, quelques ateliers ouvrirent à Saint-Macaire puis à Saint-André-de-la-Marche, un village où l'on peut visiter un passionnant musée de la Chaussure. La situation de la région au Moyen Âge, convoitée à la fois par les comtés d'Anjou, de Poitou et de Bretagne, et qui devint un territoire indivisible, une sorte de « marche » entre les comtés, explique le nom de la commune. Artisanale au début, la production devint ensuite une petite industrie, tout en conservant son caractère local. En 1957, au plus fort de l'activité, on compta jusqu'à 420 entreprises. À la suite des délocalisations et des nombreuses fermetures dans les années 1970, la chaussure n'est plus aujourd'hui le fleuron de l'économie choletaise (qui s'est tournée vers la métallurgie et l'agro-alimentaire), mais les 25 entreprises restantes emploient toujours environ 1 500 personnes et produisent 17 000 paires (l'unité de mesure dans le monde de la chaussure) par jour.

## Adresses utiles

- ***Office de tourisme*** *(plan C3)* ***:*** *14, av. Maudet. ☎ 02-41-49-80-00. • ot-cholet.fr • Juil-août, lun-sam 9h30-18h30 ; dim et j. fériés 10h-13h, 14h30-17h. Sept-juin, lun-sam 9h30 (10h mar)-12h, 14h-18h, plus dim et j. fériés mai-juin et sept 10h-12h.* Central de réservation hôtelier. Guide des animations organisées par l'office de tourisme, notamment pour les enfants *(tlj sf w-e en été)*. En été, organise des visites-découverte thématiques. Bon plan : offre des réducs sur les entrées de certains sites de la région. Boutique.
- L'office possède une ***antenne*** à **La Séguinière** *(☎ 02-41-58-52-52 ; tte l'année, mar-sam, plus lun des soldes d'été à fin août).*
- **Gare ferroviaire** *(plan D1)* ***:*** *pl. du 77^e-R.I. ☎ 36-35.* Liaisons avec Angers et Nantes, surtout matin et soir.
- ***Gare routière*** *(plan D1)* ***:*** *bd Faidherbe. ☎ 02-41-62-11-86.* Attention, aucun bus départemental les dimanches et jours fériés.

## Où dormir ?

Le parc hôtelier s'est pas mal renouvelé ces dernières années. Mais si vous devez dormir à Cholet, pensez à réserver, car c'est vite plein en été, en raison du très médiatique spectacle du Puy-du-Fou et des autres manifestations régionales. Consulter le central de réservation hôtelier de l'office de tourisme ou sa borne interactive fonctionnant 24h/24 (en façade) pour les disponibilités.

### Camping

- ***Camping du lac de Ribou, Village-vacances*** *(hors plan par D2,* ***10****)* ***:*** *av. Léon-Mandin. ☎ 02-41-49-74-30. • info@lacderibou.com • lacderibou.com • ♿ Accès par la D 20, à quelques km au sud-est. De fin avr à mi-sept (loc tte l'année). Compter 17,70-27,70 € pour 2 selon saison,*

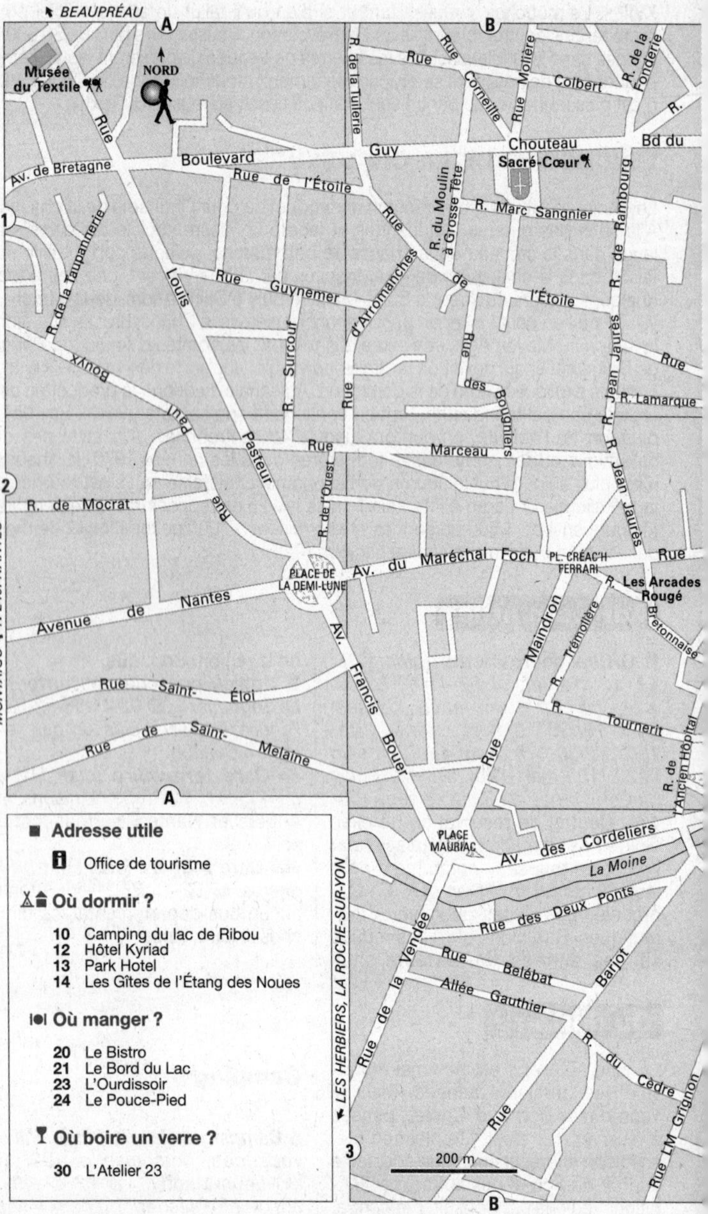


## Adresse utile

Office de tourisme

## Où dormir ?

**10** Camping du lac de Ribou
**12** Hôtel Kyriad
**13** Park Hotel
**14** Les Gîtes de l'Étang des Noues

## Où manger ?

**20** Le Bistro
**21** Le Bord du Lac
**23** L'Ourdissoir
**24** Le Pouce-Pied

## Où boire un verre ?

**30** L'Atelier 23

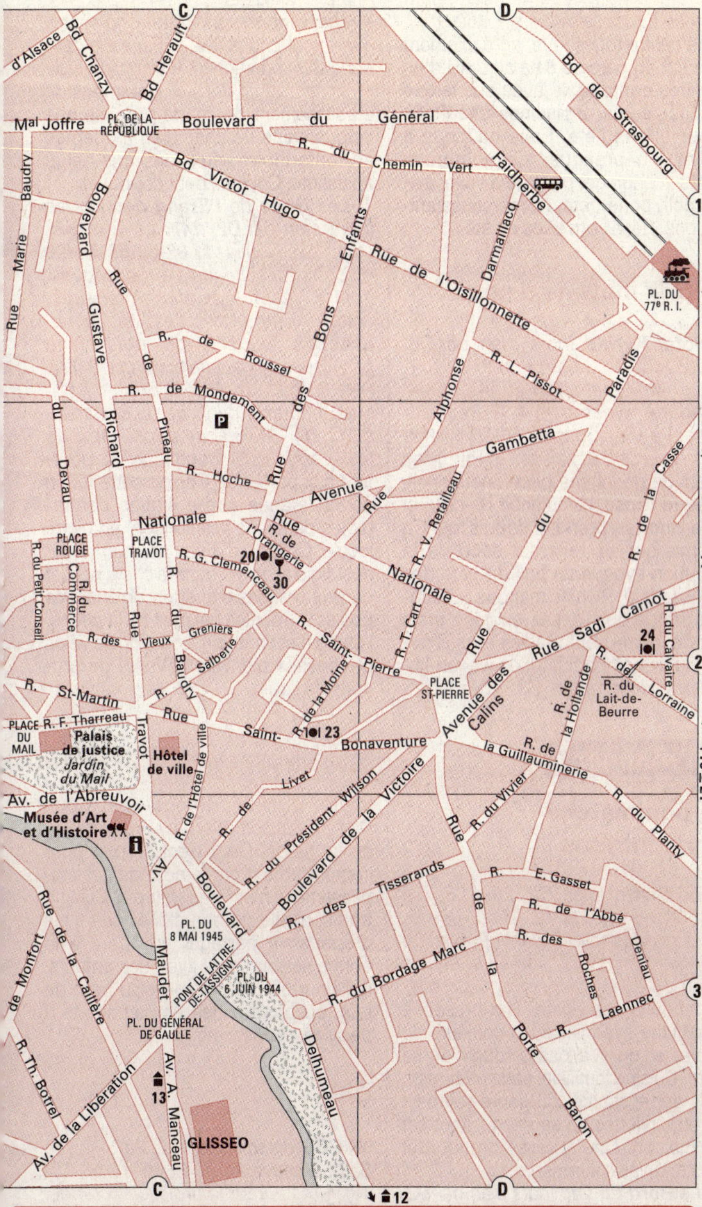
d'Alsace
Bd Chanzy
Bd Herault
Mal Joffre
PL. DE LA RÉPUBLIQUE
Boulevard du Général
R. du Chemin Vert
Faidherbe
Bd de Strasbourg
Bd Victor Hugo
Rue de l'Oisillonnette
Darmaillacq
PL. DU 77e R. I.
Rue Marie Baudry
Boulevard Gustave Richard
Rue de Pineau
R. de Roussel
Rue des Bons Enfants
R. de Mondement
R. L. Pissot
Paradis
Alphonse
Rue du Devau
R. Hoche
Avenue Gambetta
Nationale
PLACE ROUGE
PLACE TRAVOT
R. G. Clemenceau
Rue de l'Orangerie
20
30
Rue Nationale
R. V. Retailleau
Rue du
R. de la Casse
ANGERS, SAUMUR 14 A 87
R. du Petit Conseil
R. du Commerce
R. des Vieux Greniers
R. du Baudry
Salberie
R. Saint-Pierre
R. T. Cart
PLACE ST-PIERRE
Rue Sadi Carnot
24
R. du Calvaire
R. de Lorraine
R. du Lait-de-Beurre
R. de la Hollande
R. St-Martin
Rue Saint-Bonaventure
R. de la Moine
23
PLACE DU MAIL
R. F. Tharreau
Palais de justice
Jardin du Mail
Travot
Hôtel de ville
R. de l'Hôtel de ville
Avenue des Calins
R. de la Guillauminerie
10 21
Av. de l'Abreuvoir
Musée d'Art et d'Histoire
R. de Livet
R. du Président Wilson
Boulevard de la Victoire
R. du Vivier
R. du Planty
Rue de la Porte Baron
R. E. Gasset
R. de l'Abbé
R. des Tisserands
Boulevard
Av.
PL. DU 8 MAI 1945
R. des Roches
Deniau
Rue de la Caillère
de Monfort
Maudet
PONT DE LATTRE-DE-TASSIGNY
PL. DU 6 JUIN 1944
R. du Bordage Marc
R. Laennec
PL. DU GÉNÉRAL DE GAULLE
Delhumeau
R. Th. Botrel
Av. de la Libération
13
Av. A. Manceau
GLISSEO
12
C
D
1
2
3

CHOLET

*avec électricité. Hébergement locatif 196-850 €/sem selon saison. 162 empl.* Vaste centre touristique, agréablement situé sur un parc de 8 ha au bord d'un lac. Très confortable avec ses larges emplacements. 2 piscines chauffées et surveillées l'été. Base nautique à 500 m, où pratiquer de nombreux sports : canotage, planche à voile, aviron, golf, poney, etc. Nombreuses animations. Résa conseillée en été.

## De prix moyens à chic

**Hôtel Kyriad** (*hors plan par D3,* **12**) **:** *Z.A.C. du Carteron, rue Maisonneuve. ☎ 02-41-71-05-20. • cholet@kyriad.fr • kyriad.com • À proximité du centre-ville. Doubles 50-70 € selon jours de la sem et saison.* Parmi les hôtels de périphérie plus fonctionnels qu'autre chose, l'ambiance de celui-ci a de quoi surprendre depuis qu'il a été mis sur les rails. La déco de la réception évoque un hall de gare des années 1930. Rien ne manque ! Chambres modernes, assez exiguës mais tout de même confortables et plus larges qu'un compartiment de wagon-lit.

**Park Hotel** (*plan C3,* **13**) **:** *4, av. Anatole-Manceau. ☎ 02-41-62-65-45. • reservation@park-hotel-cholet.fr • park-hotel-cholet.fr • Face à la patinoire. Doubles 72-87 € selon période de la sem et confort.* Cet imposant établissement du centre propose une cinquantaine de chambres modernes et confortables, aux tons gris-beige apaisants. Copieux petit déj-buffet.

**Les Gîtes de l'Étang des Noues** (*hors plan par D2,* **14**) **:** *La Grollerie, étang des Noues. ☎ 02-41-58-87-53. • sophie@lesgitesdeletangdesnoues.com • lesgitesdeletangdesnoues.com • À env 2 km à l'est de Cholet, direction Toutlemonde, puis étang des Noues ; à gauche au 1er parking de l'étang, puis toujours tt droit. Chambres d'hôtes à partir de 55 €. Gîtes à partir de 320 €/sem selon capacité (4-7 pers).* Si bucolique et pourtant aux portes de Cholet, cette ferme écolo retapée abrite 4 gîtes confortables dans une jolie longère en pierre locale. Charme d'antan pour un séjour nostalgie avec feu dans la cheminée, et dans le pré, des biquettes, un âne, des poules... Pour les balades ou la pêche, l'étang n'est pas loin. Location de vélos et chevaux bienvenus. Vente de produits du jardin.

# Où manger ?

## De bon marché à prix moyens

**Le Bistro** (*plan C2,* **20**) **:** *25, rue de l'Orangerie. ☎ 02-41-29-00-36. • lebistrodecholet@gmail.com • Le midi lun-sam, le soir ven-sam. Menus 11,80-18,50 €. Café offert sur présentation de ce guide.* Bar-brasserie qui affiche avec fierté les couleurs de Cholet et qui n'a pas à rougir de sa carte. Cuisine familiale, sans prétention mais appétissante, du genre salades, bavette, rillettes de saumon... Tout est fait maison. Une adresse pratique et sans mauvaise surprise.

**Le Bord du Lac** (*hors plan par D2,* **21**) **:** *port de Ribou. ☎ 02-41-62-13-95. Accès par la D 20, à quelques km au sud-est. Tlj mai-sept, puis slt à midi les j. de beau temps et sam soir. Fermé mi-nov à mi-fév. Menus 13,90-26 €. Digestif maison offert sur présentation de ce guide.* On y vient surtout pour l'emplacement car le nom de cet établissement n'est pas usurpé. Cuisine traditionnelle de bon aloi et des filets d'éperlan à partager en apéro à la bonne saison. Idéal avec des enfants, qui pourront se dépenser au parc de jeux ou profiter des embarcations à pédales, canoës, etc.

## Chic

**L'Ourdissoir** (*plan C2,* **23**) **:** *40, rue Saint-Bonaventure. ☎ 02-41-58-55-18. • restaurant.l.ourdissoir@orange.fr • Tlj sf dim-lun. Menus 14,50-19 € déj en sem, puis 31-57 € ; carte. Apéritif maison offert sur présentation de ce guide.* Une adresse installée dans

CHOLET

un ancien atelier de tisserand. On y sert une cuisine de marché soigneusement travaillée, voire un peu tendance, dans un cadre moderne et élégant. Présentation colorée, service tip-top...

**Le Pouce-Pied** *(plan D2, **24**) : 1, rue du Lait-de-Beurre. ☎ 02-41-58-50-03. ♿ Fermé sam midi, dim soir et lun. Menus 19 € déj en sem, puis 31-45 € ; carte env 45 €. Apéritif maison offert sur présentation de ce guide.* Peu de couverts, un cadre sans extra, une ambiance intime... Tout est fait pour se concentrer sur la cuisine, travaillée et fraîche. À la carte, du pigeonneau, la spécialité choletaise. Quant au fameux pouce-pied, vous en verrez certainement traîner un sur votre table.

## Où dormir ? Où manger dans les environs ?

***Chambres d'hôtes Parfum d'ici et d'ailleurs :** 3, La Foy Moreau, 49450 **La Renaudière.** ☎ 02-41-30-85-20. • anniedugast@yahoo.fr • lafoymoreau.com • À env 20 km de Cholet. Prendre la 4-voies pour Nantes jusqu'à la sortie 5, puis suivre Villedieu-la-Blouère (D 762) ; au 1er carrefour, à gauche (D 63), puis à droite (panneau). Double 65 €. Table d'hôtes 22 €.* Isolée au cœur des Mauges, l'une de ces adresses que l'on aimerait dénicher plus souvent. Les adorables propriétaires accueillent leurs hôtes comme des amis, prennent le temps de papoter au petit déj comme au dîner (préparé avec les produits de la ferme) et font le maximum pour garantir le meilleur confort. La belle grange restaurée avec art renferme des chambres très coquettes, à la déco thématique soignée. Du beau travail !

***Château Colbert :** pl. du Château, BP 19, 49360 **Maulévrier.** ☎ 02-41-55-51-33. • reception@chateaucolbert.com • chateaucolbert.com • À env 15 km au sud-est de Cholet. Fermé dim soir. Congés : autour des fêtes de fin d'année. Doubles 97-175 € selon confort. Menus 30 € déj en sem, puis 34-80 €.* Accueil en noir et blanc dans ce superbe château du XVIIe s ayant appartenu au frère de Colbert. On y séjourne avec béatitude dans de somptueuses chambres de princesse avec baldaquin, fresques et hauts plafonds. Les chambres pour 4 personnes présentent un rapport qualité-prix franchement avantageux. Toutes donnent sur la cour ou le parc. Côté resto, on reste dans le ton : cuisine raffinée (essayer le pigeonneau de Maulévrier), servie dans des salles royales (oh, les beaux lustres !) ou en terrasse. Grâce aux premiers menus, la vie de château vous tend les bras pour pas trop cher. Joli jardin avec verrière. Un de nos coups de cœur.

## Où boire un verre ?

**L'Atelier 23** *(plan C2, **30**) : 23, rue de l'Orangerie. ☎ 02-41-46-36-11. • llatelier23@orange.fr • Tlj 8h-2h.* Les lieux branchés ne courant pas les rues à Cholet, on recommande les fauteuils clubs de ce bar-lounge-brasserie. Grand choix de vins au verre.

Pas mal de ***terrasses*** aux abords de la place Travot *(plan C2)*, la place principale de Cholet. Essayer ***Le Cadran*** pour ses animations ou encore le ***Grand Café,*** un café-brasserie dans le style parisien, aux larges verrières, avec terrasse quand le soleil se montre.

Pour les virées tranquilles au lac de Ribou, penser au bar-resto ***Le Bord du Lac*** (voir « Où manger ? »).

CHOLET

## Achats

Au même titre que Troyes dans l'Aube, Cholet offre la possibilité de faire des affaires toute l'année dans les magasins d'usine et boutiques du village de ***La Séguinière,*** sur la D 753, à l'ouest de Cholet. Emprunter pour cela le « circuit des marques » (plus de 100 marques de vêtements, linge de maison,

chaussures, maroquinerie...). Le village « Marques Avenue » renforce également les rangs avec une quarantaine de boutiques. *• marquesavenue.com/La-Seguiniere •*
– ***Bon plan Marques Avenue :*** *avec « l'Invitation J-Pass », 10 % supplémentaires (boutiques participantes) sur présentation de ce guide.* À retirer à l'office de tourisme situé sur le site Marques Avenue.

## À voir. À faire

Tous les musées de Cholet sont gratuits pour les étudiants, les enfants scolarisés, les enseignants, ainsi que pour tous le samedi d'octobre à mai.

***Le musée d'Art et d'Histoire*** *(plan C3) : 27, av. de l'Abreuvoir. ☎ 02-72-77-23-22. • cholet.fr/musee-art-histoire.php • ♿ Mer-dim et j. fériés (sf 1er janv, 1er mai et 25 déc) 10h-12h, 14h-18h ; également lun en juil-août. Entrée : 3,20 €. Billet commun avec le musée du Textile : 3,75 €. Visites ludiques sur le thème du costume. Ateliers et parcours pour enfants.* Un beau musée, installé dans un espace moderne.
– Dans la galerie d'art, différentes sections s'intéressent aux artistes choletais comme Trémolières, H. Maindron et François Morellet. Également des œuvres de Coypel, Nattier, Fragonard ou encore Van Loo, des tableaux monumentaux de 1937 en hommage aux chemins de fer et une riche collection évoquant 100 ans d'abstraction géométrique avec Vasarely, Nemours, Herbin... Ne pas manquer la seule œuvre collective du G.R.A.V présente en collection publique, *Le Labyrinthe*.
– La galerie d'histoire est évidemment centrée sur les guerres vendéennes (mais s'étend toutefois des origines de Cholet jusqu'à la Première Guerre mondiale) : impressionnante salle des portraits des généraux royalistes (Bonchamps, Cathelineau, Lescure, Charette, d'Elbée...), tableaux des batailles (dont le réaliste *Massacre de Machecoul* par François Flameng), carte du théâtre des opérations, nombreux témoignages et crâne de Stofflet conservé dans une vitrine !

***Le musée du Textile*** *(plan A1) : rue du Docteur-Roux. ☎ 02-72-77-22-50. • cholet.fr/musee-textile.php • Sur la route de Beaupréau, avt le grand rond-point, à gauche, au niveau de la rivière Sauvageau. Mêmes horaires que le musée d'Art et d'Histoire, plus mar en juil-août. Visites guidées en saison l'ap-m (comprises dans l'entrée). Entrée : 1,60 € ; réduc. Billet commun avec le musée d'Art et d'Histoire : 3,75 €.*
Bien plus qu'un simple musée, ce site très vivant est à la fois une présentation de l'aventure textile choletaise, un atelier en activité, un patrimoine industriel et un lieu de conservation (de la mode enfantine notamment). Le musée est installé dans une ancienne blanchisserie, construite en 1881, tout en brique et soigneusement restaurée par des bénévoles.
Le parcours évoque la transformation de la fibre en toile, utilisée pour le mouchoir, le linge et les vêtements pour enfants. La visite permet d'approcher différents métiers à tisser (démonstrations à la demande), avant de découvrir la blanchisserie et l'atelier où l'on produit les célèbres mouchoirs rouges de Cholet. Profitez-en, ce sont les derniers à être fabriqués. À l'extérieur, un beau jardin de plantes tinctoriales et textiles. Ateliers pour enfants et expos à thème entre art textile contemporain et mode enfantine.

***L'église du Sacré-Cœur*** *(plan B1) : ☎ 02-41-65-13-93. Visite possible en juil-août, tlj 15h-18h30.* Facilement reconnaissable à son style romano-byzantin, cette église, classée Monument historique et dont la construction commença en 1937, abrite un remarquable carillon de 49 cloches, réhabilité depuis 2011.

***Le marché aux Bestiaux :*** *lun ap-m et ven mat. Visite guidée possible avec l'office de tourisme.* Le plus gros marché aux bovins de France, avec plus de 1 000 bêtes dans les box !

## Manifestations

– ***La Folle Journée en région :*** *fin janv.* ☎ *02-41-49-80-00.* Un tentacule de cet événement de plus en plus populaire né à Nantes, où la musique classique s'ouvre au grand public.
– ***Au fil des savoir-faire :*** *en mars (années impaires).* ☎ *02-41-49-80-00.* Découverte du patrimoine industriel et artisanal.
– ***Carnaval de Cholet :*** *1 sem en avr.* ☎ *02-41-62-28-09.* • *cffs-cholet.fr* • L'un des plus remarquables de France métropolitaine.
– ***Festival des arlequins :*** *en avr.* ☎ *02-72-77-24-24.* Une vingtaine de troupes de théâtre amateur sélectionnées par un jury national.
– ***Les Z'Allumés :*** *en mai.* ☎ *02-72-77-23-65. GRATUIT.* Festival d'animations ludiques, musicales (concerts), sportives, arts de la rue.
– ***Les Enfantillages :*** *juil.* ☎ *02-72-77-24-24. GRATUIT.* Nombreux spectacles à destination du jeune public.
– ***Festival Été Cigale :*** *3 j. fin août.* ☎ *02-44-09-26-25. GRATUIT.* Concerts en plein-air.
– ***Crèche vivante :*** *pour Noël, bien sûr, sur la pl. Travot (place principale).* ☎ *02-41-49-80-00.* Animée, elle reflète la forte tradition catholique des Mauges.

## DANS LES ENVIRONS DE CHOLET

***Le parc oriental de Maulévrier*** *(49360) :* ☎ *02-41-55-50-14.* • *parc-oriental.com* • *À env 15 km au sud-est de Cholet. Juil-août, tlj 10h30-19h30 ; mai-juin et sept, lun-sam 14h-18h (19h sam), dim et j. fériés 10h30-19h ; de mi-mars à fin avr et d'oct à mi-nov, mar-dim 14h-18h (19h dim). Congés : de mi-nov à mi-mars. Entrée : 7 € ; gratuit moins de 12 ans. Animations en saison (visites nocturnes, démonstrations...).*
Le plus grand jardin japonais d'Europe, créé au début du XX^e s. Plus qu'un jardin, c'est une sorte d'allégorie de la vie, avec ses saisons, fleurie au printemps, colorée à l'automne. La végétation y est évidemment très soignée, avec environ 500 essences. Les arbres japonais sont taillés avec art de plusieurs façons, en nuage, en transparence ou en moutonnement, et l'eau, qui représente le tiers du parc, change d'aspect au fil du parcours : petits lacs calmes, torrents jalonnés de ponts adorables, cascades... Le tout emporte le visiteur dans une promenade spirituelle qui va de la naissance à la mort. Il trouve enfin l'apaisement à l'île de la Grue et de la Tortue, sur une pièce d'eau d'environ 2 ha qui symbolise la sagesse. Monuments khmers et japonais au détour des chemins, où certains bouddhistes de la région viennent occasionnellement déposer des offrandes.
De mai à septembre, le samedi soir, plus le mercredi en juillet et août, le parc propose des balades nocturnes, musicales et poétiques, dans un cheminement insolite d'ombres et de lumières tamisées, à la manière des jardins japonais du XVIII^e s. Sinon, deux boutiques dont une de bonsaïs, un salon de thé sympa comme tout dans un bel environnement et un Salon du bonsaï en septembre. Enfin, démonstrations d'arts martiaux certains dimanches de mai, juin ou septembre. Sérénité et exotisme garantis. À ne pas manquer !

***Le musée des Métiers de la chaussure :*** *6, rue Saint-Paul, 49450* ***Saint-André-de-la-Marche.*** ☎ *02-41-46-35-65.* • *museechaussure.fr* • *À 8 km au nord-ouest de Cholet, par la 4-voies vers Nantes (sortie 6). Mars-juin et sept-oct, tlj sf sam, 14h30-18h ; juil-août, tlj sf sam, dim mat et lun mat, 10h30-12h30, 14h30-18h. Visite guidée à 15h en juil-août. Entrée : 4,50 € ; réduc.*
Tout l'intérêt de ce musée réside une fois de plus dans la transmission de ce savoir que l'on communique avec tant de passion dans les Mauges !

Ce musée créé par des retraités de la chaussure, dans une ancienne usine, aborde tout d'abord la fabrication avec une reconstitution d'atelier, odeurs de cuir et bruit compris. La quasi-totalité des 80 machines (plus que centenaires pour certaines) peut encore fonctionner. Mais que de bruit ! Également une amusante collection de cuirs de tout poil comme celui d'autruche ou de python. Passons ensuite à la collection de chaussures. Les objets sont nombreux, parfois insolites. Aller, au pied levé, parmi les pièces originales, les baskets des joueurs choletais aux pointures démentielles, un sabot pour décortiquer les châtaignes, une vitrine sur les pieds-lotus chinois (les pieds des femmes étaient contraints pour ne pas dépasser 11,5 cm de long !), les padukas indiens, des patins de bois surélevés pour ne pas écraser les insectes (ils sont sacrés !), une chaussure d'Iran de 200 ans incrustée de nacre...

### PRÉNOMS ENLACÉS

*« Il faudrait être fou pour dépenser plus. » Eh oui, la célèbre marque de chaussures ÉRAM est choletaise et a vu le jour en 1927, à Saint-Pierre-Montlimart exactement. Son nom cache une petite fantaisie : ce sont les premières lettres inversées des prénoms de ses concepteurs, le couple René et Marie Biotteau. Et rebelote avec leurs héritiers, Gérard et Simone (Monette pour les intimes) qui créèrent l'enseigne de distribution...* GÉMO *!*

Une visite pleine de nostalgie et de charme, truffée d'anecdotes. Saviez-vous qu'on appelait le patron « le singe » parce qu'il faisait la grimace à chaque demande d'augmentation ? Quant au contremaître, surnommé « le corbeau », il surveillait bien sûr la travée centrale où les femmes travaillaient à leur banc de piqûre, dans un boucan d'enfer... Pas de risque de papoter !

***Le parc et le conservatoire de la Bottière :*** *49230* **Saint-Crespin-sur-Moine.** *☎ 02-41-75-16-54. • mapetiteferme.com • ♿ À 20 km à l'ouest, par la 4-voies vers Nantes (sortie 4). Juil-sept et vac scol, tlj 10h30-19h30 ; de mi-fév à mi-nov hors vac scol, mer, w-e, j. fériés et ponts 10h30-19h. Entrée : 8 € ; 6 € pour les 2-12 ans.* Un parc de 6 ha, 2,4 km de sentiers pédestres et toute une flopée d'animaux, issus de races anciennes ou originales. Pour ceux que ça botte, tonte des moutons, baptême à poneys, location d'ânes bâtés... De quoi passer la journée en famille entre chèvres, lamas ou zébus. Pique-nique possible.

## CHEMILLÉ

(49120) 7 030 hab. *Carte Maine-et-Loire, B3*

**Entre Cholet et Angers, sur la D 160 ou à la sortie nº 25 de l'A 87. En juillet 1793 s'y déroula une grande bataille entre Bleus et Blancs, mais Chemillé est surtout connu pour sa production de plantes médicinales. À la suite de la crise du phylloxéra qui décima la vigne au XIXe s, la région de Chemillé s'orienta en effet vers cette nouvelle culture, jusqu'à en devenir la capitale française. Outre le beau jardin à thème, Camifolia, voir les vestiges de l'ancien château (rare appareillage de pierre du XIIIe s « en rucher d'abeilles »), l'église romane Notre-Dame (XIe-XVIe s), qui abrite des vestiges de peintures murales du XIIe s en cours de restauration, et l'église Saint-Pierre, dont un vitrail raconte comment d'Elbée empêcha le massacre de prisonniers républicains lors des guerres de Vendée.**

### Adresse utile

***Office de tourisme :*** *1, rue de l'Arzillé. ☎ 02-41-46-14-64. • ot-chemille.fr • Face à la poste. Juil-août, 10h-12h30, 14h-16h ; mai-juin et sept, tlj sf dim et j. fériés 10h-12h, 14h-18h30 ; oct-avr, l'ap-m* *lun-ven, plus sam mat (et sam ap-m en avr et oct).* Organise des visites guidées et des randonnées commentées en été.

## Où dormir ? Où manger à Chemillé et dans le coin ?

**Chambres d'hôtes Le Moulin de Drapras :** *moulin de Drapras. ☎ 02-41-62-49-51. ● moulindedrapras@free.fr ● moulindedrapras.free.fr ● À 5 km de Chemillé en direction d'Angers (D 160). À 2 km du centre, prendre à droite une petite route juste avt le pont de l'autoroute, puis suivre les fléchages. Double 57 €. Réduc de 10 % à partir de la 2e nuit sur présentation de ce guide.* Complètement isolé, ce moulin du XVe s joliment rénové est le point de chute idéal pour qui recherche la quiétude (vérifier toutefois que la salle n'est pas louée pour une fiesta !). L'environnement est idyllique (au creux d'une vallée), les 5 chambres petites mais mignonnes, et l'accueil très sympa. Tout pour plaire.

**Le Théâtre :** *105, av. du Général-de-Gaulle, à Chemillé. ☎ 02-41-62-93-86. Au théâtre du Foirail (fléché dans le centre). Resto tlj sf dim soir, lun soir et mar soir ; brasserie le midi slt lun-ven. Côté brasserie, menu du jour 13,90 €, café compris. Côté resto, formule du jour 15 € le midi en sem sf j. fériés et menu 26 €.* Une brasserie pour les plus pressés ou un restaurant semi-gastronomique au cadre moderne pour les plus gourmets. Mais le chef est le même et il propose des plats traditionnels simples, agrémentés des herbes aromatiques qui font la renommée de Chemillé. Au fil des saisons, violette, sauge officinale, camomille, estragon... s'invitent spontanément dans une assiette de lapin, de truite ou de canette fermière. Un résultat original, avec de délicieuses saveurs pour donner du baume au cœur.

## À voir. À faire

**Camifolia :** *11, rue de l'Arzillé, dans le parc de l'hôtel de ville. ☎ 02-41-498-498. ● theatre-foirail-camifolia.com ● Juil-août, lun 14h-19h, mar-dim 10h-19h ; mai-juin, mar-dim 14h-19h ; sept, mar-dim 14h-18h ; oct, mer et w-e 14h-18h. Fermé nov-avr. Entrée : env 6 € ; réduc ; gratuit moins de 12 ans. Visite guidée juil-août tlj à 14h30 et 16h30 ; juin, sept-oct, mer slt à 14h30 et 16h30 ; env 7 € ; réduc.* La région de Chemillé s'orienta vers la culture des plantes médicinales au XIXe s, et c'est tout naturellement qu'elle s'est offert une vitrine, ou plutôt un jardin botanique médicinal et aromatique de 4 ha, pour présenter ses plantes aux vertus bienfaitrices dont elle est le plus fière. Le résultat est à la hauteur du défi : les thèmes sont abordés de façon ludique (ne pas oublier de se déchausser !), la serre se révèle chatoyante à souhait et le jardin des plus charmant avec sa cascade dégringolant par paliers jusqu'au grand bassin. Boutique et « Jardin gourmand » avec boissons et glaces à base de plantes.

➢ ***Vallée de l'Hyrôme :*** 15 km de circuit pédestre balisé le long des méandres de cette rivière.

# MONTJEAN-SUR-LOIRE

(49570) 3 000 hab. *Carte Maine-et-Loire, B3*

**Montjean fut, par le passé, un port très important et une petite cité industrielle active (elle connut son apogée à la fin du XIXe s), principalement autour de la production de charbon et de la fabrication de la chaux. Il y eut près d'une**

**vingtaine de fours à chaux en activité. Les quais voyaient arriver des dizaines de bateaux quotidiennement. Le dernier four à chaux s'est éteint en 1961. La culture du chanvre représentait la troisième grande richesse de la ville.**

## Adresses utiles

**Office de tourisme Une Autre Loire :** *20, rue d'Anjou. ☎ 02-41-39-07-07. • uneautreloire.fr • De mi-avr à mi-oct, mar-sam 10h-18h (juil-août tlj 10h-18h30) ; hors saison, permanence tél lun-ven 10h-12h30, 14h-17h.*

**Parc de découverte Cap Loire :** *20, rue d'Anjou. ☎ 02-41-39-07-10. • caploire.fr • De mi-avr à mi-oct, mar-dim 10h-18h ; juil-août, tlj 10h-18h30 ; de mi-oct à mi-avr, groupes sur résa. Entrée : 5,50 € ; réduc ; gratuit moins de 6 ans.* Parc de découverte sur l'histoire et l'évolution de la batellerie de Loire. Propose en saison de nombreuses animations et sorties.

**La Ligériade II :** *☎ 02-41-39-07-07. • loire-croisiere.com • Juil-août, départ tlj du port de Montjean ; avr-oct, se renseigner.* Croisière en bateau commentée sur la Loire (1h15) avec Jean-Patrick Denieul, pêcheur professionnel.

## Où dormir ? Où manger ?

### Prix moyens

**Auberge de la Loire :** *2, quai des Mariniers. ☎ 02-41-39-80-20. • contacts@aubergedelaloire.com • aubergedelaloire.com • Au niveau du pont. Double env 68 €. Menus 15 € déj en sem, puis 22-41,50 €. ½ pens possible. Café offert sur présentation de ce guide.* Petit hôtel familial et sympa comme tout, avec une dizaine de chambres rénovées dans les étages. Classiques, confortables et bien tenues, elles constituent un excellent point de chute, surtout si elles donnent sur la Loire ! Au resto, coquet et convivial, bonne cuisine de terroir, poisson de Loire et pain maison. Excellent accueil.

**Chambres d'hôtes Les Cèdres :** *17, rue du Prieuré. ☎ 02-41-39-39-25. • contact@les-cedres.net • les-cedres.net • En venant du pont, rue à droite après la poste (panneau). Doubles 58-68 €. Également des gîtes. Réduc de 10 % sur le prix des chambres sur présentation de ce guide sf sam et j. fériés.* Une charmante adresse au cœur du village. Derrière les murs, un beau jardin à l'abri des regards et une vieille maison bien restaurée, proposant 4 chambres coquettes et colorées. Notre préférée, sous les toits, ne manque pas de cachet avec sa charpente apparente. Agréable salon pour les hôtes. Accueil souriant et pas compliqué. Prêt de vélos.

## Où dormir dans les environs ?

**L'Amour de la Loire :** *5, rue de l'Église, 49123* ***Ingrandes-sur-Loire.*** *☎ 02-41-31-84-42. • lamourdelaloire@free.fr • lamourdelaloire.free.fr • De l'autre côté de la Loire, vers l'ouest. Fermé Toussaint-Pâques sf résa. Double 75 €.* Au cœur du village, cette belle maison de caractère profite d'une situation on ne peut plus privilégiée. Ah, cette vue sur la Loire ! C'est bien sûr ce qui fait le charme des 2 chambres, décorées avec goût et dotées de tout le confort nécessaire. L'une d'entre elles peut accueillir une famille. Également une agréable terrasse.

## Manifestations

– ***Symposium de sculptures monumentales :*** *chaque été (juil-août).* Expos et animations dans le village et sur les bords de Loire.

– ***Festival de fibres en musique :*** *l'avt-dernier w-e d'août. Rens à l'office de tourisme.* Expos, animations, démonstrations autour de la tradition des fibres naturelles.

## DANS LES ENVIRONS DE MONTJEAN-SUR-LOIRE

***Le musée des Métiers :*** *pl. de l'Église, 49290* ***Saint-Laurent-de-la-Plaine.*** *☎ 02-41-78-24-08. • musee-metiers.fr • (sur tt le rdc). À 10 km au sud, par la D 15. Mars-mai, dim et j. fériés 14h30-18h30. Juin et sept-oct, mar-ven, dim et j. fériés 14h30-18h30. Juil-août, mar-ven 10h-13h, 14h30-18h30 ; sam-dim 14h30-18h30. Fermé nov-fév sf résa. Compter 2h. Entrée : 5,70 € ; réduc, notamment pour 2 pers sur présentation de ce guide.* Un musée ethnographique fascinant, avec 5 000 m² de bâtiments et 20 000 pièces de collection représentant 35 métiers différents ! Né de la passion de Victor Perrault il y a plus de 40 ans et de l'équipe qui, progressivement, s'est jointe à son œuvre. Mais l'originalité de ce musée exceptionnel, c'est que les bâtiments participent de l'émotion et se révèlent aussi de petits chefs-d'œuvre (admirer les charpentes !). Dans l'ancien presbytère du XVIIIe s, broderies, photographie, énormes métiers à passementerie (on dirait d'immenses vaisseaux !). La véritable surprise, c'est sans doute la superbe rue des Artisans, où sont reconstitués les boutiques et ateliers des métiers traditionnels. Puis la vieille école ou encore une belle collection de pressoirs et d'alambics. Impossible de tout mentionner de ce village dans le village.

***Les jardins du château du Pin :*** *49123* ***Champtocé-sur-Loire.*** *06-11-68-61-81. • jardinsduchateaudupin.com • Par l'A 11, sortie 19 côté Beaupréau (ou Chalonnes en venant de Nantes) ; au rond-point, suivre les panneaux sur 4 km. De Champtocé, emprunter la rue au pied des ruines du château et suivre les panneaux sur 5-6 km. Mai-1er dim d'oct, ts les ap-m sur résa ainsi que dim 14h-18h. Entrée : 5 € ; gratuit moins de 12 ans.*

Jane de La Celle entretient pratiquement toute seule ce « Jardin remarquable » classé Monument historique, légué par son grand-père, après 30 ans d'abandon. Le résultat de son opiniâtreté est fort probant : de beaux ifs, taillés comme les pièces d'un échiquier géant, un art topiaire assez unique et un jardin potager. Puis de très bucoliques jardins de grenouilles (vraies ou fausses, à vous de les trouver), des tilleuls séculaires, un jardin d'iris, des roses remontantes, un conservatoire des vieux légumes... qui s'offrent sur 18 niveaux et 5 ha.

Bien sûr, il faut parler du château, classé Monument historique tout comme le jardin. S'il ne se visite pas (mais on peut y séjourner en gîte ou dans une maisonnette attenante), il mérite qu'on s'y attarde : château fort du XIIe s détruit durant les guerres bretonnes, reconstruit aux XIVe et XVe s avec un donjon carré, il présente de belles gargouilles et sculptures apparentes, une intéressante chapelle du XVIIIe s, ainsi que des douves garnies de plantes aquatiques. On en revient toujours aux plantes et aux fleurs ici. Et puis assistez, si vous êtes par là, à la *fête des Plantes et brocante* le dernier week-end de mai et de septembre, avec des exposants venus de toute l'Europe.

***Ingrandes-sur-Loire :*** agréable village en bord de Loire, qui offre, de l'autre côté de son joli pont de 1867, une piscine naturelle sur la Loire. Surveillée et ouverte en été. Bien sûr, beaucoup de monde ! Beau point de vue sur Ingrandes de l'autre côté du pont, ou sur le front de Loire en face.

# SAINT-FLORENT-LE-VIEIL

(49410) 2 690 hab. *Carte Maine-et-Loire, A3*

**Nul ne pouvait mieux décrire la séduction de Saint-Florent et de ses bords de Loire que Julien Gracq, qui naquit en 1910 dans cette « Petite Cité de**

**caractère », y passa son enfance et y vécut jusqu'à la fin de ses jours, en 2007. Il écrivit sur la région des textes magnifiques, en particulier dans *Lettrines, Lettrines 2* et *Les Eaux étroites.* Bien sûr, à ses yeux, Saint-Florent avait changé, trop peut-être, et il ne manqua pas de se plaindre du silence des rues, de l'absence de cris d'enfants. Mais le village, le paysage, eux, ont à peine évolué. Le site, sur sa colline escarpée, a su conserver tout son charme. De l'île Batailleuse, admirer ce mélange de fierté hautaine de l'église et de désordre bucolique, lorsque la forêt dégringole dans la Loire. Aragon avait craqué lui aussi : « Allez à Saint-Florent, allez à ce belvédère d'une de nos plus terribles histoires... »**

## UN PEU D'HISTOIRE

Effectivement, Saint-Florent est l'une des villes d'Anjou les plus chargées d'histoire. Avec leur bon goût légendaire, les moines avaient édifié là une abbaye, au VIIe s. Avant eux, saint Florent en avait fait son camp de base pour évangéliser les Mauges. Sous l'Ancien Régime, Saint-Florent était la petite capitale religieuse de la région.
C'est là que se déroula, le 12 mars 1793, un événement qui aura une portée historique : lors du tirage au sort des conscrits qui devaient partir grossir l'armée nationale, une révolte éclata et se propagea dans toutes les Mauges. La guerre vendéenne commençait. Cathelineau, le grand chef aimé, blessé à Nantes, y mourut le 14 juillet 1793. Le 18 octobre de la même année, après la défaite de Cholet, l'armée blanche reflua à Saint-Florent. Ce fut le dramatique épisode de la Virée de Galerne (lire plus haut « Un peu d'histoire », en introduction à la région des Mauges). En 1794, ville et abbaye furent incendiées. Pour finir, le traité de paix mettant fin à la première guerre vendéenne y fut signé, entre Stofflet et Hoche, un des généraux du Directoire, le 2 mai 1795.

## Adresse utile

***Office de tourisme Une autre Loire :*** *4, pl. de la Février. ☎ 02-41-72-62-32. • uneautreloire.fr • De mai aux Journées du patrimoine, tlj 10h-12h30, 14h-18h (18h30 en juil-août). Hors saison, horaires restreints.*

## Où dormir dans les environs ?

***Camping de l'Île Batailleuse :*** *île Batailleuse, 44370* ***Varades.*** *☎ 02-40-96-70-20. • campingilebatailleuse.fr • Au pied du pont, côté Loire-Atlantique (voir le chapitre « La Vallée de la Loire » dans ce département).*

***Gîte d'étape de la Guichetière :*** *ferme de la Guichetière, 49530* ***Bouzillé.*** *☎ 02-40-09-61-68. • contact@gite-loire-guichetiere.fr • gite-loire-guichetiere.fr • Entre Saint-Florent et Liré. De Bouzillé, prendre la route du Fossé-Neuf ; après la grosse maison bourgeoise, suivre le panneau à droite. Env 14 €/pers ; w-e possible.* En pleine campagne, 18 places dans une jolie dépendance au charme rustique. Cuisine-séjour, 4 chambres simples et très convenables de 3 à 6 places chacune, 2 douches et 2 w-c à disposition. Bon accueil.



## À voir. À faire

***L'église abbatiale :*** *tlj 9h-18h30 (19h en été).*
Construite en grande partie au début du XVIIIe s. Tour et nef sont d'un style classique très traditionnel. En revanche, la façade, avec sa galerie et son fronton sculpté, possède son petit cachet. Le portail latéral sud (du XIIIe s) reste le seul

vestige de l'église médiévale. À l'intérieur, belle luminosité et impression de grande sobriété. Dans la quatrième chapelle à gauche, le célèbre tombeau de Bonchamps, *Grâce aux prisonniers !*, exécuté par David d'Angers. L'artiste était le fils d'un des prisonniers républicains épargnés par le général vendéen mourant. Chœur étonnamment vaste avec de hautes voûtes en berceau.
Sous l'église, intéressante crypte restaurée au XIXe s, festival d'ogives retombant sur des piliers à multiples colonnettes et chapiteaux fleuris. Elle renferme une petite exposition d'objets religieux, dont le reliquaire de saint Florent du XVIIe s.
À l'extérieur, une partie est habitée et un mur traverse désormais la cour de l'ancien cloître. Quelle idée ! Mais en se faufilant, on découvre le puits, le cloître et les terrains de jeux de boule de sable, une activité typiquement ligérienne, entre la pétanque et la boule de fort (visible le mercredi après-midi et le dimanche matin).

***Le musée d'Histoire locale et des Guerres de Vendée :*** *pl. J.-M.-Sourice. ☎ 02-41-72-50-03. Juil-août, tlj 14h30-18h30 ; mai-juin et sept, w-e et j. fériés 14h30-18h30. Entrée : 3 € ; réduc ; gratuit moins de 10 ans.* Installé dans une chapelle du XIXe s. Les collections sont toutefois modestes. Elles s'intéressent principalement aux guerres de Vendée (ses causes, son déroulement, ses généraux), avec comme pièces principales une sacoche et le bicorne ayant appartenu à Stofflet, et le service utilisé pour l'extrême onction de Bonchamps.

➢ ***Balade dans la ville :*** *plan découverte disponible auprès de l'office de tourisme.* De l'esplanade, magnifique panorama sur la Loire et les environs. Colonne commémorant le passage de la duchesse d'Angoulême en 1823, en hommage aux combattants des guerres de Vendée. Promenades dans les ruelles descendant vers la Loire, dans la garenne, par des sentiers aménagés, et promenade Julien-Gracq, longeant la Loire sur 2 km. Dans le cimetière, petite chapelle du XVe s.

***La maison de Julien Gracq :*** *1-3, rue du Grenier-à-Sel. ☎ 02-41-19-73-55. • maisonjuliengracq.fr •* À sa mort en 2007, l'écrivain lègue sa maison et l'ancien grenier à sel situés en bordure de Loire, dans le but d'y proposer un « séjour temporaire de repos et de travail destiné à des écrivains ». Si la maison reste une résidence pour les auteurs, l'ancien grenier à sel ouvre au public pour des conférences, lectures, concerts...

## Sorties en bateau

➢ ***Bateau promenade sur la Loire :*** *• loire-en-bateau.fr • Résa à l'office de tourisme ou auprès de Matthieu Perraud au 📱 06-81-94-13-63. Capacité : 12 passagers max. Durée : de 1h30 à la ½ journée.* Sorties thématiques avec un pêcheur professionnel qui fait partager sa passion du fleuve, à bord du *Vent d'Soulair,* une embarcation typique construite sur le modèle d'une toue cabanée de Loire.

➢ ***Canoë-kayak et promenade en barque :*** *avec* ***Anjou Loisirs,*** *à la petite base de loisirs de* ***Notre-Dame-du-Marillais.*** *☎ 02-41-70-56-78. En venant de Saint-Florent, la base de loisirs est à la sortie du village, au pont tt de suite à gauche. Mai-juin et sept-oct, les w-e ; juil-août, tlj.* Balades sur l'Èvre.

## Manifestations à Saint-Florent et ses environs

– ***Les Lyriades :*** *ts les 2 ans (années paires) en avr, à* ***Liré*** *et à* ***Angers.*** *☎ 02-41-47-95-91.* Manifestations littéraires tout public.
– ***Les Podiums florentais :*** *de mi-juil à mi-août, 5 soirées musicales ts les ven soir, à partir de 20h30.* Marché nocturne et dégustation de vin.

– ***Les Estivales internationales du pastel :*** *biennale en juil-août.* Expo, rencontre de maîtres pastellistes et stages de pastel à l'abbaye.
– ***Les Rencontres Julien-Gracq :*** *1er w-e en oct.* Tables rondes, conférences, lectures... sur la littérature et Julien Gracq.

## DANS LES ENVIRONS DE SAINT-FLORENT-LE-VIEIL

***Le moulin de l'Épinay :*** *rue de l'Èvre, 49410* ***La Chapelle-Saint-Florent.*** *☎ 02-41-72-73-33. • moulinepinay.com • Avr-juin et sept, lun-ven 14h30-18h30, plus 1 dim/mois ; juil-août, lun-ven 10h-18h30, w-e et j. fériés 14h30-18h30. Entrée : 6 € ; réduc ; gratuit moins de 6 ans.* Moulin-tour du XIXe s typique de l'Anjou, perché sur une colline d'où l'on domine toute la région. Visite sympa dans les entrailles (quatre étages à escalader !), pour en apprendre tous les secrets. On saura notamment tout sur ce moulinet d'orientation qui fait tourner le toit en fonction des vents. Audiovisuel, maquettes, expo sur la vie du meunier et boutique (on peut acheter la farine bio produite sur place). En saison, intéressant programme d'animations, dont « Faites votre pain » *(mer ap-m en juil-août et vac scol).*
***Restaurant panoramique :*** *sur place. ☎ 02-41-72-70-70.*

***Le cirque de Courossé :*** *à 9 km au sud de Saint-Florent-le-Vieil, en passant par La Chapelle-Saint-Florent.* Une petite halte sympathique par beau temps, dans un site un peu escarpé. Nombreux points de vue sur le vallon et les bocages. Escaliers menant à une chapelle installée dans la roche. Balade jusqu'au bord de l'Èvre à travers une végétation luxuriante. Point de départ de nombreuses randonnées et sentier d'interprétation.

***Le musée Joachim-Du-Bellay :*** *1, rue Pierre-Ronsard, 49530* ***Liré.*** *☎ 02-40-09-04-13. • museedubellay.over-blog.com • Face à l'église de Liré, à env 13 km à l'ouest de Saint-Florent, 3 km au sud d'Ancenis. Mars-oct, mar-ven 10h30-12h30, 15h-18h, plus juil-août dim 14h30-18h et 2 derniers w-e avr-juin ainsi que w-e des Journées du patrimoine en sept. Entrée : 4,90 € ; réduc, tarif famille et gratuit moins de 10 ans. Visite guidée à partir de 3 pers. Parcours familial « Et si vous étiez poète ? » à partir de 7 ans ; visite guidée spéciale enfant les mar des vac scol à 15h ; livret-jeu pour les petits à partir de 3 ans.*
Aménagé dans une belle demeure Renaissance à tourelles, ce petit musée littéraire est un hommage au poète ami de Ronsard qui naquit au château de la Turmelière, à 2 km (facile de s'y rendre à pied par un sentier de randonnée en boucle de 7 km, mais il ne reste que des ruines). Du Bellay parle d'ailleurs de son village natal dans le sonnet *Heureux qui comme Ulysse.* Séjournant à Rome, il est soudain gagné par la nostalgie : « Plus mon petit Liré, que le mont Palatin / Et plus que l'air marin la douceur angevine »... Ça ne vous rappelle rien ? La visite commence par une vidéo de présentation sur l'homme (mort à 38 ans), sa filiation noble, son œuvre et le contexte historique, avant de se poursuivre dans une poignée de salles. Peu d'objets d'époque dans ce « site d'interprétation », mais une scénographie didactique et moderne que les fans apprécieront. Avant de partir, ne pas oublier de jeter un œil au tout petit jardin style Renaissance.

## CHAMPTOCEAUX (49270) 2 200 hab. *Carte Maine-et-Loire, A3*

**À la frontière avec la Loire-Atlantique, ce village, bâti sur un à-pic de 70 m au-dessus de la Loire, bénéficie d'une situation on ne peut plus privilégiée. Du belvédère, panorama assez exceptionnel au soleil couchant. Ce fut une cité**

**médiévale de première importance, avec une imposante forteresse. Celle-ci fut rasée en 1420 par le duc Jean V, à l'issue de la guerre de Succession de Bretagne. Il reste quelques vestiges, notamment la porte d'entrée de la ville close (aujourd'hui propriété privée). De la place, intéressant sentier de découverte des ruines de la citadelle. Au pied de celle-ci, un ancien « moulin pendu ». Ne pas manquer non plus, à partir de l'office de tourisme, la promenade du Champalud (pour le panorama), qui se prolonge jusqu'à la coulée de la Luce et les bords de Loire (attention, bonne descente !). Embarcadère pour le bateau-promenade *La Luce.* Bref, on est un peu à l'écart des circuits habituels, et l'ambiance tranquille n'est pas pour nous déplaire.**

## Adresse utile

***Office de tourisme Une autre Loire :*** *derrière l'église.* ☎ *02-40-83-57-49.* ● *uneautreloire.fr* ● *Avr-oct, tlj sf lun hors j. fériés et ponts (tlj juil-août), 10h-12h30, 14h-18h. Fermé nov-mars, mais infos par tél.* Propose régulièrement des visites guidées du village. Infos sur les minicroisières sur la Loire et jusqu'au marché d'Ancenis *(jeu mat en juil-août).*

## Où dormir ? Où manger ?

***Hôtel Le Champalud :*** *1, pl. du Chanoine-Bricard.* ☎ *02-40-83-50-09.* ● *le-champalud@wanadoo.fr* ● *lechampalud.com* ● *Sur la place de l'église. Resto fermé dim soir oct-juin. Doubles avec douche ou bains env 74-109 €. Formules et menus 15-45 €. Réduc de 10 % sur le prix de la chambre sur présentation de ce guide.* Un hôtel-resto classique et bien tenu, à des prix encore raisonnables. Chambres tout confort, joliment rénovées avec la pierre d'origine. Également une annexe de 6 vastes chambres modernes, avec douche à l'italienne. Fait aussi brasserie, avec une formule économique intéressante. Location de VTC.

***Chambres d'hôtes Domaine de la Charaudière :*** *chemin de Belle-Rivière.* ☎ *02-40-09-92-91.* ● *domainedelacharaudiere.com* ● *À 1 km du bourg, vers l'est. Doubles autour de 70-75 €.* Des murs jaune pimpant pour vous accueillir : le ton est donné. Du goût, des couleurs et du style, depuis les vieux parquets jusqu'aux couleurs fuchsia dans cette élégante demeure dominant la vallée de la Loire. 3 chambres avec chacune une personnalité, belle bibliothèque, piscine chauffée, jardin abrité... Un beau séjour en perspective.

## Où dormir dans les environs ?

### Au Fuilet *(49270)*

***Village-gîtes de la Barbotine :*** *1, route de Saint-Christophe.* ☎ *02-41-70-08-89.* ● *gitesdelabarbotine@cc-montrevaud.fr* ● *gitesdelabarbotine.com* ● *À env 15 km au sud-est, sur la D 17. Compter 244-584 €/sem selon saison et capacité. Réduc de 10 % sur le prix du gîte en juil-août sur présentation de ce guide.* Une quinzaine de gîtes modernes pour 4 à 6 personnes, avec piscine chauffée (en juillet-août) et plan d'eau à proximité. Animaux acceptés. Bon accueil et possibilité de repas pour les groupes. Sinon, petits restos et commerces au Fuilet.

### À Drain *(49530)*

À 11 km à l'est de Champtoceaux, par la D 751, direction Saint-Florent-le-Vieil.

***Camping municipal Beauregret :*** *à Beauregret.* ☎ *02-40-98-20-30 ou 02-40-98-20-16 (hors saison).*

*• mairie-sg.drain@wanadoo.fr • drain49.fr • ♿ Mai-sept. Tente en hte saison 8,30 €. Hébergement locatif en hte saison 250 €/sem. 47 empl.* Un petit 2-étoiles bien ombragé, tranquille, situé sur un terrain agréable déroulé le long d'un bras oublié de la Loire : idéal pour les pêcheurs. Belle herbe grasse et emplacements bien délimités. Un chalet en location.

**Chambres d'hôtes du Clos Saint-Martin :** *9, rue des Mauges. ☎ 02-40-98-29-71. • henry.deshaies@neuf.fr • Face à l'église. Doubles 49-53 €. Table d'hôtes 18 €.* Grande bâtisse en angle recouverte de vigne vierge. Elle renferme 4 chambres à l'étage, simples et bien tenues, donnant pour 3 d'entre elles sur le jardin.

**Chambres d'hôtes Le Mésangeau :** *☎ 02-40-98-21-57. • le.mesangeau@orange.fr • loire-mesangeau.com • À 3,5 km de Drain, sur la route de Saint-Laurent-des-Autels. Fermé nov-mars. Double 90 €. Table d'hôtes 35 €, vin compris.* Dans une immense gentilhommière du XIXᵉ s, à laquelle on accède par une allée de plus de 1 km ! Grand parc de 6 ha avec étang, chapelle, jardin (et son chêne de 350 ans), 2 tours à grain et une véranda idéale pour le farniente. Gravures et tableaux sur les murs, poutres colossales dans le salon et la salle à manger, tomettes dans les couloirs qui mènent aux 5 chambres meublées d'ancien. Pour être honnête, cette gentilhommière a tout d'un gentil château ! Très bon accueil.

## DANS LES ENVIRONS DE CHAMPTOCEAUX

### *SAINT-LAURENT-DES-AUTELS (49270)*

**Natural'parc :** *route de Saint-Sauveur-de-Landemont. ☎ 02-40-83-78-25. • naturalparc.com • À la sortie de Saint-Laurent vers Saint-Sauveur. Mars, dim 14h-18h30 (selon météo) ; avr-août, tlj 10h (11h avr-juin)-19h ; sept-oct, mer, w-e, vac scol 14h-18h30. Entrée : 11,50 € ; 6,50 € pour les 3-12 ans ; une réduc par famille sur présentation de ce guide. Jeu de piste : « Mène l'enquête avec Bidouille et gagne ton diplôme ! » Restauration rapide (avr-août), pique-nique autorisé, barbecue à disposition.* Franchement, prévoir au moins 3h dans ce parc ludique aux multiples facettes : plus de 500 animaux sur un site vallonné de 13 ha à la nature préservée (on peut entrer dans certains enclos comme celui des wallabies), labyrinthe et son lot d'énigmes (en été), 3 000 m² de collections pour évoquer le passé (monde agricole, véhicules anciens, etc.), jeu de piste... Sans compter les nombreux jeux : structure gonflable, toboggans géants, karts à pédales, etc. Également un espace Ti'bou (0-3 ans) depuis 2015.

### *LE FUILET (49270)*

**Le village potier :** *à mi-chemin entre Saint-Laurent-des-Autels et Montrevault, sur la D 17, au lieu-dit Les Recoins, à 3 km au sud du village du Fuilet (panneaux).* C'est un très ancien village de potiers dont l'origine est encore mal datée. Le Fuilet possède depuis toujours un sous-sol argileux très riche. En 1910, on dénombrait plus de 30 ateliers de potiers, mais aussi une quinzaine d'ateliers de briquetiers et tuiliers. Cela représentait plus de 300 employés, dont l'activité était souvent complémentaire au métier d'agriculteur. La moitié disparut en raison de cette double activité, difficile à gérer, mais aussi à cause de la guerre de 1914-1918 qui signa l'avènement de la mécanisation. Aujourd'hui, cette commune de 1 900 habitants compte encore une petite dizaine d'ateliers de potiers. La production s'est diversifiée et propose, en plus de la traditionnelle poterie de jardin, des plats culinaires, des nichoirs traditionnels à oiseaux, de la vaisselle émaillée et d'autres objets décoratifs. Dans le village, petite balade à pied jusqu'à la ***chapelle des Recoins,*** inaugurée en 1948.

**La Maison du potier :** *2, rue des Recoins. ☎ 02-41-70-90-21. • maisondu potier.net • Lun-ven et 1 dim/mois. Visite guidée possible tte l'année (1h). Résa conseillée. Entrée : 4,50 € ; réduc ; gratuit moins de 6 ans.* Une bonne entrée en matière pour les amateurs : maquettes et démonstrations (fabrication de tuiles, de briques et de pots sur le tour et à la machine) permettent d'évoquer tous les aspects de la profession. La maison du potier organise également des stages, des ateliers, y compris pour les enfants ainsi que des animations modelage, tout au long de l'année.

# L'ANJOU BLEU (PAYS SEGRÉEN)

**Aux marches de l'Anjou et de la Bretagne, au nord-ouest du département, le Haut-Anjou se révèle une région assez secrète, où le bocage se mêle au schiste des mines à ciel ouvert, opportunément rebaptisée « Anjou bleu » en raison de l'ardoise donc et de son réseau de rivières navigables. Hervé Bazin, originaire de Marans, juste au sud de Segré, décrit fort bien sa région dans *Vipère au poing* : « Nul pittoresque. Des prés bas, rongés de carex, des chemins creux, d'innombrables haies vives qui font de la campagne un épineux damier, des pommiers à cidre encombrés de gui, quelques landes à genêts... ».**

**Outre un charmant chemin de halage pour rejoindre la Mayenne, de Grez-Neuville à Daon, sur 24 km *(• anjou-velo.com •)*, on y découvre des villages tout mignons, assoupis au bord de la Mayenne ou de l'Oudon, ainsi qu'une jolie collection de châteaux ou manoirs discrets, disséminés dans la campagne, où l'on peut résider en chambres d'hôtes. Les plus curieux iront rendre visite à l'atelier de cithares, quasi unique en France, à Étriché *(• atelierdela cithare.fr •)*, ou encore au dernier fabricant de boules de fort, à Morannes, pas très loin de là.**

## Adresses utiles

**Offices de tourisme de l'Anjou bleu :** *5, rue David-d'Angers, 49500* ***Segré.*** *☎ 02-41-92-86-83. Également 56, rue du Général-Leclerc, 49220* ***Le Lion-d'Angers.*** *☎ 02-41-95-83-19. • anjoubleu.com • Et 2 bis, rue de la Porte-Angevine 49420* ***Pouancé.*** *☎ 02-41-92-45-86.*

– Des bureaux aussi à Candé et à Châteauneuf-sur-Sarthe.

## Manifestations

– ***Festival Rendez-vous Conte !*** *1er w-e de juin.* Balades contées dans des lieux insolites pour petits et grands.

– ***Les Médiévales des Marches :*** *en juil, à* ***Pouancé*** *ou* ***Châteaubriant,*** *une année sur deux.*

– ***Saveurs Jazz Festival :*** *mi-juil, à* ***Segré.*** *☎ 01-75-37-70-41. • saveursjazz festival.com •*

– ***Heures Musicales du Haut-Anjou :*** *1re quinzaine d'août. ☎ 02-41-95-83-19. • heuresmusicales.free.fr •* Concerts de musique classique.

– ***Le Mondial du Lion :*** *3e w-e d'oct. ☎ 02-41-95-86-51. • mondialdulion.com •* Concours complet international de dressage, cross, sauts d'obstacles. D'autres concours et courses tout au long de l'année.

# DE SEGRÉ À POUANCÉ

## Où dormir ? Où manger ?

### Camping

**Camping La Rivière :** *allée d'Orveau, 49500* ***Nyoiseau.*** *☎ 02-41-92-26-77. • campinglariviere@nyoiseau.fr • campinglariviere.fr • Accès par la D 171. Compter 9,40 € pour 2 en hte saison. Mobile home 300 €/sem. CB refusées. 25 empl. Apéritif maison offert sur présentation de ce guide.* Joli nid d'oiseau que ce Nyoiseau, avec son vieux pont en bois pour accéder au terrain et sa rivière aménagée. Un agréable environnement donc, pour ce petit camping très sympathique et très calme (il n'y a que les troupeaux de vaches des champs alentour pour en perturber la quiétude !). Douches gratuites. Peu d'emplacements, mais « il y a tout le temps de la place » !

### De bon marché à prix moyens

**Le Relais de Misengrain :** *Misengrain, BP 5 ESAT, 49520* ***Noyant-la-Gravoyère.*** *☎ 02-41-61-71-96. • accueil@misengrain.fr • relais-misengrain.com • De Noyant, direction Bel-Air-de-Combrée, puis Bouillé-Ménard et suivre Misengrain. Congés : fêtes de fin d'année. Env 19 €/pers. ½ pens à partir de 34 €/pers. Menus à partir de 11,50 € (repas possible pour les non-résidents le midi). Apéritif offert sur présentation de ce guide.* Dans les anciens logements des ardoisiers, posés dans un jardin fleuri, un centre de vacances, géré en partie par des personnes handicapées. Une formule d'hébergement sympa : des chambres simples et agréables, aménagées à la façon des gîtes, avec cuisine à dispo. Très pratique. L'accueil est chaleureux, et au final, la formule garantit un bon rapport qualité-prix.

**Auberge de l'Ombrée :** *2, rue de Bretagne, 49520* ***Bel-Air-de-Combrée.*** *☎ 02-41-61-02-41. • beloberge@wanadoo.fr • aubergedelombree.com • (resto). Entre Segré et Pouancé, sur la D775, sortie Bel-Air. Double 62 € ; également des familiales. Menus env 15 € déj en sem, puis 24-40 €.* Cette ancienne gendarmerie cossue du XIXe s a repris du galon depuis sa rénovation pour un résultat final convaincant et efficace. Chambres accueillantes, de différents styles et tailles, avec une déco soignée et personnalisée. Également une table raffinée, dans une salle joliment apprêtée. Parmi les plus qui nous ont séduits, l'accueil réservé aux enfants. De quoi redonner du tonus à ce coin de Segréen.

**Chambres d'hôtes Les Hauts de Brèges :** *M. et Mme Pellier, Hauts des Brèges, 49500* ***Nyoiseau.*** *☎ 02-41-61-39-07. • b.pellier@wanadoo.fr • hauts-de-breges.com • À quelques km au nord de Segré par la D 71. La maison est située à la sortie de Brèges, à gauche après le tennis. Fermé fêtes de fin d'année. Double env 50 € (familiale possible). Table d'hôtes 18 €.* Vieux bâtiment de campagne de type longère, soigneusement retapé, avec pierres apparentes et poutres au plafond. 3 chambres nickel et fort mignonnes y ont été aménagées. Mais la vraie cerise sur le gâteau, c'est l'étang en contrebas de la maison, impeccable pour se ressourcer entre deux balades. Accueil gentil et dynamique.

**Chambres d'hôtes La Saulnerie :** *chez M. et Mme Brousse, La Saulnerie, 49420* ***Pouancé.*** *☎ 02-41-92-62-66. • contact@lasaulnerie.com • lasaulnerie.com • À 800 m du centre, direction Châteaubriant. Double 56 € ; nuitée 16,50 € en gîte d'étape.* La Saulnerie, c'est en réalité un ensemble de jolis bâtiments en pierre, dont un ancien grenier à sel. Il date du XVIIe s, et ses contreforts lui donnent un petit air médiéval. C'est aujourd'hui un gîte d'étape, avec une grande salle commune, une cuisine et une quinzaine de lits répartis en 6 chambres toute simples (douche et w-c sur le palier). Sinon, dans l'ancienne grange, 4 chambres agréables et confortables, avec sanitaires privés. Bon accueil. Piscine. Beau sentier pédestre pour faire le tour des étangs du coin.

**Ferme-auberge-théâtre de l'Herberie :** *49420* ***Pouancé.*** *☎ 02-41-92-62-82. • fermedelherberie@orange.fr • ferme-herberie.com • Fléché à la sortie de Pouancé en direction de Châteaubriant. Slt sur résa. Menus 15-27 €, plus le spectacle. Apéritif maison offert sur présentation de ce guide.* Dans un petit coin de campagne, cette ferme-auberge-théâtre organise des repas-spectacle très conviviaux. Demander le programme et vous aurez le fin mot de l'histoire, tout en dégustant des menus familiaux, utilisant principalement des produits de la ferme : de bonnes volailles, des agneaux et des légumes du potager. En prime, des activités équestres, notamment pour les personnes handicapées.

## Chic

***Chambres d'hôtes La Grange du Plessis :*** *4, pl. de l'Église, 49500* ***Saint-Aubin-du-Pavoil.*** *☎ 02-41-92-85-03. • domainevitton@wanadoo.fr • le-plessis.com • À 3 km au nord de Segré. Derrière le presbytère du XVIIe s. Double 74 €. Table d'hôtes 27 €, boissons comprises.* Dans un village paisible, une belle maison de caractère flanquée d'une ancienne grange restaurée dans le respect des traditions : pierre apparente, poutres, tomettes, et même des portes hors d'âge. C'est ici qu'on a aménagé 4 chambres coquettes, de très bon confort. Petit déj servi dans le jardin. Excellent accueil, disponible et tout sourire.

# À voir. À faire

***Segré*** *(49500)* **:** la capitale de l'Anjou bleu. Architecture essentiellement du XIXe s, tout comme l'église Sainte-Madeleine, avec son grand dôme et son orgue conçu par Aristide Cavaillé-Coll. Parcours pédestre « De Secretum à Segré » disponible dans les offices de tourisme.

***Le château de Challain-la-Potherie*** *(49440) : visite slt pour les groupes.* L'un des plus étonnants châteaux de style « troubadour », œuvre de l'architecte Hodé au XIXe s. Monumentale façade sortie d'un conte de fées.

***La Mine bleue :*** *la Gatelière, 49520* ***Noyant-la-Gravoyère.*** *☎ 02-41-94-39-69. • laminebleue.com • À 13 km à l'ouest de Segré. Avr-oct, w-e et j. fériés 10h-19h ; juil-août, tlj 10h-19h ; oct, slt le w-e 10h-19h. Compter 3h. Entrée : 15 € ; réduc. Prévoir une petite laine (13°C en fond de mine). Restauration sur place à la Cantine du Mineur.*

– ***En surface,*** on aborde la vie quotidienne du site à l'époque des grandes heures de l'exploitation en parcourant un parc arboré. L'usage des blocs d'ardoise et l'incontournable démonstration de fente d'ardoise à l'ancienne sont au programme. De quoi replonger dans les années 1930 et profiter ainsi des jeux d'antan, de l'espace d'animation « un dimanche de mineur » et de la butte des fendeurs (espace scénographié en extérieur présentant des reconstitutions du paysage ouvrier des années 1930).

– ***Dans la mine :*** l'émotion à 126 m sous terre avec la descente dans les profondeurs de la mine. On découvre avec un guide les chambres d'extraction, les galeries dans un décor étonnant où sont présentés la vie du mineur, son travail, les techniques d'extraction de l'ardoise...

***Les anciennes mines de fer de Bois II :*** *49500* ***Nyoiseau.*** *☎ 02-41-61-30-34. • centrale7.net • De mi-mai à mi-oct, sur rdv et ouv ts les dim ap-m en août.* Une autre spécificité industrielle de la région : l'exploitation du minerai de fer (ce fut l'un des plus grands sites miniers de l'Ouest). Un collectif d'artistes, « Centrale 7 », s'est installé dans les bâtiments de ces anciennes mines (peintres, sculpteurs, plasticiens, illustrateurs, céramistes...).

**La Petite Couère :** *49500* ***Nyoiseau.*** *☎ 02-41-61-06-31. • lapetitecouere.fr • Situé entre Châtelais et Nyoiseau (sur la D 71, au nord-ouest de Segré). De mi-mars à mi-avr et de mi-sept à fin oct, dim, ponts et j. fériés 10h-19h ; de mi-avr à mi-sept, tlj sf lun, 10h-19h (tlj juil-août). Entrée : 13,50 € ; enfant 6,50 € ; réduc.* À la fois ferme, parc animalier, musée et habile reconstitution du monde rural d'antan, ce site hors norme, déployé sur un superbe domaine de 82 ha, est un incontournable dans son genre. Prévoir la glacière et le pique-nique (sinon, petite restauration sur place). Car il faut du temps pour parcourir à pied ou en petit train les vastes enclos et les volières où se baladent quelque 500 animaux (daims, chèvres, baudets...), avant de chercher la perle rare dans l'un des musées qui jalonnent le site (vieux tracteurs, voitures anciennes et hippomobiles, insolite collection de lessiveuses), et enfin de s'émerveiller en découvrant l'adorable village 1900 organisé autour des halles.
Seuls certains bâtiments sont d'origine, mais tous sont meublés avec des objets authentiques : les manèges anciens, l'école, l'épicerie et l'inévitable estaminet (avec l'ancêtre du juke-box, de l'absinthe au comptoir...), mais aussi la mairie avec la machine à écrire par pantographe, la saboterie industrielle, le coiffeur-barbier, la petite chapelle avec son curé, le minimusée d'objets insolites. Une merveille, surtout pour les enfants.

***Le château médiéval de Pouancé*** *(49420) : se renseigner auprès de l'office de tourisme de l'Anjou bleu, bureau de Pouancé (☎ 02-41-92-45-86). Visite guidée slt : de mi-juin à mi-sept, mar, jeu et sam à 15h. Tarif : 4 € ; réduc ; forfait famille.* Imposante forteresse des XIIIe et XVe s, considérée comme la deuxième de l'Anjou par sa taille après le château d'Angers. Caponnières, salles basses et vestiges de remparts et de tours rappellent les nombreux combats qui opposèrent Anglais et Français pendant la guerre de Cent Ans.
➢ Pour rester dans l'ambiance, belle balade dans les ***rues médiévales*** de la ville, classée « Station verte ».

– À proximité, ***base de loisirs de l'étang Saint-Aubin*** avec plage et location d'embarcations à pédales.

# DE SEGRÉ AU LION-D'ANGERS

## Où dormir ? Où manger ?

### Camping

***Aire naturelle de camping :*** *au bourg, 49220* ***Chenillé-Changé.*** *☎ 02-41-95-10-24. • mairie.chenille-change@wanadoo.fr • chenille-change.com • Accès par la D 775 et la D 290. 1er mai-31 oct. Compter 4,50 € pour 2 (jeton douche en plus). 20 empl.* Au cœur d'un « village de charme », un camping minuscule au confort basique mais à l'attrait indéniable, sur un site ombragé en bordure de la Mayenne. Infos au « Petit Café » qui fait également épicerie et bar-resto.

### Prix moyens

***Le Pigeon Blanc :*** *13, rue de l'Église, 49220* ***Vern-d'Anjou.*** *☎ 02-41-61-41-25. • contact@lepigeonblanc.com • Entrée par le parking (rue de l'Église). Fermé dim soir, mar et mer. Congés : de mi-janv à mi-fév et 2 sem en juil-août. Menus 21-44 €.* Pigeon voyageur, le jeune chef a côtoyé les étoiles avant de revenir au pays et redonner du peps à cet établissement familial, au cœur du Segréen. Il fallait oser ! Là où l'on venait au bal dans les années 1960, on s'installe désormais dans une salle moderne et lumineuse qui détonne par rapport au reste du bâtiment. La cuisine traditionnelle est revue au gré des expériences du monde du chef, avec un attrait pour les saveurs orientales et un goût poussé du détail. À déguster accompagné des vins adéquats, conseillés par sa femme, sommelière.

**Le Domaine du Moulin (Roulottes et cottages du Moulin, restaurant La Table du Meunier) :** *le Moulin, 49220* **Chenillé-Changé.** *☎ 02-41-95-14-23. • reservation@restaurant-meunier.com • domainemoulin.com • À une dizaine de km au nord du Lion-d'Angers, par la D 187. Compter 75-162 €/nuitée selon période, en roulotte ou cottage 2-4 pers. Resto* La Table du meunier *ouv tlj de mi-juin à mi-sept ; mars et nov-déc, fermé dim soir-mer ; d'avr à mi-juin et de mi-sept à début nov, fermé lun soir-mer ; 2de quinzaine de fév, ouv slt sam et dim midi. Congés : de janv à mi-fév. Résa conseillée. Menus 16,50-19,90 € déj en sem, puis 27-45 €. Une coupe de crémant offerte au resto sur présentation de ce guide et 1h de spa offerte pour 2 adultes/hébergement.* Cadre bucolique à souhait pour ce complexe comprenant des roulottes et cottages pimpants avec kitchenette, en bord de rivière (piscine couverte et chauffée). Également une belle auberge-restaurant installée dans un ancien moulin à huile et servant une cuisine de terroir. Le tout dans un petit « village de charme », idéal pour se poser un peu, au bord de la Mayenne.

## Chic

**Chambres d'hôtes du Manoir du Bois de Grez :** *route de Sceaux, 49220* **Grez-Neuville.** *☎ 02-41-18-00-09. • cesbron.boisgrez@wanadoo.fr • boisdegrez.com • À la sortie du bourg, direction Sceaux. Doubles 85-100 €.* Un très bel endroit. Isolé à la sortie du village, ce manoir du XVe s recouvert de plantes grimpantes profite des joies de la campagne : quiétude et environnement champêtre de rigueur, grâce à son parc de 30 ha où l'on déniche un verger, un étang et des sentiers pour se balader ! Quant aux chambres, très confortables, elles se distinguent par la qualité de l'ameublement et de la décoration thématique. Ajouter à cela un accueil tout à fait charmant.

**La Closerie de la Hérissière :** *chez Soizic et Arnaud Buisard, 49220* **La Jaille-Yvon.** *☎ 09-61-46-90-91. • abuisard@laherissiere.fr • laherissiere.fr • Tt au nord du département, quelques km après Chenillé-Changé. Env 10 km après Le Lion-d'Angers, tourner à droite, direction La Jaille-Yvon (D 189) ; après 3 km, au stop à gauche puis à droite, puis encore à droite dans le chemin de la Basse-Vallée. Compter 70-105 € pour 2, petit déj compris. Réduc de 10 % sur présentation de ce guide.* Pari osé pour cette architecte tombée amoureuse d'un hameau du XVe s qu'elle a retapé entièrement. Résultat : des logements (chambres d'hôtes et gîtes) de tous les styles et toutes les tailles, modulables, ravissants, avec des vues sur la campagne et le village de-ci de-là, alliant le charme de l'ancien au confort moderne. Chauffage respectueux de l'environnement et plein d'activités à proximité (nautiques, vélo, etc.). Un coup de cœur, loin de tout stress.

**Chambres d'hôtes La Croix d'Étain :** *2, rue de l'Écluse, 49220* **Grez-Neuville.** *☎ 02-41-95-68-49. • croix.etain@loire-anjou-accommodation.com • loire-anjou-accommodation.com • Entre l'église et la rivière. Fermé en mars et déc. Doubles 85-100 €. Table d'hôtes 30 €, boissons comprises.* Une poignée de chambres cossues et meublées d'ancien (et papier peint à ramages) dans une charmante maison de maître d'époque Directoire, au milieu d'un petit parc longeant la Mayenne.

# À voir. À faire

**Le château de Raguin :** *49500* **Chazé-sur-Argos.** *☎ 02-41-92-73-19 (syndicat d'initiative de Candé). À quelques km au sud de Segré. De mi-juil à fin août, tlj 14h-18h. Entrée payante.* Château adorable que les amateurs apprécient pour son architecture de charme Renaissance. Un vrai joyau dans son écrin de verdure, où se baladent de nombreux animaux en liberté. Berceau de la famille Du Bellay. Célèbre pour ses « chambres dorées », celle des amours, toutes en camaïeu de beige rehaussé d'or et de pourpre.

**Le château de la Lorie :** *La Lorie, 49500* **La Chapelle-sur-Oudon.** *☎ 02-41-92-10-04. 06-15-28-38-92. • chateaudelalorie.fr • Tt près de Segré. De juil à mi-sept, tlj sf mar, 10h-12h, 14h30-18h. Visites guidées slt (départ ttes les heures). Entrée : 8 € ; réduc.* Magnifique château édifié aux XVIIe et XVIIIe s, au milieu de jardins à la française très soignés. Construction ample et élégante, propre à l'art de vivre de l'époque. Beau salon de marbre, œuvre d'artistes italiens de 1779.

**Chenillé-Changé** *(49220) : à une dizaine de km au nord du Lion-d'Angers.* Coquet « Village de charme » et « Village fleuri » en bord de Mayenne, comme assagi et au calme. Jolie diapo avec les berges verdoyantes, l'église classée, l'ancien moulin à farine encore en exploitation (visite possible), les pénichettes et la petite écluse. Avant l'entrée du bourg sur la droite, voir le *Domaine des Rues,* une ancienne ferme modèle du XIXe s *(☎ 02-41-41-08-41. • domainedesrues.com • ; mar-jeu de mi-avr à mi-oct ; GRATUIT).*

➢ **Promenades au fil de l'eau :** *accès derrière l'église.*
Deux solutions :
– Soit une croisière sur la Mayenne, la Sarthe, la Maine ou l'Oudon avec ***L'Hirondelle*** *(☎ 02-41-95-14-23. • bateau-hirondelle.com •),* un bateau-restaurant spacieux au charme rétro. Croisières commentées de 1h30 avec passage d'écluse et démonstration de halage, repas-croisières et sorties à la journée. Différentes formules avec différentes bases de départ selon un planning prédéfini.
– Soit en louant un bateau habitable sans permis *avec* les ***Canalous-Maine-Anjou Rivières*** *(à la base fluviale de Chenillé. ☎ 02-41-95-10-83. • canalous-plaisance.fr/ • ). De 2 à 12 places, pour 1 à 7 j.* Basé à Chenillé-Changé.

– Plus au nord encore, base nautique et de loisirs ***Anjou Sport Nature*** *à* **La Jaille-Yvon** *(49220). ☎ 02-41-95-14-32 • anjousportnature.com • Avr-sept : w-e, j. fériés et vac scol 10h-19h ; tlj en juil-août* Multiples activités de pleine nature au bord du chemin de halage de la Mayenne : accrobranche, location de canoës, kayaks, *stand-up paddles,* embarcations à pédales, minipéniches, location de vélos, location de VTT, etc.

**La Maison de la rivière :** *cour du Moulin, 49330* **Châteauneuf-sur-Sarthe.** *☎ 02-41-33-91-64. • maisondelariviere.fr • Mai-juin et sept, mar-ven 10h-12h, 14h-17h, sam 10h-12h. Juil-août, mar-sam 10h-12h et 14h-18h, dim et j. fériés 10h-12h30. Entrée : 5,50 € ; réduc ; forfait famille.* L'histoire des mariniers, de la navigation et des activités liées aux rivières du bassin de la Maine (Oudon, Mayenne, Sarthe et Loir) à travers les siècles. Visite ludique avec maquettes, vidéos, etc.

➢ Également des ***promenades en bateau*** (50 personnes) sur la Sarthe avec *le Gabarot la Gogane (☎ 02-41-33-91-64 ; 06-51-44-92-10).* Moteur électrique pour favoriser l'observation dans les basses vallées angevines.

**Le Haras national :** *49220* **Le Lion-d'Angers.** *☎ 02-41-18-05-05. • lelion-hn.com • Au parc de l'Isle-Briand (panneaux). Plusieurs formules de visite : guidée à pied, promenade en calèche ou formule combinée : infos à l'office de tourisme.* Présentent l'histoire des Haras nationaux, le domaine de l'Isle-Briand et les différentes activités du haras : reproduction, variété des races, attelages, sellerie et forge. Beau parc de 160 ha.

– **Le Mondial du Lion :** *3[e] w-e d'oct. ☎ 02-41-95-86-51. • mondialdulion.com •* Concours complet international de dressage, cross, sauts d'obstacles. D'autres courses tout au long de l'année.

**Grez-Neuville** *(49220) : à 3,5 km au sud-est du Lion-d'Angers, en marge de la N 162.* Petit « Village de Charme », tranquille au bord de la Mayenne et possédant une jolie base fluviale. Entre la Mayenne et la Sarthe, 270 km de rivières navigables !

■ **Anjou Navigation :** ☎ *02-43-95-14-42.* ● *anjou-navigation.fr* ● *Loue des bateaux sans permis de 2 à 12 places, pour 1 à 7 j.* Départ de Sablé-sur-Sarthe également.

**Pruillé** *(49220) : entre Grez-Neuville et La Membrolle-sur-Longuenée, en marge de la D 775.* Une halte agréable pour se restaurer dans une guinguette au bord de l'eau *(**La Maison du Passeur,** ☎ 02-41-33-95-01)* et traverser la Mayenne grâce à un bac, *Le Trait d'Union.* Accessible aux vélos et voitures (sur résa, appeler le passeur sur son portable). Également un camping bien au calme, tout indiqué pour les pêcheurs et la location de bateaux électriques sans permis ou d'embarcations à pédales *(☎ 02-41-32-67-29).*

## PAS LOIN D'ANGERS

***Le château du Plessis-Macé** (49770) : ☎ 02-41-32-67-93.* ● *chateau-plessis-mace.fr* ● *Au sud de Grez-Neuville, en marge de la D 775. Vac de Pâques-mai et sept-vac de la Toussaint, mer et sam-dim 13h30-18h ; juil-août, tlj 10h30-18h30 ; dernière visite 1h avt la fermeture. Fermé en juin. Entrée : env 7 € ; réduc. Également des visites théâtralisées et des soirées nocturnes mer en août.*
Superbe château du XVe s, construit sur un site très convoité : au XIe s s'y trouvait un donjon à motte, remplacé au XIIIe s par une forteresse. Esthétiquement, cette troisième version est plus proche du manoir, malgré un impressionnant système défensif (douves et remparts) qui trompe son monde dans un premier temps. Mais arrivé dans la cour d'honneur, on change de registre : particulièrement remarquable, le corps principal en angle obtus a tout du logis de plaisance. Belle alliance du schiste et du tuffeau pour les angles et encadrements de fenêtres. Un élégant balcon en tuffeau sculpté du XVe s (intact, il n'a jamais été restauré !), d'où les dames pouvaient assister aux tournois, surmonte la porte ogivale. Charles VII, Louis XI, François Ier (qui y signa une partie des traités concernant le rattachement de la Bretagne à la France) et Henri IV honorèrent le château de leur séjour, ainsi que la famille de Joachim Du Bellay (qui en fut propriétaire). Toutes les pièces sont meublées. Chapelle de 1460 avec tribune en bois gothique flamboyant, l'une des dernières de France. Vitrail signé Mercier, affichiste célèbre ayant vécu près d'Angers.
– Communs aménagés en salles de réception et d'exposition à louer.
Le Plessis-Macé offre souvent son cadre pour la représentation de pièces lors du Festival d'Anjou *(3-4 sem de mi-juin à début juil)* et du festival de théâtre amateur *Très Tôt en Scène* *(3 sem de mi-mars à début avr).* À ne pas manquer.

***Le château du Plessis-Bourré :** 49460 **Écuillé.** ☎ 02-41-32-06-72.* ● *plessis-bourre.com* ● *(slt au rdc). À 15 km au nord d'Angers, quelques km après Écuillé, en pleine campagne. Juil-août, tlj 10h-12h, 14h-18h (non-stop 1re quinzaine d'août) ; avr-juin et sept, tlj sf jeu mat et mer 10h-12h, 14h-18h ; fév-mars et oct-nov, tlj sf mer 14h-18h. Fermé déc-janv. Entrée château + parc : 10 € ; réduc. Visite guidée slt (1h), à des horaires précis. Parc seul : 5 € avec possibilité de pique-niquer.*
Un des plus beaux châteaux d'Anjou, entièrement meublé et encore habité. Édifié en 1468 par Jean Bourré, ministre des Finances de Louis XI (féru aussi d'alchimie), en un temps record de 5 ans. Architecture de transition entre la forteresse (chemin de ronde, donjon, tours rondes, douves en eau, deux ponts-levis) et les logis de style Renaissance.
Belle façade de la cour intérieure avec fenêtres à meneaux et fines lucarnes. Remarquables appartements, notamment la salle des gardes avec un extraordinaire plafond à caissons aux symboles alchimiques que l'on cherche aujourd'hui encore à interpréter. Scènes grivoises du XVe s, restées intactes. Ne pas rater la fontaine où Vénus projette de l'eau par son sexe. Chambre seigneuriale au

luxueux mobilier, grand salon, salle du Parlement aux voûtes angevines en tuffeau avec nervures prismatiques, bibliothèque, chapelle, etc. La visite se révèle passionnante...

# LE BAUGEOIS

**C'est le nord-est de l'Anjou et une partie de la vallée du Loir (voir le descriptif dans la Sarthe), une alternance de petits villages paisibles (comme par exemple Bocé, classé « Village de Charme »), de forêts (Chandelais et Chambiers) ou de landes qui en font une région propice aux activités sportives en tout genre : randonnées, vélo, cheval... Une agréable voie verte d'une quarantaine de kilomètres permet de rallier Le Lude, via La Flèche, en empruntant une piste sécurisée au départ de Longué-Jumelles. Quant aux pêcheurs, ils se retrouvent au moulin de Hubeau à Saint-Martin-d'Arcé. Pas d'esbroufe dans cette microrégion discrète, où l'on découvre, au hasard de nos pérégrinations, d'étranges clochers vrillés ou tors, une rare production artisanale de terres cuites aux Rairies, un sympathique festival d'opéra aux accents british, l'une des plus belles apothicaireries de France...**

## BAUGÉ-EN-ANJOU

(49150) 6 400 hab. *Carte Maine-et-Loire, D2*

**Cette « Petite Cité de caractère », capitale du Baugeois, fut fondée au XIe s par Foulques Nerra, aux confins de l'Anjou, de la Touraine et de la Sarthe. À visiter pour son intéressant château fondé par le roi René d'Anjou et son intéressant patrimoine historique. Noter que cette commune existe depuis le... 1er janvier 2013, date à laquelle elle a fusionné avec quatre communes environnantes et est devenue « en-Anjou ».**

### Spectacle et manifestation dans la région

– ***Rouget le Braconnier :*** *à **Daumeray,** à 9 km de Durtal. ☎ 02-41-32-51-72. Sur résa.* Spectacle-fleuve de 5h perpétuant la mémoire d'un héros local du XIXe s, écrit, réalisé et joué par les habitants du village (150 comédiens en tout) dans un théâtre de campagne !

– ***Opéra de Baugé :*** *2 sem fin juil-début août, à Baugé. ☎ 09-62-31-79-26. • operadebauge.org •* Un festival d'opéra de grande qualité, organisé par des Anglais installés ici. Original et bien british : durant l'entracte de 1h30, les spectateurs prennent leur pique-nique !

### Adresse et info utiles

ℹ ***Office de tourisme :*** *pl. de l'Europe, BP 30056 ; dans le château. ☎ 02-41-89-18-07. • tourisme-bauge.com • De mi-juin à mi-sept, tlj 10h-12h30, 13h30-18h30 (18h ven) ; de mi-sept à mi-juin, lun-sam.* Infos sur les activités sportives dans la région : fermes équestres, parc d'attractions à Échemiré ou accrobranche à Brion, pêche à la truite, voie verte entre Baugé et le Lude, golfs... Également location de vélos.

– **Marchés :** *lun 13h-18h et sam 8h-13h.*



## Où dormir ? Où manger ?

☗ ***Maison d'hôtes Villa Saint-Nicolas :*** *Jeannette Kronneberg, 16, rue Guérin-des-Fontaines. ☎ 02-41-89-02-25. • villa-saint-nicolas-bauge.fr • Direction Vieil-Baugé, sur la droite après le seul feu de la ville. Fermé de mi-déc à mi-fév. Double env 100 € ; également une suite 3 pers. Gîte 2-4 pers.* L'accueillante propriétaire aime redonner vie à des demeures de charme. Cette fois-ci, elle a posé ses valises dans cet élégant manoir du XVIe s, agrémenté d'une tourelle et de jardins en terrasse. 2 chambres (une très vaste, l'autre avec entrée indépendante), et une d'appoint entre les deux. Le mobilier et la déco sont pleins de raffinement et l'ambiance empreinte d'une véritable authenticité.

☗ |●| ***Ô Prestige :*** *4, rue du Cygne. ☎ 02-41-89-82-12. • hotel-restaurant@oprestige.com • oprestige.com • Dans une petite rue derrière le château. Tlj sf sam midi, dim soir et lun. Congés : 2 sem début janv et 2 sem fin août. Doubles 67-100 €. Menus 18 € déj mar-ven, puis 29-85 €. Café offert sur présentation de ce guide.* Depuis qu'un jeune couple de Baugeois a repris en main ce vénérable établissement, la dizaine de chambres confortables et modernes a subi une cure de jouvence, chacune avec son thème : pop, romantique, baroque... Côté resto, toute l'expérience acquise auprès de grands noms s'exprime dans une cuisine fraîche, parfois relevée, souvent inventive. Parmi les spécialités de la maison, les rognons à la baugeoise. Le menu du marché, le midi en semaine, s'avère une belle affaire, verre de vin compris.

## Où dormir ? Où manger dans la région ?

### Camping

⛺ ☗ ***Camping Les Portes de l'Anjou :*** *9, rue du Camping, 49430* ***Durtal.*** *☎ 02-41-76-31-80. • lesportesdelanjou@camp-in-ouest.com • lesportesdelanjou.com • Accès par l'A 11, sortie 11. De début avr à mi-oct. Tentes 11,80-14,80 € selon saison. Hébergement locatif 240-725 €/sem. 125 empl. Réduc de 5 % sur l'ensemble du séjour pour tt séjour de 2 sem consécutives en locatif.* Au bord du Loir (où, comme chacun sait, on dort très bien). Emplacements bien ombragés, en partie délimités par des haies, et une ambiance bon enfant qui convient bien aux familles. Également un gîte, des bungalows, des mobile homes. Location de canoës. Piscine.

### De prix moyens à chic

☗ ***Chambres d'hôtes Le Moulin de Laveau :*** *49250* ***Fontaine-Guérin.*** *☎ 02-41-57-13-18. 📱 06-70-35-23-81. • moulindelaveau@orange.fr • moulindelaveau.com • À env 10 km au sud-ouest de Baugé. À la sortie de Fontaine-Guérin vers Saint-Georges-du-Bois (D 211), tourner à gauche après l'étang et faire env 3 km, puis c'est indiqué. Doubles 68-75 €.* Pas facile à trouver, mais des adresses comme celle-ci, ça se mérite. Cet ancien moulin à eau sur le Couasnon est absolument ravissant, et les chambres (dont la plus chère avec terrasse) sont jolies comme tout. Déco ancienne et vue sur les nénuphars pour tout le monde, notamment depuis la salle à manger carrément perchée au-dessus de l'eau. Prêt de vélos, balades... Bref, repos garanti (la maison est isolée sur un terrain de 8 ha).

☗ |●| ***Chambres d'hôtes Le Chant d'Oiseau :*** *chez Jannick et Jean-Pierre Gallet, Les Rues, 49150* ***Bocé.*** *☎ 02-41-82-73-14. • jjp.gallet@orange.fr • À 5 km au sud de Baugé, par la D 938 vers Longué, puis la D 458 à gauche. Congés : fév. Double 57 € ;*

*également une familiale. Table d'hôtes sur résa env 21 €.* Un petit jardin paysager, une jolie maison de caractère, une grange très bien restaurée avec une belle poutre et une baie vitrée, et le tour est joué. Vous voici à la campagne, avec le chant des oiseaux, chez Jannick et Jean-Pierre. Ils vous accueillent dans 3 chambres agréables, dont une familiale pour 4 personnes avec mezzanine. Possibilité d'utiliser la kitchenette. Spa. Accueil sympathique.

## Très chic

**Le Château de Chambiers :** *route de Jarzé, 49430* ***Durtal.*** *☎ 02-41-76-07-31. • info@chateauchambiers.com • chateauchambiers.com • À 2,5 km au sud de Durtal, sur la D 59 (direction Les Rairies, puis Jarzé sur la droite). Doubles à partir de 130-170 € selon saison et confort.* Lové dans la forêt baugeoise, ce très beau château familial du XVIII^e^ s compte plusieurs chambres luxueuses et salons comme on les imagine, décorés avec raffinement, non sans une pointe d'humour. Un aïeul fut compagnon de voyage de Pierre Loti, et l'exotisme se retrouve dans l'ambiance générale. Une confidence, on aime surtout la suite dans le « Pavillon de France » avec une véranda en guise de salle de bains. Également un appartement dans l'orangerie et la maison du jardinier aménagée pour 7 personnes, au milieu des jardins à la française. Une adresse de charme et conviviale.

**Les Longchamps :** *rue des Longchamps, 49680* ***Neuillé.*** *☎ 02-41-51-67-18. 06-81-59-20-46. • info@leslongchamps.com • leslongchamps.com • À env 5 km au sud de Longué-Jumelles, en marge de la D 347 et à 5 km de la sortie « Saumur » de l'A 85. Doubles 100-140 € selon saison et standing.* On accède à cette imposante maison de maître des XIX^e^ et XX^e^ s par une allée plantée de tilleuls. Le ton est donné ! Au choix : 2 chambres d'hôtes, dont une suite pour 4 personnes, ainsi qu'un appartement pour 4 et un gîte pour 4-5 personnes. Calme et confort assurés, dans un parc de 10 ha avec piscine (non chauffée). Accueille chevaux et cavaliers.

# À voir

On peut visiter le château ainsi que l'hôtel-Dieu (et son apothicairerie) séparément, ou profiter d'un billet duo *(11 € ; billet famille ; réduc sur présentation de ce guide).*

**Le château :** *pl. de l'Europe. ☎ 02-41-84-00-74. • chateau-bauge.fr • Vac scol de fév, mer-dim 14h-18h ; de mi-avr à mi-juin et sept-oct, tlj 14h-18h ; de mi-juin à fin août, tlj 10h-12h30, 13h30-18h dernière entrée à 17h30. Prévoir 1h. Entrée : env 7 € ; billet familial et réduc, y compris sur présentation de ce guide ; gratuit jusqu'à 6 ans.*

Ce château pré-Renaissance a fort belle allure. On peut en visiter une partie en suivant une visite semi-guidée dédiée au roi René, qui le fit construire pour en faire son relais de chasse. À l'aide des dernières techniques multimédia (par le concepteur du Mémorial de Caen), on découvre le quotidien de l'Angevin le plus connu, plus doué de la plume que de l'épée. Peu de mobilier, pas de vitrines, mais de nombreux panneaux thématiques : contexte politique, la vie à la cour, une chambre à coucher et un oratoire reconstitués... Quelques mises au point historiques également pour rappeler que le centre de l'Europe fut... l'Anjou. Et sur la lancée, admirer le majestueux chevalier harnaché jusqu'aux dents. Sur le plan architectural : festival de saillants, cheminées et lucarnes. Superbe escalier à vis, avec voûte dite « en palmier ».

**L'hôtel-Dieu et son apothicairerie :** *à 5 mn à pied du château. Mêmes horaires que le château (dernière visite 17h). Entrée : 7 € ; réduc ; gratuit jusqu'à 6 ans. Visite guidée slt (1h).*

On vient de loin pour admirer l'apothicairerie de Baugé, qui compte parmi les plus belles de France. L'ambiance est presque confidentielle dans cette pièce

tout en boiseries séculaires, aux rayonnages encombrés d'une impressionnante collection de plus de 600 récipients (notamment 60 verreries très rares). Certains contiennent toujours de drôles de mixtures, dont les noms sorciers sonnent étrangement à nos oreilles : huile de lombric, poudre de cloporte, bitume de Judée... Une boîte contient même trois doigts humains momifiés ! Au sol, parqueterie en hommage au Roi-Soleil. Bref, c'est un vrai chef-d'œuvre. Mais il ne faut pas pour autant négliger le reste de la visite, captivante, qui entraîne les visiteurs dans les entrailles de l'hôtel-Dieu. La salle du chapitre, le réfectoire ou la salle des malades sont autant de prétextes pour aborder la pharmacopée et la pratique de la médecine aux XVII^e^ et XVIII^e^ s, et la vie des sœurs dans ce type d'établissement. Parmi les objets exposés, remarquer le vieux registre des préparations. Astucieux : les témoignages des malades sont imprimés sur les draps des lits à baldaquin.
Dans la chapelle baroque attenante, voir le retable en bois doré et la galerie de portraits de la famille d'Anne de Melun, la donatrice du bâtiment en 1650.
Également un jardin de plantes médicinales aménagé dans le cloître du couvent.

🥾 ***La croix d'Anjou :*** *dans la chapelle de la Girouardière. ☎ 02-41-89-75-49. Sonner au nº 8, une religieuse viendra ouvrir. Tlj sf mar et j. de fête religieuse, 14h15-16h30. GRATUIT.* Croix magnifique, fabriquée semble-t-il à partir de morceaux de la Vraie Croix (celle de la Crucifixion) et décorée d'or et de pierreries du XIV^e^ s par les orfèvres du roi Charles V.

### UNE CROIX PEUT EN CACHER UNE AUTRE

*Le roi René fit de la croix à double traverse le symbole de l'Anjou, au XV^e^ s. Après son mariage avec Isabelle de Lorraine, elle devint également croix de Lorraine. Sur proposition de l'amiral Muselier, qui était lorrain, cette croix devint le symbole de la France libre en 1940. Elle fut choisie comme motif pour le mémorial du général de Gaulle à Colombey-les-Deux-Églises en 1972.*

🥾 ***Les maisons anciennes :*** *suivre le parcours découverte « Les Pas bleus », jalonné de 16 pupitres. Demander le plan de visite à l'office de tourisme (circuit de 1h30).* Rue de l'Église, tout au début, belle tour d'angle du XV^e^ s. Plus haut, église Saint-Pierre-Saint-Laurent (XVI^e^-XVII^e^ s). Dans l'impasse Notre-Dame, demeure de 1619 avec nom du proprio. Place de la Croix-Orée, maisons de nobles. La « Pierre Grise » possède de curieuses tourelles et encorbellement « en cornet de glace ».

## DANS LES ENVIRONS DE BAUGÉ

🥾🥾 ***Les clochers tors :*** le Baugeois compte la plus importante collection de clochers tors de France (six en tout !). Celui de l'***église Saint-Symphorien du Vieil-Baugé*** (XI^e^ et XII^e^ s), un « village de charme » au sud-ouest de Baugé, est penché, tel un chapeau de sorcière ; assez incroyable ! Vue pittoresque sur le chevet et le clocher d'une ruelle derrière. Sur la D 766, à 9 km à l'ouest de Baugé, voir l'***église de Jarzé,*** avec chœur du XV^e^ s et fresques murales du XVI^e^ s (prophètes porteurs de citations bibliques). Réalisme original des scènes. À 7 km de Baugé, sur la route de Beaufort-en-Vallée, l'***église de Fontaine-Guérin*** (XI^e^ s) abrite une nef à voûte lambrissée et peinte. À l'est (4 km), voir le porche roman tout usé de l'***église de Pontigné*** (XII^e^ s), avec frise de masques au-dessus. Jolies peintures murales des XIII^e^ et XV^e^ s, et deux statues mises au jour lors de travaux de restauration. Pour la petite histoire, la ville héberge un important centre d'Esperanto, dans le château de Grésillon. L'***église de Mouliherne,*** à 10 km au sud-est (XII^e^ s), se distingue par sa façade-mur à pignon en escalier. À l'intérieur, festival de voûtes, d'ogives et de chapiteaux. Derrière l'autel, une petite surprise : trois sarcophages carolingiens bien conservés. Enfin, pour clore le tour, au nord de Baugé, l'***église de Fougeré***

(XIIe s) et son chœur, classé Monument historique, de style Plantagenêt. Très belle charpente : lambris peints en 1564, peintures reprises en 1871.

***Le musée d'Art sacré et Métiers d'art :*** *dans la tour-clocher de l'église de* ***Cheviré-le-Rouge.*** *☎ 02-41-82-67-53 ou 02-41-82-18-21. • patrimoine-chevi relerouge.fr • Fin juin-fin sept, w-e 14h-18h. Entrée : 3 €.* Exposition de vêtements et ornements liturgiques. Bel ensemble de broderies au fil d'or, dentelles, broderies de soie...

***Le manoir de Clairefontaine :*** *Clairefontaine, 49150* ***Le Vieil-Baugé.*** *06-07-17-46-32. • manoirdeclairefontaine.com • Juil-août, tlj sf sam non fériés, 13h-19h. Tarif : 5,50 € ; réduc ; gratuit moins de 10 ans. Groupes sur résa tte l'année.* Le Baugeois recèle quelques trésors cachés, dont cette ancienne grange cistercienne des XIIe-XIVe s qui fut transformée en manoir de plaisance au début du XVe s. Si l'extérieur du bâtiment peut paraître surprenant au premier abord, l'intérieur se révèle superbement meublé, tout y est d'époque. Ce Monument historique est situé au milieu d'un immense parc paysager et fleuri, avec des étangs et de nombreux animaux domestiques. Les enfants font la visite costumés en chevalier ou princesse. Pique-nique possible.

***Le musée Jules-Desbois :*** *49390* ***Parçay-les-Pins.*** *☎ 02-41-82-28-80. À env 20 km au sud-est de Baugé. D'avr à mi-juin et de mi-sept à début nov, w-e et j. fériés 14h30-18h ; de mi-juin à mi-sept, mar-dim 11h-13h, 14h30-18h. Entrée : 5 € ; réduc ; gratuit moins de 18 ans.* En face de la maison natale du sculpteur Jules Desbois, ami de Rodin, expo d'une centaine de ses œuvres. Bronze, étain, marbre, plâtre ou encore terres cuites célèbrent le corps avec beaucoup de sensualité. Vous y verrez aussi la célèbre *Léda,* en marbre, exécutée en 1891.

**Le château de Breil-de-Foin :** *Breil-de-Foin, 49490* **Genneteil.** *☎ 02-41-82-25-13. Au sud de Chigné (sur la D 79). 14 juil-31 août, tlj 15h30-18h30. Entrée : 10 €, parc compris ; réduc ; gratuit moins de 13 ans. Réduc sur présentation de ce guide.* Cette imposante demeure, dans la même famille depuis 1730 et toujours habitée, fut la propriété de Françoise de Maridor (nom d'artiste, Diane de Méridor, pour Alexandre Dumas !), la célèbre Dame de Montsoreau. Le château aux allures de manoir (XIe-XVIIe s) abrite un escalier en bois Henri IV, monumental comparé à la taille de l'édifice. Visite riche en anecdotes et une multitude d'objets ou meubles étonnants, comme cette lettre signée de la main de Louis XIV ou encore une bulle papale de 1526. Alentour, joli parc botanique.

***L'atelier de soldats de plomb :*** *CBG Mignot, route de Bourgueil, Les Loges, 49390* ***La Breille-les-Pins.*** *☎ 02-41-38-79-77. • cbgmignot.com • Au nord d'Allonnes par la D 155, dans un hameau 3 km après La Breille-les-Pins, direction Courléon. Lun-ven sf fériés, 9h-12h, 13h30-16h30. Visite libre. GRATUIT.* Fondé en 1785 à Paris, l'atelier a pris ses quartiers dans ce hameau en 1994 après avoir été racheté. Mais rien, ou presque, n'a changé dans les techniques chez le dernier fabricant de figurines de plomb (en fait, un alliage) en France : soldats, véhicules, animaux, décors, personnages en tout genre, etc. On peut jeter un coup d'œil à l'atelier (on voit les peintres au travail, si on tombe le bon jour), et découvrir la collection complète de la maison (plus de 4 500 pièces différentes disponibles). L'histoire de France et de la société française, des champs de bataille au cirque Grüss au grand complet, à l'échelle des Lilliputiens. Insolite et amusant, pour petits et grands.

***Le château de Durtal*** *(49430) : ☎ 02-41-69-92-60. 06-11-21-52-76. • chateau-durtal.com • Visite guidée slt (6 départs/j.) : Pâques-mai et fin sept-Toussaint, w-e et j. fériés ; de juin au 3e w-e de sept, tlj. Entrée : à partir de 6 € ; réduc.* Château édifié au XIe s par Geoffroy Martel, comte d'Anjou, pour surveiller le passage du Loir. Remarquable synthèse architecturale des constructions monumentales en Val de Loire, il reçut Henri II, Charles IX et Catherine de Médicis. L'aile du XVe s est flanquée de tours rondes à mâchicoulis et à toit en poivrière. Vue panoramique. Le château se visite pour les cachots, le chemin de ronde, la galerie des peintures Renaissance et la deuxième plus grande cheminée de France.

**Ateliers de terres cuites Le Croc :** *Yvon Cailleau, rue du Croc, BP 9, 49430* ***Les Rairies.*** *☎ 02-41-76-32-09. • cailleau.fr • À quelques km au sud de Durtal (D 138). Lun-ven 9h-12h, 14h-17h. Visite libre ou guidée à partir de 5 pers sur rdv (3-5 €/pers).* Dans ce village dévolu depuis le XVe s à la briqueterie, deux sites à voir chez les Cailleau : l'usine même, avec ses séchoirs traditionnels et ses fours d'un autre temps, et le très bel atelier *Le Croc,* classé Monument historique, où l'on peut assister à des démonstrations en saison. Tout est resté très artisanal et familial, avec des rendements réduits.

**Le jardin du château de Gastine :** *à* ***Fougeré*** *(49150). ☎ 08-99-10-26-78. • jardinspaysdelaloire.fr • À une dizaine de km au sud-est de Durtal (D 138), après Les Rairies. 14 juil-31 août, tlj sf mar, 13h-19h. Entrée : 5 €.* Ce château des XVIe et XVIIIe s est entouré de plusieurs jardins, douves, étangs et fontaines. Le jardin, pour partie à la française, fut créé dans les années 1990 : buis, lavande, roses, ifs, haies de charmilles... Une bien agréable promenade bucolique.

# LA VENDÉE

## ABC DE LA VENDÉE

- *Superficie :* 6 720 km$^2$.
- *Préfecture :* La Roche-sur-Yon (53 000 hab.).
- *Villes principales :* Les Sables-d'Olonne, Fontenay-le-Comte, Challans et Les Herbiers.
- *Population :* 607 000 hab.
- *Point culminant :* le mont Mercure (290 m).
- *Signes particuliers :* 1 entreprise pour 17 hab. ; 1 000 km de pistes cyclables ; 2 îles (Yeu et Noirmoutier) ; 7 Petites Cités de caractère.

**Pour beaucoup, le nom de Vendée évoque, en dehors du souvenir des premiers bains de mer et des joyeuses colonies de vacances, une histoire forcément mouvementée et tragique. Les guerres de Vendée ne concernaient pourtant que la moitié nord du département (ainsi qu'une partie des trois départements voisins). Évidemment, la Vendée a bien d'autres facettes ! Il faut prendre la peine de découvrir ses richesses et sa diversité. Diversité dans le paysage : les Marais (breton ou poitevin), les bocages, les longues côtes sablonneuses et les petits villages de pêcheurs qui côtoient les stations balnéaires. Sans oublier les îles, qui se révèlent un exil paradisiaque. Diversité du patrimoine : une kyrielle d'églises romanes, de châteaux forts et, à chaque détour de chemin, de calvaires. Diversité des patois, dont vous entendrez à coup sûr des expressions savoureuses resurgir au gré de conversations.**

**Quant à la cuisine régionale, pas besoin d'en connaître un rayon pour la trouver succulente. Si on y ajoute un climat particulièrement agréable, avec le même nombre d'heures d'ensoleillement que la Côte d'Azur et un littoral non bâti à plus de 80 % (même si on a parfois du mal à y croire), on conviendra que la Vendée mérite largement sa place de département parmi les plus touristiques de France.**

**D'autant que les heures chaudes de l'été permettent à ceux qui auraient envie de fuir la foule de visiter tout à loisir un arrière-pays qui multiplie les activités, familiales, culturelles, sportives, etc. Et c'est surtout hors saison qu'il va falloir prendre le temps d'emprunter les chemins de traverse. Du bocage à la mer, d'abord, ainsi que nous vous invitons à le faire dans ce chapitre, avant de partir à la découverte du Marais poitevin, dans le suivant (même si la Vendée en occupe les deux tiers, le territoire étant à cheval sur trois départements)...**

# MADE IN VENDÉE...

C'est inouï le nombre de produits qui clament haut et fort leur origine vendéenne, à commencer par le jambon et la brioche. Mais pour une fois, ça dépasse largement le cadre marketing ou même folklorique. Une véritable démarche qualitative se cache derrière. Pour preuve, le nombre de labels et d'appellations protégeant tous ces produits : Label rouge pour le jambon de Vendée, la brioche, la sardine de Saint-Gilles-Croix-de-Vie, les volailles du bocage dont le canard de Challans... et

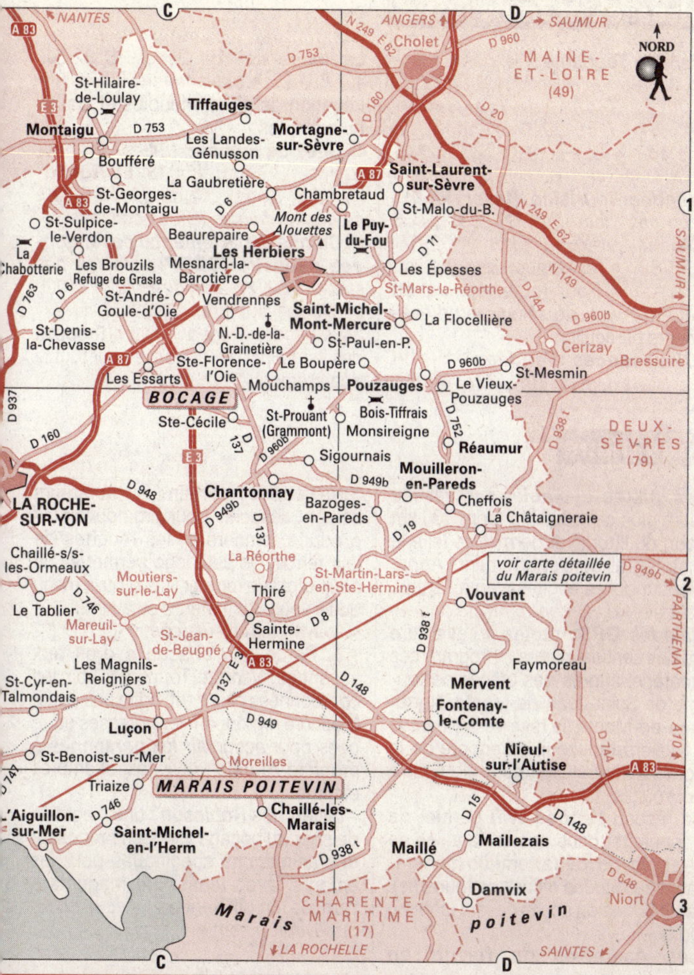


# LA VENDÉE

les fameuses mogettes. Quant à la pomme de terre nouvelle de Noirmoutier, elle bénéficie d'une AOC.

Même les gentils ***fiefs-vendéens*** finissent par sortir de l'anonymat, et les vignerons voient enfin leurs efforts récompensés : ils ont décroché le sésame de l'AOC en 2011. Sous une même appellation, on distingue 5 terroirs : Mareuil, Pissotte, Brem, Chantonnay et Vix. Ces vins, rouges, blancs et rosés, s'inscrivent dans la tradition des vins de Loire. On retrouve les mêmes cépages (en assemblage), avec un brin de soleil en plus.

## Adresses et infos utiles

**Vendée Tourisme :** *Vendée Expansion, 33, rue de l'Atlantique, CS 80206, 85005* ***La Roche-sur-Yon*** *Cedex. ☎ 02-51-47-88-20. • vendee-tourisme.com • Lun-ven 9h-12h30, 14h (13h30 lun)-18h (17h30 ven).*

■ **Vendée Tourisme Réservation :** *45, bd des États-Unis, BP 233, 85006* ***La Roche-sur-Yon*** *Cedex. ☎ 02-51-62-76-82. • reservation.vendee-tourisme.com •* Pour toute réservation d'hébergement, de séjours ou d'événements particuliers.

■ **Clévacances Vendée :** *45, bd des États-Unis, BP 733, 85018* ***La Roche-sur-Yon*** *Cedex. ☎ 02-51-47-71-07. • clevacances-85.com •* Location de gîtes, meublés et chambres d'hôtes.

■ **Gîtes de France :** *124, bd Aristide-Briand, BP 735, 85018* ***La Roche-sur-Yon*** *Cedex. ☎ 02-51-47-87-00. • gites-de-france-vendee.com •*

■ **Comité départemental de randonnée pédestre (CDRP) :** *Maison des sports, 202, bd Aristide-Briand, 85000* ***La Roche-sur-Yon.*** *☎ 02-51-44-27-38. • vendee.ffrandonnee.fr •* Propose des itinéraires de randonnée sur tout le département.

## Bons plans

– ***Les pistes cyclables :*** le réseau couvre plus de 1 000 km (dont 150 km le long du littoral) et permet de faire le tour intégral du département. Applications mobiles et sites web à l'appui. *• vendeevelo.vendee-tourisme.com •*

– ***Balades GPS :*** partez à l'aventure hors des sentiers battus... Programmes et matériel auprès des offices de tourisme de Saint-Jean-de-Monts, Notre-Dame-de-Monts, la réserve biologique de Nalliers-Mouzeuil ou encore de la Rocheservière et du refuge de Grasla aux Brouzils.

– Le réseau ***Vendée Wifi*** permet de se connecter dans une soixantaine de hot-spots du département (généralement autour des offices de tourisme). Gratuit 30 mn ou accès payant (somme modique).

– ***Les Assiettes du terroir en Sud-Vendée :*** certains restaurateurs se sont associés pour promouvoir les produits fermiers et les recettes de leur terroir. Ce petit logo permet en un coup d'œil de repérer le plat ou le menu qu'ils souhaitent mettre en avant. *• sudvendeesaveurs.com •*

– ♿ Parce que chacun a droit aux vacances, Vendée Tourisme (voir les coordonnées plus haut) édite une petite brochure regroupant les adresses équipées pour ***accueillir les personnes à mobilité réduite*** : activités, chambres et gîtes.

– ***Le jeu des Robinson :*** une vingtaine de sites du bocage vendéen proposent des animations spécifiques pour les enfants, avec remise de magnets à l'arrivée (un différent par site). *• autourdupuydufou.com •*

# LA ROCHE-SUR-YON

(85000) 52 950 hab. *Carte Vendée, B-C2*

**À moins d'être un passionné d'architecture du XIXe s, la préfecture du département n'a qu'un intérêt limité, excepté la présence d'un haras national. Ce n'est pas que la ville manque d'histoire, pourtant.**
**On commence à évoquer le nom de cette petite bourgade en 1790, lors de la création des départements. Certains proposent la ville comme chef-lieu, du fait de sa position centrale. Et Napoléon y transfère la préfecture en 1804.**

Il n'y avait pas grand-chose, il fallut tout construire ou presque. Sur les instructions de l'Empereur, les plans de la ville nouvelle, rebaptisée... Napoléon, sont tracés : un pentagone et des rues à angle droit bordées d'immeubles en pierre de taille autour d'une très grande place.
Aujourd'hui, La Roche (qui a retrouvé son nom en 1870) a conservé cette architecture plutôt austère. Mais avec quelques rues piétonnes et commerçantes, quelques bâtiments historiques dignes d'intérêt et des gens adorables, c'est une ville accueillante à l'histoire trop récente, dans un département qui en regorge. Une ville en pleine mutation, à qui l'arrivée du TGV a fait le plus grand bien ! Demain, avec le soutien d'architectes contemporains renommés (voir la passerelle de la gare), La Roche pourrait s'offrir un nouveau visage, dans le sillage de la place Napoléon. Celle-ci a été entièrement relookée tel un « salon végétal » avec ses quatre bassins, sa végétation, son restaurant imaginé comme une serre horticole, son kiosque et le génial bestiaire mécanique créé par la compagnie nantaise *La Machine.*



## Adresses utiles

**Office de tourisme de La Roche-sur-Yon Agglomération** *(plan B1) : 7, pl. du Marché.* ☎ *02-51-36-00-85.* • *ot-roche-sur-yon.fr* • *Juil-août, tlj 10h-19h ; sept-juin, lun-sam 9h30-12h30, 13h30-18h.* Propose un circuit « Napoléon » avec location d'audioguides et tablettes (ou téléchargements).

**Gare routière** *(plan B1) : rue Gaston-Ramon.* ☎ *02-51-62-18-23.* Peu de liaisons vers le reste du département !

**Taxis : Allo Radio Taxis,** ☎ *02-51-06-44-80.*

**Location de voitures : Hertz,** *96, bd Louis-Blanc.* ☎ *02-51-05-55-65.* • *hertz.fr* • **Avis,** *70, bd Louis-Blanc.* ☎ *02-51-62-44-45.* • *avis.fr* • **Europcar,** *11, bd Louis-Blanc.* ☎ *02-51-46-05-16.* • *europcar-atlantique.com* •

– **Location de vélos :** *à la gare SNCF et pl. Napoléon (plan A1).* ☎ *02-51-37-13-93.* • *impulsyon.fr* • VTT et vélos électriques à tarif avantageux (réduc en été), à partir de 1h.

## Où dormir ?

**Marie Stuart Hôtel** *(plan A1,* ***10****) : 86, bd Louis-Blanc.* ☎ *02-51-37-02-24.* • *hotelmariestuart@wanadoo.fr* • *mariestuarthotel.com* • *En face de la gare SNCF. Resto tlj sf sam midi et dim. Doubles à partir de 78 € ; également des familiales. Menus 15-29 €.* Irish coffee *offert sur présentation de ce guide.* Sortez vos cornemuses, vous entrez sur des terres écossaises. Du sol au plafond, tout rappelle le pays de Stevenson et Walter Scott : blasons, tissus des différents clans et, bien sûr, le portrait de Marie Stuart en bonne place dans la salle de resto cosy en diable. Les chambres ne sont pas en reste, rivalisant de doubles rideaux à ramages, de tapis et de bibelots (même si certaines se révèlent petites et un peu anciennes). Au resto, bonne cuisine en direct du pays. Le bar recèle quelques grands whiskies. Excellent accueil.

**Hôtel de la Vendée** *(plan B2,* ***11****) : 4, rue Malesherbes.* ☎ *02-51-37-28-67.* • *hoteldelavendee@wanadoo.fr* • *hotel-vendee.com* • *Doubles 62-80 € ; également des familiales.* Ce petit hôtel adopte une déco résolument moderne : couleurs bien choisies, de l'ocre au gris perle, et mobilier sobre au goût du jour. Certaines chambres sont de taille XL ou XXL, pour s'adapter aux familles. Dernier avantage, et pas des moindres, l'hôtel est idéalement situé en plein centre.

**Hôtel Napoléon** *(plan A1,* ***12****) : 50, bd Aristide-Briand.* ☎ *02-51-05-33-56.* • *contact@hotel-le-napoleon.com* • *hotel-le-napoleon.com* • *Doubles 80-120 € selon taille et confort. Garage payant.* Si la ville a un jour porté le nom de Napoléon, il n'y a ici que quelques enseignes pour faire référence à l'homme au chapeau. À deux pas de la gare, ce 3-étoiles présente des chambres d'une discrète et très contemporaine élégance, même si certaines ne sont pas immenses. Tarifs tout de même un peu élevés.

## Où manger ?

### Bon marché

🍴 ***Les P'tits Ventres de Terre*** *(hors plan par A1 ou A2,* ***22****) : 79, bd du Maréchal-Leclerc. ☎ 02-51-62-73-22. • petits-ventres-de-terre@orange.fr • Face à la passerelle rouge de la gare. Tlj sf sam midi et dim. Menus 14,90-19,90 €.* Cuisine mijotée associée aux herbes fraîches, au rythme des saisons, avec pour particularité d'être coiffée d'une boule de pain ou de brioche chaude et croustillante, faite maison. Ces petits pots de terre sont les descendants du pot à mogettes qui mijotait autrefois dans les cheminées. Garnitures allant de l'authentique poularde aux mogettes fondantes ou au jambon de pays. Un concept original qui rencontre un vrai succès.

### Prix moyens

🍴 ***Le Saint-Charles*** *(plan B1,* ***23****) : 38, rue du Président-de-Gaulle. ☎ 02-51-47-71-37. Tlj sf dim-lun. Congés : 1 sem à la Toussaint, 1 sem à Noël, 1 sem en fév et 2 sem en août. Menus 17 € (midi en sem)-29 €.* Une adresse appréciée autant pour ses plats joliment tournés que pour l'atmosphère intime et conviviale de sa salle. David Gobin fait partie de ces jeunes chefs qui travaillent selon la saison, tout en réalisant une cuisine élaborée et créative... Excellent rapport qualité-prix.

🍴 ***Le Petit Pois*** *(hors plan par A2,* ***26****) : 227, rue Roger-Salengro. ☎ 02-51-34-67-38. Sur la route des Sables, à env 1 km. Fermé dim, lun et j. fériés. Formules à midi 10-18 €, menus à thème et spécialités 15-23 €.* Un resto pas bien grand, mais un petit poids du paysage gastronomique rochais qui roule fort bien. Un lieu plein de dynamisme, inventé par des Vendéens revenus au pays. Cuisine fraîche à base de produits régionaux pour la formule bistrot le midi, d'intéressantes assiettes déclinant le saumon, le bœuf ou la mer le soir...

🍴 🍷 ***Le Clemenceau*** *(plan A1,* ***20****) : 40, rue Georges-Clemenceau. ☎ 02-51-37-10-20. • contact@brasserie-le-clemenceau.fr • Tlj 10h30-minuit. Formules déj en sem 12,90-14,90 € ; menus 23,70-29,90 €. Café offert sur présentation de ce guide. Le Clemenceau,* c'est le saint-bernard des voyageurs et des noctambules. Mais pas seulement. Car cette brasserie qui reste bien traditionnelle malgré son décor contemporain a de nombreux habitués. Classiques bien amenés, fruits de mer et poissons d'une éclatante fraîcheur (copieuses et goûteuses assiettes de la mer, notamment). Terrasse.

🍴 ***L'Endroit*** *(plan B1,* ***21****) : 11, pl. de la Résistance. ☎ 02-51-62-49-35. Fermé lun soir, mar soir, sam midi et dim. Formules 12-16 € à midi en sem ; carte env 20 €.* Un lieu lumineux, aux couleurs apaisantes et à l'ambiance un brin baroque, avec vue sur la verdure depuis de grandes baies vitrées. Photos d'acteurs sur les murs, pour le contraste. Au menu, une cuisine simple et régionale : moules en saison, poissons et viandes grillées...

🍴 ***Marie Stuart Hôtel*** *(plan A1,* ***10****) : 86, bd Louis-Blanc.* Voir « Où dormir ? » plus haut.

## Où dormir ? Où manger dans les environs ?

🏠 🍴 ***Chambres d'hôtes La Halte du Pèlerin*** *: 1, Le Puits-Pèlerin, 85480* ***Thorigny****. ☎ 02-51-07-23-59. • benoit.rochereau@orange.fr • sites.google.com/site/lahaltedupelerin • ♿ À 13 km env au sud-est*

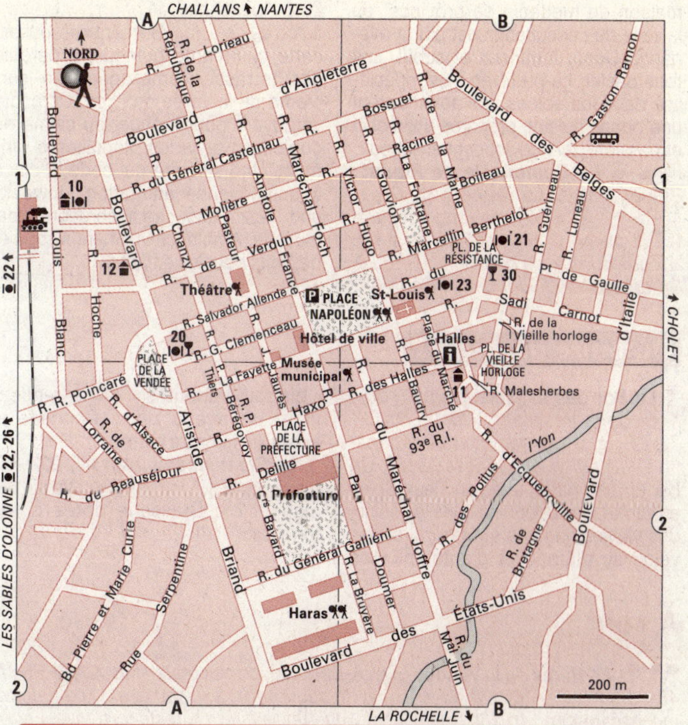


## LA ROCHE-SUR-YON

**Où dormir ?**
- **10** Marie Stuart Hôtel
- **11** Hôtel de la Vendée
- **12** Hôtel Napoléon

**Où manger ?**
- **10** Marie Stuart Hôtel
- **20** Le Clemenceau
- **21** L'Endroit
- **22** Les P'tits Ventres de Terre
- **23** Le Saint-Charles
- **26** Le Petit Pois

**Où boire un verre ?**
- **20** Le Clemenceau
- **30** Le Bar des Artistes

*de La Roche, direction La Chaise-le-Vicomte, puis Thorigny sur la D 29. Doubles env 50-55 €. Repas 20 €.* Le nom ne triche pas, c'est une halte simple, bienvenue, pour les marcheurs en tout genre, et pour les amateurs de bonne chère, car il y a aussi la table. Benoît s'occupe d'apporter les viandes de sa ferme, les légumes du jardin, et Marie-Paule cuisine, tout en gérant enfants et maison. Idéal pour une famille, car il y a de la place, une cuisine aménagée à disposition, et les chemins du bocage pas loin pour gambader.

**La Sittelle :** *33, rue du Maréchal-Leclerc, 85190* ***Aizenay.*** *☎ 02-51-34-79-90. • restaurant.sittelle@wanadoo.fr • À 16 km au nord-ouest de La Roche par la D 948. Ouv au déj merdim, plus sam soir. Congés : début janv, début mai et 3 sem en août. Menus 27-38 €. Café offert sur présentation de ce guide.* Voici une bonne grosse maison de médecin de province, où la salle de consultation est plutôt avenante. Décor lumineux et subtil, aux tons pastel. Le praticien s'est spécialisé dans les épices, qui agrémentent une bonne cuisine préparée avec soin et passion. Service souriant et sérieux.

**La Guinguette de Piquet :** *Piquet, 85310* ***Le Tablier.*** *☎ 02-51-46-73-52. À 20 km au sud-est par la D 746 puis la D 101 ; au Tablier, suivre sur quelques km la direction du Piquet. Slt en saison, tlj sf lun-mar. Carte env 20 €. Apéritif maison offert sur présentation de ce guide.* Bucolique à souhait, cette charmante guinguette déroule ses terrasses ombragées en surplomb de la vallée de l'Yon. Un cadre verdoyant pour manger au calme de copieuses grillades, anguilles ou fritures. Une sérénité qui cède la place à une joyeuse animation le week-end : jazz manouche accordéon et bal musette. Ambiance vraiment sympa et des jeux pour les enfants.

## Où boire un verre ?

**Le Bar des Artistes** *(plan B1,* ***30****) :* *4, pl. de la Résistance. ☎ 02-51-62-78-79. Tlj sf lun, sam mat et dim mat 9h30-1h (2h w-e). Congés : août.* Un bar un peu barré, avec un vieux *Solex* en vitrine, des bouquins dans les coins, des vinyles ringards sur les murs, des vélos au plafond et d'autodiplômés « bistrothérapeutes » (sans rendez-vous) derrière le zinc... Concerts et expos de temps à autre.

**Le Clemenceau** *(plan A1,* ***20****) :* *40, rue Georges-Clemenceau.* Voir « Où manger ? ». Brasserie dotée d'une terrasse.

# À voir

**Le Haras de la Vendée** *(plan A-B2) : 120, bd des États-Unis. ☎ 02-51-37-48-48. • haras.vendee.fr • Avr-juin et de début sept aux Journées du patrimoine, mer et sam-dim 14h-18h ; juil-août, tlj 10h-19h ; sur résa le reste du temps. Entrée en saison : 5 € ; réduc ; gratuit moins de 18 ans. (payant).*
En pleine ville, on a du mal à imaginer la superficie réelle de cet immense espace vert, devenu un vaste jardin public animé pour les gens de La Roche. Il abrite l'un des haras les plus performants de France, où l'on héberge et valorise une cinquantaine d'étalons, chevaux de sang, mais aussi des chevaux de trait. C'est un conservatoire de chevaux du monde, avec une trentaine de races. Démonstration du patrimoine artisanal ancestral des Haras nationaux (sellerie, maréchalerie et attelage) et animations nombreuses ont rendu vie à cette vieille institution.
– En été, découverte du cheval la plus interactive possible et quasi non-stop. En journée, des séances de travail quotidiennes, ainsi que des visites guidées ou encore des ateliers pédagogiques pour petits et grands, des carnets d'aventure pour les 5-13 ans et un grand spectacle tous les après-midi.

**La place Napoléon** *(plan A-B1) :* avec ses dimensions exceptionnelles, la place Napoléon est le symbole de La Roche-sur-Yon. Véritable cœur de la ville, elle a été repensée en 2013 par l'architecte Alexandre Chémetoff et est devenue une sorte de « salon végétal » avec ses quatre bassins, sa végétation, son restaurant-brasserie, son kiosque et « ***Les Animaux de la place*** » *(horaires variables selon saison ; GRATUIT),* un bestiaire mécanique créé par la *Compagnie La Machine de Nantes.* Un crocodile du Nil de 8 m, un dromadaire ou encore un ibis sacré côtoient un hibou grand-duc dans des bassins éco-conçus. Le bestiaire est interactif puisque le public met directement en mouvement ces sculptures mécaniques fondues dans l'environnement végétal entourant les bassins. Effet bluffant et succès garanti auprès des enfants !

**L'église Saint-Louis** *(plan B1) : sur la pl. Napoléon. Début juil-août, entrée libre lun-sam sf fériés 13h-18h ; le reste de l'année, se renseigner au*

☎ 02-51-37-04-37. Visite guidée mer à 15h (☎ 02-51-46-14-47). Vaste rectangle de 72 m sur 25, l'église du XIXe s présente une façade de style néoclassique avec six colonnes doriques sous un fronton triangulaire surmonté de deux tours carrées. Un ensemble plein de légèreté ! Dans le chœur, imposant symphorium baroque. Sur la droite, chapelle de la Vierge (lun-sam 9h-18h) qui abrite une statue de Notre-Dame de la Roche, en bois polychrome du XIVe s.

**La maison Renaissance** (plan B1) : rue du Vieux-Marché. Début juil-août, lun-sam sf fériés, 13h-18h. GRATUIT. Au cœur du vieux bourg, la maison la plus ancienne de la ville (1566), remarquable pour son escalier à vis et ses cheminées monumentales. Expo consacrée à l'histoire de la ville et espace dédié à René Couzinet, célèbre constructeur d'avions.

**Le musée municipal** (plan A1) : rue Jean-Jaurès. ☎ 02-51-47-48-35. Mar-sam sf fériés, 13h-18h. GRATUIT. Peinture, arts graphiques et photographie contemporaine, sous forme d'expos temporaires.

**Le théâtre** (plan A1) : juil-août, entrée libre lun-sam sf fériés, 15h-18h. Visite guidée mer à 16h (☎ 02-51-46-14-47). Il date de 1845. Théâtre à l'italienne à l'architecture néoclassique, conçu par Urbain Pivard.

## Manifestations

- ***Café de l'été*** : juil-août. GRATUIT. Grand festival de musiques vivantes. Concerts dans les jardins de la mairie. Programmation assez éclectique, plutôt versée dans les musiques du monde.
- ***Les Rendez-vous du Kiosque*** : chaque mar 10 juil-21 août. Payant. Visite théâtralisée du centre-ville, drôle, dynamique et insolite.
- ***Festival international du film de La Roche-sur-Yon*** : oct. ☎ 02-51-36-50-21. • fif85.com •

## DANS LES ENVIRONS DE LA ROCHE-SUR-YON

**L'église Saint-Nicolas de La Chaize-le-Vicomte** (85310) : à env 10 km à l'est de La Roche par la D 948. Infos à la mairie : ☎ 02-51-05-70-21. En juil-août, visites guidées ponctuelles gratuites. Bel édifice roman du XIe s, rehaussé par des éléments de fortifications et un clocher de style provençal du XIVe s. La plus grande église romane de Vendée est surtout remarquable pour ses pittoresques chapiteaux sculptés, pleins de fantaisie. On y reconnaît des coqs à visage humain, un joueur de viole faisant danser un petit animal ou encore un démon musicien.

**La Maison des libellules** : 9, pl. de l'Église, 85310 **Chaillé-sous-les-Ormeaux.** ☎ 02-51-06-03-15. • maisondeslibellules.fr • À une quinzaine de km au sud de La Roche, par la D 746 ou la D 747. Vac de Pâques (3 zones), Toussaint, juin et sept, tlj sf sam 14h-18h. Juil-août, lun-ven 10h30-19h, w-e et j. fériés 14h-19h. Mai, dim et j. fériés 14h-18h ; sinon sur résa pour groupes slt. Animations en continu l'ap-m autour des libellules et du jardin bio, ainsi que des sorties en été. Entrée : env 5 € ; réduc ; gratuit jusqu'à 6 ans. Les odonates, vous connaissez ? Les libellules, autrement dit, mais également les demoiselles, moins connues. Cet endroit leur est consacré. Une expo sur leur environnement préféré, un film de 25 mn, une mare pédagogique... À vous de savoir être patient et attentif pour les observer. Également un espace potager, des plantes et nichoirs à serpents (là encore, il faut être discret !). Et plusieurs sentiers au bord de l'Yon à 300 m de là.

**Les jardins du Loriot** : 60, chemin de la Tour, La Mancelière, 85190 **Venansault.** ☎ 02-51-40-35-41. • jardinsduloriot.fr • À 8 km à l'ouest de

*La Roche-sur-Yon, par la D 760. Juil-août, mar-jeu et w-e 14h30-19h ; dernier w-e de mai, juin et sept, dim et j. fériés 14h30-19h. Entrée 6,50 € ; réduc ; gratuit jusqu'à 5 ans.* Agréable endroit, « fabriqué main » par un passionné de bambous : plus de 130 espèces poussent sur les 5 ha de ce qui n'était, il y a quelques années, qu'une prairie marécageuse. Et autour de l'étang central, du chemin des ânes au jardin de Gargantua en passant par la cascade du Panda, on découvre bien d'autres espèces végétales d'ici ou d'ailleurs, à commencer par les nymphéas, autre passion des propriétaires. Boutique.

***L'église de Landeronde** (85150) : à une dizaine de km à l'ouest par la D 160, puis la D 50.* Bâtie au XIe s, elle abrite de remarquables retables représentant l'Assomption au centre, la Vierge du Rosaire et saint Jean l'Évangéliste sur les bas-côtés.



## LE BOCAGE DE LA VALLÉE DU LAY

**Si vous avez hâte d'arriver au Puy-du-Fou, suivez les panneaux depuis La Roche-sur-Yon, vous arriverez avant nous, surtout si vous prenez l'autoroute. Mais si vous avez envie de prendre les chemins de traverse, on vous embarque à l'est de La Roche. En remontant le Lay de Mareuil-sur-Lay à Réaumur, dans la région de Pouzauges, on découvre déjà le bocage vendéen et toute une ribambelle de sites, d'églises et de manoirs accrochés sur les coteaux.**

***Sainte-Hermine** (85210) :* au croisement des D 137 et D 948, une petite ville tampon entre plaine et bocage, avec de belles halles de style Baltard du XIXe s. Clemenceau y passa le plus clair de sa jeunesse.

***Restaurant-cave Le Minage** : 17, route de La Rochelle. ☎ 02-51-27-33-22. • sarlleminage@orange.fr • À la sortie du bourg en direction de La Rochelle. Fermé dim soir et lun soir, plus le soir mar-jeu hors saison. Formule en sem autour de 12,50 € ; menus 15-28 €.* Coquette et colorée, la salle contemporaine rassemble de nombreux habitués qui profitent de l'aubaine d'une cuisine traditionnelle assez raffinée et à prix raisonnables (foie gras, filet de bœuf). De plus, les portions sont copieuses et le service souriant. Boutique.

***Les « Jardins remarquables »** :* la région abrite trois jardins aussi confidentiels que complémentaires. À ***Thiré*** (85210), à l'est de Sainte-Hermine par la D 8, le génial chef d'orchestre William Christie ouvre les portes des *Jardins du bâtiment*, autour de sa demeure du XVIIe s *(1er-10 juil et sept, tlj 13h-19h ; GRATUIT)* : art topiaire, cloître et pièce d'eau à l'italienne. À ***Sainte-Pexine*** (85320), de la même époque et au bord de la rivière Smagne, le *logis de Chaligny* est agrémenté de jardins plus naturalistes et plus libres : orangerie, nymphée, allée en pergola, charmilles, etc. *(à Sainte-Pexine, direction le sud vers Saint-Jean-de-Beugné, puis 200 m après le rond-point de sortie 7 de l'A 83, suivre à droite les panneaux sur 3 km ; 1er-10 juil et sept, tlj 14h-20h ; 4 €).* Enfin, à l'ouest de **Chantonnay,** le *parc de l'Auneau* présente un tout autre style, aux accents toscans : paysager avec de grands arbres, des roses anciennes et une vue dégagée sur la vallée du Petit Lay *(1er-10 juil et sept, tlj 14h-18h ; sur rdv tte l'année ; 3 €).*

## CHANTONNAY (85110) 8 530 hab. *Carte Vendée, C2*

**Chantonnay n'est qu'une ville de passage et constitue la porte d'accès sud du pays du Bocage vendéen, vaste territoire dont on vous dit tout, ou presque, dans le chapitre suivant.**

## Adresse utile

**Office de tourisme :** *pl. de la Liberté. ☎ 02-51-09-45-77. • tourisme-paysdechantonnay.fr • Juil-août, lun-sam 9h30-12h30, 14h-18h30 ; dim et j. fériés 10h-12h30. Hors saison, fermé sam ap-m et dim.*

## Où dormir ? Où manger dans les environs ?

**Chambres d'hôtes du Manoir de Ponsay :** *☎ 02-51-46-96-71. • manoirdeponsay@gmail.com • manoirdeponsay.com • À env 4 km ; emprunter la D 949 à l'ouest jusqu'à Saint-Mars-des-Prés, puis suivre les panneaux « Ponsay ». Doubles 66-180 € ; familiales ; petit déj 9,50 €. Table d'hôtes 33 € tt compris, sur résa.* Séjourner au manoir, c'est partager les souvenirs d'une des plus vieilles familles du pays. Ce qui signifie dormir dans de belles chambres au mobilier ancien, prendre ses repas dans une salle à manger de style et jouer au billard dans le beau salon. Mais c'est aussi profiter d'une campagne paisible et préservée, entre forêts et vallons. Et tout cela en toute simplicité, car les jeunes héritiers sont accueillants et pas compliqués. Piscine extérieure et ping-pong à disposition.

## À voir. À faire

**L'atelier du Caramel :** *54, rue Nationale. ☎ 02-51-46-85-24. • atelier-du-caramel.com • Fermé dim ap-m et lun.* Fabrication artisanale autour d'une vieille recette de grand-mère, sans colorants ni conservateurs. Spécialisé également dans les chocolats et les macarons.

– **Base de loisirs de Touchegray :** *au sud, en amont du barrage de l'Angle Guignard.* Site très pittoresque. Cette retenue d'eau de 55 ha propose jeux pour enfants, tables de pique-nique, randonnées pédestres, pêche (ponton pour handicapés), canoë en été...

– **Domaine de la Barbinière :** *Saint-Philbert-du-Pont-Charrault, 85110 Chantonnay. ☎ 02-51-34-39-72. À env 8 km au sud-est, par la D 31.* Une famille de viticulteurs qui s'affirme parmi les plus dignes représentants des vins de Vendée. Dégustation-vente.

## DANS LES ENVIRONS DE CHANTONNAY

**Le château de Sigournais** (85110) **:** *☎ 02-51-40-40-71. • chateau-sigournais.org • De fin juin à mi-sept, tlj 14h30-18h30 ; sinon, pour les groupes. Entrée : 5 € ; réduc.* Château féodal avec enceinte, donjon-porte et chemin de ronde couvert. Les salles restituent l'ambiance de la fin du XVe s (meubles, armures et costumes). Une collection de plus de 500 blasons orne les murs.

**Le prieuré de Grammont :** *85110* ***Saint-Prouant.*** *☎ 02-51-66-47-18 et 02-51-50-43-00 (hors saison). De juin à mi-sept, tlj 10h-12h30, 13h30-19h. Entrée : 3 € ; réduc ; gratuit jusqu'à 18 ans.*
Ancien monastère grandmontain du XIIe s. L'un des mieux conservés de France, avec l'ensemble des bâtiments conventuels (salle capitulaire, réfectoire, cuisine...). Normal, il fut abandonné à la fin du XVIIe s et transformé en exploitation agricole. Il fut ainsi épargné par la Révolution. Une présentation virtuelle du prieuré et du Trésor des grandmontains est proposée au visiteur.
– *Veillées du prieuré : ts les lun de juil-août.* Chants grégoriens au sein du prieuré illuminé de bougies...

# DE CHANTONNAY À RÉAUMUR, PAR MOUILLERON-EN-PAREDS

**Le donjon de Bazoges-en-Pareds** *(85390) : ☎ 02-51-51-23-10. • tourisme@bazoges-en-pareds.fr • ♿ (jardin). Mars, slt dim 14h30-18h ; avr-juin et sept, tlj sf mar, aux mêmes horaires ; juil-août, tlj 10h30-12h, 14h-19h. Entrée donjon/jardin/musée : 5 € ; réduc, notamment sur le prix adulte sur présentation de ce guide ; gratuit moins de 9 ans.*
Il ne reste en fait que ce donjon, construit au XIVe s pendant la guerre de Cent Ans, surmonté d'une couronne de mâchicoulis. Six salles meublées retracent la vie quotidienne au Moyen Âge. L'escalier à vis mène au chemin de ronde culminant à 30 m de haut (vue panoramique sur le bocage). Superbe jardin médiéval méritant largement une visite pour ses aromates, légumes et fleurs, ainsi que pour son beau pigeonnier du XVIe s. Enfin, le musée d'arts et de traditions populaires conte la vie dans la campagne vendéenne au début du XXe s. Bravo à l'équipe de bénévoles pour son enthousiasme !
– Programmation l'été : *expos avr-sept ; rdv au jardin le 1er w-e de juin ; fêtes nocturnes médiévales (dernier sam de juil et 1er sam d'août).* Animations quotidiennes pour enfants et adultes en juillet-août.

LE BOCAGE DE LA VALLÉE DU LAY

## MOUILLERON-EN-PAREDS

(85390) 1 180 hab. *Carte Vendée, D2*

**Dans ce petit village tranquille sur la D 949b, entre Chantonnay et la Châtaigneraie, naquirent deux des hommes les plus importants de l'histoire française des XIXe et XXe s. En 1841, Georges Clemenceau vit le jour dans la maison de ses grands-parents. Une plaque y est apposée. En 1889, c'est Jean de Lattre de Tassigny qui y naquit. Et l'on ne parle pas de l'astronome Charles-Louis Largeteau (1791-1857) !**

### Où dormir ? Où manger dans les environs ?

**Ferme-auberge du Moulin Migné :** *le Moulin Migné, 85390* ***Cheffois.*** *☎ 02-51-69-68-76. • lemoulinmigne@wanadoo.fr • ♿ À 5,5 km au sud-est par la D 949 bis ; prendre juste avt Cheffois la direction Saint-Maurice-le-Girard. Ouv les midis jeu-dim et j. fériés, plus sam soir. Sur résa. Menu 23 € ; et carte. Apéritif maison offert sur présentation de ce guide.* En pleine campagne, au bord du Louing, Isabelle et Roland, agriculteurs dynamiques, ont décidé de faire partager à leurs convives leur passion pour une agriculture saine. Dans les belles salles à manger de l'ancien moulin, on se régale de spécialités traditionnelles à base de produits de la ferme, tout en apprenant plein de choses intéressantes. Et quitte à bien faire, ils proposent également des animations autour du vin... Visite de l'exploitation et sentiers pédestres.

**Auberge de la Terrasse :** *7, rue Beauregard, 85120* ***La Châtaigneraie.*** *☎ 02-51-69-68-68. • contact@aubergedelaterrasse.com • aubergedelaterrasse.com • ♿ À 10 km à l'est par la D 949. Resto tlj en saison ; tlj sf ven soir, sam midi et dim soir hors saison. Double avec douche 84 €. Formules (2 ou 3 plats) env 12,70-38 €.* Dans une rue calme de ce gros bourg très rural se cache, derrière une façade sans prétention, un charmant petit hôtel à l'atmosphère familiale. Le patron, M. Leroy, fait découvrir dans l'assiette les produits du bocage vendéen comme ceux de la mer. Chambres classiques et confortables, toutes rénovées.

## À voir

*La maison natale du maréchal de Lattre de Tassigny :* *1, rue Plante-Choux. ☎ 02-51-00-31-49. • musee-deuxvictoires.fr • Visite guidée slt, ttes les heures à partir de 10h (sf 13h), tlj sf fêtes de fin d'année : non-stop jusqu'à 17h en juil-août, sinon pas de visite à 12h et dernière visite à 16h en basse saison. Durée : 1h30. Entrée : 3,50 € ; réduc ; gratuit moins de 26 ans et pour ts le 1er dim de chaque mois. Jardin en accès libre : tlj 10h-13h, 14h-18h (17h hors saison).* La maison de la famille de Lattre est une demeure bourgeoise caractéristique du XIXe s avec son magnifique magnolia dans la cour, et on apprend au cours de la visite que les hommes de cette famille étaient tous maires de Mouilleron jusqu'à ce que Mme la Maréchale occupe cette fonction de 1956 à 1977. Plusieurs vitrines retracent la carrière militaire du général de Lattre, qui ne fut élevé à la distinction de maréchal qu'à titre posthume. Il est enterré dans le village, aux côtés de son fils unique, mort en Indochine... sous son commandement. Les chambres, le salon et le bureau, tous conservés pieusement en l'état, regorgent de souvenirs. Joli jardin dans lequel on trouve des expos et un magnifique magnolia pour vous accueillir.

### SIGNE DU DESTIN

*La chose peut paraître incroyable, mais le destin a voulu que Clemenceau et de Lattre de Tassigny, les signataires de la paix pour la France à la fin des deux conflits mondiaux contre les Allemands, soient tous deux originaires du même village, Mouilleron-en-Pareds ! Clemenceau parapha de sa main le traité de Versailles le 28 juin 1919 tandis que de Lattre signa la capitulation de l'Allemagne nazie à Berlin, le 8 mai 1945.*

# RÉAUMUR (85700) 830 hab. *Carte Vendée, D2*

**À 6 km au sud de Pouzauges, en plein dans le haut bocage. Belle vue sur la vallée du Lay et les villages alentour. Église fortifiée du XVe s.**

## Où dormir ?

*Chambres d'hôtes Le Prieuré Saint-Pierre :* *2, rue du Prieuré. ☎ 02-51-63-36-41. • sci.le.prieure@wanadoo.fr • prieuresaintpierre.com • Fermé oct et déc. Double 70 €. Réduc de 10 % accordée à nos lecteurs en basse saison sur présentation de ce guide.* Pour une halte agréable, complètement hors du temps, chez des hôtes qui ont eu le courage de reprendre cette propriété de famille alors qu'ils pourraient depuis longtemps bénéficier d'une retraite tranquille. Pas un confort moderne, mais un lieu assez magique. Si l'un d'eux est en train de faire visiter le jardin, vous avez des chances de trouver l'autre occupé à faire des confitures. Tennis et piscine. Ce charmant prieuré est entouré de jardins à l'ancienne qui se visitent sur rendez-vous. Bon rapport qualité-prix.

## À voir

*Le manoir des Sciences de Réaumur :* *8, rue Ferchault. ☎ 02-51-57-99-46. • manoirdessciencesdereaumur.fr • De mi-juin à mi-sept, tlj 14h-18h (11h-19h juil-août) ; vac scol d'hiver, de printemps et de la Toussaint, mar-jeu 14h-18h. Sinon, se renseigner. Visites guidées à certaines heures. Fermé déc-janv. Entrée : 5-6 € selon saison ; gratuit jusqu'à 7 ans.* René-Antoine Ferchault, seigneur de Réaumur né à La Rochelle, fut l'un des plus grands scientifiques du Siècle des lumières. Nommé directeur de l'Académie royale des sciences par Louis XIV, il inventa le thermomètre à donnée constante, fonda la métallographie et s'intéressa également aux sciences naturelles (nombreuses planches de dessins d'insectes). Le musée met en lumière les multiples facettes de son génie, technique ou artistique, et propose un parcours interactif qui explore de façon ludique l'univers des instruments et techniques de l'époque. Ne pas manquer la ruche vitrée du XVIIIe s, pièce unique, dans la salle des insectes, ou encore l'amusant théâtre optique et la girouette reliée à une rose des vents. Expositions et animations pour les enfants tout au long de l'année, ainsi que des bornes multimédias pour réaliser des expériences sur les températures.

# LES COLLINES VENDÉENNES



**Peu à peu, le paysage prend des rondeurs, contredisant l'idée que la Vendée est toute plate. Les routes se mettent à serpenter et grimpent doucement à travers un paysage de bosquets et de haies touffues. Les vallées alternent avec les points de vue, des châteaux riches d'histoire succèdent à des petites villes modernes et dynamiques. Tout cela sous le regard de Saint-Michel, au mont Mercure, point culminant de toute la Vendée avec ses 290 m.**

### Bon à savoir

– Pour réserver un hébergement autour du Puy-du-Fou ou pour toute information touristique, c'est parfois la galère en saison. 8 offices de tourisme sont à votre disposition. Vous pouvez aussi consulter le site • *autourdupuydufou.com* •, qui regroupe tous les hébergements, sites touristiques, animations, activités culturelles... Brochures téléchargeables.

– ***Carte avantages :*** *valable 1 an (2 €), elle donne droit à 10 à 40 % de réduc dans une vingtaine de sites du bocage vendéen pour 2 adultes : ☎ 0820-321-315 (0,118 €/mn).* Infos dans les offices de tourisme des Herbiers, Mortagne-sur-Sèvre, Pouzauges, Les Essarts, Saint-Fulgent, Rocheservière, Montaigu et Chantonnay.

## POUZAUGES (85700) 5 600 hab. *Carte Vendée, D1*

**Au cœur des collines et en bordure du bois de la Folie juste au nord, Pouzauges est une ville où l'on grimpe. Les rues deviennent des venelles dont les noms rappellent tous les épisodes historiques de la ville : Barbe-Bleue, dont la femme était la châtelaine de la ville ; les guerres de Religion, qui générèrent de sanglantes batailles entre calvinistes et catholiques ; le passage des « colonnes infernales », qui firent un carnage durant les guerres de Vendée. Pouzauges est également le siège de la plus grosse entreprise du département : Fleury-Michon, qui emploie plus de 2 000 personnes.**

### Adresse utile

ℹ ***Office de tourisme :*** *30, pl. de l'Église. ☎ 02-51-91-82-46. • tourisme-paysdepouzauges.fr • Juil-août, lun-sam 9h30-12h30,*

*14h30-18h ; dim et j. fériés 10h-12h30. Avr-juin et sept, lun-sam ; oct-mars, mar-sam.* Guide des circuits de randonnées pédestres (une cinquantaine). Brochure pour découvrir la ville en suivant le circuit « Le Fil Vert » (1h30). Départ de « L'Aventure médiévale » : un jeu à réaliser en famille pour découvrir la vie au Moyen Âge, tout en visitant le pays de Pouzauges. Boutique de produits du terroir.

## Où dormir ? Où manger ?

### De bon marché à prix moyens

**Auberge de la Bruyère :** *18, rue du Docteur-Barbanneau. ☎ 02-51-91-93-46. • contact@aubergedelabruyere.fr • aubergedelabruyere.fr • À 300 m du centre, en direction de La Pommeraie-sur-Sèvre. Resto fermé ven soir, sam et dim soir hors saison, slt sam midi et dim soir en saison. Doubles à partir de 65 €. Menus 12-16 € en sem, puis 23,50 €. Apéritif maison offert sur présentation de ce guide.* Idéalement située à flanc de coteau, en surplomb de la ville, cette bâtisse moderne profite d'une jolie vue dégagée sur le bocage. De quoi dormir au calme dans l'une des chambres de tailles inégales. À table, cuisine traditionnelle privilégiant les produits de saison, à déguster si le temps le permet sur la très agréable terrasse panoramique. Accueil agréable.

**Chambres d'hôtes La Libaudière :** *☎ 02-51-57-52-68. • earlguilloteau@bbox.fr • chambresdhotesvendee.com • Au nord-est par la D 960 bis, puis direction « La Libaudière ». Double 55 €. Une brioche vendéenne offerte sur présentation de ce guide.* Chez Yvon et Maryline, on sait partager calme et convivialité au cœur d'une ferme toujours en activité. 5 chambres équipées d'une pièce de vie avec kitchenette, d'un coin salon avec TV et d'une salle d'eau indépendante. Également un gîte à la ferme pouvant accueillir 4-6 personnes.

**Casse-croûte Vendéen :** *31, rue de la Mare. ☎ 02-51-61-72-80. • casse-croutevendeen@laposte.net • Sur le bd circulaire, au sud de la ville. Tlj midi et soir. Menus express à partir de 9,80 € ; carte 15-20 €. Apéritif maison offert sur présentation de ce guide.* Cadre plutôt décalé, entre taverne franchouillarde et cabane canadienne, pour ce repaire vendéen pur jus, avec menu en patois. Une grosse louchée d'humour dans la déco, les gros sabots en cuisine et une carte résolument locale, entre mogettes, brioches grillées et charcutaille en tout genre. Dame ! Une adresse rapide et pratique, à défaut de gastronomique.

### Chic

**Chambres d'hôtes La Chouannerie :** *27, rue Alphonse-Delaveau. ☎ 02-51-57-61-98. • lachouannerie85@orange.fr • lachouannerie.com • Dans le centre. Doubles 75-87 €. Produit du terroir offert à nos lecteurs sur présentation de ce guide.* Pour un séjour de charme, dans une belle maison de maître, entièrement restaurée. Plusieurs chambres spacieuses à l'étage. Au rez-de-chaussée, le petit déjeuner est servi dans une salle ayant gardé son atmosphère d'antan. Salon de lecture et piscine chauffée.



## À voir

**Le vieux château :** *☎ 02-51-57-01-37 (mairie). Juil-août, tlj 11h-19h ; 3 premières sem de sept, mer-dim 14h30-18h30. Entrée : env 2,50 € ; réduc ; gratuit jusqu'à 4 ans. Également en juil-août des « escapades nocturnes » (jeu à 20h30) et ateliers médiévaux mar à 16h30.* Massif et sévère, le donjon carré du XIIe s domine la ville et la campagne environnante. Au XVe s, le château appartenait à Catherine de Thouars, la femme de Gilles de Rais, alias Barbe-Bleue, qui vécut à Tiffauges (voir plus loin). À cette époque, le donjon fut renforcé par 11 tours. Mâchicoulis et meurtrières dans tous les coins.

***L'église Saint-Jacques :*** elle réunit roman du XIe s et gothique flamboyant du XVe s. Le contraste est saisissant à l'intérieur : l'entrée romane est sombre, austère, alors que le chœur est éclairé de vastes ouvertures. Remarquer également les colonnes : piliers massifs, fines colonnes nervurées dans le chœur. On peut s'attarder longtemps devant les nombreux vitraux. Noter celui placé en 1944 au-dessus de la porte de la sacristie et intitulé : « À ses martyrs, la Vendée toujours fidèle. »

***L'église Notre-Dame du Vieux-Pouzauges :*** *à 1,5 km au sud-est.* Un des joyaux de l'art poitevin. Moins pour sa nef primitive du XIe s aux murs décrépis, ou pour son clocher vendéen du XIIe s, que pour ses peintures murales des XIIe-XIIIe s, découvertes en 1948. Un trésor d'une richesse inouïe, qui donne une idée de ce qu'étaient les églises du Moyen Âge. On y reconnaît les épisodes du péché originel, de Caïn et Abel, et de l'enfance de la Vierge Marie avec l'archange Gabriel.



## À faire

➢ ***Le chemin des Bénédictins, balisage jaune, nº 3 :*** *balade de 4,5 km. Compter 1h30 A/R (sans les arrêts). Référence : À la découverte de la Vendée par les sentiers, éd. CDRP Vendée. Carte IGN nº 1426 Est.* Départ de l'église du Vieux-Pouzauges, D 49 à la sortie sud-est de Pouzauges. Ce circuit passe par des chemins ruraux en sous-bois. Il permet de découvrir la campagne du haut pays vendéen, boisée de taillis de châtaigniers. Les ruines de l'abbaye de Bois-Roland mettent dans l'ambiance pour redescendre au Vieux-Pouzauges par l'ancien chemin emprunté par les bénédictins. Du Puy-Crapaud, le panorama offre de très belles vues sur le bocage.

# DANS LES ENVIRONS DE POUZAUGES

## SAINT-MESMIN *(85700)*

À la limite du département de la Vendée et de celui des Deux-Sèvres, un château fort médiéval veille sur les rêves des hommes...

### Où dormir ? Où manger ?

#### De bon marché à prix moyens

***Chambres d'hôtes La Haute Chaignais :*** *5, la Haute-Chaignaie. ☎ 02-51-91-24-78. • manu.rouger@wanadoo.fr • chambreschaignais.fr • Doubles 53-55 €. Des produits maison offerts sur présentation de ce guide.* Emmanuelle et Steve ont restauré chacune des chambres de leur maison dans un style différent, travaillant les murs de pierre apparente à la chaux, mettant en valeur les poutres... Spa et roulotte pour 2-5 personnes tout aménagée. Pour vous mettre au vert, c'est l'idéal : itinéraire cyclable à 300 m, sentier GR, rivière la Sèvre à proximité, pour les pêcheurs ou les rêveurs...

***Crêperie à la ferme La Ch'mi :*** *La Chemillardière. ☎ 02-51-91-27-37. • lachmi@wanadoo.fr • Slt ven soir, sam soir et dim soir. Compter 15-20 €. Sur résa slt. Apéritif offert sur présentation de ce guide.* Catherine fait des galettes et des crêpes comme sa maman le lui a appris en Bretagne, quand elle était petite ! Si vous la prévenez, elle mijote aussi spécialement pour vous des plats avec des produits fermiers et biologiques. Le tout accompagné de cidre maison...

## À voir

**Le château de Saint-Mesmin :** *la Ville, 79380* ***Saint-André-sur-Sèvre.*** *☎ 05-49-80-17-62. • chateau-saintmesmin.com • De mai à mi-juin, dim et j. fériés 14h30-18h30 ; 2de quinzaine de juin-début juil et 1er-20 sept, tlj 14h30-18h30 ; début juil-fin août, tlj 10h30-13h, 14h30-19h. Entrée : 5-7 € selon période ; réduc ; gratuit jusqu'à 6 ans.* Forteresse médiévale des XIVe-XVe s, avec un imposant donjon de 28 m de haut. De très nombreuses animations quotidiennes et ateliers pour adultes et enfants en juillet et août. Rassemblement médiéval fin avril. Le parking est en Vendée, le site dans les Deux-Sèvres !

# *MONSIREIGNE* (85110)

À 11 km au sud-ouest de Pouzauges par la D 960 vers Chantonnay, puis à gauche la D 23 vers Mouilleron-en-Pareds.

## Où dormir ?

**Chambres d'hôtes La Baudonnière :** *route des Salinières. ☎ 02-51-66-43-79. • bannigan.tom@orange.fr • labaudonniere.com • ♿ Doubles 60-70 €.* Rustique à souhait, ce vieux logis enserre, comme de juste, une grande cour carrée et un puits pour faire bonne mesure. Les chambres, coquettes et bien tenues (certaines disposent d'un coin cuisine ; prévoir un supplément), profitent d'une jolie vue sur la campagne. Piscine. Fait aussi gîte et camping. Accueil à l'irlandaise, à l'inverse du petit déj, très français !

## À voir

***Le musée de la France protestante de l'Ouest :*** *Le Bois-Tiffrais. ☎ 02-51-66-41-03. De mi-juin jusqu'aux Journées du patrimoine, tlj sf mar, 14h-18h ; le mat sur rdv. Entrée : 5 € ; réduc ; gratuit jusqu'à 12 ans.* La région fut marquée très tôt et durablement par la Réforme et les persécutions diverses que les huguenots ont subies. Ce musée retrace le siège de La Rochelle, les dragonnades en Poitou, l'exil de plus de 100 000 protestants après la révocation de l'édit de Nantes, etc. Également une bibliothèque et un important fonds d'archives généalogiques et historiques, consultables sur place.

# *LE BOUPÈRE* (85510)

À 7 km à l'ouest de Pouzauges, un village connu surtout pour son ***église*** romane (fin XIIe s), fortifiée pendant la guerre de Cent Ans. En façade, des contreforts percés d'archères et de canonnières sont reliés par un chemin de ronde protégé par un parapet crénelé. *Visites guidées juil-août tlj sf lun, 15h-19h.*

## Où acheter de bons produits ?

***Vente à la ferme de charcuterie et paniers garnis :*** *chez Michelle et Jean-Marie Sorin, La Rose des Vents. ☎ 02-51-91-49-92. En été, lun-ven 18h-20h ; hors saison, téléphoner.* Dans cette charmante ferme, un atelier de transformation charcutière permet la vente de paniers garnis avec des produits de Vendée, de viande fraîche et de conserves (charcuterie et bons plats cuisinés).

# SAINT-MICHEL-MONT-MERCURE

(85700) 2 130 hab. *Carte Vendée, D1*

**C'est l'Everest de la Vendée, du haut de ses 290 m ! L'église, couronnée de *L'Archange saint Michel terrassant le dragon,* domine tout le département. La statue de 9,66 m est une réplique de celle de Notre-Dame-de-Fourvière à Lyon. Qui a dit du Mont-Saint-Michel ? On recommande de monter dans le clocher (accès gratuit), la vue est époustouflante, à 360°. Mais se couvrir, il y a souvent du vent. Noter que le nom de ce village fait référence à la fois au christianisme et au culte païen. Curieux !**

## Où dormir dans les environs ?

***Chambres d'hôtes La Bonnelière :*** *☎ 02-51-57-21-90. Du village, direction Les Herbiers ; à 4 km, au carrefour de la Croix-Barrat, tourner à gauche vers Le Boupère ; c'est à 3 km sur la droite, juste après le château de la Bonnelière. Double env 50 €.* Dans une ferme pratiquant l'élevage du charolais, 2 chambres d'hôtes bien conçues, idéales pour les familles de 4 à 6 personnes : mezzanine, entrée indépendante, kitchenette et TV. Déco agréable et accueillante. Accueil plein de charme et de sourire.



## À voir dans le coin

***La Maison de la vie rurale :*** *ferme de la Bernardière. ☎ 02-51-57-77-14. • maison-vie-rurale.com • À mi-chemin entre Saint-Michel et Pouzauges. Tlj 10h-18h avr-nov. GRATUIT. Événements ponctuels payants (stage sur le jardinage, concerts dans le cadre du festival Collines à sons....).* Dans ce CPIE (Centre Permanent d'Initiatives pour l'Environnement), présentation du bocage vendéen avec animations, expositions à thème et vente de produits de la ferme. Toute une panoplie de jardins : celui des légumes oubliés ou méconnus, celui de l'herboriste... Visite commentée et dégustation le dimanche. Un site recommandé aux curieux de nature.

***La Flocellière*** *(85700) : à 2 km à l'est de Saint-Michel-Mont-Mercure.* Nombreuses demeures anciennes. Château néogothique près duquel subsistent le donjon, quelques vestiges des remparts et une tour du XII^e s : propriété de la famille du chef vendéen La Rochejaquelein, il fut incendié en représailles par les « colonnes infernales », qui y massacrèrent la population. À voir également, l'ancienne église du couvent des Carmes, la chapelle Notre-Dame-de-Lorette, au fronton de style Louis XV. Elle renferme une réplique exacte de la *Santa Casa* de Loreto, en Italie (la maison de la Vierge, rapportée par des croisés). Tout près, l'évêché, résidence d'été de Mgr Paillou, qui joua un rôle important durant le Concordat (il fut dépêché par Napoléon pour ramener les prêtres dans le droit chemin !).

# LE PUY-DU-FOU

*Carte Vendée, D1*

**Le *Grand Parc* le jour, la *Cinéscénie* la nuit, si aujourd'hui la renommée de ce site touristique phare de la Vendée a largement dépassé nos frontières (il a été récompensé par des prix internationaux aux États-Unis en 2012),**

**il est avant tout la fierté des bénévoles puyfolais et de son inventeur, un certain Philippe de Villiers. L'endroit tire son nom du latin *podium fagi,* qui signifie « le hêtre sur la colline ». À l'origine, il s'agit seulement d'un château abandonné des XV^e^-XVI^e^ s, quasi inconnu des locaux, construit par Guy du Puy-du-Fou. De cette époque ne subsistent que le bâtiment carré et une tour à mâchicoulis. Lors de l'incendie provoqué en 1794 par les « colonnes infernales », la partie centrale fut entièrement détruite, laissant une ruine aux allures romantiques.**

**En 1977, l'*Association du Puy-du-Fou* retroussa ses manches pour tout restaurer et organiser un premier spectacle son et lumière, sous la houlette de Philippe de Villiers, alors âgé de 27 ans. Concept, scénario, mise en scène... il supervisa tout. Et c'est le cas aujourd'hui encore. On doit admettre, indépendamment de toute considération politique, que son engagement et son talent ont su mobiliser les troupes et sortir le bocage du marasme qui le guettait : 3 200 bénévoles pour la *Cinéscénie,* jusqu'à 1 400 salariés en été pour le *Grand Parc,* 4 000 emplois induits... À signaler d'ailleurs que Le Puy-du-Fou s'autofinance et ne reçoit aucune subvention publique depuis sa création.**

## Où dormir ? Où manger sur le site ?

Les hôtels sont situés à la *Cité nocturne,* à l'entrée du *Grand Parc,* et sont ouverts tous les jours en saison. Ceux qui y séjournent trouveront des restaurants sur place. **Les tarifs indiqués pour les hôtels sont pour 2 personnes, billets et petit déj compris** (tarifs dégressifs selon saison et nombre de personnes dans la chambre). ☎ *0820-09-10-10 (0,118 €/mn).* • *puydufou.com* •

|●| Dans le *Grand Parc,* des ***restaurants*** où l'on finit toujours par trouver une place (mais réservation conseillée), qu'il s'agisse du bistrot 1900 ou de l'auberge du village.

⌂ |●| ***La Villa Gallo-Romaine :*** *à partir de 146 €. Formule repas 25 €, boisson comprise.* Un hôtel à l'ambiance III^e^ s, comptant une centaine de chambres familiales qui donnent toutes sur une galerie et un vaste jardin façon *impluvium* géant, avec tout le confort qu'on peut imaginer. Certaines ont vue sur le champ à côté, et on peut voir les chameaux au repos, tout en se lavant les dents. Restaurant sur place : cuisine d'aujourd'hui, mais service en tenue d'époque.

⌂ |●| ***Les Îles de Clovis :*** *à partir de 166 €. Formule-buffet 24 €.* Une cinquantaine de huttes couvertes de chaume et posées sur pilotis au bord de petits étangs. Confort d'aujourd'hui, mais surprenante déco prémédiévale : solides lits de chêne, vraies peaux de bête et boucliers aux murs. Amusant et ingénieux.

⌂ |●| ***Le Camp du Drap d'Or :*** *à partir de 156 €. Formule 26 €, boisson comprise.* Un hôtel qui plonge les visiteurs à l'époque de la Renaissance dans le camp construit par François I^er^ et Henry VIII d'Angleterre au XVI^e^ s. Chaque « logerie » compte 2 chambres confortables pour vivre un séjour royal. Restaurant sur place : grand brasero, grillade à volonté et service en tenue d'époque.

⌂ ***Le Logis de Lescure :*** *à partir de 250 €.* Dans un authentique petit manoir du XVIII^e^ s, 4 superbes suites en duplex (avec jardinet), d'un confort optimal et à la décoration plus qu'étudiée, avec une foule de meubles, d'objets et de bibelots d'époque, chinés ici ou là. Pas donné certes, mais franchement réussi.

## Où dormir ? Où manger dans les environs ?

***Avertissements :*** il est assez difficile de se loger les soirs de *Cinéscénie.* Pour vous simplifier la tâche, le mieux est d'appeler le ☎ *0820-321-315 (0,118 € TTC/mn)* ou bien de consulter le site • *autourdupuydufou.com* • Vous pouvez aussi vous procurer la brochure *Hébergement autour du Puy-du-Fou,* soit dans les offices de tourisme, soit auprès de ***Vendée Tourisme Réservation*** *(☎ 02-51-62-76-82).* À moins que vous n'ayez eu l'idée de réserver une chambre sur le site même, puisque tout est possible aujourd'hui (voir ci-avant). Quel que soit votre choix, armez-vous de patience et réservez le plus tôt possible.

## Camping

***Camping La Bretèche :*** *base de loisirs, 85590* ***Les Épesses.*** *☎ 02-51-57-33-34. • contact@campinglabreteche.com • campinglabreteche.com • Direction Cholet depuis le bourg (D 752). 1er avr-30 sept. Résa conseillée en été. Compter 15,30-19,90 € pour 2 selon saison. Loc de chalets et de bungalows toilés 4-7 pers 204-739 €/sem. 164 empl. Réduc de 5 % sur l'emplacement camping sur présentation de ce guide.* Idéalement situé au bord d'un petit étang, ce camping de taille moyenne est une aubaine pour les familles. Parfaitement entretenu et bien équipé, il propose moult activités pour petits et grands, notamment la pêche et des soirées à thème. Piscine.

## Chambres d'hôtes

***Logis du Grand Moulin :*** *85590* ***Les Épesses.*** *☎ 02-51-57-41-08. • logisdugrandmoulin@orange.fr • legrandmoulin85590.skyrock.com • À 2 km des Épesses, vers l'est. Doubles 65-80 € selon saison.* Un moulin encaissé au fond d'une vallée, un bout du monde en soi... Ghislaine a su faire de ce lieu un petit paradis charmant et accueillant, en bord de Sèvre. Les 4 chambres sont joliment décorées, et le petit déjeuner est servi dehors si le temps le permet. Spa.

***Logis de la Devinière :*** *20, rue du Puy-du-Fou, 85590* ***Les Épesses.*** *☎ 02-51-57-30-46. • logisladeviniere@gmail.com • logis-la-deviniere.fr • Dans le centre des Épesses. Doubles 90-115 € selon saison.* Belle demeure de caractère, à laquelle on accède par un petit chemin bordé d'arbres et de hauts murs de pierre. Les époux Bouquin, des hôtes adorables et membres fondateurs de l'*Association du Puy-du-Fou,* ont aménagé 5 chambres d'hôtes spacieuses et confortables, dont 3 suites. On peut y loger à plusieurs sans problème. Beaucoup de charme et de confort, à l'image de la salle de petit déj accueillante, donnant sur le jardin. Une piscine dans le parc.

***Chambres d'hôtes de la Traineliere :*** *85590* ***Les Épesses.*** *☎ 02-51-57-41-20. • latraineliere@gmail.com • latraineliere.com • Résa conseillée. À partir de 75 € jusqu'à... 240 € pour 2 selon saison et confort (doubles, Premium et suite) ; dégressif dès la 2e nuit.* Dans une ancienne ferme typiquement vendéenne, Soizic a aménagé un havre de paix, à deux pas du Puy-du-Fou. Les chambres sont d'une taille agréable, et la salle du petit déjeuner pleine de charme avec son poêle à bois. Repas sur résa.

## Spectacle

***La Cinéscénie :*** *représentation le soir ven-sam de début juin à mi-sept. Résa obligatoire : ☎ 0820-09-09-10 (0,118 €/mn). • puydufou.com • Tarifs : 26 € ; 18 € pour les 5-13 ans. Également des formules Cinéscénie + Grand Parc, voire avec l'hébergement inclus. Compter 1h40 de spectacle.* On reste bluffé par ce grand film en plein air (scène de 24 ha avec étang, château, moulins, etc.) où plus de 1 200 acteurs bénévoles racontent l'histoire d'une famille vendéenne. Effets spéciaux toujours plus innovants, feux d'artifice, cavalcades (180 chevaux en tout), jeux d'eau, scènes de village grandioses (24 000 costumes !)... Depuis 1978, plus de 10 millions de personnes ont vu ce spectacle unique en son genre. Et il y a près de 14 000 spectateurs chaque soir d'été. Gare d'ailleurs aux files de voitures (prévoir de la marge), mais tout cela est très bien géré...

## À voir

**Le Grand Parc :** *☎ 0820-09-10-10 (0,118 €/mn). • puydufou.com • ♿ De mi-avr à fin sept, 10h-19h (appeler ou consulter le site pour connaître les j. exacts d'ouverture). Entrée avec résa : 30 € ; enfant 20 € ; également des formules 2 ou 3 j., ainsi que d'autres comprenant la soirée* Cinéscénie *et/ou l'hébergement, les repas... Astuce : c'est moins cher en réservant son billet à l'avance.*
Le pari était un peu fou : un parc à thème sans manège, qui se définirait plutôt comme un grand voyage dans le temps pour raconter l'Histoire en spectacles. Des spectacles bigrement bien huilés, aux effets techniques ébouriffants et aux mises en scène plus impressionnantes les unes que les autres, qui font monter à coup sûr le taux d'adrénaline des visiteurs, jeunes ou moins jeunes. Le tout sur 50 ha de bois et de rivières, avec personnel en costumes d'époque pour plonger le spectateur ébahi dans le tourbillon de l'Histoire. Bien étudier les horaires des spectacles à l'avance pour tâcher d'organiser au mieux la journée en fonction de ses centres d'intérêt. Certains trouveront quelques textes ou évocations historiques partiaux, mais vous l'avez compris, le *Grand Parc* brasse allègrement les époques à sa façon, histoire d'apprendre en s'amusant ou vice-versa. Et dans ce bocage vendéen marqué par certaines guerres, on avait une revanche à prendre sur l'Histoire ! Bref, ici, on fait dans le spectacle et l'émotion, et on aime cette ambiance populo dans le bon sens du terme. Au final, de quoi passer une journée, et même plutôt deux pour prendre son temps.

### Principaux spectacles

– Des courses de chars et des combats de gladiateurs dans un ***stadium gallo-romain de 6 000 places,*** réplique du Colisée (avec son ingénieux *velum*).
– L'aussi drôle que spectaculaire attaque d'un ***fort de l'An mil*** par les méchants Vikings qui n'ont pas peur de mouiller la chemise (heureusement, saint Philibert veille).
– Les flamboyants duels de mousquetaires, les ballets brillants du ***Grand Carrousel*** (colossal théâtre du XVIIe s, précédé comme il se doit de jardins à la française).
– Les chevauchées fantastiques d'une émule de Jeanne d'Arc avec le ***Secret de la lance.***
– ***Les Chevaliers de la Table Ronde,*** la célèbre légende mise en scène avec des effets spéciaux spectaculaires.
– ***Le Bal des oiseaux fantômes,*** un impressionnant spectacle de fauconnerie, plein de poésie...

### Ailleurs dans le Grand Parc

Pour se remettre de ses émotions, on ira goûter l'atmosphère d'une ***cité médiévale,*** d'un ***village XVIIIe s,*** du ***bourg 1900*** (ambiance Belle Époque et automates musiciens), du ***Monde imaginaire de La Fontaine,*** sans oublier un ***théâtre pour enfants...*** Pour le côté nature, une ***roseraie Renaissance*** et un ***arboretum.***
Depuis 2014, le parcours ***la Renaissance du Château*** invite les visiteurs à pousser les portes du château du Puy-du-Fou, celui qui sert de décor à la Cinéscénie le soir. Les tableaux vous parlent, les miroirs vous observent, les fantômes dansent encore... Et, nouveauté 2015, « ***Les Amoureux de Verdun*** » vous plonge dans une tranchée de la guerre 1914-1918 à la veille de Noël.

## LES HERBIERS (85500) 15 560 hab. *Carte Vendée, C1*

**À l'extrémité nord des collines vendéennes et à 10 km du Puy-du-Fou, la ville des Herbiers constitue un modèle de développement économique, renforcé**

**par une agriculture dynamique. Dans la région, de nombreux magasins d'usine, spécialisés dans le textile, l'une des réussites de la région.**

## Adresse utile

**Office de tourisme :** *12, rue des Arts. ☎ 02-44-40-20-20. • ot-lesherbiers.fr • Juil-août, lun-sam 9h30-12h30, 14h-19h ; dim 9h30-12h30. Mai-juin et sept, lun (ap-m)-ven 10h-12h, 14h-18h, sam ouv à 9h puis mêmes horaires. En dehors de ces périodes, du lun ap-m au sam mat.*

## Où dormir ? Où manger ?

***Brithôtel Le Relais – La Boucherie :*** *18, rue de Saumur. ☎ 02-51-91-01-64. • contact@hotellerelais.com • hotellerelais.com • En direction du mont des Alouettes. Doubles 62-72 €. Formule déj en sem 10,20 € ; menus 14,90-19,90 €.* 3 maisons en une, voilà le secret de cet hôtel bien tenu de centre-bourg. Bon confort pour toutes les chambres, de différents standings. Accueil efficace. Côté resto, le nom et la façade annoncent la couleur.

***Chambres d'hôtes chez Bernard et Jeannine Retailleau :*** *la métairie du bourg. ☎ 02-51-67-23-97. 06-66-27-10-11. • lametairiedubourg.fr • À 4 km : direction Pouzauges sur 3 km, puis à gauche sur la D 11 vers Les Épesses. Doubles 65-85 €.* Vos hôtes n'ont pas à se forcer pour jouer la carte de la convivialité. Selon que vous voyagez à deux ou en tribu, d'élégantes chambres de style rustique, dans cette ferme toujours en activité, en pierre du pays. Les petits déjeuners sont gourmands et gourmets ! Belle vue dégagée sur le bocage vendéen.

***Hôtel-restaurant Aloé :*** *99, av. de Cholet. ☎ 02-51-66-80-30. • info@hotel-aloe.com • hotel-aloe.com • Direction le mont des Alouettes, puis prendre à gauche (indiqué) et traverser un quartier résidentiel sur 1 km. Doubles 73-130 €. ½ pens possible. Menus 16 € (midi en sem)-33 €.* Alouette, Aloé... l'un et l'autre ne sont pas très éloignés ! Établissement moderne de sortie de ville, sans cachet particulier mais proposant une soixantaine de chambres confortables et fonctionnelles. Le plus, c'est la vue sur Les Herbiers et les environs. Piscine, tennis et un restaurant de bon aloi sur place, permettant également de profiter du panorama. En fond sonore, *radio Alouette*, forcément !

## Où acheter de bons produits aux Herbiers et dans les environs ?

Dans le secteur, toute une gamme diversifiée d'entreprises et de producteurs locaux ouverts à la visite. Voici une petite sélection, mais mieux vaut s'adresser à l'office de tourisme pour une liste complète.

***Production d'escargots :*** *25, rue de Beaulieu, 85500* ***Saint-Paul-en-Pareds.*** *☎ 02-51-92-04-25. • maisonroyer.fr • Fermé dim. Visite de l'exploitation sur résa. Resto possible.* Fondée en 1989, la *Maison Royer* maîtrise totalement l'élevage et la production de l'escargot bio.

***La Brioche de Vendrennes :*** *85250* ***Vendrennes.*** *☎ 02-51-66-09-25. ♿ Tlj.* Vendrennes, c'est un peu la capitale de la brioche vendéenne, gâche ou tressée.

***La Brasserie Mélusine :*** *85500* ***Chambretaud.*** *☎ 02-51-61-51-52. ♿ Dans la Z.I., direction Puy-du-Fou. En sem slt. Film 12 mn. Boutique.* La 1re brasserie de Vendée. Une douzaine de bières artisanales pour tous les goûts, y compris bio ou au chanvre ! *Mélusine* en faillite, c'est pas pour demain...

**La Ferme des Coûts :** *85500 Chambretaud. ☎ 02-51-91-51-44. • ferme-des-couts.com • ♿ De l'église, suivre « les Coûts » sur 2 km. Tlj en saison.* Chantal Hérault est une femme en or qui se décarcasse pour faire vivre son exploitation (cerf, biches, bovins). Produits d'élevage fabriqués à l'ancienne (jambon de cerf, terrines, etc.), qu'on peut déguster le temps d'une visite-dégustation.

**Albert Chocolatier :** *aux Herbiers. ☎ 02-51-66-94-34. Lun-ven. • albert-chocoltier.com •* Chocolaterie artisanale, visite et dégustation pour les groupes.

## DANS LES ENVIRONS DES HERBIERS

**Le donjon d'Ardelay :** *au sud.* Bel exemple d'architecture du Moyen Âge. Planté sur une motte ceinturée de douves, ce petit donjon du XVᵉ s est très caractéristique avec sa cour carrée accessible par un pont-levis. Aujourd'hui propriété de la ville, il accueille des expos temporaires.

**Le mont des Alouettes :** situé aux marches du bocage, on dit que c'est la « colline inspirée de la Vendée ». Il fallait bien du Barrès pour qualifier ainsi ce promontoire de 232 m, d'où l'on découvre un vaste panorama. On a dénombré jusqu'à huit moulins au mont des Alouettes. Six disparurent successivement du paysage, victimes d'un autre vent... celui du progrès.
Le meunier vous fera découvrir les facettes de son métier dans l'un des deux moulins toujours sur pied. *Mai, w-e et j. fériés 10h-12h30, 14h-18h ; juin et 2 premières sem de sept, tlj sf mar, 10h-12h30, 14h-18h ; juil-août, tlj 10h-19h. Temps de visite : 20 mn. Tarifs : 3 € ; réduc ; gratuit jusqu'à 5 ans. Accès libre pour le reste du site. En juil-août, animations nocturnes avec dégustation de crêpes et balades pédestres accompagnées d'un animateur nature mer ap-m (☎ 02-51-67-16-66 ou 91-89-89).*

### SOMBRES MOULINS

*Les moulins du mont des Alouettes auraient été, en 1794, le cadre d'un épisode tragique des guerres de Vendée. On raconte par ici que les prisonniers républicains auraient été attachés aux ailes. Celles-ci auraient tourné jusqu'à ce que mort s'ensuive... Une chapelle néogothique, commencée en 1825 et achevée en 1968, commémore d'ailleurs le soulèvement vendéen.*

**Beaurepaire** *(85500) : à 7 km au nord par la D 23.* Vestiges du manoir dit « du Grand Logis », avec un bel escalier en colimaçon et des encorbellements du XVᵉ s. Il appartint à Gilles de Rais. Pour expier ses crimes, sa femme fit construire une église consacrée à saint Laurent. À l'intérieur, beau retable du XVIIᵉ s.

## DES HERBIERS AUX ESSARTS PAR LES CHEMINS DU BOCAGE

### *MESNARD-LA-BAROTIÈRE (85500)*

**L'église Saint-Christophe :** *suivre la D 160 vers La Roche-sur-Yon sur env 5 km, puis tourner à droite vers Mesnard. ☎ 02-51-66-02-74. Tlj 9h-18h30. Temps de visite : 45 mn. Entrée gratuite. Film mettant en valeur les plus belles fresques et peintures murales de Vendée.* De style roman, elle date des XIᵉ et XIIIᵉ s. Ensemble superbe de peintures murales d'origine dans le chœur, mises en valeur par des procédés technologiques modernes. On peut reconnaître la crucifixion de saint André sur le mur nord. Des bourreaux l'écorchent vif avec des peignes de fer. Au-dessus, représentation de la Cène. On peut aussi repérer un tétramorphe, représentation du Christ en majesté entre les symboles des quatre évangélistes.

**L'abbaye Notre-Dame de la Grainetière :** *à env 5 km des Herbiers par la D 160 vers La Roche-sur-Yon, tourner à gauche ; c'est à 2 km. ☎ 02-51-67-21-19. Tlj 9h-17h30. Entrée : 2 € ; gratuit moins de 18 ans.* Isolée dans un séduisant cadre champêtre, cette abbaye fondée en 1130 a beaucoup souffert des guerres de Religion, avant d'être vendue comme bien national, transformée en ferme, puis à nouveau confiée à une communauté de bénédictins en 1979. Beaux vestiges de l'immense église abbatiale, du cloître roman et de la salle capitulaire. Bucolique à souhait.

**La base de loisirs La Tricherie :** *☎ 02-51-66-04-31. À quelques km au sud-ouest (D 53), près de Vendrennes.* Lac, plage (surveillée en juillet-août), forêt avec trois départs de randonnée, bar-crêperie, minigolf, embarcations à pédales, canoë, accrobranche – *Tépacap Vendée (☎ 02-51-65-74-70. ● tepacapvendee.com ●)* propose également un espace jeux pour les enfants –, pêche, aire de pique-nique, etc.

LES COLLINES VENDÉENNES

## MOUCHAMPS *(85640)*

### Où manger ?

**Le Canotier :** *5, pl. Clemenceau. ☎ 02-51-66-28-49. ♿ En été, tlj sf jeu soir ; hors saison, ts les midis, plus le soir ven-sam. Congés : 2de quinzaine d'août et autour des fêtes de fin d'année. Formules 7,80-11,50 € déj en sem ; menus 26,20-37,30 €.* Il y en a des idées, sous le chapeau ! Si on l'écoutait, Stéphane Gil ferait du gastro, comme il l'a appris. Mais voilà, il doit se contenter de « bien faire » le week-end, pour quelques tablées d'amateurs. Car dans cet attachant village qui est le sien, on vient d'abord pour s'attabler le midi, en semaine, dans ce qui devait être autrefois une salle des fêtes, avec la télé et les ouvriers du chantier voisin. Il y a la terrasse, aussi, donnant sur la belle place fleurie du village. Et le service, gentil comme tout. Chapeau bas !

### À voir

**La tombe de Clemenceau :** *hameau le Colombier. À 5 km à l'ouest par la D 48, direction Les Herbiers, puis à droite ; ou direction Rochetrejoux et à gauche.* Clemenceau voulait des arbres et des plantes sauvages. Il repose à côté de son père, selon ses dernières volontés, dans le petit bois du Colombier. Athéna, déesse de la Sagesse et de la Guerre, veille sur eux. Ni inscription ni signe distinctif, un dépouillement à la hauteur des actes accomplis. Mais du coup, où est Georges ? Plus personne ne sait vraiment quelle sépulture accueille la dépouille du Tigre.

**DU FLIRT AU FLEURET**

*La petite histoire retiendra que Clemenceau, vendéen pur souche, fut un farouche adepte du duel. Il en livra 22 durant sa vie, dont un contre Paul Deschanel en 1894 (qui deviendra président de la République en 1920, contre Clemenceau). Autre genre de duo : il fut aussi un homme à femmes. À presque 90 ans, il finit d'ailleurs ses jours, une nuit de novembre 1929, dans les bras d'une de ses maîtresses.*

## SAINTE-CÉCILE (85110)

### Où dormir ?

**Camping La Rivière :** *25, rue du Stade. 06-86-67-39-51. • campinglariviere85@hotmail.fr • campinglariviere85.jimdo.com • Indiqué dans le bourg. Mai-sept (loc tte l'année). Forfait 2 pers 13,50 €. Chalets (☎ 02-51-40-24-07) pour 4-6 pers 196-539 €/sem.* Très mignon camping en bord de rivière, où coulent... des jours heureux. Ambiance familiale, très calme. Piscine. Une halte fraîche et reposante.

**Chambres d'hôtes Le Logis de l'Aublonnière :** *59, rue de l'Aublonnière. ☎ 02-51-40-26-43. • logisaublonniere@wanadoo.fr • aublonniere.com • À 2 km du bourg, au bout de la rue qui part de la mairie. Doubles env 77-93 €.* Dans cet ancien logis vendéen, Anne Coutansais accueille les visiteurs avec chaleur et enthousiasme. On y vit et découvre l'atmosphère d'une maison de famille où cohabitent la tradition et le confort moderne. Remarquable rénovation, dans les règles de l'art.

## À voir dans les environs

**Le château de la Grève :** *la Grève, 85140* **Saint-Martin-des-Noyers.** *☎ 02-51-07-86-36. • asso-chateau-greve.com • Juil-août, Journées du patrimoine et manifestations ponctuelles, tlj 14h-19h ; sinon, sur résa. Entrée : 5 € ; réduc ; gratuit jusqu'à 12 ans.* Ce château du XIIe s revit grâce à une association de bénévoles qui propose des animations, notamment à destination des enfants : chasse au trésor, calligraphie, chevalerie... C'est fou, non, tous ces trésors en sol vendéen ?

## SAINTE-FLORENCE-L'OIE (85140)

### Où dormir ? Où manger ?

**Chambres d'hôtes Chez l'Oie-S'Eau :** *83, rue Nationale. ☎ 02-51-61-50-90. • rom.loiseau@orange.fr • chez-loie-seau.com • Double 55 € ; tarifs dégressifs dès la 3e nuitée.* « Bergeronnette », « Mésange », « Hirondelle » et « Alouette »... quand on s'appelle Loiseau, on ne donne pas à ses chambres des noms de général ou de château ! Les petits déjeuners sont servis dans la grange aménagée, à laquelle on a libre accès pour se détendre, réchauffer un repas ou mettre au frais boisson et pique-nique. Accueil très chaleureux pour un vrai « séjour détente »...

**Le Moulin de la Rivière :** *la Basse-Rivière, D 137. ☎ 02-51-66-18-77. • lemoulindelariviere@wanadoo.fr • Midi mar-dim et soir ven-sam. Menus 13,80 € en sem, puis 21,50-27,50 €. Café ou kir maison offert sur présentation de ce guide.* Charmant restaurant avec sa grande roue à aube, dans un cadre bucolique en bord de rivière. Cuisine traditionnelle.

## À voir

**L'Espace Gaston-Chaissac :** *1, rue de la Scierie. ☎ 02-51-66-10-84. • gastonchaissac-sainteflorence.fr • Juil-août, mar-ven 10h-12h, 14h-18h ; sept-juin, mar-ven 14h-17h ; ainsi que le 1er dim de chaque mois 15h-18h, plus 3e dim de chaque mois juin-sept. Entrée : 4 € ; réduc ; gratuit jusqu'à 6 ans.* Un amour de petit musée, qui fait chaud au cœur même pour qui n'avait jamais entendu parler auparavant de Gaston Chaissac, artiste hors norme des années 1950, qui vécut ici de 1948 à 1961. Pendant toutes ces années, il a arpenté les rues, peint, dessiné, écrit, sous le regard affolé de ses voisins. S'il faut aller aujourd'hui dans les musées pour voir ses œuvres, ici, il reste quelques traces de lui jusque dans les toilettes (parmi les rares, à notre connaissance, à être classées Monument historique) de l'ancienne école, devenue ce joli musée, gai, poétique, toujours mitoyen de la mairie. Le visiteur, petit ou grand, pénètre dans une grande boîte à sucre bleue, se glisse dans la penderie du peintre, s'évade dans un palais des glaces, contourne des bouses de vache... Les enfants adorent, les parents sourient. Petit vélo au plafond, logique ! 30 000 lettres, sinon, rappellent que l'homme jouait aussi le rôle de la gazette locale. Chuchotements derrière un volet. Mur des connaissances (Queneau, Braque). On sort en parlant tout bas. Puis on rit, car c'est drôle, parfois, un musée...

## *LES ESSARTS* *(85140)*

### Adresse utile

**Office de tourisme :** *51, rue Georges-Clemenceau, BP 46. ☎ 02-51-62-95-62. • paysdesessarts.com • Lun-ven sf mer ap-m, 9h-12h30, 13h30-17h ; sam 9h-12h.*

### À voir

**Le château :** *4, rue du Vieux-Château. ☎ 02-51-48-40-75. • chateau-des-essarts.com • Juil-août et Journées du patrimoine. Entrée : env 5 € ; réduc ; gratuit moins de 12 ans.* Le château médiéval a plus de 1 000 ans d'histoire et constitue l'un des plus importants patrimoines civils et militaires cadastraux du département. Le parc paysager a été dessiné par les célèbres frères Bülher, à qui l'on doit le parc de la Tête-d'Or à Lyon et le bois de Boulogne à Paris.



# DU CŒUR DU BOCAGE AU CŒUR DE L'HISTOIRE

**Balade au nord de la Vendée, au départ des Herbiers ou du Puy-du-Fou, jusqu'au village des Lucs-sur-Boulogne, où l'on vous contera l'histoire de façon aussi ludique que magistrale. Une autre vision de la Vendée bocagère.**

## MORTAGNE-SUR-SÈVRE

(85290) 6 230 hab. *Carte Vendée, D1*

**À 15 mn du Puy-du-Fou, Mortagne se trouve dans une région en dehors des circuits touristiques, mais ne manque pourtant pas de charme, sur les rives de la Sèvre nantaise qui offrent çà et là de jolis coins complètement reculés et escarpés.**

### Adresse utile

**Office de tourisme :** *av. de la Gare ; dans l'ancienne gare. ☎ 02-51-65-11-32. • vendeesevretourisme.fr • Juil-août, lun-sam 9h30-12h30, 14h-18h ; dim et j. fériés 10h30-12h30. Le reste de l'année, horaires plus restreints.* Guide de randos en vente.

## À faire

➢ ***Le chemin de fer de la Vendée :*** *départ et retour à la gare de Mortagne. ☎ 02-51-63-02-01. • vendee-vapeur.fr • ♿ (pers accompagnées). Juin et sept, dim slt ; juil-août, mer, ven et dim. Résa conseillée. Départ à 15h30 et retour vers 18h. Compter 16,50 € l'A/R ; réduc ; gratuit jusqu'à 5 ans. Également un train-resto (jeu et w-e, résa obligatoire, fin mai-fin oct).* Balade superbe, commentée, sur une ligne pittoresque de 22 km, entre Mortagne et Les Herbiers, empruntant de magnifiques viaducs. Et bien sûr, dans un train à vapeur, à l'intérieur de wagons joliment restaurés. Le wagon-resto est celui de l'*Orient-Express* de 1926 !

## DANS LES ENVIRONS DE MORTAGNE-SUR-SÈVRE

***La Gaubretière*** *(85130)* **:** autrement appelée « le Panthéon de la Vendée ». Le ***cimetière*** de la commune abrite, en effet, une douzaine de tombes de personnages illustres des guerres de Vendée, comme Sapinaud de La Rairie ou Jacques Forestier, qui furent à la tête de troupes contre-révolutionnaires. Plus anecdotique, la tombe de Marie Lourdais – Bretonne d'origine et espionne chez les républicains pour le compte des Vendéens – ou celle de Sauvageot, républicain qui se convertit à la cause des royalistes. Dans le tertre central, ossements de plusieurs centaines de victimes anonymes de ces mêmes événements.
Ne pas manquer l'***église,*** tout près. Dans le retable, à l'entrée, une statue de saint Barthélemy représenté les yeux grands ouverts, crispés par la douleur, ce qui lui valut le surnom de saint Épourail. Sa relique guérissait de toutes ses peurs quiconque avait le courage de la regarder ou, mieux encore, de la toucher. Sur la façade de l'église, une plaque rappelle l'héroïsme des 1 200 habitants du village assiégés dans le clocher et qui furent massacrés après s'être rendus. Encore un épisode sanglant des guerres de Vendée.



# SAINT-LAURENT-SUR-SÈVRE

(85290) 4 350 hab. *Carte Vendée, D1*

**Une ville sur le cours de la Sèvre nantaise et offrant de nombreux chemins de rando, qui se démarque par son pôle d'enseignement « Saint Gab – Saint Michel » avec 1 800 élèves dont 900 internes ! Ici, les églises sont pléthore et même le monument aux morts, symbole républicain par excellence, est surmonté d'un saint homme.**
**Saint-Laurent s'ouvre à l'histoire en 1716, lorsque Louis-Marie Grignon de Montfort vint y mourir. Ordonné prêtre en 1700, il s'occupa des pauvres en Bretagne, puis à La Rochelle et à Luçon. Il repose dans la gigantesque basilique du XIXe s. Saint-Laurent est devenu un haut lieu de pèlerinage en Vendée après le débarquement des congrégations monfortaines, toujours présentes.**

### Où dormir ? Où manger ?

***Camping Le Rouge Gorge :*** *route de La Verrie. ☎ 02-51-67-86-39. • campinglerougegorge@wanadoo.fr • camping-lerougegorge-vendee.com • ♿ À 500 m sur la route de La Verrie, indiqué sur la droite. D'avr à mi-oct. Tentes 14,80-19,80 € selon saison. Hébergement locatif 231-628 €/sem.*

*93 empl. Réduc de 10 % sur le forfait 2 pers hors saison sur présentation de ce guide.* Un joli petit camping familial, bien entretenu, au calme et bien placé pour partir à l'assaut du Puy-du-Fou. Étang à 200 m, équitation à 2 km, tennis à 3 km. Location de mobile homes et chalets. Piscine chauffée extérieure et snack-bar.

**Château de la Barbinière :** *la Barbinière. ☎ 02-51-92-46-00. • contact@chateau-barbiniere.com • chateau-barbiniere.com • À 1 km sur la route de La Verrie, indiqué sur la droite. Resto fermé dim soir. Congés : 2 sem sur déc-janv. Doubles 64-185 € selon confort, saison et soir de Cinéscénie ; également des supérieures et des suites. Menus 25 € (midi en sem)-46 €.* Élégance des vieilles pierres et charme du contemporain, voici le cocktail gagnant de ce château et ses dépendances réhabilités, accueillant environ une trentaine de chambres tout confort. Également une table semi-gastronomique sur place, dans une salle chic et moderne, ainsi qu'un bar à vins et une piscine. Une adresse classe et originale.

## DANS LES ENVIRONS DE SAINT-LAURENT-SUR-SÈVRE

AU CŒUR DU BOCAGE

### SAINT-MALO-DU-BOIS (85590)

À environ 6 km au sud de Saint-Laurent, un village célèbre dans le monde des amoureux de la chanson grâce à son incroyable Festival de Poupet qui endiable les nuits de la campagne depuis presque 30 ans.

#### Où dormir dans le coin ?

**Camping La Vallée de Poupet :** *Poupet, 85590 Saint-Malo-du-Bois. ☎ 02-51-92-31-45. • camping@valleedepoupet.com • valleedepoupet.com • À env 2 km. 15 mai-15 sept. Résa conseillée. Compter 13,90-17,50 € pour 2 selon saison. Loc de chalets, de bungalows toilés et d'une yourte 210-610 €/sem selon taille et saison. Résa conseillée. 112 empl. Réduc de 5 % en mai, juin et sept sur le forfait sur présentation de ce guide.* Bucolique à souhait, cette vallée verdoyante ! Un cadre idéal pour ce camping familial, dont les emplacements mi-ombragés s'étirent le long de la rivière, à peine dérangés par le chant des oiseaux. Piscine extérieure chauffée et nombreuses activités à la base de loisirs voisine (canoë, VTT, resto). Animations et festival de musique l'été.

**Chambres d'hôtes La Ménie :** *La Ménie, 85590 Saint-Malo-du-Bois. ☎ 02-51-92-33-57. • charrier.patricia@hotmail.fr • lamenie.fr • Dans un hameau proche du bourg ; passer devant la mairie, le cimetière et 1re rue à droite. Doubles 65-68 €.* Très typiques, les chambres sont situées dans une ancienne grange vendéenne. Les propriétaires y ont apporté tout le confort moderne. Elles sont conviviales, colorées, on s'y sent bien. La salle du petit déjeuner est faite de poutres, de bois et de matériaux naturels. De très belles randonnées à faire au départ de l'hébergement.

## Manifestation

– **Le Festival de Poupet :** *une quinzaine de dates en plein air en juil. Résas : ☎ 02-51-65-11-32. • festival-poupet.com •* Un festival convivial qui marche du feu de Dieu, parti d'une bande de copains pour devenir un rendez-vous de stars sous les étoiles. Quelque 450 bénévoles, pour accueillir des milliers de festivaliers dans une *happy valley* encaissée, loin de tout. De Cabrel à Sting en passant par Elton John, M ou Stromae, ce festival convivial fait dans l'éclectique. Penser à réserver longtemps à l'avance.

# TIFFAUGES (85130) 1 490 hab. *Carte Vendée, C1*

**Entre Cholet et Montaigu, sur la D 753. Sur un promontoire rocheux, au pied de la Sèvre, Tiffauges est célèbre pour son château, où vécut Barbe-Bleue.**

## GILLES DE RAIS

Né en 1404, il montre très tôt de grandes aptitudes militaires, doublées d'une intelligence féroce. Marié à 16 ans à Catherine de Thouars, par qui il devient seigneur de Pouzauges, il part bouter les Anglais hors du royaume aux côtés de Jeanne d'Arc. À 25 ans, il est fait maréchal de France, honneur qui lui fait « fondre les plombs ». Il se met à donner des fêtes splendides. Il entretient une armée de 200 hommes et se fait servir par un nombre incalculable de domestiques. Sa fortune s'amenuise comme neige au soleil. Pour conserver son train de vie, il se met en quête de la formule de la pierre philosophale qui transforme le plomb en or. Il fait appel à un alchimiste italien qui lui affirme qu'en employant des mains, des cœurs, des yeux et du sang de jeunes et beaux enfants, il trouvera la fortune. Qu'à cela ne tienne, des centaines d'enfants passent de vie à trépas. À 20 lieues à la ronde, les campagnes sont terrifiées. Arrêté sur ordre de l'évêque de Nantes, Gilles de Rais est pendu et brûlé devant une foule immense à Nantes, en 1440. Au XVIIe s, Perrault livra une version de cette histoire dans l'un de ses contes, *Barbe-Bleue*. Pour certains, on a de beaucoup exagéré les crimes de Gilles de Rais, et un procès en réhabilitation a même été organisé en 1992 !



## Où dormir très chic ?

***Chambres d'hôtes la Vallée de la Roche :*** *la Roche. ☎ 02-51-61-16-10. • contact@lavalleedelaroche.fr • lavalleedelaroche.fr • À 2 km : prendre la route de La Gaubretière/Saint-Aubin, puis tourner à gauche (indiqué). Doubles à partir de 120 €. Réduc de 10 % sur le prix de la chambre en basse saison sur présentation de ce guide.* Site superbe, lové dans un méandre confidentiel de la Sèvre nantaise, avec une chute d'eau, un ponton et un hameau paisible plein de cachet en pierre de taille. Le moulin à eau a été retapé avec un goût extrême, version contemporaine : 3 chambres (6 couchages) dont une suite avec un lit rond, cuisine aménagée, home cinéma, terrasse posée sur l'eau, spa extérieur, canoës à disposition, etc. À proximité, un gîte (9 couchages) de même standing avec piscine. Pour un séjour de charme bucolique.

## À voir

***Le château de Gilles de Rais :*** *☎ 02-51-65-70-51. • vendee.fr • Avr-juin et sept, lun-ven 10h-12h30, 14h-18h (non-stop en juin) ; w-e et j. fériés 14h-19h. Juil-août, tlj 11h-19h. Entrée : 7 € ; réduc ; gratuit jusqu'à 6 ans. Spectacle tlj en juil-août. Comédie musicale lun soir en juil-août. Carnets d'aventure gratuits pour les 5-13 ans.* Un exemple particulièrement réussi de mise en valeur du patrimoine. Chaque année, guides et comédiens en costumes ressuscitent les impressionnantes ruines de ce vaste château, qui forme une enceinte ovoïde de 700 m sur 3 ha. Le donjon bien conservé du XIIe s et les vestiges d'une chapelle servent de décor aux représentations théâtrales, la magnifique tour du XVe s renferme un scriptorium reconstitué, tandis que les dépendances accueillent un film en relief (3D). Mais le plus impressionnant, c'est sans doute le réjouissant spectacle médiéval, mettant en scène chevaliers et toute la panoplie des machines de guerre de l'époque. Ainsi catapultés dans l'histoire, les gamins sont aux anges. Mais prenez garde au fantôme de Gilles de Rais (1404-1440), alias Barbe-Bleue, dont la légende est loin d'être tombée aux oubliettes.

## À voir dans les environs

***La Cité des oiseaux :** 85130 **Les Landes-Génusson.** ☎ 02-51-91-72-25. • cite-des-oiseaux.vendee.fr • À 8 km au sud par la D 37 ; du bourg, prendre la D 72, direction La Boissière-de-Montaigu. Avr-mai, tlj sf sam, 14h-18h. Juin et sept, lun-ven 10h-12h30, 14h-18h ; dim et j. fériés 14h-19h. Juil-août, tlj 11h-19h. Entrée : 4,50 € ; réduc ; gratuit jusqu'à 18 ans.* Une des plus grandes zones humides du département (54 ha d'espaces naturels, dont une trentaine en eau), riche de toute une vie qu'il faut prendre le temps de découvrir, depuis l'observatoire ou le belvédère. Passage obligé par le centre de découverte de l'oiseau, pour apprendre à se repérer (et à les repérer), puis balade sur la grande digue, en bordure d'étang ; avec des jumelles prêtées et en toute liberté. Si vous savez être discret, vous ferez peut-être de belles rencontres : canards siffleurs, fuligules milouins et morillons, grèbes huppés...



# MONTAIGU

(85600) 5 180 hab. *Carte Vendée, C1*

**Ville administrative et industrielle de la vallée des Deux-Maines, située dans un cadre pittoresque. Aventurez-vous dans les ruelles pentues de la vieille ville et découvrez ses remparts classés. Parcours-découverte qui commence à l'office de tourisme.**

## Adresse utile

***Office de tourisme :** 69, pl. du Champ-de-Foire. ☎ 02-51-06-39-17. • officedetourisme.terresdemontaigu.fr • Face à la poste. De mi-juil à mi-août, lun-sam 9h30-13h, 14h30-18h ; dim et j. fériés 10h-13h. Le reste de l'année, fermé dim, j. fériés et lun mat.* « Sentier du patrimoine », visite de 2h jalonnée de bornes et panneaux. Jeu découverte « Caméléon » pour les enfants. Visites guidées en été. Guide de randonnées « La Boitarando ».

## Où dormir ? Où manger à Montaigu et dans le coin ?

### De prix moyens à chic

***Hôtel des Voyageurs :** 9, av. Villebois-Mareuil, à Montaigu. ☎ 02-51-94-00-71. • hotel-restaurant-les-voyageurs.fr • Dans le centre. Doubles 62-84 € selon confort et taille.* Derrière la longue façade rose se cache, côté jardin, un hôtel très classique composé de 3 bâtiments entourant une piscine. Au choix, 2 catégories de chambres (jusqu'à 4 personnes). Restaurant sur place et un espace de remise en forme.

***Chambres d'hôtes L'Ancienne École :** chez Jean-Yves et Sylvie Fauchard, 21, rue Saint-Joseph, 85600 **Boufféré.** ☎ 02-51-06-32-89. • anciennecole@orange.fr • ancienne-ecole-bouffere.fr • À 2 km au sud-ouest par la D 763. Doubles 60-65 €. Réduc de 10 % pour 2 nuits min hors juil-août sur* *présentation de ce guide.* Une salle de classe rien que pour soi et sa petite famille ou ses copains ? On retourne à l'école avec plaisir ! Ici, on a le sens de l'accueil, et chacun est le bienvenu. La seule chose qu'on vous demande, avant de vous mettre à table, c'est d'épingler votre lieu de vie sur la carte dressée dans la cuisine.

**Chambres d'hôtes du Château de la Preuille :** *chez Carl et Anne-Marie Ribow, 85600* ***Saint-Hilaire-de-Loulay.*** *☎ 02-51-09-29-11. • amcp.ribow@orange.fr • À env 5 km au nord, direction Nantes (D 137) ; au grand rond-point, prendre la direction Remouillé, continuer sur 1,5 km puis tourner à la 2e à droite ; c'est à 800 m env. Doubles 72-92 €. Également un gîte.* Construit aux XIIIe s et XVe s, c'est l'un des plus anciens châteaux des Pays de la Loire. 4 chambres confortables avec belle vue sur l'étang, et une salle à manger-cuisine avec une grande table pour 12 personnes. Possibilité de venir à cheval (foin et paille à volonté !).

**Restaurant de la Digue :** *9, rue des Abreuvoirs, à Montaigu. ☎ 02-51-06-34-48. Au bord de la Maine, sur la gauche en descendant vers le pont. Tlj sf dim, lun soir et mar soir. Menus 15-30 € en sem, 24-32 € ven soir et sam.* Préfou du chef (une spécialité vendéenne), saumon fumé ou pizzas, le tout servi dans l'une des 4 salles à l'ambiance marocaine ou sur la terrasse séparée de la rivière et de ses nénuphars par une petite route peu fréquentée.

## DANS LES ENVIRONS DE MONTAIGU

**La Maison de la rivière :** *pl. du Lavoir, 85600* ***Saint-Georges-de-Montaigu.*** *☎ 02-51-46-44-67. • maisonriviere.terresdemontaigu.fr • Avr-mai et sept, mer et sam 14h-18h, dim et j. fériés 14h-19h ; vac scol de Pâques et juin, mar-sam 14h-18h, dim et j. fériés 14h-19h ; juil-août, tlj 11h-19h. Entrée : 3,50 € ; réduc ; gratuit jusqu'à 6 ans. Visite + balade guidée en barque : 7,50 €.* Blotti dans la verdure, sur les berges ombragées de la Grande Maine, voici un espace naturel préservé de 10 ha. L'ancien moulin à eau abrite un centre d'interprétation de la nature. Une visite qui mêle interactivité et effets spéciaux, pour tous les âges. Également au programme : des balades en barque libres ou guidées, des sentiers pédestres, un jeu de piste familial, un programme de sorties nature et les animations culturelles et festives des *Estivales de la Rivière.*

# ROCHESERVIÈRE (85620) 2 950 hab. *Carte Vendée, B1*

**Que diriez-vous d'une balade pédestre dans les ruelles de Rocheservière ou d'une promenade en barque sur la Boulogne ? Et pour une découverte étonnante, visiter le quartier historique à la nuit tombée.**

## Adresse et info utiles

**Office de tourisme :** *21, rue du Péplu. ☎ 02-51-94-94-05. • lejardindelavendee.fr • Juil-août, lun-ven 9h30-13h, 14h-17h30 ; le reste de l'année, lun-ven 9h30-12h30. (30 mn gratuites).* Infos sur les *Sentiers Randocroquis* : 4 sentiers en milieu naturel dans le canton de Rocheservière sur le thème de l'initiation au dessin nature. Une initiative futée et unique en son genre ! Sinon, location de visio-guides pour les *Chouettes Balades* à Saint-Philbert-de-Bouaine et Rocheservière (fonctionnent en autonomie, à faire à son rythme). Également téléchargeables.

■ ***Base de canoë :*** *☎ 02-51-31-03-84. • canoe-rocheserviere.fr • De mai à mi-sept.* Une balade en toute quiétude sur la Boulogne, à bord d'un canoë, d'un kayak ou d'une barque.

## Où dormir ? Où manger très chic à Rocheservière et dans les environs ?

***Chambres d'hôtes Le Château du Pavillon :*** *rue du Gué-Baron, à Rocheservière. 06-72-92-37-23. • annie.gilbert.rio@orange.fr • lejardindelavendee.fr • À 12 km du Logis de la Chabotterie. Mi-avr à mi-oct. Doubles 90-200 € ; petit déj 9,50 €.* Derrière le perron à double révolution de l'entrée et les immenses fenêtres, cet élégant château néoromantique renferme l'univers d'Annie et de Gilbert Rio. Dans une ambiance de conte de fées, l'escalier majestueux conduit aux chambres avec cheminée, décorées comme dans *La Belle au bois dormant.* Nichés dans le parc, des cottages de charme « Carabosse » ou « Mélusine ». Salle de billard, piscine, salle de jeux pour les enfants.

***Logis de la Chabotterie :*** *85260* ***Saint-Sulpice-le-Verdon.*** *☎ 02-51-09-59-31. • restaurant.thierrydrapeau@wanadoo.fr • ♿ Fermé dim soir, lun et mar. Menus 39 € déj en sem, puis 85-125 € (125-190 € avec les vins).* La ferme-château, théâtre de la fin des guerres de Vendée, abrite dans ses anciennes écuries l'une des plus grandes tables du département. Ce cadre historique donne toute sa saveur à la cuisine moderne de Thierry Drapeau. La magie des épices travaillées à petites doses, les connotations aromatiques florales enveloppent sa cuisine des parfums du Sud. L'influence des couleurs, l'architecture des compositions culinaires fièrement dressées dans les assiettes incitent à dévorer les plats des yeux, avant de les porter à la bouche. Très chic boutique-hôtel sur place, pour ceux qui en ont les moyens, et stages culinaires.



## À VOIR À ROCHESERVIÈRE ET DANS LES ENVIRONS

***Le site Saint-Sauveur :*** *pl. Saint-Sauveur, à Rocheservière. ☎ 02-51-48-23-56. • sitesaintsauveur.fr • 14h-18h30 : vac scol de Pâques (sous réserve de travaux en 2015) et Toussaint, mer-dim ; mai-juin et sept, le w-e slt ; juil-août, mar-dim. Entrée : 3 €.* Expo de broderies dont une création de 140 m dédiée à l'art religieux. Également un retable du XVII$^{e}$ s inscrit au titre des Monuments historiques et un centre d'interprétation sur les retables de Vendée au cœur d'une chapelle restaurée.

***Le Logis de la Chabotterie :*** *85260* ***Saint-Sulpice-le-Verdon.*** *☎ 02-51-42-81-00. • chabotterie.vendee.fr • À une dizaine de km au sud-est, par la D 7. Juil-août, tlj 10h-19h ; le reste de l'année, contacter le ☎ 02-51-42-81-00. Entrée, audioguide (version descriptive ou historique) compris : 6 € ; réduc ; gratuit jusqu'à 18 ans. Juil-août, visites costumées gratuites pour les enfants. Carnets d'aventure pour les 5-13 ans tte l'année.*
Site de l'arrestation du général Charette en mars 1796, le Logis marque la fin des guerres de Vendée. Magnifique manoir du XV$^{e}$ s, typique d'un logis bas-poitevin. Autour d'une cour carrée, les dépendances agricoles, logements du personnel et maison noble sont étroitement imbriqués, rappel des maisons gallo-romaines. On y découvre l'atmosphère et la douceur de vivre à la campagne avant la Révolution, au travers de reconstitutions minutieuses des nombreuses ***salles historiques,*** à l'aide d'effets sonores, de la cuisine au grenier. Mais bientôt, des armes apparaissent, des plans de bataille, et même la table où fut allongé le général blessé. Également des maquettes sur les logis vendéens, entre châteaux et métairies. On

passe ensuite dans le verger et surtout le très beau ***jardin clos,*** à la française : potager, fleurs d'ornement, pergolas de roses anciennes. Enfin, on suit un nouveau parcours scénographique riche en innovations technologiques sur le général royaliste Charette et les guerres de Vendée.

➢ Un peu plus loin, dans le ***bois de la Chabotterie,*** se dresse la croix commémorant l'arrestation de Charette. En saison, on peut s'y rendre en calèche (2 €) ou à pied : compter 20 à 30 mn de marche.

– ***Musiques à la Chabotterie :*** *juil-août. Rens et résas : ☎ 02-51-43-31-01.* Grand festival de musique baroque. Menu spécial au restaurant de Thierry Drapeau, durant le festival.

## *LES BROUZILS* *(85260)*

À une vingtaine de kilomètres du sud-est de Rocheservière, arrêt obligatoire dans le massif forestier de Grasla, pour revivre de l'intérieur les guerres de Vendée.

### À voir

***Le Refuge de Grasla :*** *forêt de Grasla. ☎ 02-51-42-96-20. • refugedegrasla@wanadoo.fr • refugedegrasla.fr • ♿ 1er mai et 3 dernières sem de sept, dim et j. fériés 14h-18h ; juin-1re sem de sept, tlj 11h-18h. Entrée : 6 € ; réduc ; gratuit jusqu'à 6 ans. De fin juin à mi-sept, spectacle dim à 16h et 18h, ainsi que jeu à 20h30 en juil-août (7 € ; réduc ; gratuit jusqu'à 6 ans).* Évocation historique grandeur nature de la vie des populations réfugiées en forêt de Grasla au cours de l'hiver 1794. Fuyant les « colonnes infernales » du général Turreau, des centaines de femmes, enfants et vieillards se cachèrent au creux de ces bois en y transposant toutes les habitudes de la vie rurale. C'est ce qui rend la visite particulièrement touchante, puisqu'il ne s'agissait ni plus ni moins que d'un camp de survie rudimentaire, en extérieur et découvert par le général Ferrand (mais déjà déserté). Les décors, mannequins et sonorisation des nombreuses « loges » (des huttes) reconstituées par des bénévoles sont très réalistes, et on imagine sans peine les conditions précaires dans lesquelles ces familles ont vécu le temps d'un hiver. Également un bâtiment d'accueil avec un excellent film (10 mn) pour présenter le site et son contexte historique, ainsi que des expos temporaires.
Le refuge propose un genre de spectacle itinérant, *Pierre, capitaine de paroisse,* joué par des professionnels et des bénévoles. Devant le succès rencontré, il s'enrichit chaque année davantage.
– Tout autour, une vaste forêt et des étangs, idéaux pour le pique-nique. Location de vélos et de GPS.

# LES LUCS-SUR-BOULOGNE

85170 | 3 150 hab. | *Carte Vendée, B1*

**Les Vendéens ont un don pour cacher, par pudeur peut-être, ce qu'ils ont de mieux derrière des noms qui n'incitent pas à faire un effort pour les découvrir. Prenez l'Historial de la Vendée, dans le village des Lucs-sur-Boulogne, à 11 km au sud de Rocheservière par la D 937, où un massacre terrible fut perpétré par les « colonnes infernales » le 28 février 1794. Impossible de le rater, à priori : sur toutes les routes du département, on ne voit que ces panneaux qui balisent le chemin pour s'y rendre. Mais pour une fois, vous ne tomberez**

**pas dans le panneau en allant visiter ce qui est l'une des plus belles réussites muséographiques du département... Allez-y en famille, vous passerez un moment enrichissant, on vous le dit !**

## Où manger dans le coin ?

**Le Moulin à Élise :** *lac de la Minoterie (direction Aizenay), 85170* ***Le Poiré-sur-Vie.*** *☎ 02-51-06-42-86. • brigitte.tricot210@orange.fr • À quelques km au sud par la D 4. Tlj sf lun, mar soir et mer soir, plus jeu soir et dim soir hors saison. Congés : 2 sem vac scol d'avr-mai, 2 sem en sept et 1 sem à Noël. Formule déj en sem 12,50 € ; menus 21,50-25,50 €. Apéritif offert sur présentation de ce guide mai-août.* Au départ, ce n'était qu'une crêperie-brasserie comme on en voit tant, mais le parking rempli et les tables joyeuses indiquent qu'il se passe autre chose, le midi, par ici. Un accueil chaleureux, de bons plats du jour à prix doux, et une bonne cuisine, à base de mijotées et de veau. Ajouter à cela une terrasse sympa et un environnement sauvegardé (moulin, rivière).

## À voir

AU CŒUR DU BOCAGE

**L'Historial de la Vendée :** *allée Paul-Bazin. ☎ 02-51-47-61-61. • historial.vendee.fr • Tlj sf lun hors juil-août, 10h-19h (18h oct-mars). Entrée : 8 € ; réduc ; gratuit jusqu'à 18 ans. Compter 3h de visite. Visites guidées possibles et sans supplément. Plusieurs grandes expos temporaires chaque année. Boutique et cafétéria. Carnets d'aventure pour les 5-13 ans tte l'année. (payant.)* Ce grand musée récent et bien intégré dans le paysage (toiture végétale et grandes baies vitrées) s'intéresse à toute l'histoire de la Vendée, de la préhistoire au XXe s, en passant par la Révolution, bien sûr. Mieux, il vous y intéresse, quel que soit votre âge ou votre intérêt personnel pour le sujet... Muséographie moderne, interactive, avec jeux de lumière, audiovisuels (film en haute définition) et mises en scène, s'appuyant sur de nombreuses pièces d'époque (objets de fouille, statues, tapisseries, meubles, éléments d'architecture...). Une partie du musée est entièrement dédiée aux enfants, qui vont passer là de grands moments, notamment en compagnie des animaux de la ferme au *musée des Enfants.*

***Parc paysager*** attenant à l'Historial. Ne pas manquer de voir l'émouvant ***Mémorial de Vendée,*** un hommage vibrant aux morts des Lucs et, à travers eux, à tous les Vendéens victimes des guerres de Vendée, inauguré par Soljenitsyne. Un parcours mène à la chapelle où sont gravés les noms des 594 Vendéens massacrés dans cet Oradour du temps de la Révolution.

– Profitez de votre passage aux Lucs pour aller admirer les ***vitraux de l'église,*** qui racontent, bande dessinée avant la lettre (on le dit souvent, mais là, c'est admirable), les massacres perpétrés le 28 février 1784. Un beau livre d'images, orienté, comme on peut l'imaginer, et le comprendre, en ces lieux.

## DANS LES ENVIRONS DES LUCS-SUR-BOULOGNE

**Le musée des Ustensiles de cuisine anciens :** *pl. Georges-Clemenceau, 85260* ***Saint-Denis-la-Chevasse.*** *☎ 02-51-41-39-01. • musee-ustensiles-cuisine-anciens.fr • À 11 km à l'est par la D 39. Juil-août, tlj 14h30-18h30 ; 1er mai-fin juin et 1er sept-1[er] nov, dim et j. fériés 14h30-18h30. Sur rdv le reste de l'année. Fermé déc-fév. Entrée : 5 € ; réduc ; gratuit jusqu'à 7 ans.* C'est l'ancien logement d'un instituteur qui abrite aujourd'hui ce charmant musée, assez unique, qui devrait vous donner des bouffées de nostalgie et vous mettre en appétit. Six salles pour remonter le temps en suivant l'évolution des ustensiles de cuisine (1 400 en tout !). On passe de l'ère de la fonte et du cuivre au temps du plastique, mais on s'arrête à l'inox dans les années 1960. Une collection pour tous, car il y a même des jeux pour les enfants. Parmi les curiosités : un tournebroche du XVIIe s (qui fonctionne toujours), une collection de couperets, quelques « potagers », une amusante casserole-tandem, etc.

# LE MARAIS BRETON-VENDÉEN ET LES ÎLES

**De Bourgneuf, au nord, à Saint-Gilles-Croix-de-Vie au sud, ce vaste ensemble, s'étendant à perte de vue, a été gagné sur la mer au fil des siècles. Les alluvions de la Loire ont relié entre elles les quelques îles qu'étaient Bouin, Beauvoir, Monts et Riez. Plus tard, des moines acharnés et des Hollandais (qui n'étaient pas les derniers dans l'art de gagner des terres sur la mer) modifièrent le paysage pour en faire cet espace de vertes prairies, entrecoupées de nombreux étiers et de canaux chargés de l'évacuation de l'eau.**
**Le marais reste encore un monde un peu à part en Vendée. La yole (barque plate) et la ningle (perche servant à sauter les étiers) ont beau devenir de plus en plus objets de musée, la vie demeure parfois difficile. Il n'est pas rare que l'eau envahisse de vastes parcelles durant l'hiver, isolant les quelques bourrines (maisons basses au toit de roseaux) qui ont réussi à survivre. Cependant, l'élevage reste l'une des ressources principales de la région. Sur la côte, ostréiculture et tourisme assurent de nombreux débouchés.**

## Infos utiles

– ***Pass culture découverte :*** *pour 2 adultes, disponible à l'accueil des sites. GRATUIT. Liste sur • vendeedesiles.fr •* Une vingtaine de sites du *pays Vendée des Îles* (y compris les îles) participent à cette opération qui permet de bénéficier d'un tarif réduit dès la 2e visite : écomusée du Daviaud, Jardin du Vent, musée Milcendeau, etc.

– Sur la côte, on peut emprunter la ***route de l'Huître*** (de nombreux ostréiculteurs ouvrent leurs portes pour la visite et la dégustation) qui rejoint La Bernerie-en-Retz (Loire-Atlantique) à Talmont-Saint-Hilaire, au sud de la Vendée. • *huitre-vendee-atlantique.fr* •



# CHALLANS (85300) 20 000 hab. *Carte Vendée, B1*

**Capitale du marais et deuxième ville de Vendée, célèbre pour ses canards et ses poulets, Challans fut le théâtre de la première victoire des Vendéens sur les républicains pendant les guerres de Vendée. Le 12 mars 1793, les paysans faisaient fuir les autorités vers Les Sables-d'Olonne. Mais moins de 1 mois après, les Blancs devaient reculer devant l'armée du général Boulard. Fleurie, gaie, cette petite ville de passage sent déjà la mer et les vacances. Située à quelques encablures à peine des plages, on rayonne facilement dans la région, tout en échappant au flux touristique.**

## Adresse et info utiles

**Office de tourisme :** *espace Jan-et-Joël-Martel, au rdc de l'hôtel de ville, 1C, rue de l'Hôtel-de-Ville. ☎ 02-51-93-19-75. • otsi-challans.fr • Juil-août, lun-sam 9h30-12h30, 14h30-18h30 ; hors saison, lun ap-m et mar-sam. (gratuit 30 mn/j.).* Dépliants avec 2 circuits du patrimoine dans la ville. Propose des randonnées découverte faune et flore (selon programme).

– **Marché :** *mar mat.* L'un des plus grands de la région, dans les Halles et dans les rues.

## Où dormir ?

**Le Ragis :** *route de Saint-Gilles. ☎ 02-51-68-08-49. • info@camping-leragis.com • camping-leragis.com • Par la D 32 à env 1 km du centre, prendre à gauche après un virage et poursuivre encore 1 km. Tte l'année. Résa conseillée. Tentes 12-22 € selon saison. Hébergement locatif 220-720 € selon saison. 194 empl. Minigolf en accès gratuit sur présentation de ce guide.* Dans un cadre verdoyant, des emplacements bien délimités au bord d'un étang poissonneux. 2 piscines chauffées, dont une couverte, avec toboggans aquatiques, terrain multisports, pêche en étang privé. Accueil sympa et ambiance familiale. Petite activité agricole sur place. Location de mobile homes, chalets et caravanes, ainsi que de vélos.

**Hôtel Le Manoir de l'Antiquité :** *14, rue Gallieni. ☎ 02-51-68-02-84. • hotelantiquite@wanadoo.fr • hotelantiquite.com • Doubles 70-150 € selon confort.* Un établissement de charme, bien plus proche d'une grande maison de famille que d'un hôtel traditionnel ou d'un manoir. L'extérieur semble banal, mais quelle surprise en entrant ! Mobilier raffiné, ancien et fort bien mis en valeur. Les chambres sont spacieuses et décorées avec talent jusque dans les moindres détails. Elles sont distribuées le long d'un jardin ou autour d'une piscine « bleu des mers du Sud », au bord de laquelle on peut prendre son petit déj.

## Où manger ?

**Le Gourmandin :** *41, rue Pierre-Gilles-de-Gennes. ☎ 02-51-35-39-09. • legourmandin@orange.fr • Sur la route de Soullans, vers le sud, au niveau d'un rond-point. Fermé mar soir, mer et dim soir. Formule 18,60 € déj en sem ; menus 27,80-35 €.* Bâtiment moderne aux formes cubiques et des tons minéraux apaisants pour *Le Gourmandin* nouvelle formule qui a investi ces murs en 2012. En prime, une jolie vue sur la verdure depuis les baies vitrées. On vient de loin pour découvrir une cuisine traditionnelle précise, savoureuse, détournée avec humour par un jeune chef trentenaire, breton et fan de Roellinger qui « aime le soleil, la couleur ». Sa femme, sommelière, accueille habitués comme visiteurs d'un soir avec la même tonicité.

***Le Vers de Vin :*** *1 bis, rue Gallieni. ☎ 02-51-35-25-54. • levers.devin@yahoo.fr • Près des Halles. Tlj sf mer soir et dim. Congés : 3 sem sur juin-juil. Formules 13-14,50 € à midi en sem ; carte env 25 €.* Une petite adresse comme on les aime : salle de poche simplement chaleureuse, tout comme l'accueil. Cuisine ouverte d'où sortent des plats pleins de fraîcheur, tout simples mais pas dépourvus de personnalité. Et de belles surprises dans une cave qui s'ouvre grand aux vins de propriétaires.

**Chez Charles :** *8, pl. du Champ-de-Foire. ☎ 02-51-93-36-65. • reservation@restaurantchezcharles.com • Dans le centre. Fermé dim soir, lun et jeu soir. Congés : fin déc-fin janv. Formules 13,50-18,50 € en sem ; menus 21-50 €.* Intérieur confortable et chaleureux pour déguster une cuisine traditionnelle régionale fort bien traitée : canard, tête de veau, poisson du jour... sans oublier l'intéressant choix de vin pour accompagner le tout. L'une des adresses bien ancrées dans le paysage challandais.

## Où dormir ? Où manger dans les environs ?

**Chambres d'hôtes L'Ex-École :** *2, rue de La Rochelle, 85670* ***Saint-Christophe-du-Ligneron.*** *06-12-16-13-88 et 06-13-04-29-30. • didier.chesneau1@bbox.fr • À 9 km de Challans par la D 948 direction La Roche-sur-Yon. Double 60 € ; des familiales également.* Dans cette ancienne école, dont on devine encore les classes, la cour et le préau, les propriétaires accueillent chaleureusement leurs hôtes pour un repos prolongé. Les chambres occupent une partie isolée de cette grande bâtisse, formant un petit appartement agréable avec salle de bains et salon commun. Idéal pour une famille. Et jardin arboré.

**Le Petit Saint-Thomas :** *25, rue De-Lattre-de-Tassigny, 85710* ***La Garnache.*** *☎ 02-51-49-05-99. • restolesaintthomas@orange.fr • À 6 km au nord, par la D 32 (direction Nantes). Face au cimetière. Fermé dim soir, lun et mer soir. Congés : 3 premières sem de janv, 2 sem sur juin-juil. Menus 19,50 € (déj en sem)-46,90 € selon formule retenue. Apéritif maison offert sur présentation de ce guide.* Chic mais pas classieuse, moderne mais pas m'as-tu-vu, une adresse de bourg typique, transformée par un couple de Vendéens revenus sur leurs terres. Deux salles, lumineuse pour l'une, plus chaleureuse pour l'autre. Et une carte entre terre et mer, fraîche et savoureuse, inventée par un chef qui fait résolument honneur aux canons de la gastronomie.

## À voir

**L'église Notre-Dame :** *entrée par le côté droit (suivre le panneau « entrée des artistes » !).* De style néogothique, elle fut construite à la fin du XIXe s et abrite un beau chemin de croix sculpté, ainsi qu'un impressionnant orgue contemporain (2003). Chœur inspiré de celui de Saint-Germain-des-Prés à Paris. On remarquera que son clocher se trouve de l'autre côté de la place. En 1905, l'État devint propriétaire du bâtiment encore en travaux et, faute de crédit pour bâtir un clocher neuf, on décida de conserver celui de l'ancienne église.

## Manifestation

– **Autrefois Challans :** *2 jeu en juil et 2 jeu en août. GRATUIT.* Challans vit en 1910 pendant quelques jours. Rétrospective du fameux marché à la volaille qui a fait la réputation de la ville, lavandières, éleveurs et compagnie investissent la ville en costumes d'époque. Plusieurs centaines de figurants en costumes font vivre cette grande fête.

# DANS LES ENVIRONS DE CHALLANS

### *SOULLANS* (85300)

La région entre Challans et Saint-Jean-de-Monts a favorisé le rassemblement de nombreux artistes, attirés par la lumière particulière du pays. Soullans (sur la D 69) est surtout connu aujourd'hui pour son musée, hommage à un enfant du marais qui a été le témoin, par le pinceau, de sa terre natale.

## Où dormir ? Où manger ?

**La Scala :** *1, rue de l'Océan. ☎ 02-51-68-04-18. • josecases@hotmail.fr • Face à l'église, au carrefour principal. Congés : de mi-déc à début janv. Doubles env 50-60 € selon saison. Menus 11 € à midi en sem, puis env 17-22 €.* Petite auberge de bourg à la façade saumon, proposant une dizaine de chambres sobres et modernes, dotées de double vitrage. Restaurant-pizzeria au rez-de-chaussée : tartiflettes, pâtes, bruschettas...

## À voir

**Le musée Charles-Milcendeau, peintre voyageur :** *Le Bois-Durand. ☎ 02-51-35-03-84. • musee-milcendeau.fr • ♿ À 2 km en direction de la côte, indiqué sur la gauche. Juil-août, dim-ven 11h-13h, 14h-18h30 ; sam 14h-18h30. Mai-juin et sept, mer-dim 14h-18h30. Vac d'hiver, de printemps et de la Toussaint, mer-dim 14h-18h30. Entrée : 3,50 € ; réduc ; slt 1 € pour ts le dernier dim de chaque mois hors saison ; gratuit moins de 6 ans. Aire de pique-nique.* Le musée retrace la vie et l'œuvre d'un enfant de Soullans, le peintre Milcendeau (1872-1919), qui vécut ici jusqu'à sa mort. Muséographie riche et colorée, dans un lieu reposant, en pleine nature. Ce beau bâtiment moderne rassemble dans ses salles lumineuses des documents vidéo (biographie de 15 mn), historiques (objets personnels), ainsi qu'une importante collection de dessins et de tableaux. Milcendeau, peintre naturaliste élève de Gustave Moreau, a laissé de nombreuses peintures qui témoignent de son goût pour le quotidien des hommes : scènes de marché, portraits... Dans le jardin, un parcours conduit les visiteurs jusqu'à la maison que Milcendeau avait acquise en 1905. On y verra notamment sa chambre mauresque, qui n'est pas sans rappeler un autre grand homme de la région, Pierre Loti.



# *SALLERTAINE* (85300)

À 7 km à l'ouest de Challans, ce bourg a longtemps vécu de la production de sel, lorsque les marais étaient encore salants. Petites maisons basses et ruelles étroites en font un lieu typique du marais. Labellisée « Ville et Métiers d'art », vous pouvez flâner dans les rues de Sallertaine tout en découvrant l'activité d'un souffleur de verre ou d'un fabricant de jouets en bois... réunis dans l'association *L'Île aux artisans.* Un lundi de juillet et trois en août, on peut assister à des nocturnes (18h-23h) avec spectacles de rue, musique, danses, etc. Quant aux amoureux des livres, ils reliront *La Terre qui meurt,* un roman que René Bazin avait situé par ici...

## À voir. À faire

**L'église Saint-Martin :** *ouv en été (sinon, s'adresser à la mairie, ☎ 02-51-35-51-81).* Ce sanctuaire du XIIe s, remarquable par son transept dont la voûte romane en coupole nervurée est unique, ne doit son salut qu'à la pauvreté de l'État. Elle devait être détruite après la construction de la nouvelle église en 1906, mais le projet fut annulé, faute de crédit. Les deux églises se font toujours face aujourd'hui.

➢ **La Route du Sel :** *49, rue de Verdun. ☎ 02-51-93-03-40. • laroutedusel.com • Tte l'année. Balades à pied, en canoë, en solo ou guidées, dans le site exceptionnel des anciennes zones de marais salants de Sallertaine.* Plusieurs formules : en une demi-journée, on va jusqu'au moulin de Rairé manger une crêpe et boire une bolée de cidre ; la journée complète comprend un pique-nique-barbecue génial dans les marais (existe en version nocturne le week-end, aux chandelles !). Sinon, sortie ornithologique, à l'aube, pour assister au réveil de la nature... Équipe vraiment sympa et super ambiance.

**Le moulin de Rairé :** *☎ 02-51-35-51-82. ● moulin-de-raire@wanadoo.fr ● moulin-a-vent-de-raire.com ● ♿ (accès partiel). À 2 km du centre de Sallertaine par la D 103. Avr-juin et sept, tlj 14h-18h ; juil-août, tlj 10h-12h, 14h-18h30 ; hors saison, se renseigner. Entrée : 4,50 € ; réduc, notamment sur présentation de ce guide. Pique-nique possible. Boutique de produits régionaux.* Construit vers 1560, le moulin de Rairé tourne sans interruption depuis son édification, avec le vent comme seul moteur ! La famille Burgaud-Billet, descendante d'une longue lignée de meuniers, produit des farines de blé et de sarrasin issues de l'agriculture biologique. Les meuniers commentent avec passion la visite de leur « bébé ». Une balade riche en anecdotes et commentaires hauts en couleur, idéalement complétée par un intéressant musée de la meunerie réparti dans plusieurs dépendances : vieilles machines, meules, arbre de moulin, arbre à girouettes, maquette du moulin...

À l'heure du goûter, bolée de cidre et crêpes faites avec la farine du moulin, à déguster dans une grande salle conviviale aux allures d'auberge.

**La Bourrine à Rosalie :** *Le Robinet. ☎ 02-51-49-43-60 ; hors saison : ☎ 02-51-68-73-61. À 5 km de Sallertaine par la D 119. Juil-août, tlj sf lun mat, 10h30-12h30, 14h30-18h30 ; vac de Pâques, de mi-juin à fin juin et sept, tlj 14h30-18h ; sinon, slt w-e et j. fériés pour les groupes (mieux vaut téléphoner pour vous en assurer). Fermé fin sept-Pâques. Entrée : 2 € ; réduc ; gratuit moins de 10 ans.* À la mort de l'ancienne propriétaire Rosalie (en 1971), sa bourrine très caractéristique de la région est restée là, intacte, cernée par les eaux en hiver. On la visite aujourd'hui dans son jus, instruit par les commentaires pleins de bon sens de guides venus en voisins... Et si elle nous paraît charmante et pittoresque, cette bâtisse de plain-pied au toit de roseaux, on saisit bien toute la rudesse de la vie dans les marais. Une plongée en apnée dans la Vendée d'autrefois. Nombreuses animations folkloriques sur le site.

## BOIS-DE-CÉNÉ *(85710)*

À 10 km au nord de Challans par la D 58, à mi-chemin de Machecoul. Village au riche passé, habité depuis l'époque romaine, qui vaut surtout pour son église du XIVe s. Quelques artisans y ont élu domicile.

### Où dormir ?

**Camping Le Bois Joli :** *2, rue de Châteauneuf. ☎ 02-51-68-20-05. ● contact@camping-leboisjoli.com ● camping-leboisjoli.com ● ♿ Avr-sept. Compter 15-21 € pour 2 selon saison. Bungalows toilés et mobile homes 150-1 005 €/sem selon taille et saison. Réduc de 5 % sur le prix du séjour sur présentation de ce guide.* Dans l'intérieur des terres sans être franchement éloigné de la mer, ce 3-étoiles tiré à quatre épingles joue la carte de la convivialité et de la qualité. Des emplacements bien délimités et une gamme complète de prestations : piscine, tennis, ping-pong, volley, jeux pour les enfants, resto (en saison) et animations. Accueil sympathique.

**Chambres d'hôtes Les Albizzias :** *15, rue de Challans. ☎ 02-51-68-24-68. À l'entrée de Bois-de-Céné, prendre la D 58 vers Challans. Fermé de mi-nov à mi-fév. Double 53 €. Rando guidée dans le Marais breton offerte sur présentation de ce guide.* Dans une maison récente et typiquement vendéenne, 2 chambres bien tenues, mais déco à l'ancienne, on vous prévient gentiment. Une adresse à conseiller aux amoureux des espaces verts et de la taille des bonsaïs, car c'est la passion première d'Hubert. Accueil attentionné, à l'image des balades nature proposées selon le temps.

## À voir dans le coin

**L'église Saint-Étienne :** *dans le bourg.* Construite au XIVe s sur un ancien cimetière mérovingien, elle fut modifiée de la Renaissance au XVIIe s, comme en témoignent les sculptures des chapiteaux. Elles représentent de manière grossière les vices et les péchés capitaux dans un style plutôt pittoresque. Très beaux retables du XVIIe s et des vitraux consacrés à saint Étienne : derrière l'autel, scène de la lapidation !

**L'abbaye de l'île Chauvet :** *indiquée sur la D 28, à env 1 km, entre Châteauneuf et Bois-de-Céné. ☎ 02-51-68-13-19. De juil à mi-sept slt, tlj sf sam, 13h-18h. Entrée : 4,50 € ; gratuit jusqu'à 13 ans.* Fondée en 1130 par des bénédictins sur un îlot désertique, l'abbaye se révéla vite prospère, mais elle eut à souffrir de la guerre de Cent Ans et (surtout) des guerres de Religion, époque à laquelle elle devint protestante. Malgré les destructions infligées pendant la Révolution, il reste de beaux vestiges de bâtiments conventuels et de l'église abbatiale, comme cet élégant portail à cinq voussures reposant sur des colonnettes à chapiteaux ouvragés. Les péchés capitaux y sont vertement représentés. À tel point que certains ont été martelés aux endroits que la morale réprouve ! Une maquette dans le dortoir des moines donne une idée de ce qu'était l'abbaye à son apogée. Exposition retraçant l'historique du marais.

**Le Petit Moulin :** *85170 **Châteauneuf,** 4 km au sud par la D 28. ☎ 02-51-49-31-07. • moulin.chateauneuf.free.fr • Avr-juin, tlj 14h-19h ; juil-août, tlj 11h-19h ; sept et vac Toussaint, 14h-18h. Entrée : 4 € ; réduc ; gratuit jusqu'à 3 ans.* Un moulin à vent qui moud la farine depuis 1703 et sept générations de meuniers. Le dernier en date, peu avare en anecdotes, ne doit pas beaucoup dormir entre visites guidées, production de farine et livraisons. Dans le vaste jardin, rébus, charades, devinettes et autres jeux de toujours vous disent tout sur le système d'ailes Berton de 1845 ou encore le verbe moudre à tous les temps... Boutique-crêperie.

# BOUIN

(85230) 2 270 hab. *Carte Vendée, A1*

**Rattachée au continent depuis le XVIIIe s seulement, Bouin a gardé l'aspect de village de pêcheurs qu'elle avait lorsque la mer entourait encore l'île. Dès le Moyen Âge, comme Noirmoutier et Yeu, Bouin jouissait d'un privilège royal particulier : on en fit une sorte de zone franche avant l'heure, exempte d'impôts, car ce point stratégique pour la navigation devait être peuplé... Le rêve pour les contrebandiers, qui investirent vite les trois îles ! Autour de l'église des XIe et XVIe s (plutôt austère), les vieilles rues regorgent de belles maisons anciennes.**

## Adresse utile

**Aire d'accueil :** *à l'entrée de la commune, au rond-point. En juil-août.* Renseignements sur les sorties ornitho dans les polders, le plus souvent à vélo, et les visites du site des éoliennes.

## Où dormir ? Où manger dans le coin ?

### De bon marché à prix moyens

🍴 ***Le Martinet :*** *9, rue des Jardins. ☎ 02-51-49-23-48. • restaurant@domaine-lemartinet.com • ♿ Tlj sf lun midi et mar midi, plus lun soir et dim soir hors saison. Menus 18-39 €. Digestif maison offert sur présentation de ce guide.* Derrière l'église, chaleureusement installé dans une ancienne salorge (autrement dit une grange à sel) du XVII^e s. Expo de peinture. Épatante cuisine, juste et sincère, au gré de la pêche et de ce qui pousse (fruits, légumes et parfois de surprenantes épices bio) dans un jardin que vous pourrez visiter sans avoir besoin de beaucoup insister.

🍴 ***Bar à huîtres Fleurs des Flots :*** *31, port des Brochets. ☎ 02-51-68-84-23. • fleursdesflots@orange.fr • De Bouin, prendre la D 21 en direction du port des Brochets. Juil-août, tlj ; de mi-avr à fin juin et sept, ven-dim slt. Menu 13,50 € ; carte 15-20 €.* Une cabane ostréicole, construite par le papa dans les années 1950. Un bon coup de peinture, et la voilà ouverte à tous par la nouvelle génération (la 4^e à faire dans l'huître). Terrasse au-dessus du port pour manger des huîtres bien sûr, mais aussi moules, soupe de poisson, tomme du Marais breton et glaces artisanales. Visite (sur résa) de l'exploitation.

🏠 🍴 ***Chambres d'hôtes Les Tignons :*** *route de la Couplasse. ☎ 02-51-93-85-95. • laferme@tignons.com • tignons.com • De Bouin, prendre la D 21 en direction du port des Brochets ; à 2 km, prendre à droite la D 118 vers le port du Collet et suivre les panneaux « Les Tignons ». Double 41 €. Repas le soir sur demande env 14 €. CB acceptées. 📶 Un paquet de sel offert sur présentation de ce guide.* Perdue au cœur de ce marais naturel, une ancienne bourrine renferme un chapelet de chambres très simples. Béatrice et Raymond organisent des randos découverte à pied, à VTT..., ainsi que des stages de remise en forme, le tout encadré par des moniteurs qualifiés. Atmosphère relaxante et écolo, *roots* quand même, autant être prévenu.

### Chic

🏠 ***Domaine Le Martinet :*** *pl. du Général-Charette. ☎ 02-51-49-23-23. • contact@domaine-lemartinet.com • domaine-lemartinet.com • ♿ Doubles 90-110 € selon taille et saison ; également des familiales.* 📶 L'atmosphère (et la tranquillité) d'une maison de famille dans cette belle demeure de bourg. L'accueil discret mais enthousiaste d'un jeune couple qui, avec ce charmant petit hôtel, s'est ouvert à une nouvelle vie. Jardin avec piscine couverte (avec une poignée de chambres en rez-de-chaussée). Resto tout à côté (*Le Martinet* ; lire plus haut).



# BEAUVOIR-SUR-MER

(85230) 3 800 hab. *Carte Vendée, A1*

**Petite ville un peu oubliée par l'histoire depuis que Louis XIV fit raser la forteresse. Elle la défendait pourtant depuis le XI^e s. L'église Saint-Philbert (X^e et XI^e s), massive et austère, dégage une impression de puissance qui défie le temps. C'est à 4,5 km de Beauvoir qu'on emprunte le Gois, ce passage à gué qui relie Noirmoutier à marée basse. Voir plus loin le chapitre « Noirmoutier ».**

## Adresse utile

ℹ ***Office de tourisme :*** *rue Charles-Gallet. ☎ 02-51-68-71-13. • otsi-beauvoir.com • Tlj en juil-août ; fermé lun mat et sam ap-m le reste* *de l'année.* *(30 mn gratuites.)* Infos sur les visites guidées gratuites des marais salants et du parc éolien de Bouin.

## Où dormir ? Où manger ? Où boire un verre dans le coin ?

**Chambres d'hôtes Au Passage du Gois :** *Le Ménitres, à Beauvoir-sur-Mer. ☎ 02-51-49-02-17. • info@aucharmantlogis.com • aupassagedugois.com • À 1 km de la mer et du fameux passage. Doubles 60-95 € selon saison. Table d'hôtes le soir sur demande 15-29,50 €.* Il faut imaginer cette ancienne ferme, datée de 1810, servant de café à ceux et celles qui attendaient autrefois la marée pour rejoindre l'île. On passe du noir et blanc à la couleur, avec l'arrivée de Hemko et Martine. Ces deux Néerlandais ont joliment réussi leur reconversion et celle de cette belle maison blanche typique, avec ses tuiles brique et ses volets bleus. Une chambre familiale dans la maison, 2 autres côté cour, indépendantes, au calme. L'après-midi, Martine n'est pas à la plage mais en cuisine, et elle vous réserve une jolie surprise. Pour les vins, c'est son mari qui s'y colle.

**Le Relais du Gois :** *à l'entrée du passage du Gois, à 4,5 km de Beauvoir. ☎ 02-51-68-70-31. Tlj (ou presque). Menus 19,50-40 €.* Belle salle chic, toute refaite, avec fauteuils club et mobilier de bois ainsi qu'une terrasse posée sur la mer, le tout aux premières loges pour admirer ce passage qui fait tant parler de lui. À la carte, fruits de mer et poissons, mais aussi pigeonneau et agneau.

**La Pitchounette :** *48, rue Bonne-Brise, BP 11, 85230* ***Saint-Gervais.*** *☎ 02-51-68-68-88. • la-pitchounette@orange.fr • À la sortie de Beauvoir par la D 948 en direction de Challans. Tlj sf lun-mar hors saison. Formule 12,50 € déj en sem ; menus 21-50 €. Café offert sur présentation de ce guide.* Qu'est-ce qu'elle est mignonne, cette maison ! Toute fleurie, accueillante et chaleureuse, avec une ribambelle de vieux outils et de bibelots disposés ici ou là. Cuisine traditionnelle.

**Le Mord'eau :** *le port du Bec, L'Époids, 85230* ***Bouin.*** *☎ 02-51-68-72-61. • portdubec@orange.fr • Tlj, le midi slt. Carte env 20 €. Apéritif offert sur présentation de ce guide.* Bar-resto typique et sans façons, où les gars du port se posent du café à l'apéro (ou vice versa). On peut y manger des huîtres, moules et autres coquillages un peu à toute heure.

## DANS LES ENVIRONS DE BEAUVOIR-SUR-MER

**Le port du Bec :** *à* ***L'Époids,*** *à 3,5 km de Beauvoir.* En pleine région ostréicole, un petit port pittoresque connu pour ses nombreuses barques colorées dispersées dans une forêt de pieux de bois. Ses pontons sur pilotis évoquent un peu l'Asie. On l'appelle d'ailleurs aussi « le petit port chinois », et c'est un site classé.

# LA BARRE-DE-MONTS / FROMENTINE

(85550) 2 150 hab. *Carte Vendée, A1*

**Entre la baie de Bourgneuf et la dune des pays de Monts, une commune plus connue sous le nom de son port, Fromentine (ainsi appelé en souvenir du froment, un blé rouge cultivé ici avant d'être ensuite exporté). Elle reste le point de passage obligé pour Noirmoutier (par le pont) et le point de départ**

**des bateaux pour l'île d'Yeu, à 3 km du bourg. Un lieu hautement stratégique donc, avec un front de mer joliment aménagé.**
**Ceux qui sont pressés de prendre le bateau ne savent pas ce qu'ils laissent derrière eux : 688 ha de pins et de chênes verts, 7 km de plages de sable fin (nettoyées de manière écologique !) où l'on pratique kite-surf et char à voile, et 1 200 ha de marais. Noter que son phare toujours en activité, le Petit Feu, est métallique (rare !).**
**Si vous préférez les deux-roues, la piste cyclable reliant Beauvoir-sur-Mer à La Barre-de-Monts par les polders est faite pour vous.**

## Adresse et infos utiles

**Office de tourisme :** *pl. de la Gare, à Fromentine.* ☎ *02-51-68-51-83.* • *fromentine-vendee.com* • *D'avr à mi-sept, tlj (slt le mat dim et j. fériés) ; de mi-sept à fin mars, lun-sam.* Billetterie pour l'île d'Yeu, Le Puy-du-Fou, Planète sauvage, etc. Organise des visites guidées de la ville et des parcs ostréicoles avec ou sans dégustation.
– ***Balade GPS « Sur les pas de la Belette » :*** *loc du GPS 6 € la ½ journée, 9 € la journée.* Découverte ludique de la forêt domaniale des pays de Monts. 15 énigmes vous mènent à destination, aidé d'un GPS. Balade de 3h pour toute la famille.
– ***Marchés :*** *de mi-juin à mi-sept, pl. de la Gare. Et Soirées gourmandes (marché de producteurs locaux avec animations) lun soir en avr et début juil-début sept.*

## Comment aller sur l'île d'Yeu en bateau ?

Deux solutions pour rejoindre les embarcadères du continent : la voiture (parkings) ou le bus (navette gare de Nantes-Fromentine) avec correspondance TGV.
Les compagnies de bateau proposent des tarifs similaires pour un forfait aller-retour dans la journée. Dans ce cas, bien penser à vérifier les horaires. Pour profiter de cette journée, mieux vaut partir tôt et rentrer tard, ce qui n'est malheureusement pas toujours possible.
– Les parkings les moins chers sont, logiquement, les plus éloignés de l'embarcadère. Une navette gratuite vous y conduit en quelques minutes, mais mieux vaut prévoir une bonne avance si vous ne voulez pas manquer le bateau. Compter environ 9 €/j. (dégressif à partir de 2 j.) pour un parking non gardé, 14 € gardé. Dans le centre, compter 16 €/j. (dégressif pour les longs séjours).
■ ***Compagnies effectuant la croisière à l'île d'Yeu :*** voir le chapitre consacré à « L'île d'Yeu », rubrique « Comment y aller ? » avec la *Compagnie Vendéenne* et la *Compagnie Yeu Continent.*

## Où dormir ? Où manger ?

**Hôtel Le Cap d'Ambre :** *29, av. de l'Estacade, port de Fromentine.* ☎ *02-51-68-52-05.* • *hotel-capdambre.fr* • *Doubles env 60-90 € selon saison et confort.* Établissement d'une quinzaine de chambres rénové par un fou de voyage. De la pointe nord de Madagascar d'où il vient, à celle de la Vendée, il n'y avait qu'un pas... Parquet, bois exotique, mobilier colonial, objets chinés... De l'autre côté du jardin, le bar à cocktail *La Conga* rappellera des souvenirs aux lecteurs de Corto Maltese.

**Le Poisson Rouge :** *2 ter, rue du Phare, près de l'embarcadère de Fromentine.* ☎ *02-51-60-19-99.* • *davidperrocheau@hotmail.fr* • *Tlj sf lun-mar hors saison. Congés : de mi-nov à mi-fév. Formules 12,50-25,50 € ; carte 15-25 €.* Intérieur moderne et aéré, comme un aquarium ouvert sur le large avec la belle terrasse aux beaux jours pour lorgner sur le pont de Noirmoutier ou attendre le bateau pour l'île d'Yeu. Pour les pieds marins ou non, une cuisine honnête avec, à la carte, pizzas, crêpes ou galettes, moules, plateaux de fruits de mer, plats à l'ardoise... Une affaire qui tourne rond.

**La Cabane :** *chemin des Ostréiculteurs. 06-84-19-50-80. • f.margouillat@yahoo.fr • Entre la Barre-de-Monts et Fromentine, côté mer. Tlj 8h-20h en saison, sinon slt à midi ven-dim. Compter 10 € la douzaine d'huîtres avec verre de vin ; plateaux de fruits de mer 25-34 €/pers, vin compris.* Fabrice vous accueille sans façons dans un décor idyllique avec vue sur mer, face à la baie de Bourgneuf. Sur place, dégustation d'huîtres et de plateaux de fruits de mer. Apporter pain et beurre, en revanche. Vente aux viviers.

## À voir dans le coin

***L'écomusée du Marais vendéen, Le Daviaud :*** *02-51-93-84-84. • ecomusee-ledaviaud.fr • À l'intérieur des terres, bien fléché à partir de la route côtière (D 38). Juil-août, dim-ven 10h-19h ; sam 14h-19h. Mi-fév et mars, mar-dim 14h-18h30 ; avr-juin et sept-oct, mar-dim 10h-12h, 14h-18h30. Entrée : 7 € (5,50 € hors juil-août) ; réduc ; gratuit moins de 6 ans ; slt 1 € pour ts le dernier dim de chaque mois hors saison. Carnets « Brins d'aventure » pour les enfants et jeux de piste. Prêt de jumelles, de poussettes et de fauteuils roulants.* Pour les amoureux de la nature, l'écomusée du Marais vendéen est une étape obligatoire. À la limite des marais doux et salés, sur 60 ha, il permet de découvrir les différentes facettes géographiques, écologiques, architecturales et humaines du Marais. Sont reconstitués, ou plutôt soigneusement rénovés sous la houlette des anciens, marais salants (récolte de juin à septembre), salorge pour stocker le sel, ferme du XVIIIe s, bourrines caractéristiques du paysage maraîchin, granges, étables et potager. Un observatoire permet d'approcher les oiseaux typiques de la région. Mais cette plongée en apnée dans la Vendée d'antan se démarque vraiment par la qualité de ses expositions. Chaque bâtiment aborde un sujet différent, présentant de façon interactive et ludique le quotidien des habitants (véhicules, outils, traditions), la faune, la flore et les facteurs climatiques. La grange-étable accueille une exposition permanente sur la relation, ici, entre l'homme et son environnement. Une expo accessible à tous (films, jeux...). Tout un programme d'animations en été et nombreuses expositions temporaires.

***Le Pey de la Blet :*** *dans la forêt des Pays de Monts. Route de Noirmoutier, au grand rond-point, prendre route de la Rive qui longe la forêt, puis guetter le discret panneau en bois (pas évident à trouver).* Point culminant de 25 m au-dessus du niveau de la mer (et 130 marches), en pleine forêt domaniale. On suppose qu'autrefois une habitante, du nom de Blet, faisait paître son troupeau et le surveillait du haut de ce « pey ». Situé en bordure de la piste cyclable, il constitue aujourd'hui un poste d'observation qui permet de découvrir d'un côté le Marais et de l'autre l'océan, au ras de la cime des arbres.

***Le port du Pont-Neuf :*** *sur la route de Nantes, à la sortie de la commune.* Un endroit pittoresque, point de rencontre entre la mer (pontons d'attache de bateaux, cabanes ostréicoles et pêcheries avec leurs carrelets) et le Marais. Belle balade à pied ou à vélo à faire sur la digue. De l'autre côté du Pont-Neuf, se trouvent les pêcheries et l'écluse du Porteau. Une piste cyclable permet de rejoindre l'écomusée du Daviaud. C'est un lieu de promenade très agréable.

# L'ÎLE DE NOIRMOUTIER

*Carte Vendée, A1*

**Une île comme on les rêve... ou presque ! Ni embarcadère, ni bateau, ni traversée mouvementée ne sont nécessaires pour arriver à Noirmoutier :**

**depuis 1971, un pont de 583 m relie la côte à l'île. Dans ces conditions, on devrait parler d'une presqu'île. Malgré cela, pas d'inquiétude : dès que l'on s'enfonce dans son cœur, Noirmoutier recèle des trésors de beauté et de charme au milieu des dunes, des pins, des chênes verts et des marais salants ! Normal que ses habitants soient aussi amoureux de cette langue de terre qui défie l'océan.**
**Le climat doux, propice aux mimosas, aux figuiers et aux arbousiers, donne un caractère tout méditerranéen à l'île. On comprend que la bourgeoisie vendéenne ait colonisé ce coin de rêve au début du XXe s. Envahie en été, l'île n'a rien perdu de sa superbe. Reste que pour découvrir et aimer Noirmoutier, il faudra être un lève-tôt, car c'est à l'aurore que l'île devient magique. Blanc des maisons et du sel des marais, vert des forêts, bleu du ciel et de la mer, la palette s'étend à l'infini au lever du soleil. Pas étonnant qu'Auguste Renoir ait séjourné ici à plusieurs reprises.**
**Il faut oublier sa voiture et partir à vélo à la découverte de cette île à fleur d'eau, le seul moyen pour apprécier pleinement les superbes balades à travers les villages aux ruelles étroites ou sur les « charrauds » qui traversent les marais. Noirmoutier-en-l'Île, la capitale du lieu, fait penser de loin à Saint-Tropez. Ça sent le bien-être cossu et l'argent qu'on veut bien montrer. Coquette et riche en histoire, elle mérite une visite approfondie, avant de partir dans les marais pour profiter pleinement de la magie de l'île.**

## UN PEU D'HISTOIRE

4 000 ans av. J.-C., Noirmoutier n'est encore qu'un cap prolongeant la rive gauche de la Loire. Ce n'est qu'au début de notre ère que l'endroit se transforme en île. L'histoire commence vraiment à partir du VIIe s, avec l'arrivée de saint Philbert et de ses moines : ils trouvent l'endroit propice au recueillement et y fondent un monastère. À la mort du saint, l'île est entièrement défrichée, et les bases de son économie sont fixées pour les quelques siècles à venir. L'agriculture et surtout les marais salants procurent une notoriété et une richesse considérables à l'île d'Her (son nom à l'époque). Mais les convoitises sont nombreuses, et moins d'un siècle plus tard, les sarrasins pillent et détruisent le monastère. En 1756, les Jacobsen, venus de Hollande, posent le pied sur l'île. Cette famille va jouer un rôle primordial dans son développement en aménageant des polders, créant des zones de culture particulièrement fertiles. Les guerres de Vendée n'ont évidemment pas épargné l'île, qui changea régulièrement de maître au gré des fortunes militaires des belligérants. Le 31 décembre 1978, la digue a cédé, à la suite d'un gros coup de mer, et plus de 500 ha de terrain furent inondés.

### DERNIER REPOS

*C'est sur la place d'Armes de Noirmoutier-en-l'Île, le 15 janvier 1794, que le chef royaliste d'Elbée fut fusillé dans un fauteuil. Blessé auparavant lors de la bataille de Cholet, le « généralissime des armées catholiques et royales » n'avait plus la force de se tenir debout face au peloton...*

## Arriver – Quitter

### En voiture

➢ ***Par le pont :*** gratuit.
➢ ***Par le passage du Gois :*** cela se complique un peu, car il faut prendre en compte les horaires de marée. La traversée (4,15 km) est possible 1h30 avant et 1h30 après la marée basse. En cas de fort coefficient, les horaires sont encore plus larges, mais mieux vaut rester prudent. Et si les eaux vous surprennent, vous pouvez toujours vous réfugier sur les balises disposées régulièrement, mais on ne vous le

souhaite pas. Une traversée à vivre en tout cas, si vous arrivez pile poil au bon moment : c'est magique !

## En bus

**Gare routière de Noirmoutier-en-l'Île** *(plan A2)* **:** *11, rue de la Prée-au-Duc. ☎ 02-51-39-04-72. • cta44.fr • De mi-avr à mi-sept ; hors saison, demander les horaires à l'office de tourisme. Prendre les billets à la gare routière.*

➢ Tout au long de l'année, liaisons avec La Roche-sur-Yon, Challans, Saint-Gilles, Les Sables-d'Olonne... jusqu'à Nantes. Rens auprès d'***EFFIA Synergies*** *(☎ 0810-00-66-92 ; • destineo.fr •)*, de **Sovetours** *(☎ 02-51-58-28-51 ; • sovetours.fr •)* ou de la ***SNCF*** *(• ter-sncf.fr •)*. Les bus desservent la plupart des communes de l'île.

– De début juillet à fin août, un service de navettes (le *Gratibus*) est proposé par la commune de Noirmoutier-en-l'Île, en direction du Bois de la Chaise, du Vieil et de L'Herbaudière, en passant par les plages *(infos à la mairie, ☎ 02-51-35-99-99). GRATUIT.*

– Le bus de l'île dessert les 4 communes entre elles : *0,50 € le trajet, billet à bord. Infos à l'office de tourisme : ☎ 02-51-39-80-71.*

## Adresses et infos utiles

**Maison du tourisme :** *rue du Polder, 85630* ***Barbâtre.*** *☎ 02-51-39-80-71. • ile-noirmoutier.com • C'est le bureau principal.* Liste des hébergements sur l'île. Carte touristique répertoriant les circuits de randonnées pédestres (50 km de sentiers balisés) et les pistes cyclables (environ 80 km). Billetterie pour Le Puy-du-Fou, l'île d'Yeu, balades en mer, spectacles... Infos sur les nombreuses visites guidées proposées par des guides locaux.

**Bureau annexe de l'office de tourisme** *(plan A2)* **:** *rue du Général-Passaga, 85330* ***Noirmoutier-en-l'Île.*** *☎ 02-51-39-12-42. Mars-oct et vac d'hiver ; juil-août, tlj 10h-19h.*

**Location de vélos :** plusieurs loueurs à Noirmoutier-en-l'Île, Barbâtre, L'Épine et La Guérinière. Compter env 9 € la journée pour un vélo de ville. Liste disponible à l'office de tourisme.

– ***Marchés :*** *ven plus mar et dim en saison à Noirmoutier-en-l'Île, mer à Barbâtre, jeu à La Guérinière, sam à L'Épine, lun en été à L'Herbaudière.*

**Parking :** *tte l'année à l'Étier du Moulin (à gauche à l'entrée de Noirmoutier-en-l'Île). GRATUIT.*

## Où dormir ?

### À Noirmoutier-en-l'Île
*(85330)*

#### Prix moyens

**Hôtel Bamboo** *(plan A1,* ***8****)* **:** *37, av. Joseph-Pineau. ☎ 02-51-39-08-97. • lepetitvieil@hotmail.fr • hotel-bamboo.com • Congés : janv. Selon saison, doubles 52-59 € ; également des familiales et un studio 4-7 pers. Réduc de 10 % sur le prix de la chambre oct-déc sur présentation de ce guide.* Un petit hôtel pimpant, proche de l'hypercentre, entièrement refait avec peu de moyens mais beaucoup de goût. Le bambou est omniprésent dans la déco et le choix des coloris des parties communes. Quant aux chambres, de taille variable, elles sont coquettes comme tout, certaines sur le thème du voyage (Kenya, Népal...). Coup de cœur pour le studio familial, spacieux et doté d'une mezzanine. Accueil sincèrement chaleureux de Véronique à la réception, qui choie ses clients comme des pensionnaires. Un vrai bon point de chute comme on n'en fait plus beaucoup !

#### De prix moyens à chic

**Hôtel L'île Ô Château** *(plan A2,* ***13****)* **:** *11, rue des Douves. ☎ 02-51-39-02-72. • contact@ileochateau.*

# L'ÎLE DE NOIRMOUTIER

*com* • *ileochateau.com* • *Congés : courant janv-fév. Doubles 59-180 € selon confort et saison ; chambres familiales dont 2 en duplex.* Un hôtel qui a fait peau neuve et qui ne manque pas d'atouts. Situation centrale, à côté du château, et au calme. Rénovation réussie, de l'agréable salon aux jolies chambres (certaines avec terrasse), dont la déco moderne et épurée associe le bois, le jonc de mer, des meubles chinés et des accessoires personnalisés. Cerises sur le gâteau : la piscine et le délicieux petit déj.

**Hôtel-résidence du Bois de la Chaize** (hors plan par B1, **12**) : *23, av. Victoire.* ☎ *02-51-39-04-62.* • *hotelboisdelachaize@orange.fr* • *hotel-noirmoutier.com* • *Doubles 58-78 € selon confort et saison ; familiales et appartements également. Parking.* Entre ville et mer, à 800 m de la plage des Dames, un charmant hôtel entièrement rénové. De teintes claires ou plus colorées, les chambres sont cosy, lumineuses et décorées avec soin. Derrière le bâtiment principal, pour les visiteurs en quête d'autonomie, de jolies maisonnettes de plain-pied et appartements avec cour privative. Le tout très bien tenu. Une bonne adresse où poser ses valises, à l'orée du Bois de la Chaize.

**Hôtel Ancre Marine** (hors plan par A2, **9**) : *87 A, route de L'Herbaudière.* ☎ *02-51-39-03-62.* • *ancremarine@ancremarine.com* • *ancremarine.com* • *Doubles 70-150 € ; familiales et suites également. Parking.* *Réduc de 10 % sur le prix de la chambre* *mi-sept à mi-juin sur présentation de ce guide.* Dans cet hôtel à l'écart de la ville, l'ambiance est résolument zen, tant au niveau du décor que des prestations, dignes d'un 3 étoiles. Dans la résidence principale, à l'étage ou en rez-de-jardin, chambres lumineuses et parfaitement équipées. Dans le bâtiment annexe, des studios dotés de cuisine et salon de jardin. Puis, pour les amoureux fortunés, des suites avec jolie déco design et vaste terrasse meublée privée. Enfin, spa et sauna (avec supplément), piscine extérieure chauffée en été et location de vélos à la journée ou à la semaine. À l'initiative de tout cela, une famille qui se donne beaucoup de mal pour le bien-être de sa clientèle. Extra.

**Hôtel Autre Mer** *(plan A1, **16**) : 32, av. Joseph-Pineau. ☎ 02-51-39-11-77. • contact@autremerhotel.fr • autremerhotel.fr • Doubles 65-100 € selon confort et saison ; familiales également. Parking. Un petit déj/chambre et par nuit offert sur présentation de ce guide.* Un hôtel confortable et pratique, à deux pas du centre. Cette grande maison blanche, aux volets vert d'eau, abrite des chambres sobres et bien tenues (on aime bien celle, spacieuse, avec une terrasse côté jardin). Très bon accueil.

## Plus chic

**Chambres d'hôtes Les Chênes Verts** *(hors plan par A1, **15**) : chez Sabrina et Hervé Billon, 30, allée François-Izacard. 06-15-62-21-26. • leschenesverts.no@free.fr • les-chenes-verts-noirmoutier.com • Doubles 80-110 € selon saison.* Proche de la plage de la Clère et du Bois de la Chaise, une maison de style noirmoutrin qui compte 3 belles chambres. Contemporaine, romantique ou marine, elles sont spacieuses, très confortables (lits *king size*), et s'ouvrent sur une terrasse ou un patio. La salle commune est tout aussi agréable. Piscine et jeux pour enfants dans le jardin, et même un vieux rafiot échoué là ! Mais si Hervé (marin-pêcheur) vous emmène en mer, ce sera à bord du *P'tit Père Charles*. Bon accueil.

**Chambres d'hôtes Le Clos des Acanthes** *(hors plan par A1, **11**) : chez Joëlle Baroteaux, 79-81, rue du Général-Leclerc. ☎ 02-51-39-40-40. • serge-baroteaux@hotmail.fr • chambre-hote-closdesacanthes.fr • De mi-mars à mi-nov. Doubles 110-150 € selon confort.* Pour les amoureux du calme et du confort, à quelques minutes du centre. Une belle demeure de la fin du XVIIIe s, ordonnée autour d'une cour centrale, avec un ravissant jardin, une piscine abritée et chauffée, et surtout une pointe de fantaisie, qui donnent envie de se poser. Les chambres portent toutes un nom de sculpteur et, comme ce qui pousse dans les allées est déjà évocateur, vous devriez facilement deviner la profession du mari (visite possible de son atelier). Bel accueil. Joëlle est discrète mais connaît l'île comme sa poche, ses bonnes comme ses mauvaises adresses.

**Hôtel du Général d'Elbée** *(plan A-B2, **10**) : pl. d'Armes. ☎ 02-51-39-10-29. • elbee@leshotelsparticuliers.com • generaldelbee.com • Doubles à partir de 110 € selon confort et saison ; petit déj 16 €.* Bel hôtel particulier du XVIIIe s, idéalement situé face au château et au port. Les charpentes apparentes, cheminées et meubles de style des chambres anciennes feront rêver les amoureux d'histoire, tandis que la déco classique et cossue de l'aile moderne conviendra mieux aux douillets (mention spéciale pour les terrasses des chambres en rez-de-jardin). Piscine et pub-salon élégant, style british.

**Hôtel-restaurant Fleur de Sel** *(plan B2, **14**) : 10, rue des Sauniers, BP 207. ☎ 02-51-39-09-07. • contact@fleurdesel.fr • fleurdesel.fr • Resto ouv w-e et le soir en sem hors saison, tlj midi et soir en été. Doubles 112-176 €, selon saison et confort avec petit déj. L'été, ½ pens slt à certaines périodes ; familiales également. Formules déj en sem 20-26 € ; menus 36-46 €. Apéritif maison offert sur présentation de ce guide.* Cet hôtel de charme contemporain a été construit dans le style de l'île, au calme en lisière du bourg. Au cœur d'un vaste parc paysager méditerranéen, 35 chambres cosy

LE MARAIS BRETON-VENDÉEN ET LES ÎLES

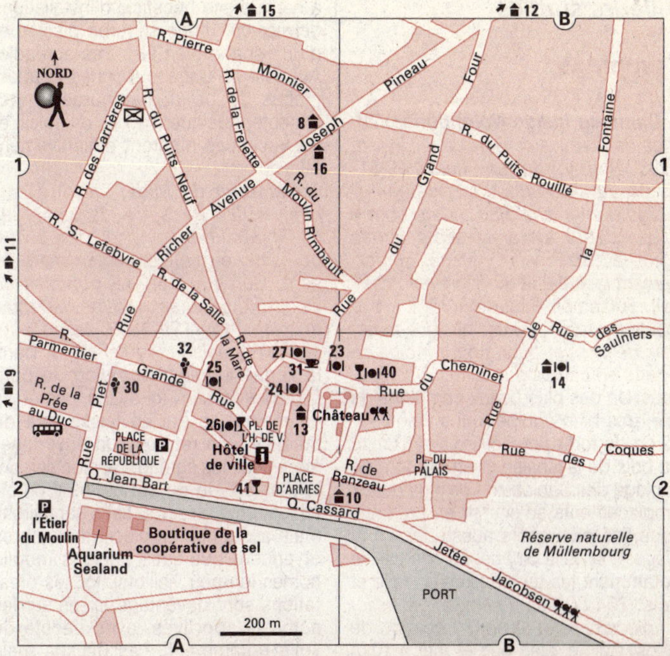


## NOIRMOUTIER-EN-L'ÎLE

**Où dormir ?**

- **8** Hôtel Bamboo
- **9** Hôtel Ancre Marine
- **10** Hôtel du Général d'Elbée
- **11** Chambres d'hôtes Le Clos des Acanthes
- **12** Hôtel-résidence du Bois de la Chaize
- **13** Hôtel L'île Ô Château
- **14** Hôtel-restaurant Fleur de Sel
- **15** Chambres d'hôtes Les Chênes Verts
- **16** Hôtel Autre Mer

**Où manger ?**

- **14** Fleur de Sel
- **23** Le Grand Four
- **24** Le Jardin de Tana
- **25** L'Her du Temps
- **26** Le Roman Bleu
- **27** Le Vélo Noir

**Où goûter ? Où manger une glace et des macarons ?**

- **30** Le Glacier
- **31** Librairie-café Trait d'Union
- **32** Tutti Frutti

**Où prendre un verre ?**

- **26** Le Roman Bleu
- **40** Le Cass'Poï
- **41** Le Café Noir

et élégantes, avec déco privilégiant les références nautiques, les bois cirés, les tissus colorés ou encore le jonc de mer. Resto comptant parmi les meilleures tables de l'île. Cuisine inventive mêlant terre, mer et outre-mer. Et côté loisirs, belle piscine avec jacuzzi, tennis, petit practice de golf... Location de vélos. Un très reposant lieu de séjour.

### Ailleurs sur l'île

## Campings

⛺ ***Camping Indigo Noirmoutier** : 23, allée des Sableaux, Bois de la Chaise, 85330 **Noirmoutier-en-l'Île.** ☎ 02-51-39-06-24. • noirmoutier@camping-indigo.com • camping-indigo.com • ♿ De début avr à fin sept. Tentes 15,30-23,90 € selon saison. Hébergement locatif 254,80-805 € selon saison. 500 empl. Réduc de 30 % sur le locatif à partir de 7 nuits hors juil-août ; frais de dossier offerts pour moins de 3 nuits en camping et locatif hors juil-août.* Un des plus beaux campings de l'île, très bien équipé, qui s'étend sur 12 ha de forêt domaniale, à proximité du bois de la Chaise et en bordure de la plage des Sableaux. Les plus beaux emplacements se situent en première ligne (les plus chers aussi), face à la plage et sous la pinède, où l'on trouve notamment les tentes fixes en toile et bois *(254,80-805 €/sem selon taille, emplacement et saison).* Location de vélos. Calme, bien-être et mer à 10 m du centre de Noirmoutier. On croît rêver !

⛺ ***Domaine Les Moulins** : 54, rue des Moulins, 85680 **La Guérinière.** ☎ 02-51-39-51-38. • moulins@originalcamping.com • domaine-les-moulins.com • Fin mars-fin sept. Compter 22-50 € pour 2 selon saison avec électricité. Loc de tentes et bungalows 250-3 499 € selon taille, confort et saison. 176 empl.* 📶 L'ancien camping municipal a été repris par Alain-Dominique Perrin (ex-président de Cartier), qui passait là ses vacances enfant. Une madeleine en quelque sorte, mais surtout un réel souci de préserver le littoral et de valoriser un environnement exceptionnel, labellisé par l'ONF. Ainsi est né le concept *Original Camping.* Sur l'une des plus belles plages de l'île, une offre de structures variées allant de la tente ou tipi sans sanitaires, aux tentes en toile et bois avec salle de bains, en passant par les hébergements de la gamme *Ambassadeur* (avec équipement haut de gamme). Emplacements libres traditionnels également. Totalement refait à neuf, le site bénéficie d'installations dernier cri, d'une superbe piscine et d'un espace bien-être très agréable. Au resto *La Cabane,* bonnes salades, pièces de bœuf, hamburgers, etc. Y ajouter quelques rayons de soleil, et les vacances n'auront définitivement plus de prix !

⛺ ***Camping du Midi** : rue du Camping, 85630 **Barbâtre.** ☎ 02-51-39-63-74. • midi@originalcamping.com • domaine-le-midi.com • Fin mars-fin sept. Compter 18-35 € pour 2 avec électricité selon saison. Loc de tentes et bungalows 199-550 € selon taille, confort et saison. 440 empl.* 📶 Dans la lignée *Original Camping,* le petit frère des *Moulins* (ci-avant), une étoile en moins, ce qui en laisse tout de même 4 ! On retrouve un environnement des plus agréable et globalement le même type de structures (confortables, chic, avec ou sans sanitaires), mais aussi des emplacements libres et encore quelques anciens mobile homes (un peu vieillots). Ici, les prestations sont davantage axées sur les activités sportives, avec l'école de voile notamment. Pas de spa mais piscines, tennis, minigolf, terrain multisports...

⛺ ***Camping municipal La Pointe** : 85330 **L'Herbaudière.** ☎ 02-51-39-16-70. • camping.pointeherbaudiere@ville-noirmoutier.fr • noirmoutier-campings.fr • Accès par la D 948. De mi-mars à début nov. Compter 14,50-19,50 € pour 2 selon saison. 230 empl.* Vaste camping peu équipé mais déployé sur un promontoire herbeux environné par la mer. Stratégique pour assister à des couchers de soleil de carte postale. Il y a le ciel, le soleil et la mer... et aussi le vent !

⛺ ***Camping Les Onchères** : chemin de la Martinière, BP 3, 85630 **Barbâtre.** ☎ 02-51-39-81-31. • camping@les-oncheres.com • les-oncheres.com • Avr-sept. Compter env 13,50-26,30 € pour 2 selon saison. 560 empl.* Camping aménagé sur 10 ha ombragés par les pins, au bord de la mer. Grande piscine chauffée avec toboggan et bassin à contre-courant, terrain de jeux, location de vélos. La plupart des services sont disponibles en haute saison seulement.

## Chic

**Hôtel Bord à Bord :** *6, rue de la Linière, 85330* ***L'Herbaudière.*** *☎ 02-51-39-27-92. • hotel-bordabord@club-internet.fr • bordabord.fr • ♿ Doubles 75-140 € selon saison et taille ; des familiales également.* Agréable établissement aux couleurs fraîches et marines, avec vue imprenable sur le port de L'Herbaudière. De grands miroirs ornent les murs des petites chambres, parfaitement tenues, et certaines possèdent un balcon qui donne sur la mer. Pas de resto, mais les chambres sont équipées d'une kitchenette (supplément).

## Où manger ?

Noirmoutier, ou l'île Gourmande... De grandes tables, de bons bistrots, des gargotes sympas, Noirmoutier ne décevra pas les gourmets... Et ce, même si l'on n'a qu'un petit budget.

### *À Noirmoutier-en-l'Île (85330)*

## De bon marché à prix moyens

**L'Her du Temps** (plan A2, **25**) : *18, Grande-Rue. ☎ 02-51-39-09-28. Tlj en saison et vac scol, fermé lun hors saison, plus le soir mar-jeu oct-mars. Congés : en janv. Résa conseillée en été. Carte 15-20 €. Apéritif maison offert sur présentation de ce guide.* Cette grande crêperie d'apparence anodine renouvelle le genre : ici, les galettes classiques, traditionnelles ou bigoudènes bon teint jouent les remplaçantes, supplantées par des spécialités aussi bonnes qu'originales, renouvelées au gré des saisons et de l'inspiration. Une vraie surprise. Et pour finir, des desserts soignés à savourer à petites cuillerées, *L'Her* de rien...

**Le Vélo Noir** (plan A2, **27**) : *13, rue du Vieil-Hôpital. ☎ 02-51-35-85-29. • pierre_cuvelier@hotmail.com • Juste derrière le château. Fermé mer en saison, dim-lun hors saison. Congés : déc-janv. Menus 18,50-25 €. Apéritif maison offert sur présentation de ce guide.* Une poignée de tables en bas, quelques autres à l'étage dans un joli décor bistrot. En cuisine, rien que du frais, et on en connaît un rayon : le poisson vient de la criée, la volaille de Challans et la pomme de terre évidemment de l'île. Le menu unique est d'un incroyable rapport qualité-prix, compte tenu de l'inventivité du chef (et si on évite les plats avec supplément). Quant aux enfants, ils ne sont pas laissés-pour-compte et ont droit eux aussi à de délicates préparations. Une excellente adresse.

**Le Roman Bleu** (plan A2, **26**) : *1, rue Boucharde. ☎ 02-51-39-03-88. • leromanbleu85@orange.fr • leromanbleu.com • De mi-fév à la Toussaint, tlj sf mar-mer hors saison. Menus 17,90-29,90 € ; carte env 30 €.* Sympathique et généreuse cuisine de marché d'inspiration marine, quelques plats de viande ou de copieuses salades servis en salle côté bistrot ou en terrasse aux beaux jours. Mais c'est surtout à l'heure de l'apéro qu'on apprécie ce *Roman,* devant les assiettes thématiques « ostréicole », « fromages de Beillevaire » ou « l'ardoise Tapas », particulièrement bien ficelées, et à accompagner d'une sélection de vins. Sans compter une carte longue comme le bras d'apéritifs, bières, cocktails (le mojito est la spécialité maison) et de rhums de toutes provenances. De quoi rester pour l'épilogue ! Accueil gentil comme tout pour finir.

**Le Jardin de Tana** (plan A2, **24**) : *9, rue du Robinet. ☎ 02-51-54-93-95. • leromanbleu85@orange.fr • À deux pas du château. Avr-sept, tlj sf mar-mer hors saison.* Même proprio, mêmes tarifs et même esprit que *Le Roman Bleu* (voir ci-avant), tourné vers la mer. Le tout à déguster bien calé dans les confortables fauteuils, en terrasse (calme et verdoyante) ou dans la petite salle aux couleurs dans l'air du temps.

## Chic

|●| ***Le Grand Four*** *(plan A-B2,* ***23****) : 1, rue de la Cure. ☎ 02-51-39-61-97. • legrandfour@orange.fr • Fermé lun, plus jeu midi et dim soir hors saison. Congés : fin nov-début fév. Menus 24,50 € déj en sem, puis 32-82 €.* Cette charmante maison bourgeoise, à la façade couverte de vigne vierge et aux volets vieux rose, abrite une table gourmande et raffinée. André Léouffre, le maître des lieux, donne la préférence aux produits locaux, principalement marins, qu'il sélectionne avec attention au fil des saisons. En cuisine, Henrick Garriga, formé dans de prestigieuses maisons, prend le relais et offre des recettes savoureuses, exécutées avec finesse et une touche d'originalité. Même les petits gourmets ne sont pas oubliés ! Terrasse au pied du château aux beaux jours et accueil chaleureux et souriant de madame Léouffre.

|●| Se reporter à la rubrique « Où dormir ? » pour le resto de l'hôtel ***Fleur de Sel*** *(plan B2,* ***14****).*

## *À L'Herbaudière (85330)*

## Prix moyens

|●| ***La Table d'Élise*** *: 5, rue Marie-Lemonnier. ☎ 02-28-10-68-35. Sur le port. Tlj sf mer, plus dim soir et mar hors saison. Congés : courant déc-janv. Résa indispensable. Menus 21,50 € (déj en sem)-29 € ; carte env 35 €.* Alexandre Couillon, chef réputé du resto gastro voisin *La Marine,* a eu la bonne idée de transformer l'adresse familiale pour en faire un vrai bistrot de chef, simple, à son image. La cuisine est commune aux deux établissements et les produits sont essentiellement locaux, mais ne vous imaginez quand même pas goûter les plats d'à côté ! Au bistrot, la créativité est moins évidente, mais sur l'ardoise, les plats savoureux, agrémentés d'épices et d'herbes fraîches, invitent immanquablement au voyage... Salle marine avec vue sur le port ou terrasse dans le jardin de curé.

|●| ***Au Vieux Loup de Mer*** *: 97, av. Mourrain. ☎ 02-51-39-08-68. ♿ Juste à côté de l'église. Fermé sam, plus lun soir et ven soir en saison, ts les soirs hors saison. Menus 12,80 € (sf dim)-29,90 €.* Cette petite auberge toute simple, avec une salle blanchie à la chaux, propose du poisson provenant directement de la criée. Pas vraiment le genre d'endroit à proposer du pain de seigle avec les huîtres, mais une adresse populaire, avec un service « nature » (qui ne conviendra pas à tout le monde, mais ça en fait tout le sel, comme on dit ici). Clientèle d'habitués, pêcheurs, ouvriers et VRP qui se retrouvent là pour le déjeuner. Jardin à l'arrière de la maison.

## Beaucoup plus chic

|●| ***La Marine*** *: 5, rue Marie-Lemonnier. ☎ 02-51-39-23-09. ♿ Sur le port. Tlj sf mer, plus dim soir et mar hors saison. Congés : courant déc-janv. Menus 64-148 €.* Une des meilleures adresses dans le département, peut-être même plus... Produits locaux à 95 %, comme l'atteste la liste des fournisseurs. Alexandre Couillon n'a pas eu de mal à se faire un nom à Noirmoutier, où beaucoup l'ont vu grandir, au fil des ans. Restait à se faire un nid. Superbe décor en noir et blanc pour laisser la couleur aux assiettes et les saveurs à ce qu'il y a dedans. La cuisine de ce bouillant jeune chef est pleine de parfums, d'herbes fraîches, de fleurs, d'épices, tout en délicatesse. C'est beau, inventif et vraiment délicieux. Salle avec vue sur le port. Un coup de cœur, incontournable pour l'épicurien de passage. Accueil plein de gentillesse.

## *À La Guérinière (85680)*

|●| À l'est de la commune se trouve le ***port du Bonhomme,*** port ostréicole authentique où le temps semble s'être arrêté. On peut y acheter des huîtres et aussi en déguster sur place : *env 10 € l'assiette de 9 huîtres avec pain, beurre et un p'tit verre de vin (****La Godaille,*** *☎ 02-51-39-60-77, tlj sf dim soir ; fermé en janv). Café offert sur présentation de ce guide.*

### Au Bois de la Chaise (85330)

**La Mer Veille :** *30, av. Général-Clemenceau (plage des Dames). ☎ 02-28-10-96-24. Nov-janv. Plats env 12-20 €. Café offert sur présentation de ce guide.* Crêperie-glacier-gaufres où les vacanciers passent prendre leurs sandwichs avant de descendre sur la plage. Mais l'établissement tourne aussi à fond midi et soir pour sa carte « sur place » : salades, moules et pommes de terre de Noirmoutier, sardines de Saint-Gilles, etc. Accueil extra, carte variée, petits prix... Bonne pêche !

## Où goûter ? Où manger une glace ?

### À Noirmoutier-en-l'Île (85330)

**Tutti Frutti** *(plan A2, **32**) : 24, Grande-Rue. ☎ 02-51-39-69-72. • tuttifruttino@free.fr • Avr-Toussaint, tlj sf lun hors saison.* D'excellentes glaces maison et un choix impressionnant, deux bonnes raisons de s'y arrêter... et d'y revenir ! Stéphane Millot prépare ses glaces à base de fruits frais et confectionne lui-même les cornets. Également des gaufres. Un régal.

**Le Glacier** *(plan A2, **30**) : 6, rue Piet. Quasiment à l'angle de la rue piétonne, sous les arcades. Tlj sf lun en basse saison.* Cette toute petite échoppe cache un grand artisan : Alain Chartier cumule les deux palmarès de Meilleur Ouvrier de France et Champion du monde de glaces artisanales. L'essentiel est dit ! Également un large choix de délicieux macarons.

**Librairie-café Trait d'Union** *(plan A2, **31**) : 1 bis, rue du Grand-Four. ☎ 02-51-35-59-22. • librairie.noirmoutier@orange.fr • Lun-sam 9h30-13h, 15h-20h (19h hors été), dim 9h30-13h. En hiver, hors vac, slt jeu-dim.* Il y a des lieux comme ça qui s'imposent très vite comme passage obligé. Celui-ci en fait partie, sorte de « trait d'union » entre l'après-midi passé à la plage ou en balade dans les marais et l'heure de l'apéro. À l'avant, la librairie, dans l'arrière-cour, le coin-salon de thé (thés bien sûr, jus et pâtisseries). Rencontres littéraires toutes les semaines en saison et ateliers goûter-conte pour les enfants.

## Où prendre un verre ?

**Bar-rhumerie Le Comptoir :** *port de Plaisance de **L'Herbaudière** (85330). ☎ 02-28-10-99-27. De mi-fév à la Toussaint, tlj en saison 10h30-2h. Formule déj (10,20 €, quiche, pâtisserie et boisson), assiettes apéro, formule créole (8 €, ti-punch ou planteur avec accras).* Une jolie cabane en bois sur le port, avec terrasse en première ligne, on ne peut plus agréable. Idéal pour faire une pause, à tout moment de la journée. Bière pression, cocktails, vins au verre et des en-cas pour les petits creux. Le bonheur quoi !

**Le Cass'Poï** *(plan B2, **40**) : 5, rue de la Cure, 85330 **Noirmoutier-en-l'Île.** ☎ 02-51-54-05-92. De mi-fév à mi-nov, tlj sf jeu, plus mer hors saison.* Un petit resto-bistrot, style bar à vins, juste derrière le château. Pas un choix dingue mais une bonne sélection de vins locaux, bières et apéritifs classiques, à siroter en terrasse, avec un pot de rillettes, de pommes de terre de Noirmoutier, de salicornes... Ambiance conviviale. Idem côté resto (bonne cuisine à base de produits de saison).

**Le Café Noir** *(plan A2, **41**) : 4, quai Cassard, 85330 **Noirmoutier-en-l'Île.** ☎ 02-51-39-00-75.* Le bar branché de Noirmoutier, avec terrasse ensoleillée face au port !

On recommande également **Le Roman Bleu** *(plan A2, **26**) : 1, rue Boucharde. ☎ 02-51-39-03-88.* Voir « Où manger ? ».

# À voir. À faire

## Le passage du Gois

Jusqu'à la construction du pont, cette route de 4,15 km à travers la mer était le seul moyen de rallier à pied l'île au continent. On ne peut franchir le Gois qu'à marée basse : il ne se découvre que deux fois par jour, pendant environ 3h (jusqu'à 6h lors des grands coefficients de marée). Attention, la mer peut réserver de mauvaises surprises à ceux qui la défient. Il ne faut pas s'aventurer dans le Gois alors que l'eau commence à monter. Quelques imprudents sont restés coincés en haut d'une des balises aménagées en refuge.

Le Gois est mentionné pour la première fois sur une carte en 1701. La légende veut qu'il ait fallu attendre 1766 pour qu'un certain Auguste Gauvrit osât le franchir. On ne sait toujours pas pourquoi l'histoire a choisi de le retenir, lui, et pas un de ses nombreux prédécesseurs. En tout cas, pendant les guerres de Vendée, l'île ayant changé quatre fois de mains, Blancs et Bleus transformèrent le Gois en véritable autoroute militaire. Par la suite, il ne resta guère utilisé que par les riverains, le passage du Gois ne pouvant être franchi qu'avec un guide en connaissant tous les pièges. La première ligne régulière date de 1840 et était assurée par une voiture à cheval, mais il fallut attendre 1935 pour un véritable pavage, amélioration notable permettant enfin un accès facile à Noirmoutier. Au fait, « Gois » vient de la déformation du patois « goiser », ce qui signifie « marcher en mouillant ses sabots »... Ah, le bon sens populaire !

Depuis l'ouverture du pont, en 1971, le Gois n'est plus le passage principal, mais il reste la curiosité majeure de l'île. Sa disparition biquotidienne, lorsque les deux vagues se rejoignent en quelques minutes, n'en finit pas d'étonner... y compris les Noirmoutrins, qui y sont très attachés. *Les Foulées du Gois* ont fini de le rendre populaire. Chaque année, les meilleurs coureurs viennent se mesurer à la force des flots et des courants, attirant les spectateurs par milliers (voir plus loin « Manifestations »).

## Le polder de Sébastopol

Au nord du passage du Gois, le polder de Sébastopol constitue un patrimoine historique, paysager et naturel protégé, classé réserve naturelle régionale (RNR) depuis 2008. C'est un refuge pour un grand nombre d'oiseaux, animaux, insectes et végétaux qui s'y épanouissent. Un circuit de 3,2 km permet de découvrir ce milieu. En saison, il existe un point d'observation des oiseaux (gratuit) et des balades nature (payantes) organisées par la LPO. *Rens et inscriptions à l'office de tourisme de Barbâtre.*

## Noirmoutier-en-l'Île (85330)

**Le château et son musée** (*plan A-B2*) **:** *pl. d'Armes. ☎ 02-51-39-10-42. • ville-noirmoutier.fr • Tlj en saison ; se renseigner hors saison. Entrée : 4,50 € ; réduc. Livret de jeux pour les enfants.*

Construit au XIIe s, ce petit château médiéval est l'un des plus vieux de Vendée restés en aussi bon état. Il se compose d'un donjon massif carré, flanqué de quatre tours d'angle et ceinturé par un rempart complet rythmé d'échauguettes. Tour de guet, le donjon abrita à partir du XVe s la résidence seigneuriale. Souvent convoitée pour sa situation stratégique, cette forteresse austère passa au fil des siècles entre des mains anglaises, espagnoles, hollandaises et allemandes. Ce qui lui valut d'être utilisée quasi systématiquement comme geôle !

Mais ce symbole de l'autorité et de la répression s'est trouvé une vocation plus saine et abrite aujourd'hui un musée intéressant. Les collections concernent évidemment l'île, vue par les artistes (galerie de tableaux), et retracent toute son histoire, de la préhistoire aux prémices du tourisme au XIXe s. La période troublée des guerres de Vendée est d'ailleurs illustrée par une véritable relique : le fauteuil sur lequel le général d'Elbée fut fusillé en 1794. Le musée consacre également un espace à la marine (figures de proue, maquettes...) et conserve une importante collection de faïences de Jersey. En haut du donjon, un panorama exceptionnel permet d'admirer la beauté de l'île et la baie de Bourgneuf.

***L'église Saint-Philbert*** *(plan A2) : près du château.* Dédiée au saint local, elle s'élève à l'emplacement de l'église Notre-Dame du monastère bénédictin fondé par Philbert. À l'intérieur, abside du XIIe s et deux très beaux retables du XVIIe s. Dans la nef, maquette de la frégate du lieutenant Jacobsen, réalisée par un horloger de la ville, en 1802. Sous le chœur, la crypte du XIe s séduit par son atmosphère intime. Le cénotaphe recouvre l'endroit où fut déposé le corps du saint pendant quelques années, avant d'être déménagé vers Tournus, en Bourgogne du Sud, pour cause d'incursions vikings répétées, peu propices au repos éternel.

***La jetée Jacobsen*** *(plan B2) :* construite en 1812 par ce Hollandais installé à Noirmoutier, elle a trois raisons d'être : l'aménagement de marais salants par l'assèchement d'une zone marécageuse, la canalisation du port et la création d'un chemin de halage. La jetée, réservée aux piétons et aux cyclistes, a été récemment rénovée et surélevée à 5 m. On passe en bordure du vieux quartier de Banzeau, bâti sur l'ancien territoire de l'abbaye et sur les terres conquises sur la mer dès le XVe s. On longe d'un côté la réserve naturelle des marais de Müllembourg (marais salants gérés par la LPO, où viennent se reproduire certains oiseaux migrateurs) et de l'autre le cimetière de bateaux, pour arriver au fort Larron et sur la baie de Bourgneuf. Une balade qui offre un panorama superbe !

***Les quartiers de Banzeau et des Coques*** *(plan A-B2) :* coincés entre l'église, les marais et la jetée, ces deux quartiers pittoresques séduisent immédiatement les touristes avec leurs petites maisons de pêcheurs. Entièrement rénovées, toutes serrées les unes contre les autres, pimpantes et fraîchement repeintes, elles sont vraiment adorables. On y trouve aussi quelques hôtels particuliers tout à fait dignes d'intérêt.

**La boutique de la coopérative de sel :** *rive sud du port. ☎ 02-28-12-96-37. Mar-sam en saison.* Pour en savoir plus sur le métier de saunier, une maquette de saline explique la récolte du sel. Et pour la consommation, un beau choix de sels marins, fleurs de sel aromatisées, caramels au beurre salé...

**Océanile :** *site des Oudinières, 85740* ***L'Épine.*** *☎ 02-51-35-91-35. • oceanile.com • Sur la gauche de la route principale en venant du pont, avt d'entrer dans Noirmoutier-en-l'Île. Fin juin-début sept, tlj 10h-19h. Forfait journalier : 24,50 € (20 € à partir de 15h) ; réduc.* Parc aquatique à thème pour petits et grands.

## Le Bois de la Chaise

Un coin de Côte d'Azur planté de pins maritimes, de chênes verts et de mimosas, plein d'un charme désuet. Il faut absolument découvrir cet endroit atypique au mois de février, lors de la floraison des mimosas. Si les chênes furent plantés par les Phéniciens, on doit l'introduction des mimosas et des pins à la famille Jacobsen. Encore eux ! On arrive, après avoir traversé le maillage étroit des chemins privés (cachant quelques belles villas du début du XXe s), sur la plage des Dames avec ses cabines de bain et sa pittoresque jetée en bois. On se retrouve propulsé dans les années 1930. Petit resto *La Plage de Jules,* assez craquant avec sa vaste terrasse cosy les pieds dans le sable. On pourra y boire un verre ou y manger un morceau (d'avril à septembre). C'est là que fut tourné le film *Les Vacances du petit Nicolas,* durant l'été 2013, plongeant le site dans une étrange ambiance années 1960.

➢ Au niveau de l'estacade, départ normalement d'une superbe promenade le long des criques. Elle permet d'aboutir à la plage des Souzeaux. Un véritable décor de cinéma ! L'estacade tout récemment refaite à neuf permet de voir la plage des Dames comme si on était en mer.

## Le Vieil *(85330)*

Petit village de pêcheurs typique, aux maisons basses et blanches. C'est ici que fut tournée une partie de *César et Rosalie,* avec Romy Schneider et Yves Montand.

## L'Herbaudière *(85330)*

C'est le véritable port de pêche de l'île, tout droit sorti de la palette d'un peintre obsédé par les couleurs. Il y en a partout, sur les coques des bateaux et sur les fanions qui servent à repérer les casiers à crustacés. Ça lui donne un air de fête permanent. Il y a un demi-siècle, la pêche à la sardine dominait l'économie locale, et le port comptait cinq conserveries. La dernière ferma ses portes en 1965. Aujourd'hui, on pêche surtout des crustacés, mais aussi beaucoup de soles, de bars et de turbots. Également un port de plaisance très apprécié, auquel il a fallu ajouter de nombreux anneaux pour faire face à la demande.

***L'Abandonado :*** *☎ 02-51-39-89-57. 06-80-72-25-61. • oabandonado.com • Pâques-Toussaint, sur résa. Compter 16-75 €/pers selon formule.* Ce joli voilier de 1916 vous emmène en mer pour des balades de 1h30 ou 2h30, des tours de l'île du Pilier avec repas servi à bord, ou encore des parties de pêche. Départ du port de L'Herbaudière.

## La façade atlantique

***Le musée des Traditions de l'île :*** *pl. de l'Église, 85680* ***La Guérinière.*** *☎ 02-51-39-41-39. Avr-juin et sept-oct, mar-sam 10h-12h30, 14h30-18h ; juil-août, tlj 10h-12h30, 15h-19h. Entrée : 3,70 € ; réduc.* Intéressants rappels des activités (pêche, sel, agriculture), des traditions (coiffes, costumes) et des modes de vie (reconstitutions d'intérieurs) du passé à Noirmoutier, en huit salles bien documentées.

Avec ses 40 km de ***plages,*** Noirmoutier offre un choix superbe de sites. Plages de Luzéronde (naturiste pour partie), de Morin, de L'Épine, des Sables-d'Or à La Guérinière, et du Midi à Barbâtre. Le sable ne manque pas pour pratiquer le farniente ou pour se promener.

## Les marais salants

Le sel fut du XIIIe au XIXe s la principale richesse de l'île, constituant l'unique moyen de conservation pendant des siècles. Flamands, Anglais et Hollandais venaient faire le plein ici. Le déclin commença à la fin du XIXe s, à cause de la concurrence des sels du Midi et d'Italie. Et il continua plus tard avec l'apparition du réfrigérateur !
Le sel marin s'obtient tout simplement par l'évaporation de l'eau de mer. Mais le travail d'un saunier (on emploie le terme de paludier au nord de la Loire) demande

néanmoins de la minutie et du savoir-faire. En hiver, le marais est recouvert par les eaux. Dès le printemps, il faut donc le vider et le nettoyer avant le début de la saison d'été. Aux marées de lune, la mer arrive par les étiers jusqu'aux loires (réserves d'eau). L'eau circule dans les bassins d'argile du marais et s'évapore grâce au soleil et au vent, se chargeant en sel. Après ce parcours, l'eau de mer est devenue une saumure concentrée. Le sel se cristallise dans les derniers bassins, les « œillets », qui produisent chacun environ 1 t de sel par été.
La fleur de sel est une fine pellicule formée à la surface de l'eau par l'action du vent. Rare et délicat, ce sel a un parfum de violette au moment de la récolte. Quant au gros sel, il se cristallise sur le fond de l'œillet. Le saunier le rapporte sur la table avant de le brouetter jusqu'au tesselier (gros tas de sel en bordure du marais). Il est ensuite stocké dans les salorges.
C'est sur le bord des marais salants que pousse la salicorne, plante herbacée souvent utilisée comme condiment. On peut également la consommer fraîche ou cuite à la vapeur.
– Pour ***découvrir un marais*** dans le détail, certains sauniers organisent des visites pendant la période de récolte (voir la liste complète à l'office de tourisme). Un petit conseil : l'été, faire la visite entre 17h et 19h pour assister au tirage du sel. Les sauniers proposent des visites crépusculaires et une découverte à vélos. *Infos à l'office de tourisme, ☎ 02-51-39-80-71.*

## Fête et manifestations

– ***Fête de la Bonotte :*** *1re sem de mai. ☎ 02-51-35-76-76. À la coopérative.* Arrachage à l'ancienne et rallye vélo suivis d'un grand repas le soir.
– ***Les Foulées du Gois :*** *mai ou juin. Rens et inscription auprès de l'office de tourisme de Beauvoir-sur-Mer : ☎ 02-51-68-71-13.* Un classique du genre. Ouvert à tous : plusieurs départs suivant le niveau des participants. Les professionnels partent sur la dernière course, à marée montante.
– ***Festival de théâtre de Noirmoutier-en-l'Île :*** *1re quinzaine d'août. ☎ 02-51-35-87-24. • trpl.fr •* Une dizaine de représentations dans deux lieux différents : la cour du château et le théâtre des Salorges.
– ***Les régates du Bois de la Chaise :*** *autour de la mi-août. ☎ 02-51-39-00-37. • ile-noirmoutier.com •* Plus d'une centaine de bateaux traditionnels et de plaisance rassemblés dans la baie de Bourgneuf, nombreuses animations de patrimoine maritime, place du Château, et remontée du port de Noirmoutier par les bateaux, en fanfare.

### ÇA SENT LA MARÉE

*Coureurs du dimanche, ne rêvez pas de participer aux Foulées du Gois ! Ici concourt l'élite mondiale de la course à pied. Et pas besoin de chrono, puisqu'il s'agit d'aller plus vite que la marée montante. Quand le départ est donné (il est échelonné, pour les néophytes), l'eau commence à recouvrir le passage à gué de 4,15 km entre Noirmoutier et le continent, et arrive déjà au niveau des chevilles... Ce véritable défi contre les flots rassemble chaque année 20 000 personnes... mais il n'y a qu'une trentaine de participants.*



# L'ÎLE D'YEU

(85350) 4 700 hab. *Carte Vendée, A1-2*

**La tête dans le Péloponnèse et le cœur dans le Connemara, baignée par une lumière mielleuse sans égale dans l'Atlantique, voici l'île d'Yeu. Une île, une**

**vraie, un bout du monde qui n'a pas abdiqué pour les sirènes d'un pont, allongeant le plus possible les 17 petits kilomètres qui la séparent du continent. En cela, elle reste la plus lointaine des îles atlantiques, un refuge, presque un exil. Yeu ne mesure que 10 km de long sur 4 km de large, et un tiers de sa superficie est classé en zone naturelle protégée. Son climat est doux en hiver, tiède en été, propice au développement d'une nature riche et préservée. Les cyprès, les ormes, les chênes verts disputent la vedette à une lande maigre broutée par quelques rares ovins, aux falaises sauvages et déchirées, gardées par des escouades d'oiseaux, aux plages de sable doré se découvrant suivant le bon vouloir des marées. Une atmosphère romantique et nonchalante baigne ce gros rocher préservé des requins de l'immobilier, persona non grata sur ces côtes (et c'est tant mieux !). Malgré cela, l'île se construit rapidement. Les petits villages, naguère préservés dans leur écrin de verdure, forment à présent une agglomération de plus en plus dense. Seule consolation : si les deux tiers des maisons sont des résidences secondaires, la maison de pêcheur toute blanche avec un toit de tuiles n'a pas été remplacée par quelque marina sans âme.**
**À Yeu, même si le tourisme est devenu la première ressource, encore nombreux sont ceux qui continuent à vivre de la pêche.**

## UN PEU D'HISTOIRE

Yeu n'échappa pas à la sagacité des marins de l'Antiquité. Grecs, Phéniciens et même Carthaginois trouvèrent ici une étape idéale sur la route qui les menait en Irlande et en Écosse pour y chercher de l'étain, essentiel à la fabrication des armes. Les Romains, qui ne laissèrent pas un seul centimètre carré inexploré en Occident, y installèrent une garnison, poste avancé nécessaire à la conquête de la Bretagne. Les soldats de Dieu s'installèrent après les soldats des hommes. Toute une ribambelle de saints colonisèrent l'endroit, christianisation oblige. Hilaire, Martin, Florent, Colomban, Amand, Sauveur se succédèrent sur cette terre tranquille. Le rattachement de l'île au domaine royal ne date que de 1785, lorsque Louis XVI l'acheta à Victurnien Jean-Baptiste de Rochechouart. Révolution et guerres de Vendée n'eurent que peu d'impact sur la vie des Islais.

### Le sauvetage de l'*Ymer*

Un jour de janvier 1917, on signala, en fin de matinée, une embarcation à la dérive au large de l'île. Le canot de sauvetage fut mis à l'eau avec 12 hommes à bord. Deux heures après, le canot aborda une baleinière. À son bord, sept naufragés d'un cargo norvégien, l'*Ymer*, torpillé 3 jours plus tôt par les Allemands en Espagne. Pris par la marée, le canot ne put regagner l'île. Il fallut attendre la nuit pour rentrer. Mais le temps grossissait et le canot partait à la dérive. Le temps s'aggravait encore, le froid était polaire. Le bateau s'éloigna de plus en plus, emporté par les vagues et les courants. Durant 3 jours, il fut ballotté par les flots. Il passa Belle-Île, Groix, les îles des Glénan pour aborder l'îlot de Raguenes. À bord, le constat était terrifiant : 5 Norvégiens sur 7 et 6 sauveteurs sur 12 perdirent la vie dans cette entreprise. La Norvège reconnaissante a fait édifier un monument commémoratif à Port-Joinville et versé des rentes généreuses aux familles des victimes islaises. Ce drame permit de rendre hommage aux sauveteurs en mer qui, depuis des générations, risquent presque quotidiennement leur vie pour en arracher d'autres à la mer dévorante.

### L'île d'Yeu et le maréchal Pétain

En 1945, Philippe Pétain, chef du gouvernement de Vichy, fut condamné à mort pour haute trahison. Vu son grand âge – il avait 89 ans –, sa peine fut commuée en réclusion criminelle à perpétuité. On décida de l'emprisonner à la citadelle de l'île d'Yeu. Arrivé à Port-Joinville le 16 novembre 1945, il fut enfermé dans une

casemate du fort. Durant 6 ans, il vécut à l'écart du monde, recevant uniquement la visite de ses avocats, du médecin et de son épouse. Et depuis, dans les bars islais, on ne commande plus un vichy-menthe, mais un pétain.
Au printemps 1951, le maréchal fut frappé par une grave congestion pulmonaire. Le gouvernement lui accorda une grâce médicale. Il fut transporté dans la maison Luco, rue Gabriel-Guisth'au, sur le port, pour y mourir le 23 juillet. Le maréchal fut enterré au cimetière de Port-Joinville, malgré son souhait, maintes fois exprimé, d'être enseveli au milieu de ses hommes à Verdun. Sa tombe est d'ailleurs la seule tournée vers le continent (les autres font face à l'océan). L'image glorieuse du vainqueur de la bataille de Verdun a largement été entachée par celle, plus pitoyable, de chef octogénaire d'un gouvernement ayant collaboré avec les forces d'occupation allemandes pendant la Seconde Guerre mondiale.

### LES FRÈRES ENNEMIS

*Pétain et de Gaulle combattirent ensemble à Verdun en 1916. Ils s'appréciaient énormément. Mais ils se brouillèrent quand de Gaulle publia* Le Fil de l'épée : *il préconisait une armée de métier, basée sur l'artillerie et les tanks. Pétain y était totalement opposé. C'était en 1932. Ils avaient tort tous les deux ! Les nazis, attaquant d'abord avec les bombardements aériens avaient raison sur tout le monde.*

## CHOISIR SA SAISON

Jusqu'à la fin du siècle dernier, même au plus fort de la saison, l'île restait tranquille et vivable. Depuis quelques années, elle devient, aux yeux des Islais eux-mêmes, le Saint-Tropez vendéen. Impossible de cacher que les 200 000 touristes qui affluent ici durant les deux mois d'été rendent la vie un peu pesante. Yeu est victime de la mode qui ne jure que par les coins déserts et sauvages. Mais il suffit d'y aller en dehors de ces périodes d'invasion pour se retrouver seul, ou presque, face à la beauté de l'endroit. Autre solution, faire comme les Islais et vivre à contre-courant, tôt le matin pour les bains de mer et la plage, l'après-midi pour les courses et le soir, au coucher du soleil, pour les balades.

## LE VÉLO : PLUS ÉCOLO

Pression touristique, invasion automobile concentrée autour du port, manque de mesures conservatoires : l'écosystème de l'île se dégrade rapidement. En routard avisé, on vous encourage à respecter quelques principes élémentaires.
– ***Ne venez pas avec votre voiture sur l'île :*** les distances sont courtes, les journées ensoleillées, les chemins étroits. Bref, c'est un endroit idéal pour le vélo. D'ailleurs, les loueurs sont nombreux. Ils pratiquent des tarifs raisonnables. En cas de crevaison, le dépannage est souvent rapide et gratuit où que vous soyez sur l'île. Laissez donc votre voiture dans l'un des garages ou parkings du continent.
– Lors de vos promenades sur l'île, ne vous écartez pas des pistes, respectez la végétation et ne roulez pas sur les dunes. C'est tout bête, mais au rythme où vont les choses, la côte sauvage ressemblera bientôt à un vaste terrain de motocross ! Voilà, c'est dit.
– Dernier conseil : sur l'île d'Yeu, on est en haute mer... Le vent souffle souvent et le soleil est particulièrement coriace. Coupe-vent et crème solaire ne sont pas superflus.

# Comment y aller ?

Pas de pont ; la desserte maritime de l'île est assurée régulièrement toute l'année. Nombreux départs en saison, mais réservation impérative.

**Adresse utile**

- Office de tourisme

**Où dormir ?**

- 10 Camping municipal Île d'Yeu
- 11 Villa Crapouillot
- 12 Hôtel L'Escale
- 13 Atlantic Hôtel
- 14 Chambres d'hôtes chez Stéphane Groisard
- 15 Chambres d'hôtes Sub'Evasion

**Où manger ?**

- 20 Crêperie-snack Martin
- 21 Crêperie Le Vagabond
- 22 Les Bafouettes
- 23 Port Baron
- 24 La Crêperie Bleue

**Où manger des douceurs ?**

- 30 Tatie Bichon
- 31 Pâtisserie Mousnier

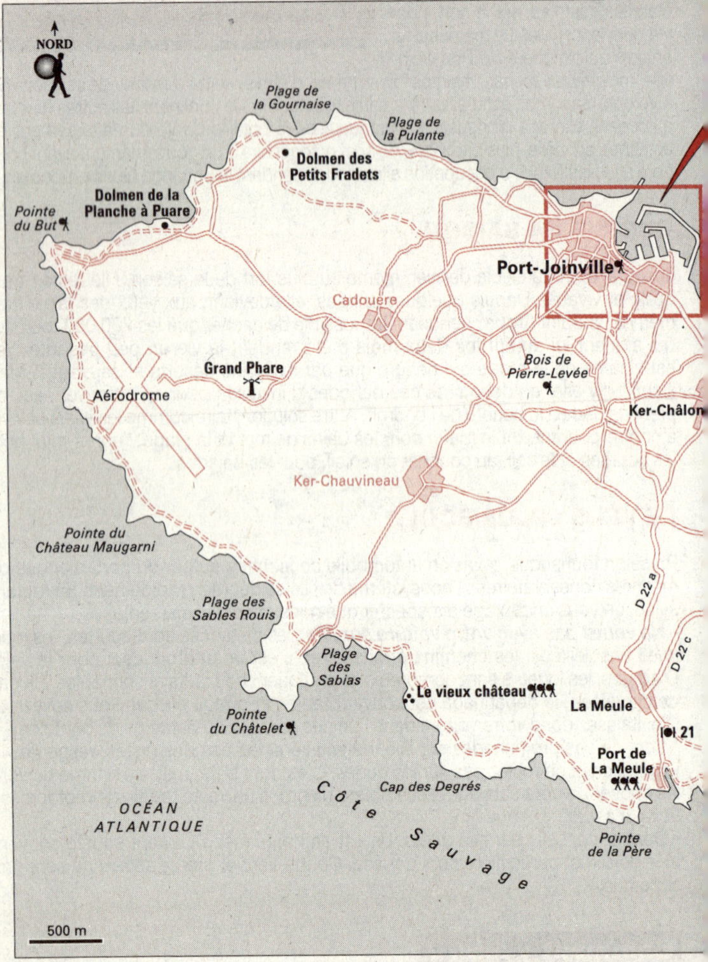

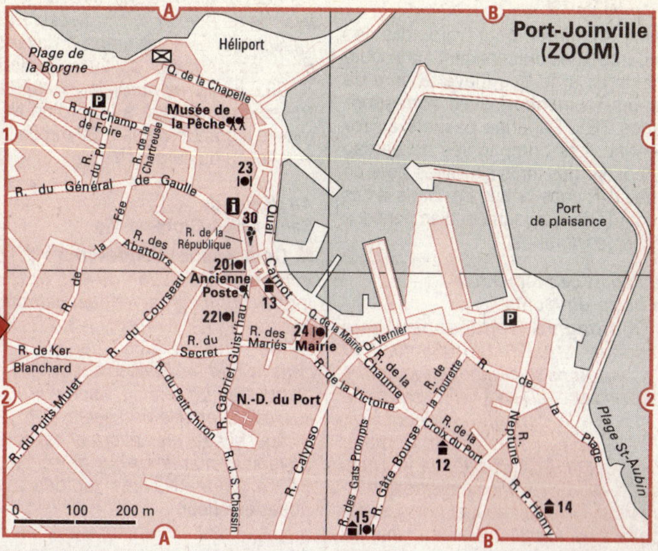
Port-Joinville
(ZOOM)
Héliport
Plage de
la Borgne
Q. de la Chapelle
Musée de
la Pêche
R. du Champ
de Foire
R. du Pu
R. de la Chartreuse
R. du Général de Gaulle
23
30
Quai Carnot
R. de la République
R. des Abattoirs
R. de la Fée
20
Ancienne
Poste
13
22
R. du Courseau
R. du
Secret
R. des
Mariés
24
Mairie
Q. de la Mairie
Q. Vernier
R. de Ker
Blanchard
R. de la Chaume
R. de la Tourette
R. de la Victoire
N.-D. du Port
R. Gabriel Guist'hau
R. du Petit Chiron
R. du Puits Mulet
R. J. S. Chassin
R. Calypso
R. des Gats Prompts
R. Gâte Bourse
R. de la Croix du Port
12
R. Neptune
R. de la Plage
R. P. Henry
14
15
Port
de plaisance
Plage St-Aubin
0
100
200 m
A
B
1
2

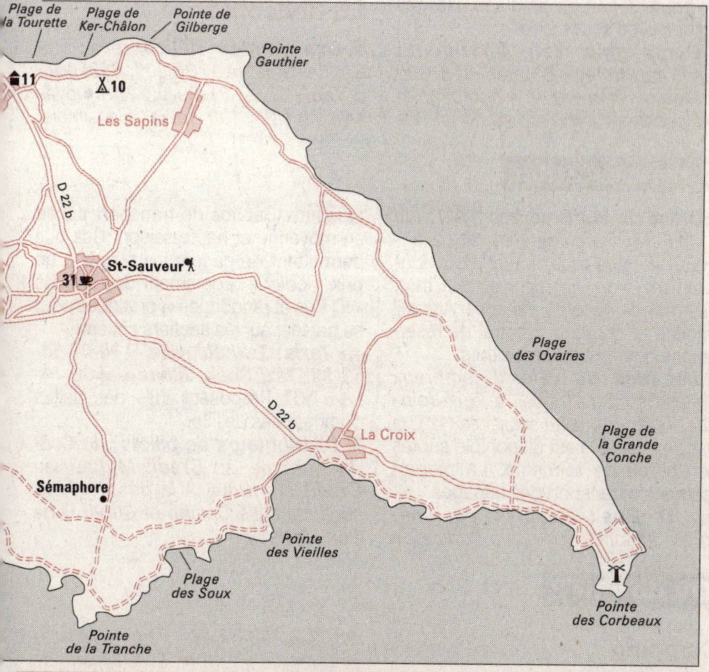
Plage de
la Tourette
Plage de
Ker-Châlon
Pointe de
Gilberge
Pointe
Gauthier
11
10
Les Sapins
D 22 b
St-Sauveur
31
Plage
des Ovaires
D 22 b
La Croix
Plage de
la Grande
Conche
Sémaphore
Pointe
des Vieilles
Plage
des Soux
Pointe
de la Tranche
Pointe
des Corbeaux

L'ÎLE D'YEU

## En bateau

Deux solutions pour rejoindre les embarcadères du continent : la voiture (parkings) et le bus (navette gare de Nantes-Fromentine) avec correspondance TGV. Parkings payants à Fromentine. Les compagnies de bateau proposent des tarifs similaires pour un forfait A/R dans la journée. Dans le cas d'un A/R dans la journée, bien penser à vérifier les horaires.

***Au départ de Fromentine / La Barre-de-Monts***

■ ***Compagnie Vendéenne :*** *gare maritime. ☎ 0825-139-085 (0,15 €/mn). • compagnie-vendeenne.com • (résa en ligne, billets à retirer sur place 30 mn avt le départ). Avr-début nov, 2-6 A/R par j. Durée : 45 mn. Compter 38,50 €/adulte l'A/R dans la journée. Réduc de 10 % sur les traversées passagers sf 10 juil-31 août et hors prestations annexes aux traversées maritimes sur présentation de ce guide.* Navires rapides avec accès extérieur.

■ ***Compagnie Yeu Continent :*** *gare maritime. ☎ 0825-853-000 (nº Indigo ; 0,15 €/mn). • compagnie-yeu-continent.fr • (résa en ligne). Tte l'année, 2-3 A/R par j. (jusqu'à 8 en période de pointe) selon marées. Résa indispensable, longtemps à l'avance pour les périodes de vac. Compter 39,90 € l'A/R ; réduc. Vélo 27,20 €.* La traversée s'effectue à bord d'un NGV (navire à grande vitesse ; 30 mn de traversée) ou du cargo (1h10).

***Au départ de Saint-Gilles-Croix-de-Vie***

■ ***Compagnie Vendéenne :*** *pl. de la Douane. ☎ 0825-139-085 (0,15 €/mn). • compagnie-vendeenne.com • (résa en ligne). Avr-sept, 1-3 A/R par j. Durée : 1h. Env 38,50 €/adulte l'A/R dans la journée. Parking à proximité de l'embarcadère. Gratuit. Réduc de 10 % sur les traversées passagers sf 10 juil-31 août et hors prestations annexes aux traversées maritimes sur présentation de ce guide.* Navires rapides avec accès extérieur.

## En hélicoptère

■ ***Oya Vendée Hélicoptère :*** *rue Gabriel-Guist'hau, BP 307, 85350* ***Île d'Yeu.*** *☎ 02-51-59-22-22. • oya-helico.fr • Env 100 €/pers l'aller simple.*

## Adresses utiles

**Office de tourisme** *(zoom A1)* **:** *rue du Marché,* ***Port-Joinville.*** *☎ 02-51-58-32-58. • ile-yeu.fr • Oct-mars, lun-sam ; avr-sept, lun-sam et dim mat, plus mat des j. fériés juil-août.* Accueil efficace et souriant. Central de réservations pour les hébergements.

■ ***Location de vélos :*** *nombreux loueurs le long du quai, à* ***Port-Joinville.*** *Tarifs et qualité similaires (12 € la journée).* La liste est disponible auprès de l'office de tourisme. La plupart assurent le transport des bagages.

***ID Bus :*** *horaires et itinéraires disponibles aussi à l'office de tourisme.* Service de transport public en moyenne et haute saison. Ces bus permettent de gagner les plages à un prix modique. Également des circuits « ID Bus et randonnée », pratiques pour se balader sur les sentiers côtiers.

***Taxis :*** ***Taxi Joinville,*** *📱 06-07-68-53-96.* ***Taxi Soën Villarbu,*** *📱 06-11-28-54-07.* Proposent aussi des visites commentées de l'île.

■ ***Distributeurs de billets :*** *au* ***Crédit Agricole,*** *au* ***Crédit Mutuel,*** *au* ***Crédit Maritime,*** *à la* ***poste*** *et aux supermarchés* ***Casino*** *et* ***Super U*** *de* ***Port-Joinville.***

## Où dormir ?

### Camping

***Camping municipal Île d'Yeu*** *(plan,* ***10*** *)* **:** *60, rue Saint-Étienne,* ***Ker-Châlon.*** *☎ 02-51-58-34-20. • camping@ile-yeu.fr • ile-yeu.fr • ♿ À 1,5 km de l'embarcadère. De mi-fév à mi-nov. Compter 10,55-13,80 € selon saison. Chalets et tentes aménagées à louer*

LE MARAIS BRETON-VENDÉEN ET LES ÎLES

*235-715 €/sem. 167 empl.* Le seul camping de l'île ne profite pas de son monopole et se révèle être une bonne affaire. Bien situé, dans les pins, à l'extrémité de la plage de Ker-Châlon, il offre un panorama sur la mer et l'accès direct à la plage (pour quelques emplacements, du moins). Location d'un gîte pour groupe en formule dortoir de 8-14 personnes. À 500 m, possibilité de pratiquer plusieurs sports nautiques et la plongée sous-marine.

## Prix moyens

**Villa Crapouillot** (plan, **11**) : *93, rue Pierre-Henry, **Port-Joinville.** ☎ 02-51-59-25-08. • vcrap@wanadoo.fr • monsite.wanadoo.fr/villa-crapouillot • Sur le front de mer, à 600 m de la gare maritime, à 800 m du port en direction de Saint-Sauveur. Mars-oct. Résa longtemps à l'avance. Doubles 50-60 € selon saison et vue. Gîtes 250-650 €/sem selon saison et capacité (2-4 pers).* Une petite structure d'accueil simple, bien tenue et très conviviale. Les différentes maisonnettes imbriquées rassemblent des chambres fonctionnelles et sans esbroufe, un peu à la manière d'une AJ (lits à étage, carrelage...), ainsi que 3 studios bien équipés qui ont l'avantage de bénéficier de courettes privatives. L'ensemble est tranquille, proche du centre et à un jet de coquillage de la plage. Petit-fils de « crapouillot », Didier, le propriétaire, connaît bien son île. Quand souffle la bise sous le soleil d'été, il propose volontiers à ses hôtes une virée sur son catamaran.

## De prix moyens à chic

**Hôtel L'Escale** (zoom B2, **12**) : *14, rue de la Croix-du-Port, à **Port-Joinville.** ☎ 02-51-58-50-28. • yeu.escale@voila.fr • yeu-escale.fr • ♿ Doubles 63-90 € ; des familiales également. Wi-fi Réduc de 10 % sf hte saison et w-e fériés sur présentation de ce guide.* Un hôtel charmant, bien tenu, à quelques pas du débarcadère. Les chambres sont organisées autour d'un jardin agréable et arborent des couleurs chaleureuses et des tissus choisis. Bon niveau de confort, tranquillité assurée, et une atmosphère proche de celle des chambres d'hôtes. D'ailleurs, le petit déj est servi toute la matinée, une aubaine pour les oiseaux de nuit ! Location de vélos. Notre plus jolie adresse en matière d'hôtel sur l'île.

**Chambres d'hôtes Sub'Evasion** (zoom B2, **15**) : *chez Brigitte Dutin, 38, rue des Gâts-Prompts, à **Port-Joinville.** ☎ 02-51-58-59-59. • subevasion@orange.fr • subevasion.com • Doubles à partir de 72 € selon taille. Table d'hôtes le soir sur demande.* Dans un quartier résidentiel, proche du port, 5 chambres de plain-pied qui s'ouvrent sur une cour intérieure commune. Elles sont toutes dotées d'une mezzanine et peuvent accueillir 4 personnes. 2 disposent d'une kitchenette (même prix mais sans petit déj). Une maison bien tenue, agréable, à la déco fraîche et sans tralala. Petite précision pour les amateurs de plongée : monsieur n'est autre que le patron du centre basé au port de La Meule.

**Atlantic Hôtel** (zoom A2, **13**) : *3, quai Carnot, **Port-Joinville.** ☎ 02-51-58-38-80. • atlantic-hotel@orange.fr • hotel-yeu.com • Doubles 60-105 € selon saison et vue (sur le port ou à l'arrière).* Wi-fi En surplomb du port, ce petit hôtel ne manque pas d'attraits : des chambres simples mais confortables (clim, TV...), colorées, et une vue plongeante sur l'animation islaise et les bateaux à quai. Évidemment, les chambres les moins chères donnent sur le village (ce n'est pas si mal) ; elles sont aussi plus calmes. Et de toute manière, vous aurez la vue sur le port au petit déj.

**Chambres d'hôtes chez Stéphane Groisard** (zoom B2, **14**) : *11, rue Pierre-Henry, à **Port-Joinville.** ☎ 02-51-58-55-24. • stephane.groisard@orange.fr • yeu-sejour.com • Doubles 60-72 € selon saison.* Les 3 chambres (dont une triple) sont réparties dans 2 petites maisons, l'une blanche aux volets bleus, l'autre tout en pierre, notre préférée. Elles sont confortables et décorées avec soin (jolies couleurs, meubles mignons, parquet à l'étage). Petite terrasse privative pour chacune. La mer est à 50 m et le bourg à 200 m. Également des gîtes pour 4 à 7 personnes.

## Où manger ?

La plupart des adresses sont concentrées sur Port-Joinville. Si vous êtes là pour la journée, vous pouvez aussi faire vos courses au marché sur le quai et opter pour la solution pique-nique. En été se tient également, tous les matins, un petit marché à Saint-Sauveur, dans le centre de l'île.

### De bon marché à prix moyens

**Crêperie-snack Martin** (zoom A1, **20**) : *18, rue de la République, à* ***Port-Joinville.*** *☎ 02-51-58-52-68. À côté de la* Maison de la presse. *Pâques-sept, plus vac de la Toussaint et de Noël, tlj sf mar hors juil-août. Pas de résa possible. Carte env 15-20 €. Café offert sur présentation de ce guide.* Cette brasserie du genre à la bonne franquette, à l'allure d'auberge marine, est une petite référence locale. Midi et soir, on se bouscule pour déguster les patagos fraîchement pêchés, ces coquillages cousins de la palourde, dont la maison s'est fait une spécialité. À moins de se laisser tenter par un bon plat de moules avec frites ou même cuisinées... Et pour terminer comblé, craquer pour une crêpe caramel au beurre salé.

**Crêperie Le Vagabond** (plan, **21**) : *135, rue de La Meule. ☎ 02-51-58-44-19. Slt en saison. Mars-oct, tlj sf lun-mar hors juil-août. Compter env 15-20 €.* Après avoir assis sa réputation à Port-Joinville, *Le Vagabond* est depuis bien ancré à La Meule. Les fidèles l'ont suivi, et cette crêperie connaît toujours le même succès, bien mérité. La salle bistrot est très conviviale (tout en bois avec des touches de couleur) et décorée notamment de dessins laissés sur les tables (à vos craies !). Les galettes et les crêpes sont aussi généreuses que savoureuses. On s'en pourlèche encore les babines. Petite terrasse à l'avant et terrasse couverte à l'arrière.

**La Crêperie Bleue** (zoom A-B2, **24**) : *quai de la Mairie, à* ***Port-Joinville.*** *☎ 02-51-58-71-95. Fermé mar-mer sf juil-août et vac scol. Congés : 2 sem sur mars-avr et de mi-nov à mi-déc. Résa recommandée. Compter env 20 €.* L'une des premières maisons sur le port, blanche aux volets bleus, parfaitement située. Mais cette adresse doit surtout son succès à ses délicieuses crêpes. Les salées sont croustillantes, garnies de bons produits, certaines originales et gentiment épicées. Également de belles salades, des moules en été, des cocottes en hiver, le tout copieusement servi. Et c'est encore mieux en terrasse, lorsque le temps le permet.

### De prix moyens à chic

**Les Bafouettes** (zoom A2, **22**) : *8, rue Gabriel-Guist'hau, à* ***Port-Joinville.*** *☎ 02-51-59-38-38. ● lesbafouettes@orange.fr ● lesbafouettes.com ● Fermé lun, plus dim hors saison. Congés : janv et 2 sem en oct. Résa recommandée. Formule déj 26,50 € ; menus 35-55 € ; carte env 50 €. Café offert sur présentation de ce guide.* Cette adresse au cadre anodin, située dans une ruelle tranquille de Port-Joinville, arrive en tête de liste des bonnes tables de l'île d'Yeu. À la carte, le meilleur de la marée (choucroute de la mer notamment) et une cuisine gourmande et généreuse. Signe qui ne trompe pas, l'endroit est très fréquenté par les Islais, qui prennent le temps de vivre, et de bien vivre !

**Port Baron** (zoom A1, **23**) : *5 bis, rue Georgette, à* ***Port-Joinville.*** *☎ 02-51-59-15-88. Fermé lun, plus dim soir et mar midi hors saison. Congés : janv-fév et 1 sem en oct. Formules déj 16,50-19,50 € ; le soir 26-38 €.* Retranché dans une venelle parallèle au port, ce bistrot coquet rassemble Islais et touristes fatigués de la foule des grands jours. Sur un petit air de jazz relaxant, on goûte une cuisine simple et fraîche, tout en détaillant les vieilles affiches, les quelques toiles, ou encore les rayonnages de bouquins. Aux beaux jours, sympathique terrasse sur le toit. Accueil agréable et attentif.

## Où manger des douceurs ?

***Tatie Bichon*** (zoom A1, **30**) : *25, quai Carnot, à **Port-Joinville.** ☎ 02-51-58-76-28. Sur le port. Tlj d'avr à mi-nov. Une garniture offerte pour une gaufre achetée sur présentation de ce guide.* Une institution sur l'île ! Dur dur de résister aux glaces et sorbets, qui proviennent d'un glacier réputé de Pornic. La palme revient quand même aux gaufres, qui méritent largement une entrave aux régimes les plus draconiens. Préparées sous vos yeux, elles sont croustillantes en surface, puis délicieusement fondantes au cœur.

***Pâtisserie Mousnier*** (plan, **31**) : *tte l'année sur le marché de **Port-Joinville** et l'été au 49, rue du Général-Leclerc à **Saint-Sauveur** (plan, **31**). 06-89-72-01-54.* L'adresse incontournable pour déguster la fameuse tarte aux pruneaux, dont la maison s'est fait une spécialité. D'autres douceurs, qui ne laisseront pas les gourmands indifférents.

## Où prendre un verre ?

Les bars ne manquent pas. Notre préférence va pour le ***Café Maritime,*** toujours dans son jus, et l'***Escadrille*** qui organise régulièrement des concerts. Les deux se trouvent sur le port.

# À voir. À faire

***Port-Joinville :*** passage obligé de tous les touristes débarquant à l'île d'Yeu, la ville, comptant près de 2 000 habitants, est le centre principal de toutes les activités. Port de plaisance, port de voyageurs, on ne doit pas oublier que la pêche (sole, bar, lotte, merlu et thon blanc notamment) est encore l'activité principale de l'île après le tourisme. Maisons blanches, ruelles tortueuses, Port-Joinville mérite qu'on y fasse une petite balade (document disponible à l'office de tourisme) avant de partir à la découverte des richesses des environs.

***Le musée de la Pêche – L'Abri du marin et l'Abri du sauvetage en mer*** (zoom A1) : *quai de la Chapelle ; en face de l'héliport. 06-70-95-18-65. Juil-août, lun-sam 10h-12h30 (en cas de pluie, ouv l'ap-m) ; hors saison, se renseigner. Entrée : 4,50 € ; réduc.* Un petit musée dédié à l'âme de l'île d'Yeu. Exposition de maquettes de bateaux (thoniers anciens jusqu'à nos jours), sur l'histoire du sauvetage en mer, sur le patrimoine maritime de l'île, ainsi qu'une vidéo. La visite, intéressante, est judicieusement complétée par une présentation d'une barge de sauveteurs et du thonier *Le Corsaire,* le dernier à pêcher à la ligne traînante.

***L'ancienne poste*** (zoom A2) : *rue du Coin-du-Chat. ☎ 02-51-26-06-49. Réouverture à l'été 2015 après travaux. Lun-sam en saison. GRATUIT.* Dans cette salle ouverte par la municipalité, les expositions sont régulièrement renouvelées, sur le thème de la culture islaise en général. Expos d'artistes également.

***Le bois et le fort de Pierre-Levée :*** cette forêt de chênes verts pubescents plantés au XIXe s (classée Espace naturel sensible) avait pour but de camoufler le fort aux vaisseaux ennemis. Construite au milieu du XIXe s, la citadelle est entourée de profonds fossés. Elle servit de prison au maréchal Pétain, mais sa visite ne présente aucun intérêt particulier.

***Les mégalithes et roches à cupules :*** plus de 100 sites ont été répertoriés jusqu'à présent, témoignages tangibles d'une occupation extrêmement ancienne de l'île. À l'extrémité de la plage de la Gournaise, en bordure de la route, on trouve le *dolmen des Petits Fradets,* monument funéraire qui comptait sept pierres formant une chambre. Il ne subsiste aujourd'hui qu'une petite partie de cet ensemble qui doit son nom aux croyances populaires. Longtemps, on a admis que les farfadets (d'où le nom de Petits Fradets), lutins aux pouvoirs magiques, avaient construit le dolmen. Aujourd'hui encore, un rocher à cupules (petits trous circulaires creusés dans les roches), nommé *la roche aux Fras,* serait le siège de réunions nocturnes des lutins, diablotins et autres nains de jardins fantastiques. Au niveau de l'anse des Broches, dominant la mer, le *dolmen de la Planche à Puare* est un phénomène unique en Vendée : tombe en forme de transept comportant trois chambres funéraires dans lesquelles on retrouva des ossements au XIX$^{e}$ s.

**La pointe du But :** vue superbe sur le début de la côte sauvage et sur les dangereux écueils des Chiens-Perrins. De nombreux naufrages nécessitèrent la construction du grand phare que l'on aperçoit plus à l'intérieur des terres, de la corne de brume et de la balise qui se trouve sur l'écueil.

**La pointe du Châtelet :** site archéologique aménagé au second âge du fer (vraisemblablement au I$^{er}$ s av. J.-C.). Il est constitué d'un talus monumental (rempart de terre et de pierre) de plus de 200 m de longueur et haut de 3 m, qui permettait d'enclore une superficie de 8 ha.

**Le vieux château :** *rens à l'office de tourisme. Juil-août, tlj 11h-17h30 ; avr-juin et sept les mar, jeu, sam et dim 11h-16h30 ; hors saison, se renseigner. Visite guidée slt (30-45 mn) : 5 € ; réduc. Juil-août, conférence (2h) sur le site à 17h45. Également des visites du Grand Phare (réduc si visite des 2 sites).* Passionnant ! Pas de doute, on est en Écosse ! À tel point que l'on peut se demander si Hergé ne s'est pas inspiré de ces ruines austères et magnifiques pour dessiner son château dans *L'Île noire.* Construit sur un éperon de granit au XIV$^{e}$ s pour assurer la protection de l'île contre les invasions étrangères, il fut occupé par les Anglais durant la guerre de Cent Ans, mais fut également attaqué par de nombreux corsaires et flibustiers. Facile à défendre, il n'a en définitive capitulé qu'une fois. Du haut du donjon, où sommeille un vieux canon découvert sur le site, sublime vue sur la côte sauvage et sur l'océan qui s'engouffre avec fracas dans l'étroite crevasse en contrebas.

**Le port de La Meule :** *visite guidée de La Meule, ses traditions et ses légendes en juil-août. Tarif : 6,50 €. Infos à l'office de tourisme.*
Longue anfractuosité naturelle qui fut jusque dans les années 1980 un port caseyeur réputé pour ses homards. Sur la jetée, autrefois encombrée de casiers et d'engins de pêche, subsistent les cabanes de pêcheurs aux noms pittoresques, qui donnent à l'endroit un charme suranné ; il fait bon venir y flâner.
Dominant le port, sur un bout de terre aride et rocailleux, la petite chapelle toute blanche de Notre-Dame-de-Bonne-Nouvelle protège les marins depuis le XI$^{e}$ s. Plus haut dans les terres, le village, largement séparé du port pour éviter les menaces de la mer, regroupe de belles maisons typiques de l'île. Murs blancs, volets de couleurs vives et toits de tuiles rouges ne sont pas sans rappeler la Grèce.

➢ Superbe **balade de la pointe de la Tranche à la pointe des Corbeaux,** extrémité orientale de l'île. On longe le port et la plage des Vieilles, très fréquentée en été (pas que par des vieilles).

**Saint-Sauveur :** *avr-sept, visite guidée. Compter 6,50 €. Infos à l'office de tourisme.* Ancienne capitale de l'île, résidence du gouverneur pendant très longtemps. L'*église* est, avec la maison du gouverneur et le grenier seigneurial, l'un des rares témoignages de ce passé glorieux. Construite aux XI$^{e}$-XII$^{e}$ s, elle dut subir de nombreuses vicissitudes : occupations anglaise, hollandaise et espagnole, intempéries, transformation en magasin à poudre, en dépôt de vivres... Elle n'était plus qu'une ruine au XIX$^{e}$ s. Un incendie, dû à la foudre qui s'abattit sur sa flèche, en 1953, fut l'occasion d'une restauration complète. On redonna à l'église son aspect roman avec un clocher carré. Sur le parvis, deux « pierres d'attente des morts ». Elles servaient autrefois à la pose des cercueils sur le bord des routes, les convois mortuaires étant pédestres. Une restauration a été engagée en 2013, fin des travaux en 2015.

De la pointe des Corbeaux à Ker Châlon, succession de superbes ***plages*** derrière la dune et belle forêt de pins maritimes et de chênes verts.

## Balades

➢ ***À pied ou à vélo,*** l'île offre une large palette de belles promenades. Le GR 80 invite à découvrir les richesses du bord de mer par le sentier côtier (27,5 km). Un service de bus, quotidien d'avril à octobre, permet d'effectuer différents trajets entre Port-Joinville et le sud de l'île pour s'offrir de petites balades le long de la côte sauvage. Les cinq itinéraires de petite randonnée balisés (appelés *Yeu des sentes*) sauront vous faire découvrir, en quelques jours, les trésors cachés de l'intérieur de l'île comme l'étonnante variété de paysages côtiers. Topoguides sur les sentiers de randonnée en vente à 0,50 € à l'office de tourisme.
Pour les cyclistes, différents itinéraires conseillés sont proposés. D'intérêt pratique, une piste balisée relie Port-Joinville à La Croix. Ces parcours sont répertoriés sur la carte touristique disponible à l'office de tourisme.

➢ Et pour qui veut découvrir l'île sous toutes ses facettes, une balade en mer s'impose. Sorties possibles en voilier ou pêche en mer encadrée par des professionnels. Se renseigner à l'office de tourisme.

## Fête et manifestations

– ***Le Trail de l'île d'Yeu :*** *mi-juin.* Courses à pied de trois niveaux : 13 km, 23 km et 45 km.
– ***La Meule en fête :*** *fin juil. Au **port de La Meule.*** Grillades et chants de marins.
Renseignements et liste complète des manifestations disponibles à l'office de tourisme : ***Festival Viens dans mon île*** *(en août),* ***Festival des Berniques en Folie*** *(à la Toussaint)...*

# NOTRE-DAME-DE-MONTS

(85690) 1 850 hab. *Carte Vendée, A1*

**Une cité idéale pour découvrir l'environnement des marais, des dunes et des forêts, si particulier à la région. Grimper au sommet du château d'eau, visible de partout, pour un panorama à 360°.**

### Adresse et infos utiles

***Office de tourisme :*** *6, rue de la Barre. ☎ 02-51-58-84-97. • notre-dame-de-monts.fr • En saison, lun-sam 9h30-19h, plus le mat dim et j. fériés 10h-12h30 de Pâques à fin sept ; hors saison, lun-sam sf lun oct-déc. (30 mn gratuites).* Visite audioguidée de la ville avec sac à dos, Cluedo grandeur nature dans la ville, hamacs pour la « zone de ronflement »... L'office ne manque pas d'imagination.
– ***Marché du terroir :*** *mar mat en juil-août.*
***Navettes et bus :*** navette électrique *Éole* sur la commune, qui dessert

LE MARAIS BRETON-VENDÉEN ET LES ÎLES

le centre et les plages en juillet-août. Tarifs modiques. Bien pratique pour les campeurs qui ne souhaitent pas prendre la voiture !

## Où dormir ? Où manger ?

### Campings

**Camping municipal L'Orgatte :** *av. de l'Abbé-Thibaud. ☎ 02-51-58-84-31 (☎ 02-51-58-47-97 hors saison). • camping.municipal@notre-dame-de-monts.fr • notre-dame-de-monts.fr • Accès par la D 38. Avr-sept. Tentes 12,20-16,70 € selon saison. Caravanes 85,40-116,90 €/sem. 315 empl.* Camping idéal pour le farniente : il n'y a que la très belle forêt à traverser pour accéder à la plage ! Et une bonne idée : les groupes et les individuels logent dans 2 parties séparées du camping.

**Camping des Pins :** *21, rue de la Braie. ☎ 02-51-58-83-75. • info@camping-despins85.com • camping-despins85.com • Accès par la D 38. Fermé hors saison. Compter env 18-26 € pour 2 selon saison. Mobile homes et chalets pour 4-7 pers 295-760 €/sem selon taille et saison. 225 empl. Réduc de 25 % sur emplacement camping hors juil-août sur présentation de ce guide.* Tous les emplacements sont sous les pins (le nom n'est pas trompeur) dans cette grande structure 4 étoiles. Piscine chauffée, et la mer est à 800 m.

### De bon marché à prix moyens

**Hôtel L'Orée du Bois :** *12-14, rue du Frisot. ☎ 02-51-58-84-04. • contact@hotelodb.com • oree-du-bois.com • Entre la route de La Barre-de-Monts et la mer, dans la forêt. Avr-oct. Doubles 62-82 € selon saison.* Petit hôtel familial moderne, bien caché dans une rue résidentielle très calme, à 800 m de la mer. Chambres fonctionnelles, claires et impeccables, certaines disposant d'une petite terrasse. Local à vélos en prévision des balades, et une piscine bien agréable pour se délasser après l'effort.

**L'Estran :** *53, rue de Saint-Jean-de-Monts. ☎ 02-51-58-86-48. À la sortie de Notre-Dame, vers le sud. Tlj en saison ; fermé le soir dim-jeu hors saison. Congés : de mi-fév à mi-mars, plus quelques j. en juin. Formules déj en sem 10,50-13,50 € ; menu 17 €. Café offert sur présentation de ce guide.* Cadre rustique de style vendéen, et une honnête carte de cuisine régionale, tournée vers la mer. Un bon rapport qualité-prix et un vrai effort pour les plus jeunes : un espace de jeux est consacré aux enfants et un menu proposé spécialement pour les ados. Sympa !

## À voir

**Le Jardin du Vent :** *29 bis, rue Gilbert-Cesbron. ☎ 02-28-11-26-43. • jardin.vent@notre-dame-de-monts.fr • (accès partiel). Dans le bourg, bien indiqué. Juin-août, tlj 10h (14h w-e)-19h ; avr-mai, sept et vac de la Toussaint, tlj sf lun, 14h-18h. Entrée : 4-6 € selon saison ; réduc ; gratuit jusqu'à 6 ans.* Voilà un jardin d'un genre bien particulier, entièrement voué à Éole. L'architecte a réussi le tour de force de mettre en scène le vent, phénomène certes fascinant, vivifiant... mais invisible et insaisissable ! La réalisation est à la fois poétique, artistique et ludique. Des sculptures animées, à l'esthétique rappelant parfois le *Nautilus* du capitaine Nemo, et des jeux pleins d'imagination montrent les liens du vent avec les sons, la voix, et cherchent à nous sensibiliser à la relation entre l'homme et son environnement. Très poétiques, le tourniquet des risées, l'igloomboo ou la girouette des fragrances... Au centre du jardin, un étonnant moulin, coiffé de voiles. Expositions temporaires, ainsi que des animations et spectacles en saison.

**Kulmino :** *route du Perrier, la Grande-Croix. ☎ 02-51-58-86-09. • kulmino.fr • Juil-août, lun-ven 10h-19h ; sam-dim 14h-19h. Mai, juin et sept, mer-dim 14h-18h30. Vac scol de printemps, la Toussaint et d'hiver, mer-dim 14h-18h30. Entrée : 4,50 € ; réduc ; slt 1 € pour ts les derniers dim de chaque mois hors saison ; gratuit moins de 6 ans. Visites guidées avec lecture du paysage en juil-août.* Immanquable dans le paysage, ce château d'eau. Surtout la nuit, quand son réservoir change de couleur pour annoncer la météo du lendemain ! Il fonctionne toujours, alimentant les îles et le littoral voisins. Au rez-de-chaussée, petite expo ludique autour du thème de l'eau. Tout en haut, à 70 m au-dessus du niveau de la mer par un ascenseur, panorama assez exceptionnel sur les marais, les îles... – L'été, le lundi soir sur résa, soirée coucher de soleil.

**Biotopia :** *50, av. de l'Abbé-Thibaud. Ouverture au printemps 2015. De mi-fév et mars, mer-lun 14h-18h30 ; avr-juin et sept-oct, mer-lun 10h-12h, 14h-18h30 ; juil-août, lun-ven 10h-19h et sam-dim 14h-19h. Fermé de début nov à mi-fév. Entrée : 7 € ; réduc ; gratuit moins de 6 ans.* Un site de découverte sur le monde du littoral et de la forêt, à des échelles de taille et de temps différentes pour éveiller la curiosité et éduquer à la préservation de notre environnement. Une visite à compléter de parcours en plein air, de la forêt jusqu'à la mer, dont un avec tablette numérique.

**Le pont d'Yeu :** *indiqué côté droit sur la route de Saint-Jean-de-Monts, puis parcourir 1 km jusqu'à un parking (la route devient sableuse).* Une curiosité que ce promontoire sous-marin qui se dévoile seulement lors des grandes marées. Il s'agirait des restes d'un pont construit par le diable à la demande de saint Martin pour permettre l'accès à l'île d'Yeu...

# SAINT-JEAN-DE-MONTS

(85160) 8 500 hab. *Carte Vendée, A1*

**Ceux qui n'ont pas revu Saint-Jean-de-Monts depuis de lointaines vacances seront certainement surpris. Sans pouvoir revenir sur les erreurs urbanistiques du passé, la ville travaille son look et son mobilier urbain, surveille son environnement, nettoie ses plages, propose une foultitude d'animations et activités sportives, culturelles, etc. Le centre-ville, petit et plutôt agréable, est construit autour de l'église (voir les 12 vitraux du XXe s), derrière un ensemble de dunes qui le séparent de la mer et des quartiers présentant un certain cachet dans les pins. De l'autre côté, le front de mer résidentiel à perte de vue, à l'architecture malheureusement représentative des années de croissance, liée à la formidable expansion des stations balnéaires de la côte atlantique après la guerre. Mais la très belle plage sécurisée (distribution gratuite de bracelets de sécurité, mâts repères, etc.), immense, avec du sable fin, vous tend les bras sur près de 3 km.**

**En basse saison (soit 10 mois par an), la grande majorité des appartements sont fermés et l'ambiance n'est pas folichonne, c'est sûr, mais ça fait le bonheur des fans de char à voile. Entre dunes, forêts et marais, à vous les sentiers pédestres ou de VTT, les pistes cyclables ou de rollers, et les Thermes marins (avec la plus grande piscine de soin thalasso de France). Tout cela en fait logiquement une destination tout indiquée pour les familles...**

## Adresses et infos utiles

**Office de tourisme :** *67, esplanade de la Mer. ☎ 0826-887-887 (0,15 €/mn). • saint-jean-de-monts.com • Juil-août, tlj 9h30-19h ; hors saison, lun-sam 9h30-12h30, 14h-18h. (payant).* Infos sur les activités de loisirs (base nautique, Explora Parc, centre aquatique Océabul...), idées balades à pied ou à vélo, billetterie activités et spectacles. Boutique souvenirs.

**Bus et navettes :** tout au long de l'année, liaisons avec Nantes (ligne 12 SNCF). Villes voisines desservies par les lignes *Sovetours*. En été, la navette la *Littorale* dessert un grand nombre de campings vers le centre-ville et les plages. ***Sovetours – Cap Vendée*** *(☎ 02-51-58-28-51).* ***SNCF*** *(☎ 36-35 ; 0,34 € TTC/mn).*

■ ***Location de vélos :*** ***Le Cycl'Hop*** *(6, av. de la Forêt ; ☎ 02-51-58-04-81) ;* ***Bloo Bike*** *(12 bis, av. de la Forêt ; 06-22-60-53-21) ;* ***Cycles Maheau*** *(9, rue du Général-de-Gaulle ; ☎ 02-51-58-27-83).* VTT, VTC, vélos pour enfants, vélos électriques et tandems.

## Où dormir ?

### Camping

***Camping Campéole – Plage des Tonnelles :*** *18, route de la Tonnelle, BP 10115. ☎ 02-51-58-81-16. • plage-tonnelles@campeole.com • plage-des-tonnelles.com • Entre Saint-Jean-de-Monts et Notre-Dame-de-Monts. De mi-avr à mi-sept. Tentes 13,50-25,50 € selon saison. Hébergement locatif 259-1 169 € selon saison. 223 empl. Réduc de 10 % sur le prix d'un emplacement nu sur présentation de ce guide.* Grande structure, mais ce camping dunaire a conservé un aspect sauvage, avec accès direct à la mer. Bungalows, mobile homes et bungalows toilés aménagés disséminés dans la belle forêt domaniale, particulièrement calme et vivifiante en basse saison. En haute saison, animations pour petits et grands, piscine chauffée (à partir de juin), spa et nombreux commerces (poissonnerie, boulangerie, supérette, snack-bar, restauration). Une affaire bien huilée et accueillante, où rien ne manque.

### De prix moyens à chic

***Hôtel-restaurant Le Robinson :*** *28, bd Leclerc. ☎ 02-51-59-20-20. • infos@hotel-lerobinson.com • hotel-lerobinson.com • Fermé déc-janv. Doubles env 60-100 €, supplément avec balcon. Formule 15,50 € ; menus 18,50 € déj en sem, puis 26-53 €. Parking payant. Café offert sur présentation de ce guide.* Cette affaire de famille est devenue au fil des années un authentique complexe touristique, mais la qualité de l'accueil et des prestations a toujours été maintenue. Plusieurs catégories de chambres : les plus petites occupent la maison d'origine côté rue ; les intermédiaires, dans un style conventionnel très confortable, sont regroupées dans le bâtiment principal ; tandis que les plus grandes, modernes et cossues, sont isolées dans une annexe contemporaine. Piscine couverte et chauffée, salle de gym, rien ne semble avoir été oublié. Au resto, cuisine traditionnelle bien menée.

***Hôtel de la Forêt :*** *13, rue Pouvreau. ☎ 02-51-58-00-36. • hotel.foret@gmail.com • hotel-de-la-foret.fr • Dans un quartier résidentiel à l'écart du front de mer. Restauration le soir uniquement. Fermé de mi-déc à mi-mars. Doubles 64-108 €. Un café offert sur présentation de ce guide.* Petit hôtel discret et calme de jour comme de nuit. La belle adresse, avec des chambres bien équipées, décorées avec goût. Bains balnéo, douches hydromassantes, pas mal du tout. On se retrouve sous le tilleul, pour lire ou boire un verre, ou pour piquer une tête dans la petite piscine.

### Plus chic

***Hôtel Atlantic Thalasso :*** *16, av. des Pays-des-Monts. ☎ 02-51-59-15-15. • reception.sloi@thalasso.com • atlantic-thalasso-hotel.com • Doubles 70-180 € selon confort, taille et saison ; également des suites.* Ce *Best Western* au nord de la ville, pimpant et moderne, propose des chambres confortables aux couleurs claires, toutes avec balcon (côté parking pour les moins chères). Ambiance on ne peut plus reposante, comme en pleine nature et pourtant à seulement 10 mn à pied du remblai, à travers la forêt. En prime, un tunnel souterrain permet d'accéder gratuitement à la piscine de la thalasso voisine (avec sauna, hammam et fitness). Restaurant sur place.

## Où manger ?

La ville compte une centaine de restaurants, soit la moitié de l'effectif du nord de la Vendée ! Mais dans tout cela, il y a à prendre et à laisser et les fins gastronomes, mis à part quelques exceptions, tenteront plutôt leur chance à Saint-Gilles-Croix-de-Vie.

### De bon marché à prix moyens

**Chai Carlina :** *32, rue Neuve. ☎ 02-51-58-03-78. • chaicarlina@free.fr • Tlj sf lun midi, plus lun soir et dim hors saison. Congés : période de Noël et début fév. Formules 13-16,50 € à midi en sem ; menu 27 € avec 3 verres de vin (différents, bien sûr !) ; carte 25-30 €. Un verre de vin choisi par la maison offert sur présentation de ce guide.* Le bar à vins sympa, discret, un poil excentré, un poil excentrique aussi, car le patron s'y connaît pour placer ses vins et ses plats. Mais comme il a du métier, tout le monde y trouve son compte. Une trentaine de références locales et originales. Bonne cuisine, qui donne envie de boire, évidemment.

**Chez Bastien :** *9, av. de la Forêt. ☎ 02-51-58-01-60. • chez.bastien@orange.fr • Dans la rue de restaurants qui mène à l'office de tourisme. Tlj. Menu 14,90 €, carte env 30 €.* Une quasi-institution de la station, qui arbore un mignon décor aux couleurs du temps. La cuisine est en harmonie, fraîche et alerte, au gré du marché, forcément tournée vers cet océan qui lèche la plage au bout de la rue. Service impeccable.

Voir aussi le ***restaurant de l'Hôtel Le Robinson*** dans « Où dormir ? ».

### De prix moyens à chic

**Le Petit Saint-Jean :** *128, rue de Notre-Dame. ☎ 02-51-59-78-50. À la sortie de Saint-Jean, vers le nord. Fermé dim soir et lun, plus mer soir et jeu soir hors saison. Congés : 2 sem en janv. Menus 15 € (déj en sem)-48 €. Café offert sur présentation de ce guide.* Oublions la proximité de la route passante et poussons la porte : la vaste salle accueillante et lumineuse réjouit d'emblée. L'impression ne se dément pas dans l'assiette, avec une cuisine de terroir inventive et des plats déclinés en de subtiles saveurs. Le chef privilégie le bœuf, l'anguille, les grenouilles, le foie gras, le canard challandais... que du bon, que du frais. Sans négliger les desserts car il est avant tout pâtissier. Service attentionné pour clore le tout. Une adresse antimorosité !



## Où dormir ? Où manger dans les environs ?

### Campings

**Camping Les Samaras :** *chemin du Champ-de-Bataille, Orouët, 85160 Saint-Jean-de-Monts. ☎ 02-51-59-51-01. • contact@camping-lessamaras.fr • camping-lessamaras.fr • ♿ Indiqué le long de la D 38, à env 8 km vers le sud. Fin avr-début sept. Compter 15-24 € pour 2 selon saison. Mobile homes 295-775 €/sem selon saison. 75 empl. (payant.) Hors saison, 14 nuits pour le prix de 12 et wifi offert sur présentation de ce guide.* Camping très agréable et isolé au bout d'une route de campagne très tranquille. Bien ombragé. Piscine chauffée. Ambiance sympa. Moyen de locomotion recommandé car la plage est à 4 km.

**Camping municipal de la Maison blanche :** *rue de la Maison-Blanche, 85300* **Le Perrier.** *☎ 02-51-49-39-23. • leperrier.fr • ♿ À 7 km à l'est de Saint-Jean par la D 753. Fin juin-début sept. Compter 15 € pour 2 en hte saison. 106 empl.* Familial et calme, ce camping dans l'intérieur des terres conviendra à ceux que les armées de mobile homes de la côte font fuir. Piscine en été et un réel effort pour l'accueil des enfants : salle de bains équipée, jeux...

### De prix moyens à chic

**La Chaumière :** *103, av. d'Orouët, 85160* **Saint-Jean-de-Monts.** *☎ 02-51-58-67-44. • hotelchaumiere@wanadoo.fr • chaumierehotel.fr • À 6 km au sud-est par la D 38. Double 67 €, familiales également.* Une adresse tranquille à tous points de vue (même si l'insonorisation peut parfois laisser à désirer...). Long bâtiment moderne qui abrite des chambres simplement fonctionnelles, toutes avec balcon côté jardin. Piscine chauffée couverte.

**Chambres d'hôtes Le Moulin des Rivières :** *461, chemin du Moulin-des-Rivières, 85160* **Saint-Jean-de-Monts.** *☎ 02-51-59-77-52. • philippe.gruel@yahoo.fr • lemoulindesrivieres.fr • Au rond-point de la route du Perrier. Double 80 €. Également un gîte 4 pers.* Une belle propriété sur 2 ha de terrain arboré et clos (il y a même des moutons). Une chambre avec vue sur le moulin, l'autre sur la campagne. Pas mal d'espace tout autour, une piscine couverte avec balnéo et des propriétaires étonnants. Avec les chambres d'hôtes, ils ont découvert un nouveau métier qui semble les amuser.

## À faire dans le coin

➢ **Balades à vélo ou à pied :** voir les loueurs dans « Adresses et infos utiles ». Balades « nature » : forêt, marais, ville, dunes... Possibilité de balades avec GPS et jeu-enquête policière « de la CRIM ». En tout, 26 km de pistes pour vélos, jalonnées d'aires de services.

➢ **Balades dans les marais :** *avec* **Déambul,** *au* **Perrier** *(85300). ☎ 02-51-93-84-84. • oceanmaraisdemonts.fr • Juil-août slt : lun-ven départs yole et calèche à 10h, 14h et 16h ; slt en yole lun-ven à 10h, 11h, puis ttes les heures 13h-17h. Compter 4-8,50 € ; réduc ; gratuit 2-5 ans (déconseillé moins de 2 ans).* Découverte en yole – cette embarcation à fond plat typique de la région –, avec retour ou non en calèche.

## Manifestations

– **Kid's Folies :** *de mi-avr à mi-mai.* Festival pour les enfants et leurs parents : spectacles, expo, animations sportives et ludiques.
– **La Dunaire :** *début mai.* Randonnée à la tombée de la nuit à travers forêt et plage.
– **Les Déferlantes :** *mi-mai et juil-août.* Théâtre de rue et musique en plein air.
– **Animations Spécial familles :** *juil-août.* En particulier, des animations sportives pour les 6-12 ans *(Kid's mercredi)*, des « instants baby » pour les 3-5 ans et des « Rendez-vous familles ».
– **Caval'Océane :** *1 w-e en sept.* Compétitions et animations équestres sur la plage.
– **Ci t'as la trouille :** *vac scol de la Toussaint.* Animations pour la famille autour des cucurbitacées.
– **Atlantique zen :** *courant nov.* Salon du bien-être et du développement personnel.

# LE LITTORAL VENDÉEN, ENTRE MER ET VIE

## SAINT-GILLES-CROIX-DE-VIE

(85800) 7 400 hab. *Carte Vendée, A-B2*

**Saint-Gilles-Croix-de-Vie, malgré les embouteillages des jours de marché, reste l'un de nos endroits préférés sur la côte vendéenne. C'est une cité balnéaire et portuaire très touristique l'été, fréquentée par les Anglais et les Néerlandais notamment. La Grande-Plage fait 3,6 km. D'autres plus petites mais tout aussi jolies : Boisvinet, plage de la Pelle à Porteau...**
**C'est dans l'estuaire du petit fleuve la Vie que les premiers marins ont arrimé leurs embarcations. De nos jours, la pêche à la sardine demeure une activité économique importante, et les marins lui sont restés fidèles, même s'ils ont dû se diversifier en taquinant le chinchard et l'anchois. Avec une flottille d'une cinquantaine de navires, dont les équipages confondus rassemblent environ 150 marins, Saint-Gilles reste l'un des ports de pêche actifs du littoral atlantique.**
**Autre gloire de la ville, l'entreprise Bénéteau, premier constructeur mondial de voiliers, rayonne depuis plus d'un siècle et génère toujours de nombreux emplois dans la région.**

### UN PEU D'HISTOIRE

Dès le XII$^{e}$ s, les seigneurs locaux règnent sur un port modeste mais florissant. Au XIV$^{e}$ s, la cité Saint-Gilles, devenue trop petite pour loger ses habitants, commence à souffrir de surpopulation. Déjà ! Les Giras investissent l'autre côté de l'estuaire, et quelque temps après, une nouvelle cité se crée : Croix-de-Vie. Et comme toujours dans ce genre de situation, la rivalité et les querelles de clocher vont diviser les deux villes durant des siècles. Au XVI$^{e}$ s, la Réforme trouve à Saint-Gilles un écho très favorable. Les luttes religieuses, qui se multiplient, ne s'éteignent qu'avec la signature de l'édit de Nantes. Saint-Gilles étant protestante, il lui faut son pendant : Croix-de-Vie est érigée en paroisse catholique en 1690. Il faudra attendre 1835 pour qu'un pont au-dessus de l'estuaire les relie. Et ce n'est qu'en 1967 que les deux communes fusionnent pour ne former qu'une cité unique.



## Adresses et infos utiles

**Office de tourisme** (*plan B2*) **:** *pl. de la Gare. ☎ 02-51-55-03-66. • payssaintgilles-tourisme.fr • Juil-août, tlj ; le reste de l'année, lun-sam et le mat des longs w-e de printemps.* Visites guidées thématiques de la ville *(avr-sept ; 5 €).* Itinéraires géolocalisés sur application iPhone et mobiles. Infos sur les sorties en mer et les circuits à vélo dans le canton (350 km). Espace boutique.

■ ***Location de vélos :*** ***Cycles Barsé,*** *ZI du Gatineau, 85270 Saint-Hilaire-de-Riez (☎ 02-51-55-47-09).* ***Gérard Gateau,*** *rue du Calvaire (☎ 02-51-55-48-56).*

■ ***Embarquement et croisière à l'île d'Yeu*** (*plan B1*) **:** voir plus haut à « L'île d'Yeu » la rubrique « Comment y aller ? ».

– ***Marchés :*** *les mer et sam mat côté Croix-de-Vie. Les mar, jeu et dim côté Saint-Gilles, pl. du Vieux-Port et du Marché-aux-Herbes.*

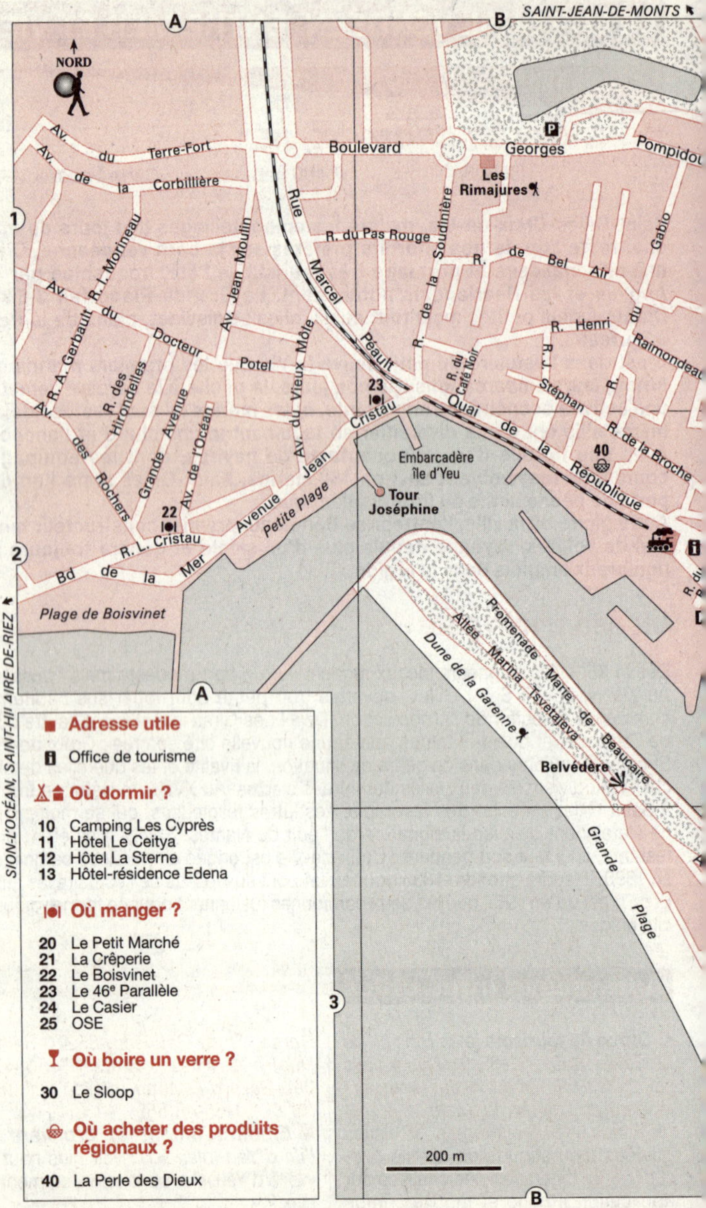
SAINT-JEAN-DE-MONTS
NORD
Av. du Terre-Fort
Av. de la Corbillière
Boulevard Georges Pompidou
Les Rimajures
Rue Marcel Péault
R. du Pas Rouge
R. de la Soudinière
R. de Bel Air
Gabio
R. I. Morineau
Av. du Docteur Potel
Av. Jean Moulin
Av. du Vieux Môle
R. A. Gerbault
R. des Hirondelles
Av. des Rochers
Grande Avenue
Av. de l'Océan
R. du Café Noir
R. Henri Raimondeau
R. J. Stéphan
R. de la Broche
Quai de la République
Cristau
Avenue Jean
Petite Plage
Embarcadère île d'Yeu
Tour Joséphine
R. L. Cristau
Bd de la Mer
Plage de Boisvinet
SION-L'OCÉAN, SAINT-HILAIRE DE-RIEZ
Promenade Marie de Beaucaire
Allée Marina Tsvetajeva
Dune de la Garenne
Belvédère
Grande Plage
200 m
Adresse utile
Office de tourisme
Où dormir ?
10 Camping Les Cyprès
11 Hôtel Le Ceitya
12 Hôtel La Sterne
13 Hôtel-résidence Edena
Où manger ?
20 Le Petit Marché
21 La Crêperie
22 Le Boisvinet
23 Le 46e Parallèle
24 Le Casier
25 OSE
Où boire un verre ?
30 Le Sloop
Où acheter des produits régionaux ?
40 La Perle des Dieux

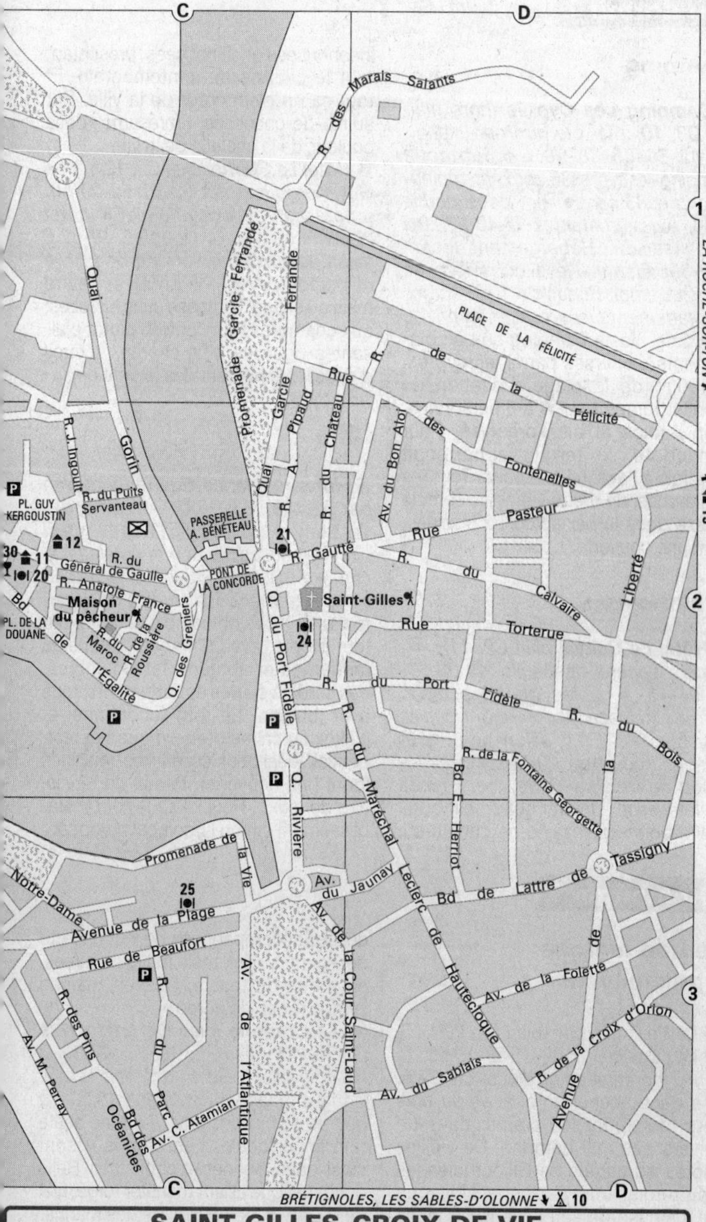


## SAINT-GILLES-CROIX-DE-VIE

## Où dormir ?

### Camping

⛺ ***Camping Les Cyprès*** *(hors plan par D3, **10**) : 41, rue du Pont-Jaunay. ☎ 02-51-55-38-98. • contact@camping-lescypres85.com • camping-lescypres85.com • ♿ Accès par la D 38. Avr-sept. Tentes 17,40-26,20 € selon saison. Hébergement locatif 229-895 €/sem. Résa conseillée en été. 280 empl. Réduc de 10 % sur les emplacements sur présentation de ce guide.* Vaste camping aux emplacements dispersés parmi les cyprès, à 400 m de la plage. Location de mobile homes pour 4 à 8 personnes. Bien équipé et bien organisé. Pour l'anecdote, le terrain appartenait autrefois à l'évêché de Luçon. Tous les dimanches, un prêtre venait célébrer la messe dans le bar actuel ! 2 piscines, dont une couverte.

### Prix moyens

🏠 ***Hôtel Le Ceitya*** *(plan C2, **11**) : 47, rue du Général-de-Gaulle. ☎ 02-51-55-01-13. • contact@hotel-leceitya.com • hotel-leceitya.com • ♿ Doubles env 66,50-80,50 € selon confort et saison. Réduc de 10 % sur présentation de ce guide hors w-e, j. fériés et hte saison.* Un vrai beau petit hôtel d'une bonne quinzaine de chambres, insonorisées et climatisées, présentant tout le charme du contemporain. Et tout ça en plein cœur de la ville. Bar au rez-de-chaussée. En résumé : de la couleur, de la chaleur, de la vie.

🏠 ***Hôtel La Sterne*** *(plan C2, **12**) : 2, pl. Guy-Kergousin. ☎ 02-51-55-09-50. • hotellasterne@cegetel.net • hotellasterne.com • ♿ Doubles 49-82 € selon confort et saison. Parking privé et garage payant.* 📶 En plein centre mais au calme, l'adresse sans histoires, aux chambres tout confort, plutôt plaisantes pour les plus chères. Accueil d'excellente humeur dès le petit déj.

### Chic

🏠 ***Hôtel-résidence Edena*** *(hors plan par D2, **13**) : 39, bd De-Lattre-de-Tassigny. ☎ 02-51-55-30-44. • residence@hoteledena.com • hoteledena.com • ♿ Doubles 85-124 € selon saison ; également des studios et appartements.* 📶 Vaste complexe tout beau tout propre, avec différents bâtiments modernes et abritant des chambres, des studios ou des appartements, tous avec balcon. Le tout fonctionnel et nickel, au calme dans un quartier résidentiel. Idéal pour les familles : piscines (dont une couverte), terrain de tennis, aire de jeux... Pour clore le tout, l'établissement a reçu l'Écolabel européen.

## Où manger ?

### De bon marché à prix moyens

🍴 ***Le Petit Marché*** *(plan C2, **20**) : 46, bd de l'Égalité. ☎ 02-51-39-07-56. Tlj sf mer hors juil-août. Menus 17-32 €.* Une déco accueillante, avec du bois pour réchauffer les cœurs, dans un univers pas mal bétonné. De vieilles photos agrandies de Gillocruciennes d'autrefois, une patronne slovaque qui s'amuse de son accent, un jeune chef qui s'active derrière ses fourneaux. Repas convivial autour des brochettes de poisson et de viandes grillées accompagnées de leur cagette de légumes. Méli-mélo malin d'entrées, en forme de toasts. Dessert maison sympa (« rien de perdu »).

🍴 ***La Crêperie*** *(plan C2, **21**) : 4, rue Gautté. ☎ 02-51-55-02-77. ♿ Tlj sf lun hors saison. Résa conseillée le w-e. Congés : mars et oct. Menu 10,50 € à midi en sem ; carte env 15 €.* Une petite référence locale. Les crêpes y sont classiques, bonnes et copieuses. Belle déco rustique alliant rotin, fer forgé, filet de pêche et tableaux à thèmes marins.

🍴 ***Le Boisvinet*** *(plan A2, **22**) : 2, rue Louis-Cristau. ☎ 02-51-55-51-77. Juil-août, tlj sf mar ; le reste de l'année, tlj sf* *mar soir, mer et dim soir. Menus 23 € (déj en sem)-29 €. Café offert sur présentation de ce guide.* Cadre contemporain : du bois flotté et une épure mi-nordique mi-asiatique pour surfer sur l'air du temps. La cuisine suit le même chemin : produits d'ici soigneusement choisis, soigneusement traités, et influences d'ailleurs.

## De prix moyens à chic

**Le Casier** *(plan C2, **24**) : 15, pl. du Vieux-Port. ☎ 02-51-55-01-08. • restaurant.lecasier@orange.fr • Fermé dans le courant de l'hiver. Formule déj en sem 14,50 €, menu de l'Océan 18,90 € ; carte env 35 €.* Les inventeurs de ce *Casier* sont d'ici, et on sent bien qu'ils connaissent leur sujet. L'intérieur en bois, comme une cale de bateau, donne le ton. Cuisine entièrement consacrée à la mer, selon les arrivages : pot-au-feu marin, brandade de morue, sardines, bien sûr... Les plats sont toujours frais et de qualité.

**OSE** *(plan C3, **25**) : 18, av. de la Plage. ☎ 02-51-26-98-49. Fermé lun midi en saison, mar-mer hors saison. Congés : janv. Menu 12 € déj en sem ; carte 30-40 €. Café offert sur présentation de ce guide.* On ne vient pas ici par hasard mais bien pour titiller son goût pour l'anticonformisme et l'art du sucré-salé, sans tabous. La technique est maîtrisée pour s'en affranchir bien vite et oser des mariages improbables comme ces glaces aux saveurs décalées, pas toujours sucrées, qui accompagnent les plats. Tout cela dans une salle branchée, aux tons fuchsia, tout indiquée pour les amoureux en recherche d'alchimie.

**Le 46e Parallèle** *(plan B1, **23**) : 4, rue Jean-Cristau. ☎ 02-51-55-87-35. Fermé dim soir, lun et sam midi. Menus 19,90 € déj en sem, puis 26-55 € ; carte 35-40 €.* Adresse chic et choc. Un lieu pour qui aime voyager dans sa tête autant que dans son assiette... Une cuisine jeune, créative et ludique, à déguster en salle ou en terrasse, face à l'entrée du port.

## Où boire un verre ?

**Le Sloop** *(plan C2, **30**) : 48, bd de l'Égalité. ☎ 02-51-26-84-52. Tlj 16h-1h (2h parfois).* Déco marine pour cette taverne conviviale où les matelots d'un soir investissent les entrailles d'un bateau le temps d'une bonne pinte. Car la cale recèle bien des surprises : 8 bières pression et 100 autres en bouteille dans la réserve... et un mât bien arrimé pour soutenir ceux qui « sloopent » !

## Où acheter des produits régionaux ?

**La Perle des Dieux** *(plan B2, **40**) : 58, quai de la République. Juil-août, tlj 9h30-13h, 14h30-20h ; hors saison, horaires plus restreints et fermé dim-lun oct-mars.* C'est la boutique de la dernière conserverie de sardines de la ville. La conserverie ne se visite pas, mais **espace « La sardine est dans la boîte »,** avec dégustation-vente et projection d'un film sur la pêche à la sardine : *49, rue des Couvreurs, Z.I. de la Bégaudière. ☎ 02-51-55-55-54. À la sortie de Saint-Gilles, direction La Roche-sur-Yon. Lun-ven tte l'année sf janv. 2-3 visites/j. selon saison. Entrée : 3 € ; gratuit jusqu'à 16 ans.*

# À voir. À faire

**L'église Saint-Gilles** *(plan C2) : visite guidée mer à 10h30 en juil-août.* Bâtie au XIVe s dans un style néogothique flamboyant, elle fut presque entièrement détruite par deux fois, la première par les protestants, qui ne laissèrent en place que la façade nord, et la seconde pendant la Révolution. Elle ne fut relevée qu'en 1873. À l'intérieur, beaux vitraux racontant la victoire de Louis XIII sur les protestants à

Notre-Dame-de-Riez, ainsi qu'un chemin de croix d'Henry Simon.

***Les Rimajures – Espace Henry-Simon*** *(plan B1) : 75, bd Pompidou. 06-75-47-73-19. • lesrimajures.com • Avr-juin et sept-oct, ven-dim et j. fériés 15h-19h ; juil-août, tlj 10h30-12h30, 15h-20h. GRATUIT. Animations en période estivale.* Dessinateur inné, portraitiste, peintre, céramiste, décorateur, Henry Simon doit beaucoup à sa Côte de Lumière. Autrefois installé en bordure des marais salants, il fait construire cette bourrine en 1953, petite maison basse au toit de chaume, typique de la région, baptisée par le peintre *Les Rimajures,* nom dérivé du mot « ramages » en patois. La visite de la bourrine, menée par la fille du peintre, permet de découvrir le lieu, l'homme et son œuvre : sa peinture, faite de vivacité dans le trait et d'une palette aux couleurs franches, n'est pas sans rappeler Dufy et Matisse. Il fait bon faire aussi une pause dans le petit jardin ; boutique.

***La Maison du pêcheur*** *(plan C2) : 22, rue du Maroc. Avr-sept slt, mer-sam 15h-18h. Entrée : 3 €.* Dans une typique maison basse, reconstitution d'un intérieur des années 1920 pour découvrir la vie et l'histoire des pêcheurs de l'époque.

***La dune de la Garenne*** *(plan B2) :* superbe balade sur la dune coincée entre la Vie et l'océan, qui offre des points de vue sur les ports, les églises, les jetées et la tour Joséphine depuis le belvédère. Génial en fin de journée, lorsque le soleil est rasant.

### UN SINGE EN HIVER

*Janvier 1908, mois de tempête. Sur la côte vers Brétignolles, quatre marins en goguette découvrent un tonneau rejeté par la mer. Mis en perce, ce tonneau se révèle plein d'une eau-de-vie que les marins trouvent à leur goût. Les compères boivent vite le tonneau qui livre enfin son vrai contenu : un... singe conservé dans l'alcool ! Les quatre marins s'en étranglent un peu ; le chimpanzé du tonneau, naturalisé, trône aujourd'hui en bonne place dans la Maison du pêcheur.*

## Fêtes et manifestations

- ***Saint-Jazz-sur-Vie :*** *le w-e de la Pentecôte.* Un festival emmené par une équipe entièrement bénévole qui affiche chaque année de très grands noms du jazz.
- ***Marché nocturne des artisans et bibelots :*** *ts les soirs 20h-minuit juil-août. Quai du Port-Fidèle et pl. du Vieux-Port. Également pl. de la Gare, jeu à partir de 19h mi-juil à mi-août.*
- ***Fêtes d'été :*** ***de la Sardine*** *le dernier dim de juil,* ***du Poisson*** *le 1er dim d'août et* ***du Port*** *le 2e dim d'août.* Grillades, folklore et bals populaires.
- ***Village des Saveurs :*** *fin août.* Grand rassemblement des « Sites remarquables du goût », dégustation et vente des produits du terroir.

## DANS LES ENVIRONS DE SAINT-GILLES-CROIX-DE-VIE

### *SAINT-HILAIRE-DE-RIEZ* *(85220)*

Aux portes de Saint-Gilles. On conseille de rejoindre Saint-Hilaire-de-Riez via le quartier balnéaire de Sion par la corniche vendéenne (site classé depuis 1926). Posé sur une falaise, ce quartier a conservé quelques villas XIXe s et présente beaucoup de charme. Un plateau rocheux dont les falaises plongent dans l'océan. Criques sablonneuses percées par le jeu des vagues, grottes et excavations se découvrent depuis les chemins piétons ou cyclistes de cette corniche.

## Adresse utile

***Office de tourisme :*** *21, pl. Gaston-Pateau, à* ***Sion-sur-l'Océan.*** *☎ 02-51-54-31-97. • payssaintgilles-tourisme.fr • Juil-août, tlj ; hors saison, lun-sam, plus dim mat juin et sept.*

## Où dormir ?

***Hôtel Frédéric :*** *25, rue des Estivants, à* ***Sion-sur-l'Océan.*** *☎ 02-51-54-30-20. • info@hotelfrederic.com • hotel-frederic.com • À proximité de l'office de tourisme. Doubles 70-115 € selon taille et vue. Réduc de 10 % sur le prix de la chambre à partir de 3 nuits consécutives (hors petit déj) sur référence du guide à la résa.* Délicieusement anachronique, l'*Hôtel Frédéric* ressuscite l'époque des premiers bains de mer et des interminables voyages en chemin de fer. Rien n'a été laissé au hasard dans les chambres de charme face à la mer : meubles chinés, papier peint coloré ou encore bibelots choisis, comme les journaux ou les pubs d'époque déposés ici ou là comme par mégarde. Sympathiques dégustations d'huîtres et de fruits de mer au bar. Éminemment balnéaire.

***Chambres d'hôtes La Petite Châtelaine :*** *50, av. de la Rousselotière. 06-84-94-81-85. • lapetitechatelaine85@orange.fr • lapetitechatelaine.fr • Doubles 70-85 €. Une nuit offerte pour un séjour d'une sem sur présentation de ce guide.* Le quartier n'est pas des plus emballant, mais on l'oublie dès le jardin de cette discrète maison début XXe s, d'un goût très balnéaire. Accueil adorable et chambres à thème. Nous avouons un faible pour l'ambiance africaine de la « Chambre du voyageur » ; la « Castafiore » est inévitablement baroque, et sous les toits, la « Capitaine », pour les familles, respire l'air du large. Piscine.

# À voir. À faire dans le coin

***L'écomusée de la Bourrine du Bois-Juquaud :*** *4, chemin du Bois-Juquaud. ☎ 02-51-59-94-07. Accès fléché par la D 69, direction Soullans-Challans. Juil-août, tlj 10h-12h30, 14h-19h ; avr-juin et sept, tlj 14h-18h ; fév-mars, vac scol de la Toussaint et de Noël, 14h-18h, fermé certains j. Entrée : 3,50 € ; réduc ; gratuit jusqu'à 11 ans.* Émouvant témoignage de la rude vie des maraîchins au début du XXe s, cette vieille bourrine caractéristique du Marais breton-vendéen abrite une reconstitution fidèle des modes de vie de l'époque : mobilier ancien, outils et charrettes permettent au visiteur d'entrevoir le quotidien d'une petite exploitation agricole traditionnelle, dont les différentes dépendances et le potager s'organisent autour du bâtiment d'habitation. Typique : le bois étant une denrée rare, on alimentait le feu avec les bousats (bouse séchée), qui se consumaient lentement et dégageaient beaucoup de chaleur. Expo temporaire et projection vidéo dans le bâtiment d'accueil sur la technique de construction de ces habitations singulières en terre et végétaux.

***Les marais salants de la Vie :*** *rond-point des Marais-Salants. 06-81-97-39-84. Sur la D 38 bis, entre Saint-Hilaire et Saint-Gilles. Visite guidée : env 3,50 € ; gratuit jusqu'à 11 ans. Boutique : début mars-fin août, 10h-12h30, 15h-19h (fermé dim hors juil-août).* Ces marais dont les origines remontent au VIIe s renaissent depuis 1995. Au long de l'étier et des bassins, la visite guidée (1h30) avec démonstration permet de tout découvrir du métier de saunier. Petite expo permanente dans la salorge. Vente de sel.

➢ ***Attelage de la Vie :*** *06-25-30-33-33 ou 06-73-85-85-31. • baladeconteecaleche.com •* Balades atypiques, contées et thématiques en calèche, du marais au bocage, de 2h à l'après-midi, voire nocturne ou bivouac.

## COMMEQUIERS (85220)

À 12 km par la D 754. Un peu avant d'arriver dans le village, prendre à droite la direction du *dolmen de la Pierre Folle*. Au milieu de la forêt, on découvre trois pierres debout et une table. C'est le prétexte à une belle balade.

### Où dormir ? Où manger ?

**Hôtel-restaurant de la Gare :** *66, rue de la Morinière. ☎ 02-51-54-80-38. • hotelgare.commequiers@orange.fr • Accès par la D 754. Resto tlj sf dim soir et lun, plus le soir mar-ven hors saison. Doubles en chambre d'hôtes 44 € (avec petit déj) ou 42 € à l'hôtel (petit déj 7,50 €). Menus 11,80-18 € (en sem)-22,80 €. Apéritif maison offert sur présentation de ce guide.* Il a tout pour plaire, cet hôtel coquet aux allures victoriennes, construit au début du XXe s, lorsque le chemin de fer desservait encore les moindres bourgades du fin fond de la France. 2 chambres d'hôtel et 5 chambres d'hôtes dans une maison annexe, toutes séduisantes et joliment décorées. Fraîcheur et couleurs gaies ont également envahi la salle de resto à l'ambiance SNCF d'antan, avec photos anciennes, lanternes, poinçonneuses. Le chef s'affaire pour préparer de bons plats traditionnels et copieux. Jardin arboré avec une piscine et des jeux pour les enfants.

## À voir. À faire

**Le château fort :** *à la sortie du village, sur la route de Saint-Christophe-du-Ligneron.* On peut encore voir de très beaux vestiges, malgré son démantèlement ordonné par Louis XIII après sa victoire sur les huguenots du coin. Ce château au plan octogonal, flanqué de huit tours puissantes, illustre bien l'évolution des conceptions militaires à la fin du Moyen Âge : il fallait trouver des réponses inédites aux évolutions de l'artillerie, notamment en supprimant les angles morts. Entouré de profondes douves remplies d'eau noire, il défendait la région contre toutes les incursions belliqueuses, ou presque ! Aujourd'hui, c'est un petit paradis pour les pêcheurs et les romantiques en quête d'un coin tranquille.

### À VOS PIOCHES !

*Face au terrible massacre des Chouans, un de leurs chefs, Guerry du Cloudy, enfouit son trésor au château de Commequiers. En 1933, grâce à un glissement de terrain, on retrouva des milliers de pièces cachées dans une cruche. Les recherches continuent.*

➢ **Le vélorail :** *gare de Commequiers, repérable à son château d'eau. ☎ 02-51-54-79-99. • velorail-vendee.fr • Avr-oct : tlj en juil-août, fermé mar le reste du temps ; se renseigner pour les horaires de départ. Résa obligatoire, conseillée par Internet. Compter selon saison 23,50-38,30 €/draisine 2-4 pers selon durée.* Les trains ayant abandonné ces rails depuis belle lurette, l'idée d'utiliser la portion entre Commequiers et Coëx germa dans l'esprit de quelques petits malins en 1994. La balade à bord de ces draisines, sympathique et pittoresque, permet de découvrir l'arrière-pays. La circulation se fait dans les DEUX sens sur une seule voie. On vous laisse imaginer la scène !

## APREMONT (85220)

À l'est de Commequiers, accès par la D 82. Un des plus beaux villages de l'arrière-pays de Saint-Gilles-Croix-de-Vie (classé « Petite Cité de caractère »), doté d'une riche histoire. Certains affirment même que le site aurait été habité dès le XIII^e s av. J.-C. ! Il doit en tout cas son nom aux Romains : « Apremont » dérive d'*Asper Mons,* ou âpre montagne, en référence au paysage escarpé. Les premiers chrétiens y installèrent un couvent, et dès le IX^e s, une forteresse vit le jour sur le rocher dominant la rivière. Il s'agissait de défendre la région contre les incursions vikings. Au XVI^e s, Philippe Chabot de Brion, amiral de France et ami de François I^er, fit reconstruire le château dans un style Renaissance. Aujourd'hui, la mairie veille aux destinées du site. Certaines scènes des *Vieux de la vieille* furent d'ailleurs tournées ici.

## Adresse utile

**Office de tourisme :** *pl. du Château. ☎ 02-51-55-70-54.* Petit dépliant indiquant un circuit en ville et jolie « randonnée des trois châteaux ».

## À voir. À faire

**Le château :** *☎ 02-51-55-27-18 ou 73-66 (mairie). (rdc et château d'eau). Tlj : avr-mai, 14h-18h ; juin-août, 10h30-19h ; sept, 10h30-18h. Entrée : 4 € pour le château seul, 5,50 € avec accès à la salle panoramique du château d'eau (juil-août). Visite guidée en juil-août.*
Vendu comme carrière au XVIII^e s, le château a encore fière allure, malgré la destruction du logis. Il reste le châtelet d'entrée, une partie des remparts, la chapelle et deux magnifiques tours rondes à galerie circulaire. La visite comprend les différents étages de la tour est, de la cuisine à la galerie d'où l'on domine tous les environs, ainsi qu'une petite exposition bien ficelée dans la chapelle (théâtre optique, film...) sur la vie de Chabot. Intéressant, mais ce n'est rien comparé à ce qui fait la réputation du château : sa surprenante voûte cavalière, la seule connue avec celle d'Amboise. On y pénètre par la tour de gauche. C'est un tunnel pentu de 60 m qui donnait accès à une esplanade en bordure de la Vie. Un travail de titans.
– Le premier samedi après le 14 juillet, le château se met en fête avec des animations Renaissance dans la cour. Livret d'énigmes pour les enfants.
– De mi-juillet à fin août, spectacles d'escrime historique et humoristique, avec costumes et textes d'époque.

➢ Il existe ici un plan d'eau permettant de faire différentes activités nautiques, ainsi que des balades à VTT aux alentours.

### COËX *(85220)*

D'Apremont, prendre la D 40 vers le sud pour s'y rendre (environ 7 km).

## Où manger dans les environs ?

**Le Balata :** *golf des Fontenelles, 85220* ***L'Aiguillon-sur-Vie.*** *☎ 02-28-10-63-96. À 2 km de Coëx, sur la route de Saint-Gilles. Fermé dim soir-lun. Menus 15-19 € déj en sem, puis 28-41 €.* Environnement bucolique à défaut de naturel, en bordure d'un golf et dans un complexe de résidences secondaires à l'ambiance quelque peu artificielle. Larges baies vitrées et confortable salle chic. Cuisine créative et colorée, ancrée dans le terroir vendéen mais pas très loin de la côte où soufflent les vents d'ailleurs. Une vraie bonne affaire à midi.

LE LITTORAL VENDÉEN

## À voir

🥾🥾 ***Le jardin des Olfacties :*** *pl. de l'Église.* Ce beau jardin public et botanique déroulé sur 5 ha permet de découvrir de manière ludique, en suivant un parcours olfactif original, plus de 3 500 variétés de plantes provenant des quatre coins du globe. Les fleurs, les plantes et les essences y sont réparties en chambres des senteurs, elles-mêmes dispersées dans un environnement enchanteur composé de vallons, bassins, grottes, ponts miniatures et même une pagode japonaise ou une bambouseraie. On trouve toute une panoplie de plantes médicinales et aromatiques. Boutique et salon de thé.

### *LA CHAIZE-GIRAUD* *(85220)*

On y accède en continuant pendant 7 km sur la D 40.

## À voir

🥾 Très belle ***église*** du XI^e s qui a résisté au temps et aux velléités de l'histoire, nombreuses et destructrices, que la Vendée a connues au cours des siècles. On s'arrêtera surtout sur l'aspect extérieur, austère et humble. Façade typiquement romane, avec un portail dont les archivoltes reposent sur des colonnettes aux chapiteaux historiés évoquant l'Annonciation, à gauche, et l'Adoration des Mages, à droite.

➢ Après le village, prendre la D 12 vers le littoral, puis descendre par la D 38 vers Brétignolles-sur-Mer.

LE LITTORAL VENDÉEN

# BRÉTIGNOLLES-SUR-MER

(85470) 4 200 hab. *Carte Vendée, B2*

**Encore l'une de ces villes côtières dont la population grossit de manière exponentielle avec les beaux jours. Les 13 km de littoral et les cinq plages qui alternent avec des criques rocheuses y sont certainement pour quelque chose. Brétignolles, qui s'est embellie de halles pimpantes et qui se verrait bien avec une marina, est réputée pour la qualité de ses spots de surf (*La Sauzaie*, notamment). Et en toute logique, pour se poser, rendez-vous au *Spot*, ce bar un peu décalé et à la déco récup', pied dans le sable, plage de la Parée.**

## Adresse utile

ℹ ***Bureau d'information touristique :*** *1, bd du Nord (face à la mairie). ☎ 02-51-90-12-78. • payssaintgilles-tourisme.fr • Juil-août, lun-sam 9h-19h ; dim 9h-13h. Avr-juin et sept, fermé dim, slt dim ap-m vac scol et w-e fériés. Oct-mars, fermé sam ap-m, dim et pour le déj. 📶 (30 mn gratuites).*

## Où dormir ? Où manger dans le coin ?

### Campings

⛺ ***Camping La Motine :*** *4, rue des Morinières, à Brétignolles-sur-Mer. ☎ 02-51-90-04-42. • lamotine@free.fr • lamotine.com • ♿ Accès entre l'office de tourisme et la plage de la Parée. 1^er avr-30 sept. Compter*

*24-28 € pour 2 selon saison. Maisons mobiles pour 4-6 pers 327-653 €/sem. 103 empl.* Petit camping très fleuri, à 600 m de la plage et à 300 m du centre-ville. Très calme (les propriétaires n'organisent pas d'animations, pour préserver la tranquillité du site), il propose des emplacements bien délimités et bien entretenus. Piscine couverte chauffée. Parc d'attractions à 200 m.

⛺ ***Camping Le Pin Parasol :*** *lac du Jaunay, Châteaulong, 85220* **La Chapelle-Hermier.** *☎ 02-51-34-64-72. • contact@campingpinparasol.fr • campingpinparasol.fr • ♿ Entre Brétignolles et La Mothe-Achard. De mi-avr à mi-sept. Compter 14-34 € pour 2 selon saison. Loc de mobile homes et chalets 212-1 114 € selon confort, capacité et saison. 371 empl. Une boisson offerte à l'arrivée sur présentation de ce guide.* Un camping familial où l'on se sent vite chez soi (si l'on peut dire, car tout le monde n'a pas 4 piscines, un bois et des plages à proximité !). Animations pour enfants en juillet-août et vacances scolaires de Pâques. Grande pataugeoire pour les petits, avec des jeux d'eau. Surplombant le lac du Jaunay, un site pour les amateurs de pêche, les fous d'embarcations à pédales et les randonneurs.

## Chic

🏨 🍴 ***Hôtellerie Les Brisants :*** *63, av. de la Grand'Roche. ☎ 02-51-33-65-53. • perochonjeanmarc@wanadoo.fr • lesbrisants.com • Face à la plage du marais Girard, côté sud. Resto fermé dim soir-mar midi hors juil-août. Congés : 3 sem après mi-fév et 3 sem après le 11 nov. Doubles 89-118 € selon saison. Menus 35 € à midi mer-dim, boissons incluses, puis 58-72 €.* Si le grand bâtiment n'est pas très avenant de l'extérieur, l'intérieur révèle des chambres contemporaines dans les tons chocolat, tout confort et joliment décorées. Restaurant panoramique dans le même élan, avec le spectacle fascinant des vagues venant se briser sous vos yeux. Dans l'assiette, des plats délicieux à base de produits frais que le chef s'amuse à détourner. Une cuisine à l'image de la vue, tonique et en constant renouvellement.

## À voir

***Vendée miniature :*** *50, rue du Prégneau. ☎ 02-51-22-47-50. • vendee-miniature.fr • ♿ Avr-mai et sept, tlj sf sam mat et dim mat, 10h-12h, 14h-18h30 ; juin-août, tlj 10h-19h. Fermé oct-mars. Entrée : env 8,50 € ; réduc ; gratuit jusqu'à 5 ans.* C'est toute l'âme de la Vendée qui émane de cette immense maquette réalisée au 1/10. Plus de 15 années de travail ont été nécessaires à un couple de passionnés pour confectionner un authentique village 1900, en intérieur, où chaque détail a été pensé pour donner aux visiteurs l'impression d'observer une tranche de vie surgie du passé : les 650 personnages en action, les bruitages (le rabot du menuisier, le tchou-tchou de la locomotive à vapeur...), l'église à l'heure de la messe, l'alambic, le moulin dans le vent, la batteuse en pleine moisson, l'accordéon de la fête de village ou les femmes au rouet font tout le charme de la scène.

### LA DANSE DE LA BRIOCHE

*La brioche vendéenne reste indissociable des mariages. Autrefois, le parrain ou la marraine offrait une grande brioche ronde de 10 à 15 kg que les convives se partageaient, après une danse épique. Cette danse est toujours pratiquée : les convives portent la brioche sur une civière à bout de bras tendus, pendant que le reste de l'assemblée passe en dessous. Parfois, c'est la mariée qui se retrouve sur le plateau ! Elle, on la dévore avec les yeux.*

## DANS LES ENVIRONS DE BRÉTIGNOLLES-SUR-MER

### *BREM-SUR-MER* (85470)

À 3 km au sud de Brétignolles, ce village attachant propose un patrimoine étonnamment riche : une église romane (Saint-Nicolas), un ancien village de pêcheurs (quartier de la Gachère), des marais, un vignoble... Pour découvrir tout cela, demandez à l'office de tourisme le petit dépliant *Brem en 1 jour*, très bien fait.

#### Où acheter des produits locaux ?

**Domaine Saint-Nicolas :** *Thierry Michon, 11, rue des Vallées. ☎ 02-51-20-88-16 ou 02-51-33-13-04. • domainesaintnicolas.com • Chai lun-sam ; dim sur rdv.* Ici, vous êtes au caveau de vente, le chai se trouve à La Croix-Bégaud, sur la D 32, à la sortie d'Olonne (fléché). C'est un grand bâtiment de 60 m de long. Thierry Michon, sur les traces de son père, a révolutionné l'univers des modestes fiefs-vendéens, en optant pour la biodynamie. Blancs (issus du chenin), rouges, rosés... les vins du domaine figurent désormais à la carte des plus belles tables.

**Ma Product'Yon Locale :** *dans le bourg, face à la poste. ☎ 02-51-20-83-39. Tlj juin-sept.* Tout ce que la Vendée produit de bon et typique réuni ici : brioche, vins de Brem, mogettes, jambon... C'est appétissant et surprenant de diversité !

**Exposition de poterie-céramique :** *La Corde. ☎ 02-51-90-50-77. Prendre la D 38 sur 3 km vers Les Sables-d'Olonne, puis, à la sortie de Brem-sur-Mer, la direction L'Île-d'Olonne ; c'est à 2 km à gauche. Slt sur rdv en téléphonant. GRATUIT.* Christian et Chantal Bourcereau, des enfants du pays, sont d'authentiques céramistes de talent. Installés dans un charmant hameau qu'ils ont eux-mêmes retapé il y a plus d'une vingtaine d'années, ils créent de véritables œuvres d'art en grès, porcelaine et *raku* (aspect de faïence lézardée).



# LE PAYS DES OLONNES

**Sable, château, île... ici, tout est olonnais, surtout les habitants, fiers de cette région riche en paysages et en ressources. Comme dans un grand magasin, on trouve de tout dans le pays des Olonnes. Forêt, port, villes, plages, bocages et marais permettent de ne pas s'ennuyer dans ce coin de Vendée largement dévolu au tourisme de masse depuis des années. Mais historiquement, le sel, la pêche, l'agriculture et le vin fournirent des ressources considérables à la région depuis le VIIIe s. Aujourd'hui, la vie s'organise autour des Sables-d'Olonne, qui s'affiche destination – plus que jamais – de pointe, depuis l'arrivée du TGV.**

## LES SABLES-D'OLONNE (85100) 15 000 hab. *Carte Vendée, B2*

▸ Pour le plan des Sables-d'Olonne, se reporter au cahier couleur.

**C'est peu de dire que Les Sables, la ville du Vendée Globe, représentent une station balnéaire de premier plan avec 150 000 touristes qui déferlent**

**sur l'agglomération en été. La capitale touristique de la Vendée, en quelque sorte. Cela pose évidemment des problèmes de circulation, de stationnement et de logement, même si la rénovation du front de mer a redonné la priorité aux piétons et cyclistes. Soutenue par une démographie régionale en forte croissance, la ville reste très vivante au printemps et à l'automne, notamment grâce à ses loisirs urbains et à une forte activité portuaire, autant pour la pêche que pour la plaisance. La mer et Les Sables, la belle histoire d'une station devenue « Ville à la mer ».**

## UN PEU D'HISTOIRE

C'est au XVe s que le port des Sables, qui n'était jusqu'alors qu'un port baleinier, connaît une véritable expansion et est fortifié. La morue prend le pas sur les cétacés dans les filets des marins, jusqu'au XVIIIe s, faisant la fortune des armateurs et sauniers. La Révolution est une passe difficile pour les Sablais, demeurés républicains, qui subissent les assauts des Blancs en 1793.

### UN RECORD D'ENFER

*Non loin du palais de justice, repérer la rue de l'Enfer, entre la rue de la Patrie et la rue des Halles. En pente, elle va en se rétrécissant pour ne mesurer que 45 cm en son point le plus étroit (40 cm au sol). Elle est répertoriée dans le* Guinness des records *comme l'une des rues les plus étroites du monde !*

Alors que les exportations de sel et de blé transitent par Les Sables, également port de commerce, au XIXe s, des aménagements permettent l'arrivée de cargos plus importants. Le XIXe s voit également le développement spectaculaire du tourisme. La mode des bains de mer, lancée en Angleterre, gagne rapidement le littoral français. Le phénomène prend une ampleur considérable avec l'arrivée de la ligne de chemin de fer Nantes-Les Sables en 1866.
Au début du XXe s, hôtels et villas cossues poussent comme des champignons (la ville compte aujourd'hui 300 maisons classées). Les activités liées au tourisme supplantent peu à peu le travail portuaire. L'avènement des congés payés ne fera que renforcer cet état de fait. Et dans les années 1960 les bateaux de plaisance bénéficient à leur tour d'un port à part. Port-Olona compte désormais plus de 1 500 anneaux.

## Adresses et info utiles

**Office de tourisme** *(plan couleur B2) : 1, promenade du Maréchal-Joffre. ☎ 02-51-96-85-85. • lessablesdolonne-tourisme.com • Juil-août, tlj 9h-19h ; avr-juin et sept, tlj 10h-12h30, 14h-18h ; oct-mars, lun ap-m au sam 10h-12h30, 13h30-17h30, dim et j. fériés 14h-17h30. Le reste de l'année, pause déj ; oct-mars, fermé dim mat et lun mat.* Édite un petit guide, *Sentiers cyclistes et pédestres,* proposant une vingtaine de circuits (forêt, marais et littoral), ainsi qu'un *Parcours piétonnier* détaillant 2 visites des Sables (La Chaume et le centre-ville). Liste des (nombreux) loueurs de vélos, infos sur les sorties en mer, programme de l'hippodrome (une vingtaine de courses par an).
– ***Visites guidées de la ville :*** avec une guide conférencière (l'architecture balnéaire, les logis d'armateurs, etc.). Infos à l'office de tourisme.
– Cinq ***hot spots :*** *sur les quais Garnier et Olona ainsi que dans les offices de tourisme. (payant).*

### Transports

***Gare routière Sovetours*** *(plan couleur C1) : rue de la Bauduère. ☎ 02-51-95-18-71. • sovetours.fr • À côté de la gare ferroviaire.*

LE PAYS DES OLONNES

■ ***Location de voitures :*** *Avis, rue de la Baudueère, gare SNCF (☎ 02-51-96-97-78) ; **Europcar,** 39 ter, cours Dupont (☎ 02-51-21-10-00).*

***Navettes maritimes :*** *☎ 02-51-96-81-00. ● contact@lesatlantes.eu ● Ticket 1,10 € (8 € pour 10 passages). Gratuit moins de 4 ans. Billets au Tabac-Presse sur les quais de La Chaume, Port Olona et du port de pêche.* 3 passeurs : A (Les Sables quai Guiné-La Chaume), B (Les Sables quai Guiné-Port Olonna) et C (Base de mer-prieuré Saint-Nicolas). Passeurs électriques avec cellules photovoltaïques. Vélos tolérés quand il y a peu de passagers. Une solution bien pratique.

## Où dormir ?

### Camping

***Camping Chadotel Les Roses*** *(hors plan couleur par D2, **10**) : 1, rue des Roses. ☎ 02-51-95-10-42. ● info@chadotel.com ● chadotel.com ● Emprunter l'av. Gabaret jusqu'à la fourche, puis l'av. d'Aquitaine (direction Talmont) sur env 800 m et tourner à droite (indiqué). Avr-nov. Compter 15-29 € pour 2 selon saison. Mobile homes et chalets 190-1 150 €/sem. 200 empl.* Un agréable camping ombragé et parfaitement équipé. Piscine chauffée avec toboggan, animations et soirées à thème, location de vélos...

### De prix moyens à chic

***Maison Richet*** *(plan couleur C2, **17**) : 25, rue de la Patrie. ☎ 02-51-32-04-12. ● infos@maison-richet.fr ● maison-richet.fr ● Fermé courant janv. Doubles avec douche slt 63-80 € selon saison.* Cette adresse de charme a tout d'une maison d'hôtes. La belle réception donne l'impression d'un salon de famille, avec sa collection de mappemondes et sa bibliothèque. Les petites chambres jouent la carte de la sobriété chic, bien dans l'esprit du jour. Et le ravissant patio est un refuge idéal pour récupérer en rentrant de balade. Une petite perle.

***Hôtel de la Tour*** *(plan couleur A2, **12**) : 46, rue du Dr-Canteteau, La Chaume. ☎ 02-51-95-38-48. ● baneat.jeanmarc@neuf.fr ● hotel-lessablesdolonne.com ● Congés : en janv. Doubles 60-85 € selon saison et confort ; également des familiales. Surprise offerte sur présentation de ce guide, sf vac scol et sam.* Un hôtel ? Difficile à croire si l'on en juge par la quantité de bibelots dispersés dans la maison et la déco très personnalisée des chambres. Si les inspirations marines des « Cabines de plage » et du « Phare » sont assez attendues pour un port, la « Montagnarde » surprend tout le monde avec ses chaussures cloutées et son sac à dos suspendus à la patère. Mais la cerise sur le gâteau, c'est le petit déj à base de yaourts et confitures maison servi dans un jardinet mignon comme tout. Intime et convivial.

***Hôtel Antoine*** *(plan couleur B2, **14**) : 60, rue Napoléon. ☎ 02-51-95-08-36. ● antoinehotel@club-internet.fr ● antoinehotel.com ● De mi-mars à mi-oct. Doubles 62-85 € selon saison. ½ pens souhaitée en juil-août (3 nuits min), 62-68 €/pers. Menu le soir slt, 25 €. Garage payant. Apéritif maison offert à l'arrivée aux clients de la ½ pens sur présentation de ce guide.* Ce petit havre de paix dissimulé dans une ruelle calme du centre-ville a tout pour séduire : patio fleuri, chambres entièrement rénovées et bien tenues, affichant toutes des tons chaleureux et gais. Bons plats du marché préparés par le patron pour ses résidents. Une belle adresse.

***Hôtel Arc-en-Ciel Spa*** *(plan couleur C2, **16**) : 13, rue Chanzy. ☎ 02-51-96-92-50. ● contact@arcencielhotel.com ● arcencielhotel.com ● Doubles 83-128 €, promos sur Internet. Parking payant.* Du temps des premiers bains de mer, l'hôtel a conservé une magnifique salle à manger (classée) Belle Époque. Les chambres rénovées, impeccables et colorées, se révèlent quant à elles tout à fait contemporaines. Espace détente avec spa, toit-terrasse avec vue et salon-bar design. Coin pique-nique ! Accueil dévoué.

**Hôtel Les Embruns** (*plan couleur A2*, **13**) : *33, rue du Lieutenant-Anger, La Chaume. ☎ 02-51-95-25-99. • info@hotel-lesembruns.com • lesembruns.hotel@orange.fr • hotel-lesembruns.com • Congés : nov-fév. Doubles 55-76 € selon vue et saison.* Idéalement situé dans une rue calme et pittoresque de La Chaume, ce petit hôtel intime et convivial est un point de chute idéal hors des sentiers battus. Les chambres, toutes différentes, ont été soigneusement décorées dans un style gai et coloré par un couple accueillant et prévenant.

**Hôtel Les Hirondelles** (*plan couleur C2*, **15**) : *44, rue des Corderies. ☎ 02-51-95-10-50. • contact@hotelhirondelles.com • hotelhirondelles.com • D'avr à mi-oct. Doubles 68-80 € ; également des familiales. Parking privé payant. Café offert sur présentation de ce guide.* Le décor frais et moderne des chambres fait vite oublier l'aspect conventionnel de la façade. L'atmosphère familiale ainsi que la gentillesse de l'accueil achèveront de vous convaincre. Chambres confortables, certaines avec balcon (idéal pour le petit déj), d'autres ouvrant de plain-pied sur un patio planté d'essences exotiques.

## De chic à plus chic

**Les Roches Noires** (*hors plan couleur par D3*, **19**) : *12, promenade Georges-Clemenceau. ☎ 02-51-32-01-71. • info@hotel-lesrochesnoires.com • hotel-lesrochesnoires.com • Doubles 69-185 € selon saison, confort et vue. Parking gratuit à 50 m. Réduc de 10 % sur le prix de la chambre oct-mars hors vac scol et St-Valentin, sur présentation de ce guide.* Un hôtel idéalement situé avec une vue imprenable sur le large depuis certaines chambres et la salle de petit déj. Chambres pas très grandes en général, mais mignonnes et décorées sobrement. On aime bien celles donnant sur un patio intérieur au calme et ce sont les moins chères !

**Chambres d'hôtes L'Épicurienne** (*hors plan couleur par D3*, **18**) : *9, rue Villebois-Mareuil. 06-71-84-89-37. • maison.lepicurienne@orange.fr • maisonlepicurienne.fr • De mi-avr à mi-nov. Doubles 75-125 € selon saison.* Petite villa balnéaire des années 1920, joyeusement rénovée dans une rue tranquille, à deux pas de la plage. L'ambiance d'une maison de famille (c'en est une) et des chambres vraiment agréables qui mêlent design et respect des lieux.

# Où dormir dans les environs ?

## Campings

**Camping de Sauveterre** : *3, route des Amis-de-la-Nature, 85340* ***Olonne-sur-Mer.*** *☎ 02-51-33-10-58. • info@campingsauveterre.com • campingsauveterre.com • Accès par la D 80, à 6 km au nord des Sables-d'Olonne, ou à 3 km du centre d'Olonne. 1er avr-30 sept. Compter 12,50-21,50 € pour 2 selon saison. Mobile homes 4 pers 150-690 €/sem. Caravanes 101,50-179,20 €/sem. CB refusées. 234 empl.* Camping planté de pins, au bord de la grand-route. Piscine chauffée avec toboggan. La forêt est toute proche et la plage à 2 km environ.

**Camping Le Nid d'Été** : *2, rue de la Vigne-Verte, 85340* ***Olonne-sur-Mer.*** *☎ 02-51-95-34-38. • info@leniddete.com • leniddete.com • Sur la gauche et bien en retrait de la route en venant de Saint-Gilles. 1er avr-30 sept. Compter 15,50-26,80 € pour 2 selon saison. Mobile homes 2-6 pers 193-820 €/sem selon capacité, confort et saison. 117 empl.* Calme et repos assurés dans un cadre verdoyant. Piscine chauffée couverte et soirées thématiques. Un beau camping bien tenu, convivial et familial.

## Bon marché

**Chambres d'hôtes et camping à la ferme Le Puy-Babin** : *85150*

LE PAYS DES OLONNES

*Saint-Mathurin. ☎ 02-51-22-74-11. • puybabin@wanadoo.fr • giteala ferme.fr • À Saint-Mathurin, suivre la D 87 en direction de La Chapelle-Achard, puis fléchage. Congés : en fév. Doubles 45-50 €. Compter 9-11 € pour 2 en camping selon saison. Gîte et mobile home également. Table d'hôtes le soir. CB refusées. Apéritif maison offert sur présentation de ce guide.* Dans un paysage doucement vallonné, un endroit tranquille et chaleureux, entouré de champs. Accueil et confort simples et authentiques. On est à la ferme : si ce n'est la piscine, pas de luxe superflu ! Les chambres s'avèrent agréables et très convenables, organisées autour d'une salle commune équipée d'une cuisine. Nombreuses activités pour découvrir le pays d'Olonne : VTT, canoë ainsi qu'un musée de l'Outillage agricole passionnant et pour le moins pittoresque.

## De chic à plus chic

**Chambres d'hôtes du château de la Millière :** *chez Danièle et Claude Huneault, 85150* ***Saint-Mathurin.*** *06-86-81-89-97. • contact@chateau-la-milliere.com • chateau-la-milliere.com • Prendre la D 160 vers La Roche-sur-Yon, puis suivre le fléchage. Des vac de Pâques à mi-sept. Double 100 €.* Isolé au cœur d'un parc de 25 ha bien entretenu, cet élégant château du XIXe s est l'écrin idéal des escapades romantiques. Les baldaquins, meubles de style et belles antiquités font voyager autant que rêver, tandis que la salle de billard, la piscine ou les allées en sous-bois permettent d'occuper, avec la manière, les journées consacrées au repos. Accueil raffiné.

**Chambres d'hôtes Le Logis des Maraîchers :** *58, route des Maraîchers, 85340* ***Olonne-sur-Mer.*** *☎ 02-51-20-78-91. • contact@logisdesmaraichers.com • logisdesmaraichers.com • À 5 km au nord-ouest, suivre la direction Saint-Gilles. Doubles 85-130 € selon saison.* Grandes chambres résolument contemporaines et d'un confort avéré, installées dans une maison traditionnelle du XVIIIe s. Il y a aussi l'accueil très attentif d'Olivier et de Philip, le (très) grand jardin avec son *day bed* et sa jolie piscine...

**Résidence Odalys Thalassa :** *rue de la Cité-des-Pins, 85180* ***Château-d'Olonne.*** *☎ 02-51-96-84-84. • thalassa@odalys-vacances.com • Fermé nov-mars. À partir de 50 € pour un studio 3 pers (linge de lit et de toilette fournis, lits faits à l'arrivée et ménage quotidien). Réduc de 10 % sur la cure de remise en forme du centre de thalassothérapie des Sables-d'Olonne.* Situation proche du *Casino des Pins* (3 mn à pied) où les vacanciers *Odalys* bénéficient de tarifs préférentiels sur le bar, les restaurants, le tennis et le minigolf. Appartements classe et de grande taille, avec vue sur la piscine (chauffée) pour la plupart. L'environnement est calme et verdoyant : on dort très bien ! Plage à 800 m.

LE PAYS DES OLONNES

# Où manger ?

## Bon marché

**Castel Beach** (*plan couleur B2,* **23**) : *sur la plage. Tlj en saison, 10h-minuit. 06-60-24-47-13 et 07-86-65-42-76. Plats 9-16 €.* Situé entre les terrasses en rotonde des voisins, le *Castel* est plus modeste, mais on est installé à l'ombre de la promenade, les pieds dans le sable. Salades, moules, poissons... une carte honorable avec la mer en fond de décor. Ça change des filets de pêche ! Impec en tout cas pour boire un verre en dégustant des tapas.

**La Roulotte** (*plan couleur B2*) : *06-45-14-21-80. • laroulotte-fish-n-chips.com • Sur le port de pêche, près de la poissonnerie pilote, quai de Franqueville. L'été tlj midi et soir ; sinon, parfois fermé (se renseigner). Compter env 7,50 € ; formules enfants à partir de 5 €.* Christine a eu l'idée géniale de proposer des *fish & chips*, qu'elle prépare avec du poisson frais des Sables. C'est bon, tendance et sympa.

|●| ***L'Aiglon*** *(hors plan couleur par D3,* ***25****) : 3, promenade Georges-Clemenceau. ☎ 02-51-32-07-70. Fermé mer-jeu hors vac scol. Congés : de mi-nov au 20 déc. Menu 16 €, carte env 15 €. Apéritif maison offert sur présentation de ce guide.* Au rez-de-chaussée d'une villa balnéaire, une institution locale qui a véranda sur rue depuis 1950. Bonnes crêpes à la farine bio et aux produits du coin, et autres plats de terroir (façon jambon-mogettes). Service d'une franche amabilité.

## Prix moyens

|●| ***Le Fatra*** *(plan couleur A2,* ***26****) : 21, quai George-V,* ***La Chaume.*** *☎ 02-51-32-68-73. Tlj sf lun, plus dim soir et jeu soir hors saison. Menus 14,90 € déj en sem, puis 27-40 € ; carte env 40 €.* Dans le parler de La Chaume, un « fatra » désigne un gosse des rues, comme le poulbot parigot ou le ket bruxellois. Enseigne un peu iconoclaste donc pour ce bistrot finalement plutôt chic. Accueil chaleureux, et à l'ardoise, des plats malins (et souvent marins). Terrasses au-dessus du quai.

|●| ***O'Mama*** *(plan couleur D3,* ***28****) : 23, promenade Georges-Clemenceau. ☎ 02-51-32-00-42. Ouv jusqu'à minuit-1h tlj sf lun-mar hors saison. Menus 14,50 € à midi en sem, puis 19,50-30 €. Café offert sur présentation de ce guide.* Le plus : une véranda à étage opportunément posée sur le trottoir, face au large. Déco élégante avec fauteuils de cuir, photos en noir et blanc, semblant de bibliothèque... Carte correcte et roborative aux accents méditerranéens, viandes et poissons à la plancha, pâtes, tartares, etc.

|●| ***Le Bac à Sable*** *(plan couleur B2,* ***23****) : rotonde-promenade Lafargue. ☎ 02-51-95-18-28. • veroniquere tureau@orange.fr • Tlj sf mer hors juil-août, 10h-minuit. Compter 25-30 €.* D'abord, c'est l'une des plus belles terrasses dominant la baie... Ensuite, on y déguste une excellente cuisine, avec des produits d'une belle fraîcheur. Carte bien fournie avec quelques coups de cœur : la pissaladière de rouget ou la salade de homard (gros succès), les délicieuses moules « Bac à Sable » (recette de la grand-mère)... sans oublier les viandes tendres, les beaux desserts maison et les glaces parfumées. Sélection de bons p'tits vins à prix démocratiques. Et cerise sur la mousse de framboise (maison, mais on l'a déjà dit !), l'accueil souriant et affable de Véronique et de Raphaël, ainsi que les bons cocktails à siroter en terrasse dans la lumière rasante du soir.

## De chic à plus chic

|●| ***Le Quai des Saveurs*** *(plan couleur B2,* ***27****) : 10, quai Guiné. ☎ 02-51-23-84-91. • lequai.des.saveurs@orange.fr • Fermé lun, plus dim soir et mer hors saison. Menus à partir de 20 € à midi lun-sam, 25-63 € le soir et dim midi. Café offert pour une table 2 pers sur présentation de ce guide.* Sur ce quai qui aligne les belles tables, en voici une discrète et classe, appréciée des gastronomes. Un parti pris de l'intime, du beau et du bon, en résumé. La carte est courte, inventive, artistique et prend toujours par surprise. Les légumes sont hachés menus pour exprimer toutes leurs saveurs, rehaussées de fines herbes. Ambiance pas vraiment festive et service parfois longuet, mais on vient là pour prendre le temps, en épicuriens.

|●| ***La Flambée*** *(plan couleur B2,* ***24****) : 81, rue des Halles. ☎ 02-51-96-92-35. • laflambeerestaurant@orange.fr • Fermé dim soir et lun, plus mar soir hors saison. Formule déj en sem 20 € ; menus 30-53 € ; carte env 50 €.* L'adresse où il fait bon aller se réchauffer le cœur et l'estomac en toute saison. Cadre très cosy, avec une dizaine de tables. Carte courte mais inventive. Tout est parfait, de la mise en bouche au dessert, qui joue une note plus exotique.

|●| ***Loulou Côte Sauvage*** *(hors plan couleur par A3,* ***20****) : 19, route Bleue. ☎ 02-51-21-32-32. • loulou.cotesau vage@orange.fr • Sur la Côte Sauvage, quelques km après la tour Arundel (être motorisé). Fermé lun, plus mar et dim soir hors saison. Congés : déc à mi-janv. Menus 26 € en sem, puis 33-67 €.*

*Café offert sur présentation de ce guide.* Sur les rochers, face au phare des Barges, avec l'océan comme seul horizon. Joli décor à l'ambiance chaleureuse avec de grandes banquettes orange, et dans l'assiette, toutes les saveurs de la Côte Sauvage mêlées à celles du bocage.

## Où boire un verre ? Où sortir le soir ?

**O'Puerto Café** (*plan couleur B2*, **27**) : *11, quai Guiné. ☎ 02-51-95-27-72. • opuerto.cafe@orange.fr • Tlj 17h-2h.* Rendez-vous des jeunes Sablais, ce bar à manger à l'atmosphère latino propose une belle sélection de tapas, fromages et charcuterie, le tout arrosé de vins argentins. Concerts et soirées DJ.

**Le Bounty** (*hors plan couleur par A1*, **30**) : *5, quai Albert-Prouteau. ☎ 02-51-21-50-43.* Sur les quais du port de plaisance (port Olona), un joyeux rade avec une étonnante proue de bateau en guise de bar. Soirées à thème et musique éclectique.

## À voir

### À l'est du chenal, côté remblai

**Le musée de l'Abbaye Sainte-Croix** (*plan couleur D2*) : *rue de Verdun, suivre les indications « Bibliothèque ». ☎ 02-51-32-01-16. De mi-juin à mi-sept, tlj sf lun, 13h-19h ; de mi-sept à mi-juin, tlj sf lun, 14h30-17h30. Fermé les j. fériés. Entrée : 5,10 € ; réduc ; gratuit pour ts le 1er dim du mois.*
Ce beau prieuré d'une abbaye bénédictine du XVIIe s abrite un musée remarquable et assez bluffant, consacré à l'ethnographie maritime et surtout à l'art contemporain. C'est à cette dernière section qu'il doit sa réputation internationale. Victor Brauner et Gaston Chaissac en sont les figures de proue.
– ***Victor Brauner*** (1903-1966), d'origine roumaine, s'était lié d'amitié avec André Breton et tout le groupe des surréalistes. Toute son œuvre reste marquée par le sentiment de l'étrangeté dans laquelle il conjugue l'imagerie onirique avec les exigences de son courant. Le musée présente une belle sélection de son œuvre, teintée d'humour et d'érotisme : *Mythologies et fête des Mères, Victor Victorel intégrant l'auto-viol, Victor Victorel procureur général de l'orgasme propulseur, Hypercoït barbarogène...* On vous le rappelle, c'est sexuel, mais on parle d'art !
– La peinture de ***Gaston Chaissac*** (1910-1964), en marge des courants traditionnels, s'apparente plus à de l'art brut. Saluée dans les années 1950 par Dubuffet et Queneau, l'œuvre de Chaissac est intuitive, insolite et expérimentale. Cet autodidacte inclassable s'intéressait à l'art sous toutes ses formes, usant au gré de son inspiration de toutes les techniques connues (encres, peintures, collages...). La ville des Sables-d'Olonne possède la plus importante collection de France (près de 70 œuvres, ainsi qu'une importante correspondance).
– On trouve également une intéressante sélection de ***modernes et de contemporains,*** comme Derain, Marquet, Beckmann, Baselitz, Combas, Desgrandchamps ou encore Dubuffet.
– Changement de registre au 2e étage, où l'on aborde la ***collection d'ethnographie maritime et balnéaire.*** Tous les ans, plusieurs expositions thématiques ou monographiques attirent de nombreux amateurs.
– Quant au chef-d'œuvre du musée, il se trouve au tout dernier étage, relégué dans les combles. Forcément, il s'agit d'une sublime ***charpente*** du XVIIe s, véritable enchevêtrement de poutres, en coque de bateau renversée, classée Monument historique. C'est beau à en tomber à la renverse.

**L'église Notre-Dame-de-Bon-Port** (*plan couleur C2*) : construite au milieu du XVIIe s sur ordre de Richelieu, c'est l'un des rares exemples en France du style dit de la Contre-Réforme. Outre son aspect assez austère, on remarquera le clocher à bulbes avec son lanternon qui servait d'amer (de repère) aux marins. À l'intérieur, très beau ciborium de style Renaissance au-dessus du maître-autel.

**Les halles centrales** *(plan couleur C2) :* *rue des Halles. Tlj sf lun hors saison, 8h-13h.* Superbement restaurées, de style Baltard.

**Le quartier de l'Île Penotte** *(plan couleur B-C2) :* tout autour de la rue d'Assas, des ruelles cachées qui raviront les amateurs de kitsch, de fantaisie, de poésie et de céramiques... On y croise sorcières, magiciens, chats, chiens, grenouilles et autres personnages tout droit sortis de l'imagination de Mme Arnaud-Aubin, qui a recouvert les façades de coquillages et de céramiques bariolées...

**Le Remblai** *(plan couleur D3) :* promenade bordée d'immeubles cossus, de cafés et de boutiques, évidemment tournée vers la baie. Édifié au XVIIIe s pour protéger la ville des fureurs de l'océan, le remblai a subi une complète transformation et arbore désormais un aspect contemporain (mâts de bateau en guise de luminaires, piste cyclable...). Il est surtout beaucoup plus piéton. Au centre, la presque célèbre « pendule », lieu de rendez-vous de générations de locaux et de touristes. Au sol, des plaques commémorant les vainqueurs du Vendée Globe, tous les 200 m, entre les Atlantes et la rue Travot.

**Le muséum du Coquillage** *(plan couleur C2) :* *8, rue du Maréchal-Leclerc. ☎ 02-51-23-50-00. Juil-août, tlj 10h-20h30 ; avr, juin et sept, tlj 10h-19h ; oct-mars, lun-sam 10h-12h30, 14h-18h. Entrée : 7 € ; réduc ; gratuit jusqu'à 4 ans. Parcours enfants (questionnaire pour les 4-11 ans).* Coquillages et crustacés ne sont plus ici « sur la plage abandonnés » mais exposés dans des vitrines qui forment presque un labyrinthe à l'étage et au rez-de-chaussée de cet immeuble de ville. Muséographie à l'ancienne, mais collection vraiment impressionnante, forte de 45 000 pièces. Des coquillages d'ici ou d'ailleurs, d'aujourd'hui et d'hier (certains ont été ramassés au XVIIe s), de nombreuses anecdotes à découvrir sur les panneaux explicatifs et un espace requins naturalisés... La boutique est un vrai musée en soi.

## À l'ouest du chenal, quartier de La Chaume
*(plan couleur A2-3)*

**La Chaume :** le berceau des Sables-d'Olonne mérite qu'on s'y attarde. L'ancien quartier de pêcheurs, avec ses maisons typiques aux fenêtres à hauteur de la chaussée et aux toits de tuiles, permet de charmantes flâneries. Quelques belles maisons d'armateurs, du temps où la pêche à la morue rapportait beaucoup, et un beau contraste avec l'urbanisation moderne du reste de la station.

**Le château Saint-Clair et la tour-phare d'Arundel** *(plan couleur A3) :* *pl. Maraud.* Construite au XVe s par le seigneur de Talmont, cette petite forteresse austère a changé de vocation avec le temps. Dès 1593, son donjon de 33 m de haut accueillait un feu pour guider les navires, jusqu'à ce qu'il devint officiellement un phare en 1804. Le château abrite le *musée de la Mer et de la Pêche* (*06-77-00-50-04 ; 2[de] quinzaine d'avr, tlj 15h-18h ; mai-juin, tlj 10h15-12h30, 15h-18h ; juil-sept, tlj 10h15-13h, 15h-18h ; entrée : 5 € musée et tour, 3 € musée seul ; réduc ; gratuit jusqu'à 5 ans).* Modeste mais intéressante collection (superbes maquettes notamment). Lors de votre visite, profitez du privilège d'accéder, via les 127 marches d'un escalier en colimaçon, au sommet de la tour. Superbe panorama !

**Le prieuré Saint-Nicolas** *(plan couleur A3) :* cette chapelle construite au XIe s par des moines bénédictins resta dans leur giron jusqu'au XVIIIe s. Le prieuré fut acheté en 1779 par l'armée, qui s'en servit comme entrepôt. La chapelle devint un fort, puis elle fut abandonnée. Ce n'est qu'en 1970 qu'on la restaura pour en faire une salle municipale (concerts, expositions...).

**Le zoo** (hors plan couleur par D3) : *lac du Tanchet. ☎ 02-51-95-14-10. • zoodessables.fr • De mi-fév à Pâques, tlj 13h30-18h30 ; Pâques-sept, tlj 9h30-19h (19h30 juil-août) ; oct-Toussaint, tlj 13h30-18h. Entrée : 15,50 € ; réduc ; gratuit jusqu'à 3 ans. Compter 1h30-2h de visite.* Cet « écozoo » abrite près de 360 animaux appartenant à une cinquantaine d'espèces menacées (girafes, pandas roux, lions de l'Atlas, gibbons...), dans un joli parc verdoyant de 3 ha. Rendez-vous chaque jour, à l'occasion des repas des loutres, manchots, vautours, tapirs. Plusieurs animations ponctuent la journée. Boutique, bar et restauration rapide sur terrasse ombragée.

**Les plages :** au centre s'étend sur les 3 km de la baie la Grande Plage. Classique et orientée plein sud. Plus intimes, les deux plages de la Côte Sauvage, la Paracou (idéale pour la pêche à pied) et le Bassin Dombret.

## À faire

➢ **Visite guidée de la criée et du port de pêche :** *de mi-juin à mi-sept, mar (slt juin et sept) et jeu à 6h15. Env 6 € ; réduc. Durée : 1h30. Résa à l'office de tourisme.* Tout sur les coulisses du port de pêche, le rôle des crieurs et mareyeurs, les secrets de la vente, les différents poissons et crustacés...

➢ **Visite des salines en bateau :** *embarcadère de L'Aubraie. ☎ 02-51-21-01-19. • lessalines.fr • Départ du village de L'Aubraie, situé entre le quartier de La Chaume et la forêt domaniale d'Olonne, au bord de la rivière salée. Avr-oct, visite sur résa. Tarif : 19,50 € ; réduc.* Balade charmante de 2h30 à travers les marais d'Olonne. Rencontre avec les sauniers, découverte de la flore et de la faune (voir plus loin « Dans les environs des Sables-d'Olonne. Le marais de L'Île-d'Olonne » et escale au jardin des Salines avec parcours sur l'histoire du sel et visite des marais salants. Sinon, parcours historique à pied, sympa, à moitié prix, car on y passe moitié moins de temps, évidemment.

➢ **Visite des salines en canoë :** ***base de canoë de L'Aubraie,*** *120, route de l'Aubraie. 📱 06-74-08-86-24. • lessalines.fr • Entre La Chaume et la forêt d'Olonne.* Excursions à l'heure en canoë de une, deux ou trois places. Accueil chaleureux.

## Fêtes et manifestation

– Nombreuses fêtes et régates sur l'année : ***les Marinades*** (fête du nautisme, *dernier w-e de juin*), **Festival Simenon** *(en juin)*, **fête des Vieux métiers** *(à L'Île-d'Olonne, 3e w-e de juil)*, **Festival le Souffleur d'Arundel** *(durant l'été, quai de La Chaume, un tremplin pour les jeunes artistes)*, **Festival salsa del Mar** *(en juil)...* Infos à l'office de tourisme.
– ***Vendée Globe :*** *ts les 4 ans (prochain départ 12 nov 2016).* Les plus grands marins partent pour un tour du monde en solitaire sur monocoque, sans escale et sans assistance. Un défi technique et humain sans précédent. Une occasion de voir de superbes bateaux et de véritables héros.

# DANS LES ENVIRONS DES SABLES-D'OLONNE

Plages, marais, bocage, forêt et villages (cinq en tout, associés aux Sables, dont Olonne-sur-Mer au nord et Château-d'Olonne à l'est) composent un décor idéal pour les promeneurs et les gastronomes. La fin du GR 364, qui relie la forêt de Mervent à celle d'Olonne, passe à travers le marais et la forêt.

## OLONNE-SUR-MER *(85340)*

### Adresse utile

**Office de tourisme :** *4 bis, rue des Sables. ☎ 02-51-90-75-45. • olonnesurmer.fr • Juil-août, lun-dim mat et mat des j. fériés 9h30-13h, 14h30-19h ; juin, lun-sam ; sept-mai, lun-sam mat. (payant).* Propose des sentiers balisés, des circuits pédestres et cyclistes, et des balades en canoë (seulement en saison pour ces dernières).

### À voir. À faire

**L'église Notre-Dame d'Olonne :** témoin de quelque 1 000 ans d'histoire. Son plan basilical fait dire, en effet, qu'elle serait d'origine carolingienne. Ayant subi les assauts de la guerre de Cent Ans, des guerres de Religion et de la Révolution, il ne reste aujourd'hui que quelques éléments, dont la nef, de l'époque romane. Chœur Renaissance dont la clé de voûte s'élève à 14 m. Clocher datant de 1660, surmonté d'une flèche servant d'amer aux marins.

**Le musée des Traditions populaires :** *30, rue du Maréchal-Foch. ☎ 02-51-96-95-53. • memoiredesolonnes.fr • Juil-août, tlj sf w-e et j. fériés, 15h-18h30, plus mar et jeu 10h-12h ; avr-juin, sept et pour la Toussaint, tlj sf w-e et j. fériés, 14h30-17h30 ; hors saison, mar 14h30-17h30. Entrée : 4,50 € ; réduc ; gratuit jusqu'à 6 ans.* Judicieusement installé dans une ancienne école, ce musée des Traditions populaires détaille par le menu toutes les facettes du pays d'Olonne au début du XXe s, au travers de costumes, reconstitutions (la classe sent encore l'encre et la craie !), outils, documents. Animations estivales, demander le programme.

**Les plages de Sauveterre et des Granges :** Olonne possède deux superbes plages. Le naturisme est autorisé au lieu-dit La Grande-Pointe. Impossible de rater l'endroit, sauf s'il fait frisquet, évidemment.

– **Équitation :** ***centre équestre de Sauveterre**, 56, rue des Rochers. ☎ 02-51-90-76-96. Sur résa slt. Balades en forêt et sur la plage hors grandes marées.* Organise également des balades à poney, en calèche et des randonnées de plusieurs jours. Ambiance décontractée.

## LA FORÊT DOMANIALE D'OLONNE

Au nord des Sables et étendue sur plus de 15 km de long et presque 2 km de large, elle protège le marais contre les vents d'ouest. Un vrai paradis pour les marcheurs. On y trouve des pins maritimes, parasols, laricio, mais aussi des chênes verts et de nombreux feuillus (acacias, érables, chênes).

## LE MARAIS DE L'ÎLE-D'OLONNE

Au nord des Sables. Un marais salant (en fait trois, aux noms de Rivolia, Avocettes et Salorge de la Vertonne) déjà mentionné en 631 par les moines de la région. Malgré une apparence tranquille, il fourmille d'activités : sur les 1 400 ha de zone humide, on trouve trois sauniers (les derniers), des ostréiculteurs, une réserve ornithologique et une mosaïque de plus de 500 propriétés « d'agrément ». Sur ces parcelles parfois minuscules, on pratique essentiellement la chasse, la pêche et l'élevage extensif d'anguilles, de bars et de mulets. Des parkings ont été mis en place, au départ de L'Île-d'Olonne : nº 1 les jours d'affluence, sinon continuer jusqu'au nº 2. Visites guidées possibles sur la Salorge de la Vertonne.
Ici, les techniques de pêche ont leurs particularités. La *trémaille* est un filet tendu en travers du canal. La *senne* est un filet immergé en forme d'entonnoir. Le *carrelet* est un filet horizontal que l'on remonte à l'aide d'un palan fixé sur la berge.

En hiver, les anguilles regagnent l'océan. C'est l'époque de la *pêche à la borne* : des cages sont fixées aux écluses. Plus sportif : la *pêche au salais,* sorte de fourche à dents munies de crochets. On embroche l'animal. Plus facile à dire qu'à faire !

> **RATION DE SEL**
>
> *On vous racontera certainement cette anecdote assez connue, au cours de vos visites des salines : à Rome, le sel était une monnaie d'échange pratique. La ration de sel attribuée au légionnaire en guise de solde s'appelait... le salarius.*

Malgré la permanence de ces traditions, le marais est menacé, victime de l'urbanisme rampant et de son morcellement extrême : de nouvelles routes assèchent les zones humides, des canaux sont réaménagés pour la culture vivrière ou tout simplement bouchés, etc. Bref, l'écosystème s'appauvrit et le nombre de nichées d'oiseaux est en chute libre. Échasses et avocettes sont les premières espèces à plier bagage. Heureusement, face à ce phénomène, le Conservatoire du littoral a commencé à acquérir des hectares d'anciens marais salants pour pérenniser l'accueil des oiseaux.

**Office de tourisme de l'Auzance et de la Vertonne :** *1, pl. de la Jolie-Saunière, 85340* ***L'Île-d'Olonne.*** *☎ 02-51-33-82-77. Juil-août, tlj 10h-18h30 ; avr-juin et sept, tlj 10h-12h30, 15h-17h30 ; oct-mars, mar-sam et l'ap-m dim-lun.*

***L'observatoire d'oiseaux :*** *☎ 02-51-33-12-97. • adev-asso.fr • Des Sables-d'Olonne, prendre la direction Vairé ; c'est à gauche juste avt d'arriver à L'Île-d'Olonne. Avr-juin et début sept, certains w-e 10h-17h ; juil-août, tlj 9h30-18h. Entrée : 3 € ; réduc ; gratuit moins de 7 ans. Un pass (8,30 €) permet l'accès illimité au site.* Le marais constitue une halte essentielle de flux migratoires. L'observatoire, géré par l'Association pour la défense de l'environnement en Vendée (ADEV), domine un vaste plan d'eau où s'ébattent hérons cendrés, aigrettes garzettes, sternes et autres ovnis à plumes. Un animateur vous aidera à les identifier. Longues-vues, panneaux d'information et ouvrages d'identification sont à disposition. Le panorama est superbe, l'accueil sympa. En été, animations et sorties crépusculaires sont organisées. Si vous souhaitez apporter votre contribution, jetez un œil à la boutique (souscriptions, souvenirs...).

➢ ***Excursions en canoë :*** ***base de canoë de l'Auzance,*** *rue du Courroux,* ***La Blainière.*** *06-62-41-95-90. • canoe-auzance.e-monsite.com • Accès depuis la D 38 (direction Brem). Avr-oct.* Location libre ou randos accompagnées et thématiques : découverte de la faune, au crépuscule, sous les étoiles, spécial ostréiculture... Sorties originales dans un bel environnement.

## LA MOTHE-ACHARD (85150) 2 380 hab. *Carte Vendée, B2*

**À 18 km au nord-est des Sables par la D 160, à égale distance avec La Roche-sur-Yon. Bourg tranquille où l'on trouve un royaume de plantes insolites, des élevages de daims et chèvres angoras, deux étangs pour la détente...**

### Où dormir ? Où manger ?

#### Camping

**Camping Le Pavillon :** *175, av. Georges-Clemenceau, à La Mothe-Achard. ☎ 02-51-05-63-46. • camping lepavillon@club-internet.fr • camping-le-pavillon.com • Avr-sept. Compter 12-21,50 € pour 2 selon saison. Également des mobile homes et chalets pour 4-7 pers 190-795 €/sem selon taille et saison. 125 empl. Réduc de 5 % sur présentation de ce guide.* Camping familial de taille moyenne, aux emplacements bien délimités et semi-ombragés.

Bien équipé (piscine chauffée extérieure, espaces sportifs...), il propose en outre un étang de pêche qui fera la joie des amateurs. Animations tous les soirs en saison. Équipement bébé prêté gentiment.

### De bon marché à prix moyens

**Le Carabi :** *2, route de Nantes, à La Mothe-Achard. ☎ 02-51-98-10-37. • lecarabi@orange.fr • À côté de l'église. Tlj sf lun, plus le soir dim-jeu hors saison. Menus 13,90 € déj en sem, puis 16,90-26,90 €. Café offert sur présentation de ce guide.* Au cœur du bourg, petit resto accueillant et bonne table de la ville. Ici, on ne triche ni avec la fraîcheur ni avec les prix. Foie gras maison, poisson du marché... garder de la place pour l'assiette gourmande, au dessert.

### Très chic

**Domaine de Brandois :** *La Forêt. ☎ 02-51-06-24-24. • contact@domainedebrandois.com • domainedebrandois.com • Suivre le panneau « Potager extraordinaire » ; sur la droite au rond-point suivant et suivre les indications. Tlj sf sam midi et dim soir. Doubles 110-200 €. Menus 30-48 € ; carte env 35-40 €.* Des formules à tous les prix, de tous les styles. Il y a le château, XIXe s revu au goût et aux couleurs du jour, où il fait bon dîner et dormir, surtout dans les chambres les plus design. Il y a les dépendances, vite remplies. Il y a le parc, où votre cheval se sentira à son aise. Piscine extérieure chauffée, balades à cheval, vélos gratuits. De quoi donner des idées à ceux qui ne savent plus quoi faire de leur château de famille...

## À voir

**Le Potager extraordinaire :** *La Grange-des-Mares. ☎ 02-51-46-67-83. • potagerextraordinaire.com • Tlj : juin (sf ven) et sept à mi-oct, 14h-18h30 ; juil-août, 10h-19h30. Entrée : env 7-8 € ; réduc ; gratuit jusqu'à 5 ans. Visite guidée ttes les heures sf à 13h.* Bienvenue dans ce jardin insolite qui regroupe des plantes rares, bizarres ou exotiques, ainsi que deux collections de tomates et gourdes. Environ 1 200 espèces originaires de toutes les régions du monde, dont le cornichon explosif, le haricot colimaçon, le serpent végétal, la plante qui danse ou la courge éponge... Boutique de produits parfois tout aussi originaux.

# TALMONT-SAINT-HILAIRE

(85440) 7 300 hab. *Carte Vendée, B2*

**Au XIe s, le seigneur de Talmont règne sur Olonne, La Mothe-Achard et Brem. Un port est créé à cette époque à Talmont, où l'on pratique le négoce du vin. Mais il sera vite remplacé par celui des Sables-d'Olonne pour cause d'ensablement. Aujourd'hui, la ville abrite un nouveau port (de plaisance cette fois-ci), celui de Bourgenay, un site sorti de terre en quelques décennies. On lui préfère le port ostréicole de La Guittière, plus authentique,**

### UN CŒUR À PRENDRE

*Talmont garde la mémoire de Béatrix, châtelaine abandonnée par un mari parti aux croisades, et qui n'avait d'autre divertissement que de se faire servir à dîner des cœurs d'enfants. Prise de remords, elle décida de faire construire l'abbaye des Fontenelles, près de La Roche-sur-Yon, et de s'y rendre à pied depuis le château. Bien sûr, il s'agit d'une légende. La construction de l'abbaye devait peut-être lui servir à expier d'autres forfaits plus coquins.*

**pour partir à la découverte d'un milieu naturel préservé, entre marais, pinèdes et plage. De belles balades en perspective.**

## Adresse utile

**i** ***Office de tourisme :*** *18, rue du Château.* ☎ *02-51-90-65-10.* • *ot-talmont-bourgenay.com* • *Juil-août, lun-sam 9h30-13h, 14h-19h ; dim et j. fériés 10h-13h. Le reste de l'année, lun-sam. Bureau saisonnier à la Croisée (avr-sept).* *(gratuit pdt 30 mn).* Infos sur les visites, animations et visites guidées des marais salants ou des parcs à huîtres... Billetterie.

## Où dormir ? Où manger dans le coin ?

***Hôtel-restaurant Les Parcs :*** *226, rue des Parcs, port de* ***La Guittière.*** ☎ *02-51-90-61-64.* • *contact@les-parcs.com* • *les-parcs.com* • *À 6 km du bourg. Resto fermé dim soir et lun. Congés : de janv à mi-fév. Doubles 54-135 € selon saison et confort. Formules déj 16-28 € ; menus 28-49 €.* Hôtel moderne face aux parcs à huîtres, dans un environnement bucolique. Rénovées dans un style contemporain gai et lumineux, les chambres se révèlent de bon confort et très agréables lorsqu'elles donnent sur les dunes du Veillon. Plage à deux pas et de belles balades nature alentour. Piscine et sauna (payant). Au restaurant, le chef propose une cuisine de marché, principalement à base de poisson. Mais la surprise dans l'assiette, c'est l'incroyable audace et la créativité avec laquelle il revisite le terroir vendéen, en s'éloignant parfois vers la Normandie, d'où il est originaire.

***Résidence Odalys Domaine Saint-Martin :*** *baie de* ***Cayola.*** ☎ *02-51-21-90-00.* • *st.martin@odalys-vacances.com* • *À env 10 km du bourg. Fermé en janv. À partir de 65 €/nuit pour un studio (2 nuits min) et de 250 €/sem pour 5-6 pers selon saison.* À 300 m de la plage, le long d'une magnifique côte sauvage, une quinzaine de maisonnettes avec terrasse voisinent avec des mobile homes. Ambiance animée en haute saison : clubs enfants et ados gratuits, animations gratuites, piscine extérieure et piscine couverte chauffée, bain à remous, terrain multisports, ping-pong, tennis, jeux pour les enfants...

***L'Huîtrier Pie :*** *45, rue des Parcs, port de* ***La Guittière.*** ☎ *02-51-90-61-92.* • *huitrier.pie@wanadoo.fr* • *À 6 km du bourg. Tlj en journée (pas le soir) sf dim ap-m en janv. La demi-douzaine d'huîtres à partir de 5,50 € selon taille. Un verre de vin blanc offert sur présentation de ce guide.* Quelques tables de jardin posées au bord des bassins, avec le parc ostréicole en toile de fond... Quel meilleur cadre pour déguster au mieux les huîtres élevées par Laurent Gravouille ? Avec un verre de blanc, c'est l'équation parfaite.

## À voir. À faire

***Le château :*** *pl. du Château.* ☎ *02-51-90-27-43.* • *chateau@talmontsainthilaire.fr* • *Au centre du bourg.* *Avr-juin et sept, tlj 10h30-12h30, 14h-18h ; juil-août, tlj 10h30-19h ; oct, tlj 14h-18h. Slt pour les groupes nov-mars. Tarifs selon animations : 5-8 € env, billets combinés possibles ; réduc ; gratuit jusqu'à 5 ans.* Bâtie sur un éperon rocheux qui dominait le port au XIe s, renforcée d'un second rempart par Richard Cœur de Lion, cette forteresse réputée imprenable fut démantelée sur ordre de Richelieu lors du siège de La Rochelle. Malgré tout, les ruines imposantes ont encore fière allure et dégagent une impression de puissance.

On pénètre dans le château en franchissant les vestiges des douves intérieures. Dans la cour seigneuriale se trouve la tour carrée, reste de l'église

Saint-Pierre construite au XIe s. Adossé au sanctuaire se dresse le donjon massif. Un très bel escalier à vis conduit à différentes salles bien conservées, avant de déboucher sur une large terrasse flanquée de postes de guet. De là-haut, belle vue sur la mer et les côtes.
Les animations estivales sont bien conçues, beaucoup d'efforts ayant été faits pour les enfants. Troubadours, spectacle de chevalerie et de fauconnerie, visites simples de l'édifice... En juillet-août, 6 spectacles nocturnes : voltige, cracheurs de feu, cheval de feu, jongleurs de feu.

**Le Musée automobile de Vendée :** *route des Sables-d'Olonne (nombreux panneaux). ☎ 02-51-22-05-81. • musee-auto-vendee.com • À 2,5 km du centre. Avr-mai et sept, tlj 9h30-12h, 14h-18h30 ; juin-août, tlj 9h30-19h. Entrée : env 11 € ; réduc ; gratuit jusqu'à 5 ans.* Comme c'est souvent le cas, ce genre de musée est le fruit d'une passion. En 1939, Gaston Giron achète sa première vieille voiture. C'est le début d'une quête sans répit à la recherche de l'introuvable, un virus qu'il transmettra à son fils, puis à sa petite-fille. Aujourd'hui, ce musée formidable rassemble plus de 160 véhicules fabriqués à partir de 1885, auxquels s'ajoutent chaque année les modèles patiemment restaurés pendant l'hiver. On pourra s'attarder sur un tricycle à vapeur de Dion-Bouton de 1885, une rarissime Léon Bollée de 1904 qui ressemble à un vieux tramway, un exemplaire pimpant des fameux taxis de la Marne, la Maserati Raffaela Speciale que conduisait Fangio, le prototype « Vera », l'étonnante voiture du futur, mais aussi une sélection de cycles (draisienne de 1818, grand-bi...). Pratiquement tous ces petits bijoux sont en état de marche, ce qui donne un cachet supplémentaire à cette admirable collection égayée par de belles affiches et panneaux publicitaires d'époque. Avant de partir, on ne manquera pas de jeter un petit coup d'œil à « l'infirmerie », pour avoir un avant-goût des modèles qui seront présentés à la prochaine saison.

**Aquarium Le Septième Continent :** *av. de la Mine. ☎ 02-51-32-30-00. • aquarium-vendee.com • Sur la corniche, à quelques km à l'ouest du centre de Talmont, entre le port de Bourgenay et la baie de Cayola. Tlj 10h30-12h30, 14h-18h (juil-août, 10h30-19h). Entrée : env 12,50 € ; réduc ; gratuit jusqu'à 3 ans.* Une belle collection de poissons d'ici ou d'ailleurs, dans une ambiance tropicale et colorée. Nourrissage des poissons en saison. Instructif aussi, car il n'y a pas que les dents de la mer au programme, il y a aussi les déchets de la mer. Or là, tout le monde est concerné.

**La plage du Veillon :** *à 8 km du bourg, direction port de Bourgenay.* Un des plus beaux sites naturels du coin. Un estuaire façon lagune (le Payré), entouré d'une forêt de chênes verts et de pins. Une longue plage de sable, encore sauvage, adossée aux dunes et ponctuée par les falaises de la pointe du Payré. Des vagues pour les surfeurs et kite-surfeurs. Médiathèque en été pour lire sur la plage et animations sportives (beach-soccer, beach-volley, surf...). Petit resto familial à même la plage, *Le Pierrot Bar* (☎ 02-51-22-22-04).



# DE TALMONT À LA TRANCHE-SUR-MER

## SAINT-VINCENT-SUR-JARD

(85520) 1 015 hab. *Carte Vendée, B2*

**Village balnéaire tranquille et discret. Était-ce pour cette raison que Georges Clemenceau aimait se retirer, entre deux périples, à la fin de sa vie, dans la jolie maison basse face à la mer ?**

## HISTOIRE DE « TIGRE »...

Né en 1841 à Mouilleron-en-Pareds, Clemenceau fait ses études de médecine à Nantes avant de s'embarquer pour l'Amérique en 1865 afin d'y devenir professeur. Une fois là-bas, il y épouse une de ses élèves. Une histoire banale !
En 1870, farouche républicain, Georges s'engage dans la proclamation de la République. Élu député en 1876, il siégera 17 ans en se forgeant une réputation de tombeur de ministères, ce qui lui valut son surnom de « Tigre ». Battu aux élections de 1893, le bébé Tigre commence à écrire et se lie d'amitié avec les Goncourt, Guimet et Claude Monet. Il quitte le gouvernement en 1909, après avoir présidé le cabinet le plus long de la IIIe République. Un véritable exploit !
En 1914, la guerre est déclarée. Clemenceau critique vivement le gouvernement et les militaires. En 1917, face à une situation cruciale (mutineries dans l'armée, révolution russe), Poincaré, président de la République, appelle « le Tigre » à la rescousse. En moins d'un an, celui-ci réussit à mener la France à la victoire du 11 novembre 1918. Pour les Français, il devient le « Père la Victoire », mais il doit se retirer des affaires en 1920, après avoir été mis en minorité.
À 80 ans, il voyage dans tout le continent asiatique. Aux Indes, il se met à chasser assidûment le tigre. Au soir de sa vie, partageant son temps entre la Vendée et Paris, Clemenceau reprend la plume. Il meurt à Paris le 24 novembre 1929. Selon ses dernières volontés, il repose à Mouchamps (voir plus haut « Les collines vendéennes »), près de Pouzauges, aux côtés de son père.

### UN AMÉRICAIN « GROUPIE »

*James Stuart Douglas était propriétaire de mines de cuivre dans l'Arizona. Grand admirateur de Clemenceau, il avait créé une petite ville baptisée Clemenceau Arizona, et les chèques de la banque locale étaient à l'effigie du Tigre ! En 1926, il racheta en secret l'appartement parisien que louait Clemenceau afin que le Tigre puisse toujours y vivre dignement jusqu'à sa mort (1929).*

LE PAYS DES OLONNES

## Adresse utile

**Office de tourisme :** *au bourg. ☎ 02-51-33-62-06. • ot-stvincentsurjard.com • L'été, tlj sf dim ap-m, 9h-12h30, 15h-18h30 ; hors saison, tlj sf dim, 9h-12h30.*

## Où dormir ? Où manger ?

**L'Océan :** *72, rue Clemenceau. ☎ 02-51-33-40-45. • hotel.locean@wanadoo.fr • hotel-restaurant-ocean.com • Resto tlj sf mer 1er oct-1[er] avr. Doubles 71,50-127 € selon confort et saison (chambres 2-5 pers). Menus env 22-40 €.* À deux brasses de la plage, l'hôtel balnéaire comme on se l'imagine, dans la même famille depuis 3 générations. Accueil fort aimable, chambres d'un honorable confort, et cuisine de facture classique, dans un cadre du même ton. Piscine.

## À voir

**La maison et les jardins de Clemenceau :** *au bord de la mer (indiqué). ☎ 02-51-33-40-32. • maison-clemenceau-monuments-nationaux.fr • ♿ De mi-mai à mi-sept, tlj 10h-12h30, 14h-18h30 ; de mi-sept à mi-mai, tlj sf lun, 10h-12h30, 14h-17h30 ; dernier billet 1h avt la fermeture. Visite de la maison guidée* *slt (mais jardins libres). Entrée : env 5,50 € ; réduc ; gratuit jusqu'à 26 ans pour les ressortissants européens et pour ts le 1er dim du mois nov-mai.* En 1919, le commandant de Trémont fait savoir à Clemenceau qu'il lui prête cette maison de pêcheur. Le Tigre accepte, à condition de payer la location. Contrairement à certains dirigeants actuels, il savait qu'histoires de logement et politique ne font pas bon ménage ! À l'âge de 78 ans, au lendemain de la signature du traité de Versailles, Clemenceau prend ses nouveaux quartiers dans cette petite maison, surnommée « Bel Ébat ». Il l'aménage à son goût, y ajoute un salon coquet, sa « cabane au Canada », et dessine un beau jardin impressionniste inspiré par son ami Monet. Le lieu est resté en l'état depuis sa mort. On y retrouve ses célèbres chapeaux, son pistolet de duel tant redouté, ses trophées de chasse, etc.

## DANS LES ENVIRONS DE SAINT-VINCENT-SUR-JARD

***Le CAIRN (Centre archéologique de recherche sur le Néolithique) :*** *rue de la Courolle et route de Longeville-sur-Mer, 85440* ***Saint-Hilaire-la-Forêt.*** *☎ 02-51-33-38-38. • cairn-prehistoire.com • De Saint-Vincent-sur-Jard, prendre la direction d'Avrillé. Avr-juin, sept et Toussaint, tlj sf sam, 14h-18h ; juil-août, tlj 11h-19h. Tarifs : 7 € juil-août, 5 € hors saison ; réduc ; gratuit jusqu'à 5 ans.* Partir à la découverte du monde néolithique en s'affranchissant des conventions : un pari audacieux relevé avec panache par l'équipe du CAIRN. Car ici, on s'appuie moins sur de vieux panneaux vieille école que sur des visites guidées passionnantes, des démonstrations hautes en couleur et l'expérimentation. On vous initiera à la fouille, on vous montrera la fabrication d'un four, la taille du silex, la construction mégalithique et... il ne faut pas trop en dire, nous vous laissons découvrir tout cela. De quoi tordre en tout cas le cou aux idées reçues.

➢ Pour compléter la visite, vous pouvez enchaîner sur le circuit des mégalithes ; ils sont plutôt nombreux dans les alentours (demandez le circuit dans les offices de tourisme du coin).

***Longeville-sur-Mer :*** *à 7 km à l'est. Rens : ☎ 02-51-33-34-64 (office de tourisme).* Station balnéaire dotée d'une jolie plage (Les Conches) dans une ample baie. En août, festival Vague de jazz *(• vaguedejazz.com •)*. De la musique, bien sûr, avec son lot d'impros, mais aussi expos photo, peinture, cinéma, écrivains et scientifiques. Pour tous les âges.



# LA TRANCHE-SUR-MER (85360) 2 730 hab. *Carte Vendée, B3*

**La Tranche est une station balnéaire très étendue, au climat agréable, avec un plan d'eau de 6 ha pour l'initiation aux sports de glisse. Un site assez unique avec cinq spots proches les uns des autres (fun, surf, initiation vagues). La Tranche-sur-Mer est labellisée « Station Famille Plus », pour ses efforts apportés à l'accueil des enfants (plaine de jeux de 8 500 m² avec terrain multisports... et clubs de plage en saison). Résultat : la station accueille plus de 100 000 touristes pendant les mois d'été pour une population d'environ 2 700 habitants. Ça fait du monde. Pour y faire face, La Tranche compte pas moins de 20 campings et une douzaine d'agences de location !**

## Adresse et infos utiles

***Office de tourisme :*** *pl. de la Liberté, BP 216. ☎ 02-51-30-33-96. • latranchesurmer-tourisme.fr • Juil-août, lun-sam 9h30-19h ; dim et j. fériés 10h-13h, 16h-19h. Avr-juin et sept, tlj sf dim ap-m. Oct-mars, lun-sam.*

■ ***Aéroclub :*** *☎ 02-51-27-70-40.*

Survol des îles possible.

**Fun Bus :** *juil-août. Gratuit.* Des navettes sillonnent la station toute la journée et en nocturne.

## Où dormir ? Où manger ?

### Camping

**Camping Sainte-Anne :** *av. Sainte-Anne. ☎ 02-51-30-46-82. • campingsainte-anne@wanadoo.fr • campingsainte-anne.com • Accès par la D 747, quartier de la Grière. Avr-sept. Compter 19,60-33 € (électricité comprise) pour 2 selon saison. Mobile homes 300-720 €/sem. 82 empl. Apéritif de bienvenue offert sur présentation de ce guide.* D'emblée, le vieux bateau échoué face à l'accueil annonce la couleur : le *Sainte-Anne* est entièrement tourné vers la mer. Les mobile homes sont sous les pins, en retrait de la rue principale, les tentes dans le sable, quasiment sur la plage. Sympa ! Piscine chauffée, avec station balnéo-massage.

### De prix moyens à chic

**Hôtel de l'Atlantique :** *av. de la Plage. ☎ 02-51-30-30-15. • contact@hoteldelatlantique.fr • hoteldelatlantique.fr • Resto tlj sf parfois dim soir hors saison. Congés : fêtes de fin d'année. Doubles env 70-115 € selon saison, avec petit déj. Formules 12-16 € ; menus 20-29 €.* Ce petit hôtel convivial des années 1920 a fait peau neuve dans un style simple, agréable et sans esbroufe : chambres aux murs blancs, lambris colorés et meubles en pin vernissé. Propre, efficace et surtout au cœur de l'action, sur la rue piétonne et face à l'église. Bar-restaurant accueillant où l'on sert en terrasse une cuisine de terroir.

**Hôtel Les Cols Verts :** *48, rue de Verdun, La Grière. ☎ 02-51-27-49-30. • info@hotelcolsverts.com • hotelcolsverts.com • Mars-oct. Doubles 69-105 € selon saison et confort. Menu 27 € (slt pour les clients de l'hôtel).* Une trentaine de chambres toutes différentes (demander à en voir plusieurs, notamment dans l'annexe), avec balcon ou non, à 5 mn de la plage. Établissement ayant reçu l'Écolabel européen. Une adresse calme, avec piscine chauffée couverte.

**Le Nautile :** *103, rue du Phare. ☎ 02-51-30-32-18. • lenautile85@orange.fr • Fermé dim soir, lun tte la journée, mar soir et mer soir en basse saison. Congés : de fév à mi-mars. Formule en sem 16,50 €, menus 20,20-39,80 €.* On imagine mal un resto hors du centre-ville, au cœur d'un quartier résidentiel. Et pourtant, *Le Nautile* n'est jamais esseulé. Car les gourmands ont depuis longtemps inscrit la maison sur leur liste, pour goûter la cuisine de la mer, fine et savoureuse. Chacun y trouve son compte : moules, marmite du pêcheur, langoustines. Belle terrasse extérieure.

**Hôtel de la Mer :** *74, bd des Vendéens, La Grière-Plage. ☎ 02-51-30-15-15. • hoteldelamer@aol.com • hoteldelamer-fr.com • Doubles 62-105 € selon saison et confort ; également des suites familiales.* Une adresse qui ne se contente pas de son jardin luxuriant et de sa situation en or, à 300 m de la plage, car elle propose des activités de remise en forme avec spa, sauna, hammam... Chambres d'un vrai confort (mais éviter peut-être celles en rez-de-chaussée). Piscine chauffée couverte.

## À voir. À faire

La Tranche compte 13 km de plages. Celle de ***La Terrière*** – des kilomètres de sable fin derrière une dune, paysage de rêve si l'on sait éviter le monde – est très réputée pour son spot de surf. Naturisme toléré au nord du poste de secours. Plusieurs autres plages au programme...

LE PAYS DES OLONNES

**La réserve naturelle nationale de la Belle-Henriette :** *sur la route de La Faute-sur-Mer, en longeant la plage, vers le sud-est.* Une lagune unique en Vendée. Promenades dans les marais, prairies humides et plages sableuses.

➢ Prendre à l'office de tourisme le dépliant *Circuits Vélo* (liste des 20 km de pistes cyclables). Panneaux explicatifs le long des parcours « Rando-Dune » sur la protection de l'environnement.

## DE TALMONT À LUÇON

**La Folie de Finfarine, la Maison de l'arbre et du miel :** *chemin des Écoliers, 85440* ***Poiroux.*** *☎ 02-51-96-22-50. • finfarine.fr • À 10 km de Talmont : suivre la D 949 vers Luçon et la D 70 pour Poiroux. Début avr-juin, 3 premières sem de sept et vac de la Toussaint, tlj sf sam, 14h-18h ou 18h30 ; juil-août, tlj 10h30-19h. Entrée : env 7,50 € ; réduc ; gratuit jusqu'à 4 ans.* Plein de bonnes idées, ce site a pour vocation de faire découvrir la vie des abeilles et de sensibiliser à leur protection. Et chacun y trouvera son compte : différentes activités adaptées aux petits et grands sont dispersées au gré de jolis sentiers, sur la berge de la mare, au creux d'un vallon. De quoi passer un bel après-midi au contact de la nature (les enfants peuvent se déguiser en abeille !), en compagnie du cerf Charly, des abeilles au travail dans la ruche géante, ou en essayant de percer les mystères de la photosynthèse. Petit musée interactif bien ficelé pour se mettre en jambes, et nombreuses animations pour les enfants en saison (à partir de 3 ans). Photos géantes en extérieur.

**Le château des Aventuriers – château et parc de la Guignardière :** *route des Sables-d'Olonne, à 10 km à l'est de Talmont par la D 949 vers Luçon, un peu avt et sur la commune d'****Avrillé*** *(85440). ☎ 02-51-22-33-06. • chateau-aventuriers.com • ♿ (accès partiel). De début avr à mi-juin et sept, tlj 11h-20h (guichet fermé à 18h) ; de mi-juin à fin août, tlj 10h-20h (guichet fermé à 18h). Entrée : 13 € ; enfant 9,50 € ; gratuit moins de 3 ans.* Ce fier château Renaissance, construit vers 1555, a été transformé au fil des années en véritable parc d'attractions. Mais ici, point de manèges bruyants à sensations. L'idée est de donner aux plus jeunes (à partir de 3 ans) le goût de l'histoire en leur faisant vivre une grande aventure. En fonction du thème choisi, ils suivent un grand parcours ludique dans le parc, jalonné d'énigmes à résoudre ou d'exploits à accomplir. Les parents ne sont pas oubliés, avec une intéressante visite guidée (ou libre en juillet-août) des salles du château : salon, billard et salle à manger agrémentés de tapis anciens et de cheminées monumentales en granit, ou encore les combles, célèbres pour leur magnifique charpente d'époque. À signaler également, la présence dans le parc de 86 ha de 14 menhirs (avec un parcours pour aller les voir). On peut d'ailleurs y pique-niquer à l'ombre.

***Moutiers-les-Mauxfaits*** *(85540) : à 6 km d'Avrillé par la D 19.* Voir l'*église,* du XIIe s. Belle façade comptant trois arcades en plein cintre. Les superbes *halles,* du XVIIIe s, ne comptent pas moins de 41 colonnes en pierre de style dorique pour soutenir le vaste toit de tuiles qui les couvre.

**Indian Forest :** *le Bois Lambert, Le Bernard, 85440* ***Moutiers-les-Mauxfaits.*** *☎ 02-51-48-12-12. • indian-forest-atlantique.com • À la sortie de Moutiers, direction La Tranche.* Si vous aimez l'aventure en forêt, voilà le lieu idéal de vos prochaines vacances, sur 10 ha. Surtout qu'on peut aussi y dormir, dans une cabane perchée. *• lacahutenichee.com •*

À 7 km de La Tranche par la D 747, on rejoint le village des ***Angles.*** La *tour de Moricq,* aussi appelée tour du Bout-du-Monde, fut construite au XVe s. Ce donjon cubique devait veiller sur le marais contre les envahisseurs venus de la mer. Elle servit de prison aux XVIIe et XVIIIe s.

**L'église de Saint-Benoist-sur-Mer :** *à 3 km par la D 46.* Belle église romane du XIe s, construite alors que Saint-Benoist possédait encore un port. À l'intérieur, retable du XVIIe s. Sur sa toiture, on trouve la sculpture d'un lapin qui fume la pipe, faite par l'un des moines chargés de la restauration de l'édifice, qui avait été détruit pendant la guerre de Cent Ans. L'original a disparu, mais on le refait dès qu'il s'abîme. Un porte-bonheur pour le village !

**Le parc floral et tropical de la Court d'Aron :** *85540* ***Saint-Cyr-en-Talmondais.*** *☎ 02-51-30-86-74. Pâques-automne, tlj 10h-19h. Payant.* L'ancien propriétaire et créateur du parc, Johannes Mathysse (d'origine néerlandaise), fut le premier à introduire la culture de la tulipe dans l'Hexagone. Ce parc superbe de 10 ha résume sa passion et sa vie : les fleurs, les plantes, les arbres. On y trouve une bambouseraie, une bananeraie, un étang de lotus unique en Europe, une collection de dahlias, un lac rempli de carpes koï, une serre tropicale (à la touffeur de rigueur !) et des milliers d'autres choses. Magique, mais surtout un véritable tour de force. Ce parc, devenu un exubérant parc exotique et aquatique, était à l'origine totalement dépourvu d'eau ! Nombreuses manifestations comme les fêtes de l'Orchidée au printemps ou du Lotus en été.

# LUÇON (85400) 9 310 hab. *Carte Vendée, C2*

**Entre bocage et marais, Luçon est la porte ouverte à toutes les découvertes possibles dans la région. Ville importante lorsque la mer arrivait encore à ses portes, couronnée par la réputation d'un certain cardinal de Richelieu, Luçon a dû se battre pour retrouver un rayonnement qui s'éteignait. La ville, aujourd'hui encore un peu endormie, connaît une renaissance progressive. Sa cathédrale et ses manifestations musicales en font une étape importante de la Vendée. Depuis 1997, Luçon accueille notamment un festival de musique romantique annuel : les *Nocturnes océanes.* On se baladera volontiers dans ses petites rues étroites avant d'aller vers le marais, la mer ou le bocage.**



## UN PEU D'HISTOIRE

Toute l'histoire de la ville est liée à celle de sa cathédrale. Au VIIe s, on construit un monastère. Les pillages des Normands, les destructions de la guerre de Cent Ans alternent avec les reconstructions et les périodes fastes. Une histoire banale jusqu'en 1606, date à laquelle un jeune homme de 22 ans, maigrichon et pâle, devient évêque de Luçon, « l'évêché le plus vilain de France, le plus crotté et le plus désagréable », comme il l'écrira plus tard. Il s'appelle Armand-Jean Du Plessis, futur duc de Richelieu.

### SOIF DE POUVOIR

*Richelieu se devait de conserver coûte que coûte l'évêché de Luçon, sa principale source de revenus... De dispense en passe-droit, il réussit le tour de force de se faire ordonner prêtre et évêque à 22 ans, sans pour autant avoir obtenu le titre de docteur en théologie. Une hérésie pour l'époque ! Le sens du pouvoir et de l'intrigue était bien ancré chez lui...*

La cathédrale est à cette époque en partie détruite et la ville exsangue après les guerres de Religion. Du Plessis entame la reconstruction et commence à organiser le clergé de son diocèse. Porté sur les études, il crée le premier séminaire, qui restera en activité jusqu'en 1972. Très vite, Richelieu se heurte aux puissants protestants du Poitou. Patient, il garde ses rancœurs pour plus tard. En 1614, son élection aux États généraux comme représentant du clergé de la province est un tournant dans sa vie. On le retrouve, 2 ans plus tard, chef du Conseil de Marie de Médicis. En 1622, il est ordonné cardinal, devient chef du Conseil du roi. Il n'empêche que la ville est marquée au fer rouge par son passage.

## Adresses utiles

**Office de tourisme :** *sq. Édouard-Herriot. ☎ 02-51-56-36-52. • tourisme-lucon.com • Juil-août, lun-sam 9h-18h30, dim et j. fériés 10h30-12h30 ; le reste de l'année, mar-ven et sam mat.* Circuit d'information historique, circuits pédestres et cyclables (accueil vélo à l'OT), circuit des chapelles, promenades commentées à vélo. En été, vols en ULM ou en avion léger, visites guidées, visites en calèche.

**Gare routière :** *3, rue Travot. ☎ 02-51-62-18-23. • sovetours.fr •* Liaisons avec toute la côte.

## Où dormir ? Où manger ?

### De prix moyens à chic

**Au Fil des Saisons :** *55, route de La Roche-sur-Yon. ☎ 02-51-56-11-32. • hotel-restaurant-aufildessaisons@orange.fr • aufildessaisons-vendee.fr • À env 2 km du centre-ville. Resto mar-ven, plus sam soir et dim midi. Doubles 70-75 €. Formule déj en sem 14,20 €, menus 22-51 €.* Ne pas se fier aux abords peu avenants, en sortie de ville, et pousser la porte de cette table appréciée des Luçonnais pour découvrir une salle pimpante et chaleureuse ou la terrasse à l'arrière. Laurent aux fourneaux et Audrey en salle proposent une cuisine traditionnelle et fraîche, élégamment revisitée avec de petites touches d'exotisme et de créativité. Également 6 chambres personnalisées, simples mais soignées. Une adresse honnête, où l'on est toujours accueilli avec le sourire, quelle que soit la saison !

**L'Ardoise Gourmande :** *52, rue Georges-Clemenceau. ☎ 02-51-56-35-10. • llb2@wanadoo.fr • À midi tlj sf dim-lun, plus le soir jeu-sam. Congés : 10 j. à Noël. Formules 19-20 € ; menu 24 € ; sinon, sandwicherie à côté. Café offert sur présentation de ce guide.* Une vraie ambiance de bistrot animé. En cuisine, le couple qui s'active n'a pas fait que de mauvaises maisons avant d'arriver là : jolie petite cuisine au fil de produits de saison, volontiers italienne. Carte maligne côté vins, avec un joli choix en mareuil, et un service d'excellent conseil. Ce qui n'empêche pas qu'on aime l'eau aussi, du moins les verres sont-ils originaux.

### Plus chic

**Chambres d'hôtes Valeau du Rivage :** *58, rue du Port. ☎ 02-51-30-93-10. • valeaudurivage@free.fr • valeaudurivage.com • Doubles 90-120 € selon saison.* Imaginer un hôtel particulier des XV$^e$-XVII$^e$ s, cachant derrière une austérité de façade une vraie vie d'aujourd'hui. Le jeune couple qui vous accueille a l'art de mettre tout le monde à l'aise, et le petit déjeuner est une vraie splendeur. La suite « Richelieu » en duplex a une cheminée d'époque et une douche relaxante. Quant aux autres suites, l'une a un boudoir et une terrasse sur jardin, l'autre un design de style classique, dans les tons blanc et argent. Piscine chauffée, jeux pour les enfants.

**La Mirabelle :** *89 bis, rue du Président-de-Gaulle. ☎ 02-51-56-93-02. Sur la droite en venant des Sables, juste après la dernière arche formée par les platanes. Fermé dim soir, plus lun soir et mar hors saison. Formules 19-24 € ; menus 39-59 €.* Salle contemporaine, élégante et très gaie, dans une petite maison basse aux volets verts. Terrasse sur le côté aux beaux jours. Les produits, exclusivement régionaux, et la cuisine de Benoît Hermouet contentent aussi bien les tenants de la tradition que les amateurs de gastronomie gentiment créative.

## Où camper dans les environs ?

**Camping municipal de Triaize :** *rue du Stade, 85580* ***Triaize.*** *☎ 02-51-56-12-76 (juil-août) ou 11-53 (mairie).* *• mairie.triaize@wanadoo.fr • paysnedelamer.fr • ♿ À 8 km au sud de Luçon par la D 746. Juil-août. Compter 9,30 € pour 2. Loc de mobile homes 220-420 €/sem. 70 empl.* Dans un village à l'élégant clocher. À priori peu attirant, avec un grand parking devant, ce camping modeste révèle de vastes emplacements dont certains donnent sur un étang. Toutes sortes d'activités : pistes cyclables et de randonnée, tennis, etc. Une ambiance familiale bien agréable (livraison des croissants le matin). Et des tarifs fort raisonnables. Le dernier dimanche de juillet, ne pas manquer la charmante fête de la Bouse !

## Où acheter une spécialité locale ?

**La Maison du Kamok :** *1, pl. Richelieu. ☎ 02-51-56-11-48. Juste en face de la cathédrale. Grande enseigne noir et blanc marquée « Espace Vrignaud, La Boutique ». Juin-sept, lun-sam 10h-12h30, 14h30-19h.* L'établissement a trouvé en 1860 la formule magique du *kamok*, une liqueur de café arabica, et ne cesse d'en produire depuis. Il n'en existe que 2 versions dans le monde (l'autre est mexicaine). Sur place, visite et dégustation des autres liqueurs de la maison (chouanette, liqueur de mogettes, liqueur de brioche, bise dur à la fraise... on est en Vendée !) et autres produits régionaux.

# À voir

D'une grande richesse architecturale, Luçon mérite bien une visite approfondie.

**La cathédrale Notre-Dame-de-l'Assomption :** imposante et étonnante, l'architecture de la cathédrale n'en demeure pas moins hétéroclite. C'est justement ce qui fait son charme. On y trouve tous les styles architecturaux du XIIe au XIXe s. La façade, l'une des parties les plus récentes de l'édifice, fut l'œuvre de l'architecte François Leduc de Toscane. Elle se divise en trois parties où l'on reconnaît sans difficulté les trois ordres antiques : dorique, ionique et corinthien. Sa flèche néogothique, ajoutée sur le tard en 1828, s'élève à 85 m et crée un curieux contraste avec cette façade classique.
À l'intérieur, nef du XIIIe s, longue de cinq travées. Seul élément subsistant de l'abbatiale romane, le transept nord où l'on trouve un très beau chapiteau représentant deux lions allongés sur l'astragale. Quelques belles pièces de mobilier comme l'autel, contemporain, signé du sculpteur et orfèvre Goudji, le baldaquin et les stalles du chœur du XVIIIe s. Dans le bas-côté nord, la chaire, peinte vraisemblablement par Pierre de Nivelle, deuxième évêque successeur de Richelieu, a été utilisée par ce dernier pour ses homélies. À côté, un portrait représente Armand Jean Du Plessis, devenu cardinal de Richelieu (évêque de Luçon de 1606 à 1623). Dans le transept sud, une grande toile de Lubin Baugin (1612-1663), *La déposition de croix*. Sur la tribune, l'un des plus beaux orgues Cavaillé-Coll de France (classé Monument historique). Mais pour s'en rendre compte, il faut l'entendre ! Des auditions sont d'ailleurs données en été. L'orgue du chœur (de Debierre) est également classé au patrimoine instrumental français.
On accède au cloître par une porte du XIVe s, à droite, face à l'entrée de la cathédrale. Conservé en l'état depuis le XVIe s, celui-ci est remarquable par son harmonie et sa galerie ouest avec ses pilastres à rosaces. Et chaque soir, toute l'année, l'édifice est éclairé.

**Le jardin Dumaine :** *derrière l'hôtel de ville. Tlj 9h-19h (21h en été). GRATUIT.* Le magnifique parc de 4 ha a été légué à la Ville en 1872 par Hyacinthe Dumaine, notable et médecin. Celui-ci planta en 1830 la superbe allée d'ifs. Au fil du temps, on construisit l'orangerie, le kiosque à musique, et on creusa la pièce d'eau et le bassin grâce au legs de Julien David. Typique du Second Empire, à la fois jardin à la française, à l'anglaise et jardin baroque, il mérite vraiment qu'on s'y arrête pour voir ses topiaires illustrant des *Fables* de La Fontaine, ses palmiers, ses magnolias, ses orangers, ses massifs floraux à thème et la rose « cœur de Vendée ». L'endroit rêvé pour conter fleurette, comme l'ont fait des générations de Luçonnais !

**La chapelle des Ursulines :** *dans le collège et lycée Sainte-Ursule. Visites guidées pour les groupes tte l'année et lors des Journées du patrimoine (infos à l'office de tourisme).* Elle date du XVII^e s. Impressionnant plafond de bois peint de 33 m de long. Magnifique retable en marbre et pierre peinte, et une originale Vierge à l'Enfant en bois polychrome du XVIII^e s.

**L'ancien château d'eau :** *sur la pl. du Champ-de-Foire.* Un édifice très étrange, unique par son style. Il s'agit d'un ancien château d'eau construit en 1914 en béton armé dit « hennebique ». Cette construction est liée à l'installation d'un régiment de cavalerie, dont les besoins en eau pouvaient ainsi être couverts. Complété par une usine électrique installée à ses pieds, le complexe fit de la ville l'une des premières de Vendée à avoir l'eau courante et l'électricité.

**Le canal de Luçon :** *au bout du quai est de l'ancien port.* Longé d'un chemin de halage de 12 km, devenu sentier pédestre et cyclable jusqu'aux Portes du Chapitre, en traversant le Marais desséché. Il débouche sur la baie de L'Aiguillon à la Pointe aux Herbes (aire de stationnement).

## Fête et manifestations

- **La fête du Jardin Dumaine :** *autour du 14 juil.* Illuminations nocturnes, aubade au kiosque, retraite aux flambeaux et feu d'artifice d'été.
- **Les jeudis de l'été :** *ts les jeu de mi-juil à mi-août.* Animation nocturne musicale de rue en différents points du centre-ville.
- **La Foire Exposition :** *autour du 15 août.* Grande braderie sur 2 jours, course cycliste, vide-greniers et bourse de pièces détachées pour vieilles voitures !

## DANS LES ENVIRONS DE LUÇON

**L'église Saint-Nicolas des Magnils-Reigniers** *(85400)* **:** *à 5 km au nord de Luçon. Juil-août, mar-ven 15h-18h. Pour les visites commentées, tte l'année, s'adresser au ☎ 02-51-97-76-04.* Ancien prieuré grandmontain et église construits entre les XII^e et XV^e s. Clocher étonnant, carré à sa base et octogonal plus haut, avec quatre clochetons aux angles. Du plan roman subsistent encore le carré du transept et les croisillons, ainsi que des fragments de belles fresques du XIII^e s.

# LE MARAIS POITEVIN

**Tout visiteur qui passe dans cette région, aux confins des trois départements de la Vendée, des Deux-Sèvres et de la Charente-Maritime, se doit de s'arrêter dans ce coin de France, célèbre pour ses beautés. Mais attention, la Venise verte sait garder ses secrets. Ici, on vous affirmera que, à l'heure des balises Argos et du GPS, seuls les vrais maraîchins peuvent circuler dans cette jungle bocagère qui décline son camaïeu vert à l'infini, au travers de tunnels étroits perdus dans la chevelure des arbres, sans jamais se perdre. C'est inscrit dans leurs gènes.**
**Malgré tout, magie ou pas, le Marais poitevin se meurt. La plus grande zone humide de France après la Camargue s'assèche, vidée, pompée, drainée pour répondre aux nécessités de rentabilité des cultures céréalières. Depuis 1973, sur les 100 000 ha du Marais, plus de 30 000 ha de prairies ont été retournés pour y faire de la culture intensive (du maïs principalement). Les intérêts s'opposent, les hommes aussi. Le conflit est ouvert. L'affaire est compliquée. Il faut choisir son camp. La survie de ce Marais millénaire est à ce prix. Explications.**

## LA LONGUE HISTOIRE DU MARAIS

Autrefois envahi par la mer, le Marais est né, comme la Hollande, de la main de l'homme. Avant le XIe s, les quelques populations courageuses installées là en dépit d'un environnement inhospitalier se contentent d'élever des digues sur le pourtour des îles pour lutter contre la mer, qui n'a aucune difficulté à pénétrer dans les terres. Progressivement, un autre problème apparaît, celui des eaux douces venues de la plaine. L'absence presque totale de pente empêche leur cheminement vers l'océan.

### COMME VACHE QUI PISSE

*L'origine légendaire du Marais poitevin semble attribuée à Gargantua... Après quelques frasques rochelaises, le géant voulut pisser. Un pied sur la cathédrale de Fontenay, l'autre sur celle de Luçon (qui, du coup, s'enfonça !), le voilà en train de se soulager, remplissant abondamment et pour longtemps les canaux du Marais. Son descendant, s'il existe quelque part, devrait bien en faire autant, car le marais se dessèche, en attendant la pluie du ciel !*

Au XIIe s, la mer continue son retrait, et des terres de plus en plus nombreuses émergent. L'Église voit là un bon moyen de s'enrichir. Des moines cisterciens et bénédictins sont donc dépêchés sur les lieux pour défricher les terres et creuser des canaux. Au XIIIe s, de terres jusque-là incultes naissent prairies et champs fertiles. Dernier témoignage de cette époque de « pionniers », le canal des Cinq-Abbés reste le principal maillon du système de drainage du Marais.

La guerre de Cent Ans, puis les guerres de Religion, loin d'épargner ce coin tranquille, le laissent dans un état lamentable. Henri IV ordonne à Sully d'entreprendre la restauration et l'amélioration du Marais. Il fait même venir des ingénieurs hollandais, spécialistes des polders. La partie occidentale est desséchée et on laisse le fond du golfe recevoir les eaux de la plaine vendéenne. Il sert de réservoir. Louis XIII et Louis XIV poursuivent cette œuvre titanesque. À la fin du XVIII^e^ s, le *Marais desséché* connaît sa physionomie actuelle alors que le *Marais mouillé* reste encore sauvage, condamné à de longues périodes de crues et servant à la fois d'éponge contre les crues d'hiver et, en été, de réservoir d'eau pour le Marais desséché. Celui-ci est protégé de la mer par des portes à flots qui se ferment à marée haute.
Du coup, on parle du premier comme d'un enfer où règnent pestilences, maladies et pauvreté. Les habitants du Marais mouillé avaient mauvaise réputation. En effet, les réfractaires de tout poil sont venus s'installer ici, échappant ainsi à la justice, à la conscription ou au bagne. On les appelle des *colliberts* (en latin : « épris de liberté »).
Napoléon Ier donna un élan nouveau au Marais mouillé. La plupart des projets voient le jour dans la seconde moitié du XIXe s. Élargissement des canaux, canalisation de la Sèvre niortaise, etc., mais tout cela provoque une évacuation tellement rapide de l'eau qu'il faut construire des barrages et des écluses.
À cette période apparaissent les peupliers et les mogettes (des haricots blancs) qui valorisent ces terres humides où l'on ne vivait que de pêche et de chasse. Au fur et à mesure, les terres amphibies s'enrichissent avec la diversification des ressources. Les inondations continuent, mais le Marais mouillé voit sa population augmenter au détriment du Marais desséché, touché au XXe s par l'exode rural.

## UNE GRANDE RICHESSE ÉCOLOGIQUE

Aujourd'hui, le Marais représente près de 100 000 ha, pensés, organisés et conquis sur la mer au fil des siècles. Il se partage en trois zones distinctes : le ***Marais maritime,*** pourtour de vase bordant la baie de l'Aiguillon ; le ***Marais desséché,*** s'étendant de la baie jusqu'à Marans ; et, au fond, le ***Marais mouillé*** (inondable par crue ou engorgement en période pluvieuse), de Marans à Niort, avec sa végétation luxuriante.
On y trouve une faune et une flore d'une richesse incroyable, qu'il faut prendre le temps de découvrir. Le Marais n'est ni un zoo ni un herbier. Rien ne se donne sans quelques efforts. Loutres, anguilles, hérons, roseaux, tamaris, frênes têtards bordant les conches... Des milliers d'oiseaux migrateurs s'y arrêtent, en hiver et au printemps principalement. Il y a beaucoup à voir, et partout. Chaque paysage a ses habitants, et chaque habitant ses habitudes. La modification de l'écosystème mettrait en péril l'ensemble du Marais, qui forme une seule et même entité.

### Deux exemples significatifs

Longtemps chassée pour sa fourrure, sa viande et sa mauvaise réputation, la loutre avait pratiquement disparu du Marais ; il n'en restait plus que quelques dizaines. Même si le repeuplement a commencé, il est difficile d'observer ces bestioles exclusivement nocturnes. À l'image des ours en vallée d'Aspe, la loutre a une symbolique particulière ici. Sa survie ou sa disparition montrera la capacité de l'homme à protéger son environnement contre la pollution. Tout comme la loutre, l'anguille a besoin d'un milieu favorable pour finir son voyage et grandir sereinement : devenue civelle après avoir mis un mois pour arriver de la mer des Sargasses, portée par le Gulf Stream, elle remonte les canaux pour vivre ici. Mais les difficultés pour traverser les marais sont tellement nombreuses qu'il y en a de moins en moins. De plus, elle est intensivement pêchée à son arrivée en baie de l'Aiguillon.

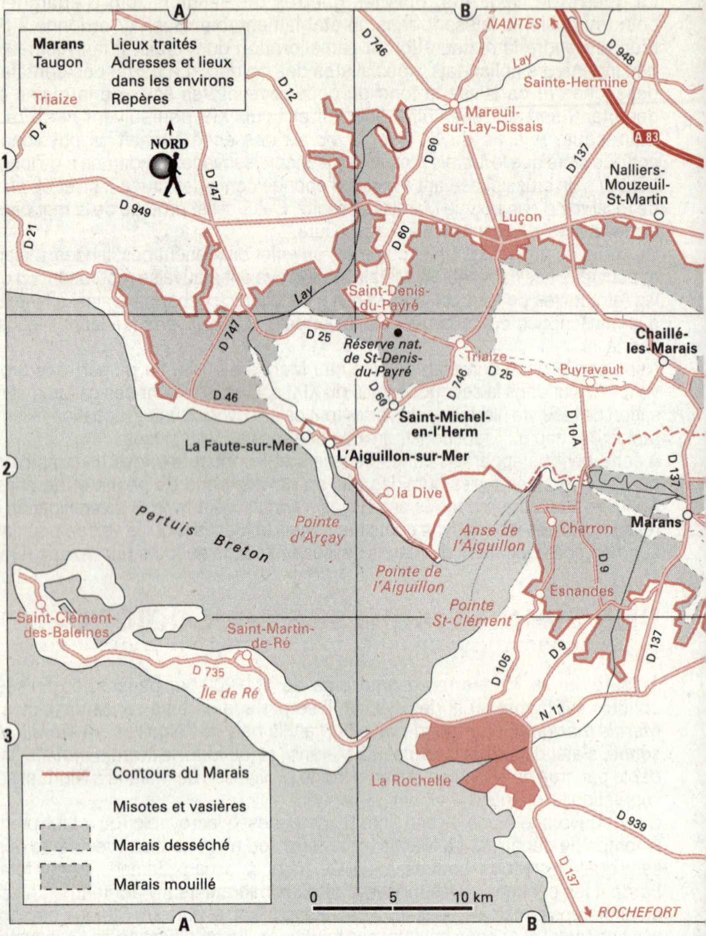




## Le Marais : problème écologique, économique et politique

Chaque partie du Marais subit des évolutions, les projets fusent, les thèses s'affrontent. En fait, l'équilibre précaire de ce site a commencé à vaciller dans les années 1950, avec le remembrement. La polyactivité devient de moins en moins rentable, et l'obligation de produire à bas prix conduit les hommes à vouloir s'affranchir du vieux problème des inondations pour pouvoir survivre. Ce problème humain ne peut être méprisé.

Mais deux logiques s'affrontent, celle de l'intensification agricole (subventionnée par la Commission européenne), conduisant à un assèchement

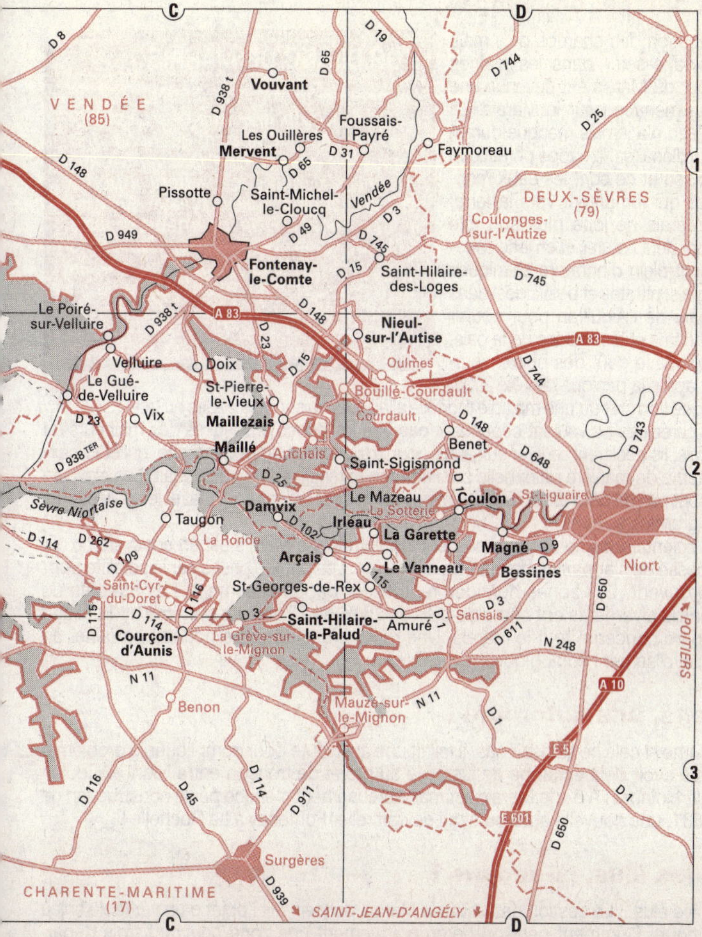


## LE MARAIS POITEVIN

progressif, et celle de la valorisation écologique des zones humides. À la fin des années 1970, les autorités politiques décident de créer un parc naturel régional. Seulement, il risque de menacer sérieusement l'agriculture intensive. Résultat : en 1996, Brice Lalonde, ministre de l'Environnement, décide de retirer le label ; la charte du parc n'ayant pas été renouvelée à temps ! Les remembrements, les drainages et l'assèchement ont diminué la richesse biologique du Marais... Heureusement, on a enfin admis les erreurs du passé, et aujourd'hui, certains canaux sont à nouveau creusés dans les marais. Le résultat ne s'est d'ailleurs pas fait attendre : en 2014, le Marais a retrouvé son label de parc naturel régional !

## On pompe, on pompe...

L'irrigation des champs de « maïs boit-sans-soif » dans les plaines autour du Marais est devenue une réelle menace pour le Marais. Là où l'eau n'a jamais manqué durant des millénaires, la nappe phréatique s'épuise et ce sont les eaux maritimes qui remontent vers la terre. Le Marais ne joue plus son rôle d'épurateur naturel, et on jette directement plein d'horreurs chimiques (engrais, nitrates et pesticides) dans la baie de l'Aiguillon pour nourrir les huîtres et les moules de la baie. Imaginez le goût des huîtres (surtout après la panique de l'été 2008, lorsque l'on crut qu'une maladie mortelle allait avoir raison des bébés huîtres) !

### L'OR BLANC DU MARAIS

*Le peuplier blanc, caractérisé par un haut tronc rectiligne, une écorce claire, lisse et fine, se nourrit de beaucoup d'eau et s'épanouit parfaitement dans ces milieux marécageux dont il borde les principales voies d'eau. Servant à la fabrication de charpentes, mais aussi de contreplaqué pour des boîtes à fromage, il fit la fortune de familles du Marais. Pas étonnant alors qu'on ait coutume de planter un peuplier à la naissance d'un enfant !*

Les céréaliers ne veulent cependant pas être les boucs émissaires des malheurs du Marais. Ils déclarent œuvrer eux aussi pour la survie du Marais desséché, qui était inexploitable de manière rationnelle par l'élevage extensif qu'on y pratiquait. Les éleveurs ne sont pas de cet avis, et s'étonnent des primes accordées par l'État et les collectivités aux grandes cultures.

Les scientifiques ne cachent pas leur inquiétude. Le Marais est un écosystème qui ne cesse de s'appauvrir de manière alarmante. Les photos prises par le satellite *Spot* le prouvent. Les zones humides régressent dangereusement. Les effectifs de canards hivernants ont chuté de près de 75 % en 20 ans. Le système hydraulique du parc concerne tout le Marais. Une rupture de l'équilibre pourrait entraîner un bouleversement écologique irréversible.

## Tiens, une autoroute !

Comme si cela ne suffisait pas, il fallait une autoroute pour compliquer le problème. Après avoir déjà échappé de justesse au projet de tronçon entre Niort et Coulon pour rejoindre l'A 83, le Marais est malheureusement menacé par la construction de l'A 831, une nouvelle autoroute qui devrait relier Fontenay à La Rochelle !

## Et les élus, là-dedans ?

Ah, les élus... La gestion des eaux du Marais poitevin fait l'objet d'un véritable enjeu politique. Comment peut-on gérer logiquement une zone couvrant trois départements, deux régions administratives ? Chacun s'accorde à dire que l'État doit prendre ses responsabilités. Facile, mais en attendant, les céréales continuent à gagner du terrain. Et beaucoup craignent que le Marais ne se réduise d'ici à quelques années à Damvix et à Coulon, vitrines pour touristes en autobus qui verront quelques lentilles pendant une demi-heure de bateau. Plusieurs mesures d'urgence ont néanmoins été prises ces dernières années, afin de sauver ce site unique de l'Hexagone : la création de la réserve naturelle de la baie de l'Aiguillon, le classement au titre de la loi paysages de 18 000 ha du Marais mouillé, la mise en chantier d'un « plan Marais poitevin 2000 » destiné à fédérer les acteurs locaux autour d'un projet consensuel.



# MÉLUSINE, FÉE BÂTISSEUSE

Au Moyen Âge, dans un petit bois non loin de Lusignan, près de Poitiers, le comte Raymondin rencontre Mélusine qui, sur le bord d'une fontaine, peigne sa longue

chevelure en chantant. C'est le coup de foudre. Superbe créature, Mélusine est la fille du roi de Calédonie (autre nom de l'Écosse) et de la fée Pressine qui l'a maudite. Le jeune comte demande la belle en mariage. Cette dernière pose une condition : tous les samedis, il devra renoncer à la voir et la laisser s'enfermer dans la plus haute tour du château. Si d'aventure il devenait trop curieux, un grand malheur s'abattrait sur le foyer. Le couple coule des jours heureux, bien que chacun des 10 garçons qu'ils ont ensemble soit affublé d'un handicap (œil unique, grande dent, oreilles dissymétriques...). Mais Raymondin n'y tient plus, et, un samedi, il jette un œil par le trou de la serrure. Horreur et stupéfaction : il découvre sa bien-aimée femme jusqu'à la taille et serpent jusqu'au bout de la queue... La douce Mélusine est donc une femme-serpent ! Surprise, celle-ci s'envole en faisant trois fois le tour de Lusignan et disparaît à tout jamais.
Mélusine était également une fée bâtisseuse, qui construisait, à la nuit tombée, de merveilleuses cités et de radieux châteaux dans le Poitou et le Marais. Dans la forêt de Mervent, à Vouvant, vous allez peut-être retrouver des traces de son passage.

## Adresses et infos utiles

**Comités départementaux de tourisme :** *contacter les CDT des départements concernés.* ***Vendée :*** *• vendee-tourisme.com • ;* ***Deux-Sèvres :*** *☎ 05-49-77-78-79, • tourisme-deux-sevres.com • ;* ***Charente-Maritime :*** *☎ 05-46-31-71-71, • en-charente-maritime.com •*

**Parc interrégional du Marais poitevin :** *2, rue de l'Église, 79510* ***Coulon.*** *☎ 05-49-35-15-20. • parc-marais-poitevin.fr •* Toute l'actualité du parc sur l'ensemble du Marais, ses animations et manifestations. Idéal pour préparer son séjour.

### Découvrir le Marais de façon originale

– ***Randonnées pédestres :*** il existe de nombreuses excursions au départ de presque toutes les communes du Marais poitevin. Pour profiter pleinement des lieux sans s'y « enliser », nous vous conseillons vivement de vous munir de cartes IGN, en vente dans la plupart des offices de tourisme de la région...
– ***À VTT ou à vélo :*** grâce aux efforts conjoints de différentes collectivités, 800 km de pistes cyclables entièrement sécurisées, dont une partie en site propre, sillonnent à présent le Marais. En vente dans tous les offices de tourisme du Marais, les maisons du parc et chez certains prestataires (loueurs de cycles), des cartes détaillées proposent toutes sortes d'itinéraires. Également différentes brochures sur le sujet. Bon à savoir : vous pouvez acheter en ligne les cartes cyclistes dont vous avez besoin. *• cartovelo.com •*
– ***En barque :*** possibilité de découvrir le Marais en barque, accompagné d'un guide ou seul. Il existe une trentaine d'embarcadères sur tout le Marais mouillé, listés sur la carte touristique du parc. Nous en signalons certains dans nos pages.

### Une adresse militante

■ ***Coordination pour la défense du Marais :*** *85490* ***Benet.*** *📱 06-84-61-65-41. • marais-poitevin.org •* Engagée dans la lutte pour la survie du Marais. Beaucoup de documentation.

### Le vin du Marais

Deux, voire trois vignobles dans le Marais poitevin... Tous sont regroupés sous l'appellation générique de ***fiefs-vendéens. Vix*** et ***pissotte*** sont les deux plus petits... Des vins rares en somme ! Et, comme pour démentir le célèbre adage, ils offrent pourtant un excellent rapport qualité-prix (comme l'ensemble de l'appellation, du reste). Quelques petits producteurs, compétents et motivés, sont à leur tête, nous vous les signalons dans les communes où ils sont installés.

## Parcours

Notre itinéraire commence à Fontenay-le-Comte, porte d'entrée vendéenne du Marais. Après un petit tour dans la forêt de Mervent-Vouvant, au pays de Mélusine, direction Maillezais, où Rabelais séjourna un moment. Puis nous entrons dans les Deux-Sèvres (Coulon, Magné, Saint-Hilaire-la-Palud...) avant de passer en Charente-Maritime (vers Marans). Nous rejoignons ensuite la Vendée pour visiter le Marais desséché et la baie de l'Aiguillon, où l'air marin chatouille les narines du routard avide de découvertes naturelles et culinaires.

# FONTENAY-LE-COMTE

(85200) 15 400 hab. *Carte Vendée, D2 et carte Marais poitevin, C1*

**Ancienne capitale du Bas-Poitou, riche d'un passé prospère, Fontenay n'a jamais vraiment digéré d'avoir perdu son rang au profit de La Roche-sur-Yon. Qu'à cela ne tienne, la ville offre des trésors d'architecture et d'histoire qui font défaut à la capitale du département. Elle a d'ailleurs décroché le label « Ville d'art et d'histoire ». De plus, cette sous-préfecture jouit d'une sérénité et d'un charme bien agréables, sur les rives de la Vendée, qui partage la ville en deux. En fait, Fontenay, ne semble pas avoir changé depuis le dernier passage de Simenon, il y a un demi-siècle de cela, qui était un fidèle des lieux. La maison du docteur, la prison, le palais de justice, le château... Relisez *Maigret a peur,* et vous verrez Fontenay autrement.**
**La situation centrale de Fontenay dans la région permet d'aller rêver dans le pays de Mélusine, à l'ombre des arbres millénaires de la forêt de Mervent, puis de descendre dans le Marais, bien plus plat mais tout aussi charmant.**

## UN PEU D'HISTOIRE

Simple forteresse protégeant l'embouchure de la Vendée au XIe s, la ville connaît un développement économique sans précédent 200 ans plus tard, avec l'apparition de grandes foires. Pendant la période de la Renaissance, sa renommée est largement confortée par une dimension culturelle telle que François Ier dira qu'elle est « une fontaine, source jaillissante des beaux esprits ». La devise de la cité était toute trouvée ! Le rayonnement de Fontenay ne faiblira pas avant le XVIe s et les guerres de Religion. La révocation de l'édit de Nantes sonnera le glas de l'essor de la ville. Protestante, elle ne s'en remettra pas. Bousculée par les guerres de Vendée, la cité tombe dans l'anonymat quand Napoléon transfère le chef-lieu de département.



## Adresses utiles

**Office de tourisme :** *8, rue Grimouard. ☎ 02-51-69-44-99. • tourisme-sudvendee.com • Juil-août, lun-sam 10h-18h30, plus dim 15h-18h ; le reste de l'année, du lun ap-m au sam mat.* Brochures sur les randonnées autour de Fontenay et toutes les infos sur le marais poitevin.

**Gare routière :** *av. du Général-de-Gaulle. ☎ 02-51-69-46-44. Au centre.*

## Où dormir ? Où manger ?

### Bon marché

**Chambres d'hôtes Parfum du Sud :** *chez Lucette et Bernard Lhommeau, 4, rue Benjamin-Fillon. 06-09-38-13-10. • bernard.lhommeau@wanadoo.fr • chambres-sudvendee.com • À l'angle de la pl. Viète.*

*Fermé en janv. Doubles 45-58 € selon taille et saison. Réduc de 10 % sur présentation de ce guide.* Derrière la modeste façade de cette maison du XVIIe s se cachent 3 chambres gentiment arrangées, qui toutes s'ouvrent sur un luxuriant jardinet. Piscine hors sol. Coin cuisine. Et accueil chaleureusement familial.

**Le Soleïa :** *6, rue des Halles. ☎ 02-51-69-55-92. • le-soleia@orange.fr • Sur la place derrière l'office de tourisme. Tlj sf dim-lun. Congés : 1 sem en fév et 2[de] quinzaine d'août. Formule déj express 12 € ; menus 17-21 € ; carte 30-40 €.* Une déco ensoleillée, un accueil enjoué et une vraie bonne cuisine de marché, ce serait déjà pas mal s'il n'y avait aussi la terrasse couverte côté rivière. Mais le véritable intérêt de cette adresse, c'est de découvrir là un vrai talent de chef.

## De prix moyens à chic

**Hôtel Fontarabie – Restaurant La Glycine :** *57, rue de la République. ☎ 02-51-69-17-24. • hotelfontarabie@wanadoo.fr • hotel-fontarabie.com • Congés : fêtes de fin d'année. Doubles à partir de 88-108 €. Formules déj en sem 12-17 € ; menus 20-28 €. Sur présentation de ce guide, 10 % de réduc sur le prix de la chambre.* Il y a bien longtemps, au moment de la Saint-Jean, des commerçants espagnols faisaient le voyage depuis la Fontarabie pour vendre leurs chevaux nains et acheter des mules de Vendée. Leur souvenir perdure, mais ce relais de poste où ils logeaient a évidemment beaucoup changé : complété par des annexes et entièrement rénové, il propose aujourd'hui une cinquantaine de chambres modernes, sobres et tout confort, avec douche panoramique ou à l'italienne, climatisation... Restaurant aux tons vert et aubergine, où l'on déguste une cuisine correcte, entre brasserie et terroir. Également une terrasse sous une glycine de plus de 200 ans.

**Le Rabelais :** *19, rue de l'Ouillette. ☎ 02-51-69-86-20. • hotel-lerabelais@wanadoo.fr • hotel-lerabelais.com • Sortir du centre direction Parthenay, c'est fléché. Doubles 90-120 € selon situation et confort. Menus 18 € déj en sem, puis 22-35 €. Apéritif maison offert sur présentation de ce guide.* Un peu à l'écart du cœur de ville et très tranquille. Structure moderne des années 1970 bien tenue et agréable. On aime bien les chambres (surtout les plus récentes, très conceptuelles et design), le grand jardin qui fut jadis le parc d'une villa bourgeoise, l'accueil et le service pro mais décontracté, la jolie piscine et la cuisine rondement menée du resto.

**Le Vieux Pressoir :** *5, rue du Docteur-Laforge. ☎ 02-51-69-47-90. • vieux.pressoir@wanadoo.fr • À l'écart du centre, direction La Roche, face au centre hospitalier. Fermé dim soir et lun. Congés : 3 sem en juil-août et entre Noël et Jour de l'an. Formules déj en sem 12-16 € ; menus 25,60-39,70 €.* L'une de ces adresses pour épicuriens qui se mérite car reléguée à la périphérie. Bâtiment moderne, où la coquetterie s'exprime avant tout dans l'assiette. Le chef s'appuie sur une carte traditionnelle en la grimant de créativité, tout en respectant les produits, choisis avec minutie. C'est qu'ici, on tord le cou à la grande consommation !

## Plus chic

**Chambres d'hôtes Logis de la Clef de Bois :** *5, rue du Département. ☎ 02-51-69-03-49. • clef_de_bois@hotmail.com • clef-de-bois.com • Près de la pl. Viète. Mai à mi-sept. Double 115 € ; également des familiales.* Une des plus belles demeures d'hôtes du pays, une des plus authentiques aussi que ce discret hôtel particulier du XVIIe s. Simenon aurait pu le choisir comme décor pour son roman *La Maison du docteur.* Entièrement tourné vers son jardin clos, calme, rassurant. Des arbres centenaires, une piscine plus récente. Des chambres et suites raffinées, personnalisées, accueillantes, où le soleil joue derrière les volets comme s'il voulait vous laisser la surprise de découvrir par vous-même ces lieux et leur histoire.

## Où dormir ? Où manger dans les environs ?

**Crêperie Le Pommier :** *9, rue des Gélinières, 85200* ***Pissotte.*** *☎ 02-51-69-08-06. • creperielepommier@wanadoo.fr • À 4 km au nord de Fontenay par la D 938 ter. Tlj sf lun, plus mar hors saison. Congés : 15 j. courant sept. Menus 8,90-11,80 €. Café offert sur présentation de ce guide.* Bien cachée à côté d'un vieux cellier à vins, cette petite adresse toute mignonne propose des crêpes généreusement garnies et assez originales. À déguster avec le célèbre pissotte, vin atypique du frangin vigneron.

**Chambres d'hôtes Château du Poiron :** *le Poiron, 85200* ***Pissotte.*** *☎ 02-51-69-20-27. • gite.du.poiron@wanadoo.fr • gitesdupoiron.com • De Pissotte, prendre la D 938 ter en direction de La Châtaigneraie, puis, à env 1,5 km, tourner à droite et suivre les panneaux « Poiron ». 2 doubles 79 €. Gîte de groupe et 2 gîtes ruraux (7-9 pers).* Qu'il fait bon retrouver ce reposant domaine après les superbes balades à pied ou à vélo que vous offre la région ! Piscine devant le château, spa et salle de gym, jeux pour les enfants, et la nature tout autour. De quoi profiter pleinement des chambres d'hôtes et gîtes, tous confortables et décorés avec goût. Françoise est une autochtone, son mari est anglais, et tous deux sauront par ailleurs vous donner plein de tuyaux pratiques. En tout cas, l'ambiance est bien cool et nature, pas vraiment « château ».

**Chambres d'hôtes chez Marie-Jo et Jean-Christian Bourdin :** *78, rue de la Mairie, lieu-dit Bel-Air, 85200* ***Saint-Michel-le-Cloucq.*** *☎ 02-51-69-24-24. • info@gite-bourdin.com • gite-bourdin.com • À 5,5 km au nord-est par les D 65 et D 104 ; dans le haut du bourg. Double env 50 €.* Dans un cadre charmant, 2 jolies chambres rustiques décorées de meubles de famille ou chinés dans les brocantes. De plain-pied, elles bénéficient d'une entrée indépendante, dans une partie attenante à l'ancienne ferme occupée par les propriétaires. Pas de repas, mais cuisine et salle commune à disposition.

## Où acheter du vin dans les environs ?

**Domaine Coirier :** *La Petite Groie, 85200* ***Pissotte.*** *☎ 02-51-69-40-98. • coirier@pissotte.com • À env 3 km au nord de Fontenay par la D 938 ter. Fermé dim et j. fériés.* Blanc, rouge, rosé, il y a le choix... Son nom rigolo et son côté frais et facile à boire ne doivent en aucun cas faire oublier que le pissotte est aussi une AOC unique. Vous êtes là chez le seul producteur, qui en cultive 24 ha. Un vin rare donc !



# À voir. À faire

Classée « Ville d'art et d'histoire », Fontenay propose des ***visites guidées*** toutes plus passionnantes les unes que les autres, tout au long de l'année. La ville ayant été récompensée pour la qualité de ses éclairages, ne pas manquer les visites nocturnes. Sinon, nombreuses visites à thème *(compter 4-6 € selon thème ; réduc)* et, en été, balades contées avec un comédien *(programme et résas : ☎ 02-51-53-40-05).* Si vous préférez aller à votre rythme, 42 panneaux signalétiques ont été implantés dans la ville ; demander, au musée ou à l'office de tourisme, le plan-guide qui propose plusieurs parcours.

➢ ***Petit trek urbain*** pour découvrir les façades de quelques superbes maisons Renaissance. De Notre-Dame, descendre par la rue du Pont-aux-Chèvres, sur la droite quand on fait face au portail de l'église. Face au n° 6 (de style Premier Empire), le *prieuré Notre-Dame,* avec une belle travée de fenêtres, de style gothique flamboyant. Au n° 9, le *palais des Évêques de Maillezais,* qui auraient résidé à

Fontenay : palais dont l'escalier est armé de belles balustres en double poire sous des arcs rampants. Au n° 14, l'*hôtel de Rivaudeau,* avec son portail à colonnes doriques et une fenêtre à cariatides.
On arrive ensuite sur la *place Belliard,* place principale de la ville sous l'Ancien Régime, qui conserve six maisons Renaissance à arcades de style classique. Au n° 18, façade avec fenêtres géminées à linteaux. La plus remarquable est au n° 16, avec son décor sculpté. En arrivant sur la place du Commerce, prendre à gauche, puis à gauche et à droite pour rejoindre la *fontaine des quatre Tias,* monument emblématique de la ville. Sa noble architecture porte un bestiaire intéressant : têtes de lion, salamandres, licornes... La devise « *Fontenay, source jaillissante des beaux esprits* » y est inscrite en latin dans la pierre. Prendre à droite pour faire le tour des vestiges de fortification et rejoindre le pont aux Sardines, le traverser et continuer tout droit dans la *rue des Loges,* où les maisons témoignent de trois siècles d'architecture. Au n° 26, maison de style Louis XV construite en 1771, riche en ferronneries et décorations diverses. Au n° 85, maison Millepertuis de la fin du XVI<sup>e</sup> s – appelée aussi, suivant la tradition locale, maison Henri IV –, avec ses bossages percés de 1 000 trous et ses entrelacs à têtes humaines et animales. Au n° 94, maison à colombages du XV$^{e}$ s, qui donne une bonne idée de ce qu'était la ville au Moyen Âge.

**Le musée vendéen de Fontenay-le-Comte :** *pl. du 137$^{e}$-R.-I. ☎ 02-51-53-40-04. ♿ À côté de l'église Notre-Dame. Avr-sept, mar-dim 14h-18h ; le reste de l'année, mer plus mar-dim durant les vac scol d'hiver et de la Toussaint. Entrée : 2,50 € ; réduc ; gratuit pour les enfants et les étudiants.* Installé dans l'ancien presbytère, cet intéressant musée passe en revue toutes les richesses régionales. Ses collections variées évoquent tour à tour l'archéologie locale (collection de verreries gallo-romaines du II$^{e}$ s), l'histoire de la ville (armes, bustes des notables, superbe maquette de la ville d'après un plan de 1720), les traditions populaires (élevage, pêche, costumes et coiffes traditionnels), l'environnement (le Marais poitevin, la faune), les corps de métier (prétexte à une belle collection de meubles) et, bien sûr, les artistes vendéens, dont Milcendeau et Baudry. Chacun y trouve son compte.

**L'église Notre-Dame :** elle fut construite au XV$^{e}$ s sur une crypte du XI$^{e}$ s, puis terminée aux premières heures du XVI$^{e}$ s. Incendiée par les protestants au cours des guerres de Religion, elle devint temple de la Raison pendant la Révolution. Portail nord appauvri par les mutilations mais présentant toutes les richesses de l'art du XV$^{e}$ s avec ses ogives à voussures décorées. À l'intérieur, crypte romane d'un grand intérêt architectural. Retable du XVII$^{e}$ s (1681), noble et massif. Somptueuse chaire de 1785 miraculeusement intacte, ornée de sculptures magnifiques représentant *Moïse et les Tables de la Loi,* ainsi que *La Religion qui écrase l'Hérésie.*

**Le château de Terre-Neuve :** *67, rue Nicolas-Rapin. ☎ 02-51-69-17-75 ou 02-51-69-99-41. • chateau-terreneuve.com • Visite guidée slt, mai-sept, tlj 9h-12h, 14h-18h45, en continu 9h30-18h30 juil-août. Entrée : 7 € ; réduc, y compris sur présentation de ce guide (accès au parc inclus pour pique-niquer).*
Vaste demeure Renaissance hérissée d'échauguettes et flanquée de statues de muses, construite par Nicolas Rapin, grand prévôt de la connétablie de France et compagnon d'Henri IV. Dans le riche intérieur, on remarquera notamment la superbe cheminée du XVI$^{e}$ s signée Philibert Delorme, avec ses panneaux évoquant l'alchimie, ainsi que les plafonds à caissons typiques de la Renaissance, venant du château de Coulonges-sur-l'Autize. La salle à manger se distingue par son imposante cheminée « aux griffons » et ses deux portes provenant de Chambord, marquées de la salamandre de François I$^{er}$. Salle des Bronzes remplie de beaux objets : balance, mortiers, armes et vêtements du XVIII$^{e}$ s, soleils de la chambre de Louis XIV...
Sully, Agrippa d'Aubigné et François Viète, mathématicien du XVI$^{e}$ s, résidèrent ici, tout comme Georges Simenon de 1941 à 1943. Un certain

Raymond Queneau y venait également en voisin, juste avant le créateur du commissaire Maigret. On ne s'étonne pas, en voyant le décor, que le surréalisme apparaisse dans l'œuvre de l'écrivain ! Pour ceux qui se demandaient où Queneau avait trouvé l'inspiration pour écrire *Les Fleurs bleues,* la réponse est ici !

## Manifestations

– ***La Folle Journée de Nantes en région :*** *un w-e de janv.* ☎ *02-51-00-05-00.* Cet événement culturel se délocalise en région et permet de faire partager au plus grand nombre les répertoires classiques.
– ***Parcours d'art contemporain :*** *durant l'été.* ☎ *02-28-13-01-05.* Expo grandeur nature d'art contemporain.
– ***Festival de Théâtre de Terre-Neuve :*** *1 sem fin juil.* ☎ *02-51-36-93-60.* Chaque été, le château de Terre-Neuve accueille un festival d'une dizaine de jours organisé par le conseil général, dans le cadre romantique de ses vastes terrasses.
– ***Festival des arts de la rue « Les Ricochets » :*** *de mi-juil à mi-août, mer soir et ven soir.* ☎ *02-51-53-41-49. GRATUIT.* Spectacles de rue : cirque, théâtre, musique, acrobaties...

# LA FORÊT DE MERVENT ET LE PAYS DE MÉLUSINE

**Une forêt de 5 000 ha s'étend au nord de Fontenay-le-Comte. On raconte que la bonne fée Mélusine passa un temps fou dans les chênes, les hêtres, les châtaigniers... La forêt marque la frontière entre le Marais et le Bocage vendéen. Elle faisait partie intégrante du parc naturel régional du Marais poitevin. Traversée par la Vendée et par la Mère, cette forêt est un lieu idyllique pour se balader, à pied, à vélo ou à cheval, entre haies, bocage, forêt et marais. Une dizaine de sentiers ont d'ailleurs été balisés.**

## VOUVANT

(85120) 890 hab. *Carte Vendée, D2 et carte Marais poitevin, C1*



**Stratégiquement située sur un promontoire surplombant une verdoyante vallée, Vouvant fut fondée au XIe s par le duc d'Aquitaine et fortifiée un siècle plus tard par les seigneurs de Lusignan. Mais si Guillaume le Grand fut le fondateur de cette cité bientôt millénaire, c'est la fée Mélusine qui aurait, selon la légende, « de trois dornées de pierres et d'une goulée d'ev » construit le château et ses fortifications. De ces temps anciens nous sont parvenus de remarquables vestiges architecturaux, parmi lesquels l'enceinte et la tour Mélusine qui offre, du haut de ses 45 m, une exceptionnelle vue panoramique. Flânez dans les rues étroites du village, entrez dans les ateliers d'artistes (chaque été, une dizaine de peintres ouvrent leur atelier au public), laissez-vous surprendre à regarder au-dessus des murets des jardins, sentez cette atmosphère si singulière qui règne, *so British,* diront certains... Enfin, une halte s'impose pour admirer l'église Notre-Dame et son extraordinaire portail roman.**

**Détour obligé, Vouvant est sans nul doute l'un des plus jolis villages de Vendée, le seul du département à avoir le label des « Plus Beaux Villages de France ».**

## Adresse et info utiles

*Antenne touristique : pl. du Bail. ☎ 02-51-00-86-80. • tourisme-sudvendee.com • vendee-vouvant.com • Tlj de juin à mi-sept ; hors saison, consulter l'office de tourisme de Fontenay-le-Comte (☎ 02-51-69-44-99).*

➢ ***Sentiers pédestres*** en forêt pour les randonneurs et 4 sentiers balisés autour du village pour une promenade familiale (guide payant à l'office de tourisme, à la mairie).

## Où dormir ? Où manger ?

***Chambres d'hôtes chez Anita et Jacky Roy :** 12, rue Basse-des-Remparts. ☎ 02-51-52-65-67. • leda livio1@aol.com • vouvant-vendee.com • Double 48 € (sdb commune).* Maison de caractère avec son jardin niché sur les remparts. La porte est, comme le cœur de ses propriétaires, grand ouverte. Les chambres sont des invitations au voyage. Tranquillité et simplicité sont au rendez-vous.

***Le Pic Vert :** Les Barres. ☎ 02-51-00-88-49. Tlj sf lun en saison ; ouv slt sam soir et dim hors saison. Menu 12 € ; carte 15-20 €. Résa conseillée. Café offert sur présentation de ce guide.* Crêperie-saladerie-grill, de l'autre côté de la rivière. Vue imprenable sur le village. C'est l'une des bonnes tables de Vouvant.

# À voir

***L'église Notre-Dame :*** ensemble unique alliant roman et gothique dans une parfaite harmonie. Bâtie au XIe s et remaniée, pour la façade nord, au XVe s. La nef Théodelin fut saccagée par les guerres de Religion, et on ne restaura que la moitié. L'autre partie sert aujourd'hui de salle d'exposition ; en profiter pour admirer les piliers massifs. Chevet remarquable. À l'extérieur, portail particulièrement riche, orné de sculptures figurant notamment d'impressionnantes scènes fantastiques, la Cène, l'Ascension et tout un bestiaire roman. À l'intérieur, une entrée entre deux pilastres sculptés dans le détail mène à une belle crypte du XIIe s, d'une grande pureté. Noter que l'église est superbement illuminée le soir.

***La tour Mélusine :** pour accéder au sommet, demander la clé au Café de Mélusine ou à l'antenne touristique ; prévoir 2 € ; réduc.* À l'emplacement de ce qui est aujourd'hui la place du Bail s'élevait jadis une forteresse. La légende en attribue la construction en une nuit à la fée Mélusine. L'ancienne tour de guet est la seule partie conservée du château.

***La poterne et les remparts :*** la poterne – porte dérobée dans les remparts – est l'une des trois portes qui permettaient, au Moyen Âge, l'entrée dans la cité fortifiée. Aujourd'hui, elle vous permet d'accéder au plan d'eau où se reflètent les puissants remparts des Lusignan. Des remparts qui sont illuminés chaque soir d'été et le week-end toute l'année.

***La maison de Mélusine :** pl. du Bail. ☎ 02-51-00-86-80. Située dans l'antenne touristique ; mêmes horaires. Entrée : 2 € ; réduc.* Pénétrer dans cette maison pour découvrir la fabuleuse légende de ce personnage incontournable dans la région. Film d'une dizaine de minutes présentant la légende de Mélusine.

# MERVENT

(85200) 1 100 hab. *Carte Vendée, D2 et carte Marais poitevin, C1*

**Au sud de Vouvant. Célèbre pour son barrage, son lac, sa forêt et son zoo... Cela suffit à en faire un des lieux favoris des familles pour la promenade dominicale. Dans le parc de la mairie, la tour médiévale de 25 m de haut est accessible depuis peu. À 2 km du village, ne pas manquer un lieu insolite, le château de la Citardière.**

## Adresse utile

ℹ ***Antenne touristique :*** *pl. du Héraut (pl. de l'église). ☎ 02-51-51-90-82. • tourisme-sudvendee.com • Juil-août, mat des mar, jeu, ven et dim, ap-m des mer, jeu et sam ; mai-juin, le mat slt dim et j. fériés, sinon rens à l'office de tourisme de Fontenay-le-Comte (☎ 02-51-69-44-99).*

## Où dormir ? Où manger dans le coin ?

Voir aussi plus haut la rubrique « Où dormir ? Où manger dans les environs ? » à Fontenay-le-Comte.

***Le Logis de la Cornelière :*** *à env 5 km au nord-est de Mervent, par la D 65. ☎ 02-51-00-29-25. • corneliere.mervent@libertysurf.fr • corneliere.com • Double 100 € ; petit déj compris.* Historique, sûrement, mais surtout romantique, ce magnifique logis vendéen du XVI^e s est un cocon idéal pour les escapades amoureuses. Le charme opère dès qu'on découvre les beaux bâtiments enserrant une cour carrée, le tout isolé en pleine campagne. Puis vient le tour des chambres, toutes différentes, toutes séduisantes, décorées avec beaucoup de goût et des meubles de style... Mais l'estocade est donnée par la piscine et la belle terrasse face aux champs : on se dit alors qu'on aura beaucoup de mal à quitter un site aussi enchanteur ! Surtout qu'une cuisine est mise à la disposition des hôtes le soir.

***Crêperie du château de la Citardière :*** *56, chemin Chantoiseau, aux* ***Ouillères.*** *☎ 02-51-00-27-04. Entre Vouvant et Mervent, à l'écart de la D 99 ; bien indiqué. Consulter le répondeur pour les j. d'ouverture. Congés : oct-déc. Repas env 15-20 €.* Voici un endroit insolite et romantique à la fois : une crêperie – et de bonne qualité ! – nichée dans un château inattendu du XVII^e s jamais achevé, entouré de douves. Jolie salle rustique fleurant bon le feu de bois et la pâte à crêpes ; à l'extérieur, la terrasse pour contempler les hauts murs abandonnés tandis que les enfants peuvent jouer en toute sécurité.

## À voir

***Le château de la Citardière :*** *56, chemin Chantoiseau, aux* ***Ouillères,*** *à 2 km. ☎ 02-51-00-27-04. Juil-août, tlj ; hors saison, slt le w-e. Congés : déc. GRATUIT.* Le bâtiment, construit au début du XVII^e s, ne fut jamais achevé. L'ensemble a toutefois fière allure, flanqué de douves remplies d'eau et hérissé d'étonnantes gargouilles en forme de canons.

Crêperie installée dans la cour du château (voir ci-avant).

***L'église :*** de style gothique flamboyant à chevet droit, datant du XV^e s. Clocher massif et carré du XVII^e s.

***Natur'Zoo de Mervent :*** *Le Gros Roc. ☎ 02-51-00-07-59. • naturzoomervent.com • Sur la D 65, venant du sud. De mi-fév à mars et oct-nov, mer, w-e et vac 14h-18h ; avr-juin, tlj 11h-19h ; juil-août, tlj 10h-19h ; sept, tlj 14h-18h. Fermé déc à mi-fév. Tarif : env 13,50 € ; 8,50 € pour les 3-12 ans ; réduc ; gratuit jusqu'à 3 ans.* Sur 8 ha. Pas de grandes cages, mais un site naturel plaisant, arboré et familial. Au menu de la visite : girafes, tigres blancs du Bengale (aux yeux bleus !), volière africaine, ours et loups, lémuriens en totale liberté, etc.

## DANS LES ENVIRONS DE MERVENT

***L'église de Foussais-Payré*** *(85240) : à 7 km à l'est, dans une « Petite Cité de caractère ».* Campée face à de petites halles du XVII^e s, l'église Saint-Hilaire est remarquable pour sa belle façade romane. Voussure externe magnifiquement décorée de 31 sculptures. Au centre, le Christ bénissant. Sur la baie de gauche, sculpture en haut-relief représentant la Descente de la Croix. Dans la baie de droite, deux scènes : le jardin du Sépulcre, où Jésus apparaît à Marie-Madeleine, et le repas chez Simon le pharisien.

***Le Centre Minier :*** *85240* ***Faymoreau.*** *☎ 02-51-00-48-48. • centre-minier-vendee.com • ♿ (mental et moteur). Vac scol d'hiver-fin des vac scol de la Toussaint : mer-dim et lun fériés 14h-18h30 ; juil-août, tlj 10h-19h. Entrée : 6,50 € pour le musée ; forfait musée + audioguide (village et vitraux) 9 €, réduc ; gratuit jusqu'à 7 ans. Compter 1h15 dans le musée et 1h15 dans le village/vitraux. Tte l'année, expos temporaires, visite costumée en mineur pour les 4-12 ans, activités pour jeune public et familles, et animations ts publics. Réduc au musée sur présentation de ce guide.* Des mines de charbon en Vendée ? Improbable... Et pourtant, la découverte accidentelle d'un gisement en 1827 fut à l'origine de l'épopée insolite des « gueules noires » de Faymoreau. En activité jusqu'en 1958, le site se développa rapidement, jusqu'à atteindre une production de 60 000 t par an. De quoi justifier des aménagements d'envergure : des corons, des maisons d'ingénieurs, une centrale, un grand hôtel et même une verrerie s'implantèrent sur les collines. Aujourd'hui, une galerie reconstituée (avec parcours réaliste, à l'aide de mannequins) et les nombreux documents vidéo, audio et informatiques du musée retracent l'histoire et les conditions de travail difficiles des mineurs. Une bonne introduction avant d'aller se balader dans le village minier et ses corons, pour finir en beauté dans la chapelle illuminée par les vitraux contemporains de Carmelo Zagari.

***La grotte du père de Montfort :*** *au cœur de la forêt, entre Vouvant et Mervent.* Ici se retira en ermite le père Louis-Marie Grignion de Montfort qui, auparavant, avait conduit de nombreuses missions de renouveau du christianisme dans l'ouest de la France à la fin du XVII^e s et au début du XVIII^e s. Il fut chassé de sa grotte pour avoir abattu des arbres du domaine royal sans autorisation, et il partit à Saint-Laurent-sur-Sèvre, où il mourut en 1716. Pie XII le canonisa en 1947. Depuis sa mort, la grotte est un lieu de pèlerinage fréquenté.

# LE MARAIS MOUILLÉ ET LA VENISE VERTE

**Le cœur du Marais, et aussi sa partie la plus visitée : plus de 350 000 touristes s'y pressent chaque année pour s'apercevoir que le Marais ne recèle pas seulement tous les clichés servis en guise d'apéritif, en même temps que le fameux *préfou.* Ici vivent des hommes et des femmes qui aiment leur petit coin de paradis. Beaucoup vous aideront à le découvrir, avec gentillesse et dévouement, pour vous faire partager leurs passions et leur vie. Ne l'ont-ils**

**pas façonné de toutes pièces ? Mais il faut prendre son temps, et ne pas se contenter d'une petite balade en barque du côté de Coulon. Se promener, marcher, apprécier cet air étrange aux parfums de terre et d'eau douce, se laisser pénétrer par l'esprit unique de la Venise verte ! Avec Maillezais et Nieul, on entre dans le calme et le repos absolus.**

# NIEUL-SUR-L'AUTISE

(85240) 1 010 hab. *Carte Vendée, D2-3 et carte Marais poitevin, D2*

**Village charmant, très connu pour son abbaye royale et classé « Petite Cité de caractère ».**

## Où dormir ?

***Chambres d'hôtes Le Rosier Sauvage :*** *1, rue de l'Abbaye. ☎ 02-51-52-49-39. • lerosiersauvage@gmail.com • lerosiersauvage.c.la • Avr-sept. Résa conseillée, surtout les soirs de concert. Doubles 49-52 €.* En face de l'abbaye, une maison de caractère on ne peut plus séduisante avec ses murs en pierre et son jardin fleuri. Les chambres, à la fois simples, mignonnes et fraîches, occupent les dépendances où les hôtes se partagent un salon rustique agréable. Si vous avez le choix, optez pour la plus grande : elle est pleine de cachet avec ses poutres apparentes et sa toile de Jouy.

## À voir

***L'abbaye d'Aliénor :*** *1, allée du Cloître. ☎ 02-51-50-43-00. Juin-août, tlj 10h-19h ; avr-mai et sept, tlj 10h-12h30, 13h30-18h ; oct-mars, tlj sf mar, 10h-12h30, 14h-18h. Fermé les 3 dernières sem de janv, Noël et Jour de l'an. Entrée : 5 € ; visites guidées en juil-août comprise ; réduc ; gratuit jusqu'à 18 ans. Compter 1h30 de visite. Carnets d'aventure gratuits pour les 5-13 ans tte l'année. (payant).*
*– En été, des visites (gratuites, env 4/j.) costumées et contées pour les enfants (5-8 ans).*
*– Concerts tte l'année, et particulièrement pdt le Festival des Voûtes Célestes, en mai-juin (voir plus loin « Manifestations »).*
*– En juillet-août, spectacle quotidien sur l'histoire d'Aliénor d'Aquitaine et spectacle nocturne hebdomadaire.*
Fondée en 1068 par le seigneur de Vouvant, l'abbaye bénéficiait de la protection des ducs d'Aquitaine et des comtes de Poitou. Louis VII passa ici en 1142 avec sa femme Aliénor d'Aquitaine. Petit cadeau pour gâter sa jeune épouse, originaire de la région : le roi prit l'abbaye sous sa protection et l'éleva au rang d'« abbaye royale ». Lors des guerres de Religion, le duc d'Anjou, le prince de Condé et le roi de Navarre (futur Henri IV) logèrent ici. Leur présence attisa les assauts des protestants, qui pillèrent et détruisirent l'abbaye. Vendue comme bien national en 1791, elle ne fut relevée qu'au XIXe s, lorsqu'elle fut enfin classée Monument historique. C'est dire si les travaux d'envergure engagés par Prosper Mérimée pour sa restauration étaient nécessaires.
– La visite commence par des ***galeries*** sous de belles charpentes : livres tactiles et expo d'instruments de musique médiévaux qui figurent tous sur des bas-reliefs des édifices religieux du coin. Puis on découvre les reproductions de sculptures du portail de l'église de Benet, exposées dans l'ancien ***dortoir.***
– Une bonne mise en condition avant de pénétrer dans le superbe ***cloître,*** le seul en Vendée à avoir conservé intactes ses quatre galeries romanes. La salle capitulaire

est recouverte de peintures. On remarque également un lavabo du XIIIe s.
– Puis un passage par la ***Maison Aliénor*** qui propose un voyage virtuel dans le passé de l'abbaye, à l'aide de technologies ludiques et futées. Armés de manettes pour se diriger, on découvre les couleurs d'origine des murs de l'abbaye. Chacun remonte le temps à son rythme, guidé ensuite par des hologrammes animés dans la bibliothèque. La sortie se fait par un ***jardin médiéval.***
– Sur la ***façade de l'église*** (en visite libre), typiquement poitevine, on observe de beaux chapiteaux historiés, en particulier ceux représentant les sept péchés capitaux. Qui peut les citer de mémoire ?

***La Maison de la meunerie :*** *16, rue du Moulin. ☎ 02-51-52-47-43. • maisondelameunerie.fr • ♿ (sf étage du moulin). Avr-juin et sept, mer-dim 14h-19h ; juil-août, tlj 10h-19h. Entrée pour le moulin : 5 € ; réduc, notamment sur présentation de ce guide ; gratuit jusqu'à 7 ans. Entrée libre pour la saboterie, la buaïe et le four à pain. Boutique de produits régionaux.*
Bon pied bon œil, l'un des rares moulins à eau en activité produit aujourd'hui plus de 40 t de farine par an, cela encore à la force de sa vieille roue à aubes. La visite, mêlant une reconstitution fidèle de l'habitat du meunier des années 1920 et un commentaire audio intéressant, plonge le visiteur dans l'atmosphère d'antan. Impression renforcée par le spectacle des engrenages et meules en plein travail ! En face, derrière la boutique, vous découvrirez une vieille « buaïe » (en patois, « la lessive » ; par extension, « la buanderie »), avec ses « ponnes » pour la lessive et son four à pain, ainsi qu'une saboterie fidèlement reconstituée. On y apprend comment étaient fabriqués les bons vieux sabots à la mode d'autrefois.
– Également un programme d'activités variées liées au moulin : visite gourmande, visite nocturne, visite musicale, ateliers pour les enfants...
– Atelier « pain » en famille : *ven mat juil-août, sur résa. Tarif : 18 € ; réduc.*

## Fête et manifestation

– ***Fête de la Meunerie :*** *ts les 2 ans (années impaires), dim-lun de Pentecôte, à la Maison de la meunerie.* Costumes traditionnels, moulin en fonctionnement et vieux métiers.
– ***Festival des Voûtes Célestes :*** *en mai-juin. ☎ 02-51-50-43-10.* L'abbaye de Nieul accueille (avec celles de Maillezais et de Grammont) des concerts de musiques baroque et classique.

## DANS LES ENVIRONS DE NIEUL-SUR-L'AUTISE

***Le site néolithique de Champ-Durand :*** *à 2 km de Nieul en allant vers Oulmes (indications au centre de Nieul). À env 200 m de la sortie du village, prendre une petite route qui file sur la gauche à travers les champs.* Le site, grillagé, comprend les vestiges de trois murailles concentriques, doublées de traces de douves. Une petite cabane abrite quelques panneaux fatigués présentant sommairement le site et son contexte historique. On apprend notamment que les outils utilisés pour la construction auraient été façonnés sur de la matière animale : bois de cervidés, omoplates... Pour les amateurs de fouilles.

# MAILLEZAIS

(85420) 990 hab. *Carte Vendée, D3 et carte Marais poitevin, C2*

**Véritable capitale du Marais, Maillezais fut le siège d'un grand évêché, célèbre pour avoir accueilli Rabelais et Agrippa d'Aubigné. L'histoire de Maillezais est intimement liée à celle du Marais et de son abbaye.**

## Adresses utiles

**Office de tourisme Vendée-Sèvre-Autise :** *2, rue du Docteur-Daroux. ☎ 02-51-87-23-01. • maraispoitevin-vendee.com • En face de l'église. Juil-août, tlj sf dim ap-m ; nov-mars, fermé dim, lun mat, mer ap-m et sam ap-m. (payant).* Fiches *Randonnée pédestre autour de Maillezais* (11 circuits), cartes pour circuits à vélo, cartes de pêche. Billetterie. En juillet-août, organise des Balades estivales (environ 2 fois par semaine) autour de la faune et de la flore du Marais poitevin.

### Balades en barque et canoë

Tarifs comparables : *autour de 19 €/pers par barque pour 1h (1-4 pers) sans guide, et 9 €/pers par barque de 4 pers et plus avec guide.*

**Embarcadère de l'abbaye :** *le Vieux Port (port de l'Abbaye). ☎ 02-51-87-21-87. Pâques-Toussaint.* Le seul embarcadère associatif du Marais poitevin, qui s'efforce en plus de réduire l'attente agréablement les jours de forte affluence. L'association intervient dans l'entretien des berges, du milieu naturel. Elle propose aussi des sorties en barque avec retour pédestre (1h + 3h), des sorties matinales ou nocturnes, la location de vélos *(avr-5 nov, tlj ; le reste de l'année, sur résa).*

**Le Petit Port Sauvage :** *en face de l'abbaye. ☎ 02-51-00-71-77. Pâques-Toussaint.*

## Où dormir dans le coin ?

**Camping municipal :** *à Maillezais. 06-43-19-14-90. • camping.lautize@orange.fr • 1er avr-30 sept. Emplacement pour 2 env 10 € en hte saison. 41 empl.* Bien situé, dans le centre-bourg et convivial. Équipement bien tenu, vastes emplacements et terrains de tennis sur place.

**Chambres d'hôtes Le Relais des Pictons :** *27, rue du Champ-de-Foire, à Maillezais. ☎ 02-51-87-21-95. Dans la rue de l'église. Fermé fin sept. Double avec douche 45 €.* Cette coquette petite maison nous convient bien pour son très bon rapport qualité-prix. Ses 2 chambres pimpantes, avec une poignée de pierres apparentes, donnent sur l'arrière de la maison. Excellent accueil, d'une gentillesse toute mallacéenne!

**Chambres d'hôtes chez Marie-Agnès Robuchon :** *Le Peux, 85420 Saint-Pierre-le-Vieux. ☎ 02-51-00-78-44. • robuchon.lepeux@orange.fr • À 3,5 km de Saint-Pierre-le-Vieux par la D 23 en direction de Souil et Fontenay-le-Comte ; prendre la 3e petite route sur la droite (panneau « Gîtes de France », dans un virage serré) ; c'est la grande ferme blanche sur la droite à 200 m. Double 45 €. Dîner 15 € tt compris.* De l'extérieur, on n'imagine pas le confort douillet de cette vieille ferme : parquet et meubles choisis font des chambres un cocon idéal pour se reposer... à condition que les paons restent tranquilles ! Également une jolie salle à manger, où la gentille Mme Robuchon régale son monde de recettes maraîchines qu'elle cuisine à merveille. Les enfants découvriront les animaux de la ferme. Salon de jardin, kitchenette, barque et vélos à disposition. Label Accueil Vélo.

## À voir

**L'abbaye du Marais :** *☎ 02-51-87-22-80. • abbaye.maillezais@vendee.fr • Juin-août, tlj 10h-19h ; hors saison, se renseigner. Entrée : 5 € ; réduc ; gratuit jusqu'à 18 ans. Animations en saison. Carnets d'aventure gratuits pour les 5-13 ans tte l'année.. (payant).*

*– En mai-juin, l'abbaye accueille certains concerts de musique classique dans le cadre du Festival des Voûtes Célestes (avec celles de Nieul-sur-l'Autise et de Grammont ; ☎ 02-51-50-43-10).*
*– En juillet-août, spectacle quotidien sur l'histoire des grands personnages de l'abbaye.*

### UN ÉPICURIEN À LA MAIN VERTE

*Geoffroy d'Estissac, évêque bâtisseur d'une grande érudition, accueillit le moine (!) Rabelais pendant 5 ans à l'abbaye de Maillezais. L'auteur de* Gargantua *aurait apporté avec lui des graines de salade romaine, et probablement de tomates et de melons d'Italie. Et ces fruits auraient poussé pour la première fois en France à Maillezais.*

À voir les verts pâturages et les troupeaux débonnaires, on a bien du mal à deviner les limites de l'ancien golfe des Pictons. Maillezais se situait pourtant sur la plus haute des îles, sur le site d'un ancien château fort construit par le comte de Poitou pour défendre l'accès de la Sèvre contre les Normands. Fondée au tout début du XI$^{e}$ s par les Bénédictins, l'abbaye ne dépendait que de la tutelle de Rome. Puissante et riche, elle fut pillée à plusieurs reprises par quelques seigneurs jaloux, dont Geoffroy de Lusignan. Ce qui n'empêcha pas Maillezais de prendre part aux grands travaux d'assèchement du Marais, aux côtés des abbayes de Saint-Michel-en-l'Herm, Nieul, L'Absie et Saint-Maixent. Lorsque Jean XXII éleva l'abbaye au rang d'évêché au XIV$^{e}$ s, l'église, devenue cathédrale, connut différentes campagnes de travaux d'agrandissement jusqu'à son apogée à la Renaissance. Elle était d'ailleurs surnommée la cathédrale du marais.
En 1589, Agrippa d'Aubigné s'empara de l'abbaye et s'y installa avec sa garnison. Il entreprit des transformations pour en faire une place forte protestante. Il y resta 30 ans. Sérieusement mutilée pendant les guerres de Religion, l'abbaye reçut le coup de grâce à la Révolution. Elle devint alors propriété d'un démolisseur qui la transforma en... carrière ! Aujourd'hui, le site a fait l'objet d'une remarquable mise en valeur pour mieux comprendre son architecture, son histoire mais aussi la vie monastique partagée entre prière et travail.
Les majestueuses ruines de la cathédrale laissent deviner la splendeur du sanctuaire au temps de sa gloire. Elle mesurait 105 m de long, et les voûtes s'élevaient à 100 pieds (34 m) de hauteur. Pour mieux s'en rendre compte, monter à l'étage de la tribune ou, mieux encore, au sommet de l'une des tours, pour observer un tracé au sol qui suggère l'ancien plan architectural. En prime, vue sur les marais alentour. Les sept clochers dominaient la région de leurs 55 m. On peut encore voir le narthex et le mur nord percé de baies cintrées avec de beaux chapiteaux. L'emplacement du cloître a fait dire aux spécialistes qu'il était aussi beau que celui de Moissac, dans le département du Tarn-et-Garonne. Les vestiges des bâtiments conventuels réservent également quelques belles surprises. On y verra notamment l'étonnante cuisine des convers, octogonale et culminant à 12 m de haut, les réfectoires des pèlerins et des convers, et deux magnifiques celliers, l'un pour le sel, l'autre pour le vin. Une belle visite, émaillée de commentaires audio intelligents et vivants et de projections bien conçues, dont certaines en 3D passionnantes.

***L'église Saint-Nicolas :*** malgré une restauration destructrice au début du XX$^{e}$ s, on discerne encore quelques traits caractéristiques de l'architecture romane poitevine. Beau portail à voussures sculptées du XII$^{e}$ s. Remarquer aussi les médaillons qui ornent les corniches de l'abside et du portail (l'avare, le singe, les amoureux, le joueur de viole).

## Où acheter du vin dans les environs ?

***Vignobles Mercier :*** *16, La Chaignée, 85770* ***Vix.*** *☎ 02-51-00-60-87. À 15 km à l'ouest par la D 25. Tlj sf dim.* En plein Marais. Frais et gouleyant,

c'est le moins connu de tous. Une raison de plus pour le découvrir !
***Estelle et Christian Chabirand :*** *prieuré la Chaume, 35, chemin de la Chaume, 85770* ***Vix.*** *☎ 02-51-00-49-38. À 15 km à l'ouest par la D 25. Juil-août, tlj sf dim ; hors saison, slt ven-sam ; sinon, sur rdv.* Un vignoble encore jeune, puisque la première vendange ne date que de 2000. Mais la ténacité des propriétaires et leur volonté de bien faire se sont avérées payantes. Ils revendiquent le concept de « vin nature ».

# DANS LES ENVIRONS DE MAILLEZAIS

## *SAINT-SIGISMOND (85420)*

Par la D 68, à 3 km après Anchais. Village plutôt mignon et tranquille. En y passant tôt le matin ou le soir, la lumière n'en est que plus belle.

***La Guinguette de l'Embarcadère :*** *☎ 02-51-52-97-45. • vincent.liebot@orange.fr • Carte 10-20 €.* Accueil gentil comme tout et possibilité de grignoter des petits plats plutôt sympathiques. Si vous ne pouvez ou ne voulez plus repartir, le patron, M. Liebot, loue des gîtes à 50 m dans le village, impasse du Paradis (tout un programme).

➢ ***Promenades sur l'Autise :*** *embarcadère de l'Autise. Rens : ☎ 02-51-52-97-45. D'avr à mi-oct. À partir de 17 €/h par barque (1-4 pers) sans guide, 34 €/h par barque (1-4 pers) avec guide.* Un des plus beaux coins du Marais. La balade s'avère somptueuse au milieu des conches bordées de frênes. On peut y observer hérons, cygnes, poules d'eau et des ragondins. Les ragondins sont d'ailleurs là par erreur et furent importés d'Amérique récemment. On voulait en faire l'élevage. Mais certains se sont échappés et ont conquis les marais grâce à leurs facultés reproductrices impressionnantes. Seulement, ils abîment les conches, qui n'ont pas besoin de cela !

## *LE MAZEAU (85420)*

À 2 km de Saint-Sigismond, par la même route. Village à la lisière des prairies naturelles humides, quadrillées par de multiples conches et fossés. Un des rares endroits où les loutres viennent encore nicher.

***Le Relais du Pêcheur :*** *route de la Sèvre. ☎ 02-51-52-91-14. • mairie-le-mazeau@wanadoo.fr • mairielemazeau.fr • 1er avr-30 sept. Compter 11,90 € pour 2 en hte saison. Loc de bungalows toilés (131-292 €/sem). 52 empl.* Petit camping agréable, assez ombragé. Situation privilégiée au cœur du Marais poitevin.

➢ ***Promenades en barque :*** *départ de l'embarcadère de la Venise verte, port du Mazeau. ☎ 02-51-52-90-73. Avr-sept ; hors saison, sur résa. À partir de 15 €/h la barque sans guide (1-7 pers), 34 € avec guide (1-4 pers).* Location de vélos et de canoës également.

## *BENET (85490)*

Un village qu'on aurait tort de ne pas prendre au sérieux à cause de son nom. Très belle église du XIe s. Du joli petit port d'Aziré, belles balades le long du canal vers la barque à chaîne. Si vous passez par là le premier dimanche de juillet, vous allez vous régaler avec la fête du *Préfou.*

## Où dormir ?

**Chambres d'hôtes La Marienne :** *14, rue de la Virée. ☎ 02-51-51-50-41. 06-71-77-02-51. • charraud.francoise@wanadoo.fr • la-marienne.com • Faites-vous expliquer le chemin pour y arriver (pas des plus facile) ! Doubles 78-85 €. 1 accès gratuit à l'espace détente offert pour 3 nuits sur présentation de ce guide.* Sur le site d'un ancien prieuré du XV^e s, la maison de Françoise et François est une ferme typique du Sud-Vendée, rénovée avec charme. La *marienne,* c'est la sieste dans le patois local ; vous y viendrez donc pour vous détendre dans les hamacs du jardin, au bord de la piscine ou dans l'espace détente agrémenté d'un spa et d'un hammam. Copieux petit déjeuner. 4 chambres aux noms de fleurs, ainsi qu'une suite familiale, avec baldaquin. Les proprios, intarissables sur leur région, concoctent les itinéraires de leurs hôtes sur mesure (prêt de vélos) et leur dévoilent les mystères du Sud-Vendée...

# COULON

(79510) 2 170 hab. *Carte Marais poitevin, D2*

**Vitrine du Marais et de la Venise verte, Coulon est un village de caractère, un des plus beaux du département. Aux confins des provinces de l'Aunis, du Poitou et de la Saintonge, le port de Coulon fut l'un des plus considérables du bassin de la Sèvre niortaise. Aujourd'hui, c'est le village du Marais poitevin possédant le plus d'embarcadères... et par conséquent, le plus visité. Dès les beaux jours, l'activité de batellerie y est très importante, car les touristes débarquent sur le site pour faire l'incontournable balade à bord d'une « plate » et découvrir les beautés des conches et du Marais. C'est évidemment beaucoup plus calme hors saison.**
**L'endroit est magique. Peupliers, palmiers et bananiers (si, si ! preuve que le climat est doux), frênes têtards, lentilles, vaches dans les prés... tout est réuni pour la photo. On peut également découvrir ici l'habitat maraîchin traditionnel. Sobres, tout en harmonie et en subtilité, les maisons sont basses, allongées, avec des murs blanchis à la chaux et des volets peints de couleurs vives. Et une barque attend devant chaque maison.**

## Adresses utiles

**Office de tourisme :** *à la Maison du Marais poitevin, pl. de la Coutume. ☎ 0820-20-00-79. • niortmaraispoitevin.com • Tlj de Pâques à la Toussaint.* Compétent et très sympa. Bonne documentation. Propose divers ouvrages et de très bonnes cartes de balades à pied, à vélo ou en barque. Vente de billets pour de nombreux sites, animations et sorties d'été.

**Location de vélos :** ***La Libellule,*** *pl. de l'Église. ☎ 05-49-35-83-42. Avr-sept.*

Plusieurs ***embarcadères*** sur le chemin de halage. Nombreuses formules de balades. Lire ci-après « À voir. À faire ».

## À voir. À faire

***L'église Sainte-Trinité :*** XI^e-XV^e s. D'origine romane, elle a subi quelques ajouts de style gothique (nef sud et sa porte). Nombreux vitraux et une architecture dont on perçoit les divers remaniements du XIX^e s.

***Le chemin de halage :*** suivre les venelles et ruelles partant de l'église jusqu'à la Sèvre – en fait, d'anciennes voies d'eau comblées. Balade sympa le long des quais, de part et d'autre de la Sèvre canalisée (lavoirs, cales, embarcadères).

***La Maison du Marais poitevin :*** *pl. de la Coutume. ☎ 05-49-35-81-04. • maison-marais-poitevin.fr • Avr-juin et de sept à mi-nov, tlj 10h-13h,*

*14h-18h30 (18h 1re quinzaine d'avr et d'oct à mi-nov) ; juil-août, tlj 10h-13h, 14h-19h30 ; dernière entrée 1h avt. Entrée : 6 € ; réduc. Passionnantes visites guidées sur résa. Différentes activités pédagogiques pour les enfants et expos thématiques.* Porté à bout de bras par une équipe de passionnés, cet espace muséographique est l'un de ces endroits interactifs où l'on vient avant tout pour comprendre. Car il s'agit de prendre conscience de la spécificité du Marais, de sa fragilité, de ses richesses, et de sa formidable histoire commencée alors que toute la région était recouverte par l'océan. Au gré de la balade, enrichie par les interventions des guides, on saura tout de l'apprivoisement du Marais par l'homme et du mode de vie de ses habitants : reconstitution d'un intérieur traditionnel, section sur l'anguille, petite reine des marais en voie de disparition dans le secteur, salle consacrée à la batellerie locale (avec un atelier de construction de sa célèbre plate), et le *Maraiscope*, audiovisuel retraçant l'histoire du Marais. D'ailleurs, pour l'anecdote, l'écomusée est installé dans la maison de la Coutume (XVe s), où logeaient les percepteurs d'un droit coutumier prélevé sur les marchandises qui remontaient la Sèvre niortaise. À l'arrière de la maison, pigeonnier et grande fenêtre Renaissance ; sous l'entablement, personnage grotesque, feuilles de chardon et bélier sculptés, qui seraient des symboles alchimistes. Au final, une visite paisible, reposante... comme le Marais.

➢ En juillet-août, ***balades découverte*** mêlant marche et promenade en bateau organisées par la Maison du Marais poitevin : les guides vous emmènent de sentiers en chemins d'eau à la découverte des particularités du Marais (histoire, habitat traditionnel, hydraulique, faune, flore...). Réservation indispensable.

➢ ***Le Pibalou :*** *6, rue de l'Église. ☎ 05-49-35-14-14. À côté de l'église. Résa conseillée. Tarifs : 10 € ; 7 € enfant ; gratuit jusqu'à 3 ans. Formule « forfait nature » avec barque + petit train + Maison du Marais poitevin 25 €/adulte et 16 €/enfant. Également 2 autres formules (dont 1 en calèche).* Un parcours de 1h dans un petit train vert pour visiter le Marais sans se fatiguer. Mais, nous direz-vous, le pibalou, c'est quoi ? Eh bien, ça vient de « pibale », le petit de l'anguille, tout simplement !

## Promenades en barque

***La Trigale – DLM Tourisme :*** *6, rue de l'Église. ☎ 05-49-35-14-14. • lemaraispoitevin.fr • Avr-sept.* Nombreuses formules avec ou sans guide, dont une qui combine promenade en barque et repas régional.

***Embarcadère Cardinaud :*** *av. de la Repentie (route de Magné). ☎ 05-49-35-90-47. • embarcadere-cardinaud.fr • À l'entrée de la ville. Loc de bateaux libres ou avec guide. Promenade « classique » en visite guidée collective d'1h 8,50 €/pers et 2h 15 €/pers ; enfant 6,50 € pour 1h et 11 € pour 2h. Visites guidées privées env 16 €/pers pour 2-3 pers. Possibilité de balades « insolites » à l'aube (de 6h30 à 8h avec petit déj) ou au crépuscule (20h-21h30 avec dégustation de produits régionaux) 37,50 € ; réduc.* Très organisé et professionnel.

## Fête et manifestation

– ***Rallye canoë-kayak :*** *dernier w-e de juin.* Le plus grand rassemblement nocturne de canoës en France, où chaque participant est déguisé.
– ***Fête du Miget :*** *1er w-e de juil.* Fête ayant pour thème la vie maraîchine d'autrefois.

# LA GARETTE (79270) 350 hab. *Carte Marais poitevin, D2*

**Village maraîchin typique dont les maisons s'étirent le long de la Vieille Sèvre et d'une conche, avec un double accès : par la cale (petit port sur le fleuve) et**

**par la rue des Gravées. Le village se résume d'ailleurs à cette unique rue, très belle, avec un herbier sculpté le long du sol pavé, où se succèdent de petits embarcadères. Le « coteau pentu » donne lieu à un étagement de maisons qui s'imbriquent, et chaque propriété bénéficie d'un accès à la « conche des cabanes ». L'architecture ancienne a été préservée (façades traditionnelles, tuiles rustiques dites « tiges de botte »), ce qui donne du cachet au village... En ouvrant bien les yeux, vous découvrirez que la conche est parsemée de saules pleureurs mais aussi de bananiers et de palmiers.**

## MAGNÉ

(79460) 2 930 hab. *Carte Marais poitevin, D2*

**Si vous traversez en voiture cette charmante bourgade fleurie, il y a peu de chance pour que vous remarquiez sa particularité. Magné est en fait une île enserrée entre le cours principal de la Sèvre et le bras du Sevreau, avec quatre ponts la reliant aux autres communes. Sous l'Ancien Régime, le commerce de l'anguille salée y connut un développement considérable. La place de l'église et les bords de Sèvre invitent à la flânerie. Un petit arrêt s'impose dans celle qui se proclame la « première commune du Marais » (en venant de Niort !).**

### À voir. À faire

***L'église collégiale Sainte-Catherine :*** de style gothique du XVIe s, avec son vieux portail signé Mathurin Berthomé et sa belle rosace (à voir depuis l'intérieur). Après la Révolution, elle fut utilisée successivement comme entrepôt à fourrage et hôpital militaire.

À quelques mètres, un ***pont-levis,*** qui n'a rien de médiéval, enjambe la Sèvre. À côté, le ***four Pontet,*** remis à neuf, utilisé comme salle d'exposition, et dernier four de potier, témoin d'un artisanat qui apparaît dans la région dès le Néolithique.

➢ Sur l'autre rive, petite ***balade*** le long du chemin de halage, agréablement entretenu. Il mène jusqu'à l'écluse du Marais-Pin (1864) au lieu-dit de la Motte-qui-Branle. La légende dit que le sol y est si instable qu'on le sent se dérober sous nos pas... En tout cas, l'écluse, elle, n'a pas bougé et témoigne des grands travaux hydrauliques de la fin du XIXe s dans la région, pour réguler et gérer les flux de l'eau. Réserve de pêche, baignade interdite !

### Festival

– ***Festival de peinture de Magné :*** *le 3e w-e de juil.* Depuis plus de 20 ans, ce festival invite tous les amateurs à croquer un paysage du Marais. Un jury sélectionne ensuite les meilleurs tableaux.

**BONNE SEMAILLE CONTRE MAUVAISES ÉPOUSAILLES !**

*Macrine vivait dans le Marais au IVe s avec sa sœur et son amie. Un seigneur décida de les déflorer et les fit venir en son château. La sœur de Macrine succomba aux charmes du seigneur, mais les deux autres s'enfuirent. Macrine eut l'idée de se réfugier dans un champ du côté de Magné. L'avoine, qu'un paysan était en train de semer, s'est alors mise à pousser pour la cacher. Mais l'histoire ne dit pas ce qui s'est passé avec le paysan...*

## DANS LES ENVIRONS DE MAGNÉ

***La chapelle Sainte-Macrine :*** *sur la route du Gué en direction* *de Sansais.* Chaque année, les pèlerins s'y rendent aux alentours du 6 juillet (ouverte seulement à cette occasion, ainsi que pour le 15 août et les Journées du patrimoine) pour prier sainte Macrine, patronne du Marais.



## BESSINES (79000) 1 400 hab. *Carte Marais poitevin, D2*

**Située à l'entrée du Marais mouillé. Bessines est le village natal de Jean Richard, commissaire Maigret à l'écran et directeur de cirque. Ce qui explique, fait exceptionnel, qu'une rue ait été, de son vivant, baptisée de son nom. Village bien calme, avec un sympathique et discret embarcadère des Trois-Ponts en sortie du village, sur la route de Magné.**

### À voir

***L'église Saint-Caprais :*** *à la sortie du village.* Église romane du XIe s, remaniée au XVe s. Tympan chapeauté d'une cloche apparente. Chemin de promenade à la sortie de l'église pour rejoindre le cœur du village.

### Fête

– ***Fête de l'Angélique :*** *3e dim de mai.* L'occasion pour les habitants de Bessines de célébrer la plante emblématique du Marais.

## LE VANNEAU (79270) 800 hab. *Carte Marais poitevin, D2*

**Verdoyant petit port, rénové avec goût, peu fréquenté puisque dépourvu d'embarcadère. Jardins potagers sur la motte, d'accès public. Tout à côté, la Belette, rue typique en bord de conche avec des maisons ayant entrées sur rue et sur l'eau, comme à Arçais, La Garette ou Saint-Hilaire-la-Palud. Bon point de départ pour une balade à pied autour des canaux à travers de petites forêts, et pour rejoindre Irleau.**

### À faire

➢ ***Rando'Âne :*** *s'adresser à la chambre d'hôtes* Du Coq à l'Âne, *à **Saint-Georges-de-Rex.** Circuits à partir de 25 € la ½ journée.* Pour ceux qui voudraient découvrir le Marais autrement qu'en barque ou à vélo, la balade accompagnée d'un âne s'impose.

### DANS LES ENVIRONS DU VANNEAU

***Saint-Georges-de-Rex :*** un charmant village, avec sa grande fontaine, ses quatre lavoirs, son pigeonnier. Quelques curiosités, comme les ruines de la forteresse féodale, aux douves encore remplies d'eau (ne se visite pas). Et, si le Christ en croix qui marque l'entrée du village est noir, dans l'église, celui du retable polychrome du XVIIe s est habillé en bleu-blanc-rouge !

***Amuré :*** tout mignon village avec son église romane du XIIe s, et son petit cimetière, sa croix hosannière et ses curieuses sépultures dont la forme symboliserait la lutte contre les inondations.

## IRLEAU (79270) 410 hab. *Carte Marais poitevin, D2*

**Un petit village au nom évocateur, lente déformation du mot « îlot ». La route entre Coulon et Irleau suit le cours du... fleuve (la Sèvre se jette dans la mer, donc on parle bien d'un fleuve !). Vous pourrez y voir l'un de ces barrages-écluses qui ont permis, au XIXe s, de rendre la Sèvre navigable de Niort à Marans. Possibilité de faire de longues balades au calme, entre les canaux jusqu'au Vanneau, loin de la route principale souvent dangereuse. Passer l'écluse et suivre les chemins...**

## ARÇAIS (79210) 650 hab. *Carte Marais poitevin, C2*

**Rien à voir, ou plutôt tout à regarder. Il est agréable de flâner dans ce village typiquement maraîchin, à l'image de La Garette. Au XIIIe s, déjà, Arçais était un port dynamique où transitaient bois, vin, céréales... Juste en face de l'embarcadère, un logis de rêve du XIXe s nargue la rivière (propriété privée). Prendre le chemin de halage et découvrir les marais aux environs. Sur le petit coteau, belle vue sur le Marais sauvage. Prisé des artistes, qui viennent de plus en plus s'installer au village : sculpteur, potier, tourneur sur bois, vannier...**

### Adresses utiles

***Office de tourisme :*** *pl. de l'Église. ☎ 0820-20-00-79. • niortmaraispoitevin.com • De mi-avr à fin sept, tlj 10h-13h, 14h-18h (19h de mi-juin à mi-sept).* Très serviable et compétent. Infos complètes sur le Marais, ouvrages, cartes pour la rando et le VTT, billetterie pour les sites, animations et sorties d'été.

***Embarcadères :*** il y en a 3 sur le port. Arçais se targue d'être le seul village du Marais à posséder 40 km de canaux navigables et une superficie de 1 000 ha de Marais mouillé. Passez voir notamment l'équipe d'*Au Martin Pêcheur (☎ 05-49-35-62-34 ; • aumartinpecheur.com •),* qui connaît une foule d'histoires sur le Marais. Promenades en barque libres ou commentées, location de canoës et kayaks. Accueil compétent.

## À faire

➢ ***Le chemin de halage :*** il démarre au pied du logis. Ce vieux chemin longe le quartier de La Garenne. On voit des fermes à flanc de coteau, dont les dépendances descendent jusqu'au bief Minet. Même si certains bâtiments sont en ruine, remarquer les superbes appareillages de pierres. Entre chaque maison s'ouvrent des venelles pour accéder aux barques. Elles permettent juste le passage d'une brouette !

– ***La Bicyclette Verte :*** *36, route de Saint-Hilaire-la-Palud. ☎ 05-49-35-42-56. • bicyclette-verte.com • Pâques-Toussaint, tlj sf lun (tlj pdt vac scol) ; le reste de l'année, sur résa.* Location de tous types de vélos, bien entretenus, avec tout le matériel adéquat. Accueil très sympa.

# SAINT-HILAIRE-LA-PALUD

(79210) 1 360 hab. *Carte Marais poitevin, C2*

**Deux hameaux, La Rivière et Montfaucon, pour un seul village : Saint-Hilaire-la-Palud, qui se proclame – attention ! – « capitale du Marais sauvage des Deux-Sèvres ». Ce village est l'un des points de départ pour une balade dans le Marais.**

**PALU ? PAS VU !**

*Le nom de Saint-Hilaire-la-Palud vient du latin palus, qui signifie... « marais ». D'où, d'ailleurs, l'origine du mot « paludisme » ! Effectivement, les méchants moustiques adorent les eaux dormantes. Mais le parasite ne sévit plus sous ces latitudes, et les libellules du Marais dévorent la plupart des moustiques !*

## Adresses utiles

**Office de tourisme :** *pl. de la Mairie. ☎ 0820-20-00-79. • niortmaraispoitevin.com • Juil-août slt, lun-sam 9h30-12h30, 14h30-18h30, plus le mat dim et j. fériés.* Infos complètes, cartes (randos et VTT), billetterie pour les sites et les animations d'été.

***La ligne Maraîchine :*** bus qui relient Niort à Saint-Hilaire-la-Palud et desservent une grande partie du Marais poitevin. Voir à Niort « Adresses utiles ».

***Embarcadère du port de Montfaucon :*** *☎ 05-49-35-34-97. • embarcadere-port-montfaucon.fr •* Un peu moins connu que Coulon, Arçais ou La Garette, et dans une partie plus sauvage du Marais, donc logiquement moins fréquenté. Bon accueil et petit historique sur le Marais avec plans, cartes et vieux outils avant chaque départ en visite guidée *(15,50 €/h par pers avec 2 passagers, 11,50 €/h par pers avec 4, ensuite c'est dégressif).* Location de barques en visite libre également *(compter 15 €/h pour 1-4 pers, 25 € pour 2h, etc.).*

***Embarcadère du Lidon :*** *découverte du Marais sauvage. ☎ 05-49-35-33-64.* Ici, on s'inscrit dans l'écotourisme : découverte du Marais avec un guide naturaliste, à travers les activités du milieu, l'agriculture traditionnelle, la vie locale, la défense de la culture, des traditions et de l'environnement, etc. Vraiment intéressant ! Autres activités : balades en barque, promenades en calèche, animations nature, etc.

■ ***Base de canoë-kayak :*** *à la base nautique de Lidon. ☎ 05-49-35-31-60 (tlj 13h-19h en saison).* Propose des locations ou une initiation.

## À voir

***Le parc ornithologique et embarcadère Les Oiseaux du Marais poitevin : Le Petit-Buisson.*** *☎ 05-49-26-04-09. • oiseauxmaraispoitevin.com • Fléché depuis Saint-Hilaire. Des vac scol de Pâques à mi-sept, tlj 10h-19h30 ; mars-Pâques et de mi-sept à la Toussaint, tlj sf lun, 14h30-19h. Entrée : 8,50 € ; réduc, y compris sur présentation de ce guide (7 €). Loc de barques avec ou sans guide, et de canoës. Réduc de 10 % sur la loc de barque pour les visiteurs du parc. Jeux pour les enfants, aire de pique-nique et petite restauration (bons fromages) sur place.*

Imaginez une zone vierge du Marais entièrement dévolue à la faune locale et aux oiseaux, un petit paradis de 8 ha aménagé en une immense volière, le plus souvent à ciel ouvert. C'est le pari gagné par deux passionnés qui ont réalisé leur rêve : nous faire entrer dans l'intimité du Marais et nous donner la possibilité de voir de plus près les petits habitants de la région et toutes ces créatures ailées qui nous narguent souvent de bien haut...
Ici, ce sont 70 espèces d'oiseaux représentées par plus de 350 volatiles que l'on admire le long d'un sentier qui serpente entre conches et parcelles aménagées, quand il ne traverse pas carrément l'une des vastes volières. Des petits modules pédagogiques apportent juste ce qu'il faut d'explications, souvent agrémentées d'anecdotes savantes ou de devinettes pour petits et grands. Parmi les plus précieux, le héron bihoreau si difficile à observer, car c'est un noctambule, la grue cendrée qui a du mal à se reproduire en captivité, mais aussi les oies à tête barrée qui peuvent voler jusqu'à 8 000 m et passent au-dessus de l'Himalaya, les cygnes chanteurs ou ces ibis sacrés qui sont arrivés plus tard et se sont acclimatés... Aux côtés de ces hôtes prestigieux, on découvre aussi les représentants de la faune typique du Marais, comme les oies grises et, en saison, les chevaux de trait mulassiers et les adorables baudets du Poitou, au formidable manteau laineux.
Enfin, on ne manquera pas se perdre dans le labyrinthe fait de frênes têtards, d'aubépines et de saule. Un bon complément à la végétation du Marais qui est préservée sur le site (une trentaine de plantes sont d'ailleurs présentées avec leurs vertus médicinales, leurs usages culinaires ou leurs toxicités, à l'instar de l'angélique qu'on découvre sous sa forme originelle). La visite s'achève par un beau film de 20 mn.

## À faire

➢ ***Randonnées pédestres, à VTT ou à cheval dans le Marais :*** de nombreuses balades à faire dans le coin, mais peu de sentiers balisés. Se renseigner à l'office de tourisme Niort – Marais poitevin, Vallée de la Sèvre niortaise à Saint-Hilaire, à Arçais, à Niort ou à Coulon. Ils vendent des cartes IGN, indispensables pour se repérer dans cette nature où seuls les bruits de pas ou de sabots seront susceptibles de vous déranger...

## Manifestation

– ***Les 24 Heures de la barque :*** *w-e de mi-juil.* Ce sont les 24 Heures du Mans, mais en barque, sur les canaux, autour d'une fête où se rassemblent petits marchands régionaux et groupes de musique. Randonnée pédestre, vide-greniers, concours de farci poitevin...

# DAMVIX

(85420) 720 hab. *Carte Vendée, D3 et carte Marais poitevin, C2*

**Les bords de la Sèvre offrent de beaux points de vue sur un long chapelet de maisons blanches, dans un charmant décor de verdure. Le village a longtemps vécu de la pêche de poissons d'eau douce. De cette époque ne reste que le petit port. Comme beaucoup de villes dans les environs, Damvix vit surtout en été, au rythme des vacanciers qui se dispersent sur les chemins de randonnée et les voies navigables.**

## Adresse utile

***Location de barques, canoës et vélos :*** ***Les Embarcadères de Damvix.*** *☎ 02-51-87-14-00. • marais-poitevin-embarcadere.com • Avr-oct. À partir de 16 €/h la barque sans guide pour 3 pers, 32 € pour 2 avec guide. À peu près les mêmes tarifs pour un canoë (1-3 places).*

## Où camper ? Où manger ?

***Camping des Conches :*** *route du Grand-Port. ☎ 02-51-87-17-06. • campingdesconches@orange.fr • camping-des-conches.fr • ♿ 1er avr-15 oct. Compter 13,20-14,40 € pour 2 selon saison. Hébergements locatifs 320-480 €/sem. 79 empl. Réduc de 5 % sur le forfait camping sur présentation de ce guide.* En lisière du bourg, un camping arboré agréable et bien tenu, environné par les canaux du marais. À proximité : restaurants, embarcations à pédales, canoës, pêche, tennis. Piscine chauffée.

***La Gambille :*** *Les Vergnaies. ☎ 02-51-87-10-27. Au niveau du pont, face à l'embarcadère. Tlj sf mer soir et jeu hors saison. Congés : janv. Menus 17-29 € ; carte env 30 €.* Le cadre classique et simple n'a rien d'extravagant, mais cette bonne petite table régionale soigne ses plats, principalement des spécialités locales bien travaillées et des produits de la mer.

# MAILLÉ

(85420) 710 hab. *Carte Vendée, D3 et carte Marais poitevin, C2*

**Entre Damvix et Maillezais, un bourg tranquille et bucolique où l'on peut embarquer pour une balade sur les canaux jusqu'à Maillezais par « la jeune Autize », un canal de 9 km. Noter l'église romane du XIIe s, dont il ne subsiste que la façade. Beau portail en arc brisé et orné de voussures aux sculptures figurant acrobates, musiciens, jongleurs...**

## Adresse utile

***Embarcadère des Capucines :*** *3, rue de la Mairie. 📱 06-83-52-02-52. À partir de 35 €/h pour 5 pers, sans guide (sur résa avec guide).* Les Capucines sont des bateaux électriques de 9 places maximum, insonores et inodores. Une bonne idée écolo ! Organisent des promenades avec pique-nique dans le Marais. Également location de vélos : 5 €/h, 15 € la journée.

## Où camper ?

***La Petite Cabane :*** *7, pl. du Port. ☎ 02-51-24-75-55. 📱 06-83-52-02-52. • contact@lesasterides.com • lesasterides.com • À droite après le petit pont. Avr-sept. Tentes 12-14 € (avec électricité) selon saison. 4 tipis à louer 19-24 €/nuit pour 2 pers en juil-août, prévoir son couchage. Hébergement locatif 133-168 €/sem. CB refusées. 42 empl.* Petit camping tout simple, à l'atmosphère conviviale et familiale. Coin plein de charme, environnement champêtre et nombreux emplacements à deux pas de la rivière.

# LE MARAIS DESSÉCHÉ

**Très étendu, il représente plus de 50 000 ha. Ici, le paysage change radicalement. L'absence pratiquement totale d'arbres le rend plus uniforme, à l'image des polders de Hollande et parfois même de la Camargue. C'est dire la beauté du lieu. Les villages se sont réfugiés sur les anciennes îles du golfe des Pictons. Ici, les Maraîchins sont agriculteurs, traditionnellement tournés vers l'élevage. Mais les céréales envahissent de plus en plus cette partie du Marais, où le comblement des conches va bon train. Malgré ces transformations, le Marais desséché a retrouvé son label de Parc naturel régional en 2014 ; il n'en faisait plus partie depuis 1996. Bourgades principales : en Vendée, Chaillé-les-Marais et en Charente-Maritime, Marans et Courçon-d'Aunis.**



## CHAILLÉ-LES-MARAIS

(85450) 1 820 hab. *Carte Vendée, C3 et carte Marais poitevin, B2*

**La capitale du Marais desséché. Les maisons, adossées à la falaise, bordent la rue principale, parallèle à la nationale. Semblant surgir des profondeurs, Chaillé-les-Marais domine les étendues paisibles du Marais où alternent cultures, prairies et quelques haies de tamaris. Juste à côté, le lieu-dit de l'An-VI, censé rappeler que ce coin de Vendée serait toujours resté républicain durant la période révolutionnaire.**

### Adresse utile

**Office de tourisme :** *à la* maison du Maître de digues, *7, rue de la Coupe-du-Rocher, à la sortie du village, en direction de Luçon.* ☎ *02-51-56-77-30.* ● *ot-isles-maraispoitevin.com* ● *Avr-juin et sept, dim-ven 10h-13h, 14h-18h ; juil-août, tlj 10h-13h, 14h-18h ; oct et mars, lun-ven 9h30-12h30, 13h30-17h30. Congés : nov-fév.* Billetterie, carte pêche.

### Où dormir ? Où manger à Chaillé et dans les environs ?

#### Camping

**Camping de l'île Cariot :** *rue du 8-Mai, à Chaillé.* ☎ *02-51-56-75-27.* ● *camping.ilecariot@gmail.com* ● *camping-chaille-les-marais.com* ● *À 300 m du bourg. Avr-sept. Emplacements 13-14,40 € selon saison. Loc de chalets, bungalows, tentes et caravanes 241-518 €/sem. 43 empl. Réduc de 10 % sur le tarif camping sur présentation de ce guide.* Structure modeste en taille et au confort 3 étoiles, avec piscine chauffée, épicerie et animations en juillet-août (comme l'initiation à la pêche à l'écrevisse). Ambiance familiale et toutes sortes d'activités dont un embarcadère pour canoës et des vélos en location.

#### De prix moyens à chic

**Auberge de la Rivière :** *2, rue du Port-de-la-Fouarne, 85770* **Velluire.** ☎ *02-51-52-32-15.* ● *auberge.delariviere@wanadoo.fr* ●

*hotel-riviere-vendee.com • À 14 km à l'est par les D 25 et D 65. Resto fermé dim soir, plus lun hors saison. Doubles 58-100 € selon confort et saison. Menus 23 € (déj en sem)-57 €.* Si vous avez des envies de calme et de raffinement, voilà une bonne adresse. Au centre du bourg, laissez-vous glisser d'abord vers la rivière, puis vers les nappes colorées d'une salle à manger traditionnelle riche en poutres, plantes, meubles et tapisseries. Cuisine de caractère. Pour la nuit, des chambres classiques aux tons chaleureux, la plupart orientées face à la rivière. Jolie balade en barque le long de la Vendée.

**Chambres d'hôtes La Pérotine :** *23, rue Jean-Moulin, 85770* ***Le Poiré-sur-Velluire.*** *☎ 02-51-52-35-00. • laperotine.com • À 16 km à l'est par les D 30 et D 68. Dans la rue principale, en face de la boulangerie. Double 54 € ; petit déj 7 €.* Derrière une large façade de pierre, 4 belles chambres doubles et une suite, toutes décorées et meublées à l'ancienne façon chic. Pas étonnant, la propriétaire, Mme Favre, était antiquaire. Elle aime recevoir et se fera un plaisir de vous donner plein de bons conseils pour visiter les environs. Accueil vraiment adorable. Vélos à disposition.

**Chambres d'hôtes L'Isle de Bourbon :** *9, rue de l'Église, 85770* ***Le Gué-de-Velluire.*** *☎ 02-51-69-27-42. • lisle.bourbon@gmail.com • lisle-de-bourbon.fr • À 15 km à l'est.. Fermé l'hiver. Compter 60 € pour 2 et 90 € pour 4 ; dégressif à partir de 2 nuits.* Marc, originaire de La Réunion et grand voyageur, accueille ses hôtes dans cette ancienne résidence épiscopale au centre du village derrière une grille garnie de glycine. L'hébergement consiste en une suite de deux chambres d'hôtes et une salle de bains, idéal pour une famille avec des enfants. Agréable jardin de 2 000 m² et promenades en barque à proximité.

## À voir

**La maison du Maître de digues :** *7, rue de la Coupe-du-Rocher, à la sortie du village, en direction de Luçon. ☎ 02-51-56-77-30. • mmd-maraispoitevin.fr • Mêmes horaires que l'office de tourisme. Congés : nov-fév. Entrée : 5 € ; réduc ; gratuit jusqu'à 18 ans.* Quel meilleur endroit que la maison du Maître de digues pour évoquer l'histoire du Marais ? Car cette belle « cabane » (une ferme traditionnelle en patois), où vivait le technicien chargé d'entretenir le réseau hydraulique du secteur, partage ses bâtiments entre le siège du Syndicat des marais et une exposition bien conçue sur la géologie, la faune, la flore, mais aussi les coutumes et traditions locales (matériel spécifique de pêche, collection de coiffes...). Toutes sortes d'activités (balade gourmande, mise en service du four de la ferme dans le cadre de la fête du Four...).

**La ceinture des Hollandais :** *juste derrière Chaillé-les-Marais, par la D 10.* Ce canal long de 20 km permet de se faire une idée sur le fonctionnement du marais du Petit Poitou, l'œuvre la plus achevée en matière de maîtrise des eaux. La partie à assécher est d'abord entourée de canaux reliés à la mer. Pour éviter les débordements vers la zone à assécher, on élève un bot (une levée). Ensuite, on draine par un réseau intérieur la partie à assécher. Cette eau s'évacue par les radians directement dans l'embouchure de la Sèvre, au niveau des portes de Brault, près de Marans. Affranchi de ces problèmes d'eau, le marais du Petit Poitou peut ainsi être cultivé dans les meilleures conditions. L'été, un système de bondes (orifices) dans le bot permet de pomper de l'eau dans les canaux et ainsi de maintenir tout le marais humide. Génial, non ? Et ça date du Moyen Âge !

## DANS LES ENVIRONS DE CHAILLÉ-LES-MARAIS

***La réserve biologique départementale de Nalliers-Mouzeuil-Saint-Martin :*** *à env 5 km au nord de Chaillé-les-Marais par la D 10 ; c'est fléché. ☎ 02-51-30-96-22. Réserve ouv tte l'année, accès libre. Maison de la réserve avr-juin et sept,* *tlj sf lun et sam, 14h-18h ; juil-août, tlj 10h-12h30, 14h-18h. GRATUIT. Visites guidées payantes.* Un endroit méconnu, donc tranquille. Deux sentiers de découverte permettent d'arpenter ces 132 ha de nature préservée. Le plus court (1 km, compter 1h) retrace la vie des huttiers, habitants du marais. Le sentier d'observation (3 km, soit 2h) part, lui, à la rencontre de la faune et de la flore du Marais.



# MARANS

(17230) 4 620 hab. *Carte Marais poitevin, B2*

**Autrefois « île enfermée de marais bocageux » (selon les mots d'Henri IV), Marans était un relais important pour le cheminement des pelleteries importées d'Amérique du Nord vers Niort, et une éminente plaque tournante de la foire aux grains du Poitou. Elle avait la particularité d'être une ville portuaire à l'intérieur des terres, reliée à l'océan et à La Rochelle par le fameux canal de Marans (du XIX<sup>e</sup> s). Un passé riche, dont témoigne encore la présence de belles demeures des XVII<sup>e</sup> et XVIII<sup>e</sup> s. Aujourd'hui, située sur la D 137 qui relie La Rochelle à l'A 83, Marans ne rigole pas tous les jours et subit la tyrannie d'un trafic routier dense et bruyant. En attendant la construction de l'autoroute, cette petite bourgade fleurie demeure la porte d'entrée principale, par la Sèvre niortaise, du Marais poitevin, côté Charente-Maritime.**

### LA POULE DE MARANS, DRÔLE D'HISTOIRE

*C'est à partir du XII<sup>e</sup> s qu'apparaît la poule de Marans, reconnue tant pour ses œufs fermes de couleur rousse que pour sa viande. Cette qualité, elle la doit à un joli croisement entre des coqs d'origine lointaine et les poules du Marais poitevin. Elle a pourtant perdu quelques plumes au cours du XX<sup>e</sup> s, notamment après la guerre, quand on crut à la disparition de l'espèce. Aujourd'hui, elle renaît grâce au travail du Marans-Club de France.*

## Adresses utiles

**Office de tourisme Aunis Marais poitevin :** *62, rue d'Aligre. ☎ 05-46-01-12-10. • aunis-maraispoitevin.com • À env 100 m sur la gauche de la rue principale en venant du pont. Juil-août, lun-sam ; avr-juin et sept, lun-sam sf ap-m jeu et sam ; oct-mars, lun-ven sf jeu ap-m.* Organise des visites guidées du moulin de la ville et du canal Marans – La Rochelle... Cartes des circuits vélos Aunis – Marais poitevin.

**Embarcadère du Marais poitevin :** *77, quai Joffre. 📱 06-43-83-78-35. Près du vieux pont. De mi-mars à mi-oct, 8h30-19h30.* Deux bases (nouvelles en 2015), avec bateaux électriques pour une approche plus douce de la faune. Location de vélos, bateaux à pédales, et à moteur sans permis au forfait horaire ou à la journée *(21 €/h pour 1 à 4 pers).* Une bonne solution pour une visite du Marais poitevin. Très bel itinéraire de 5h30, avec passage par aire de pique-nique *(75 € pour 1 à 4 pers).*

**Embarcadère TLM :** *73, quai Joffre. 📱 06-66-92-18-04.* Mêmes conditions.

**Marais Plaisance :** *1, route de Nantes, lieu-dit Le Marais-Fleuri. ☎ 05-46-01-04-07. Loc de canoë, bateau à moteur sans permis, etc. (21 €/h pour 1 à 4 pers).*

**Cycles Nadeau :** *66, rue Gambetta. ☎ 05-46-01-03-50. Mar-sam. Fermé 2<sup>de</sup> quinzaine d'août. Compter env 15 €/j. ; forfait couple 20 € (2 vélos).* Location de vélos et VTT.

## À voir. À faire

**L'église Saint-Étienne :** *au milieu du cimetière, en ruine.* Construite au XIIe s. Il ne subsiste que quelques murs et un clocher octogonal très particulier.

**L'église Notre-Dame :** en 1988, grâce à la générosité du Marandais Barthélemy Fabbro, on édifia enfin le clocher de cette église inachevée depuis le début du XXe s, faute de moyens financiers. Campanile de verre et de béton conçu par les architectes Pasquel et Chicot, il mesure 52 m et abrite une belle salle panoramique.

**Le musée Cappon :** *62, rue d'Aligre. Au 1er étage de l'office de tourisme (mêmes périodes d'ouverture). Entrée : 1,60 € ; réduc.* Une collection éclectique qui présente notamment quelques souvenirs de l'ancienne église Saint-Étienne ou de l'ancien château fort, coiffes marandaises, poupées en costumes traditionnels, objets gallo-romains.

**Le moulin à vent de Beauregard :** *av. de la Gare. 06-82-66-14-65. De mi-avr à mai et en juil-août, tlj sf ven-sam, 14h30-18h30 ; juin et sept, tlj sf lun et ven. Visite : 3 € ; réduc.* Ce moulin du XVIIe s a été racheté en 1994 par la commune, qui l'a restauré à l'identique. Son toit conique (qui pèse près de 10 t !) pivote à 360° pour pouvoir placer les ailes face au vent. Ne pas rater la meunière à la jupe transparente à l'entrée sur la gauche... La visite est commentée par le meunier qui produit sa farine sur place.

➢ **Balade le long du canal :** pousser ses gambettes jusqu'aux écluses des Enfrenaux, avant-dernier barrage entre les eaux de la Sèvre niortaise et l'océan. Une balade qui rappelle l'importance des voies navigables dans l'histoire prospère de La Rochelle, à laquelle Marans reste très liée. L'activité portuaire de Marans (haute place protestante) s'est essoufflée après la révocation de l'édit de Nantes. Marans livre désormais son port et ses canaux à la navigation de plaisance.

➢ **Vélodyssée et V43 :** à partir de 2015, sur le tracé de la *Vélodyssée,* la *V43* (qui vient de Niort) rallie La Rochelle au départ de Marans.

– Et aussi pêche du mulet au lancer, pêche à l'écrevisse, balades en calèche et plein d'autres animations. Se renseigner à l'office de tourisme.

# COURÇON-D'AUNIS

(17170) | 1 700 hab. | *Carte Marais poitevin, C3*

**Village-carrefour entre le Marais poitevin et la forêt, qui en constitue une des principales portes d'entrée. Courçon, autrefois très connu pour ses foires aux bestiaux, vaut surtout pour son église dite fortifiée et ses tumulus. Pour info, le village a été bâti sur l'un des points culminants de la région, soit à... 25 m d'altitude. Ouvrez grand vos poumons !**

### Adresse utile

**Office de tourisme Aunis Marais poitevin – Bureaux de tourisme de Marans ou de Surgères :** *05-46-01-12-10. • aunis-maraispoitevin.com • Voir « Marans » plus haut.*

## À voir. À faire dans le coin

**L'église Notre-Dame :** église romane d'apparence fortifiée de la fin du Xe s. De cette époque demeurent la nef, l'échauguette (sorte de petite tour d'angle qu'on trouvait sur les châteaux forts pour guetter l'ennemi), le portail et le clocher (remanié aux alentours de 1900). Agrandie aux XIVe et XVe s, elle fut prolongée d'un chœur et de deux chapelles gothiques. Enfin, fortement restaurée au XXe s, elle a été flanquée, sur décision du maire de l'époque (parano ou mégalo, la limite est floue !), de pseudo fortifications purement ornementales dont elle aurait pu se passer ! À l'intérieur, très belle reproduction d'un tableau de Raphaël qui se trouve au Louvre, *La Sainte Famille,* attribuée à Jules dit le Romain, disciple du grand peintre. Remarquer aussi les quatre magnifiques vitraux au fond du chœur, qui représentent, de gauche à droite, saint Guillaume, duc d'Aquitaine (touché par la grâce divine, il est à l'origine de la construction de l'abbaye de la Grâce-Dieu, près de Benon, première abbaye cistercienne en Aunis), Jeanne d'Arc, Saint Louis et saint Bernard (fondateur de l'abbaye).



**La Briqueterie :** *à* ***La Grève-sur-le-Mignon.*** *☎ 05-46-67-14-77. • briqueterie-lagrevesurmignon.com • À droite du pont de la D 3 vers Niort, à la sortie du bourg. Tlj juil-août ; slt w-e mai-juin et sept-oct. Espace muséographique : GRATUIT. Ateliers et visites des « bris » (pied ou barque) payants (se renseigner).* Un haut lieu du patrimoine industriel régional, au cœur du Marais. Du bri, le trou d'extraction de l'argile à la brique, un parcours didactique retraçant l'histoire de la première tuilerie mécanique du marais. Un espace d'éco-habitat dédié à l'éco-construction et à l'écorénovation. Atelier de fabrication de briques (sur réservation). Didactique et pratique. L'usine est en cours de rénovation.

➢ **Balades guidées :** *rens à l'office de tourisme.* Calendrier de sorties de juin à octobre, à cheval, en barque ou en calèche (et même une sortie pêche à l'écrevisse !).

## DANS LES ENVIRONS DE COURÇON-D'AUNIS

**Les tumulus :** *à* ***Champ-Chalon,*** *dans la forêt de Benon, tt près de Courçon.* Découverts en 1979, ils témoignent d'une occupation très ancienne du canton de Courçon. Des fouilles poussées ont permis de découvrir que ce qu'on prenait pour de simples amoncellements de pierres était en réalité des dolmens. On y a retrouvé notamment quelques tessons de poteries, des outils et des pendentifs, exposés en grande partie au tumulus de Bougon.

**Le Pôle Nature du Marais poitevin :** *à* ***Taugon.*** *☎ 05-46-56-34-46. Mai-juin et de sept à mi-oct, sam-dim ap-m ; juil-août, mar-dim 10h-12h30, 13h30-18h. Entrée : 2,50 € ; réduc. Sorties pédestres et ateliers familiaux organisés l'été.* Ce pôle propose un espace scénographique pour découvrir le paysage du Marais et sa diversité, mais aussi son ingénieux réseau hydraulique. Le sentier de découverte long de 1,5 km (accès gratuit) permet une activité à la fois pédagogique, ludique et aérée.

➢ **Découverte du Marais, location de barques, cyclotourisme :** la société *Vert et Bleu Tourisme* dispose d'un embarcadère dans les environs ; *Marais Bazoin, 17170* ***La Ronde*** *(par la D 116, 3,5 km après La Ronde, suivre le fléchage depuis le village). ☎ 05-46-01-17-16. • bjr-tourisme.com • Pâques-sept, tlj 10h-19h. Balades classiques en barque familiale à partir de 18,90 €/h pour 1-4 pers. Pour 3 pers en canoë, compter env 48 € la journée. Également loc de vélos.* Légèrement plus cher avec accompagnateur mais très intéressant, compte tenu de la richesse de la flore sur ce secteur du Marais poitevin. C'est surtout l'un des rares du département à organiser une navigation découverte de plusieurs jours dans les marais profonds et sauvages de la Venise verte. L'aventure ! Location de tentes et de matériel de cuisine en sus, à moins d'apporter le sien. À noter que le sac de couchage n'est pas fourni. Enfin, des circuits de cyclotourisme pour 1h ou pour la journée.

# LA BAIE DE L'AIGUILLON

**Au-delà des digues s'étend la baie de l'Aiguillon. Depuis des siècles, avec l'assèchement du Marais, cette baie ne cessa de se réduire. L'ancienne ouverture du golfe des Pictons, qui était de près de 40 km avant les travaux, ne dépasse pas 5 km aujourd'hui. Derrière, ce sont des dizaines de milliers d'hectares conquis sur la mer. Encore un changement absolu de paysages dans cette baie. On trouve d'abord les prés-salés (on dit *mizottes*), recouverts par la mer lors des plus fortes marées : seuls quelques herbages résistant à un environnement chargé de sel y poussent. À marée basse, on aperçoit les vasières. On y élève des moules sur des bouchots, ces pieux que l'on voit dans toute la baie. Mais le spectacle le plus grandiose de cet univers à part, de ce sanctuaire, reste sans conteste la présence de milliers d'oiseaux qui s'arrêtent sur ces terres brunes et verdoyantes. La baie étant située sur une route migratoire, on compte en janvier jusqu'à 150 000 volatiles de toutes sortes dans ce havre de paix, indispensable à leur reproduction. Il n'est pas de spectacle plus beau que celui de cette marée montante, lorsque des milliers d'oiseaux s'envolent ensemble pour se poser plus loin.**

***La porte du Brault et les portes des Grands-Greniers :*** *d'Esnandes, prendre la D 105, continuer vers Marans et prendre la D 9 vers la gauche pour découvrir ces portes à flots.* Elles empêchent la mer de pénétrer dans les canaux à marée haute, tout en assurant l'évacuation de l'eau du Marais à marée basse.

➢ Continuer par la D 10 vers Puyravault sur 9 km ; prendre ensuite la D 25 sur la gauche vers Triaize ; puis se diriger vers Saint-Michel-en-l'Herm par la D 746.

### FALLAIT Y PENSER !

*Le système des portes du Brault et des Grands-Greniers est on ne peut plus élémentaire : les deux battants sont plus larges que le canal. L'ouverture étant orientée vers la mer, lorsque la marée monte, le courant ferme les battants, qui se coincent. À l'inverse, à marée basse, le flux plus fort du côté du Marais, fait ouvrir les deux panneaux. Le Marais se trouve ainsi protégé contre la mer, mais on peut aussi y retenir l'eau.*

## SAINT-MICHEL-EN-L'HERM

(85580) 1 930 hab. *Carte Vendée, C3 et carte Marais poitevin, B2*

**Une jolie bourgade occupée dès l'époque celtique. La ville est liée à l'histoire de son abbaye, un des hauts lieux de l'épopée des assèchements.**

### Adresse utile

***Office de tourisme :*** *5, pl. de l'Abbaye. ☎ 02-51-30-21-89. • paysnedelamer.fr • En saison, lun-sam 9h30-12h30, 14h-18h30 ; hors saison, horaires plus restreints.*

### Où camper ? Où manger ?

***Les Mizottes :*** *41, rue des Anciens-Quais. ☎ 02-51-30-23-63. • accueil@campinglesmizottes.fr • campinglesmizottes.fr • 1er avr-30 sept.*

*Compter 18-25 € (électricité comprise) pour 2 selon saison. Loc de bungalows et mobile homes 210-755 €/sem. 153 empl.* Situé à 6 km de la mer, avec des emplacements bien délimités, ombragés ou ensoleillés. Tout confort. Animations en saison. Location de vélos. Piscines intérieure chauffée et extérieure. Pizzeria-snack.

**La Rose Trémière :** *4, rue de l'Église. ☎ 02-51-30-25-69. Tlj sf dim soir et lun, plus mar en basse saison. Bistrot mar-dim midi en hte saison, mar-sam midi en basse saison. Formules ardoise au bistrot à partir de 9 € env (déj en sem), menus à partir de 28 €.* Au cœur du village, cette table consciencieuse offre une savoureuse cuisine de terroir à déguster dans une salle à manger cossue ou dans la salle bistrot « l'Atelier ». Une adresse parfaite pour un dîner tranquille en tête à tête, ou pour le déjeuner avant de partir observer la faune et la flore de la réserve naturelle de Saint-Denis-du-Payré.



## À voir

**L'abbaye royale :** *se présenter d'abord à l'office de tourisme. De mi-juin à mi-sept, mar et jeu-ven ; visite guidée (obligatoire mais passionnante) à 10h, 11h, 15h, 16h et 17h. Tarif : 4 € ; réduc. Forfait avec le musée Deluol : 5 €.* Fondée par des moines venus de Noirmoutier en 682, l'abbaye subit les assauts des Normands deux siècles plus tard. Ils s'y installent pour 80 ans. Les moines reviennent au X^e s, mais le feu détruit tout au milieu du XI^e s. Reconstruite, l'abbaye participe alors à l'entreprise d'assèchement du Marais. Théâtre de violents massacres durant les guerres de Religion, elle se retrouve à nouveau en mauvais état. Ce sont les bâtiments du XVII^e s que l'on visite. Cependant, deux belles pièces plus anciennes sont visibles : le chauffoir du XII^e s et la salle capitulaire du XIII^e s, dont les chapiteaux méritent une attention particulière.

**Le musée Deluol :** *rue de l'Étendard. De mi-juin à mi-sept, lun-ven 17h30-18h. Tarif : 3 € ; réduc. Forfait avec l'abbaye royale : 5 €.* Sculpteur, peintre, dessinateur au pastel... André Deluol (1909-2003) fut un touche-à-tout, inspiré surtout par le corps humain. On peut admirer ici 150 de ses œuvres, avec des supports aussi divers que le marbre, le bois ou la pierre.

## DANS LES ENVIRONS DE SAINT-MICHEL-EN-L'HERM

**La réserve naturelle nationale de Saint-Denis-du-Payré :** *gérée par la LPO et l'ONCFS, Pôle des espaces naturels du Marais poitevin, 2, rue du 8-Mai, 85580* ***Saint-Denis-du-Payré.*** *☎ 02-51-28-41-10. • reservenaturelle-saintdenisdupayre.fr • Ts les jeu mars-juin 9h30-12h30. Vac de mi-fév à mi-mars, lun-ven 9h30-12h30, 14h-18h et dim 14h-18h ; de mi-avr à mi-mai, tlj sf sam, dim mat et 1er mai, 9h30-12h30, 14h-18h ; juil-août, tlj sf sam, 9h30-12h30, 15h-19h. Tarif : 5 € ; réduc. Billetterie au Pôle.* Sur 207 ha de prairies humides protégées, la réserve naturelle accueille une multitude d'oiseaux d'eau migrateurs au rythme des saisons. Ils trouvent sur place les conditions indispensables à leur survie : tranquillité, nourriture... Afin de les découvrir, vous irez à la rencontre de cette faune sauvage sur l'ancien terrain communal, où un sentier sur pilotis vous permet d'accéder facilement à l'observatoire. Il y a plusieurs longues-vues à votre disposition, et des guides naturalistes sont là en permanence pour répondre à toutes vos questions et vous aider à identifier les espèces présentes sur le site : canard siffleur, colvert, oie cendrée, vanneau huppé, busard cendré, milan noir, faucon crécerelle, faucon pèlerin, cigogne, aigrette, spatule blanche et bien d'autres encore...

# L'AIGUILLON-SUR-MER

(85460) 2 233 hab. *Carte Vendée, C3 et carte Marais poitevin, A2*

**Dernière étape de ce périple à l'intérieur du Marais poitevin, L'Aiguillon est le berceau de l'élevage de la moule sur bouchot, technique développée dès le XIIIe s. Aujourd'hui, les trois communes de L'Aiguillon, La Faute et La Tranche représentent le principal centre mytilicole de l'Hexagone, grâce à des conditions idéales de développement : température de l'eau assez douce et richesse du plancton. Ici, la moule est l'objet d'un véritable culte.**
**Entre le XIIe et le XIXe s, L'Aiguillon fut un village nomade. Établi sur un massif de dunes, il devait subir régulièrement les assauts de la mer. Il ne trouva sa place actuelle qu'à partir de 1732, après avoir été totalement détruit. Au XIXe s, on construisit une digue pour protéger le village. Digue qui n'a malheureusement pas suffit à arrêter les assauts de la terrible tempête Xinthia en février 2010 : submergés en quelques instants par l'océan, L'Aiguillon-sur-Mer et La Faute-sur-Mer ont payé le plus lourd tribut humain à cette tempête...**

## Adresse utile

ℹ ***Office de tourisme :*** *av. Amiral-Courbet. ☎ 02-51-56-43-87. • laiguillonsurmer-tourisme.fr • Juil-août, lun-sam 9h30-12h30, 14h30-18h30 ; dim 10h-12h30, 15h-18h30. Le reste de l'année, horaires plus restreints.*

## Où manger ?

***La Pergola :*** *320, route de la Pointe-de-L'Aiguillon, lieu-dit Les Caves. ☎ 02-51-56-41-08. • lapergola@wanadoo.fr • Avr-sept, tlj sf mer ; sinon slt w-e. Congés : de mi-nov à début fév. Menus 15-52 €.* Idéalement située face à la baie de L'Aiguillon, cette grande salle simple et agréable profite d'une vue splendide à travers ses larges baies vitrées... à moins d'avoir la chance de dénicher une table sur la terrasse, pied dans l'eau. Ici, le filet de bar et sa crème au muscadet, les homards vivants en vivier et autres coquillages mettent peu de temps pour arriver dans votre assiette.

## DANS LES ENVIRONS DE L'AIGUILLON-SUR-MER

***La Faute-sur-Mer*** *(85460)* **:** station balnéaire assez récente. Coincée entre le Lay et l'Atlantique, elle bénéficie d'une très belle plage de 8 km (assez peu fréquentée si l'on prend la peine de s'éloigner vers l'extrémité de la zone préservée de toute construction).

# les ROUTARDS sur la FRANCE 2015-2016

(dates de parution sur • *routard.com* •)

## Découpage de la FRANCE par le ROUTARD

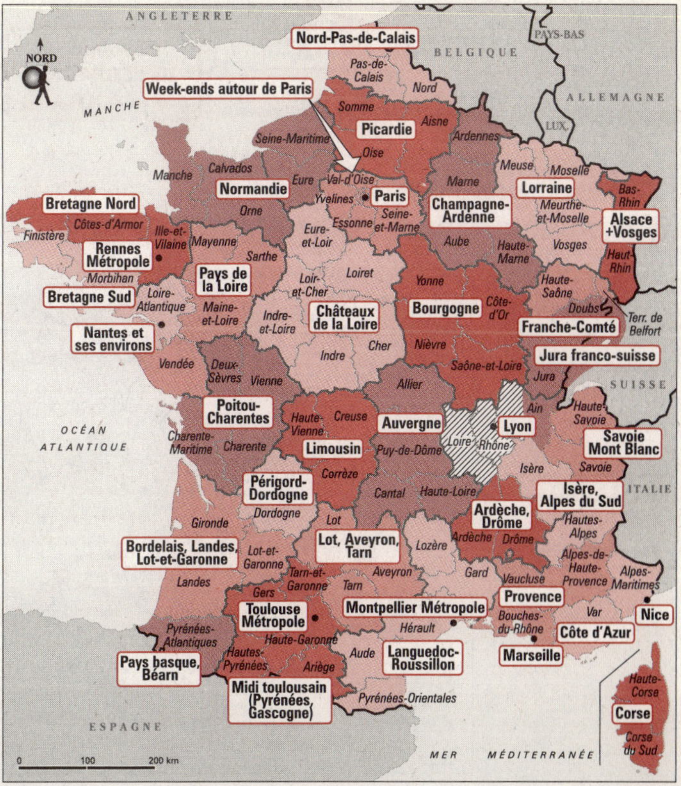


### Autres guides nationaux

- La Loire à Vélo (nouveauté)
- Les grands chefs du Routard
- Nos meilleurs campings en France
- Nos meilleures chambres d'hôtes en France
- Nos meilleurs hôtels et restos en France
- Nos meilleurs sites pour observer les oiseaux en France
- Tourisme responsable

### Autres guides sur Paris

- Paris
- Paris à vélo
- Paris balades
- Restos et bistrots de Paris
- Le Routard des amoureux à Paris
- Week-ends autour de Paris

# les ROUTARDS sur l'ÉTRANGER 2015-2016

(dates de parution sur • **routard.com** •)

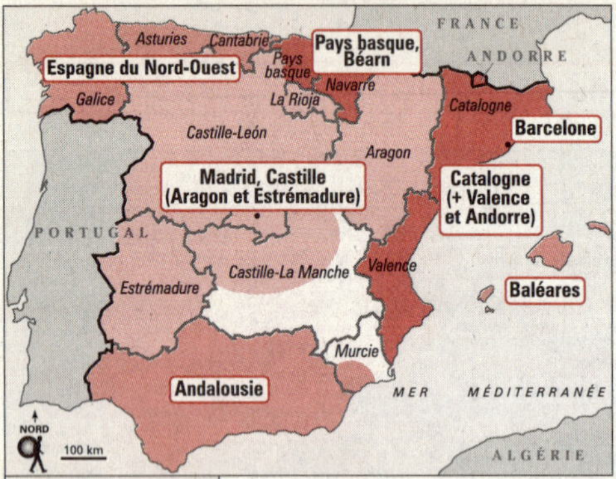


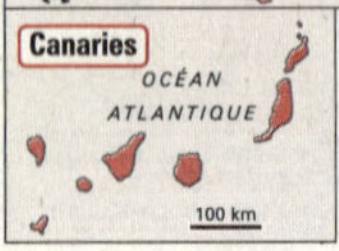


**Découpage de l'ESPAGNE par le ROUTARD**

**Découpage de l'ITALIE par le ROUTARD**

## Autres pays européens

- Allemagne
- Angleterre, Pays de Galles
- Autriche
- Belgique
- Budapest, Hongrie
- Crète
- Croatie
- Danemark, Suède
- Écosse
- Finlande
- Grèce continentale
- Îles grecques et Athènes
- Irlande
- Islande
- Madère (mai 2015)
- Malte
- Norvège
- Pologne
- Portugal
- République tchèque, Slovaquie
- Roumanie, Bulgarie
- Suisse

## Villes européennes

- Amsterdam et ses environs
- Berlin
- Bruxelles
- Copenhague
- Dublin
- Lisbonne
- Londres
- Moscou
- Prague
- Saint-Pétersbourg
- Stockholm
- Vienne

# les ROUTARDS sur l'ÉTRANGER 2015-2016

(dates de parution sur • *routard.com* •)

## Découpage des ÉTATS-UNIS par le ROUTARD

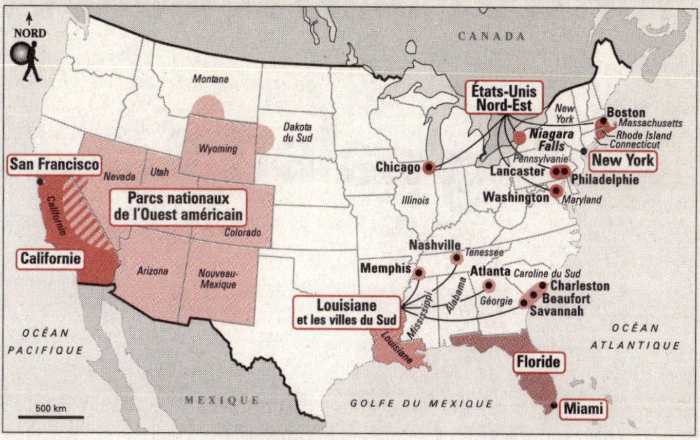


## Autres pays d'Amérique

- Argentine
- Brésil
- Canada Ouest
- Chili et île de Pâques
- Équateur et les îles Galápagos
- Guatemala, Yucatán et Chiapas
- Mexique
- Montréal
- Pérou, Bolivie
- Québec, Ontario et Provinces maritimes

## Asie

- Bali, Lombok
- Bangkok
- Birmanie (Myanmar)
- Cambodge, Laos
- Chine
- Hong-Kong, Macao, Canton
- Inde du Nord
- Inde du Sud
- Israël et Palestine
- Istanbul
- Jordanie
- Malaisie, Singapour
- Népal
- Shanghai
- Sri Lanka (Ceylan)
- Thaïlande
- Tokyo, Kyoto et environs
- Turquie
- Vietnam

## Afrique

- Afrique de l'Ouest
- Afrique du Sud
- Égypte
- Kenya, Tanzanie et Zanzibar
- Maroc
- Marrakech
- Sénégal
- Tunisie

## Îles Caraïbes et océan Indien

- Cuba
- Guadeloupe, Saint-Martin, Saint-Barth
- Île Maurice, Rodrigues
- Madagascar
- Martinique
- République dominicaine (Saint-Domingue)
- Réunion

## Guides de conversation

- Allemand
- Anglais
- Arabe du Maghreb
- Arabe du Proche-Orient
- Chinois
- Croate
- Espagnol
- Grec
- Italien
- Japonais
- Portugais
- Russe
- G'palémo (conversation par l'image)

## Le Routard Express

- Amsterdam (nouveauté)
- Barcelone
- Berlin
- Bruxelles (nouveauté)
- Florence (nouveauté)
- Istanbul (nouveauté)
- Lisbonne (nouveauté)
- Londres
- Madrid
- Marrakech (nouveauté)
- New York
- Prague
- Rome
- Venise

## Nos 1 200 coups de cœur

- France (nouveauté)
- Monde

# LES BONNES ADRESSES DU ROUTARD

# Nos meilleurs hôtels et restos en France

+ de 3400 établissements de qualité sélectionnés pour leur originalité et leur convivialité.

- des cartes régionales en couleur
- des symboles, devant chaque établissement, détaillant les adresses avec terrasse, piscine et parking.

18,50 €

hachette TOURISME

Orange F 3G 18:29
Pratique
Les questions qu'on se pose
Nos coups de cœur
Arrivée à Venise
Nos itinéraires
Venise utile
Hommes, Culture et Environnement
Les quartiers
Les anecdotes
Légende
Venise
Autres Plans
Pratique
Mon Voyage
Collection




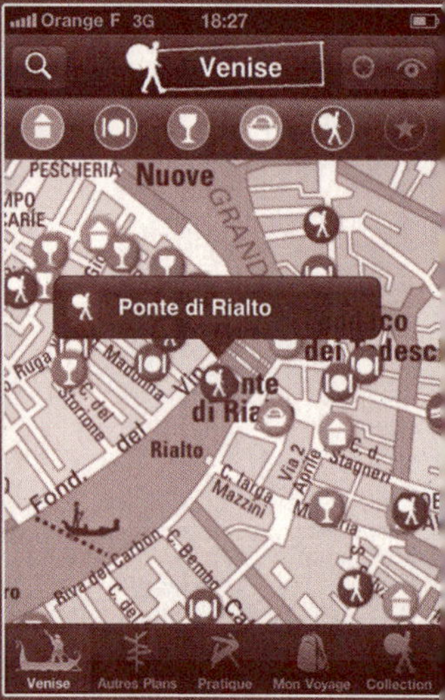

Orange F 3G 18:27
Venise
PESCHERIA Nuove
Ponte di Rialto
Rialto
Venise
Autres Plans
Pratique
Mon Voyage
Collection




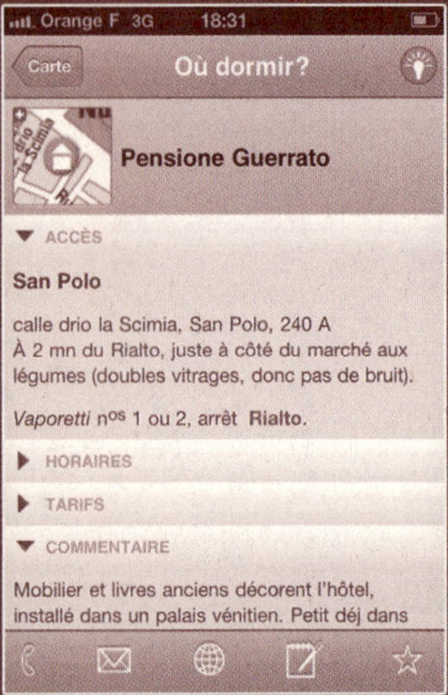

Orange F 3G 18:31
Carte
Où dormir?
Pensione Guerrato
ACCÈS
San Polo
calle drio la Scimia, San Polo, 240 A
À 2 mn du Rialto, juste à côté du marché aux légumes (doubles vitrages, donc pas de bruit).
Vaporetti nos 1 ou 2, arrêt Rialto.
HORAIRES
TARIFS
COMMENTAIRE
Mobilier et livres anciens décorent l'hôtel, installé dans un palais vénitien. Petit déj dans

# PETITS TRUCS ET ASTUCES POUR ÉVITER LES ARNAQUES !

Un routard informé en vaut deux ! Pour éviter les arnaques en tous genres, il est bon de les connaître. Voici un petit vade-mecum destiné à parer aux coûts et aux coups de bambous. À commencer par **l'affichage des prix** : dans les hôtels comme dans les restos, il est **obligatoire** et doit être situé à l'extérieur de l'établissement, de manière visible. Vous ne pouvez donc contester des prix exorbitants que s'ils ne sont pas clairement affichés.

## À L'HÔTEL

**1 - Arrhes ou acompte ? :** au moment de réserver votre chambre par téléphone – par précaution, toujours confirmer par écrit (ou mail) – il n'est pas rare que l'hôtelier vous demande de verser à l'avance une certaine somme, celle-ci faisant office de garantie. Il est d'usage de parler d'arrhes et non d'acompte (en fait, la loi dispose que « sauf stipulation contraire du contrat, les sommes versées d'avance sont des arrhes »). Légalement, aucune règle n'en précise le montant. Toutefois, ne versez que des arrhes raisonnables : 25 à 30 % du prix total, sachant qu'il s'agit d'un engagement définitif sur la réservation de la chambre. Cette somme ne pourra donc pas être remboursée en cas d'annulation de la réservation, sauf cas de force majeure qu'il vous faudra justifier (maladie ou accident) ou en accord avec l'hôtelier si l'annulation est faite dans des délais jugés raisonnables. Si, au contraire, l'annulation est le fait de l'hôtelier, il doit vous rembourser le double des arrhes versées. À l'inverse, l'acompte engage définitivement client et hôtelier.

**2 - Subordination de vente :** comme les restaurateurs, les hôteliers ont interdiction de pratiquer la subordination de vente. C'est-à-dire qu'ils ne peuvent pas vous obliger à réserver plusieurs nuits d'hôtel si vous n'en souhaitez qu'une. Dans le même ordre d'idées, on ne peut vous obliger à prendre votre petit déjeuner ou vos repas dans l'hôtel ; ce principe, illégal, est néanmoins répandu dans la profession, toléré en pratique, surtout en haute saison... notamment dans les zones touristiques, où la demande est bien plus importante que l'offre ! Bien se renseigner.

> **« QUI DORT DÎNE ! »**
>
> *Cet adage, venu du Moyen Âge, signifie que les hôteliers imposaient le couvert aux clients qui prenaient une chambre. Déjà de la vente forcée !*

**3 - Les réservations en ligne :** elles se sont généralisées. Par l'intermédiaire de sites commerciaux ou en direct sur les sites des hôtels, elles sont simples et rapides. Mais voilà, les promesses ne sont pas toujours tenues et l'on constate parfois des dérives, notamment via les centrales de résa telles que promos bidons, descriptifs exagérés, avis d'internautes truqués... Des hôteliers s'estiment étranglés par les commissions abusives. N'hésitez pas à contacter l'hôtel sur son site pour vous faire préciser le type de chambre que l'on vous a réservé (sur rue, sur jardin ?).

**4 - Responsabilité en cas de vol :** un hôtelier ne peut en aucun cas dégager sa responsabilité pour des objets qui auraient été volés dans la chambre d'un de ses clients, même si ces objets n'ont pas été mis au coffre. En d'autres termes, les éventuels panonceaux dégageant la responsabilité de l'hôtelier n'ont aucun fondement juridique.

**5 - En cas d'annulation :** si vous avez réservé une chambre (sans avoir rien versé) et que vous avez un empêchement, passez un coup de téléphone pour annuler, c'est la moindre des politesses. Trop peu de gens le font, ce qui rend les hôteliers méfiants.

## AU RESTO

**1 - Menus :** très souvent, les premiers menus (les moins chers) ne sont servis qu'en semaine ou que le midi, et avant certaines heures (12h30 et 20h30 généralement). C'est parfaitement légal, à condition que ce soit clairement indiqué sur le panneau extérieur : à vous d'être vigilant et d'arriver dans les bons créneaux horaires ! Il peut arriver que ce soit écrit en tout petit. Par ailleurs, bien vérifier que le « menu d'appel », le moins cher donc, est toujours présent dans la carte qu'on vous donne une fois installé. Il arrive qu'il disparaisse comme par enchantement. N'hésitez pas à le réclamer si vous êtes entré pour ce menu précis.

**2 - Le « fait maison » :** cette grande « tendance culinaire » de ces dernières années s'oppose aux plats sous-vide ou congelés achetés par les restaurateurs, réchauffés sur place et « agrémentés » d'une petite touche personnelle pour noyer le poisson (ou la souris d'agneau). Depuis 2013, le label « fait maison » permet de vérifier si les plats sont réellement préparés ou non sur place.

**3 - Commande insuffisante :** il arrive que certains restos refusent de servir une commande jugée insuffisante. Sachez, toutefois, qu'il est illégal de pousser le client à la consommation. Mais l'on peut également comprendre que commander un seul plat pour 3 personnes peut agacer un tantinet le restaurateur. Tout est une question de juste équilibre.

**4 - Eau :** une banale carafe d'eau du robinet est gratuite – à condition qu'elle accompagne un repas – sauf si son prix est affiché. On ne peut pas vous la refuser, sauf si elle est jugée impropre à la consommation par décret. La bouteille d'eau minérale quant à elle doit, comme le vin, être ouverte devant vous. L'arnaque dans certains restos « pousse-conso » consiste à proposer d'emblée une eau minérale et de la facturer 7 €, voire plus… À la question du serveur : « …et pour l'eau, Badoit ou Vittel ? » vous êtes en droit de répondre « une carafe ! ».

**5 - Vins :** les cartes des vins ne sont pas toujours très claires. Exemple : vous commandez un bourgogne à 16 € la bouteille. On vous la facture 32 €. En vérifiant sur la carte, vous découvrez que 16 € correspondent au prix d'une demi-bouteille. Mais c'était écrit en petits caractères illisibles. Attention au prix parfois exorbitant des vins au verre. Abus bien courant, l'année de référence n'est plus disponible : on vous sert un millésime plus récent mais au même tarif ! Vous devez obligatoirement en être informé avant le débouchage de la bouteille.

**6 - Couvert enfant :** le restaurateur peut tout à fait compter un couvert par enfant, même s'il ne consomme pas, à condition que ce soit spécifié sur la carte. Parfois il est libellé « Enfant ne mangeant pas », tant d'euros ! Cela dit, ce n'est quand même pas courant et ça donne une petite idée de la générosité du restaurateur !

**7 - Sous-marin :** après le coup de bambou et le coup de fusil, celui du sous-marin. Le procédé consiste à rendre la monnaie en plaçant dans la soucoupe (de bas en haut) : les pièces, l'addition puis les billets. Si l'on est pressé, on récupère les billets en oubliant les pièces cachées sous l'addition. Malin !

N'oublions pas que l'hôtellerie et la restauration sont des métiers de service, qui ne souffrent ni l'approximation, ni les (mauvais) écarts. Nous supprimons de nos guides tous les établissements qui abusent. Mais la réciproque est aussi valable : tout est question de respect mutuel.

Bonne route !

# INDEX GÉNÉRAL

## A



## B

# C

## D



INDEX

## E



## F



## G

## H-I



## J-K



## L

# M

# N

# O



# P-Q



INDEX

## R



## S

INDEX

# T-U

## V



## Y-Z



## OÙ TROUVER LES CARTES ET LES PLANS ?

## *Les* **Routards** *parlent aux* **Routards**

Faites-nous part de vos expériences, de vos découvertes, de vos tuyaux. Indiquez-nous les renseignements périmés. Aidez-nous à remettre l'ouvrage à jour. Faites profiter les autres de vos adresses nouvelles, combines géniales... On adresse un exemplaire gratuit de la prochaine édition à ceux qui nous envoient les lettres les meilleures, pour la qualité et la pertinence des informations. Quelques conseils cependant :

– Envoyez-nous votre courrier le plus tôt possible afin que l'on puisse insérer vos tuyaux sur la prochaine édition.
– N'oubliez pas de préciser l'ouvrage que vous désirez recevoir.
– Vérifiez que vos remarques concernent l'édition en cours et notez les pages du guide concernées par vos observations.
– Quand vous indiquez des hôtels ou des restaurants, pensez à signaler leur adresse précise et, pour les grandes villes, les moyens de transport pour y aller. Si vous le pouvez, joignez la carte de visite de l'hôtel ou du resto décrit.
– N'écrivez si possible que d'un côté de la lettre (et non recto verso).
– Bien sûr, on s'arrache moins les yeux sur les lettres dactylographiées ou correctement écrites !

En tout état de cause, merci pour vos nombreuses lettres.

***Les Routards parlent aux Routards :***
***122, rue du Moulin-des-Prés, 75013 Paris***

**e-mail : • *guide@routard.com* •**
**Internet : • *routard.com* •**

## **Routard Assurance** *2015*

Née du partenariat entre *AVI International* et le *Routard, Routard Assurance* est une assurance voyage complète qui offre toutes les prestations d'assistance indispensables à l'étranger : dépenses médicales, rapatriement médical, caution et défense pénale, responsabilité civile vie privée et bagages. Présent dans le monde entier, le plateau d'assistance d'*AVI International* donne accès à un vaste réseau de médecins et d'hôpitaux. Pas besoin d'avancer les frais d'hospitalisation ou de rapatriement. Numéro d'appel gratuit, disponible 24h/24. *AVI International* dispose par ailleurs d'une filiale aux États-Unis qui permet d'intervenir plus rapidement auprès des hôpitaux locaux. *AVI International* est un courtier reconnu qui gère lui-même ses dossiers et garantit une réponse rapide et simple. C'est aussi la filiale d'un groupe (SPB) présent à l'international. Pour toutes vos questions : ☎ 01-44-63-51-00 ou par mail • *routard@avi-international.com* • Conditions et souscription sur • *avi-international.com* •

Édité par Hachette Livre (43, quai de Grenelle, 75905 Paris Cedex 15, France)
Photocomposé par Jouve (45770 Saran, France)
Imprimé par Lego SPA Plant Lavis (via Galileo Galilei, 11, 38015 Lavis, Italie)
Achevé d'imprimer le 9 mars 2015
Collection n° 15 - Édition n° 01
38/6667/8
I.S.B.N. 978-2-01-002777-2
Dépôt légal : mars 2015

PAPIER À BASE DE FIBRES CERTIFIÉES

hachette s'engage pour l'environnement en réduisant l'empreinte carbone de ses livres. Celle de cet exemplaire est de :
650 g éq. $CO_2$
Rendez-vous sur www.hachette-durable.fr